国学文选 1

中国传统价值观当代诠释

莫砺锋 主编
徐兴无 副主编

悌 政 国
孝 仁 家

凤凰出版社

图书在版编目（CIP）数据

国学文选 : 中国传统价值观当代诠释 / 莫砺锋主编.
-- 南京 : 凤凰出版社, 2018.12
ISBN 978-7-5506-2894-6

Ⅰ. ①国… Ⅱ. ①莫… Ⅲ. ①中华文化－中学－教材
Ⅳ. ①G634.301

中国版本图书馆CIP数据核字(2018)第285852号

书　　名	国学文选——中国传统价值观当代诠释
编　　者	莫砺锋　主编　徐兴无　副主编
责任编辑	韩凤冉　许　勇
出版发行	凤凰出版社(原江苏古籍出版社) 发行部电话025-83223462
出版社地址	南京市中央路165号,邮编:210009
出版社网址	http://www.fhcbs.com
照　　排	南京凯建图文制作有限公司
印　　刷	苏州市越洋印刷有限公司 苏州市吴中区南官渡路20号,邮编:215104
开　　本	718×1005毫米　1/16
印　　张	82.5
字　　数	1109千字
版　　次	2018年12月第1版　2018年12月第1次印刷
标准书号	ISBN 978-7-5506-2894-6
定　　价	280.00元(全四册)

(本书凡印装错误可向承印厂调换,电话:0512-68180638)

前　　言

莫砺锋　徐兴无

何谓“国学”？我们认同张岱年先生的说法：“国学是中国学术的简称……称中国学术为国学，所谓‘国’是本国之义，这已是一个约定俗成的名称了。中国传统学术包括哲学、经学、史学、政治学、军事学、自然科学及宗教、艺术等等，其中自然科学有天文、算学、水利、医学等，其中最发达的是医学，这些都是国学的内容。”（《国学丛书总序》）无论内涵还是外延，这个“国学”的概念显然与“中华传统文化”基本一致。只是为了修辞简洁，我们才取此而舍彼。那么，我们为什么要为中学生和对国学有兴趣的读者编选一本“国学文选”呢？

首先，中华传统文化博大精深，内容非常丰富。大致说来，它主要包括器物文化、制度文化与观念文化三大类。器物文化，包括与其共生的科技文化，总是不断发展、后来居上的。万里长城曾经有力地抵御了游牧民族对华夏的侵扰，今天我们仍可登临长城来感受先民坚苦卓绝的精神，却不会再去修筑类似的国防屏障。祖冲之在世界上最早将圆周率推算到小数点后七位，而且保持纪录长达八百年。今天我们仍会敬仰祖冲之的伟大成就及科学精神，但应该知道现代数学家借助计算机已将 π 值推算到小数点后十万亿位。制度文化是随着社会进步不断演变、与时俱新的，从隋唐至清代，朝廷机构都是分成六部，但如今的国务院即使实行大部制，又怎能只设六个部？历代的书院曾经培养了无数英才，明代东林书院里那副“风声雨声读书声，声声入耳；家事国事天下事，事事关心”的著名对联至今为人传诵，但书院制显然已经不合现代的教育体系。所以当我们说要继承传统文化的精华时，最主要的对象应是观念文化。观念文化是整个文化体系中最核心的深层结构，它的成果集中体现在哲学、史学、文学、艺术、宗教等方面。观念文化既是最高级的思想结晶，又是最稳定的文明传统。古人说“形而上者谓之道”，又说“天不变，道亦不变”，说的就是这个道理。所以我们认为，以观念文化为核心内容的“国学”是中华传统文化中最有价值的历史正能量，它能为我们增进民族认同、实现民族复兴提供积极的思想资源，它必须在当代的教育体系中占有一定的地位。

其次，本书的编纂者都是南京大学文学院“两古学科”（中国古代文学、中国古典文献学）的教师。在长期的教学实践中，我们发现全校各个院系、各种层次的学生都有国学根基过于薄弱的缺点。光靠在大学里开设一些国学选修课程，一则起步太晚，二则覆盖面不足，已经无法从根本上解决问题。况且还有不少青年人未能获得接受正规高等教育的机会，而他们也理应受到国学的熏陶。所以让国学教育进入中小学校园，已是当务之急。那么，中小学的国学教育应以什么为主要内容，又以什么为主要方式呢？毫无疑问，编写概论性质的国学教材并向学生讲解，肯定是可取的方式之一。但是《礼记·学记》说得好：“虽有嘉肴，弗食不知其旨也。”概论性质的教材好像是菜谱或美食评论，虽对读者不无裨益，但不可能让他们真正“知味”。只有直接阅读有关国学的原典，才能食鼎一脔，知其滋味。考虑到中小学的课程体系等实际情况，也考虑到中小学生的古文水平和理解能力，我们决定先编纂一套专为中学生设计的《国学文选》。

《国学文选》中所选的“文”，基本上都是“古文”。由于现在的中学语文课本中已经入选不少古文，为了提高学生和其他读者的阅读兴趣，《国学文选》的选目尽量避免与语文课本重复。尽管如此，《国学文选》决不是中学语文课本的扩展。因为语文课本中选录古文，是从语言文字或文学表达的角度来考虑的。而《国学文选》选录古文，以及对文本的注释、讲解,都是着眼于文中表达的思想内容。正如韩愈所说:“愈之为古文,岂独取其句读不类于今者耶?思古人而不得见,学古道则欲兼通其辞。通其辞者,本志乎古道者也。”(《题哀辞后》)众所周知,从古至今,各种古文选本层出不穷。我们的《国学文选》在编纂过程中虽曾借鉴各种古文选本,但从选目到分类都有独特之处。历来的古文选本大致上有三种分类方法:《文选》《宋文鉴》等按文体分类,《古文关键》《古文观止》等按作者分类,《文章正宗》《古文辞类纂》等按功能分类。《国学文选》则按内容分成十二类:“孝悌”“仁政”“家国”“学问”“自然”“技艺”“史学”“政体”“法治”“性命”“儒学”“佛道”。每类选录古文16篇,以适应中学里一个学期的教学量,也为其他读者从不同的门径进入国学这座宝山提供引导。全书共收古文192篇,其文献来源有经部、史部、子部的专书,其中如《尚书》《春秋繁露》《史通》《通典》《坛经》等书很少出现在以前的古文选本中。更多的则是选于各种总集与别集的单篇古文,但并不以文学价值为取舍标准。总之本书的选目不拘一格,惟以内容之需要为准则。

我们希望本书能让中学生和其他读者获得关于国学的基本知识,从而增进对中华传统文化的热爱和理解。但是我们都没有在中学任教的经历,难免有闭门造车、出不合辙的缺点,衷心希望运用本书的中学教师、中学生朋友对我们批评指教,也欢迎广大的读者朋友不吝赐教。

目　　录

一、孝悌（主持人：莫砺锋　徐　涛）

二、仁政(主持人:苗怀明　刘重喜)

三、家国(主持人:巩本栋　闵　丰)

四、学问(主持人:张宏生　冯　乾)

五、自然(主持人:张伯伟　童　岭)

六、技艺(主持人:许　结　张宗友)

七、史学(主持人:程章灿　于　溯)

八、政体(主持人:武秀成　赵庶洋)

九、法治(主持人:金程宇　卞东波)

十、性命(主持人:曹　虹　俞士玲)

十一、儒学(主持人:徐兴无　徐雁平)

十二、佛道(主持人:赵　益　孙立尧)

一、孝　悌

（主持人：莫砺锋　徐　涛）

（一）导言

人类社会所以异于弱肉强食的禽兽世界，最主要的原因便是人类具有伦理学的观念。否则的话，人类与禽兽又有什么区别？正如孟子所云："人之所以异于禽兽者几希，庶民去之，君子存之。舜明于庶物，察于人伦，由仁义行，非行仁义也。"（《孟子·离娄下》）所谓"人伦"，所谓"仁义"，都是属于伦理学的观念。那么，人类的伦理学观念是从哪里来的呢？古代的犹太人认为那是上帝耶和华亲自向摩西颁布的，是上帝与人类的约定，他们从而把"摩西十诫"视为永恒的道德规范，也就是人类社会的基本伦理准则。古代的印度人认为那是佛陀释迦牟尼亲自宣讲和制定的，从而保存在佛教的古典三藏中。信仰伊斯兰教的阿拉伯等民族则认为是安拉通过穆罕默德降示的神启，他们从而认定所有的伦理学准则都见于《古兰经》。总之，他们都认为人类的伦理学原则都是源于宗教神启，是神祇外加给人类的强制性道德要求。中华民族则与众不同。中华民族的先民确信文化是人类自己创造的，中华文化在本质上是一种人本文化，人本文化必然以人类为其核心。追求人格的完善，追求人伦的幸福，都是中华文化的核心价值取向。在中华文化中，人不是匍伏在神祇脚下的可怜虫，更不是生来就负有原罪的天国弃儿。相反，人是宇宙万物的中心，是衡量万物价值的尺度。人的道德准则并非源于神的诫命，而是源于人的本性。所以作为人类文化重要形态的伦理学观念，也必然是人类自身的创造物。“仁”是中国古代伦理学的核心观念，孔子说：“仁者人也。”(《礼记·中庸》)孟子也说：“仁也者人也。”(《孟子·尽心下》)他们一致认为“仁”就是人际关系的准则，就是人类内部的观念，它产生于人，也服务于人。在儒家看来，伦理学观念的起源便是人类固有的良善本性，孔子说：“仁远乎哉？我欲仁，斯仁至矣。”(《论语·述而》)孟子对此有更精彩的论述：“今人乍见孺子将入于井，皆有怵惕恻隐之心。非所以内交于孺子之父母也，非所以要誉于乡党朋友也，非恶其声而然也。由是观之，无恻隐之心，非人也。无羞恶之心，非人也。无辞让之心，非人也。无是非之心，非人也。恻隐之心，仁之端也。羞恶之心，义之端也。辞让之心，礼之端也。是非之心，智之端也。人之有四端者，犹其有本体也。”(《孟子·公孙丑上》)所谓“四端”，都是伦理学的重要观念。在孟子看来，它们都是源于人类对其同类的同情心。儒家的另一代表人物荀子虽然主张“性恶”，但他同样认为伦理学的观念乃人类自身的创造，不过归功于人类中的杰出者——“圣人”而已。荀子说：“古者圣王以人之性恶，以为偏险而不正，悖乱而不治，是以为之起礼义，制法度，以矫饰人之情性而正之，以扰化人之情性而导之也。……礼义者，圣人之所生也。”(《荀子·性恶篇》)由于儒学是中国传统文化的主流，儒家关于“仁”的学说也就成为中国古代伦理学的核心观念。

“仁”的具体内涵是什么？孔子的回答非常简明：“爱人。”(《论语·颜渊》)孟子则云：“仁者爱人。”(《孟子·离娄下》)“爱人”的终极目标当然是兼爱天下苍生，“子贡曰：‘如有博施于民而能济众，何如？可谓仁乎？’子曰：‘何事于仁！必亦圣乎！尧舜其犹病诸。’”(《论语·雍也》)可见“博施于民而能济众”是孔子心目中最高的仁爱层次，是尧舜都难以达到的最高道德境界。正因其难以达到，儒家为人们指出了一条循序渐进地实践仁爱精神的路径，那就是以“孝悌”为本，然后逐步推广、延伸，最后达到兼爱众人。孔子曰：“弟子，入则孝，出则悌，谨而信，泛爱众，而亲仁。”（《论语·学而》）孔门高足有若则曰：“君子务本，本立而道生。孝悌也者，其为仁之本与！”（《论语·学而》）为什么要以“孝悌”为仁爱的基础呢？这完全是对人类的实际生存情况进行仔细考察和深刻思考的结果，是符合人类天性的伦理学准则。匡亚明先生说得好：“人一出生，首先接触的人，就是父、母、兄弟等，这是古今中外，直到如今，凡有人的地方，没有例外的。所以孔子在他的伦理思想中首先着重强调了父子、兄弟之间相处的道德准则，这就是孝悌。”（《孔子评传》第217页）在人类脱离群居杂交的原始社会以后，生活和生产的基本单位就是家庭。对于很早就以农耕为主要生产形态的中华民族来说，更是如此。在“鸡犬之声相闻，民至老死不相往来”（《老子》）的中国古代，家庭是社会组织的基本细胞。由家庭组成家族，再集合为宗族，进而组成社会、构成国家，这便是中国古代宗法社会的基本架构。毫无疑问，在那样的社会里，作为个体生命的人，一出生便要依靠父母的抚育，才能存活、生长。《诗·小雅·蓼莪》云：“父兮生我，母兮鞠我。拊我畜我，长我育我。顾我复我，出入腹我。”便是父母含辛茹苦抚育儿女的生动写照。《蓼莪》中既云“哀哀父母，生我劬劳”，又云“哀哀父母，生我劳悴”，便是儿女对父母养育之恩的深切体认。知恩图报，是人类善良本性的一大特征，也是伦理学中不证自明的一条公理。所谓“孝”，其实质就是知恩图报的伦理学原则在家庭内部的具体表现。当孔门弟子宰予反对为父母服丧三年时，孔子责问他：“食夫稻，衣夫锦，于女安乎？”宰予回答说“安”，孔子责之曰：“女安，则为之！夫君子之居丧，食旨不甘，闻乐不乐，居处不安，故不为也。今女安，则为之！”孔子还嗟叹说：“予之不仁也！子生三年，然后免于父母之怀。夫三年之丧，天下之通丧也，予也有三年之爱于其父母乎！”（《论语·阳货》）三年之丧的具体做法虽然可议，但是其中蕴含的知恩图报的伦理学原则却是确凿无疑的。父母的养育之恩，是人在一生中所接受的最大恩德，所以人们形容对自己恩重如山的恩人是“再生父母”，形容极度悲伤则说“如丧考妣”。诞生于印度的佛教本来并无“孝”的观念，但传入中国后却伪造了《父母恩重经》来争取中国民众的理解，可证孝道是中国人根深蒂固的伦理学观念。“悌”的本义是敬爱兄长，在古代的家庭里，“长兄若父”，兄长对弟弟也负有抚养教育的责任，“悌”实际上就是知恩图报和伦理学原则在兄弟关系中的体现。“孝”与“悌”的性质非常接近，所以“孝悌”便成为一个统一的观念。

自从“五四”以来，“孝”的观念受到种种批判。究其原因，或许在于古代提倡孝道的具体做法往往欠妥，比如汉代的举“孝廉”，西晋的鼓吹“以孝治天下”，都是以功名利禄来诱导人们行孝。世间的事物一旦与功名利禄沾了边，就难免会变得虚伪、奸诈。古代关于孝道的理论宣传也做得不够好，例如《孝经》把“孝”分成“天子之孝”、“诸侯之孝”、“卿大夫之孝”、“士之孝”、“庶人之孝”等层次，过于强调了附加在孝道上的社会政治内涵。所谓的“二十四孝”中的行孝故事，也有不少编得相当拙劣，有些甚至荒诞不经。到了明代中叶，在《大唐秦王词话》中甚至出现了“父要子亡，子若不亡为不孝”之类的谬论。久而久之，便引起了人们的反感乃至大加挞伐。其实五四先贤并未彻底否定孝道自身，连鲁迅在其名篇《我们现在怎样做父亲》中都说：“父母生了子女，同时又有天性的爱，这爱又很深广很长久，不会即离。现在世界没有大同，相爱还有差等，子女对父母，也便最爱，最关切，不会即离。”这样的论述才接近孔、孟提倡孝道的本意。

那么，古人心目中的“孝”的具体内涵是什么呢？首先，古人在论述孝道时并未单方面强调儿女对父母的责任，而是从“父慈”、“子孝”两个方面着眼的。《礼记·礼运》中便明言“父慈子孝”，《墨子·兼爱》也云“为人父必慈，为人子必孝”，只是因为“父慈”是一个不证自明的概念，所以无需多论。其次，古人并未把孝道视为一种强制性的伦理行为，而是看作对父母的真实情感的自然流露。子夏问孝，孔子答曰：“色难。有事，弟子服其劳；有酒食，先生馔，曾是以为孝乎？”子游问孝，孔子答曰：“今之孝者，是谓能养。至于犬马，皆能有养。不敬，何以别乎？”（《论语·为政》）《孝经·丧亲章》记孔子语曰：“生事爱敬，死事哀戚，生民之本尽矣，死生之谊备矣，孝子之事终矣！”其三，古人认为孝道必须服从更高的道德原则，从而反对不分是非、惟父母之志是从的“愚孝”。孔子云：“事父母几谏。见志不从，又敬不违，劳而不怨。”（《论语·里仁》）据《孝经·谏争章》记载，曾子问：“子从父之命，可谓孝乎？”孔子听了大发感慨：“参，是何言与，是何言与！言之不通邪！昔者，天子有争臣七人，虽亡道，不失天下。……父有争子，则身不陷于不谊。故当不谊，则子不可以不争于父，臣不可以不争于君。故当不谊则争之。从父之命，又安得为孝乎！”《孟子·离娄上》有“不孝有三，无后为大”的说法，赵岐注云：“于礼有不孝者三者，谓阿意曲从，陷亲于不义，一不孝也。”荀子更是公然提出了“从道不从君，从义不从父”（《荀子·子道》）的原则。可见古人心目中的孝道决不是盲目的服从，如果曲从父母之志而违背道义，反而会陷于不孝的罪名。可以说，先民们对孝道的认识是非常全面的，“孝”的内涵是非常丰富的。

“孝悌”是仁爱精神在家庭内部的充分体现，是人们获得安稳、幸福的人伦关系的道德保障，也是确保社会和睦亲善的伦理学目标的基石。正是在“孝悌”的基础上，古人才进一步建构出完整的伦理学体系。孔子描述理想中的大同世界说：“故人不独亲其亲，不独子其子。使老有所终，壮有所用，幼有所长，矜寡孤独废疾者，皆有所养。”（《礼记·礼运》）孟子设计的实现仁爱精神的路径是“老吾老以及人之老，幼吾幼以及人之幼”（《孟子·梁惠王上》），都要求将“孝悌”所蕴含的仁爱精神扩展开来，延伸出去，从而实现天下大同。很明显，在这个循序渐进的扩展过程中，最接近“孝悌”精神的应是朋友之间的友情。《礼记·中庸》记孔子之言，将君臣、父子、夫妇、昆弟、朋友五种人伦关系称为“天下之达道”。孟子所认可的五种“人伦”也是“父子有亲，君臣有义，夫妇有别，长幼有叙，朋友有信”（《孟子·滕文公上》）古人甚至认为朋友间的感情亲如兄弟，当孔门弟子司马牛哀叹“人皆有兄弟，我独亡”时，子夏便安慰他说：“四海之内，皆兄弟也。君子何患乎无兄弟也？”（《论语·颜渊》）孔子把“有朋自远方来”视作人生一乐（《论语·学而》），又把“朋友信之”看作平生三大志向之一(《论语·公冶长》),曾参每日反省自己“与朋友交而不信乎”(《论语·学而》),可见孔门对友道十分重视。更值得注意的是,古人对友道的理解中包含着深厚的仁爱精神,也包含着深刻的是非原则。曾参分析交友的益处是“以文会友,以友辅仁”(《论语·颜渊》),孔子更将朋友细分成“益友”与“损友”两类:“益者三友,损者三友。”(《论语·季氏》)古代的民间俗语说“在家靠父母,出门靠朋友”,正是下层民众对“孝悌”与友道之密切关系的生动体认。

古代有关“孝悌”及相关观念的范文不胜其数,举其要者,如《战国策》中的《触龙说赵太后》揭示“父母之爱子,则为之计深远”的道理,马援《诫兄子严、敦书》、陶渊明《与子俨等疏》教诲子侄如何立身处世,李密《陈情表》表示要孝养祖母以终天年,欧阳修《泷冈阡表》、归有光《先妣事略》、蒋士铨《鸣机夜课图记》深情怀念父母亲的养育教诲,刘令娴《祭夫徐敬业文》抒写对亡夫的无比眷恋,韩愈《祭十二郎文》、李商隐《祭小侄女寄寄文》抒发对子侄夭亡的深切哀痛,苏辙《为兄轼下狱上书》、袁枚《祭妹文》为同胞手足遭遇不幸而悲鸣,郑燮《范县署中寄舍弟墨第四书》叮嘱弟弟厚待贫穷的亲朋及农夫,皆为天地间至文。古代关于友道的范文也是美不胜收,举其要者,如司马迁《管晏列传》记述了管仲感念好友鲍叔牙的名言“生我者父母,知我者鲍子也”,孔融《论盛孝章书》为身陷危境的朋友鸣冤求救,向秀《思旧赋》倾诉对无辜遭祸的友人的思念,韩愈《柳子厚墓志铭》、欧阳修《苏氏文集序》《释秘演诗集序》、王安石《王逢原墓志铭》《同学一首别子固》、苏轼《文与可画筼筜谷偃竹记》等记述友人的嘉言懿行,并歌颂与友人生死离合之际的深厚友情。上述诸文中有些已经入选中学语文教材,为避重复,本书不再选录。

（二）选文

管晏列传[1]

司马迁

管仲夷吾[2]者，颍上[3]人也。少时常与鲍叔牙[4]游，鲍叔知其贤。管仲贫困，常欺[5]鲍叔，鲍叔终善遇之，不以为言。已而鲍叔事齐公子小白[6]，管仲事公子纠[7]。及小白立为桓公，公子纠死，管仲囚焉[8]。鲍叔遂进[9]管仲。管仲既用，任政于齐，齐桓公以霸[10]，九合诸侯[11]，一匡[12]天下，管仲之谋也。

管仲曰："吾始困时，尝与鲍叔贾[13]，分财利多自与，鲍叔不以我为贪，知我贫也。吾尝为鲍叔谋事而更穷困，鲍叔不以我为愚，知时有利不利也。吾尝三仕三见[14]逐于君，鲍叔不以我为不肖[15]，知我不遭时也。吾尝三战三走[16]，鲍叔不以我为怯，知我有老母也。公子纠败，召忽[17]死之，吾幽囚受辱，鲍叔不以我为无耻，知我不羞小节而耻功名不显于天下也。生我者父母，知我者鲍子也。"

鲍叔既进管仲，以身下之。子孙世禄[18]于齐，有封邑者十余世，常为名大夫。天下不多[19]管仲之贤而多鲍叔能知人也。

管仲既任政[20]相齐，以区区之齐在海滨，通货积财[21]，富国强兵，与俗同好恶。故其称曰："仓廪实而知礼节，衣食足而知荣辱，上服度则六亲固[22]。四维[23]不张，国乃灭亡。下令如流水之原，令顺民心[24]。"故论卑而易行[25]。俗之所欲，因而予之；俗之所否，因而去之。

其为政也，善因祸而为福，转败而为功。贵轻重，慎权衡[26]。桓公实怒少姬[27]，南袭蔡，管仲因[28]而伐楚，责包茅[29]不入贡于周室。桓公实北征山戎[30]，而管仲因而令燕修召公[31]之政。于柯[32]之会，桓公欲背曹沫[33]之约，管仲因而信[34]之，诸侯由是归[35]齐。故曰："知与之为取[36]，政之宝也。"

管仲富拟[37]于公室[38]，有三归[39]、反坫[40]，齐人不以为侈。管仲卒，齐国遵其政，常强于诸侯。后百余年而有晏子焉。

晏平仲婴[41]者，莱[42]之夷维[43]人也。事齐灵公、庄公、景公，以节俭力行重于齐。既相齐，食不重肉[44]，妾不衣帛。其在朝，君语及之，即危言[45]；语不及之，即危行[46]。国有道，即顺命；无道，即衡命[47]。以此三世[48]显名于诸侯。

越石父[49]贤，在缧绁[50]中。晏子出，遭之途[51]，解左骖[52]赎之，载归。弗谢[53]，入闺[54]。久之，越石父请绝[55]。晏子戄然[56]，摄[57]衣冠谢[58]曰："婴虽不仁，免子于厄[59]，何子求绝之速也？"石父曰："不然。吾闻君子诎[60]于不知己而信[61]于知己者。方吾在缧绁中，彼不知我也。夫子既已感寤[62]而赎我，是知己；知己而无礼，固不如在缧绁之中。"晏子于是延[63]入为上客。

晏子为齐相，出，其御[64]之妻从门间而窥其夫。其夫为相御，拥大盖，策驷[65]马，意气扬扬，甚自得也。既而归，其妻请去。夫问其故。妻曰："晏子长不满六尺，身相齐国，名显诸侯。今者妾观其出，志念深矣，常有以自下者。今子长八尺，乃为人仆御，然子之意自以为足，妾是以求去也。"其后夫自抑损[66]。晏子怪而问之，御以实对。晏子荐以为大夫。

太史公曰：吾读管氏《牧民》《山高》《乘马》《轻重》《九府》[67]，及《晏子春秋》[68]，详哉其言之也。既见其著书，欲观其行事，故次[69]其传。至其书，世多有之，是以不论，论其轶事。

管仲世所谓贤臣，然孔子小[70]之。岂以为周道衰微，桓公既贤，而不勉之至王，乃称霸哉[71]？语曰"将顺其美，匡救其恶，故上下能相亲也"[72]。岂管仲之谓乎？

方晏子伏庄公尸哭之，成礼然后去[73]，岂所谓"见义不为无勇"[74]者邪？至其谏说，犯[75]君之颜[76]，此所谓"进思尽忠，退思补过"[77]者哉！假令晏子而在，余虽为之执鞭[78]，所忻慕[79]焉。

【注释】

① 选自司马迁《史记》卷六十二列传二(中华书局 2013 年版)。司马迁(前 145 或前 135—?),字子长,左冯翊夏阳(今陕西韩城南芝川镇)人。官至中书令。西汉史学家、思想家、文学家。著有《史记》,为历来“正史”之祖,全书分为“十二本纪”、“十表”、“八书”、“三十世家”、“七十列传”。“本纪”记帝王之事;“表”即大事年(月)表;“书”述典章制度;“世家”记诸侯王事;“列传”则记社会上各种人物,上起将相,下讫商贾、游侠、术者,皆著其事迹以传世。《管晏列传》是春秋前期与中后期齐国两位政治家管仲与晏婴的合传。

② [管仲夷吾] 管仲(? —前 645),姬姓,管氏,名夷吾,字仲。春秋时期齐国著名政治家,辅佐齐桓公成为春秋五霸之一。

③ [颍上] 颍水之滨。颍水源出今河南登封县,流至今安徽寿县入淮水。

④ [鲍叔牙] 春秋时齐国人。与管仲交,知其贤,及齐桓公立,遂进管仲,相桓公九合诸侯,而成霸业。故后世言人之相知,必称“管鲍”。

⑤ [欺] 骗,这里可解释为占便宜。

⑥ [公子小白] 齐襄公之弟,即后来的齐桓公。

⑦ [公子纠] 齐襄公之弟,公子小白之兄。

⑧ [小白立为桓公,公子纠死,管仲囚焉] 齐襄公无道,公子纠奔鲁,公子小白奔莒。后襄公被杀,齐国内乱,公子纠与小白皆返齐争位。管仲在途中射中公子小白衣扣,小白倒地装死,管仲派人回鲁国报捷,鲁国于是就慢慢地送公子纠回国,结果公子小白已先回齐即位。鲁国忧虑齐国入侵,处死了公子纠,并押送管仲回齐国。

⑨ [进] 引荐。

⑩ [霸] 伯,音转为霸,即诸侯之长的意思。据《史记》记载“春秋五霸”分别是:齐桓公、宋襄公、晋文公、秦穆公、楚庄王。

⑪ [九合诸侯] 多次召集各国诸侯会盟。

⑫［匡］正。

⑬［贾(gǔ)］做买卖。

⑭［见］被。

⑮［不肖］不贤。

⑯［走］逃走。

⑰［召忽］与管仲同事公子纠，公子纠死后，召忽为尽人臣礼节，自杀而亡。

⑱［禄］享受俸禄。

⑲［多］赞许，推崇。

⑳［任政］执政。

㉑［通货积财］流通货物，积累财富。

㉒［上服度则六亲固］如果当权者服御物有制度，那么六亲的关系自然稳固。服，服御，使用。度，制度。六亲，父、母、兄、弟、妻、子。

㉓［四维］礼、义、廉、耻。

㉔［下令如流水之原，令顺民心］下达政令要像流水的源头一样，顺流而下，使政令合乎百姓心意。原，通“源”。

㉕［论卑而易行］这里指下达政令通俗简便，故百姓易于奉行。

㉖［贵轻重，慎权衡］这里指为政能注意轻重缓急，慎重地权衡利弊得失。

㉗［少姬］即齐桓公夫人蔡姬，曾荡舟戏弄桓公，桓公怒，遣其归蔡，蔡人将蔡姬改嫁，因此桓公发兵攻蔡。

㉘［因］这里可以解释为乘势、顺势。

㉙［包茅］成束捆绑的菁茅草。古代祭祀时，用来滤酒去滓，为春秋时楚国的贡物。

㉚［山戎］春秋时期北方的一支较强大的少数民族，亦称“北戎”，主要活动在今河北省北部，经常侵犯中原，成为燕、齐诸国之边患。

㉛［召(shào)公］姓姬名奭，周武王的同姓宗室，曾辅助武王灭商，被封于燕(今北京市房山区琉璃河镇董家林村)，是后来燕国的始

祖。因最初采邑在召(今陕西省扶风县东北),故称召公或召伯。周成王时,他出任太保,与周公旦分陕而治,支持周公旦摄政当国并平定叛乱。

㉜[柯] 齐邑,今山东阳谷县阿城镇。

㉝[曹沫] 亦作曹刿,鲁国勇将,趁与齐桓公会盟时挟持桓公,逼其归还鲁国的侵地。桓公无奈应允,事后又欲反悔,为管仲所阻止,遂如约将鲁国侵地尽数归还。

㉞[信] 守信。

㉟[归] 归心,信服。

㊱[与之为取] 给与的实际是为了获取。这里是说管仲的做法看似让齐国吃了亏,可实际上却获得了更大的利益。

㊲[拟] 相比。

㊳[公室] 这里指王室、诸侯。

㊴[三归] 有不同说法,这里或当指齐桓公赏赐给管仲的三处采邑。

㊵[反坫(diàn)] 周代诸侯宴会时,在正堂两旁设有放空酒杯的土筑平台叫坫,诸侯互相敬酒后,将酒杯反置在坫上。按照周代礼制,只有诸侯才能使用反坫,管仲置反坫是违"礼"的。

㊶[晏平仲婴] 晏婴(? —前500),字平仲(一说谥平仲;又说平为谥,仲为字)。春秋时期齐国著名政治家。

㊷[莱] 古国名,春秋时为齐所灭。在今山东黄县东南。

㊸[夷维] 今山东高密县。

㊹[食不重(chóng)肉] 吃饭不用两道肉食,指饮食节俭。重,两种。

㊺[危言] 即慎言,谓不说自己的功劳才能。

㊻[危行] 即慎行。

㊼[衡命] 权衡命令之可行而后行。

㊽[三世] 指齐灵公、庄公、景公三代国君。

㊾［越石父］齐国贤人。

㊿［缧绁(léi xiè)］捆绑犯人的绳索，引申为囚禁。

51［涂］通“途”。

52［左骖］古代驾车用三马或四马，中间的叫“服”，左右两边的叫“骖”。

53［弗谢］不请辞。这里指晏婴不向越石父请辞即径自入内室，且长久不出，所以越石父责其无礼。谢，请辞，告辞。

54［闺］内室。

55［绝］绝交。

56［戄(jué)然］惊恐的样子。

57［摄］整理。

58［谢］谢罪。

59［厄］被困、受困。

60［诎］通“屈”，意谓不得伸展。

61［信］通“伸”，伸展，伸张。

62［感寤］受到感动而醒悟。寤，通“悟”，理解，明白。

63［延］聘进。

64［御］驾驶车马者。

65［驷］四匹马拉的车。

66［抑损］谦逊。

67［《牧民》《山高》《乘马》《轻重》《九府》］皆为《管子》一书中的篇名。《管子》旧题为管仲撰，据今人研究，多认为战国秦汉时人假托之作。

68［《晏子春秋》］旧题晏婴撰，据今人研究，乃是后人依托并采缀晏子言行而作。

69［次］编次。

70［小］轻视。《论语·八佾》：“子曰：‘管仲之器小哉！’”

71［而不勉之至王，乃称霸哉］儒家推崇“王道”，不提倡“霸道”，故有此说。

⑫［将顺其美，匡救其恶，故上下能相亲也］这三句话出自《孝经·事君》。将顺，顺势助成。匡救，纠正、挽救。上下，指君臣百姓。

⑬［方晏子伏庄公尸哭之，成礼然后去］齐国大夫崔杼弑齐庄公，晏婴到崔家枕庄公尸而哭之，完成君臣之礼而去。

⑭［见义不为无勇］语出《论语·为政》，意谓见到正义的事而不去做，这是没有勇气。

⑮［犯］冒犯。

⑯［颜］颜面。

⑰［进思尽忠，退思补过］语出《孝经·事君》，意谓得以进用时就尽忠职守报效君主，不得进用时就自我反省弥补过失。

⑱［执鞭］为人驾驭马车，引申为景仰追随。

⑲［忻慕］欣喜爱慕。忻，通“欣”。

【评析】

司马迁《史记》开创的史书“列传”体，是各色历史人物的传记，多采取以类相从的原则，本篇管仲、晏婴皆为春秋时期齐国贤相，故《史记》将他们合列于一传。这篇列传的写法很特殊，为历史上著名的大政治家立传，作者却不以传主的惊天事业为主，而是“论其轶事”，这在后世正史中是极罕见的。

管仲传集中笔墨写管、鲍之交，在司马迁看来，管仲能够辅佐齐桓公成就九合诸侯、一匡天下的煌煌霸业，首要归功于至交好友鲍叔牙的倾力帮助，无鲍叔即无管仲，故管子亦有“生我者父母，知我者鲍子”之感慨。晏婴传则从“救贤礼贤”与“御者改过”两件小事出发，重在突出晏子身为重臣而礼贤下士、谦逊谨慎的重要品质。

文章在叙述管、晏“轶事”的过程中夹杂着饱含情感的议论，有人认为这是司马迁在借题发挥，寄寓着他本人深沉的感喟与愤慨。司马迁因触怒汉武帝而遭受宫刑，当其身陷囹圄之时，平生所交不为一言，假使当世有交友如鲍叔、重贤如晏婴者在，他或能像管仲、越石父一样免遭折辱！

其实，史书的更高目的在于为世人提供具有普遍意义的历史经验，“成一家之言”的司马迁对管、晏“轶事”的选择，也蕴含着更深远的意义，正如钱穆先生的评价：“凡其人之事业，则胥从此等小节琐事上树立基础。此正中国文化传统大道精义之所在。……马迁此一篇《管晏列传》，近似文学小品，实涵哲学大义。”（《现代中国学术论衡》）也就是说，《管晏列传》的“论其轶事”，其实正是为了以小见大、见微知著，从管、晏平常事迹中探究其为人处世及人格品质等，从而进一步揭示他们成就辉煌功业的内在原因。

【理性思考】

1. 从管鲍之交的例子中，思考古人是如何看待交友之道的，都注重哪些品质？

2. 司马迁说：“假令晏子而在，余虽为之执鞭，所忻慕焉”，他为什么会发出这样的感慨？

3. 有人评价这篇文章多用“虚笔”，你是如何看待这一评价的？

【延伸阅读】

1.《管子・牧民》《管子・治国》，黎翔凤校注《管子校注》卷一、卷十五，中华书局 2004 年版。

2.《晏子春秋・景公问圣王其行若何晏子对以衰世而讽》《晏子春秋・景公问贤君治国若何晏子对以任贤爱民》，吴则虞集释《晏子春秋集释》卷三，中华书局 1962 年版。

3. 嵇康《与山巨源绝交书》，萧统编、李善注《文选》卷四十三，上海古籍出版社 1986 年版。

诫兄子严、敦书[①]

马　援

初，兄子严、敦并喜讥议[②]，而通轻侠客[③]。援前在交趾[④]，还书诫之曰："吾欲汝曹[⑤]闻人过失，如闻父母之名，耳可得闻，口不可得言也。好议论人长短，妄[⑥]是非正法[⑦]，此吾所大恶[⑧]也，宁死不愿闻子孙有此行也。汝曹知吾恶之甚矣，所以复言者，施衿结缡，申父母之戒[⑨]，欲使汝曹不忘之耳！龙伯高[⑩]敦厚周慎[⑪]，口无择言[⑫]，谦约节俭，廉公[⑬]有威。吾爱之重之，愿汝曹效之。杜季良[⑭]豪侠好义，忧人之忧，乐人之乐，清浊无所失[⑮]，父丧致[⑯]客，数郡毕至，吾爱之重之，不愿汝曹效也。效伯高不得，犹为谨敕[⑰]之士，所谓刻鹄不成尚类鹜[⑱]者也。效季良不得，陷为天下轻薄子，所谓画虎不成反类狗者也。讫今季良尚未可知，郡将下车[⑲]辄切齿[⑳]，州郡以为言[㉑]，吾常为寒心，是以不愿子孙效也。"

【注释】

① 选自范晔《后汉书》卷二十四列传十四《马援传》（中华书局 1965 年版），原传本无此题目，题目是后人所加。马援（前 14—49），字文渊。东汉扶风茂陵（今陕西兴平县东北）人。王莽新朝末年，天下大乱，援先投于割据陇西的隗嚣麾下，后归附光武帝刘秀，为东汉开国功臣之一。后又西破羌人，南征交趾，官至伏波将军，封新息侯，人尊称其为"马伏波"。

② [讥议] 讥讽、议论。

③ [通轻侠客] 与轻佻侠士之人交好。通，交往。轻，这里指轻佻之士。

④ [交趾] 汉郡名，在今越南北部。

⑤ [汝曹] 你们。

⑥ [妄] 乱。

⑦［正法］正当的法度。

⑧［恶(wù)］忌讳。

⑨［施衿(jīn)结缡(lí)，申父母之戒］古时礼俗，女子出嫁，母亲把佩巾、带子结在女儿身上，为其整衣。父戒女曰："戒之敬之，夙夜无违命。"母戒女曰："戒之敬之，夙夜无违宫事。"衿，佩带。缡，佩巾。

⑩［龙伯高］名述，东汉初人，光武帝擢为零陵太守，在郡四年，甚有治绩。

⑪［周慎］周全谨慎。

⑫［口无择言］意思是出口皆合道理，无需选择。形容说的话很正确。

⑬［廉公］廉明公正。

⑭［杜季良］东汉初人，官至越骑司马。

⑮［清浊无所失］意为诸事处置得宜。

⑯［致］招引，招致。

⑰［谨敕(chì)］谨慎自饬。敕，通"敕"。

⑱［刻鹄不成尚类鹜］刻画天鹅不成，尚能像野鸭。比喻虽仿效不及，尚不失其大概。

⑲［下车］指官员初到任。

⑳［切齿］表示痛恨。

㉑［以为言］以此为口实、话柄。

【评析】

马援的两个侄子马严、马敦平时喜结交侠客、讥评时政，令他很是担心，当时马援正领兵远征交趾，饶是如此，他还是在戎马倥偬之际作此书信，万里传书，对侄子谆谆教诲。

汉代豪侠之风盛行，《史记》《汉书》皆有《游侠列传》，而汉代朝廷对豪侠的打压也十分严酷，光武帝刘秀就曾任用强吏，"搏击豪强，莫不震栗"(《后汉书·酷吏传·董宣传》)。马援对具有豪侠作风的轻狡之士深为忌讳，告诫子侄绝不可效法这类人物自取其祸。文章并没有空谈道理，而是举现实人物为例，通过对龙伯高与杜季良的对比，强化了作者的态度：龙、杜二人皆受人爱重，然前者敦厚谨慎，可为楷范；而后者则豪荡张扬，不足为法。马援可谓善于品鉴人物，其后龙伯高以公忠廉威为汉武帝赏识，擢为零陵太守；而杜季良则因“为行浮薄，乱群惑众”被免去官职，可以说是马援这封书信的最好注脚。由此马援垂训子侄的立身处世之道也就不言自明了，那就是：敦厚诚朴，谦逊谨慎，保持戒惧，修身养德。

文章言简意赅，字字珠玑，语重心长，发人深省。肃严之意与殷切之情并皆溢于言表，充分表现了一位亲切随和而又端严方正的长辈对晚辈的教诲、期望与爱护。

【理性思考】

1. 阅读史书对马援生平事迹的完整记载，综合评价马援精神。
2. 你还知道中国古代哪些家训类的著作？它们有什么共同特点？

【延伸阅读】

1.《后汉书·马援传》，范晔《后汉书》卷二十四，中华书局 1965 年版。

2. 诸葛亮《诫子》，严可均辑《全上古三代秦汉三国六朝文·全三国文》卷五十九，中华书局 1958 年版。

3. 颜之推《颜氏家训·省事篇》，王利器集解《颜氏家训集解》卷五，中华书局 1993 年版。

论盛孝章书[①]

孔　融

岁月不居[②]，时节如流。五十之年，忽焉已至。公[③]为始满，融又过二。海内知识[④]，零落殆尽[⑤]，惟会稽[⑥]盛孝章尚存。其人困于孙氏[⑦]，妻孥[⑧]湮没，单孑[⑨]独立，孤危愁苦。若使[⑩]忧能伤人，此子不得永年矣！

《春秋传》[⑪]曰："诸侯有相灭亡[⑫]者，桓公不能救[⑬]，则桓公耻之[⑭]。"今孝章，实丈夫之雄[⑮]也。天下谈士[⑯]，依以扬声，而身不免于幽絷[⑰]，命不期于旦夕，吾祖不当复论损益之友[⑱]，而朱穆所以绝交也[⑲]。公诚能驰一介[⑳]之使，加咫尺之书[㉑]，则孝章可致，友道可弘矣。

今之少年，喜谤前辈，或能讥评孝章。孝章要为[㉒]有天下大名，九牧[㉓]之人，所共称叹。燕君[㉔]市[㉕]骏马之骨，非欲以骋道里[㉖]，乃当以招绝足[㉗]也。惟公匡复汉室，宗社将绝，又能正之。正之术，实须得贤。珠玉无胫[㉘]而自至者，以人好之也，况贤者之有足乎？昭王筑台以尊郭隗[㉙]，隗虽小才，而逢大遇，竟能发明主之至心，故乐毅[㉚]自魏往，剧辛[㉛]自赵往，邹衍[㉜]自齐往。向使郭隗倒悬[㉝]而王不解，临难而王不拯，则士亦将高翔远引，莫有北首[㉞]燕路者矣。凡所称引，自公所知，而复有云者，欲公崇笃斯义也。因表不悉[㉟]。

【注释】

① 选自南朝梁萧统编《文选》卷四十一（上海古籍出版社1986年版）。孔融（153—208），字文举，鲁国（今山东曲阜）人，孔子第十九世孙。东汉末年文学家，"建安七子"之一。官至太中大夫，喜抨议时政，因言辞激烈触怒曹操，为其所杀。孔融原有的文集已散佚不全，明人张溥辑有《孔北海集》。盛宪，字孝章，吴地人。孙策平定吴地之后，为巩固政权，接连诛杀了许多英豪之士，孔融担心友人盛宪受到迫害，就写

了这封书信向曹操举荐他，使其能脱离虎口。曹操采纳了孔融的意见，并授予盛宪都尉一职，但诏命尚未送达，盛宪已遭杀害。

②［居］停留。

③［公］指曹操。

④［知识］相知相识的友人。

⑤［零落殆尽］大多都已不在人世。零落，这里指死亡。殆，将要。

⑥［会(kuài)稽］古地名，今浙江绍兴一带。

⑦［孙氏］指孙策、孙权政权。

⑧［妻孥(nú)］妻子和儿女。孥，子女。

⑨［单孑(jié)］孤单的样子。孑，孤独。

⑩［若使］假如……的话。

⑪［春秋传］此处指《公羊传》，为"《春秋》三传"之一，另外两部是《左传》和《谷梁传》。后文引语出自《公羊传·僖公元年》。

⑫［相灭亡］诸侯国之间相互吞并，使对方灭亡。

⑬［桓公不能救］桓公不能挽救被灭亡的小国。这里指邢国被夷狄所灭。

⑭［桓公耻之］齐桓公被推举为盟国之主，就应当以保护各诸侯国为己任，而盟国中的邢国却没有免于被夷狄灭亡的命运，所以桓公以之为耻。

⑮［丈夫之雄］大丈夫中的佼佼者。雄，杰出者。

⑯［谈士］游说之士。

⑰［幽縶(zhí)］幽禁，束缚。

⑱［吾祖不当复论损益之友］孔子也不会再去讨论损友与益友的区别了。吾祖，指孔子。孔子论益友、损友之别，见《论语·季氏》。

⑲［朱穆所以绝交也］这就是朱穆写《绝交论》的原因了。朱穆，东汉人。

⑳［一介］一个。

㉑［加咫尺之书］下达一封任命盛宪的书信。加，施加。咫尺之书，代指书信，古代书写用木简，信札之简长盈尺，故称。咫，古代以八寸为咫。

㉒［要为］总体来说的确是。要，概括，总括。为，是。

㉓［九牧］九州。

㉔［燕君］燕君，燕昭王。

㉕［市］买。

㉖［道里］道路与田里。此处泛指道路。

㉗［绝足］千里马。骏马飞奔之时，马蹄沾不到尘土，故曰“绝足”。

㉘［胫］小腿。

㉙［昭王筑台以尊郭隗（wěi）］燕昭王为了招纳贤才，为郭隗筑台（一说筑宫）以示尊崇。

㉚［乐毅］战国后期名将，今河北人，魏国名将乐羊后裔。

㉛［剧辛］战国时将领，原居于赵国，后来听说燕昭王下诏求贤，故由赵赴燕。

㉜［邹衍］战国末期人，阴阳家创始人，著有《邹子》。

㉝［倒悬］头朝下脚朝上的悬挂，比喻境况危急。

㉞［北首］朝北瞻望。

㉟［不悉］书信中的客套语，意为不再一一详述。

【评析】

孔融是孔子后裔，汉末名士，在社会舆论方面具有较强的影响力。孔融在早期，比如写这篇书信时，与曹操的矛盾尚未激化，但后来开始公然反对曹操的一些政令，甚至对其进行嘲讽，最终招惹杀身之祸。

文章的开头，并没有直接进入解救盛宪这个主题，而是说时光飞逝，人生短暂，这样从常人的情感说起，就更容易引起内心的共鸣，与曹操拉近感情。之后，孔融再大致说明盛宪极端穷困的境地。从弘扬友道这个“私德”的角度指出，解救这位“益友”是士人义不容辞的责任。

从“公德”方面来说，盛宪是不可多得的人才，是国家栋梁。招揽贤才，对汉室复兴有着极为重要的意义。孔融不止一次地将曹操比作齐桓公、燕昭王这类历史名君，虽不无溢美之嫌，但孔融和曹操一样，都是爱慕贤才之人，在这一点上，二人并无异议，而成就这篇美文的根本原因也正在于此。

孔融的这封书信，虽然也可以说是晓之以情，动之以理。但这个“理”并非纯粹意义上的道理阐发，它仍然被层层地包裹在华美的文辞之中。刘师培在《中国中古文学史》中评价孔融之文，曰“奋笔直书，以气运词”，可谓正中要害。与孔融同时代的曹丕，认为孔融“不能持论，理不胜辞”，也许有些过分，但这封书信之所以能打动曹操，恐怕还在于文辞的充沛而不是说理的精湛。

【理性思考】

1. 孔融将曹操比作齐桓公和燕昭王，其措辞是否妥当，你是如何看待的？

2. 试思孔融举出的哪种理由最能打动曹操，使其决定与江东交涉搭救盛宪？

3. 孔融、盛宪皆为汉末名士，但当时名士往往惨遭屠戮，盛宪、孔融皆是，至魏晋时期的何晏、夏侯玄、嵇康等也都如此，如果你了解这段历史的话，思考是什么原因造成了名士的这种结局？

【延伸阅读】

1. 曹操《让县自明本志令》，《曹操集》，中华书局 2013 年版。

2. 孔融《荐祢衡表》，萧统编、李善注《文选》卷三十七，上海古籍出版社 1986 年版。

3. 陈寿撰，裴松之注《三国志 · 魏书》卷二十《崔琰传》后附《孔融传》，中华书局 1959 年版。

与子俨等疏[①]

陶渊明

告俨、俟、份、佚、佟[②]：天地赋命[③]，生必有死，自古贤圣，谁独能免？子夏[④]有言曰："死生有命，富贵在天[⑤]。"四友之人[⑥]，亲受音旨[⑦]，发斯谈[⑧]者，将非穷达不可妄求，寿夭永无外请故耶[⑨]？

吾年过五十，而穷苦荼毒[⑩]，每以家弊[⑪]，东西游走。性刚才拙，与物多忤[⑫]。自量为己，必贻[⑬]俗患，僶俛辞世[⑭]，使汝等幼而饥寒。余尝感孺仲贤妻[⑮]之言，败絮自拥，何惭儿子[⑯]？此既一事矣[⑰]。但恨邻靡二仲[⑱]，室无莱妇[⑲]，抱兹苦心，良[⑳]独内愧。

少学琴书，偶爱闲静，开卷有得，便欣然忘食。见树木交荫，时鸟变声，亦复欢然有喜。常言：五六月中，北窗下卧，遇凉风暂至，自谓是羲皇上人[㉑]。意浅识罕[㉒]，谓斯言[㉓]可保。日月遂往，机巧好疏[㉔]，缅求在昔[㉕]，眇然如何[㉖]！

疾患以来，渐就[㉗]衰损，亲旧不遗[㉘]，每以药石[㉙]见救，自恐大分[㉚]将有限也。汝辈稚小家贫，每役柴水之劳，何时可免？念之在心，若何可言！然汝等虽不同生[㉛]，当思四海皆兄弟[㉜]之义。鲍叔、管仲，分财无猜[㉝]；归生、伍举，班荆道旧[㉞]。遂能以败为成[㉟]，因丧立功[㊱]。他人尚尔，况同父之人哉！颍川韩元长[㊲]，汉末名士，身处卿佐，八十而终。兄弟同居，至于没齿[㊳]。济北范稚春[㊴]，晋时操行人[㊵]也，七世同财，家人无怨色。《诗》曰："高山仰止，景行行止[㊶]。"虽不能尔，至心尚之[㊷]。汝其慎哉！吾复何言。

【注释】

① 选自《陶渊明集笺注》卷七（袁行霈笺注，中华书局2003年版）。陶渊明（352或365—427），字元亮，一说名潜，字渊明，世称"靖节先生"，浔阳柴桑（今江西九江）人。东晋伟大诗人。曾任彭泽令，因当时

社会动乱，政治腐败，遂去职归隐。其诗多涉田园生活，而蕴含着不与世俗同流合污的超轶精神。

②［俨、俟、份、佚、佟］俨，陶渊明长子。俟、份、佚、佟，皆陶渊明之子。古人为子取名，多用同一偏旁，以表示同出之意。

③［天地赋命］天地赋予人生命。

④［子夏］孔子弟子，以文学见长。

⑤［死生有命，富贵在天］人的生死、富贵都存有天数，不必强求。语见《论语·颜渊》。

⑥［四友］孔子的四位弟子，颜渊、子贡、子张、子路，一说四友中或有子夏，陶渊明即认为子夏是四友之一。

⑦［亲受音旨］亲自得到孔子的教导。音旨，言辞旨意，这里指受教诲。

⑧［斯谈］指“死生有命，富贵在天”这一论断。

⑨［将非……耶］难道不是（因为）……吗？外请，向（天命）以外去请求，即强求之意。

⑩［荼毒］苦痛。荼，苦。

⑪［家弊］家庭衰落。

⑫［与物多忤］与世俗多有抵触。物，世俗之人、事。忤，抵触。

⑬［贻］留下。

⑭［僶俛辞世］努力辞去世俗之事。僶俛，勤奋，努力。辞世，避世。

⑮［孺仲贤妻］指王霸的妻子。王霸，字孺仲。王霸因为儿子与做高官的友人令孤子伯之子相比差距太大，从而对自己的归隐产生了怀疑，此时王霸之妻对其进行安慰，坚定了其归隐的想法。事见《后汉书》卷八十四《列女传》。

⑯［何惭儿子］对子女来说，又有什么好惭愧的呢？

⑰［此既一事矣］是说自己和王霸一样，选择归隐却让儿子生活受苦，虽然有所惭愧，但自己还是要坚持归隐。

⑱［邻靡二仲］没有像二仲一样的邻居。靡，没有。二仲，求仲、羊仲，二人皆为隐士。

⑲［莱妇］老莱子的妻子。老莱子归隐之后，曾因高官厚禄产生过动摇，妻子于是对其进行规劝，最终二人共同归隐。事见刘向《列女传》卷二。

⑳［良］甚，非常。

㉑［羲皇上人］伏羲氏以前的人，指远古时期纯朴真淳之人。

㉒［意浅识罕］自己的思考和见识都非常寡陋。浅，浅薄。罕，见识不广。

㉓［斯言］即上文中所描绘的闲散自由的生活。

㉔［机巧好(hào)疏］在投机取巧方面往往生疏。好，往往，总是。

㉕［缅求在昔］远远地回忆起昔日的生活。缅，远。

㉖［眇然如何］昔日的生活已经渺茫而不可求了。眇，遥远。如何，无可奈何。

㉗［就］接近，靠近。

㉘［不遗］不丢弃。遗，丢弃，抛弃。

㉙［药石］泛指药物。石，治病用的砭石。

㉚［大分(fèn)］大限，寿命。

㉛［虽不同生］虽然不是同母所生。

㉜［四海皆兄弟］四海之内的人，都可以是自己的兄弟。此为子夏之语，见《论语·颜渊》。

㉝［鲍叔、管仲，分财无猜］鲍叔和管仲一起做生意，在划分财产的时候，管仲屡次多取，鲍叔知道管仲家贫有母，并没有疑忌不满。事见《史记·管晏列传》。

㉞［归生、伍举，班荆道旧］归生和伍举情谊不改。归生为蔡太师子朝之子，伍举为楚人伍参之子，双方父子各自为友，伍举落难外逃之时恰逢归生出使，归生待之如旧。事见《左传·襄公二十六年》。班荆，把树枝、荆条摊开放在地上。班，排布。道旧，叙旧。

㉟［以败为成］管仲之前遭遇了多次失败，但鲍叔给管仲足够的理解和支持，最终使管仲一举成名。以，使。

㊱［因丧立功］伍举因楚共王之死而建立功业。

㊲［韩元长］韩融，字元长，后汉时人。陶渊明谓其“八十而终”及“兄弟同居，至于没齿”之事，史所不载。

㊳［没齿］终身。

㊴［范稚春］济北人，年七十一卒。事见《晋书·儒林传》。

㊵［操行人］有操守的人。

㊶［高山仰止，景行行止］像高山一样使人仰望；像大道一样使人遵行。止，语助。景，大。语见《诗经·小雅·车舝》。

㊷［虽不能尔，至心尚之］我虽然达不到这样的境界，但向往之心却是至诚的。尔，这。至心，至诚之心。

【评析】

陶渊明是中国伟大的文学家，他的诗歌、散文、辞赋都是上乘之作。陶渊明的诗风平淡而隽永，正如苏轼所说：“质而实绮，癯而实腴。”他的散文也是如此，平淡朴素之中透露着深刻与成熟。文中“少学琴书”及“汝辈稚小家贫”等句子没有任何注释，是因为不需要任何注释。其语言质朴无华，但文字直探肺腑，情真意切，读之不禁动容，难以释怀。

财富，在陶渊明这样的清高之士看来，根本不值一提。可是一旦关系到子女的生存，尤其是在自己身患重病，不久人世之时，陶渊明还是回到了世俗，他对儿子谆谆教诲：不要因为钱财而伤了兄弟亲情，要相互团结，向韩元长、范稚春的家族学习。陶渊明这样交待，可见他并非是一味的潇洒自如，并非是“圣人无情”。陶渊明不能遗世而独立，所以内心才有矛盾：归隐的代价是“使汝等幼而饥寒”、“汝辈稚小家贫”。士人的操守与父亲的责任不可避免地出现了矛盾，而且永远无法调和。

终极的自由，必定建立在痛苦的割舍之上。唯有矛盾，才显真实；唯有痛苦，方是血肉。陶渊明放心不下的，还是这份亲情；让他困扰的，还是家产贫乏。然而，陶渊明最终还是选择了归隐。在痛苦与矛盾之中，陶渊明决定了，放下了，所以也得到了。金代诗人元好问在《论诗绝句三十首》(其四)中评价陶诗:“一语天然万古新，豪华落尽见真淳。”落尽的豪华，是一种淡然的解脱，是一种清醒的坚持，而陶渊明的可贵也正在于此。

【理性思考】

1. 阅读和研究古代文学作品，往往要“感”字当头，由感而入。陶渊明的这篇家书，给你最大的触动在哪里?

2. 古人讲“君君，臣臣，父父，子子”的孝悌之道，实际不仅强调了臣对君要忠，子对父要孝，同时也强调了君父要以身作则，具备应有的德行，才能要求臣子尽忠孝，而非一味愚忠愚孝。明白了这一点，再来看陶渊明的这篇文章，思考他是如何从父亲的角度来教导子女的。

3. 陶渊明十分清楚遁世隐居必然会使他与家人的物质生活陷入窘困，但他仍然无怨无悔地固守田园，不改初衷，是怎样的精神在支持着他做出这种人生选择?

【延伸阅读】

1. 陶渊明《饮酒二十首》，袁行霈笺注《陶渊明集笺注》卷三，中华书局 2003 年版。

2. 萧统《陶渊明传》，袁行霈笺注《陶渊明集笺注》附录。

3. 鲁迅《魏晋风度及文章与药及酒之关系》，《鲁迅全集·而已集》，人民文学出版社 2005 年版。

贞节君碣[1]

张 说

神功[2]元年十月乙丑，阳鸿卒于雩都县[3]。友人沛国朱敬则、清河孟乾祚、范阳卢禹[4]等，哀鸿抱德没地[5]，继体未识[6]，考行定谥[7]，葬于旧域[8]。

鸿字季翔，平恩[9]人也。其先著族右北平郡[10]，大父[11]真阳宰[12]，适兹乐土，爰定我居[13]；维桑与梓，既重世矣[14]。鸿倜傥奇杰，瑰玮博达，贯涉六籍[15]百家之言，其要在霸王大略、奇正大旨、君亲大义、忠孝大节而已。章句之徒，不之视也[16]。尝陋汉史《地理志》《周礼·职方志》，时异虚记[17]，心不厌[18]焉。乃攀恒岱[19]，浮洞庭，窥河源[20]，践岷衡[21]，稽[22]四海之风俗，算九州之险易，与赵国贯高[23]，图献其议。遇火焚荡，天下壮其志而痛其事。养徒闾里，不应宾辟[24]。仪凤[25]中，河北大使薛公[26]，举[27]鸿行励贪鄙[28]，天子嘉之，用置于吏，乃尉[29]汲[30]、曲阿[31]，主簿[32]龙门[33]、雩都。夫其屏居十年，一方化德；历佐四邑，诸侯观政。惜乎有大才，无贵仕，命也。

初，鸿游太学[34]，有书生山东李思言物故[35]南馆，鸿伤其终远家属，有丧无主[36]，乃躬[37]驾柩车，送归东土。及在曲阿，敬业作难[38]，润州[39]藉[40]鸿得人，历旬[41]坚守，城既陷而犹斗，力虽屈而蹈节[42]，寇义而脱之[43]，因伪加朝散大夫，即署曲阿令。鸿贞而不谅[44]，诡应求伸[45]。既入邑，则焚服[46]阖[47]门而设拒矣，故得殿邦奋旅[48]，一境赖存。淮海底绩，勋答效功[49]，卒[50]不言赏，赏亦不及。君子以为，急友成哀，高义也；临危抗节[51]，秉礼也；矫寇违祸[52]，明智也；保邑匿勋[53]，近仁也。义以利物，智以周身，礼以和众，仁以安人。道有五常[54]，鸿擅[55]其四；武有七德[56]，鸿秉其二。大虑克就[57]之谓"贞"，好廉自克[58]之谓"节"。粤若[59]夫子，可谥为"贞节"也已。于是纪名垂迹，表墓勒石。其词曰：

倬[60]良士，纵[61]自天。辨方物，覈[62]山川，厥[63]志大哉。峻刚节，殷[64]

义声，返旅榇[65]，晏[66]穷[67]城，厥德迈[68]哉。哀斯人，命莫赎，德不朽，温如玉，轨[69]来世哉。

【注释】

① 选自《张说集校注》（熊飞校注，中华书局2013年版）。张说（667—730），字道济，一字说之，河南洛阳人。唐大臣，曾三次任相，玄宗时封燕国公。执掌文坛三十年，为一代文宗，与许国公苏颋齐名，并称“燕许大手笔”。

② [神功] 武则天为帝时的年号，只用了一年，即公元679年。

③ [雩都县] 今江西于都县。

④ [沛国朱敬则、清河孟乾祚、范阳卢禹] 沛国、清河、范阳，均为旧时郡、国名，唐人好标称郡望，它们分别是朱氏、孟氏、卢氏的郡望。朱敬则，字少连，亳州永城（今属河南）人，官至正谏大夫，同凤阁鸾台平章事，后被诬降官。精通史学，著有《十代兴亡论》等。孟乾祚、卢禹，生平不详。

⑤ [抱德没地] 持守着高尚的道德而不幸辞世。

⑥ [继体未识] 谓不知其后代。

⑦ [考行定谥] 考核一生行迹，议定谥号。

⑧ [域] 墓地。

⑨ [平恩] 今河北丘县。

⑩ [其先著族右北平郡] 阳氏祖先出于右北平郡。

⑪ [大父] 祖父。

⑫ [真阳宰] 真阳县的县令。真阳，今河南正阳县。

⑬ [适兹乐土，爰定我居] 意谓在此地定居。化用《诗·魏风·硕鼠》“适彼乐土，爰得我所”句意。

⑭ [维桑与梓，既重世矣] 意谓以此地为故乡，也已累世。《诗·小雅·小弁》：“惟桑与梓，必恭敬止。”桑与梓为古代宅边常栽之树木，后遂以喻故乡。

⑮［六籍］同“六经”,即《易》《书》《诗》《礼》《乐》《春秋》。

⑯［章句之徒,不之视也］意谓阳鸿轻视专治章句训诂、皓首穷经之人。章句,汉儒所创的一种通过分章析句来解释经典的方法。

⑰［时异虚记］意为时代变迁,环境变化,古书中的记载已不能完全适应当下,故谓之“虚记”。

⑱［厌］满意。

⑲［恒岱］指恒山和泰山。

⑳［河源］黄河源头。

㉑［岷衡］岷山与衡山。

㉒［稽］考察。

㉓［赵国贯高］人名,生平不详。

㉔［养徒闾里,不应宾辟］在乡里教授弟子,拒绝朝廷待以客礼的征召。

㉕［仪凤］唐高宗李治年号。

㉖［河北大使薛公］指薛元超,当时巡抚河北道。

㉗［举］荐举。

㉘［行励贪鄙］意谓阳鸿的嘉行能砥砺贪鄙之人,使之改过从新。

㉙［尉］负责一县治安的官吏。此作动词,任县尉。

㉚［汲］今河南汲县。

㉛［曲阿］今江苏丹阳市。

㉜［主簿］负责文书簿籍等事务的地方官吏。此作动词,任主簿。

㉝［龙门］今山西河津县。

㉞［太学］指唐代国子监。

㉟［物故］去世。

㊱［有丧无主］有丧事而无主持丧事的丧主。旧丧礼以嫡长子或长孙为丧主。

㊲［躬］亲自。

㊳［敬业作难］武则天光宅元年(684)九月,徐敬业据扬州起兵,

反对武则天称帝。十月率众渡江，攻拔润州，杀刺史李思文，十一月兵败被杀。

㊴［润州］今江苏镇江市。

㊵［藉］凭借，依靠。

㊶［旬］十日。

㊷［蹈节］信守节操。

㊸［寇义而脱之］叛军因他节义而放了他。

㊹［贞而不谅］君子坚守正道则不拘小信。语出《论语·卫灵公》。谅，信。

㊺［诡应求伸］意谓假装应允叛军的任命以求得守城退敌的机会。

㊻［焚服］烧掉叛军颁发的官服。

㊼［阖］通“合”，关闭。

㊽［殿邦奋旅］镇守城邦，振奋军队。殿，镇。

㊾［淮海底绩，勋答效功］意谓平定扬州叛乱的功绩，都有所奖赏。淮海，指扬州地区。底，犹“的”，助词。

㊿［卒］最后。

51［抗节］坚持操守。

52［违祸］避祸。违，避开。

53［保邑匿勋］保守城邑而隐藏功勋。

54［五常］仁、义、礼、智、信。

55［擅］占有。

56［武有七德］行使武力有七种功德。语出《左传·宣公十二年》：“夫武，禁暴、戢兵、保大、定功、安民、和众、丰财者也。武有七德，我无一焉。”

57［大虑克就］远大的谋略能够成就。克，能够。

58［克］克制，约束。

59［粤若］发语词。

⑥⓪［倬(zhuō)］高大，显著。

⑥①［纵］放纵，如“天纵奇才”之“纵”。

⑥②［覈］通“核”。

⑥③［厥］其。

⑥④［殷］盛。

⑥⑤［榇(chèn)］棺材。

⑥⑥［晏］安。

⑥⑦［穷］这里是危机的意思。

⑥⑧［迈］超迈，不凡。

⑥⑨［轨］法。

【评析】

号称“燕、许大手笔”之一的燕国公张说，擅长碑文墓志，当时无能及之者。这篇记述阳鸿事迹德义的墓碣，是这类文字中有代表性的一篇。

墓碑与墓碣都是立在墓前的石刻，据《唐六典》卷四载：“五品以上立碑，螭首龟趺，趺上高不过九尺；七品以上立碣，圭首方趺，趺上高不过四尺。”文章按碑碣文字惯例简要叙述阳鸿的卒葬与籍贯家世后，随即转入对其学问识见及著述的评赞，揭出其学问之要在“霸王大略、奇正大旨、君亲大义、忠孝大节”，而非拘拘于章句之学。但阳鸿所学又绝非空言虚论，而是注重实地调查，以此检验并修正前人著作，包括像《周礼》这样的儒家经典和《汉书》这样的正史。这种注重现实政治、注重实地考察、不迷信前人的学风，正是昌盛开扩时代的知识分子恢宏博达精神风貌的反映。作者在叙述其为学之要与实地考察之行时，分别连用四个结构相同的四字句与三字句，节短势促，连贯而下，极有气势。接下来一小段简要叙述阳鸿的仕历，追叙他生平事迹中两件特别值得表彰且能见其人格的事：一是游太学时遇山东书生李思言去世，他亲驾灵车送其丧归故土，表现出阳鸿急公好义的高尚品德。二是适逢徐敬业起兵造反，他先是助守润州，城陷后假意接受伪职，旋即据守曲阿拒寇，从而保全了邑境。这件事既彰显出他的大节，更突出了他的智慧。

对于阳鸿这位“志大”、“德迈”的士人，如何盖棺论定他的一生？张说认为以“贞节”谥之可当之无愧，“大虑克就之谓‘贞’，好廉自克之谓‘节’”。文章用恢宏大度的“大手笔”勾勒了阳鸿的生平，这与墓主的事迹无疑是相得益彰的。

【理性思考】

1. 怎么评价阳鸿第一次守城失败后的“曲线救国”？

2. 唐人评价人物，往往特别看重对方的惊才绝艳或倜傥奇杰，这反映了唐代怎样的时代特点？

3. 中唐时期的韩愈也是写作墓志文章的高手，你读过相关作品么？试与张说此文作一比较。

【延伸阅读】

1. 韩愈《平淮西碑》，马其昶校注《韩昌黎文集校注》卷七，上海古籍出版社 1998 年版。

2. 韩愈《试大理评事王君墓志铭》，马其昶校注《韩昌黎文集校注》卷六，上海古籍出版社 1986 年版。

3. 柳宗元《段太尉逸事状》，《柳宗元集》卷八，中华书局 1978 年版。

祭小侄女寄寄文①

李商隐

正月二十五日，伯伯以果子、弄物②招送寄寄体魄③，归大茔④之旁。

哀哉！尔生四年，方复本族⑤，既复数月，奄然归无⑥。于鞠育⑦而未申，结悲伤而何极！来也何故，去也何缘？念当稚戏之辰⑧，孰⑨测死生之位[10]？时吾赴调京下[11]，移家关中[12]。事故纷纶[13]，光阴迁贸[14]。寄瘗[15]尔骨，五年于兹。白草枯荄[16]，荒途古陌。朝饥谁饱，夜渴谁怜？尔之栖栖[17]，吾有罪矣！

今吾仲姊[18]，反葬有期，遂迁尔灵，来复先域[19]。平原卜穴[20]，刊石书铭[21]。明知过礼之文[22]，何忍深情所属[23]！

自尔殁[24]后，侄辈数人。竹马玉环，绣襜文褓[25]。堂前阶下，日里风中，弄药[26]争花，纷吾左右。独尔精诚[27]，不知所之。况吾别娶[28]以来，胤绪[29]未立，犹子[30]之义，倍切他人[31]。念往抚存[32]，五情[33]空热。

呜呼！荥水[34]之上，坛山[35]之侧。汝乃曾乃祖[36]，松槚[37]森行。伯姑仲姑，冢坟相接。汝来往于此，勿怖勿惊。华彩衣裳，甘香饮食。汝来受此，无少无多[38]。汝伯祭汝，汝父哭汝。哀哀寄寄，汝知之邪！

【注释】

① 选自《樊南文集》卷六（上海古籍出版社 1988 年版）。李商隐（约 813—约 858），字义山，号玉溪生、樊南生，怀州河内（今河南沁阳）人。开成进士，曾任县尉、秘书郎、东川节度使判官等职。因受牛李党争影响，被人排挤，潦倒终生。晚唐诗文名家。有《李义山诗集》《樊南文集》。

② [弄物] 玩具。

③ [体魄] 身体魂魄。

④ [大茔(yíng)] 祖坟。

⑤ [方复本族] 才回到本家。

⑥ [奄然归无] 忽然归于虚无，即死亡。

⑦ [鞠育] 抚养保育。

⑧ [稚戏之辰] 幼小嬉戏的时候。

⑨ [孰] 谁。

⑩ [位] 指时限。

⑪ [赴调京下] 去京城长安听候调职。

⑫ [关中] 古以函谷关以西称关中。

⑬［事故纷纶］事情纷乱。

⑭［迁贸］移动变化。

⑮［寄瘞(yì)］临时埋葬，寄葬。

⑯［枯荄(gāi)］枯萎的草根。

⑰［栖栖］孤独不安。

⑱［仲姊］二姐。

⑲［先域］祖坟。

⑳［卜穴］占卜埋棺的地方。

㉑［书铭］写墓志铭。

㉒［过礼之文］超过礼仪规定的文字。按礼法规定年幼而亡，不该刊石书铭。

㉓［属(zhǔ)］系，连缀。

㉔［殁(mò)］死。

㉕［绣襜(chān)文褓(bǎo)］绘饰有文彩的短上衣和婴儿被。

㉖［药］芍药花。

㉗［精诚］魂魄，灵魂。

㉘［别娶］续娶。开成三年，李商隐娶王茂元之女为妻。

㉙［胤绪］子嗣。

㉚［犹子］侄子，将侄子当作自己的儿子一样看待。古代男女通称子，侄女亦称犹子。

㉛［倍切他人］情义胜过别人。

㉜［念往抚存］想念死者，体恤生者。

㉝［五情］五内，指内心。

㉞［荥水］黄河支流，在今河南荥阳境内。

㉟［坛山］在今河南荥阳境内。

㊱［乃曾乃祖］泛指先祖。

㊲［槚(jiǎ)］槚树，常与松树一起种于坟前。

㊳［无少无多］无论多少。

【评析】

唐武宗会昌四年(843),李商隐守母丧,遂将寄放各地的亲属灵柩迁回故乡安葬,并一一写了祭文。共九篇。此文祭四岁夭亡的小侄女。寄寄,是他弟弟羲叟的女儿,四岁而夭,初葬于济源(今属河南),这年迁葬到商隐祖茔所在的荥阳(今河南郑州)坛山。

文章一开始,就以充满感情的笔调叙述了迁葬的事情。用散体明点日月,交待祭奠者与祭奠对象,虽属祭文通例,但说“伯伯以果子、弄物招送寄寄体魄”,便见亲切爱抚,切合双方身分。“归大茔之旁”,点出“归”字,既为下文描绘未归前孤魂栖栖之情作反托,又为末段伏脉。接着,以强烈的哀叹转入对寄寄夭折及死后情事的追叙。寄寄出生后,大约曾寄养在外姓人家,后方回到父母身边,故有“尔生四年,方复本族”之语。对这样一个出生后就未能得到亲生父母爱抚、刚回到父母身边又旋即夭折的幼女,作者怀着一种特殊的怜爱之情。接下来,作者又用追忆之笔叙写寄寄死后自己的情况和想像寄寄孤魂无依的情景,其中融入了深沉的身世之感。“事故纷纶,光阴迁贸”八个字蕴含了许多难以尽言的人生遭际;而“白草”四句,更用诗的意境传出孤魂无依的凄恻和一片哀伤关切之情。

骈文最显著的特点之一是大量用典隶事。这对某些需要典重雅正的章表书奏来说,可能有一定的增饰作用;但对纯粹以抒情真挚取胜的哀祭之文,却往往是一种障碍,容易造成感情表达上的“隔”。韩愈《祭十二郎文》之所以取得很大的成功,跟运用奇句单行的散体有密切关系。李商隐的这篇祭文,虽然用的是骈体,却全不用典,通篇都用感情色彩极为浓郁的平易明畅的语言直抒深情,毫不雕琢,把叙事、描写、抒情紧密结合起来,声情并茂,自然流畅。

【理性思考】

1. 李商隐为什么要迁葬?

2. 该文是骈体文,却为什么没有使用典故?

3. 该文中寄托着李商隐怎样的身世之感?

【延伸阅读】

1. 韩愈《祭十二郎文》,马其昶校注《韩昌黎文集校注》卷五,上海古籍出版社 1998 年版。

2. 左思《娇女诗》,徐陵编、吴兆宜注《玉台新咏笺注》卷二,中华书局 1985 年版。

3. 梅尧臣《戊子三月二十一日殇小女称称三首》,朱东润校注《梅尧臣集编年校注》卷十八,上海古籍出版社 2006 年版。

苏氏文集序[1]

欧阳修

予友苏子美[2]之亡后四年,始得其平生文章遗稿于太子太傅杜公[3]之家,而集录之以为十卷。

子美,杜氏婿也,遂以其集归之,而告于公曰:"斯文,金玉也,弃掷埋没粪土,不能销蚀。其见遗于一时,必有收而宝之于后世者。虽其埋没而未出,其精气光怪已能常自发见,而物亦不能掩也[4]。故方其摈斥摧挫、流离穷厄之时,文章已自行于天下,虽其怨家仇人,及尝能出力而挤之死者,至其文章,则不能少毁而掩蔽之也。凡人之情,忽近而贵远,子美屈于今世犹若此,其伸于后世宜如何也。公其可无恨。"

予尝考前世文章政理之盛衰,而怪唐太宗致治几乎三王之盛,而文章不能革五代[5]之余习。后百有余年,韩、李[6]之徒出,然后元和之文始复于古。唐衰兵乱,又百余年而圣宋兴,天下一定,晏然无事。又几百年,而古文始盛于今。自古治时少而乱时多,幸时治矣,文章或不能纯粹,或迟久而不相及[7]。何其难之若是欤!岂非难得其人欤?苟一有其人,又幸而及出于治世,世其可不为之贵重而爱惜之欤?嗟吾子美,以一酒食之过，至废为民而流落以死[8]。此其可以叹息流涕，而为当世仁人君子之职位宜与国家乐育贤材者惜也。

子美之齿[9]少于予，而予学古文反在其后。天圣之间，予举进士于有司，见时学者务以言语声偶擿裂[10]，号为时文[11]，以相夸尚。而子美独与其兄才翁[12]及穆参军伯长[13]，作为古歌诗杂文，时人颇共非笑之，而子美不顾也。其后天子患时文之弊，下诏书讽勉学者以近古[14]。由是其风渐息，而学者稍趋于古焉。独子美为于举世不为之时，其始终自守，不牵世俗趋舍，可谓特立之士也。

子美官至大理评事[15]、集贤校理[16]而废，后为湖州长史[17]以卒，享年四十有一。其状貌奇伟，望之昂然而即之温温[18]，久而愈可爱慕。其材虽高，而人亦不甚嫉忌，其击而去之者，意不在子美也[19]。赖天子聪明仁圣，凡当时所指名而排斥，二三大臣而下，欲以子美为根而累之者[20]，皆蒙保全，今并列于荣宠。虽与子美同时饮酒得罪之人，多一时之豪俊，亦被收采，进显于朝廷。而子美独不幸死矣，岂非其命也！悲夫！

【注释】

① 选自《欧阳修全集》卷四十三（中华书局 2001 年版）。欧阳修（1007—1072），字永叔，号醉翁，晚号六一居士，吉州吉水（今江西吉安）人。北宋政治家，文学家。官至翰林学士、枢密副使、参知政事。谥文忠。北宋诗文革新的领袖，以文章冠天下，又精通史学，喜收集金石文字。有《欧阳文忠集》《新唐书》（与宋祁合修）《新五代史》《集古录》等。

② ［苏子美］苏舜钦（1008—1048），字子美，绵州盐泉（今四川绵阳东）人，迁居开封（今属河南）。工诗文，与欧阳修、梅尧臣唱和，多论政及抒写抱负之作。

③ ［杜公］苏舜钦岳父杜衍，仁宗庆历四年（1044）任宰相，不久罢去，皇祐元年（1049）进位太子太傅。

④ ［虽其埋没而未出，其精气光怪已能常自发见，而物亦不能掩也］借用“丰城剑气”的典故，赞颂苏舜钦文章的光辉不可掩盖。《晋书·

张华传》记载，张华见斗牛二星之间常有紫气，雷焕说是宝剑之精气上贯于天。于是张华派雷焕为丰城令，在地下掘得龙泉、太阿两宝剑。

⑤［五代］宋、齐、梁、陈、隋。一说梁、陈、齐、周、隋。

⑥［韩、李］指韩愈、李翱，两人主要活动期在唐宪宗元和年间。

⑦［或迟久而不相及］指文章兴盛时期往往来得很慢，因而赶不上太平盛世。

⑧［以一酒食之过，至废为民而流落以死］指苏舜钦等人进奏院饮酒宴会的过失。魏泰《东轩笔录》记载，苏舜钦掌进奏院，按例用卖库房、拆封废纸的钱备办酒席宴会，并召乐伎侑酒，被诬为"监守自盗"，革职为民，同时获罪被逐者十余人。这些人大多是当时名士，苏舜钦、王益柔都是范仲淹推荐的，苏又是杜衍的女婿。王拱辰等人的意图是扩大事态，打击范、杜等革新派人士。

⑨［齿］年龄。

⑩［擿裂］剔取割裂。

⑪［时文］即指与古文相对的骈文，是当时文坛上流行的文体。欧阳修等倡导诗文革新，就是要提倡古文，打击骈文。

⑫［才翁］苏舜元(1006—1054)，字才翁，苏舜钦之兄。

⑬［穆参军伯长］穆修(979—1032)，字伯长。曾任泰州司理参军。擅长古文，与苏舜钦兄弟力排时文，为宋代古文运动的先驱之一。

⑭［天子患时文之弊，下诏书讽勉学者以近古］指宋仁宗不满意时文，于天圣七年(1029)、明道二年(1033)、庆历四年(1044)多次下诏，责令礼部贡举戒除文弊，使文风渐趋好转。

⑮［大理评事］宋朝设大理寺，掌管一定品级以上官员的狱事，设大理正、丞、评事等官职，分掌断狱。

⑯［集贤校理］集贤院为三馆之一，设大学士、直学士、修撰、直馆、校理之职，掌刊辑经籍，由京官兼任。

⑰［湖州长史］苏舜钦庆历四年革职，寓居苏州，两年后被任命为湖州长史。长史，散官名，无实职，多以犯有过失的官员充任。

⑱［望之昂然而即之温温］看上去气宇轩昂，接近后发现他温厚平和。化用《论语·子张》"望之俨然，即之也温"句意。

⑲［其击而去之者，意不在子美也］意谓苏舜钦被排挤去官是因为受政治斗争牵连，而不是针对他个人。

⑳［欲以子美为根而累之者］想沿着苏舜钦这条线而牵连上一些人，指杜衍、范仲淹等。

【评析】

本文作于皇祐三年（1051），时作者知应天府兼南京留守司事。这是作者整理、编集亡友苏舜钦遗稿后撰写的序言。文中赞扬苏氏的才华和品格，对迫害苏舜钦的朝中大臣们作了委婉的指责；同时回顾了宋初诗文革新的历史，表彰苏氏在宋代古文运动中的先驱作用。文章将叙事、议论、抒情融为一体，语言低回深沉，一唱三叹，感情色彩浓烈。

作者先简略交待了编辑《苏氏文集》的过程，高度颂扬苏文的价值，将其比做金玉，认为即使埋没在粪土之中，也不会销磨腐蚀；即使一时被抛弃，后世也一定会被当做珍宝收藏。从文学方面对苏文作了极高评价后，接着论述了政治的盛衰与文章的盛衰并不完全一致，自古以来治世少而乱世多，一旦面临治世，而文章跟不上政治，那是由于不爱惜文学人才的缘故。由此，作者发出深沉的叹息："嗟吾子美，以一酒食之过，至废为民而流落以死。此其可以叹息流涕，而为当世仁人君子之职位宜与国家乐育贤材者惜也！"最后文章继续感叹苏氏的不幸，年仅不惑而亡，的确令人痛彻心扉。

清人储欣评价此文说："唏嘘流涕，典则森然。诸序中匠心之构。"（《唐宋八大家文钞·欧阳文忠公文钞》卷十六）清沈德潜也有类似评价："序中极言有文无命，徘徊惋惜，令后人读之，犹觉悲风四起。"（《唐宋十大家全集录·六一居士全集录》卷五）作者用平淡自然的语言，在娓娓而谈中不知不觉地沁人心脾、感人肺腑，这正是欧阳修文章"六一风神"的魅力所在。

【理性思考】

1. 试思欧阳修是如何看待文章发展与政治之间的关系的?

2. 欧阳修、苏舜钦等人为什么崇古文而抑时文?

3. 文中还提到了韩愈,他是唐代古文运动的领袖。该如何理解韩愈、欧阳修等人的“复古”口号,除了提倡古文,它还有更深远的文化意义吗?

【延伸阅读】

1. 韩愈《答李翊书》,马其昶校注《韩昌黎文集校注》卷三,上海古籍出版社 1986 年版。

2. 欧阳修《尹师鲁墓志铭》,《欧阳修全集》卷二十八,中华书局 2001 年版。

3. 陈邦瞻《宋史纪事本末・庆历党议》,《宋史纪事本末》卷二十九,中华书局 1977 年版。

释秘演诗集序①

欧阳修

予少以进士游京师②,因得尽交当世之贤豪。然犹以谓③国家臣一④四海⑤,休兵革⑥,养息天下,以无事者四十年,而智谋雄伟非常⑦之士无所用其能者,往往伏而不出,山林屠贩⑧必有老死而世莫见者,欲从而求之不可得。其后得吾亡友⑨石曼卿⑩。曼卿为人廓然⑪有大志,时人不能用其材,曼卿亦不屈以求合,无所放⑫其意,则往往从布衣⑬野老⑭酣嬉淋漓⑮,颠倒⑯而不厌⑰。予疑所谓伏而不见者,庶几⑱狎⑲而得之,故尝喜从曼卿游,欲因以阴求天下奇士。

浮屠⑳秘演者,与曼卿交最久,亦能遗外㉑世俗,以气节相高,二人欢然无所间㉒。曼卿隐于酒,秘演隐于浮屠,皆奇男子也。然喜为歌诗以自娱，当其极饮大醉，歌吟笑呼，以适[23]天下之乐，何其壮也！一时贤士皆愿从其游，予亦时至其室。十年之间，秘演北渡河[24]，东之济[25]、郓[26]，无所合[27]，困而归。曼卿已死，秘演亦老病。嗟夫！二人者，予乃见其盛衰，则予亦将老矣。

夫曼卿诗辞清绝，尤称秘演之作，以为雅健有诗人之意。秘演状貌雄杰，其胸中浩然，既习于佛，无所用，独其诗可行于世，而懒不自惜。已老，胠其橐[28]，尚得三四百篇，皆可喜者。曼卿死，秘演漠然无所向[29]，闻东南多山水，其巅崖崛嵂[30]，江涛汹涌，甚可壮也，遂欲往游焉。足以知其老而志在也。于其将行，为叙其诗，因道其盛时以悲其衰。庆历二年十二月二十八日，庐陵欧阳修序。

【注释】

① 选自《欧阳修全集》卷四十三（中华书局 2001 年版）。释秘演，北宋诗僧，与欧阳修、石曼卿等人交好。

②［京师］指北宋都城汴梁（今河南开封）。

③［以谓］以为。

④［臣一］臣服统一。

⑤［四海］全国。

⑥［休兵革］停止战争。兵，武器。革，甲盾。

⑦［非常］不同寻常。

⑧［山林屠贩］指或隐居在山林之中，或托身于市井做屠夫、商贩的隐士。

⑨［亡友］作者写此文时石曼卿已去世，故称亡友。

⑩［石曼卿］名延年，字曼卿，一字安仁，南京宋城（今河南商丘）人，北宋文学家、书法家。早年屡试不中，真宗以右班殿直，改太常寺太祝，累迁大理寺丞，官至秘阁校理、太子中允。为欧阳修好友。

⑪［廓然］开朗旷达貌。

⑫［放］放置，寄托。

⑬［布衣］没有官职的平民百姓。

⑭［野老］乡村老人。

⑮［酣嬉淋漓］尽兴地喝酒嬉游。

⑯［颠倒］指酒醉后步履不稳，身体七倒八歪的样子。

⑰［厌］满足。

⑱［庶几］或许可以，表示希望或推测。

⑲［狎］亲近而态度较为随便。

⑳［浮屠］即"佛陀"，指和尚。

㉑［遗外］超脱。

㉒［间］隔阂。

㉓［适］到，往。

㉔［河］黄河。

㉕［济］济州，约位于今山东菏泽。

㉖［郓(yùn)］郓州，约位于今山东东平。

㉗［合］遇合。

㉘［胠(qū)其橐(tuó)］打开他的袋子。胠，打开。橐，袋子。

㉙［漠然无所向］茫然寂寞，不知该去向何处。

㉚［巅崖崛(jué)岬(lù)］高耸陡峭的山崖。岬，山崖。

【评析】

《释秘演诗集序》是庆历二年(1042)欧阳修为方外友人秘演的诗集所作的一篇序。一般来说，诗集或文集序的主要内容，当是介绍作者诗文的艺术特色与成就，而这篇序文却不落窠臼，将写作重点放在了秘演其人的生平与交游上，字里行间刻画出了一位才情横溢、气节浩然、不同流俗的世外高人形象。秘演虽为浮屠，但欧阳修对其与佛教相关的事迹却并不着意叙述，甚至似乎是有意避开，只着重叙述他与同样"遗外世俗"、"诗辞清绝"的石曼卿之间的交往，并以石曼卿的超俗不羁侧面衬托秘演的清绝脱俗，进一步突显秘演萧疏散朗的诗人气质和任情尚气的“奇男子”个性，笔触生动，命意高妙。

全文结构严谨，构思精巧。第一段开头先以自己愿“尽交当世之贤豪”领起，引出石曼卿，再由石曼卿引出秘演，然后宾主夹叙，关锁连接，环环相扣，叙述、议论、抒情相融合，结构严谨而又不失变化，跌宕起伏，文情精妙。

此外，这篇序文在叙述秘演行藏的同时，也饱含着欧阳修个人深挚悲慨的感情。写作此文时，欧阳修正值壮年，志意高昂，英气勃发，积极参加范仲淹领导的庆历新政，胸怀大志，欲有作为，不愿与世浮沉。而文中对石曼卿、秘演二人“贤豪”、“雄伟”、“奇”、“壮”、“雅健”、“雄杰”等词语的描述，其实也正是此时欧阳修个人气度的写照。故整篇序文的风格，也是雄豪劲健、俊伟奔放，具有阳刚壮大之美。然而壮游虽盛，最后却难免遭逢其衰，“曼卿已死，秘演亦老病”，盛衰之变，不免令人唏嘘。于是欧阳修“因道其盛时以悲其衰”，以“盛”、“衰”二字贯穿全文，既有为友人的聚散离合而生发的悲慨感叹，也有他个人对世道人生的深沉体悟。可谓感思深怀，神韵悠长。

【理性思考】

1. 欧阳修着重叙述了释秘演的哪些品质？
2. 欧阳修为什么要为秘演的诗集作序？序文中寄寓了怎样的感情？
3. 试思欧阳修为释秘演诗集作序，可为何却从石曼卿说起？

【延伸阅读】

1. 苏舜钦《赠释秘演》，《苏舜钦集编年校注》卷二，巴蜀书社 1991 年版。

2. 尹洙《浮图秘演诗集序》，尹洙《河南先生文集》卷五，《四部丛刊》本。

3. 欧阳修《梅圣俞诗集序》，《欧阳修全集》卷四十三，中华书局 2001 年版。

王逢原墓志铭[①]

王安石

呜呼！道之不明邪，岂特[②]教之不至也，士亦有罪焉。呜呼！道之不行邪，岂特化之不至也，士亦有罪焉。盖无常产而有常心者，古之所谓士也[③]。士诚有常心以操圣人之说而力行之，则道虽不明乎天下，必明于己；道虽不行于天下，必行于妻子。内有以明于己，外有以行于妻子，则其言行必不孤立于天下矣。此孔子、孟子、伯夷[④]、柳下惠[⑤]、杨雄[⑥]之徒所以有功于世也。

呜呼！以予之昏弱不肖，固亦士之有罪者，而得友焉。余友字逢原，讳[⑦]令，姓王氏，广陵[⑧]人也。始予爱其文章，而得其所以言；中予爱其节行，而得其所以行；卒予得其所以言，浩浩乎[⑨]其将沿而不穷也，得其所以行，超超乎[⑩]其将追而不至也。于是慨然叹，以为可以任世之重而有功于天下者，将在于此，余将友之而不得也。呜呼！今弃予而死矣，悲夫！

逢原，左武卫大将军讳奉諲之曾孙，大理评事讳珙之孙，而郑州管城县主簿讳世伦之子。五岁而孤，二十八而卒，卒之九十三日，嘉祐四年九月丙申，葬于常州武进县南乡薛村之原。夫人吴氏，亦有贤行，于是方娠[⑪]也，未知其子之男女。铭曰：

寿胡[⑫]不多？天实尔啬[⑬]。曰天不相[⑭]，胡厚[⑮]尔德？厚也培[⑯]之，啬也推[⑰]之，乐以不罢[⑱]，不怨以疑。呜呼天民[⑲]，将在于兹！

【注释】

① 选自王安石《王文公文集》卷九十二(上海人民出版社 1974 年版)。王安石(1021—1086)，字介甫，号半山，临川(今江西抚州)人。北宋著名政治家、思想家、文学家。两次拜相，主持了历史上著名的“熙宁变法”，封舒国公、荆国公，谥号为“文”，故世亦称“王荆公”、“王文公”。

有《王临川集》。王逢原，名令，初字钟美，后改字逢原，人称“广陵先生”。北宋诗人，家境贫寒而不事科举，一生以教书为业。与王安石交好，其妻吴氏为王安石夫人族妹。

②［岂特］难道只是，何止。

③［盖无常产而有常心者，古之所谓士也］语出《孟子·梁惠王上》：“无恒产而有恒心者，惟士为能。若民，则无恒产，因无恒心。”古人认为没有固定的资产就不容易有恒常的道德，而没有资产仍能坚守道德的，就只有士人。常产，即恒产，指固定的产业。

④［伯夷］商代孤竹君的长子。其父死后，他与弟弟叔齐互相谦让，都不愿继承王位。后武王伐纣，二人认为这是犯上不义之举，故不愿食周粟，逃入首阳山采薇为食，最终饿死。

⑤［柳下惠］春秋鲁大夫展获，字季，又字禽。曾为士师官，食邑于柳下，谥惠，故称柳下惠。以道德节行著称。

⑥［杨雄］即“扬雄”，古人有时写作“杨雄”，西汉哲学家、文学家，字子云，蜀郡成都人。博览群书，长于辞赋。以恢复孔子的正统儒学为己任，有《法言》《太玄》等著作。

⑦［讳］名。古人为表示对对方的尊重，一般不会直呼其名，故称其名为“讳”。

⑧［广陵］宋代郡名，今江苏扬州。

⑨［浩浩乎］水势浩瀚的样子。

⑩［超超乎］超逸脱俗的样子。

⑪［娠(shēn)］怀孕。

⑫［胡］何，何故。

⑬［啬］吝啬。

⑭［相］辅佐、帮助。

⑮［厚］厚赐。

⑯［培］栽培。

⑰［推］推重、推扬。

⑱［不罢］不疲。罢，同“疲”。

⑲［天民］指明道而能尽天理之人。《孟子·尽心上》曰：“有天民者，达可行于天下而后行之者也。”

【评析】

所谓“墓志铭”，是古时埋葬死者，为防陵墓变迁，放在墓中以备稽考的石刻文字。内容一般由志和铭两部分组成，前者是散文，记死者的姓名、籍贯和生平事迹等，后者则为韵文，表达对死者的称颂、安慰或悼念。撰写“墓志铭”一类文章容易犯的通病，不是呆板枯燥，就是揄扬过实，故有时被讥为“谀墓”。而王安石作墓志铭，却不拘于传统定式，往往因人谋篇，因事布局，灵活多变，且评价公允得当，无“谀墓”之嫌，曾被梁启超誉为“无体不备，无美不搜”(《王安石评传》)。其中，《王逢原墓志铭》更是王安石自己认为“此于平生为铭，最为无愧”(《与崔伯益书》)的一篇佳作。

全文篇幅不长，且与一般墓志铭不同的是，志的部分并没有详细叙述墓主的生平事迹，而是用了很大部分的篇幅来评价墓主的道德言行，并且上升到了哲学思想的高度。开篇首先陈述自己的观点，引孟子之言发表了一段关于士之行道的议论，而这实际是对王令合于道的肯定，坚信“其言行必不孤立于天下”。第二段则叙述二人的交情并简要介绍王令，表达自己对这位益友文章节行的赞叹仰慕，以及对王令英年早逝的无限叹惋。第三段简要交代墓主的家世生平。最后十句四字铭文，再一次对王令德厚才高却天不假寿表达了深沉的哀叹与痛惜。文章简洁不枝蔓，平实文字中寄寓深情。

【理性思考】

1. 王安石赞美了王令的哪些品质？

2. 王安石认为理想的士人应该是怎样的？

3. 与王安石同列“唐宋八大家”的韩愈也善于撰写墓志铭，你能阅读韩愈的墓志铭作品并比较其与本文的不同吗？

【延伸阅读】

1. 王令《上王介甫书》,《王令集》卷十六,上海古籍出版社 2011 年版。

2. 刘发《广陵先生传》,《王令集》后附。

3. 曾巩《与王深父书》,《曾巩集》卷十六,中华书局 1984 年版。

同学一首别子固①

王安石

江之南有贤人焉,字子固,非今所谓贤人者②,予慕而友之。淮之南有贤人焉,字正之③,非今所谓贤人者,予慕而友之。二贤人者,足未尝相过④也,口未尝相语也,辞币⑤未尝相接也。其师若⑥友,岂尽同哉?予考其言行,其不相似者,何其少也!曰,学圣人而已矣。学圣人,则其师若友,必学圣人者。圣人之言行岂有二哉?其相似也适然。

予在淮南,为正之道子固,正之不予疑⑦也。还江南,为子固道正之,子固亦以为然。予又知所谓贤人者,既相似,又相信不疑也。

子固作《怀友》一首遗⑧予,其大略欲相扳⑨以至乎中庸⑩而后已。正之盖亦常云尔。夫安驱徐行,轥⑪中庸之廷⑫,而造⑬于其堂,舍二贤人者而谁哉?予昔非敢自必其有至也⑭,亦愿从事于左右焉尔。辅而进之,其可也。

噫!官有守⑮,私系合不可以常也⑯,作《同学一首别子固》,以相警且相慰云。

【注释】

① 选自王安石《王文公文集》卷三十三(上海人民出版社 1974 年版)。曾巩(1019—1083),字子固,建昌南丰(今属江西)人。北宋文学家、史学家,"唐宋八大家"之一。历任馆阁校勘、集贤校理,齐、襄知州

等。题中“同学”二字，结合文章内容来看，当为“同学圣人中庸之道”的意思。

②［非今所谓贤人者］不是时俗当下所谓的“贤人”，即谓曾巩具有古风，不同于流俗。

③［正之］即孙侔，字少述，初名处，字正之，吴兴（今浙江湖州）人。仁宗庆历、皇祐间与王安石、曾巩游。

④［过］拜访。

⑤［辞币］辞，文辞，这里指书信往来。币，帛，丝织品，这里指礼物。

⑥［若］和，与。

⑦［不予疑］倒装句，即“不疑予”，不怀疑我的话。

⑧［遗（wèi）］赠与。

⑨［扳（pān）］同“攀”，援引，互助。

⑩［中庸］儒家奉行的价值标准，即中正平和，不偏不倚。曾巩《怀友》篇有“望中庸之域，其可以策而及也”句。

⑪［轥（lìn）］经过，经由。

⑫［廷］同“庭”。

⑬［造］到，去。

⑭［予昔非敢自必其有至也］我过去不敢肯定自己也能达到这样的境地。必，肯定。

⑮［守］值守。

⑯［私系合不可以常也］由于个人皆有私事牵挂，无法经常相聚。

【评析】

《同学一首别子固》为王安石庆历三年（1043）在淮南节度判官任上所作。其时王安石至南丰会见曾巩，临别时作此文以赠。

文章虽是赠别之作，但青年王安石并未着意于抒发惜别之情，而是展现出高远的志向。开篇简要地介绍了两位友人——曾巩与孙侔，并指出二人虽然素无来往，却言行相似，志趣相仿，同有高尚的品德与“中庸”之风，且能够相互信任，这正是二人皆以古圣先贤为效法对象的结果。王安石也表达了见贤思齐，想与两位友人相互督促勉力、共同进步的愿望。

文章层次分明，以孙侔衬托曾巩，二人又相互映衬，同时将作者自己的观点融入其中，既表达了对曾巩与孙侔真挚的友谊，也寄托了内心远大的志向抱负。全文言简意赅，笔法紧凑而情感真挚。金圣叹评价此文曰：“此为瘦笔，而中甚腴。”

【理性思考】

1. 王安石认为曾巩与孙侔未曾往来却有很多相似之处的原因是什么？

2. 结合文章谈谈你对朋友之间互助互勉、共同进步的理解？

3. 文中提到的“中庸”是一种怎样的人格标准？

【延伸阅读】

1.《曾子固怀友寄荆公》，吴曾《能改斋漫录》卷十四，中华书局1985年版。

2. 曾巩《寄孙正之》，《曾巩集》卷六，中华书局1984年版。

3. 顾炎武《与友人论学书》，《顾亭林诗文集》卷三，中华书局1983年版。

三槐堂铭并叙[①]

苏　轼

天可必[②]乎？贤者不必贵，仁者不必寿。天不可必乎？仁者必有后。二者将安取衷[③]哉！

吾闻之申包胥[④]曰：“人众者胜天，天定亦能胜人[⑤]。”世之论天者，皆不待其定而求之，故以天为茫茫[6]。善者以怠[7]，恶者以肆[8]，盗蹠[9]之寿，孔颜[10]之厄[11]，此皆天之未定者也。松柏生于山林，其始也困于蓬蒿[12]，厄于牛羊，而其终也，贯[13]四时阅千岁而不改者，其天定也。善恶之报，至于子孙，而其定也久矣。吾以所见所闻所传闻考之，而其可必也审[14]矣。

国之将兴，必有世德[15]之臣，厚施[16]而不食其报[17]，然后其子孙能与守文[18]太平之主共天下之福。故兵部侍郎晋国王公[19]显于汉、周[20]之际，历事太祖、太宗[21]，文武忠孝，天下望以为相，而公卒以直道不容于时[22]。盖尝手植三槐于庭曰："吾子孙必有为三公[23]者。"已而其子魏国文正公[24]相[25]真宗[26]皇帝于景德、祥符[27]之间，朝廷清明、天下无事之时，享其福禄荣名者十有八年。今夫寓[28]物于人，明日而取之，有得有否。而晋公修德于身，责报于天[29]，取必于数十年之后，如持左契[30]，交手[31]相付。吾是以知天之果可必也。

吾不及见魏公，而见其子懿敏公[32]，以直谏[33]事仁宗[34]皇帝，出入侍从将帅[35]三十余年，位不满其德[36]。天将复与王氏也欤？何其子孙之多贤也。世有以晋公比李栖筠[37]者，其雄才直气，真不相上下，而栖筠之子吉甫[38]，其孙德裕[39]，功名富贵，略与王氏等，而忠信仁厚，不及魏公父子。由此观之，王氏之福盖未艾[40]也。

懿敏公之子巩[41]与吾同游，好德而文，以世[42]其家。吾是以录之。铭曰：

呜呼休[43]哉。魏公之业，与槐俱萌。封植[44]之勤，必世[45]乃成。既[46]相真宗，四方砥平[47]。归视其家，槐荫满庭。吾侪[48]小人，朝不及夕。相时射利[49]，皇邺厥德[50]。庶几侥幸[51]，不种而获。不有君子，其何能国。王城[52]之东，晋公所庐。郁郁[53]三槐，惟德之符[54]。呜呼休哉！

【注释】

① 选自苏轼《苏轼文集》卷十九（中华书局 1986 年版）。苏轼（1037—1011），字子瞻，号东坡居士，谥号文忠，眉州眉山（今四川眉州）

人。官至翰林学士、知制诰、礼部尚书,因新旧党争贬谪惠州、儋州,北还后第二年病死常州。北宋著名文学家、学者、书画家,与父苏洵、弟苏辙合称“三苏”。有《东坡七集》等。

② [必] 必然要表示它的意志。

③ [取衷] 折衷。衷,同“中”,此处是恰当的意思。

④ [申包胥] 姓公孙,封地在申,故称申包胥。春秋时楚国大夫。

⑤ [人众者胜天,天定亦能胜人] 语出《史记·伍子胥传》:“吾闻之,人众者胜天,天定亦能破人。”人众胜天,集众人之力可以战胜自然。天定,宿命论者谓人间的吉凶、祸福、贵贱等皆由天命所定。

⑥ [茫茫] 模糊不清的样子。

⑦ [怠] 疲惫。

⑧ [肆] 放肆横行。

⑨ [盗蹠(zhí)] 名跖,一作蹠,“盗”是当时统治者对他的贬称。相传为春秋末期时人,所行不合于儒家礼义,传说年寿很高才去世。

⑩ [孔颜] 即孔子及其弟子颜渊。

⑪ [厄] 困顿。

⑫ [蓬蒿] 蓬草和蒿草,这里泛指草丛、草莽。

⑬ [贯] 经历,经过。

⑭ [审] 明白,清楚。

⑮ [世德] 世代留传功德。

⑯ [厚施] 指为国家出力很多,对百姓恩惠很大。施,给予,加惠。

⑰ [不食其报] 不接受报偿。食,受纳。报,报赏。

⑱ [守文] 指遵循先王法度。

⑲ [兵部侍郎晋国王公] 即王祐,字景叔,大名莘县(今属山东)人。生活在五代末至宋初。后汉、后周时,曾分别任司户参军、县令等职。宋初,任潞州知州,后任兵部侍郎,死后封晋国公。

⑳ [汉、周] 指五代时期的后汉(947—950)、后周(951—960)。

㉑ [太祖、太宗] 太祖,即宋太祖赵匡胤。太宗,即宋太宗赵匡义,

宋太祖之弟。

㉒［卒以直道不容于时］最终因为坚持正道而不被当时人所包容。卒，最终。直道，正道。

㉓［三公］古代中央三种最高官衔的合称，东汉以太尉、司徒、司空为三公，唐宋沿用此制，但已非实职。

㉔［魏国文正公］即王旦，字子明。王祐次子。宋太宗太平兴国五年(980)进士。宋真宗咸平四年(1001)任参知政事，景德三年(1006)拜相。死后封魏国公，谥文正。

㉕［相］担任宰相。

㉖［真宗］宋真宗赵恒。

㉗［景德、祥符］均为宋真宗年号。景德，1004—1007年。祥符，即大中祥符，1008—1016年。

㉘［寓］寄存。

㉙［责报于天］向上天求取回报。责，责望，期望。

㉚［左契］古代契约分为左、右两联，双方各执一联。左契即左联，常用为索偿的凭证。

㉛［交手］拱手。形容恭敬，恭顺。

㉜［懿(yì)敏公］即王素，字仲仪，王旦之子。赐进士出身。曾任鄂州知州、知谏院，因事贬为成都知府；后两为渭州知州，教民耕作习战事，敌军不敢侵犯。官至工部尚书，谥懿敏。

㉝［直谏］直言进谏。

㉞［仁宗］宋仁宗赵祯。

㉟［出入侍从将帅］出入，指出入朝廷内外。侍从，指做皇帝的侍从官。将帅，指出任州府军政长官。

㊱［位不满其德］官位与其厚德不相称。

㊲［李栖筠(yún)］李栖筠，字贞一，赞皇(今河北赞皇县)人。进士出身。官至给事中。为元载忌恨，贬为常州刺史，后任浙西观察使。唐代宗拟任命其为宰相，因元载阻止而作罢。

㊳［吉甫］李吉甫，字弘宪。李栖筠之子。唐宪宗时两为宰相，一任节度使，曾参与策划讨平藩镇叛乱，并改换三十六藩镇，裁减冗官冗员，维护了中央集权。

㊴［德裕］李德裕，字文饶。李吉甫之子。唐武宗时宰相。执行削弱藩镇政策，是牛李党争中李党的核心人物，遭牛党打击，贬死于崖州（今广东海口）。

㊵［艾］停止。

㊶［巩］王巩，字定国，号清虚先生。王素之子。长于作诗，与苏轼多有交游。后任宗正丞。

㊷［世其家］继承其家风。世，用作动词。

㊸［休］美善。

㊹［封植］栽培。

㊺［世］三十年为一世。这里指日后，若干年后。

㊻［既］已经，已然。

㊼［砥（dǐ）平］象磨刀石一般平稳。这里指国家安定。砥，质地很细的磨刀石。

㊽［吾侪（chái）］我辈。侪，同辈。

㊾［相时射利］审时度势，追求利禄。

㊿［皇邺厥（jué）德］哪有闲暇顾及修养其道德。同“遑”，闲暇。邺，同“恤”，忧念。厥，其。

(51)［庶几侥幸］也许可以意外获得成功。庶几，或许可以，表示推测。

(52)［王城］都城。这里指北宋京城汴京（今河南开封）。

(53)［郁郁］茂盛的样子。

(54)［符］吉祥征兆。

【评析】

三槐堂是北宋前期大臣王祐家的厅堂，因其曾在庭院手植三株槐树而得名。历代相传，三槐象征着朝廷官员中地位最高的三公。其子王旦在宋真宗景德三年（1006）拜相，子孙因而建三槐堂。王巩为王旦之孙，与苏轼友善，此文当为应王巩之请而作。为三槐堂撰写铭文，颂扬了王祐的功业、品德，阐述了“积善之家，必有余庆”的观念。

铭本指在器物上铭刻，后用来指铭刻在器物之上，用以颂德或引以为鉴的文体。不过本文的主体是在叙文。在叙文中，苏轼围绕王巩“好德而文，以世其家”展开议论。其中心在于天命有定，果报不爽，善恶之报，及于子孙。第一段开始故设疑、提出问题，然后再正面回答，提出“仁者必有后”的观念，认为天数之定是肯定的，只不过行善积德之效要寄托在子孙身上。第三段，记述了王祐种植槐树的过程与对后人的期待。第四段展现出王氏家族子孙的确多有仁德贤能之人的事实，证成己说。最后再简要交代了作铭的缘由。全文贯穿着天命有常的思想，“善恶之报，至于子孙”，也自暗含了作者的良苦用心。

苏轼在写作中剖析事例，叙事说理，曲折而畅达。又引用李栖筠及其子孙之事，旁衬烘托，以示王氏之福报尚不止此，余味悠长。

【理性思考】

1. 苏轼是如何论证“天之可必”的观念的？

2. 你如何看待苏轼“天之可必”、“善恶之报，至于子孙”的天命观的？

3. 古人善恶有报的天命观对维持世道人心有何积极意义？

【延伸阅读】

1. 苏轼《宝绘堂记》，《苏轼文集》卷十一，中华书局 1986 年版。

2. 《汉书 · 于定国传》，班固《汉书》卷七十一，中华书局 1962 年版。

3. 《宋史 · 王旦传》，脱脱等《宋史》卷二百八十二，中华书局 1977 年版。

文与可画筼筜谷偃竹记[1]

苏　轼

竹之始生，一寸之萌[2]耳，而节叶具[3]焉。自蜩腹蛇蚹[4]以至于剑拔十寻[5]者，生而有之[6]也。今画者乃节节而为之[7]，叶叶而累之[8]，岂复有竹[9]乎！故画竹必先得成竹于胸中[10]，执笔熟视[11]，乃见其所欲画者，急起从之，振笔直遂[12]，以追其所见[13]，如兔起鹘落[14]，少纵则逝[15]矣。与可之教予如此。予不能然也，而心识其所以然[16]。夫既心识其所以然而不能然者，内外不一[17]，心手不相应，不学之过也。故凡有见于胸而操之不熟者，平居[18]自视了然，而临事忽焉丧之，岂独竹乎！子由[19]为《墨竹赋》以遗[20]与可曰："庖丁，解牛者也[21]，而养生者取之得其意。轮扁，斫轮者也[22]，而读书者与之得其意。今夫夫子之托[23]于斯竹也，而予以为有道者，则非耶?"子由未尝画也，故得其意[24]而已。若予者，岂独得其意，并得其法[25]。

与可画竹，初不自贵重[26]，四方之人持缣素[27]而请者，足相蹑[28]于其门。与可厌之，投诸地而骂曰："吾将以为袜材[29]。"士大夫传之，以为口实[30]。及与可自洋州还，而余为徐州[31]。与可以书遗余曰："近语士大夫，吾墨竹一派，近在彭城[32]，可往求之。袜材当萃[33]于子矣。"书尾复写一诗，其略曰："拟将一段鹅溪[34]绢，扫取寒梢[35]万尺长。"予谓与可："竹长万尺，当用绢二百五十匹[36]，知公倦于笔砚，愿得此绢而已。"与可无以答，则曰："吾言妄矣，世岂有万尺竹也哉。"余因而实之[37]，答其诗曰："世间亦有千寻竹，月落空庭影许[38]长。"与可笑曰："苏子辩[39]则辩矣。然二百五十匹，吾将买田而归老焉。"因[40]以所画筼筜谷偃竹遗予，曰："此竹数尺耳，而有万尺之势。"筼筜谷在洋州，与可尝[41]令余作《洋州三十咏》[42]，筼筜谷其一也。予诗云："汉川[43]修竹贱如蓬[44]，斤[45]斧何曾赦[46]箨龙[47]。料得清贫馋太守[48]，渭滨千亩[49]在胸中。"与可是日与其妻游谷中，烧笋晚食，发函[50]得诗，失笑喷饭[51]满案。

元丰二年正月二十日，与可没[52]于陈州[53]。是岁七月七日，予在湖州[54]曝[55]书画，见此竹，废卷[56]而哭失声。昔曹孟德《祭桥公文》[57]，有“车过”、“腹痛”之语，而予亦载与可畴昔[58]戏笑之言者，以见与可于予亲厚无间[59]如此也。

【注释】

① 选自《苏轼文集》卷十一（中华书局 1986 年版）。文同（1018—1079），字与可，梓州永泰（今四川盐亭东）人。北宋著名画家。因曾任湖州知州，世称文湖州。善画竹，创立“湖州竹派”。他是苏轼的从表兄。筼筜谷，在泽州（今陕西洋县），其地多竹，文同任洋州知州时常去观赏。筼（yún）筜（dāng），本指一种皮薄、节长而竿高的竹子。偃竹，倾斜下垂的竹子。元丰二年（1079）正月文同病逝，苏轼七月在湖州曝晒书画，睹物思人，因作此文。

②［萌］萌芽。

③［具］具备。

④［蜩（tiáo）腹蛇蚹（fù）］形容竹笋开始脱壳拔节时的纹理形状。蜩，指蝉，蝉后腹上有一条条横纹。蛇蚹，指蛇腹下代足爬行的横鳞。

⑤［剑拔十寻］指竹子生长迅速，挺拔有力。剑拔，如剑挺出。寻，古代长度单位，一寻等于八尺。十寻，非实数，形容竹子长得很高。

⑥［生而有之］这是自然生长发育的结果。

⑦［节节而为之］指（画竹时）一节一节地分步骤勾画。

⑧［叶叶而累之］指（画竹时）一叶一叶地逐片添加。累，添加。

⑨［有竹］具有竹子的天然神韵。

⑩［成竹于胸中］指（动笔前）已先在心中具足竹子的形态神韵。

⑪［熟视］仔细看。

⑫［振笔直遂］挥毫落笔，一气呵成。振，动。遂，成。

⑬［追其所见］指通过快速的动笔描画，把心中构思的竹子呈现出来。

⑭［如兔起鹘(hú)落］指像兔子惊跑、鹰隼疾落一样迅速。鹘，鸷鸟名，一种猛禽。

⑮［少纵则逝］稍一放松就过去了，形容时间、机会极易失去。少，稍稍。纵，放松。逝，消失。苏轼《腊日游孤山访惠勤惠思二僧》云“作诗火急追亡逋，清景一失后难摹”，与此意同。

⑯［予不能然也，而心识其所以然］意谓我自己还不会这样画竹，但心里明白与可画竹的艺术道理。识，懂得。

⑰［内外不一］即内心所想与外部表现不一致，心里虽然懂得，但手上无法表达。

⑱［平居］平时。

⑲［子由］苏辙，字子由，苏轼的弟弟。《墨竹赋》见苏辙《栾城集》卷十七。

⑳［遗(wèi)］赠送。

㉑［庖丁，解牛者也］庖丁为文惠君解牛时，“奏刀騞然，莫不中音”，文惠君赞叹其技艺之妙。庖丁释刀云：平生宰牛数千头，而今宰牛时全以神运，目“未尝见全牛”，刀入牛身若“无厚入有间”而游刃有余。因此牛刀虽已用了十九年，而其锋利仍“若新发于硎”。后常用“庖丁解牛”作为神妙的技艺的典型。事见《庄子·养生主》。庖丁，姓丁的厨师。庖，厨师。解牛，用刀肢解牛体。

㉒［轮扁，斫轮者也］轮扁对正在看书的齐桓公说：砍削制造轮子，下手太慢，轮子就太松太滑以致不坚固；下手太快，轮子就滞涩难以插入。不快不慢则正好。而这不快不慢的速度自己内心清楚，却无法表达出来，所以这技艺无法传给儿子。由此可见，古人所得的“道”是无法传下来的，借书本而传的只能是些糟粕罢了。齐桓公赞同这个看法。事见《庄子·天道》。轮扁，名扁，是做轮子的工匠，故称。斫(zhuó)，砍。与，赞同。庄子借以宣扬物各有性，其理不可言传，教学无益；苏辙则引此形容道理的精微与技术的高度熟练，指只有亲身实践，才能深刻领会其中奥妙。

㉓［托］寄托。

㉔［意］指由绘画体认的道。

㉕［法］技法，绘画的技法。

㉖［不自贵重］不把自己的作品视为贵重之物。

㉗［缣(jiān)素］白色细绢，供作画用。

㉘［足相蹑］脚相互踩着，形容人多。

㉙［袜材］我将用这些白绢来做袜子。这是文同的戏言。

㉚［口实］话柄。

㉛［及与可自洋州还，而余为徐州］指文同在熙宁十年(1077)在洋州任满还京，苏轼在次年四月则由密州调任徐州知州。

㉜［彭城］徐州古称。这里指苏轼。

㉝［萃］草丛生，引申为聚集。

㉞［鹅溪］在今四川盐亭西北，其地所产绢颇为名贵，宋人常用于绘画。

㉟［扫取寒梢］比喻画竹。

㊱［匹］古代以四十尺为一匹，二百五十匹正合一万尺。

㊲［实之］坐实有万尺之竹一事。下文诗中提到千寻竹，即为八千尺长之竹。

㊳［许］如此。

㊴［辩］善辩。

㊵［因］于是。

㊶［尝］曾经。

㊷［《洋州三十咏》］文同任洋州知府时，曾作《守居园池杂题》三十首，苏轼曾和其诗，题为《寄题与可学士洋州园池三十首》。

㊸［汉川］汉水，洋州在汉水上游。

㊹［贱如蓬］竹多而贱如蓬草。

㊺［斤］斧子。

㊻［赦］放过。

㊼［箨(tuò)龙］指笋。箨，本指竹笋上一片一片的皮。

㊽［太守］官名。秦置郡守，汉景帝时改名太守，为一郡最高的行政长官。宋以后改郡为府或州，太守已非正式官名，只用作知府、知州的别称。文同此时任洋州知州，故称太守。

㊾［渭滨千亩］渭水边的千亩竹子。渭水流经陕西，渭滨，这里指洋州。在胸中，双关语，一指吃了竹笋，一指画竹成竹在胸。《史记・货殖列传》："渭川千亩竹"，"此其人皆与千户侯等"。苏轼戏用此典。

㊿［发函］打开信封。

51［喷饭］指吃饭时因忍不住笑而喷出饭粒。

52［没］同"殁"，去世。

53［陈州］治所在今河南淮阳。文同元丰元年(1078)十月除知湖州，由开封赴任，次年正月行至陈州宛丘驿病故。

54［湖州］在今浙江吴兴。

55［曝(pù)］曝晒。

56［废卷］放下画卷。

57［昔曹孟德《祭桥公文》］事见《三国志・魏志・武帝纪》。桥公即桥玄，曹操少时曾为桥玄所称。建安七年，曹操"遣使以太牢祀桥玄"，并作《祀故太尉桥玄文》(见裴松之注引《褒赏令》)。祭文追述当年"从容约誓之言：'殂逝之后，路有经由，不以斗酒只鸡相沃酹，车过三步，腹痛勿怪。'虽临时戏笑之言，非至亲之笃好，胡肯为此辞乎?"苏轼引此故事，说明自己与文同情谊深厚。

58［畴(chóu)昔］从前。畴，语助词，无意义。

59［亲厚无间］非常亲密，没有任何隔阂。

【评析】

"记"，古代指杂记，是一种记叙文体。就表现手法而言，多以叙述描写为主，也间有议论和抒情，写法比较灵活。本文分为三段。第一段阐画竹之论，简述文与可的绘画理论和自己在艺术实践中的体会，生动而深刻地分析了好作品的创作过程，是从了然于心到心手相应，并借此称赞文同的画技高超。第二段忆戏笑之言，叙述作者与文与可交往的三桩趣事。第三段，叙为文之由，交代写作此文的缘由。当年的“失笑”与现在的“哭失声”所造成的强烈反差，正映衬苏轼的悲痛之深，感情自然朴素，真挚动人。

全篇感情饱满，似有无数言语要诉说。结构形散神凝，一切议论、言谈、诗文赠答、往事回忆都在以悼念为神、以画竹为线中贯穿，看似漫笔挥洒，实乃匠心独运，胸有成竹。

前人对此文评价极高。如《三苏文范》卷十四引丘濬云：“自画法说起，而叙事错列，见与可竹法之妙，而公与与可之情，尤最厚也。笔端出没，却是仙品。”又如张伯行《唐宋八大家文钞》卷八说：“坡公为文随手写出，触处天机，盖是心手相得之候，无意成文而文愈佳也。”因为这篇文章行文信笔所之，从心所欲又不逾矩，最能体现苏文“行云流水”的特色。

【理性思考】

1. 第一段阐述的画竹理论有几个要点？本段内容与主旨有何关系？

2. “车过腹痛”的典故用意何在？作者痛悼之情与前文妙趣横生的诙谐之语是否矛盾？

3. 苏轼曾说“今见《庄子》，得吾心矣”，本文中阐述的画竹理论与《庄子》的思想之间有无关联？

【延伸阅读】

1. 苏轼《与谢民师推官书》，《苏轼文集》卷四十九，中华书局 1986 年版。

2. 苏轼《净因院画记》，《苏轼文集》卷十一，中华书局 1986 年版。

3. 郑燮《竹》，《郑板桥集》五“题画”，中华书局 1962 年版。

为兄轼下狱上书[①]

苏 辙

臣闻困急而呼天，疾痛而呼父母[②]者，人之至情也。臣虽草芥[③]之微，而有危迫之恳[④]，惟天地父母哀而怜之。臣早失怙恃[⑤]，惟兄轼一人，相须为命[⑥]。今者窃闻[⑦]其得罪逮捕赴狱，举家惊号，忧在不测[⑧]。臣窃思念，轼居家在官，无大过恶[⑨]，惟[⑩]是赋性愚直[⑪]，好谈古今得失，前后上章论事，其言不一。陛下圣德广大，不加谴责，轼狂狷[⑫]寡虑[⑬]，窃恃[⑭]天地包含之恩[⑮]，不自抑畏[⑯]。顷年[⑰]通判[⑱]杭州及知密州[⑲]日，每遇物托兴，作为歌诗，语或轻发[⑳]，向者曾经臣寮缴进[㉑]，陛下置而不问。轼荷感恩贷[㉒]，自此深自悔咎[㉓]，不敢复有所为。但其旧诗已自传播。

臣诚哀[㉔]轼愚于自信，不知文字轻易[㉕]，迹涉不逊[㉖]，虽改过自新，而已陷于刑辟[㉗]，不可救止[㉘]。轼之将就逮也，使[㉙]谓臣曰："轼早衰多病，必死于牢狱，死固分[㉚]也。然所恨者，少抱有为之志，而遇不世出[㉛]之主，虽龃龉于当年[㉜]，终欲效尺寸于晚节[㉝]。今遇此祸，虽欲改过自新，洗心[㉞]以事明主，其道无由[㉟]。况立朝[㊱]最孤，左右亲近，必无为言者。惟兄弟之亲，试求哀于陛下而已。"臣窃哀其志，不胜[㊲]手足之情，故为冒死一言。

昔汉淳于公[㊳]得罪，其女子缇萦请没为官婢[㊴]，以赎其父。汉文因之，遂罢肉刑。今臣蝼蚁[㊵]之诚，虽万万不及缇萦，而陛下聪明仁圣，过于汉文远甚。臣欲乞纳在身官[㊶]，以赎兄轼，非敢望末减[㊷]其罪，但得免下狱死为幸。兄轼所犯，若显有文字[㊸]，必不敢拒抗不承[㊹]，以重其罪。若蒙陛下哀怜，赦其万死[㊺]，使得出于牢狱，则死而复生，宜何以报[㊻]！臣愿与兄轼，洗心改过，粉骨报效，惟[㊼]陛下所使，死而后已。臣不胜孤危迫切，无所告诉，归诚陛下[㊽]，惟宽[㊾]其狂妄，特许所乞，臣无任祈天请命激切陨越之至[㊿]。

【注释】

① 选自《苏辙集》(中华书局 1990 年版)。苏辙(1039—1112),字子由,晚号颍滨遗老,眉州(今四川眉山)人。官至尚书右丞、门下侍郎等。北宋文学家。有《栾城集》等。

②［困急而呼天,疾痛而呼父母］化用《史记·屈原列传》之语:“夫天者,人之始也;父母者,人之本也。人穷则反本,故劳苦倦极,未尝不呼天也;疾痛惨怛,未尝不呼父母也。”

③［草芥］指如同草与芥一样不足珍,比喻微贱。芥,小草,比喻轻微纤细的事物。

④［危迫之恳］危难急迫的恳求。

⑤［早失怙(hù)恃(shì)］早失父母。怙恃,本意为依赖、凭借。《诗·小雅·蓼莪》:“无父何怙,无母何恃!”因此用作父母的合称。

⑥［相须为命］即相依为命,互相依靠着度日。须,依赖。

⑦［窃闻］私下听说,谦词。

⑧［忧在不测］忧虑意想不到的祸患发生。不测,料想不到的事情。

⑨［过恶］错误与罪恶。

⑩［惟］只,独。

⑪［赋性愚直］秉性愚笨而戆直。赋性,秉性,自然具有的品性。

⑫［狂狷］狂妄褊急。

⑬［寡虑］少思虑,考虑不周。

⑭［窃恃］私自凭恃。

⑮［天地包含之恩］指皇帝恩德如同天地一般无所不包。包含,包容,涵容。

⑯［不自抑畏］不能自我克制、戒惧。《尚书·无逸》:“惟我周太王、王季,克自抑畏。”

⑰［顷年］近年。

⑱［通判］官名，州的副长官。宋初始于诸州府设置，即共同处理政务之意。地位略次于州府长官，但握有连署州府公事和监察官吏的实权，号称监州。这里作动词用。苏轼在熙宁四年(1071)十一月至熙宁七年(1074)九月任杭州通判。

⑲［知密州］苏轼在熙宁七年(1074)十一月至熙宁九年(1076)十二月任密州(治今山东诸城市)知州。

⑳［语或轻发］这里指被李定等人指责的诋毁新法的诗句。或，或有。轻发，轻率表达。

㉑［向者曾经臣寮(liáo)缴进］指熙宁六年(1073)沈括奉命察访两浙，还朝以后，奏苏轼近作诗文语涉讪怼一事，见《续资治通鉴长编》卷三百一。向者，过去。臣寮，同“臣僚”，这里指沈括。缴进，上缴。

㉒［荷感恩贷］感谢皇帝施恩宽宥。荷感，感谢，感激。恩贷，施恩宽宥。贷，宽恕，饶恕。

㉓［悔咎］追悔前非。咎，过错。

㉔［哀］怜悯。

㉕［轻易］轻率随便，没有慎重考虑。

㉖［不逊］傲慢无礼，这里指对朝廷不恭敬。

㉗［刑辟(pì)］刑法，刑律。

㉘［不可救止］无法挽救。救止，纠正，阻止。

㉙［使］派人。

㉚［分(fèn)］应当，当然。

㉛［不世出］极言杰出非凡。

㉜［龃(jǔ)龉(yǔ)于当年］龃龉，上下齿不相对应，比喻不相投合，抵触。这里指熙宁初年神宗任用王安石推行新法之时，苏轼即加以反对。

㉝［效尺寸于晚节］在晚年略效微薄之力。尺寸，这里指些少或微小的功劳。

㉞［洗心］洗涤心胸，比喻改过自新。

㉟［其道无由］无路可走，没有道路，没有办法。由，从，自。

㊱［立朝］在朝为官。

㊲［不胜（shēng）］不能承受。

㊳［淳于公］即淳于意，西汉临淄（今山东淄博）人。曾任齐太仓长，世称仓公。少时喜医，从阳庆学习，阳庆授以秘方，成为名医。后因故获罪当受刑。

㊴［其女子缇萦请没（mò）为官婢］此句及以下两句，指缇萦请求自为官婢，代父赎罪，汉文帝深受感动，并因为这件事废除肉刑，见《史记·孝文本纪》《史记·扁鹊仓公列传》《汉书·刑法志》。没，财物收归公有。官婢，古时因罪没入官府作奴婢的女子。罢，废除。肉刑，古代残害肉体的刑罚。

㊵［蝼蚁］蝼蛄和蚂蚁。比喻力量微弱或地位低微、无足轻重的人。

㊶［纳在身官］交还现任官职。

㊷［末减］从轻论罪或减刑。

㊸［显有文字］有明显大不敬的文字语句。

㊹［承］承担。

㊺［赦其万死］赦免重罪。赦，免除或减轻刑罚。万死，死一万次，形容罪重当死。

㊻［宜何以报］宜以何报。应该用什么来报答陛下呢？

㊼［惟］语助词，用于句首。

㊽［无所告诉，归诚陛下］意谓无处诉说，（只能）诚心诚意地告诉陛下。归诚，对人寄以诚心。

㊾［宽］宽恕。

㊿［臣无任祈天请命激切陨越之至］此句是古代臣子上书结尾的套语。无任，不胜，不能承受。祈天，祈求皇帝。陨越，颠倒，谓犯上而表示死罪之意。

【评析】

上书，是一种向君主或上级进呈书面意见的文体。《文选》收录有李斯的《上书秦始皇》、邹阳的《狱中上书自明》、江淹《诣建平王上书》等，都是此类文体的代表作品。

宋神宗元丰二年（1079）七月，苏轼被御史中丞李定、监察御史何正臣、舒亶等人蓄意构陷，在湖州（今浙江吴兴）被捕下狱，罪名是以诗文攻击新法，“讪上骂下”，“愚弄朝廷，妄自尊大”等。八月，苏轼被下御史台狱受审。史称“乌台诗案”。苏辙惊闻此事，急切上书，愿意舍官为苏轼赎罪。因为苏轼已经下狱，如果一味单纯辩护，可能惹怒神宗，不但不能将苏轼救出，反而可能加重罪行，但如果完全承认他们的诬蔑、构陷，同样不是应有的策略。因此，苏辙措辞微婉，极有分寸，既坦言苏轼言之不慎，暗中也指出苏轼言之无罪。

文章分为三段。第一段，讲苏轼居家在官，并无大过，以此为之辩护。第二段，以苏轼自己之言，表露忠心，期望得到明主的宽宥。末段引用缇萦救父之事，请求削去自己的官职为之恕罪。其事若成，则自己救兄不能与之相比，但神宗释放苏轼，正可与汉文帝释放缇萦之父相比拟，以此期许，策略巧妙。

全文言辞委婉曲折，情意深厚衷恳，既颂扬了神宗之德，尽力达到救兄的目的，又不致于一味委曲求全、混淆是非，充分展现了苏氏兄弟手足情深以及论说技巧。

【理性思考】

1. 苏辙举缇萦卖身赎父之典，起到了怎样的效果？

2.《论语》中说：“孝弟，其为仁之本与。”又说：“入则孝，出则弟。”请结合本文，对儒家思想中“悌”的观念略作分析。

3. 你了解中国历史上的“文字狱”吗？思考其历史危害。

【延伸阅读】

1. 苏轼《予以事系御史台狱，狱吏稍见侵，自度不能堪，死狱中，不得一别子由，故作二诗授狱卒梁成，以遗子由》《十二月二十八日，蒙恩责授检校水部员外郎黄州团练副使，复用前韵二首》，《苏轼诗集》卷十九，中华书局 1982 年版。

2. 苏辙《亡兄子瞻端明墓志铭》，《苏辙集》卷二十三，中华书局 1990 年版。

3. 邹阳《狱中上书自明》，萧统编、李善注《文选》卷三十九，上海古籍出版社 1986 年版。

祭妹文[①]

袁枚

乾隆丁亥[②]冬，葬三妹素文于上元之羊山[③]而奠以文[④]曰：

呜呼！汝生于浙，而葬于斯，离吾乡七百里矣。当时虽觭梦[⑤]幻想，宁知此为归骨所耶？汝以一念之贞[⑥]，遇人仳离[⑦]。致孤危托落[⑧]，虽命之所存，天实为之；然而累汝至此者，未尝非予之过也。予幼从先生授经，汝差肩[⑨]而坐，爱听古人节义事。一旦长成，遽躬蹈之[⑩]。呜呼！使[⑪]汝不识诗书，或未必艰贞若是。

余捉蟋蟀，汝奋臂出其间。岁寒虫僵，同临其穴[⑫]。今予殓汝葬汝，而当日之情形，憬然赴目[⑬]。予九岁憩[⑭]书斋，汝梳双髻，披单缣[⑮]来，温《缁衣》[⑯]一章。适先生奓户[⑰]入，闻两童子音琅琅然，不觉莞尔，连呼则则[⑱]。此七月望日[⑲]事也。汝在九原[⑳]，当分明记之。予弱冠粤行[㉑]，汝掎裳[㉒]悲恸。逾三年，予披宫锦[㉓]还家，汝从东厢扶案[㉔]出，一家瞠视而笑[㉕]，不记语从何起。大概说长安登科，函使[㉖]报信迟早云尔。凡此琐琐[㉗]，虽为陈迹，然我一日未死，则一日不能忘。旧事填膺[㉘]，思之凄梗[㉙]。如影历历，逼取便逝[㉚]。悔当时不将嫛婗[㉛]情状，罗缕纪存[32]。然而汝已不在人间，则虽年光倒流，儿时可再，而亦无与为证印者矣。

汝之义绝高氏而归[33]也，堂上阿奶[34]，仗汝扶持；家中文墨，眣汝办治[35]。尝谓女流中最少明经义、谙雅故[36]者；汝嫂非不婉嫕[37]，而于此微缺然。故自汝归后，虽为汝悲，实为予喜。予又长汝四岁，或人间长者先亡，可将身后托汝。而不谓[38]汝之先予以去也。前年予病，汝终宵刺探[39]，减一分则喜，增一分则忧。后虽小差[40]，犹尚殗殜[41]，无所娱遣。汝来床前，为说稗官野史可喜可愕之事，聊资一欢。呜呼！今而后，吾将再病，教从何处呼汝耶？

汝之疾也，予信医言无害，远吊[42]扬州。汝又虑戚吾心[43]，阻人走报[44]。及至绵惙[45]已极，阿奶问："望兄归否？"强应曰："诺。"已予先一日梦汝来诀，心知不祥。飞舟渡江，果予以未时还家，而汝以辰时气绝。四支犹温，一目未瞑，盖犹忍死待予也。呜呼，痛哉！早知诀汝，则予岂肯远游？即游，亦尚有几许心中言要汝知闻，共汝筹画[46]也。而今已矣[47]！除吾死外，当无见期。吾又不知何日死，可以见汝；而死后之有知无知，与得见不得见，又卒难明也。然则抱此无涯之憾，天乎？人乎？而竟已乎？

汝之诗，吾已付梓[48]；汝之女，吾已代嫁；汝之生平，吾已作传[49]。惟汝之窀穸[50]，尚未谋耳。先茔[51]在杭，江广河深，势难归葬，故请母命，而宁[52]汝于斯，便祭扫也。其傍[53]葬汝女阿印，其下两冢，一为阿爷侍者朱氏[54]，一为阿兄侍者陶氏。羊山旷渺，南望原隰[55]，西望栖霞[56]，风雨晨昏，羁魂有伴，当不孤寂。所怜者，吾自戊寅年读汝《哭侄诗》[57]后，至今无男。两女牙牙[58]，生汝死后，才周晬[59]耳。予虽亲在未敢言老[60]，而齿危发秃，暗里自知，知在人间，尚复几日？阿品[61]远官河南，亦无子女，九族[62]无可继者。汝死我葬，我死谁埋？汝倘有灵，可能告我？

呜呼！生前既不可想，身后又不可知。哭汝既不闻汝言，奠汝又不见汝食。纸灰飞扬，朔风[63]野大。阿兄归矣，犹屡屡回头望汝也。呜呼哀哉！呜呼哀哉！

【注释】

① 选自袁枚《小仓山房诗文集》卷十四(上海古籍出版社 1988 年版)。袁枚(1716—1797),字子才,号简斋,又号随园老人,钱塘(今浙江杭州)人。任江宁(今江苏南京)等地知县,后辞官告归,筑随园于江宁小仓山,以诗酒自娱。袁枚是清代著名文学家,《祭妹文》是其为死去的三妹袁机所写的一篇祭文。

② [乾隆丁亥] 清乾隆三十二年(1767)。

③ [上元之羊山] 上元,清代县名,今属南京市。羊山在南京城东。

④ [奠以文] 作文章来祭奠。

⑤ [觭(jī)梦] 做梦,得梦。觭通“掎”,得。一说觭通“奇”,觭梦指怪异的梦。

⑥ [一念之贞] 指不从高氏解除婚姻的提议而坚持出嫁。

⑦ [遇人仳(pǐ)离] 所嫁的男人不善,以致遭受丈夫遗弃。仳离,别离,指女子遭丈夫遗弃而离开夫家。典出《诗·王风·中谷有蓷》:“有女仳离,条其啸矣。”

⑧ [孤危托落] 孤独忧伤。托落,落拓,失意。

⑨ [差(cī)肩] 并肩。

⑩ [遽躬蹈之] 竟然亲身实践它。遽,竟然。躬,亲自。蹈,实践。之,指经书上所提倡的妇女应从一而终的伦理纲常。

⑪ [使] 假如。

⑫ [同临其穴] 同到埋葬蟋蟀处凭吊。《诗·秦风·黄鸟》:“临其穴,惴惴其栗。”

⑬ [憬然赴目] 清晰地出现在眼前。憬然,清晰的样子。

⑭ [憩(qì)] 休息。

⑮ [单缣(jiān)] 细绢缝制的单衫。缣,细绢。

⑯ [《缁衣》]《诗经·郑风》中的一篇。

⑰［奓(zhà)户］开门。

⑱［连呼则则］连声赞赏。则则，赞叹的声音。

⑲［望日］农历每月的十五日。

⑳［九原］本指春秋时晋国卿大夫的墓地，后泛指墓地。

㉑［弱冠粤行］袁枚二十一岁时，曾经广东往广西桂林探望叔父袁鸿。弱冠，古代男子二十岁行冠礼，表示已经成年。

㉒［掎(jǐ)裳］牵衣，表达恋恋不舍之意。

㉓［披宫锦］指考中进士。唐代进士及第，皇帝赐以锦袍，后世遂以此代指中进士。袁枚在乾隆四年(1739)中进士，选翰林院庶吉士。

㉔［案］古代一种狭长的桌子。

㉕［瞠(chēng)视］瞪大眼睛打量。

㉖［函使］信使。

㉗［琐琐］琐碎小事。

㉘［填膺(yīng)］塞满心胸。

㉙［凄梗］因悲伤而心头堵塞。

㉚［逼取便逝］近前捉取，便转而消逝。

㉛［婴娩(yī ní)］婴儿，此处指孩提时候。

㉜［罗缕纪存］有条理地记录保存。

㉝［义绝高氏而归］严正地断绝与高家的婚事。

㉞［堂上阿奶］指袁氏兄妹的母亲章氏。

㉟［眣(shùn)汝办治］此处"眣"疑为眴字之误，意为以目示意，此处引申为指望。

㊱［少(shāo)明经义、谙(ān)雅故］稍稍地明白儒家经书的义理，熟悉文章典故。谙，熟悉。

㊲［婉嫕(yì)］柔顺。

㊳［不谓］没想到。

㊴［刺探］探问。

㊵［小差(chài)］指病情稍微好转。差，同"瘥"，病愈。

㊶［殗殜(yè dié)］病情不重，可半卧半坐。

㊷［吊］探访古迹。

㊸［虑戚吾心］怕使我内心担忧。

㊹［走报］跑去报信。

㊺［绵惙(chuì)］病情危重。

㊻［筹画］商量。

㊼［已矣］完了、结束。

㊽［付梓］刻印出版。袁枚刊刻素文诗集，名之曰《素文女子遗稿》。

㊾［作传］袁枚《小仓山房文集》中有《女弟素文传》。

㊿［窀穸(zhūn xī)］墓穴。

51［先茔(yíng)］祖坟。

52［宁］安葬。

53［傍］旁边。

54［阿爷侍者朱氏］父亲的侍妾朱氏。阿爷，父亲。侍者，侍妾。

55［原隰(xí)］平原低湿之处。隰，低湿之地。

56［栖霞］栖霞山，在今江苏南京东。

57［戊寅年读汝《哭侄诗》］乾隆戊寅年(1758)，袁枚四十三岁，得一子，不久夭折，素文曾作《阿兄得子不举》诗悼念亡侄。

58［牙牙］犹“呀呀”，指小孩子咿呀学语声。

59［周晬(zuì)］周岁。晬，婴儿满百日或一岁。

60［亲在未敢言老］语出《礼记·曲礼上》：“夫为人子者，出必告，反必面，所游必有常，所习必有业，恒言不称老。”

61［阿品］袁枚堂弟袁树的乳名。袁树，字东芗，时任河南正阳县令。

62［九族］高、曾、祖、考、己身、子、孙、曾孙、玄孙，合称九族。

63［朔风］北风。

【评析】

祭文是祭奠逝去的亲友，抒发作者怀念或感伤之情的一种文体。刘勰很早就指出："祭奠之楷，宜恭且哀。"(《文心雕龙·祝盟》)徐师曾《文体明辨序说》也讲道："祭文者，祭奠亲友之辞也。古之祭祀，止于告飨而已。中世以还，兼赞言行，以寓哀伤之意，盖祝文之变也。"可见祭文不同于另一类以记述死者生平、赞颂死者功业德行为主的墓志文体，它强调的是"寓哀伤之意"。前代此类创作中堪为楷式的，如韩愈《祭十二郎文》、李商隐《祭小侄女寄寄文》等，抒发的多是深沉的丧亲之痛。

袁枚三妹名机，字素文，别号青琳居士，多才能诗，与四妹袁杼、堂妹袁棠并称"随园三妹"。素文生前，其父母即与如皋高氏指腹为婚。高氏之子长成不肖，放荡无赖。高家父母主动提出解除婚约，但素文恪守从一而终的封建妇道观，执意成婚，嫁入高家之后备受凌辱，终因不堪虐待返回娘家。归家后郁郁寡欢，年仅四十就匆匆谢世了。袁枚将三妹葬在今南京东部的羊山，回思兄妹二人相处的点滴情事，悲不自禁，于是写下这篇催人下泪的祭文。

文章不事雕琢，以至为平易的语言"罗缕纪存"自己与三妹往昔的琐细生活，以简练的淡笔摹写三妹的言行音容，抒发的却是兄妹之间存亡永隔的深哀巨痛与无涯之憾。如写自己赴京应举，素文"掎裳悲恸"，四字就写出了其依依难舍之情。又如摹写素文音容，"梳双髻，披单缣来"，简单两笔，三妹娇痴之态已如在目前了。作者的直接抒情与环境渲染也为文章增色不少，如记自己从扬州归迟，不得见三妹最后一面，之后即不惜笔墨，任情流淌。又如对三妹葬骨之所羊山的描摹，也是对悲恸心情的有力衬托。文章虽语语从肺腑流出，却非信笔为之。以祭奠于羊山始，中间以捉蟋蟀、书房读诗、不忍暂别、重逢欢欣、病榻旁的安慰、临终前的期盼等诸情事，又以奠毕归去犹屡屡回首终，脉络谨严，层次明晰。《古文观止》评韩愈祭侄文道："情之至者，自然流为至文。读此等文，须想其一面哭一面写，字字是血，字字是泪。未尝有意为文，而文无不工。”挪来评价此文，亦为妥帖不过。

【理性思考】

1. 本文与韩愈《祭十二郎文》在表现方式上有何异同？

2. 文章对于素文婚姻经历的叙述从略，作者为何如此安排？他说“累汝至此者，未尝非予之过也”，怎样理解呢？

3. 袁枚痛惜素文的婚姻不幸，而归结为“使汝不识诗书，或未必艰贞若是”，试思这是袁枚的真实想法吗？

【延伸阅读】

1. 袁枚《女弟素文传》，周本淳标校《小仓山房诗文集》卷七，上海古籍出版社 1988 年版。

2. 陶渊明《祭程氏妹文》，逯钦立校注《陶渊明集》卷七，中华书局 1979 年版。

3. 唐寅《祭妹文》，《唐寅集》卷六，上海古籍出版社 2013 年版。

鸣机夜课图记[①]

蒋士铨

吾母姓钟氏，名令嘉，字守箴，出南昌名族，行九。幼与诸兄从先外祖滋生公读书，十八归先府君[②]。时府君年四十余，任侠好客，乐施与，散数千金，囊箧萧然[③]，宾从辄满座[④]，吾母脱簪珥治酒浆[⑤]，盘罍[⑥]间未尝有俭色[⑦]。越二载[⑧]生铨。家益落，历困苦穷乏人所不能堪者，吾母怡然无愁蹙[⑨]状，戚党人争贤之[⑩]。府君由是计[⑪]复游燕、赵间，而归吾母及铨寄食外祖家。

铨四龄，母日授《四子书》[⑫]数句，苦儿幼不能执笔，乃镂[⑬]竹枝为丝断之，诘屈作波磔点画[⑭]，合而成字，抱铨坐膝上教之，既识即拆去。日训十字，明日令铨持竹丝合所识字，无误乃已。至六龄，始令执笔学书。

先外祖家素不润[15]，历年饥大凶[16]，益窘乏。时铨及小奴衣服冠履，皆出于母。母工纂绣组织[17]，凡所为女工[18]，令小奴携于市，人辄争购之，以是铨及小奴无褴褛状。

先外祖长身白髯，喜饮酒，酒酣辄大声吟所作诗，令吾母指其疵。母每指一字，先外祖则满引一觥[19]，数指之后，乃陶然捋须大笑，举觞自呼曰："不意阿丈[20]乃有此女！"既而摩[21]铨顶曰："好儿子[22]，尔他日何以报尔母？"铨稚不能答，投母怀，泪涔涔下，母亦抱儿而悲。檐风几烛[23]，若愀然[24]助人以哀者。

记母教铨时，组绣纺绩之具，毕陈左右，膝置书，令铨坐膝下读之。母手任操作，口授句读，咿唔之声[25]，轧轧相间。儿怠则少加夏楚[26]，旋复持儿泣曰："儿及此不学，我何以见汝父？"至夜分寒甚，母坐于床，拥被覆双足，解衣以胸温儿背，共铨朗诵之。读倦睡母怀，俄而母摇铨曰："可以醒矣！"铨张目视母面，泪方纵横落，铨亦泣；少间复令读，鸡鸣卧焉。诸姨尝谓母曰："妹一儿也，何苦乃尔！"对曰："子众可矣，儿一不肖，妹何托焉？"

庚戌，外祖母病且笃，母侍之，凡汤药饮食，必亲尝之而后进，历四十昼夜无倦容。外祖母濒危，泣曰："女本弱，今劳瘁过诸兄，惫矣！他日婿归，为言我死无恨，恨不见汝子成立，其善诱之[27]。"语讫而卒。母哀毁骨立[28]，水浆不入口者七日。闾党姻亚[29]，一时咸以孝女称，至今弗衰也。

铨九龄，母授以《礼记》《周易》《毛诗》，皆成诵。暇更录唐、宋人诗，教之为吟哦声。母与铨皆弱而多病，铨每病，母即抱铨行一室中，未尝寝。少痊，辄指壁间诗歌，教儿低吟之以为戏。母有病，铨则坐枕侧不去。母视铨辄无言而悲，铨亦凄楚依恋之。尝问曰："母有忧乎？"曰："然。""然则何以解忧？"曰："儿能背诵所读书，斯解也。"铨诵声琅琅然，争药鼎沸[30]。母微笑曰："病少差[31]矣！"由是母有病，铨即持书诵于侧，而病辄能愈。

十岁父归。越一载，复携母及铨偕游燕、秦、赵、魏、齐、梁、吴、楚间[32]。先府君苟有过，母必正色婉言规[33]；或怒不听，则屏息，俟[34]怒少解，复力争之，听而后止。先府君每决大狱[35]，母辄携儿立席前曰："幸以此儿为念[36]！"府君数颔之[37]。先府君在客邸，督铨学甚急，稍怠，即怒而弃之，数日不及一言。吾母垂涕朴[38]之，令跪读至熟乃已，未尝倦也，铨故不能荒于嬉，而母教由是益以严。

又十载归，卜居于鄱阳。铨年且二十，明年娶妇张氏，母女视之，训以纺绩织纴事，一如教儿时。铨生二十有二年，未尝去母前，以应童子试[39]，归铅山，母略无离别可怜之色。旋补弟子员[40]，明年丁卯，食廪饩[41]，秋荐于乡[42]。归拜母，母色喜。依膝下廿日，遂北行。母念儿辄有诗，未一寄也。明年落第，九月归。十二月先府君即世[43]，母哭而濒死者十余次。自为文祭之，凡百余言，朴婉沉痛，闻者无亲疏老幼皆呜咽失声，时行年四十有三也。

己巳，有南昌老画师游鄱阳，八十余，白发垂耳，能图人状貌。铨延之为母写小像，因以位置景物请于母，且问母何以行乐，当图之以为娱。母愀然曰："呜呼！自为蒋氏妇，常以不及奉舅姑盘匜[44]为恨。而处忧患哀恸间数十年，凡哭母、哭父、哭儿、哭女夭折，今且哭夫矣。未亡人[45]欠一死耳，何乐为？"铨跪曰："虽然，母志有乐得未致者，请寄斯图也可乎？"母曰："苛吾儿及新妇能习于勤，不亦可乎？鸣机课夜，老妇之愿足矣，乐何有焉！"

铨于是退而语画士，乃图秋夜之景：虚堂四敞[46]，一灯荧荧，高梧萧疏，影落檐际。堂中列一机，画吾母坐而织之，妇执纺车坐母侧。檐底横列一几，剪烛自照，凭画栏而读者，则铨也。阶下假山一，砌花盘兰[47]，婀娜相倚，动摇于微风凉月中。其童子蹲树根捕促织为戏，及垂短发、持羽扇、煮茶石上者，则奴子阿同、小婢阿昭也。图成，母视之而欢。

铨谨按[48]吾母生平勤劳，为之略[49]，以进求诸大人先生之立言而与人为善[50]者。

【注释】

① 选自蒋士铨《忠雅堂集校笺·文集》卷二(上海古籍出版社 1993 年版)。蒋士铨(1725—1785),字心余,又字苕生,号清容,又号藏园,晚号定甫,铅山(今属江西)人。曾任翰林院编修,后任御史。蒋士铨诗文俱佳,尤精南北曲,世传其杂剧和传奇十六种。其诗歌创作与袁枚、赵翼合称“江右三大家”。其文“行以劲气,出以深情,而又雅正有法”(清末廖炳奎《忠雅堂古文跋》)。《鸣机夜课图》是蒋士铨请人为母亲钟氏画的一幅行乐图,展现钟氏夜里一边纺织,一边督促儿子读书的情景。

② [归先府君] 嫁给自己的父亲。归,女子出嫁。先府君,对已经去世父亲的尊称。蒋士铨父亲名坚,字非磷,号适园,任侠好客,有奇节,精于刑律之学,曾任代州、泽州、京都等地官吏。

③ [囊箧(qiè)萧然] 囊中羞涩,经济拮据。

④ [宾从辄满座] 家中宾客动辄满座。

⑤ [脱簪珥治酒浆] 摘下发簪、耳环之类首饰,换钱置办酒肴。

⑥ [盘罍(léi)] 盘子酒杯等器物,代指酒菜。

⑦ [俭色] (酒肴)不丰盛。

⑧ [越二载] 过了两年。

⑨ [愁蹙(cù)] 发愁皱眉。

⑩ [戚党人争贤之] 亲戚乡邻们人人争着赞扬她贤惠。戚,亲戚。党,乡亲。贤,认为(她)贤惠。

⑪ [计] 打算。

⑫ [《四子书》] 即儒家经典“四书”。宋代朱熹将《论语》《孟子》以及《礼记》中《大学》《中庸》二篇合编为“四书”,明清两代以之为科举考试的必读书目。

⑬ [镂] 刻削。

⑭ [诘屈作波磔(zhé)点画] 诘屈,弯曲。波磔点画,指汉字书写的笔画。波为撇,磔为捺,点为点,画为横。

⑮［不润］不富裕。

⑯［大凶］灾荒。

⑰［工纂(zuǎn)绣组织］擅长于编织纺绩之类的活计。纂，编织。组，织带。织，织布。

⑱［女工］妇女所做针线活。

⑲［满引一觥(gōng)］举起满满一大杯酒(饮尽)。觥，原指用兽角做成的酒器，后泛指酒器。

⑳［阿丈］自称，犹“老夫”。

㉑［摩］抚摸。

㉒［儿子］孩子。

㉓［檐风几烛］屋檐上吹来的风摇动着桌子上的烛花。

㉔［愀(qiǎo)然］悲愁的样子。

㉕［咿唔(yī wú)之声］指读书声。

㉖［夏(jiǎ)楚］古代学校的体罚工具。夏，通“榎”，榎木。楚，荆条。

㉗［其善诱之］希望你好好教导他。其，表示希望的语气。

㉘［哀毁骨立］哀伤过度，以致于憔悴消瘦。

㉙［闾党姻亚］同乡和亲戚。姻，儿女亲家之间的称呼。亚，同“娅”，姐妹丈夫互相间的称谓。

㉚［争药鼎沸］意为读书声与锅内煎药的沸腾声相争胜。

㉛［差(chài)］同“瘥”，病愈。

㉜［燕、秦、赵、魏、齐、梁、吴、楚间］古代各诸侯国名，这里泛指全国各地。

㉝［规］规劝。

㉞［俟］等待。

㉟［决大狱］审理关乎人命的大案。

㊱［幸以此儿为念］希望你要想到这个孩子。意思是劝告丈夫秉公办案，为子孙积攒阴德。

㊲［颔之］点头（表示认同）。

㊳［朴］同“扑”，责打。

㊴［童子试］考秀才。

㊵［补弟子员］诸生取入县学，称补弟子员，也就是考中了秀才。

㊶［廪饩（lǐn xì）］粮仓中的粮食，特指由官府供给的粮食。明清两代有廪膳成员，即岁考优良者，由官府按时发放银两粮食以补助生活。

㊷［荐于乡］乡试成绩优良而成为举人，“荐”是沿袭汉代“举孝廉”的说法。

㊸［即世］去世。

㊹［奉舅姑盘匜（yí）］指侍奉公婆。舅姑，公婆。盘匜，都是盥洗时盛水的器具。

㊺［未亡人］旧时妇女丧夫后自称。

㊻［四敞］四面敞开。

㊼［砌花盘兰］阶前的花和盘中的兰草。

㊽［按］根据。

㊾［略］事略，简单的传记。

㊿［立言而与人为善］意为写文章以资表彰。

【评析】

在旧时代，自写小像，或请人为自己画的小像，都可称作行乐图。《鸣机夜课图》是就一幅以蒋母钟氏为主体的行乐图，展现的是钟氏在深夜里一面纺绩，一面督促儿子读书的情景。蒋士铨请人为母亲绘制此图之后又写了这篇文章，以征请大人先生们为此图作题记，来表彰母亲的嘉德懿行。但他这篇记的主体部分却与图无关，而是借图发挥，用饱蘸深情的笔墨缕述母亲四十余年来作为孝女、才女、贤妻、慈母的平凡而又感人的经历。

本文最大的特点在于以情驭事，将真挚的情感蕴藏于生活琐事的叙述中，寄寓在朴实平淡的语言里。后人评其作品曰“语语根心”，本文就是如此。如写母亲因儿子夜读倦怠而稍加惩戒之后，“旋复持儿泣”；儿子夜读过程中无意间“张目视母面，泪方纵横落”，通过这样一个个淡笔点缀的细节，就把一位慈母课儿夜读时复杂的心态展现出来了，母子间的真情也就流淌在了字里行间。此外作者作为一位出色的诗人，善于勾勒点染，渲染氛围。如写自己侍奉母亲病榻前为博母亲欢心，不废夜读。当时的环境如何呢？“诵声琅琅然，争药鼎沸”。这是一幅多么温馨的画面。最后要提的一点，就是作者在行文中有意无意地运用对比的手法，用父亲的任侠豪爽却力不从心来反衬母亲的慷慨宽厚和默默奉献，用父亲教子的性情急躁来反衬母亲的耐心细致，等等。

读这篇文章时我们不禁会联想起欧阳修的《泷冈阡表》。两篇文章都是歌颂伟大母爱的，本文受欧文影响甚深，这在不少细节中可以体现出，如置酒待客、相夫决狱等。但本文作为一篇传记，可以省去碑表类文体的一些程式和套语，依托对大小事件的叙述，记人传情，故能更容易感动读者。近代学者王文濡读后评论道：“真气盈纸，予读之辄为泫然。”数百年后的我们细细读来，何尝不是同样的感觉呢？

【理性思考】

1. 母亲钟氏不仅是一位慈母，更是一位孝女和贤妻，这三重身份在文中是如何表现的？

2. 作者在文中不时有意无意地提到父亲，他对父亲似乎没有过多的褒扬之辞，对于这一点你有何看法？

【延伸阅读】

1. 袁枚《蒋太安人墓志铭》，周本淳标校《小仓山房诗文集》卷五，上海古籍出版社 1988 年版。

2. 欧阳修《泷冈阡表》，洪本健校笺《欧阳修诗文集校笺》卷二十五，上海古籍出版社 2009 年版。

3. 李密《陈情事表》，萧统编、李善注《文选》卷三十七，上海古籍出版社 1986 年版。

范县署中寄舍弟墨第四书[1]

郑 燮

十月二十六日[2]得家书，知新置田获秋稼五百斛[3]，甚喜。而今而后，堪为农夫以没世[4]矣。要须制碓[5]、制磨、制筛罗簸箕、制大小扫帚、制升斗斛。家中妇女，率诸婢妾，皆令习舂揄蹂簸[6]之事，便是一种靠田园长[7]子孙气象。天寒冰冻时，穷亲戚朋友到门，先泡一大碗炒米送手中，佐以酱姜一小碟，最是暖老温贫之具。暇日咽碎米饼，煮糊涂粥，双手捧碗，缩颈而啜之，霜晨雪早，得此周身俱暖。嗟乎！嗟乎！吾其长为农夫以没世乎！我想天地间第一等人，只有农夫，而士为四民[8]之末。农夫上者种地百亩，其次七八十亩，其次五六十亩，皆苦其身，勤其力，耕种收获，以养天下之人。使[9]天下无农夫，举世皆饿死矣。我辈读书人，入则孝，出则弟[10]，守先待后[11]，得志泽加于民[12]，不得志修身见于世[13]，所以又高于农夫一等。今则不然，一捧书本，便想中举、中进士、作官，如何攫取金钱、造大房屋、置多产田。起手便错走了路头，后来越做越坏，总没有个好结果。其不能发达者，乡里作恶，小头锐面[14]，更不可当。夫束修自好者，岂无其人。经济自期[15]，抗怀千古[16]者，亦所在多有。而好人为坏人所累，遂令我辈开不得口，一开口，人便笑曰：汝辈书生，总是会说，他日居官，便不如此说了。所以忍气吞声，只得捱[17]人笑骂。工人制器利用[18]，贾人搬有运无，皆有便民之处。而士独于民大不便，无怪乎居四民之末也！且求居四民之末，而亦不可得也。愚兄平生最重农夫，新招佃地人[19]，必须待之以礼。彼称我为主人，我称彼为客户，主客原是对待之义，我何贵而彼何贱乎？要体貌[20]他，要怜悯他。有所借贷，要周全他。不能偿还，要宽让他。尝笑唐人《七夕》诗，咏牛郎织女，皆作会别可怜之语，殊失命名本旨。织女，衣之源也，牵牛，食之本也，在天星为最贵。天顾重之，而人反不重乎！其务本勤民，呈象昭昭可鉴[21]矣。吾邑妇人，不能织绸织布，然而主中馈[22]，习针线，犹不失为勤谨。近日颇有听鼓儿词，以斗叶[23]为戏者，风俗荡轶[24]，亟宜戒之。吾家业地虽有三百亩，总是典产[25]，不可久恃。将来须买田二百亩，予兄弟二人，各得百亩足矣，亦古者一夫受田百亩之义[26]也。若再求多，便是占人产业，莫大罪过。天下无田无业者多矣，我独何人，贪求无厌，穷民将何所措足乎！或曰：世上连阡越陌[27]，数百顷有余者，子将奈何？应之曰：他自做他家事，我自做我家事，世道盛则一德遵王[28]，风俗偷则不同为恶[29]，亦板桥之家法也。哥哥字。

【注释】

① 选自郑燮《郑板桥全集》（卞孝萱、卞岐编，凤凰出版社 2012 年增补本）。郑燮（1693—1765），字克柔，号板桥，兴化（今属江苏）人。先后担任山东范县、潍县知县达十二年，为官颇有政声，后因触忤上司而去官。晚年居扬州，以卖画为生，擅画兰、竹、石，为“扬州八怪”之一。这是乾隆九年（1744）他在范县任上写给堂弟郑墨的一封家书。

② [十月二十六日] 乾隆九年（1744）十月二十六日，郑燮时任范县知县。范县在清代属于山东曹州府，今属河南省。

③ [斛（hú）] 量器名，也用作计量单位，古以十斗为一斛，南宋末改为五斗一斛。

④ [没世] 辞世，指终生。

⑤ [碓（duì）] 石碓，一种舂米的器具。

⑥ [舂（chōng）揄（yú）蹂（róu）簸（bǒ）] 指收获庄稼后把稻谷去壳舂成米的过程，《诗·大雅·文王》：“或舂或揄，或蹂或簸。”舂，用杵臼捣谷物。揄，舀取。蹂，用手揉搓。

⑦ [长（zhǎng）] 抚育。

⑧ [四民] 古代分人民为士农工商四等。《汉书·食货志》：“士农工商四民有业，学以居位曰士，辟土殖谷曰农，作巧成器曰工，通财鬻货

曰商。”

⑨［使］假如。

⑩［弟（tì）］同“悌”，顺从兄长。

⑪［守先待后］守持先人美德，传与后代。

⑫［得志泽加于民］若能施展抱负，则造福于民。得志，指从仕。

⑬［修身见于世］修身养德，以此显现于世。

⑭［小头锐面］尖头小面，比喻人善于钻营。

⑮［经济自期］以经世济时要求自己。

⑯［抗怀千古］情志高洁，可上比先贤。

⑰［捱（ái）］承受。

⑱［利用］便于日用。

⑲［佃（diàn）地人］佃户，租地耕种的农民。

⑳［体貌］以礼相待。

㉑［呈象昭昭可鉴］意为牛郎织女星所呈现出的重视耕种的形象，含义明显可见。

㉒［主中馈（kuì）］主持家中的饭食、祭祀等。馈，进食于尊长、神道。

㉓［斗叶］斗叶子，即玩纸牌。

㉔［荡轶（yì）］放荡，不守规矩。轶，超出。

㉕［典产］别人典当与自家的田产，到期可被赎回。

㉖［古者一夫受田百亩之义］见《孟子·万章下》：“耕者之所获，一夫百亩。”

㉗［连阡越陌］形容田多地广。阡、陌，指田间小路。南北曰阡，东西曰陌。

㉘［世道盛则一德遵王］天下太平，则众人同心同德，奉行王道。

㉙［风俗偷则不同为恶］世风浇薄，也不同坏人一起作恶。偷，指世风败坏。

【评析】

《郑板桥集》中收有家书十六通，都是写给堂弟郑墨的。郑墨字五桥，小其堂兄二十五岁。板桥没有胞弟，对这个堂弟十分友爱，视如手足。他在外宦游时，就把家事付与郑墨。这年秋收之后，家中因为新置田地，所获颇丰。板桥收到弟弟的来信之后十分高兴，写下了这封回信。作者自己曾说："（此信）原算不得文章，有些好处，大家看看；如无好处，糊窗糊壁，复瓿复盎而已。"（《家书小引》）实际上这封信的内容是十分丰富的。

作者在信中首先表达自己对家中那种"靠田园长子孙气象"的欣喜，告诫家人今后要以务农为本，过勤勉的农家生活，并且说自己也要"长为农夫以没世"。此中既见他对宦海生涯的厌倦，更能见出其一贯的重农思想，他接下来就说道："天地间第一等人，只有农夫。"他的这种论点，一方面是传统儒家农本思想熏染的表现，一方面也与他农村下层知识分子的出身有关。但接下来把士列为四民之末就显得奇突了。士本应"又高农夫一等"，居四民之首的，为何反居其末呢？原来世道风气使得"士独于民大不便"。接着就展开了对今日读书人的批判，并欲坚决与之划清界限，于是甘为农夫以没世。这就是文章的一个逻辑顺序。

文章并非从头到尾都在议论说理，有些笔墨倾注情感，娓娓道来，让人倍觉亲切。如"天寒冰冻时，穷亲戚朋友到门"一部分，讲自家如何飧客，自己冬日闲暇时又如何消遣，情趣盎然，饶有兴味。督促家人治生产时，则不厌其烦，"制碓、制磨、制筛罗簸箕、制大小扫帚、制升斗斛"，一股脑儿罗列开来。作者对农事的热衷，于农夫身份的向往，就都可以想见了。又如他把农夫为四民之首而士为末的道理讲完之后，又横来一笔，讥笑唐人《七夕》诗"殊失命题本旨"。但实际上此非闲笔，强调耕织为衣食之源，仍落在重农这一点上，可见文脉之流畅，自然吞吐而绝不散漫，加以真挚的感情、恳切的论说，故而这封书信能够流传数百年，至今脍炙人口。

【理性思考】

1. 文中提到“士农工商”，而以“农”为四民之首，你认为这是作者的真实想法还是一种写作策略？

2. 借重“农”抑“士”的话题，郑燮其实提出了当世存在的哪些社会问题？

3. 在城市经济渐趋发达的清中叶，重农思想是否适应当时的社会发展现状？

【延伸阅读】

1. 顾炎武《日知录·试文格式》，陈垣校注《日知录校注》卷十六，安徽大学出版社 2007 年版。

2. 黄宗羲《明夷待访录·财计》，中华书局 1981 年版。

二、仁 政

（主持人：苗怀明 刘重喜）

（一）导言

如果从语源上来说，仁政是孟子首先提出的，而且语意明确。如《孟子·梁惠王上》："王如施仁政于民，省刑罚，薄税敛，深耕易耨，壮者以暇日，修其孝悌忠信，入以事其父兄，出以事其长上，可使制梃以挞秦楚之坚甲利兵矣。"再如《孟子·公孙丑上》："当今之时，万乘之国，行仁政，民之悦之，如解倒悬也。"他不仅概括了仁政的具体内容，还指出实行仁政的良好效果，当然这里有游说君王的意味在。仁政与"民本"、"王道"和"性善论"等构成孟子思想的核心，这也是儒家思想的重要组成部分。

当然，仁政的思想并非凭空而来，而是渊源有自，这是孟子继承孔子"仁学"思想并加以发展而来的。在《论语》一书中，"仁"字被提及一百零九次，可见孔子对其重视程度。孔子虽然没有明确提出"仁政"这个概念，但他表达了类似的思想，而且提出仁政的对立面，那就是苛政，将其形象地与吃人的老虎相比，认为它比老虎更可怕，所谓"苛政猛于虎也"。与苛政同义的还有暴政、虐政等说法。

在孔子那里，"仁"是一个内涵很广的道德概念，孟子加一"政"字，将这种思想与政治结合起来，使"仁"落到实处，成为一种可以操作的治理方式。可以说，仁政是儒家思想得以贯彻落实的重要一环。

孔孟之后的历代王朝都将仁政作为治理国家的指导思想，自然也可以说是政治理想，无论是皇帝还是大臣，都将其作为自己的人生目标。在专制时代，能否实行仁政，关键在最高统治者皇帝。翻开相关典籍，歌功皇帝仁政爱民的阿谀之文铺天盖地，几乎每个皇帝都享受过这类奉承，几乎每个大臣也都这样肉麻过，这样一来，仁政就沦为一个空洞的词藻，一把华丽的粉刷，吹捧和享受吹捧也就成为一种由庄重仪式构成的娱乐游戏，彼此心照不宣的一个世纪接一个世纪的玩着。

在这种情况下，不畏强权，说出仁政背后的真相，是要有勇气的，至于怒斥皇帝的暴政，甚至于揭竿而起，撰写讨伐檄文，那更需要过人的胆识。这样的文章不多见，也更为难得。祖君彦所写的《为李密檄洛州文》就是这样一篇讨伐隋炀帝杨广的檄文，作者斗志昂扬，笔力如剑，历数暴君的种种罪恶，读起来酣畅淋漓。这篇文章还为后世贡献了一个成语，那就是罄竹难书。再如李华的《吊古战场文》一文，名为吊古，实则讽今，锋芒所向，乃是当朝皇帝的内政不修，滥事征伐。自然，这样的话皇帝是最不爱听的，因此而丧命的大臣几乎每朝都有。

对于文人来说，科举制度的实行使学而优则仕的理想变为现实的人生，寒窗苦读，一朝成名，然后或为封疆大吏，或为七品知县，不管是在中央部门，还是在地方衙门，都是为政一方，要造福百姓。仁政同样是他们的政治理想，它不能仅仅是挂在嘴上的华丽辞藻，还要落实为具体的行动。

能实行仁政的官员一般被称作循吏，从西汉司马迁的《史记》开始，历代的史书如《汉书》《后汉书》以至《清史稿》等都为循吏立传，意在提倡仁政，为后世的官员树立榜样。这也成为史书撰写的一个传统，其中《史记》《汉书》中对循吏的描绘达到很高的文学成就，对后世影响深远。也正是有了这个传统，孙樵在《书何易于》一文中很有底气的为循吏何易于鸣不平，因为他相信其“不有得于生，必有得于死者，有史官在”。

这样的循吏在古代还有一些，如曾巩《越州赵公救灾记》一文中的赵公、钱公辅《义田记》中的范仲淹、陆九渊《送宜黄何尉序》中的何坦，等等。鲁迅先生曾将这些人称作中国的脊梁:“有埋头苦干的人,有拼命硬干的人,有为民请命的人,有舍身求法的人,……虽是等于为帝王将相作家谱的所谓‘正史’,也往往掩不住他们的光耀,这就是中国的脊梁。”(《中国人失掉自信力了吗》)

相比数量庞大的官员队伍,能有资格称作循吏乃至清官的官员只是其中的少数,惟其不多,才被撰文歌颂。在专制时代,天灾人祸不断,面对残酷的现实,仁政实际上是一个相当沉重的话题,更多的文章在谈到这个问题时,言语之间充满忧虑。有直接写出民生疾苦的,如汪中的《哀盐船文》记述了乾隆三十五年(1770)发生在仪征港口的一次盐船火灾,表达对遇难者的同情和哀悼。也有通过寓言形式含蓄表达的,如柳宗元的《种树郭橐驼传》、宋庠的《蚕说》等。

当然也有一些理性的思考。如晁错的《论贵粟疏》、柳宗元的《送薛存义序》、邓牧的《吏道》、黄宗羲的《原君》等。其中柳宗元提出为官之道应是“盖民之役,非以役民而已也”,黄宗羲则更进一步,在王朝更迭的时代语境中痛定思痛,寻找暴政背后的根源,其思想具有启蒙的光彩。

对不少文人来说,做官是他们的职业,谈到仁政时往往和自己的身世经历结合起来,使作品带有强烈的情感色彩。兔死狐悲,物伤其类,王守仁的《瘗旅文》表面上看是写吏目主仆三人的不幸,实际上则是自伤自悼。

仁政,尽管是一个带有浓厚政治色彩的话题,但从这个话题中涌现了一批传世名作,或描摹抒情,或条分缕析,或情绪激昂,或从容冷静,说到底,都是对生命的关切和尊重。只不过在这个题目下,谈论更多的不是个人的得失,而是天下百姓的疾苦,正如《老残游记》作者刘鹗在其诗作中所说的“相逢一哭为苍生”(《题谢平原尺鸥馆读书图》)。

（二）选文

苛政猛于虎[1]

《礼记·檀弓》

孔子过[2]泰山侧，有妇人哭于墓者而哀[3]。夫子式而听之[4]。使[5]子路[6]问之曰："子[7]之哭也，壹似[8]重有忧[9]者？"而[10]曰："然[11]！昔者[12]吾舅[13]死于虎，吾夫又死焉，今吾子[14]又死焉[15]！"夫子曰："何为不去[16]也？"曰："无苛政[17]。"夫子曰："小子[18]识[19]之，苛政猛于[20]虎也。"

【注释】

① 选自《礼记·檀弓下》(中华书局《十三经注疏·礼记正义》本)。《礼记》是孔子的学生和汉代学者所记，记录的都是战国秦汉间儒家的言论，特别是关于礼制方面的言论。《檀弓》是《礼记》的篇名，课文标题为编者所加。

② [过] 路过。

③ [哀] 伤心，悲痛。

④ [夫子式而听之] 夫子，古代对师长的称呼，这里指孔子。式，通"轼"，指车前的横木，这里用作动词，意为扶着轼。古时乘车，遇到表示敬意的事，乘者即俯身扶轼；在这里，孔子扶轼是表示对妇人哭墓的注意和关怀。

⑤ [使] 派遣，让。

⑥ [子路] 孔子的弟子，名仲由，字子路。

⑦ [子] 你。

⑧ [壹似] 壹，表示肯定，实在。似，像。

⑨ [重有忧] 连着有几件忧丧事。重(chóng)，重叠。这句话的意思是：您这样哭，实在像连着有几桩伤心事？

⑩［而］乃。

⑪［然］是这样。

⑫［昔者］从前。

⑬［舅］当时称丈夫的父亲为舅。

⑭［子］孩子。

⑮［焉］代词兼语气词，等于说“于虎”。

⑯［去］离开。

⑰［苛政］包括苛刻的政令、繁重的赋役等。苛，苛刻，暴虐。

⑱［小子］古时老师叫学生可称小子，这里指孔子称他徒弟子路。

⑲［识(zhì)］通“志”，记住。

⑳［于］比。

【评析】

儒家政治观念中的“仁政”思想，其对立面就是社会上的“暴政”与苛捐杂税。像后世东晋陶渊明的《桃花源记》，唐代杜甫的“三吏”、“三别”，白居易的新乐府《秦中吟》等篇章，无不间接或直接反映上层社会对底层贫民百姓的盘剥，历代儒家知识分子对此都有鞭挞和批判。

《礼记·檀弓》中“苛政猛于虎”一节应该是比较早地反映了这一严酷社会问题的作品。文章记载孔子和弟子路过泰山时，听到一名妇女叙述她的悲惨故事。当地虎患严重，可就是因为此地没有苛刻的暴政，所以她和家人宁愿一直住在这里，以至于后来她的公公、丈夫、儿子，接连被老虎吞噬，最后只剩下她一人对着亲人的坟墓哭泣。

全文以叙事来说理，“昔者吾舅死于虎，吾夫又死焉，今吾子又死焉”，连用排比句式，出人意表，深入人心，而归结“不去”的原因则是“无苛政”。文章起伏顿挫，立意发人深省，深刻揭露了苛政对平民百姓的残害。

后来从这个故事中引申出了“苛政猛于虎”的成语，意思就是指反动统治者的暴政比吃人的老虎更加可怕。唐代文学家柳宗元《捕蛇者说》一文“吾祖死于是，吾父死于是，今吾嗣为之十二年，几死者数矣”，以及“孰知赋敛之毒，有甚于是蛇者乎”，显然是继承了这一儒家批判社会苛政的思想传统。

【理性思考】

1. 体会“苛政猛于虎”这个故事反映了怎样的社会现实？

2. 这篇课文反映出的儒家思想是什么？

【延伸阅读】

1. 陶渊明《桃花源记》，《陶渊明集》，中华书局 1979 年版。

2. 杜甫“三吏”、“三别”，《杜甫全集校注》，人民文学出版社 2014 年版。

3. 柳宗元《捕蛇者说》，《柳宗元集》，中华书局 1979 年版。

论贵粟疏[1]

晁　错

圣王在上而民不冻饥者，非能耕而食之[2]，织而衣之[3]也，为开其资财之道[4]也。故尧、禹有九年之水[5]，汤有七年之旱[6]，而国亡[7]捐瘠[8]者，以畜[9]积多而备[10]先具[11]也。

今海内为一[12]，土地人民之众不避汤、禹[13]，加以亡天灾数年之水旱，而畜积未及[14]者，何也？地有遗利[15]，民有余力，生谷[16]之土未尽垦，山泽之利未尽出也，游食[17]之民未尽归农也。民贫，则奸邪生。贫生于不足，不足生于不农，不农则不地著[18]，不地著则离乡轻家，民如鸟兽[19]，虽有高城深池，严法重刑，犹不能禁也。

夫寒之于衣，不待轻暖[20]；饥之于食，不待甘旨[21]；饥寒至身，不顾廉耻。人情，一日不再食则饥，终岁不制衣则寒。夫腹饥不得食，肤寒不得衣，虽慈母不能保[22]其子，君安能以有其民哉！明主知其然也，故务民于农桑[23]，薄赋敛，广畜积，以实仓廪[24]，备水旱，故民可得而有也。

民者，在上所以牧[25]之，趋利如水走[26]下，四方亡择[27]也。夫珠玉金银，饥不可食，寒不可衣，然而众贵之者，以上用之故也[28]。其为物轻微易臧[29]，在于把握[30]，可以周[31]海内而亡饥寒之患。此令臣轻背其主[32]，而民易去其乡，盗贼有所劝[33]，亡逃者[34]得轻资[35]也。粟米布帛，生于地，长于时，聚于力[36]，非可一日成也。数石[37]之重，中人[38]弗胜[39]，不为奸邪所利，一日弗得而饥寒至。是故明君贵五谷而贱金玉。

今农夫五口之家，其服役[40]者不下[41]二人，其能耕者不过百亩，百亩之收不过百石。春耕夏耘，秋获冬臧，伐薪樵，治官府，给繇役[42]；春不得避风尘，夏不得避暑热，秋不得避阴雨，冬不得避寒冻，四时之间亡日休息；又私自送往迎来[43]，吊死问疾，养孤[44]长幼[45]在其中[46]。勤苦如此，尚复被水旱之灾，急政[47]暴赋[48]，赋敛不时[49]，朝令而暮改。当具有者[50]半贾而卖[51]，亡者[52]取倍称之息[53]，于是有卖田宅、鬻[54]子孙以偿责[55]者矣。

而商贾大者积贮倍息[56]，小者坐列[57]贩卖，操其奇赢[58]，日游都市，乘上之急[59]，所卖必倍[60]。故其男不耕耘，女不蚕织，衣必文采[61]，食必粱[62]肉；亡农夫之苦，有仟伯[63]之得。因其富厚，交通[64]王侯，力过吏势，以利相倾[65]；千里游敖[66]，冠盖[67]相望，乘坚策肥[68]，履丝曳缟[69]。此商人所以兼并农人，农人所以流亡者也。

今法律贱商人，商人已富贵矣；尊农夫，农夫已贫贱矣。故俗之所贵[70]，主之所贱也；吏之所卑[71]，法之所尊也。上下相反，好恶乖迕[72]，而欲国富法立，不可得也。方今之务，莫若使民务农而已矣。欲民务农，在于贵粟；贵粟之道，在于使民以粟为赏罚[73]。今募天下入粟县官[74]，得以拜爵[75]，得以除罪。如此，富人有爵，农民有钱，粟有所渫[76]。夫能入粟以受爵，皆有余者也；取于有余，以供上用，则贫民之赋可损[77]，所谓损有余补不足，令出而民利者也。

顺于民心，所补者三：一曰主用足，二曰民赋少，三曰劝农功。今令民有车骑马[78]一匹者，复卒三人[79]。车骑者，天下武备也，故为复卒[80]。

神农[81]之教曰:“有石城十仞,汤池百步,带甲百万,而亡粟,弗能守也。”以是观之,粟者,王者大用[82],政之本务。令民人粟受爵至五大夫[83]以上,乃复一人耳,此其与骑马之功相去远矣。爵者,上之所擅[84],出于口而亡穷[85];粟者,民之所种,生于地而不乏[86]。夫得高爵与免罪,人之所甚欲也。使天下人入粟于边,以受爵免罪,不过三岁,塞下之粟必多矣。

【注释】

① 选自班固《汉书·食货志》(中华书局 1962 年版)。晁错,汉颍川郡(今河南禹县)人,约生于公元前 200 年,卒于公元前 154 年。西汉初年著名的学者和政治家。此篇题目为后世所加。这一奏疏大约上于汉文帝十一年(前 169),其提出的“贵粟”的观点,有利于国家的长治久安。

② [食(sì)之] 喂他们吃。“食”作动词用。

③ [衣(yì)之] 给他们穿。“衣”作动词用。

④ [道] 途径,办法。

⑤ [尧、禹有九年之水]尧的时候,洪水滔天,九年而水不止,后用禹治水而成功。

⑥ [汤有七年之旱]汤的时候,天下大旱。

⑦ [亡] 同“无”。下文同。

⑧ [捐瘠(jí)] 被遗弃的和瘦弱的人。捐,抛弃。瘠,病瘦。

⑨ [畜] 同“蓄”,储存。

⑩ [备] 所备的设施。

⑪ [具] 具备。

⑫ [一] 统一。

⑬ [不避汤、禹] 指不比汤和禹的时代差。不避,不让,不差于。

⑭ [及] 达到。

⑮ [遗利] 未开发的利益,引申为潜力。

⑯ [生谷] 荒谷,未开发的山谷。

⑰［游食］游手好闲，不从事劳动。

⑱［地著(zhuó)］土著，指农业人口有固定的户籍和土地。

⑲［民如鸟兽］喻人民行动如鸟兽飞走无常。

⑳［轻暖］指狐貉之裘，丝织的衣服。

㉑［甘旨］指一切好吃的东西。甘，甜。旨，美。

㉒［保］养。

㉓［务民于农桑］使百姓尽力于种田养蚕。

㉔［仓廪(lǐn)］米仓。

㉕［牧］养，引申为统治、管理。

㉖［走］向往。

㉗［亡择］并不选择方向和地域。

㉘［然而众贵之者，以上用之故也］贵，看重。以，因为。上，指人君。用，这里有重用意。

㉙［臧］同“藏”。下文同。

㉚［在于把握］拿在手中。

㉛［周］周遍而游行。

㉜［轻背其主］臣对待背叛其君，不当一回事。轻，轻易。

㉝［劝］鼓励。

㉞［亡逃者］犯法逃亡者。

㉟［轻资］携带轻便的货物。

㊱［聚于力］集合劳力。

㊲［数石］指若干石的粮食。石，重量单位，汉制三十斤为钧，四钧为石。

㊳［中人］处于力量强弱中间的人。

㊴［弗胜］不能胜任，指拿不动。弗，通“勿”。胜，指负担。

㊵［服役］从事于官府劳役。

㊶［不下］不少于。

㊷［繇役］古代人民为官府服的劳役。繇，通“徭”。

㊸［送往迎来］指亲友间交际往来。以下三句指农民私人生活。

㊹［孤］无父的孩子。

㊺［长(zhǎng)幼］养育幼儿。长，养育。

㊻［在其中］指上述开支都出在农田收入当中。

㊼［政］通“征”，指征收赋税。

㊽［暴赋］指猛烈严急的征取。赋，是敛取土地所出。

㊾［赋敛不时］指征取土产不按照时候。

㊿［当具有者］当他具有这种东西的时候（如新收的谷物），官家却征收别的。

51［半贾而卖］不得不半价而卖。

52［亡者］当他缺乏此物时，官家却正要征敛，又不得不借贷加倍的利息，购买以应征。

53［倍称(chèn)之息］加倍的利息。称，相等，相当。

54［鬻(yù)］卖。

55［责］通“债”。

56［积贮倍息］囤积物资获得加倍的利息。

57［坐列］坐于列肆之中，行走曰商，坐肆曰贾。

58［操其奇赢］商贾所获余物及赢利。奇赢，以特殊的手段获得更大的利润。

59［乘上之急］君主所迫切需要之物。

60［所卖必倍］必使超过应得之价一倍始肯卖出。

61［文采］有纹彩的锦绣。

62［粱］好粟米。

63［仟伯］仟为千钱，伯为百钱。

64［交通］交接，交际。

65［倾］凌驾压倒之意。

66［游敖］游行各地。敖，通“遨”。

67［冠盖］指代商人坐着车子，穿着考究的服装往来于道路上。

冠，指官服。盖，指车盖。

⑱［乘坚策肥］坚，好车子。策，马鞭子，此处为动词，意为驾驶。肥，肥壮的马。

⑲［履丝曳(yè)缟(gǎo)］脚穿丝鞋，身披绸衣。曳，拖着。缟，一种精致洁白的丝织品。

⑳［俗之所贵］指商人。

㉑［吏之所卑］指农夫。

㉒［乖迕(wǔ)］互相矛盾违背。

㉓［使民以粟为赏罚］指下文拜爵除罪等贯彻贵粟政策的具体措施。

㉔［县官］指朝廷、官府。

㉕［拜爵］封爵位。

㉖［渫(xiè)］散出。

㉗［损］减。

㉘［车骑马］指战马。

㉙［复卒三年］免除服兵役者三人。

㉚［车骑者，天下武备也，故为复卒］因他已经出了车骑，所以为他施行复卒法令。

㉛［神农］又称神农氏，神话人物，据说是农业和医药的发明者。

㉜［王者大用］用，指财务。是说粮食是治理天下者需要最广的物资。

㉝［五大夫］汉代的一种爵位，在侯以下二十级中属第九级。凡纳粟四千石，即可封赐。

㉞［擅］专有。

㉟［出入口而亡穷］爵位只是出于皇帝之口，是用不完的。

㊱［乏］短缺。

【评析】

“疏”是臣民向皇帝陈述意见的一种文体，也称“奏疏”或“奏议”。这篇文章是晁错写给汉文帝的一篇奏疏。全面论述了“贵粟”（重视粮食）的重要性，提出了重农抑商、入粟于官、拜爵除罪等一系列主张，摆事实，讲道理，前后相承，步步深入，论说周至深刻。

这篇文章一开始就提出了“畜积未及”这一尖锐的、不利于朝廷统治的重大社会问题，并进一步论述了“游食之民未尽归农”这一社会现象所引起的国家政治和经济上的严重后果。晁错上疏，全面论述了“贵粟”对于解决这一问题的重要性，阐明使民务农，国家以粟为赏罚，以解决农民与商贾之间贫富悬殊，守边士卒无粮供给的矛盾。

文章引古说今，采用对比手法，以古圣王之时与今之时相比，以五谷与珠玉金银相比，以富商大贾与种田农民相比，对照鲜明，说理透辟。晁错文章的风格明白畅尽，并且充满着强烈的情感，因此鲁迅在《汉文学史纲要》评其文章谓“皆疏直激切，尽所欲言”。

本文着重论证了农业的重要性，提出了劝农务本，奖励粮食生产，促进农业发展，打击商人投机牟利，从而富国强民的主张。汉文帝采纳了他的建议，后来经过文帝、景帝两朝的推行，农业生产有了很大的发展，到武帝时粮食已经非常充足，为发动抗击匈奴的战争准备了物质条件。

【理性思考】

1. 本文是如何讨论“粟”与“金玉”之间关系的？
2. 谈谈文中举“农夫五口之家”为例的必要性。

【延伸阅读】

1. 司马迁《史记·货殖列传》，中华书局 2013 年版。
2. 班固《汉书·食货志》，中华书局 1962 年版。

汉书·循吏传[1]

班 固

汉兴之初，反秦之敝，与民休息，凡事简易，禁罔[2]疏阔，而相国萧、曹以宽厚清静为天下帅[3]，民作“画一”之歌[4]。孝惠[5]垂拱[6]，高后[7]女主，不出房闼[8]，而天下晏然[9]，民务稼穑，衣食滋殖[10]。至于文、景[11]，遂移风易俗。是时循吏如河南守吴公[12]、蜀守文翁之属，皆谨身帅先，居以廉平[13]，不至于严[14]，而民从化[15]。

孝武[16]之世，外攘[17]四夷，内改法度，民用凋敝，奸轨[18]不禁[19]。时少能以化治称者，惟江都相董仲舒、内史公孙弘、兒宽，居官可纪。三人皆儒者，通于世务，明习文法，以经术润饰[20]吏事，天子器之。仲舒数谢病[21]去，弘、宽至三公[22]。

孝昭[23]幼冲[24]，霍光[25]秉政，承奢侈师旅之后，海内虚耗，光因循守职，无所改作。至于始元、元凤[26]之间，匈奴乡化[27]，百姓益富，举贤良文学[28]，问民所疾苦，于是罢酒榷而议盐铁[29]矣。

及至孝宣[30]，繇仄陋而登至尊[31]，兴于闾阎[32]，知民事之艰难。自霍光薨后始躬万机，厉[33]精为治，五日一听事，自丞相已[34]下各奉职而进。及拜刺吏守相，辄亲见问，观其所繇，退而考察所行以质[35]其言，有名实不相应，必知其所以然。常称曰：“庶民所以安其田里而亡叹息愁恨之心者，政平讼理[36]也。与我共此者，其唯良二千石[37]乎！”以为太守，吏民之本也，数变易则下不安，民知其将久，不可欺罔，乃服从其教化。故二千石有治理效，辄以玺书勉厉，增秩赐金，或爵至关内侯，公卿缺则选诸所表[38]以次用之。是故汉世良吏，于是为盛，称中兴焉。若赵广汉、韩延寿、尹翁归、严延年、张敞之属，皆称[39]其位，然任刑罚，或抵[40]罪诛。王成、黄霸、朱邑、龚遂、郑弘、召信臣等，所居民富，所去见思，生有荣号，死见奉祀，此廪廪[41]庶几德让君子之遗风矣。

文翁，庐江舒人[42]也。少好学，通《春秋》，以郡县吏察举。景帝末，为蜀郡守，仁爱好教化。见蜀地辟陋有蛮夷风，文翁欲诱进之，乃选郡县小吏开敏有材者张叔等十余人亲自饬厉[43]，遣诣京师，受业博士，或学律令。减省少府[44]用度，买刀布[45]蜀物，赍计吏[46]以遗博士。数岁，蜀生皆成就还归，文翁以为右职[47]，用次[48]察举，官有至郡守刺史者。

又修起学官[49]于成都市中，招下县[50]子弟以为学官弟子，为除更繇，高者以补郡县吏，次为孝弟力田。常选学官僮子，使在便坐[51]受事。每出行县，益从学官诸生明经饬行者与俱[52]，使传教令，出入闺阁[53]。县邑吏民见而荣之，数年，争欲为学官弟子，富人至出钱以求之。繇是大化，蜀地学于京师者比齐鲁焉。至武帝时，乃令天下郡国皆立学校官，自文翁为之始云。

文翁终于蜀，吏民为立祠堂，岁时祭祀不绝。至今巴蜀好文雅，文翁之化也。

王成，不知何郡人也。为胶东[54]相，治甚有声。宣帝最先褒之，地节三年[55]下诏曰："盖闻有功不赏，有罪不诛，虽唐虞不能以化天下。今胶东相成，劳来[56]不怠，流民自占[57]八万余口，治有异等之效[58]。其赐成爵关内侯，秩中二千石。"未及征用，会病卒官。后诏使丞相御史问郡国上计长吏守丞[59]以政令得失，或对言前胶东相成伪自增加，以蒙显赏，是后俗吏多为虚名云。

黄霸字次公，淮阳阳夏人[60]也。以豪桀[61]役使徙云陵[62]。霸少学律令，喜为吏，武帝末以待诏入钱赏官[63]，补侍郎谒者[64]，坐同产[65]有罪劾免。后复入谷沈黎郡[66]，补左冯翊二百石卒史[67]。冯翊[68]以霸入财为官，不署右职，使领郡钱谷计[69]。簿书正，以廉称，察补河东均输长[70]，复察廉为河南太守丞[71]。霸为人明察内敏[72]，又习文法，然温良有让，足知[73]，善御众。为丞，处议当于法，合人心，太守甚任之，吏民爱敬焉。

自武帝末，用法深。昭帝立，幼，大将军霍光秉政，大臣争权，上官桀等与燕王谋作乱，光既诛之，遂遵武帝法度，以刑罚痛绳群下，繇是俗吏上[74]严酷以为能，而霸独用宽和为名。

会宣帝即位，在民间时知百姓苦吏急也，闻霸持法平，召以为廷尉正[75]，数决疑狱，庭中[76]称平。守丞相长史[77]，坐公卿大议廷中知长信少府夏侯胜非议诏书大不敬[78]，霸阿从不举劾，皆下廷尉，系狱当死。霸因从胜受《尚书》狱中，再逾冬，积三岁乃出，语在《胜传》[79]。胜出，复为谏大夫[80]，令左冯翊宋畸举霸贤良[81]。胜又口荐霸于上，上擢霸为扬州[82]刺史。三岁，宣帝下诏曰："制诏御史[83]：其以贤良高第扬州刺史霸为颍川太守，秩比二千石[84]，居官赐车盖，特高一丈，别驾主簿车[85]，缇油屏泥[86]于轼前，以章有德。"

时上垂意[87]于治，数下恩泽诏书，吏不奉宣[88]。太守霸为选择良吏，分部宣布诏令，令民咸知上意，使邮亭乡官[89]皆畜鸡豚，以赡鳏寡贫穷者。然后为条教，置父老师帅伍长[90]，班[91]行之于民间，劝以为善防奸之意，及务耕桑，节用殖财，种树畜养，去食谷马[92]。米盐靡密[93]，初若烦碎，然霸精力能推行之。吏民见者，语次寻绎[94]，问它阴伏[95]，以相参考。尝欲有所司察[96]，择长年廉吏遣行，属[97]令周密。吏出，不敢舍邮亭，食于道旁，乌攫其肉。民有欲诣府口言事者适见之，霸与语道此[98]。后日吏还谒霸，霸见迎劳之，曰："甚苦！食于道旁乃为乌所盗肉。"吏大惊，以霸具知其起居，所问豪氂[99]不敢有所隐。鳏寡孤独有死无以葬者，乡部书言[100]，霸具为区处[101]，某所大木可以为棺，某亭猪子可以祭，吏往皆如言。其识[102]事聪明如此，吏民不知所出[103]，咸称神明。奸人去入它郡，盗贼日少。

霸力行[104]教化而后诛罚，务在成就全安长吏。许丞[105]老，病聋，督邮白欲逐之[106]，霸曰："许丞廉吏，虽老，尚能拜起送迎，正颇重听[107]，何伤？且善助之，毋失贤者意。"或问其故，霸曰："数易长吏，送故迎新之费及奸吏缘绝[108]簿书盗财物，公私费耗甚多，皆当出于民，所易新吏又未必贤，或不如其故，徒相益为乱。凡治道，去其泰甚[109]者耳。"

霸以外宽内明得吏民心，户口岁增，治为天下第一。征守京兆尹，秩二千石。坐发民治驰道不先以闻[110]，又发骑士诣北军马不适士[111]，劾乏军兴[112]，连贬秩。有诏归颍川太守官，以八百石居治如其前。前后八年，郡中愈治。是时凤皇神爵[113]数集郡国，颍川尤多。天子以霸治行[114]

终长者，下诏称扬曰："颍川太守霸，宣布诏令，百姓乡化，孝子弟[115]弟贞妇顺孙日以众多，田者让畔[116]，道不拾遗，养视鳏寡，赡助贫穷，狱或八年亡[117]重罪囚，吏民乡于教化，兴于行谊[118]，可谓贤人君子矣。《书》不云乎？'股肱良哉[119]！'其赐爵关内侯，黄金百斤，秩中二千石[120]。"而颍川孝弟、有行义民、三老、力田[121]，皆以差[122]赐爵及帛。后数月，征霸为太子太傅[123]，迁御史大夫。

五凤三年[124]，代丙吉为丞相，封建成侯，食邑六百户。霸材长于治民，及为丞相，总纲纪号令，风采不及丙、魏[125]、于定国，功名损于治郡。时京兆尹张敞[126]舍鹖雀飞集丞相府，霸以为神雀，议欲以闻。敞奏霸曰："窃见丞相请与中二千石博士杂问郡国上计[127]长吏守丞，为民兴利除害成大化条其对，有耕者让畔，男女异路，道不拾遗，及举孝子弟弟贞妇者为一辈，先上殿[128]，举而不知其人数者次之，不为条教者在后叩头谢[129]。丞相虽口不言，而心欲其为之也。长吏守丞对时，臣敞舍有鹖雀飞止丞相府屋上，丞相以下见者数百人，边吏多知鹖雀者，问之，皆阳[130]不知。丞相图[131]议上奏曰：'臣问[132]上计长吏守丞以兴化条，皇天报下神雀。'后知从臣敞舍来，乃止。郡国吏[133]窃笑丞相仁厚有知略，微信奇怪[134]也。昔汲黯[135]为淮阳守，辞去之官，谓大行李息[136]曰：'御史大夫张汤[137]怀诈阿意，以倾朝廷，公不早白[138]，与俱受戮矣。'息畏汤，终不敢言。后汤诛败，上闻黯与息语，乃抵息罪而秩黯诸侯相，取其思竭忠也。臣敞非敢毁丞相也，诚恐群臣莫白，而长吏守丞畏丞相指，归舍[139]法令，各为私教，务相增加，浇淳散朴[140]，并行伪貌，有名亡实，倾摇解[141]怠，甚者为妖。假令京师先行让畔异路，道不拾遗，其实亡益廉贪贞淫之行，而以伪先天下，固未可也；即诸侯先行之，伪声轶[142]于京师，非细事也。汉家承敝通变，造起律令，所以劝善禁奸，条贯详备，不可复加。宜令贵臣明饬[143]长吏守丞，归告二千石，举三老孝弟力田孝廉廉吏务得其人，郡事皆以义法令捡式[144]，毋得擅为条教；敢挟诈伪以奸[145]名誉者，必先受戮，以正明好恶。"天子嘉纳敞言，召上计吏，使侍中[146]临饬如敞指意。霸甚惭。

又乐陵侯史高以外属旧恩侍中贵重[147]，霸荐高可太尉[148]。天子使尚书召问霸："太尉官罢久矣，丞相兼之，所以偃武兴文也。如国家不虞，边境有事，左右之臣皆将率也。夫宣明教化，通达幽隐，使狱无冤刑，邑无盗贼，君之职也。将相之官，朕之任焉。侍中乐陵侯高帷幄近臣[149]，朕之所自亲，君何越职而举之？"尚书令[150]受丞相对，霸免冠谢罪，数日乃决[151]，自是后不敢复有所请。然自汉兴，言治民吏，以霸为首。

为丞相五岁，甘露三年[152]薨，谥曰定侯。霸死后，乐陵侯高竟为大司马[153]。霸子思侯赏嗣，为关都尉[154]。薨，子忠侯辅[155]嗣，至卫尉九卿。薨，子忠嗣侯，讫王莽乃绝。子孙为吏二千石者五六人。

始霸少为阳夏游徼[156]，与善相人者共载[157]出，见一妇人，相者言："此妇人当富贵，不然，相书不可用也。"霸推问之，乃其乡里巫家女也。霸即取[158]为妻，与之终身。为丞相后徙杜陵[159]。

朱邑字仲卿，庐江[160]舒人也。少时为舒桐乡啬夫[161]，廉平不苛，以爱利[162]为行，未尝笞辱人，存问耆老孤寡，遇之有恩，所部吏民爱敬焉。迁补太守卒史，举贤良为大司农丞[163]，迁北海[164]太守，以治行第一入为大司农[165]。为人淳厚，笃于故旧，然性公正，不可交以私。天子器[166]之，朝廷敬焉。

是时张敞为胶东相，与邑书曰："明主游心太古[167]，广延茂士[168]，此诚忠臣竭思之时也。直[169]敞远守剧郡[170]，驭于绳墨[171]，匈臆约结[172]，固亡奇也。虽有，亦安所施[173]？足下以清明之德，掌周稷[174]之业，犹饥者甘糟糠，穰岁[175]余粱肉。何则？有亡之势异也。昔陈平[176]虽贤，须魏倩[177]而后进；韩信[178]虽奇，赖萧公而后信[179]。故事各达其时之英俊，若必伊尹、吕望[180]而后荐之，则此人不因足下而进矣。"邑感敞言，贡荐贤士大夫，多得其助者。身为列卿，居处俭节，禄赐以共九族乡党[181]，家亡余财。

神爵元年[182]卒。天子闵[183]惜，下诏称扬曰："大司农邑，廉洁守节，退食自公[184]，亡强外之交，束脩[185]之馈，可谓淑人君子[186]。遭离凶灾，朕甚闵之。其赐邑子黄金百斤，以奉其祭祀。"

初邑病且死，属其子曰："我故为桐乡吏，其民爱我，必葬我桐乡，后世子孙奉尝[187]我，不如桐乡民。”及死，其子葬之桐乡西郭[188]外，民果[189]共为邑起冢立祠，岁时祠祭，至今不绝。

龚遂字少卿，山阳南平阳[190]人也。以明经为官，至昌邑郎中令[191]，事王贺。贺动作多不正，遂为人忠厚，刚毅有大节，内谏争于王，外责傅相[192]，引经义，陈祸福，至于涕泣，蹇蹇[193]无已。面刺[194]王过，王至掩耳起走，曰“郎中令善愧人。”及国中皆畏惮焉。王尝久与驺奴宰人[195]游戏饮食，赏赐亡度，遂入见王，涕泣膝行，左右侍御皆出涕。王曰：“郎中令何为哭?”遂曰：“臣痛社稷危也！愿赐清闲竭愚[196]。”王辟[197]左右，遂曰：“大王知胶西王[198]所以为无道亡乎?”王曰：“不知也。”曰：“臣闻胶西王有谀臣侯得，王所为儗[199]于桀纣也，得以为尧舜也。王说[200]其谄谀，尝与寝处[201]，唯得所言，以至于是[202]。今大王亲近群小，渐渍[203]邪恶所习，存亡之机，不可不慎也。臣请选郎[204]通经术有行义者与王起居，坐则诵《诗》《书》，立则习礼容，宜有益。”王许之。遂乃选郎中[205]张安等十人侍王。居数日，王皆逐去安等。久之，宫中数有妖怪，王以问遂，遂以为有大忧，宫室将空，语在《昌邑王传》[206]。会昭帝崩，亡子，昌邑王贺嗣立，官属皆征入。王相安乐迁长乐卫尉[207]。遂见安乐，流涕谓曰：“王立为天子，日益骄溢，谏之不复听，今哀痛未尽[208]，日与近臣饮食作乐，斗虎豹，召皮轩[209]，车九流[210]，驱驰东西，所为悖道[211]。古制宽，大臣有隐退，今去不得，阳[212]狂恐知，身死为世戮，奈何？君，陛下故相，宜极谏争。”王即位二十七日，卒以淫乱废。昌邑群臣坐陷王于恶不道，皆诛，死者二百余人，唯遂与中尉王阳以数谏争得减死，髡为城旦[213]。

宣帝即位，久之，渤海[214]左右郡岁饥，盗贼并起，二千石不能禽[215]制。上选能治者，丞相御史[216]举遂可用，上以为渤海太守。时遂年七十余，召见，形貌短小，宣帝望见，不副所闻，心内轻焉，谓遂曰：“渤海废乱，朕甚忧之。君欲何以息其盗贼，以称朕意?”遂对曰：“海濒遐远，不沾圣化，其民困于饥寒而吏不恤，故使陛下赤子盗弄陛下之兵于潢池中耳[217]。今欲使臣胜之[218]邪？将安之[219]也?”上闻遂对，甚说，答曰：“选用贤良，固欲安之也。”遂曰：“臣闻治乱民犹治乱绳，不可急也：唯缓之，然后可治。臣愿丞相御史且无拘臣以文法，得一切便宜从事[220]。”上许焉，加赐黄金，赠遣乘传[221]。至渤海界，郡闻新太守至，发兵以迎，遂皆遣还，移书敕属县悉罢逐捕盗贼吏。诸持锄鉤[222]田器者皆为良民，吏无得问，持兵者乃为盗贼。遂单车独行至府，郡中翕[223]然，盗贼亦皆罢。渤海又多劫略相随，闻遂教令，即时解散，弃其兵弩而持鉤锄。盗贼于是悉平，民安土乐业。遂乃开仓廪假[224]贫民，选用良吏，尉[225]安牧养焉。

遂见齐俗奢侈，好末技，不田作，乃躬率以俭约，劝民务农桑，令口种一树榆、百本薤[226]、五十本葱、一畦韭，家二母彘[227]、五鸡。民有带持刀剑者，使卖剑买牛，卖刀买犊，曰：“何为带牛佩犊！”春夏不得不趋[228]田亩，秋冬课收敛[229]，益蓄果实菱芡[230]。劳来循行[231]，郡中皆有畜[232]积，吏民皆富实。狱讼止息。

数年，上遣使者征遂，议曹[233]王生愿从。功曹[234]以为王生素耆酒，亡节度，不可使。遂不忍逆[235]，从至京师。王生日饮酒，不视[236]太守。会遂引入宫，王生醉，从后呼，曰：“明府[237]且止，愿有所白[238]。”遂还[239]问其故，王生曰：“天子即问君何以治渤海，君不可有所陈对，宜曰‘皆圣主之德，非小臣之力也’。”遂受其言。既至前，上果问以治状，遂对如王生言。天子说其有让[240]，笑曰：“君安得长者[241]之言而称之？”遂因前曰：“臣非知此，乃臣议曹教戒臣也。”上以遂年老不任公卿，拜为水衡都尉[242]，议曹王生为水衡丞[243]，以褒显[244]遂云。水衡典上林禁苑，共张[245]宫馆，为宗庙取牲，官职亲近，上甚重之，以官寿卒[246]。

召信臣[247]字翁卿，九江[248]寿春人也。以明经甲科[249]为郎，出补谷阳[250]长。举高第[251]，迁上蔡[252]长。其治视民如子，所居见称述。超为零陵太守[253]，病归。复征为谏大夫[254]，迁南阳[255]太守，其治如上蔡。

信臣为人勤力有方略，好为民兴利，务在富之。躬劝耕农，出入阡陌[256]，止舍离乡亭[257]，稀有安居时。行视郡中水泉，开通沟渎，起水门提阏[258]凡数十处，以广溉灌，岁岁增加，多至三万顷。民得其利，畜积有余。信臣为民作均水约束[259]，刻石立于田畔，以防分争。禁止嫁娶送终奢靡，务出于俭约。府县吏家子弟好游敖[260]，不以田作为事，辄斥罢之，甚者案其不法，以视[261]好恶。其化大行，郡中莫不耕稼力田，百姓归之，户口增倍，盗贼狱讼衰止。吏民亲爱信臣，号之曰召父。荆州刺史[262]奏信臣为百姓兴利，郡以殷富。赐黄金四十斤，迁河南太守。治行常为第一，复数增秩赐金。

竟宁[263]中，征为少府[264]，列于九卿，奏请上林诸离远宫馆稀幸御[265]者，勿复缮治共张，又奏省乐府黄门倡优诸戏[266]，及宫馆兵弩什器减过泰半[267]。太官园种冬生葱韭菜茹[268]，覆以屋庑[269]，昼夜燃蕴火[270]，待温气乃生，信臣以为此皆不时之物，有伤于人，不宜以奉供养，及它非法食物，悉奏罢，省费岁数千万。信臣年老以官卒。

元始四年[271]，诏书祀百辟[272]卿士有益于民者，蜀郡以文翁，九江以召父应诏书。岁时郡二千石率官属行礼，奉祠信臣冢，而南阳亦为立祠。

【注释】

① 选自《汉书》（中华书局 1962 年版）。循：顺，上顺法制，下顺民情。为良吏而言，与“酷吏”对照。班固（32—92），字孟坚，扶风安陵（今陕西咸阳东北）人，东汉著名史学家、文学家。所撰《汉书》是继《史记》之后中国古代又一部重要史书，为“前四史”之一。

②［罔］同“网”。

③［萧、曹以宽厚清静为天下帅］萧、曹指萧何、曹参。帅，同“率”，率先之意。

④［“画一”之歌］即“萧何为法，讲若画一；曹参代之，守而勿失”。

⑤［孝惠］汉惠帝刘盈（前 210—前 188），汉高祖刘邦与吕后之子，西汉第二位皇帝。

⑥［垂拱］垂衣拱手，形容无为而治。

⑦［高后］汉高祖刘邦的皇后，名吕雉（前 241—前 180），通称吕后，或称汉高后、吕太后等等。

⑧［房闼（tà）］房门。

⑨［宴然］安定。

⑩［衣食滋殖］滋，益。殖，生。

⑪［文、景］指汉文帝刘恒（前 203—前 157）和汉景帝刘启（前 188—前 141）。

⑫［吴公］上蔡人，曾学事于李斯。

⑬［廉平］廉洁公正。

⑭［严］严酷。

⑮［从化］跟着改变。

⑯［孝武］汉武帝刘彻（前 156—前 87）。

⑰［攘］却。

⑱［奸轨］为非作歹的人。

⑲［不禁］不能禁止。

⑳［润饰］润色、粉饰。

㉑［数谢病］屡次托病。

㉒［三公］中国古代朝廷中最尊显的三个官职的合称，一般指司马、司徒、司空。

㉓［孝昭］汉昭帝刘弗陵（前 94—前 74）。

㉔［幼冲］谓帝年幼小。

㉕［霍光］字子孟（？—前 68），河东平阳（今山西临汾）人，历经汉武帝、汉昭帝、汉宣帝三朝，官至大司马大将军。

㉖［始元、元凤］皆汉昭帝年号。始元共六年（前 86—前 81），元凤共六年（前 80—前 75）。

㉗［乡化］趋从教化。乡，通“向”。

㉘［贤良文学］汉代选拔官吏的科目之一。始于汉武帝时，简称贤良或文学。

㉙［罢酒榷（què）而议盐铁］酒榷是指古代政府所行的酒类专卖制度，盐铁指盐铁专卖制度。

㉚［孝宣］汉宣帝刘询（前 91—前 49）。

㉛［繇仄陋而登至尊］繇，由。仄，侧。仄陋，言非正统而出身微

贱。至尊,指帝位。

㉜［兴于闾阎(lǘ yán)］言从里巷而即帝位。

㉝［厉］同“励”。下文同。

㉞［已］同“以”。

㉟［质］正。

㊱［讼理］言所讼得到处理而无冤滞。

㊲［良二千石］言优秀的郡县太守。

㊳［所表］指所表彰者。

㊴［称］相符。

㊵［抵］至。

㊶［廪廪］渐近之意,即所谓庶几。

㊷［庐江舒人］庐江,郡名,治舒县。舒,县名,在今安徽庐江市。

㊸［张叔等十余人亲自饬厉］张叔,名宽,字叔文。饬,整理。厉,励。

㊹［少府］掌财物的官府。汉代郡太守与都尉的官府皆设少府。

㊺［刀布］蜀之刀、布质量很高,蜀刀有环,蜀布细密。

㊻［赍(jī)计吏］赍,以物送人。计吏,掌计簿的官吏。

㊼［右职］古人以右为高,指高级职位。

㊽［用次］犹“以次”。

㊾［学官］学校之校舍。

㊿［下县］非郡治所在之县。

51［便坐］指非正庭之坐。

52［益从学官诸生明经饬行者与俱］益,多。饬,整治。

53［闺閤］内室小门。

54［胶东］诸侯王国名,治所在即墨(在今山东即墨市)。

55［地节三年］即公元前67年。

56［劳来］谓劝勉招来百姓之辛劳。

57［自占］自报人口,而来从事生产。

㊽[异等之效] 突出的成效。

㊾[长吏守丞] 指各级官吏。

㊿[淮阳阳夏人] 淮阳,郡国名,治所在陈县(今河南淮阳县)。阳夏,县名,今河南太康县。

(61)[桀] 同"杰"。

(62)[云陵] 陵名,又县名,在今陕西淳化东南。黄霸徙云陵,是太始元年(前 96)事。

(63)[以待诏入钱赏官] 待诏,等待皇帝的诏令入仕。入钱赏官,谓出钱买功爵以补官。

(64)[补侍郎谒者] 侍郎,官名。属郎中令。谒者,官名,掌接待宾客,属郎中令。

(65)[同产] 同胞兄弟。

(66)[沈黎郡] 郡治在今四川汉源县东北。

(67)[补左冯翊二百石卒史] 左冯(píng)翊,官名,相当于郡太守。卒史,官名,此指左冯翊的属吏。

(68)[冯翊] 即左冯翊。

(69)[计] 谓出入之数。

(70)[河东均输长] 河东,郡名,治安邑(今山西夏县西北)。均输长,设在郡治的均输官。

(71)[河南太守丞] 河南,郡名,治洛阳(在今河南洛阳东北)。太守丞,太守的佐官。

(72)[内敏] 思想敏捷。

(73)[知] 同"智"。

(74)[上] 同"尚",崇尚。

(75)[廷尉正] 官名,掌司法,属廷尉。

(76)[庭中] 廷尉官署中。

(77)[守丞相长史] 守,试职。丞相长史,官名,协助丞相的高级属官。

⑱［长信少府夏侯胜非议诏书大不敬］长信少府，官名，掌长信宫事务。非议，批评。大不敬，犯了不敬皇帝之罪名。

⑲［《胜传》］即《汉书·儒林传·夏侯胜传》。

⑳［谏大夫］官名，掌议论，属郎中令。

㉑［宋畸举霸贤良］是本始四年（前70）事。

㉒［扬州］辖境当今江苏、浙江、江西、福建、皖南等地区。

㉓［制诏御史］皇帝命令御史大夫。

㉔［比二千石］官阶名。

㉕［别驾主簿］别驾，官名，刺史的佐史。刺史出巡时，别乘驿车随行，故名。主簿，官名，典掌文书、办理事务，汉代朝廷与郡县均置此官。

㉖［缇油屏泥］谓以丹黄色油涂饰屏泥。缇（tí），丹黄色。屏泥，轼前挡泥之物。

㉗［垂意］注意。

㉘［奉宣］奉命宣传。

㉙［邮亭乡官］邮亭，古代设置在道路上供传递文书者住宿的旅舍。乡官，此指乡之官舍。

㉚［父老师帅伍长］父老，同三老，掌教化的乡官。师帅，表率。伍长，古代户籍以五家为伍，设伍长一人。

㉛［班］同“颁”。

㉜［去食谷马］废除以谷物喂马。

㉝［米盐靡密］形容政令细碎。

㉞［寻绎］反复研究。

㉟［阴伏］秘诀。

㊱［司察］督察。

㊲［属］同“嘱”。

㊳［道此］谈及乌攫吏肉之事。

㊴［豪氂］同“毫厘”。

⑩⓪[书言]谓以书言之。

⑩①[区处]分别处置。

⑩②[识]记。

⑩③[所出]使用何术。

⑩④[力行]尽力从事。

⑩⑤[许丞]许县丞。许县,乃颍川郡的属县。县丞,乃县令之佐吏。

⑩⑥[督邮]官名,郡之重要属吏,代表太守督察县、乡,传达教令兼处理狱讼等事。

⑩⑦[正颇重听]正,即使。重听,耳聋。

⑩⑧[绝]疑为衍字。杨树达曰:"'绝'字因'缘'字而衍。"

⑩⑨[泰甚]过分。泰,同"太",泰甚者,指很不称职的官吏。

⑪⓪[以闻]向皇帝报告。

⑪①[发骑士诣北军马不适士]北军,汉代守卫京师的屯卫兵。马不适士,战马与士兵不适应,即马少士多。

⑪②[劾乏军兴]乏,废,耽误。军兴,征集财物以供军用。

⑪③[凤皇神爵]爵,同"雀",鸟名。古时以为凤皇为神鸟,其出现为祥瑞。

⑪④[治行]政绩。

⑪⑤[弟]同"悌"。

⑪⑥[畔]谓田界。

⑪⑦[亡]同"无"。

⑪⑧[谊]同"义"。

⑪⑨[股肱良哉]见《尚书·虞书·益稷》,指国家的栋梁之臣。

⑫⓪[中二千石]官阶名,俸禄每月谷百八十斛。

⑫①[三老、力田]三老,县、乡掌教化的官吏。力田,劝农的官吏。

⑫②[差]等级。

⑫③[太子太傅]官名,辅导太子之官。

⑫④[五凤三年] 公元前55年。

⑫⑤[丙、魏] 丙吉、魏相。

⑫⑥[张敞](?—前112),字子高,官至京兆尹。

⑫⑦[上计] 战国、秦、汉,年终时郡国派遣属吏前往京师送计簿,报告辖区户口、钱、粮、盗贼、狱讼等事。

⑫⑧[殿] 指丞相处理政务之处。

⑫⑨[谢] 谢罪,认错。

⑬⓪[阳] 同"佯",假装。

⑬①[图] 图谋。

⑬②[问] 疑作"闻"。

⑬③[郡国吏] 指上计吏。

⑬④[微信奇怪] 微,稍也。奇怪,异常的事物。

⑬⑤[汲黯](?—前112),汉代名臣,《汉书》有传。

⑬⑥[大行李息] 大行,官名,掌接待宾客。李息,生卒年不详,西汉时期著名将领。

⑬⑦[张汤](?—前116),西汉时期酷吏。

⑬⑧[白] 向皇帝报告。

⑬⑨[舍] 舍弃。

⑭⓪[浇淳散朴] 浇,浇薄。淳,淳厚。散,分散。朴,质朴。

⑭①[解] 同"懈"。

⑭②[轶] 超过。

⑭③[饬] 命令,告诫。

⑭④[以义法令捡式] 谓以法令程式为准则。义,同"仪",取法。捡,同"检",法度。

⑭⑤[奸] 求。

⑭⑥[侍中] 加官,侍从皇帝,出入宫廷。

⑭⑦[史高以外属旧恩侍中贵重] 史高,史良娣(戾太子刘据之夫人)兄史恭之长子,因揭发霍显等谋反有功,封乐陵侯。外属,外戚。旧

恩,指史高祖母贞君及父史恭曾抚养宣帝(幼时)之恩情。

⑱[太尉] 官名,掌全国军事,汉三公之一。

⑲[帷幄近臣] 指左右亲近之臣。

⑳[尚书令] 宫名,掌管章奏文书,属少府。

㉑[乃决] 谓乃得免罪。

㉒[甘露三年] 公元前51年。

㉓[“霸死后”二句] 此可明黄霸奏史高可太尉实适事宜,亦见宣帝必欲恩自己出,故霸死始用史高以证实“将相之官,朕之任焉”之语。

㉔[关都尉] 官名,掌收关税,稽察过往旅客。

㉕[辅] 名辅,字子元,哀帝时为卫尉。

㉖[游徼(jiào)] 乡官,掌乡巡捕之事。

㉗[共载] 同乘车。

㉘[取] 同“娶”。

㉙[杜陵] 陵名,县名,在今陕西西安市东南。

㉚[庐江] 郡名,治舒(在今安徽庐江县西南)。

㉛[桐乡啬夫] 桐乡,古乡名,今安徽桐城县。啬夫,乡啬夫掌管本地诉论和赋税之事。

㉜[爱利] 此指爱民、利民。

㉝[大司农丞] 官名,大司农的属吏。

㉞[北海] 郡名,治营陵(在今山东昌东县东南)。

㉟[大司农] 官名,掌租税钱谷盐铁及国家财政收入。

㊱[器] 器重。

㊲[游心太古] 游心,注意,留心。太古,远古时代。

㊳[延茂士] 延,聘请。茂士,有才德之人。

㊴[直] 同“值”。

㊵[剧郡] 政务繁重的大郡。

㊶[驭于绳墨] 谓受法令所约束。绳墨,指法度。

㊷[匈臆约结] 谓思想拘束。匈,同“胸”。

⑰③[施]谓施展才能。

⑰④[周稷]周之始祖后稷，喻指大司农主百谷。

⑰⑤[穰(ráng)岁]丰年。

⑰⑥[陈平](? —前178)，汉初宰相，《汉书》有传。

⑰⑦[魏倩]即魏无知。

⑰⑧[韩信](约前231—前196)，汉初著名军事家。

⑰⑨[赖萧公而后信]萧公(前257—前193)，汉初著名政治家。信，通“伸”，谓得伸其材用。

⑱⓪[伊尹、吕望]伊尹，商初大臣，辅佐商汤。吕望，姓姜，吕氏，名望，俗称姜太公，周代齐国始祖。

⑱①[九族乡党]九族，指本身及上之父、祖、曾祖、高祖，下之子、孙、曾孙、玄孙。乡党，乡里。

⑱②[神爵元年]公元前61年。

⑱③[闵]同“悯”。

⑱④[退食自公]意谓克已奉公。退，减。食，指俸禄。自，用。

⑱⑤[束脩(xiū)]十条干肉，古指礼物。

⑱⑥[淑人君子]淑人，善良的人。君子，指品德优秀的人。

⑱⑦[奉尝]奉，供奉。尝，指秋祭。

⑱⑧[郭]外城。

⑱⑨[果]果然。

⑲⓪[山阳南平阳]山阳，郡名，治昌邑(在今山东金乡县西北)。南平阳，县名，今山东邹县。

⑲①[昌邑郎中令]昌邑，王国名。昌邑郎中令，昌邑王国的郎中令，掌王国宫殿掖门户。

⑲②[傅相]指昌邑王的傅与相。

⑲③[蹇蹇(jiǎn jiǎn)]正言直谏貌。

⑲④[面刺]当面批评。

⑲⑤[驺奴宰人]驺(zōu)奴，驾车马的奴仆。宰人，炊事人员。

⑲⑥［愿赐清闲竭愚］赐清闲，给予个别谈活的机会。竭愚，谓倾诉已见。

⑲⑦［辟］同“僻”。

⑲⑧［胶西王］指胶西王刘卬，刘卬参与吴楚七国之乱，被诛。

⑲⑨［儗］同“拟”。

⑳⓪［说］同“悦”。

⑳①［寝处］睡在一起。

⑳②［“唯得所言”二句］谓只听佞得的邪言，故至于亡。

⑳③［渍（zī）］染。

⑳④［郎］指侍从帝王的郎官。

⑳⑤［郎中］官名，掌车、骑、门户。

⑳⑥［《昌邑王传》］见《汉书》中的《武五子传》。

⑳⑦［长乐卫尉］官名，掌长乐宫护卫。

⑳⑧［哀痛未尽］言服丧期尚未完。

⑳⑨［皮轩］虎皮车，汉皇帝所乘之车。

㉑⓪［九流］即九旒（liú），旗名，古谓天子之旗。

㉑①［悖道］谓不合于礼法。

㉑②［阳］同“佯”。

㉑③［髡为城旦］髡（kūn），剃去头发之刑罚。城旦，秦汉刑名，罚筑城，刑期四年。

㉑④［渤海］郡名，治浮阳（在今河北沧州市东南）。

㉑⑤［禽］同“擒”。

㉑⑥［御史］指御史大夫。

㉑⑦［故使陛下赤子盗弄陛下之兵于潢池中耳］赤子，初生婴儿，比喻纯朴的人。兵，武器。潢（huáng）池，积水塘。弄兵潢池，在积水塘里玩弄兵器，喻指规模很小的兵变。

㉑⑧［胜之］以武力镇压之。

㉑⑨［安之］安抚之。

㉒⓪[便宜从事] 按实际情况灵活处理。

㉒①[乘传] 所乘的驿车。

㉒②[鉤(gōu)] 镰刀。

㉒③[翕(xī)] 安定貌。

㉒④[假] 给与。

㉒⑤[尉] 同“慰”。

㉒⑥[令口种一树榆、百本薤] 口,指每口人。一树榆,一棵榆树,汉人喜种榆。薤(xiè),植物名,鳞茎圆锥形,可作蔬菜吃,也可入药。

㉒⑦[家二母彘] 家,指每一家。彘(zhì),猪。

㉒⑧[趋] 向。

㉒⑨[秋冬课收敛] 课,核算。收敛,收成。

㉓⓪[菱芡] 菱,菱角。芡(qiàn),植物名,一名鸡头,种子称芡实,可食。

㉓①[劳来循行] 劳来,劝勉。循行,巡视各地。

㉓②[畜] 同“蓄”。

㉓③[议曹] 郡守属吏。

㉓④[功曹] 郡守属吏。

㉓⑤[逆] 违背。

㉓⑥[不视] 谓不见面。

㉓⑦[明府] 汉代对郡守的尊称。

㉓⑧[白] 禀告。

㉓⑨[还] 回。

㉔⓪[让] 谦让。

㉔①[长者] 忠诚老实的人。

㉔②[水衡都尉] 官名,掌上林苑,兼皇室财物及铸钱。

㉔③[水衡丞] 水衡都尉的属官。

㉔④[褒显] 表扬。

㉔⑤[共张] 同“供张”,陈设帷帐等设备。

㉖[以官寿卒] 谓在官任上以寿终。龚遂七十余岁为渤海太守，过数年为水衡都尉，又数年卒，终年大约八十余岁。

㉗[召(shào)信臣] 姓召，名信臣，字翁卿。

㉘[九江]郡名，治寿春，今安徽寿县。

㉙[明经甲科]汉代以明经射策取士，有甲、乙、丙三种，甲科为其中之一种。

㉚[谷阳]县名，在今安徽固镇西北。

㉛[高第]谓官吏考绩列为优等。

㉜[上蔡]县名，今河南上蔡县。

㉝[超为零陵太守]超，谓越级提升。零陵，郡名，治泉陵，今湖南零陵。

㉞[谏大夫]官名，掌议论，属郎中令。

㉟[南阳]郡名，今河南南阳市。

㊱[阡陌(qiān mò)] 田间小路。南北曰阡，东西曰陌。

㊲[止舍离乡亭] 谓住宿在野外，而不在乡亭。

㊳[提阏(è)] 可以升降的闸板。

㊴[均水约束] 均分用水的公约。

㊵[游敖] 游逛。

㊶[视] 同“示”。

㊷[荆州刺史] 汉十三刺史之一，地当今湖北、湖南两省及豫南、黔东、粤北、桂北等部分地区。

㊸[竟宁] 汉元帝年号，仅一年(前 33)。

㊹[少府] 官名，掌山海池泽收入及皇室手工业制造，为皇帝的私府。

㊺[稀幸御] 谓皇帝很少驾临。

㊻[乐府黄门倡优诸戏] 乐府，古代音乐官署。黄门，官署名，汉设黄门官，给事于黄门之内。倡优，指古代乐舞艺人。

㊼[兵弩什器减过泰半] 兵，兵器。弩，装有机关的弓。竹器，日

常用品。泰半，大半。

⑱［太官园种冬生葱韭菜茹］太官，官名，掌饮食，属少府。菜茹，指蔬菜。

⑲［屋庑（wǔ）］此指种菜的暖房。

⑳［蕴火］没有光焰的火。

㉑［元始四年］公元4年。

㉒［百辟］百官。

【评析】

“循吏列传”是西汉司马迁《史记》所开创的一类人物列传，记叙了春秋战国时期五位贤良官吏的事迹。五人都是居高权重的社稷之臣，司马迁以缅怀与崇敬的心情写出他们的政绩和道德风范，意在阐明一个为政治国的根本道理：“奉职循理，亦可以为治，何必威严哉？”后世的史书，如《汉书》《后汉书》以至《清史稿》等都承袭了这一人物传记的书写传统。

《汉书·循吏传》叙述了文翁、王成、黄霸、朱邑、龚遂、召信臣等六个汉代循吏的事迹。六个循吏中，文翁是文景时人，其余皆当汉宣帝之时，序言已指出他们出现的政治背景，寓意则是官吏之清浊，关键全在君主之倡导。循吏的治迹，不外兴学校，广树蓄，增户口，买牛犊，巡行阡陌，灌溉畎亩，即关心民事，发展生产，做到“所居民富，所去民思”。班固所着意之点，是很有实际意义的。

但所谓循吏，也有徒务虚名者，比如汉宣帝最先表扬的王成，就有“伪自增加（户口），以蒙显赏”的劣迹，故班固言“是后俗吏多为虚名”。官吏真能做到务实而不虚名，不是易事啊！

【理性思考】

1. 如何理解文章中六位循吏的“奉职循理”？
2. 汉代的循吏以汉宣帝时为最盛，其原因何在？

【延伸阅读】

1. 司马迁《史记·循吏列传》,中华书局 2013 年版。
2. 班固《汉书·酷吏列传》,中华书局 1962 年版。

为李密檄洛州文[1]

祖君彦

自元气肇辟,厥初生人,树之帝王,以为司牧。是以羲、农、轩、顼[2]之后,尧、舜、禹、汤之君,靡不祗畏上玄,爱育黔首,乾乾终日[3],翼翼小心,驭朽索而同危,履春冰而是惧。故一物失所,若纳隍[4]而愧之;一夫有罪,遂下车而泣之[5]。谦德轸于责躬,忧劳切于罪己。普天之下,率土之滨,蟠木距于流沙[6],瀚海穷于丹穴[7],莫不鼓腹击壤[8],凿井耕田,致之升平,驱之仁寿。是以爱之如父母,敬之若神明,用能享国多年,祚延长世。未有暴虐临人,克终天位者也。

隋氏往因周末,预奉缀衣[9],狐媚而图圣宝,胠箧以取神器。及缵承负扆[10],狼虎其心,始曀明两[11]之晖,终干少阳[12]之位。先皇大渐,侍疾禁中,遂为枭獍,便行鸩毒。祸深于莒仆[13],衅酷于商臣[14],天地难容,人神嗟愤。州吁[15]安忍,阏伯日寻[16],剑阁所以怀凶[17],晋阳所以兴乱[18],甸人为罄[19],淫刑斯逞。夫九族既睦[20],唐帝阐其钦明;百世本枝,文王表其光大。况复隳坏磐石,剿绝维城,唇亡齿寒,宁止虞、虢[21],欲其长久,其可得乎!其罪一也。

禽兽之行,在于聚麀,人伦之体,别于内外。而兰陵公主[22]逼幸告终,谁谓縠首[23]之贤,翻见齐襄之耻[24]。逮于先皇嫔御,并进银环[25];诸王子女,咸贮金屋[26]。牝鸡鸣于诘旦,雄雉恣其群飞,袒衣戏陈侯之朝[27],穹庐同冒顿之寝[28]。爵赏之出,女谒[29]遂成,公卿宣淫,无复纲纪。其罪二也。

平章百姓,一日万机,未晓求衣,昃晷不食。大禹不贵于尺璧[30],光武[31]不隔于支体，以是忧勤，深虑幽枉。而荒湎于酒，俾昼作夜，式号且呼，甘嗜声伎，常居窟室，每藉糟丘。朝谒罕见其身，群臣希睹其面，断决自此不行，敷奏于是停拥。中山千日之饮[32]，酩酊无名；襄阳三雅之杯[33]，留连讵比。又广召良家，充选宫掖，潜为九市[34]，亲驾四驴，自比商人[35]，见要逆旅。殷辛之谴为小，汉灵之罪更轻，内外惊心，遐迩失望。其罪三也。

上栋下宇[36]，著在《易》爻；茅茨采椽[37]，陈诸史籍。圣人本意，惟避风雨，讵待朱玉之华，宁须绨锦之丽。故璇室崇构[38]，商辛以之灭亡；阿房崛起，二世是以倾覆。而不遵古典，不念前章，广立池台，多营宫观，金铺玉户，青琐丹墀，蔽亏日月[39]，隔阂寒暑[40]。穷生人之筋力，罄天下之资财，使鬼尚难为之，劳人固其不可。其罪四也。

公田所彻，不过十亩[41]；人力所供，才止三日[42]。是以轻徭薄赋，不夺农时，宁积于人，无藏于府[43]。而科税繁猥，不知纪极；猛火屡烧，漏卮[44]难满。头会箕敛[45]，逆折十年之租[46]；杼轴其空[47]，日损千金之费。父母不保其赤子，夫妻相弃于匡床。万户则城郭空虚，千里则烟火断灭。西蜀王孙[48]之室，翻同原宪之贫[49]；东海糜竺[50]之家，俄成邓通[51]之鬼。其罪五也。

古先哲王，卜征巡狩，唐、虞五载[52]，周则一纪[53]。本欲亲问疾苦，观省风谣，乃复广积薪刍，多备饔饩。年年历览，处处登临，从臣疲弊，供顿辛苦。飘风冻雨，聊窃比于先驱[54]；车辙马迹，遂周行于天下[55]。秦皇之心未已，周穆之意难穷[56]。宴西母而歌云[57]，浮东海而观日[58]。家苦纳秸[59]之勤，人阻来苏之望[60]。且夫天子有道，守在海外[61]，夷不乱华[62]，在德非险[63]。长城之役，战国所为，乃是狙诈之风，非关稽古之法。而追踪秦代，板筑更兴，袭其基墟，延袤万里，尸骸蔽野，血流成河，积怨满于山川，号哭动于天地。其罪六也。

辽水之东，朝鲜之地，《禹贡》以为荒服[64]，周王弃而不臣，示以羁縻，达其声教，苟欲爱人，非求拓土。又强弩末矢，理无穿于鲁缟[65]；冲风余力，讵能动于鸿毛[66]。石田[67]得而无堪，鸡肋[68]啖而何用。而恃众怙力，强兵黩武，惟在并吞，不思长策。夫兵犹火也，不戢将自焚[69]，遂令亿兆夷人，只轮莫返[70]。夫差丧国，实为黄池之盟[71]；苻坚灭身，良由寿春之役[72]。欲捕鸣蝉于前，不知挟弹在后。复矢相顾，髽[73]而成行，义夫切齿，壮士扼腕。其罪七也。

直言启沃[74]，王臣匪躬[75]，惟木从绳，若金须砺。唐尧建鼓，思闻献替之言；夏禹悬鞀，时听箴规之美。而愎谏违卜，蠹贤嫉能，直士正人，皆由屠害。左仆射、齐国公高颎[76]，上柱国、宋国公贺若弼[77]，或文昌上相，或细柳功臣[78]，暂吐良药之言，翻加属镂[79]之赐。龙逢无罪，便遭夏癸之诛；王子何辜，滥被商辛之戮[80]。遂令君子结舌，贤人缄口。指白日而比盛，射苍天而敢欺，不悟国之将亡，不知死之将至。其罪八也。

设官分职，贵在铨衡；察狱问刑，无闻贩鬻。而钱神起论，铜臭为公，梁冀受黄金之蛇[81]，孟佗荐蒲萄之酒[82]。遂使彝伦攸斁，政以贿成，君子在野，小人在位[83]。积薪居上，同汲黯之言[84]；囊钱不如，伤赵壹之赋[85]。其罪九也。

宣尼有言，无信不立，用命赏祖，义岂食言。自昏主嗣位，每岁行幸，南北巡狩，东西征伐。至如浩亹陪跸，东都守固，阌乡野战，雁门解围。自外征夫，不可胜纪，既立功勋，须酬官爵。而志怀翻覆，言行浮诡，危急则勋赏悬授，克定则丝纶不行，异商鞅之颁金[86]，同项王之刓印[87]。芳饵之下，必有悬鱼[88]，惜其重赏，求人死力，走丸逆坂，匹此非难。凡百骁雄，谁不仇怨。至于匹夫蕞尔，宿诺不亏，既在乘舆，二三其德[89]。其罪十也。

有一于此，未或不亡。况四维不张，三灵总瘁，无小无大，愚夫愚妇，共识殷亡，咸知夏灭。罄南山之竹，书罪未穷；决东海之波，流恶难尽。是以穷奇[90]灾于上国，猰貐[91]暴于中原。三河纵封豕之贪，四海被长蛇之毒[92]，百姓歼亡，殆无遗类，十分为计，才一而已。苍生懔懔，咸忧杞国之崩[93]；赤子嗷嗷，但愁历阳之陷[94]。且国祚将改，必有常期，六百殷亡之年，三十姬终之世[95]。故谶箓云："隋氏三十六年而灭。"此则厌德之象已彰，代终之兆先见。皇天无亲，惟德是辅[96]。况乃欃枪竟天，申繻谓之除旧[97]；岁星入井，甘公以为义兴[98]。兼朱雀门烧，正阳日蚀[99]，狐鸣[100]鬼哭，川竭山崩[101]。并是宗庙为墟之妖，荆棘旅庭[102]之事。夏氏则灾衅非多，殷人则咎征更少。牵牛入汉，方知大乱之期[103]；王良策马，始验兵车之会[104]。

今者顺人将革，先天不违，大誓孟津[105]，陈命景亳[106]，三千列国，八百诸侯，不谋而同辞，不召而自至。轰轰隐隐，如霆如雷，彪虎啸而谷风生，应龙骧而景云起。我魏公[107]聪明神武，齐圣广渊，总七德而在躬，包九功而挺出。周太保、魏公之孙，上柱国、蒲山公之子。家传盛德，武王承季历之基[108]；地启元勋，世祖嗣元皇之业。笃生白水，日角之相便彰[109]；载诞丹陵，大宝之文斯著[110]。加以姓符图纬，名协歌谣，六合所以归心，三灵所以改卜[111]。文王厄于羑里[112]，赤雀方来[113]；高祖隐于砀山，彤云自起[114]。兵诛不道，《赤伏》至自长安[115]；锋锐难当，黄星出于梁、宋[116]。九五龙飞[117]之始，天人豹变[118]之初，历试诸难，大敌弥勇。上柱国、司徒、东郡公翟让[119]功宣缔构，翼亮经纶，伊尹之佐成汤，萧何之辅高帝。上柱国、总管、齐国公孟让[120]，柱国、历城公孟畅，柱国、绛郡公裴行俨[121]，大将军、左长史邴元真等，并运筹千里，勇冠三军，击剑则截蛟[122]断鳌[123]，弯弧则吟猿落雁[124]。韩、彭、绛、灌[125]，成沛公[126]之基；寇、贾、吴、冯[127]，奉萧王[128]之业。复有蒙轮[129]挟辀[130]之士，拔距投石之夫，骥马追风，吴戈照日。

魏公属当期运，伏兹亿兆。躬擐甲胄，跋涉山川，栉风沐雨，岂辞劳倦。遂起西伯[131]之师，将问南巢[132]之罪。百万成旅，四七[133]为名，呼吸则河、渭绝流，叱咤则嵩、华自拔。以此攻城，何城不陷；以此击阵，何阵不摧。譬犹泻沧海而灌残荧，举昆仑而压小卵。鼓行而进，百道俱前，以今月二十一日届于东都。而昏朝文武、留守段达等，昆吾恶稔[134]，飞廉奸佞[135]，久迷天数，敢拒义兵，驱率丑徒，众有十万，回洛仓北，遂来举斧。于是熊罴角逐，貔虎争先，因其倒戈之心[136]，乘我破竹之势，曾未旋踵，瓦解冰销，坑卒则长平未多[137]，积甲则熊耳为小[138]。达等助桀为虐，婴城自固，梯冲乱舞，徒设九拒[139]之谋；鼓角将鸣，空凭百楼之险[140]。燕巢卫幕[141]，鱼游宋池[142]，殄灭之期，匪朝伊暮。

然兴洛、虎牢，国家储积，我已先据，为日久矣。既得回洛，又取黎阳，天下之仓，尽非隋有。四方起义，足食足兵，无前无敌。裴光禄仁基，雄才上将，受脤专征，遐迩攸凭，安危是托，乃识机知变，迁殷事夏。袁谦擒自蓝水，张须陁获在荥阳，窦庆战没于淮南，郭询授首于河北，隋之亡候，聊可知也。清河公房彦藻，近秉戎律，略地东南，师之所临，风行电击。安陆、汝南，随机荡定；淮安、济阳，俄然送款。徐圆朗已平鲁郡，孟海公又破济阴，海内英雄，咸来响应。封民赡取平原之境，郝孝德据黎阳之仓，李士雄虎视于长平，王德仁鹰扬于上党。滑公李景、考功郎中房山基发自临渝，刘兴祖起于白朔，崔白驹在颍川起，方献伯以谯郡来，各拥数万之兵，俱期牧野之会。沧溟之右，函谷以东，牛酒献于军前，壶浆盈于道路。诸君等并衣冠世胄，杞梓良才[143]，神鼎灵绎[144]之秋，裂地封侯之始，豹变鹊起，今也其时，鼍鸣[145]鳖应[146]，见机而作，宜各鸠率子弟，共建功名。耿弇之赴光武[147]，萧何[148]之奉高帝，岂止金章紫绶，华盖朱轮，富贵以重当年，忠贞以传奕叶，岂不盛哉！

若隋代官人，同吠尧之犬[149]，尚荷王莽之恩[150]，仍怀蒯聩之禄。审配[151]死于袁氏，不如张郃[152]归曹；范增[153]困于项王，未若陈平[154]从汉。魏公推以赤心，当加好爵，择木而处，令不自疑。脱猛虎犹豫[155]，舟中敌国[156]，夙沙之人共缚其主[157]，彭宠[158]之仆自杀其君，高官上赏，即以相授。如暗于成事，守迷不反，昆山纵火，玉石俱焚[159]，尔等噬脐[160]，悔将何及！黄河带地，明余旦旦之言；皎日丽天，知我勤勤之意。布告海内，咸使闻知。

【注释】

① 选自《旧唐书·李密传》（中华书局 1975 年版）。李密（582—619），字法主，隋末参加瓦岗起义军，与王世充战败后归降唐李渊，后叛唐被杀。祖君彦（？—619），字不详，范阳人，为李密记室，军书羽檄，皆出他手，及密败，为王世充所杀。

②［羲、农、轩、项］伏羲、神农、轩辕、颛顼。

③［乾乾终日］终日自强不息，勤奋努力。出自《易·乾》："君子终日乾乾。"

④［纳隍］谓推入城池中。

⑤［一夫有罪，遂下车而泣之］汉刘向《说苑·君道》："禹出见罪人，下车问而泣之。"

⑥［蟠木距于流沙］相传高辛氏东至蟠木，西至流沙。

⑦［瀚海穷于丹穴］瀚海即沙漠，在北方；丹穴多金玉，在南方。

⑧［鼓腹击壤］鼓腹，《庄子·马蹄》："夫赫胥氏之时，民居不知所为，行不知所之，含哺而熙，鼓腹而游。"击壤，《艺文类聚》卷十一引晋皇甫谧《帝王世纪》："捍帝尧之世天下大和，百姓无事，有五十老人击壤于道。"

⑨［缀衣］掌管周王的衣冠服饰，其职掌大约相当于后世的"尚衣"。

⑩［负扆］扆，屏风，古时帝王背着屏风，南面而见诸侯。负扆，即称帝。

⑪［曀明两］曀(yì)，阴沉而有风。《易·离》："象曰：明两作离，大人以继明照于四方。"明两，指贤能帝王，颂扬其明照四方。

⑫［少阳］《易》四象之一，此指太子之位。

⑬［祸深于莒仆］《左传·文公十八年》载："莒纪公生大子仆，又生季佗，爱季佗而黜仆，且多行无礼于国。仆因国人以弑纪公。"

⑭［衅酷于商臣］《史记·楚世家》载："商臣以宫卫兵围成王，成王请食熊蹯而死，不听。丁未，成王自绞杀，商臣代立，是为穆王。"

⑮［州吁］《史记·卫世家》载："桓公二年，弟州吁骄奢，桓公绌之，州吁出奔。十三年，郑伯弟段攻其兄，不胜，亡，而州吁求与之友。十六年，州吁收聚卫亡人以袭杀桓公，州吁自立为卫君。"

⑯［阏伯日寻］《左传·昭公元年》载："子产曰：'昔高辛氏有二子，伯曰阏伯，季曰实沉，居于旷林，不相能也。日寻干戈，以相征讨。'"

⑰［剑阁所以怀凶］指隋文帝四子蜀王杨秀，杨广曾诬陷他，并征至京师，加以拘禁。

⑱［晋阳所以兴乱］指隋文帝第五子并州总管汉王杨谅，炀帝夺嫡，囚蜀王，谅不自安，反，被杀于晋阳。

⑲［甸人为罄］《礼记·文王世子》："公族其有死罪，则罄于甸人。不于市朝者，隐之也。"甸人，掌郊野之官。罄，尽。

⑳［九族既睦］指亲族和睦。

㉑［唇亡齿寒，宁止虞、虢］《左传·僖公五年》：谚所谓"辅车相依，唇亡齿寒"者，其虞、虢之谓也。

㉒［兰陵公主］《北史·列女传》载："隋兰陵公主字阿五，文帝第五女也。……后遂适述，晋王因不悦。及述用事，弥恶之。文帝崩，述徙岭表。炀帝令主与述离绝，将改嫁之。公主以死自誓，不复朝谒，表求免主号，与述同徙。帝大怒曰：'天下岂无男子，欲与述同徙邪？'主曰：'先帝以妾适柳家，今其有罪，妾当从坐。'帝不悦。主忧愤卒，时年三十二。临终上表：生不得从夫死，乞葬柳氏。帝览表愈怒，竟不哭，葬主于洪渎川，资送甚薄。朝野伤之。"

㉓［敤首］一作敤手，又作婐首。传为舜之妹，助舜免瞽与象之毒手。传为绘画始祖。

㉔［齐襄之耻］《史记·齐太公世家》载："（齐襄公）四年，鲁桓公与夫人（文姜）如齐。齐襄公故尝私通鲁夫人。鲁夫人者，襄公女弟也，自厘公时嫁为鲁桓公妇，及桓公来而襄公复通焉。"

㉕［逮于先皇嫔御并进银环］《毛诗正义·静女》："古者后夫人必有女史彤管之法。……当御者，以银环进之，着于左手；既御，着于右手。"

㉖［金屋］班固《汉武故事》："若得阿娇作妇，当作金屋贮之。"

㉗［袒衣戏陈侯之朝］《左传·宣公九年》："陈灵公与孔宁仪行父通于夏姬，皆衷其衵服以戏于朝。"

㉘［穹庐同冒顿之寝］《汉书·匈奴传》："匈奴父子同穹庐卧。父

死，妻其后母；兄弟死，尽妻其妻。”冒顿，匈奴单于，鸣镝射父者。

㉙［女谒］通过宠嬖女子请托。

㉚［不贵于尺璧］《淮南子·原道训》：“故圣人不贵尺之璧，而重寸之阴。”

㉛［光武］东汉创建者汉光武帝刘秀。

㉜［中山千日之饮］《搜神记》：“狄希，中山人也。能造千日酒，饮之亦千日醉。”

㉝［襄阳三雅之杯］曹丕《典论》：“（襄阳）刘表有酒爵三，大曰伯雅，次曰仲雅，小曰季雅。伯雅容七升，仲雅容六升，季雅容五升。”

㉞［潜为九市］《竹书纪年》载：“纣广大其邑，南距朝歌，北距邯郸及沙丘，皆离宫别馆。以酒为池，悬肉为林，男女裸相逐其间。宫中九市，为长夜之饮。”下文殷辛即纣。

㉟［亲驾四驴，自比商人］《后汉书·孝灵帝纪》：是岁帝作列肆于后宫，使诸采女贩卖，更相盗窃争斗。帝着商估服，饮宴为乐。又于西园弄狗，着进贤冠，带绶。又驾四驴，帝躬自操辔，驱驰周旋，京师转相仿效。

㊱［上栋下宇］《易·系辞传下》：“上栋下宇。”

㊲［茅茨采椽］《韩非子》：“尧之王天下也，冬日鹿裘，夏日葛衣，茅茨不翦，采椽不斲。”

㊳［璇室崇构］《晏子春秋》：“夏之衰也，其王桀，背弃德行，为璇室、玉门；殷之衰也，其王纣，作为顷宫、灵台。”

㊴［蔽亏日月］《子虚赋》：“其山则盘纡茀郁，隆崇嵂崒，岑崟参差，日月蔽亏。”

㊵［隔阂寒暑］西晋左思《吴都赋》：“寒暑隔阂于邃宇，虹霓回带于云馆。”

㊶［公田所彻，不过十亩］《孟子·滕文公上》：“夏后氏五十而贡，殷人七十而助，周人百亩而彻，其实皆什一也。”“方里而井，井九百亩。其中为公田，八家皆私百亩，同养公田。公事毕，然后敢治私事。”

㊷［人力所供，才止三日］《汉书·食货志》载董仲舒曰：“古者税民不过什一，其求易供，使民不过三日。”

㊸［宁积于人，无藏于府］《管子·权修》：“府不积货，藏于民也。”

㊹［漏卮］指有破洞的酒器，喻欲壑难填。

㊺［头会箕敛］《史记·张耳陈余列传》：“外内骚动，百姓罢敝，头会箕敛，以供军费，财匮力尽，民不聊生。”裴骃《集解》谓：“家家人头数出谷，以箕敛之。”

㊻［逆折十年之租］预先缴纳十年赋税。

㊼［杼轴其空］《诗·小雅·大东》：“小东大东，杼柚其空。”言罢织也。

㊽［西蜀王孙］卓王孙，卓文君之父，司马相如岳丈。

㊾［原宪之贫］《庄子·让王》：“原宪(孔子弟子)居鲁，环堵之室，茨以生草，蓬户不完，桑以为枢而瓮牖，二室，褐以为塞，上漏下湿，匡坐而弦。”

㊿［糜竺］刘备的大舅子，当时五大富豪之一。

51［邓通］《史记·佞幸列传》：“上使善相者相(邓)通，曰‘当贫饿死’。文帝曰：‘能富通者在我也。何谓贫乎？’于是赐邓通蜀严道铜山，得自铸钱，‘邓氏钱’布天下。……居无何，人有告邓通盗出徼外铸钱。下吏验问，颇有之，遂竟案，尽没入邓通家，尚负责数巨万。长公主赐邓通，吏辄随没入之，一簪不得着身。于是长公主乃令假衣食。竟不得名一钱，寄死人家。”

52［唐、虞五载］《尚书·舜典》：“五载一巡狩，群后四朝。”

53［一纪］《周礼·大行人》：“十有二岁，王巡狩殷国。”一纪，十二年。

54［飘风冻雨，聊窃比于先驱］《九歌·大司命》：“令飘风兮先驱，使冻雨兮洒尘。”

55［车辙马迹，遂周行于天下］《左传·昭公十二年》：“昔穆王欲肆其心，周行天下，将皆必有车辙马迹焉。”

㊻[周穆之意难穷]《列子·周穆王》:“穆王不恤国是,不乐臣妾,肆意远游。”

㊼[宴西母而歌云]《穆天子传》:“西王母为天子谣曰:‘白云在天,山陵自出。道理悠远,山川间之。将子无死,尚复能来。’”

㊽[浮东海而观日]《述异纪》:“秦始皇作石桥于海上,欲过海观日出处。”

㊾[纳秸]《尚书·禹贡》:“五百里甸服:百里赋纳总,二百里纳铚,三百里纳秸服,四百里粟,五百里米。”

㊿[人阻来苏之望]《尚书·仲虺之诰》:“乃葛伯仇饷,初征自葛。东征,西夷怨;南征,北狄怨。曰:‘奚独后予?’攸徂之民,室家相庆:‘徯予后,后来其苏。’”“攸徂之民,室家相庆:‘徯予后,后来其苏。’”意思是“所征伐到的地方的百姓,家家相互告慰:‘等我们的王(汤)吧,王来了可就翻身了。’”

61 [天子有道,守在海外] 贾谊《新书》:“天子有道,守在四夷;诸侯有道,守在四邻。”

62 [夷不乱华]《左传·定公十年》:“裔不谋夏,夷不乱华。”

63 [在德非险]《史记·孙子吴起列传》:“(魏)武侯浮西河而下,中流,顾而谓吴起曰:‘美哉乎山河之固,此魏国之宝也!’起对曰:‘在德不在险。’”

64 [荒服]《国语·周语》:“穆王将征犬戎,祭公谋父谏曰……夫先王之制,邦内甸服,邦外侯服,侯卫宾服,夷蛮要服,戎狄荒服。”

65 [强弩末矢,理无穿于鲁缟]《史记·韩长孺列传》:“强弩之极,矢不能穿鲁缟。”

66 [冲风余力,讵能动于鸿毛]《史记·韩长孺列传》:“冲风之末,力不能漂鸿毛。”

67 [石田] 贫瘠的田地,无所用。

68 [鸡肋] 弃之可惜,食之无肉。

69 [夫兵犹火也,不戢将自焚] 兵如同火一样,不停止,就会自我焚毁。戢(jí),停止。

⑩［只轮莫返］全部覆灭。

⑪［黄池之盟］《史记·吴太伯世家》:“十四年春,吴王北会诸侯于黄池,欲霸中国以全周室。六月丙子,越王句践伐吴。……乃使厚币以与越平。”

⑫［苻坚灭身,良由寿春之役］《晋书·苻坚载记》:(坚弟)融等攻陷寿春,……融乃驰使白坚曰:“贼少易俘,但惧其越逸,宜速进众军,掎禽贼帅。”坚大悦,恐石等遁也,舍大军于项城,以轻骑八千兼道赴之,……坚与苻融登城而望王师,见部阵齐整,将士精锐,又北望八公山上草木,皆类人形,顾谓融曰:“此亦勍敌也,何谓少乎!”怃然有惧色。(以下是淝水之战,坚大败。前秦因之衰败为慕容垂所灭。)

⑬［髽(zhuā)］妇人丧髻。

⑭［直言启沃］《尚书·说命上》:“启乃心,沃朕心。”

⑮［王臣匪躬］《易·蹇》:“王臣蹇蹇,匪躬之故。”高亨注:“言王臣謇謇忠告直谏者,非其身之事,乃君国之事也。”

⑯［高颎］隋开国功臣。因反对文帝立杨广,故意违背杨广命令杀陈后张丽华等事结怨于广,以“诽谤朝政”罪与另一功臣贺若弼同时被杀。

⑰［贺若弼］大业三年(607),他从隋炀帝杨广至榆林(今内蒙古托克托西南),因与高颎等议论炀帝宴享太侈,为人告发,遂以“诽谤朝政”罪与高颎等同时被处死。

⑱［细柳功臣］汉文帝时,周亚夫为将军,驻军细柳,以整肃为帝所称赞。

⑲［属镂(shǔ lòu)］古剑名。

⑳［商辛之戮］《庄子·内篇·人间世》:“昔者桀杀关龙逄,纣杀王子比干。”夏癸、商辛即桀、纣。

㉑［梁冀受黄金之蛇］《后汉书·李杜列传》:“益州刺史种皓举劾永昌太守刘君世以金蛇遗梁冀,事发觉,以蛇输司农。冀从乔借观之,

乔不肯与。”梁冀，东汉末年外戚权臣，立冲质桓三帝。杜乔，刚直之士。

㉜［孟佗荐蒲萄之酒］《太平御览》引《续汉书》：“（东汉末年）扶风孟佗以葡萄酒一斗遗（权阉）张让，即以为凉州刺史。”

㉝［君子在野，小人在位］《尚书·大禹谟》：“君子在野，小人在位，民弃不保，天降之咎。”

㉞［积薪居上，同汲黯之言］《史记·汲郑列传》：“黯褊心，不能无少望，见上，前言曰：‘陛下用群臣，如积薪耳，后来者居上。’”

㉟［赵壹之赋］赵壹，东汉末年人，著《刺世疾邪赋》有“文籍虽满腹，不如一囊钱”之句。

㊱［商鞅之颁金］《史记·商君列传》：“令既具，未布，恐民之不信，已乃立三丈之木于国都市南门，募民有能徙置北门者予十金。民怪之，莫敢徙。复曰‘能徙者予五十金’。有一人徙之，辄予五十金，以明不欺。……其后民莫敢议令。”

㊲［项王之刓印］《史记·郦生陆贾列传》：“（项羽）为人刻印，刓而不能授。”后因以“刓印”喻吝于爵赏。

㊳［芳饵之下，必有悬鱼］汉黄石公《三略》：“芳饵之下必有悬鱼，重赏之下必有死夫。”

㊴［二三其德］《尚书·咸有一德》：“德惟一，动罔不吉；德二三，动罔不凶。”

㊵［穷奇］《山海经·北山经》：“又西二百六十里，曰邽山。其上有兽焉，其状如牛，猬毛，名曰穷奇，音如獆狗，是食人。”

㊶［猰貐（yà yǔ）］兽名，状龙首，或曰似狸，善走而食人。

㊷［三河纵封豕之贪，四海被长蛇之毒］《淮南子·本经训》：“尧之时十日并出，焦禾稼，杀草木，而民无所食。猰貐、凿齿、九婴、大风、封豨、修蛇皆为民害。尧乃使羿诛凿齿于畴华之野，杀九婴于凶水之上，缴大风于青邱之泽，上射十日而下杀猰貐，断修蛇于洞庭，擒封豨于桑林。”

㊸［忧杞国之崩］《列子·天瑞》：“杞国有人忧天地崩坠，身亡

所寄。"

⑭ [愁历阳之陷]《淮南子·俶真训》:"夫历阳之都,一夕反而为湖,勇力圣知与罢怯不肖者同命。"

⑮ [六百殷亡之年,三十姬终之世]《左传·宣公三年》:"桀有乱德,鼎迁于殷,载祀六百。殷纣暴虐,鼎迁于周。……成王定鼎于郏鄏,卜世三十,卜年七百,天所命也。"

⑯ [皇天无亲,惟德是辅]《尚书·蔡仲之命》:"皇天无亲,惟德是辅。民心无常,惟惠之怀。"

⑰ [欃枪竟天,申繻谓之除旧]欃枪,彗星。《左传·昭公十七年》:"冬,有星孛于大辰,西及汉。申繻曰:'彗,所以除旧布新也。'"

⑱ [岁星入井,甘公以为义兴]东汉荀悦《前汉纪·高祖皇帝纪》:"齐客有甘公者说耳曰:'汉王入秦。五星从岁星于东井。其占曰当以义取天下。汉入秦可谓能义矣。'"

⑲ [正阳日蚀]《春秋·隐公三年》:"春,王二月,己巳,日有食之。"杜预注:"日月动物,虽行度有大量不能不小有盈缩,故有虽交会而不食者,或有频交而食者。唯正阳之月,君子忌之。"

⑳ [狐鸣]《史记·陈涉世家》:"又间令吴广之次所旁丛祠中,夜篝火,狐鸣呼曰:'大楚兴,陈胜王。'"

㉑ [川竭山崩]《国语·周语上》:"幽王二年,西周三川皆震。……是岁也,三川竭,岐山崩。"

㉒ [旅庭]谓荆棘生于庭上,不植而生谓之旅生。

㉓ [牵牛入汉,方知大乱之期]《史记·天官书》:"牵牛为牺牲。"唐张守节《正义》:"不明,不通,天下牛疫死;移入汉中,天下乃乱。"当有所本。

㉔ [王良策马,始验兵车之会]《史记·天官书》:"汉中四星,曰天驷。旁一星,曰王良。王良策马,车骑满野。"

㉕ [大誓孟津]《尚书·泰誓》:"惟十有一年,武王伐殷。一月戊午,师渡孟津,作《泰誓》三篇。"

⑯[陈命景亳]《竹书纪年·帝癸》:"商会诸侯于景亳。"《左传·昭公四年》:"商汤有景亳之命。"

⑰[魏公]指李密。

⑱[武王承季历之基]《史记·周本纪》:"古公有长子曰太伯,次曰虞仲。太姜生少子季历,季历娶太任,皆贤妇人,生昌,有圣瑞。古公曰:'我世当有兴者,其在昌乎?'长子太伯、虞仲知古公欲立季历以传昌,乃二人亡如荆蛮,文身断发,以让季历。"

⑲[笃生白水,日角之相便彰]东晋袁宏《后汉纪·光武皇帝纪》"以蔡阳白水乡为春陵侯封邑……县界大熟,因名曰秀。为人隆准,日角,大口,美须眉,长七尺三寸。"

⑳[载诞丹陵,大宝之文斯著]《竹书纪年》:"帝尧陶唐氏,母曰庆都。……一旦龙负图而至,其文要曰'亦受天佑'。……孕十四月而生尧于丹陵。"

⑪[三灵所以改卜]西晋陆机《汉高祖功臣颂》:"波振四海,尘飞五岳。九服徘徊,三灵改卜。"唐李善《昭明文选注》:"《周书》曰:乃辨九服之国。《春秋元命苞》曰:造起天地。铸演人君,通三灵之贶,交错同端。"

⑫[文王厄于羑里]《史记·太史公自序》:"昔西伯拘羑里演《周易》。"

⑬[赤雀方来]《尚书中候·我应》:"赤雀衔丹书,入酆鄗,止于昌户。"

⑭[高祖隐于砀山,彤云自起]《汉书·高帝纪》:"高祖隐于芒、砀山泽间,吕后与人俱求,常得之。高祖怪问之。吕后曰:'季所居上常有云气,故从往常得季。'"

⑮[《赤伏》至自长安]《后汉书·光武帝纪》:"光武先在长安时同舍生强华自关中奉赤伏符,曰:'刘秀发兵捕不道,四夷云集龙斗野,四七之际火为主。'"

⑯[锋锐难当,黄星出于梁、宋]《宋书·符瑞志》:"初,桓帝之世,

有黄星见于楚、宋之分。辽东殷馗曰：‘后五十年，当有真人起于谯、沛之间，其锋不可当。’……其后曹操起于谯，是为魏武帝。”

⑪⑦［九五龙飞］《易·乾》：“九五：飞龙在天，利见大人。”

⑪⑧［天人豹变］《易·革》：“上六：君子豹变，小人革面。”

⑪⑨［翟让］隋末起义军首领。

⑫⓪［孟让］隋末起义军首领。

⑫①［裴行俨］原为隋将，后归降起义军。

⑫②［截蛟］《吕氏春秋·知分》：“荆有次非者，得宝剑于干遂，还反涉江，至于中流，有两蛟夹绕其船。次非……于是赴江刺蛟，杀之而复上船。”

⑫③［断鳌］《淮南子·览冥训》：“女娲炼五色石以补苍天，断鳌足以立四极。”

⑫④［弯弧则吟猿落雁］《战国策·楚策四》：“雁从东方来，更羸以虚发而下之。”

⑫⑤［韩、彭、绛、灌］韩指韩信，彭指彭越，绛指绛侯周勃，灌指灌婴。

⑫⑥［沛公］汉高祖。

⑫⑦［寇、贾、吴、冯］寇指寇恂，贾指贾复，吴指吴汉，冯指冯异。

⑫⑧［萧王］光武帝。

⑫⑨［蒙轮］《左传·襄公十年》：“狄虒弥建大车之轮，而蒙之以甲以为橹。左执之，右拔戟，以成一队。”

⑬⓪［挟辀］《左传·隐公十一年》：“公孙阏与颍考叔争车，颍考叔挟辀以走。”辀（zhōu），车辕。

⑬①［西伯］姬昌，周文王。

⑬②［南巢］《尚书·仲虺之诰》：“成汤放桀于南巢。”

⑬③［四七］胡三省《资治通鉴音注》：“汉光武用二十八将以定天下，后人赞之曰：‘授钺四七。’”

⑬④［昆吾恶稔］《左传·昭公十八年》：“十八年，春，王二月，乙卯，

周毛得杀毛伯过而代之。”《正义》曰：“毛氏世有采地，为畿内之国。于时天子微弱，故自杀自代，不能禁之。苌弘曰：‘毛得必亡，是昆吾稔之日也，侈故之以。（昆吾，夏伯。稔，熟。侈恶积熟，以乙卯日与桀同诛。）而毛得以济侈于王都，不亡何待！’”

⑬⑤［飞廉奸佞］《史记・秦本纪》：“飞廉善走，父子俱以材力事殷纣。”

⑬⑥［倒戈之心］《史记・周本纪》：“纣师皆倒兵以战，以开武王。武王驰之，纣兵皆崩，畔纣。”

⑬⑦［坑卒则长平未多］《史记・白起王翦列传》：“武安君引剑将自刭，曰：‘我何罪于天而至此哉？’良久，曰：‘我固当死。长平之战，赵卒降者数十万人，我诈而尽阬之，是足以死。’”

⑬⑧［积甲则熊耳为小］《水经注》：“洛水之北有熊耳山，双峦竞举，状同熊耳，此自别山，不与《禹贡》导洛自熊耳同也。昔汉光武破赤眉樊崇，积甲仗与熊耳平，即是山也。”

⑬⑨［九拒］《墨子・公输篇》：“子墨子解带为城，以牒为械。公输般九设攻城之机变，子墨子九拒之。公输般之攻械尽，子墨子之守圉有余。”

⑭⓪［空凭百楼之险］《三国志・公孙瓒传》：“瓒曰：‘兵法，百楼不攻。今吾楼橹千重，食尽此谷，足知天下之事矣。’”

⑭①［燕巢卫幕］《孔子家语・正论》：“卫孙文子得罪于献公，居戚。公卒未葬，文子击钟焉。延陵季子适晋过戚，闻之曰：‘异哉！夫子之在此，犹燕子巢于幕也，惧犹未也，又何乐焉？君又在殡，可乎？’”

⑭②［鱼游宋池］《淮南子・说山训》：“楚王亡其猿，而林木为之残；宋君亡其珠，池中鱼为之殚。”

⑭③［杞梓良才］比喻优秀的人才。《晋书・陆机陆云传评》：“观夫陆机、陆云，实荆衡之杞梓。”

⑭④［灵绎（yì）］天帝赐予的绵绵福泽。

⑭⑤［鼍鸣］《宋书・五行志》：“吴孙亮初，公安有白鼍鸣童谣。按

南郡城可长生者，有急，易以逃也。明年，诸葛恪败，弟融镇公安，亦见袭。融刮金印龟，服之而死。鼍有鳞介，甲兵之象也。"《白鼍鸣》："白鼍鸣，龟背平。南郡城中可长生，守死不去义无成。"

⑭⑥［鳖应］《后汉书·张衡列传》："当此之会，乃鼋鸣而鳖应也。故能同心戮力，勤恤人隐，奄受区夏，遂定帝位，皆谋臣之由也。"

⑭⑦［耿弇之赴光武］《后汉书·耿弇列传》："弇道闻光武在卢奴，乃驰北上谒，光武留署门下吏。"

⑭⑧［萧何］沛人，辅佐汉高祖刘邦。

⑭⑨［吠尧之犬］《战国策·齐策》："跖之狗吠尧，非贵跖而贱尧也，狗固吠非其主也。"

⑮⓪［王莽之恩］《汉书·王莽传》："散舆马衣裘，振施宾客，家无所余。"

⑮①［审配］袁绍的文臣，曹操围邺，审配死守数月，终城破被擒，拒不投降，慷慨受死。

⑮②［张郃］曹操部下"五子良将"之一，先从韩馥，后投袁绍，在与公孙瓒的交战中多有功劳。官渡之战时，张郃受郭图陷害，率众投降于曹操，得以重用，随曹操平定北方，远征乌桓，平马超，灭张鲁，多有战功。

⑮③［范增］项羽谋士。劝项梁立楚王族后裔为楚怀王。后项羽尊之为亚父。他屡劝项羽杀刘邦，项羽不听。后项羽中刘邦反间计，削其权力，范增忿而离去，途中病死。

⑮④［陈平］刘邦要臣。足智多谋，锐意进取，屡以奇计辅佐刘邦定天下，汉初被封为曲逆侯。汉文帝时，曾升为右丞相，后改任左丞相。

⑮⑤［猛虎犹豫］《史记·淮阴侯列传》："猛虎之犹豫，不若蜂虿之致螫。"

⑮⑥［舟中敌国］《史记·孙子吴起列传》："若君不修德，舟中之人尽为敌国也。"

⑮⑦［夙沙之人共缚其主］《吕氏春秋·离俗览》："夙沙之民，自攻

其君而归神农。”

⑮⑧ [彭宠] 光武时反，自立为燕王。其仆子密斩之，送首光武，封不义侯。

⑮⑨ [昆山纵火，玉石俱焚]《尚书·胤征》：“火炎昆冈，玉石俱焚。”

⑯⓪ [噬脐]《左传·庄公六年》：“楚文王伐申，过邓。邓祁侯曰：‘吾甥也。’止而享之。骓甥、聃甥、养甥请杀楚子。邓侯弗许。三甥曰：‘亡邓国者，必此人也。若不早图，后君噬脐，其及图之乎！’”自啮其脐，喻后悔不及。

【评析】

檄文是古代用于征召、晓谕的政府公告或声讨、揭发罪行的文书。现在也指战斗性强的批判和声讨性质的文章。

公元 604 年，隋炀帝杨广即位后，于次年便开始营建东都洛阳，历时十个月，每月征调民夫二百万人；与此同时，又下令开凿大运河，自大业元年（605）至大业六年（610），开发各段运河，先后调发河南、淮北、淮南、河北、江南诸郡的农民和士兵三百多万人；大业三年和四年（607—608）在榆林（今内蒙古托克托西南）以东修长城，两次调发丁男一百二十万，役死者过半。总计十余年间被征发扰动的农民不下一千万人次，平均每户就役者一人以上，造成“天下死于役”的惨象。

对外杨广频繁发动战争，如亲征吐谷浑，三征高句丽等，东征西讨的连年战争造成了国库空虚，经济衰败，民怨沸腾。杨广为了满足其骄奢淫逸的生活，又在各地大修宫殿苑囿、离宫别馆，穷极奢华，完全不顾老百姓的死活。

短短的几年间，造成了社会上百业凋敝，民不聊生，并最终导致了隋末农民大起义的爆发，由李密率领的瓦岗军是就是其中一支重要的反隋力量。

《为李密檄洛州文》就是隋末的一篇讨伐杨广的檄文，为作者祖君彦在李密手下任职（署为记室）时所写，是用于声讨、揭发杨广罪行的战前宣传。本篇檄文言辞精巧,引经据典,气势如虹,是古代著名的檄文之一。成语“罄竹难书”就出自该文中的“罄南山之竹,书罪无穷;决东海之波,流恶难尽”一句。文章痛斥了隋炀帝之十宗罪罪不可赦,鼓吹和宣扬了瓦岗军的正义立场。

【理性思考】

1. 简述文章中所列举隋炀帝十种罪的前后关联。
2. 由这篇文章体会古代檄文的写作特点。

【延伸阅读】

1. 陈琳《为袁绍檄豫州》(《讨曹操檄》),萧统《文选》,上海古籍出版社 1998 年版。

2. 骆宾王《为徐敬业讨武曌檄》(《讨武曌檄》),陈熙晋笺注《骆临海集笺注》,上海古籍出版社 1985 年版。

3. 宋濂《朱元璋奉天讨元北伐檄文》,《明实录 · 太祖实录》,中华书局 2016 年版。

吊古战场文[1]

李　华

浩浩乎,平沙无垠[2],夐不见人[3]。河水萦带,群山纠纷[4]。黯兮惨悴[5],风悲日曛[6]。蓬[7]断草枯,凛若霜晨。鸟飞不下,兽铤亡群[8]。亭长[9]告予曰:“此古战场也,常覆三军[10]。往往鬼哭,天阴则闻。”伤心哉!秦欤?汉欤?将近代欤?

吾闻夫齐、魏徭戍,荆、韩召募[11]。万里奔走,连年暴露。沙草晨牧,河冰夜渡。地阔天长,不知归路。寄身锋刃,腷臆谁愬[12]?秦、汉而还,多事四夷[13],中州耗斁[14],无世无之。古称戎、夏[15],不抗王师[16]。文教[17]失宣,武臣用奇[18]。奇兵[19]有异于仁义,王道迂阔而莫为[20]。呜呼噫嘻[21]！

吾想夫北风振漠，胡兵伺便。主将骄敌，期门[22]受战。野竖旄旗[23]，川回组练[24]。法重心骇，威尊命贱。利镞穿骨，惊沙入面。主客相搏，山川震眩。声析[25]江河，势崩雷电。至若穷阴[26]凝闭，凛冽海隅[27]，积雪没胫，坚冰在须。鸷鸟休巢，征马踟蹰。缯纩[28]无温，堕指裂肤。当此苦寒，天假强胡。凭陵[29]杀气，以相剪屠。径截辎重[30]，横攻士卒。都尉[31]新降，将军覆没。尸踣[32]巨港之岸，血满长城之窟。无贵无贱，同为枯骨。可胜[33]言哉！鼓衰兮力竭，矢尽兮弦绝，白刃交兮宝刀折，两军蹙[34]兮生死决。降矣哉？终身夷狄；战矣哉？暴骨沙砾。鸟无声兮山寂寂，夜正长兮风淅淅。魂魄结兮天沉沉，鬼神聚兮云幂幂[35]。日光寒兮草短，月色苦兮霜白。伤心惨目，有如是耶！

吾闻之：牧用赵卒，大破林胡，开地千里，遁逃匈奴[36]。汉倾天下，财殚力痡[37]。任人而已，岂在多乎！周逐猃狁，北至太原[38]。既城朔方[39]，全师而还。饮至策勋[40]，和乐且闲。穆穆棣棣[41]，君臣之间。秦起长城，竟海为关。荼毒[42]生民，万里朱殷[43]。汉击匈奴，虽得阴山，枕骸遍野，功不补患[44]。

苍苍蒸民[45]，谁无父母？提携捧负，畏其不寿。谁无兄弟？如足如手。谁无夫妇？如宾如友。生也何恩？杀之何咎？其存其没，家莫闻知。人或有言，将信将疑。悁悁[46]心目，寤寐[47]见之。布奠倾觞[48]，哭望天涯。天地为愁，草木凄悲。吊祭不至，精魂无依[49]。必有凶年[50]，人其流离。呜呼噫嘻！时耶？命耶？从古如斯！为之奈何？守在四夷[51]。

【注释】

①选自《全唐文》(中华书局 1983 年版)。李华(715—766)，字遐叔，赵郡赞皇(今河北赞皇县)人，唐代文学家、散文家和诗人。作为散文家，与萧颖士齐名，世称“萧李”。并与萧颖士、颜真卿等共倡古义，开韩、柳“古文运动”之先声。后人辑有《李遐叔文集》四卷。

②［浩浩乎，平沙无垠］浩浩，辽阔的样子。垠，边际。

③［敻(xiòng)不见人］远望而不见人。敻，远。

④［纠纷］重叠交错的样子。

⑤［黯兮惨悴］黯，昏黑。惨悴，惨淡憔悴。

⑥［曛］赤黄色，形容日色昏黄。

⑦［蓬］草名，即蓬蒿。

⑧［兽铤亡群］铤，疾走。亡群，失群，离群。

⑨［亭长］秦汉时每十里为一亭，设亭长一人，掌管治安、诉讼等事，此借指地方小吏。

⑩［常覆三军］覆，覆没。三军，周制：天子置六军，诸侯大国可置三军，每军一万二千五百人。此处泛指军队。

⑪［齐、魏徭戍，荆、韩召募］齐、魏、荆、韩，战国时代的四个国家，这里泛指战国时代。荆，即楚国。召募，以钱物募兵。

⑫［腷(bì)臆谁愬］腷臆，心情苦闷。愬，同“诉”。

⑬［秦汉而还，多事四夷］而还，以来。四夷，四方边境的少数民族政权。

⑭［耗斁(dù)］损耗败坏。

⑮［戎、夏］戎，西戎，指西方少数民族。夏，华夏。

⑯［王师］帝王的军队。古称帝王之师是应天顺人、吊民伐罪的仁义之师。

⑰［文教］指礼乐制度、文章教化。

⑱［用奇］使用阴谋诡计。

⑲［奇兵］乘敌不备进行突然袭击的部队。

⑳［王道迂阔而莫为］王道，指礼乐仁义等治理天下的准则。迂阔，迂腐空疏。

㉑［呜呼噫嘻］连用四个语气词，加强感叹分量。

㉒［期门］军营的大门。

㉓［旄旗］旗帜的统称。旄，用旄牛尾和彩色鸟羽作竿饰的旗。

㉔［组练］即“组甲被练”，战士的衣甲服装，此代指战士。

㉕［析］劈开。

㉖［穷阴］犹穷冬，极寒之时。

㉗［海隅］西北极远之地。海，瀚海，在蒙古高原东北；一说指今内蒙古自治区之呼伦贝尔湖。

㉘［缯纩（zēng kuàng）］缯，丝织品的总称。纩，丝绵。古代尚无棉花，絮衣都用丝。

㉙［凭陵］凭借，倚仗。

㉚［辎（zī）重］军用物资。

㉛［都尉］官名，此指职位低于将军的武官。

㉜［踣（bó）］僵仆。

㉝［胜（shēng）］尽。

㉞［蹙（cù）］迫近，接近。

㉟［幂（mì）］深浓阴暗。

㊱［牧用赵卒，大破林胡，开地千里，遁逃匈奴］牧，李牧，战国末赵国良将，守雁门（今山西北部），大破匈奴的入侵，击败东胡，降服林胡（均为匈奴所属的部族），其后十余年，匈奴不敢靠近赵国边境。

㊲［财殚（dān）力痡（pū）］殚，尽。痡，劳倦，病苦。汉武帝时，多次大举征伐匈奴及大宛、西羌、南越，以至国家财力枯竭，陷入贫困。

㊳［周逐猃狁（xiǎn yǔn），北至太原］猃狁，古代北方的少数民族，即匈奴的前身。周宣王时，猃狁南侵，宣王命尹吉甫统军抗击，逐至太原（今宁夏固原县北），不再穷追。

㊴［城朔方］城，筑城。朔方，北方，一说即今宁夏灵武县一带。

㊵［饮至策勋］饮至，古代盟会、征伐归来后，告祭于宗庙，举行宴饮，称为“饮至”。策勋，把功勋记载在简策上。

㊶［穆穆棣（dì）棣］穆穆，端庄盛美，恭敬谨肃的样子，多用以形容天子的仪表。棣棣，文雅安和的样子。

㊷［荼（tú）毒］残害。

㊸［殷（yān）］赤黑色。

㊹［汉击匈奴，虽得阴山，枕骸遍野，功不补患］阴山，在今内蒙古中部，西起河套，东接内兴安岭，原为匈奴南部屏障，匈奴常由此以侵汉。汉武帝时，为卫青、霍去病统军夺取，汉军损失亦惨重。

㊺［苍苍蒸民］苍苍，指天。蒸，通“烝”，众，多。

㊻［悁（yuān）悁］忧愁郁闷的样子。

㊼［寤寐］梦寐。

㊽［布奠倾觞］把酒倒在地上以祭奠死者。布，陈列。奠，设酒食以祭祀。

㊾［吊祭不至，精魂无依］不至，不能达于死者。精魂，精气灵魂。古时认为人死后，其精气灵魂能够离开身体而存在。

㊿［凶年］荒年。大举兴兵造成大量农业劳动力的征调伤亡，再加上双方军队的蹂躏掠夺以及军费的负担，必然影响农业生产的种植和收成，此处不仅指自然灾荒。

51［守在四夷］语出《左传·昭公二十三年》：“古者天子，守在四夷。”

【评析】

骈赋又称俳赋，是古代汉族文学特有的一种文言文文体。骈即对偶的意思，其特点是通篇基本对仗，两句成联，但句式灵活，多用虚词，行文流畅，词气通顺，音韵自然和谐。

《吊古战场文》是唐代李华“极思确榷”的一篇骈赋。此文写作的背景是唐玄宗天宝年间内政不修，滥事征伐。据《资治通鉴·唐纪》载，天宝十载（751），剑南节度使鲜于仲通讨伐南诏，“军大败，士卒死者六万人”，“天宝八载（749），哥舒翰以兵六万三千，攻吐蕃石堡城，拔之，唐军率死者数万”。这些由唐王朝君臣的骄恣、昏暴所发动的“开边”战争，给人民带来了深重的灾难。

文中描述了古战场荒凉凄惨景象，揭示了战争的残酷以及给人民造成的苦难。虽用骈文形式，但文字流畅，情景交融，主题鲜明，寄意深切，历来为古今传诵的名篇。

《吊古战场文》名为“吊古”，实是讽今。全文以“古战场”为抒情的基点，以“伤心哉”为连缀全篇的感情主线，以远戍的苦况、两军厮杀的惨状、得人与否的对比、士卒家属吊祭的悲怆为结构层次，层层铺叙，愈转愈深，结末点出主旨。结构紧凑，一气呵成。

《吊古战场文》虽以骈体为宗，但与六朝以来流行的讲求偶辞俪句，铺陈事典，注重形式美，内容空洞贫乏的骈文有很大的不同。李华提倡古文，力求克服齐梁以来的绮丽柔弱之习，于骈俪之中寓古文之气，以散驭俳，崇雅去浮，使文章具有了清新质朴和刚劲有力的格调，充分体现了盛唐新体文赋的特色。

【理性思考】

1. 谈谈此篇骈赋的音调之美。
2. 此文是如何以古讽今的？

【延伸阅读】

1. 陈琳《饮马长城窟行》，余冠英《汉魏六朝诗选》，人民文学出版社 1987 年版。

2. 岑参《白雪歌送武判官归京》，廖立笺注《岑嘉州诗笺注》，中华书局 2004 年版。

3. 杜甫《兵车行》，《杜甫全集校注》，人民文学出版社 2014 年版。

种树郭橐驼传[①]

柳宗元

郭橐驼[②]，不知始[③]何名。病瘘[④]，隆然伏行[⑤]，有类[⑥]橐驼者，故乡人号之[⑦]“驼”。驼闻之[⑧]曰：“甚善，名我固当[⑨]。”因舍其名[⑩]，亦自谓“橐驼”云[⑪]。其乡曰丰乐乡，在长安[⑫]西。驼业[⑬]种树，凡长安豪富人为观游及卖果者[14]，皆争迎取养[15]。视驼所种树，或移徙[16]，无不活，且硕茂[17]早实以蕃[18]。他植者虽窥伺效慕[19]，莫能如[20]也。

有问之[21]，对曰："橐驼非能使木寿且孳[22]也，能顺木之天，以致其性焉尔[23]。凡植木之性[24]，其本欲舒[25]，其培欲平，其土欲故[26]，其筑欲密[27]。既然已[28]，勿动勿虑[29]，去不复顾[30]。其莳也若子[31]，其置也若弃[32]，则其天者全而其性得矣[33]。故吾不害其长而已[34]，非有能硕茂[35]之也；不抑耗其实[36]而已，非有能早而蕃[37]之也。他植者则不然，根拳而土易[38]，其培之也，若不过焉则不及[39]。苟有能反是者[40]，则又爱之太恩[41]，忧之太勤[42]，旦视而暮抚，已去而复顾。甚者[43]爪其肤以验其生枯[44]，摇其本以观其疏密[45]，而木之性日以离[46]矣。虽曰爱之，其实害之；虽曰忧之，其实仇之：故不我若[47]也。吾又何能为哉！"

问者曰："以子之道[48]，移之官理[49]，可乎？"驼曰："我知种树而已[50]，理[51]，非吾业也。然吾居乡，见长人者好烦其令[52]，若甚怜焉[53]，而卒以祸[54]。旦暮吏来而呼曰：'官命促尔耕[55]，勖尔植[56]，督尔获[57]。早缫而绪[58]，早织而缕[59]，字[60]而幼孩，遂而鸡豚[61]。'鸣鼓而聚之[62]，击木[63]而召之。吾小人辍飧饔以劳吏者[64]，且不得暇，又何以蕃吾生而安吾性[65]耶？故病且怠[66]。若是[67]，则与吾业者其亦有类[68]乎？"

问者曰："嘻[69]，不亦善夫[70]！吾问养树，得养人[71]术。"传其事以为官戒[72]。

【注释】

① 选自《柳宗元集》（中华书局 1979 年版）。柳宗元（773—819），字子厚，河东解（今山西运城西南）人。唐代诗人，古文运动倡导者之一，与韩愈并称"韩柳"。贞元九年（793）进士，官至礼部员外郎。后因参加永贞革新，贬官永州司马，终于柳州刺史任上。有《柳河东集》。

② ［橐（tuó）驼］骆驼，这里指驼背。

③ ［始］最初。

④ ［病瘘（lǚ）］患了脊背弯曲的病。瘘，驼背。

⑤［隆然伏行］脊背突起而弯腰行走。

⑥［有类］有些像。

⑦［号之］给他起个外号叫。号，起外号。

⑧［之］代词，指起外号事。

⑨［名我固当］这样称呼我本来就恰当。名，称呼，名词作动词，意动用法。固，本来。当，恰当。

⑩［因舍其名］因，于是，就。舍其名，舍弃他原来的名字。

⑪［自谓“橐驼”云］谓，称为。云，句末语气词，相当于“了”。

⑫［长安］今陕西省西安市，唐王朝首都。

⑬［业］以……为业，名词作动词。

⑭［为观游及卖果者］为观游，修建供观赏游玩的庭院。为，从事，经营。卖果者，贩卖水果的人。

⑮［争迎取养］争着迎聘，给予报酬。取养，雇用。

⑯［或移徙］或，或者。移徙，指移植。徙，迁移。

⑰［硕茂］高大茂盛。硕，大。

⑱［早实以蕃］早实，早结果实。实，结果实，名词做动词。以，而。蕃，多。

⑲［他植者虽窥伺效慕］他植者，其他种树的人。窥伺，暗中察看。效慕，仿效，慕也是“效”的意思。窥伺效慕，暗中观察，羡慕效仿。

⑳［莫能如］莫，没有谁。如，比得上。

㉑［有问之］有人问他(种树的经验)。

㉒［木寿且孳(zī)］木，树。寿且孳，活得长久并且繁殖茂盛。孳，繁殖。

㉓［顺木之天，以致其性焉尔］天，指自然生长规律。致其性，使它按照自己的本性成长。致，使达到。焉尔，罢了，句末语气词连用。

㉔［凡植木之性］凡，凡是，所有，表示概括。植木之性，按树木的本性种植。性，指树木固有的特点。

㉕［其本欲舒］本，树根。欲，要。舒，舒展。

㉖［故］树根周围的旧土。

㉗［其筑欲密］筑，捣土。密，结实严密。

㉘［既然已］指上述几道工序完成后。

㉙［勿动勿虑］勿动，不要再动它。勿虑，不要再担心它。

㉚［去不复顾］去，离开。顾，回头看。

㉛［其莳(shì)也若子］其，如果，连词。莳，栽种。若子，像对待子女一样精心。

㉜［其置也若弃］置，放在一边。若弃，像丢弃了一样不管。

㉝［则其天者全而其性得矣］那么树木的生长规律可以保全而它的本性得到了。则，那么，连词。者，助词，无义。

㉞［吾不害其长而已］不害其长，不妨碍它的生长。而已，罢了，句末语气词连用。

㉟［硕茂］使动用法，使高大茂盛。

㊱［不抑耗其实］不抑制、损耗它的果实(的成熟过程)。

㊲［早而蕃(fán)］使动用法，使……(结实)早而且多。

㊳［根拳而土易］根拳，树根拳曲。土易，更换新土。

㊴［若不过焉则不及］如果不是过多就是不够。若……则……，如果……那么(就)……，连接假设复句的固定结构。焉，句中语气词，无义。

㊵［苟有能反是者］苟，如果。反是者，与此相反的人。

㊶［爱之太恩］爱它太情深。恩，有情义，这里可引申为“深”的意思。

㊷［忧之太勤］担心它太过分。

㊸［甚者］更有一种过分的做法。甚，严重。

㊹［爪其肤以验其生枯］爪其肤，掐破树皮。爪，掐，作动词用。以，表目的，连词，用来。验，检验，观察。生枯，活着还是枯死。

㊺［摇其本以观其疏密］摇其本，摇动树根。观其疏密，观察捣土是不是严实。

㊻［日以离］一天比一天地失去。以，连词。

㊼［不我若］不若我，比不上我。否定句中代词作宾语时一般要置于动词前。若，及，赶得上，动词。

㊽［以子之道］之，助词，的。道，指种树的经验。

㊾［移之官理］之，代词，指种树之“道”。官理，为官治民。理，治理，唐人避高宗李治名讳，改“治”为“理”。

㊿［而已］罢了。

51［理］治理百姓。

52［长(zhǎng)人者好烦其令］长人者，为人之长者，指当官治民的地方官。大县的长官称“令”，小县的长官称“长”。烦其令，不断发号施令。烦，多而且乱。

53［若甚怜焉］好像很爱(百姓)。怜，爱惜。焉，代词，同“之”。

54［而卒以祸］而，但，连词。卒以祸，以祸卒，以祸(民)结束。卒，结束。

55［官命促尔耕］官命，官府的命令。促尔耕，催促你们耕田。

56［勖(xù)尔植］勖，勉励。植，栽种。

57［督尔获］督，督促。获，收割。

58［早缫(sāo)而绪］缫，煮茧抽丝。而，通“尔”，你们。绪，丝头。早缫而绪，早点缫好你们的丝。

59［早织而缕］早点纺好你们的线。缕，线。

60［字］养育。

61［遂而鸡豚(tún)］喂养好你们的鸡和猪。遂，顺利地成长。豚，猪。

62［聚之］召集百姓。聚，使聚集。

63［木］这里指木梆。

64［吾小人辍飧(sūn)饔(yōng)以劳吏者］吾小人，我们小民百姓。辍飧饔，不吃饭。辍，停止。飧，晚饭。饔，早饭。以，来。劳吏者，慰劳当差的。劳，迎候，侍候。指差役扰乱之多，百姓连吃顿饭的都不安心。

⑥5 [且不得暇,又何以蕃吾生而安吾性] 且,尚且。暇,空暇。何以,以何,靠什么。蕃吾生,繁衍我们的生命,即使我们的人口兴旺。安吾性,安定我们的生活。性,生命。

⑥6 [故病且怠] 病,困苦。怠,疲倦。病且怠,困苦又疲劳。

⑥7 [若是] 像这样。

⑥8 [与吾业者其亦有类] 与吾业者,与我同行业的人,指"他植者"。其,大概,语气词。类,相似。

⑥9 [嘻] 感叹词,表示高兴。

⑦0 [不亦善夫] 不是很好吗?夫,句末语气词。

⑦1 [养人] 养民,唐人避唐太宗李世民名讳,改"民"为"人"。

⑦2 [传其事以为官戒] 传,作传。以为,以(之)为,把它作为。戒,鉴戒。

【评析】

该文题目虽称为"传",但并非是一般的人物传记。《种树郭橐驼传》是一篇兼具寓言和政论色彩的传记文,叙述了一个讽喻性极强的寓言故事。

该文是柳宗元早年在长安任职时期的作品,是针对当时官吏繁政扰民的现象而写的。中唐时期,豪强地主兼并掠夺土地日益严重,"富者兼地数万亩,贫者无容足之居"。仅有一点土地的农民,除了交纳正常的捐粟外,还要承受地方军政长官摊派下来的各种杂税。据《旧唐书·食货志》记载,各地官僚为巩固自己的地位,竞相向朝廷进奉,加紧对下层的盘剥,于是"通津达道者税之,莳蔬艺果者税之,死亡者税之",苛剥至骨,民不聊生。这就是柳宗元写作该文的社会背景。

郭橐驼种树的事迹已不可考,后世学者多认为这是设事明理之作。该文针对当时官吏繁政扰民的现象,通过对郭橐驼种树之道的记叙,说明"顺木之天,以致其性"是"养树"的法则,并由此推论出"养人"的道理,指出为官治民不能"好烦其令",批评当时唐朝地方官吏扰民、伤民的行为，反映出作者同情人民的思想和改革弊政的愿望。

上半篇为橐驼之传，目的是为下半篇的论述张本；下半篇的治民之理是上半篇种树之道的类比和引申，前宾后主，上下相应，事理相生，发挥了寓言体杂文笔法的艺术表现力。

【理性思考】

1. 作者是如何通过种树之理谈为官之道的？
2. 请你结合读过的作品和查找一些文献谈一谈中国古代的寓言。

【延伸阅读】

1. 龚自珍《病梅馆记》，《龚自珍全集》，上海古籍出版社 1999 年版。
2. 陈昌武《柳宗元评传》，南京大学出版社 1998 年版。

送薛存义序[1]

柳宗元

河东[2]薛存义将行[3]，柳子[4]载肉于俎[5]，崇酒于觞[6]，追而送之江之浒[7]，饮食之[8]。且告曰："凡吏于土者[9]，若知其职乎[10]？盖民之役[11]，非以役民[12]而已也。凡民之食于土者[13]，出其十一佣乎吏[14]，使司平于我也[15]。今我受其直[16]，怠其事者[17]，天下皆然。岂唯怠之[18]，又从而盗之[19]。向使佣一夫于家[20]，受若直，怠若事，又盗若货器，则必甚怒而黜罚[21]之矣。以今天下多类此，而民莫敢肆[22]其怒与黜罚，何哉？势不同也[23]。势不同而理同，如吾民何[24]！有达于理者[25]，得不恐而畏乎！"

存义假令[26]零陵二年矣。早作而夜思，勤力而劳心，讼[27]者平，赋[28]者均，老弱无怀诈暴憎[29]。其为不虚取直也的[30]矣，其知恐而畏也审矣。

吾贱且辱[31]，不得与考绩幽明[32]之说[33]，于其往也，故赏以酒肉，而重[34]之以辞。

【注释】

① 选自《柳宗元集》(中华书局 1979 年版)。柳宗元简介见前文。

②［河东］今山西省永济县。

③［将行］将要离开(零陵)。

④［柳子］作者柳宗元自称。

⑤［载肉于俎(zǔ)］把肉放在器物里。载,承。俎,古代放肉的器物。

⑥［崇酒于觞(shāng)］在酒杯里倒满了酒。崇,充实,充满,这里作动词用。

⑦［浒(hǔ)］水边。

⑧［饮(yìn)食(sì)之］请他喝,请他吃。

⑨［凡吏于土者］所有在地方上做官的人。吏,本指官吏,这里指做官,作动词用。

⑩［若知其职乎］你知道他们的职责吗？若,你。其,指代“凡吏于土者”。

⑪［民之役］百姓的仆役。役,仆役,作名词。

⑫［役民］奴役人民,驱使人民。役,奴役,作动词用。

⑬［凡民之食于土者］所有依靠土地生活的人。这句中修饰主语“民”的定语“食于土者”后置。

⑭［出其十一佣乎吏］拿出他收入的十分之一来雇佣官吏。意思是:人民给官府纳赋税,官吏的俸禄就从赋税中出。

⑮［使司平于我也］让官吏给我们百姓办事。司,官吏。平,治理。我,指代“民”、百姓。

⑯［我受其直］我(官吏)接受了他们(百姓)的报酬。我,指代“吏”。直,同“值”,指官吏所得的俸禄。

⑰［怠其事者］不认真给他们办事的。怠,懈怠,轻忽。其,指代人民。

⑱［岂唯怠之］还不仅仅是玩忽职守。岂，语气助词，难道。唯，只。之，指代“其事”，即“民之事”。

⑲［盗之］窃取百姓钱财。盗，指贪污和敲诈勒索。之，指代人民。

⑳［向使佣一夫于家］假使你家里雇佣一个仆人。向使，假使。

㉑［黜（chù）罚］责罚、逐出。黜，就官吏而言，是降职或罢免的意思。这里是指主黜仆，可解释为“逐出”。

㉒［肆］爆发出来，表示出来。

㉓［势不同也］官与民的关系，情势不同于主与仆的关系。意思是：人民没有办法黜罚官吏。

㉔［如吾民何］对老百姓能怎么样呢？本句指如果老百姓真要起来驱逐处罚官吏，那官吏又能对老百姓怎么样呢？如……何，文言固定格式，把……怎么样。

㉕［达于理者］通达事理的人。

㉖［假令］代理县令。柳宗元被贬永州期间，薛存义曾在零陵任代理县令。

㉗［讼］打官司。

㉘［赋］租税，这里指收取租税。

㉙［怀诈暴憎］内怀欺诈之心，外露憎恨之色。

㉚［的（dí）］确实。

㉛［贱且辱］地位低微，又遭受贬官的耻辱。

㉜［考绩幽明］考核官吏的政绩，斥退坏官，提升好官。幽，暗，指政绩低劣。明，亮，指政绩卓著。

㉝［说］评议，建议。

㉞［重（chóng）之以辞］再加上这些话，指写这篇赠序。

【评析】

这是一篇赠序体的政论文。薛存义这次离开永州，是在“假令二年”之后到新的地方去做官，作者在送行之际谆谆相告的内容便集中在官吏的职责上，但作者却并不把“告”的对象局限在薛存义一人身上，而是以“凡吏于土者，若知其职乎”劈头发问，从而使所论的内容具有普遍的意义。

柳宗元在这篇文章中，主要讲述了为官之道：“盖民之役，非以役民而已也。”用今天的话说，官吏乃是百姓的仆役，而不是役使百姓。紧接着，作者分析了百姓养活官吏的艰难和期望：用自己种田收入的十分之一缴纳赋税来养活官吏，目的是要官吏公平地为自己办事。可当时的官吏不仅不好好为百姓办事，还敲诈、贪污百姓的财物。长此以往，百姓一旦发起怒来，其结果是不言而喻的。

全文二百余字，却提出并透辟地论述了一个重大的政治理论问题：官吏的职责和官民的关系问题。文中生动恰切、切中事理的比喻，不但有尖锐的揭露批判，而且也有正面的表彰。虽是短章，却显得曲折波澜。无怪南宋诗人谢枋得在《文章轨范》中对其作出如此评价：“章法、句法、字法皆好，转换关锁紧，谨严优柔，理长而味永。”

【理性思考】

1. 作者写序赠别薛存义，为什么不写自己与薛存义的交往事迹，却对官吏与人民的关系大书特书呢？

2. 阅读其他古人作品，寻找其中关于官吏与人民关系的论述有与本文相似之处的内容。

【延伸阅读】

1. 韩愈《送孟东野序》，刘真伦、岳珍校注《韩愈文集汇校笺注》，中华书局 2010 年版。

2. 吴文治《柳宗元简论》，中华书局 1979 年版。

书何易于[1]

孙 樵

何易于尝[2]为益昌[3]令。县距刺史治所[4]四十里，城嘉陵江南。刺史崔朴尝乘春自上游，多从宾客歌酒，泛舟东下，直出益昌旁。至则索民挽舟[5]。易于即自腰笏[6]，引舟上下[7]。刺史惊问状。易于曰："方春[8]，百姓不耕即蚕[9]，隙[10]不可夺。易于为属令[11]，当其无事，可以充役[12]。"刺史与宾客跳出舟，偕骑还去[13]。

益昌民多即山树茶[14]，利私自入[15]。会[16]盐铁官奏重榷筦[17]，诏下所在不得为百姓匿[18]。易于视诏曰："益昌不征茶[19]，百姓尚不可活，矧[20]厚其赋以毒民乎！"命吏划去[21]。吏争曰："天子诏'所在不得为百姓匿'，今划去，罪益重。吏止死，明府公[22]宁免窜海裔[23]耶？"易于曰："吾宁爱[24]一身以毒一邑民乎？亦不使罪蔓[25]尔曹[26]。"即自纵火焚之。观察使[27]闻其状，以易于挺身为民，卒不加劾。

邑民死丧，子弱、业破不能具葬[28]者，易于辄[29]出俸钱，使吏为办。百姓入常赋[30]，有垂白偻杖[31]者，易于必召坐与食，问政得失。庭有竞民[32]，易于皆亲自与语，为指白枉直[33]。罪小者劝，大者杖，悉立遣[34]之，不以付吏。治益昌三年，狱无系民[35]，民不知役[36]。改绵州罗江[37]令，其治视[38]益昌。是时故相国裴公[39]出镇锦州，独能嘉[40]易于治。尝从观其政，道从[41]不过三人，其察易于廉约[42]如此。

会昌五年[43]，樵道出[44]益昌，民有能言何易于治状者，且曰："天子设上下考[45]以勉吏，而易于考止中上，何哉"？樵曰："易于督赋[46]如何？"曰："止请常期[47]，不欲紧绳[48]百姓，使贱出粟帛[49]。""督役[50]如何？"曰："度支[51]费不足，遂出俸钱[52]，冀[53]优[54]贫民。""馈给[55]往来权势[56]如何？"曰："传符[57]外一无所与。""擒盗如何？"曰："无盗。"樵曰："余居长安，岁闻给事中[58]校考[59]，则曰：'某人为某县，得上下考，由考得某官。'问其政，则曰：'某人能督赋，先期而毕；某人能督役，省度支费；某人当道，能得往来达官为好言；某人能擒若干盗。’县令得上下考者如此。”邑民不对，笑去。

樵以为当世在上位者，皆知求才为切[60]。至于缓急补吏[61]，则曰：吾患无以共治[62]。膺命[63]举贤[64]，则曰：吾患无以塞诏[65]。及其有之，知者[66]何人哉？继而言之，使何易于不有得[67]于生，必有得于死者，有史官在。

【注释】

① 选自《全唐文》（中华书局 1983 年版）。孙樵，字可之（《文献通考》作隐之。此从《新唐书·艺文志》注），关东人。生卒年均不详，约唐懿宗咸通中前后在世。唐宣宗大中九年（855），登进士第，官至中书舍人。广明初（880），黄巢入长安。樵随僖宗奔赴岐陇，授职方郎中，上柱国，赐紫金鱼袋。樵尝删择所作，得三十五篇，为《经维集》三卷。他所做古文，刻意求新，自称是韩愈的四传弟子。上海古籍出版社有影印宋蜀刻本《孙可之文集》十卷。

② [尝] 曾经。

③ [益昌] 今四川广元县西南。

④ [刺史治所] 刺史是掌握一州政权的官。唐时益昌县属山南西道利州（今四川广元），刺史治所即指利州。

⑤ [索民挽舟] 寻找人来一起拉纤绳。索，寻找。挽，拉。

⑥ [腰笏（hù）] 把笏板插在腰间。笏，指古代官员上朝时所带笏板，上面可记事。此处用作动词，指放置笏板。

⑦ [引舟上下] 拉着船跑上跑下。引，牵引，拉拽。

⑧ [方春] 正值春天。

⑨ [不耕即蚕] 不是耕田种地就是采桑养蚕。

⑩ [隙] 空闲的时间。

⑪ [属（shǔ）令] 属下的县令。属，有管辖关系的。

⑫ [充役] 充任劳役，这里指代替百姓拉船。

⑬ [偕（xié）骑还（huán）去] 一起骑着马回去。偕，一起。还，

回去。

⑭［即山树茶］就着山种植茶树。树，栽，种。

⑮［利私自入］获得的利益，归各家私有。

⑯［会］恰逢，正赶上。

⑰［榷筦(què guǎn)］亦作“榷管”，谓对盐铁等物实行专管专卖。

⑱［匿(nì)］隐藏，隐瞒，这里指隐瞒百姓应交的税。

⑲［征茶］征收茶税。

⑳［矧(shěn)］表示转折，况且、何况。

㉑［刬(chǎn)去］消除，剔除。

㉒［明府公］汉魏以来对郡守牧尹的尊称，又称明府君，因汉亦有以“明府”称县令，唐以后多用以专称县令，这里指何易于。

㉓［窜海裔］指被放逐到海角天涯。窜，放逐，这里表示被动，指何易于被放逐。海裔，指海边，常形容边远之地。

㉔［爱］爱惜，吝惜。

㉕［蔓］蔓延，这里指牵连。

㉖［尔曹］意即“你们”。

㉗［观察使］官名，掌管考察州县官吏政绩，后兼理民事。

㉘［具葬］办理丧葬事务。

㉙［辄］总是，每次。

㉚［常赋］照例要交纳的赋税，德宗后，指“两税法”所规定的赋税。

㉛［垂白偻杖］垂白，满头白发。垂，覆盖。偻杖，弯腰驼背，手拄拐杖。

㉜［竞民］争讼的人。

㉝［指白枉直］指明是非曲直。

㉞［遣］遣散，这里指释放。

㉟［系民］被拘囚的百姓。

㊱［民不知役］老百姓不知道什么是徭役。

㊲［绵州罗江］今四川罗江。

㊳［视］和……一样。

㊴［裴公］裴休(791—864)，字公美，河内济源(今河南济源)人，祖籍河东闻喜(今山西运城闻喜)。唐朝中晚期名相、书法家，浙东观察使裴肃次子。裴休出身河东裴氏东眷房，唐穆宗时登进士第，历官兵部侍郎、同平章事、中书侍郎、宣武节度使、荆南节度使等职，曾主持改革漕运及茶税等积弊，颇有政绩。晚年官至吏部尚书、太子少师，封河东县子。咸通五年(864)去世，年七十四，追赠太尉。

㊵［嘉］赞许。

㊶［道从］随从。

㊷［廉约］清廉俭约。

㊸［会昌五年］公元845年。会昌，唐武宗的年号。

㊹［道出］经过。

㊺［上下考］唐代吏部设有考功郎中、考功员外郎，专门考核官吏的善恶功过。标准共分三等九级：上上、上中、上下，中上、中中、中下，下上、下中、下下。

㊻［督赋］催缴赋税。

㊼［止请常期］只是要求按照正常的期限。

㊽［紧绳］过分地勒逼。绳，约束，制裁，这里指逼迫。

㊾［贱出粟帛］贱价卖出粮食和丝帛。

㊿［督役］催服劳役。

(51)［度支］官名，主管天下贡赋租税，量入为出，所以叫度支。唐代有度支郎中，属户部。

(52)［俸钱］官吏所得的薪金。

(53)［冀］希望。

(54)［优］优待，宽待。

(55)［馈给(jǐ)］请客送礼。

(56)［往来权势］指路过本地的有权势的人物。

㊾［传符］用作官员通行的凭证。古代官员、使者外出，各地政府按品级给券，由驿站供应食宿、车马。地方官吏为了升迁，往往主动向他们馈赠行贿。

㊿［给（jǐ）事中］官名，属门下省。唐初吏部每年举行内外官考绩时，给事中参加监考。后来屡置监考使、校考使、知考使。

59［校考］核实考察。

60［为切］最为急迫。切，紧急。

61［缓急补吏］急于补充官吏。缓急，这里偏指急。

62［无以共治］没有人才一起治理国家。

63［膺（yīng）命］受命。

64［举贤］举荐人才。

65［塞诏］应付诏书。

66［知者］能了解人才的人。

67［有得］有所得，这里指被赏识。

【评析】

县令在中国古代是最低一级的官吏，也是最接近老百姓的官。由于中国古代专制制度，县令这一级别的官吏，其基本职能是代表最高当权者压迫、剥削广大老百姓的。在老百姓的眼中，县官被称为“老爷”，可以骑在老百姓的头上，作威作福。而县官本人，更可以假“天子”、“圣上”之名，随意加征、加派、判刑。

所以，中国古代社会的县官，总体上来看，贪官污吏多，清廉为民者少，能够真正成为父母官者更少。由于县令的级别低，无论是贪者，还是廉者、勤者，他们的佳绩和劣绩，很少能载入史册，流传后世。

从《史记》到《清史稿》，被官方认定的二十六部“正史”，为县令立传者，可谓寥若晨星。但例外总是有的。这一例外，就出在《新唐书》中。《新唐书》的编修者是北宋的史学大家欧阳修。

在欧阳修看来，县令的官位虽低、官衔虽小，可是，他们的作为却

“事关军国，理涉兴亡”（唐刘知几语），不可忽视，因而在《新唐书·循吏传》专门为一位四川益昌（今四川广元县西南）县令立了传。这位县令叫何易于。

要说何易于能上《新唐书》，第一功臣并不是欧阳修，而是中书舍人孙樵。中书舍人，是中书省的副手，相当今天副部级或司局级。因为工作关系，孙樵经常到全国各州、县执行公务。这一年，孙樵来到利州（今四川广元），后又来到益昌（益昌是利州的属县）。到了益昌县后，一个偶然的机会，碰到一群老百姓，要向孙樵这位从朝廷下来的大官儿讨个说法。老百姓问：“皇上下诏书，考察各级官员，我们何县令为什么才得个‘中上’。”

原来，唐朝祖制，对各级官吏实行三年一考核的制度，共分三等九级，即上上、上中、上下、中上、中中、中下、下上、下中、下下。若是得了上等，即可升官，得了中等仍可保官，得了下等就有可能丢官。

在老百姓看来，何易于得“上上”也名正言顺，这样好的父母官，为什么只得了个“中上”？老百姓是从自身的感受，为何易于鸣不平的。

孙樵在朝中做大官多年，到州、县执行公务数次，从来未遇到老百姓为地方当权者鸣不平的事，所以决定把事情搞个清楚。孙樵问：“何县令催缴赋税的工作做得如何？”老百姓回答：“老百姓不能准时缴税时，何县令就向上级打报告，申请放宽期限。”孙樵问：“何县令监督老百姓出劳工的工作做得如何？”老百姓回答：“上级拨款兴修工程，资金不足，要向老百姓加派，贫穷人家没钱，何县令就用自己的薪俸代交。”孙樵问：“何县令给不给上级送礼？”老百姓回答：“何县令向来秉公办事，根本不干送礼行贿的事。”孙樵问：“何县令捕捉盗贼工作做得如何？”老百姓回答：“我们益昌县自从何县令上任，多少年来没出一个盗贼。”

孙樵听了老百姓的回答，心如潮涌，感慨万千，对老百姓解释说：“我在京城长安（今西安）听说过考察官员的标准，大概有四条标准：一是能否加快向老百姓催征赋税；二是能否加快向老百姓征发各种劳工；

三是能否讨得上级领导的喜欢;四是能否捉拿更多的盗贼。考核县令也就是这四条。”老百姓听了孙樵如上的谈话,摇摇头,干笑一下,都无可奈何地走开了。孙樵有些尴尬,便进一步访问何易于的事迹,看一看老百姓为何为何易于评为“中上”鸣不平。

作者使用白描手法,没有过多的铺叙,直接讲述主人公的几件事迹,其形象跃然纸上。至于如何评价其人,结尾的感慨令人深思。

【理性思考】

1. 何易于勤政爱民,却在考核中只得到了“中上”的成绩,说明这套官员考核标准存在着什么样的弊端?

2. 作者书写何易于为官的事迹,同时对考核结果抒发了自己的看法,为何要在结尾处发出“不有得于生,必有得于死者”的感叹呢?

【延伸阅读】

1. 李锦全《海瑞评传》,南京大学出版社 1998 年版。

2. 赵尔巽等撰《清史稿·于成龙传》,中华书局 1998 年版。

蚕　　说[1]

宋　庠

里有织妇,蓍簪葛帔[2],颜色憔悴,喟然而让[3]于蚕曰:“余工女也,惟化治丝枲[4]是司[5],惟服勤组紃[6]是力,世受蚕事[7],以蓄[8]天财。尔之未生,余则浴而种以俟[9];尔之既育,余则饬其器[10]以祇事[11];尔食有节[12],余则采柔桑[13]以荐[14]焉;尔处不慁[15],余则弭温室[16]以养焉;尔惟有神,余则蠲其祀[17]而未尝黩[18]也;尔惟欲茧[19],余则趣其时[20]而不敢慢[21]也;尔欲显素丝之洁,余则具缫盆泽器[22]以奉之;尔欲利布幅之德[23],余则操鸣机密杼[24]以成之。春夏之勤,发蓬不及膏[25];秋冬之织,手胝[26]无所代。余之于子可谓殚其力[27]矣!

“今天下文绣被墙屋[28]，余卒岁无褐[29]；缇帛婴犬马[30]，余终身恤纬[31]。宁我未究其术[32]，将尔忘力于我耶[33]？”

蚕应之曰：“嘻！余虽微生，亦禀元气[34]；上符龙精，下同马类[35]。尝在上世[36]，寝皮食肉[37]；未知为冠冕衣裳之等[38]也，未知御雪霜风雨之具也。当斯之时，余得与蠕动之俦[39]，相忘于生生之域[40]；蠢然[41]无见豢[42]之乐，熙然[43]无就烹[44]之苦。自大道既隐[45]，圣人成能[46]，先蚕氏[47]利我之生，蕃我以术[48]，因丝以代毳[49]，因帛以易韦[50]；幼者不寒，老者不病：自是民患弭[51]而余生残矣！

“然自五帝以降[52]，虽天子之后，不敢加尊于我[53]：每岁命元日[54]，亲率嫔御[55]，祀于北郊[56]，筑宫临川[57]，献茧成服[58]；非天子宗庙黼黻无所备[59]，非礼乐车服旂常[60]无所设，非供祀无制币[61]，非聘贤无束帛[62]，至纤至悉[63]，衣被万物。女子无贵贱，皆尽心于蚕。是以四海之大，亿民之众，无游手[64]而有余帛矣。

“秦汉以下，本摇末荡[65]：树奢靡[66]以广君欲[67]，开利涂[68]以穷民力；云锦雾縠[69]之巧岁变[70]，霜纨冰绡[71]之名日出[72]；亲桑之礼颓于上[73]，灾身之服流于下[74]。倡人孽妾被后饰[75]而内闲中者[76]以千计，桀民大贾[77]僭君服[78]以游天下者非百数；一室御缋[79]而千屋垂缯[80]，十人漂絮[81]而万夫挟纩[82]：虽使蚕被于野，茧盈于车，朝收暮成，犹不能给[83]；况役少以奉众，破实而为华[84]哉！方且规规然重商人衣丝之条[85]，罢齐官贡服之职[86]；衣弋绨以示俭[87]，袭大练而去华[88]：是犹捧凷堙尾闾之深[89]，覆杯[90]救昆冈之烈[91]，波惊风动，谁能御[92]之？由斯而谈[93]，则余之功非欲厚啬身以侈物化[94]，势使然也。二者交坠于道[95]，奚独怒我哉[96]？且古姜嫄[97]、太姒[98]皆执子之勤[99]，今欲以一己之劳[100]而让我，过[101]矣。”

于是织妇不能诘[102]，而终身寒云。

【注释】

① 选自宋庠《元宪集》(中华书局 1985 年版)。宋庠(996—1066)，初名郊，字伯庠，入仕后改名庠，更字公序，谥号元宪。开封雍丘(今河

南杞县)人。北宋文学家,与弟祁并有文名,时称“二宋”。天圣初举进士,名列第一。官兵部侍郎同平章事。著有《元宪集》。

②[著(shì)簪葛帔(pèi)] 以草作发簪,以葛布作披肩,形容织妇之贫困。著,一种草名。葛,麻布。帔,披肩。

③[让] 责问,责备。

④[化治丝枲(xǐ)] 以丝麻来纺织。《周礼·天官·太宰》:“以九职任万民,……七曰嫔妇,化治丝枲。”枲,麻。

⑤[司] 掌管。

⑥[服勤组紃(xún)] 辛勤地织各种丝织品。服勤,从事辛勤的事务。组紃,丝带。《礼记·内则》:“织纴组紃”,孔颖达正义:“组紃俱为绦也。……然则薄阔为组,似绳者为紃。”

⑦[世受蚕事] 世世代代从事养蚕之事。

⑧[蕃(fán)] 蕃息,增长。

⑨[浴而种以俟] 将蚕种在河中浴洗,等待蚕之孵出。《礼记·祭义》:“奉种浴于川。”而,同“尔”,你。俟,等待。

⑩[饬(chì)其器] 准备好养蚕的器具。饬,整饬,修整。

⑪[祇(zhī)事] 敬事,认真地对待。祇,恭敬。

⑫[节] 限制。

⑬[柔桑] 嫩的桑叶。《诗经·豳风·七月》:“爰求柔桑。”

⑭[荐] 进献。

⑮[慁(hùn)] 扰乱。

⑯[弭(mǐ)温室] 放入温室中。按《汉书·司马迁传》:“而仆又茸以蚕室。”颜师古注:“茸,音人勇反,推也。”《文选·报任安书》作“而仆又佴之蚕室”。疑此句本于司马迁。

⑰[蠲(juān)其祀] 打扫干净进行祭祀。蠲,清洁。

⑱[黩(dú)] 污辱,玷污。

⑲[茧] 作动词,作茧。

⑳[趣其时] 抓紧时间,及时。趣,通“趋”。

㉑［慢］怠慢。

㉒［缫（sāo）盆泽器］使用润泽光滑的器具来浸茧、洗丝。缫，同“缲”。

㉓［利布幅之德］谋求有节制的利益。《左传·襄公二十八年》：“且夫富如布帛之有幅焉，为之制度，使无迁也。夫民生厚而用利，于是乎正德以幅之。”幅，布的宽度。

㉔［鸣机密杼］织布机。

㉕［发蓬不及膏］头发散乱得像蓬草，都没有时间擦发油。《诗经·卫风·伯兮》：“自伯之东，首如飞蓬。岂无膏沐？谁适为容。”蓬，蓬草。膏，润发的油脂。

㉖［胝（zhī）］手脚掌上的厚皮，俗称茧子。

㉗［殚（dān）其力］竭尽心力。

㉘［文绣被墙屋］用刺绣华美的丝织品来装饰墙壁、屋子。

㉙［卒岁无褐］度过一整年的粗布短衣都没有。《诗经·豳风·七月》：“无衣无褐，何以卒岁。”卒岁，终年。褐，粗布短衣。

㉚［缇（tí）帛婴犬马］将华丽的丝绸系在动物身上作为装饰。缇帛，赤黄色的绸制品。婴，系。

㉛［恤纬］一丝一毫的丝线都加以珍惜。恤，怜惜。纬，本指组成布匹的纬线。《左传·昭公二十四年》：“嫠不恤其纬。”

㉜［宁（nìng）我未究其术］难道是我未能穷究纺织技术。宁，难道。

㉝［将尔忘力于我耶］或者是你忘记了我的辛劳呢？将，抑，或。

㉞［元气］构成万物的原始物质。

㉟［上符龙精，下同马类］古代传说蚕为龙精，与马同气。《周礼注疏》卷三十“夏官马质”条，郑玄引《蚕书》“蚕为龙精，月直大火，则浴其蚕种，是蚕与马同气。”

㊱［上世］上古时代。

㊲［寝皮食肉］穿兽皮，食兽肉。

㊳［等］等级。

㊴［蠕动之俦］蠕蠕而动的昆虫之类。俦，同辈，同类。

㊵［生生之域］孳生不绝的自然世界。

㊶［蠢然］虫子蠕动的样子。

㊷［见豢］被人饲养。

㊸［熙然］和悦安乐的样子。

㊹［就烹］这里指的是蚕茧被煮的痛苦。

㊺［大道既隐］大道消失之后。语出《礼记·礼运》篇。儒家将上古时代的理想社会称为“大道”。

㊻［圣人成能］圣人以其智慧来发现和运用天地之间的规律。《易传·系辞下》：“天地设位，圣人成能。人谋鬼谋，百姓与能。”

㊼［先蚕氏］发明养蚕的人。《后汉书·礼仪志上》“祠先蚕”注：“今蚕神曰菀窳妇人、寓氏公主，凡二神。”南北朝以后皆祀黄帝正妃嫘祖为先蚕氏。

㊽［蕃我以术］用技术使我繁殖。

㊾［毳(cuì)］皮毛。

㊿［韦］熟皮革。

51［弭］停止，消除。

52［五帝以降］五帝以后。有关“五帝”有几种说法，据《大戴礼记》《史记》的说法为：皇帝、颛顼、帝喾、尧、舜。

53［不敢加尊于我］这句的意思是，(天子的皇后)也不敢在我面前显示她的尊贵。

54［每岁命元日］每年的吉日。有关古人祭祀蚕神的活动见56条。

55［嫔御］泛指后宫女官。

56［祀于北郊］古人有祭祀蚕的风俗。《周礼·天官·内宰》：“中春，诏后帅外内命妇始蚕于北郊，以为祭服。”

57［筑宫临川］在靠近河流的地方建筑蚕室，便于浴蚕种。

58［献茧成服］世妇(后宫女官)奉茧给夫人，然后制成衣服。《礼记·祭义》:“古者天子诸侯,必有公桑蚕室,近川而为之,筑宫仞有三尺,棘墙而外闭之。……岁既单矣,世妇卒蚕,奉茧以示于君,遂献茧于夫人。……及良日,夫人缫,三盆手,遂布于三宫夫人世妇之吉者,使缫遂朱绿之、玄黄之以为黼黻文章。服既成,君服以祀先王先公。”

⑲ [非天子宗庙黼黻(fǔ fú)无所备] 不是天子宗庙不能准备皇帝祭祀专用的绣有华美图案花纹的礼服。黼,古代礼服上绣的半黑半白的花纹。黻,古代礼服上黑与青相间的花纹。

⑳ [旂常]旗帜名。《周礼·春官宗伯》:“司常掌九旗之物名。……日月为常,交龙为旂。”

㉑ [制币]古代祭祀时所供之缯帛。帛的长宽皆有定制,因称“制币”。

㉒ [束帛]捆为一束的五匹帛。古代用为聘问、馈赠的礼物。《抱朴子·钦士》:“是以明主旅束帛于穷巷,……而以致贤为首务,得士为重宝。”

㉓ [至纤至悉]极其的全面详尽。

㉔ [游手]无所事事,不干正事。

㉕ [本摇末荡]这里指重农抑商的根本制度不再被遵守。秦汉以后,统治阶级变得重工商,轻农桑。儒家以农为“本”,商为“末”。

㉖ [树奢靡]培植奢靡之风气。

㉗ [广君欲]扩张君主的私欲。

㉘ [利涂]获利之途径。涂,同“途”。

㉙ [云锦雾縠(hú)] 像云雾那样轻柔的锦缎、绉纱。縠,绉纱。

㉚ [岁变] 每年都有变化。

㉛ [霜纨冰绡] 像冰霜一般洁白的薄绸、生丝。纨,细致洁白的薄绸。绡,生丝。

㉜ [日出] 每日出现。

㉝ [亲桑之礼颓于上] 统治者亲自从事农桑的礼仪废除了。颓,废除。

⑭［灾身之服流于下］平民百姓之间盛行逾规越矩的服饰。灾身之服，语出《左传·僖公二十四年》："服之不衷，身之灾也。"

⑮［倡人孽（niè）妾被后饰］娼妓、贱妾穿着皇后的服饰。倡人，古代歌舞杂戏艺人。孽妾，贱妾，地位低下的妾。

⑯［内闲中者］被收入闺房之内的人。内，同"纳"，收入。闲，《说文解字》："人闲有家。"

⑰［桀（jié）民大贾］豪强和大商人。桀，凶悍，横暴。

⑱［僭（jiàn）君服］超越身份穿其君王的服饰。僭，超越身份。

⑲［御绩］纺线织布。

⑳［垂缯（zēng）］这里指的是穿着缯帛。谢惠连《雪赋》："沸潭无涌，炎风不兴。北户墐扉，裸壤垂缯。"缯，古代对丝织品的总称。

㉑［漂絮］制造丝棉时，将蚕丝捣烂铺在竹席上，放入水中漂洗。

㉒［挟纩（jiā kuàng）］披着温暖的丝棉。语出《左传·宣公十二年》："师人多寒，王巡三军，拊而勉之，三军之士，皆如挟纩。"

㉓［给（jǐ）］满足。

㉔［破实而为华］这里指的是超出实际追求奢华。

㉕［方且规规然重商人衣丝之条］尚且谨慎地加重了法令，规定商人不能穿丝绸衣服。典出《史记·平准书》：汉高祖刘邦"令贾人不得衣丝乘车"。方且，尚且。规规然，谨小慎微的样子。条，法令。

㉖［罢齐官贡服之职］罢除齐地专门制造贡献三服的职官。典出《汉书·元帝本纪》：元帝初元五年，罢齐三服官。李斐注："齐国旧有三服之官，春献冠帻縰为首服，纨素为冬服，轻绡为夏服。"

㉗［衣弋绨（tí）以示俭］穿着黑色的粗绸来显示俭朴。弋绨，黑色的粗绸。弋，通"黓"，黑色。典出《汉书·文帝本纪》："身衣弋绨，所幸慎夫人，衣不曳地，帷帐无文绣，以示敦朴为天下先。"

㉘［袭大练而去华］穿着粗制的丝织物不讲求奢华。袭，穿衣。大练，粗糙厚实的丝织物。《后汉书·马皇后纪》："常衣大练，裙不加缘。"

⑧⑨［是犹捧凷(kuài)堙尾闾之深］这就像是捧着土块去填塞深不见底的大海。凷，"块"的本字，指土块。尾闾，指海水。《庄子·秋水》："尾闾泄之，不知何时已而不虚。"尾闾在《秋水》中指泄出海水之处，后用指海水。

⑨⓪［覆杯］翻覆一杯的水。

⑨①［昆冈之烈］焚毁玉石的烈火。《尚书·胤征》："火炎昆冈，玉石俱焚。"昆冈，昆仑山，著名的玉石产地。

⑨②［御］抵抗，抵挡。

⑨③［由斯而谈］由此说来。

⑨④［余之功非欲厚啬(sè)身以侈物化］我并不是想要过分地爱惜自己的身体来夸张事物之变化。啬，爱惜。侈，夸大。物化，事物的变化。

⑨⑤［二者交坠于道］这里指的是蚕和人都丧失了固有之道：蚕失去了生命，而人不断变化出新剥削之法，统治者生活奢靡，劳动者饥寒交迫。坠，丧失，败坏。

⑨⑥［奚独怒我哉］为什么独独责备我呢？奚，何，什么。怒，责备，谴责。

⑨⑦［姜嫄］传说中周始祖后稷之母。

⑨⑧［太姒(sì)］周文王之妃，武王之母。

⑨⑨［执子之勤］像你一样从事养蚕的工作。

⑩⓪［一己之劳］一个人的辛劳。

⑩①［过］犯错误。

⑩②［诘］责问。

【评析】

《蚕说》一文创设了织妇与蚕之间的一席对话。这种寓言式的对话体行文，在中国古代有着悠久的文学传统，上至《诗经·豳风·鸱鸮》一诗，已经出现了以禽鸟代言的形式。最具典型性的应该是贾谊的《鹏鸟赋》。

全文分为前后两部分：前半部分写织妇对蚕的倾诉，其间包含了困惑和责备之意；后半部分写蚕的答复和织妇的反应。文章结构完整匀称。前半部分织妇的诉说是引子，引出“蚕说”。

后半部分的“蚕”之论说上溯五帝，言至目下，将绵亘上千年的劳动者的辛酸和血泪，囊括于短短数百字，纵横捭阖，极具历史的纵深感和厚重感。尤其是笔锋直指统治者实施的华而不实的政令：劳动人民的疾苦不能仅靠一纸禁令，或者是某个君王自身的厉行节俭就能够拯救的。“是犹捧凷堙尾闾之深，覆杯救昆冈之烈”这两个形象比喻振聋发聩，发人深思。

中国古代散文讲究“势”，而“势”由“气”生。《蚕说》全文熔铸了厚重之气。全文开篇织妇在叙述自己养蚕纺丝的辛勤劳作时，一连七个排比句，将蚕事之艰辛，层层累加，辞切意深，情绪喷薄欲出。而“今天下文绣被墙屋，余卒岁无褐；缇帛婴犬马，余终身恤纬。”两句笔锋急转，使得统治者之奢靡，与底层劳动者之艰难之间构成了巨大的对比。行文至此，由急入缓，叙事陈理，娓娓道来。全文笔势如大江大河，回环曲折，跌宕起伏。

作为北宋初期极其精彩的一篇散文，《蚕说》中多有整饬华丽的骈偶句式，对比、夸张的手法使用，以典故的穿插，体现了宋初文坛散文之特色。

【理性思考】

1. 为什么作者认为汉朝统治者颁布的这些政令以及采取的举措，从根本上改变不了织妇们的命运？

2. 了解中国古代的农桑活动，并思考古代统治者重农抑商背后的意义。

【延伸阅读】

1. 杜荀鹤、张俞的两首《蚕妇》，文同的《织妇怨》。

2. 吴兢《论务农》，《贞观政要》，凤凰出版社 2010 年版。

越州赵公救灾记[①]

曾　巩

熙宁八年[②]夏，吴越[③]大旱。九月，资政殿大学士[④]、右谏议大夫[⑤]知越州[⑥]赵公，前民之未饥[⑦]，为书[⑧]问属县：灾所被者几乡，民能自食者有几，当廪于官者[⑨]几人，沟防[⑩]构筑可僦[⑪]民使治之者几所，库钱仓廪可发者几何，富人可募出粟者[⑫]几家，僧道士食之羡粟书于籍者其几具存[⑬]，使各书以对，而谨其备[⑭]。

州县吏录民之孤老疾弱、不能自食者二万一千九百余人以告。故事[⑮]，岁廪穷人，当给粟三千石而止[⑯]。公敛富人所输及僧道士食之羡者[⑰]，得粟四万八千余石，佐其费[⑱]。使自十月朔[⑲]，人受粟日一升，幼小半之。忧其众相蹂[⑳]也，使受粟者男女异日[㉑]，而人受二日之食[㉒]。忧其且流亡[㉓]也，于城市郊野为给粟之所，凡五十有七，使各以便受之[㉔]，而告以去其家者[㉕]勿给。计官为不足用也，取吏之不在职而寓于境者，给其食而任以事[㉖]。不能自食者，有是具也[㉗]。能自食者，为之告富人，无得闭粜[㉘]。又为之出官粟[㉙]，得五万二千余石，平其价予民[㉚]。为粜粟之所，凡十有八，使籴[㉛]者自便，如受粟。又僦民完[㉜]城四千一百丈，为工三万八千，计其佣与钱[㉝]，又与粟再倍之[㉞]。民取息钱者，告富人纵予之，而待熟，官为责其偿[㉟]。弃男女者，使人得收养之。

明年春，大疫。为病坊[㊱]，处[㊲]疾病之无归者。募僧二人，属以视医药饮食[㊳]，令无失所恃[㊴]。凡死者，使在处随收瘗之[㊵]。

法[㊶]，廪穷人尽，三月当止[㊷]，是岁尽五月止。事有非便文者，公一以自任，不以累其属[㊸]。有上请者，或便宜多辄行[㊹]。公于此时，蚤夜惫心力不少懈[㊺]，事细钜[㊻]必躬亲。给病者药食，多出私钱。民不幸罹[㊼]旱疫，得免于转死[㊽]；虽死，得无失敛埋[㊾]，皆公力也。

是时旱疫被吴越，民饥馑疾疠[㊿]，死者殆[51]半，灾未有钜于此也。天子东向[52]忧劳，州县推布上恩[53]，人人尽其力。公所拊循[54]，民尤以为得其依归。所以经营绥辑先后终始之际，委曲纤悉，无不备者[55]。其施[56]虽在越，其仁足以示[57]天下；其事虽行于一时，其法足以传后。盖灾沴[58]之行，治世不能使之无，而能为之备[59]。民病[60]而后图[61]之，与夫[62]先事而为计[63]者，则有间[64]矣；不习而有为[65]，与夫素得之[66]者，则有间矣。予故采[67]于越，得公所推行，乐为之识[68]其详，岂独以慰越人之思，将使吏之有志于民者，不幸而遇岁之灾，推公之所已试，其科条可不待顷而具[69]，则公之泽[70]岂小且近乎！

公元丰二年[71]以大学士加太子少保[72]致仕[73]，家于衢。其直道正行[74]在于朝廷、岂弟之实在于身[75]者，此不著[76]。著其荒政[77]可师[78]者，以为《越州赵公救灾记》云。

【注释】

① 选自《曾巩集》（中华书局 1984 年版）。曾巩（1019—1083），字子固，后人称南丰先生，谥号文定。建昌军南丰（今江西省南丰县）人。北宋文学家、史学家、政治家。嘉祐二年（1057）进士及第，官至中书舍人。有《元丰类稿》和《隆平集》传世。曾巩为韩柳发起的诗文革新运动做出了杰出的贡献，生前身后都享有盛名，是“唐宋八大家”之一。赵公，即赵抃（biàn）（1008—1084），字阅道，号知非子，谥号“清献”。衢州西安（今浙江省衢州市）人。北宋名臣，赵抃在朝弹劾不避权势，时称“铁面御史”，其救灾之政绩，亦在当时有口皆碑。

② [熙宁八年] 公元 1075 年。熙宁，宋神宗年号。

③ [吴越] 春秋时期吴国、越国地域，今江苏南部、浙江北部一带。

④ [资政殿大学士] 宋官职名。《宋史・职官志》：“资政殿在龙图阁之东序。景德二年王钦若罢参政，真宗特置资政殿学士以宠之，在翰林学士下。十二月，复以钦若为资政殿大学士。班文明殿学士之下，翰林学士承旨之上。资政殿置大学士自钦若始。”此职无吏守、无职掌，仅出入侍从备顾问，多由罢职宰相充任。

⑤ [右谏议大夫] 掌议论的官，宋设置左右谏议大夫。

⑥［知越州］主持管理越州的政务。越州，即绍兴府，下属会稽、山阴、剡、诸暨、余姚、上虞、萧山、新昌八县。

⑦［前民之未饥］在人民遭受灾荒之前。

⑧［书］书信。

⑨［当廪（lǐn）于官者］由官府供给的粮食的人。廪，米仓。

⑩［沟防］沟渠和堤防。

⑪［僦（jiù）］租赁。

⑫［可募出粟者］可以被征集捐出粮食的人。募，广泛征求。

⑬［僧道士食之羡粟书于籍者其几具存］僧人、道士除去口粮以外，登记在册的余粮实际存在多少。羡，富余。书于籍，登记在册的。具存，实际存在。

⑭［谨其备］周密地作好准备。

⑮［故事］旧例，按照向来的规例。

⑯［岁廪穷人，当给粟三千石而止］（按照惯例）每年从官仓发放粮食给穷人，数量达到三千石，便停止发放了。廪，从官仓发放粮食，此处做动词用。

⑰［公敛富人所输及僧道士食之羡者］赵公募集了富人缴纳和僧人、道士盈余的粮食。敛，募集。输，交出，缴纳。

⑱［佐其费］补充富人和僧、道一定的钱财。

⑲［朔］农历每月初一。

⑳［蹂］践踏。

㉑［使受粟者男女异日］使领取粮食的人，按照性别在不同的日子来领取。

㉒［人受二日之食］每个人领取两天的粮食。

㉓［且流亡］将要外流逃亡。且，将要。

㉔［使各以便受之］使灾民能够各自就其方便领取粮食。

㉕［去其家者］此处指的是离开家逃荒的人。

㉖［计官为不足用也，取吏之不在职而寓于境者，给其食而任以

事］估计赈灾的官员数量不够用，选取不任职的，却住在越州境内的官员，给他们发放粮食，让他们参与赈灾的事务。

㉗［不能自食者，有是具也］粮食不能够自救的，有这些准备措施。具，准备。

㉘［能自食者，为之告富人，无得闭粜（tiào）］能够买得起粮食的人，代替他们告诫富人，不得囤粮停售。为，替。之，代指买得起粮食的人，与下一句中“为之”同。

㉙［官粟］官府粮仓的粮食。

㉚［平其价予民］平抑粮食的价格卖给百姓。予，给与。

㉛［籴（dí）］买进粮食。

㉜［完］修整。

㉝［计其佣与钱］统计他们的工数，给与钱。

㉞［又与粟再倍之］再给同等价值的粮食。

㉟［民取息钱者，告富人纵予之，而待熟，官为责其偿］百姓需要借有利息的钱，告诫富人放手借给他们，等到庄稼成熟时，由官府责令借款人偿还。纵，放任。

㊱［病坊］收容病人的处所。

㊲［处］安置。

㊳［属以视医药饮食］嘱咐他们照管（病人）的医药饮食之事。属，同“嘱”。视，照管，料理。

㊴［恃］依赖，依靠。

㊵［使在处随收瘗（yì）之］让人就地随时收尸埋葬。在处，就地。收，收尸。瘗，埋葬。

㊶［法］按照以往的法令规例。此处“法”做动词用。

㊷［廪穷人尽，三月当止］官仓粮食发放殆尽，百姓流散四处，三个月应当停止赈灾。

㊸［事有非便（biàn）文者，公一以自任，不以累其属］有些不符合法令规定（但是有利于百姓）的事，赵公一人承担，不牵连他的下属。便

文，是指完全依照法令条文而不加更动。

㊹［有上请者，或便宜多辄行］有向（赵公）请示的，假使利国利民的事，大多立刻执行。或，倘若。便宜，利国利民之事。辄，立即。

㊺［蚤夜惫心力不少懈］（赵公）日夜操劳使心力疲乏，但却没有丝毫懈怠。蚤，同“早”。惫，疲乏，此处做动词用。

㊻［钜］同“巨”。

㊼［罹（lí）］遭逢，遭遇。

㊽［转死］死而弃尸。

㊾［得无失敛埋］都能够被收尸埋葬。敛，入殓。

㊿［饥馑疾疠］饥馑，荒年饥饿。疾疠，瘟疫。

51［殆］大概，几乎。

52［东向］越州在北宋都城汴京的东向。

53［推布上恩］推广布达皇帝的恩典。

54［拊（fǔ）循］安抚，抚慰。亦作“拊巡”。

55［所以经营绥（suí）辑先后终始之际，委曲纤悉，无不备者］赵公在救灾的前前后后各个环节，不管是筹划组织救灾，还是安顿集中灾民都是无不细致、详尽、周到。经营，筹划，组织。绥辑，安顿聚集。终始，开始和结局。际，时候。委曲，委婉曲折。纤悉，细致而详尽。备，完备，周到。

56［施］措施。

57［示］昭示。

58［灾沴（lì）］灾荒，灾祸。

59［备］此处指的是预先准备。

60［病］疾苦，痛苦。

61［图］图谋，谋划。

62［夫（fú）］那些。

63［先事而为计］事情发生之前作好计划。

64［间］差距。

⑥5［不习而有为］不学习他人而去做事情。

⑥6［素得之］平素得到的经验。

⑥7［采］采访。

⑥8［识(zhì)］同“志”，记住，记述。

⑥9［其科条可不待顷而具］（赈灾）的方法条例，顷刻之间就准备好了。科条，章程，条例。不待顷，不需片刻。

⑦0［泽］恩泽。

⑦1［元丰二年］公元1079年。元丰，宋神宗的年号。

⑦2［太子少保］官职的加衔。太子少师、太子少傅、太子少保古时被称为“东宫三少”。隋唐以后，此官职只作为赠官加虚衔的名号，以示帝王恩宠。

⑦3［致仕］辞官。

⑦4［直道正行］正直的事迹。

⑦5［岂(kǎi)弟(tì)之实在于身］（赵公）身上有着和乐平易的品行。岂弟，同“恺悌”，和乐平易。

⑦6［著］书写，撰述。

⑦7［荒政］古代在遇到荒年时所采取的救济措施。

⑦8［师］效法，学习。

【评析】

宋神宗熙宁八年(1075)，吴越大旱，“死者五十余万人，城郭萧条，田野丘墟”（苏轼《奏浙西灾伤第一状》）。大旱之后，又是大疫，“天地不仁，以万物为刍狗”。诚如苏轼所云：“熙宁之灾伤，本缘天旱米贵，而沈起张靓之流，不先事奏闻，但务立赏闭粜，富民皆争藏谷。小民无所得食，流殍既作，然后朝廷知之，始敕运江西及截本路上供米一百二十三万石济之，……终不能救。”将此文字中的记述与赵公在越州所施行之政，高下之分立现。

作为“唐宋八大家”之一的曾巩，虽是作杂记散文，但并不就事论事。其以史家之笔，平铺直叙，但终不离其“文以载道”之宗旨。《宋史》有云曾巩之文，“本源六经”。全文看似通篇叙述赵公救灾之事迹，但无不传达出作者对于“民本”思想的推崇——于灾情未生之前，赵公“为书问属县”之“七问”，包含着为政者未雨绸缪，将百姓疾苦时刻铭记的拳拳之心。震灾期间，赵公“事有非便文者，公一以自任，不以累其属”，其急百姓之所急，为救越州百姓于水火，甘愿舍得一生之仕途。

作者虽是娓娓道来，却字字重如千金。文末所言：“其直道正行在于朝廷、岂弟之实在于身者，此不著。著其荒政可师者。”“著其荒政可师者”一句，实乃全文之眼。

在“唐宋八大家”中，曾巩的文章既不像王安石那样雄健峭拔，也不像苏轼那样奔放恣肆。他的文章以“温厚典重，雍容平易”而自成一家。全文虽是记事，曾巩却将千头万绪之救灾过程，化繁为简，写得条分缕析，行云流水，于朴拙平易的文字中，塑造出了一个勤政爱民的赵公形象。

【理性思考】

1. 请概述一下赵公救灾的措施。
2. 全文是如何在记事中见人的？

【延伸阅读】

1. 孙樵《书何易于》，《唐文粹选译》，凤凰出版社 2011 年版。
2. 脱脱等《宋史·寇准传》，《宋史选译》，凤凰出版社 2011 年版。

义　田　记[①]

钱公辅

范文正公[②]，苏人也。平生好施与[③]，择其亲[④]而贫、疏[⑤]而贤者，咸[⑥]施之。方贵显时，置[⑦]负郭[⑧]常稔[⑨]之田千亩，号曰“义田”，以养济群族之人。日有食，岁有衣，嫁娶凶葬皆有赡[10]。择族之长而贤者主其计[11]，而时共出纳[12]焉。日食，人一升；岁衣，人一缣[13]。嫁女者五十千[14]，再嫁者三十千；娶妇者三十千，再娶者十五千；葬者如再嫁之数，葬幼者十千。族之聚者九十口，岁入给稻八百斛[15]，以其所入，给其所聚，沛然有余而无穷。屏而家居俟代者[16]与[17]焉，仕而居官者罢莫给。此其大较[18]也。

初[19]，公之未贵显也，尝有志于是矣，而力未逮[20]者二十年。既而为西帅[21]，及参大政，于是始有禄赐之入，而终其志[22]。公既殁，后世子孙修其业，承其志，如公之存也。公虽位充禄厚，而贫终其身。殁之日，身无以为敛[23]，子无以为丧，惟以施贫活族之义，遗[24]其子而已。

昔晏平仲[25]敝车羸马[26]，桓子[27]曰："是隐君之赐也。"晏子曰："自臣之贵，父之族，无不乘车者；母之族，无不足于衣食者；妻之族，无冻馁[28]者；齐国之士，待臣而举火者[29]三百余人。如此，而为隐君之赐乎？彰君之赐乎？"于是齐侯[30]以晏子之觞，而觞桓子[31]。予尝爱晏子好仁，齐侯知贤，而桓子服义也[32]。又爱晏子之仁有等级，而言有次第[33]也。先父族，次母族，次妻族，而后及其疏远之贤。孟子曰："亲亲而仁民，仁民而爱物[34]。"晏子为近之。今观文正公之义田，贤于平仲。其规模远举，又疑[35]过之。

呜呼！世之都[36]三公[37]位，享万钟禄[38]，其邸第之雄、车舆之饰、声色[39]之多、妻孥[40]之富，止乎一己而已，而族之人不得其门者，岂少也哉？况于施贤乎！其下为卿，为大夫，为士，廪稍[41]之充、奉[42]养之厚，止乎一己而已，而族之人操壶瓢[43]为沟中瘠[44]者，又岂少哉？况于它人乎！是皆公之罪人也。

公之忠义满朝廷，事业满边隅，功名满天下，后世必有史官书之者，予可无录也。独高其义[45]，因以遗其世云。

【注释】

① 本文选自吴楚材、吴调侯选《古文观止》（中华书局 1959 年版）。

钱公辅(1021—1072),字君倚,武进(今江苏常州)人,宋代诗人,仁宗皇祐元年(1049)进士,《宋史》有传。历通判越州、知明州,擢知制诰。英宗即位,谪滁州团练使。神宗立,拜天章阁待制,知邓州,复知制诰,知谏院。熙宁四年(1071),由知江宁府徙知扬州。义田本指官府建立以其收入救济灾民的田产,以私人之力建立义田并能行之有效的,为数极少,这里指的是范仲淹为其本宗建立的义田。

②[范文正公]范仲淹,字希文,谥号文正。

③[施与]以财物济人。

④[亲]同族中的近亲属。

⑤[疏]同族中的远亲。

⑥[咸]皆,都。

⑦[置]购置,置办。

⑧[负郭]靠近城郭。

⑨[稔(rěn)]庄家成熟。

⑩[赡]供给。

⑪[主其计]主管义田的收支账目。

⑫[出纳]指财物的发出和收入。

⑬[缣(jiān)]双丝细绢,这里指一匹丝织物。

⑭[五十千]即五十贯,每一千个为一贯。

⑮[斛(hú)]古代的计量单位,以十斗为一斛,南宋末改五斗为一斛,两斛为一石。

⑯[屏(bǐng)而家居俟代者]罢官回到家乡闲居,等待重新任命的人。

⑰[与]给予,指在供给范围之内。

⑱[大较]大概情况。

⑲[初]从前,开始。

⑳[逮]达到。

㉑[既而为西帅]指宋仁宗康定元年(1040)范仲淹任陕西经略安

抚副使。

㉒［终其志］终于实现了自己的愿望。

㉓［敛］葬仪的一部分，为死者易衣为“小敛”，入棺为“大敛”。

㉔［遗（wèi）］给予。

㉕［晏平仲］名婴，春秋时齐国大夫。

㉖［敝车羸马］晏婴外出乘坐的是瘦弱的马拉的破车。

㉗［桓子］春秋时齐国贵族。

㉘［馁（něi）］饥饿。

㉙［待臣而举火者］等待我的资助才能维持生活的。

㉚［齐侯］指齐景公。

㉛［以晏子之觞（shāng），而觞桓子］拿晏子的酒杯让桓子把这杯酒喝下去。觞，第一个指酒器，第二个觞字作动词，意为让……喝酒。

㉜［予尝爱晏子好仁，齐侯知贤，而桓子服义也］我曾经很佩服晏子爱好仁德，齐侯赏识贤能，桓子能够信服大义。

㉝［次第］次序。

㉞［亲亲而仁民，仁民而爱物］能够亲近亲人，才能够施仁爱给老百姓，能施仁爱给老百姓，才能爱惜万物，语出自《孟子·尽心上》。

㉟［疑］估计，估量。

㊱［都］居。

㊲［三公］古时丞相、御史大夫、太尉合称“三公”，这里泛指高官。

㊳［万钟禄］形容俸禄极多。钟，古代的量器，六斛四斗为一钟。

㊴［声色］歌舞和女色。

㊵［妻孥］妻与子的合称。

㊶［廪稍］公家给予的粮食。

㊷［奉］同“俸”，俸禄。

㊸［操壶瓢］手拿饭瓢乞讨。操，拿着，持。

㊹［沟中瘠］穷苦的饿死在沟壑之中的人。瘠，贫困、饥饿，这里指因饥饿而死。

㊺［高其义］推崇范仲淹的道义行为。

【评析】

本文详细记载了范仲淹为其本宗族兴办义田的经过和措施。首先记述义田置之不易，置之后又能长期不废，而且“后世子孙修其业，承其志”，做到了管理有方，所用合宜。

为了达到论述的效果，作者通过不同角度的对比，突出范仲淹“好施与”的美德懿行。一是范仲淹对人、对己的对比，一方面“养济群族之人”，做到了“日有食，岁有衣，嫁娶凶葬皆有赡”；另一方面“虽位充禄厚，而贫终其身。殁之日，身无以为敛，子无以为丧”。这可以看做范仲淹“先天下之忧而忧，后天下之乐而乐”的具体实践。

二是以古人晏婴作陪衬，作者赞扬“晏子好仁”，借此点明范仲淹“贤于平仲”。并从义田“规模远举”，考虑长远的角度认为范仲淹设置义田是晏婴无法相比的。接着以当世三公及卿大夫、士作为反衬，批判他们“族之人不得其门”“廪稍之充、奉养之厚，止乎一己而已”的行为。这就从正反两面高度赞扬了范仲淹的义举。

最后在联系社会现实、针砭时弊的同时，又回应前文，落实到范公的义田上。并交代作文缘由，再次表达了作者对这位“忠义满朝廷，事业满边隅，功名满天下”的一代名臣创置义田、泽及族人，而自己却“贫其终身”的高风亮节的无限景仰之情。

【理性思考】

1. 范仲淹设置义田的具体措施有哪些？
2. 文章是怎样在对比中表现范仲淹之“高义”的？

【延伸阅读】

1. 孟子《孟子·尽心上》，杨伯峻《孟子译注》，中华书局 2010 年版。

2. 范仲淹《岳阳楼记》,《范仲淹全集》,四川大学出版社 2002 年版。

送宜黄何尉序[1]

陆九渊

民甚宜[2]其尉[3],甚不宜其令[4];吏甚宜其令,甚不宜其尉,是令、尉之贤否不难知也。尉以是不善[5]于其令,令以是不善于其尉,是令、尉之曲直[6]不难知也。

东阳[7]何君坦尉[8]宜黄,与其令臧氏子[9]不相善,其贤否曲直,盖不难知者。二人之争,至于有司[10],有司不置[11]白黑于其间,遂以俱罢[12]。县之士民,谓臧之罪,不止于罢,而幸其去;谓何之过,不至于罢,而惜其去。臧贪而富,且自知得罪于民,式遄其归[13]矣。何廉而贫,无以振[14]其行李,县之士民,哀其穷而为之裹囊以饯之[15],思其贤而为之歌诗以送之,何之归亦荣矣。比干剖心[16],恶来[17]知政[18];子胥[19]鸱夷[20],宰嚭[21]谋国,爵刑舛施[22],德业倒植[23],若此者,班班[24]见于书传。今有司所以处臧、何之贤否曲直者,虽未当[25]乎人心,然揆之舛施倒植之事,岂不远哉?况其民心士论,有以慰荐扶持[26]如此其盛者乎?何君尚何憾?

鲁士师[27]知柳下惠[28],楚令尹如子文[29],其平狱治理之善,当不可胜纪[30]。三黜三已[31]之间,其为曲直多矣,而《语》《孟》[32]所称,独在于遗逸不怨[33],厄穷不悯[34],仕[35]无喜色,已无愠色[36]。况今天子重明丽正[37],光辉日新,大臣如德星,御阴辅阳,以却[38]氛祲[39]。下邑一尉,悉力卫其民,以迕[40]墨[41]令,适用吏文[42],与令俱罢,是岂终遗逸厄穷而已者乎[43]?何君尚何憾?

虽然,何君誉处若此其盛者,臧氏子实为之也[44]。何君之志,何君之学,遽可如是而已乎[45]?何君是举亦勇矣!诚[46]率[47]是勇以志乎道,进乎学,必居广居,立正位,行大道,使富贵不能淫,贫贱不能移,威武不能屈[48],此吾所望于何君者。不然,何君固无憾,吾将有憾于何君矣!

【注释】

① 选自《陆九渊集》卷二十（中华书局 1980 年版）。陆九渊（1139—1193），字子静，自号存斋，因结庐讲学于象山，世称象山先生、陆象山，江西抚州市金溪人，南宋著名理学家、思想家和教育家，宋明两代“心学”的开山之祖，著有《象山先生全集》。何尉即何坦，字少平，广昌人，淳熙进士，历靖州江陵府教授，初任宜黄县尉，因揭露县令臧某暴敛，忤郡守被罢官。后起用，知将乐县，擢知连州，所到之处以善治闻，累迁宝谟阁学士、广东提刑，著有《西畴常言》。本文即是因何坦被罢免宜黄县尉而作。

② [宜] 相投，拥戴。

③ [尉] 县尉，县令或县长的副手。

④ [令] 县令，县的长官。

⑤ [以是不善] 因此不满意。不善，不满意，关系不协调。

⑥ [曲直] 是非。

⑦ [东阳] 郡名，治所在今浙江金华。

⑧ [尉] 这里作动词，担任县尉。

⑨ [臧氏子] 姓臧的，此称呼有轻蔑的意味。

⑩ [至于有司] 告到上级。有司，负有专责的官员，这里指何坦的上级。

⑪ [置] 安放，安置，这里是分辨、辨别的意思。

⑫ [俱罢] 一同罢免。

⑬ [式遄(chuán)其归] 赶快离开。式，发语词。遄，赶快、迅速。归，离开。

⑭ [振] 整理，置办。

⑮ [为之裹囊(ráng)以饯之] 为他充实行装，设宴话别。

⑯ [比干剖心] 比干是商纣王的叔父，因屡次劝谏纣王，被纣王剖心而死。

⑰［恶来］商纣王宠信的奸臣。

⑱［知政］掌握政权。

⑲［子胥］即伍子胥(前559—前484)，名员，字子胥，本楚国椒邑人，春秋末期吴国大夫、军事家。其多次劝谏吴王夫差拒绝越国求和，夫差不听，反而听信太宰伯嚭谗言，令其自杀。

⑳［鸱(chī)夷］本是盛酒的皮囊，这里指沉尸河中。

㉑［宰嚭］吴王夫差的太宰，夫差打败越国后，勾践对他进行贿赂和收买，于是达成议和，使越国得到复国图强的机会。

㉒［爵刑舛施］赏罚不明。舛施，妄加，乱加。

㉓［德业倒植］是非不分，倒行逆施。业，这里指恶业，罪孽。

㉔［班班］历历。

㉕［当］符合。

㉖［慰荐扶持］慰问帮助。

㉗［士师］古时掌管刑狱的官。

㉘［柳下惠］春秋时鲁国大夫，掌管刑狱，三次被贬。

㉙［子文］春秋时楚国令尹，曾三次被贬。

㉚［胜(shēng)纪］尽记。

㉛［三黜三已］三次被贬职、罢免。黜，降级。已，罢免。

㉜［《语》《孟》］《论语》《孟子》。

㉝［遗逸不怨］被抛弃而不怨恨。

㉞［悯］忧愁。

㉟［仕］做官。

㊱［无愠色］不高兴的神色。

㊲［重明正丽］光明正大。

㊳［却］驱除，消除。

㊴［祲］古人所说的不祥之气，妖氛。

㊵［迕］违背，触犯。

㊶［墨］贪污。

㊷［吏文］官府文牍，这里指考察官员奖惩的条例。

㊸［是岂终遗逸厄穷而已者乎］这难道会永远被抛弃、永远穷困下去吗？

㊹［何君誉处若此其盛者，臧氏子实为之也］使何君得到这样大的声誉，实在是臧氏造成的。

㊺［遽可如是而已乎］难道可以像这样停止吗？

㊻［诚］果真。

㊼［率］遵循，按照。

㊽［必居广居，立正位，行大道，富贵不能淫，贫贱不能移，威武不能屈］出自《孟子·滕文公下》："居天下之广居，立天下之正位，行天下之大道；得志，与民由之；不得志，独行其道。富贵不能淫，贫贱不能移，威武不能屈，此之谓大丈夫。"朱熹《四书集注》："广居，仁也；正位，礼也；大道，义也。"

【评析】

古人送别诗文很多，其中不少乃是出于应酬、客套，因而缺少真情实感，但陆九渊此篇《送宜黄何尉序》则皆是发自肺腑，非虚于应付者可比。

何坦任宜黄县县尉，与县令不和，二人有了摩擦，把事情闹到上级部门。有司却不问青红皂白，各打五十大板，将二人都给予处分。毫无疑问，何坦肯定受到打击，向陆九渊抱怨种种不公。身为朋友的陆九渊要给予安慰，该怎么做？作者陆九渊并没有纠缠于琐碎的令、尉恩怨，而是"立乎大者"，从民心向背开导朋友，以"道"来对朋友提出希望。

安慰何坦时，陆九渊以事实立论，从"民甚宜其尉，甚不宜其令"，"县之士民，谓臧之罪，不止于罢，而幸其去；谓何之过，不至于罢，而惜其去"，"臧贪而富"，"何廉而贫"，正反事实的对比，肯定了朋友何坦没有过错，对他的为官表示支持肯定。并且以历史上的比干、伍子胥、柳下惠、子文的遭遇开导朋友，使何坦认识到自己的遭际已是幸运得多了。

作者多次用“何君何憾”以表现错并不在何坦，所以没有什么好怨恨的。作者更看到，若没有臧氏的贪赃作对比，何坦不可能得到这样大的声誉，又从思想上宽慰了朋友。

在结尾部分，陆九渊却来个“何君固无憾”，认为若无法更上一层楼，则“吾将有憾于何君”，表示希望朋友能在斗争之中保持清醒的意识。鼓励朋友将为官的这种勇气用于“志乎道，进乎学”上，进而达到“必居广居，立正位，行大道，富贵不能淫，贫贱不能移，威武不能屈”的境界。

【理性思考】

1. 陆九渊在这篇文章中的立论角度是什么？
2. 从中体现陆九渊怎样的思想？

【延伸阅读】

1. 孟子《孟子·滕文公下》，杨伯峻《孟子译注》，中华书局 2010 年版。

2. 韩愈《送孟东野序》，马其昶校注《韩昌黎文集校注》，上海古籍出版社 1986 年版。

3. 宋濂《送东阳马生序》，《宋濂全集》，人民文学出版社 2014 年版。

吏　　道[①]

邓　牧

与人主[②]共理天下者，吏而已。内九卿[③]、百执事[④]，外刺史、县令[⑤]，其次为佐[⑥]、为史、为胥徒[⑦]。若是者，贵贱不同，均吏也。

古者君民间相安无事，固不得无吏，而为员不多。唐、虞[⑧]建官，厥可稽已[9]，其去民近故也[10]。择才且贤者，才且贤者又不屑为[11]。是以上世之士高隐大山深谷，上之人求之，切切然[12]恐不至也。故为吏者常出不得已，而天下阴受其赐[13]。后世以所以害民者牧民[14]，而惧其乱，周防[15]不得不至，禁制[16]不得不详；然后小大之吏布[17]于天下，取民[18]愈广，害民愈深，才且贤者愈不肯至，天下愈不可为矣。今一吏，大者至食邑[19]数万；小者虽无禄养，则亦并缘为食，以代其耕，数十农夫，力有不能奉者。使不肖游手[20]，往往入于其间。率虎狼牧羊豕，而望其蕃息[21]，岂可得也！

天下非甚愚，岂有厌治思乱、忧安乐危者哉！宜若[22]可以常治安矣，乃至有乱与危，何也？夫夺其食[23]，不得不怒；竭其力[24]，不得不怨。人之乱也，由夺其食；人之危也，由竭其力。而号为理民者，竭之而使危，夺之而使乱！二帝三王[25]平天下之道，若是然乎[26]！

天之生斯民也，为业不同[27]，皆所以食力[28]也。今之为民不能自食，以日夜窃人货殖[29]，搂[30]而取之，不亦盗贼之心乎！盗贼害民，随起随仆[31]，不至甚焉者，有避忌故也。吏无避忌，白昼肆行，使天下敢怨而不敢言，敢怒而不敢诛；岂上天不仁，崇淫长奸[32]，使与虎豹蛇虺[33]均为民害邪！

然则如之何？曰："得才且贤者用之，若犹未也[34]；废有司[35]，去[36]县令，听天下自为治乱安危，不犹愈乎[37]！"

【注释】

① 选自《伯牙琴》（中华书局 1959 年版）。邓牧（1247—1306），字牧心，别号大涤隐人、九锁山人、三教外人，世称文行先生，钱塘（今浙江杭州）人，是宋元之际的著名学者。为人重气节，宋亡后，退隐余杭大涤山洞霄宫，与宋遗民谢翱、周密等相交甚密。《伯牙琴》是他在宋亡后自编的诗文选集。

② [人主] 专指一国之主，即国君或帝王。

③ [内九卿] "内"指在朝廷任职。"九卿"之称，由来已久。周以

少师、少傅、少保、冢宰、司徒、宗伯、司马、司寇、司空为“九卿”。虽不同朝代乃至不同时期,九卿名目多有不同,然历代相沿不绝。后用以指中央的九等高级官职。

④［百执事］百官。

⑤［外刺史、县令］“外”是相对上文“内”而言,指在地方为官。刺史、县令皆为地方官名。刺史,始设于汉武帝元封五年(前106),本为中央派往各地方郡县的监察官员,后随着职权的扩大,由监察官转变为地方军事行政长官。宋元后沿用为一州长官的别称。县令,即今天的县长。

⑥［佐］辅佐,辅助。此处指州县辅助最高行政长官的官员。

⑦［胥徒］指官府衙役。

⑧［唐、虞］唐指尧,虞指舜。

⑨［厥可稽已］厥,代词,其。稽,查考。此句话意为:尧舜时建立官职是可以查考的。

⑩［其去民近故也］去,距离。此句意为:这是与民相亲近的缘故。

⑪［才且贤者又不屑为］既有才干又品德高尚的贤者不屑于做官。

⑫［切切然］急迫的样子。

⑬［天下阴受其赐］天下之民无形中受到他的恩惠。

⑭［牧民］管理百姓。

⑮［周防］周密的防范。

⑯［禁制］严密的禁令。

⑰［布］遍布。

⑱［取民］攫取百姓的财物。

⑲［食邑］也称采邑,本为古代君主赐予臣子的封地。此处指俸禄。

⑳［不肖游手］品行不良的游手好闲之徒。

㉑［蕃息］繁衍生息。

㉒［宜若］好像应该。

㉓［夺其食］夺取他们的粮食。

㉔［竭其力］耗尽他们的劳动力。

㉕［二帝三王］指尧、舜、禹、商汤、周文王。

㉖［若是然乎］像这样吗？

㉗［为业不同］从事的行业不同。

㉘［食力］靠劳动为生，自食其力。

㉙［货殖］财物。

㉚［搂］搜刮。

㉛［仆］跌倒，引申为停止。

㉜［崇淫长奸］崇淫，尊崇淫邪。长奸，助长奸佞。

㉝［虺(huǐ)］毒蛇。

㉞［若犹未也］如果还不能如此。

㉟［废有司］废除官制。

㊱［去］去除。

㊲［不犹愈乎］不还好一些吗？

【评析】

职官制度是国家机器的重要组成部分之一。无论古代，还是今天，在政府管理、社会治理、文化事业等方面，官吏都扮演着重要的角色，发挥着巨大的作用。因此，吏治虽是历朝历代老生常谈的话题，但至今依旧有其特殊的意义与价值。

这篇政论文《吏道》就是邓牧对吏治的认识与思考。文章开宗明义，指出不论职级高低、权力大小、贵贱不同，官吏都是“与人主共理天下”的辅弼。接着，对比古今，从正反两个方面论述为吏之道。作者认为上古时期之所以能够“君民间相安无事”，是因为任用官吏时坚持选贤举能的原则，以德才兼备的人为官，故而能使“天下阴受其赐”。

然而，后世却以贪鄙之徒为吏，非但不能为民办事，反而因“惧其乱”，对百姓严防死守。更为可恨的是，这些“号为理民”者“取民愈广，害民愈深”，有这些“虎豹蛇虺”当道，贤才之士隐而不见，因而天下不治，百姓怨怼。

有鉴于此，作者在文末提出改革措施。他主张一定要任用德才兼备的贤人为官，如果不能做到，还不如废除职官制度，任百姓自理自治。

《吏道》一文对黑暗、污浊、腐朽的官僚制度进行了猛烈的抨击，无情地讽刺了那些尸位素餐、贪赃枉法的官吏，愤怒地声讨了这些官吏残害百姓的罪行，并呼吁要以德才兼备的贤人做官为吏。

全文层次清晰，脉络鲜明，论述有力，语言生动简洁，多采用疑问句式，使文章情感充沛，辞气激昂，而且以正反对比的方式，突出了黑暗、腐朽的吏治对百姓、社会的危害之深。

【理性思考】

1. 本文是如何论述吏道的？

2. 为何作者在文末会说“废有司，去县令，听天下自为治乱安危，不犹愈乎”？

【延伸阅读】

1. 司马迁《史记·循吏列传》，中华书局 2013 年版。

2. 班固《汉书·酷吏列传》，中华书局 1962 年版。

瘗　旅　文[1]

王守仁

维正德[2]四年秋月三日，有吏目[3]云自京来者，不知其名氏，携一子一仆将之任[4]，过龙场[5]，投宿土苗[6]家。予从篱落[7]间望见之，阴雨昏黑，欲就问讯北来事，不果[8]。明早，遣人觇[9]之，已行矣。薄[10]午，有人自蜈蚣坡来云："一老人死坡下，傍两人哭之哀[11]。"予[12]曰："此必吏目死矣，伤哉！"薄暮，复有人来云："坡下死者二人，傍一人坐叹。"询其状[13]，则其子又死矣。明日，复有人来云："见坡下积尸三焉。"则其仆又死矣。呜呼伤哉！

念其暴骨[14]无主，将二童子持畚锸往瘗之[15]，二童子有难色然[16]。予曰："噫[17]！吾与尔犹彼也。"二童悯然涕下[18]，请往。就其傍山麓为三坎[19]，埋之。又以只鸡[20]、饭三盂[21]，嗟吁涕洟[22]而告之曰：

"呜呼伤哉！繄[23]何人？繄何人？吾龙场驿丞[24]余姚王守仁也。吾与尔皆中土[25]之产，吾不知尔郡邑[26]，尔乌乎来为兹山之鬼乎[27]？古者重去其乡[28]，游宦[29]不逾千里。吾以窜逐[30]而来此，宜也。尔亦何辜乎？闻尔官吏目耳，俸不能五斗[31]，尔率妻子躬耕[32]可有也，乌为乎以五斗而易[33]尔七尺之躯？又不足，而益以尔子与仆乎？呜呼伤哉！尔诚恋兹五斗而来，则宜欣然就道，乌为乎吾昨望见尔容蹙然[34]，盖不胜[35]其忧者？夫冲冒霜露，扳[36]援崖壁，行万峰之顶，饥渴劳顿，筋骨疲惫，而又瘴疠[37]侵其外，忧郁攻其中[38]，其能以无死乎[39]？吾固知尔之必死，然不谓若是其速；又不谓尔子尔仆亦遽然奄忽[40]也！皆尔自取，谓之何哉？吾念尔三骨之无依而来瘗耳，乃使吾有无穷之怆[41]也。呜呼伤哉！纵不尔瘗，幽崖之狐成群，阴壑之虺如车轮，亦必能葬尔于腹，不致久暴露[42]尔。尔既已无知，然吾何能为心乎？自吾去父母乡国而来此，三年矣，历瘴毒而苟能自全，以吾未尝一日之戚戚[43]也。今悲伤若此，是吾为尔者重，而自为者轻也。吾不宜复为尔悲矣。吾为尔歌，尔听之！

歌曰：连峰际天兮飞鸟不通，游子[44]怀乡兮莫知西东。莫知西东兮维天则同，异域殊方兮环海之中。达观随寓[45]兮奚必予宫，魂兮魂兮无悲以恫[46]！

又歌以慰之曰：与尔皆乡土之离兮，蛮之人言语不相知兮，性命不可期。吾苟死于兹兮，率尔子仆，来从予兮！吾与尔遨[47]以嬉兮，骖紫彪而乘文螭[48]兮，登望故乡而嘘唏[49]兮。吾苟获生归兮，尔子尔仆尚尔随兮，无以无侣悲兮！道旁之冢[50]累累兮，多中土之流离兮，相与呼啸而徘徊兮。餐风饮露，无尔饥兮；朝友麋鹿[51]，暮猿与栖[52]兮。尔安尔居兮，无为厉[53]于兹墟兮！

【注释】

① 选自《王文成公全书》（中华书局 2015 年版）。王守仁（1472—1528），字伯安，余姚（今浙江宁波市）人，是明代著名哲学家、教育家、政治家和军事家。因其谪为龙场驿丞时，曾筑室于阳明洞，并在此悟道，故世称阳明先生。弘治十二年（1499）进士。正德初，因事忤刘瑾，谪龙场驿。诛灭刘瑾后，任庐陵知县。宁王朱宸濠叛乱，王守仁平之。后官至南京兵部尚书、督察院右督御史。卒谥文成。有《王文成公全书》《传习录》等著作传世。

②［正德］明武宗年号（1506—1521）。

③［吏目］官名。明代在知州下设吏目一人，掌管官府文书，协理刑狱，从九品。

④［之任］前往赴任。

⑤［龙场］龙场驿，在今贵州省修文县。

⑥［土苗］当地的苗族。

⑦［篱落］篱笆。

⑧［不果］不能实现。

⑨［觇（chān）］看，察看。

⑩［薄］将近。

⑪［哭之哀］哭得很哀伤。

⑫［予］同“余”，第一人称主语代词，即“我”。

⑬［询其状］询问事情的状况。

⑭［暴骨］暴露在野外的尸骨。

⑮［将二童子持畚（běn）锸（chā）往瘗（yì）之］将，带领。畚，畚箕，用木、竹、铁片做成的撮垃圾、粮食等的器具。锸，铁锹，掘土的工具。瘗，掩埋，埋葬。

⑯［有难色然］脸上露出为难、不情愿的表情。

⑰［噫(yì)］叹词，表示感慨、叹息。

⑱［悯然涕下］感伤地潸然泪下。

⑲［就其傍山麓为三坎］就，就近。坎，土坑。

⑳［只鸡］“只”是数词，此处意为一只鸡。

㉑［饭三盂］“盂”是数词，此处意为三碗饭。

㉒［嗟吁涕洟(yí)］叹息流涕。

㉓［繄(yī)］发语词，犹“是”。

㉔［驿丞］官名，驿站的主管，掌邮传迎送之事。

㉕［中土］内地，指黄河、长江中下游的地区。

㉖［郡邑］籍贯。

㉗［尔乌乎来为兹山之鬼乎］乌乎，为什么。兹，这。此句意思是：你为什么要来做这山之鬼呢？

㉘［重去其乡］重，难。去，离开。离开家乡是不容易的。

㉙［游宦］外出做官。

㉚［窜逐］指被贬谪。

㉛［俸不能五斗］俸，俸禄。斗，中国古代容量单位，十升为一斗，十斗为一石。这句话是指俸禄微薄。

㉜［躬耕］亲自耕种。

㉝［易］交换。

㉞［蹙(cù)然］眉头紧锁的忧愁状。

㉟［胜］能承受。

㊱［扳(pān)］通“攀”。

㊲［瘴疠］瘴，瘴气。疠，瘟疫。

㊳［忧郁攻其中］忧郁愁苦之情积聚心中。

㊴［其能以无死乎］其，表示反诘。此句意思是：怎么能够不死呢？

㊵［遽(jù)然奄忽］遽然，突然。奄忽，死去。

㊶［怆(chuàng)］悲伤。

㊷［暴露］指尸骨暴露于野。

㊸［戚戚］忧惧状。

㊹［游子］离乡远游的人。

㊺［达观随寓］达观，超然物外。随寓，随遇而安。

㊻［恫（dònɡ）］悲痛。

㊼［遨］游览。

㊽［骖（cān）紫彪而乘文螭（chī）］骖，古代驾在车前两侧的马，此处用作动词，指驾驭。紫彪，紫色的小老虎。文螭，有花纹的蛟龙。

㊾［嘘唏］叹息。

㊿［冢（zhǒnɡ）］坟墓。

51［朝友麋鹿］友，名词活用作动词，与……为友。此处意为早晨与麋鹿为友。

52［暮猿与栖］意思为晚上与猿共栖居。

53［厉］恶鬼。

【评析】

祭文是古代为祭奠死者而写的哀悼文章，内容多追述作者与死者的情谊，表达对死者的沉痛哀思，具有很强的抒情性。虽然祭文有较为固定的写作格式，但优秀之作却能以妙笔生花，融叙事、抒情、议论为一炉，既情深意切、感人肺腑，又鞭辟入里、发人深省。明代著名哲学家王阳明的《瘗旅文》就是祭文中的“佼佼者”。

本文首先以简洁明快的笔墨，叙述此文写作的缘起，并点明祭吊的对象。在正德四年（1509）秋月，一个吏目携一子一仆，由京城往黔南赴任，途经龙场时相继客死于蜈蚣坡下，作者“念其暴骨无主”，遂率两个童子“就其傍山麓为三坎”而葬之，并以一只鸡、三碗饭祭之。

接着，满腔抑郁和悲愤的作者难以按捺心中急欲喷薄的情感，以自问自答的形式创作了一篇看似吊人、实则自哀的祭文。身陷宦海风波的作者被贬到龙场驿已三年有余，在他看来，自己之所以能“历瘴毒而苟能自全，以吾未尝一日之戚戚也”，好像自己确实已经“欣然就道”。然而，作者意识到自己与吏目主仆三人有某些共同之处，他们“皆中土之产”，且都被逼无奈而来此蛮荒之地。通过他们，作者仿佛看到了自己的影子，因此，内心积压的抑郁和愤懑一下子喷涌而出。

最后，以两首祭歌“曲终奏雅”，作者运用了“骚”体的形式，基本上句句押韵，韵密调哀，情真意切，可谓一唱三叹，哀转久绝。

第一首以达观之论，写深沉之悲，在宽解的语言中，却寄寓着无法解脱的苦痛，貌似达观释然，实则痛苦不堪。第二首以更为深沉的哀思安慰亡魂，作者声称倘若自己“苟死于兹兮”，那么“吾与尔遨以嬉兮”；如果自己“苟获生归”，就希望他们与中土流离在此的幽魂，一起徘徊，一起呼啸，一起“餐风饮露”，安居饱食，“朝友麋鹿，暮猿与栖”。不但表达了对死者的沉痛哀思，而且流露出作者对生死莫测的感叹，明为死者歌，实为自己哭。

值得注意的是，与诸多祭文不同，本文哀悼的对象并不是作者的亲朋好友，而是三个客死道中、既“不知其名氏”也“不知尔郡邑”的陌生人。作者之所以安葬三位客死异乡的陌生人，并为他们撰写祭文，一方面是出于恻隐之心，更为重要的一方面是作者通过对主仆三人的哀悼，抒发了“同是天涯沦落人”的喟叹，表达了自己内心深沉的抑郁和难解的苦闷。

从这个角度上看，本文与其说是同情死者，哀悼亡人，不如说是借死者的悲惨遭遇而抒愁，即表面上是写主仆三人之不幸，实际上是写作者自己之不幸，看似哀悼吏目，实则自伤自悼。

【理性思考】

1. 王阳明为什么要为三个客死他乡的陌生人写这篇祭文？
2. 本文表现出作者怎样的情感？

【延伸阅读】

1. 陶渊明《自祭文》,《陶渊明集》,中华书局1979年版。

2. 韩愈《祭十二郎文》,吴楚材、吴调侯选《古文观止》,中华书局1959年版。

3. 姚鼐《祭刘海峰先生文》,《惜抱轩诗文集》,上海古籍出版社1992年版。

原　君[①]

黄宗羲

有生之初[②],人各自私也,人各自利也,天下有公利而莫或兴之[③],有公害而莫或除之。有人[④]者出,不以一己之利为利,而使天下受其利,不以一己之害为害,而使天下释[⑤]其害。此其人之勤劳必千万[⑥]于天下之人。夫以千万倍之勤劳而己又不享其利,必非天下之人情[⑦]所欲居[⑧]也。故古之人君,量而不欲入者[⑨],许由[⑩]、务光[⑪]是也;入而又去[⑫]之者,尧[⑬]、舜[⑭]是也;初不欲入而不得去者,禹[⑮]是也。岂古之人有所异哉?好逸恶劳,亦犹夫[⑯]人之情也。

后之为人君者[⑰]不然,以为天下利害之权[⑱]皆出于我,我以天下之利尽归于己,以天下之害尽归于人,亦无不可;使天下之人不敢自私,不敢自利,以我之大私为天下之大公。始而惭[⑲]焉,久而安[⑳]焉,视天下为莫大之产业,传之子孙,受享[㉑]无穷;汉高帝[㉒]所谓"某业所就,孰与仲多"[㉓]者,其逐利之情不觉溢之于辞矣。此无他,古者以天下为主,君为客,凡君之所毕世[㉔]而经营者,为天下也。今也以君为主,天下为客,凡天下之无地而得安宁者,为君也。是以其未得之[㉕]也,屠毒天下之肝脑[㉖],离散天下之子女,以博[㉗]我一人之产业,曾不惨然[㉘]!曰:"我固[㉙]为子孙创业也。"其既得之也,敲剥天下之骨髓,离散[㉚]天下之子女,以奉我一人之淫乐,视为当然,曰:"此我产业之花息[㉛]也。"然则为天下之大害者，君而已矣。向使[32]无君，人各得自私也，人各得自利也。呜呼，岂设君之道固如是乎！

古者天下之人爱戴其君，比之如父，拟之如天，诚不为过也。今也天下之人怨恶其君，视之如寇雠[33]，名之为独夫[34]，固其所也[35]。而小儒[36]规规焉[37]以君臣之义无所逃于天地之间，至桀[38]、纣[39]之暴，犹谓汤[40]、武[41]不当诛之，而妄传伯夷、叔齐[42]无稽之事[43]，乃兆人万姓崩溃之血肉，曾不异夫腐鼠。岂天地之大，于兆人万姓[44]之中，独私[45]其一人一姓乎？是故武王圣人也，孟子之言，圣人之言也[46]。后世之君，欲以如父如天之空名禁人之窥伺[47]者，皆不便于其言[48]，至废孟子而不立[49]，非导源于小儒乎！

虽然[50]，使[51]后之为君者果能保此产业，传之无穷，亦无怪乎其私之也。既以产业视之，人之欲得产业，谁不如我？摄缄縢，固扃鐍[52]，一人之智力，不能胜天下欲得之者之众，远者数世，近者及身，其血肉之崩溃，在其子孙矣。

昔人愿世世无生帝王家[53]，而毅宗之语公主，亦曰："若何为生我家！"[54]痛哉斯言！回思创业时，其欲得天下之心，有不废然摧沮[55]者乎！是故明乎为君之职分[56]，则唐虞之世，人人能让，许由、务光非绝尘[57]也；不明乎为君之职分，则市井之间，人人可欲，许由、务光所以旷[58]后世而不闻也。然君之职分难明，以俄顷[59]淫乐不易[60]无穷之悲，虽愚者亦明之矣。

【注释】

① 选自《明夷待访录》(中华书局 2011 年版)。黄宗羲(1610—1695)，浙江绍兴府余姚县人，字太冲，一字德冰，号南雷，别号梨洲老人，世称梨洲先生。明末清初思想家、史学家、经学家，与顾炎武、王夫之并称为"明末清初三大思想家"。"原"是古代的一种议论文体，为推究本原之意，"原君"便是对如何做君王的道理进行推究。

② [有生之初] 从有人类社会开始。

③［莫或兴之］没有哪个人去兴办它。莫，没有。或，某人，有的人。

④［人］通“仁”。

⑤［释］消除，解脱。

⑥［千万］千万倍。

⑦［情］状况，本性。

⑧［居］处，担任。

⑨［量而不欲入者］考虑后而不愿即位的。量，思量，考虑。入，由外到内。

⑩［许由］上古高士。尧想要将天下让给许由，许由不接受，隐居于箕山，尧又想让许由任官，许由听闻后跑到颍水边洗耳。

⑪［务光］上古隐士。汤伐桀前，请务光出谋划策，但务光拒绝了汤的请求。汤建立商朝后，想让位给务光，务光又拒绝了汤，并认为此举不义，负石自沉而死。

⑫［去］离开。

⑬［尧］五帝之一，在位时以仁德著称，后将帝位禅让于舜。

⑭［舜］五帝之一，以孝著称，在尧之后继承帝位，选贤任能，任命禹治理水患，后将帝位禅让于禹。

⑮［禹］因治水有功，受禹禅让而继承帝位，建立夏朝。

⑯［夫］语助词。

⑰［后之为人君者］指秦以后的诸朝皇帝。

⑱［权］能够支配和指挥的力量。

⑲［惭］羞愧。

⑳［安］心安理得。

㉑［受享］享受，享用。

㉒［汉高帝］汉朝开国皇帝刘邦，尊号为高皇帝。

㉓［某业所就，孰与仲多］我所完成的功业与二哥相比，谁更多呢？某，自称。所，用在动词前，代表接受动作的事物。孰，用在表示选

择的反问句中，有比较的意思。仲，兄弟中排行第二。此语出自司马迁《史记·高祖本纪》，刘邦在得天下后，在未央宫宴请群臣，刘邦为其父祝酒时所问，全句为："始大人常以臣无赖，不能治产业，不如仲力。今某之也所就，孰与仲多？"

㉔［毕世］终生。

㉕［之］代词，此处代指天下。

㉖［屠毒天下之肝脑］残害天下人的生命。屠毒，毒害，残害。肝脑，借指身体或生命。

㉗［博］获得，谋取。

㉘［曾（zēng）不惨然］竟从来不感到羞愧。曾，竟，简直。惨，羞惨，惭愧。然，用于词尾，表达一种状态。

㉙［固］本来，原来。

㉚［离散］动词的使动用法，使……离散。

㉛［花息］利息。

㉜［向使］假如，假使。

㉝［寇雠（chóu）］仇敌，敌人。语出《孟子·离娄篇下》："君之视臣如土芥，则臣视君如寇仇。"

㉞［独夫］无道之君，众叛亲离的统治者

㉟［固其所也］这原本也是他们应当得到的。所，宜，适当。

㊱［小儒］目光短浅的读书人。

㊲［规规焉］拘谨的样子。

㊳［桀］夏朝最后一个君主，以暴虐无道著称，汤起兵伐桀，将桀流放于南巢（今安徽巢湖）。

㊴［纣］商朝最后一个君主，在位时宠幸妲己，荒废朝政，残杀忠臣。周武王击败商军后，纣王在鹿台（今河南鹤壁）自焚而死。

㊵［汤］商朝的开国君主，夏桀暴虐，汤兴兵伐夏。

㊶［武］周朝的开国君主，继承周文王的遗志，起兵灭商。

㊷［伯夷、叔齐］伯夷、叔齐是商末孤竹君的长子和次子，孤竹君

欲立叔齐为君，叔齐让位给伯夷，伯夷不受，叔齐也不愿即位，二人逃往周国。武王伐纣时，二人叩马而谏。武王灭商后，二人耻食周粟，隐居首阳山，采薇而食，最终饿死。后人将伯夷、叔齐视作抱节守志的高士典范。

㊸［妄传伯夷、叔齐无稽之事］指《史记·伯夷列传》中所记载的伯夷、叔齐叩马而谏之事。伯夷、叔齐逃离孤竹国后，投奔周文王，在武王即将出兵发纣之时，伯夷、叔齐拉着武王的马劝谏，认为武王不葬其父，讨伐其君，是不孝不忠之举。黄宗羲认为此是无稽之谈。

㊹［兆人万姓］千万百姓。

㊺［私］形容词活用作动词，偏爱。

㊻［孟子之言，圣人之言也］指《孟子·梁惠王下》中所说的："贼人者谓之贼，残义者谓之残。残贼之人，谓之一夫。闻诛一夫纣矣，未闻弑君也。"孟子认为诛杀残暴之君是正确的行为，黄宗羲也认同这种想法。

㊼［窥伺］暗中窥探他们的动静，等待机会下手。这里指对君王帝位有非分之想。

㊽［皆不便于其言］都认为孟子的言论对自己的统治不利。

㊾［至废孟子而不立］孔庙中除孔子外，颜子、子思、曾子和孟子也同享祭祀。这里指明太祖朱元璋认为《孟子》中"民为贵，社稷次之，君为轻"等观点对其统治不利，下令撤除孟子在孔庙中的配享。后朱元璋又两次下诏删改了《孟子》中不利于统治的章节和文字。

㊿［虽然］纵然，即使这样。

51［使］假若。

52［摄缄(jiān)縢(téng)，固扃(jiōng)鐍(jué)］用绳子捆紧，用锁加固。语出《庄子·胠箧》："将为胠箧探囊发匮之盗，而为守备，则必摄缄縢，固扃鐍，此世俗之所谓知也。"摄，紧收。缄，封闭。縢，绳子。扃鐍，门窗、箱子之类的锁钥。

53［昔人愿世世无生帝王家］据《南史·王敬则传》载，南朝宋顺帝刘准被逼退位时："帝泣而弹指曰：'唯愿后身生生世世不复天王作因缘。'"

㊹[而毅宗之语公主，亦曰："若何为生我家！"]毅宗为明朝最后一个皇帝崇祯的庙号。据《明史·公主列传》载，"长平公主，年十六，帝选周显尚主。将婚，以寇警暂停。城陷，帝入寿宁宫，主牵帝衣哭。帝曰：'汝何故生我家！'"挥剑砍掉长平公主左臂。

㊺[废然摧沮]废然，沮丧失望的样子。摧沮，沮丧。

㊻[职分]职务上应尽的本分。

㊼[绝尘]超绝尘路，与人世隔绝。

㊽[旷]空缺。

㊾[俄顷]很短的时间。

㊿[易]换取，交换。

【评析】

"原"最初为"原穷事物之初始"之意，后成为古代议论文体的一种，自唐代韩愈作《原道》《原性》《原毁》《原人》《原鬼》后，后人便袭用此体。《原君》便是这一文体类型的代表作品。

《原君》是一篇能够集中反映黄宗羲政治、思想观念的文章。作者以逐步深入、比较论证的方法行文，开篇便提出"人各自私"、"人各自利"，在此基础上认为君主是为天下兴利除害而设置。但后世君主却将天下视作私产，并为夺取私产不惜牺牲人民的利益和生命，完全违背了古代设置君主的初衷。因此，黄宗羲赞赏武王伐纣之举，赞同孟子斥责暴君之语，认为天下百姓痛恨自谋私利的君主是完全正常合理的行为。

黄宗羲撰写《原君》的动机，以及其政治观念的形成，都是有现实基础的。黄宗羲的父亲黄尊素是东林党领袖之一，因弹劾魏忠贤入狱，在狱中被折磨致死；他的老师刘宗周在清军南下时绝食抗争而死。黄宗羲深受师长影响，积极投身抗清运动，多次拒绝清廷征召，以讲学著述为业。他既痛恨昏聩腐败的明末朝廷，也不满专制严苛的清朝政府，因而写下《原君》，希望能够被后世明君所采纳。

不仅如此，《原君》还是中国历史上第一篇系统批评君主专制制度的政论文章，作者继承并发展了孟子的“民贵君轻”思想，颇有民主启蒙精神。晚清社会变革之际，许多思想家和政治家都对《原君》推崇备至，如梁启超曾评价其为“刺激青年最有力之兴奋剂”。

【理性思考】

1. 找出本文的论点及相对应的论据。
2. 思考孟子的思想观点对《原君》一文的影响。

【延伸阅读】

1. 杨伯峻《孟子译注》，中华书局 2010 年版。
2. 韩愈《原道》，马其昶校注《韩昌黎文集校注》，上海古籍出版社 1986 年版。

哀盐船文[1]

汪　中

乾隆三十五年十二月乙卯[2]，仪征[3]盐船火，坏船百有三十[4]，焚及溺死者千有四百。是时盐纲[5]皆直达，东自泰州[6]，西极[7]于汉阳[8]，转运半天下焉。惟仪征绾其口[9]，列樯蔽空[10]，束[11]江而立，望之隐若城郭。一夕[12]并命[13]，郁为枯腊[14]，烈烈厄运，可不悲邪？

于时玄冥告成[15]，万物休息，穷阴[16]涸凝[17]，寒威凛栗，黑眚[18]拔来[19]，阳光西匿。群饱方嬉[20]，歌咢[21]宴食，死气交缠，视面惟墨[22]。夜漏始下[23]，惊飙[24]勃发，万窍怒号[25]，地脉荡决[26]，大声发于空廓，而水波山立[27]。

于斯时也，有火作焉。摩木自生[28]，星星如血[29]。炎火一灼，百舫尽赤。青烟睒睒[30]，熛若沃雪[31]。蒸云气以为霞，炙阴崖[32]而焦爇[33]。始连檝以下碇[34]，乃焚如以俱没[35]。跳踯火中，明见毛发。痛謈田田[36]，狂呼气竭。转侧张皇[37]，生涂[38]未绝。倏[39]阳焰之腾高，鼓腥风而一吷[40]。洎[41]埃雾之重开，遂声销而形灭。齐千命于一瞬，指人世以长诀。发冤气之焄蒿[42]，合游氛[43]而障[44]日。行当午[45]而迷方[46]，扬沙砾之嫖疾[47]。衣缯败絮[48]，墨查[49]炭屑，浮江而下，至于海不绝。

亦有没者善游，操舟若神，死丧之威，从井有仁[50]，旋入雷渊[51]，并为波臣[52]。又或择音无门[53]，投身急濑[54]，知蹈水之必濡[55]，犹入险而思济[56]。挟惊浪以雷奔，势若隮[57]而终坠；逃灼烂之须臾[58]，乃同归乎死地。积哀怨于灵台[59]，乘精爽而为厉[60]。出寒流以浃辰[61]，目睊睊[62]而犹视。知天属[63]之来抚[64]，憖流血以盈眦[65]；诉强死[66]之悲心，口不言而以意。

若其焚剥支离[67]，漫漶莫别[68]，圜[69]者如圈，破者如玦[70]。积埃填窍[71]，擺指失节[72]。嗟狸首[73]之残形，聚谁何而同穴[74]。收然[75]灰之一抔[76]，辨焚余之白骨。呜呼哀哉！

且夫众生乘化[77]，是云天常，妻孥[78]环之，绝气寝床，以死卫上[79]，用登明堂[80]，离而不惩[81]，祀为国殇[82]。兹也无名，又非其命，天乎何辜，罹[83]此冤横[84]！游魂不归，居人[85]心绝。麦饭壶浆[86]，临江呜咽。日堕天昏，悽悽鬼语。守哭迍邅[87]，心期冥遇[88]。惟血嗣[89]之相依，尚腾哀而属路[90]。或举族之沉波，终狐祥而无主[91]。悲夫！丛冢有坎[92]，泰厉[93]有祀，强饮强食[94]，冯其气类[95]。尚[96]群游之乐，而无为妖祟[97]！人逢其凶也邪？天降其酷也邪？夫何为而至于此极哉！

【注释】

① 选自《述学（内外篇·补遗·别录）》（中华书局1991年版）。汪中（1744—1794），字容甫，江都人（今江苏扬州人），清代著名文学家、史学家、学者，与阮元、焦循同为清代“扬州学派”的代表人物。《哀盐船文》是汪中的骈文代表作，1770年仪征江面上的盐船失火，死伤达到上千人，作者目睹惨状，故写下此文。

②［乾隆三十五年十二月乙卯］即公元1770年，乙卯日即十九日。旧历除了使用干支纪年外，还用来纪日。不过《嘉庆扬州府志》记载说事发于乾隆三十六年十月，《道光仪征县志》记载事发于乾隆三十六年十二月二十九日，时间有异。

③［仪征］古称真州，清代属于扬州府，位于江苏省中南部，京杭大运河在仪征进入长江，因此自古以来仪征便是长江下游重要的河运码头。

④［坏船者百有三十］一百条船中有三十条船被损坏。

⑤［盐纲］古代将成批运送物资的组织成为纲，如茶纲、盐纲等。明清的盐业实行统销制度，分纲进行销售。此处指运盐的商船。

⑥［泰州］今江苏省泰州市，位于仪征之东，为盐产地。

⑦［极］到达，尽于。

⑧［汉阳］今湖北省武汉市，位于仪征之西。

⑨［绾(wǎn)其口］控制盐运的通道，处于水运枢纽。绾，控制，勾连。

⑩［列樯(qiáng)蔽空］船上桅杆排列起来能够遮蔽天空。樯，帆船上挂风帆的桅杆。

⑪［束］聚成一条，沿着。

⑫［一夕］一夜，一晚，此处引申为顷刻之间。

⑬［并命］指同时丧命。

⑭［郁为枯腊(xī)］烤成干肉。郁，通“燠”，烤。腊，干肉。

⑮［玄冥告成］冬季将尽。玄冥，主冬令之神，典出《礼记·月令》：“冬季之月，其神玄冥”。告成，完成使命。

⑯［穷阴］极其阴沉的天气。

⑰［涸(hé)凝］凝结。

⑱［黑眚(shěng)］古代五行与五色相对应，水对应的颜色为黑，由水引起的灾祸便称为黑眚。

⑲［拔来］突然而来。

⑳［群饱方嬉］人们吃完晚饭，嬉戏玩乐。

㉑［歌咢(è)］歌唱。唱而有调谓之歌，唱而无调谓之咢。

㉒［视面惟墨］脸上呈现出晦气之色。墨，黑气。

㉓［夜漏始下］黑夜刚刚到来。夜漏，古代用滴水记时，夜间的时刻称为夜漏。

㉔［飙］暴风。

㉕［万窍怒号(háo)］狂风大作的样子，仿佛地上的千孔万穴都在发出吼叫声。

㉖［地脉荡决］江水震荡。地脉，土地的脉络，地形的走势，此处引申为江水。荡决，震荡涌溢。

㉗［水波山立］江面上的浪像山峰一样耸立。

㉘［摩木自生］木头与木头摩擦自燃。典出《庄子·外物篇》："木与木相摩则然。"

㉙［星星如血］点点火光如血般刺目。

㉚［睒睒(shǎn)］火焰闪烁的样子。

㉛［熛(biāo)若沃雪］火焰飞进水里，就像用沸水浇入雪中一般。意指火势蔓延速度极快。熛，飞迸的火焰。沃，灌溉。

㉜［阴崖］阴暗的堤岸。

㉝［焦爇(ruò)］烧焦。爇，燃烧。

㉞［始连檝(jí)以下碇］最初将船连在一起抛锚停船。檝，船桨，此处代指船。碇，船停泊时沉入水中以系定船只的石墩。

㉟［乃焚如以俱没］竟然一起焚烧而沉没。乃，竟。如，语助词。

㊱［痡譽(pó)田田］（人们）疼痛地大声呼叫。譽，因痛而叫喊。田田，哀哭之声。典出《礼记·问丧》："妇人不宜袒，故发胸、击心、爵踊，殷殷田田，如坏墙然，悲哀痛疾之至也。"

㊲［张皇］惊恐慌乱的样子。

㊳［生涂］生路。

㊴［倏(shū)］快速。

㊵［鼓腥风而一吷(xuè)］带有血腥味的风吹过，发出轻微的声

音。呋,如口吹物发出的小声音。

㊶［洎(jì)］到,及。

㊷［焄(xūn)蒿(hāo)］指死人的冤气散发。焄,香、臭气味。蒿,气蒸出的样子。

㊸［游氛］游荡于空中的凶气。

㊹［障］阻隔,遮挡。

㊺［当午］正午。

㊻［方］方向。

㊼［嫖(piāo)疾］轻捷快速。嫖,轻捷的样子。疾,快,迅速。

㊽［衣缯(zēng)败絮］衣服的碎片。缯,丝织品的总称。

㊾［查］同“渣”,渣滓。

㊿［从井有仁］指涉险下水救人。典出《论语·雍也》:“宰我问曰:‘仁者,虽告之曰:井有仁焉,其从之也?’子曰:‘何其为然也?君子可逝也,不可陷也。’”

51［雷渊］古代神话中的水名。典出《楚辞·招魂》:“西方之害,流沙千里些;旋入雷渊,爢散而不可止些。”

52［波臣］指水族。古人设想江河湖海中的水族也有君臣之分,后也将被水淹死的人称为波臣。典出《庄子·外物篇》:“周顾视车辙中,有鲋鱼焉。周问之曰:‘鲋鱼来,子何为者邪?’对曰:‘我,东海之波臣也。君岂有斗升之水而活我哉?’”

53［择音无门］找不到躲避的地方。音,通“荫”,避难之处。

54［濑］从沙石上流过的急水。

55［濡(rú)］沾湿,这里引申为淹没。

56［济(jì)］帮助,获救。

57［隮(jī)］升起,登上。

58［须臾］片刻。

59［灵台］心,心灵。典出《庄子·庚桑楚》:“不可内于灵台。”

60［乘精爽而为厉］依凭着魂魄而化为厉鬼。乘,趁着,就着。精爽，精神，典出《左传·昭公七年》："用物精多，则魂魄强，是以有精爽至于神明。匹夫匹妇强死，其魂魄犹能冯依于人，以为淫厉。"

61 [出寒流以浃(jiā)辰] 经过十二天，遇难者的尸体才从冰冷的江水中漂浮出来。浃辰，古代以干支纪日，将子至亥一周十二日成为浃辰。浃，周匝。

62 [睊睊(juàn)] 侧目相视的样子，此处意指死者死不瞑目。

63 [天属] 天性相连，后将有血缘关系的亲属称为天属。

64 [抚] 慰问。

65 [憖(yìn)流血以盈眦(zì)] 死者眼眶流血。据说人暴死后，亲人靠近尸体，尸体便会眼、鼻、口出血，以示泣诉之情。憖，忧伤。眦，眼眶。

66 [强死] 暴死，横死。

67 [焚剥支离] 指遇难者的尸体被烧得破碎不全。

68 [漫漶(huàn)莫别] 模糊无法辨别。

69 [圜(yuán)] 同"圆"。此处指遇难者完整的尸身。

70 [玦(jué)] 半环形有缺口的佩玉。此处指遇难者不完整的尸身。

71 [积埃填窍] 遇难者的七窍中充满泥土和灰尘。

72 [攦(lì)指失节] 手指折断，失去了骨节。攦，折断。

73 [狸首] 意指形体不全。语出韩愈《残形操序》："曾子梦见以狸，不见其首作。"

74 [聚谁何而同穴] 不知姓名的人被埋葬在同一个墓穴之中。谁何，谁人，哪个。

75 [然] 同"燃"。

76 [抔(póu)] 量词，指沙、土一类的东西一捧。

77 [乘化] 顺应自然运转变化之理。

78 [妻孥(nú)] 妻子与儿女。

79 [以死卫上] 以死保卫国君。

80 [用登明堂] 因此灵位供奉于明堂接受祭祀。用，因此。明堂，古代天子举行大典的地方。

㉛[离而不惩]指身首分离也不改报国之志。典出《楚辞·九歌·国殇》:“带长剑兮携秦弓,首身离兮心不惩。”

㉜[祀为国殇]被视作为国事而死的人享受祭祀。国殇,死于国事,为国牺牲的人。

㉝[罹(lí)]遭受苦难或不幸。

㉞[横(hèng)]意外的,不寻常的。

㉟[居人]留居的人。此处指遇难者的亲人。

㊱[麦饭壶浆]此处指祭祀用的酒和饭。麦饭,磨麦合皮而做熟的粗粝的饭。壶浆,用壶盛放饮料或酒。

㊲[迍(zhūn)邅(zhān)]难以行进的样子。典出蔡邕《述行赋》:“途迍邅其蹇连,潦污滞而为灾。”

㊳[心期冥遇]内心期待在死后的世界相遇。

㊴[血嗣]子孙。

㊵[尚腾哀而属(zhǔ)路]在路上随处可见死者的子女互相搀扶、大放悲声的景象。腾哀,放声大哭。属,连缀,接连。

㊶[终狐祥而无主]最终落得无子无孙的悲惨结局。典出《战国策·楚策》:“父子老弱俘虏,相随于路,鬼狐祥而无主。”狐祥,彷徨的样子。

㊷[坎]坟墓。

㊸[泰厉]死而无后的鬼。典出《礼记·祭法》:“王为群姓立七祀,曰司命、曰中霤、曰国门、曰国行、曰泰厉、曰户、曰灶。”孔颖达疏曰:“曰泰厉者,谓古帝王无后者也,此鬼无所依归,好为民作祸,故祀之也。”

㊹[强饮强食]勉强吃一些喝一些吧。这是祭告诸侯的劝慰之词。

㊺[冯(píng)其气类]凭着气味相投互相结合吧。冯,通“凭”,凭借,依靠。气类,气味相投的人。

㊻[尚]尊崇,注重。

㊼[妖祟]鬼神作怪。

【评析】

哀祭文是用来哀悼、祭奠死者，寄托哀伤情感的文体，包括祭文、吊文、诔、哀辞等形式。《哀盐船文》便是汪中以骈体形式撰写的一篇哀祭文。本文取材于实事，记述了发生于乾隆三十五年(1770)仪征港口的盐船火灾，借此表达对遇难者的同情和哀悼。

汪中首先交代了火灾发生的时间、地点和受灾结果。接下来正面描写了火灾的场面，阴冷的环境和熊熊大火形成了极鲜明的对比，船民奔走呼号，但仍然逃不脱被烧死、淹死的命运。汪中仔细叙写了火灾后遇难者尸体残损，遇难者亲属悲痛祭奠的情形。通过层层渲染烘托，使悲哀之情达到顶点，更表现出作者满腔悲愤之情。

汪中是清代的骈文大家，骈文创作要求用典、铺陈，讲究辞采华丽。汪中在写作中能够灵活运用典故，使人读之毫无滞涩之感。他能够利用骈文的特点，对气氛、环境进行渲染，更强化了文章的悲伤之情。并且，汪中在叙述中善于捕捉细节，以具体描写使人身临其境。因此，汪中的《哀盐船文》被当时学者杭世骏赞为“惊心动魄，一字千金”。

【理性思考】

1. 思考本文的语言特色。

2. 骈文一般给人辞采华丽的印象，作者用骈文形式来记述现实中所发生的实事，这样写的用意是什么呢?

【延伸阅读】

1. 贾谊《吊屈原赋》，王洲明、徐超校注《贾谊集校注》，人民文学出版社 1996 年版。

2. 王守仁《瘗旅文》，《王阳明全集》，上海古籍出版社 1992 年版。

三、家　国

（主持人：巩本栋　闵　丰）

（一）导言

中国自古以来，家与国这两个概念就是紧密联系在一起的。《诗经·大雅·思齐》篇中有这样的诗句："刑于寡妻，至于兄弟，以御于家邦。"意思是说，周文王以礼法要求他的妻子，也以礼法约束宗族的其他成员，并由此推而广之，去治理国家社稷。国家原就是由一个个家庭、家族组成的，而皇王受天之命，君临下土，"溥天之下，莫非王土；率土之滨，莫非王臣"（《诗经·小雅·北山》），天下人都是他的臣民，在君王那里，国就是家，家也就是国，并无分别。由家而国，治国理家，也成了历来儒家的合乎逻辑的类比和推演。《周易·家人卦》的彖辞说："男女正，天地之大义也。家人有严君焉，父母之谓也。父父子子、兄兄弟弟、夫夫妇妇而家道正，正家而天下定矣。"在一个家庭中，父母、兄弟、夫妇之间的人伦关系处理得好，这个家庭就会很和睦。一个国家同样如此。虽然君臣上下种种关系十分复杂，但也无非像是一个家庭的扩大，能处理好家庭内部的关系，自然也能处理好君臣之间的关系，家是国的缩影，人人各尽其责各得其所，家国才能和平安定；反之，若是一个家庭内部尚不能和睦相处，又如何能治理好一个国家呢？

由家到国，理家的下一步或目的是要治好国家。不过，要理家、治国也还要有一个前提，那就是先要把人自身的修养提高了。《礼记·大学》篇里说："古之欲明明德于天下者，先治其国。欲治其国者，先齐其家；欲齐其家者，先修其身；欲修其身者，先正其心；欲正其心者，先诚其意；欲诚其意者，先致其知。致知在格物，物格而后知至，知至而后意诚，意诚而后心正，心正而后身修，身修而后家齐，家齐而后国治，国治而后天下平。"南宋的朱熹认为这话出自孔子之口，所以特别重视，他把《礼记》中的《大学》《中庸》两篇与《论语》《孟子》合在一起，重新进行注解，叫做《四书章句》。这里且不谈《四书》如何，但"修身、齐家、治国、平天下"的理念，却实在是道出了历来儒家士大夫向往和践行的最高境界与目标，个人与家国在这里融为一体。"家国"成了中国古典文学作品中永恒的题材和主题。

家国意味着一种责任。比如屈原，他是春秋战国时期伟大的爱国主义者和诗人，博闻强记，懂得古今兴亡治乱的道理，善于交往和言辞，不辱使命，曾辅佐楚怀王处理国家的内政和外交事务，深得怀王的器重和信任。然而，屈原的才华和被器重，却受到了奸臣的嫉妒、诬陷和无端攻击。屈原逐渐被楚怀王疏远以至流放，但他并没有因此放弃自己的政治理想，即使是在被放逐江湘的时期，他所忧心的仍是国家和民族的前途与命运，直至自投汨罗，以死抗争。屈原难道就没有其它的选择了吗？当然不是。春秋战国时期，朝秦暮楚，晋材楚用的情形比比皆是，像吴起、申不害、商鞅、孙武、苏秦、张仪等人，为了实现自己的政治主张，就奔走于诸侯国之间，各有所成。以屈原的才华，改事他国，也必能做出一番事业。但是，屈原没有也不能这样做。道理很简单，因为他是五帝之一高阳氏的后人，有着高贵的出身，与景氏、昭氏一样，同属楚国的王族；因为他一生所萦心的，并非个人的名利，而是楚国的前途和追摹尧舜美政的理想；因为他始终深爱着自幼生于斯长于斯的那片国土。可以说他几乎天生地为这个国家的前途和命运承担起了某种责任，他与他的家族，与这个国家同呼吸、共命运。当看到国家的利益受到损害，当感受到自己的祖国将不再强大的时候，别人或能接受这一现实，但屈原决不愿也不能接受这一现实。屈原的这种对国家和民族的前途与命运的忧患意识和责任感，充分地表现在他的长篇抒情诗《离骚》及其它作品中。这些作品，文辞华美，义旨幽微，香草美人的比喻和象征，蕴含着深刻的对家国的眷念，可谓义兼《风》《雅》，争光日月，在中国文学史上产生了深远的影响。

家国是一种忧患感。西汉文帝初即位，采取无为而治的政策，休养生息，轻徭薄税，积极发展农业生产，又允许臣僚上书言事，对外亦不轻启边衅，社会趋于安定，国势逐渐走向兴盛。然而此时有一位士大夫，却忧心忡忡，这就是贾谊。他连连上书，大声疾呼："臣窃惟事势可为痛哭者一，可为流涕者二，可为长太息者六，若其它背理而伤道者难徧以疏举。进言者皆曰天下已安已治矣，臣独以为未也。曰安且治者，非愚则谀，皆非事实，知治乱之体者也。夫抱火厝之积薪之下而寝其上，火未及燃，因谓之安，方今之势，何以异此？"（《汉书·贾谊传》）这难道是危言耸听吗？当然不是。比如，诸侯王与朝廷的矛盾问题，自汉初以来就没有解决。汉分封诸侯王，屡生变乱，汉文帝即位不久，又先后有济北王、淮南王起兵造反。而到了汉景帝时，终于酿成了七王的反叛。贾谊敏锐地意识到了这一问题，他在《治安策》中提出了明确的对策："欲天下之治安，莫若众建诸侯而少其力；力少则易使以义，国小则亡邪心。令海内之势如身之使臂，臂之使指，莫不制从。诸侯之君不敢有异心，辐凑并进而归命天子，虽在细民，且知其安。"削减诸侯国的力量，使其不得不听命于朝廷。这一建议为汉文帝所采纳，虽未能彻底解决诸侯国与朝廷的矛盾问题，但事实上诸侯国的力量已难以与朝廷相抗衡。贾谊所提出的其它一些建议，也多为文帝所采纳。所以，后来刘向就论道："贾谊言三代与秦治乱之意，其论甚美，通达国体，虽古之伊、管，未能远过也。使时见用，功化必盛，为庸臣所害，甚可悼痛。追观孝文，玄默躬行以移风俗，谊之所陈，略施行矣。"（《汉书·贾谊传赞》）虽然贾谊的才华和抱负并未能完全得以实现，但他的远见卓识和对国家的前途与命运的忧患意识，还是得到了文帝的赏识和采纳，这为后来西汉的"文景之治"提供了条件。贾谊少年得志，不免被人嫉恨，外任长沙王太傅,路过湘江,作楚辞伤悼屈原。在长沙三年,有鹏鸟飞集其房上,又作《鹏鸟赋》自解。然而,贾谊后为梁王傅,梁王坠马而亡,贾谊却无法摆脱这一梦魇,他认为自己没有尽到应尽的职责,终于抑郁而死。这也可从一个侧面见出他的责任心之重。

家国又是一种人生的理想和信念。生活于开元盛世到安史之乱的大转折时期的杜甫,除了短期在朝中做过左拾遗的官之外,一生几乎没有涉入政坛,然而,作为一位有着奉儒守官家族传统的儒家士大夫,他却是“一饭未尝忘君”的(苏轼《王定国诗集叙》中语)。家国成了他终生信守的政治理念:“会当凌绝顶,一览众山小。”(《望岳》)年轻时的杜甫就以安邦定国作为自己的远大使命。进入中年,他更吟出了“致君尧舜上,再使风俗淳”(《奉赠韦左丞相丈二十二韵》)和“许身一何愚,窃比稷与契”(《自京赴奉先县咏怀五百字》)这样志向高远的诗句。而直到晚年,他仍要把自己已不可能实现的致君尧舜的政治理想托付给友人,嘱咐其:“致君尧舜付公等,早据要路思捐躯。”(《暮秋枉裴道州手札率尔遣兴寄递近呈苏涣侍御》)所谓“致君尧舜上”,就是希望君主像尧舜一样圣明,国家像尧舜时代一样施行仁政;而“窃比稷与契”,就是杜甫自己希望做一个舜、禹时代的贤臣稷、契式的人物,看到别人饿肚子,就像自己挨饿一样;看到别人落水了,好像是自己使人溺水一样。杜甫以一介布衣,在现实中并无实现自己理想和抱负的机会,然而却能有如此高远的理想、博大的胸怀和高尚的情操,家国在他的心目中,实在不能不是一种崇高、伟大的人生信念。正是凭着这种伟大的信念,杜甫给我们留下了“三吏三别”、“二悲二哀”、《兵车行》《丽人行》《自京赴奉先县咏怀五百字》《北征》《茅屋为秋风所破歌》《秋兴八首》等等众多伟大的作品,他由此登上了“诗圣”的高峰。

家国还是一种对故土的眷恋。南朝梁“侯景之乱”后逃到江陵的庾信,奉梁元帝之命出使西魏,却不料被羁留北国,历仕西魏、北周。南朝梁灭亡后,由陈武帝陈霸先建立的陈朝取代了梁。在北朝为官的庾信,虽颇受器重,官至高位,然国破家亡的经历和波折,屈身仕敌的无奈和自惭，以及对梁朝覆灭的省思、对家国故土的眷念和羁旅状态的体认等等，时常交织在一起，挥之不去。在他的《哀江南赋并序》中，作者以其身世遭遇为线索，写出了梁朝由盛到衰的过程和江南地区遭受战乱、百姓深陷苦难的现实，以及作者内心的复杂情感。这就是后人所谓的“乡关之思”。《周书·庾信传》说：“信虽位望通显，常有乡关之思。乃作《哀江南赋》以致其意。”所谓“乡关之思”，所包含的当然可以理解为既有对家国的思念，也有对萧梁兴亡的反思；既有自身羁旅之愁的体认，也有自惭二臣的哀感。但我们以为，对于羁留北方多年的庾信来说，这份“乡关之思”实在只是一种怀念中或想象中的对故国、故土的眷念而已。因为，旧日的家国早已不复存在，家在哪里？国又在哪里？“华阳奔命，有去无归；中兴道销，穷于甲戌”，“将非江表王气，终于三百年乎？”现实生活里的家国既已无处寻觅，他心目中的故国也就只能是一种念想了。

家国更多的时候是一种摆脱不了、割舍不断的情怀。这种情怀，在现实生活和文学作品中往往呈现出十分丰富多彩的面貌。有时候，它是“彼黍离离，彼稷之苗。行迈靡靡，中心摇摇。知我者谓我心忧，不知我者谓我何求”（《诗经·王风·黍离》）式的悲悯故国；有时候，它是“陟升皇之赫戏兮，忽临睨夫旧邦。仆夫悲余马怀兮，蜷局顾而不行”（屈原《离骚》）式的对旧邦的流连；有时候，它是“舟遥遥以轻飏，风飘飘而吹衣，问征夫以前路，恨晨光之曦微。乃瞻衡宇，载欣载奔；僮仆欢迎，稚子候门”（陶渊明《归去来兮辞》）式的倦途知归的欣喜；有时候，它是“少小离家老大回，乡音无改鬓毛衰。儿童相见不相识，笑问客从何处来”（贺知章《回乡偶书二首》其一）式的幽幽的感喟；有时候，它是“朱门酒肉臭，路有冻死骨。荣枯咫尺异，惆怅难再述”（杜甫《自京赴奉先县咏怀五百字》）式的愤激；有时候，它是“闻道长安似奕棋，百年世事不胜悲。王侯第宅皆新主，文武衣冠异昔时”（杜甫《秋兴八首》其四）式的冷静反思；有时候，它是“为天地立心，为生民立命，为往圣继绝学，为万世开太平”（张载语）式的高远气象；有时候，它又是“先天下之忧而忧，后天下之乐而乐”（范仲淹《岳阳楼记》）式的博大情怀；有时候，它有着“吴儿踏歌女起舞，但道快乐无所苦”（《后元丰行》）、“先生在野固不穷，击壤至老歌元丰”（王安石《元丰行示德逢》）式的喜悦；有时候，它又有着“我愿天公怜赤子，莫生尤物为疮痏”（苏轼《荔枝叹》）式的忧怨。有时候，它就寓含在小楼听雨的安逸中（陆游《临安春雨初霁》诗句："小楼一夜听春雨，深巷明朝卖杏花。矮纸斜行闲作草，晴窗细乳戏分茶。”承平景象，何等美好）；有时候，它又会激荡在超现实的美好向往里（陆游诗《五月十一日，夜且半，梦从大驾亲征，尽复汉唐故地。见城邑人物繁丽，云西凉府也。喜甚，马上作长句，未终篇而觉，乃足成之》："天宝边兵陷两京，北庭安西无汉营。五百年间置不问，圣主下诏初亲征。熊罴百万从銮驾，故地不劳传檄下。筑城绝塞进新图，排仗行宫宣大赦。冈峦极目汉山川，文书初用淳熙年。驾前六军错锦绣，秋风鼓角声满天。苜蓿峰前尽停障，平安火在交河上。凉州女儿满高楼，梳头已学京都样。”中原尽复，何其壮丽）；有时候，它是充溢在夏夜星空里的稻花的清香（辛弃疾词《西江月·夜行黄沙道中》："明月别枝惊鹊，清风半夜鸣蝉。稻花香里说丰年，听取蛙声一片。七八个星天外，两三点雨山前。旧时茅店社林边，路转溪桥忽见。”田野风光，何等清新）；有时候，它又化作了对故都浪漫生活的美好记忆（陈与义词《临江仙·夜登小阁忆洛中旧游》："忆昔午桥桥上饮，坐中多是豪英。长沟流月去无声。杏花疏影里，吹笛到天明。二十余年如一梦，此身虽在堪惊。闲登小阁看新晴。古今多少事，渔唱起三更。”抚今追昔，多少感慨）。总之，家国蕴义，何其丰富；家国情怀，又何能道尽！

（二）选文

屈原传(节选)[1]

司马迁

屈原者，名平，楚之同姓[2]也。为楚怀王[3]左徒[4]。博闻彊志[5]，明于治乱[6]，娴于辞令[7]。入则与王图议国事，以出号令；出则接遇宾客，应对诸侯。王甚任[8]之。

上官大夫[9]与之同列[10]，争宠，而心害其能[11]。怀王使屈原造为宪令[12]，屈平属草藁[13]未定。上官大夫见而欲夺[14]之，屈平不与，因谗之曰："王使屈平为令，众莫不知；每一令出，平伐[15]其功，曰：以为'非我莫能为'也。"王怒而疏[16]屈平。

屈平疾王听之不聪[17]也，谗谄之蔽明[18]也，邪曲之害公[19]也，方正之不容[20]也，故忧愁幽思，而作《离骚》[21]。"离骚"者，犹离忧[22]也。夫天者，人之始也[23]；父母者，人之本也[24]。人穷[25]则反本[26]，故劳苦倦极，未尝不呼天也；疾痛惨怛[27]，未尝不呼父母也。屈平正道直行，竭忠尽智以事其君，谗人间[28]之，可谓穷矣！信而见疑，忠而被谤，能无怨乎？屈平之作《离骚》，盖[29]自怨生也。《国风》好色而不淫[30]，《小雅》怨诽[31]而不乱，若《离骚》者，可谓兼之矣[32]。上称帝喾[33]，下道齐桓[34]，中述汤、武[35]，以刺世事。明[36]道德之广崇[37]、治乱之条贯[38]，靡不毕见[39]。其文约，其辞微，其志洁，其行廉[40]。其称文小而其指极大[41]，举类迩而见义远。其志洁，故其称物芳[42]。其行廉，故死而不容[43]。自疏濯淖汙泥之中[44]，蝉蜕于浊秽，以浮游尘埃之外[45]，不获世之滋垢[46]，皭然[47]泥而不滓[48]者也。推此志也，虽与日月争光可也。

屈平既绌[49]，其后秦欲伐齐，齐与楚从亲[50]。惠王患之[51]，乃令张仪详去秦[52]，厚币委质事楚[53]，曰："秦甚憎齐，齐与楚从亲；楚诚能绝齐[54]，秦愿献商、於[55]之地六百里。"楚怀王贪而信张仪，遂绝齐。使使如秦受地[56]，张仪诈之曰："仪与王约六里，不闻六百里。"楚使怒去，归告怀王。怀王怒，大兴师伐秦。秦发兵击之，大破楚师于丹、淅[57]，斩首八万，虏楚将屈匄[58]，遂取楚之汉中[59]地。怀王乃悉发国中兵，以深入击秦，战于蓝田[60]。魏闻之，袭楚至邓[61]。楚兵惧，自秦归。而齐竟[62]怒，不救楚，楚大困。

明年[63]，秦割汉中地与楚以和。楚王曰："不愿得地，愿得张仪而甘心焉。"张仪闻，乃曰："以一仪而当[64]汉中地，臣请往如楚。"如楚，又因厚币用事者臣靳尚[65]，而设诡辩[66]于怀王之宠姬郑袖。怀王竟听郑袖，复释去张仪。是时屈平既疏，不复在位，使于齐，顾反[67]，谏怀王曰："何不杀张仪？"怀王悔，追张仪，不及。

其后，诸侯共击楚，大破之，杀其将唐眛[68]。

时秦昭王与楚婚，欲与怀王会。怀王欲行，屈平曰："秦，虎狼之国，不可信。不如毋行[69]。"怀王稚子子兰劝王行："奈何绝秦欢[70]！"怀王卒行。入武关[71]，秦伏兵绝其后[72]，因留[73]怀王以求割地。怀王怒，不听；亡走[74]赵，赵不内[75]。复之秦，竟死于秦而归葬。

长子顷襄王[76]立，以其弟子兰为令尹[77]。楚人既咎[78]子兰以劝怀王入秦而不反也。屈平既嫉之[79]，虽放流[80]，睠顾楚国，系心[81]怀王，不忘欲反[82]。冀幸君之一悟，俗之一改也[83]。其存君兴国[84]，而欲反覆之[85]，一篇之中，三致志[86]焉。然终无可奈何，故不可以反[87]。卒以此见怀王之终不悟也[88]。

人君无愚智、贤不肖，莫不欲求忠以自为[89]，举贤以自佐[90]；然亡国破家相随属[91]，而圣君治国，累世而不见[92]者，其所谓忠者不忠[93]，而所谓贤者不贤也！怀王以不知忠臣之分[94]，故内惑于郑袖，外欺于张仪，疏屈平而信上官大夫、令尹子兰。兵挫地削[95]，亡其六郡，身客死于秦，为天下笑。此不知人之祸也！《易》曰："井渫不食，为我心恻[96]，可以汲[97]。王明，并受其福[98]。"王之不明，岂足福哉[99]！

令尹子兰闻之大怒，卒使上官大夫短[100]屈原于顷襄王。顷襄王怒而迁[101]之。

屈原至于江滨，被发行吟泽畔[102]。颜色憔悴，形容枯槁。渔父[103]见而问之曰："子非三闾大夫[104]欤？何故而至此？"屈原曰："举世混浊而我独清；众人皆醉而我独醒：是以见放[105]。"渔父曰："夫圣人[106]者，不凝滞于物而能与世推移[107]。举世混浊，何不随其流而扬其波[108]？众人皆醉，何不餔其糟而啜其醨[109]？何故怀瑾握瑜[110]，而自令见放为[111]？"屈原曰："吾闻之，新沐者必弹冠[112]，新浴者必振衣[113]。人又谁能以身之察察，受物之汶汶者乎[114]！宁赴常流[115]，而葬乎江鱼腹中耳。又安能以皓皓之白[116]，而蒙世之温蠖[117]乎！"乃作怀沙[118]之赋（略）。

于是怀石遂自投汨罗[119]以死。

屈原既死之后，楚有宋玉、唐勒、景差之徒[120]者，皆好辞[121]而以赋见称[122]；然皆祖屈原之从容辞令，终莫敢直谏[123]。其后楚日以削[124]，数十年竟为秦所灭[125]。

自屈原沈[126]汨罗后百有余年，汉有贾生[127]，为长沙王太傅[128]，过湘水，投书[129]以吊屈原。

【注释】

① 节选自司马迁《史记·屈原贾生列传》（中华书局2013年版）。司马迁（前145或前135—？），字子长，汉左冯翊夏阳（今陕西韩城）龙门人，司马谈之子，袭父职任太史令，后因为李陵辩护下狱，处宫刑，官至中书令。发愤著书，所撰《史记》一百三十篇，为我国第一部纪传体史书。事迹参《史记·太史公自序》及《汉书》本传。

②［楚之同姓］楚国国王姓芈（mǐ）。屈原的祖先屈瑕是楚武王熊通的儿子，受封于屈，因以屈为姓。是楚国王族中的一支。

③［楚怀王］名熊怀。在位三十年（前328—前299）。

④［左徒］楚官名。在国王左右参预政事，起草政令，职位相当重要。

⑤［彊志］记忆力很好。彊，同"强"。志，同"记"。

⑥［明于治乱］懂得古往今来治乱兴亡的道理。

⑦［娴于辞令］熟习交际应酬的语言。娴，熟习。辞令，指交际应酬的语言。即下文所说的“出则接遇宾客，应对诸侯”。

⑧［任］信任。

⑨［上官大夫］姓靳名尚。一说，上官是复姓，上官大夫和靳尚并非一人。

⑩［同列］同位，官阶相同。

⑪［心害其能］心里嫉妒屈原的才能。

⑫［造为宪令］拟制国家重要法令。

⑬［属(zhǔ)草藁］起草稿。属，缀辑，撰著。藁，同“稿”。

⑭［夺］强取。谓占为己有。

⑮［伐］夸耀。

⑯［疏］疏远，不信任。

⑰［疾王听之不聪］痛心于怀王听信谗言，不能分辨是非。

⑱［谗谄(chǎn)之蔽明］谗言和谄媚的话蒙蔽了怀王的明智。

⑲［邪曲之害公］邪恶小人以私害公。“邪”和“曲”同义，都是邪恶、不正派的意思。

⑳［方正之不容］正直君子不能容身于朝。

㉑［《离骚》］屈原自叙生平的长篇抒情诗，全诗三百七十多句，二千五百字。

㉒［离忧］遭遇忧患。离，同“罹”，遭遇。

㉓［天者，人之始也］古人认为天是造物主，人类是天帝创造的，所以说天是人类的原始。

㉔［父母者，人之本也］每个人都是父母所生，所以说父母是人的根本。

㉕［穷］困窘，仕宦不顺利。

㉖［反本］追念根本，即下文所说的“呼天”、“呼父母”。反，同“返”。

㉗［惨怛(dá)］内心伤痛。

㉘［间(jiàn)］离间。

㉙［盖］承接连词，解释原因。这句是说，屈原之所以作《离骚》是由于怨愤而产生的。

㉚［《国风》好色而不淫］《诗经》中的《国风》多写男女爱情，但并不过分。淫，过度，无节制。

㉛［诽］毁谤。《小雅》多讽刺政治，但也没有逾越君臣之分，所以说“怨诽而不乱”。

㉜［若《离骚》者，可谓兼之矣］《离骚》借上天求女来抒发政治上失意的牢骚，所以说兼有《国风》和《小雅》的特点。

㉝［上称帝喾(kù)］上，指远古。称，和下文的“道”、“述”都是谈到的意思。帝喾相传是黄帝的曾孙，号高辛氏。

㉞［下道齐桓］下，指近古。齐桓，齐桓公，春秋五霸之一。

㉟［中述汤、武］中，指中古。汤，指商汤王。武，指周武王。

㊱［明］阐明。

㊲［广崇］广大崇高。

㊳［条贯］条理。

㊴［靡不毕见］没有不表现出来的。靡，无。毕，全。见，同“现”。

㊵［其文约，其辞微，其志洁，其行廉］这句的意思是说，《离骚》文章很精约，措辞用意很深微，其中所表现的屈原的志向很高洁，行为很方正。廉，堂屋的侧边，引申为品行方正。

㊶［其称文小而其指极大］这句的意思是说，《离骚》中的文句，看起来多是些琐细之词，但他的含义(却关系到国家大事)非常远大；所列举的比喻虽多是些眼前近事，但所体现的思想意义却是非常深远的。小，琐细，指《离骚》中多写花鸟草木之类无关宏旨的词汇。指，同“旨”。迩，近。

㊷［称物芳］指《离骚》中多用香花香草作比喻。

㊸［死而不容］屈原行为正直，至死不为小人所容。

㊹［自疏濯(zhuó)淖(nào)汙(wū)泥之中］这句意思是说，屈原

能自远于秽浊之中。濯、淖、汙(同“污”)、泥,四字同义,都作秽浊解。

㊺[蝉蜕于浊秽,以浮游尘埃之外]这句意思是说,屈原处在秽浊的环境中,却能超脱世俗,一尘不染,像蝉蜕壳一样。浮游,超脱的意思。

㊻[不获世之滋垢]不为世俗的污垢玷辱。获,这里作“辱”字解。滋,同“兹”,黑色。

㊼[皭(jiào)然]洁白的样子。

㊽[泥而不滓]出污泥而不被染黑。滓,黑。

㊾[绌(chù)]同“黜”。指被免去了左徒的职位。

㊿[齐与楚从(zòng)亲]当时楚、齐、韩、赵、魏、燕六国联合抗秦,称为“合从”。楚怀王为从长。齐、楚相邻,团结很紧,故云“从亲”。

51[惠王患之]惠王,秦惠王,名驷,前337—前311年在位。患之,以齐、楚从亲为忧。

52[乃令张仪详去秦]这句意思是,让张仪假装离开秦国。张仪,魏人,倡导“连横”之说,游说六国共同侍奉秦国,博得秦惠王的重任。详,同“佯”。

53[厚币委质事楚](张仪)以丰厚的财货献给楚王,愿意做楚国的臣子。厚币,丰厚的财货。委,呈献。质,同“贽”,进见时携带的礼物。古时向君王献礼,表示献身投靠。

54[楚诚能绝齐]楚国假如真能和齐国断绝外交关系。

55[商、於(wū)]秦地名,今陕西商县至河南内乡一带。

56[使使如秦受地]派遣使者到秦国接受秦国割让的六百里土地。如,往。

57[丹、淅(xī)]二水名。丹水源出陕西商县西北,东流入河南,淅水是它的支流。秦、楚战于丹水之北,淅水之南。

58[屈匄(gài)]姓屈名匄。

59[汉中]汉中郡,即现在湖北西北部、陕西东南部地带。

60[蓝田]秦县名,故城在今陕西蓝田西。

⑥1 [袭楚至邓](乘机)偷袭楚国,一直打到邓的地方。邓,今河南邓县。

⑥2 [竟] 终于。

⑥3 [明年] 指楚怀王十八年(前311)。

⑥4 [当] 价值相等。这里是换取的意思。

⑥5 [又因厚币用事者臣靳尚] 又用丰厚的币帛贿赂楚国当权的臣子靳尚。

⑥6 [设诡辩(于)] 造作诡诈的言辞(去说动)。

⑥7 [顾反] 回来。顾,还。反,同"返"。

⑥8 [杀其将唐昧(mò)] 楚怀王二十八年(前301),秦、齐、韩、魏伐楚,杀唐昧。

⑥9 [毋(wú)行] 不要去。

⑦0 [奈何绝秦欢] 为什么要断绝和秦国的友好关系呢?

⑦1 [武关] 在今陕西商现东,是秦国的南关。

⑦2 [绝其后] 截断了归楚的后路。

⑦3 [留] 拘留。

⑦4 [亡走] 逃走。

⑦5 [内] 同"纳"。

⑦6 [顷襄王] 名熊横,前298—前263年在位。

⑦7 [令尹] 楚官名,相当于宰相。

⑦8 [咎] 责难,抱怨。

⑦9 [屈平既嫉之] 这句意思是说,屈原因为子兰劝怀王入秦而不能回国的缘故,也十分嫉恨他(子兰)。

⑧0 [放流] 被流放出去。

⑧1 [系心] 心里牵挂。

⑧2 [不忘欲反] 意思是说,屈原不忘怀祖国,希望在回到朝中任职。这几句与上下文文气不顺。前面只说"王怒而疏屈平",这里说是"流放",下文又说"顷襄王怒而迁之"可知屈原流放是顷襄王时事。前

后不连贯，故前人多疑此处有脱误。

㊃[冀幸君之一悟，俗之一改也] 这句是说殷切地希望君王能够觉醒，政局可以改好。冀幸，寄以殷切的希望。

㊄[存君兴国] 意思是辅佐君王来振兴国家。存君，心里不忘君王。

㊅[反覆之] 指把楚国从衰弱的局面中挽救过来。

㊆[三致志] 再三表示出这种意志。这句的意思是说，屈原忠君爱国、复兴祖国的心情，充分地表现在他的作品中。

㊇[然终无可奈何，故不可以反] 这句是说，可是当时的客观形势使他的理想无从实现，所以不能再回到朝中。

㊈[卒以此见怀王之终不悟也] 这句是说，终于从这件事上，可以看出怀王始终不觉悟，忠奸不辨，无知人之明，因而自食恶果。

㊉[求忠以自为] 寻求忠心的人为自己办事。

⑽[举贤以自佐] 选拔贤能的人来辅佐自己。

⑼[相随属] 一个接一个。

⑽[累世而不见] 在好几个朝代里也见不到这样的人。

93[其所谓忠者不忠] 他们（那些国君）所认为的忠臣，实际上并不是忠臣。

94[不知忠臣之分(fèn)] 不明白怎样才是个忠臣。分，本分。

95[兵挫地削] 军队被打败，领土被割让。挫，败。削，割。

96[井渫(xiè)不食，为我心恻] 意思说，井淘干净了，还没有人吃井里的水，使我的心里很难过。比喻有才能的人不为世所用。渫，涤去污秽。

97[汲] 汲取食用。意谓有才能的人可以让他发挥作用。

98[王明，并受其福] 意即明君能任用贤才，就能政治清明，大家都能得到幸福。

99[岂足福哉] 哪里还谈得上获得什么幸福！

100[短] 毁谤，说坏话。

⑩①［迁］放逐。

⑩②［被（pī）发行吟泽畔］披着头发在水边一边走一边吟诗。被，同“披”。畔，旁边。披发，指无心装束，不拘礼节。是内心激愤的表示。

⑩③［渔父（fǔ）］打鱼的老人。父，对老人的尊称。

⑩④［三闾大夫］掌管楚国王族昭、屈、景三姓事务的官。当是屈原迁谪前最后的官职。

⑩⑤［是以见放］因为这个缘故而被放逐。

⑩⑥［圣人］这里指识时务的人。

⑩⑦［不凝滞于物而能与世推移］这句意思是，识时务的人对于事物的认识不固执己见，而能顺随世俗变化。凝滞，这里指迂拘固执的意思。

⑩⑧［随其流而扬其波］随波逐流，与世浮沉。扬，推进。

⑩⑨［餔（bū）其糟而啜（chuò）其醨（lí）］假装喝醉，不使自己突出。餔，食。糟，酒糟。啜，喝。醨，薄酒。

⑪⓪［怀瑾握瑜］比喻坚守德操。瑾、瑜，都是美玉。

⑪①［而自令见放为］这句是说，你为什么要坚持自己的德操而自找被放逐的麻烦呢？

⑪②［新沐者必弹冠］刚洗过头的人，一定要弹掉帽子上的灰尘（免得把头发弄脏）。

⑪③［振衣］抖一抖衣服。

⑪④［人又谁能以身之察察，受物之汶（mén）汶者乎］这句是说，高尚的人谁又能让自己高洁的品格蒙受世俗的污辱呢？察察，洁白的样子。汶汶，昏暗的样子。

⑪⑤［常流］同“长流”，指江水。

⑪⑥［皓（hào）皓之白］比喻品德的高贵洁白。皓皓，皎洁的样子。

⑪⑦［温蠖（huò）］昏聩。

⑪⑧［怀沙］《楚辞·九章》中的一篇。沙，指长沙。长沙是楚国祖先熊绎的封地。屈原自杀前曾到长沙。《怀沙》是将到长沙时所作。

⑲ [汨(mì)罗] 水名，在今湖南湘阴。

⑳ [宋玉、唐勒、景差之徒] 宋玉，相传楚顷襄王时人，屈原弟子。唐勒、景差，都和宋玉同时，都是当时的词赋家。之徒，这一班人。

㉑ [好辞] 爱好楚辞。

㉒ [见称] 被称赞。

㉓ [然皆祖屈原之从容辞令，终莫敢直谏] 这句是说，可是他们都只师法屈原外交辞令委婉含蓄的这一方面，而不敢像屈原那样对楚王进行直谏。祖，学习，取法。

㉔ [楚日以削] 楚国的领土一天比一天缩小。

㉕ [数十年竟为秦所灭] 公元前223年秦灭楚，距顷襄王即位(前299)共76年。

㉖ [沇] 同“沉”。

㉗ [贾生] 贾谊(前200—前168)，西汉洛阳人，少以文名，汉文帝召为博士，多次上书论政，任太中大夫，后出任长沙王太傅。著有《新书》。《史记》卷八十四、《汉书》卷四十八有传。

㉘ [长沙王太傅] 长沙王，吴差，是汉代开国功臣吴芮的玄孙。太傅，官名，职务是辅佐、教导国王。

㉙ [投书] 投，掷下。书，指贾谊所写的《吊屈原赋》。

【评析】

屈原是春秋战国时期一位伟大的爱国主义者和诗人。他博闻强记，懂得古今兴亡治乱的道理，善于交往和言辞，不辱使命，曾辅佐楚怀王处理国家的内政和外交事务，深得怀王的器重和信任。然而，屈原的才华和被器重，却受到了奸臣的嫉妒、诬陷和无端攻击。屈原逐渐被楚怀王疏远以至流放，但他并没有因此放弃自己的政治理想，即使是在被放逐江湘的时期，他所忧心的仍是国家和民族的前途与命运，直至自投汨罗，以死抗争。屈原的这种对国家和民族的前途与命运的忧患意识和责任感，充分地表现在他的长篇抒情诗《离骚》及其它作品中。这些作品，文辞简洁，义旨幽微，虽表面写的不外乎香草美人，但其比喻象征，连类而及，用意极为深远，可谓义兼《风》《雅》，争光日月，在中国文学史上产生了深远的影响。对于屈原的遭遇，司马迁抱着深深的同情；对于屈原的《楚辞》创作，司马迁给予了高度的评价。是什么造成了屈原的"信而见疑，忠而被谤"呢？在司马迁看来，是楚怀王的贤愚不分，忠良不辨。其矛头直指君王。而人处困境，忧愁幽思，便不能不呼天抢地，抒发怨愤，于是很自然地有了《离骚》等作品的创作。司马迁因李陵事件曾遭受宫刑，他撰写《史记》也正是其忍辱负重、发愤著书的结果。相同或相似的境遇，使司马迁与他笔下的人物之间产生了强烈的共鸣，认识既高于时人，笔端亦饱含深情。司马迁撰《史记》有一个很高的目标，那就是："究天人之际，通古今之变，成一家之言。"（《报任少卿书》）什么是"究天人之际"呢？虽然其原意是说要探究天道与人事之间的关系，但此文中他解释屈原《离骚》创作的动机和原因，却也从另一方面为他自己的话下了一个很好的注脚。他说："夫天者，人之始也；父母者，人之本也。人穷则反本，劳苦倦极，未尝不呼天也；疾痛惨怛，未尝不呼父母也。屈不正道直行，竭忠尽智，以事其君，谗人间之，可谓穷矣。信而见疑，忠而被谤，能无怨乎？屈平之作《离骚》，盖自怨生也。"不平则鸣，发愤而作，这就像人遭受痛苦时必呼天抢地或求助于父母一样自然。自然的"天"与人性的"自然"，在这里就联系起来了。不只是《离骚》，中国古代历史上的其它很多作品，像《周易》《春秋》《国语》《孙子兵法》等经典著作，也无不是撰者遭受困厄、意有郁结的发愤之作，是人们思想情感自然抒发的产物。

【理性思考】

1. 王国维先生曾说过："三代以下之诗人，无过于屈子、渊明、子美、子瞻者。此四子者，苟无文学之天才，其人格亦自足千古。故无高尚伟大之人格，而有高尚伟大之文学者，殆未之有也。"（《文学小言》）你觉得屈原高尚伟大的人格主要表现在哪些方面？

2. 司马迁评论屈原的《离骚》，称："其文约，其辞微，其志洁，其行廉。"你如何理解？

3. 司马迁说："屈平之作《离骚》，盖自怨生也。"请结合具体作品，谈谈文学创作与生活的关系。

【延伸阅读】

1.《史记·贾谊传》，中华书局 2013 年版。

2. 马茂元选注《楚辞选》，人民文学出版社 1998 年版。

3. 郭维森《屈原》，人民文学出版社 2015 年版。

范 滂 传[①]

范 晔

范滂，字孟博，汝南征羌人也。少厉清节[②]，为州里所服[③]，举孝廉、光禄四行[④]。时冀州饥荒，盗贼群起，乃以滂为清诏使，案察[⑤]之。滂登车揽辔[⑥]，慨然有澄清天下之志。及至州境，守令自知臧汙[⑦]，望风解印绶去[⑧]。其所举奏，莫不厌塞众议[⑨]。迁光禄勋主事[⑩]。时陈蕃为光禄勋，滂执公仪诣蕃，蕃不止之，滂怀恨，投版弃官而去[⑪]。郭林宗闻而让[⑫]蕃曰："若范孟博者，岂宜以公礼格[⑬]之？今成其去就之名，得无自取不优之议也[⑭]？"蕃乃谢焉[⑮]。

复为太尉黄琼所辟。后诏三府掾属举谣言[⑯]，滂奏刺史、二千石权豪之党二十余人。尚书责滂所劾猥[⑰]多，疑有私故。滂对曰："臣之所举，自非叨秽奸暴，深为民害，岂以汙简札哉[⑱]！间以会日迫促[⑲]，故先举所急，其未审者，方更参实[⑳]。臣闻农夫去草，嘉谷必茂；忠臣除奸，王道以清。若臣言有二，甘受显戮[㉑]。"吏不能诘。滂睹时方艰，知意不行，因投劾去[㉒]。

太守宗资先闻其名，请署功曹，委任政事[㉓]。滂在职，严整疾恶。其有行违孝悌，不轨仁义者，皆扫迹斥逐，不与共朝。显荐异节，抽拔幽陋[24]。滂外甥西平李颂，公族子孙，而为乡曲[25]所弃，中常侍唐衡[26]以颂请资，资用为吏。滂以非其人，寝而不召[27]。资迁怒，捶书佐朱零[28]。零仰曰："范滂清裁[29]，犹以利刃齿腐朽。今日宁受笞死，而滂不可违。"资乃止。郡中中人以下，莫不归怨，乃指滂之所用以为范党[30]。

后牢修诬言钩党[31]，滂坐系黄门北寺狱[32]。狱吏谓曰："凡坐系皆祭皋陶[33]。"滂曰："皋陶，贤者，古之直臣。知滂无罪，将理之于帝[34]；如其有罪，祭之何益？"众人由此亦止。狱吏将加掠考[35]，滂以同囚多婴病[36]，乃请先就格[37]。遂与同郡袁忠争受楚毒[38]。桓帝使中常侍王甫以次辨诘[39]。滂等皆三木囊头[40]，暴[41]于阶下。余人在前，或对或否，滂、忠于后越次而进。王甫诘曰："君为人臣，不推忠国，而共造部党[42]，自相褒举，评论朝廷，虚构无端，诸所谋结，并欲何为？皆以情对，不得隐饰。"滂对曰："臣闻仲尼之言：'见善如不及，见恶如探汤[43]。'欲使善善同其清，恶恶同其污，谓王政之所愿闻，不悟更以为党。"甫曰："卿更相拔举，迭为唇齿，有不合者，见则排斥，其意如何？"滂乃慷慨仰天曰："古之循善[44]，自求多福；今之循善，身陷大戮。身死之日，愿埋滂于首阳山侧，上不负皇天，下不愧夷、齐[45]！"甫愍然[46]为之改容。乃得并解桎梏[47]。

滂后事释南归。始发京师，汝南、南阳士大夫迎之者数千两[48]。同囚乡人殷陶、黄穆亦免俱归，并卫侍于傍，应对宾客。滂顾谓陶等曰："今子相随，是重吾祸也。"遂遁还乡里。

初，滂等系狱。尚书霍谞[49]理之。及得免，到京师，往候谞而不为谢。或有让[50]滂者，对曰："昔叔向婴罪，祁奚救之，未闻羊舌有谢恩之辞、祁老有自伐之色[51]。"竟无所言。

建宁[52]二年，遂大诛党人，诏下急捕滂等。督邮[53]吴导至县，抱诏书，闭传舍[54]，伏床而泣。滂闻之，曰："必为我也。"即自诣狱。县令郭揖大惊，出解印绶，引与俱亡[55]。曰："天下大矣，子何为在此？"滂曰："滂死则祸塞，何敢以罪累君，又令老母流离乎[56]！"其母就与之诀[57]。滂白母曰："仲博[58]孝敬，足以供养，滂从龙舒君[59]归黄泉，存亡各得其所。惟大人割不可忍之恩，勿增感戚。"母曰："汝今得与李、杜[60]齐名，死亦何恨！既有令名，复求寿考[51]，可兼得乎？”滂跪受教，再拜而辞。顾谓其子曰：“吾欲使汝为恶，则恶不可为；使汝为善，则我不为恶[62]。”行路闻之，莫不流涕。时年三十三。

【注释】

① 节选自范晔《后汉书》卷六十七《党锢列传》（中华书局 1965 年版）。范晔（398—446），南朝宋顺阳（今河南浙川南）人，字蔚宗，范宁之孙。博涉经史，善为文章。晋末为刘裕（宋武帝）子彭城王刘义康参军。刘宋王朝建立，为尚书吏部郎，左迁宣城太守，不得志，于是删定自《东观汉记》以下诸书，撰为《后汉书》，成一家之作。自范氏书行而诸家皆废。又善琵琶，能为新声。后迁左卫将军、太子詹事。元嘉二十二年，因参与谋立义康事被杀。《宋书》等有传。

② [少厉清节] 从小就磨砺出高洁的情操。厉，“砺”的本字，磨刀石，引申为“磨砺”。

③ [服] 佩服。

④ [举孝廉、光禄四行] 被推举为孝廉和光禄四行。汉代实行察举制，行为高尚、品德优秀的人受到乡里推举，可以进入仕途。有孝廉举、光禄举等名目。光禄四行指具有敦厚、质朴、逊让、节俭四个方面的优秀品德。

⑤ [案察] 查访情况，处理案件。案，考察。

⑥ [登车揽辔] 登上马车，拉起缰绳。指上任之初。

⑦ [臧汙（wū）] 贪赃渎职。臧，通“赃”。汙，同“污”，贪赃渎职。

⑧ [望风解印绶去] 听到风声（指听说范滂来了），都自动离职而去。

⑨ [莫不厌塞众议] 都能让众人信服。厌塞，满足。

⑩ [光禄勋主事] 光禄勋，掌管朝廷宫殿门户的长官，居宫中。主事为其下属的官员。

⑪ [“时陈蕃”句] 意思是说，范滂用属下参见上司的礼仪拜访陈

蕃，陈蕃没有阻止他，范滂觉得很遗憾，于是扔下笏板弃官而去。恨，遗憾。版，笏，古时君臣朝见时手中拿的用来记事的狭长板子。

⑫ [让] 责备。

⑬ [格] 标准，式样。作动词用，要求。

⑭ [今成其去就之名，得无自取不优之议也] 这句是说，现在你成全他辞官成就了他美名，莫非是自己选择了不好的议论吗？得无，莫不是。

⑮ [蕃乃谢焉] 陈蕃于是向范滂道歉。谢，谢罪。

⑯ ["后诏" 句] 此句是说，不久皇上下诏三府衙门的属官呈报反映官吏好坏的歌谣。三府，汉代的太尉、司徒、司空设立的府署，合称三府。谣言，群众反映官吏好坏的歌谣。

⑰ [猥] 众，多。

⑱ ["臣之所举"句] 意思是，我所举报的人，如果不是特别恶劣危害百姓，岂能因为我的私心而脏了奏章！自，假如。叨（tāo），通"饕"，贪。

⑲ ["间以"句] 意思是，离三公会集办公的日子很仓促了。三公指大司徒、大司马、大司空。间，距离。

⑳ [其未审者，方更参实] 那些没有查清的，将要进一步查实。审，详知，明晰。参，检验。

㉑ [显戮] 当众处决。

㉒ ["滂睹时"句] 意思是，范滂看到当时的时势正处于混乱的时候，知道自己的志向不能实现，于是辞掉官职离开了。

㉓ ["太守宗资"句] 意思是，太守宗资听说范滂的好名声，请求朝廷让范滂暂任功曹，并把政事交给他处理。宗资，字叔都，南阳安众人，祖上皆为汉名臣。举孝廉，拜议郎，补御史中丞、汝南太守。署，旧时指代理、暂任官职。功曹，汉州郡佐吏，掌管考查、记录功劳。

㉔ [显荐异节，抽拔幽陋] 推荐提拔出身贫寒但品德特别高尚的人。

㉕［乡曲］乡里。

㉖［唐衡］颍川郾人，汉桓帝时与单超等诛大将军梁冀有功，充中常侍，封汝阳侯，为“五侯”之一，权倾一时。

㉗［“滂以”句］范滂认为他外甥李颂不是合适人选，就把这件事压下不办。寝，停止。

㉘［捶书佐朱零］鞭打书佐朱零。捶，用拳头或鞭子敲打。书佐，主办文书的佐吏，汉制州郡及诸曹皆有书佐，在外由州郡长官自行辟除。

㉙［清裁］公正的裁断。

㉚［“郡中”句］意思是说，郡中才能中等以下的人，没有不怨恨范滂的，便共同指责范滂所用之人为“范党”。

㉛［“后牢修”句］时人张成曾因勾结宦官，又施行方术、唆使其子行凶，为李膺所杀。牢修是张成弟子，怀私诬告李膺等结党，以至引发党锢之祸。

㉜［“滂坐系”句］坐，受牵连。系，囚拘。黄门北寺，官署名，时宦官专权，于宫中置狱，专审讯、囚禁将相大臣。

㉝［皋陶］舜时大臣，为狱中官吏之长。

㉞［理之于帝］理，申诉。帝，谓天也。

㉟［掠考］拷打。

㊱［婴病］生病。婴，遭受。

㊲［就格］受刑。

㊳［楚毒］杖击。

㊴［辨诘］责问，查究。

㊵［三木囊头］颈项和手脚皆上枷锁，并将头蒙起来。

㊶［暴(pù)］示众。

㊷［部党］部类，指朋党。

㊸［“见善”句］见于《论语·季氏》，原文作：“见善如不及，见不善如探汤。”意思是说，见到好的人或好的行为，学之唯恐不及；见到不好

的人或行为，避之唯恐不及。汤，沸水。

㊹［循善］行善。

㊺［“身死”句］首阳山，在今山西永济市西南。夷、齐，伯夷、叔齐，商孤竹君的两个儿子。孤竹君遗命立次子叔齐为君，叔齐让位给伯夷，伯夷不受，二人相继逃到周。周武王伐纣，二人叩马谏阻。武王灭商，二人耻食周粟，逃到首阳山，采薇而食，后饿死于山中。

㊻［愍然］怜悯的样子。

㊼［桎梏］木制的脚镣手铐。

㊽［两］同“辆”，量词，车辆。

㊾［霍谞］字叔智，魏郡邺人，少为诸生，明经，为其舅宋光辨诬，由此知名。曾官尚书仆射，后官廷尉，封邺都亭侯。《后汉书》卷四十六有传。

㊿［让］责备。

51［“昔叔向”句］春秋时晋栾盈为其母所诬，被范宣子罢斥，出逃到楚国。晋大夫中多人被杀，叔向为其弟牵连也被拘囚。祁奚听说此事后，便向范宣子进谏，以为叔向之弟羊舌虎虽被杀，但叔向与此事没有关系，应予赦免。祁奚救了叔向以后，便离开了，叔向也没有因此去感谢祁奚。事见《左传》襄公二十一年。自伐，自夸。

52［建宁］汉灵帝刘宏年号，168—172年。

53［督邮］汉代郡守佐吏，掌管督察、纠举所统辖县的违法事件。每郡分二到五部，每部置督邮一人。

54［闭传（zhuàn）舍］（把自己）关在驿舍中。传，古代设于驿站的房舍。

55［“县令”句］意思是，县令郭揖大吃一惊，丢下官印，拉着范滂要和他一起逃走。

56［“滂死”句］意思是，我死了灾祸就可以平息了，怎么敢因为我的罪名连累您，又使得我的老母流离他乡呢！塞，抵偿。

57［其母就与之诀］范滂母亲过来与儿子诀别。就，靠近。

58 [仲博] 范滂弟弟。

59 [龙舒君] 指范滂父亲范显。范显曾为龙舒君相,故称。

60 [李、杜] 指当时的贤臣李膺、杜密。

61 [寿考] 长寿。考,老。

62 [“吾欲”句] 意思是,我想要你做坏事吧,但坏事不能做;要你做好事呢,那我也不会做不仁不义的事。

【评析】

东汉末年,皇权孱弱,宦官、外戚擅权,政治黑暗,国是日非。士大夫羞与宦官为伍,群起抗争,臧否人物,抨击朝政,却遭受诬陷,备受打击,竟至于惨遭杀戮,终于酿成“党锢之祸”。范滂出身官宦之家,自幼受到良好的儒家思想教育,磨砺气节,志向高远。他与当时的许多士大夫一样,希望能在国家危难的时候挺身而出,力挽狂澜,使国家政治清明,社会和平,百姓安乐。他风节凛然,曾临危受命,去河北巡查灾情,清除腐败,所到之处,贪官污吏望风而逃。他嫉恶如仇,曾经一次弹劾贪官、豪强二十余人,不虑个人安危,但求为民除害。他为官任人惟贤,不畏强暴,只要名声不好,不管与自己有何亲旧关系,不管有多大压力,都绝不任用。他遇事勇于担责,被捕入狱后,为使同被囚禁、身体病弱的士人免遭捶楚,挺身而出,据理抗争。当他被人指为朋党时,他曾这样自陈心迹:“古之循善,自求多福;今之循善,身陷大戮。身死之日,愿埋滂于首阳山侧,上不负皇天,下不愧夷、齐!”他并不在意别人的指责,他看重的是无愧于一位儒家士大夫所应有的气节。范滂被杀时,仅33岁。当他与年迈的母亲诀别时,他安慰老人说:“仲博孝敬,足以供养,滂从龙舒君归黄泉,存亡各得其所。惟大人割不可忍之恩,勿增感戚。”坦然面对死亡,唯一担心的,是母亲能否承受这种生离死别。范滂的母亲回答得也好。她说:“汝今得与李、杜齐名,死亦何恨!既有令名,复求寿考,可兼得乎?”又说:“吾欲使汝为恶,则恶不可为;使汝为善,则我不为恶。”同样是那么坦然,名节与寿考,为国与为家,为母与为子,其间的道理，区分得如此清晰，真是深明大义。范滂去世八百多年后，苏轼十岁那年，有一天，他的母亲程夫人读《后汉书》，读到《范滂传》的时候，不禁废书兴叹。苏轼当时恰在他母亲身边，自然明白他母亲为什么废书兴叹，于是就说：孩儿以后长大成人，也做一个范滂那样的人好不好。程氏听了苏轼的话，没有直接回答他，却说了这样一句话，她说：你若是能成为一个范滂式的人物，那我难道不能做范滂的母亲吗？苏轼母子的对话与当年范滂母子的对话何其相似！她是以范滂之母自期，同时也期望东坡能成为范滂式的人物。东汉的士风，常为后人称道。桓、灵之世，朝政混乱，国势衰颓，然仍能维持数十年，不至颠覆，与以李膺、杜密、陈蕃、范滂等为代表的一大批士大夫的努力、与崇尚气节的士风是密不可分的。北宋开国，君王崇儒重文，先后出现了像田锡、王禹偁、范仲淹、欧阳修等许多以名节相尚的人物，士风一改五代以来浇薄的状况，以至靖康之变，志士投袂起而勤王，临难不屈，及宋将亡，忠节相望，也都与宋初以来崇尚气节的士风有关。也许东汉末年和北宋士大夫的言行因相激相争而有过当之处，但他们为国家社稷的前途和命运而竭尽心力的热忱，以及虽横遭百般磨难而义无反顾的气节，却深刻影响着中国历史的进程。

【理性思考】

1. 范滂的所作所为反映了东汉末怎样的士风？士风与国家治政有何联系？

2. 东汉“党锢之祸”的实质是什么？

3. 东汉末年的士风对后代的影响之我见。

【延伸阅读】

1. 范晔《后汉书·党锢列传叙》，中华书局 1965 年版。

2. 顾炎武《日知录》卷十三“两汉风俗”条，黄汝成集释本，岳麓书社 1994 年版。

后出师表[①]

诸葛亮

亮上言曰：

先帝虑汉、贼[②]不两立，王业不偏安[③]，故托臣以讨贼也。以先帝之明，量臣之才，故知臣伐贼，才弱敌强也[④]。然不伐贼，王业亦亡，惟坐而待亡，孰与伐之[⑤]？是故托臣而弗疑[⑥]也。

臣受命之日，寝不安席，食不甘味[⑦]。思惟北征，宜先入南[⑧]，故五月渡泸[⑨]，深入不毛[⑩]，并日而食[⑪]。臣非不自惜也，顾王业不得偏全于蜀都[⑫]，故冒危难，以奉先帝之遗意也。而议者谓为非计[⑬]。今贼适疲于西，又务于东[⑭]，兵法乘劳[⑮]，此进趋之时也[⑯]。谨陈其事如左[⑰]：

高帝明并日月[⑱]，谋臣渊深[⑲]，然涉险被创[⑳]，危然后安。今陛下未及高帝，谋臣不如良、平[㉑]，而欲以长计取胜[㉒]，坐[㉓]定天下。此臣之未解一也[㉔]。

刘繇、王朗[㉕]，各据州郡，论安言计，动引圣人，群疑满腹，众难塞胸[㉖]。今岁不战，明年不征，使孙策坐大[㉗]，遂并江东[㉘]。此臣之未解二也。

曹操智计殊绝于人[㉙]，其用兵也，仿佛孙、吴[㉚]，然困于南阳[㉛]，厄于乌巢[㉜]，危于祁连[㉝]，偪于黎阳[㉞]，几败北山[㉟]，殆死潼关[㊱]，然后伪定一时尔[㊲]，况臣才弱，而欲以不危而定之。此臣之未解三也。

曹操五攻昌霸不下[㊳]，四越巢湖不成[㊴]，任用李服而李服图之[㊵]，委任夏侯而夏侯败亡[㊶]。先帝每称操为能，犹有此失，况臣驽下[㊷]，何能必胜此。臣之未解四也。

自臣到汉中，中间期年[㊸]尔。然丧赵云、阳群、马玉、阎芝、丁立、白寿、刘合、邓铜等及曲长、屯将七十余人[㊹]，突将、无前、賨叟、青羌、散骑、武骑一千余人[㊺]。此皆数十年之内所纠合四方之精锐，非一州之所有；若复数年，则损三分之二也，当何以图敌[㊻]。此臣之未解五也。

今民穷兵疲，而事不可息，事不可息，则住与行劳费正等[47]。而不及虚图之，欲以一州之地与贼持久。此臣之未解六也。

夫难平者事也[48]。昔先帝败军于楚[49]，当此之时，曹操拊手[50]谓天下以[51]定。然后先帝东连吴越[52]，西取巴蜀[53]，举兵北征，夏侯授首[54]，此操之失计，而汉事将成也。然后吴更违盟，关羽毁败[55]，秭归蹉跌[56]，曹丕称帝[57]。凡事如是，难可逆见[58]。臣鞠躬尽力，死而后已[59]，至于成败利钝，非臣之明所能逆睹[60]也。

【注释】

① 选自《三国志·蜀志·诸葛亮传》裴松之注引《汉晋春秋》（中华书局 1959 年版）。诸葛亮（181—234），字孔明，琅琊阳都（今山东沂水南）人，三国时期卓越的政治家、军事家。曾辅佐刘备建立蜀汉，与魏、吴鼎足而立。著作有《诸葛亮集》四卷。

② ［汉、贼］汉指蜀汉，贼指曹魏。

③ ［王业不偏安］要复兴汉室、统一天下，不能偏处于蜀地一隅，就以为安全。偏安，局促在一地称王，对全国其它地区无权统治。

④ ［“以先帝之明”句］这句是说，照先主那样的明察，量度我的才干，本来就知道让我去讨敌，我才能薄弱而敌人势力强大。

⑤ ［“然不伐贼”句］这句是说，与其受制于敌坐而待亡，不如争取主动地去讨伐他们。孰与，哪里比得过。

⑥ ［弗疑］不疑。

⑦ ［“臣受命之日”句］这句是说，我受命之后，每天总是寝食不安。

⑧ ［“思惟北征”句］这句是说，考虑着要想北征魏国，应先去平定南部诸郡，以稳固后方。惟，语气词。

⑨ ［泸］指泸水，即今雅砻江。

⑩ ［不毛］不毛之地，连草木都不生长的地方。毛，草木。

⑪ ［并日而食］两天只吃一天的食粮。

⑫［“臣非不自惜也”句］这两句是说，我并非不爱惜自己的身体，只是因为王业不可能偏安于蜀地。顾，转接连词，有“但”的意思。

⑬［议者谓为非计］议者，指当时蜀国官吏中反对出师北伐的人。非计，不是上策。

⑭［“今贼”句］建兴六年(228)初，诸葛亮攻祁山(今甘肃西和县西北)，魏的南安、天水、安定三郡(约今甘肃东部一带)，叛魏降汉，关中震动，故称“贼适疲于西”。同年八月东吴陆逊战胜魏将曹休，斩获万余，故称“又务于东”。务，竭力。

⑮［兵法乘劳］兵法书上说要趁敌人劳顿时去进攻。

⑯［此进趋之时也］这正是赶快进兵的好时机。

⑰［谨陈其事如左］现在谨将这些事陈述如下。古人文字竖行书写，自右向左，故曰“如左”。

⑱［高帝明并日月］汉高祖刘邦的明智可以与日月相比。

⑲［谋臣渊深］当时许多谋臣，知识渊博，计谋深远。

⑳［涉险被创］经历艰险，身受创伤。楚汉战争期间，刘邦数被楚军围困。高帝四年(前 203)十月，并在广武(今河南荥阳境内)被项羽的伏兵射伤胸部。汉朝建立后，刘邦又先后率兵讨伐叛乱。前 200 年，为韩王信所勾结的匈奴兵困于平城(今大同县东)，前 195 年，讨淮南王英布时，为流箭射中。

㉑［良、平］高祖的谋士张良、陈平。

㉒［以长计取胜］以长期相持的战略来战胜敌人。

㉓［坐］安稳。

㉔［此臣之未解一也］这是我不能理解那些反对北伐的看法的第一点。

㉕［刘繇、王朗］刘繇，字正礼，东莱牟平(今山东蓬莱东南)人，汉末任扬州(州治在合肥)刺史，因畏惧袁术，不敢到州所。后南渡长江抵抗袁术，被任为扬州牧。不久为孙策所败，退保豫章(今南昌)。王朗，字景兴，东海郡(今山东郯城西南)人，汉末为会稽(治所在今浙江绍兴)

太守。孙策渡江攻城略地,朗屡为孙策所败,投降孙策,后为曹操所征用,仕于魏。

㉖［"论安言计"句］这几句是说,刘、王谈论治安之策时,动辄引用圣贤的话,然不能解决实际问题,不能说服众人,故大家满腹疑虑。

㉗［坐大］安然地强大起来。

㉘［江东］长江自芜湖至南京一段大致呈南北走向,故自汉至隋,芜湖以下的长江下游的南岸地区,又称江东。三国吴全境亦称江东。

㉙［殊绝于人］远远超过别人。

㉚［仿佛孙、吴］孙指孙膑,吴指吴起,战国时军事家。仿佛,好像。

㉛［然困于南阳］南阳,郡名,汉时所在宛城(今河南南阳)。建安二年(197),曹操与张绣战于宛城,军败,为流矢所伤,长子昂等战死。

㉜［厄于乌巢］乌巢,今河南延当真东南。建安五年(200),袁绍拒曹操于官渡,在乌巢聚集大量军粮,准备与操相持,曹军粮少,曾与荀彧写信想退军,后荀劝他坚持,始未撤军。

㉝［危于祁连］建安九年(204),曹操围邺(今河北磁县东南),袁尚引兵相救,操击破之;袁尚退保祁山(当据邺不远),操再破之,然带兵围邺时险被守将审配的伏兵射中。

㉞［偪于黎阳］建安七年(202),袁绍病死,其子袁谭、袁尚守黎阳(今河南浚县境内),操征之,谭、尚固守。

㉟［几败北山］建安二十四年(219),曹操的将领夏侯渊为蜀军所杀,操从长安出斜谷,与刘备争汉中,运粮北山下。备据险拒守,操军士多逃亡,于是退军长安,汉中遂为刘备所有。

㊱［殆死潼关］建安十六年(211),曹操讨马超、韩遂于潼关,将要过河,超军冲来,操急忙上船,河水湍急,超等追击,箭如雨下。殆,几乎。

㊲［然后伪定一时尔］曹操经历了很多危险,然后才得以僭称国号于一时罢了。以蜀为正统,所以指魏为伪。

㊳［曹操五攻昌霸不下］建安四年(199),东海昌霸(即昌豨)叛曹降刘,操屡攻不下,后命于禁征讨,将其杀掉。

㊴［四越巢湖不成］魏以合肥为重镇,巢湖在其东南,时孙权常派兵围合肥,魏军亦屡次出兵攻击东吴。

㊵［任用李服而李服图之］李服即王服。建安四年,汉献帝的亲信车骑将军董承奉密诏与将军吴子兰、王服和刘备等计划杀害曹操。五年春,计划泄露,曹操捕杀董承、王服等人。

㊶［委任夏侯而夏侯败亡］曹操留夏侯渊守汉中,建安二十四年被刘备部将黄忠杀于阳平定军山(今陕西沔县东南)。

㊷［驽下］才智低下。

㊸［期年］一周年。诸葛亮以建兴五年(227)率军北驻汉中,到这时已一年多了。

㊹［“然丧赵云”句］赵云、阳群等,都是蜀国名将。曲长,部曲将官。屯将,屯兵的将官。

㊺［“突将”句］突将,冲锋的将士。无前,先锋将士。賨叟、青羌,当时在军中的两种西南少数民族将士。散骑、武骑,都是骑兵分部的名称。

㊻［当何以图敌］拿什么去对付敌人呢?

㊼［“事不可息”句］既然战事不可止,那等着敌人来攻击和出去攻打敌人,所需劳力和费用是一样的。

㊽［夫难平者事也］战事是很难评断的。平,同“评”。

㊾［昔先帝败军于楚］刘备曾兵败当阳长坂坡(今湖北当阳东),当阳古代属楚地。

㊿［拊手］拍手,谓拍手称快。

51［以］同“已”。

52［先帝东连吴越］指建安十三年(208),刘备联合孙吴在赤壁破曹兵事。

53［西取巴蜀］建安十六年(211),刘备率军入益州(辖今成都、重庆、陕西南部、云南、贵州大部)，十九年，围成都(益州治所)，益州牧刘璋降。重庆、成都，古称巴蜀。

㊹ [夏侯授首] 指建安二十四年(219)曹操部将夏侯渊在定军山为黄忠所杀事。

㊺ [关羽毁败] 建安二十四年，孙权用吕蒙计，袭取荆州，杀关羽父子。

㊻ [秭归蹉跌] 刘备愤孙权杀关羽事，兴兵伐吴，至秭归(今属湖北)为吴军所败。蹉跌，失坠，指失败。

㊼ [曹丕称帝] 汉献帝延康元年(220)曹操之子曹丕废汉献帝自称帝，建国号魏，即魏文帝。

㊽ [逆见] 预料。

㊾ ["臣鞠躬尽力"句] 我只有恭敬谨慎，不辞劳苦，竭尽其力，到死方休罢了。

㊿ [逆睹] 预见。

【评析】

诸葛亮是有远见卓识的。东汉末年，皇室衰微，奸臣当道，群雄逐鹿，天下大乱。然而，当刘备三顾茅庐，问计于诸葛亮时，魏、蜀、吴天下三分的大势，早已了然于其胸中。立足巴蜀，"外结好孙权，内修政理，天下有变，则命一上将将荆州之军以向宛、洛，将军(指刘备)身率益州之众出于秦川，百姓孰敢不箪食壶浆以迎将军乎？诚如是，则霸业可成，汉室可兴矣！"(《三国志·蜀志·诸葛亮传》)诸葛亮与刘备的这番话，不仅道出了蜀汉军国、政治的蓝图，而且也给自己拟定了一个政治家和军事家的未来理想和愿望。接下来联吴抗曹，得荆州，败曹操，据益州，平南蛮，刘备建国称帝，诸葛亮出任蜀相，魏、蜀、吴三足鼎立，事情的发展似乎都在他的预料之中。然蜀汉能否击败魏、吴，兴复汉室，一统天下，却始终是个未知数。"凡事如是，难可逆见"，何况蜀汉与魏、吴抗衡，国力并不占优。对此，诸葛亮是抱着深深的忧患意识的。但既然“汉、贼不两立，王业不偏安”的国策已定，既然是若“不伐贼，王业亦亡；惟坐待亡，孰与伐之”，既然刘备三顾茅庐，临终托孤，与之有一番难得的君臣际遇，纵敌强我弱，纵内存疑虑，诸葛亮也不能不“鞠躬尽力，死而后已”了。前、后《出师表》所表现出的，正是这种为国为民鞠躬尽瘁、死而后已的精神。“表”属于章奏一类文体，先秦称上疏，秦称表，汉朝承之，多称章、表、奏、议等。不过，《三国志》引诸葛亮此文，仍称“疏”，自南朝梁萧统编《文选》收入此文，归入表文一类，后人便承袭下来。凡臣下对君主有所陈请，就使用这种上行的公文。表体之文在唐代以前，多为散体书写，唐宋以来，则多用骈文。所以，诸葛亮的这篇《出师表》，以散体撰写，向后主陈说出师伐魏的道理，晓之以义，动之以情，虽无修饰，却恳切条畅，情感真挚，充分表达了他勤勉砥砺、复兴汉室的忠贞思想，感染力极强。故刘勰称“孔明之辞后主，志尽文畅，（略）表之英也”（《文心雕龙·章表》），苏轼称其“简而劲，直而不肆”（《张文定公墓志铭》），确非过誉。

【理性思考】

1. 《后出师表》见于裴松之的注文，而非陈寿《三国志》的正文，因此有人认为这是后人的伪作。请查阅相关资料，谈谈你的看法。

2. 清代学者黄式之称：“《前表》悲壮，《后表》衰飒；《前表》意周而辞简，《后表》意窘而辞繁。”请结合诸葛亮创作前、后《出师表》的背景，谈谈你对这句话的理解。

【延伸阅读】

1. 《三国志·蜀志·诸葛亮传》，中华书局 1959 年版。

2. 段熙仲、闻旭初编校《诸葛亮集》，中华书局 2018 年版。

哀江南赋序[1]

庾 信

粤以戊辰之年，建亥之月，大盗移国，金陵瓦解[2]。余乃窜身荒谷，公私涂炭[3]。华阳奔命，有去无归[4]。中兴道销，穷于甲戌[5]。三日哭于都亭，三年囚于别馆[6]。天道周星，物极不反[7]。傅燮之但悲身世，无处求生[8]；袁安之每念王室，自然流涕[9]。昔桓君山之志事，杜元凯之平生，并有著书，咸能自序[10]。潘岳之文采，始述家风；陆机之辞赋，先陈世德[11]。信年始二毛，即逢丧乱，藐是流离，至于暮齿[12]。《燕歌》远别，悲不自胜[13]；楚老相逢，泣将何及[14]！畏南山之雨，忽践秦庭[15]；让东海之滨，遂餐周粟[16]。下亭漂泊，高桥羁旅[17]，楚歌非取乐之方，鲁酒无忘忧之用[18]。追为此赋，聊以记言，不无危苦之辞，惟以悲哀为主[19]。

日暮途远，人间何世[20]！将军一去，大树飘零[21]；壮士不还，寒风萧瑟[22]。荆璧睨柱，受连城而见欺[23]；载书横阶，捧珠盘而不定[24]。钟仪君子，入就南冠之囚[25]；季孙行人，留守西河之馆[26]。申包胥之顿地，碎之以首[27]；蔡威公之泪尽，加之以血[28]。钓台移柳，非玉关之可望[29]；华亭鹤唳，岂河桥之可闻[30]！

孙策以天下为三分，众才一旅[31]；项籍用江东之子弟，人惟八千[32]。遂乃分裂山河，宰割天下[33]。岂有百万义师，一朝卷甲，芟夷斩伐，如草木焉[34]？江淮无涯岸之阻，亭壁无藩篱之固[35]。头会箕敛者，合纵缔交；锄耰棘矜者，因利乘便[36]。将非江表王气，终于三百年乎[37]？是知并吞六合，不免轵道之灾[38]；混一车书，无救平阳之祸[39]。呜呼！山岳崩颓，既履危亡之运[40]；春秋迭代[41]，必有去故之悲。天意人事，可以凄怆伤心者矣！况复舟楫路穷，星汉非乘槎可上[42]；风飙道阻，蓬莱无可到之期[43]。穷者欲达其言，劳者须歌其事[44]。陆士衡闻而抚掌，是所甘心[45]；张平子见而陋之，固其宜矣[46]。

【注释】

① 选自《庾子山集注》卷二(中华书局 1980 年版)。“哀江南”出自楚辞《招魂》“魂兮归来哀江南”句。梁武帝建都建邺,元帝都江陵,都在江南,因此借用成语为赋。庾信(513—581),字子山,南阳新野(今河南新野县)人。南朝梁侯景叛乱,梁都建康失守,庾信逃往湖北江陵,仕于梁元帝。后出使西魏,其间梁亡,因为北朝当时倾慕南朝文化,庾信被强留在长安。北周代魏后,庾信更被重视,官至高位。庾信是六朝集大成作家,又是唐诗先驱,在文学史上起了承先启后的作用。今传《庾子山集》十六卷。

② [“粤以”句] 粤,同“曰”,发语词。戊辰,梁武帝太清二年(548)。建亥之月,十月。大盗,窃国篡位者,指侯景。金陵,今南京,即建邺,梁国都。金陵瓦解,犹言金陵沦陷。

③ [“余乃”句] 侯景作乱,梁简文帝命庾信率宫中文武一千多人驻扎朱雀航,侯景到时,庾信逃避,众人溃走,台城陷落,庾信奔江陵。窜,逃匿。荒谷,此指江陵。下句是说公室私门都遭侯景之害,如同陷入泥涂炭火之中。

④ [“华阳”句] 梁元帝承圣三年(554),庾信奉命从江陵出使西魏,这年十一月,西魏攻陷江陵,元帝被杀,庾信留在长安未归。华阳,指江陵。奔命,奉命奔走。

⑤ [“中兴”句] 中兴,指梁元帝即位并平定侯景。甲戌,梁元帝承圣三年(554)是甲戌年,这一年江陵被攻陷,梁元帝被杀,梁朝中兴的希望又破灭了。

⑥ [“三日”句] 意思是说,江陵沦陷,自己很悲痛,但被西魏羁留,不能回国。三日哭于都亭,《晋书·罗宪传》:“魏之伐蜀,宪守永安城。及成都败,知刘禅降,乃率所部临于都亭三日。”临,哭。都亭,都城内的亭子。三年囚于别馆,《左传》昭公二十三年记载,鲁国使者叔孙婼(chuò)出使晋国被囚。馆,客馆,使者住的地方。别馆,正馆以外的

馆舍。

⑦［“天道”句］意思是说，按照天理，周星照临梁地之时，应该可以使梁复兴，这也算是“物极则反”了；但是至今不能复兴，只能说是“物极不反”了。天道，天理。周星，即岁星（也叫太岁、木星）。岁星十二年绕天一周，所以称周星。古人认为岁星照到哪儿，哪儿有福。物极不反，“物极必反”之意的反用。

⑧［“傅燮”句］意思是说，梁朝既然没有复兴的希望，自己又被羁留异国，只能悲叹自己的厄运，而无处求生了。傅燮，《后汉书》载其事迹。其人不容于朝廷，做汉阳太守时，汉阳城被围攻将陷，有人劝他弃城回乡，以后投奔别的明主。傅燮拒绝了，最后战死。他说殷纣那样的暴君，伯夷还忠于他，不食周粟而亡。现在的朝廷也不比殷纣差，我当然要学伯夷了。尽管这个乱世容不得品德高尚的人，但我既然拿了朝廷的俸禄，又怎么能逃避责任呢！我能往哪儿去？只能死在这儿了！庾信用傅燮事悲叹自身遭遇，表明自己无路可走必死于此之意。

⑨［“袁安”句］悲叹梁朝覆亡。袁安，《后汉书·袁安传》：袁安字邵公，官司徒。因皇帝幼弱，外戚专权，每逢上朝或与公卿谈及国事，“未尝不噫呜流涕”。

⑩［“昔桓君山”句］像桓君山、杜元凯这样的有志之人，都有著作流传，并能借以抒发平生志趣。桓君山，名谭，子君山，东汉人。著有《新论》。杜元凯即杜预，晋人。著《春秋经传集解》。志事，有志于事业。自序，自己写作叙述生平志趣。

⑪［“潘岳”句］潘岳以其斐然文采最早写《家风诗》叙述家风；陆机有《祖德赋》《述先赋》，开创以辞赋歌颂祖德的风气。潘岳（247—300），字安仁，荥阳中牟（今河南荥阳东）人。少有奇才，热心功名，然仕途并不得意。晋惠帝时赵王伦辅政，他被赵王的亲信害死。潘岳以善写哀伤诗文著称，代表作有《悼亡诗》等，今存《潘黄门集》一卷。陆机（261—330），字士衡，吴郡（今江苏苏州）人，陆逊之孙。晋武帝太康末，与弟陆云入洛阳，以文章为时人所重，被辟为祭酒，累官至太子洗马、著

作郎。惠帝太安初,死于八王之乱。有《陆士衡集》。

⑫ [“信年始二毛”句] 说自己中年遭受离乱,流落异国,如今已是暮年。二毛,头发有黑白二色,言半老之人。藐是,远是。

⑬ [“燕歌”句] 说自己远离故国,羁旅北方,不能克制自己的悲伤。燕歌,即《燕歌行》,乐府诗题名,多为伤别之作。

⑭ [“楚老”句] 意思是,(自己在异国),遇到了故国的熟人,也只有相对而泣罢了,还是没有什么出路。楚老,《汉书·龚舍传》载,龚舍的朋友龚胜,王莽派人请他做官,他因不愿背叛汉朝而拒绝,绝食而亡。有个老人来吊唁,哭得很伤心。楚老即指这个来吊唁的老人。按,庾信用龚胜的典故有自惭之意。

⑮ [“畏南”句] 大意是说自己遭遇国难,本有隐居远离祸害之意,但国事危急,只好出使西魏。畏南山之雨,《列女传·贤明传》记,陶答子妻子说,听说南山有头黑豹子,雨雾天七天不下山吃东西,就为了用雨水滋润皮毛而变成斑斓之色,所以藏起来远离祸害。用此典故是说遭遇侯景之乱,自己本有藏而避害之意。忽践秦庭,《淮南子·修务训》载,申包胥七天七夜赶到秦庭向秦王求救,秦出兵败吴,保全了楚国。用此典故,说自己奉命出使西魏救急谋和。忽,匆匆。践,至。

⑯ [“让东海之滨”句]《史记·齐太公世家》载,齐康公十九年,“田常曾孙田和始为诸侯,迁康公海滨。”用此典故说宇文宽篡西魏建立北周。让,禅让。遂餐周粟,《史记·伯夷列传》载,周武王讨伐殷纣王,伯夷、叔齐曾劝阻,西周立国,二人耻不食周粟,隐居首阳山,采薇而食。意即不事二主。已餐周粟,即是屈节奉敌了。这两句是说自己出使西魏,后来江陵沦陷,北周又篡了魏,自己也就沦落到失节仕周。

⑰ [“下亭”句] 说自己漂泊异乡,过着羁旅生活。《后汉书·范式传》载,孔嵩往京城,道宿下亭,有盗贼偷了他的马。《梁鸿传》又载,梁鸿到吴县,住在世族皋伯通家的大房子里。高桥,一作皋桥,在吴县阊门内。

⑱ [“楚歌”句] 说国亡身困,楚歌鲁酒,更增愁恨。《史记·留侯

世家》载，汉高祖夫人戚氏欲立其子为太子不成，高祖让戚夫人作楚舞，自己唱楚歌，歌声凄怆，戚夫人唏嘘流涕。古人以为鲁酒薄，《庄子·胠箧》中说："鲁酒薄而邯郸围。"

⑲［"追为"句］是说此赋的大旨是要记载梁朝兴亡的史实，虽也有个人的危苦之词，但以悲伤国事为主。聊，且。记言，古人谓"左史记言，右史记事"，这赋以自己身世为线索，感慨梁朝的兴亡治乱，近于历史叙述，但又不完全是记事，故曰"记言"。"不无"两句，嵇康《琴赋》："称其才干，则以危苦为上；赋其声音，则以悲哀为主。"此两句仿之。

⑳［"日暮"句］感慨世间事物变化无常，自从战乱以来，不知发生了多少变化，也不知目前又是怎样一个世界，可自己已年老力衰，无所作为了。日暮途远，语出《史记·伍子胥传》。

㉑［"将军"句］是说自己曾率宫中文武千余人试图抵抗侯景，然现在早就大势已去了。《后汉书·冯异传》："每所止舍，诸将并坐论功，异常独屏树下，军中号曰：'大树将军'。"此用其字面，将军是自指。

㉒［"壮士"句］是说自己出使西魏，一去不得复返。《史记·刺客列传》载，荆轲为燕太子入秦复仇，太子等送至易水边，荆轲歌曰："风萧萧兮易水寒，壮士一去兮不复还！"

㉓［"荆璧"句］说蔺相如当年出使秦国，不辱使命，而自己出使西魏却被欺而不得归。蔺相如完璧归赵事，见《史记·廉颇蔺相如列传》。

㉔［"载书"句］是说毛遂帮助平原君与楚国订了合纵之盟，而自己出使西魏终未能拒魏存梁。毛遂事，见《史记·平原君列传》。平原君与楚商议合纵之事，从早上谈到中午，始终议而不决，毛遂持剑上殿，手持盟书厉声斥责楚王，王最终答应合纵之盟。载书，盟书。珠盘，春秋战国，诸侯歃血而盟所用珠玉为饰的器皿。

㉕［"钟仪"句］以钟仪自比，言己本楚人，而羁留魏、周，近乎南冠之囚。《左传》成公七年、九年载，郑国将其俘获的原郧国的钟仪，交给晋国，晋景公询问这个着楚人装束的囚犯是谁，下属回答说是楚国（郧属楚地）的俘虏。景公问其家世，钟仪说是乐官，景公令其弹琴，钟仪所

弹奏，皆楚地的曲调。景公把这件事告诉范文子，范文子认为其不忘本，是君子，后钟仪被放回，以和好晋、楚的关系。南冠，楚人所着獬冠。

㉖［“季孙”句］以季孙自比，说自己出使西魏，不能南归，而被留在长安。《左传》昭公十三年载，诸侯在平丘会盟，因邾、莒等小国向晋国告状，晋不许鲁国参加，并扣押了鲁相季孙意如。后来，晋国打算悄悄地放了季孙，季孙要求以礼相送，晋国就派叔鱼去劝，叔鱼威胁他说，如你不愿回去，可能会被人送到偏远的地方拘禁起来，季孙只好回鲁国去了。

㉗［“申包胥”句］是说江陵沦陷，自己不能像申包胥那样求到救兵。《左传》定公四年载，吴伐楚，战于柏举（今湖北麻城），楚败，吴攻入郢都。申包胥入秦求救，秦哀公起初不肯出兵，申包胥依宫墙而哭，连续七天，日夜不绝，哀公终于同意出兵，申包胥叩头致谢。

㉘［“蔡威公”句］刘向《说苑》载，蔡国威公谏其君而不听，闭门而泣，泣尽而继之以血，人问之，曰：“吾国且亡。”这两句用此事，说自己对梁亡非常悲痛而又无可奈何。

㉙［“钓台”句］意谓故国的树木不是羁留于北地的人所能望见的。钓台移柳，《晋书·陶侃传》载，侃做武昌太守时曾令部下在钓台种柳，用于布阵防守，有人就盗移武昌西门的官柳，后被陶侃发现。此处借以指故国。玉关，即玉门关，在今甘肃敦煌西北，此借指北地。

㉚［“华亭”句］是说华亭鹤鸣，哪里是败于河桥的陆机所能听到的呢？意谓自己也听不到故国的鸟鸣了。《世说新语·尤悔》载，陆机在河桥（大约在今河南汤阴西南）兵败后，因人进谗言被杀，临刑时叹道：“欲闻华亭鹤唳，可复得乎？”华亭在吴由拳县（今浙江嘉兴县南）郊外，有清泉茂林，吴亡后，陆机兄弟曾在此隐居。

㉛［“孙策”句］说孙策三分天下，与魏、蜀三足鼎立，最初所凭借的队伍不过五百人。参《三国志·吴志·孙策传》。一旅，五百人。

㉜［“项籍”句］说项羽起兵灭秦，最初所率领的江东子弟兵，亦不过八千人。参《史记·项羽本纪》。

㉝ [“遂乃”句] 承上文说孙策、项羽只用很少的兵，却能割据一方。汉贾谊《过秦论》：“宰割天下，分裂山河。”

㉞ [“岂有”句] 说梁曾有百万大军，不但没能取得胜利，反而一败涂地，使侯景、于谨像除草伐木一样地屠杀士兵和百姓，这样的事，过去何曾有过呢？《南史・侯景传》载，侯景反，王质率三千兵无故自退，历阳太守庄铁投降，西丰公大春弃石头城而走，谢禧弃白下城逃走，援兵至北岸，众号百万，后皆退走。侯景的军队所到之处，施行空城政策，杀人如麻。卷甲，形容军队溃败。芟夷，除草，削除。

㉟ [“江淮”句] 说侯景的军队长驱直入，梁军纷纷败降，江淮毫无天堑的作用，军营的墙壁还不如藩篱坚固。

㊱ [“头会”句] 说陈霸先（陈高祖）和一些想搞割据的人，乘侯景之乱、梁朝衰弱混乱的机会，纷纷起来要取代梁朝。头会箕敛，按人头收税。《汉书・陈余传》：“头会箕敛以供军费。”箕，簸箕。合从缔交，《过秦论》：“合从缔交，相与为一。”合从，连合南北，南北为纵。战国时苏秦游说六国诸侯，要他们联合起来抗秦，秦在西，六国土地南北连结，故称合纵。从，同“纵”。《过秦论》：“锄耰棘矜，不敌于钩戟长铩也。”锄耰，都是农具。棘，即戟，一种兵器。矜，矛铤的把柄。《过秦论》中的这两句话，是说陈涉等起义者的武器低劣，不如齐楚等九国，但能灭秦。

㊲ [“将非”句] 是不是江南的王气经历了三百年就注定要终止了呢。江表，江外，指长江下游南岸建康一带。王气，天子之气。古代有望气之术，认为某地有天子出，当可先见到王气。这里暗指梁朝的气数。《史记・汉高帝本纪》：“秦始皇帝常曰：‘东南有天子之气。’”三百年，自孙权建都建业，历东晋、宋、齐、梁，共241年，三百年是取其成数。

㊳ [“是知”句] 说即使像秦王朝那样，能吞并四海，统一寰宇，也免不了亡国之灾。此处以秦轵道之降比喻梁元帝江陵之降。六合，天地四方。《过秦论》说秦有“并吞八荒之心”，“吞二周而亡诸侯，履至尊而制六合”。轵道之灾，《史记・高祖本纪》载，刘邦率兵至霸上（今西安东），秦王子婴素车白马，脖子上用丝带挂着皇帝的印玺，站在轵道亭

(在西安东北)旁向刘邦的军队投降。

㊴［“混一”句］以晋怀、愍二帝被害于平阳，比梁武帝被害于金陵，也是说虽能统一天下，如不能励精图治，最终也不免会走向覆灭，性命难保。混一，统一。平阳之祸，西晋末年，先是刘聪攻陷洛阳，晋怀帝被迁到平阳(今山西临汾)，两年后被害。后刘曜攻陷长安，愍帝也被迁到平阳，次年被杀。

㊵［“山岳”句］山崩水断，是国家危亡的征兆。语出《国语·周语》：“山崩川竭，亡之征也。”崩颓，倒塌。履，经遇。

㊶［迭代］循环更替，喻朝代的更替。

㊷［“况复”句］是说自己前途渺茫，走投无路，没有归宿。楫，船桨。穷，尽。槎，木筏。旧说天河与海相通，有人住在海边，每年八月，多带干粮，乘木筏可达天上。见晋张华《博物志》。此反用此事，说自己无路可走。

㊸［“风飙”句］是说回风阻道，蓬莱不可到达，以此比喻自己日暮途穷。飙，回风。蓬莱，海上三仙山之一。《汉书·郊祀志》载，有人入海寻找蓬莱、方丈、瀛州三神山，传说山在渤海中，上有长生不老之药，用金银建成的宫殿，然此山远看若云，到了跟前却又像是在水下，终究接近不了它。

㊹［“穷者”句］是说做什么说什么，生活劳苦的人所歌唱的，必与他所从事的劳动有关；人仕途不得意，也就想把自己的志向表达出来。意思是自己写这篇赋就是要表达心中想说的话，记下自己的遭遇。

㊺［“陆士衡”句］是说自己作《哀江南赋》，即便受人嘲笑，也是甘心的。陆机刚到洛阳时，想写作《三都赋》，但听说左思写了，便抚掌而笑，很瞧不起，说左思即使作了，恐怕也只能拿来盖酒瓮。后来左思的《三都赋》写出来了，陆机看了十分佩服，觉得自己再写也很难超过他，便放弃了。参《晋书·左思传》。

㊻［“张平子”句］与前面的两句一样，都是谦词。说自己这篇赋作得不好，被人轻视，是理所当然的。东汉张衡，字平子，不满意班固的

《两都赋》,重作《二京赋》,精心结撰,十年乃成。

【评析】

庾信出身于一个虽非十分显贵、却也属于士族的家庭。庾信的父亲庾肩吾是南朝梁著名的文人,庾信自幼聪敏,博览群书,与其父一起出入宫廷,为文学侍从,与当时也是以文学知名的徐摛、徐陵父子号称“徐、庾”,其所作文风艳丽,称为“徐庾体”。庾信曾出使东魏,颇获声誉,受到太子萧纲的宠信。正当庾信仕途得意的时候,久已武备不修的梁朝,爆发了“侯景之乱”。侯景原是东魏的降将,因不满梁与东魏的通好,起兵造反,梁武帝被困饿而死,梁简文帝等三个傀儡皇帝先后被立又被废。数年后虽此乱终被平定,侯景被杀,但南朝的社会和经济均遭到极大的破坏,梁王朝摇摇欲坠。庾信弃职逃命,一路艰辛,自建康奔江陵,仕于梁元帝。承圣二年(554),庾信受命出使西魏,而就在这一年,西魏出兵攻打江陵,不久,江陵城陷,梁元帝被杀,梁亡,庾信也因此羁留长安,并先后仕于西魏、北周。在北朝为官的庾信,虽颇受器重,官至高位,然国破家亡的经历和波折,屈身仕敌的无奈和自惭,以及对梁朝覆灭的省思、对家国故土的眷念和羁旅状态的体认等等,时常交织在一起,挥之不去。《哀江南赋并序》就是在这一背景下产生的。《哀江南赋》以作者身世遭遇为线索,写出了梁朝由盛到衰的过程和江南地区遭受战乱、百姓深陷苦难的现实,以及作者自己内心的复杂情感。《序》则概括赋的大意,着重说明其写作动机和原因。《周书·庾信传》说:“信虽位望通显,常有乡关之思。乃作《哀江南赋》以致其意。”所谓“乡关之思”,所包含的,既有对家国的思念,也有对萧梁兴亡的反思;既有自身羁旅之愁的体认,也有自惭二臣的哀感。基调是悲凉的。此赋的序文,是庾信作品中最出色的骈文。作为全赋的一个重要组成部分,譬如序曲,奏出了全部乐章的基调,同时它又是首尾齐全、相对独立的文章,与赋的正文相辅相成。赋中的兴亡之感和身世之悲,在序文中得到了更集中、更感人的表现。序文以四六句式为主,中间杂以散句,骈散结合,和谐错综，特别是散句出以反问的语气，感慨万端，含蓄不尽。用赋的形式概括一代兴亡，描写人民苦难，在六朝辞赋中极为少见；六朝小赋以抒情为主，又多属离愁别恨，而很少叙事成分，此赋以炽热的感情写出了历史上的一个重大事件。援古用今，用人若己，在纷披的文采和宏亮的音节中显出了深郁悲凉的骨力，在文学史上占有重要的地位。

【理性思考】

1. 你如何理解庾信的“乡关之思”?
2. 略述庾信前后期文学创作的变化。
3. 如何看待庾信在南北文化交流中的作用。

【延伸阅读】

1. 庾信《哀江南赋》《小园赋》，许逸民校点《庾子山集注》，中华书局 1980 年版。
2. 曹道衡《庾信〈哀江南赋〉四解》，载《中华文史论丛》1980 年第 3 期。

张中丞传后序[①]

韩　愈

元和二年[②]四月十三日夜，愈与吴郡张籍[③]，阅家中旧书，得李翰[④]所为《张巡传》。翰以文章自名，为此传颇详密，然尚恨有阙[⑤]者：不为许远[⑥]立传，又不载雷万春事首尾[⑦]。

远虽材若不及巡者，开门纳巡[⑧]，位本在巡上，授之柄而处其下[⑨]，无所疑忌，竟与巡俱守死，成功名。城陷而虏，与巡死先后异耳[⑩]。两家子弟材智下，不能通知二父志[⑪]，以为巡死而远就虏，疑畏死而辞服于贼。远诚畏死，何苦守尺寸之地，食其所爱之肉[⑫]，以与贼抗而不降乎！当其围守时，外无蚍蜉蚁子之援，所欲忠者，国与主耳，而贼语以国亡主灭[⑬]，远见救援不至，而贼来益众，必以其言为信，外无待而犹死守，人相食且尽，虽愚人亦能数日而知死处矣，远之不畏死亦明矣，乌有[14]城坏其徒俱死，独蒙愧耻求活，虽至愚者不忍为，呜呼！而谓远之贤而为之邪[15]？

说者[16]又谓远与巡分城而守，城之陷自远所分始[17]，以此诟远，此又与儿童之见无异，人之将死，其脏腑必有先受其病者；引绳而绝之[18]，其绝必有处：观者见其然，从而尤之[19]，其亦不达于理矣。小人之好议论，不乐成人之美如是哉[20]！如巡、远之所成就，如此卓卓，犹不得免，其他则又何说。

当二公之初守也，宁能知人之卒不救，弃城而逆遁[21]，苟此不能守，虽避之他处何益；及其无救而且穷也，将其创残饿羸之余[22]，虽欲去，必不达。二公之贤，其讲之精矣[23]。守一城，捍天下[24]，以千百就尽之卒，战百万日滋之师[25]，蔽遮江淮，沮遏其势[26]，天下之不亡，其谁之功也！当是时，弃城而图存者[27]，不可一二数，擅强兵坐而观者[28]相环也，不追议此，而责二公以死守，亦见其自比于逆乱[29]，设淫辞而助之攻[30]也。

愈尝从事于汴、徐二府，屡道于两府间[31]，亲祭于其所谓双庙[32]者；其老人往往说巡、远时事，云："南霁云[33]之乞救于贺兰[34]也，贺兰嫉巡、远之声威功绩出己上，不肯出师救。爱霁云之勇且壮，不听其语，强留之，具食与乐[35]，延霁云坐，霁云慷慨语曰："云来时，睢阳之人，不食月余日矣，云虽欲独食，义不忍，虽食，且不下咽！"因拔所佩刀断一指，血淋漓，以示贺兰。一座大惊，皆感激为云泣下。云知贺兰终无为云出师意，即驰去，将出城，抽矢射佛寺浮图[36]，矢着其上砖半箭，曰："吾归破贼，必灭贺兰，此矢所以志[37]也。"——愈贞元中过泗州，船上人犹指以相语。——城陷，贼以刃胁降巡，巡不屈，即牵去，将斩之；又降霁云，云未应，巡呼云曰："南八[38]，男儿死耳，不可为不义屈[39]。"云笑曰："欲将以有为也，公有言，云敢不死[40]！"即不屈。

张籍曰：有于嵩者，少依于巡，及巡起事，嵩常[41]在围中。籍大历[42]中，于和州乌江县见嵩，嵩时年六十余矣。以巡初尝得临涣县尉[43]，好学，无所不读。籍时尚小，粗问巡、远事，不能细也。云：巡长七尺余，须髯若神。尝见嵩读《汉书》，谓嵩曰："何为久读此?"嵩曰："未熟也。"巡曰："吾于书读不过三遍，终身不忘也。"因诵嵩所读书尽卷，不错一字。嵩惊，以为巡偶熟此卷，因乱抽他帙[44]以试，无不尽然。嵩又取架上诸书，试以问巡，巡应口诵无疑。嵩从巡久，亦不见巡常读书也。为文章，操纸笔立书，未尝起草。初守睢阳时，士卒仅[45]万人，城中居人户亦且数万，巡因一见问姓名，其后无不识者。巡怒，须髯辄张。及城陷，贼缚巡等数十人坐，且将戮，巡起旋[46]，其众见巡起，或起或泣。巡曰："汝勿怖，死，命也。"众泣，不能仰视。巡就戮时，颜色不乱，阳阳[47]如平常。远宽厚长者，貌如其心，与巡同年生，月日后于巡，呼巡为兄，死时年四十九。嵩贞元初，死于亳、宋间，或传嵩有田在亳、宋间，武人夺而有之，嵩将诣州讼理，为所杀。嵩无子。张籍云。

【注释】

① 本文选自《韩愈文集汇校笺注》卷三(中华书局 2010 年版)。韩愈(768—824)，字退之，河阳(今河南孟州市)人。早孤，从兄嫂抚养。贞元八年(792)进士，十九年任监察御史，因上疏言宫市之弊，贬阳山令。宪宗元和十二年(817)，随裴度平淮西，升任刑部侍郎。因上书谏遣使往凤翔迎佛骨事，贬潮州刺史。穆宗时，诏为国子监祭酒，转兵部、吏部侍郎。长庆四年(824)卒，谥"文"。愈郡望昌黎，故世称韩昌黎。愈学通贯六经百家，反对六朝以来文风，提倡古文，文笔雄健，为后世所称。门人李汉编其文为《昌黎先生集》，两《唐书》有传。

② [元和二年] 807 年。元和，唐宪宗李纯年号(806—820)。

③ [张籍(约 767—830)] 字文昌，吴郡(今江苏苏州市)人(按：张籍是和州乌江即今安徽和县人，可能和吴郡张氏同族，因此称吴郡张籍，这是唐代士大夫标榜郡望的习气)，唐代著名诗人。

④ [李翰] 字子羽，赵州赞皇(今河北元氏县)人，官至翰林学士。张巡粮尽无援殉难后，有人污蔑他降贼，李翰为其作传表白。

⑤ [阙] 阙如，欠缺。

⑥［许远］杭州盐官（今浙江海宁县）人。安史之乱时任睢阳太守，睢阳被困时，求救于真源（今河南鹿邑县东）令张巡，二人合守孤城。

⑦［雷万春事首尾］雷万春，张巡部下，据说面着六矢，兀立不动，敌人以为是木头假人。首，指雷万春的出身。尾，指万春殉难后赠官等事。

⑧［开门纳巡］打开城门迎接张巡。指请张巡共同守城之事。

⑨［授之柄而处其下］把军权交给张巡而甘心接受他的指挥。

⑩［城陷而虏，与巡死先后异耳］城陷后被俘虏，与张巡只是死得早晚不同罢了。

⑪［两家子弟材智下，不能通知二父志］（巡、远）两家后人智慧不足，不能懂得父辈的心志。睢阳城陷后，巡、远等被虏，敌人先杀张巡，送许远到洛阳（时敌首脑安庆绪在洛阳），至偃师，许远不屈而死。代宗大历中，张巡儿子上书，请求追夺许远官职，他认为城陷后许远没死是投降。代宗让巡、远两家和百官共同讨论，大家认为，因为许远是睢阳太守，一般屠城后，以活捉主将解送到上级处为首功，所以许远没有被立即杀死，因此不足为证。上书的蠢事是张巡之子所为，韩愈说"两家子弟"，大约许远之子也不很明智，做了不应该的事。

⑫［食其所爱之肉］睢阳城被围，粮尽，先是以少许粮和茶、纸同吃，后吃马、鼠、雀，最后吃人。张巡杀爱妾、许远杀童奴，给士兵作粮食。

⑬［国亡主灭］指潼关失守，长安陷落，唐玄宗（李隆基）逃往西蜀。

⑭［乌有］哪有。

⑮［而谓远之贤而为之邪］难道说像许远这样贤明的人会这样做吗？

⑯［说者］指张巡之子张去疾。

⑰［远与巡分城而守，城之陷自远所分始］张巡守睢阳城东北，许远守西南，敌人是从西南面先攻入的。此为张去疾书中攻击许远的话。

⑱［引绳而绝之］将绳拉断。

⑲［从而尤之］就此便加以埋怨。从，就。尤，埋怨（过失）。

⑳［小人之好议论，不乐成人之美如是哉］小人嘁嘁喳喳，不喜欢成人之美，就是这样的啊！乐，喜欢。成人之美，赞成和帮助别人做好事。“君子成人之美”是《论语·颜渊》篇中的成语。

㉑［逆遁］预先逃走。逆，预料。

㉒［将其创残饿羸之余］带领剩下的这些受伤残疾饥饿瘦弱的人。将，率领。

㉓［二公之贤，其讲之精矣］以张巡许远两位那样贤明，当时已经研究讨论得很透彻的了。

㉔［捍天下］保卫全国。

㉕［以千百就尽之卒，战百万日滋之师］仅凭千百个濒临灭亡的士兵来对付上百万天天增加的军队。睢阳初守时兵九千八百人，到城破，仅剩残兵六百人。

㉖［蔽遮江淮，沮（jǔ）遏其势］保护江淮地区，挡住叛军的攻势。蔽，掩蔽。遮，拦住。沮，终止。遏，阻止。江淮是东南财富之地，敌人不破睢阳则不敢犯江淮，怕张巡、许远从后面袭击，从而造成首尾不顾。按，睢阳陷落后三日，救兵到；十日，收复东京。安庆绪逃往河北，破睢阳的敌将尹子奇被陈留人所杀。所以说，江淮得以保全，功在巡、远。蔽遮江淮，沮遏其势，亦即上文的“守一城，捍天下”。

㉗［弃城而图存者］为了保全性命而弃城逃跑的官员。比如河南节度使虢王李巨弃彭城，逃临淮；山南东道节度使鲁炅弃南阳，逃襄阳。

㉘［擅强兵坐而观者］拥有强兵而坐视不救的大员。比如闾丘晓在谯郡、尚衡在彭城，包括下文贺兰进明，都是拥有强兵的大员，距离睢阳都很近，但都坐视不救。

㉙［自比于逆乱］自同于叛逆作乱之人。比，同。

㉚［设淫辞而助之攻］捏造谎言帮助坏人攻击张、许二公。设，制造。淫辞，过分的不正当的议论。之，代上文所说的叛逆之人。

㉛［愈尝从事于汴、徐二府，屡道于两府间］我曾经在汴州、徐州做官，多次走动于两处之间。

㉜［双庙］张巡、许远庙，二人合祀，所以称双庙。在睢阳。

㉝［南霁云］魏州顿丘（今河北清丰县）人。殉难后，赠官扬州大都督。

㉞［贺兰］贺兰进明，时为河南节度使，驻扎临淮（今安徽泗县东南）。

㉟［具食与乐］备办了饮食和歌乐。

㊱［佛寺浮图］指泗县香积寺塔。浮图，也作浮屠，梵语音译，塔。

㊲［此矢所以志］用这枝箭作为记号。志，识，记号。

㊳［南八］南霁云排行第八，故称。

㊴［不可为不义屈］不可为不义之事屈服。

㊵［欲将以有为也，公有言，云敢不死］我本想有所作为，您既然这样说，我哪敢不死。

㊶［常］通“尝”，曾经。

㊷［大历］唐代宗李豫年号（766—779）。

㊸［以巡初尝得临涣县尉］因为张巡的缘故，于嵩曾做过临涣（今安徽宿州）县尉。张巡殉难后，皇帝对他的亲属和部下特别“加恩”，于嵩因此做官。

㊹［帙］书衣。合若干卷为一帙，犹如一函或一套。他帙，别的书。

㊺［仅］几乎，将近。

㊻［起旋］起身绕行。

㊼［阳阳］无所动心、毫不在乎的神情。

【评析】

唐王朝在赫赫扬扬了一百二十多年后，在所谓的开元盛世后期，尤其是到了天宝年间，情况已发生变化。唐玄宗李隆基荒于政事，忠贤渐被排斥，四处开边，奢侈之风盛行，都使得这个国家表面上似乎还是盛世的模样，然各种弊端积累渐多，风雨欲来。天宝十四载(755)十一月，“渔阳鼙鼓动地来”，安禄山起兵造反，自北而南，几无人能阻，仅一个月就打到河洛地区，攻陷了洛阳。次年，叛军西向，潼关失守，长安沦陷。然而，渡过汴水，试图南下的叛军，在雍丘(今河南杞县)、睢阳(今商丘南)、灵昌(汲县东)等地，却遭到了张巡、许远、南霁云、薛愿、许叔冀等守臣的殊死抵抗，尤其在睢阳城，张巡、许远、南霁云等人凭区区一城，坚持十个月之久，虽最终皆惨烈殉国，然叛军试图南下江淮的企图既不能得逞，江淮地区千里财赋之地遂得以保障，唐王朝得以不亡，其功绩足以名垂青史。所以，当时多有为张巡等作传的士人(如李翰)，然独独不及许远，原因是城陷之日，张巡等三十人同日赴死，睢阳太守许远则被押至洛阳后被害。其实城被攻破，叛军没有马上杀掉许远，是因为他们要回去邀功。在一番争议之后，朝廷为许远作了甄别。韩愈之所以撰写此文，正是要为许远补立一传。韩愈善辩，此文颇富论辩色彩。韩愈论道，为国家之计，许远与张巡等“守一城，捍天下；以千百就尽之卒，战百万日滋之师，蔽遮江淮，沮遏其势，天下之不亡”，这是大仁；为抵抗叛军，许远不计个人得失，将守城之任托付给比他官位低的张巡，这是大义；许远在明知已无外援的情况下，宁为玉碎，不为瓦全，与张巡等人置生死于度外，这是大勇。如此忠义仁勇之人，何曾畏死呢？韩愈为许远所作的这一番辩析，不仅具有很强的说服力，而且文气亦盛。韩愈又有史才。此文既是要补史之阙，韩愈采集许远、张巡和南霁云等人的事迹，也必求信而有征。比如睢阳祭祀张巡、许远的“双庙”和南霁云至泗州求援不成及城破凛然赴难的事迹，就来自其亲见亲闻，而张巡博闻强记等事，则得之于张籍。韩愈此文也许未必能为当日史臣所采纳，然至北宋重修《唐书》，韩愈文中所提供的史实毫无疑问是被采纳吸收了的。

【理性思考】

1. 韩愈为何要写《张中丞传后序》?

2. 韩愈从哪些方面对诬蔑许远的一些不实之词进行了辩驳?

3. 试比较新、旧《唐书·忠义传》和韩愈此文中对张巡、许远事迹书写的异同,并对其各自的特点和成因略作论述。

【延伸阅读】

1. 欧阳修、宋祁《新唐书》卷一百九十二《忠义传》中《张巡传》《许远传》,中华书局 1975 年版。

2. 陈寅恪《论韩愈》,文载其《金明馆丛稿初编》,生活·读书·新知三联书店 2001 年版。

3. 钱穆《杂论唐代古文运动》,文载其《中国学术思想论丛》(四),生活·读书·新知三联书店 2009 年版。

唐河店妪传[①]

王禹偁

唐河店,南距常山郡[②]七里,因河为名。平时虏[③]至店饮食作息,不以为怪。兵兴已来[④],始防捍之,然亦未甚惧。

端拱[⑤]中,有妪独止[⑥]店上。会[⑦]一虏至,系马于门,持弓矢坐定,呵妪汲水。妪持绠缶[⑧]趋井,悬而复止[⑨]。因胡语呼虏为王,且告虏曰:"绠短,不能及也。妪老力惫,王可自取之。"虏因系绠弓杪[⑩],俯而汲焉。妪自后推之堕井,跨马诣郡。马之介甲具焉[⑪],鞍之后复悬一彘首。常山民吏观而壮[⑫]之。噫!国之备塞[⑬],多用边兵,盖有以[⑭]也,以其习战斗而不畏懦矣。一妪尚尔,其人可知也。

近世边郡兵骑之勇者:在上谷曰"静塞"[⑮],在雄州[⑯]曰"骁捷",在常山曰"厅子",是皆习干戈战斗而不畏懦者也。闻虏之至,或父母辔马[⑰],妻子取弓矢,至有不俟[⑱]甲胄而进者。顷年[⑲],胡马南下不过上谷者久之,以"静塞"骑兵之勇也。会边将取"静塞"马,分隶帐下以自卫[⑳],故上谷不守。今"骁捷、厅子"之号尚存,而兵不甚众,虽加召募,边人不应。何也？盖选归上都[21]，离失乡土故也。又月给[22]微薄，或不能充，所赐介胄鞍马，皆脆弱羸瘠，不足御胡。其坚利壮健者，悉为上军[23]所取，及其赴敌，则此辈身先，宜其不乐为也。诚能定其军，使有乡土之恋；厚其给，使得衣食之足；复赐以坚甲健马，则何敌不破！如是得边兵一万，可敌客军[24]五万矣。谋人之国者[25]，不于此而留心，吾未见其忠也。

故因一妪之勇，总录边事，贻[26]于有位者云。

【注释】

① 选自《小畜集》卷十四（《四部丛刊初编》本）。王禹偁（954—1001），字元之，济州钜野（今山东巨野县）人。宋太宗太平兴国八年（983）进士。历官左司谏、翰林学士、知制诰等，遇事敢言，多所规讽，屡遭贬谪。他反对五代浮靡的文风，提倡文学韩愈、柳宗元，诗学李白、杜甫、白居易。所作诗文，风格简古淡雅，促进了宋初诗文创作的发展。有《小畜集》《小畜外集》，《宋史》卷二百九十三有传。

② [常山郡] 宋为真定府，治所在今河北省正定县。唐河实流经唐县（今河北唐县西），疑此“郡”为“关”之误，常山关在唐县西北，为当时边防重镇。

③ [虏] 这里是对辽兵的蔑称。

④ [兵兴已来] 指宋太宗太平兴国四年（979）、雍熙三年（986）两次兴兵反击辽军，由于指挥不当，军粮匮乏，都以失败告终。从此，宋、辽争战，连年相持。“已”，通“以”。

⑤ [端拱] 宋太宗赵光义年号（988—989）。

⑥ [止] 居住。

⑦ [会] 遇到。

⑧ [绠（gěng）缶（fǒu）] 绠，井绳。缶，瓦罐。

⑨ [悬而复止] 提着水罐，（本想汲水），又停了下来。

⑩ [系绠弓杪（miǎo）] 把井绳系在弓的末端。杪，树梢。

⑪ [马之介甲具焉] （胡虏）马上的护甲都还披挂得好好的。介

甲，指马身上披挂的护甲。

⑫［壮］形容词用作动词，夸赞（老妪）很棒。

⑬［备塞］防守边关。

⑭［有以］有原因。

⑮［在上谷曰“静塞”］上谷郡（最骁勇的武装）叫静塞。上谷，古代郡名，后改易州，治所在今河北省易县。北宋初年和辽国在此多次发生战争。“静塞”，易州地方武装部队的名称。下文的“骁捷、厅子”，与此同。

⑯［雄州］治所在今河北省涿县。境内有瓦桥关，是北宋边防重镇。宋太宗雍熙三年（986）曾于此反击辽军。

⑰［父母辔马］父母为儿子牵马。辔，马缰绳，用作动词。

⑱［俟］等待。

⑲［顷年］近年。顷，很短时间，不久。

⑳［“会边将取静塞马”句］端拱元年（988），定州都部署李继隆将静塞军收作自己的卫队，而把这些官兵的妻儿老小留在城里。定州监军袁继忠说，这些都是精兵，应该让他们守城。否则，万一敌人来犯，城里谁来作战？李继隆不听。次年，辽军果然攻城，易州于是失陷，而城里留下的静塞军的家属也都被敌人俘虏了。

㉑［选归上都］选为禁军，驻防京师。

㉒［给］给养、供俸。

㉓［上军］皇帝的禁卫军，用以守京师、备征戍。

㉔［客军］指朝廷从内地调来的军队。

㉕［谋人之国者］治理国家的人。

㉖［贻］留给。

【评析】

宋朝武力不振，每每在处理与北方辽、西夏和金国的关系上，捉襟见肘，疲于应付，以至终于酿成北宋末年的“靖康之难”，将淮河以北的大片国土，拱手让与了金国。之所以造成如此局面，原因当然是多方面的。比如，兵与将分离，边境有事，临时调将领统兵；方镇阙帅，命文臣权知；或战或和，议论纷出，争执不休，敌已过河等等，都是重要原因。王禹偁此文则以边境一老妪智擒辽兵、保家卫国的事例，揭示了宋军积弱的又一原因，那就是当权者对边境军队的措置不当。边境军队中的很多士兵原就生长在边地，他们不但熟悉边地的山川形势，更重要的是，他们与辽兵作战，卫国即是保家，家国在他们那里已统一在了一起；现在，朝廷将官既把体力壮健的士兵抽调去了京城，而留下的一些老弱士卒装备不良、待遇又很低，一旦辽兵犯境，便让他们去冲锋陷阵，当然难以抵御辽兵的攻击了。读此文，我们常常会惊讶这位唐河店的乡间老妪，何以竟如此从容不迫、轻而易举地把一个强壮凶狠的辽兵诱杀于井中。作者给我们的答案是其“习战斗而不畏懦矣”。不畏惧则从容自信，以弱胜强；习战斗则能因事制宜，因地制宜，与敌人巧妙周旋。老妪杀敌从容淡定，作者叙述老妪此事也是那么从容不迫，朴实自然，平易畅达。王禹偁是宋初散文创作新风气的代表作家之一，他主张文章应能“传道而明心”（《答张扶书》）。这实际上意味着文道合一或文行合一，客观叙事与主观抒情的合一。他的这些看法，从此文中正可得到印证。此文名曰“传”，然文中叙老妪杀敌事仅寥寥数笔而已，而讨论戍边事宜则占了大部分篇幅，这种以说理为主的传记写法，也开了宋人传记写作的新风气。

【理性思考】

1. 唐河店老妪何以能如此从容不迫地以一击置辽兵于死地？
2. 思考宋初用兵的利与弊。

【延伸阅读】

1. 尹洙《息戍》，《河南先生文集》卷二，《四库全书》本。
2. 王禹偁《黄州新建小竹楼记》，《小畜集》卷十七，《四部丛刊初编》本。

五岳祠盟记[①]

岳　飞

自中原板荡[②]，敌寇交侵，余发愤河朔，起自相台，总发从军[③]，历二百余战，虽未能远入荒夷[④]，洗荡巢穴，亦且快国仇之万一[⑤]。今又提一旅孤军[⑥]，振起宜兴[⑦]，建康之城，一鼓败虏，恨未能使匹马不回耳[⑧]！

故且养兵休卒，蓄锐待敌。嗣当激励士卒[⑨]，功期再战[⑩]，北逾沙漠，蹀血虏廷[⑪]，尽屠夷种，迎二圣[⑫]归京阙，取故地上版图，朝廷无虞[⑬]，主上奠枕[⑭]：余之愿也。

河朔岳飞题

【注释】

① 选自岳珂《金佗稡编》卷十九《家集》卷十。岳飞(1103—1141)，字鹏举，相州汤阴(今河南汤阴县)人。宋代著名抗金英雄。绍兴十年(1140)，金兵再度大举南侵，岳飞打败金兵，进兵到朱仙镇(在今开封南45里)，正要乘胜前进收复北方失地的时候，坚持妥协投降的权奸秦桧，害怕岳飞阻梗议和，一日之内发12道金牌强迫其退兵。次年，召至临安(今杭州，当时首都)，以"莫须有"罪名将其杀害。岳飞生活在民族矛盾极其尖锐的时代，所作诗文，充满了抗金复国的坚强决心和激烈昂扬的感情。这些作品大都收入其孙岳珂所撰《金陀稡编》中。

② [板荡] "板"和"荡"都是《诗经・大雅》的篇名，两篇都是反映周代的动乱，后人用"板荡"形容社会的动乱。

③ ["余发愤河朔"句] 前两句互文见义。意思是，我非常激愤，立下了复仇雪耻的志向，从河朔相州的家乡奋起从军。河朔，黄河以北地区。相台，即相州。后汉时曹操在相州筑铜雀台，所以唐以后相州又称相台。总发，谓刚成年。古代男子二十岁束发加冠，女子十五岁束发加笄，表示成年。总，聚束。总发即束发。岳飞从军是宣和四年(1122)，

刚好 20 岁。

④［远入荒夷］到边远的金国地区。

⑤［亦且快国仇之万一］暂且为报国仇尽点自己的职责。亦且，暂且，姑且。快，用作动词。

⑥［今又提一旅孤军］这次又率领着少数军队。提，统率。一旅，古代军队五百人为一旅，这里指不多的军队。

⑦［振起宜兴］岳飞这篇盟记写于收复建康（今南京）之后，收复建康的战役是从宜兴开始起兵迎敌的。

⑧［恨未能使匹马不回耳］（这次战斗）没能把敌人全歼，有点遗憾。“使”之后省掉了“敌”字。

⑨［嗣］随即。

⑩［功期再战］期望下一次战役，一定要取得绝对的胜利。

⑪［蹀血虏廷］意思是直捣金人国都，毁灭敌人老巢。蹀，履，蹈。虏廷，指金人在会宁府所置的国都上京（今黑龙江阿城附近）。

⑫［二圣］指被金人俘虏的宋徽宗、宋钦宗。

⑬［无虞］没有忧虑。

⑭［奠枕］安枕。

【评析】

南宋高宗建炎四年（1130），金兵渡江南犯，岳飞率军迎敌，四战皆捷，金兀术败走，宋军乘胜收复建康（今南京市）。此文就是岳飞在回军途中题写在五岳祠（神祠名）墙壁上的一篇誓词（即盟记）。题壁是古人文学创作保存和传播的一种重要方式，题诗居多，文则较少。受题壁的条件限制，题壁文多简短，此文即是一篇简短的盟誓。全文 130 字，酣畅淋漓地表达了岳飞“匈奴不灭，无以家为”的雄心和抱负。他回顾自己半生戎马倥偬，身经百战，屡克金兵的经历，发誓要剿灭金人，收复失地，迎回徽、钦二宗，洗血靖康之耻。其崇高的民族气节和爱国精神、豪迈坚强的战斗意志和矢志不渝的英雄之概，千百年后，读之仍恍然目前。文章语句简短，节奏急促，掷地有声，刻画出一位“仰天长啸，壮怀激烈”，欲“从头收拾旧山河，朝天阙”的英雄形象。

【理性思考】

岳飞又有《满江红·怒发冲冠》一词，试与此文比较。

【延伸阅读】

1. 宗泽《乞毋割地与金人疏》，《宗忠愍公集》卷一，《四库全书》本。

2. 辛弃疾《跋绍兴辛巳亲征诏草》，辛更儒笺注《辛稼轩诗文笺注》卷上，上海古籍出版社 1995 年版。

戊午上高宗封事[①]

胡 铨

绍兴八年十一月日[②]，右通直郎枢密院编修官[③]胡铨，谨斋沐裁书[④]，昧死[⑤]百拜，献于皇帝陛下：

臣谨按[⑥]：王伦本一狎邪小人，市井无赖，顷缘宰相无识，遂举以使虏[⑦]。专务诈诞，欺罔天听[⑧]，骤得美官，天下之人切齿唾骂。今者无故诱致虏使，以诏谕江南为名，是欲臣妾我也，是欲刘豫我也[⑨]。刘豫臣事丑虏，南面称王，自以为子孙帝王万世不拔之业。一旦豺狼改虑[⑩]，捽[⑪]而缚之，父子为虏。商鉴[⑫]不远，而伦又欲陛下效之！

夫天下者，祖宗之天下也；陛下所居之位，祖宗之位也。奈何以祖宗之天下为犬戎之天下，以祖宗之位为犬戎藩臣[⑬]之位？陛下一屈膝，则祖宗庙社之灵，尽污夷狄；祖宗数百年之赤子，尽为左衽；朝廷宰执[⑭]，尽为陪臣[⑮]；天下士大夫，皆当裂冠毁冕，变为胡服。异时豺狼无厌之求，安知不加我以无礼如刘豫者哉！夫三尺童子，至无知也，指犬豕而使之拜，则怫然[⑯]怒。今丑虏，则犬豕也；堂堂天朝，相率[⑰]而拜犬豕，曾[⑱]童稚之所羞，而陛下忍为之耶？

伦之议乃曰:“我一屈膝,则梓宫可还,太后可复,渊圣可归,中原可得[19]。”呜呼!自变故以来,主和议者谁不以此说啖[20]陛下哉?而卒无一验,是敌之情伪已可知矣。陛下尚不觉悟,竭民膏血而不恤,忘国大仇而不报,含垢忍耻,举天下而臣之甘心焉。就令[21]虏决可和,尽如伦议,天下后世谓陛下何如主[22]?况丑虏变诈百出,而伦又以奸邪济之[23],梓宫决不可还,太后决不可复,渊圣决不可归,中原决不可得。而此膝一屈,不可复伸;国势陵夷[24],不可复振:可为痛哭流涕长太息[25]也!

向者陛下间关海道[26],危如累卵,当时尚不肯北面臣虏;况今国势稍张,诸将尽锐[27],士卒思奋[28]。只如顷者丑虏陆梁[29],伪豫[30]入寇,固尝败之于襄阳,败之于淮上,败之于涡口,败之于淮阴,较之前日蹈海之危,已万万矣[31]。倘不得已而遂至于用兵,则我岂遽出虏人下[32]哉!今无故而反臣之,欲屈万乘之尊,下穹庐[33]之拜,三军之士,不战而气已索[34],此鲁仲连所以义不帝秦[35],非惜夫帝秦之虚名,惜天下大势有所不可也。今内而百官,外而军民,万口一谈[36],皆欲食伦之肉。谤议汹汹[37],陛下不闻,正恐一旦变作,祸且不测。臣窃谓不斩王伦,国之存亡,未可知也。

虽然,伦不足道也。秦桧以腹心大臣[38],而亦为之。陛下有尧舜之资,桧不能致陛下如唐、虞[39],而欲导陛下如石晋[40]。近者礼部侍郎曾开等引古谊以折之[41],桧乃厉声曰:“侍郎知故事[42],我独不知?”则桧之遂非狠愎[43],已自可见。而乃建白[44],令台谏从臣[45]佥议[46]可否,是明畏天下议已,而令台谏从臣共分谤[47]耳。有识之士,皆以为朝廷无人。吁,可惜哉!孔子曰:“微管仲,吾其被发左衽矣[48]!”夫管仲,霸者之佐[49]耳,尚能变左衽之区为衣冠之会[50];秦桧,大国之相也,反驱衣冠之俗[51],归左衽之乡。则桧也不惟陛下之罪人,实管仲之罪人矣。

孙近[52]附会桧议,遂得参知政事。天下望治,有如饥渴,而近伴食中书[53],漫不可否事[54]。桧曰“虏可和”,近亦曰“可和”;桧曰“天子当拜”,近亦曰“当拜”。臣尝至政事堂[55],三发问近不答,但曰:“已令台谏侍从议矣。”呜呼!参赞大政[56],徒取充位[57]如此,有如[58]敌骑长驱,尚能折冲御侮[59]耶？臣窃谓秦桧、孙近亦可斩也。

臣备员枢属[60]，义不与桧等共戴天。区区之心，愿斩三人头，竿之藁街[61]，然后羁留敌使，责以无礼，徐兴问罪之师，则三军之士，不战而气自倍。不然，臣有赴东海而死[62]，宁能处小朝廷[63]求活耶！小臣狂妄，冒渎天威[64]，甘俟斧钺[65]，不胜陨越之至[66]。

【注释】

① 选自《澹庵集》卷二（《四库全书》本）。胡铨（1102—1180），字邦衡，号澹庵，庐陵芗城（今江西吉安县南）人。宋高宗建炎二年（1128）进士；绍兴七年（1137）为枢密院编修官。次年，朝廷中投降派头子秦桧对金贵族统治者的侵犯屈膝求和，胡铨上书坚决反对。因此长期受到打击，被贬官到很多地方，最后到海南岛。直到绍兴二十五年（1155）秦桧死后，才回内地。宋孝宗时官至兵部侍郎、端明殿学士。本文是胡铨绍兴八年（1138 年，岁在戊午）给宋高宗的奏疏。封建时代，臣下给皇帝的奏章，事涉机密的，用袋子密封呈进，叫“封事”。

② ［“绍兴”句］绍兴，宋高宗年号。十一月日，十一月的某日。原来奏章是写明日期的，收入文集时省去。

③ ［右通直郎枢密院编修官］通直郎，宋代官阶，从六品。枢密院编修官，枢密院负责编修的小官。枢密院，掌管全国军权的机关。

④ ［斋沐裁书］斋戒沐浴后，始裁笺作书。表示十分恭敬虔诚。

⑤ ［昧死］冒死。

⑥ ［谨按］谨，恭敬、谨慎。按，含有“考察”意思。奏章的开头语，表明下面的话是经过仔细考虑很慎重提出的。

⑦ ［“王伦”句］王伦就是一个流氓无赖，只是因为宰相不了解他，让他出使金国。王伦，南宋初投降派代表人物。狎邪，行为放荡。使虏，出使金国。虏，对金人的蔑称。下文“丑虏”、“豺狼”、“犬豕”等，都是这个意思。

⑧ ［专务诈诞，欺罔天听］专说假话大话，蒙蔽皇上。务，做。诈，

假话。诞，大话。欺罔，欺骗。

⑨［“今者”句］绍兴八年，王伦出使金国，金派“江南诏谕使”同他一起到南宋来议事。以诏谕江南为名，是把南宋作为附属国看待。臣妾，作动词用。刘豫，宋高宗建炎二年（1128）知济南府，叛宋投降，被金人封为傀儡皇帝，号“大齐”，在位八年，屡次配合金人攻宋，都遭失败，后被金废黜。

⑩［改虑］改变主意。

⑪［捽（zuó）］捉住。绍兴七年十一月，金人擒获刘豫、刘麟父子，囚禁起来，废黜后，徙于临潢。

⑫［商鉴不远］《诗·大雅·荡》："殷鉴不远，在夏后之世。"意思是殷朝的教训并不遥远，就在夏朝的后面。这里是说应当以刘豫为鉴。

⑬［藩臣］藩属国君主对宗主国君主而言，算是“藩臣”。

⑭［宰执］正副宰相执一国权柄，故称宰执，

⑮［陪臣］臣子的臣子。如果宋皇帝向金称臣，宋大臣就是臣子的臣子了。

⑯［怫然］愤怒的样子。

⑰［相率］大家一致地。

⑱［曾（céng）］乃是。

⑲［“我一屈膝”句］梓宫，帝、后的棺木。因用梓木做成，故称。这儿指宋徽宗灵柩。徽宗被虏后死在北地。太后，宋高宗生母，与徽宗一同被虏。渊圣，宋钦宗。高宗即位后给钦宗遥上尊号为“孝慈渊圣皇帝”。中原，指被金人侵占的河南诸州。

⑳［啖］给人东西吃。引申为利诱。

㉑［就令］即令，即使是。

㉒［何如主］什么样的君主。

㉓［济之］助成它。

㉔［陵夷］逐渐衰微。陵，丘陵。夷，平。由丘陵逐渐变为平地。

㉕［太息］叹气。

㉖［间(jiàn)关海道］辗转于海路上。指 1129 年到 1130 年金兵南侵时，宋高宗从建康逃到杭州、明州(宁波)，航海到温州之事。

㉗［尽锐］竭尽其锐利。意即毫无保留地发挥能力。

㉘［思奋］希望奋发有为。

㉙［陆梁］跳梁。形容跳走，引申为横行，逞强。

㉚［伪豫］即刘豫。伪，窃取政权，不为人民承认。

㉛［已万万矣］已经好过万万倍。

㉜［岂遽出虏人下］难道一下子就会比敌人弱？

㉝［穹庐］毡帐。借指金国朝廷。

㉞［索］净尽。

㉟［“鲁仲连”句］鲁仲连，战国时齐人。秦国围赵国都城邯郸，魏国使臣辛桓衍劝赵王尊秦昭王为帝以解围。鲁仲连恰在赵国游历，把帝秦的危害说服了辛桓衍。事见《战国策·赵策三》《史记·鲁仲连邹阳列传》。

㊱［万口一谈］异口同声。

㊲［谤议汹汹］批评议论呼声很高。汹汹，同“匈匈”，喧扰，争吵。

㊳［腹心大臣］亲信大臣。时秦桧为宰相，独揽大权，所以这样说。

㊴［致陛下如唐、虞］使陛下像尧舜一样。唐，唐尧。虞，虞舜。唐、虞皆上古时明君。

㊵［石晋］石敬瑭。勾引契丹兵灭后唐，受其册封为帝，国号晋。割燕、云十六州予契丹，称契丹为父皇，自称儿皇帝。

㊶［“近者”句］近来曾开用古人所说的道理责备秦桧。曾开，字天游，曾几之兄，赣州人，反对秦桧投降主义。事见《宋史·曾几传》。古谊，古人说的道理。折，责备。

㊷［故事］历史掌故。

㊸［遂非狠愎］遂非，以非为顺而顺性之。狠愎，凶狠固执，蛮横不讲理，自以为是。

㊹［建白］建议。这里指秦桧的坏主意。

㊺［台谏从臣］御史台、谏院的史官。

㊻［佥议］众议，公议。

㊼［分谤］分担舆论指责。

㊽［微管仲，吾其被发左衽矣］假如没有管仲，我们只怕都要披着头发，穿着左边开襟的衣服了。语见《论语·宪问》。

㊾［佐］指辅佐大臣。管仲是齐桓公的相国，帮助齐国成为春秋五霸之一。

㊿［尚能变左衽之区为衣冠之会］尚且能够把异族之地变为中原人聚集的地方。衣冠之会，穿中原服装人的聚集之会。

51［衣冠之俗］中原地区习俗。

52［孙近］字叔诸，因为附和秦桧，被提升为参知政事（副宰相），兼知枢密院事。

53［伴食中书］讥刺宰相尸位素餐，不负责任的话。典出《新唐书·卢怀慎传》。

54［漫不可否事］漫不经心，毫无主见，遇事不敢说可否。

55［政事堂］唐宋时大臣办公议事的厅堂，设在中书省。

56［参赞大政］帮办国家大事。

57［徒取充位］只求空占职位。

58［有如］假如。

59［折冲御侮］阻挠敌人的冲击，抵抗敌人的侵侮。语出《诗·大雅·绵》毛传。

60［备员枢属］枢密院充数的属官。备员，充数，自谦之词。枢属，枢密院属官。

61［竿之藁（gǎo）街］在藁街悬首竿上以示众。藁街，汉时长安外地使臣居住区。

62［赴东海而死］宁可跳到东海淹死（也不愿受金人统治），用鲁仲连的话。见《战国策·赵策三》。

⑥③ [小朝廷] 屈辱和议如告成，南宋就成了金国的藩臣，那就是小朝廷了。

⑥④ [冒渎(dú)天威] 冒犯皇帝的威严。

⑥⑤ [甘俟斧钺(yuè)] 愿意等待接受最严厉的惩罚。钺，似斧而大，杀人工具。

⑥⑥ [不胜(shēng)陨(yǔn)越之至] 意思是非常非常的惶恐。陨越，本义为跌到，引申为惶恐。前加“不胜”，后加“之至”，均是加重语意。

【评析】

宋南渡以后，宋、金两国之间的战争虽时有发生，然在大多数情况下，都是互有胜负。金既不能吞并南宋、统驭南北，宋也难以收复失地，洗雪靖康之耻，宋、金双方在政治和军事上大致保持着一种均势，南北长期对峙的局面逐渐形成。“战”既不能，“和”便成为常态。但要想以“和”而倾人之国，达到“战”的目标，也是绝无可能的。宋高宗绍兴七年(1137)，宋徽宗在金国去世，高宗派王伦出使金国，希望两国休兵，金将中原旧土归还给宋。次年，金左副元帅完颜昌废伪齐刘豫，许宋议和，答应归还中原地区，并送回徽宗灵柩和高宗生母与宋钦宗等，宋向金称臣纳贡。这给宋高宗带来了莫大的希望。宰相秦桧、副相孙近等也附和高宗，一时间主张和议的风气甚嚣尘上。但许多有识之士，像胡铨、张焘、王庶等，则清楚地意识到此事绝不可成。事实上不久高宗的希望即破灭，因为次年金右副元帅完颜亮便一反其承诺，起兵攻宋了。在反对和议的臣僚中，胡铨无疑是最为激烈的。他在这篇上书中，站在国家和民族的立场上，直言无隐，谓宋不可辱、金不可信，并历数秦桧、王伦、孙近轻信金人、妄执和议的罪责，痛斥其祸国殃民的无耻行径，力主斩秦桧等以谢国人。文章言辞激切，情感炽烈，表现出昂扬的爱国思想和民族主义精神，感染力极强。虽然胡铨因此篇上书随即被贬岭南，但其书一出，不胫而走，朝野沸腾，连金国人也重金求此文，大长了宋朝志气，以至今天读之仍令人感奋。

【理性思考】

1. 如何理解胡铨文中“夫天下者，祖宗之天下也”这句话？
2. 你能结合其它的历史文献，谈谈宋、金关系问题吗？

【延伸阅读】

1. 陆游《跋李庄简公家书》，《渭南文集》卷二十七，《四部丛刊》本。
2. 陈亮《上孝宗皇帝第一书》，《陈亮集》（增订本）卷一，中华书局1987年版。

登西台恸哭记[①]

谢　翱

始，故人唐宰相鲁公[②]开府南服[③]，余以布衣从戎。明年，别公漳水湄[④]。后明年，公以事过张睢阳及颜杲卿所尝往来处[⑤]，悲歌慷慨，卒不负其言而从之游[⑥]。今其诗具在[⑦]，可考也。

余恨死无以藉手见公[⑧]，而独记别时语，每一动念，即于梦中寻之。或山水池榭，云岚[⑨]草木，与所别之处及其时适相类[⑩]，则徘徊顾盼，悲不敢泣。又后三年，过姑苏。姑苏，公初开府旧治也[⑪]，望夫差之台[⑫]而始哭公焉。又后四年，而哭之于越台[⑬]。又后五年及今，而哭之于子陵之台[⑭]。

先是一日，与友人甲、乙若丙约，越宿[⑮]而集。午，雨未止，买榜[⑯]江涘[⑰]。登岸，谒子陵祠；憩祠旁僧舍，毁垣枯甃[⑱]，如入墟墓。还，与榜人[⑲]治祭具。须臾，雨止，登西台，设主[⑳]于荒亭隅；再拜，跪伏，祝[㉑]毕，号而恸者三，复再拜，起。又念余弱冠[㉒]时，往来必谒拜祠下。其始至也，侍先君[㉓]焉。今余且老，江山人物，睠焉[㉔]若失。复东望，泣拜不已。有云从西南来，渰浥[㉕]浡郁[㉖]，气薄[㉗]林木，若相助以悲者。乃以竹如意[28]击石，作楚歌招之[29]曰："魂朝往兮何极，暮归来兮关水黑。化为朱鸟[30]兮有咮焉食[31]。"歌阕，竹石俱碎，于是相向感唶[32]。复登东台，抚苍石，还憩于榜中。榜人始惊余哭，云："适有逻舟[33]之过也，盍[34]移诸？"遂移榜中流，举酒相属，各为诗以寄所思。薄暮，雪作风凛，不可留，登岸宿乙家。夜复赋诗怀古。明日，益风雪，别甲于江，予与丙独归。行三十里，又越宿乃至。

其后，甲以书及别时来[35]，言："是日风帆怒驶，逾久而后济[36]；既济，疑有神阴相[37]，以著[38]兹游之伟。"予曰："呜呼！阮步兵[39]死，空山无哭声且千年矣。若神之助固不可知，然兹游亦良[40]伟。其为文词因以达意，亦诚可悲已！"予尝欲仿太史公著《季汉月表》，如秦楚之际[41]。今人不有知予心，后之人必有知予者。于此宜得书，故纪之，以附季汉事后。

时，先君登台后二十六年也。先君讳某字某，登台之岁在乙丑[42]云。

【注释】

① 选自《晞发集》卷八（明万历刻本）。谢翱（1249—1295），字皋羽，一字皋父，号宋累，又号晞发子，福建长溪人，徙居浦城。宋度宗咸淳元年（1265）应进士举，不第。恭宗德祐二年（1276）正月，元兵攻陷临安，五月，宋端宗即位于福州，改元景炎，七月，文天祥任枢密使、同都督诸路兵马，传檄州郡，举兵勤王，谢翱捐资募兵，至南剑州（今南平市）投效，任谘议参军，此后随文天祥抗击元军。宋亡，隐于浙江，著述不辍，以寄故国之思。有《晞发集》。本文即为至元二十八年（1291）追悼文天祥所作。

② ［唐宰相鲁公］指文天祥。不能直指，因此托言前代，称为唐宰相。鲁公，一说以颜真卿喻文天祥，颜真卿爵位鲁郡公，世称颜鲁公，安史之乱中为叛军所杀，忠烈之声著于后世；一说因周武王封周文公于鲁，故以鲁公称文公，暗指文天祥。二说以前者较为妥切。

③ ［开府南服］指文天祥在福建境内任职举事。开府，高级官员

(如三公、大将军、将军等)成立府署,选置僚属。南服,古代王畿以外地区分为五服,故称南方为“南服”。

④［漳水湄］漳水岸边。漳水,此处指福建漳江,景炎二年(1277)正月,文天祥移军漳州,三月,入广东梅州,谢翱与文天祥分别在本年春。湄,岸边,水和草相接的地方。

⑤［公以事过张睢阳及颜杲卿所尝往来处］指文天祥被俘押解北上之事。宋卫王祥兴元年(1278)十二月二十日,文天祥在广东海丰遭俘,次年被送往元大都(北京),北行途中,曾赋诗凭吊许远、颜杲卿,此处所谓“以事过”,是隐讳之辞。张睢阳,即张巡,唐玄宗开元年间进士,安史之乱中,与许远一同死守河南睢阳抵御叛军,城破遇难;颜杲卿,颜真卿从兄,安史之乱中守河北常山,城破被押至洛阳,不屈遇难。

⑥［卒不负其言而从之游］指文天祥不负自我期许的誓言,以身殉国,追随先烈于地下。

⑦［今其诗具在］即指文天祥《颜杲卿》《许远》二诗,见《文山先生全集》卷十四。《正气歌》亦云:“为张睢阳齿,为颜常山舌。”可相参照。

⑧［死无以藉手见公］指文天祥死时,没有什么见他一面的办法。藉手,借助,借人之手以为己助。

⑨［云岚］山中云雾之气。

⑩［适相类］正相似。

⑪［公初开府旧治也］德祐元年(1275),文天祥任江浙制置使,知平江府事。平江府府治所在地即今江苏苏州。

⑫［夫差之台］即姑苏台,一名姑胥台,始建于春秋时吴王阖闾,后经吴王夫差建成,遗址在今苏州市灵岩山。

⑬［越台］春秋时越王勾践登眺之所,故址在今浙江绍兴种山。

⑭［子陵之台］东汉严子陵隐居钓鱼处,在浙江桐庐富春山腰间,有东西两台,各高百余米。东称严子陵钓台,谢翱哭文天祥处为西台。

⑮［越宿］过了一夜,即第二天。

⑯［榜(bàng)］船桨,亦代指船。

⑰［涘(sì)］水边。

⑱［甃(zhòu)］以砖瓦等砌的井壁，亦代指井。

⑲［榜人］船夫，舟子。

⑳［主］为死者所立的牌位。

㉑［祝］祭祀祝祷。

㉒［弱冠］古时以男子二十岁为成人，初加冠，因体犹未壮，故称弱冠。

㉓［先君］对已故父亲的尊称。谢翱父谢钥，为闽中经学名家，尤精熟《春秋》之学。

㉔［睠(juàn)焉］回视貌。睠，同“眷”，回视，返顾。焉，词尾。

㉕［渰(yǎn)浥(yì)］阴湿。

㉖［浡(bó)郁］充溢，聚积。

㉗［薄］逼近。

㉘［竹如意］竹制的如意。如意，器物名，梵语“阿那律”的意译，古之爪杖，用骨、角、竹、木、玉、石、铜、铁等制成，长三尺许，前端作手指形。脊背有痒，手所不到，用以搔抓，可如人意，因而得名。或作指划和防身用。又，僧人宣讲佛经时，也持如意，记经文于上，以备遗忘。

㉙［作楚歌招之］模拟《楚辞》的文体，作歌演奏以招魂。

㉚［朱鸟］鸾凤一类鸟名，古人又将二十八星宿中南方七宿(井、鬼、柳、星、张、翼、轸)称为朱鸟，七宿相联呈鸟形，朱色象火，南方属火，故名。上文写有云从西南来，如同魂归，因而此处歌曰化为朱鸟。一说，按五行相生理论，宋代以火德王天下，系于南方，所以称文天祥之魂化为朱鸟星宿，以配宋之火德。

㉛［有咮(zhòu)焉食］虽然有嘴，但能吃什么。暗示宋已亡，无法为文天祥立庙祭祀。咮，鸟嘴。

㉜［唶(jiè)］叹息。

㉝［逻舟］巡逻的船只，此处指元军巡江的兵船。

㉞［盍］通“何”，此处意为“何不”。

㉟［以书及别时来］将述及分别时情状的书信寄来。别时，一本作“别诗”。

㊱［济］渡过。

㊲［阴相(xiàng)］暗中帮助。相，辅助，佑助。

㊳［著］显示。

㊴［阮步兵］阮籍，字嗣宗，陈留尉氏人。三国时魏诗人，竹林七贤之一。曾任步兵校尉，因此世称阮步兵。阮籍经常驾车，行驶到无路可走的地方，就痛哭而返，事见《晋书·阮籍传》。

㊵［良］确实。

㊶［予尝欲仿太史公著《季汉月表》，如秦楚之际］指作者想要仿照司马迁《史记》中的《秦楚之际月表》，撰写《季汉月表》。由于宋元之际世事纷纭，而作者又不愿奉元代正朔纪年，所以想效仿《史记》，按月纪事。此处“季汉”实际上即“季宋”，不直言宋而托言汉，也是隐语，与文章开篇托言“唐宰相鲁公”一例。季，末，一个时代最后的衰败时期。

㊷［乙丑］即宋度宗咸淳元年(1265)，本年谢翱十七岁，上文所述初次随父亲登台，就在本年。此文作于至元二十八年(1291)，谢翱四十三岁，是乙丑后第二十六年。

【评析】

追悼故人是中国文学的常见主题之一，魏晋之际，嵇康、吕安因不与司马氏合作被杀，向秀迫于严酷的政治高压应征出仕，途径嵇康故居时，伤怀亡友，写下名篇《思旧赋》。这篇《登西台恸哭记》与《思旧赋》有相似之处，首先，二文怀念亡友，都与政权更迭的大背景紧密相关，《登西台恸哭记》中提及阮籍穷途之哭的典故，表明谢翱的确有意识地将两个时代相联系；其次，二文笔触都较为隐晦。所不同的是，由于宋元易代具有前所未有的惨烈性质，谢翱内心的情绪，要远比向秀激烈，正因如此，他在宋亡及文天祥殉国多年之后，仍报以恸哭。向秀的隐晦笔触主要体现在欲言又止、寄意深远，谢翱更取托言前朝一类的避讳手法；

《思旧赋》犹可直书嵇康、吕安姓名，《登西台恸哭记》则举文天祥、友人甲乙丙、父亲在内，一概隐去，记岁也只写干支。诚如古人所说，《登西台恸哭记》"文极高古而言多瘦隐"，初读不便窥测其旨，所以从元末开始，一直有为此文作笺注者。

作者从自己与文天祥的交谊开始写起，将二人分别时的赠语写入梦中，营造出一个幽深的梦境。随后以简短的笔墨述及吴、越二次恸哭，引出重点即西台之哭。作者与三位友人设祭西台，先勘察地形，埋下伏笔。接着详写祭拜过程，回首平生，哀痛无已，这种感情在以竹如意击石作楚歌时达到高潮，多年郁积，一得抒泄，竹石俱碎暗藏着玉石俱焚之气节。祭罢"移榜中流"，轻轻补入巡逻兵船一语，正与之前勘察地形相呼应，点出环境险恶。下文描绘风雪道别之景，有渲染志意的作用，最后道出此文的创作用心，在于日后附载史册，表明了永远不忘故国的心迹。

文章沉郁顿挫，一字三叹，可谓满纸血泪，自肺腑中流出，读来令人竦然动容。避讳托言的手法，虽然增加了理解困难，但在文情上也平添一种压抑深沉的气氛，构造出独特的艺术感染力。

【理性思考】

1. 《登西台恸哭记》多用隐语，请搜集史料，尝试确定文中提及的甲、乙、丙三位友人究竟是谁。

2. 在中国历史上，宋元、明清两次王朝更替颇具相似性，明遗民中不乏自比谢翱者，你能找出他们研究或模拟《登西台恸哭记》的相关著述吗？

【延伸阅读】

1. 方凤《谢君皋羽行状》。
2. 程敏政《宋遗民录》，台北广文书局 1968 年版。
3. 马楚坚《宋季丞相年谱》，江西人民出版社 2010 年版。

却聘书[①]

谢枋得

夷、齐[②]虽不仕周，食西山[③]之薇[④]，亦当知武王之恩；四皓[⑤]虽不仕汉，茹[⑥]商山之芝[⑦]，亦当知高帝之恩；况蒸藜含粝[⑧]于大元之名[⑨]地乎？

大元之赦某[⑩]屡矣，某受大元之恩亦厚矣。若效鲁仲连[⑪]蹈[⑫]东海而死则不可。今既为大元之游民矣，庄子曰："呼我为马者，应之以为马；呼我为牛者，应之以为牛[⑬]。"世之人有呼我为宋之逋播臣者[⑭]，亦可；呼我为大元游惰民者，亦可；呼我为宋顽民[⑮]者，亦可；呼我为大元之逸民[⑯]者，亦可。为轮为弹，与化往来；虫臂鼠肝，随天付予[⑰]。若贪恋官爵，昧于一行[⑱]，纵大元仁恕，天涵地容，哀怜孤臣，不忍加戮[⑲]，某有何面目见大元乎？

某与太平草木，同沾圣朝[⑳]之雨露，生称善士[㉑]，死表于道[㉒]，曰："宋处士[㉓]谢某之墓。"虽死之日，犹生之年[㉔]，感恩感德，天实临之[㉕]！司马子长[㉖]有言："人莫不有一死，死或重于泰山，或轻于鸿毛[㉗]。"先民[㉘]广其说[㉙]曰："慷慨赴死易，从容就义难[㉚]。"公[㉛]亦可以察某之心矣。

【注释】

① 选自贺复徵《文章辨体汇选》卷二百三十(《文渊阁四库全书》本)。谢枋得(1226—1289)，字君直，别号叠山，信州弋阳(今江西弋阳县)人。南宋末年著名爱国诗人。宋理宗时进士。宋恭宗时任江东提刑、江西诏谕使，并任信州地方官。诗文豪迈奇绝，自成一家，有《叠山集》十六卷。为人豪爽，终生以忠义自任，誓不降元，绝食殉宋而死。宋亡后，元统治者曾多次征召谢枋得入元为官，都遭其拒绝，本文就是其对老师留梦炎劝降之书的复函的片段节选。

②［夷、齐］指伯夷、叔齐，商末孤竹国国君的两个儿子。他们反对武王伐纣，认为这是违背"君臣大义"。周灭商后，他们隐居于首阳

山，耻食周粟，采薇而食，不久饿死。

③［西山］指首阳山。

④［薇］马齿类草本植物，嫩叶可食。

⑤［四皓］指汉朝的东园公、绮里季、夏黄公、甪（lù）里先生四位隐士，皆须发皓白，他们原是秦博士，因逃避暴秦而隐居商山（今陕西商县东南），采芝而食。汉高祖请他们出仕，皆不就。

⑥［茹］吃。

⑦［芝］菌类植物，可食。

⑧［蒸藜（lí）含粝（lì）］吃野菜羹和糙米。蒸，此处当作“羹”（gēng），名词用作动词，意指将某某做成羹。藜，野菜。粝，粗糙之粮。

⑨［名］“名”当作“土”。

⑩［某］我。

⑪［鲁仲连］战国时齐国高士。秦围赵国的邯郸，魏国使臣劝赵国尊秦王为帝以解围。鲁仲连正游赵国，以帝秦之害劝说赵国不要尊秦昭王为帝，并说宁愿“蹈东海而死”也不承认秦王为帝。事见《战国策·赵策三》。

⑫［蹈］跳。

⑬［“呼我为马者”句］语出《庄子·天道篇》，作者借以引出后文，表达自己对世人加之的称谓并不在乎，一切任凭时命造化，只愿坚守内心的处世态度。

⑭［逋播臣］逃亡的臣子。

⑮［顽民］忠于宋朝，不服元统治的遗民。

⑯［逸民］隐士。

⑰［“为轮为弹”句］典出《庄子·大宗师》，其原意为：如果我死后造物主把我的右臂化为弹弓，我就用它打下鸮鸟烤肉吃。如果把我的臀部化为车轮，使我的精神变为骏马，那我将可以乘着它出行，不用另找车驾。化为虫腿，化为鼠肝，也都可以。这是一种安时处顺、哀乐不入的状态。作者借以表达自己任凭造化往来，将一切都置之度外的人

生态度。

⑱［昧于一行］迷惑于一时的行为。昧，迷惑。

⑲［戮］杀害。

⑳［圣朝］指元朝。

㉑［善士］正直有德之士。

㉒［死表于道］死后在墓道上立碑。

㉓［处士］隐居的有德之士。

㉔［“虽死之日”句］虽然是死的日子，却像是得到了重生一样。

㉕［临］照。

㉖［司马子长］司马迁，字子长。

㉗［“人莫不有一死”句］语出《报任安书》。

㉘［先民］以前的人。

㉙［广其说］指对前面司马迁的话做引申。

㉚［“慷慨赴死易”句］这两句是说要慷慨激昂地赴死是容易的，而要从容不迫地就义就比较困难。这里侧重于前一句，意指如若再执意强迫我做官，我便唯有慷慨一死。

㉛［公］指留梦炎。

【评析】

至元二十五年（1288），谢枋得的老师、时任元礼部尚书的留梦炎向元廷举荐谢枋得，并写信劝其出仕，谢枋得回复了《上丞相留忠斋书》，这篇《却聘书》是后人从《上丞相留忠斋书》中节录而成。《上丞相留忠斋书》原文很长，一共谈及不能仕元的三点理由，此文主要节自其中的第二点。

文章先列举历史上隐居不仕新朝的著名人物，表示其虽不仕，但犹知新朝之恩，而自己与他们一样，有赖于元廷的宽宥。接下来引《庄子》，称无论是作顽民、游民、逸民、牛马都可，表面上看似乎随遇而安，极其谦卑，实则绵里藏针，“某有何面目见大元乎”一句，暗藏更不能无面目见大宋之意，是对留梦炎的痛快讥讽。如果元廷真正赦免南宋旧臣，不再逼迫，那么自己就可以遗民身份保全臣节，否则决意一死。因此在下文中，作者点明此意，指出死后墓碑要刻上“宋处士”字样，并引司马迁等先贤之语，加以申说。至元二十六年（1289），元廷果然强行征召谢枋得入京，他绝食殉国，履行了诺言。

此文虽然是节录而成，而且经过拼接，但所选文字组合颇为允当，前后照应，足以独立成篇。这种重组，客观上突出了行文时委婉恭顺的姿态，也比较符合学生写给老师的语气，但恭顺背后，风骨屹立，读之余味无穷。清代《四库全书总目》评曰：“枋得忠孝大节，炳著史册，《却聘》一书，流传不朽，虽乡塾童孺皆能诵而习之。”可见此文的深远影响。

【理性思考】

1. 在《上丞相留忠斋书》全文中，谢枋得列举了自己不能应召出仕的三点理由，请阅读全文，找出这三点理由，并思考其中第三点理由的思想史渊源，试着分析这种思想在中国历史上是从何时开始发生变化的，发生了怎样的变化。

2. 自谢枋得之后，历代以“却聘”为题、为意的诗文数量颇多，你能从后代找出有却聘之志而最终未能履行的例子吗？

【延伸阅读】

1. 李源道《故宋文节先生谢公神道碑》。

2. 陶然等《宋金遗民文学研究》，浙江大学出版社 2014 年版。

狱中上母书[1]

夏完淳

不孝完淳，今日死矣。以身殉父，不得以身报母矣！痛自严君见背，两易春秋[2]，冤酷[3]日深，艰辛历尽。本图复见天日[4]，以报大仇，恤死荣生[5]，告成黄土。奈天不佑我，钟虐明朝[6]，一旅才兴，便成齑粉[7]。去年之举[8]，淳已自分必死[9]，谁知不死，死于今日也。斤斤延此二年之命，菽水之养[10]，无一日焉。致慈君[11]托迹于空门[12]，生母[13]寄生于别姓，一门漂泊，生不得相依，死不得相问。淳今日又溘然先从九京[14]，不孝之罪，上通于天。

呜呼！双慈在堂，下有妹女，门祚[15]衰薄，终鲜兄弟。淳一死不足惜，哀哀八口，何以为生？虽然，已矣！淳之身，父之所遗；淳之身，君之所用。为父为君，死亦何负于双慈？但慈君推干就湿[16]，教礼习诗，十五年如一日。嫡母慈惠，千古所难。大恩未酬，令人痛绝。慈君托之义融女兄[17]，生母托之昭南女弟[18]。

淳死之后，新妇遗腹得雄[19]，便以为家门之幸；如其不然，万勿置后[20]。会稽大望[21]，至今而零极矣。节义文章，如我父子者几人哉？立一不肖后，如西铭先生[22]为人所诟笑，何如不立之为愈耶？呜呼！大造茫茫，总归无后[23]，有一日中兴再造，则庙食千秋，岂止麦饭豚蹄不为馁鬼而已哉[24]？若有妄言立后者，淳且与先文忠在冥冥诛殛[25]顽嚚[26]，决不肯舍！

兵戈天地，淳死后，乱且未有定期。双慈善保玉体，无以淳为念。二十年后，淳且与先文忠为北塞之举矣[27]。勿悲勿悲。相托之言，慎勿相负！

武功甥将来大器[28]，家事尽以委之。寒食盂兰[29]，一杯清酒，一盏寒灯，不至作若敖之鬼[30]，则吾愿毕矣。新妇结缡[31]二年，贤孝素著，武功甥好为我善待之，亦武功渭阳情[32]也。语无伦次，将死言善[33]，痛哉痛哉！

人生孰无死，贵得死所耳。父得为忠臣，子得为孝子。含笑归太虚[34]，了我分内事。大道本无生[35]，视身若敝屣[36]。但为气所激，缘悟天人理。恶梦十七年，报仇在来世。神游天地间，可以无愧矣。

【注释】

① 选自《夏完淳集笺校》卷九（上海古籍出版社 1991 年版）。夏完

淳(1631—1647),字存古,明末诗人,松江华亭人,祖籍会稽。其父夏允彝,与陈子龙同为明末“几社”成员,夏完淳十四岁随父抗清,南明永历元年被捕,就义献身。本文为其于九月南京狱中临难前所作遗书之一。

②［“痛自严君见背”句］这里指其父夏允彝两年前抗清捐躯。严君,古人对父亲的尊称。见背,父母或长辈去世。

③［冤酷］无罪而遭刑戮。

④［复见天日］指抗清成功,恢复明朝。

⑤［恤死荣生］使死去的人得到应有的抚恤,使活着的人得到应有的荣誉。

⑥［钟虐明朝］指明朝当时正遭受重大灾祸。据《夏完淳集笺校》,“明朝”原作“先朝”,应是清人讳“明朝”字样改易,这里仍作“明朝”。钟,聚集。

⑦［一旅才兴,便成齑(jī)粉］指当时的抗清义军领袖吴易的力量刚刚兴起,便被消灭。夏完淳曾担任吴易义军参谋。齑粉,粉末,这里比喻谋事失败。

⑧［去年之举］指吴易兵败后,夏完淳只身流亡。

⑨［自分］自己预料。

⑩［菽水之养］指对父母的供养。《礼记·檀弓下》:“啜菽饮水尽其欢,斯之谓孝。”

⑪［慈君］夏完淳嫡母,即夏允彝正室。

⑫［空门］佛门。夏完淳嫡母盛氏自国难后弃家入道,皈依佛门。

⑬［生母］夏完淳生母陆氏,即夏允彝侧室。夏完淳即将就义,生母托付于妹夫家,故本句云“寄生于别姓”。

⑭［九京］古人代指墓地。《礼记·檀弓下》:“是全要领以从先大夫于京也。”

⑮［门祚(zuò)］家运。

⑯［推干就湿］同“推燥居湿”,把干的地方让给幼儿,自己睡在湿的地方。形容抚育孩子的辛劳。《孝经援神契》:“母之于子也,鞠养殷

勤，推燥居湿，绝少分甘。”

⑰［义融女兄］夏完淳姐姐夏淑吉，义融为其别号。

⑱［昭南女弟］夏完淳妹妹夏惠吉，字昭南。

⑲［遗腹得雄］遗腹子若是男孩。遗腹，此处意即遗腹子，怀孕妇人于丈夫死后所生的孩子。

⑳［置后］抱养别人的孩子。

㉑［会稽大望］会稽夏氏本为大姓望族。古代传说，夏禹曾会诸侯于会稽。

㉒［西铭先生］指张溥，别号西铭，明末复社的领袖。死于崇祯十四年(1641)，无后，次年由钱谦益等代为立嗣。钱谦益后来投降了清朝，抗清人士认为这有损张溥的名节，以之为耻。

㉓［“大造茫茫”句］谓造化难测，若果然让大明灭亡，则我夏完淳即使有后也会被杀，总归无后。大造，造化。

㉔［“有一日中兴再造”句］意思是，如果明朝恢复，自己为抗清而死，纵或无后，也将万世受人祭献，何止像普通人那样只是简单地有祭品，不会做饿死鬼呢？中兴再造，指明朝恢复。庙食，指鬼神在祠庙里享受祭祀。麦饭豚蹄，指简单的祭品。馁鬼，挨饿的鬼。

㉕［诛殛(jí)］诛杀。

㉖［顽嚚(yín)］愚顽而奸诈的人。

㉗［“二十年后”句］二十年后再为人的话，我夏完淳与父亲仍要在北方举事抗清。“北”字本缺，据别本补。

㉘［武功甥］夏淑吉子、夏完淳外甥侯檠，字武功。

㉙［寒食盂兰］寒食，指清明节，是人们上坟祭祖的时节。盂兰，旧俗的农历七月十五日燃灯祭祀来超度鬼魂，称为盂兰盆会。

㉚［若敖之鬼］没有子孙按时祭祀的饿鬼。《左传·宣公二年》：“且泣曰：‘鬼犹求食，若敖氏之鬼，不其馁而？’”

㉛［结缡(lí)］成婚。古代嫁女的一种仪式，女子临嫁，母亲给她结上佩巾。《诗·豳风·东山》：“亲结其缡。”

㉜［渭阳情］指甥舅之间的情谊。《诗·秦风·渭阳》:“我送舅氏,曰至渭阳。”

㉝［将死言善］语出《论语·泰伯》:“人之将死,其言也善。”

㉞［太虚］道家指称宇宙或世界本源的概念。

㉟［大道本无生］世间本无生无死。大道,中国古代哲学里关于自然法则、世界本质的概念。《庄子·齐物论》有“方生方死,方死方生”之说。

㊱［敝屣］破草鞋。《孟子·尽心上》:“舜视弃天下,犹弃敝屣也。”

【评析】

夏完淳是少年英雄,也是早慧的文学天才,他就义时年仅十七岁,身后却留下了三百多首诗、四十多首词曲、十二篇赋、十二篇文,此外还有继承父亲《幸存录》所撰的《续幸存录》。本文是他被捕后的家书,体现出与年龄不甚相符的成熟人格。

文中真切地表达了对家人的眷恋与愧疚,作者已抱定必死之心,但两位母亲和怀有身孕的妻子从此失去依靠,令他极为哀痛,即所谓“不孝之罪,上通于天”。不过哀痛之下,头脑依然清醒,虽然自称“语无伦次”,但对母亲、妻子以及遗腹子的安排都一一道出,并寄望于外甥侯檠以为托付。字里行间,无不流露出作者的深情。

将骨肉情与家国恨交织叙写、“忠”与“孝”相互渗透议论,是本文的特色。作者引张溥为鉴,交代妻子所生若是女孩,不得再抱养立嗣,并指出只要复国成功,即便无后,自己与父亲的作为也足以“庙食千秋”,这正是对忠、孝二者关系的透彻认识。也正因如此,他矢志不渝,发出二十年后再举兵、“报仇在来世”的慷慨呼声,杀身成仁,义无反顾。文章以五言诗式的咏唱作结,进一步传达出其凛凛风貌。

文中大量使用四字句加重语气,增强了行文感染力,典故与成句的使用,也使得语言更为精炼蕴藉。

【理性思考】

1. 此文主要是夏完淳临终对家事的嘱托，请阅读其《续幸存录》，了解他对时局国事的分析。

2. 你怎样看待夏完淳殉明？

【延伸阅读】

1. 夏完淳《遗夫人书》。

2. 屈大均《皇明四朝成仁录》卷六。

3. 白坚《夏完淳陈子龙研究的珍贵史料——读侯岐曾〈丙戌丁亥日记〉札记》，《文献》1989 年第 4 期。

奇零草序[①]

姜宸英

予得此于定海[②]，命谢子[③]大周抄别本以归，凡五七言近体[④]若干首，今久失之矣，聊[⑤]忆其大概，为之序以藏之。

呜呼，天地晦冥[⑥]，风霾昼塞[⑦]，山河失序，而沉星陨气于穷荒绝岛之间[⑧]，犹能出其光焰，以为有目者之悲喜而幸睹[⑨]，虽其揜抑[⑩]于一时，然要[⑪]以俟[⑫]之百世，虽欲使之终晦焉，不可得也。

客为予言，公在行间[⑬]无日不读书，所遗集近十余种，为逻卒[⑭]取去，或有流落人间者。此集是其甲辰[⑮]以后，将解散部伍[⑯]归隐于落迦山[⑰]所作也。公自督师，未尝受强藩节制，及九江遁还，渐有掣肘，始邑邑不乐[⑱]。而其归隐于海南[⑲]也，自制一椑[⑳]置寺中，实粮其中，俟粮且尽死。门有两猿守之，有警，猿必跳踯[㉑]哀鸣。而间[㉒]之至也，从后门入。既被羁[㉓]，会城[㉔]远近人士，下及市井屠贩卖饼之儿，无不持纸素[㉕]至羁所，争求翰墨。守卒利其金钱，喜为请乞，公随手挥洒应之，皆《正气歌》[㉖]也，读之鲜不泣下者。独士大夫家或颇畏藏其书，以为不祥，不知君臣父子之性根于人心，而征[27]于事业，发于文章，虽历变患，逾不可磨灭。

历观前代，沈约撰《宋书》，疑立《袁粲传》，齐武帝曰："粲自是宋忠臣，何为不可[28]？"欧阳修不为周韩通[29]立传，君子讥之。元听[30]湖南为宋忠臣李芾[31]建祠，明长陵[32]不罪藏方孝孺[33]书者，此帝王盛德事。为人臣子处无讳之朝[34]，宜思引君当道[35]，臣各为其主，凡一切胜国语言不足避忌。予欲稍掇拾公遗事成传略[36]一卷，以备惇史[37]之求，犹惧蒐访[38]未遍，将日就放失[39]也。悲夫。

【注释】

① 选自姜宸英《湛园未定稿》卷四（《姜宸英全集》，浙江古籍出版社 2016 年版）。姜宸英（1628—1700），字西溟，号湛园，浙江慈溪人，清初古文名家，康熙年间曾与修《明史》。《奇［jī］零草》是明末将领张煌言（1620—1664）的一部诗集，写于抗击清军的过程中，所收作品为零落凋亡后所剩，故取名"奇零"。张煌言，字玄著，号苍水，浙江鄞县人，明末清初著名抗清将领。

② ［定海］今属浙江舟山。

③ ［子］对男子的尊称。

④ ［近体］近体诗，包括律诗和绝句。

⑤ ［聊］且，姑且。

⑥ ［晦冥（huì míng）］昏暗。

⑦ ［风霾（mái）昼塞］大风扬起尘土，遮天蔽日。霾，大风扬起尘土而下。

⑧ ［沉星陨气于穷荒绝岛之间］星星、云气降落在偏远荒芜的海岛中间，星、气用来比喻张煌言散落的作品。穷，极，边远。绝，隔绝。

⑨ ［幸睹］有幸目睹。

⑩ ［揜（yǎn）抑］埋没。揜，同"掩"。

⑪ ［要］大概。

⑫［俟］待。

⑬［行(háng)间］行伍之间。

⑭［逻卒］巡逻的士兵。

⑮［甲辰］康熙三年(1664)，张煌言于该年解散军队，后就义。张煌言《奇零草自序》作于壬寅，“甲辰”疑为“壬寅”之误，见《张苍水集》(上海古籍出版社1985年版)。

⑯［部伍］军队。

⑰［落迦山］普陀山。

⑱［“公自督师”句］顺治十六年(1659)张煌言与郑成功北伐，张煌言从长江口先行攻占崇明、瓜洲、仪真、镇江等地，并经由南京进占芜湖，而郑成功对南京形势的判断与张煌言不合，导致南京地区战机延误，清军得到喘息和救援。郑成功兵败南京以后，放弃瓜洲、镇江等地，退回海上，张煌言腹背受敌，这是他抗清生涯的转折。此后，张煌言与郑成功又在收复台湾方面发生意见分歧。“节制”与“掣肘”意义相近，都指受到牵制。邑邑，同“悒悒”。

⑲［海南］舟山附近的悬忝(ào)岛。

⑳［椑(bì)］指棺材。

㉑［跳踯(zhí)］跳跃。

㉒［间(jiàn)］侦探。

㉓［羁］束缚。

㉔［会城］省会，指杭州。

㉕［纸素］纸张或缣帛。

㉖［《正气歌》］南宋诗人文天祥在狱中写作的一首五言古诗，全诗借历史上诸多节义人物，表现了作者对浩然之气的追求。

㉗［征］表现。

㉘［“沈约撰《宋书》”句］指沈约撰《宋书》不确定是否立《袁粲传》，原因在于袁粲曾经谋划攻打齐高帝萧道成，但齐武帝不以为意，认为袁粲是宋之忠臣，应予以收录。事见《南齐书》。

㉙［韩通］后周恭帝之臣，宋太祖赵匡胤代周自立，韩通率军抵抗，被杀。

㉚［听］听任。

㉛［李芾(fú)］南宋官员，元兵攻破湖南潭州(今长沙)时，牺牲于任上。

㉜［长陵］明成祖死后葬于长陵，此处长陵代指明成祖。

㉝［方孝孺］明建文帝侍讲学士，因为拒绝为发动“靖难之役”的燕王朱棣草拟即位诏书被杀害，朱棣即后来的明成祖。

㉞［无讳之朝］无所避讳的朝代。

㉟［引君当道］引导国君走正道。

㊱［传略］传记要略。

㊲［惇史］指史书记载合乎事实。

㊳［蒐访］同“搜访”。

㊴［放失］散失。

【评析】

替人别集作序，一般有两种写法，一种重在文学评点与理论，一种重在叙述作者经历，姜宸英这篇《奇零草序》无疑属于后者。张煌言名在千秋，不过其著述当时属禁书，得之不易，姜宸英甘冒风险为其诗集作序，体现出对这位乡贤(二人同为浙江宁波府人)的无比敬重，同时也可见其个性之耿介。

文章先述作序缘起，继而指出英烈著述虽或沉晦于一时，但终将与其英名一同流芳后世，警策之句，正在“虽其撟抑于一时，然要以俟之百世”十四字。为何如此发论？此处埋下伏笔。第三节转述张煌言生平若干行迹，其中不乏极为生动的细节刻划，尤其是养猿猴一处描写，令人对张煌言处境之困苦险恶印象深刻。张氏被捕后，应人之请，多留翰墨，“皆《正气歌》也”，堪比文天祥，这正是张氏诗文“光焰”所在。文中又通过“市井屠贩卖饼之儿”与“士大夫家”的对比，引出对上文伏笔的解释:忠烈义士之“性”根于人心,发为文章,则同样深得人心,因此历经变患而不可磨灭。

文章最后一段,举前代史事为证,极富勇气地说出“臣各为其主,凡一切胜国语言不足避忌”,笔法以攻为守,用称颂清廷的方式,对日益严酷的文字狱作了一次大胆反拨,心思机智,十分耐人寻味。至此,姜宸英声言还要为张煌言作传,以备史乘,的确气概不凡。

姜宸英散文,以峭拔挺劲著称,此序便是典范。即使行文出于策略稍显迂回,但益见笔力遒劲。全文回环相扣,紧裹文心,思理又极为明晰。

【理性思考】

1. 姜宸英个性狷介孤傲,且如此推重张煌言,但他本人选择出仕清廷,这是否矛盾?清初有许多著名文士最初不与新朝合作,后来应征投效,缘于哪一历史事件?

2. 顾诚先生曾评价说史可法的政治眼光与魄力远不如张煌言,请试着谈谈你对这一评价的看法。

【延伸阅读】

1. 张煌言《奇零草序》。

2. 黄宗羲《兵部左侍郎苍水张公墓志铭》。

3. 张晖《帝国的流亡——南明诗歌与战乱》,中国社会科学出版社2014年版。

阎典史传[①]

邵长蘅

阎典史[②]者,名应元,字丽亨,其先浙绍兴人也。四世祖某,为锦衣校尉[③],始家北直隶之通州[④],为通州人。应元起掾史[⑤],官京仓大使[⑥]。

崇祯十四年，迁江阴县[7]典史。始至，有江盗百艘，张帜乘潮阑入[8]内地，将薄[9]城，而会县令摄篆旁邑[10]，丞、簿选愞怖急[11]，男女奔窜。应元带刀鞬[12]出，跃马大呼于市曰："好男子，从我杀贼护家室！"一时从者千人。然苦无械，应元又驰竹行[13]呼曰："事急矣，人假一竿，直取诸我。"千人者，布列江岸，矛若林立，士若堵墙。应元往来驰射，发一矢辄殪[14]一贼。贼连毙者三，气慑，扬帆去。巡抚[15]状闻，以钦依都司掌徼巡县尉[16]，得张黄盖，拥纛[17]，前驱清道而后行。非故事[18]，邑人以为荣。久之，仅循资迁广东英德县主簿，而陈明选代为尉。应元以母病未行，亦会国变[19]，挈家侨居邑东之砂山[20]。是岁乙酉[21]五月也。

当是时，本朝定鼎改元二年矣。豫王[22]大军渡江，金陵[23]降，君臣出走。弘光帝[24]寻被执。分遣贝勒[25]及他将，略定东南郡县。守土吏或降或走，或闭门旅拒[26]，攻之辄拔。速者功在漏刻[27]，迟不过旬日。自京口[28]以南，一月间下名城大县以百数。而江阴以弹丸下邑，死守八十余日而后下，盖应元之谋计居多。

初，薙发令[29]下，诸生[30]许用德者，以闰六月朔悬明太祖御容明伦堂[31]，率众拜且哭，士民蛾聚[32]者万人，欲奉新尉陈明选主城守。明选曰："吾智勇不如阎君，此大事，须阎君来。"乃夜驰骑往迎应元。应元投袂[33]起，率家丁四十人，夜驰入城。是时城中兵不满千，户裁[34]及万，又饟[35]无所出。应元至，则料尺籍[36]，治楼橹[37]，令户出一男子乘城，余丁传餐[38]。已乃发前兵备道[39]曾化龙所制火药火器贮堞楼[40]。已乃劝输巨室，令曰："输不必金，出粟、菽、帛、布及他物者听[41]。"国子上舍[42]程璧首捐二万五千金。捐者麇集[43]。于是围城中有火药三百罌，铅丸、铁子千石，大炮百，鸟机千张，钱千万缗，粟、麦、豆万石，他酒、酤、盐、铁、刍、藁[44]称是。已乃分城而守：武举黄略守东门，把总[45]某守南门，陈明选守西门，应元自守北门，仍徼巡四门。部署甫定，而外围合。

时大军薄城下者已十万，列营百数，四面围数十重，引弓仰射，颇伤城上人。而城上礧[46]炮、机弩乘高下，其所杀伤甚众。乃驾大炮击城，城垣裂。应元命用铁叶裹门板，贯铁絙[47]护之；取空棺实以土，障隤[48]

处。又攻北城，北城穿。下令："人运一大石块，于城内更筑坚垒。"一夜成。会城中矢少，应元乘月黑，束藁为人，人竿一灯，立陴睨[49]间，匝城，兵士伏垣内，击鼓叫噪，若将缒城[50]斫营。大军惊，矢发如雨，比晓，获矢无算。又遣壮士夜缒城入营，顺风纵火，军乱，自蹂践相杀死者数千。

大军离城三里止营。帅刘良佐拥骑至城下，呼曰："吾与阎君雅故，为我语阎君，欲相见。"应元立城上与语。刘良佐者，故弘光四镇[51]之一，封广昌伯，降本朝总兵者也。遥语应元："弘光已走，江南无主，君早降，可保富贵。"应元曰："某明朝一典史耳，尚知大义。将军胙土分茅[52]，为国重镇，不能保障江淮，乃为敌前驱，何面目见吾邑义士民乎？"良佐惭退。

应元伟躯干，面苍黑，微髭。性严毅，号令明肃。犯法者鞭笞贯耳[53]，不稍贳[54]。然轻财，赏赐无所恡[55]。伤者手为裹创，死者厚棺敛，酹醊[56]而哭之。与壮士语，必称"好弟兄"，不呼名。陈明选宽厚呕煦[57]，每巡城，拊循[58]其士卒，相劳苦，或至流涕。故两人皆能得士心，乐为之死。

先是，贝勒统军略地苏、松[59]者，既连破大郡，济师来攻。面缚两降将，跪城下说降，涕泗交颐[60]。应元骂曰："败军之将，被禽不速死，奚喋喋为！"又遣人谕令："斩四门首事各一人，即撤围。"应元厉声曰："宁斩吾头，奈何杀百姓！"叱之去。会中秋，给军民赏月钱，分曹携具，登城痛饮。而许用德制乐府《五更转曲》，令善讴者曼声歌之。歌声与刁斗、笳吹声相应，竟三夜罢。

贝勒既觇[61]知城中无降意，攻愈急。梯冲[62]死士，铠胄皆镔铁[63]，刀斧及之，声铿然，锋口为缺。炮声彻昼夜，百里内，地为之震。城中死伤日积，巷哭声相闻。应元慷慨登陴，意气自若。旦日，大雨如注。至日中，有红光一缕起土桥，直射城西，城崩。大军从烟焰雾雨中蜂拥而上。应元率死士百人，驰突巷战者八，所当杀伤以千数。再夺门，门闭不得出。应元度不免，踊身投前湖，水不没顶。而刘良佐令军中必欲生致应元，遂被缚。良佐箕踞[64]乾明佛殿，见应元至，跃起持之哭。应元笑曰：

"何哭？事至此，有一死耳！"见贝勒，挺立不屈。一卒持枪刺应元贯胫，胫折踣地[65]。日暮，拥至栖霞禅院。院僧夜闻大呼"速斫我！"不绝口。俄而寂然。应元死。

凡攻守八十一日，军围城者二十四万，死者六万七千，巷战死者又七千，凡损卒七万五千有奇。城中死者，无虑五六万，尸骸枕藉，街巷皆满，然竟无一人降者。

城破时，陈明选下骑搏战，至兵备道前被杀，身负重创，手握刀，僵立倚壁上不仆。或曰阖门投火死。

论曰：《尚书·序》[66]曰："成周既成，迁殷顽民[67]。"而后之论者，谓于周则顽民，殷则义士。夫跖犬吠尧[68]，邻女詈人[69]，彼固各为其主。予童时，则闻人啧啧谈阎典史事，未能记忆也。后五十年，从友人家见黄晞所为死守孤城状，乃摭[70]其事而传之。微夫应元，故明朝一典史也。顾其树立，乃卓卓[71]如是！呜呼，可感也哉！

【注释】

① 选自《国朝二十四家文钞》卷十三《青门文钞》。邵长蘅(1637—1704)，一名衡，字子湘，号青门山人，江苏武进(今常州市)人。清代诗人。早年诗学唐人，后改学宋人，前后诗风迥异。诗歌内容多为写景、吊古，常借以寄托怀念明室之意。文宗唐宋，继承唐顺之、归有光为文传统，与侯方域、魏禧齐名。有《青门总集》。

②［典史］官名，知县的属官，掌管缉捕、监狱。如无县丞、主簿，则典史兼领其职。

③［锦衣校尉］明代掌管侍卫、缉捕、刑狱的官署锦衣卫的下属军吏。

④［北直隶之通州］即今北京通县。

⑤［掾(yuàn)史］古代地方官长手下的属吏。

⑥［京仓大使］明代户部掌管京城所设仓场的官员。

⑦［江阴县］今属江苏。

⑧［阑入］进入不应进去的地方，混进。

⑨［薄］迫近，接近。

⑩［摄篆旁邑］到他县代理县令职务。

⑪［丞、簿选愞(xùn ruǎn)怖急］县丞、主簿都很怯懦恐惧。

⑫［鞬(jiàn)］马上盛弓箭的器具。

⑬［竹行］出售毛竹的店铺。

⑭［殪(yì)］杀死。

⑮［巡抚］官名，总揽一省的军民政务。

⑯［以钦依都司掌徼(jiào)巡县尉］以皇帝的命令加阎典史都司职衔，掌管全县巡察缉捕的县尉职务。

⑰［纛(dào)］古代军队或仪仗队的大旗。

⑱［非故事］没有先例。

⑲［国变］指明朝亡。

⑳［砂山］在江阴县城东南约三十里。

㉑［乙酉］南明弘光元年，清顺治二年(1645)。

㉒［豫王］即和硕豫亲王，名多铎，清顺治皇帝的叔父。于顺治二年五月率清军渡过长江。

㉓［金陵］指南京弘光政权。

㉔［弘光帝］明亡后，福王朱由崧在南京称帝，是为南明，改元弘光。

㉕［贝勒］清封爵名，位在郡王下、贝子上，此处系指平南大将军勒克德浑。

㉖［旅拒］聚众抗拒。

㉗［漏刻］古代的计时器，即漏壶。此处意为顷刻。

㉘［京口］在今江苏镇江市。

㉙［薙(tì)发令］薙，同“剃”。顺治二年，清兵攻入南京，强迫汉族男子剃发留辫，改为满族装束，违者处死。

㉚［诸生］入学取得生员资格的人，俗称秀才。

㉛［明伦堂］县学的正殿。

㉜［蛾聚］形容人数之多。

㉝［投袂(mèi)］甩动衣袖的奋发之状。

㉞［裁］同“才”。

㉟［饟］同“饷”。

㊱［料尺籍］整理军中的文书簿籍。

㊲［治楼橹］修整守城的器具。

㊳［传餐］传送食物。

㊴［兵备道］官名，明代于各省重要地方设整饬兵备的道具。

㊵［堞(dié)楼］城楼。

㊶［听］任凭，随。

㊷［国子上舍］即明代国子监的监生。上舍指班级较高的士子，借用宋代旧称。

㊸［麇(qún)集］成群聚集。

㊹［藁(gǎo)］本义指多年生草本植物，茎直立中空，根可入药。亦称“西芎”、“抚芎”。也同“稾(稿)”，有禾秆、稿子、草稿之意。这里指禾秆。

㊺［把总］武官名，在千总之下。

㊻［礧(léi)］古同“礌”。古代守城用的石头，从城上推下打击攻城的人。

㊼［铁絙(gēng)］大铁索。

㊽［隤(tuí)］倒塌。

㊾［陴睨(pí ní)］城墙。

㊿［缒(zhuì)城］由城上以绳索垂至平地，缘之而下。

51［弘光四镇］南明弘光帝时，分江北为四镇，分别由刘良佐、黄得功、高杰、刘泽清驻守。

52［胙(zuò)土分茅］胙，赐。古代帝王分封功臣土地，用白矛裹着泥土授予被封者，象征授予土地及权力。这里是说刘良佐受命镇守一方，上有封爵的大官。

㊸［贯耳］以短箭插耳示众，为古代军队用的刑罚。

㊹［贳(shì)］宽纵，赦免。

㊺［悋(lìn)］同“吝”。

㊻［酹醊(lèi chuò)］以酒浇地而祭。

㊼［呕煦(ǒu xù)］和悦可亲的样子。

㊽［拊循］抚慰。

㊾［苏、松］苏州、松江两府所属各地。

㊿［颐］面颊，腮。

61［觇(chān)］窥探，侦察。

62［梯冲］攻城用的云梯与冲车。

63［镔铁(bīn)］古代的一种钢，把表面磨光再用腐蚀剂处理，可见花纹，又称“宾铁”。

64［箕踞(jī jù)］两脚张开，两膝微曲地坐着，形状像箕。这是一种不拘礼节的坐法，比喻轻慢傲视对方的姿态。

65［胫(jìng)折踣(bó)地］意为小腿被刺断，跌倒在地上。

66［《尚书·序》］指《尚书》中《多士》一篇的序。

67［成周既成，迁殷顽民］全句是说西周灭殷以后，把不服从周朝的殷人迁到成周这个地方，以防止他们叛乱。成周，古地名，要今河南洛阳市东北。周成王时，周公旦曾筑城于此。

68［跖(zhí)犬吠尧］比喻人臣各为其主。跖，古代传说中的大盗名；尧，古代传说中的贤君。语见《战国策·齐策六》。

69［邻女詈(lì)人］《战国策·秦策一》：“楚人有两妻者，人誂其长者，长者詈之；誂其少者，少者许之。居无几何，有两妻者死，客谓誂者曰：‘汝取长者乎，少者乎？’曰：‘取长者。’客曰：‘长者詈汝，少者和汝，汝何为取长者？’曰：‘居彼人之所，则欲其许我也；今为我妻，则欲其为我詈人也。’”詈，咒骂。

70［摭(zhí)］拾取，摘取。

⑪［卓卓］高超出众。

【评析】

江阴守卫战堪称抗清过程中最壮烈的抵抗，据文献记载，清军自身也认为在其南下途中，攻江阴、泾县、舟山三城最为艰苦。阎应元只是一个典史，既非夏完淳这样的世族子弟，更无法与张煌言、史可法的大臣身份相比，以风尘末吏之身，领导了如此可歌可泣的一场战斗，不愧为千古奇男子、伟丈夫。邵长蘅的这篇文章为阎应元立传，同样写得风神凛凛、回肠荡气，可谓奇伟之文。

本文的谋篇布局非常讲究，开篇介绍阎应元家世与仕宦履历，属于常规的传记写法，但重在突出其官卑职微而具有才略，与文末“微夫应元，故明朝一典史也。顾其树立，乃卓卓如是”的评论遥想呼应，也反衬出王侯达官“或降或走”格外可耻。拒江盗一节，属于全文引子，为江阴之战作铺垫，二次战斗一略写，一详写。困守江阴期间，阎应元两次骂劝降者，中间补入他爱民如子、执法严明的文字，是插叙法，与下文中秋饮酒奏乐一段功用相同，都起到调控文章节奏、张弛有度的艺术效果。此后写城破至文章结尾，则一气呵成，保持了较高的强度。全文章法井然，起伏跌宕。

文章的细节描写与形象刻画也极为出色，写江阴战备与战争细节，令人身临其境，这是从正史记载中难以读到的，足见作者准备之充分；形象刻画方面，善于通过人物对话自动呈现人物性格，得力于《史记》，包括文章最后一段“论曰”，显然也是学习《史记》的体例。又以附传的形式表彰陈明选，与韩愈《张中丞传后叙》一文相似，清人评点此文时，多以之与韩文类比，是非常内行的意见。这篇《阎典史传》的确能够与韩文并传。

【理性思考】

1. 本文与《奇零草序》有何相似之处？

2. 清人赵怀玉在《故武进县知县孙公祠堂碑》一文中将孙振先与阎应元相提并论，称阎应元率一城军民死难，孙振先保全一城军民，二人功绩相当，请搜集相关史料，谈谈你的看法。

【延伸阅读】

1. 计六奇《明季南略》卷九。
2. 许重熙《江阴城守后纪》。

梅花岭记[①]

全祖望

顺治二年[②]乙酉四月，江都围急。督相[③]史忠烈公[④]知势不可为，集诸将而语[⑤]之曰："吾誓与城为殉，然仓皇中不可落于敌人之手以死，谁为我临朝成此大节[⑥]者？"副将军史德威慨然任之。忠烈喜曰："吾尚未有子，汝当以同姓为吾后，吾上书太夫人，谱汝诸孙中。"

二十五日城陷，忠烈拔刀自裁，诸将果争前抱持之，忠烈大呼"德威"，德威流涕不能执刃。遂为诸将所拥而行，至小东门，大兵如林[⑦]而至，马副使鸣騄、任太守民育、及诸将刘都督肇基等皆死。忠烈乃瞠目曰："我史阁部也。"被执至南门，和硕豫亲王[⑧]以"先生"呼之，劝之降。忠烈大骂而死。

初忠烈遗言："我死，当葬梅花岭上。"至是德威求公之骨不可得，乃以衣冠葬之。或曰："城之破也，有亲见忠烈青衣乌帽，乘白马出天宁门投江死者，未尝殒于城中也。"自有是言，大江南北，遂谓忠烈未死。已而英、霍山师[⑨]大起，皆托忠烈之名，仿佛陈涉之称项燕。吴中孙公兆奎[⑩]以起兵不克，执[⑪]至白下[⑫]，经略洪承畴[⑬]与之有旧，问曰："先生在兵间，审知故扬州阁部史公果死耶？抑未死耶？"孙公答曰："经略从北来，审知故松山殉难督师洪公果死耶？抑未死耶？"承畴大恚[⑭]，急呼麾下驱出斩之。

呜呼！神仙诡诞之说，谓颜太师[15]以兵解，文少保[16]亦以悟大光明法蝉脱[17]，实未尝死。不知忠义者，圣贤家法，其气浩然长留天地之间，何必出世入世之面目，神仙之说，所谓为蛇画足。即如忠烈遗骸，不可问矣，百年而后，予登岭上，与客述忠烈遗言，无不泪下如雨，想见当日围城光景。此即忠烈之面目，宛然[18]可遇，是不必问其果解脱否也，而况冒其未死之名者哉！

墓旁有丹徒钱烈女[19]之冢，亦以乙酉在扬，凡五死而得绝[20]，时告其父母火之，无留骨秽地，扬人葬之于此。江右王猷定、关中黄遵岩、粤东屈大均为作传铭哀词，顾尚有未尽表章者。

予闻忠烈兄弟自翰林可程[21]下，尚有数人，其后皆来江都省墓，适英、霍山师败，捕得冒称忠烈者，大将发至江都，令史氏男女来认之。忠烈之第八弟[22]已亡，其夫人年少有色，守节，亦出视之，大将艳其色，欲强娶之，夫人自裁而死。时以其出于大将之所逼也，莫敢为之表章者。呜呼！忠烈尝恨可程在北，当易姓[23]之间，不能仗节，出疏纠之，岂知身后乃有弟妇以女子而踵兄公[24]之余烈乎？梅花如雪，芳香不染，异日有作忠烈祠者，副使诸公谅在从祀之列，当另为别室以祀夫人，附以烈女一辈也。

【注释】

① 选自《全祖望集汇校集注》(上海古籍出版社 2000 年版)《鲒埼亭集》外编卷二十。全祖望(1705—1755)，字绍衣，号谢山，浙江鄞县人。清代浙东学派代表人物，杰出的史学家，素以气节自励，著作等身，尤悉南明史事。其主要著作有《鲒埼亭集》《诗集》《句余土音》《经史问答》《汉书地理志稽疑》等。梅花岭，在扬州古城北边广储门外，明万历中，州守吴秀浚河积土成丘，丘上植梅，故名。

② [顺治二年] 公元 1645 年。顺治元年(1644)，清军入关，迁都北京。

③ [督相] 督理军务的统帅。

④［忠烈］一本作“忠正”。史可法死后，南明朝廷谥之为“忠靖”，清高宗后追谥为“忠正”。

⑤［语(yù)］告诉。

⑥［成大节］为维护大节而牺牲。

⑦［如林］形容数量多。《诗经·小雅·大明》：“殷商之旅，其会如林。”

⑧［和硕豫亲王］指爱新觉罗·多铎，清太祖努尔哈赤十五子，太宗崇德元年(1636)，皇太极封其为和硕豫亲王。

⑨［英、霍山师］明末在英山、霍山一代起义抗清的义军。英山在湖北境内，霍山在安徽境内。

⑩［孙公兆奎］孙兆奎，字君昌，江苏吴县(今属苏州市)人。

⑪［执］被捕捉，被逮捕。

⑫［白下］今南京市西北，南京古称江宁，旧有白下城，故后人常以白下作为南京的别称。

⑬［洪承畴］字亨九，南安(今属福建)人。明末曾任蓟辽总督，与清军在松山作战时兵败投降，此时被清朝任命为七省经略，驻江宁。松山失利，传说洪承畴遇难，崇祯帝为此设坛祭哭。故下文孙兆奎讽刺洪承畴本应战死，然却投降清廷。

⑭［恚(huì)］恨，怒。

⑮［颜太师］指颜真卿，唐德宗时为太子太师，后为叛将李希烈所杀。兵解，学仙的人称死于兵刃为“兵解”，意思是借此脱离了驱壳而成仙。

⑯［文少保］指文天祥，南宋景炎三年八月加少保、信国公。坚持抗元，兵败被俘，据不投降，被杀。大光明法，道家的一种出世法。

⑰［蝉脱］也作“蝉蜕”，指蝉脱去外壳，比喻人离肉身而成道。

⑱［宛然］真切，清楚。

⑲［钱烈女］名淑贤，清军攻破扬州时殉城。丹徒，今江苏省镇江市。

⑳［五死而得绝］钱烈女先后以刀刎颈、自焚、上吊、服毒求死，均未成，后以衣带自缢死。

㉑［翰林可程］史可法二弟史可程，崇祯时进士，擢庶吉士，先后投降李自成军、清军。庶吉士属翰林院，也称庶常。

㉒［第八弟］史可法八弟史可刚，为国捐躯。

㉓［易姓］改朝换代的一种说法。

㉔［兄公］弟媳对夫兄的称呼，此指史可法。

【评析】

史可法是明末殉节诸臣的标志性人物，相关史传诗文资料众多，此文以梅花岭为题，用意就在发见史可法的象征意义。作为谙熟南明史的学者，全祖望在这篇文章中并没有勾勒史可法的一生，而是聚焦于其殉难始末，表彰其人格精神。

文章第一节写时局告急，史可法准备赴死。第二节描述其就义经过，篇幅虽不长，但从呼唤史德威、被俘瞠目到大骂劝降而死，道来层次分明。第三节用其遗言引出生死之谜的传言，目的是强调他身后的巨大影响，大江南北托其名举兵者，正是史氏巨大象征意义的体现。随后荡开一笔，写孙兆奎与洪承畴的一问一答，尤为精彩，孙、洪之问答，语言本身极具魏晋风度，当此情境，更是对洪承畴淋漓尽致的痛击，同时也反衬出史可法虽死犹生，妙味无穷，令人拍案叫绝。至第四节，作者终于说出自己的观念，即忠烈之士本“圣贤家法”，浩气自然长存，不必借神仙诡诞之说寄望。行文至此，关于史可法的正面描写已相对完整，随后两节表彰两位女性，既是附传，也是为了照应“梅花岭”之题。全文结构严谨，细节选取具有典型性，议论较为含蓄，有言近旨远之长。

【理性思考】

1. 将此文与《阎典史传》对读，仔细体会二者在行文策略上的相同与不同之处。

2. 南明弘光政权建立时，同时面对明末农民军和清军两股敌对力量，请搜集史料，了解史可法对二者的态度。

【延伸阅读】

1. 王秀楚《扬州十日记》。
2. 孔尚任《桃花扇·沉江》。
3. 《南明史料(八种)》，江苏古籍出版社1999年版。

左忠毅公逸事[①]

方 苞

先君子[②]尝言，乡先辈左忠毅公视学[③]京畿[④]，一日风雪严寒，从数骑出，微行[⑤]入古寺，庑[⑥]下一生伏案卧，文方成草。公阅毕，即解貂[⑦]覆生，为掩户。叩之寺僧，则史公可法[⑧]也。及试，吏呼名至史公，公瞿然[⑨]注视，呈卷，即面署第一。召入，使拜夫人，曰："吾诸儿碌碌，他日继吾志者，惟此生耳。"

及左公下厂狱[⑩]，史朝夕狱门外，逆阉[⑪]防伺[⑫]甚严，虽家仆不得近。久之，闻左公被炮烙[⑬]，旦夕且死，持五十金，涕泣谋于禁卒，卒感焉。一日，使史更敝衣草屦[⑭]，背筐，手长镵[⑮]，为除不洁者引入，微指左公处。则席地倚墙而坐，面额焦烂不可辨，左膝以下，筋骨尽脱矣。史前跪，抱公膝而呜咽。公辨其声而目不可开，乃奋臂以指拨眦[⑯]，目光如炬，怒曰："庸奴，此何地也？而汝来前！国家之事，糜烂至此。老夫已矣，汝复轻身而昧大义，天下事谁可支拄[⑰]者！不速去，无俟[⑱]奸人构陷[⑲]，吾今即扑杀汝！"因摸地上刑械，作投击势。史噤不敢发声，趋而出。后常流涕述其事以语人，曰："吾师肺肝，皆铁石所铸造也！"

崇祯末，流贼张献忠[⑳]出没蕲、黄、潜、桐[㉑]间。史公以凤庐道奉檄守御[㉒]。每有警，辄数月不就寝，使将士更休，而自坐幄幕外。择健卒十人，令二人蹲踞[㉓]而背倚之，漏鼓[㉔]移则番代[㉕]。每寒夜起立，振衣裳，甲上冰霜迸落，铿然有声。或劝以少休，公曰：“吾上恐负朝廷，下恐愧吾师也。”

史公治兵，往来桐城，必躬造[26]左公第，候太公、太母[27]起居，拜夫人于堂上。

余宗老涂山[28]，左公甥[29]也，与先君子善，谓狱中语乃亲得之于史公云。

【注释】

① 选自《方望溪先生全集》卷九（《四部丛刊初编》本）。方苞（1668—1749），字凤九，一字灵皋，号望溪，安徽桐城人，生于江苏南京。康熙四十五年（1706）会试中式。因戴名世《南山集》一案牵连下狱，后免罪入旗，入南书房。康熙六十一年（1722）充武英殿修书总裁，雍正十年（1732）授翰林院侍讲学士，次年升内阁学士兼礼部侍郎。乾隆七年（1742）辞官归里，闭门著书。乾隆十四年（1749）卒。长于古文，是桐城派创始人。有《方望溪先生全集》。本文是方苞为晚明名臣左光斗所撰的记事文。左光斗（1575—1625），字遗直，一字共之，号浮丘，安徽桐城人。万历三十五年（1607）进士，官左佥都御史。天启四年（1624）与杨涟、高攀龙等人谋划弹劾魏忠贤党羽，被逮下诏狱，天启五年（1625）与杨涟一同死于狱中。南明弘光朝追赠谥号“忠毅”。

② [先君子] 指方苞之父方仲舒，字逸巢。

③ [视学] 官员考察学政。

④ [京畿（jī）] 京城及其行政官署所辖地区。畿，京城管辖地区。

⑤ [微行] 不着官服，便衣出行。

⑥ [庑（wǔ）] 堂下周围的走廊、廊屋。

⑦ [解貂] 脱下貂皮外衣。

⑧ [史公可法] 史可法（1602—1645），字宪之，号道邻，河南祥符人，生于北京。崇祯元年（1628）进士，任陕西西安府推官，历官南京兵部尚书，南明弘光朝拜兵部尚书、武英殿大学士，加封太子太保。督师

扬州抵御清军，城破殉国。

⑨［瞿(jù)然］惊视的样子。

⑩［厂狱］东厂监狱。东厂是明代特务机构，永乐十八年(1420)明成祖设立，由亲信宦官执掌。

⑪［逆阉］指魏忠贤及其党羽。

⑫［防伺］防范伺察。

⑬［炮(páo)烙］古代酷刑，相传为商纣所用，以炭烧铜柱，令人爬行柱上，堕入火中烧死，后泛指用烧红的铁烙人。

⑭［屦(jù)］鞋子。

⑮［手长镵(chán)］拿着长柄铲子。镵，一种掘土工具。

⑯［眥(zì)］眼眶。

⑰［支拄(zhǔ)］支撑。

⑱［无俟(sì)］不用等到。俟，等待。

⑲［构陷］诬陷，陷害。

⑳［张献忠］张献忠(1606—1647)，字秉忠，号敬轩，外号黄虎，陕西定边人。明末农民军领袖，与李自成齐名，曾建立大西政权。

㉑［蕲(qí)、黄、潜、桐］今湖北蕲春、黄冈，安徽潜山、桐城。

㉒［史公以凤庐道奉檄守御］崇祯八年(1635)朝议设兵备道以扼制农民军，史可法受命以右参议分守安徽池州、太平，十一月，改副使，分巡安庆、池州。此谓任凤庐道，与史传有出入。凤庐道，统辖安徽凤阳、庐州的道员，明清两代在省以下设道，道的行政长官称道员。奉檄，奉上级命令。

㉓［踞(jù)］蹲，坐。

㉔［漏鼓］报更漏的鼓。漏，漏壶，古代计时器。

㉕［番代］轮番替代。

㉖［躬造］亲自拜访。

㉗［太公、太母］指左光斗的父母。

㉘［余宗老涂山］指方苞族祖方文(1612—1669)，字尔止，号涂

山，明诸生，入清不仕，为著名遗民诗人，有《涂山集》。宗老，同宗长辈。

㉙［甥］此处指女婿。

【评析】

作为清代桐城文派的代表性作家，方苞古文以雅洁整饬、讲究义法著称。本文记述左光斗行实，名为“逸事”，却能避免此类文体常见的散乱之病，正是得力于其义法。文章以自己父亲所言开篇，以族祖方文之言作结，首尾呼应，体现了文中所述之事征实可信，有补于史乘。在具体结构上，始终将左光斗、史可法二人事迹交织叙述，明线、暗线双线并行，处处紧扣左光斗对史可法的精神感召与影响，来烘托、反衬左光斗的形象，因此第三节以下虽主要写史可法，但显得意脉相贯，毫不游离，反而使一篇短短的文字更为丰满。

本文的细节刻划非常传神，所选三个情节，剪裁得当，详略有致，颇具匠心。首先写左、史相识相交，通过解貂披覆、“瞿然注视”、拜夫人语等言行，极为形象地写出左光斗的爱才之心；史可法探监一节是全文着笔最多处，逼真地再现了左光斗受刑之酷，也令读者切身感受到二人师生情谊之深，尤其是左光斗训斥史可法，以及“摸地上刑械，作投击势”的描写，不仅反映出左光斗嫉恶如仇的高尚品节，更是生动地写出对史可法的爱护，感人至深；后写史可法勤勉治军，“甲上冰霜迸落，铿然有声”，栩栩如生，实为左光斗品格在史可法身上的传承，故有“下恐愧吾师”一语照应。这种写法，得力于方苞对于《史记》细节刻画的成功学习。

稍长于方苞的桐城文士戴名世，也写过一篇《左忠毅公传》，以史料丰富取胜，方苞此文，则以文学笔法见长。将两文对读，个中趣味可辨。

【理性思考】

1. 文中重点描写了史可法探监时左光斗的言行，请比较杨涟在狱中对家人的嘱托之言，思考他们的心态。

2. 对于晚明东林党人的评价，目前学界有两种意见：一种认为他们清正刚直，风节凛然，是国家栋梁；一种认为他们实际上负面作用更大。请阅读史料及相关研究著作，谈谈你的看法。

【延伸阅读】

1. 戴名世《左忠毅公传》。

2. 谢国桢《明清之际党社运动考》，中华书局 2004 年版。

3. 张永刚《东林党议与晚明文学活动》，中国社会科学出版社 2009 年版。

与　妻　书[①]

林觉民

意映卿卿如晤[②]：

吾今以此书与汝永别矣！吾作此书时，尚为世中一人；汝看此书时，吾已成为阴间一鬼。吾作此书，泪珠和笔墨齐下，不能竟书[③]而欲搁笔。又恐汝不察吾衷[④]，谓吾忍舍汝而死，谓吾不知汝之不欲吾死也，故遂忍悲为汝言之。

吾至爱汝！即此爱汝一念，使吾勇于就死也！吾自遇汝以来，常愿天下有情人都成眷属[⑤]，然遍地腥云[⑥]，满街狼犬[⑦]，称心快意，几家能彀[⑧]？司马春衫[⑨]，吾不能学太上之忘情[⑩]也。语云[⑪]：仁者“老吾老以及人之老，幼吾幼以及人之幼”[⑫]。吾充[⑬]吾爱汝之心，助天下人爱其所爱，所以敢先汝而死，不顾汝也。汝体[⑭]吾此心，于啼泣之余，亦以天下人为念，当亦乐牺牲吾身与汝身之福利，为天下人谋永福也。汝其勿悲。

汝忆否？四五年前某夕，吾尝语曰：“与[⑮]使吾先死也，无宁汝先吾而死。”汝初闻言而怒，后经吾婉解，虽不谓吾言为是，而亦无辞相答[⑯]。吾之意盖谓以汝之弱，必不能禁[⑰]失吾之悲，吾先死留苦与汝，吾心不忍，故宁请汝先死，吾担悲也。嗟夫！谁知吾卒[⑱]先汝而死乎？吾真不能忘汝也！回忆后街之屋，入门穿廊，过前后厅，又三四折有小厅，厅旁一室为吾与汝双栖之所。初婚三四个月，适[19]冬之望日[20]前后，窗外疏梅筛月影，依稀掩映，吾与汝并肩携手，低低切切[21]，何事不语？何情不诉？及今思之，空余泪痕。又回忆六七年前，吾之逃家复归也，汝泣告我："望今后有远行，必以告妾，妾愿随君行。"吾亦既许汝矣[22]。前十余日回家，即欲乘便以此行之事语[23]汝，及与汝相对，又不能启口；且以汝之有身[24]也，更恐不胜[25]悲，故惟日日呼酒买醉。嗟夫！当时余心之悲，盖不能以寸管[26]形容之。

吾诚愿与汝相守以死。第[27]以今日事势观之，天灾可以死，盗贼可以死，瓜分之日可以死，奸官污吏虐民可以死，吾辈处今日之中国，国中无地无时不可以死！到那时使吾眼睁睁看汝死，或使汝眼睁睁看我死，吾能之乎！抑[28]汝能之乎！即可不死，而离散不相见，徒使两地眼成穿而骨化石[29]，试问古来几曾见破镜能重圆，则较死为苦也[30]。将奈之何？今日吾与汝幸双健；天下人人不当死而死，与不愿离而离者，不可数计；钟情[31]如我辈者，能忍之乎？此吾所以敢率性就死[32]不顾汝也！吾今死无余憾，国事成不成，自有同志者在。依新[33]已五岁，转眼成人，汝其善抚之，使之肖[34]我。汝腹中之物，吾疑其女也，女必像汝，吾心甚慰；或又是男，则亦教其以父志为志，则我死后，尚有二意洞[35]在也，甚幸甚幸！吾家后日[36]当甚贫，贫无所苦，清静过日而已。

吾今与汝无言矣！吾居九泉之下，遥闻汝哭声，当哭相和也。吾平日不信有鬼，今则又望其真有。今人又言心电感应有道，吾亦望其言是实，则吾之死，吾灵尚依依旁汝也[37]，汝不必以无侣悲！

吾生平未尝以吾所志语汝，是吾不是处。然语之，又恐汝日日为吾担忧。吾牺牲百死而不辞，而使汝担忧，的的[38]非吾所忍。吾爱汝至，所以为汝谋者惟恐未尽。汝幸而偶[39]我，又何不幸而生今日之中国！吾幸而得汝，又何不幸而生今日之中国，卒不忍独善其身[40]！嗟夫！巾短情长，所未尽者尚有万千，汝可摹拟[41]得之。吾今不能见汝矣！汝不能舍吾，其时时于梦中寻我乎！一恸[42]！辛未三月念六夜四鼓[43]，意洞手书[44]。

家中诸母皆通文[45]，有不解处，望请其指教。当尽吾意为幸。

【注释】

① 选自《广州三月二十九革命史》(民智书局 1926 年版)。林觉民(1887—1911)，字意洞，号抖飞，又号天外生。原籍福建闽侯县(今福建福州市)。清末资产阶级革命派代表，黄花岗七十二烈士之一。早年留学日本，投身民主革命，1911 年 3 月 29 日广州起义失败被捕，英勇就义。林觉民于起义前三日写成此信，另有一封写给父亲林孝颖，一并托友人密致家人。有《原爱》《驳康有为物质救国论》等文，翻译有《六国宪法论》。

② [意映卿卿如晤(wù)] 意映爱妻，见字如面。意映，林觉民夫人陈意映。卿卿，旧时夫妻间的爱称，多用于对女方的称呼。晤，见面。

③ [竟书] 写完。

④ [不察吾衷] 不了解我的心意。察，明辨，了解。衷，心意，心事。

⑤ [愿天下有情人都成眷属] 希望天下相爱的人都能成为夫妻。语出王实甫《西厢记》第五出第四折《清江引》："永老无别离，万古常完聚，愿普天下有情都成了眷属。"眷属，指夫妇。

⑥ [遍地腥云] 比喻清朝血腥统治。

⑦ [满街狼犬] 指清统治者及其爪牙。

⑧ [彀] 同"够"。

⑨ [司马春衫] "春衫"当为"青衫"之误。司马青衫，语出白居易《琵琶行》："座中泣下谁最多？江州司马青衫湿。"白居易贬官为江州司马，在江边送别友人时，听闻弹琵琶的歌女的琵琶声和她的悲惨遭遇，大为感动，泪湿青衫。

⑩ [太上之忘情] 修养很高的人，可以忘掉一切感情。太上，境界高尚的圣人。忘情，不动情，无动于衷。语出《世说新语·伤逝》："王戎

丧儿万子，山简往省之。王悲不自胜。简曰：‘孩抱中物，何至于此？’王曰：‘圣人忘情，最下不及情；情之所钟，正在我辈’。”“圣人忘情”，后世多作“太上忘情”，意思是“圣明的人忘记了喜怒哀乐之情”。

⑪［语云］古语说。

⑫［老吾老以及人之老，幼吾幼以及人之幼］语出《孟子·梁惠王上》。意为：尊敬自己的父母长辈，从而推广到尊敬所有人的父母长辈；爱护自己的孩子，从而推广到爱护所有人的孩子。第一个“老”字用作动词，有“尊敬”意。第一个“幼”字作动词，有“爱护”意。

⑬［充］扩充。

⑭［体］体谅，体察。

⑮［与］犹言与其。与……无宁……，表示二者选择的句型。

⑯［虽不谓吾言为是，而亦无辞相答］你虽然不说我的话是对的，但也无话可说。是，对，正确。“辞”也作“词”。

⑰［禁(jīn)］承担，受得住。

⑱［卒］最终。

⑲［适］恰好。

⑳［冬之望日］农历立冬之月的十五日，即农历十月十五日。望日，农历每月十五日。

㉑［低低切切］形容私语时低微细小的声音.

㉒［吾亦既许汝矣］我也已经答应你了。既，已经。许，答应。

㉓［语(yù)］告诉。下文“吾生平未尝以吾所志语汝”，“语”意义同此处。

㉔［有身］怀孕。

㉕［胜］禁得起，承受得了。

㉖［寸管］毛笔的代称。

㉗［第］但是，表转折。

㉘［抑］还是，或者，表选择。

㉙［徒使两地眼成穿而骨化石］白白使夫妻之间望眼欲穿，尸骨

化为石头，相见无期。眼成穿，“望眼欲穿”的化用。语出杜甫《寄越州贾司马六丈巴州严八使君两阁老五十韵》：“归好肠堪断，新愁眼欲穿。”骨化石，民间传说“武昌北山有望夫石，状若人立。古传云：昔有贞妇，其夫从役，远赴国难，携弱子饯送北山，立望夫而化为立石”。事见南朝宋刘义庆《幽明录》。

㉚［试问古来几曾见破镜能重圆，则较死为苦也］试问自古以来何时曾见过破镜重圆的？那么夫妻离散比死还要痛苦啊。破镜重圆，南朝陈将亡，乐昌公主与其夫徐德言恐夫妻离散不能相认，乃破一镜，各执其半，约定正月十五日于都市卖镜相认。陈亡后，乐昌公主为杨素所掳，徐德言辗转至京城，见有奴仆卖半镜，出其镜合之。杨素听闻，大受感动，召见德言，还其妻，让二人团聚。后来用“破镜重圆”比喻夫妻失散或决裂后，又重新团圆。事见［唐］孟棨《本事诗·情感》。

㉛［钟情］感情专注，用情至深。

㉜［率性就死］毅然踏上死地。率性，顺着本性。就死，赴死。

㉝［依新］林觉民的长子。

㉞［肖］像，相似。

㉟［意洞］林觉民自称。林觉民，字意洞。

㊱［后日］今后的日子。

㊲［吾灵尚依依旁汝也］我的灵魂还依依不舍地陪伴着你。依依，不舍貌。旁，同“傍”，陪伴。

㊳［的的（dí dí）］的确。

㊴［偶我］以我为偶。偶，婚配，嫁。

㊵［独善其身］语出《孟子·尽心上》：“古之人，得志，泽加于民；不得志，修身见于世。穷则独善其身，达则兼善天下。”意思是处于困窘的境地，也要搞好自身的修养。后用来指保持自身的节操；只顾自身好而不顾大局。

㊶［摹拟］想象，揣摩。

㊷［一恸］真让人悲痛至极。恸，过度悲伤。

㊸［辛未三月念六夜四鼓］“辛未”当为“辛亥”之误。干支纪年，即1911年。念，同“廿”，二十。念六，二十六日。四鼓，古人把夜晚分为五段，通过击鼓报时，相当于现在凌晨1点到3点。

㊹［手书］亲手书写。

㊺［家中诸母皆通文］家中的姑母、婶母等都通晓文字。诸母，指作者的姑母、婶母等女性长辈。通文，通晓文字。

【评析】

与许多革命烈士遗书不同，《与妻书》最感动人的因素是儿女情长。文章情真意切，字字泣血，为国捐躯的激情始终融化于夫妻深情之中，格外缠绵悱恻。虽然已时隔一百年，但魅力依然。

书信起首便开门见山，点明诀别之意，悲痛之情迎面而来。接着用“汝记否”一句，引出了对夫妻恩爱的追忆，所述三件往事，都是抒情的铺垫。愈写恩爱之深，愈见生死离别情重，让人不忍承受。一个有血有肉的英雄形象栩栩如生地展示在了眼前。书信接近结尾时写“吾今与汝无言矣”，似乎要收住话头，实则满腔眷恋之情无从说起，感情激烈，欲止而未止，只能寄希望于死后真有鬼，用幻想来慰藉。最后写巾短情长，托之于梦，亦是一理，这是哀痛欲绝时才有的真情实感。

情理兼顾，在情中说理，是此信的特点。“吾至爱汝，即此爱汝一念，使吾勇于就死也。”这是纲领性的句子，全信说理，由此展开。在“至爱汝”又“忍舍汝而死”这一看似矛盾的选择中，以大量笔墨阐述了为天下谋幸福的道理。由爱妻子一人延展到爱普天下之劳苦大众，由牺牲个人扩大到争取更多人幸福，与儒家义理是相通的，但显然带有全新的时代内容。使书信的内涵更加深邃厚实。

文章语言精诚之至，一方面使用杂有白话成分的通俗文言，浅近平易；另一方面也使用了许多典故，融化自然，如同己出，没有冗赘艰深的毛病，体现了作者的功底。全文委婉曲折又不乏闲情逸致，文辞优美，首尾呼应，浑然一体，对于我们今天学习书信写作具有典范意义。

【理性思考】

1. 钟叔河序叶绍袁《甲行日注》云:“大凡真能爱国家、爱民族,真能为国家民族作一点牺牲,而不是专门讲大话唱高调的人,于家庭骨肉之间,亦必有真感情、真爱心。”对革命人物的简单化处理,是曾长期存在的一种现象,你能举出几部这样的文学艺术作品吗?

2. 裴多菲称:“生命诚可贵,爱情价更高。若为自由故,二者皆可抛。”林觉民的《与妻书》可称这一理念的形象展现,谈谈你对生命、爱情、自由三者孰高孰低的看法。

【延伸阅读】

1. 林觉民《禀父书》。
2. 金舸导演《百年情书》,2011 年。

国学文选

中国传统价值观当代诠释

2

学问 自然 技艺

莫砺锋 主编
徐兴无 副主编

凤凰出版社

四、学　问

（主持人：张宏生　冯　乾）

（一）导言

中国有5 000年的文明史，有文字记载的历史也有3 000多年了。留下了非常多的精神瑰宝，建立了非常丰富的知识系统。现存的著述，以影印四库系列来说，就有《文渊阁四库全书》1 500册，收书3 503种；《续修四库全书》1 800册，收书5 213种；《四库全书存目丛书》1 200册，收书4 508种；《四库禁毁书丛刊》310册，收书634种；《四库未收书辑刊》300册，收书近2 000种。虽然远不是古代著述的全部，但也已浩如烟海，令人有望洋兴叹之感。

一部《论语》，开宗明义就指出："学而时习之，不亦说乎？"以"学"领起全篇，意味深长，说明"学"是一个人的安身立命之处。孔子本人就非常重视学习。他虽然承认有"生而知之"者，但更强调的是"学而知之"（《论语·季氏》），他本身就是如此："我非生而知之者，好古，敏以求之者也。"（《论语·述而》）他认为，不管什么样的人，如果不学习，都不能成事："好仁不好学，其蔽也愚；好知不好学，其蔽也荡；好信不好学，其蔽也贼；好直不好学，其蔽也绞；好勇不好学，其蔽也乱；好刚不好学，其蔽也狂。"（《论语·阳货》）荀子《劝学》也指出学习的重要意义："吾尝终日而思矣，不如须臾之所学也；吾尝跂而望矣，不如登高之博见也。登高而招，臂非加长也，而见者远；顺风而呼，声非加疾也，而闻者彰。假舆马者，非利足也，而致千里；假舟楫者，非能水也，而绝江河。君子生非异也，善假于物也。”一个人如果愿意学习，就等于给自己增长了手臂，提升了身高，增大了声音，加快了步伐。而学习，首先需要勤奋，需要坚持，一暴十寒，只能半途而废。就如孔子所说：“学如不及，犹恐失之。”(《论语·泰伯》)他对自己评价就是：“发愤忘食，乐以忘忧，不知老之将至云尔。”(《论语·述而》)直至晚年，他仍在刻苦研究《周易》，以至于“韦编三绝”(《史记·孔子世家》)。荀子也说：“积土成山，风雨兴焉；积水成渊，蛟龙生焉；积善成德，而神明自得，圣心备焉。故不积跬步，无以至千里；不积小流，无以成江海。骐骥一跃，不能十步；驽马十驾，功在不舍。锲而舍之，朽木不折；锲而不舍，金石可镂。蚓无爪牙之利，筋骨之强，上食埃土，下饮黄泉，用心一也。蟹六跪而二螯，非蛇鳝之穴无可寄托者，用心躁也。”这都是说明，只要坚持不懈，长期积累，必有所成，正如陆游所说：“古人学问无遗力，少壮工夫老始成。”(陆游《冬夜读书示子聿》)

但是，如果要真正掌握知识，使其成为提升自己的动力，还要会学。所谓“学而不思则罔”(《论语·为政》)，这个“思”的意思，部分也包含读书有间，发现问题。对此，古人概括为一个“疑”字。程颐说：“学者先要会疑。”(叶采《近思录集解》卷三)张载说：“在可疑而不疑者，不曾学；学则须疑。”(《经学理窟》)朱熹也说：“某寻常看文字都曾疑来。”(《朱子语类》卷一百四)只有具备怀疑精神，才是能动型的读书，否则，只知跟着古人后面走，那就成了孟子所说的“尽信书则不如无书”(《孟子·尽心下》)，失去了读书的意义。在这方面，朱熹本人就是一个典型的例子。比如《古文尚书》，自从东晋被立为学官，唐代也备受推崇，但宋人就开始有所怀疑，至朱熹达到了一个相当的高度。他或从时代氛围着手，或从语言风格立论，都很有说服力。如：“尝疑今孔传并序皆不类西京文字气象，未必真安国所作，只与《孔丛子》同是一手伪书，盖其言多相表里。”(朱熹《晦庵集》卷七十一)“孔壁所出《尚书》如《禹谟》……等篇皆平易，伏生所传皆难读，如何伏生偏记得难底，至于易底全记不得？此不可晓。”(黎靖德《朱子语类》卷七十八)朱熹的论述当然不如清代阎若璩细密,但他有一个最值得称道的地方,就是出于直感的判断,这就更接近日常的阅读。清代著名学者戴震十岁时,读朱熹《大学章句》,至“右经一章”以下,问其塾师:“此何以知其为‘孔子之言而曾子述之’?又何以知其为‘曾子之意而门人记之’?”塾师回答:“此朱文公说。”戴震便问:朱子是宋代的大儒,何以能够知道近二千年前的事?(段玉裁《戴东原先生年谱》)戴震后来成为一代大儒,和他所拥有的这种怀疑精神不无关系。

所以,学问二字,正如其字面的呈现,就是学和问的结合。《易·乾》:“君子学以聚之,问以辩之。”只学不问,则没有创造性;只问不学,则根基不牢,往往流于浅薄。

学问之道当然要求取知识,却又并不仅限于求取知识,更高的境界是树立远大的目标,追求终极的内涵。正如苏辙所指出的:“人之学也,不志其大,虽多而何为?”(苏辙《栾城集》卷二十二《上枢密韩太尉书》)就算是读了很多书,倘若“不志其大”,也只是一个书蠹而已。那么,何谓其大呢?在古人看来,就是企慕圣贤,完善自己。《孟子·离娄下》:“舜,人也;我,亦人也;舜为法于天下,可传于后世,我由未免为乡人也,是则可忧也。忧之如何?如舜而已矣。”这就是见贤思齐,志存高远。而有了这样一种胸襟,也就养出了“浩然之气”,不仅能够行事正直,而且能够在大是大非面前,站得住,立得端。民族英雄文天祥历尽千辛万苦,面对生死大节,慨然说道:“孔曰成仁,孟曰取义,惟其义尽,所以仁至。读圣贤书,所学何事?而今而后,庶几无愧。”(《宋史》卷四百十八)这就是他所理解的“读圣贤书”的最高境界。因此,苏天爵记述林起宗之言说:“学当以圣贤为准,是非得失了然,常在目前,从事于博文约礼之诲,循序渐进,至于日至之时,有不期然而然者矣。”(《[雍正]畿辅通志》卷一百九苏天爵《伯始林君墓志铭》)读书所追求的,就是这样一种精神的完善,这样一种超越“技”的“道”。

同时,知识又和文化密切相关,知识的留存,不仅意味着历史的延伸，往往也意味着文化的传承。在中国历史上，特别是处于民族危亡、天下动乱之际，表现得更为明显。南宋末年的胡三省，宋亡之后，通过对司马光《资治通鉴》的全面研究来传承文化，时有民族意识，微言大义，蕴于其中。而日本占领华北时，困居北平的陈垣，又通过研究胡氏的《资治通鉴音注》，表现了同样的心志。如唐高祖至德元年，《通鉴》记载："先是窦建德陷景城，执户曹河东张玄素，……以为治书侍御史，固辞。及江都败，复以为黄门侍郎，玄素乃起。"(《资治通鉴》卷一百八十五)胡三省《资治通鉴音注》："史言隋之故官，渐就仕于他姓。"陈垣《通鉴胡注表微》："张玄素先辞后起，以江都之败否为衡，所谓投机耳。崖山既覆，宋遗民亦渐有出为告籴之谋者，如月泉吟社中之仇远、白珽、梁相皆是也。万季野书《元史·陈栎传》后云：'元初南土既附，科目犹未设，一时士人无仕进之路，相率而就有司之辟召，或庠序学官，或州县冗秩，亦屈节为之，如戴表元、牟应龙、熊朋来、马端临之属。以文学名儒，或俯首以丐升斗之禄，而生平之名节不顾矣。……'《易》曰：'履霜坚冰，所由来者渐。'故身之唏嘘言之。"(陈垣《通鉴胡注表微》，中华书局1962年版，第279—280页)明清之际的顾炎武不仅具有如此意念，而且更有明确的理论说明。在其名著《日知录》中，他提出了著名的"亡国"和"亡天下"之说："有亡国，有亡天下。亡国与亡天下奚辨？曰：'易姓改号，谓之亡国；仁义充塞，而至于率兽食人，人将相食，谓之亡天下。'"(《日知录》卷十三《正始》)顾炎武认为，天下没有不亡的王朝，王朝灭亡，只是易姓改号，但倘若文化亡了，人就不成其为人，变成野兽了，这就是亡天下。因此，作为一个知识分子，要有使命感和责任感，不能让文化消亡。他在明亡之后，刻苦著述，是为了这个目的；他的同时代人王夫之，隐居著述数十载，也是为了这个目的。从这一点出发，顾炎武还在《与友人论学书》中还提出了"博学于文"、"行己有耻"这两个概念，推为"圣人之道"。这两句话，前一句出自《论语》的《颜渊》篇，后一句出自《子路》篇，原是孔子对弟子提问的回答，顾炎武借用过来，又赋予了新的时代内涵。他说："自一身以至天下国家，皆学之事也；自子臣弟友以至出入往来、辞受取与之间,皆有耻之事也。”(《亭林诗文集》卷三)所谓学,从个人到群体,再到天下、国家,特别是兴亡变化之根由,动荡起伏之原因,都要能够有所思考,因此也就包含着“经世致用”的意思。所谓耻,则是羞恶廉耻之心,立身行世,一言一行,其现实指向,是针对当时一些丧失民族气节的人。二者结合,就成为重要的原则:“士而不先言耻,则为无本之人;非好古而多闻,则为空虚之学。以无本之人而讲空虚之学,吾见其日是从事于圣人而去之弥远也。”(同上)懂得羞恶廉耻,而又切实有学,将学问和做人结合起来,才真正符合“圣人之道”,否则,就远离了“圣人之道”。所以,“博学于文”、“行己有耻”,既是顾炎武的为学和为人的宗旨,也是他崇实致用学风的出发点。

学问之道,如此重要,欲走上正途,往往离不开老师的教导,因此,在中国文化中,尊师重道的传统非常突出。《荀子·大略》:“国将兴,必贵师而重傅。”《吕氏春秋·劝学》:“疾学在于尊师。”康有为《政论集·在浙之演说》:“师道既尊,学风自善。”梁启超《中国历史研究法·自序》:“片言之赐,皆事师也。”从古到今,人们的意见非常一致,从天子到平民,无不如此。据记载,汉明帝就是一个特别尊师的皇帝:“上自为太子,受《尚书》于桓荣,及即帝位,犹尊荣以师礼。尝幸太常府,令荣坐东面,设几杖,会百官及荣门生数百人,上亲自执业;诸生或避位发难,上谦曰:‘太师在是。’既罢,悉以太官供具赐太常家。荣每疾病,帝辄遣使者存问,太官、太医相望于道。及笃,上疏谢恩,让还爵士。帝幸其家问起居,入街,下车,拥经而前,抚荣垂涕,赐以床茵、帷帐、刀剑、衣被,良久乃去。自是诸侯、将军、大夫问疾者,不敢复乘车到门,皆拜床下。”(《资治通鉴》卷四十四)宋代大儒杨时的“程门立雪”,也是千古传颂的佳话。据《宋史·杨时传》:“河南程颢与弟颐讲孔、孟绝学于熙、丰之际,河、洛之士翕然师之。时调官不赴,以师礼见颢于颍昌,相得甚欢。其归也,颢目送之曰:‘吾道南矣。’四年而颢死,时闻之,设位哭寝门,而以书赴告同学者。至是,又见程颐于洛,时盖年四十矣。一日见颐,颐偶瞑坐,时与游酢侍立不去,颐既觉,则门外雪深一尺矣。”(《宋史》卷四百二十八）老师之所以值得尊重，是因为老师负有重要的使命。《论语·泰伯》："士不可以不弘毅，任重而道远。"这个"道"，是读书人的终极追求，而作为老师，正如韩愈所说："师者，所以传道、授业、解惑也。人非生而知之者，孰能无惑？惑而不从师，其为惑也，终不解矣。"（韩愈《昌黎先生文集》卷十二《师说》）老师是求道的引路人："善之本在教，教之本在师。"（李觏《直讲李先生文集》卷二十《广潜书》）尊师，就是重道，就是敬业。

"工欲善其事，必先利其器。"（《论语·卫灵公》）追求学问，也应该注意方法。方法言人人殊，且以两个大儒朱熹和曾国藩为例。朱熹的《朱子全书》卷六，有相当的篇幅都是在说读书法，其中有一条是这样讲的："人言读书当从容玩味，此乃自怠之一说。若是读此书，未晓道理，虽不可急迫，亦不放下犹可也。若徜徉终日，谓之从容，却无做工夫处。譬之煎药，须是以大火煮滚，然后以慢火养之。"这是说，读书要持之以恒，坚持不懈。一方面要多读、泛读，一方面要抓住重点，挑选经典，慢慢涵咏，细细体味，真正掌握其精华。这个"大火"和"慢火"的关系，就是泛读和精读的关系。曾国藩给弟弟写信，提出读书要做到"三有"："士人读书，第一要有志，第二要有识，第三要有恒。有志则断不甘为下流；有识则知学问无尽，不敢以一得自足，如河伯之观海，如井蛙之窥天，皆无识者也；有恒则断无不成之事。此三者缺一不可。"（曾国藩《道光二十二年十二月二十日致诸弟书》）他还更具体地对读书提出过指导原则：读经典、重兴趣、有恒心。世间书籍，浩如烟海，不能遍观，也不必遍观。泛读虽然重要，精读更须提倡。经典是经过自然淘汰和历史选择而保存下来的，是最精华的知识，读之，可以以一当百，直指本源，当年黄侃提倡要在八部书上下功夫，即《毛诗》《左传》《周礼》《说文解字》《广韵》《史记》《汉书》《文选》，就是这个意思。兴趣是最好的老师，正如孔子所说："知之者不如好之者，好之者不如乐之者。"（《论语·雍也》）无论做什么事，有兴趣和没兴趣，是决定能否取得成就或成就大小的重要因素。读书也是一样，按照性分所近，根据兴趣大小去选择，无疑更有效果。至于恒心,是曾国藩一再强调的。因为他了解,虽然兴趣很重要,但一般人又往往受到各种事情的干扰,转变注意力,因此,他强调"一书不尽,不读新书"。要真正踏踏实实,沉浸下去,而不能心浮气躁。此即苏轼所说:"古之成大事者,不惟有超世之才,亦必有坚忍不拔之志。"(苏轼《苏文忠公全集》卷十《晁错论》)

追求学问,还要能够尊重不同的意见。南宋淳熙二年(1175),陆九渊和朱熹这两位大儒相会于江西铅山鹅湖论道。陆氏以尊德性为先,主张"本心即理";朱氏以道问学为上,强调"格物穷理"。二人各坚持己见,当时陆九渊写一诗:"墟墓兴哀宗庙钦,斯人千古不磨心。涓流积至沧溟水,拳石崇成泰华岑。易简工夫终久大,支离事业竟浮沉。欲知自下升高处,真伪先须辨只今。"(陆九渊《象山集》卷二十五《鹅湖和教授兄韵》)批评朱熹的学问支离破碎,认为应该立定方向,与圣贤传心。三年之后,朱熹写了和诗,表达不同意见:"德义风流夙所钦,别离三载更关心。偶扶藜杖出寒谷,又枉蓝舆度远岑。旧学商量加邃密,新知培养转深沉。只愁说到无言处,不信人间有古今。"(朱熹《晦庵集》卷四《鹅湖寺和陆子寿》)强调要尊重传统,通过商榷,不断深入,培养胸襟,融汇新知。鹅湖之会是两个伟大思想家的交锋,虽然互相都没有说服对方,但开不同学术流派论辩的先河,而且,互相尊重,惺惺相惜,所以,在中国哲学史和中国教育史上,有着重要的意义。

另外一点要提出的是,追求学问,书斋生涯固然重要,但又不能一味躲进小楼,自我封闭,而应该有更为弘通的意识。一方面,通过友朋交流,互相切磋,以达到激浊扬清、鉴古知今的目的,如顾炎武所说:"人之为学,不日进则日退。独学无友,则孤陋而难成;久处一方,则习染而不自觉。不幸而在穷僻之域,无车马之资,犹当博学审问,古人与稽,以求其是非之所在,庶几可得十之五六。若既不出户,又不读书,则是面墙之士,虽有子羔、原宪之贤,终无济于天下。"(顾炎武《亭林文集》卷四《与人书》)另一方面,学问的体现又并不仅仅是书本知识本身,陆游在《冬夜读书示子聿》中就说:"纸上得来终觉浅,绝知此事要躬行。"(陆游

《剑南诗稿》卷四十二)知识应该在运用中得到融会贯通,应该和具体的实践结合在一起,尤其是所谓经世致用之学,更应该如此。况且,在古人看来,学问又并不是书本知识可以完全概括的。《论语·学而》记载子夏的话说:“贤贤易色,事父母能竭其力,事君能致其身,与朋友交,言而有信,虽曰未学,吾必谓之学矣。”赞扬人们重德胜过重色,尽心尽力地侍奉父母,全心全意地贡献君王,与朋友交往,也能真诚相待,言而有信。对于这样的人,子夏认为,即使他们认为自己没有读过书,也是有学问的。曹雪芹《红楼梦》第五回有一副对联:“世事洞明皆学问,人情练达即文章。”认为社会就是一部大书,是一部无字之书,世间万事万物,极其丰富复杂,能够穷竟其理,也是高深学问。

(二)选文

答韦中立论师道书[①]

柳宗元

二十一日,宗元白[②]辱[③]书云欲相师,仆[④]道[⑤]不笃[⑥],业[⑦]甚浅近,环顾其中[⑧],未见可师者。虽常好言论,为文章,甚不自是[⑨]也。不意吾子[⑩]自京师[⑪]来蛮夷[⑫]间,乃幸见取[⑬]。仆自卜[⑭]固无取,假令有取,亦不敢为人师。为众人师且不敢,况敢为吾子师乎?

孟子[⑮]称“人之患在好为人师”[⑯]。由魏[⑰]、晋[⑱]氏以下,人益不事师。今之世,不闻有师,有辄[⑲]哗笑[⑳]之,以为狂人[㉑]。独韩愈[㉒]奋不顾流俗,犯[㉓]笑侮,收召后学,作《师说》[㉔],因抗颜[㉕]而为师。世果群怪聚骂[㉖],指目牵引[㉗],而增与为言辞[㉘]。愈以是得狂名,居长安,炊不暇熟[㉙],又挈挈[㉚]而东[㉛],如是者数矣。

屈子[㉜]赋曰:“邑犬群吠,吠所怪也[㉝]。”仆往闻庸蜀[㉞]之南,恒雨少日[㉟],日出则犬吠,余以为过言[㊱]。前六七年,仆来南[㊲],二年[㊳]冬,幸[㊴]大雪逾岭[㊵],被[㊶]南越[㊷]中数州。数州之犬,皆苍黄[㊸]吠噬[㊹],狂走[㊺]者累日[46]，至无雪乃已，然后始信前所闻者。今韩愈既自以为蜀之日，而吾子又欲使吾为越之雪，不以[47]病[48]乎？非独见病，亦以病吾子。然雪与日岂有过哉？顾[49]吠者犬耳！度今天下不吠者几人？而谁敢炫怪[50]于群目[51]，以召闹取怒[52]乎？

仆自谪过[53]以来，益少志虑[54]。居南中[55]九年，增脚气病，渐不喜闹。岂可使呶呶[56]者早暮咈[57]吾耳，骚[58]吾心，则固僵仆[59]烦愦[60]，愈不可过[61]矣。平居[62]，望外[63]遭齿舌[64]不少，独欠为人师耳。

抑[65]又闻之，古者重冠礼[66]，将以责[67]成人之道[68]，是圣人所尤用心者也。数百年来，人不复行。近有孙昌胤[69]者，独发愤行之。既成礼[70]，明日造朝[71]，至外廷[72]，荐笏[73]，言于卿士[74]曰："某子冠毕。"应之者咸怃然[75]。京兆尹[76]郑叔则[77]怫然[78]，曳笏[79]却立[80]，曰："何预[81]我耶？"廷中皆大笑。天下不以非郑尹而快[82]孙子，何哉？独为所不为[83]也。今之命[84]师者大类此。

吾子行厚而辞深[85]，凡所作皆恢恢然[86]有古人形貌；虽仆敢为师，亦何所增加也。假而[87]以仆年先吾子，闻道著书之日不后，诚欲往来言所闻，则仆固愿悉陈[88]中[89]所得者。吾子苟[90]自择之，取某事，去某事，则可矣；若定是非以教吾子，仆材不足，而又畏前所陈者，其为不敢也决[91]矣。

吾子前所欲见吾文，既悉以陈之，非以耀明[92]于子，聊欲以观子气色[93]，诚好恶如何也。今书来言者皆大过[94]。吾子诚非佞誉诬谀[95]之徒，直[96]见爱甚故然耳！

始吾幼且少，为文章，以辞[97]为工。及长，乃知文者以明道，是固不苟为炳炳烺烺[98]，务采色[99]，夸声音[100]而以为能也。凡吾所陈，皆自谓近道，而不知道之果近乎？远乎？吾子好道而可[101]吾文，或者其于道不远矣。

故吾每为文章，未尝敢以轻心掉之[102]，惧其剽而不留[103]也；未尝敢以怠心易之[104]，惧其弛而不严[105]也；未尝敢以昏气[106]出之，惧其昧没而杂[107]也；未尝敢以矜气[108]作之，惧其偃蹇而骄[109]也。抑[110]之欲其奥[111]，扬[112]之欲其明[113]，疏[114]之欲其通[115]，廉[116]之欲其节[117]；激[118]而发之欲其清，固[119]而存之欲其重，此吾所以羽翼[120]夫道也。本之《书》以求其质[121]，本之《诗》以求其恒[122]，本之《礼》以求其宜[123]，本之《春秋》以求其断[124]，本之《易》以求其动[125]，此吾所以取道之原[126]也。参之谷梁氏以厉其气[127]，参之《孟》《荀》以畅其支[128]，参之《庄》《老》以肆其端[129]，参之《国语》以博其趣[130]，参之《离骚》以致其幽[131]，参之太史公以著其洁[132]，此吾所以旁推交通[133]，而以为之文也。

凡若此者，果是耶？非耶？有取乎？抑其无取乎？吾子幸观焉，择焉，有余[134]以告焉。苟亟[135]来以广是道，子不有得焉，则我得矣，又何以师云尔哉？取其实而去其名[136]，无招越蜀吠怪[137]，而为外廷所笑[138]，则幸矣。宗元复白[139]。

【注释】

① 选自《柳宗元集》卷三十四（中华书局 1979 年版）。柳宗元（773—819），字子厚，河东解（今山西运城西南）人。唐代诗人、古文家。古文运动倡导者之一。与韩愈并称“韩柳”。贞元九年（793）进士，官至礼部员外郎。后因参加永贞革新，贬官永州司马，终于柳州刺史任上。著有《柳河东集》。韦中立，潭州刺史韦彪之孙，元和十四年（819）中进士第。

② ［白］禀告，陈述。

③ ［辱］谦词，承蒙。

④ ［仆］谦词，柳宗元自称。

⑤ ［道］指道德、学问等。

⑥ ［笃］坚实。

⑦ ［业］学业，学识。

⑧ ［环顾其中］回顾自身。

⑨ ［甚不自是］很不自信。自是，自以为是。《老子》：“自见者不明，自是者不彰。”

⑩［吾子］指韦中立。

⑪［京师］指唐朝首都长安。

⑫［蛮夷］古代对少数民族的蔑称。此处指柳氏当时的贬所永州。

⑬［见取］被取法，受重视之意，指韦中立欲拜其为师。

⑭［自卜］自量，揣度自己。

⑮［孟子］（约前372—约前289），名轲，字子舆，邹（今山东邹城市）人。战国时期儒家学派代表人物。著有《孟子》七篇。

⑯［人之患在好为人师］见《孟子·离娄上》。

⑰［魏］三国国名。公元220年，汉献帝禅让，曹丕称帝，国号魏，都洛阳，史称曹魏。后为晋所代。

⑱［晋］朝代名。公元265年，司马炎称帝，国号晋，都洛阳，史称西晋。公元316年，被匈奴所灭。公元317年，司马睿在南方重建晋朝，都建康，史称东晋。后被刘宋取代。

⑲［辄（zhé）］副词，每每，总是。

⑳［哗笑］大声嘲笑。

㉑［狂人］狂妄自大的人。

㉒［韩愈］（768—824）字退之，河阳（今河南孟州市）人，唐代著名古文家、思想家。贞元八年（792），登进士第，两任节度推官，累官监察御史。后因论事而被贬阳山，历都官员外郎、史馆修撰、中书舍人等职。元和十二年（817），出任宰相裴度的行军司马，参与讨平“淮西之乱”。其后又因谏迎佛骨一事被贬至潮州。晚年官至吏部侍郎。著有《韩昌黎集》。

㉓［犯］不顾。

㉔［师说］韩愈所作古文，论从师之道。

㉕［抗颜］正色，态度严正。

㉖［群怪聚骂］一起责怪辱骂。

㉗［指目牵引］指手画脚，冷眼相对。

㉘［增与为言辞］无中生有，妄加各种非议。

㉙［炊不暇熟］饭都来不及煮熟，指时间很短。

㉚［挈（qiè）挈］急迫匆忙的样子。

㉛［东］东赴。当时韩愈东赴洛阳任河南令。

㉜［屈子］指屈原（约前340—前278），名平，战国时楚国人，著名的爱国诗人。著有《离骚》《天问》《九章》《九歌》等。

㉝［邑犬群吠，吠所怪也］出《九章·怀沙》，意思是城邑中的狗因为怪异的东西一齐乱吠。

㉞［庸蜀］庸、蜀皆古国名，此泛指四川之地。

㉟［恒雨少日］经常下雨，很少看到太阳。

㊱［过言］夸大之辞。

㊲［仆来南］唐顺宗永贞元年（805），柳宗元贬少州刺史，途中，再贬永州司马。“来南”指此。

㊳［二年］指唐宪宗元和二年（807）。

㊴［幸］恰好。

㊵［逾岭］越过南岭。

㊶［被］覆盖。

㊷［南越］今广东、广西一带，古称南越。

㊸［苍黄］同“仓皇”，惊慌失措的样子。

㊹［吠噬（shì）］又叫又咬。

㊺［狂走］疯狂奔跑。

㊻［累日］连日，好几天。

㊼［以］通“已”。

㊽［病］诟病，辱骂，此处用于被动意义，被诟病，遭辱骂。

㊾［顾］但，只是。表示原因。

㊿［炫（xuàn）怪］炫耀奇怪。

51［群目］众人眼中。

52［召闹取怒］召来喧闹，惹取愤怒。

53 [谪过] 因过错而被贬谪。

54 [志虑] 志气与抱负。

55 [南中] 南方。

56 [呶呶(náo)] 喧哗不止的样子。

57 [咈(fú)] 烦挠,干扰。

58 [骚] 骚扰,扰乱。

59 [僵仆] 指躯体僵硬,举动不灵,此处形容处境困顿。僵,僵卧,仆,仆倒。

60 [烦愦(kuì)] 心烦意乱。烦,烦恼。愦,昏乱,糊涂。

61 [不可过] 无法生活。

62 [平居] 平日,平素。

63 [望外] 意想之外。

64 [齿舌] 口舌,指非难。

65 [抑] 助词,用于句首,表示概述或阐述的语气。

66 [冠礼] 古代男子二十岁行加冠礼,以示成人。

67 [责] 要求。

68 [成人之道] 成年人的礼仪与行为规范。

69 [孙昌胤] 唐玄宗天宝间登进士第。

70 [成礼] 完成礼仪。

71 [造朝] 上朝。

72 [外廷] 国君听政之所,相对内廷、禁中而言。

73 [荐笏(hù)] 荐,通“搢”,指插。笏是古代臣朝见时所执的狭长板子,用玉、象牙、竹木制成,也叫手板,用以记事。后世惟品官执之。

74 [卿士] 原指卿大夫,所处泛指朝官。

75 [怃(wǔ)然] 茫然自失的样子。

76 [京兆尹] 汉代管辖京兆地区的行政长官,职权相当于郡太守。后因以称京都地区的行政长官。

77 [郑叔则] (715—785),唐荥阳人。明经及第。累官至御史、屯田员外郎，转库部员外郎。代宗大历初为河南副元帅王缙僚佐。拜吏部员外郎，转刑部郎中。德宗建中中，为天平节度副使。二年，为东都畿观察使。迁东都留守兼河南尹，加户部侍郎。入为尚书左丞。迁太常卿。贞元三年，转京兆尹。与裴延龄不协，贬永州长史。转信州刺史，迁福建观察使。卒谥懿。

⑱［怫（fú）然］不快貌。

⑲［曳笏］倒垂笏板。

⑳［却立］退后站立。

㉛［预］关涉。

㉜［快］取笑。

㉝［为所不为］做别人不做的事。

㉞［命］通“名”，称。

㉟［行厚而辞深］品行敦厚，文辞高深。

㊱［恢恢然］恢弘阔大貌。

㊲［假而］假如。

㊳［悉陈］全部陈述。

㊴［中］胸中。

㊵［苟］暂且。

㊶［决］必然，一定。

㊷［耀明］炫耀，夸耀。

㊸［气色］神色。

㊹［大过］过分夸奖。

㊺［佞誉诬谀］克意称赞，随便奉承。

㊻［直］仅，只是。

㊼［辞］辞藻。

㊽［炳炳烺烺（lǎng）］文采鲜明貌。

㊾［务采色］致力于辞采之鲜丽。

⑩⓪［夸声音］夸耀声韵之和谐。

⑩①［可］许可。

⑩②［以轻心掉之］轻率随意地卖弄。

⑩③［剽而不留］轻浮浅薄而没有根柢。剽，轻浮，浅薄。

⑩④［以怠心易之］懈怠地敷衍了事。

⑩⑤［驰而不严］松散而不严谨。

⑩⑥［昏气］思维昏乱。

⑩⑦［昧没而杂］隐晦而杂乱。

⑩⑧［矜气］矜骄自大。

⑩⑨［偃蹇（yǎn jiǎn）而骄］傲慢不恭。偃蹇，高傲之貌。

⑪⓪［抑］抑制，含蓄。

⑪①［奥］古奥，深刻。

⑪②［扬］发扬，发挥。

⑪③［明］明快。

⑪④［疏］疏理。

⑪⑤［通］通畅。

⑪⑥［廉］收敛。

⑪⑦［节］法则，法度。

⑪⑧［激］激扬。

⑪⑨［固］固守。

⑫⓪［羽翼］辅佐、维护。

⑫①［本之《书》以求其质］此句指以《尚书》为本使文章质朴。本，根据，依据。质，朴实，淳朴。

⑫②［本之《诗》以求其恒］此句指以《诗经》为本使文章具有永恒的情思。

⑫③［本之《礼》以求其宜］此句指以《三礼》为本使文章得体合理。《礼》指三礼，即《周礼》《仪礼》《礼记》。宜，适宜，合理。

⑫④［本之《春秋》以求其断］此句指以《春秋》为本使文章是非分明，决断有力。《春秋》，东周史书，记鲁隐公元年（前 722）至鲁哀公十

四年(前481)共242年间的史事。相传为孔子据鲁史修定,暗寓褒贬之意。断,决断。

⑫⑤[本之《易》以求其动]此句指以《周易》为本使文章富有变化。易,《周易》。《周易》之命名,有变易之意。

⑫⑥[取道之原]所择文道的本源。自"本之《书》"至此句,柳宗元以六经为作文之本原。

⑫⑦[参之谷梁氏以厉其气]此句指参学《春秋谷梁传》,以磨砺文章的气势。参,参学。谷梁氏,指《春秋谷梁传》,相传为子夏之弟子谷梁赤所传。厉,磨砺。气,指文章的气势。

⑫⑧[参之《孟》《荀》以畅其支]此句指参学《孟子》《荀子》,使得文章条理畅达。《孟》,指《孟子》,战国时孟轲所著;《荀》,指《荀子》,战国时荀卿所著。二书为儒家著作。畅,畅达。支,同"肢"。

⑫⑨[参之《庄》《老》以肆其端]参学《庄子》《老子》,以此铺展文章的端绪。《庄》,指《庄子》,战国时庄周所著;《老》,《老子》,又称《道德经》,春秋晚期老子所著。二书为道家著作。肆,纵肆。端,端绪,头绪。

⑬⓪[参之《国语》以博其趣]参学《国语》,以此拓展文章的情趣。《国语》,国别体史书,凡二十一卷(篇),记周、鲁、齐、晋、郑、楚、吴、越八国事。相传为《春秋外传》,当为战国学者据春秋时期各国史料纂辑而成。

⑬①[参之《离骚》以致其幽]参学《离骚》,使文章幽深。《离骚》,战国晚期楚国屈原所著。幽,幽深。

⑬②[参之太史公以著其洁]参学司马迁《史记》,使文章修洁精练。洁,修洁,精练。

⑬③[旁推交通]广泛推求,交互融通。

⑬④[有余]有余暇。

⑬⑤[亟(qì)]屡次,经常。

⑬⑥[取其实而去其名]指取商量学问之实而不居师弟子之名。

⑬⑦[越蜀吠怪]指上文所言越、蜀之犬吠日吠雪之事。

⑬⑧［外廷所笑］指上文所言孙昌胤之子行冠礼，而为廷臣耻笑之事。

⑬⑨［白］告语、禀陈。此处为书信套语。

【评析】

中国学术经历了由官学到私学的转变。从西周初至春秋末期，是所谓学在王官的阶段。从春秋末年入战国，诸子百家兴起，各尊师说以立学。其中儒家尤为显学。中间虽然经历了秦朝之文化专制而短暂中辍，但伏生传经于秦火之余，西汉经师之严守师法，均见老师对于学术传承的巨大作用。其后东汉大儒郑玄学主博通，不拘守于一家之说，由此西汉专家之学寖废。至隋，科举制度兴起，唐初敕修《五经正义》，使经义一定于正，而经学愈衰。后来科举分为明经、进士二途，社会风气复鄙明经而荣进士，因此文人多由进士出身，在诗赋、策论上用功。诗赋、策论可以从前代典籍与当代实务中习得，不必依赖于老师之传授。由此造成当时师道不尊的现实。韩愈《师说》、柳宗元《与韦中立论师道书》均是在此背景下写成的。文章作于唐文宗元和八年(813)，柳宗元因为参与王叔文政治革新而被贬永州。韦中立写信询问作文之道，故柳宗元作此书答复。

文章首论师道，次论文学。首先阐明其不愿称师的苦衷，透露出柳氏在庸俗浇薄世风里的悲凉与愤懑。其次由"以辞为工"到"文以明道"，将其为文之心得对韦中立倾囊相授。表明作者"取其实而去其名"，即避师之名而行师之实的师道观。柳宗元对于古文创作的经验之谈尤为宝贵，其中详细自述了柳氏古文的甘甘与心得，阐明其师承与取法，金针度人，足可珍视。

论文亦庄亦谐，既酣畅淋漓，又摇曳多姿，所谓"反复驰骋，曲折顿挫，极文章之胜概"，是柳宗元的古文名篇之一。

【理性思考】

1. 柳宗元是如何学习古文写作的?

2. 比较柳宗元《答韦中立论师道书》与韩愈《师说》写作手法的异同。

3. 唐代以后有哪些关于师道的观点?请搜集相关资料,并作综述。

【延伸阅读】

1. 韩愈《师说》,马其昶校注《韩昌黎文集校注》卷一,上海古籍出版社 1986 年版。

2. 黄宗羲《广师说》,黄宗羲《南雷文定三集》卷三,浙江古籍出版社 1985 年版。

3. 顾炎武《广师》,顾炎武《顾亭林诗文集》卷六,中华书局 1959 年版。

袁州州学记[1]

李　觏

皇帝二十有三年[2],制诏[3]州县立学[4]。惟时守令[5],有哲有愚[6]。有屈力殚虑[7],祗顺德意[8];有假官借师[9],苟具文书[10]。或连数城亡[11]诵弦[12]声。倡而不和[13],教尼不行[14]。

三十有二年[15],范阳[16]祖君无择[17]知袁州。始至,进诸生[18],知学宫[19]阙状[20]。大惧人材放失[21],儒效[22]阔疏[23],亡以称上[24]意旨。通判[25]颍川[26]陈君侁[27],闻而是[28]之,议以克合[29]。相[30]旧夫子庙[31]狭隘不足改为[32],乃营治之东[33]。厥土燥刚[34],厥位面阳[35],厥材孔良[36]。殿堂门庑[37],黝垩丹漆[38],举以法[39]。故生师[40]有舍[41],庖廪[42]有次[43]。百尔器备[44],并手偕作[45]。工善吏勤[46],晨夜展力[47],越明年成。

舍菜[48]且有日。盱江[50]李觏谂[51]于众曰："惟四代[52]之学，考诸经可见已。秦以山西鏖六国，欲帝万世。[53]刘氏一呼，而关门不守，武夫健将，卖降恐后，何耶？[54]诗书之道废，人惟见利而不闻义焉耳。孝武乘丰富[55]，世祖出戎行[56]，皆孳孳[57]学术。俗化之厚，延于灵、献。[58]草茅危言者，折首而不悔；[59]功烈震主者，闻命而释兵；[60]群雄相视，不敢去臣位，尚数十年。[61]教道之结人心如此[62]。今代遭圣神[63]，尔袁得贤君[64]，俾尔由庠序，践古人之迹[65]。天下治，则谭[66]礼乐以陶[67]吾民：一有不幸，尤当仗大节[68]，为臣死忠[69]，为子死孝[70]。使人有所赖[71]，且有所法[72]。是惟朝家[73]教学[74]之意。若其弄笔墨[75]以徼利达[76]而已，岂徒二三子[77]之羞，抑亦为国者[78]之忧。"

此年实至和甲午[79]，夏某月甲子记。

【注释】

① 选自《李觏集》卷二十三（中华书局 1981 年版）。李觏（1009—1059），字泰伯，号盱江先生，北宋建昌军南城（今江西抚州）人，北宋思想家、教育家。荐授为太学助教，迁太学直讲等职。嘉祐四年（1059）权同管勾太学，假归，病卒。今存《直讲李先生文集》三十七卷，有《外集》三卷附后。袁州在今江西宜春。

② [皇帝二十有三年] 指宋仁宗庆历四年（1044），本年三月颁布新政，诏州县立学，更定科举法。

③ [制诏] 帝王的制命昭令。

④ [立学] 成立学校。

⑤ [守令] 太守与县令，泛指地方长官。

⑥ [有哲有愚] 有的聪明，有的愚昧。哲，聪明，睿智。愚，愚昧，蠢笨。

⑦ [屈（jué）力殚（dān）虑] 竭尽全力。屈，竭尽。殚，穷尽。

⑧ [祗（zhī）顺德意] 恭敬地顺从皇帝的恩德与意旨。

⑨ [假官借师] 意谓有的地方官员只是假借官师之名，未能真正

选贤任能。

⑩［苟具文书］所有设施都只是停留在字面上，而未落到实处。文书，指公文、案牍。

⑪［亡］通“无”。

⑫［诵弦］诵读弦歌，指教化学习。

⑬［倡而不和］上有倡导，而不应和。

⑭［教尼(nì)不行］指教化被阻止而不得实施。

⑮［三十有二年］指宋仁宗皇祐五年(1053)。

⑯［范阳］古地名。唐宋时治所在涿州(在今河北省涿州市)。

⑰［祖君无择］祖无择(1011—1084)，字择之，祖籍范阳，上蔡人。宝元元年(1038)进士，任大理评事，累官至直集贤院广南东路转运使，谪知袁州。后知制诰，赐兵部员外郎。熙宁中，授中大夫知信阳军，卒于任。著有《龙学文集》十六卷。

⑱［进诸生］召见学官弟子。

⑲［学官］学校。

⑳［阙状］残阙的样子。

㉑［人才放失］人才散失。

㉒［儒效］儒学之效用。

㉓［阔疏］粗疏，不严密。

㉔［上］指皇帝。

㉕［通判］官名。宋初于诸州府设置，地位略次于州府长官，但握有连署州府公事及监察官吏之权，号称监州。

㉖［颍川］古地名，在今河南境内，以颍水得名。

㉗［陈君侁(shēn)］陈侁(1069—1121)，字后之，一字复之，闽侯南通古灵(今福建省闽侯县南通镇古城村)人。宋元符三年(1100)进士，授江州德安县主簿，官宣教郎，充洪州司录事，宣和三年(1121)六月八日以疾卒。

㉘［是］赞同。

㉙［议以克合］议事因此能相合。

㉚［相］考察。

㉛［夫子庙］即孔庙，系奉祀孔子的庙宇。

㉜［改为］改造。

㉝［营治之东］营造于其东方。营治，营造，建造。之，代词，其。

㉞［厥土燥刚］其土性干燥刚劲。厥，副词，其。

㉟［厥位面阳］其方位朝向山南或水北。位，方位。阳，山南水北为阳。

㊱［厥材孔良］其材质很优良。孔，副词。

㊲［门庑］与门屋相连接的廊屋。

㊳［黝(yǒu)垩(è)丹漆］黑白红漆。

㊴［举以法］皆有法度。举，皆，全。

㊵［生师］生徒与老师。

㊶［舍］宿舍。

㊷［庖(páo)廪(lǐn)］供给学生的口粮。庖，庖厨。廪，廪食。

㊸［次］秩序，安排。

㊹［百尔器备］各种器物。器备，器物，器具。

㊺［并手偕作］大家共同制作。

㊻［工善吏勤］工匠优秀，吏人勤快。

㊼［晨夜展力］昼夜劳动。展力，效力，效劳。

㊽［舍菜］即释菜，又名释采。古代学子入学，以苹蘩之属祭祀先圣先师。舍，通“释”。

㊾［且有日］将至举行之期。

㊿［盱(xū)江］李觏之籍贯。盱江，发源于江西广昌县血木岭，流经南丰、南城，注抚河。

51［谂(shěn)］规谏，劝告。

52［四代］此指虞、夏、商、周四朝。《礼记·学记》：“三王四代唯其师。”郑玄注：“四代，虞、夏、殷、周。”

㊸ [“秦以山西鏖(áo)六国”句] 指战国时秦王嬴政统一六国，登基称帝，自号始皇帝，欲传之万世事。山西，战国、秦汉时称崤山、华山以西地区为山西。鏖，激战、苦战。六国，指战国时位于函谷关以东的齐、楚、燕、韩、赵、魏六国。

㊹ [“刘氏一呼”句] 指汉高祖刘邦，西入峣关，推翻秦朝。关门，指峣关。卖降，卖主投降，指刘邦入关时秦将欲降，后因而击之，遂入咸阳。事见《史记·高祖本纪》。

㊺ [孝武乘丰富] 此句此指汉武帝刘彻。汉武帝因文帝、景帝二朝之积蓄，复用董仲舒策，罢黜百家，独兴儒术。事见《汉书·武帝本纪》。乘，凭借。丰富，充裕富厚。

㊻ [世祖出戎行] 指汉光武帝刘秀，于西汉末年，兴兵南阳，平王莽之乱，扫荡群雄，建立东汉政权。刘秀曾为太学生，为帝后大兴儒术。事见《后汉书·光武帝本纪》。戎行，行伍，军队。

㊼ [孳(zī)孳] 孳，通“孜”，勤勉，努力不懈。

㊽ [“俗化之厚”句] 指东汉儒教使风俗淳厚，影响直至汉末。俗化，风俗教化。厚，淳厚。延，传播，传扬。灵、献，指东汉灵帝、汉献帝。

㊾ [“草茅危言者”句] 指东汉党锢中人，虽被放废草野，仍然不顾性命，敢于直言。草茅，草野，民间。危言，高言，直言。折首，斩首。

㊿ [“功烈震主者”句] 指汉末刺史等虽有高功，仍不敢不奉汉廷之诏令。功烈，即功业，功勋业绩。闻命，听从朝廷诏令。释兵，解除武装。

61 [“群雄相视”句] 指汉末曹操、袁绍、孙权等列强不敢称帝。去，弃去。

62 [教道之结人心如此] 此句将东汉风俗归因于儒学教化之道。教道，儒学教化。结，连结。

63 [今代遭圣神] 指当今适逢英明的仁宗皇帝当朝。今代，今时。圣神，古代颂美帝王之词，此指宋仁宗。

64 [尔袁得贤君] 指祖无择为袁州知州。尔袁，指袁州。贤君，贤明的长官。

㊺［“俾尔由庠序”句］指使学子入州学修习而效法古人。庠序，学校。践，踏。迹，足迹。

㊻［谭］通“谈”。

㊼［陶］陶冶，化育。

㊽［仗大节］倚仗临难不苟的节操。

㊾［死忠］死于忠君。

㊿［死孝］死于孝亲。

⑦¹［赖］依靠，凭借。

⑦²［法］效法。

⑦³［朝家］国家，朝廷。《后汉书·应劭传》：“鲜卑隔在漠北……苟欲中国珍货，非为畏威怀德。计获事足，旋踵为害。是以朝家外而不内，盖为此也。”李贤注：“朝家犹国家也。”

⑦⁴［教学］倡导学习。

⑦⁵［弄笔墨］卖弄文辞。

⑦⁶［徼(yāo)利达］追求财利与显达。徼，招致，求取。

⑦⁷［二三子］指儒学生徒。

⑦⁸［为国者］治理国家的人，指朝廷君臣。

⑦⁹［至和甲午］宋仁宗至和二年(1055)。

【评析】

古代中国重视教育，周代时的教育有大学和小学，学校则有国学和乡学之分。如《周礼》所载：“乡有庠，州有序，党有校，闾有塾。”汉代以后形成了州县建学的传统。宋代抑武右文，格外重视文化与教育。但宋初承五代荒陋之习，朝廷只设一所国子监，州县学校也极少。宋仁宗推行新政，于庆历四年(1044)三月下诏诸路州、府、军、监建立学校，形成了“天下之学始克大立”的局面。袁州知州祖无择建立州学，李觏为之撰写了这篇名文。

文章首先简括了宋仁宗诏令兴学与袁州建立州学的经过，再以经史为鉴，申论儒学对于国家兴衰的功用，文中以秦、汉两朝为对比，秦以尚武崇法、焚书坑儒而速亡，汉以孳孳学术、敦厚风俗而久存，具有深刻的警策意义。最后申明“朝家教学之意”，即宋朝建立州学的功用，在于化俗育民。社会太平之时可以法古人，兴礼乐，国家危亡之时臣民可以仗大节，死忠孝。耐人寻味。

文章文辞质朴，古劲简峭，有金石之意。金圣叹认为此文学秦石刻，与一般宋文不类，是有见之言。

【理性思考】

1. 试论李觏的教育思想。
2. 试谈北宋设立州学的意义。
3. 搜集文史资料，谈谈北宋儒学的废兴。

【延伸阅读】

1. 曾巩《筠州学记》，《元丰类稿》卷十五。
2. 郭宝林《北宋州县学官》，《文史》第 32 辑。
3. 韩冬青《宋仁宗时期的州县学文献》，《科教导刊(中旬刊)》2010 年 09 期。

送曾巩秀才序[①]

欧阳修

广文[②]曾生，来自南丰[③]，入太学[④]，与其诸生群进于有司[⑤]。有司敛群才[⑥]，操尺度[⑦]，概以一法[⑧]，考[⑨]其不中者而弃之。虽有魁垒拔出[⑩]之才，其一累黍[⑪]不中尺度，则弃不敢取。幸而得良有司，不过反同众人叹嗟爱惜，若取舍非己事者。诿[⑫]曰：有司有法，奈何不中！有司固不自任其责，而天下之人亦不以责有司，皆曰：其不中，法也。不幸有司度[13]一失手，则往往失多而得少。呜呼！有司所操果良法邪？何其久而不思革[14]也。

况若曾生之业，其大者固已魁垒，其于小者亦可以中尺度，而有司弃之，可怪也。然曾生不非同进[15]，不罪[16]有司，告予以归，思广其学[17]而坚其守[18]。予初骇其文[19]，又壮其志[20]。夫农夫不咎岁[21]而菑播是勤[22]，甚[23]水旱则已，使一有获，则岂不多邪？

曾生橐[24]其文数十万言来京师[25]，京师之人无求[26]曾生者，然曾生亦不以干[27]也。予岂敢求生，而生辱以顾予[28]。是京师之人既不求之，而有司又失之，而独予得也。于其行[29]也，遂见于文，使知生者可以吊有司[30]，而贺余之独得也。

【注释】

① 选自《欧阳修全集》卷四十四（中华书局 2001 年版）。欧阳修（1007—1072），字永叔，号醉翁，晚号六一居士，吉州永丰（今江西永丰县）人。北宋著名政治家与杰出文学家。宋仁宗天圣八年（1030）进士。历任西京留守推官、馆阁校勘、太常丞知谏院等职。参与庆历新政，新政失败，贬滁州知州，徙扬州、颍州，留守南京。后仕至参知政事。著有《易童子问》《诗本义》《居士集》等。曾巩（1019—1083），字子固，建昌军南丰县（今江西南丰县）人。北宋古文家。宋仁宗嘉祐二年（1057）进士，历官太平州司法参军、馆阁校勘、集贤校理。出通判越州，历知齐、襄、洪、福、明、亳诸州。元丰六年（1083），病逝于江宁府。著有《元丰类稿》。本文为庆历二年（1042）曾巩应礼部试落第后欧阳修所送的赠序。

② ［广文］指广文馆。宋国子监属下学校之一，收录至京师应试的游士。逢贡举之年，先补中广文馆生，后执牒诣国子监验试，十人取一。

③ ［南丰］曾巩故乡，今在江西抚州。

④ ［太学］宋国子监属下学校之一，学生从八品以下官员子弟及平民优秀子弟中招收。

⑤［有司］官吏。古代设官分职,各有专司,故称。
⑥［敛群才］聚集才士。
⑦［操尺度］掌握法度。
⑧［概以一法］统一以一种方法衡量。
⑨［考］考量,测验。
⑩［魁(kuǐ)垒拔出］高超特出。魁垒,壮貌。
⑪［累黍］细微之处。
⑫［诿(wěi)］推诿。
⑬［度(duó)］假设。
⑭［革］变革。
⑮［不非同进］不诋毁同考时的取录者。非,诋毁,讥讽。
⑯［罪］责怪,怨尤。
⑰［广其学］拓展学问。
⑱［坚其守］坚持操守。
⑲［骇其文］指惊讶于曾巩文章之工。骇,惊骇。
⑳［壮其志］指推崇曾巩志行之正。壮,推崇,赞许。
㉑［不咎岁］归咎于年景不好。咎,归咎。岁,年成。
㉒［菑播是勤］勤于耕耘播种。菑,开垦,耕耘。播,布种,撒种。
㉓［甚］特别严重。
㉔［橐］以橐装取。
㉕［京师］指宋代首都汴梁。
㉖［求］求识。
㉗［不以干］不以文章干求别人。干,请求。
㉘［辱以顾予］指曾巩来求见欧阳修。辱,谦词。顾,探望,访问。
㉙［行］品行,德行。
㉚［吊有司］指因为失而未录曾巩一事慰问考官。吊,慰问。

【评析】

隋唐以后，人才往往从科举中简拔。宋代采取糊名制度，在提高考试的公平性的同时，也带来了很多不确定的偶然性因素。即使具有真才实学的士人也未必能够通过科举脱颖而出。庆历二年（1042），曾巩赴礼部应进士举落选，欧阳修因此作此序相赠。

士人之学行，在其安平处顺时见之。当其困顿跋踬之时，更能见其平素之学养。曾巩未考之前孳孳研习文学，不汲汲干求；落选之后，不怨天，不尤人，退而自修，这都体现了其学问的境界。欧阳修对曾巩魁垒拔出的文才与束身自修的德行大加揄扬，也为其高才而遭黜落打抱不平，文中因此对北宋科举制度加以质疑。当时文坛上缛丽软靡的“西昆体”余风尚在，怪僻生涩的“太学体”又大行其道，并且影响到科举考试的文风。曾巩古文的特色在于简练平正，辞深理厚，非细细品味不易得其妙处。他的不中式或许与此有关。故欧阳修在对曾巩同情的同时，也坚定了其改革文风的决心。宋仁宗嘉祐二年（1057），欧阳修利用主持贡举的机会，痛抑“太学体”，一举革新了文坛风气。曾巩亦于是年中式，同时取中者有苏轼、苏辙兄弟。

文章模仿韩愈《送董邵南序》，虽无韩文的雄深浑厚，却能于方寸之中迭现波澜。讽喻时弊，劝慰友朋，抑扬有致，绰有余裕，体现出高超的文笔。

【理性思考】

1. 思考科举考试对于简拔人才的利弊。
2. 搜集相关文献，谈谈北宋古文运动与科举的关系。
3. 辨析欧阳修古文与曾巩古文文风的异同。

【延伸阅读】

1. 韩愈《送董邵南序》，《韩愈文集汇校笺注》，中华书局 2010 年版。
2. 曾巩《上欧阳学士第一书》，《曾巩集》，中华书局 1984 年版。

送徐无党南归序[①]

欧阳修

草木鸟兽之为物，众人之为人，其为生虽异，而为死则同，一[②]归于腐坏[③]澌尽泯灭[④]而已。而众人之中，有圣贤者，固亦生且死于其间，而独异于草木鸟兽众人者，虽死而不朽，逾远而弥存也。其所以为圣贤者，修之于身，施之于事，见之于言，是三者所以能不朽而存也。修于身者，无所不获；施于事者，有得有不得焉；其见于言者，则又有能有不能也。施于事矣，不见于言可也。自诗书、史记所传，其人岂必皆能言之士哉？修于身矣，而不施于事，不见于言，亦可也。孔子弟子，有能政事[⑤]者矣，有能言语[⑥]者矣。若颜回[⑦]者，在陋巷曲肱饥卧而已[⑧]，其群居则默然终日如愚人[⑨]。然自当时群弟子皆推尊之，以为不敢望而及[⑩]。而后世更百千岁，亦未有能及之者。其不朽而存者，固不待施于事，况于言乎？

予读班固《艺文志》[⑪]、唐四库书目[⑫]，见其所列，自三代[⑬]秦汉以来，著书之士，多者至百余篇，少者犹三四十篇，其人不可胜数[⑭]；而散亡磨灭[⑮]，百不一、二存焉。予窃[⑯]悲其人，文章丽矣，言语工矣，无异草木荣华[⑰]之飘风[⑱]，鸟兽好音[⑲]之过耳[⑳]也。方其用心与力之劳，亦何异众人之汲汲营营[㉑]，而忽然[㉒]以死者，虽有迟有速，而卒与三者同归于泯灭。夫言之不可恃也，盖如此。今之学者，莫不慕古圣贤之不朽，而勤一世[㉓]以尽心[㉔]于文字间者，皆可悲也！

东阳[㉕]徐生，少从予学为文章，稍稍见称于人。既去，而与群士试于礼部[㉖]，得高第[㉗]，由是知名。其文辞日进，如水涌而山出。予欲摧其盛气[㉘]而勉其思[㉙]也，故于其归，告以是言。然予固亦喜为文辞者，亦因以自警焉。

【注释】

① 选自《欧阳修全集》卷四十四（中华书局 2001 年版）。欧阳修，

见《送曾巩秀才文》注①。徐无党(? —1086),婺州永康(今浙江金华)人。皇祐五年(1053)进士。官至州学教授。从欧阳修学古文,为《新五代史》作注。卒于元祐元年。此文为欧阳修在徐无党进士第后归婺州时所作,勉励其修身、施事,而不徒习文辞。

②[一]全部。

③[腐坏]腐烂败坏。

④[渐尽泯灭]慢慢消散以至于灭绝。

⑤[政事]指优于政治,能为宰官。《论语·先进》:“政事:冉有,季路。”

⑥[言语]有口给便捷,辩才无碍。《论语·先进》:“言语:宰我,子贡。”

⑦[颜回](前521—前481),名回,字子渊。春秋时鲁人,孔子弟子。好学不倦,安贫乐道,但33岁即卒。

⑧[“在陋巷曲肱”句]指颜回贫而乐学之事。《论语·雍也》:“子曰:贤哉,回也!一箪食,一瓢饮,在陋巷。人不堪其忧,回也不改其乐。贤哉,回也!”陋巷,贫陋之巷。曲肱饥卧,谓颜回箪食瓢饮,不能御饥,曲肱而卧,聊以自乐。

⑨[“其群居则默然”句]指颜回受业时的谦恭之状。《论语·为政》:“子曰:吾与回言终日,不违如愚。退而省其私,亦足以发。回也,不愚。”

⑩[“然自当时弟子皆推尊之”句]指孔门弟子对颜回的推崇。《论语·公冶长》:“子谓子贡曰:女与回也孰愈?对曰:赐也何敢望回。回也闻一以知十,赐也闻一以知二。”

⑪[班固《艺文志》]指《汉书·艺文志》,《汉书》十志之一,为中国最早的史志目录。班固据《七略》纂成,以纪西汉一代藏书之盛。分六艺、诸子、诗赋、兵书、数术、方技六略,共收书38种,596家,13269卷。班固(32—92),字孟坚,扶风安陵(今陕西咸阳东北)人,东汉著名史学家、文学家。著《汉书》。因大将军窦宪案死于狱。范晔《后汉书》有传。

⑫［唐四库书目］唐代屡次整理内阁图书，撰成书目。此处或指唐《开元四库书目》。四库，指中国古代典籍按经、史、子、集四部分类。

⑬［三代］指夏、商、周三代。

⑭［不可胜数］多得数不过来。

⑮［散亡磨灭］散失，亡佚，销磨，灭没。

⑯［窃］谦词，私下，私自。

⑰［荣华］指草木之花。《楚辞·九章·橘颂》："绿叶素荣，纷其可喜兮。"王逸注："言橘青叶白华，纷然茂盛，诚可喜也。"《易·大过》："枯杨生华，老妇得其士夫，无咎无誉。"

⑱［飘风］飘散于风中。

⑲［好音］美好动听的声音。

⑳［过耳］经过耳畔。

㉑［汲汲营营］匆忙劳碌。汲汲，急切的样子。《礼记·问丧》："其往送也，望望然，汲汲然，如有追而弗及也。"营营，劳碌而不知休息。《庄子·庚桑楚》："全汝形，抱汝生，無使汝思虑营营。"

㉒［忽然］俄顷，一会儿。《庄子·知北游》："人生天地之间，若白驹之过隙，忽然而已。"

㉓［勤一世］一世勤苦。

㉔［尽心］竭尽心力。

㉕［东阳］宋时属婺州，今为浙江金华东阳市。

㉖［礼部］官署名。西汉时尚书的客曹。隋唐以后为六部之一，包括客曹及祠部之职掌，管理国家的典章制度、祭祀、学校、科举和接待四方宾客等事之政令。清末废。

㉗［高第］高等。

㉘［摧其盛气］指摧抑徐无党的盛气。

㉙［勉其思］勉励其深思。

【评析】

人生的意义何在?《左传》里记载了鲁大夫叔孙豹的话:“太上有立德,其次有立功,其次有立言,虽久不废,此之谓不朽。”即通过培养德行、建功立业与著书立说,从而在短暂的人生中实现不朽的价值。欧阳修此文正是敷衍其说,表达文辞不足恃的观点。

《左传》三不朽是立德、立功、立言,欧阳修认为圣贤的不朽表现在修之于身、施之于事、见之于言三方面,与《左传》正好相应。《左传》三不朽有高下之分,立德最高,立功其次,立言最后。欧阳修也持类似的看法。修身最上,“无所不获”,施于事者其次,“有得有不得”,见于言最下,“有能有不能”。这是古人关于道德、事功、著述重要性的先后次第。

文章善用比拟来论说道理。其论修身之重要,则举颜回为例。颜回高居孔门“十哲”之首,他寿命短,生平也不以政事与言语见长,却以谨于修身的缘故而传名后世。其论言之不足恃,则列举古代典籍散佚消亡为例,指出既向慕圣贤却只用心于文辞之可悲。

古代三不朽说所欲立的德、功、言,其内涵与现代已经不尽相同。公德与私德,功与利,知识与思想,皆有所辨别。在知识意义上,立言一词已经差不多被学术所取代,学术也日益精细化、专门化。但无论如何,关于人生终极意义的思索将永远不会停止。

此文是欧阳修作为一位老师对其学生的善意提醒,所说道理并不十分深刻,也未在修辞上用很大力气。而是流畅简洁,纡徐委婉,平易近人,体现出典型的欧文特色。

【理性思考】

1. 关于修于身、施于事、见于言以实现不朽的三种途径,文章中是如何评价的?

2. 古代的立言与现代的立言在内涵上有什么不同?

3. 试论古代学说的兴替与典籍散佚关系。

【延伸阅读】

1.《左传·襄公二十四年》，杨伯峻《春秋左传注》，中华书局 1990 年版。

2. 曹丕《典论·论文》，萧统《文选》卷五十二，上海古籍出版社 1986 年版。

3. 胡适《不朽——我的宗教》，《不朽——我的宗教》，北京大学出版社 2016 年版。

记旧本韩文后[①]

欧阳修

予少家汉东[②]，汉东僻陋[③]无学者，吾家又贫无藏书。州南有大姓[④]李氏者，其子尧辅颇好学。予为儿童时，多游其家。见其敝筐贮故书[⑤]在壁间，发[⑥]而视之，得唐昌黎先生文集[⑦]六卷，脱落颠倒，无次序；因乞李氏以归。读之，见其言深厚而雄博。然予犹少，未能悉究其义[⑧]，徒见其浩然无涯[⑨]，若可爱[⑩]。

是时天下学者，杨刘[⑪]之作，号为“时文”[⑫]，能者取科第[⑬]，擅名声，以夸荣[⑭]当世，未尝有道韩文者。予亦方举进士[⑮]，以礼部诗赋[⑯]为事。年十有七，试于州[⑰]，为有司所黜。因取所藏韩氏之文复阅之，则喟然[⑱]叹曰：“学者当至于是而止尔！”固怪时人之不道，而顾己亦未暇学，徒时时独念于予心，以谓方从进士干禄[⑲]以养亲。苟得禄矣，当尽力于斯文[⑳]，以偿其素志[㉑]。

后七年[㉒]，举进士及第，官于洛阳。而尹师鲁[㉓]之徒皆在，遂相与作为古文[㉔]，因出所藏《昌黎集》而补缀[㉕]之。求人家所有旧本而校定[㉔]之。其后天下学者，亦渐趋于古，而韩文遂行于世，至于今盖三十余年矣。学者非韩不学也，可谓盛矣！

呜呼！道固有行于远而止于近，有忽[㉕]于往而贵于今者。非惟世俗好恶之使然，亦其理有当然者。故孔、孟惶惶[26]于一时，而师法[27]于千万世。韩氏之文，没[28]而不见者二百年，而后大施[29]于今。此又非特好恶之所上下[30]，盖其久而愈明，不可磨灭，虽蔽于暂[31]，而终耀于无穷者，其道当然也。

予之始得于韩也，当其沉没弃废[32]之时。予固知其不足以追时好[33]而取势利[34]，于是就而学之。则予之所为者，岂所以急名誉而干势利之用哉？亦志乎久而已矣！故予之仕，于进不为喜，退不为惧者，盖其志先定，而所学者宜然也。

集本出于蜀，文字刻画[35]，颇精于今世俗本，而脱缪[36]尤多。凡三十年间，闻人有善本[37]者，必求而改正之。其最后卷帙[38]不足，今不复补者，重增其故[39]也。予家藏书万卷，独《昌黎先生集》为旧物也。呜呼！韩氏之文之道，万世所共尊，天下所共传而有也。予于此本，特以其旧物而尤惜之。

【注释】

①《欧阳修全集》卷七十三（中华书局2001年版）。欧阳修，见《送曾巩秀才文》注①。文章为题跋文，记其得旧本《昌黎先生文集》的缘由以及北宋古文的废兴。

②［汉东］汉水以东，指随州（今湖北随州市）。欧阳修四岁丧父，随其母依其叔父居汉东。

③［僻陋］僻远粗陋。

④［大姓］世家，大族。

⑤［故书］旧书，古书。

⑥［发］打开。

⑦［昌黎先生文集］唐韩愈（768—824）撰。韩愈，字退之，河阳（今河南孟州市）人，唐代著名古文家、思想家。

⑧［悉究其义］完全知晓文中的深义。

⑨［浩然无涯］广博无边。

⑩［可爱］足可珍爱。

⑪［杨刘］指杨亿、刘筠，宋初西昆体代表作家，文辞华靡。石介《怪说》谓为“穷妍极态，缀风月，弄花草，淫巧侈丽，浮华纂组”。

⑫［时文］流行的文体，本文中指律赋。

⑬［取科第］科举及第。

⑭［夸荣］夸耀取荣。

⑮［举进士］参加进士考试。

⑯［礼部诗赋］宋代科举考试由礼部主持，试策论与诗赋，而所试律诗、律赋尤为重要。

⑰［试于州］此句及下句，欧阳修于天圣元年（1023）应随州州试，因赋不合官韵，遭黜落。黜，摒弃，指未录取。

⑱［喟然］叹息的样子。

⑲［干禄］求禄位、仕进。

⑳［斯文］原指礼乐教化、典章制度，此处专谓古文。

㉑［偿其素志］实现平素的志愿。

㉒［后七年］此句及下二句，指天圣八年（1031）礼部试，时翰林学士晏殊主试，取欧阳修为第一。殿试中甲科第十四名，授将仕郎，试秘书省校书郎，充西京（洛阳）留守推官。

㉓［尹师鲁］尹洙（1001—1047），字师鲁，世称河南先生。洛阳（今河南洛阳市）人。天圣二年（1024）登进士第，仕至右司谏，知渭州，兼领泾原路经略公事。尹洙时任河南府户曹参军，在西京。

㉔［古文］指与科举时文相对的文体，唐代韩愈、柳宗元等提倡，宋初石介、尹洙、欧阳修、梅尧臣等复兴。

㉕［补缀］修补。

㉖［校定］校雠订正。

㉕［忽］忽视。

㉖［惶惶］不惶宁处貌。指孔子、孟子周游列国，其志终不能遂。

㉗［师法］被效法、学习。

㉘［没］埋没。

㉙［施］用，行。

㉚［上下］升降。

㉛［蔽于暂］暂时被遮蔽。暂，须臾，短时间。

㉜［沉没弃废］沉晦，埋没，丢弃，荒废。

㉝［追时好］追逐时流所好。

㉞［取势利］之取权势和财利。

㉟［文字刻画］指刻本文字。

㊱［脱缪］脱落与缪误。

㊲［善本］珍贵优异的古书刻本或写本。

㊳［卷帙］篇章。

㊴［重增其故］慎重于增加旧本的内容。重，慎重，谨慎。故，旧本。

【评析】

古文家多提倡道统，如韩愈所言："斯道何道也？曰斯吾所谓之道也，非向所谓老与佛之道也。尧以是传之舜，舜以是传之禹，禹以是传之汤，汤以是传之文武周公，文武周公传之孔子，孔子传之孟轲，轲之死，不得其传焉。"（《原道》）道又要靠文来传播，故"文以载道"说盛行。然而综观中国古代学问，其思想、学术及文章的传承有其必然性与偶然性。既依靠于此一学问自身有传世不灭的价值，也有赖于后世读者之接受；既受到治乱兴衰的社会历史的影响，也制约于刊刻印刷等物质文化因素。冥冥之中，其传与不传正是幸与不幸的事。韩愈说："书者，皆所为不行乎今，而行乎后世者也。"又说："天不欲使兹人有知乎？则吾之命不可期，如使兹人有知乎？非我其谁哉！其行道，其为书，其化今，其传后，必有在矣。"（《重答张籍书》）言下体现出其强烈的文化自信。但即使韩愈本人古文之影响，也与北宋欧阳修等人的积极提倡密不可分。欧阳修《书旧本韩文后》一文即记述了其与韩愈文集的因缘，似乎是对韩愈自信必传的冥契符应。

欧阳修是北宋文坛领袖，也是提倡韩愈古文的先驱。北宋初年，以杨亿和刘筠等学习李商隐骈文而形成的西昆体流行一时，欧阳修进入文坛后，与尹洙、苏舜卿、梅尧臣等人，标举古文，进行了文体革新。其中，韩愈的道统及古文是其取资的渊源。欧阳修利用旧藏蜀刻本《昌黎文集》，校雠补正，对韩愈文集的流传作出了巨大的贡献。因此南宋张敦颐《书韩文后》说："韩文自欧阳文忠公校故本于泯没二百年之后，天下所共传而有也。"

不仅如此，欧阳修更从韩文于埋没已久之后再次大行于世的现象，悟出真正的道虽然会暂时被蒙蔽，却终将"久而愈明"、"不可磨灭"，从而笃守其不以一时进退为喜惧的学者志向和人生观念。这也值得后人学习体味。

【理性思考】

1. 韩愈对北宋古文运动有什么影响？
2. 欧阳修是如何开展北宋古文运动的？
3. 思考唐宋古文与儒道的关系。

【延伸阅读】

1. 李汉《唐吏部侍郎昌黎先生文集序》。
2. 朱熹《书韩文考异前》，《晦庵文集》卷七十六。
3. 刘真诠《韩愈集欧阳修校理本考述》，《古籍研究》2004 年卷上。

范文正公文集叙[①]

苏 轼

庆历三年[②]，轼始总角入乡校[③]，士有自京师来者，以鲁人石守道[④]所作《庆历圣德诗》[⑤]示乡先生[⑥]。轼从旁窥观，则能诵习其词，问先生以所颂十一人者何人也？先生曰："童子何用知之？"轼曰："此天人[7]也耶？则不敢知；若亦人耳，何为其不可？"先生奇轼言，尽以告之。且曰："韩[8]、范[9]、富[10]、欧阳[11]，此四人者，人杰也。"时虽未尽了[12]，则已私识[13]之矣。嘉祐二年[14]，始举进士至京师，则范公殁。既葬而墓碑出，读之至流涕，曰："吾得其为人。"盖十有五年而不一见其面，岂非命也欤[15]？

是岁登第[16]，始见知[17]于欧阳公，因公以识韩、富，皆以国士[18]待轼，曰："恨子不识范文正公。"其后三年，过许[19]，始识公之仲子今丞相尧夫[20]。又六年，始见其叔彝叟[21]京师。又十一年，遂与其季德孺[22]同僚于徐。皆一见如旧，且以公遗稿见属为叙。又十三年，乃克为之。

呜呼！公之功德，盖不待文而显，其文亦不待叙而传。然不敢辞者，自以八岁知敬爱公，今四十七年矣。彼三杰[23]者，皆得从之游，而公独不识，以为平生之恨。若获挂名其文字中，以自托于门下士[24]之末，岂非畴昔[25]之愿也哉！

古之君子，如伊尹[26]、太公[27]、管仲[28]、乐毅[29]之流，其王霸之略[30]，皆素定于畎亩[31]中，非仕而后学者也。淮阴侯[32]见高帝[33]于汉中[34]，论刘项[35]短长[36]，画取[37]三秦[38]，如指诸掌[39]。及佐帝定天下，汉中之言，无一不酬[40]者。诸葛孔明[41]卧草庐中，与先主[42]论曹操[43]、孙权[44]，规取刘璋[45]，因蜀之资[46]，以争天下，终身不易其言[47]。此岂口传耳受[48]，尝试为之[49]，而侥幸其或成[50]者哉？

公在天圣[51]中，居太夫人忧[52]，则已有忧天下致太平之意，故为万言书[53]以遗[54]宰相，天下传诵。至用为将[55]，擢为执政[56]，考其平生所为，无出此书者。今其集二十卷，为诗赋二百六十八，为文一百六十五。其于仁、义、礼、乐，忠、信、孝、弟，盖如饥渴之于饮食，欲须臾忘而不可得；如火之热，如水之湿，盖其天性有不得不然者。虽弄翰戏语[57]，率然[58]而作，必归于此。故天下信其诚，争师尊之。

孔子曰："有德者必有言。"[59]非有言也，德之发于口者也。又曰："我战则克，祭则受福。"[60]非能战也，德之见于怒者也。元祐四年[61]四月十一日。

【注释】

① 选自《苏轼文集》卷十(中华书局 2004 年版)。苏轼(1036—1101),字子瞻,号东坡居士。眉州眉山(今四川眉山市)人。北宋著名文学家。宋仁宋嘉祐二年(1057)进士。除大理评事、签书凤翔,迁殿中丞。出为杭州通判,知密州、徐州、湖州。元丰中,行新法,因“乌台诗案”贬黄州团练副使。元祐中仕至翰林学士、知制诰。绍圣元年坐讥刺神宗屡贬至儋州。徽宗建中靖国元年遇赦北归,卒于常州。著有《东坡集》。本文是苏轼为范仲淹文集所作的序,对范仲淹的出处大节作了大力表彰。叙,文体名,原作序,避苏轼家讳作叙。

② [庆历三年] 宋仁宗年号,公元 1043 年。

③ [总角入乡校]《东坡志林》:“吾八岁入小学,以道士张易简为师。”总角,指童子。古时儿童束发为两结,形状如角,故称总角。总,结束。《诗·齐风·甫田》:“婉兮娈兮,总角丱兮。”乡校,周代六乡州党的学校,此指宋代州县学校。

④ [石守道] 石介(1005—1045),字守道,世称徂徕先生,兖州奉符(今山东泰安市)人。北宋初学者、思想家,与孙复、胡瑗并称“宋初三先生”。天圣八年进士,任国子监直讲。建泰山书院、徂徕书院,以《易》《春秋》教授诸生,“重义理,不由注疏之说”。著有《徂徕集》。

⑤ [《庆历圣德诗》] 指石介所作四言诗《庆历圣德颂》,内称范仲淹为“不世出之贤”。

⑥ [乡先生] 古时尊称居乡的搢绅或师长。

⑦ [天人] 神人,仙人。

⑧ [韩] 韩琦(1008—1075),字稚圭,自号赣叟,相州安阳(今河南安阳市)人。北宋政治家、文学家。天圣五年(1027)进士。授将作监丞,屡迁至右司谏。宋仁宗时,与范仲淹任陕西经略安抚招讨副使,防御西夏,人称“韩范”。入为执政,推行庆历新政。历仁宗、英宗、神宗三朝,身负重望。以反对熙宁新法,卒于相州。撰有《安阳集》五十卷。

⑨［范］范仲淹(989—1052)，字希文，苏州吴县(今苏州市)人。北宋思想家、政治家、文学家。大中祥符八年(1015)中进士第，授广德军司理参军，累迁至苏州知州。康定元年(1040)，与韩琦共任陕西经略安抚招讨副使，以御西夏。庆历三年(1043)，任参知政事，推行新政。新政不行，被贬出京，历知邠州、邓州、杭州、青州。皇祐四年(1052)，改知颍州，卒于途中。谥“文正”。撰有《范文正公文集》。

⑩［富］富弼(1004—1083)，字彦国，洛阳人，北宋名相。天圣八年(1030)，举茂才异等，授将作监丞，迁直集贤院、知谏院。庆历三年(1043)任枢密副使。参与庆历新政。至和二年(1055)拜相。英宗即位，召为枢密使。熙宁二年(1069)，再为相，因反对熙宁新法，出判亳州。元丰六年(1083)卒。撰有《富郑公集》。

⑪［欧阳］欧阳修，见《送曾巩秀才文》注①。

⑫［了］了解，明了。

⑬［识］记。

⑭［嘉祐二年］宋仁宗嘉祐二年(1057)，苏轼时举进士第。

⑮［欤］语气词，表示反问。

⑯［登第］考取进士第。

⑰［见知］受到知遇。

⑱［国士］一国之中最优秀的人材。

⑲［许］许州(今河南许昌市)。

⑳［仲子今丞相尧夫］指范仲淹之次子范纯仁(1027—1101)，字尧夫，仁宗皇祐元年(1049)进士。曾从胡瑗、孙复学。知襄邑县，累官侍御史、同知谏院，出知河中府，徙成都路转运使。哲宗立，拜给事中，元祐元年(1086)同知枢密院事，后拜相。哲宗亲政，累贬永州安置。宋徽宗立，为观文殿大学士，后以目疾乞归。建中靖国年间卒。著有《范忠宣公集》。仲子，第二子。

㉑［彝叟］范纯礼，范仲淹第三子。叔，第三子。

㉒［德孺］范纯粹，范仲淹第四子。季，第四子。

㉓［三杰］指范仲淹三子纯仁、纯礼、纯粹。

㉔［门下士］学生，弟子。

㉕［畴昔］往日，从前。

㉖［伊尹］伊尹，伊姓，名挚。商之名臣，曾佐商汤以灭夏。

㉗［太公］姜尚，吕氏，名望，字子牙。曾佐周武王以灭商。

㉘［管仲］管仲（约前723—前645），姬姓，管氏，名夷吾，字仲。春秋齐人。曾佐齐桓公成其霸业。

㉙［乐毅］乐毅，生卒年不详，子姓，乐氏，名毅。中山灵寿人，战国后期军事家。曾辅佐燕昭王振兴燕国，几灭齐国。

㉚［王霸之略］辅佐君主为王为霸的筹略。

㉛［畎（quǎn）亩］田地，田野。

㉜［淮阴侯］韩信（约前231—前196），淮阴（今江苏淮安市）人，西汉开国功臣，军事家。曾佐刘邦灭楚建汉，封淮阴侯。

㉝［高帝］汉高祖刘邦（前256—前195），沛丰邑中阳里（今江苏徐州市丰县）人。起兵反秦，入关中，遂灭秦。封汉王。后战胜项羽，建立汉朝。

㉞［汉中］汉王刘邦封地，在今陕西汉中市。

㉟［刘项］刘邦与项羽。

㊱［短长］短处与长处。

㊲［画取］谋画夺取。

㊳［三秦］秦亡，项羽分关中为三，封秦降将章邯为雍王，司马欣为塞王，董翳为翟王，合称三秦。

㊴［如指诸掌］如同在手掌上指画一样，形容非常容易。

㊵［无一不酬］所有计画全都实现。酬，实现。

㊶［诸葛孔明］诸葛亮（181—234），字孔明，琅琊阳都（今山东沂水南）人。汉末隐居湖北襄阳隆中。后辅佐刘备，三分天下。身任蜀汉丞相，屡次北伐，病逝于五丈原。谥忠武侯。

㊷［先主］刘备（161—223），字玄德。东汉末年幽州涿郡涿县（今

河北涿州市)人。汉末兴兵平黄巾军,后建立蜀汉政权,史称先主。

㊸[曹操]曹操(155—220),字孟德,沛国谯县(今安徽亳州市)人。汉末政治家、军事家。汉末兴兵平黄巾军,曹魏政权的奠基者,封魏武王。曹魏政权建立后,追封武帝。

㊹[孙权]孙权(182—252),字仲谋,吴郡富春(今浙江杭州市)人。三国时代孙吴政权的建立者,史称吴主。

㊺[刘璋]刘璋(? —220),字季玉,江夏竟陵(今湖北天门市)人。汉末任益州牧。214年降刘备。建安二十四年(220)病逝于荆州。

㊻[因蜀之资]利用蜀地的资源。资,资力,指人力、物力、财力等资源。

㊼[不易其言]不改变其主张。

㊽[口传耳受]得之传闻。

㊾[尝试为之]尝试着去做。

㊿[或成]偶然的成功。

51[天圣]是宋仁宗年号,从1023年至1032年,共计10年。

52[居太夫人忧]指天圣三年至五年,范仲淹为其母守丧。居忧,指居父母之丧。太夫人,古时官吏之母,不论存殁,均称太夫人。

53[万言书]指宋仁宗天圣六年(1028),范仲淹向朝廷疏奏万言的《上执政书》,奏请改革吏治,裁汰冗员,安抚将帅。

54[遗(wèi)]付与。

55[用为将]指康定元年(1040),范仲淹任陕西经略安抚副使。

56[擢(zhuó)为执政]指庆历三年(1043),范仲淹任参知政事。

57[弄翰戏语]戏谑的文字。

58[率然]轻率。

59[有德者必有言]有德行的人一定有善言,句出《论语·宪问》。

60[“我战则克”句]指有礼节的人,如进行战争就能取胜,如举行祭礼就会获神福祐。出于《礼记·礼器》。

61[元祐四年]宋哲宗元祐四年,公元1089年。

【评析】

叙是古代文体的一种，通作序，或称引，主要功能在于说明著作的写作意旨、编次体例和作者情况等，也涉及对作家作品的评论。这是序跋类文体写作的基本内容。序文分自序与他序，他序因系为人而作，带有应酬的功能，作好并不容易。苏轼此文写作的对象是北宋名臣范仲淹，范氏曾以龙图阁学士兼陕西经略安抚副使，兼知延州，与韩琦协力防边，西夏不敢犯境。后入朝任枢密副使，参知政事，与杜衍、韩琦、富弼等实施庆历新政，后虽受诬“朋党”，却仍秉持“先天下之忧而忧，后天下之乐而乐”(《岳阳楼记》)的理想。范仲淹在道德、勋业上声名垂著，文章亦卓然成家，开北宋古文革新之先声。为这样一位政坛、文坛前辈的文集作序，应该十分郑重。

但苏轼此文却不拘故常，结构独特。全篇围绕范公之功德而作，首以其童子时所闻范公事迹起，次以范公之不得见为憾，然后徐徐接入作序之缘起，以“公之功德，盖不待文而显，其文亦不待叙而传”一句勒住，总在表明对范公的尊崇敬爱，看似汗漫宽缓，却暗寓着规矩。“古之君子”以下历引伊尹、太公、管仲、乐毅、韩信、诸葛亮等历代名臣事迹，议论纵横，下接范公事业，实是将范公位置于古圣贤之侪。至论范公文章之佳处，则仍归于“仁、义、礼、乐，忠、信、孝、弟”等美德。文末剥蕉见心，以“有德者必有言”作结，同时也是文章的文眼。

张伯行说：“上半篇叙景慕之情，中言公规模先定，末乃言其文集底蕴，要分段落看。”(《唐宋八大家文钞》)指出了苏轼此文的结构特征。文章情感充沛而真挚，文风自由而有法度，允为名篇。

【理性思考】

1. 试论范仲淹“先天下之忧而忧”的思想与北宋士大夫的政治理想。
2. 了解庆历新政的经过与其内容。
3. 谈谈范仲淹的文学成就。

【延伸阅读】

1. 欧阳修《资政殿学士户部侍郎文正公范公神道碑铭》,《欧阳修全集》卷二十一,中华书局 2001 年版。

2. 欧阳修《朋党论》,《欧阳修全集》卷十七,中华书局 2001 年版。

3. 漆侠《范仲淹集团与“庆历新政”——读欧阳修〈朋党论〉书后》,《历史研究》1992 年第 3 期。

上梅直讲书[①]

苏　轼

轼每读《诗》至《鸱枭》[②],读《书》至《君奭》[④],常窃悲周公[⑤]之不遇。及观《史》[⑥],见孔子厄于陈、蔡之间[⑦],而弦歌[⑧]之声不绝。颜渊[⑨]、仲由[⑩]之徒相与问答。夫子曰:“‘匪兕匪虎,率彼旷野’[⑪],吾道非邪,吾何为于此?”颜渊曰:“夫子之道至大,故天下莫能容。虽然,不容何病[⑫]?不容然后见君子。”夫子油然[⑬]而笑曰:“回,使尔多财,吾为尔宰[⑭]。”夫天下虽不能容,而其徒自足以相乐如此。乃今知周公之富贵,有不如夫子之贫贱。夫以召公[⑮]之贤,以管蔡[⑯]之亲而不知其心,则周公谁与乐其富贵?而夫子之所与共贫贱者,皆天下之贤才,则亦足与乐矣!

轼七八岁时,始知读书,闻今天下有欧阳公者,其为人如古孟轲、韩愈之徒;而又有梅公者,从之游,而与之上下其议论[⑰]。其后益壮,始能读其文词[⑱],想见其为人,意其飘然脱去世俗之乐而自乐其乐也。方学为对偶声律之文[⑲],求斗升之禄[⑳],自度无以进见于诸公之间。来京师逾年,未尝窥其门。

今年春,天下之士,群至于礼部,执事[㉑]与欧阳公实亲试之。诚不自意[㉒],获在第二。既而闻之人,执事爱其文,以为有孟轲之风;而欧阳公亦以其能不为世俗之文也而取焉,是以在此。非左右[㉓]为之先容[㉔],非亲旧[㉕]为之请属[㉖],而向之十余年间,闻其名而不得见者,一朝为知己。退而思之,人不可以苟富贵,亦不可以徒贫贱。有大贤焉而为其徒㉗,则亦足恃矣。苟其侥一时之幸,从车骑数十人,使闾巷小民㉘聚观而赞叹之,亦何以易此乐也。《传》曰㉙:“不怨天,不尤人。”盖优哉游哉,可以卒岁㉚。执事名满天下,而位不过五品。其容色温然㉛而不怒,其文章宽厚敦朴㉜而无怨言,此必有所乐乎斯道也。轼愿与闻焉。

【注释】

① 选自《苏轼文集》卷四十八(中华书局1986年版)。苏轼,见《范文正公集叙》注①。梅直讲,指梅尧臣,时任国子监直讲。梅尧臣(1002—1060),字圣俞,人称宛陵先生,宣州宣城(今安徽宣城市)人。北宋著名诗人。天圣末,荫补河南主簿。皇祐三年(1051),赐同进士出身,改太常博士。至和三年(1056),补国子监直讲。嘉祐五年(1060),迁尚书都官员外郎,卒。著有《宛陵集》。嘉祐二年(1057)欧阳修知贡举,梅尧臣为参详官,苏轼兄弟及第。故苏轼上书梅尧臣,寓求友之意。

② [《鸱(chī)枭(xiāo)》] 指《诗经·鸱鸮》,诗云:“鸱鸮鸱鸮,既取我子,无毁我室。”鸱枭即鸱鸮。序曰:“周公救乱也。成王未知周公之志,公乃为诗以遗王,名之曰鸱鸮焉。”

③ [书]《尚书》。

④ [《君奭(shì)》]《尚书·君奭》:“召公为保。周公为师。相成王为左右。召公不说。周公作《君奭》。”

⑤ [周公] 西周人,姓姬名旦,亦称叔旦。文王之子,武王之弟,成王之叔。辅武王灭商。武王既崩,成王幼弱,周公摄政。东平武庚、管叔、蔡叔之叛。复营洛邑为东都。制礼作乐,给中国政治与文化带来深远影响。周公曾被成王、召公误解,故借《鸱鸮》《君奭》以明志,故苏轼悲之。

⑥ [《史》] 司马迁《史记》。

⑦ [见孔子厄于陈、蔡之间] 此句指孔子与弟子周游列国时被困于陈、蔡两国之间,事见《史记·孔子世家》。厄,被困,受苦。陈、蔡,春

秋时两个诸侯国，陈为妫姓，虞舜之后，地在今河南东部与安徽西北部；蔡为姬姓，地在今河南上蔡一带。后均为楚所灭。

⑧［弦歌］弹弦唱歌。

⑨［颜渊］指颜回（前 521—前 481），字子渊。春秋末期鲁人，孔子弟子，学而不倦，安贫乐道，以德行著，为孔子所称许。

⑩［仲由］仲由（前 542—前 480），字子路，春秋末期鲁人，孔子弟子，有勇而伉直，以政事著。后死于卫乱。

⑪［匪兕（sì）匪虎，率（shuài）彼旷野］孔子引诗，句出《诗经・小雅・苕之华》。意谓我们并非兕虎之类的野兽，为何聚居在旷野之中。后二句又说，难道我所坚持的道是错的吗？我为什么困处于这陈蔡之地？

⑫［病］忧虑。

⑬［油然］舒缓貌。

⑭［使尔多财］此句及下一句，是孔子调笑颜回的话。意思是如果颜回有财富，孔子愿意作他的家臣。宰，家臣。

⑮［召公］名奭，周武王之子，周公之弟。采邑于召（今陕西岐山县西南），故称召公。执政平和，有遗爱。

⑯［管蔡］管叔与蔡叔，并文王之子，周公之弟。商亡后，周封管蔡于洛邑，以监商之遗民。武王死后，周公摄政，管叔与蔡叔乃与纣子武庚作乱，为周公所灭。

⑰［孟轲］见《答韦中立论师道书》注⑮。

⑰［上下其议论］指彼我相对谈论学问。上下，犹言周旋。

⑱［文词］文章。

⑲［对偶声律之文］指应科举用律诗律赋。

⑳［斗升之禄］指仕进后的俸禄。

㉑［执事］对对方的敬称。《左传・僖公二十六年》："寡君闻君亲举玉趾，将辱于敝邑，使下臣犒执事。"杜预注："言执事，不敢斥尊。"

㉒［诚不自意］真没想到。

㉓［左右］侍从。

㉔［先容］先加修饰，后引申为事先为人介绍、推荐或关说。容，修饰。邹阳《于狱中上书自明》："蟠木根柢，轮囷离奇，而为万乘器者，何则？以左右先为之容也。"

㉕［亲旧］犹亲故。

㉖［请属］犹请托。

㉗［徒］徒类，同类。

㉘［闾巷小民］指平常百姓。闾巷，里巷，乡里。

㉙［《传》曰］此句及下二句，出《论语·宪问》。《传》，指《论语》。怨，埋怨。尤，责备，怪罪。

㉚［优哉游哉，可以卒岁］指从容自得，悠闲无事，以此度过年岁。优哉游哉，出《诗经·小雅·采菽》。可以卒岁，化用《豳风·七月》"何以卒岁"。

㉛［容色温然］脸色温和。

㉜［宽厚敦朴］宽缓沉厚，敦重朴实。

【评析】

《易经》里说"同声相应，同类相求"，曾子说"以文会友，以友辅仁"，孟子更有尚友之说："一乡之善士，斯友一乡之善士；一国之善士，斯友一国之善士；天下之善士，斯友天下之善士。以友天下之善士为未足，又尚论古之人。"都指出通过交友来砥砺道德、切磋学问的重要性。《礼记·学记》"独学而无友，则孤陋而寡闻"则从反面说明了这一点。苏轼的《上梅直讲书》也是一篇求友的文章。

宋仁宗嘉祐二年（1057），苏轼参加礼部试，主持这次考试的是欧阳修，梅尧臣以国子监直讲的身份任参详官，协助欧阳修阅卷。读到苏轼的策论《刑赏忠厚之至论》，大加赞赏，"以为有孟轲之风"，推荐给主考官欧阳修。欧阳修很是惊喜，原拟拔为第一，但因怀疑是门人曾巩的试卷，为避嫌疑，故列为第二。苏轼中第后，写了这封信给梅尧臣，表达对欧、梅识拔的感激之情。

此文虽为干谒之作，却一扫阿谀浮夸之习。信中以师友相知之乐为贯串全篇。以“周公之富贵，不如夫子之贫贱”为开篇之警策，以“人不可以苟富贵，亦不可以徒贫贱”为篇中之勾勒。富贵而忧，不如贫贱而乐，但亦不必甘于贫贱。而在遭遇知己，志趣相投，教诲讨论，而“乐乎斯道”。全篇立意高卓，情志洒脱，既表现了对梅尧臣的企慕推重，又体现个人的高自期许，不囿流俗。虽然新奇，却极为得体。

金圣叹评论此文曰：“文态如天际白云，飘然从风，自成舒卷。人固不知其胡为而然，云亦不自知其所以然。”(《天下才子必读书》卷十四)的确，此文笔势动宕，开阖自如，富有极大的艺术感染力。

【理性思考】

1. 搜集文史资料，谈谈苏轼与梅尧臣的交游。
2. 体会苏轼散文气盛言宜的特点。
3. 思考师友切磋对学问培养的重要性。

【延伸阅读】

1. 欧阳修《梅尧臣墓志铭》，《欧阳修全集》卷三十三，中华书局2001年版。

2. 欧阳修《祭梅圣俞文》，《欧阳修全集》五十，中华书局2001年版。

3. 欧阳修《梅尧臣诗集序》，《欧阳修全集》卷四十二，中华书局2001年版。

留　侯　论[①]

苏　轼

古之所谓豪杰之士，必有过人之节。人情有所不能忍者，匹夫[②]见辱，拔剑而起，挺身而斗，此不足为勇也。天下有大勇者，卒然[③]临[④]之而不惊，无故加[5]之而不怒。此其所挟持[6]者甚大，而其志甚远也。

夫子房受书于圯上之老人也[7]，其事甚怪；然亦安知其非秦之世，有隐君子[8]者出而试之。观其所以微见其意[9]者，皆圣贤相与警戒之义；而世不察，以为鬼物[10]，亦已过矣。且其意不在书[11]。当韩之亡，秦之方盛也，以刀锯鼎镬[12]待天下之士。其平居无罪夷灭[13]者，不可胜数[14]。虽有贲、育[15]，无所复施。夫持法太急者，其锋不可犯，而其势未可乘。子房不忍忿忿之心[16]，以匹夫之力，而逞于一击[17]之间；当此之时，子房之不死者，其间不能容发[18]，盖亦已危矣。千金之子，不死于盗贼[19]，何者？其身之可爱[20]，而盗贼之不足以死也。子房以盖世之才，不为伊尹、太公之谋，而特出于荆轲、聂政之计[21]，以侥幸于不死，此圯上老人所为深惜者也。是故倨傲鲜腆[22]而深折[23]之。彼其能有所忍也，然后可以就大事，故曰："孺子可教[24]也。"

楚庄王伐郑，郑伯肉袒牵羊以逆[25]。庄王曰："其君能下人[26]，必能信用[27]其民矣。"遂舍[28]之。勾践之困于会稽[29]，而归臣妾于吴[30]者，三年而不倦。且夫有报人之志[31]，而不能下人者，是匹夫之刚也。夫老人者，以为子房才有余，而忧其度量[32]之不足，故深折其少年刚锐[33]之气，使之忍小忿而就大谋。何则？非有生平之素[34]，卒然相遇于草野[35]之间，而命以仆妾之役[36]，油然[37]而不怪[38]者，此固秦皇[39]之所不能惊[40]，而项籍[41]之所不能怒[42]也。

观夫高祖之所以胜，而项籍之所以败者，在能忍与不能忍之间而已矣。项籍唯[43]不能忍，是以百战百胜而轻用其锋[44]；高祖忍之，养其全锋[45]而待其弊[46]，此子房教之也。当淮阴破齐而欲自王，高祖发怒，见于词色[47]。由此观之，犹有刚强不忍之气，非子房其谁全[48]之？太史公疑子房以为魁梧奇伟[49]，而其状貌乃如妇人女子，不称其志气[50]。呜呼！此其所以为子房欤？

【注释】

① 选自《苏轼文集》卷四（中华书局 1986 年版）。苏轼，见《范文正

公集叙》注①。留侯，指张良（约前250—前186），字子房，六国时韩人。其先世为韩相，秦统六国，张良破家报秦，募得力士，椎击始皇于博浪沙，不中，亡命下邳。受书于圯上老人，遂事刘邦，帷幄筹策，决胜千里，辅之立汉，以功封留侯。事见《史记·留侯世家》。

②［匹夫］平民男子，平民百姓。

③［卒然］突然，忽然。

④［临］靠近。

⑤［加］强加，侵凌，凌辱。《论语·公冶长》："我不欲人加诸我也，吾亦欲无加诸人。"

⑥［挟持］抱负，持守。

⑦［夫子房受书于圯（yí）上之老人也］此句指张良亡命下邳时于圯上遇老人，得其所授兵书《太公兵法》，事见《史记·留侯世家》。圯上，桥上。

⑧［隐君子］犹隐士。

⑨［微见其意］略微透露出的深意。见，通"现"，露出。

⑩［鬼物］鬼怪。

⑪［书］指兵书。

⑫［刀锯鼎镬（huò）］皆刑具，此指秦之酷刑。

⑬［夷灭］铲平，消灭。

⑭［不可胜数］不计其数，极言其多。

⑮［贲（bēn）、育］战国时孟贲与夏育并称，以勇力闻。代指勇士。

⑯［忿忿之心］愤怒不平的心情。

⑰［一击］指张良与力士椎击秦始皇于博浪沙中，误中副车，事见《史记·留侯世家》。

⑱［其间（jiàn）不能容发］比喻事机危急。发，发丝。

⑲［千金之子，不死于盗贼］指富贵家的子弟不以身犯险。《史记·袁盎晁错列传》："臣闻千金之子坐不垂堂。"千金之子，指富贵人家的子弟。不死于盗贼，不死于捕捉盗贼。

⑳［可爱］可贵。

㉑［荆轲、聂政之计］指行刺秦始皇之事。荆轲、聂政，战国时刺客。事见《史记·刺客列传》。

㉒［倨(jù)傲鲜腆(tiǎn)］傲慢而厚颜。

㉓［深折］深深折服。

㉔［孺子可教］指年轻人有出息，可以造就。孺子，犹小子、竖子。

㉕［"楚庄王伐郑"句］记楚庄王伐郑，郑伯亲自迎降，郑国服楚，事见《左传·宣公十二年》。楚庄王(？—前591)，又称荆庄王(出土楚简称臧王)。熊氏，名旅，楚穆王之子，前613至前591年间在位，为春秋五霸之一。郑伯，郑襄公(？—前587)，姬姓，郑氏，名坚。穆公子，灵公弟。公元前605年至前587年间在位。肉袒牵羊，袒露身体，牵着羊，意思是降服。逆，迎接。

㉖［下人］居于人之后，对人谦让。

㉗［信用］以诚信使用人。

㉘［舍］赦免，开释。

㉙［勾践之困于会(kuài)稽］指越国被吴国战败，勾践被围困在会稽山中。无奈投降吴国，身为吴王夫差的奴仆。归国后卧薪尝胆，十年生聚，十年教训，最终覆灭吴国。事见《史记·越世家》。勾践(约前520—前465)，姒姓，名践，又名鸠浅，为越王。困，围困。

㉚［归臣妾于吴］归于吴国为臣妾，指做吴王夫差的奴仆。

㉛［报人之志］报复他人的志气。

㉜［度量］器量，涵养。

㉝［刚锐］刚强勇锐。

㉞［生平之素］平生的老交情。

㉟［草野］野外。

㊱［仆妾之役］奴仆婢妾所做的劳役。

㊲［油然］悠然、理所当然貌。

㊳［不怪］不以为怪。

㊴［秦皇］秦始皇（前259—前210）嬴姓，赵氏，名政。秦庄襄王子。灭六国，统一中国，号始皇帝。其变封建为郡县，书同文，车同轨，统一度量衡，对中国的政治制度具有深远的影响。而其焚书坑儒，恣行专制暴政，导致秦国迅速灭亡。

㊵［惊］使其惊扰。

㊶［项籍］（前232—前202），项氏，名籍，字羽，楚国下相（今江苏宿迁市）人。项燕孙。勇武多力，秦季起兵，与刘邦共同亡秦，称西楚霸王，复行封建。后与刘邦进行楚汉战争，兵败垓下自杀。

㊷［怒］使其发怒。

㊸［唯］以，因为。

㊹［轻用其锋］轻易地使用其锋芒。锋，锋芒，锐气。

㊺［养其全锋］蓄养全部的锐气。

㊻［待其弊］等待项籍的衰弊。

㊼［"当淮阴破齐而欲自王"句］指楚汉战争中，韩信大破齐国，意欲假立为齐王。使请于刘邦，刘邦发怒。因张良之谏，遂封韩信为齐王。词色，言语和神态。事见《史记·淮阴侯列传》。

㊽［全］保全。

㊾［魁梧奇伟］高大壮硕而奇特壮伟。

㊿［志气］志向和气概。

【评析】

明人杨慎《三苏文范》说："东坡文如长河大河，一泻千里，至其浑浩流转，曲折变化之妙，则无复可以名状。而尤长于陈述叙事。留侯一论，其立论超卓如此。"杨慎所举《留侯论》是苏轼史论的名篇之一，是其嘉祐六年（1061）正月应制科时所上"进论"，该文典型地反映了苏轼策论文曲折多变、奇正相生的特点。

张良事迹，司马迁《史记·留侯世家》中记载甚详。其亡国后破家蓄士，狙击始皇；辅佐高祖后谋划帷幄，决胜千里；汉兴之后全身远害，缄默自守，借从赤松子游，躲避汉初的杀戮功臣。太史公之书，极为精彩。东坡此论，取《留侯世家》中圯上老人授书一事，由微见著，知人论世，做出了一篇同样精彩的策论。

文章抉出一“忍”字，认为圯上老人之教诱张良，“其意不在书”，重点不在最后传授的奇书，而在于使张良能“忍”。这就见人所不见，立意高卓，以此尚论古人，真可以与太史公上下其议论，表现出苏轼极为敏锐的史识。

如何论证“忍”之为用？文中采取了对比手法，“忍”不仅是留侯一身存亡的关键，更是楚消汉兴之根本。在圯上进履之前，张良不能忍其忿恨而逞匹夫之勇，在博浪沙狙击秦皇失败，险些丧命。老人授书之后，留侯戒急用忍，终成大事。文中特举韩信欲为齐国假王一事，这是楚汉战争的转折点，刘邦听从张良劝谏，隐忍不发，最终打败项羽。文章紧扣一“忍”字，如骊龙抱珠，反复譬喻，论析深透，逻辑性极强。不仅如此，更能辞气雄辨，意新词华，亦谲亦正。引用古事以说理，脱去故常，决不庸腐，正说反说，玲珑剔透，可谓得到了作文的“活法”。这对后世的策论文写作影响极大。

【理性思考】

1. 秦之覆亡，汉之胜楚，其原因是什么？
2. 谈谈张良对汉朝建立的贡献。
3. 体会苏轼策论文善于立论的特点。

【延伸阅读】

1. 司马迁《史记·留侯世家》，《史记》，中华书局 1982 年版。
2. 苏轼《贾谊论》，《苏轼文集》卷四，中华书局 1986 年版。

上枢密韩太尉书[1]

苏　辙

太尉执事：辙生好为文，思之至深。以为文者气之所形，然文不可以学而能，气可以养而致。孟子曰："吾善养吾浩然之气[2]。"今观其文章，宽厚宏博，充[3]乎天地之间，称其气之小大。太史公[4]行天下，周览[5]四海名山大川，与燕赵[6]间豪俊[7]交游，故其文疏荡[8]，颇有奇气。此二子者，岂尝执笔学为如此之文哉？其气充乎其中[9]而溢乎其貌[10]，动乎其言而见乎其文，而不自知也。

辙生十有九年矣。其居家所与游者，不过其邻里乡党[11]之人；所见不过数百里之间，无高山大野[12]可登览以自广[13]；百氏之书[14]，虽无所不读，然皆古人之陈迹[15]，不足以激发其志气。恐遂汩没[16]，故决然舍去，求天下奇闻壮观，以知天地之广大。过秦、汉之故都，恣观终南、嵩、华[17]之高，北顾黄河之奔流，慨然想见古之豪杰。至京师，仰观天子宫阙之壮，与仓廪、府库、城池、苑囿之富且大也，而后知天下之巨丽[18]。见翰林欧阳公[19]，听其议论之宏辩[20]，观其容貌之秀伟[21]，与其门人贤士大夫游，而后知天下之文章聚乎此也。太尉以才略[22]冠天下，天下之所恃以无忧，四夷[23]之所惮以不敢发[24]，入则周公、召公，出则方叔、召虎[25]。而辙也未之见焉。

且夫人之学也，不志其大，虽多而何为？辙之来也，于山见终南、嵩、华之高，于水见黄河之大且深，于人见欧阳公，而犹以为未见太尉也。故愿得观贤人之光耀[26]，闻一言以自壮[27]，然后可以尽天下之大观[28]而无憾者矣。

辙年少，未能通习吏事[29]。向[30]之来，非有取于斗升之禄[31]，偶然得之，非其所乐。然幸得赐归待选[32]，使得优游[33]数年之间，将归益治其文，且学为政[34]。太尉苟[35]以为可教而辱教之，又幸矣！

【注释】

① 选自《栾城集》卷二十二(上海古籍出版社 1987 年版)。苏辙(1039—1112),字子由,眉州眉山(今四川眉山市)人。苏洵子,苏轼弟。嘉祐二年(1057),与苏轼同举进士。嘉祐六年,举制科。治平二年(1065),任大名府推官。熙宁二年(1069),任制置三司条例司检详文字,以与王安石不合去职。后屡经起踬,元祐间至吏部尚书、御史中丞等职。哲宗亲政后复屡遭贬迁,元符三年(1100),遇赦北归,寓居许昌颍水之滨,自号颍滨遗老。徽宗政和二年(1112)病卒。著有《栾城集》。枢密韩太尉,指韩琦,见苏轼《范文正公集叙》注⑧。此文作于嘉祐二年,苏辙举进士第之时。

② [吾善养吾浩然之气] 出自《孟子·公孙丑》。浩然之气,指刚直正大之气。

③ [充] 充沛。

④ [太史公] 司马迁(前 145 或前 135—?),字子长,夏阳(今陕西韩城市)人。司马谈子。司马迁早年受学于孔安国、董仲舒,继以壮游,交其贤豪长者,网罗放失旧闻。初任郎中,奉使西南。元封三年(前 108),继其父任太史令。虽罹腐刑,仍以极大毅力,“究天人之际,通古今之变,成一家之言”,撰就《史记》(原名《太史公书》)。

⑤ [周览] 周游历览。

⑥ [燕赵] 指战国时燕、赵二国,在今河北省北部及山西省西部一带。

⑦ [豪俊] 豪杰俊秀之士。

⑧ [疏荡] 疏通流荡,指文章风格。

⑨ [充乎其中] 指文气充沛于文章之中。

⑩ [溢乎其貌] 指文气溢出于文章之外。貌,外表。

⑪ [邻里乡党] 邻居与同乡。

⑫ [大野] 广大的原野。

⑬ [自广] 扩充自己的见识与志趣。

⑭［百氏之书］指诸子百家的著述。《汉书·叙传下》:“纬六经,缀道纲,总百氏,赞篇章。”

⑮［陈迹］旧迹,遗迹。

⑯［汩(gǔ)没］沉沦,沦落。

⑰［终南、嵩、华］指终南山、嵩山、华山。

⑱［巨丽］谓规模宏大而华丽。

⑲［翰林欧阳公］指欧阳修,时以翰林学士主试。

⑳［宏辩］指见识广博,言辞明快。

㉑［秀伟］俊秀伟岸。

㉒［才略］才能与谋略。

㉓［四夷］原为对四方少数民族的统称。北宋时指辽、西夏、金等少数民族。

㉔［发］发动祸乱。

㉕［方叔、召虎］二人皆周宣王时贤臣。《诗·小雅·采芑》:“显允方叔,征伐猃狁,蛮荆来威。”郑玄笺:“方叔先与吉甫征伐猃狁,今特往伐蛮荆,皆使来服于宣王之威,美其功之多也。”《诗·大雅·江汉》:“江汉之浒,王命召虎。”《小序》曰:《江汉》,尹吉甫美宣王也。能兴衰拨乱,命召公平淮夷。《毛传》:召公,召穆公也,名虎。

㉖［光耀］光采,荣耀。

㉗［闻一言以自壮］听受一句教导以作自我勉励。

㉘［大观］指事物宏大的规模。

㉙［通习吏事］贯通熟习政务与官事。

㉚［向］之前。

㉛［斗升之禄］指官员俸禄。

㉜［赐归待选］指中进士后待候选官。

㉝［优游］悠闲自得地生活。

㉞［为政］处理政事。

㉟［苟］假如,如果。

【评析】

干谒文章传世的名文不多，一是由于干谒对象的原因，如果受谒者是尸居素餐、庸庸碌碌的高官，甚至是大奸大恶、祸国殃民之流，其文虽工，谁得而传之？不但有明珠暗投之感，而且有同流合污的嫌疑。二是干谒行为本身的原因。干谒终是件求人的事，免不了要说些好话，这就近于谄谀。又要展露自己的学养和才华，引起别人重视，这就近于炫耀。职此之故，即使才高如李白，其《与韩荆州书》仍不免要引来识者之讥。苏辙《上枢密韩太尉书》虽然也是一篇干谒文字，却没有明显的谄谀与炫耀的习气，非常难得。

此信作于北宋嘉祐二年(1057)，苏辙与兄苏轼同时中进士，时年甫十九。韩琦是北宋名臣，时任枢密使，执掌全国军事。书称太尉，用的是秦汉官名。

此信以论文发端。首先提出养气对为文的重要性。认为“文者气之所形”，“文不可以学而能，气可以养而致”。由此引发孟子“吾善养吾浩然之气”之论。气如何养？大抵有二途，一是由内证入，通过读书静坐来悟道，如后世道学家的养气；一是从外铄入，通过游历周览，开拓胸志。如司马迁周游四海，观其山川形势，结交豪杰长者，故文有奇气，这是古文家的养气。苏辙的养气，是遵循后一路，通过增广阅历来养气，包括游览名山大川，观瞻名都大邑，以及交结名士大儒。所谓“尽天下之大观”。最后自然而然地表达了希冀结识韩琦，向求请教求益的愿望。其态度不谄不炫，不亢不卑，极为得体。

文章层层深入，环环相扣，笔势纵横，跌宕疏放，尽显作者的英锐之气。张伯行评曰：“其行文顾盼自喜，英气勃勃，自是令人倾服。”(《唐宋八大家文钞》)

【理性思考】

1. 理学家的养气与古文家的养气有什么异同？

2. 苏轼《上梅直讲书》与本文在写法上有什么不同?

3. 搜集文献资料,谈谈北宋士人干谒的情况。

【延伸阅读】

1. 李白《与韩荆州书》,《李太白全集》卷二十六,中华书局 1977 年版。

2. 苏辙《吴氏浩然堂记》,《栾城集》卷二十四,上海古籍出版社 1987 年版。

3. 文天祥《正气歌》,钱锺书《宋诗选注》,人民文学出版社 2002 年版。

精骑集序[①]

秦　观

予少时读书,一见辄能诵[②]。暗疏[③]之,亦不甚失。然负此自放[④],喜从滑稽饮酒者[⑤]游。旬朔[⑥]之间,把卷无几日,故虽有强记[⑦]之力,而常废[⑧]于不勤。

比[⑨]数年来,颇发愤自惩艾[⑩],悔前所为。而聪明衰耗[⑪],殆[⑫]不如曩时[⑬]十一二[⑭]。每阅一事,必寻绎数终[⑮],掩卷茫然,辄复不省[⑯]。故虽有勤劳之苦,而常废于善忘。

嗟夫!败吾业[⑰]者,常此二物也。比读《齐史》,见孙搴答邢词曰:"我精骑三千,足敌君羸卒数万。"[⑱]心善其说,因取经传子史之可为文用者,得若干条,勒[⑲]为若干卷,题曰《精骑集》云。

噫!少而不勤,无知之何[⑳]矣。长而善忘,庶几[㉑]以此补之。

【注释】

① 选自《淮海集笺注》后集卷六(上海古籍出版社 1994 年版)。秦观(1049—1100),字少游,号淮海居士,扬州高邮(今江苏高邮市)人。元丰八年(1085)进士及第,授定海主簿。元祐五年(1090),为太学博

士，八年，迁秘书省正字，兼国史院编修官。绍圣初，入党籍，贬处州盐酒税，累贬，除名，徙雷州。徽宗即位，复宣德郎。卒于藤州。秦观为“苏门四学士”之一，工诗古文，尤擅于词，著有《淮海集》《后集》。《精骑集》为秦观编纂的古文选本。

②［诵］背诵。

③［疏］疏通解释。

④［负此自放］自负其才而放逸自恣。

⑤［滑（gǔ）稽饮酒者］谓能言善辩，嬉笑玩乐，又擅饮酒者。滑稽又可释为酒器，《太平御览》卷六七一引北魏崔浩《汉记音义》：“滑稽，酒器也。转注吐酒，终日不已，若今之阳燧樽。”

⑥［旬朔］十日或一月。

⑦［强（qiǎng）记］硬记。

⑧［废］荒废。

⑨［比］近日，近来。

⑩［惩艾（yì）］吸取教训，儆戒。

⑪［聪明衰耗］指才气智力衰弱消耗。

⑫［殆］副词，仅。

⑬［曩时］从前。

⑭［十一二］十之一二。

⑮［寻绎数终］推求演绎好几遍。

⑯［省］记得，记忆。

⑰［业］学业

⑱［“比读《齐史》”句］出《北齐书·孙搴列传》。北齐孙搴学浅而行薄，邢邵劝其读书，孙搴反驳邢邵。《齐史》，唐李百药撰《北齐书》。邢，邢邵。精骑，精锐的骑兵。羸卒，羸弱的兵卒。

⑲［勒］编纂。

⑳［无知之何］无可奈何。

㉑［庶几］或许，也许。

【评析】

《精骑集》是秦观编的古文选本，选自经传、子、史，篇幅虽不大，但在当时颇具影响。宋俞成说："东莱先生吕伯恭尝教学者作文之法，先看《精骑集》，次看《春秋权衡》，自然笔力雄朴，格致成，每每出人一头地。"该书明季犹存，惜已亡佚，唯秦观自序尚存。

此序亦极短小，寥寥一二百字，不但交代了编选之缘起、选文来源与标准以及书名之义。而且借此抒发其为学与做人的经验，颇有启发意义。一是治学态度。读书须趁年少，少时志锐力强，精力充沛，于此时有志于学，可以奠定一生学问之基础。故孔子说："吾年十五而立于学。"一旦自恃聪明，荒嬉废学，流连于饮酒交游，以后必定追悔莫及。二是治学方法。治学须讲方法。后世知识日积，书籍猥多，即使自童子读书，也白首难穷。故须勤于笔札，分类杂纂，养成自己的治学习惯与方法，这是非常重要的。另外，从此文中也可以思考学问博与约的关系。是博观约取，还是由约而推之于博，这是两种为学路径。秦观的《精骑集》虽然只是一个古文选本，供学写古文之用，但所显示出的自觉的治学方法，对今天的读书治学仍有启发。

【理性思考】

1. 思考学问的博与约的关系。
2. 古人所重视的记诵之学在当下还有意义吗？

【延伸阅读】

1. 萧统《文选序》，《文选》卷首，上海古籍出版社 1986 年版。

2. 秦观《逆旅集序》，《淮海集笺注》卷三十九，上海古籍出版社 1994 年版。

3. 章学诚《博约》，《文史通义》内篇二，上海古籍出版社 2009 年版。

大学章句序[1]

朱　熹

《大学》之书，古之大学[2]所以教人之法也。

盖自天降生民[3]，则既莫不与之以仁义礼智之性[4]矣。然其气质之禀[5]或不能齐，是以不能皆有以知其性之所有而全[6]之也。一有聪明睿智能尽其性[7]者出于其间，则天必命之以为亿兆[8]之君师[9]，使之治而教之，以复其性[10]。此伏羲[11]、神农[12]、黄帝[13]、尧、舜[14]，所以继天立极[15]，而司徒[16]之职、典乐[17]之官所由设也。

三代之隆，其法寖备[18]，然后王宫[19]、国都[20]以及闾巷[21]，莫不有学[22]。人生八岁，则自王公[23]以下，至于庶人[24]之子弟，皆入小学[25]，而教之以洒扫、应对、进退之节，礼、乐、射、御、书、数之文；及其十有五年，则自天子[26]之元子[27]、众子[28]，以至公[29]、卿[30]、大夫[31]、元士[32]之适子[33]，与凡民[34]之俊秀[35]，皆入大学，而教之以穷理[36]、正心[37]、修己[38]、治人[39]之道。此又学校之教、大小之节[40]所以分也。

夫以学校之设，其广如此，教之之术，其次第节目[41]之详又如此，而其所以为教，则又皆本之人君[42]躬行[43]心得[44]之余，不待求之民生[45]日用[46]彝伦[47]之外，是以当世之人无不学。其学焉者，无不有以知其性分[48]之所固有，职分[49]之所当为，而各俛焉[50]以尽其力。此古昔盛时所以治隆[51]于上，俗美[52]于下，而非后世之所能及也！

及周之衰，贤圣之君不作[53]，学校之政不修，教化陵夷[54]，风俗颓败[55]。时则有若孔子之圣，而不得君师之位[56]以行其政教，于是独取先王[57]之法，诵而传之，以诏[58]后世。若《曲礼》[59]、《少仪》[60]、《内则》[61]、《弟子职》[62]诸篇，固小学之支流余裔[63]。而此篇者，则因小学之成功[64]，以著大学之明法[65]，外有以极其规模之大，而内有以尽其节目之详者也。三千之徒[66]，盖莫不闻其说，而曾氏[67]之传独得其宗[68]，于是作为传义[69]，以发其意[70]。及孟子没[71]而其传泯[72]焉，则其书虽存，而知者鲜矣！

自是以来，俗儒记诵词章之习[73]，其功倍于小学而无用；异端虚无寂灭之教[74]，其高过于大学而无实。其他权谋[75]术数[76]，一切以就功名之说[77]，与夫百家众技[78]之流，所以惑世诬民[79]、充塞仁义[80]者，又纷然杂出乎其间。使其君子不幸而不得闻大道之要[81]，其小人不幸而不得蒙至治之泽[82]，晦盲[83]否塞[84]，反复沉痼[85]，以及五季[86]之衰，而坏乱极矣！

天运[87]循环，无往不复。宋德隆盛，治教休明[88]。于是河南程氏两夫子[89]出，而有以接乎孟氏之传。实始尊信此篇而表章[90]之，既又为之次其简编[91]，发其归趣[92]，然后古者大学教人之法，圣经贤传[93]之指[94]，粲然[95]复明于世。虽以熹之不敏[96]，亦幸私淑[97]而与有闻焉[98]。顾其为书犹颇放失[99]，是以忘其固陋[100]，采而辑之，间亦窃附己意，补其阙略，以俟后之君子。极知僭逾[101]，无所逃罪[102]，然于国家化民成俗[103]之意、学者修己治人[104]之方，则未必无小补云。

宋孝宗淳熙十六年二月四日，新安朱熹序。

【注释】

① 选自《大学章句》卷首，《四书章句集注》(中华书局 1983 年版)。朱熹(1130—1200)，字元晦，号晦庵，南宋著名理学家，学者称考亭先生。祖籍徽州婺源(今属江西)，生于南剑州尤溪(今属福建)。高宗绍兴十八年(1148)进士，授泉州同安主簿。历仕祠官及江西提举待次，浙东提举、江西提刑、湖南安抚使兼知潭州等职。宁宗即仕至焕章阁待制、侍讲。卒于庆元六年。撰有《四书章句集注》《诗集传》《资治通鉴纲目》《名臣言行录》《楚辞集注》《昌黎先生集考异》《晦庵先生文集》等。另有后人所编《朱子语类》，辑其讲学语录。《大学章句》为朱熹所撰《四书章句》之一，序中揭櫫《大学》一书宗旨，并对该书的著述与流传作了学术史的梳理。

② [大学] 指太学。《礼记·王制》："小学在公宫南之左，大学在郊。"《大戴礼记·保傅》："束发而就大学，学大艺焉，履大节焉。"卢辩注："大学，王宫之东者。束发，谓成童。"《汉书·礼乐志》："古之王者莫

不以教化为大务，立大学以教于国，设庠序以化于邑。”

③［生民］指人类。《孟子·公孙丑上》：“‘伯夷、伊尹于孔子，若是班乎?’曰：‘否。自有生民以来，未有孔子也。’”

④［性］人的本性。《易·系辞上》：“一阴一阳之谓道。继之者善也，成之者性也。”孔颖达疏：“若能成就此道者，是人之本性。”《论语·阳货》：“性相近也，习相远也。”刘宝楠正义：“人性相近，而习相远。”唐韩愈《原性》：“性也者，与生俱生也。”宋司马光《善恶混辨》：“夫性者，人之所受于天以生者也。”

⑤［气质之禀］上天赋予的气质。《汉书·礼乐志》：“人函天地阴阳之气，有喜怒哀乐之情，天禀其性而不能节也，圣人能为之节，而不能绝也。”颜师古注：“禀，谓给授也。”

⑥［全］保全。

⑦［尽其性］儒家谓人物之性均包含天理，唯至诚之人，才能发挥其本性，谓之尽性。《易·说卦》：“穷理尽性，以至于命。”孔颖达疏曰：“穷极万物深妙之理，究尽生灵所禀之性。”

⑧［亿兆］指普通人。

⑨［君师］君长与老师。

⑩［复其性］指回复仁义礼智之本性。

⑪［伏羲］上古传说三皇之一，风姓，始画八卦，教民渔猎，亦作“伏戏”、“伏牺”。

⑫［神农］古帝王名。始教民为耒耜，务农业，故称神农氏。又称炎帝，以火德王。

⑬［黄帝］古帝王名。少典之子，姓公孙，居轩辕之丘，故号轩辕氏。又居姬水，因改姓姬。国于有熊，亦称有熊氏。以土德王，土色黄，故曰黄帝。

⑭［尧、舜］唐尧和虞舜的并称。远古部落联盟的首领，古史传说中的圣明君主。

⑮［继天立极］秉承天意，创立至高准则。

⑯［司徒］官名。相传少昊始置，唐虞因之。周时为六卿之一，曰地官大司徒，掌管国土与教化。

⑰［典乐］官名，掌管乐教。《书·舜典》："帝曰：夔，命汝典乐，教胄子。"

⑱［寖(jìn)备］逐渐完备。

⑲［王宫］天子的宫殿。《书·大诰》："民不静，亦惟在王宫邦君室。"《史记·晋世家》："晋师还至衡雍，作王宫于践土。"

⑳［国都］诸侯国之都城。

㉑［闾巷］里巷，乡里。

㉒［学］学校。

㉓［王公］王与公，指天子与诸侯。

㉔［庶人］指平民、百姓。

㉕［小学］儿童、少年接受教育之学校。

㉖［天子］古以君权神授，故称帝王为天子。

㉗［元子］天子与诸侯之嫡长子。

㉘［众子］古代嫡长子以外的诸子。《仪礼·丧服》："昆弟，为众子。"郑玄注："众子者，长子之弟及妾子。"

㉙［公］古代五等爵位的第一等。《礼记·王制》："王者之制禄爵，公、侯、伯、子、男，凡五等。"

㉚［卿］古代高级官员的名称。西周、春秋时天子、诸侯都有卿，分上、中、下三等。

㉛［大夫］古职官名。周代在国君之下有卿、大夫、士三等，各等中又分上、中、下三级。

㉜［元士］周代称天子之士为元士。《礼记·王制》："天子之三公之田视公侯，天子之卿视伯，天子之大夫视子男，天子之元士视附庸。"孔颖达疏："天子之士所以称元者，异于诸侯之士也。《周礼》：公侯伯之士，虽一命不得称元士。"

㉝［适子］同嫡子。正妻所生之子，多指嫡长子。《仪礼·士冠

礼》:“适子冠于阼,以着代也。”

㉞[凡民]普通百姓,一般民众。《韩非子·五蠹》:“今学者之说人主也,不乘必胜之势,而务行仁义则可以王,是求人主之必及仲尼,而以世之凡民皆如列徒,此必不得之数也。”

㉟[俊秀]才智杰出者

㊱[穷理]穷究事物之理。

㊲[正心]人心归于正。

㊳[修己]自我修养。

㊴[治人]统治他人。《孟子·滕文公上》:“劳心者治人,劳力者治于人。”

㊵[大小之节]指尊卑或长幼的礼节。

㊶[次第节目]顺序与条目。

㊷[人君]君主。

㊸[躬行]亲身实行。《论语·述而》:“躬行君子,则吾未之有得。”

㊹[心得]经验与体会。

㊺[民生]民众。

㊻[日用]日常应用。《易·系辞上》:“百姓日用而不知,故君子之道鲜矣。”

㊼[彝伦]常理,常道。《书·洪范》:“王乃言曰:‘呜呼,箕子!惟天阴骘下民,相协厥居,我不知其彝伦攸叙。’”蔡沈集传:“彝,常也;伦,理也。”

㊽[性分]天性,本性。

㊾[职分]职务上应尽之本分。《尹文子·大道上》:“守职分使不乱,慎所任而无私。”

㊿[俛(miǎn)焉]勤劳貌。《礼记·表记》:“俛焉日有孳孳,毙而后已。”郑玄注:“俛焉,勤劳之貌。”

51[治隆]治道兴盛。

㊾[俗美] 风俗善美。

㊿[作] 兴起;发生。《易·系辞下》:“包牺氏没,神农氏作。”

[陵夷] 由盛到衰,衰颓。

[颓败] 衰落,腐败。

[君师之位] 指天子之位。

[先王] 指上古贤明君王。《易·比》:“先王以建万国,亲诸侯。”

[诏] 告知。《书·微子》:“商其沦丧,我罔为臣仆。诏王子出迪。”蔡沈集传:“诏,告也。告微子以去为道。”

[《曲礼》]《礼记》篇名。以其委曲说吉、凶、宾、军、嘉五礼之事,故名《曲礼》。

[《少仪》]《礼记》篇名,记载一些所当执守的礼仪。朱熹认为是“此篇言少者事长之节”,故名《少仪》。

[《内则》]《礼记》篇名。内容为妇女在家庭内必须遵守的规范和准则。《礼记·内则》题注孔颖达疏:“郑玄目录云:‘名曰《内则》者,以其记男女居室事父母舅姑之法。此于《别录》属子法。’以闺门之内,轨仪可则,故曰内则。”

[《弟子职》]《管子》篇名。记弟子事师、受业、馔馈、洒扫、执烛坐作、进退之礼。

[支流余裔] 分支和余派。

[成功] 成效。

[明法] 明确可行的办法。

[三千之徒] 指孔门弟子。

[曾氏] 指曾子(前505—前435),名参(shēn),字子舆,春秋末年鲁国南武城(今山东嘉祥县)人。孔子晚年弟子,为儒家学派重要代表人物。相传《大学》《孝经》为其所著。

[独得其宗] 指曾子得孔子学问的宗旨。

[传义] 指《大学》之篇。

⑦0 [发其意] 阐发其意旨。

⑦1 [没] 去世。

⑦2 [泯] 埋没。

⑦3 [俗儒记诵词章之习] 指文士习气。俗儒,浅陋鄙俗的儒士。记诵,记忆背诵。词章,指诗文。

⑦4 [异端虚无寂灭之教] 指佛道思想。异端,凡自居正统者称异己之观点、学说或教义为异端。虚无,道家用以指“道”的本体。谓道体虚无,故能包容万物;性合于道,故有而若无,实而若虚。《庄子·刻意》:“夫恬惔寂寞,虚无无为,此天地之平而道德之质也。”此处概指道家思想。寂灭,佛教语,“涅槃”之意译,指超脱生死的理想境界。《无量寿经》卷上:“超出世间,深乐寂灭。”此处概指佛教思想。

⑦5 [权谋] 权术,阴谋。《荀子·王霸》:“故用国者,义立而王,信立而霸,权谋立而亡。”

⑦6 [术数] 治国御人之方法与谋略。《管子·形势》:“人主务学术数,务行正理,则化变日进于大功。”

⑦7 [功名之说] 有关功名利禄的学说。

⑦8 [百家众技] 指各家学术派别与各种手艺技能。

⑦9 [惑世诬民] 蛊惑、欺骗世人。

⑧0 [充塞仁义] 堵塞仁义。《孟子·滕文公下》:“是邪说诬民,充塞仁义也。”

⑧1 [大道之要] 儒道的要点。大道,正道,常理,此指儒道。《礼记·礼运》:“孔子曰:‘大道之行也,与三代之英,丘未之逮也,而有志焉。’”

⑧2 [至治之泽] 圣明之治的恩泽。《书·君陈》:“至治馨香,感于神明;黍稷非馨,明德惟馨。”

⑧3 [晦盲] 指晦暗混乱之所世。《荀子·赋》:“暗乎天下之晦盲也,皓天不复,忧无疆也。”

⑧4 [否塞] 闭塞不通。《后汉书·周举传》:“阴阳闭隔,则二气

否塞。”

㊵［反复沉痼］喻反反复复、积久难改的陋习积弊。

㊶［五季］即后梁、后唐、后晋、后汉、后周五代。

㊷［天运］犹天命。《六韬·顺启》:“事而不疑,则天运不能移,时变不能迁。”

㊸［治教休明］治理教化美好清明。休,美。

㊹［程氏两夫子］指程颢、程颐,并称二程。北宋著名理学家,洛学领袖。

㊺［表章］同“表彰”。

㊻［次其简编］编次其篇章次序。次,编排。《汉书·高帝纪下》:“天下既定,命萧何次律令,韩信申军法,张苍定章程。”简编,原指竹简之编次,此处指《大学》一篇之章节。

㊼［发其归趣］阐发《大学》的宗旨。发,阐发。归趣,指归,意向。

㊽［圣经贤传］朱熹将大学分为经与传,经为孔子所作,故曰圣经;传为曾子所述,故曰贤传。

㊾［指］旨意。

㊿［粲然］明白貌。《荀子·非相》:“欲观圣王之迹,则于其粲然者矣,后王是也。”杨倞注:“粲然,明白之貌。”

96［不敏］谦词,愚笨而不聪敏。《论语·颜渊》:“回虽不敏,请事斯语矣。”

97［私淑］指私自敬仰而未亲受传授。《孟子·离娄下》:“予未得为孔子徒也,予私淑诸人也。”淑,善。

98［与有闻焉］得闻学说。

99［放失］散失。失,通“佚”。《史记·太史公自序》:“网罗天下放失旧闻。”

100［固陋］闭塞,浅陋。

101［僭逾］僭越逾分。因《大学》为经,圣人所著,故言僭逾。

102［无所逃罪］无法逃避罪责。

⑩③［化民成俗］教化人民养成风俗。

⑩④［修己治人］修养自我治理人民。

【评析】

《大学》一书，原本是《礼记》中的一篇，讲述循序渐进的为学次第，即修身、齐家、治国、平天下。通过个体道德的培养，以至于实行践履，从而实现儒家的仁道理想。但在朱熹之前，《大学》的重要性并未被普遍接受。朱熹作《大学章句》，改易古本，与《论语》《孟子》《中庸》合称“四书”，并为之作章句。《大学》一篇的重要性大大提高，成了理学的重要文献。《大学章句序》作于宋孝宗淳熙十六年(1189)，此文对《大学》极力表彰，提出“修圣学者必由大学始”，大大提高了《大学》的地位。

文章开宗明义，首先即揭橥《大学》一书的性质：“《大学》之书，古之大学所以教人之法也。”继而论述古代学制的起源及其演变。朱熹认为，自生民以来，圣人以其聪明睿智，作君作师，并且设置司徒、典乐之类掌管礼乐的职官，来负担教化民众的作用。三代以来，广设学校，其教学分为小学与大学。指出大学之道在于穷理、正心、修己、治人。由此循序渐进，形成次第节目，即可使人才蓄育，各明其责，各尽其力，最终达到政治隆洽、风俗懿美的盛世。

序中还对《大学》的著述与流传作了学术史的梳理。朱熹认为，此书是在周衰之后，“贤圣之君不作，学校之政不修，教化陵夷，风俗颓败”的情况下，孔子所撰成的。其后孔门高第曾子为之作传，传至孟子。孟子之后，由孔子所传正脉就此泯没，只有《大学》一书保存在《礼记》中。此后中国学术极为混乱，俗儒的记诵词章之学、释道的虚无寂灭之教，以及权谋术数、百家众技等，充塞杂糅，直至北宋程颢、程颐才对《大学》加以重视，对其编次条目，阐发宗旨。而朱熹亦加以采辑发明，希望能够发明圣经贤传，以有补于世道。

【理性思考】

1. 朱熹认为《大学》是一本什么性质的著作?

2. 朱熹在文中如何评价儒学之外的学术?

3. 结合王阳明《大学古本序》，谈谈朱熹和王阳明理学思想的不同。

【延伸阅读】

1. 王守仁《大学古本序》,《王阳明全集》卷七，上海古籍出版社1992年版。

2. 朱熹《中庸章句序》,《四书章句集注》，中华书局1983年版。

3. 朱熹《大学章句》,《四书章句集注》，中华书局1983年版。

4. 黄宗羲等《宋元学案》卷四十八、四十九《晦翁学案》，中华书局1986年版。

送何太虚北游序[①]

吴　澄

士可以游[②]乎?“不出户，知天下”[③]，何以游为哉！士可以不游乎?男子生而射六矢[④]，示有志乎上下四方也，而何可以不游也?

夫子[⑤]，上智[⑥]也，适周而问礼[⑦]，在齐而闻韶[⑧]，自卫复归于鲁，而后《雅》《颂》各得其所也[⑨]。夫子而[⑩]不周、不齐、不卫[⑪]也，则犹有未问之礼，未闻之韶，未得所之《雅》《颂》也。上智且然，而况其下者乎?士何可以不游也！

然则彼谓不出户而能知者，非欤?曰：彼老氏[⑫]意也。老氏之学，治身心而外天下国家者也。人之一身一心，天地万物咸备[⑬]。彼谓吾求之一身一心有余也，而无事乎他求也，是固老氏之学也[⑭]。而吾圣人之学不如是。圣人生而知也，然其所知者，降衷[⑮]秉彝[⑯]之善而已。若夫山川风土、民情世故[17]、名物[18]度数[19]、前言往行[20]，非博其闻见于外，虽上智亦何能悉知也。故寡闻寡见，不免孤陋[21]之讥。取友者，一乡未足，而之一国；一国未足，而之天下；犹以天下为未足，而尚友古之人焉。[22]陶渊明[23]所以欲寻圣贤遗迹于中都[24]也。然则士何可以不游也？

而后之游者，或异乎是。方其出而游乎上国[25]也，奔趋乎爵禄之府，伺候乎权势之门，摇尾而乞怜，胁肩[26]而取媚，以侥幸于寸进[27]。及其既得之，而游于四方也，岂有意于行吾志哉！岂有意于称吾职哉！苟可以敚攘[28]其人，盈厌[29]吾欲，囊橐[30]既充，则阳阳[31]而去尔。是故昔之游者为道，后之游者为利。游则同，而所以游者不同。

余于何弟太虚之游，恶[32]得无言乎哉！太虚以颖敏[33]之资，刻厉[34]之学，善书工诗，缀文[35]研经，修于己，不求知于人，三十余年矣。口未尝谈爵禄，目未尝睹权势，一旦而忽有万里之游，此人之所怪而余独知其心也。世之士，操笔仅记姓名，则曰："吾能书！"属辞[36]稍协声韵，则曰："吾能诗！"言语布置，粗如往时所谓举子业[37]，则曰："吾能文！"阖门[38]称雄，矜己自大[39]，醯瓮之鸡[40]，坎井之蛙[41]，盖不知瓮外之天、井外之海为何如，挟其所已能，自谓足以终吾身、没吾世而无憾。夫如是又焉用游！太虚肯如是哉？书必钟、王[42]，诗必陶、韦[43]，文不柳、韩、班、马[44]不止也。且方窥闯[45]圣人之经，如天如海，而莫可涯[46]，讵[47]敢以平日所见所闻自多[48]乎？此太虚今日之所以游也。

是行也，交从[49]日以广，历涉[50]日以熟，识日长而志日起。迹圣贤之迹而心其心[51]，必知士之为士，殆不止于研经缀文工诗善书也。闻见将愈多而愈寡，愈有余而愈不足，则天地万物之皆备于我者，真可以不出户而知。是知也，非老氏之知也。如是而游，光前绝后[52]之游矣，余将于是乎观。

澄所逮事[53]之祖母，太虚之从祖姑[54]也。故谓余为兄，余谓之为弟云。

【注释】

① 选自《吴文正集》卷三十四(《文渊阁四库全书》本)。吴澄

(1249—1333),字幼清,晚字伯清,抚州崇仁(今江西崇仁县)人。元代理学家。宋亡后隐居著述,学者称“草庐先生”。元武宗至大元年(1308),应召任国子监丞。至定元年(1321)任翰林学士;泰定元年(1324)为经筵讲官,敕修《英宗实录》。著有《吴文正公全集》。何中(1265—1332),字太虚,抚州乐安人。宋末进士。以古学自任,与同郡吴澄、揭傒斯相交。元至顺二年(1331),岳柱聘为龙兴郡学师。《元史》有传。

②［游］出游。

③［“不出户”句］指不出门户,而知晓天下大势。出自《老子》。

④［射六矢］古时男子出生,以桑木作弓,蓬草为矢,射天地四方,象征男儿应有志于四方。后用作勉励人应有大志之辞。《礼记·内则》:“国君世子生,告于君,接以大牢,宰掌具,三日,卜士负之,吉者宿齐,朝服寝门外,诗负之,射人以桑弧蓬矢六,射天地四方。”

⑤［夫子］指孔子。

⑥［上智］上等智慧的人。《论语·季氏》:“生而知之者上也。”

⑦［适周而问礼］孔子适周,问礼于老聃。事见《史记·孔子世家》。

⑧［在齐而闻韶］孔子在齐国,闻韶乐,三月不知肉味。事见《论语·述而》。韶,韶乐,相传为舜时乐曲。

⑨［“自卫复归于鲁”句］说孔子从卫国返回鲁国,删《诗》,使《雅》《颂》各得其所。事见《史记·孔子世家》。今人多认为孔子从事的是整理前代乐谱,使之合于雅颂之音,而非删订《诗经》。

⑩［而］如果。

⑪［不周、不齐、不卫］指孔子不游周、齐、卫三国。

⑫［老氏］指老子。

⑬［“人之一身一心”句］《孟子·尽心上》:“孟子曰:万物皆备于我。”吴澄举以批评老子“治身心而外天下国家”。

⑭［“彼谓吾求之一身一心有余也”句］《老子》第十三章:“吾所以有大患者,为吾有身。及吾无身,吾有何患?”

⑮［降衷］施善，降福。《书·汤诰》："惟皇上帝，降衷于下民。"孔传："衷，善也。"意思是圣人之所以能生而知之，那是上天赋予的善性。

⑯［秉彝］持执常道。《诗·大雅·烝民》："民之秉彝，好是懿德。"毛传："彝，常。"朱熹集传："秉，执。"

⑰［民情世故］人情世俗。

⑱［名物］事物之名称、特征等。《周礼·天官·庖人》："掌共六畜、六兽、六禽，辨其名物。"贾公彦疏："此禽兽等皆有名号物色，故云'辨其名物'。"

⑲［度数］计度数目。

⑳［前言往行］指前代圣贤之言行。《易·大畜》："君子以多识前言往行，以畜其德。"

㉑［孤陋］见闻极少，学识浅陋。

㉒［"取友者"句］出《孟子·万章下》："一乡之善士，斯友一乡之善士，一国之善士，斯友一国之善士。天下之善士，斯友天下之善士。以友天下之善士为未足，又尚论古之人；颂其诗，读其书，不知其人，可乎？是以论其世也，是尚友也。"尚友，指上与古人为友。

㉓［陶渊明］字元亮，又名潜，私谥"靖节"，浔阳柴桑（今江西九江市）人。东晋诗人。曾任江州祭酒、建威参军、镇军参军、彭泽县令等职。后弃官归隐。著有《陶渊明集》。

㉔［中都］指中州，在今河南一带。有题陶渊明著《圣贤群辅录》，所载多中州人。故吴氏认为陶渊明"尚友古人"。

㉕［上国］京城，上都。

㉖［胁肩］耸起肩膀，故作敬畏以献谄媚貌。《孟子·滕文公下》："胁肩谄笑，病于夏畦。"赵岐注："胁肩，竦体也。"

㉗［寸进］微小的进步。

㉘［敚(duó)攘］即抢夺。敚，同"夺"。《尚书·吕刑》："罔不寇贼，鸱义奸宄，夺攘矫虔。"

㉙［盈厌］满足。《左传·文公十八年》："缙云氏有不才子，贪于

饮食，冒于货贿，侵欲崇侈，不可盈厌。”

㉚［囊橐(tuó)］袋子，代指财物。

㉛［阳阳］自得貌。阳，通“扬”。《诗·王风·君子阳阳》：“君子阳阳，左执簧，右招我由房。”毛传：“阳阳，无所用其心也。”

㉜［恶(wū)］通“乌”，疑问代词，相当于“何”、“安”、“怎么”。

㉝［颖敏］聪颖明敏。

㉞［刻厉］刻苦自励。

㉟［缀文］连缀词句以成文，指写作文章。

㊱［属辞］撰写文章。

㊲［举子业］指科举应试的文章。

㊳［阖(hé)门］关闭门户。

㊴［矜己自大］自夸自大。

㊵［醯(xī)瓮之鸡］酒坛中之蠛蠓。比喻孤陋寡闻而又自以为是的人。

㊶［坎井之蛙］井底之蛙。比喻见闻狭隘，目光短浅的人。《庄子·秋水》：“井鼃不可以语于海者，拘于虚也。”

㊷［钟、王］钟，指魏钟繇；王，指东晋王羲之。二人皆古代大书法家。

㊸［陶、韦］陶，指东晋陶渊明；韦，指唐代韦应物。二人皆古代著名诗人。

㊹［柳、韩、班、马］指唐之柳宗元、韩愈与汉之班固、司马迁。四人皆古代文章大家。

㊺［窥闯(chèn)］窥望。

㊻［涯］本意指边际，此处用为动词，指度量。

㊼［讵(jù)］反问副词，岂，难道。

㊽［自多］自夸，自满。

㊾［交从］交游。

㊿［历涉］经历涉世。

㉛ [迹圣贤之迹而心其心] 指遵循圣贤的行迹，体察圣人的用心。前一迹，指遵循，仿效。后一迹，指行迹。前一心，指体察，后一心，指用心、思想、性情等。

㊾ [光前绝后] 即空前绝后。

㊿ [逮事] 曾经侍奉。

54 [从祖姑] 对叔祖的姊妹的称呼。

【评析】

学问之培养首先要读书明理，但也要辅之以游学历练。学用相济，知行合一，方能拓胸襟，广见闻，增见识，切事理，成为真正的士。否则易堕为迂陋或狂瞽的俗儒。吴澄《送何太虚北游序》极论游学之义，立意卓颖，是一篇论学的名文。

文章论点鲜明，逻辑清晰，多方设譬，申论了士人出游的意义。首先，树立“不游”与“游”二义，申论游之必要。

为何要游？作者举孔子适周问礼、在齐闻韶之例，指出圣人尚须游学，方能备知礼乐之源。吴氏认为圣人生知之说只是指其天性知善而已，对于山川风土、民情世故、名物度数、前言往行等具体知识，仍须博观广闻才能习得。圣人尚且如此，一般的士人就更要多方求学，方能有所成就。游学之功还在于结交志同道合的朋友。吴氏袭取孟子尚友之说，指出要通过交友来避免孤陋寡闻。交友的范围可由一乡、一国至于天下，乃至尚友古人，这就需要游学来实现。对于“不出户，知天下”的“不游”观，则指出其为老子的“治身心而外天下国家”之学，径加否定。

其次，区别为道之游和为利之游，对假游历之名而行干谒之实的行为进行了严厉的批判。为利之游者奔走权门，人格卑污，其目的在于利禄而已。此种游士是士之败类和民之蠹贼，吴氏特书之以为警诫。

最后，在反复阐发“游”义之余，吴澄对何太虚之游学加以勉励。称何太虚学有根基，与俗士阖门称雄、矜己自大不同。对其出而游学大加赞赏，希望他通过交友、历世，追踪圣贤的遗迹，体悟圣贤的精神，从而确立士的职分及担当。

当今知识的广博已远远超出吴澄的时代，知识获取的方法也更加多样，但吴澄对于游学之义的阐论仍然具有启发意义，值得深思。

【理性思考】

1. 吴澄在文章中认为游学有什么作用？
2. 游学时应注意什么问题？
3. 在“不出户，知天下”的现代社会，游学还有必要吗？

【延伸阅读】

1. 司马迁《太史公自序》，《史记》，中华书局 1982 年版。

2. 黄宗羲等《宋元学案》卷九十二《草庐学案》，中华书局 1986 年版。

尚志斋说[1]

虞　集

亦尝观于射乎？正鹄[2]者，射者之所志[3]也。于是良尔弓[4]，直尔矢[5]，养尔气[6]，蓄尔力[7]，正尔身[8]，守尔法[9]而临之。挽必圆[10]，视必审[11]，发必决[12]，求中乎正鹄而已矣。正鹄之不立，则无专一之趣向[13]，则虽有善器[14]强力[15]，茫茫然将安所施哉？况乎弛焉以嬉[16]，慢焉以发[17]，初无定的[18]，亦不期于必中者，其君子绝之，不与为偶[19]，以其无志也。

善为学者，苟知此说，其亦可以少警矣乎！夫学者之欲至于圣贤，犹射者之求中夫正鹄也。不以圣贤为准的而学者，是不立正鹄而射者也。志无定向，则泛滥[20]茫洋[21]无所底止[22]。其不为妄人[23]者几希[24]！此立志之最先者也。

既有定向，则求所以至之之道焉，尤非有志者不能也。是故从师取友，读书穷理，皆求至之事也。于是平居无事之时，此志未尝慢[25]也；应事接物[26]之际，此志未尝乱[27]也；安逸顺适，志不为丧[28]；患难忧戚，志不为慑[29]；必求达吾之欲至而后已。此立志始终不可渝[30]者也。

是故志苟立矣，虽至于圣人可也。昔人有言曰："有志者，事竟成[31]。"又曰："用志不分，乃凝于神[32]。"此之谓也。志苟不立，虽细微之事，犹无可成之理，况为学之大乎！昔者夫子以生知[33]天纵之资[34]，其始学也，犹必曰志，况吾党小子之至愚极困者乎？其不可不以尚志为至要至急也，审[35]矣。

今大司寇之上士[36]浚仪黄君[37]之善教子也，和而有制[38]，严而不离[39]。尝遣济[40]也受业于予。济也请题其斋居以自励，因为书"尚志"二字以赠之。他日[41]暂[42]还其乡，又来求说。援笔[43]书所欲言，不觉其烦[44]也。济也，尚思立志乎哉！

【注释】

① 选自《道园学古录》卷九（《四部丛刊》本）。虞集（1272—1348），字伯生，号道园，世称邵庵先生。元代著名学者、诗人。少受家学，尝从吴澄游。成宗大德初，以荐授大都路儒学教授，历国子助教、博士。仁宗时，迁集贤修撰，除翰林待制。文宗即位，累除奎章阁侍书学士。领修《经世大典》。著有《道园学古录》《道园遗稿》。此文是作者为学生黄济所作的斋名说。

② [正鹄] 摆正靶标。

③ [志] 谓作为准的。

④ [良尔弓] 精护你的弓。

⑤ [直尔矢] 端直你的箭。

⑥ [养尔气] 涵养你的元气。

⑦ [蓄尔力] 积蓄你的力量。

⑧ [正尔身] 端正你的身体。

⑨［守尔法］坚守你的法度。

⑩［挽必圆］挽弓一定挽圆。

⑪［视必审］瞄准一定谨慎。

⑫［发必决］发箭一定决断。

⑬［趣向］志趣,志向。

⑭［善器］即良弓美矢。

⑮［强力］强大有力。

⑯［弛焉以嬉］散漫地嬉戏。弛,通“弛”,松弛,散漫。

⑰［嫚焉以发］懈怠地发箭。嫚,迟缓,懈怠。

⑱［初无定的］一开始就没有确定的目标。

⑲［偶］同伴。

⑳［泛滥］浮泛,不切实。《史记·老子韩非列传》:“泛滥博文,则多而久之。”

㉑［茫洋］迷茫。

㉒［无所底止］没有终止。《诗·小雅·祈父》:“胡转予于恤,靡所底止?”

㉓［妄人］庸妄之人。

㉔［几希］极少。

㉕［慢］轻忽怠慢。

㉖［应事接物］应接事情,接待人物。

㉗［乱］昏乱,迷乱。

㉘［丧］丧失。

㉙［慑(shè)］沮丧,丧气。

㉚［渝(yú)］变更,改变。

㉛［有志者,事竟成］出自《后汉书·耿弇传》。

㉜［用志不分,乃凝于神］意为专心致志,即可聚精会神。出自《庄子·达生》。

㉝［生知］生而知之者。

㉞［天纵之资］上天赋予的资质。

㉟［审］明确，清楚。

㊱［大司寇之上士］指大司寇的幕僚。

㊲［浚仪黄君］指黄济之父。浚仪在今开封市。

㊳［和而有制］温和而有所禁制。

㊴［严而不离］严厉而不背离情理。

㊵［济］黄济，虞集弟子。

㊶［他日］过些天。

㊷［暂］暂时。

㊸［援笔］执笔。

㊹［烦］繁多，纷杂。

【评析】

立志是人生与治学最关紧要的事，孔子说："吾十有五而志于学。"朱熹认为孔子所志之学，是所谓大学之道，即儒家所讲求的修、齐、治、平之学。一言以蔽之，就是仁道。曾子说："士不可以不弘毅，任重而道远。仁以为己任，不亦重乎？死而后已，不亦远乎？"讲的也是立志之后的弘毅进取。后世理学家都是以仁道作为最高的目标，并为之孜孜努力。虞集《尚志斋说》对此加以发挥，指出尚志对于为学的重要性。

劝学文容易流于平俗庸腐，理学家之文多有头巾气，此篇则无此弊。文章论学者当以圣贤之道为志向，志向既立，则当始终不渝以求实现这一志向。议论弘正，气象阔大。

文章开篇即用射箭者的正鹄来比喻学者的立志，近取诸物，可谓善于设喻。射者非立正鹄则不中，学者非以圣贤之道为志则为妄人。因此，学者当以立志为先，立志当以圣贤为目标。"有志者，事竟成。"这是尚志的第一层意思。

志向确立以后，则要终始不渝，通过孜孜不倦、持之以恒的学习来实现圣贤之道。为了达成这一目标，需要从师取友、读书穷理，通过师友的请益切磋，从读书穷理中研磨体味，坐而学之，起而行之，通过不断的学习实践，最终实现圣贤之道。“用志不分，乃凝于神。”这是尚志的第二层意思。

文章篇幅虽短，却能于尺幅之中涵有万里之势，文气迭荡，波澜起伏，展现出高超的文笔驾驭能力。如其述射者正鹄既立时，使用了大量三字短句：“良尔弓”、“直尔矢”、“养尔气”、“蓄尔力”、“正尔身”、“守尔法”、“挽必圆”、“视必审”、“发必决”，精力弥满，真如善射者挽弓临发之境。而当写正鹄不立时，则用“弛焉以嬉”、“嫚焉以发”两个四字句，写出射者沓冗无神之状，极为传神。

【理性思考】

1. 对初学者来说，确立志向对人生和学问有什么样的重要性？
2. 志向确立以后，怎样用功来实现这一志向？
3. 谈谈虞集的古文与他的理学之间的关系。

【延伸阅读】

1. 荀子《劝学篇》，王先谦《荀子集解》卷一，中华书局 1988 年版。
2. 张载《西铭》，见《正蒙·乾称》，《张载集》，中华书局 1978 年版。
3. 欧阳修《答吴充秀才书》，《欧阳修全集》卷四十七，中华书局 2001 年版。

与友人论学书[①]

顾炎武

比[②]往来南北，颇承友朋推一日之长[③]，问道于盲[④]。窃叹夫百余年以来之为学者，往往言心言性，而茫乎不得其解也。

命与仁，夫子之所罕言也[⑤]；性与天道，子贡之所未得闻也[⑥]。性命之理，著之《易传》[⑦]，未尝数以语人。其答问士也，则曰：“行己有耻[⑧]”；

其为学，则曰："好古敏求[9]"；其与门弟子言，举尧舜相传所谓危微精一[10]之说一切不道，而但曰："允执其中，四海困穷，天禄永终[11]。"呜呼！圣人之所以为学者，何其平易而可循也！故曰："下学而上达[12]。"颜子之几乎[13]圣也，犹曰："博我以文[14]。"其告哀公[15]也，明善之功，先之以博学[16]。自曾子而下，笃实[17]无若子夏[18]，而其言仁也，则曰："博学而笃志，切问而近思[19]。"今之君子则不然，聚宾客门人之学者数十百人，"譬诸草木，区以别矣[20]"，而一皆与之言心言性，舍多学而识，以求一贯之方[21]，置四海之困穷不言，而终日讲危微精一之说[22]，是必其道之高于夫子，而其门弟子之贤于子贡[23]，祧东鲁[24]而直接二帝[25]之心传[26]者也。我弗敢知也。

《孟子》一书，言心言性，亦谆谆[27]矣，乃至万章[28]、公孙丑[29]、陈代[30]、陈臻[31]。周霄[32]、彭更[33]之所问，与孟子之所答者，常在乎出处[34]、去就[35]、辞受[36]、取与[37]之间。以伊尹之元圣，尧舜其君其民之盛德大功，而其本乃在乎千驷一介之不视不取[38]。伯夷、伊尹之不同于孔子也，而其同者，则以"行一不义，杀一不辜，而得天下不为[39]"。是故性也，命也，天也，夫子之所罕言，而今之君子之所恒言[40]也；出处、去就、辞受、取与之辨，孔子、孟子之所恒言，而今之君子所罕言也。谓忠与清之未至于仁[41]，而不知不忠与清而可以言仁者，未之有也；谓不忮不求之不足以尽道[42]，而不知终身于忮且求而可以言道者，未之有也。我弗敢知也。

愚所谓圣人之道者如之何？曰："博学于文[43]"，曰："行己有耻[44]"。自一身以至于天下国家，皆学之事也；自子臣弟友以出入、往来、辞受、取与之间，皆有耻之事也。耻之于人大矣！不耻恶衣恶食[45]，而耻匹夫匹妇[46]之不被其泽[47]，故曰："万物皆备于我矣，反身而诚[48]。"

呜呼！士而不先言耻，则为无本之人；非好古而多闻，则为空虚之学。以无本之人，而讲空虚之学，吾见其日从事于圣人而去之弥远也。虽然，非愚之所敢言也，且以区区[49]之见，私[50]诸同志，而求起[51]予。

【注释】

① 选自《亭林文集》卷三（中华书局 1983 年版）。顾炎武（1613—

1682)，初名绛，字宁人。入清后改名炎武。自署蒋山傭，学者称亭林先生。江苏昆山人。明末清初著名学者、思想家、诗人。明亡，清兵南下，起兵抗清。后去乡北游，观其山川形势，识其贤豪长者，欲以有为。晚年定居华阴。卒于山西曲沃。著有《日知录》《天下郡国利病书》《音学五书》《亭林诗文集》。

② [比] 近日。

③ [一日之长] 谓年龄比别人稍大。语出《论语·先进》："子路、曾皙、冉有、公西华侍坐，子曰：'以吾一日长乎尔，毋吾以也。'"

④ [问道于盲] 向盲人问路。比喻求教于一无所知者，没有助益。语本唐韩愈《答陈生书》："足下求速化之术，不于其人，乃以访愈，是所谓借听于聋，求道于盲。"

⑤ ["命与仁"句]《论语·子罕》："子罕言利，与命，与仁。"

⑥ ["性与天道"句]《论语·公冶长》："子贡曰：'夫子之文章，可得而闻也；夫子之言性与天道，不可得而闻也。'"

⑦ ["性命之理"句]《周易·说卦》："昔者圣人之作易也，幽赞于神明而生蓍，参天两地而倚数，观变于阴阳而立卦，发挥于刚柔而生爻，和顺于道德而理于义，穷理尽性以至于命。"

⑧ [行己有耻]《论语·子路》："子贡问曰：'何如斯可谓之士矣？'子曰：'行己有耻，使于四方，不辱君命，可谓士矣。'"

⑨ [好古敏求]《论语·述而》："子曰：'我非生而知之者，好古，敏以求之者也。'"

⑩ [危微精一] 出自《尚书·大禹谟》"人心惟危，道心惟微，惟精惟一，允执厥中"。

⑪ ["允执其中"句] 是尧对舜的告诫语，意谓舜要诚实地持守中道，若四海之民困苦贫穷，则上天所赐之禄位就永远终止了。出自《论语·尧曰》。

⑫ [下学而上达] 下学人事，上达天命。出自《论语·宪问》。

⑬ [几乎] 接近于。

⑭ [博我以文] 颜渊赞孔子语，指用丰富的文献教我博学。出《论语·子罕》。

⑮ [哀公] 鲁哀公（？—前468），姬姓，名将，定公之子，前494—前468年在位。

⑯ [先之以博学]《礼记·中庸》："博学之，审问之，慎思之，明辨之，笃行之。"。

⑰ [笃实] 沉笃坚实。

⑱ [子夏] 卜（bǔ）商（前507—？），字子夏。春秋末年晋国温地（今河南温县）人，一说卫国人，"孔门十哲"之一，优于文学。

⑲ ["博学而笃志"句] 子夏认为如能广博学习，坚守志向，恳切地提问，多思考当下的事，则仁德就在其中了。出《论语·子张》。

⑳ ["譬诸草木"句] 意思是指学人如同草木，分门别类。出《论语·子张》。

㉑ ["舍多学而识"句] 孔子告诉子贡自己并非仅仅是博学多识，而是以"一"即仁道来贯彻始终的。而顾氏认为仁道亦当从博学多识中来，如此方能不堕空虚。"多学而识"，出《论语·卫灵公》。

㉒ ["置四海之困穷不言"句] 顾氏反对空谈"危微精一"的性理之说，而不讲求强国富民的实学。"四海困穷"，出《尚书·大禹谟》。

㉓ [子贡] 端木赐（前520—前456），字子贡（古同子赣）。春秋末年卫国（今河南鹤壁市浚县）人。"孔门十哲"之一。

㉔ [祧（tiāo）东鲁] 指舍弃孔子之说。祧，迁出祖庙。东鲁，指孔子。

㉕ [二帝] 指尧舜。

㉖ [心传] 犹言以心传心。禅宗谓不立文字，不依经卷，唯以师徒心心相传，悟解契合，递相授受，谓之心传。

㉗ [谆（zhūn）谆] 反复告诫、再三丁宁貌。《诗·大雅·抑》："诲尔谆谆，听我藐藐。"

㉘ [万章] 战国时齐人，孟子弟子。

㉙［公孙丑］战国时齐人，孟子弟子。

㉚［陈代］孟子弟子。

㉛［陈臻］孟子弟子。

㉜［周霄］朱熹《孟子集注》："周霄，魏人。"

㉝［彭更］孟子弟子。

㉞［出处］出仕与退隐。

㉟［去就］离去与接近，亦指去职与就职。《庄子·秋水》："宁于祸福，谨于去就。"

㊱［辞受］推辞与接受。

㊲［取与］收受和给予。

㊳［"以伊尹之元圣"句］意谓像伊尹这样的大圣人，辅助商汤治国，使君民都像在尧舜时代一样，表现出他的大功大德。但他的根本仍在于知道取与之道。伊尹，名挚，商汤时贤相。元圣，大圣。尧舜，此处用作动词。《孟子·万章上》："万章问曰：'人有言"伊尹以割烹要汤"有诸？'孟子曰：'否，不然。伊尹耕于有莘之野，而乐尧舜之道焉。非其义也，非其道也，禄之以天下，弗顾也；系马千驷，弗视也。非其义也，非其道也，一介不以与人，一介不以取诸人。"

㊴［"行一不义"句］出《孟子·公孙丑上》。不义，不义之事。不辜，无罪者。

㊵［恒言］经常说。

㊶［谓忠与清之未至于仁］孔子认为楚令尹子文虽忠，齐陈文子虽清，尚未可称为仁。出《论语·公冶长》。

㊷［谓不忮不求之不足以尽道］孔子曾表扬子路"不忮不求，何用不臧"，又认为仅仅如此，尚不足以成就最善之道。出《论语·子罕》。忮，妒嫉。求，贪求。臧，善。

㊸［博学于文］孔子认为君子应广泛地学习古代典籍。出《论语·雍也》。

㊹［行己有耻］孔子认为士应以廉耻之心约束自己的行为。出

《论语·子路》。

㊺［恶(è)衣恶食］粗劣的衣食。

㊻［匹夫匹妇］指平民百姓。《尚书·咸有一德》:“匹夫匹妇,不获自尽,民主罔与成厥功。”

㊼［不被其泽］不能蒙受恩泽。

㊽［“万物皆备于我矣”句］意谓世上万事万物都在我心里,可以确保善性。出《孟子·尽心上》。

㊾［区区］微小,谦词。

㊿［私］私下,此指小范围公布。

51［起］启发。《论语·八佾》:“子曰:‘起予者,商也。”

【评析】

孔子去世以后,“儒分为八”。秦汉以后,儒学最重要的流派是汉学与宋明理学。汉学治经重名物训诂章句,又分今文经学与古文经学。宋明理学则阐释义理、兼谈性命,主要辨析心性之学,其中又有濂、洛、关、闽等不同学派以及理学与心学等派别之分。理学是明代的一代之学,其末流不乏空虚沉腐之弊。故明亡之后,不少有识之士反思亡国之由,有人将之归罪于理学。明代遗民、著名的思想家顾炎武就是其中的一位。

明代的灭亡有着复杂的政治、历史、经济、社会等方面的原因,本不能简单地归于学术。但是清初士人对于宋明理学的批评,却是学术史内在理路的逻辑自性使然。顾炎武的评论,正是明清之际实学兴起与清代考据学风开启的产物。

顾炎武认为,明代中期讫清初百余年来的理学家们空谈心性,其实对儒学真谛茫然不解。清学重实证,顾炎武考论先秦儒学,认为其中并不像宋明理学那样讲得那样玄虚。比如孔子及其弟子子贡、颜子等论学,不是空谈后世理学家们津津乐道的性、天道、性命之理、危微精一等概念。孟子虽然讲心性,却都是在出处、去就、辞受、取与等上讲,是真实不虚的。因此，顾炎武标举圣人之道，揭出学与行二端：学，即“博学于文”，所谓博学，自一身以至于天下国家，均为博学之事，这就一反明末士流空疏不学的风气；行，即“行己有耻”，所谓有耻，即自子臣弟友以至出入、往来、辞受、取与之间，一切均须有耻。这就为明清易代之际士人的立身出处树立了一竿大纛，体现出强烈的民族主义精神。

今天看来，宋明理学自有其重要的学术价值，但顾炎武所举“博学于文”、“行己有耻”二语却坚确不磨。自命学者，则不但要有广博的知识(在知识专门化的今天，还要强调专精，但在顾炎武的学术思想中博与精是统一的)。更重要的是要“行己有耻”，要自觉保守知识分子的人格与担当，有所为，更要有所不为，要做君子儒，不做小人儒。

【理性思考】

1. 顾炎武批评宋明理学的理由是什么?
2. 试从逻辑层面分析顾炎武的论证过程。
3. 思考顾炎武“博学于文，行己有耻”的历史意义和现实意义。

【延伸阅读】

1. 顾亭炎《答友人论学书》，《亭林文集》卷三，中华书局 1983 年版。

2. 钱穆《中国近三百年学术史》“顾亭林”一节，商务印书馆 1997 年版。

3. 陈寅恪《王观堂纪念碑铭》，《金明馆丛稿二编》，上海古籍出版社 1980 年版。

4. 罗家伦《学问与智慧》，张晓京编《中国近代思想家文库·罗家伦卷》，中国人民大学出版社 2015 年版。

论梁元帝读书[1]

王夫之

江陵陷，元帝焚古今图书十四万卷[2]。或问之，答曰："读书万卷，犹有今日，故焚之。"有恶其不悔不仁而归咎于读书者，曰："书何负于帝哉？"此非知读书者之言也。帝之自取灭亡，非读书之故，而抑未尝非读书之故也。取帝之所撰著而观之，搜索骈丽[3]，攒集影迹[4]，以夸博记[5]者，非破万卷而不能。于其时也，君父悬命于逆贼[6]，宗社垂丝于割裂[7]；而晨览夕披[8]，疲役[9]于此，义不能振，机不能乘[10]，则与六博[11]投琼[12]、耽酒[13]渔色[14]也，又何以异哉？夫人心一有所倚，则圣贤之训典[15]，足以锢志气[16]于寻行数墨[17]之中，得纤曲[18]而忘大义[19]，迷影迹[20]而失微言[21]，且为大惑[22]之资也，况百家小道[23]，取青妃白[24]之区区者乎？

或曰："读先圣先儒之书，非雕虫[25]之比，固不失为君子也。"夫先圣先儒之书，岂佛徒之言，书写读诵而有功德者乎？读其书，察其迹，析其字句，遂自命为君子，无怪乎为良知之说者[26]起而斥之也。

夫读书将以何为哉？辨其大义，以修己治人也；察其微言，以用其精义也。乃善读者有得于心而正之以书者鲜矣，而如太子弘[27]之读《春秋》而不忍卒读者鲜矣，而如穆姜[28]之于《易》，能自反[29]而知愧者鲜矣。

孔子曰："吾十有五而志于学。[30]"志定而学乃益。未闻无志而以学为志者也。以学而游移其志，异端邪说、流俗之传闻，淫曼之小惠[31]，大以蚀[32]其心思而小以荒[33]其日月，元帝所为至死而不悟者也。恶得不归咎于万卷之涉猎乎？儒者之徒，而效其卑陋，可勿警哉？

【注释】

① 选自《读通鉴论》卷十七（中华书局 1975 年版）。王夫之(1619—1692)，字而农，号姜斋，湖广衡州府衡阳县（今湖南衡阳市）人。清初著名思想家、学者、文学家。明亡，起兵抗清，任南明桂王行人司行

人。后归隐石船山，潜心著述。著有《周易外传》《诗广传》《春秋世论》《读通鉴论》等，后人编为《船山全书》。梁元帝(508—555)，字世诚，自号金楼子，南兰陵(今江苏常州市)人。梁武帝萧衍第七子，梁简文帝萧纲之弟。著有《金楼子》。梁元帝好聚书，但在梁亡时将古今图书十四万卷付之一炬，给中国古典文献造成巨大损失。王夫之此文对其焚书的愚昧之行进行了深刻的批评。

②［"江陵陷"句］记魏兵攻破江陵，梁元帝焚书。事见《资治通鉴》卷一百六十五"梁元帝承圣三年"。江陵，梁元帝建都之所，今湖北省荆州市。

③［搜索骈丽］搜求对偶藻饰之辞，指多用华词。

④［攒集影迹］聚集踪影与故迹，指多用典故。

⑤［博记］博闻强记。

⑥［君父悬命于逆贼］指梁武帝被侯景围困，后饿死于台城，事见《梁书·武帝本纪》。君父，指梁武帝萧衍。悬命，性命垂危。逆贼，指侯景。

⑦［宗社垂丝于割裂］指梁朝即将灭亡。宗社，宗庙与社稷。垂丝，喻危弱如蛛丝。割裂，宰割分裂。

⑧［晨览夕披］犹"晨夕披览"，指辛勤阅读。

⑨［疲役］疲于所役。《庄子·齐物论》："终身役役而不见其成功，苶然疲役而不知其所归，可不哀邪！"

⑩［"义不能振"句］指萧绎当金陵被围时，在江陵拥兵自重，既不举义以救君父，也不乘机攻魏兵。

⑪［六博］又作"六簙(bó)"，古代一种掷采下棋的游戏。《楚辞·招魂》："菎(kūn)蔽象棋，有六簙些。分曹并行，遒相迫些。成枭而牟，呼五白些。"王逸注："投六箸，行六棋，故为六簙也。言宴乐既毕，乃设六簙，以菎蔽为箸，象牙为棋，丽而且好也。"

⑫［投琼］掷骰子。《史记·范雎蔡泽列传》："君独不观夫博者乎？或欲大投，或欲分功，此皆君之所明知也。"裴骃集解："投，投

琼也。”

⑬［耽（dān）酒］犹嗜酒。

⑭［渔色］猎取女色。《礼记·坊记》：“诸侯不下渔色。”孔颖达疏：“渔色，谓渔人取鱼，中网者皆取之，譬如取美色，中意者皆取之，若渔人求鱼，故云渔色。”

⑮［圣贤之训典］指先王、圣贤典制之书。后泛指奉为典则之书籍。《左传·文公六年》：“告之训典，教之防利。”杜预注：“训典，先王之书。”

⑯［锢］禁锢，束缚。

⑰［寻行数墨］谓读书专注于辞句。

⑱［纤曲］纤微迂曲。

⑲［大义］正道，大理。《易·家人》：“《彖》曰：女正位乎内，男正位乎外。男女正，天地之大义也。”

⑳［影迹］踪影，痕迹，指表象。

㉑［微言］精深微妙的言辞。《逸周书·大戒》：“微言入心，夙喻动众。”

㉒［大惑］极度的迷惑糊涂。《韩非子·扬权》：“凡治之极，下不能得。周合刑名，民乃守职，去此更求，是谓大惑。”

㉓［百家小道］谓诸子百家之异端杂说。

㉔［取青妃白］以青配白，比喻讲求对仗之诗文。

㉕［雕虫］比喻从事不足道的小技艺，常指写作诗文辞赋。刘勰《文心雕龙·诠赋》：“虽读千赋，愈惑体要。遂使繁华损枝，膏腴害骨，无贵风轨，莫益劝戒。此扬子所以追悔于雕虫，贻诮于雾縠者也。”

㉖［为良知之说者］指王阳明之心学。

㉗［太子弘］李弘（652—675），唐高宗李治第五子，武则天长子。薨于太子位，追封为孝敬皇帝。此句指李弘少从郭瑜习《春秋左氏传》，读楚子商臣弑臣事，不忍卒读，改习《礼记》。事见《旧唐书》本传。

㉘［穆姜］齐女，鲁宣公夫人，成公之母。淫于鲁国大夫叔孙侨

如，欲逐权臣孟孙、季孙。事败，侨如奔齐。成公薨，襄公立，九年，穆姜薨于东宫。入住东宫前，曾经占筮，太史根据爻词，说穆姜会很快出去。穆姜却认为唯有具备元亨利贞四德的人得到此占才能没有咎殃。自己作恶无德，一定不能活着离开东宫。此即王夫之所谓的“自反而知愧”。事见《左传·襄公九年》。

㉙［自反］反躬自问，自我反省。《礼记·学记》：“知不足，然后能自反也；知困，然后能自强也。”

㉚［吾十有五而志于学］见《论语·为政》。

㉛［淫曼］汗漫不收的小聪明。淫曼，淫放靡曼。小惠，小慧，小聪明。

㉜［蚀］侵蚀。

㉝［荒］荒废。

【评析】

读书有什么意义？王夫之在《读通鉴论》中针对梁元帝萧绎焚书一事提出了这个问题。梁元帝沉溺于读书作文，在江陵城破，梁朝即将灭亡时，萧绎不深刻反省梁亡的原因，却将其归罪于读书。自己持“读书无用论”也就罢了，居然丧心病狂地焚毁书籍，一手造成中国文献史上的巨劫，实在是既可怜又可笑更加可恨。王夫之有鉴于此，对梁元帝的谬说进行了有力的驳斥，提出“读书将以何为哉”这一根本问题。发人深省。

对于元帝“读书万卷，犹有今日”的话，王夫之并未简单谴责，而是从读书的意义入手，进行辨惑，可谓发人所未发。他指出元帝的自取灭亡，与读书的确有关：一是读书目的有误，元帝之读书，只是舍本逐末的词章之学，是为不智；二是读书时机不当。当“君父（梁武帝）悬命于逆贼，宗社垂丝于割裂”的危急关头，仍然沉迷书籍，是为不仁。不智不仁，读书也就同沉溺赌博与酒色没有什么区别了。

关于读书还有一种典型的观点：一人如果读圣贤先儒之书，就不会出什么大问题，最起码可以做君子。宋代理学家朱熹即认为可以“半日读书，半日静坐”。王夫之认为读书若仅仅限于疏通文义，流于表面，是不能成为君子的。必须善于体会书中的微言大义，并以此来自我修养、治理国家。这才是读书的要义。

为此，王夫之特别强调立志。先立志而后读书治学。反之，如果为学习而学习，则学无专主，汗漫无归，小则浪费时间，大则腐蚀心志，有害无益。王夫之此论，不但针对程朱理学末流迂阔刻板以及心学末流汗漫无稽之失，也是有惩于明朝灭亡的惨痛教训。其中所反映出的深沉史识与悯世情怀，更值得深思。

【理性思考】

1. 梁元帝为什么要焚书？
2. 针对梁元帝的焚书之举，王夫之作了怎样的批评？
3. 搜集资料，了解历史上中国古代典籍的几次厄难。

【延伸阅读】

1. 萧衍《金楼子自序》，许逸民校笺《金楼子校笺》，中华书局 2001 年版。

2. 马端临《经籍考总叙》，《文献通考》卷一百七十四，中华书局 1986 年版。

3. [英]弗朗西斯·培根《论读书》，《培根随笔》，上海译文出版社 2010 年版。

黄生借书说[①]

袁　枚

黄生允修借书。随园主人[②]授以书，而告之曰：

书非借不能读也。子不闻藏书者乎？七略[③]、四库[④]，天子之书，然天子读书者有几？汗牛塞屋[5]，富贵家之书，然富贵人读书者有几？其他祖父积，子孙弃者无论焉。非独书为然，天下物皆然。非夫人之物而强假[6]焉，必虑人逼取，而惴惴[7]焉摩玩[8]之不已，曰："今日存，明日去，吾不得而见之矣。"若业[9]为吾所有，必高束[10]焉，庋藏[11]焉，曰"姑俟异日观"云尔。

余幼好书，家贫难致。有张氏藏书甚富。往借，不与，归而形诸梦。其切如是。故有所览辄省记[12]。通籍[13]后，俸去书来，落落[14]大满，素蟫[15]灰丝[16]时蒙卷轴。然后叹借者之用心专，而少时之岁月为可惜[17]也！

今黄生贫类予，其借书亦类予。惟予之公书[18]与张氏之吝书[19]若不相类。然则予固不幸而遇张乎，生固幸而遇予乎？知幸与不幸，则其读书也必专，而其归书也必速。

为一说，使与书俱。

【注释】

① 选自《小仓山房文集》卷二十二(《小仓山房诗文集》，上海古籍出版社1988年版)。袁枚(1716—1797)，字子才，号简斋，晚号仓山居士、随园老人。钱塘(今浙江杭州市)人。乾隆四年(1739)进士，历任溧水、江宁等县知县，四十岁告归，隐随园。诗主性灵，与赵翼、蒋士铨并称。著有《小仓山房诗集》《小仓山房文集》《随园诗话》。

②［随园主人］指袁枚。

③［七略］汉刘歆等撰。分《辑略》《六艺略》《诸子略》《诗赋略》《兵书略》《术数略》《方技略》。《汉书·艺文志》即据《七略》为蓝本。原书已佚，清马国翰、洪颐煊等均有辑本。亦用以泛指各类著作。

④［四库］古代宫廷藏书之所。《新唐书·艺文志》："两都各聚书四部，以甲、乙、丙、丁为次，列经、史、子、集四库。"

⑤［汗牛塞屋］指书籍很多。运输时牛也出汗，存放时塞满房屋。

⑥［假］借。《左传·成公二年》："唯器与名不可以假人。"

⑦［惴惴］忧惧戒慎貌。《诗·小雅·小宛》:“惴惴小心，如临于谷。”

⑧［摩玩］谓观摩玩赏。宋李清照《〈金石录〉后序》:“每获一书，即同共勘校，整集签题。得书画、彝鼎，亦摩玩舒卷，指摘疵病，夜尽一烛为率。”

⑨［业］已经。

⑩［高束］高高收束。

⑪［庋藏］放置、收藏。

⑫［省记］记忆。

⑬［通籍］朝中有名籍，谓入仕。

⑭［落落］状多貌。

⑮［素蟫］白色书鱼，又称衣鱼。蛀蚀书籍衣服。体小，有银白色细鳞，尾分二歧，形稍如鱼，故名。

⑯［灰丝］灰色蛛丝。

⑰［可惜］应予爱惜。颜之推《颜氏家训·勉学》:“光阴可惜，譬诸逝水。”

⑱［公书］公开藏书。

⑲［吝书］吝惜藏书。

【评析】

这是一篇关于读书的短文。袁枚借书给他的门人黄允修，阐发“书非借不能读”、“读书也必专”的道理。谆谆善诱，娓娓道来，体现了随园师弟之间真挚的感情。文中“书非借不能读”一说久已脍炙人口，在知识爆炸借书购书均极为便利的今天，更值得深思。

古人读书是一件奢侈的事。远古时代且不论，春秋战国至汉代，书籍多以简牍形式存在，读书不仅凭智力，也要靠体力。因为写在简牍上的书籍是十分沉重的。孔子学《易》“韦编三绝”，着实不易。后来尽管有了帛书、纸书，但在印刷术未发明以前，书籍的传播全要靠手抄。有了印刷术以后，对于寒士而言，购书仍然不易，所以要借书而读。因为书籍难得，故借得一书，必须在限定的时间内读完，所以专心致志，手钞口诵，读书的效果一定很好。

反之，在书籍很容易获取的当下，书籍本身的神圣性被“去魅”，成为普通的商品。人们对于知识的渴求也日益淡化。兼之新的阅读方式兴起，知识的碎片化趋势加强。所以，我们更要提倡“读书也必专”的学习态度。

【理性思考】

1. 读书如何平衡精读与泛读的关系？
2. 如何看待读书和购书、藏书的关系？
3. 在互联网大数据时代，怎样才能有效地读书？

【延伸阅读】

1. 韩愈《答李翱书》，《韩昌黎文集校注》卷十六，上海古籍出版社1986年版。

2. 朱熹《读书法》，黎靖德编《朱子语类》卷十，中华书局1988年版。

3. 余嘉锡《目录学发微》，巴蜀书社1991年版。

五、自　然

（主持人：张伯伟　童　岭）

（一）导言

在中国文化精神中，人与自然的关系是融洽和谐的。就初民的生活而言，由于生产力的极端低下，人对于自然或是恐惧，或是崇拜，或是由此而反生出征服之心。但自周朝初年开始，由于人文精神对宗教精神的渗透和改变，天以及象征着天的意志和权威的山岳河川，就逐步开始在人们的意识中从与人的对立转移到与人的亲和合一。作为中国文化精神的重要支柱，儒家、道家乃至佛家（融入中国文化中的外来文化）思想中，都透露出对自然的热爱和欣赏。《论语·雍也篇》中记载了孔子的话："智者乐水，仁者乐山。"《庄子·知北游》中也说："山林与？皋壤与？使我欣欣然而乐与？乐未毕也，哀又继之。"六朝时佛学大兴，佛教徒也同样是自然山水的爱好者。但儒、道、释三家对自然山水的态度也有其不同处，尽管他们都热爱和欣赏自然，但从哪一个角度、哪一种意义上去热爱和欣赏，还是有所区别的。

儒家认为，自然之所以能够为人们欣赏，并不仅在于自然本身的美，而主要是山水所蕴含的精神符合于人的某种美德。所谓"智者乐水，仁者乐山"，也是因为山水能够"明智仁之性"（皇侃《论语集解义疏》卷三）。这在孔子语中就用"比德"二字加以概括。比如子贡问道："君子见大水必观焉，何也？"孔子回答道："夫水者，君子比德焉。"（《说苑·

杂言》)又比如子张问道:"仁者何乐于山也?"孔子就特别强调了山的"无私"(《尚书大传·略说》)如果说,观水、乐山是一种美感享受的话,在儒家看来,这种美感主要得之于观水乐山时的联想,也就是体会到"君子比德"的特征。所以刘宝楠说:"仁者愿比德于山,故乐山也。"(《论语正义》卷七)《荀子·法行篇》还记载了孔子的话:"夫玉者,君子比德焉。"儒家对自然美的欣赏,其重心就偏重在道德方面。孔子说:"岁寒,然后知松柏之后凋也。"(《论语·子罕篇》)后代一些文人借用自然物来寄托自己的高贵品德,如屈原《橘颂》,刘桢《赠从弟》("亭亭山上松"),以及陶渊明之爱菊,周敦颐之爱莲,都是与儒家自然观的影响分不开的。总之,儒家的自然观,是以道德精神为主的人与自然的合一。

在中国思想传统中,道家对自然尤为倾心。《老子》一书中虽然没有提到作为"自然景物"的自然,但是他所追求向往的返璞归真的境界,则已透露出人世间须向自然界接近的要求。而在《庄子》一书中,重视自然的思想比《老子》来得更为明显,其笔下的有道之士也大多与山林有关:尧"往见四子藐姑射之山"(《逍遥游》);"黄帝将见大隗乎具茨之山"(《徐无鬼》);"广成子在于崆峒之山"(《在宥》);孤竹"北至于首阳之山"(《让王》);而作为庄子理想人格化身的"神人",也只有居于"藐姑射之山"(《逍遥游》)。道家反对人文社会的一切礼俗,对于文明社会给人心带来的桎梏深感悲哀,便只有寄情于"广莫之野"(《逍遥游》)。庄子以自己化作蝴蝶来揭示"物化"之境(《齐物论》),与惠子"游于濠梁之上"而感知"鱼之乐"(《秋水》),都说明了他是通过与自然的融合来体验其"道"、实践其"道"的。这就决定了作为自自然然意义上的"自然"向自然景物意义上的"自然"的转变。"道"作为道家学说中的最高概念,其意义可以作为形而上的宇宙论向上推演,也可以落实为人性论在现实人生中加以体验,后者在《庄子》一书中就被称作"体道"(《知北游》),或曰"体纯素"(《刻意》),"纯素"也正是"道"的性格的呈现。在庄子认为,其"道"是"无所不在"的(《知北游》)。随着魏晋玄学的兴起,这个"无所不在"的"道"便集中到自然山水上来。既然自然是"道"的化身,那么，对于自然也就应该采取与之合一的态度。宗炳《画山水叙》云："山水以形媚道，而仁者乐。"（《历代名画记》卷六引）所谓"以形媚道"，就是指山水以其形质之美使"道"显得更为妩媚，从而使山水能成为贤者"澄怀味像"的对象。孙绰《庾亮碑》写道："方寸湛然，固以玄对山水。"山水与玄学是二位一体的。孙绰又说："神情都不关山水，而能作文？"（《世说新语·赏誉篇》）在庄学精神的启示下，随着魏晋玄学的兴起，使人们一变而认识自然之美；由于自然中蕴含了玄道之趣，使人们再变而追寻自然之美；又由于山水与玄道的二位一体，使人们三变而以文学绘画摹写自然之美。总之，道家的自然观，是以审美精神为主的人与自然的合一。

佛教是一种宗教，它强调通过沉思冥想使精神集中，从而达到禅定的境界。这种冥想，从释迦牟尼开始，最典型的地方就是河畔树下，这也就与自然结下不解之缘。《经集》（Suttanipāta）是佛陀言说的结集，是印度佛教研究者公认的最早的资料，我们就能够在其中读到佛陀这样的训示："对于此中消息，最好是通过在深沼中与在浅沟中的水来了解了。""贤惠的人，一心一意追寻精神的安定；他在森林中漫步，在树丛下冥想，感到很大的满足。"之后的《长老偈》（Thera-gāthā）中也有这样的诗句："在这个草丛中，开着灿烂的鲜花；我坐在河边，心情开朗地冥想。人所得到的快乐，没有再大的了。"在汉译佛教典籍中，我们也能了解到佛教对自然的一些看法。如《经律异相》卷三载："佛告沙门：观彼巨海，有八种德。"但这不同于儒家的"比德"观念，而是借以突出佛法之广大，比如"其广即汪洋无涯，其深则有不测之底。稍入稍深，无前所碍，斯一德也"等。所以，佛教对于自然的态度可以概括如下：其一，佛教的冥想，是要在自然中体验到一种宗教的快乐；其二，佛教对于自然，不是采取与之合一的态度，而是观想静察；其三，佛教对于自然所体现的"德"，不作伦理道德方面的发挥，而只是以之隐喻佛法的广大无边。这种自然观，姑且可以称为以宗教精神为主的人对自然的观照。但佛教在进入中国之后，不能不与中国固有的思想传统发生交流并受到影响，尤其是受到道家思想的影响。

欧洲人对于自然美的发现，主要是通过旅行，从而成为自然美的感受者（参见雅各·布克哈特《义大利文艺复兴时代的文化》第四卷第三章“发现自然景致之美”，花亦芬译注本）。中国山水文学的产生，当然也离不开旅行，所以《文选》收录的早期山水文学也大多归入“纪行”、“游览”、“行旅”一类。但更为主要的，则是得自于思想的启示。

自然山水进入文学，经过了一个由附庸而蔚为大国的过程。在《诗经》和《楚辞》中，当然不乏山川树木、花草虫鱼的描写，但这些景物都是作为诗人表露感情的纽带和象征，即与“六义”中的“比兴”有关。在人与自然的关系中，人是主体，自然是旁衬。汉赋中有不少“模山范水”（《文心雕龙·物色》）的段落，但其内容则不外乎“陈其形势产品”或“喻诸心性德行”（钱锺书《管锥编》语）。这些都与儒家自然观的“比德”说有关。可是到了晋、宋之间，随着道家自然观的影响，人们在文学和绘画作品中越来越多地以自然作为吟咏或描绘的对象，而山水之所以可爱，也是因为其中蕴含了“道”。自然在文学中的表现，可以分为以陶渊明作代表的田园作品，和以谢灵运为代表的山水作品。陶渊明的诗文所展示的，是一个不甘束缚的自由的灵魂，如何从“举世少复真”的黑暗、虚伪的官场中挣脱出来，走上归隐之路，从而发出“复得返自然”的愉悦。宗炳强调画山水是因为“山水以形媚道”，谢灵运山水诗中也常常使用“媚”字，如“白云抱幽石，绿篠媚清涟。”（《过始宁墅》）“江山共开旷，云日相映媚。”（《初往新安至桐庐口》）“乱流趋正绝，孤屿媚中川。”（《登江中孤屿》）这些“媚”字均作亲近解，用以引发从自然景物中悟得的“道”“理”。对这些作者来说，自然既是传达思悟的意象来源，也是主观沉思或妙悟的对象，它是“道”的体现。陶渊明的田园诗，贵在从对南山的凝望中悟到“此中有真意”；谢灵运的山水诗，贵在游览景物时发出“蕴真谁为传”的询问。而到了谢朓，这种对“道”的思悟，就逐渐被人生哀乐和哲理的咏叹所取代；而在王维的笔下，陶、谢作品中的夕阳、飞鸟、洲渚、流水所蕴含的的玄学“真意”，也被空山、幽涧中透露出的禅学领悟替代了。

与诗画同步，文章中的自然山水描写，也是在晋、宋年间开始兴盛的。正如支道林的创作对山水诗有“开其先”的作用，僧人的文章也同样具有先导意义。庐山诸道人的《游石门诗序》，记载了隆安四年(400)仲春，以释法师为首的三十多名僧人游览庐山石门的情景与感受。文章说，此行的目的是“咏山水”，而在自然的变幻之中，作者也发现了“开阖之际，状有灵焉”，并且在结尾写道：“乃悟幽人之玄览，达恒物之大情，其为神趣，岂山水而已哉？”也是从山水景物的吟咏中，领会到其中的“神趣”。尽管其内容是佛教的，但方式却是道家的。慧远的《庐山记》和《游山记》也具有类似的特征。至于谢灵运，作为“总山水、老庄之大成”(沈曾植《与金潜庐太守论诗书》)者，不仅体现在诗，同时也见于各体文章。他的《山居赋》及自注，分别以韵文和散文描摹自然，同时也特别提醒读者，要从“艳辞”中寻其“深意”，才能“去饰取素，傥值其心”。尤其是其自注，更是以散文的笔调写出自然之美，影响了唐代柳宗元的山水游记。他的《游名山志》也是后来地记、游记的先声。而《佛影铭》更是将山水描写带入“铭”体。而陶渊明的《归去来兮辞》，以回归田园为主旨，引起了后人的反覆追和模拟，欧阳修甚至认为这是两晋朝唯一值得称道的文章。江淹模拟众体，代表陶渊明的就是“田家”。只要说到田园，人们立刻就会联想到陶渊明。自此之后，田园山水文也兴盛起来。有的见于书信，有的见于序文，唐宋时代的亭台阁记，也往往有之。陶弘景《答谢中书书》说：“自康乐(谢灵运)以来，未复有能与其奇者。”元好问《论诗三十首》云：“谢客风容映古今，发源谁似柳州深(自注：柳子厚，宋之谢灵运)。”这样来看，陶、谢不仅是对以往自然思想和文学传统的集大成者，也是后世田园山水文学的鼻祖。

这里选录了一些描写自然的佳作，从文体来看，有赋有序，有书有记；从时代来看，始于东汉，终于清代。一些人所熟知的佳作，并未选录其中。读者举一反三，自可不受其限制。

（二）选文

归　田　赋[①]

张　衡

游都邑[②]以永久，无明略以佐时[③]。徒临川以羡鱼[④]，俟河清乎未期[⑤]。感蔡子之慷慨，从唐生以决疑[⑥]。谅天道之微昧[⑦]，追渔父[⑧]以同嬉。超埃尘以遐逝[⑨]，与世事乎长辞。于是仲春令月[⑩]，时和气清，原隰[⑪]郁茂，百草滋荣。王雎[⑫]鼓翼，鸧鹒[⑬]哀鸣，交颈颉颃[⑭]，关关嘤嘤[⑮]。于焉逍遥，聊以娱情。尔乃龙吟方泽，虎啸山丘[⑯]，仰飞纤缴[⑰]，俯钓长流。触矢而毙，贪饵吞钩[⑱]。落云间之逸禽，悬渊沉之魦鰡[⑲]。于时曜灵俄景[⑳]，系以望舒[㉑]，极般游[㉒]之至乐，虽日夕而忘劬[㉓]。感老氏[㉔]之遗戒，将回驾乎蓬庐[㉕]。弹五弦之妙指[㉖]，咏周孔[㉗]之图书。挥翰墨以奋藻[㉘]，陈三皇之轨模[㉙]。苟纵心于物外[㉚]，安知荣辱之所如[㉛]。

【注释】

① 选自萧统编、李善注《文选》（中华书局 1977 年影印胡刻本），注释部分参考了五臣注及张震泽《张衡诗文集校注》（上海古籍出版社 1986 年版）。张衡（78—139），字平子，东汉时南阳人。少时曾游京师、观太学，回乡为南阳主簿，后应征入京，历任郎中、太史令等官，加侍中，末年出为河间相。史载张衡学通五经，长于史学、天文、历算，诗赋创作亦高于当世。

② ［都邑］都城，指洛阳。

③ ［明略以佐时］明略，高明的策略。佐时，辅佐时政。

④ ［临川以羡鱼］《淮南子·说林篇》："临河而羡鱼，不如归家织网。"羡，愿。

⑤ ［俟河清乎未期］俟，等待。河清，喻明时。古人以黄河水清为

圣人出世、政治升平的征兆。未期,不可预期。

⑥［“感蔡子”句］蔡子,蔡泽,战国时燕国辩士,后为秦相。唐生,唐举,魏国相士。蔡泽周游列国,不得重用,请唐举为之看相,预测其命运,其后果然应验。慷慨,李善注引《说文》:“慷慨,壮士不得志于心也。”

⑦［谅天道之微昧］谅,信。微昧,幽隐。司马迁《悲士不遇赋》:“天道悠昧。”

⑧［渔父］《楚辞》中记载的隐士,曾劝屈原与世浮沉,自得其乐。

⑨［埃尘以遐逝］比喻世务纷浊。遐逝,即远行、远游。

⑩［令月］佳月,吉月。《仪礼·士冠礼》:“令月吉日。”郑玄注:“令,善也。”

⑪［原隰(xí)］广平之地为原,低湿之地为隰,亦合称以泛指原野。

⑫［王雎］《尔雅·释鸟》:“雎鸠,王雎。”郭璞注云:“雕类,今江东呼之为鹗,好在江中渚旁。”即鱼鹰。

⑬［鸧鹒］仓庚,《尔雅·释鸟》:“仓庚,黧黄也。”即黄鹂。

⑭［颉颃］上下飞翔。

⑮［关关嘤嘤］皆拟声词,形容鸟鸣。

⑯［龙吟方泽,虎啸山丘］指自己在田园吟啸,如龙之在泽,虎之在山。《淮南子·天文篇》:“虎啸而谷风至,龙举而景云属。”方泽,大泽。

⑰［仰飞纤缴(zhuó)］指用弓矢射鸟。缴,生丝绳,古人将其系在箭矢末端以射飞禽。

⑱［触矢而毙,贪饵吞钩］鸟不高飞则中箭,鱼若贪食必上钩,此处含有自警的意味。

⑲［渊沉之魦鰡］渊沉,犹深沉,指极深。魦鰡(shā liú),魦,又作“鲨”,《尔雅·释鱼》:“鲨,鮀。”郭璞注云:“今吹沙小鱼,体员(圆)而有文点。”鰡亦为魦之一种。

⑳［曜灵俄景］曜灵,即太阳。俄,斜。景,同“影”。曜灵俄景指太阳西沉,日影转斜。

㉑［望舒］古人以为月之御者,又用以指代月亮。

㉒［般(pán)游］游乐。

㉓［劬(qú)］辛劳。

㉔［老氏］即老子，有《老子》五千言，中有“驰骋畋猎，令人心发狂”之句，可引以为戒。

㉕［回驾乎蓬庐］回驾，返车。蓬庐，茅屋。

㉖［五弦之妙指］五弦，指五弦古琴，传说为舜制作。指，同“旨”，意旨，旨趣。

㉗［周孔］周公、孔子。

㉘［奋藻］奋扬辞藻。

㉙［三皇之轨模］三皇，传说中的三个皇帝，一般指伏羲、神农、黄帝。轨模，法则，法度。

㉚［物外］世外。

㉛［所如］所至，所往。

【评析】

赋是中国古典文学的一种特有文体，以铺陈为主，体物写志，具有强烈的修辞性。关于赋体的产生，班固认为“赋者，古诗之流也”(《两都赋序》)，刘勰认为“赋也者，受命于诗人，而拓宇于《楚辞》也”(《文心雕龙·诠赋》)，此外尚有多种说法。事实上，从不同的角度出发，一种文体的起源往往并不单一。今人研究就指出赋体有多元的文化渊源，可追溯至春秋时期“出纳王命”的“赋政”、士大夫礼仪活动中的“赋诗”、宗庙宾祭之礼的献辞等等。赋体创作在汉魏六朝极盛，而汉赋更被王国维视作“一代之文学”(《宋元戏曲史》)。从结构来看，汉赋可分为大赋与小赋，前者多写游猎、典礼、京都等题材，后者则主要是抒情言志之作。一般认为，张衡的《归田赋》宣告了抒情小赋的诞生。

张衡身历和、殇、安、顺四朝，正是外戚、宦官专权，东汉由盛转衰的时期。面对这样的政治现实，张衡主动上疏，建议约束宦官权力，又在皇帝左右时时有所讽议，因而为宦官所忌，其内心深处亦有出处进退的交互与矛盾。《归田赋》明确表达了张衡的退隐意愿，当是晚年所作。《后汉书·张衡传》载其为河间相，“视事三年，上书乞骸骨，征拜尚书”，本篇大约作于此时。一年后，张衡即逝世。（参考孙文青《张衡年谱》，商务印书馆 1956 年版；许结《张衡评传》，南京大学出版社 1999 年版。）

张衡的《归田赋》想象和描绘了一种远离俗世的田园生活，不仅可以在生机盎然、明净清新的自然风光中尽情游赏，又可随性所至，挥弦奋笔，读书自娱，忘乎荣辱，实在令人心驰神往。开篇作者云“无明略以佐时”、“俟河清乎未期”，显然表达了一个身心俱疲的士大夫，面对政治现实的不满与忧虑，而后这种情绪似乎都在作者描绘的理想生活中消解，读者感受到的，乃是一种清新恬淡的生活与从容自适的心态。这样一篇短小的赋作浓缩了抒情主体的多种情愫，又真切自然、清新隽永，显示了极高的艺术水平。

从文学史的角度来看，《归田赋》不仅启发了后世作家对田园题材的书写，也在体裁上为六朝抒情小赋的勃兴导夫先路，在文学史上亦具有重要地位。

【理性思考】

1. 《归田赋》可分为几个层次？表达了张衡怎样的心志？

2. 《后汉书·张衡传》载其《应间》《思玄赋》两篇文章，试比较它们与本文主旨之异同，体会政治艰难时代儒家士大夫的心态。

【延伸阅读】

1. 范晔撰，李贤注《后汉书》卷五十九《张衡传》，中华书局 1965 年版。

2. 张衡《四愁诗》《髑髅赋》，张震泽校注《张衡诗文集校注》，上海古籍出版社 1986 年版。

3. 许结《张衡评传》，南京大学出版社 1999 年版。

登大雷岸与妹书[①]

鲍　照

吾自发寒雨，全行日少[②]，加秋潦浩汗[③]，山溪猥[④]至，渡泝[⑤]无边，险径游历[⑥]。栈石星饭[⑦]，结荷水宿[⑧]，旅客贫辛，波路壮阔，始以今日食时[⑨]，仅及大雷[⑩]。涂登千里，日逾十晨[⑪]。严霜惨节[⑫]，悲风断肌。去[⑬]亲为客，如何如何！

向[⑭]因涉顿[⑮]，凭观川陆，遨神清渚[⑯]，流睇方曛[⑰]。东顾五洲[⑱]之隔，西眺九派[⑲]之分；窥地门[⑳]之绝景，望天际之孤云。长图大念[㉑]，隐[㉒]心者久矣。

南则积山万状，争气负高，含霞饮景[㉓]，参差代雄，凌跨长陇[㉔]，前后相属[㉕]，带天有匝[㉖]，横地无穷[㉗]。东则砥原[㉘]远隰[㉙]，亡端靡际，寒蓬夕卷，古树云平[㉚]。旋风四起，思鸟[㉛]群归。静听无闻，极视不见。北则陂池潜演[㉜]，湖脉通连，苎蒿攸积[㉝]，菰[㉞]芦所繁。栖波之鸟，水化之虫[㉟]，智吞愚，彊捕小，号噪惊聒，纷乎其中。西则回江永指[㊱]，长波天合。滔滔何穷，漫漫安竭！创古迄今，舳舻[㊲]相接，思尽波涛，悲满潭壑[㊳]，烟归八表[㊴]，终为野尘[㊵]，而是注集[㊶]，长写不测[㊷]，修灵浩荡，知其何故哉[㊸]！

西南望庐山，又特惊异。基[㊹]压江潮，峰与辰汉[㊺]相接。上常积云霞，雕锦褥[㊻]，若华[㊼]夕曜，岩泽气通[㊽]，传明散彩，赫似绛天[㊾]。左右青霭[㊿]，表里紫霄[51]。从岭而上，气尽金光，半山以下，纯为黛色[52]。信可以神居帝郊，镇控湘、汉者也[53]。

若潈洞[54]所积，溪壑所射[55]，鼓怒[56]之所豗击[57]，涌澓之所宕涤[58]，则上穷荻浦，下至狶洲，南薄燕爪，北极雷淀[59]，削长埤[60]短，可数百里。其中腾波触天，高浪灌日，吞吐百川，写泄万壑。轻烟不流，华鼎振涾[61]。弱草朱靡，洪涟陇蹙[62]。散涣长惊，电透箭疾[63]。穹溘[64]崩聚，坻飞岭覆[65]。回沫冠山，奔涛空谷。碪石[66]为之摧碎，碕岸为之整落[67]。仰视大火[68]，俯听波声，愁魄胁息[69]，心惊慓[70]矣！至于繁化殊育，诡质怪章[71]，则有江鹅、海鸭、鱼鲛、水虎[72]之类，豚首、象鼻、芒须、针尾[73]之族，石蟹、土蚌、燕箕、雀蛤[74]之畴，折甲、曲牙、逆鳞、返舌[75]之属。掩沙涨，被草渚，浴雨排风，吹涝弄翮[76]。夕景欲沉，晓雾将合，孤雏寒啸，游鸿远吟，樵苏[77]一叹，舟子再泣。诚足悲忧，不可说也。

风吹雷飙[78]，夜戒前路[79]。下弦内外，望达所届[80]。寒暑难适，汝专[81]自慎，夙夜[82]戒护，勿我为念。恐欲知之，聊书所睹。临涂草蹙[83]，辞意不周。

【注释】

① 选自《鲍照集校注》(中华书局 2012 年版)。鲍照(约 414—466)，字明远，东海(治所在今山东郯城)人。刘宋诗人，与谢灵运、颜延之合称“元嘉三大家”。家世贫贱，官至太学博士兼中书舍人。后侍临海王子顼为前军行参军、前军刑狱参军，世称“鲍参军”。王树反帜，兵败身死，鲍照为乱兵所杀。

② [全行日少] 整天赶路的日子少。

③ [秋潦浩汗] 秋潦，秋雨。浩汗，水势盛大的样子。

④ [猥] 多。《广雅疏证》:“猥至，言顿至也。”亦通。

⑤ [泝] 逆流。

⑥ [险径游历] 行经于险绝的路上。

⑦ [栈石星饭] 意为夜间在山路中进食。栈石，在山路险绝处架设的栈道。

⑧ [结荷水宿] 意为在水边住宿。结，作“倚靠”解。以上两句极言旅途之艰辛。

⑨ [食时] 吃晚饭的时候。《左传 · 昭公五年》:“日之数十。”孔颖达疏:“晡谓食也，晡时谓日西食时也。”

⑩ [大雷] 地名，在今安徽望江县。

⑪ [涂登千里，日逾十晨] 行进路程已有千里，所用时间超过十天。

⑫ [惨节] 惨，疼痛。节，关节。

⑬［去］离开。

⑭［向］前些时候。

⑮［涉顿］涉指渡水，顿指登高，此处泛指行旅。

⑯［遨神清渚］神游于清流中的小洲。

⑰［流睇方曛］纵目欣赏刚刚降临的黄昏景色。流睇，目光流转。曛，日落时的余光。

⑱［五洲］五湖。一说指大雷一带的江中沙洲。

⑲［九派］长江流至浔阳分为九股支流。郭璞《江赋》："流九派乎浔阳。"

⑳［地门］与下文"天际"对，泛指地势险要。

㉑［长图大念］犹言宏图壮志。

㉒［隐］忖度。崔子玉《座右铭》："隐心而后动。"

㉓［含霞饮景］映衬着云霞。饮景，吸引着阳光。景，太阳。

㉔［长陇］长长的陇坡。

㉕［相属］相连。

㉖［带天有匝］环绕天际，可为一周。

㉗［横地无穷］横亘大地，无穷无尽。

㉘［砥原］如磨刀石一样的平原。

㉙［远隰］广阔的低洼地。

㉚［古树云平］古树与云齐平。

㉛［思鸟］思巢之鸟。

㉜［潜演］伏流之水。

㉝［苎蒿攸积］苎麻青蒿积聚丛生。

㉞［菰(gū)］俗称"茭白"。

㉟［水化之虫］指鱼类。

㊱［回江永指］意为曲折的江水奔流向前，永不停歇。王褒《洞箫赋》："回江流川。"李善注："回江，谓江回曲也。"指，向前之意。

㊲［舳(zhú)舻(lú)］犹言船。舳，船尾持舵处。舻，船头刺棹处。

㊳［思尽波涛，悲满潭壑］钱锺书《管锥编》："然波涛无极，言'尽'而实谓'思'亦不尽，言'满'则却谓'悲'竟能'满'。二语貌同心异。"

㊴［八表］八方之外，极指其远。

㊵［野尘］即《庄子·逍遥游》中"野马也，尘埃也，生物之以息相吹也"之意，指浮气与尘埃。

㊶［注集］指江水灌注汇集。

㊷［长写不测］长流而变化莫测。写，通"泻"。

㊸［修灵浩荡，知其何故哉］水势浩浩荡荡，究竟是怎么回事呢？修灵，修远之灵，水神，代指河流。

㊹［基］山脚。

㊺［辰汉］星汉，指银河。

㊻［缛］繁密的彩饰。

㊼［若华］若木之华，指晚霞。若木，传说中为日落之处。

㊽［岩泽气通］意为山川之间雾气连成一片。

㊾［传明散彩，赫似绛天］传播散布光亮色彩，火红得像是绛红色的天空。赫，火红。绛天，绛红的天。班固《燕然山铭》："朱旗绛天。"

㊿［青霭］青色的云气。

51［紫霄］紫红色的天空。

52［黛色］青黑色。

53［信可以神居帝郊，镇控湘、汉者也］的确是可以供神灵居住、帝王郊祀，镇守控制湘江、汉水的地方。信，的确，确实。神居帝郊，此指庐山为仙人谪居、帝王祭祀之地。

54［漴（cóng）洞］急流。

55［射］喷射。

56［鼓怒］鼓起的怒浪。木华《海赋》："于是鼓怒。"李善注："言风既疾而波鼓怒。"

57［豗（huī）击］撞击。

58［涌澓（fú）之所宕涤］涌澓，汹涌的回流。宕涤，冲刷。

㊾［上穷荻浦，下至猗洲，南薄燕爪，北极雷淀］此句极言水流所至之区域。荻浦、猗洲、燕爪、雷淀，皆洲名。

㊿［埤(pí)］增补。

61［轻烟不流，华鼎振沓］水面上凝聚着烟雾，下面波涛翻滚，像华丽的鼎中水在沸腾。振沓，振动而溢出。

62［弱草朱靡，洪涟陇蹙］大水将草茎淹没，洪波受到丘陇的蹙迫。朱，作“干”解，指草茎。靡，披靡。

63［散涣长惊，电透箭疾］流波溅散为惊涛骇浪，速度如闪电和飞箭一般迅疾。

64［穹溘(kè)］大浪。穹，大。溘，水。

65［坻飞岭覆］坻，岸。覆，倾覆。

66［碪(zhēn)石］即砧石，捣衣石，这里代指坚硬的山石。

67［倚岸为之螫(jī)落］曲岸被大浪冲成粉末。倚岸，曲岸。螫，细，碎。

68［大火］星宿名，又名商星，属心宿，于秋季当空。

69［胁息］屏住呼吸。

70［慓(piào)］急性，迅速。

71［繁化殊育，诡质怪章］指江河化育繁异的生物，它们拥有奇诡怪异的形体及外表。以下列举水中的奇怪生物。

72［江鹅、海鸭、鱼鲛、水虎］江鹅，江鸥。海鸭，文鸟，大如鹅，斑白文。鱼鲛，鲨鱼。水虎，水兽名，鳄鱼类。

73［豚首、象鼻、芒须、针尾］豚首，江豚。象鼻，鲸鱼。芒须，虾类。针尾，尾如针的水生动物。

74［燕箕、雀蛤(gé)］燕箕，传说中一种“头圆秃如燕，其身圆扁如簸箕”的鱼，又名牛尾鱼。雀蛤，《国语》：“赵简子叹曰：‘雀入海为蛤。’”

75［折甲、曲牙、逆鳞、返舌］折甲，鳖类。曲牙，指牙齿如刀锯的鱼类。逆鳞，逆鳞鱼，一说指龙。返舌，蛤蟆。《礼记》：“小暑至……反舌无声。”孔颖达疏：“今谓之虾蟆，其舌本前著口侧，而末向内，故谓之反舌。”

⑯［吹涝弄翮(hé)］指鱼鸟吐水吹浪，拍动翅膀。涝，高浪。翮，翅膀。

⑰［樵苏］打柴取草的人。

⑱［雷飙］犹言迅雷。飙，迅疾。

⑲［夜戒前路］意为夜间不宜向前赶路。戒，戒止，禁戒。

⑳［下弦内外，望达所届］意为有望在本月二十三、二十四日左右到达目的地。下弦，下弦月，农历每月二十二、二十三日前后，月上半明而下半缺，成半圆弓形。内外，前后。

㉑［专］专注，注意。

㉒［夙夜］早晚。

㉓［临涂草蹙］旅途中信写得仓猝。涂，通“途”。草蹙，仓猝。

【评析】

此信为元嘉十六年(439)鲍照赴江州充临川王刘义庆佐史途中作。大雷岸在今安徽望江县，书信的寄送对象是其妹鲍令晖。钟嵘《诗品》云：“令晖诗歌，往往崭绝清巧。”鲍照《请假启》云“天伦同气，实惟一妹”，即令晖也。

在鲍照以前，虽不乏于书信中描摹山水的作品，但大部分都是以旖旎风景作为点缀，景物在尺牍中很难得到主体性的应用，如曹丕的《与吴质书》、陆云的《答车茂安书》、朱石超的《与兄书》等等。但《登大雷岸与妹书》却将自然风光作为主要描写对象，用大量的篇幅摹景状物，以骈文俪句的体式叙述了自己在旅途中极目四望的情景，文辞挺拔奥丽，体物铺排密附，尽态极妍，我们既可以看到作者追踵汉赋的痕迹，也可以窥出他努力创格的匠心。清人吴汝纶谓此文云：“奇崛惊绝，前无此体，明远创为之。”自鲍照而后，以尺牍写山水之风渐开，如陶弘景《答谢中书书》、吴均《与朱元思书》等，然求其如矫厉神工、气象峥嵘如鲍照者，一代岂多见哉！刘师培擢此文为“游记之正宗”(《文说·耀采篇第四》,《刘申叔先生遗书》),钱锺书谓“《文选》采郭赋而弃此篇,真贻红纱蒙眼之讥”(《管锥编》),良有以也。

尚有可注意者,大雷地临江州与扬州分界之处,过大雷后始可进入江州境内。鲍照以孤寒之门地,欲有为于当世,实非易事。临川王刘义庆镇江州,召鲍随侍,江州带控荆扬,古称雄踞,战略位置极为重要。(可参田余庆《东晋门阀政治》)而刘义庆以宗室令美,屡居重任(丹阳尹、尚书左仆射、荆州刺史),颇负人望,对鲍照亦青眼有加,故而此次的赴召,对作者来说,极有可能是一次大展宏图的机会。了解此点,我们即可以明白鲍照在登大雷岸后为何感叹万千,为何极力状写山川之盛,因为大雷岸不仅是旅途的分界点,更有可能是他人生的分界点,他怀着即将进入江州、建功立业的心情,登高远望,山河尽收,果然是形胜之所,正如信中所言“长图大念,隐心者久矣”。正是在这样一种背景与心态下,文章才形成一种勃奥奇伟的风格。

【理性思考】

1. 鲍照是按照怎样的空间方位书写景物的?

2. 你能从文中读出些许悲郁之气吗?如果可以,试举出至少三点使作者悲伤的原因。

3. 本文写作时间尚有可探讨之余地,试着仔细阅读原文,寻找其中可以提示时间的线索,对照基础史料、鲍照年谱与中国历史地图,说说你的观点。

【延伸阅读】

1. 刘师培《中国中古文学史讲义》,上海古籍出版社 2000 年版。

2. 苏瑞隆《鲍照诗文研究》,中华书局 2006 年版。

3. 王闿运《到广州与妇书》,《湘绮楼诗文集》,岳麓书社 1996 年版。

北山移文[①]

孔稚珪

钟山[②]之英[③]，草堂[④]之灵。驰烟[⑤]驿路[⑥]，勒移山庭[⑦]。夫以耿介[⑧]拔俗[⑨]之标[⑩]，萧洒出尘[⑪]之想。度[⑫]白雪以方[⑬]絜[⑭]，干[⑮]青云而直上，吾方知之矣。若其亭亭[⑯]物表[⑰]，皎皎[⑱]霞外，芥[⑲]千金而不眄[⑳]，屣[㉑]万乘[㉒]其如脱，闻凤吹于洛浦[㉓]，值薪歌于延濑[㉔]，固亦有焉。岂期[㉕]终始参差[㉖]，苍黄翻覆[㉗]。泪翟子之悲，恸朱公之哭[㉘]。乍回迹以心染[㉙]，或先贞而后黩[㉚]，何其谬哉！呜呼！尚生[㉛]不存，仲氏[㉜]既往，山阿[㉝]寂寥，千载谁赏？

世有周子[㉞]，隽俗[㉟]之士，既文既博，亦玄[㊱]亦史。然而学遁东鲁[㊲]，习隐南郭[㊳]，偶吹[㊴]草堂，滥巾[㊵]北岳。诱我松桂，欺我云壑。虽假容[㊶]于江皋[㊷]，乃缨情[㊸]于好爵。其始至也，将欲排巢父[㊹]，拉许由[㊺]，傲百氏[㊻]，蔑王侯。风情张日[㊼]，霜气横秋[㊽]。或叹幽人[㊾]长往，或怨王孙[㊿]不游。谈空空[51]于释部，覈[52]玄玄于道流，务光[53]何足比，涓子[54]不能俦。

及其鸣驺[55]入谷，鹤书[56]赴陇。形驰魄散，志变神动。尔乃[57]眉轩[58]席次[59]，袂耸[60]筵上。焚芰制[61]而裂荷衣，抗尘容而走俗状[62]。风云凄其带愤，石泉咽而下怆[63]。望林峦而有失，顾草木而如丧。至其纽金章[64]，绾墨绶[65]，跨属城[66]之雄[67]，冠百里[68]之首，张英风于海甸[69]，驰妙誉于浙右[70]。道帙长殡[71]，法筵[72]久埋。敲扑[73]喧嚣犯其虑，牒诉倥偬[74]装其怀[75]。琴歌既断[76]，酒赋无续。常绸缪[77]于结课[78]，每纷纶[79]于折狱[80]，笼张赵于往图[81]，架卓鲁于前箓[82]，希踪三辅豪[83]，驰声九州牧[84]。使我高霞孤映，明月独举，青松落阴，白云谁侣？磵户摧绝[85]无与归，石径荒凉徒延伫[86]。至于还飙[87]入幕，写[88]雾出楹[89]，蕙帐[90]空兮夜鹄怨，山人去兮晓猨[91]惊。昔闻投簪[92]逸[93]海岸，今见解兰[94]缚尘缨[95]。

于是南岳献嘲，北陇腾笑[96]。列壑争讥，攒峰[97]竦诮[98]。慨游子之我欺，悲无人以赴吊[99]。故其林惭无尽，涧愧不歇，秋桂遣风，春萝罢月[100]。骋西山[101]之逸议[102]，驰东皋[103]之素谒[104]。今又促装下邑[105]，浪拽上京[106]，虽情投于魏阙[107]，或假步于山扃[108]。岂可使芳杜[109]厚颜，薜荔无耻，碧岭再辱，丹崖重滓[110]。尘游躅[111]于蕙路，汙渌池[112]以洗耳[113]？宜扃岫幌[114]，掩云关，敛轻雾，藏鸣湍。截来辕[115]于谷口，杜妄辔[116]于郊端。于是丛条[117]瞋[118]胆，叠颖[119]怒魄。或飞柯[120]以折轮，乍[121]低枝而扫迹[122]。请回俗士驾，为君[123]谢逋客[124]。

【注释】

① 选自《文选》(上海古籍出版社李善注本)。孔稚珪(447—501)，字德璋，会稽山阴(今浙江绍兴市)人，南齐文学家，官至太子詹事加散骑常侍。

② [钟山] 即题中的北山，今南京钟山，又名紫金山。

③ [英] 与下句中的“灵”都指山神。

④ [草堂] 周颙曾游蜀之草堂寺，后在钟山建寺，亦以草堂名之。

⑤ [驰烟] 飞升的烟雾。

⑥ [驿路] 驿道。

⑦ [勒移山庭] 把移文刻在山庭之上。

⑧ [耿介] 正直不阿，廉洁自持。

⑨ [拔俗] 超出凡俗。

⑩ [标] 标格，风度。

⑪ [出尘] 超出尘世。

⑫ [度] 衡量。

⑬ [方] 比。

⑭ [絜] 同“洁”。

⑮ [干] 触，接。

⑯ [亭亭] 高耸的样子。

⑰ [物表] 物外。

⑱ [皎皎] 洁白的样子。

⑲ [芥] 草芥,意动用法,以……为草芥。

⑳ [眄] 斜视。

㉑ [屣] 草鞋,意动用法,以……为草鞋。

㉒ [万乘] 一万辆兵车,周代制度以天子能出万辆兵车,故“万乘”指天子。

㉓ [闻凤吹于洛浦] 指周灵王太子晋,他好吹笙,作凤鸣,游于伊、雒(同“洛”)之间。浦,水边。这里是说听到世外仙音。

㉔ [值薪歌于延濑]《文选》吕向注:“苏门先生(孙登)游于延濑,见一人采薪,谓之曰:‘子以终此乎?’采薪人曰:‘吾闻圣人无怀,以道德为心,何怪乎而为哀也。’遂为歌二章而去。”值,遇到。此句谓隐者不关心利禄。

㉕ [期] 预料。

㉖ [参差] 不一致,矛盾。

㉗ [苍黄翻覆] 苍,深青色。指或苍或黄,翻覆不一。

㉘ [泪翟子之悲,恸朱公之哭] 杨子名朱,墨子名翟,文中以朱公和翟子指代。《淮南子·说林篇》:“杨子见歧路而哭之,为其可以南,可以北;墨子见练丝而泣之,为其可以黄,可以黑。”

㉙ [乍回迹以心染] 乍,暂时。回迹,指隐居山林。染,被世俗沾染,有出仕做官的念头。

㉚ [黩] 污浊,指同流合污。

㉛ [尚生] 西汉末隐士尚子平。

㉜ [仲氏] 指东汉人仲长统,《后汉书》本传曰:“每州郡命召,辄称疾不就。”

㉝ [山阿] 山的曲折处。

㉞ [周子] 指周颙,字彦伦,是本文所讽刺戏谑的假隐士,《南齐书》有传。

㉟ [隽俗] 卓异脱俗。

㊱ [玄] 玄学,即老庄之学。

㊲［学遁东鲁］学习春秋时高士颜阖遁于东鲁，见《庄子·让王》。

㊳［习隐南郭］学习隐几而坐的南郭子綦，见《庄子·齐物论》。

㊴［偶吹］跟许多人一起吹奏乐器，用《韩非子·内储说》里“滥竽充数”的故事。

㊵［滥巾］不适当地穿戴隐士的头巾，指周颙在北山草堂冒充隐士。

㊶［假容］假装隐士的容态。

㊷［江皋］江岸，泛指隐居之地，又钟山在长江之滨，此处或借指钟山。

㊸［缨情］俗情缠绕、萦系。

㊹［排巢父］排，推倒。巢父，尧时隐士。

㊺［拉许由］拉，摧折，这里指压倒。许由，尧时隐士。

㊻［傲百氏］傲视诸子百家。

㊼［风情张日］风情，风度神情。张，大。这句的意思是，风度神情之高遮蔽天日。

㊽［霜气横秋］比喻其志凛冽如秋霜。

㊾［幽人］指隐士。

㊿［王孙］指隐士，此句本“王孙游兮不归”(《楚辞·招隐士》)而反用其意。

51［空空］佛教谓一切皆空而又不执著于空名与空见。

52［覈］核实。

53［务光］据《列仙传》，他是夏时人也。商汤伐桀而得天下，把天子位让给他，务光不受而逃。

54［涓子］据《列仙传》，他是齐人，好饵术，隐居宕山。

55［驺］骑马驾车的随从。

56［鹤书］指征召的诏书，因为所用的字体如鹤头而得名。

57［尔乃］于是。

58［轩］扬起。

59［席次］坐间，坐席之侧。

⑥⓪［袂耸］袂，袖子。耸，高举。两句形容其欢喜得意之状。

⑥①［芰制］与“荷衣”都指隐士的服装。

⑥②［抗尘容而走俗状］抗，举。走，奔赴。此句谓带着卑鄙的神态，奔向世俗。

⑥③［下怆］生出悲伤。

⑥④［钮金章］钮，佩带。金章，铜印。

⑥⑤［绾墨绶］绾，系。墨绶，黑色印带。

⑥⑥［跨属城］跨，占据。属城，指一郡所属的各县。

⑥⑦［雄］长，这里指最大的县。

⑥⑧［百里］汉制一县大约百里，此处代指县。

⑥⑨［海甸］海边。

⑦⓪［浙右］浙江西部。

⑦①［道帙长殡］道帙，指道家典籍。殡，通“摈”，摈弃。

⑦②［法筵］讲经说法的讲席。

⑦③［敲扑］鞭打的刑具，这里指鞭打犯人。

⑦④［牒诉倥偬］牒诉，文书和诉讼。倥偬，事务迫切纷繁。

⑦⑤［装其怀］装，裹束。怀，怀抱。

⑦⑥［琴歌既断］此两句指隐士的风雅之事不复进行。

⑦⑦［绸缪］纠缠。

⑦⑧［结课］总结考核。

⑦⑨［纷纶］杂乱、众多的样子，引申为忙碌。

⑧⓪［折狱］折，判定。狱，案子。

⑧①［笼张赵于往图］笼，盖过，张、赵，指西汉京兆尹张敞和赵广汉，两人均为有名的能吏。往图，历史上的政绩。

⑧②［架卓鲁于前箓］架，凌驾，超过。卓、鲁，指东汉循吏卓茂和鲁恭，箓，簿录。

⑧③［希踪三辅豪］希踪，希望追踪。三辅，汉代称京兆尹、左冯翊、右扶风为三辅。三辅豪，指三辅中杰出的官吏。

㉄ [驰声九州牧] 在天下的地方官中声名远扬。

㉅ [礀户摧绝] 礀,通“涧”,两山之间的流水。摧绝,破坏。

㉆ [延伫] 延,长久。伫,久立。

㉇ [还飙] 旋风。

㉈ [写] 同“泻”。

㉉ [楹] 厅堂的前柱。

㊉ [蕙帐] 蕙,香草名。蕙帐,指隐士的帷帐。

91 [猨] 同“猿”。

92 [投簪] 指弃官而隐居。

93 [逸] 隐遁。

94 [解兰] 兰,指兰做的佩饰,指隐士所服。解兰指放弃隐居。

95 [缚尘缨] 为尘俗的冠缨所束缚,指入仕做官。

96 [腾笑] 哄笑。

97 [攒峰] 聚集在一起的山峰。攒,聚。

98 [竦诮] 竦,企立,引领举足。诮,讥笑。

99 [吊] 慰问。

100 [“秋桂遣风”句] 桂萝因惭愧把风月打发回去了。

101 [西山] 指首阳山,伯夷、叔齐隐居之地。

102 [逸议] 隐士的言论。

103 [东皋] 阮籍《诣蒋公奏记》:“方将耕于东皋之阳,输黍稷之税,以避当涂者之路。”泛指隐士所在地。

104 [素谒] 素士的言论。谒,告,这里也指议论。

105 [促装下邑] 促装,急治行装。下邑,指相对于京师的县。

106 [浪拽上京] 浪拽,鼓楫,荡桨。上京,相对于县,京师称上京。

107 [魏阙] 古代官门外两边高耸的楼观,借指朝廷。

108 [山扃] 山门,指北山。

109 [芳杜] 杜若,香草名。

110 [滓] 污染,玷污。

⑪[尘游躅] 尘,用作动词,污染。躅,足迹。游躅,隐士的足迹。

⑫[渌池] 清水池。

⑬[洗耳] 尧聘许由为九州长,由认为受了污染,洗耳于河。巢父在河水中饮牛,认为水被许由污染,牵牛至上流。

⑭[扃岫幌] 扃,关闭。岫,山穴。幌,帷幕。

⑮[截来辕] 截,阻拦。辕,车前架牲口用的直木,借指车。

⑯[杜妄辔] 杜,堵塞。妄辔,指擅自来的车马,即周颙的车马。

⑰[丛条] 聚在一起的树枝。

⑱[瞋] 怒。

⑲[颖] 谷穗。

⑳[柯] 树枝。

㉑[乍] 忽然。

㉒[扫迹] 扫去其足迹。

㉓[君] 指北山山神。

㉔[逋客] 逃客,指周颙。

【评析】

按照《文选》五臣注中吕向的说法,周颙隐居建康城北的钟山,后应诏为海盐县令,欲再经此山。孔稚珪假托钟山神灵的口气,写下《北山移文》,不许周颙再至。但后人考察《南齐书·周颙传》,其人未尝为海盐县令,且一生仕宦不绝,没有隐居而复出之事,草堂是他在建康任职时供假日休憩的场所,并非隐居之地。因为文中所写之事,与史实有较大的出入,所以一般将其看作一篇游戏文字。但也有学者认为,《北山移文》批评了将隐居和出仕视作同归的玄学思想,强调了隐士们的道德操守,反映了孔稚珪对家传道教信仰的坚持,不能看作简单的游戏之笔。

且不论学术界对《北山移文》主旨的争论,我们先来了解一下"移"这种文体,成书于南朝齐梁之际的《文心雕龙》有《檄移》篇,说到"移者,易也,移风易俗,令往而民随者也",如果用途是晓谕民众,聚拢人心,那么“移”与“檄”的体制相似，都具有叙述事理明晰，辞气雄壮而果断的特点。从功能和风格看，“移”是一种有着实用目的的严肃文体，但我们读罢《北山移文》，却从作者表述的对象“周子”隐和仕的反差中，深深地感受到作者的嘲谑之意，我们又该怎样看待这种现象呢？

原来，南朝时代有一种以公文文体作俳谐之文的风气，大约始于刘宋的袁淑作《鸡九锡文》《驴山公九锡文》，齐梁的文坛泰斗沈约亦参与其中，有《修竹弹甘蕉文》传世。这些俳谐文都运用了拟人的手法，借用九锡文、弹事等公文文体的形式，嘲讽权贵、世俗和时政。如果将《北山移文》放入这一时代风气来看，我们就不难理解了。至于这些戏笔仅仅停留在对于权威的嘲谑，还是作者有心借用一种不甚严肃的形式，来表达自己不便在正式的场合言说的某些真实想法，则需要我们以意逆志，知人论世，才能把握作者的用心。

【理性思考】

1. 作者是怎样使用对比的手法，来讽刺假隐士的？

2. 你认为作者用拟人的手法写出山林景物对周颙的不满，有怎样的好处？你能说出在你读过的古文中有类似的手法吗？见于哪篇文章？

3. 在中国传统的文学观念里，“诗言志”是占据主流地位的，你能说说诸如《北山移文》这种嘲谑之作，有怎样的独特意义？

【延伸阅读】

1. 刘歆《移书让太常博士》，《文选》。

2. 陶渊明《归去来兮辞》，龚斌校笺《陶渊明集校笺》，上海古籍出版社 2011 年版。

3. 沈约《修竹弹甘蕉文》，陈庆元校笺《沈约集校笺》，浙江古籍出版社 1995 年版。

4. 王运熙《孔稚圭的〈北山移文〉》，《汉魏六朝唐代文学论丛》，上海古籍出版社 2014 年版。

庐山草堂记[①]

白居易

匡庐[②]奇秀，甲[③]天下山。山北峰曰香炉，峰北寺曰遗爱寺[④]，介[⑤]峰寺间，其境胜绝，又甲庐山。元和十一年秋，太原人白乐天见而爱之，若远行客过故乡，恋恋不能去，因面峰腋寺[⑥]，作为草堂。明年春，草堂成。三间两柱，二室四牖[⑦]，广袤丰杀[⑧]，一称心力[⑨]。洞北户，来阴风，防徂暑也[⑩]。敞南甍[⑪]，纳阳日，虞祁寒也[⑫]。木斲而已，不加丹[⑬]；墙圬而已，不加白[⑭]。墄阶用石[⑮]，幂窗用纸[⑯]，竹帘纻帏[⑰]，率称是焉。堂中设木榻四，素屏二，漆琴一张，儒、道、佛书各三两卷。

乐天既来为主，仰观山，俯听泉，旁睨竹树云石，自辰及酉[⑱]，应接不暇。俄而物诱气随[⑲]，外适内和[⑳]，一宿体宁，再宿心恬，三宿后颓然嗒然[㉑]，不知其然而然。自问其故，答曰：是居也，前有平地，轮广十丈[㉒]；中有平台，半平地；台南有方池，倍平台。环池多山竹野卉，池中生白莲、白鱼。又南抵石涧，夹涧有古松老杉，大仅十人围，高不知几百尺。修柯戛云[㉓]，低枝拂潭，如幢[㉔]竖，如盖张，如龙蛇走。松下多灌丛，萝茑[㉕]叶蔓，骈织承翳[㉖]，日月光不到地，盛夏风气，如八九月时。下铺白石，为出入道。堂北五步，据层崖积石，嵌空垤堄[㉗]，杂木异草，盖覆其上。绿阴蒙蒙[㉘]，朱实离离[㉙]，不识其名，四时一色。又有飞泉，植茗就以烹燀[㉚]，好事者见，可以销[㉛]永日。堂东有瀑布，水悬三尺，泻阶隅，落石渠，昏晓如练[㉜]色，夜中如环珮琴筑[㉝]声。堂西倚北崖右趾[㉞]，以剖竹架空，引崖上泉，脉分线悬[㉟]，自檐注砌[㊱]，累累如贯珠，霏微[㊲]如雨露，滴沥飘洒，随风远去。其四傍耳目杖屦可及者，春有锦绣谷[㊳]花，夏有石门涧[㊴]云，秋有虎溪[㊵]月，冬有炉峰雪。阴晴显晦，昏旦含吐，千变万状，不可殚[㊶]纪，覙缕[㊷]而言，故云甲庐山者。

噫！凡人丰一屋，华一箦[㊸]，而起居其间，尚不免有骄稳之态[㊹]。今我为是物主，物至致知，各以类至[㊺]，又安得不外适内和，体宁心恬哉？

昔永、远、宗、雷辈十八人[46]，同入此山，老死不返。去我千载，我知其心以是哉！

矧[47]予自思，从幼迨老，若白屋，若朱门，凡所止，虽一日二日，辄覆篑[48]土为台，聚拳石为山，环斗水为池，其喜山水，病癖如此。一旦蹇剥[49]，来佐江郡[50]，郡守以优容而抚我，庐山以灵胜待我，是天与我时，地与我所，卒获所好，又何以求焉？尚以冗员所羁，余累未尽，或往或来，未遑宁处[51]。待予异时弟妹婚嫁毕，司马岁秩[52]满，出处行止，得以自遂，则必左手引妻子，右手抱琴书，终老于斯，以成就我平生之志。清泉白石，实闻此言。

时三月二十七日，始居新堂。四月九日，与河南元集虚、范阳张允中、南阳张深之、东西二林长老凑、朗、满、晦、坚等，凡二十有二人，具斋施茶果以落之[53]，因为《草堂记》。

【注释】

① 本文选自谢思炜《白居易文集校注》(中华书局 2011 年版)。白居易(772—846)，字乐天，祖籍太原，后移居下邽。贞元十六年(800)登进士第，授秘书省校书郎，累迁至太子左赞善大夫。元和十年(815)上疏请捕刺杀宰相武元衡之人，为当道所恶，贬为江州司马。此后，白居易仕途渐趋平顺，历任尚书司门员外郎，中书舍人，杭州、苏州刺史，秘书监刑部侍郎，河南尹等，以刑部尚书致仕。会昌六年(846)卒于洛阳，葬于香山。白居易的人生以被贬江州司马为分界，前期积极用世，此后思想逐渐归于闲适与通达。这篇《庐山草堂记》即作于江州司马任上，从中可以看到白居易思想转变的痕迹。

② [匡庐] 庐山别称，传说殷、周之际有匡俗先生学仙得道，结庐于此。一说匡俗为秦汉之际人。

③ [甲] 第一。

④ [遗爱寺] 即东林寺，东晋慧远所建。

⑤ [介] 在二者之间。

⑥［面峰腋寺］谓面对香炉峰，紧邻遗爱寺。

⑦［牖］窗。

⑧［广袤丰杀］广为东西距离，袤为南北距离，合称以泛指面积。丰，增加。杀，减少。丰杀，即泛言增减。

⑨［一称心力］尽合心意和财力。

⑩［"洞北户"句］洞，开。来，使……来。徂暑，《诗·小雅·四月》："四月维夏，六月徂暑。"郑玄注云："徂，犹始也，四月立夏矣，而六月乃始盛暑。"后因以称盛暑。

⑪［甍(méng)］屋脊。

⑫［虞祁寒也］虞，准备，防备。祁，大。祁寒即严寒。

⑬［"木斲(zhuó)而已"句］斲，砍，削。不加丹，指木材不加漆饰。

⑭［"墙圬而已"句］圬，抹刷墙壁。不加白，即墙壁不加涂饰。

⑮［墄(qī)］同"砌"。

⑯［羃(mì)］同"幂"，覆盖。

⑰［纻帏］指用苎麻粗布做成的帷帐。

⑱［自辰及酉］古人以天干计时，辰相当于今九、十时，酉相当于晚间七、八时，泛言从早至晚。

⑲［物诱气随］谓景物感染人，心气随之而动。

⑳［外适内和］身体舒适，心气平和。

㉑［颓然嗒(tà)然］颓然，和顺的样子。嗒然，形容身心俱遣、物我两忘的神态。

㉒［轮广十丈］即纵横十丈。《周礼·地官·大司徒》："以天下土地之图，周知九州之地域广轮之数。"郑玄注云："轮，从(纵)也。"贾公彦疏引马融曰："东西为广，南北为轮。"

㉓［修柯戛(jiá)云］修，长。柯，树枝。戛，触及。

㉔［幢］古代用作仪仗的一种旗帜。

㉕［萝茑(niǎo)］茑为一种爬蔓类植物，而某些爬蔓类植物皆可称作萝，亦称茑萝。

㉖［骈织承翳］骈织，密集交织。翳，遮蔽。

㉗［嵌空垤垸(dié nì)］嵌空，玲珑的石头。垤垸，谓积土成堆。

㉘［蒙蒙］浓密状。

㉙［离离］繁盛状。

㉚［燀(chǎn)］炊。

㉛［销］此字据《文苑英华》校补。

㉜［练］白绢。

㉝［筑］古代的一种击弦乐器。已失传，大体形似筝，颈细而肩圆。演奏时以左手握持，右手以竹尺击弦发音。

㉞［趾］山脚。

㉟［脉分线悬］形容竹架如血脉分布，如线悬空。

㊱［砌］台阶。

㊲［霏微］指细雨、雾气等飘洒、弥漫的样子。

㊳［锦绣谷］在庐山北部，谷中有奇花异卉，盛开如锦绣，因而得名。

㊴［石门涧］在今庐山西麓，天池山、铁船峰对峙如门，中有瀑布流出，即石门涧。

㊵［虎溪］在东林寺下，传说慧远送客不过此溪，过则有虎号鸣，虎溪因此得名。

㊶［殚］尽。

㊷［覼(luó)缕］即详细。覼，视。

㊸［簀］竹片芦苇编成的床垫，亦泛指席子。丰一屋，华一簀，谓建一座高大房屋，置备一条华丽的竹席。

㊹［骄稳］即志得意满。

㊺［物至致知，各以类至］指各类景物纷至沓来，使人智识得到启发。

㊻［昔永、远、宗、雷辈十八人］相传南朝晋宋间慧远等僧俗十八人在庐山结"白莲社"，被称为"十八高贤"。陈舜俞《庐山记》卷一："远

公与慧永、慧持、昙顺、昙恒、竺道生、慧睿、道敬、道炳、道诜、白衣张也、宗炳、刘遗民、张诠、周续之、雷次宗、梵僧佛陀耶舍、佛陀跋陀罗十八人，同修净土之法，因号‘白莲社’。”

㊼［矧(shěn)］况且。

㊽［篑］竹筐。

㊾［蹇剥］皆为《周易》中的卦名，《易·蹇》云“蹇，难也”，《剥》云“剥，不利有攸往”，后以“蹇剥”谓时运不济。

㊿［来佐江郡］白居易时为江州司马，司马为州府佐官，有班位而无职事，唐代多用以安置被贬谪官员，下文“冗员”亦指此而言。

51［未遑宁处］未遑，不及。宁处，安居。

52［岁秩］任期年限。

53［具斋施茶果以落之］具斋，准备供给和尚的素食。落，落成。

【评析】

记，是一种以记叙为主，应用场合十分广泛的文体，“修造宫室有记，游览山水有记，以及记器物、记琐事皆是”（曾国藩《经史百家杂钞·序例》），又被称为杂记、杂志。唐宋以降，记作为一种独立文体受到重视，诸多文章总集中皆收录记体，而文人创作越发多样，有十分多元的体例与风格。本篇《庐山草堂记》即是记体文的杰构。

《庐山草堂记》语言平实，行文有序，在交待营造草堂的缘起之后，作者大致勾勒草堂建筑与陈设，笔墨寥寥与草堂的朴素风格相称，使人感受一种率性与恬淡。作者居此草堂，有颓然自适之感，因以一设问领起对草堂内外景致的描摹，其笔触之细腻、情感之真切使人如临其境。草堂四时景观清新灵秀，不可胜记，而作者亦由此思接古人，有终焉之志。值得玩味的是，正如作者笔下庐山自然风光之美，脱不开建造草堂的人力之巧，其终老庐山的愿望，也因向清泉白石的“宣誓”而显得不那么自然洒脱。

事实上，唐人的隐逸并非单纯栖身山林、不事王侯，隐居本身往往成为获取名声、进入仕途的“终南捷径”。而中晚唐的隐逸思想也有新变，白居易就有“中隐”之说，称“大隐住朝市，小隐入丘樊。丘樊太冷落，朝市太嚣喧。不如作中隐，隐在留司官”，这种似出似处的态度的确也是白居易晚年生活的写照。

【理性思考】

1. 阅读本文之后，尝试画出草堂布局的简图。

2. 张衡在《归田赋》中说“感老氏之遗戒，将回驾乎蓬庐。弹五弦之妙指，咏周孔之图书”，白居易则在本文写道“堂中设木榻四，素屏二，漆琴一张，儒、道、佛书各三两卷”，联系你的历史知识，思考文人阅读对象的异同，有着怎样的时代背景？

【延伸阅读】

1. 《旧唐书》卷一百六十六《白居易传》，中华书局 1975 年版。

2. 周勋初、严杰选注《白居易选集》，人民文学出版社 2002 年版。

3. 李商隐《刑部尚书致仕赠尚书右仆射太原白公墓碑铭(并序)》，刘学锴、余恕诚校注《李商隐文编年校注》，中华书局 2002 年版。

4. 陈寅恪《白乐天之思想行为与佛道关系》，《元白诗笺证稿》，生活·读书·新知三联书店 2001 年版。

黄州新建小竹楼记[①]

王禹偁

黄冈[②]之地多竹，大者如椽[③]，竹工破之，刳[④]去其节，用代陶瓦，比屋[⑤]皆然。以其价廉而工省也。

子城[⑥]西北隅，雉堞圮毁[⑦]，蓁莽荒秽[⑧]，因作小楼二间，与月波楼[⑨]通。远吞[⑩]山光，平挹江濑[⑪]，幽阒辽敻[⑫]，不可具状。夏宜急雨，有瀑布声；冬宜密雪，有碎玉声；宜鼓琴，琴调和畅；宜咏诗，诗韵清绝；宜围棋，子声丁丁[13]然；宜投壶[14]，矢声铮铮然：皆竹楼之所助也。

公退之暇，被鹤氅衣[15]，戴华阳巾[16]，手执《周易》一卷，焚香默坐，消遣世虑。江山之外，第[17]见风帆沙鸟、烟云竹树而已。待其酒力醒，茶烟歇，送夕阳，迎素月，亦谪居之胜概也。

彼齐云落星[18]，高则高矣；井幹丽谯[19]，华则华矣。止于贮妓女，藏歌舞，非骚人之事，吾所不取。吾闻竹工云："竹之为瓦，仅十稔[20]。若重覆之，得二十稔。"噫！吾以至道乙未岁[21]，自翰林出滁上，丙申移广陵[22]，丁酉又入西掖[23]，戊戌岁除日，有齐安之命[24]。己亥闰三月[25]到郡。四年之间，奔走不暇，未知明年又在何处，岂惧竹楼之易朽乎？幸后之人与我同志，嗣而葺之，庶斯楼之不朽也。咸平二年八月十五日记。

【注释】

① 选自《小畜集》卷十七(《四部丛刊》本)。王禹偁(954—1001)，字元之，济州巨野(今山东巨野县)人。太平兴国八年(983)进士，官至翰林学士兼知制诰。宋初诗文革新运动的倡导者。秉性刚直，因言事而屡次遭贬。晚年谪官黄州，世称王黄州。后迁蕲州，病卒。有《小畜集》和《小畜外集》。

② [黄冈] 黄州州治，在今湖北黄冈市。此文一本题为《黄冈竹楼记》。

③ [椽(chuán)] 安在梁上支架屋面和瓦片的木条。

④ [刳(kū)] 剖开。

⑤ [比屋] 家家户户。

⑥ [子城] 大城附属的小城，用以加固城防，又称"月城"、"瓮城"，似方形或半月形。

⑦ [雉堞圮(pǐ)毁] 雉堞，城楼上排列如齿状的矮墙，泛指城墙。圮毁，坍塌毁坏。

⑧ [蓁(zhēn)莽荒秽] 蓁莽，茂盛的草木。荒秽，荒芜。陶渊明《归园田居》："晨兴理荒秽，带月荷锄归。"

⑨［月波楼］位于黄州府治西北城上，亦为王禹偁修筑。

⑩［远吞］远收。

⑪［平挹(yì)江濑］意为平视而近在眼前，似可汲取。挹，汲取。江濑，江滩上湍急的水流。

⑫［幽阒(qù)辽敻(xiòng)］阒，寂静。敻，遥远。

⑬［丁丁(zhēng)］象声词，形容棋子落盘之声。

⑭［投壶］古人宴会时的一种游戏，设特制的壶，宾主依次向其中投矢，多中者胜。

⑮［鹤氅(chǎng)衣］一种用鹤羽编成的披衣，常指道服。

⑯［华阳巾］隐士或道士戴的头巾。《新五代史》记卢程"戴华阳巾，衣鹤氅"。

⑰［第］只，仅仅。

⑱［齐云落星］齐云楼，在吴县(今江苏苏州市)治后子城上，唐曹恭王所建。落星楼，在建邺(今江苏南京市)东北，三国时孙权所建。

⑲［井幹(gàn)丽谯］井幹楼，在长安，汉武帝刘彻建。丽谯楼，三国时曹操所建。

⑳［稔(rěn)］谷熟为稔。谷一年一熟，故一稔为一年。

㉑［至道乙未岁］宋太宗至道元年(995)，王禹偁因私下议论开宝皇后(太祖皇后宋氏)丧礼获罪，由翰林学士罢为工部郎中，知滁州军州事。

㉒［丙申移广陵］丙申，至道二年(996)。广陵郡，州治在今江苏扬州市。

㉓［丁酉又入西掖］至道三年(997)，王禹偁上《应诏言事书》，真宗召禹偁还朝，复知制诰。西掖，中书省，在宫阙之西，故称西掖，又称右曹。

㉔［戊戌岁除日，有齐安之命］戊戌岁，真宗咸平元年(998)。除日，除夕。是年王禹偁编修《太祖实录》，因直书其事，不畏时忌，被贬到齐安。齐安，黄州齐安郡，治所在今黄冈市。

㉕［己亥闰三月］己亥，咸平二年(999)。

【评析】

自古以来，从朝堂之上来到荒蛮贬所的迁客逐臣，有些人会自放于山水胜迹之间，以排遣胸中嗟怨不平之意。唐宋时期，柳宗元的《永州八记》、苏舜钦的《沧浪亭记》、欧阳修的《醉翁亭记》，都是贬谪期间"穷而后工"的佳构。

宋真宗咸平元年除夕，王禹偁被贬为黄州刺史，这是他第三次遭贬。不久修建竹楼二间，并撰文记之。

此文上追柳文，开篇点题，写黄冈多竹的环境和以竹造屋的好处。接下来第二段由比屋皆然的竹屋，自然引到本文书写的对象小竹楼上来。竹楼建在子城西北角，建在这样偏僻荒凉的地方，自然有作者用意所在。登楼远眺，"远吞山光，平挹江濑，幽阒辽夐，不可具状"，没有着意铺叙楼外景色，寥寥几笔，便勾勒出一个辽远广阔的世界。接下来连用六个排比，描写竹楼之六"宜"。观雨赏雪、鼓琴吟诗、弈棋投壶本是雅事，得竹楼之助，雨声、雪声、琴声、咏诗声、落子声、投壶声更显清韵隽绝，使人如临其境。在这样的环境中，作者"手执《周易》，焚香默坐"，是看"风帆沙鸟、烟云竹树"，是"送夕阳，迎素月"，似乎并不以谪为意，而示人以潇洒出尘，闲适自安的形象。接下来几句，别出心裁地以历史上繁华富丽诸楼与竹楼对比，衬托出竹楼之文雅脱俗，意在表明了自身不慕繁华的品质。末段用寥寥数语概括自己宦海沉浮的经历，笔调极克制极冷淡，而之后发出"四年之间，奔走不暇，未知明年又在何处，岂惧竹楼之易朽乎"的喟叹，似乎是旷达语，却又难掩愤懑不平之气，颇有前途渺茫之感。最后以"幸后之人与我同志，嗣而葺之，庶斯楼之不朽也"作结，寄寓了作者对后人的殷切希望:不仅是能继续修葺竹楼，而且是求一份理解之认同。

文章熔叙述、描写、议论、抒情于一体，虚实、开合、转承巧妙非常，语言如珠走玉盘，情韵优美。

【理性思考】

1. 作者在最后一段表达了什么样的思想感情?

2. 相传王安石曾称“《竹楼记》胜欧阳修《醉翁亭记》”(《苕溪渔隐丛话后集》卷十九),宋元以来关于二者孰优孰劣也有争论。搜集相关资料,说说你比较赞同哪一家的观点?或者有什么新的看法?

【延伸阅读】

1. 王禹偁《三黜赋》,《小畜集》卷一。

2. 《王禹偁传》,《宋史》卷二九三,中华书局1985年版。

3. 苏轼《王元之画像赞并叙》,《苏轼文集》卷二十一,中华书局1986年版。

沧浪亭记[①]

苏舜钦

予以罪废[②]无所归,扁舟南游,旅于吴中,始僦舍[③]以处,时盛夏蒸燠[④],土居[⑤]皆褊狭,不能出气,思得高爽虚辟[⑥]之地,以舒所怀,不可得也。一日过郡学[⑦],东顾草树郁然,崇阜广水[⑧],不类乎城中,并水[⑨]得微径于杂花修竹之间,东趋[⑩]数百步,有弃地,纵广合五六十寻[⑪],三向皆水也,杠[⑫]之南,其地益阔,旁无民居,左右皆林木相亏蔽[⑬],访诸旧老,云钱氏有国,近戚孙承祐之池馆也[⑭]。坳隆胜势,遗意尚存[⑮],予爱而徘徊,遂以钱四万得之,构亭北碕[⑯],号沧浪焉。前竹后水,水之阳[⑰]又竹,无穷极,澄川翠干,光影会合于轩户之间,尤与风月为相宜。予时榜[⑱]小舟,幅巾[⑲]以往,至则洒然忘其归,箕而浩歌,踞而仰啸[⑳],野老[㉑]不至,鱼鸟共乐,形骸既适则神不烦,观听无邪则道以明,返思向之汩汩荣辱之场[㉒],日与锱铢利害相磨戛[㉓],隔此真趣[㉔],不亦鄙哉!噫!人固动物耳!情横于内而性伏[㉕],必外寓于物而后遣[㉖]。寓久则溺,以为当然，非胜是而易之[27]，则悲而不开[28]。惟仕宦溺人为至深，古之才哲君子，有一失[29]而至于死者多矣，是未知所以自胜之道[30]。予既废而获斯境，安于冲旷[31]，不与众驱[32]，因之复能见乎内外失得之原，沃然[33]有得，笑傲万古，尚未能忘其所寓，自用是以为胜焉[34]。

【注释】

① 选自《苏舜钦集》(上海古籍出版社 1984 年版)，苏舜钦(1008—1049)，字子美，开封(今河南开封市)人，出身仕宦之家。北宋诗文革新运动中的重要作家，与欧阳修交好，诗与梅尧臣齐名。景祐二年(1035)进士，庆历四年(1044)，被范仲淹推荐为集贤校理，监禁奏院，因支持庆历新政遭诬陷免官。后被起用为湖州长史，不久病故于苏州。有《苏学士文集》。苏舜钦于庆历五年四月迁居苏州，筑沧浪亭，此篇作于是年秋亭成后。沧浪亭，今位于苏州城南人民路东侧沧浪亭街 3 号。

② [以罪废] 因罪被罢免。庆历四年冬，进奏院祀神，苏舜钦依照旧例用进奏院旧纸换钱，置酒宴饮，被反对新政的王辰拱等人诬奏“以监主自盗”，苏舜钦因此被削籍为民，参与宴饮者也都被罢黜，这是北宋有名的冤案。

③ [僦舍] 租屋。

④ [蒸燠(yù)] 闷热。

⑤ [土居] 当地的房屋。

⑥ [虚辟] 空旷僻静。

⑦ [郡学] 学官，教育士子的所在。《后汉书·班彪传》：“学校如林。”李贤注：“郡国曰学，县、道、邑及侯国曰校。”

⑧ [崇阜广水] 土丘高耸，水域宽阔。

⑨ [并(bàng)水] 傍水，在水旁边。

⑩ [趋] 疾行。

⑪ [纵广合五六十寻] 合，总共。寻，古代长度单位，一寻等于八尺。

⑫［杠］小桥。

⑬［亏蔽］交相掩蔽。

⑭［云钱氏有国，近戚孙承祐之池馆也］钱氏有国，指五代时期钱镠建立吴越国，苏州为吴越所治。孙承祐，钱塘人，吴越王钱俶纳其姐为妃，所以说是“近戚”。池馆，池塘馆舍，即园林。

⑮［坳隆胜势，遗意尚存］坳隆，指地势起伏。坳，低洼。隆，高起。胜，好，繁盛。遗意，指孙承祐原来池馆的意味、旨趣。

⑯［碕］弯曲的河岸。

⑰［水之阳］水的北边。阳，山南水北为阳。

⑱［榜］船桨，这里做动词，指划船。

⑲［幅巾］只用巾束发，表示闲散的样子。虞德升《品字笺》：“幅巾，全幅为巾，隐士之服也。”

⑳［箕而浩歌，踞而仰啸］箕，随意伸开两腿坐着，形如簸箕。踞，蹲坐。箕、踞都表示一种散漫放诞的态度。这两句是指作者在园林中过着一种无拘无束的生活。

㉑［野老］乡间粗人。

㉒［汩汩荣辱之场］形容庸庸碌碌的官场。汩汩，原指水流湍急的样子，此喻为名利而奔走之人。

㉓［日与锱铢利害相磨戛］与，为也。锱铢，计量单位，六铢为锱，二十四铢为两，表示微小。利害，利益和损害。磨戛，摩擦撞击。

㉔［真趣］自然之趣。

㉕［情横于内而性伏］情指情欲，横谓充塞，性为天性，伏乃隐伏。《礼记·乐记》：“人生而静，天之性也；感于物而动，性之欲也。”情欲充塞于心，本性便隐伏不见。

㉖［必外寓于物而后遣］寓，寄托。遣，排遣。情欲只有在外物中寻求寄托，才能得到排遣。

㉗［非胜是而易之］如果不战胜它而加以改变。

㉘［悲而不开］悲愁而不得舒展。

㉙［一失］一时失去其位。

㉚［自胜之道］自我超脱的方法。

㉛［冲旷］淡泊旷达的境界。

㉜［不与众驱］不和众人一样追名逐利。

㉝［沃然］受到启发而领悟的样子。

㉞［自用是以为胜焉］正是为了用它来获得超脱。

【评析】

庆历五年，苏舜钦受馋罢官，退居苏州。据苏舜钦的《迁居》诗“中吴未半岁，三次迁里闾”，可见初到苏州时他几次迁居，颇费周折。所幸苏舜钦最终遇到了沧浪亭，本文便记述了这件事，从字里行间可以读出作者的欣喜。而对于沧浪亭来说，在几经异主后遇到了苏舜钦，又何尝不是一件天大的幸事！正是因为苏舜钦和这篇《沧浪亭记》，才使得沧浪亭得以名列四大名园，并且具有了更深远的内涵。

文章的结构可以分成三个部分，具有宋人记叙杂文的典型特点。从开头到“号沧浪焉”，作者叙述了自己谪居苏州，最终定居沧浪亭这件事，大致介绍了沧浪亭的位置、布局和历史。第二个部分到“不亦鄙哉”为止，作者文采飞扬地描绘了沧浪亭园林内部的景致和作者在其中的生活。最后一部分则抒发议论，作者希望通过寄情山水来摆脱名利的牵绊。

通过这三个部分，也能清楚地看到作者情感变化的轨迹。一开始作者“思得高爽虚辟之地，以舒所怀”，可见其心中郁闷，所以急于排遣；到后来泛舟园林之中“返思向之汩汩荣辱之场，日与锱铢利害相磨戛，隔此真趣，不亦鄙哉”，渐渐看淡过去，再到最终哲学性的思考，终于达到“笑傲万古”的境界。这正是苏舜钦将其情感寄托在沧浪亭这个外物之上，以求自胜的过程。

然而，苏舜钦并不能完全达到他所理想的“安于冲旷”之境。苏舜钦是一个极其有抱负的文人，性格豪放而刚直，因支持新政而受馋，可以想见他心中的委屈与不平。而他虽处江湖之远，也不能不忧心庙堂之上，作为一个满怀着家国情怀的知识分子，苏舜钦毕竟不能安于闲适。虽然后来被再次起用，但未及上任，苏舜钦便病故于苏州，年仅41岁。

【理性思考】

1. 什么是庆历新政？

2. 苏舜钦在北宋初期的诗文革新中扮演着重要的角色，这篇文章也是他的名篇，查阅资料，诗文革新运动到底希望进行哪些改革？这些倡导是否体现在了本文中？

【延伸阅读】

1. 欧阳修《湖州长史苏君墓志铭》，《欧阳修全集》，中华书局2009年版。

2. 归有光《沧浪亭记》，《震川先生集》，上海古籍出版社1981年版。

秋声赋[1]

欧阳修

欧阳子[2]方夜读书，闻有声自西南来者，悚然[3]而听之，曰：异哉！初淅沥[4]以萧飒[5]，忽奔腾而砰湃[6]，如波涛夜惊，风雨骤至。其触于物也，鏦鏦铮铮[7]，金铁皆鸣。又如赴敌之兵[8]，衔枚[9]疾走，不闻号令，但闻人马之行声。予谓童子："此何声也？汝出视之。"童子曰："星月皎洁，明河[10]在天，四无人声，声在树间。"

予曰："噫嘻[11]悲哉！此秋声也，胡为[12]而来哉？盖夫秋之为状也：其色惨淡，烟霏云敛[13]；其容清明，天高日晶[14]；其气栗冽[15]，砭[16]人肌骨；其意萧条，山川寂寥。故其为声也，凄凄切切，呼号愤发。丰草绿缛[17]而争茂，佳木葱茏[18]而可悦，草拂之而色变，木遭之而叶脱。其所以摧败零落者，乃其一气之余烈[19]。夫秋，刑官[20]也，于时为阴[21]；又兵象也，于行用金[22]。是谓天地之义气，常以肃杀而为心。天之于物，春生秋实，故其在乐也，商声主西方之音[23]，夷则为七月之律[24]。商，伤也，物既老而悲伤；夷，戮也，物过盛而当杀。"

"嗟乎！草木无情，有时飘零。人为动物，惟物之灵，百忧感其心，万事劳其形，有动于中，必摇其精。而况思其力之所不及，忧其智之所不能，宜其渥[25]然丹者[26]为槁木，黟[27]然黑者为星星[28]。奈何以非金石之质，欲与草木而争荣？念谁为之戕贼[29]，亦何恨乎秋声！"

童子莫对，垂头而睡。但闻四壁虫声唧唧，如助余之叹息。

【注释】

① 选自《欧阳修全集》（中华书局 2009 年版）。欧阳修（1007—1072），字永叔，号醉翁，晚年又号六一居士，庐陵（今江西吉安市）人。北宋政治家、史学家、文学家，官至参知政事，谥文忠。撰有《新五代史》《新唐书》，倡导诗文革新，为"唐宋八大家"之一。

② [欧阳子] 作者自称。

③ [悚然] 惊骇的样子。

④ [淅沥] 雨雪声、落叶声、风声。

⑤ [萧飒] 形容风吹打草木发出的声音。

⑥ [砰湃] 形容水流汹涌、暴雨等声。

⑦ [鏦鏦铮铮] 形容金属等物撞击声。

⑧ [赴敌之兵] 奔赴前线的军队。

⑨ [衔枚] 古代夜间行军常令军士口中衔枚（形状像筷子）以防喧哗。

⑩ [明河] 天河。

⑪ [噫嘻] 表感叹。

⑫ [胡为] 为什么。

⑬ [烟霏云敛] 烟雾弥漫，云彩密聚。

⑭［日晶］阳光灿烂。

⑮［栗冽］寒冷。

⑯［砭］用石针刺穴治病。

⑰［缛］繁茂。

⑱［葱茏］草木繁茂的样子。

⑲［余烈］余威。

⑳［刑官］《周礼》以天地四时之名命官，其中掌管刑法的司寇为秋官。

㉑［于时为阴］古代以阴阳配合四时，春夏属阳，秋冬属阴。

㉒［于行用金］古代以五行（金木水火土）配合四时，秋属金。

㉓［商声］古代以五声（宫商角徵羽）配合四时，秋为商声；以四方配合四时，秋配西。

㉔［夷则］古代以十二律（黄钟、大吕、太簇、夹钟、姑洗、中吕、蕤宾、林钟、夷则、南吕、无射、应钟）配合十二月，七月为夷则。

㉕［渥］润泽的样子。

㉖［丹者］代指红颜。

㉗［黟（yī）］黑貌。

㉘［星星］头发花白貌。

㉙［戕贼］摧残，破坏。

【评析】

如《秋声赋》文中所述，在古人眼中，秋天是悲凉肃杀的季节，秋天代表刑罚与征伐之事。在中国的文学传统中，悲秋的情结可以追溯到战国时代，宋玉《九辩》一开篇，就是“悲哉！秋之为气也！萧瑟兮草木摇落而变衰”，魏文帝曹丕的《燕歌行》化用其句曰“秋风萧瑟天气凉，草木摇落露为霜”，虽然偶有刘禹锡“自古逢秋悲寂寥，我言秋日胜春朝”（《秋词》）这样的翻案文章，但从整体看，秋天在文人墨客的笔下呈现出一派萧索寂寥的景象，欧阳修的《秋声赋》也未能脱离这种传统。

《秋声赋》以“声”为关键，从欧阳修的听觉入手，把无形的秋天具体化，在童子眼中，不过是树间的风声，却如风雨、如金铁、如人马行进，这些喻体暗示了秋天的温度、硬度和气质。接下来，欧阳修描述了“秋之为状”的四个方面，即“色”、“容”、“气”、“意”，作者所选择的词汇，是“惨淡”、“清明”、“栗冽”、“萧条”、“寂寥”，虽然是表现视觉和触觉，但皆与“秋声”有着相通之处。正因为秋天有着这样冷清萧条的气质，故秋声凄切，秋气亦是凛冽，可以摧毁自然界繁茂的草木。

与草木相比，人是万物之灵，并非无情，历经人世间种种忧虑，又怎能不为所动？写到这里，作者由秋声而起的思虑才真正展现出来，“秋声”只是抒情的缘起。表面上看，“奈何以非金石之质，欲与草木而争荣?”的反诘，与前文所说描述的草木为秋气摧败零落的景象有些矛盾，但是草木可以经过四时循环，到了次年春天再度繁茂，而人只能“渥然丹者为槁木，黟然黑者为星星”，真正让作者感到悲伤的是世间种种纷繁对人本身的伤害，以及这种伤害的不可逆转。

人世间的无常为文学提供了许多灵感，四时有常，亦未尝不可成为文人的话题，尤其是秋天，万物凋零，更加容易引发伤感。即使是有常的时间推移，即使是生活中最平凡的种种，都可以触发敏感的心灵，触发千百年来相通的某种情怀，不是吗?

【理性思考】

1. 请指出文中的对偶句和排比句。与你读过的宋代之前的“赋”相比，《秋声赋》的句式有没有什么不同之处?

2. 你觉得《秋声赋》结尾句的好处在哪里?

3. 结合宋代之前悲秋的文学作品，来说说为什么欧阳修笔下的秋声是一片萧条肃杀的气氛。

【延伸阅读】

1. 宋玉《九辩》，洪兴祖《楚辞补注》，中华书局 1983 年版。

2. 欧阳修《醉翁亭记》,《欧阳修全集》,中华书局 2001 年版。

3. 苏轼《前赤壁赋》,《苏轼文集》,中华书局 2004 年版。

新城游北山记[①]

晁补之

去新城[②]之北三十里,山渐深,草木泉石渐幽。初犹骑行石齿[③]间,旁皆大松,曲者如盖,直者如幢[④],立者如人,卧者如虬[⑤]。松下草间有泉,沮洳伏见[⑥];堕石井,锵然[⑦]而鸣。松间藤数十尺,蜿蜒如大螈[⑧]。其上有鸟,黑如鸲鹆[⑨],赤冠长喙,俯而啄,磔[⑩]然有声。

稍西,一峰高绝,有蹊介然[⑪],仅可步。系马石觜[⑫],相扶携而上,篁篠[⑬]仰不见日。如[⑭]四五里,乃闻鸡声。有僧布袍蹑履[⑮]来迎,与之语,愕[⑯]而顾,如麋鹿不可接[⑰]。顶有屋数十间,曲折依崖壁为栏楯[⑱],如蜗鼠缭绕[⑲]乃得出,门牖相值[⑳]。既坐,山风飒然[㉑]而至,堂殿铃铎[㉒]皆鸣。二三子相顾而惊,不知身之在何境也。且暮[㉓],皆宿。

于时九月,天高露清[㉔],山空月明,仰视星斗,皆光大,如适在人上。窗间竹数十竿相磨戛[㉕],声切切[㉖]不已。竹间梅棕,森然[㉗]如鬼魅离立[㉘]突鬓[㉙]之状。二三子又相顾魄动[㉚]而不得寐。迟明[㉛],皆去。既还家数日,犹恍惚若有遇[㉜],因追忆之。后不复到,然往往想见其事也。

【注释】

① 选自《古文观止》(中华书局 1959 年版)。晁补之(1053—1110),字无咎,号归来子,济州巨野(今山东巨野县南)人,北宋时期文学家,“苏门四学士”之一。元丰二年(1079),晁补之中进士,官至著作郎,又因新党打压,离开京城,出知齐州。后数次沉浮,知泗州,病逝。

② [新城] 北宋为杭州属县,后改名新登,今浙江省富阳县。

③ [石齿] 像牙齿一样错落的石头。

④ [直者如幢] 笔直的树枝就像撑旌旗的杆子。幢,支撑旌旗、伞

盖等的直形木杆。

⑤［虬（qiú）］传说中的一种龙，后多用来形容弯曲的样子。

⑥［沮（jù）洳（rù）伏见］在低洼潮湿的地方，时隐时现。沮洳，低湿之地。伏见，指泉水有时在地下，有时出现在地上。

⑦［锵然］水流清冽之声。

⑧［螈］蝾螈，两栖动物，状如蜥蜴，头扁，背黑色，腹红黄色，有黑斑，四肢短，尾侧扁，生活在水中。

⑨［鸲鹆（qú yù）］即八哥。

⑩［磔（zhé）］鸟啄木的声音。

⑪［有蹊介然］有条小路将两边的草丛分开。蹊，小路。介然，分隔开。

⑫［石觜（zuǐ）］石头上突出的尖角。

⑬［篁篆］指竹林。

⑭［如］行走。

⑮［蹑履］拖着鞋子。古人居家时脱鞋跪坐，来不及穿上鞋子，拖着鞋子出门，形容对来客的热情。

⑯［愕］惊讶。

⑰［如麋鹿不可接］像麋鹿一样不可接近。形容僧人远离尘世，不善与人交际的样子。

⑱［曲折依崖壁为栏楯］紧靠着崖壁，修建了很多栏杆。

⑲［蜗鼠缭绕］像蜗牛那样爬行，像老鼠那样窜来窜去。

⑳［门牖（yǒu）相值］门和窗相对，指房屋依崖壁修建，走势曲折。牖，窗户。值，遇到，这里是“相对”的意思。

㉑［飒然］风吹时的沙沙声。

㉒［铎（duó）］古代一种乐器，大铃，发布政教法令时用。后泛指铃铛。

㉓［暮］夜。

㉔［天高露清］天空高旷，露水清冽。

㉕［磨戛（jiá）］摩擦碰撞。

㉖［切切］形容声音凄厉。

㉗［森然］形容树木茂盛，也形容高耸可怕。

㉘［离立］相对而立。

㉙［突鬓］鬓发怒张的样子。

㉚［魄动］害怕，胆战心惊。

㉛［迟明］天刚亮的时候。

㉜［犹恍惚若有遇］好像有看到什么，意指前几日山中游玩的情形又出现在眼前。

【评析】

本文对景物的描写非常逼真，这首先源于作者细致入微的观察，再结合竭尽还原形态的描摹。曲、直、立、卧，将树木的各种形态都描绘出来。在交代山顶的房屋"曲折依崖壁为栏楯"之后，又说一行人"蜗鼠缭绕"才走出来，从侧面描写崎岖的情形。"门牖相值"，房门和窗户相对，夸张又不失生动形象。僧人热情相迎与之后的惊慌相对，形成鲜明的对比，僧人不常与外人接触的情形跃然纸上，同时从侧面说明山中与世隔绝的环境。形象生动的比喻也是这篇文章的一大特色，如同"大螈"一样的藤蔓和"鬼魅离立突鬓"一样的树木，在形象描绘景物的同时，也渲染了山行和夜宿时的恐怖气氛。最可贵的，作者不但用文字将山中的景物描摹得惟妙惟肖、淋漓尽致，还能将自身的感受融入文字当中。读者虽然没有亲眼见过山中情景，读其文字也觉得浮现在眼前。

身为苏门四学士之一，晁补之的文章风格温润典缛，流畅俊迈，《新城游北山记》描摹真切，感情充沛，能从中看出苏轼"引物连类，能究情状"的影响。《四库全书总目》称赞其"古文波澜壮阔，与苏氏父子相驰骤"。

【理性思考】

1.《新城游北山记》中静态描写和动态描写分别有什么特点？

2. 晁补之与秦观、黄庭坚、张耒并称为苏门四学士，尝试说出其他三位作家的主要作品和写作风格。

3.《照碧堂记》和《新城游北山记》都是晁补之写景散文的代表作，请尝试阅读《七述》，比较其中异同。

【延伸阅读】

1. 晁补之《照碧堂记》。

2. 王维《山中与裴秀才迪书》，《王维集校注》，中华书局 2018 年版。

3. 张耒《晁无咎墓志铭》，《张耒集》，中华书局 2005 年版。

超然台记[①]

苏　轼

凡物皆有可观[②]。苟有可观，皆有可乐，非必怪奇伟丽者也。餔糟啜醨[③]可以醉；果蔬草木，皆可以饱。推此类也，吾安往而不乐？

夫所为求福而辞祸者，以福可喜而祸可悲也。人之所欲无穷，而物之可以足吾欲者有尽，美恶之辨[④]战乎中[⑤]，而去取之择[⑥]交[⑦]乎前[⑧]，则可乐者常少，而可悲者常多，是谓求祸而辞福。夫求祸而辞福，岂人之情[⑨]也哉？物有以盖之矣[⑩]。彼游[⑪]于物之内，而不游于物之外。物非有大小也，自其内而观之，未有不高且大者也。彼挟[⑫]其高大以临[⑬]我，则我常眩乱[⑭]反复，如隙中之观斗，又焉知胜负之所在。是以美恶横生[⑮]而忧乐出焉，可不大哀乎！

余自钱塘移守胶西[⑯]，释[⑰]舟楫之安，而服[⑱]车马之劳；去雕墙之美[⑲]，而蔽[⑳]采椽[㉑]之居；背[㉒]湖山之观，而适[㉓]桑麻之野。始至之日，岁比不登[㉔]，盗贼满野，狱讼充斥；而斋厨索然[㉕]，日食杞菊[㉖]，人固疑余之不乐也。处之期年[27]而貌加丰[28]，发之白者，日以反黑。予既乐[29]其风俗之淳，而其吏民亦安[30]予之拙也。于是治[31]其园圃，洁[32]其庭宇，伐安丘、高密之木，以修补破败，为苟全之计。而园之北，因城以为台者旧矣，稍葺[33]而新之。时相与登览，放意肆志焉。南望马耳[34]、常山[35]，出没隐见，若近若远，庶几有隐君子乎！而其东则卢山[36]，秦人卢敖[37]之所从遁也。西望穆陵[38]，隐然如城郭，师尚父[39]、齐桓公[40]之遗烈[41]，犹有存者。北俯潍水[42]，慨然太息，思淮阴之功[43]，而吊其不终。台高而安，深而明，夏凉而冬温。雨雪之朝，风月之夕，予未尝不在，客未尝不从。撷[44]园蔬，取池鱼，酿秫[45]酒，瀹脱粟[46]而食之，曰："乐哉游乎！"

方是时，余弟子由[47]适在济南，闻而赋之，且名其台曰"超然"[48]，以见余之无所往而不乐者，盖游于物之外也。

【注释】

① 选自《苏轼文集》(中华书局 1986 年版)。苏轼(1037—1101)，字子瞻，又字和仲，号东坡居士，北宋眉州眉山(今四川省眉山市)人。嘉祐二年(1057)进士，元丰三年(1080)因"乌台诗案"，贬官黄州任团练副使。后官至礼部尚书。晚年因新党执政再次被贬官。宋徽宗时北还，途中于常州病逝。有《东坡七集》《东坡乐府》。

② [观] 值得观赏的地方。

③ [餔(bū)糟啜(chuò)醨(lǐ)] 餔，吃。啜，喝。醨，味道清冽的酒。

④ [辨] 判，别。

⑤ [中] 通"衷"，内心。

⑥ [择] 选择。

⑦ [交] 交织。

⑧ [前] 眼前。

⑨ [情] 愿望。

⑩ [物有以盖之矣] 这是被外物蒙蔽了内心。盖，蒙蔽。

⑪［游］游心。

⑫［挟］夹着，此处为依仗之意。

⑬［临］临视，有压迫的意味。

⑭［眩乱］头晕目眩。

⑮［横(hèng)生］恣意萌生。

⑯［余自钱塘移守胶西］苏轼反对新法，被贬出朝廷，任杭州通判。熙宁七年(1074)改任密州(今山东诸城市)太守。

⑰［释］放弃。

⑱［服］承受。

⑲［去雕墙之美］离开了墙壁上雕饰着华美图案的房屋。去，离开。

⑳［蔽］遮蔽，掩盖。

㉑［采椽］柞木椽子。意指生活俭朴。

㉒［背］远离。

㉓［适］来到。

㉔［岁比不登］连年收成不好。岁，收成。比，连续。登，丰收。

㉕［索然］空乏。

㉖［杞菊］泛指野菜。

㉗［期年］满一年。

㉘［丰］丰腴。

㉙［乐(yào)］喜爱。

㉚［安］适应。

㉛［治］整修。

㉜［洁］打扫。

㉝［葺(qì)］原指用茅草覆盖房子，此处指修理房屋。

㉞［马耳］在山东诸城市南五里。

㉟［常山］在诸城市南二十里。

㊱［卢山］在诸城市南三十里，因卢敖得名。

㊲ [卢敖] 秦代博士，传其曾为秦始皇寻仙药，后隐居于卢山。

㊳ [穆陵] 穆陵关，古齐长城的关隘。

㊴ [师尚父] 即姜子牙，齐国开国国君，曾辅周灭商。

㊵ [齐桓公] 春秋时人，齐国第十五位国君，春秋五霸之首。

㊶ [遗烈] 遗留下的业迹。

㊷ [潍水] 即潍河，位于山东省内。《水经》记载："潍水出琅邪箕县潍山。"

㊸ [思淮阴之功] 楚汉战争时期，潍水之战中，韩信消灭了齐楚军队，一举扭转了汉军在战争中的不利局面。事见《史记·淮阴侯列传》。

㊹ [撷(xié)] 采摘。

㊺ [秫(shú)] 高粱。

㊻ [瀹(yuè)脱粟] 煮粗米。瀹，烹煮。脱粟，只去谷皮的粗米。

㊼ [子由] 苏辙，字子由，宋代文学家，与其父苏洵、其兄苏轼，并称为"三苏"。时任齐州掌书记。

㊽ [且名其台曰"超然"] 苏辙《超然台赋序》云："老子曰：'虽有荣观，燕处超然。'尝试以'超然'命之，可乎？因为之赋。"

【评析】

以写景为名义，实为抒发自身的人生体会和志向胸怀，是古人常见的手法。《超然台记》《岳阳楼记》都是此类名篇。《超然台记》作于宋神宗熙宁八年(1075)，当时正值苏轼贬官密州期间，但全篇都透露出作者旷达的胸怀和超脱物外的境界。何谓"超然"？答案就是文章最后几句："以见余之无所往而不乐者，盖游于物之外也。""超然"便是超脱于物外，不受外界的影响，颇得《庄子·逍遥游》之神韵。"物非有大小也，自其内而观之，未有不高且大者也。"这一句从另一种视角出发，辩证看待问题，同时又得《庄子·齐物论》之意味。全文以"乐"字为主线，贯穿始终，议论与叙述并行，虚实结合。

文章先从正面描写超脱物外的快乐，说明只要心境能做到随遇而安，就没有什么不快乐的。随后从反面论述，纠结于物内不得出，实际是“求祸而辞福”。再举自身为例，从杭州到密州的境遇变化，说明只要心胸开阔，哪怕在穷困恶劣的环境，也可以很快乐。最后提及苏辙作赋，并将此台命名为“超然”，点明主旨，有“画龙点睛”的效果。

文章风格清新雅健，言己言他，皆能从心如意，表现出苏轼旷达的人生态度和卓绝的文学功力。《古文观止》卷十一中对于这篇游记的评论：“是记先发超然之意，然后入事。其叙事处，忽及四方之形胜，忽入四时之佳景，俯仰情深，而总归之一乐，真能超然物外者矣。”

【理性思考】

1. 苏辙《超然台赋》与苏轼《超然台记》有何关联和区别？
2. 《超然台记》和《赤壁赋》在情感和思想内容上有何异同？
3. 你能尝试说明《庄子》对《超然台记》的影响吗？

【延伸阅读】

1. 苏辙《超然台赋》，《苏辙集》，中华书局 1990 年版。
2. 苏辙《东坡先生墓志铭》，《苏辙集》，中华书局 1990 年版。
3. 林语堂《苏东坡传》，湖南文艺出版社 2018 年版。

黄州快哉亭记[①]

苏　辙

江[②]出西陵[③]，始得平地，其流奔放肆大[④]。南合沅、湘[⑤]，北合汉、沔[⑥]，其势益张。至于赤壁之下，波流浸灌[⑦]，与海相若[⑧]。清河张君梦得[⑨]谪居齐安[⑩]，即其庐之西南为亭，以览观江流之胜，而余兄子瞻[⑪]名之曰“快哉”。

盖亭之所见，南北百里，东西一舍[⑫]。涛澜汹涌，风云开阖[⑬]。昼则舟楫出没于其前，夜则鱼龙悲啸于其下，变化倏忽[⑭]，动心骇目，不可久视。今乃得玩之几席之上，举目而足[15]。西望武昌[16]诸山，冈陵起伏，草木行列[17]，烟消日出，渔夫樵父之舍皆可指数[18]，此其所以为快哉者也。至于长洲[19]之滨，故城[20]之墟，曹孟德、孙仲谋之所睥睨，周瑜、陆逊之所骋骛[21]，其流风遗迹，亦足以称快世俗。

昔楚襄王从宋玉、景差于兰台之宫[22]，有风飒然[23]至者，王披襟[24]当之，曰："快哉此风！寡人所与庶人共者耶？"宋玉曰："此独大王之雄风耳，庶人安得共之！"玉之言盖有讽焉。夫风无雌雄之异，而人有遇不遇之变[25]。楚王之所以为乐，与庶人之所以为忧，此则人之变也，而风何与[26]焉？士生于世，使其中不自得[27]，将何往而非病[28]？使其中坦然，不以物伤性，将何适[29]而非快？今张君不以谪为患[30]，窃会计之余功[31]，而自放山水之间，此其中宜有以过人者[32]。将蓬户瓮牖[33]无所不快，而况乎濯[34]长江之清流，揖[35]西山之白云，穷耳目之胜以自适[36]也哉！不然，连山绝壑，长林古木，振之以清风，照之以明月，此皆骚人思士之所以悲伤憔悴而不能胜[37]者，乌[38]睹其为快也哉？元丰六年十一月朔日[39]赵郡[40]苏辙记。

【注释】

① 选自《苏辙集》(中华书局 1990 年版)。苏辙(1039—1112)，字子由，眉州人。北宋著名文学家，唐宋八大家之一。与其父苏洵、兄苏轼齐名，合称"三苏"。嘉祐二年(1075)进士，涉新旧党争，屡遭贬黜。元祐更化，累官至尚书右丞、门下侍郎(副相)。宋哲宗亲政，贬居筠、雷、循等州，遇赦后寓居许州(今河南许昌)，自号颍滨遗老，卒年七十四。有《栾城集》等。

②［江］长江。

③［西陵］西陵峡，长江三峡之一，在湖北宜昌市西北。

④［奔放肆大］奔放，疾驰。肆大，浩大。肆，极。

⑤［沅、湘］指长江南岸的支流沅江和湘江。

⑥［汉、沔］本为一水，发源于陕西，流至沔县(今勉县)一段称沔

水，至汉中一段称汉水，古语常连称，《晋书·石勒载记》："饮马江淮，折冲汉沔。"

⑦［浸灌］灌注，此言水流激荡浩瀚。

⑧［与海相若］意为像大海一样。相若，相似。

⑨［张君梦得］张梦得，一说即苏轼好友张怀民。

⑩［齐安］黄州。宋黄冈为黄州，属齐安郡。

⑪［子瞻］苏轼，字子瞻。其时为黄州团练副使。

⑫［一舍］古三十里为一舍。

⑬［风云开阖］指风云聚散不定。阖，通"合"。

⑭［倏(shū)忽］迅疾。

⑮［今乃得玩之几席之上，举目而足］意为现在却能够在几旁席上玩赏这些景色，抬眼就可以看个够。几，矮桌，用以凭靠。席，古人坐卧之具。

⑯［武昌］非今日武昌，指与黄冈隔江相望的鄂城。

⑰［行列］一行行排列。

⑱［指数］指点历数。

⑲［长洲］泛指江中的沙洲。

⑳［故城］指上文中的武昌，孙权曾迁都于此。一说指邾城遗址，战国时楚宣王所建。

㉑［曹孟德、孙仲谋之所睥睨，周瑜、陆逊之所骋骛］列举于此地争雄的英雄人物，曹操、孙权为魏、吴双方的主公，周瑜、陆逊是东吴主将。睥睨，斜目窥察。骋骛，往来奔跑的样子，意为驰骋争夺。

㉒［昔楚襄王从宋玉、景差于兰台之宫］典出宋玉《风赋》。楚襄王，即楚国顷襄王。宋玉、景差，皆楚国大夫，辞赋家。兰台，旧楚国宫苑名。

㉓［飒然］风声。飒，象声词。然，词尾。

㉔［披襟］敞开衣襟。多喻舒畅心怀。

㉕［而人有遇不遇之变］遇，得志，受赏识。变，不同。

㉖［与(yù)］参与，引申为有何关系。

㉗［使其中不自得］使，假使。中，内心。自得，自得之乐，自安。

㉘［病］忧愁。

㉙［适］去，到，往。

㉚［患］担忧。

㉛［窃会计之余功］窃，偷得，这里即“利用”之意。会计，办理钱谷赋税等财务。余功，公事之余。

㉜［此其中宜有以过人者］中，内心。宜，应该。

㉝［蓬户瓮牖(yǒu)］意指破居陋处。蓬户，用柴草编织的门。瓮牖，以破坛子为窗户。

㉞［濯］洗。

㉟［揖］拱手相对，亦有揽取、玩赏之意。

㊱［穷耳目之胜以自适］穷，尽。自适，悠然闲适而自得其乐。

㊲［不能胜］不能承受。

㊳［乌］哪里。

㊴［元丰朔日］元丰，宋神宗年号。朔，每月初一。

㊵［赵郡］苏辙祖籍为赵郡栾城(今河北赵县)人。

【评析】

欲深刻理解此文必先明其写作背景。苏辙少读百家之书，无所不观，十九岁与兄苏轼同第进士，文名动天下，以策直言极谏科放言时弊，黜下等录用。此后与宰执政见相殊，久居下僚，所谓“蹉跎二纪，见者兴嗟”(《谢改著作佐郎启》)。元丰二年(1079)，苏轼陷“乌台诗案”，辙上疏救援，坐贬监筠州(今江西高安)盐酒税，又权筠州学官，以所撰策试题乖戾经义，又遭罢去，可谓雪上加霜。就是在这一背景下，作者因其兄所名之“快哉亭”生意作文，尽显达观之志。有趣的是，八年之前，苏轼曾因苏辙命名的“超然台”而作《超然台记》，八年之后，苏辙又有此文以应其兄，“超然”典出《庄子》，“快哉”典出《楚辞》，庄骚同驭，双文并峙，林云铭《古文析义》谓此二记“俱从居官不得意时看出，取义亦无不同也”，兄弟两人皆于坎坷中持一种超然、快哉之心态，洵可谓千古佳话。

文章首先盛赞亭上可览江川之形胜，风景之壮丽，古迹之余韵，足称“快哉”，后援“快哉”之出典，引入宋玉对楚王问，点出“风无雌雄之异，而人有遇不遇之变”的预设，由此立论：耳目风景好坏无关乎人心快哉与否，只要心中坦然，无往而不快哉。苏辙是文章大家，遣词、气韵常被后人称道，这里要特别指出的是此文构思特佳，于一转折、一插叙处最见功力。先说转折。首两段叙述亭子如何“快哉”后，说明“快哉”与风景无关，前后矛盾，如何叙之？作者取《风赋》之典而逆用之，用“玉之言，盖有讽焉”将宋玉原意轻轻带过，代以己意，此可谓“一苇渡江”，非具神力不能。再说插叙。在点明“使其中坦然，不以物伤性，将何适而非快”的道理后，以举例的方式（“今张君”云云）将亭子的主人张梦得点出，既呼应首段叙述亭子建造的缘起，又夸赞了主人之高意，同时又用“此其中宜有以过人者”一句，引出对上文已有之论的再次论证与反复致意，意足而语不繁，思长而旨不失。又文中七处用“快”而不嫌其烦，突出了文章的主题。

【理性思考】

1. 文中叙述了几处“快哉亭”所以为“快哉”的理由？

2. 阅读宋玉的《风赋》，看看本文中所使用典故的含义符合宋玉文章的原意吗？如果不符合，试说明两者的不同之处并指出作者更改《风赋》典故原意的方法与原因。

3. 苏辙在文章最后署名为“赵郡苏辙”，赵郡是作者的祖籍吗？检阅作者的诗文集，找出除了冠以“赵郡”外是否还有其他的署名方式？并查找相关史料，说明如此署名的原因。

【延伸阅读】

1. 苏辙《上枢密韩太尉书》,《苏辙集》,中华书局1990年版。
2. 苏辙《龙川略志》,中华书局1982年版。
3. 金国永《苏辙》,中华书局1990年版。

百丈山记[1]

朱 熹

登百丈山三里许[2],右俯绝壑[3],左控[4]垂崖;叠石为磴[5],十余级乃得度[6]。山之胜[7]盖自此始。循[8]磴而东,即得小涧,石梁跨于其上。皆苍藤古木,虽盛夏亭午[9]无暑气;水皆清澈,自高淙下[10],其声溅溅[11]然。度石梁,循两崖,曲折而上,得山门[12],小屋三间,不能容十许人。然前瞰[13]涧水,后临石池,风来两峡间,终日不绝。门内跨池又为石梁,度而北,蹑[14]石梯数级入庵。庵才老屋数间,卑庳[15]迫隘[16],无足[17]观,独其西阁[18]为胜。水自西谷中循石罅[19]奔射出阁下,南与东谷水并注[20]池中,自池而出,乃为前所谓小涧者;阁据[21]其上流,当[22]水石峻激相搏[23]处,最为可玩[24]。乃壁其后,无所睹[25]。独[26]夜卧其上,则枕席之下,终夕潺潺,久而益悲,为可爱耳。

出山门而东十许步,得石台,下临峭岸[27],深昧[28]险绝。于林薄[29]间东南望,见瀑布自前岩穴瀵涌[30]而出,投空下数十尺。其沫乃如散珠喷雾,日光烛[31]之,璀璨[32]夺目,不可正视。台当山西南缺[33],前揖芦山[34],一峰独秀出,而数百里间峰峦高下,亦皆历历[35]在眼。日薄[36]西山,余光横照,紫翠重叠[37],不可殚[38]数。旦起下视,白云满川,如海波起伏;而远近诸山出其中者,皆若飞浮来往,或涌或没,顷刻万变。台东径[39]断,乡人凿石容磴[40]以度,而作神祠[41]于其东,水旱祷焉[42]。畏险者或[43]不敢度,然山之可观者,至是则亦穷矣[44]。

余与刘充父、平父、吕叔敬、表弟徐周宾游之。既皆赋诗以纪其胜,余又叙次[45]其详如此。而最[46]其可观者，石磴、小涧、山门、石台、西阁、瀑布也，因各别为小诗以识[47]其处，呈同游诸君，又以告夫[48]欲往而未能者。

年月日记。

【注释】

① 选自《朱子全书·晦庵先生朱文公文集》(上海古籍出版社 2002 年版)。朱熹(1130—1200)，字元晦，又字仲晦，号晦庵，晚称晦翁，又称紫阳先生，谥文，世称朱文公。祖籍徽州府婺源县(今江西婺源县)，出生于南剑州尤溪(今属福建尤溪县)。宋朝著名的理学家、思想家、哲学家、教育家、诗人，闽学派的代表人物，儒学集大成者，世尊称为朱子。百丈山，在今福建建阳市东北与今武夷山市交界处。

② [三里许] 约三里路。

③ [绝壑(hè)] 深险的山谷。

④ [控] 控扼，引接。

⑤ [磴(dèng)] 石头台阶。

⑥ [度] 越过。

⑦ [胜] 指风景优美。

⑧ [循] 沿着，顺着。

⑨ [亭午] 正午，中午。

⑩ [淙(cóng)下] 水流向下发出淙淙的声音。淙，流水的声音。

⑪ [溅溅] 水疾流时发出的声音。

⑫ [山门] 佛寺的大门。

⑬ [瞰(kàn)] 俯视。

⑭ [蹑(niè)] 踩。

⑮ [卑庳(bì)] 低矮。

⑯ [迫隘(ài)] 狭窄。

⑰ [足] 值得。

⑱［西阁］指庵中的西阁楼。

⑲［罅(xià)］缝隙。

⑳［并注］一同流入。

㉑［据］占据，位居。

㉒［当］面对。

㉓［水石峻激相搏］山石峻峭，水流湍急，水石相撞，如同搏击。

㉔［玩］观赏。

㉕［“乃壁其后”句］承上句说，然而在西阁后面，却是石壁，没有什么风景可看的。乃，而，却，表示转折语气。壁，石壁。其，指西阁。

㉖［“独夜卧其上”句］独，唯独。其，指西阁。潺(chán)潺，流水声。

㉗［峭(qiào)岸］悬崖峭壁。

㉘［深昧］深暗。

㉙［林薄］草木丛杂的地方。

㉚［瀵(fèn)涌］瀵，水由地面下喷出漫溢。这句是说水同源分流喷出。

㉛［烛］照耀。

㉜［璀璨(cuǐ càn)］光彩鲜明。

㉝［缺］指山的缺口。

㉞［芦山］芦峰山，在福建建阳西北，与百丈山东西遥对。石台面对芦山，像是在拱手作揖，所以说“前揖”。

㉟［历历］分明的样子。

㊱［薄］迫近。

㊲［紫翠重叠］是说群山在夕阳照耀下，或紫或翠，重叠相映。

㊳［殚］尽。

㊴［径］小路。

㊵［凿石容磴］在山壁上凿石造路。

㊶［神祠(cí)］祭神的祠堂。

㊷［水旱祷焉］天旱或水涝时在这里向神祈祷。

㊸［或］常常。

㊹［“然山之可观者”句］是说百丈山值得观赏的景物到此也就穷尽了。是，此，指台东神祠。

㊺［叙次］依次叙述。

㊻［最］此处似为“总”的意思。

㊼［识(zhì)］记。

㊽［夫］那些。

【评析】

山水游记文是专门描摹山水，记录文人游览经历的文章。它的起源很早，《尚书·禹贡》为其滥觞。但真正的山水游记肇始于东汉，盛行于南北朝，而成熟于唐代。中国山水文学的创作并不只是为了描摹风景，在文人游览山水之时，也会将自己的心声投射到山水之中。因此山水游记的创作往往包含着深刻的人文关怀。如唐代山水游记的代表作家柳宗元，他在永州的多篇游记就用精炼而清丽的语言，将永州幽静、奇异的山水之美生动地表现了出来，其中也将自己的精神灌注其中，让我们在感受山水之美的同时，领略他对于自然、人生的思考。

宋代山水游记继承了唐代的风格，并且在理性的思考上更上了一层楼。本文的作者朱熹除了是理学的大家外，也是一位杰出的文学家。钱穆曾说：“朱子倘不入道学、儒林，亦当在文苑传中占一席地。大贤能事，固是无所不用其极也。”本文描绘了朱子与友人游览百丈山的经历，文章层次分明，朱子重点描绘了其认为可观的六处景点：石磴、小涧、山门、石台、西阁、瀑布，每一处都有独特的风韵，可观可叹。游览的最后景点是瀑布，因为石台东边的山路断了，当地人在石壁上凿路来行走，但这种路“畏险者或不敢度”。朱子游览到此也并没有冒险向前，他认为“山之可观者，至是则亦穷矣”。这和王安石在《游褒禅山记》中所说的“世之奇伟、瑰怪，非常之观，常在于险远，而人之所罕至焉，故非有志者不能至也”正相反。朱子游览山水趋于稳健的道路，而王安石则期待冒险所带来的奇遇。这或许多少能反映出他们人生态度的区别。

【理性思考】

1. 朱子认为什么地方风景好,什么地方无足观?

2. 能看出朱子什么样的审美倾向?

【延伸阅读】

1. 莫砺锋《朱熹文学研究》,南京大学出版社 2002 年版。

2. 王安石《游褒禅山记》,《王文公文集》,上海人民出版社 1974 年版。

稼 轩 记[①]

洪 迈

国家行在武林[②],广信最密迩畿辅[③]。东舟西车,蜂午[④]错出,处势便近,士大夫乐寄焉。环城中外,买宅且[⑤]百数,基局不能宽,亦曰避燥湿寒暑而已耳。

郡治之北可[⑥]里所,故有旷土存,三面傅城,前枕澄湖如宝带,其从千有二百三十尺,其衡八百有三十尺[⑦],截然砥平[⑧],可庐[⑨]以居,而前乎相攸[⑩]者皆莫识其处,天作地藏,择然后予。济南辛侯幼安最后至,一旦[⑪]独得之。既筑室百楹[⑫],度财占地什四,乃荒左偏以立圃[⑬],稻田泱泱,居然衍十弓[⑭]。意他日释位得归,必躬耕于是,故凭高作屋下临之,是为稼轩。而命田边立亭曰植杖[⑮],若将真秉耒耨[⑯]之为者。东冈西阜,北墅南麓,以青径款竹扉,以锦路行海棠,集山有楼,婆娑有室,信步有亭,涤砚有渚。皆约略位置,规岁月绪成之,而主人初未之识也。绘图畀[⑰]予曰:“吾甚爱吾轩,为我记。”

予谓侯本以中州隽人,抱忠仗义,章显闻于南邦。齐虏巧负国,赤手领五十骑,缚取于五万众中,如挟毚兔,束马衔枚,间关西奏淮,至通昼夜不粒食。壮声英概，懦士为之兴起，圣天子一见三叹息，用是简深知[18]。入登九卿，出节使二道，四立连率幕府[19]。顷赖氏寇作，自潭薄于江西[20]，两地惊震，谭笑扫空之。使遭事会之来，挈中原还职方氏[21]，彼周公瑾、谢安石事业，侯盖饶为之。此志未偿，顾自诡[22]放浪林泉，从老农学稼[23]，无亦大不可欤？

若予者伥伥[24]一世间，不能为人轩轾[25]，乃当夫须[26]袯襫[27]，醉眠牛背，与荛童牧孺[28]肩相摩，幸未黧老[29]时及见侯展大功名，锦衣来归，竟厦屋潭潭[30]之乐，将荷笠棹舟[31]，风乎玉溪之上，因园隶内谒[32]曰："是尝有力于稼轩者。"侯当辍食迎门，曲席而坐，握手一笑，拂壁间石细读之，庶不为生客。

侯名弃疾，今以右文殿修撰再安抚江南西路云。

【注释】

① 选自《辛弃疾集编年笺注》(中华书局 2015 年版)。稼轩，辛弃疾在上饶带湖所建宅院的名称。《宋史·辛弃疾传》："尝谓人生在勤，当以力田为先……故以稼名轩。"辛弃疾(1140—1207)，字幼安，号稼轩，历城(今山东济南市)人。辛弃疾出生在金朝统治下的北方，自幼便立志恢复中原，二十二岁时参加抗金起义军，并率领一批人马归南宋。辛弃疾一生主张抗击金朝，但由于朝中主和派占据上风，他未能得到重用。辛弃疾壮志难酬，他将满腹的孤独和压抑写成了许多经典的作品，因此成为宋代最为出色的词人之一，与苏轼并称为"苏辛"。洪迈(1123—1202)，南宋饶州鄱阳(今江西上饶市鄱阳县)人，字景卢，号容斋，又号野处，绍兴年间进士，是著名的学者、文学家。他学问广博，著作甚多，有《容斋随笔》《夷坚志》等。

② [国家行在武林] 行在，皇帝临时外出的驻地。南宋以临安为都，名义上是临时迁都于此。武林，南宋都城临安(今杭州)的别称。

③ [广信最密迩畿辅] 广信，信州上饶郡(今江西上饶市)。密迩，贴近，靠近。畿辅，京城(指杭州)周围的地区。

④［蜂午］纷繁杂沓的样子。

⑤［且］将近。

⑥［可］大约。

⑦［其从千有二百三十尺，其衡八百有三十尺］从，通“纵”。有，通“又”。衡，通“横”。

⑧［砥平］平直，平坦。

⑨［庐］房舍，用作动词，建房舍。

⑩［相攸］选择善地。

⑪［一旦］一天之间。

⑫［楹］量词，古代计算房屋的单位，一说一列为一楹；一说一间为一楹。

⑬［荒左偏以立圃］留下左边这块地方，建起一座园圃。

⑭［弓］古代丈量单位，五尺为一弓。

⑮［植杖］扶杖。这个典故出自《论语·微子》：“子路从而后，遇丈人，以杖荷蓧。子路问曰：‘子见夫子乎！’丈人曰：‘四体不勤，五谷不分。孰为夫子？’植其杖而芸。”

⑯［耒耨］耕种的工具。

⑰［畀］给予。

⑱［“予谓侯本以中州隽人”句］这三句话是指辛弃疾带领起义军归宋的历史。绍兴三十一年，辛弃疾参加耿京的起义军，他积极建议“决策南向”，主动与南宋朝廷取得联系。因而次年受耿京委派抵达建康见宋高宗。在完成使命北归过程中，耿京被部下张安国杀害，辛弃疾当机立断，联合起义军中其他将领王世隆等人，突袭济州（今山东巨野县），生擒张安国，交给南宋朝廷处死。此举震惊南宋朝野。隽人，隽通“俊”，指优秀的人才。齐虏，指张安国。㲋兔，狡兔，指动作迅捷。与“束马衔枚”同为比喻军事行动的迅速有序。简，选拔。

⑲［“入登九卿”句］这句话概括了辛弃疾的仕宦经历：九卿指辛弃疾曾任大理寺少卿；出节使二道指湖北路转运副使、荆湖南路转运副

使；四立连率幕府，荆湖北路，荆湖南路安抚使，两任江南西路安抚使。

⑳［顷赖氏寇作，自潭薄于江西］宋孝宗淳熙二年，赖文政在荆南、湖南发起暴动。潭，潭州，今湖南湘潭。薄，迫近。

㉑［挈中原还职方氏］收复中原版图。挈，带着。还职方氏，收复版图。职方氏，《周礼》中掌管国家版图的官。

㉒［自诡］责成自己。

㉓［稼］耕作，种植。

㉔［依依］无所适从貌。

㉕［轩轾］车前高后低叫轩，前低后高叫轾。引申为高低、轻重、优劣。

㉖［夫须］莎草，可用以编织蓑衣。

㉗［袯襫(bó shì)］蓑衣之类的防雨衣。

㉘［荛童牧孺］砍柴、牧牛的孩子。

㉙［黧老］老人。

㉚［潭潭］深广貌。

㉛［櫂舟］划船。櫂，通“棹”，划船用的桨，这里用作动词。

㉜［园隶内谒］园隶，园内童仆。内谒，通报姓名。

【评析】

1181年对于辛弃疾来说是极为不寻常的一年，这一年冬天，辛弃疾被弹劾落职，退居江西信州城北的带湖，以稼名轩，从此开始了他漫长而孤独的贬谪生活。洪迈的《稼轩记》是应辛弃疾邀请写作的，是了解辛弃疾的重要材料，本身也具有很高的文学价值。

文章首先介绍了辛弃疾建“稼轩”的原因，信州据京城不远，士大夫在此买宅成为时尚，因此基局拥挤狭窄，接下来作者笔锋一转，开始介绍城北的“稼轩”所处的地理位置，这里既不偏僻，又不嘈杂，如此宝地，竟然被“最后至”的辛弃疾买到。作者先抑后扬，即夸了“稼轩”之园圃，又夸了“稼轩”之主人的眼光不俗，手法高妙。接下来便是介绍稼轩内部的布局了,这篇园圃由辛弃疾亲手设计,亭台楼阁、小径竹扉,足见其匠心独具。

在下面一段中,作者介绍了主人辛弃疾的半生戎马,一腔壮志。洪迈此时的笔触也很壮烈,“齐虏巧负国,赤手领五十骑,缚取于五万众中,如挟毚兔,束马衔枚,间关西奏淮,至通昼夜不粒食”这样的句子读起来铿锵有力,是对辛弃疾名将武功的精彩刻画。也正因为此,作者惋惜辛弃疾的退隐,更是直接质问:“无亦大不可欤?”而事实上,辛弃疾自己又何尝不苦闷,何尝真正地想要退隐。他的一腔报国之志无处安放,正如他自己所言“却将万字平戎策,换得东家种树书”(《鹧鸪天》)。

文章的最后,作者想象着有一天和锦衣归来的辛弃疾在稼轩中把酒言欢,这无疑是二人最为完美的结局。可惜辛稼轩却终于在这稼轩之中消磨了自己十八年的时光,后来虽然再次被启用,却不久后再次被黜,开禧三年(1207),壮志未酬的辛弃疾含恨而逝。

【理性思考】

辛弃疾南归之后有一个独特的身份:“归正人”。什么是“归正人”呢?

【延伸阅读】

1. 邓广铭《辛弃疾年谱》,上海古籍出版社 1997 年版。
2. 辛弃疾《美芹十论》,《辛弃疾集编年笺注》,中华书局 2015 年版。
3. 陈亮《辛稼轩画像赞》,《陈亮集》,中华书局 1974 年版。

送陈庭学序[①]

宋　濂

西南山水,惟川蜀最奇。然去中州[②]万里,陆有剑阁栈道[③]之险,水有瞿唐滟滪[④]之虞。跨马行篁竹间,山高者累旬日不见其颠际,临上而俯视，绝壑万仞，杳莫测其所穷。肝胆为之掉栗[5]。水行则江石悍利，波恶涡诡，舟一失势尺寸，辄糜碎土沉，下饱鱼鳖。其难至如此，故非仕有力[6]者，不可以游。非材有文者，纵游无所得。非壮强者，多老死于其地。嗜奇之士恨焉。

天台[7]陈君庭学能为诗，由中书左司掾[8]屡从大将北征，有劳，擢四川都指挥司[9]照磨[10]，由水道至成都。成都，川蜀之要地，扬子云、司马相如、诸葛武侯之所居。英雄俊杰战攻驻守之迹，诗人文士游眺饮射[11]、赋咏歌呼之所，庭学无不历览。既览，必发为诗，以纪其景物时世之变，于是其诗益工。

越三年，以例自免归，会余于京师。其气愈充，其语愈壮，其志意愈高，盖得于山水之助者侈[12]矣。余甚自愧。方余少时，尝有志于出游天下，顾以学未成而不暇。及年壮可出，而四方兵起[13]，无所投足。逮今圣主兴[14]而宇内定，极海之际，合为一家，而余齿已加耄矣[15]，欲如庭学之游，尚可得乎？然吾闻古之贤士若颜回、原宪[16]，皆坐守陋室，蓬蒿没户，而志意常充然，有若囊括于天地者，此其故何也？得无有出于山水之外者乎？庭学其试归而求焉，苟有所得，则以告余，余将不一愧而已也。

【注释】

① 选自《宋文宪公全集》卷三二（《四部备要》本）。宋濂（1310—1381），字景濂，号潜溪，浙江浦江人。元末召为翰林编修，以亲老辞。明初主修元史，累官至翰林学士承旨、知制诰。洪武十三年（1380），因长孙涉胡惟庸案，全家谪茂州，病死夔州。卒谥文宪。与高启、刘基并称为“明初诗文三大家”，被明太祖朱元璋誉为“开国文臣之首”。有《宋文宪公全集》。

② ［中州］中原。

③ ［剑阁栈道］剑阁，在四川省北部，为川陕的交通要道，自古为戍守要地。栈道，又名阁道、复道，古代在川、陕、甘、滇诸省境内峭岩陡

壁上凿孔架桥连阁而成的一种道路。

④［瞿唐滟滪］瞿唐，瞿塘峡，又称巫峡，长江三峡之一，在四川奉节县东，江流湍急，山势险峻，号称“天堑”。滟滪，滟滪堆，瞿塘峡口的险滩。

⑤［掉栗］战栗。

⑥［仕有力］任职四川又有财力。

⑦［天台］县名，今属浙江省。

⑧［中书左司掾（yuàn）］明初中书省左司的署官。中书左司领吏、户、礼三部，任监督稽核之责。掾，属官。

⑨［都指挥司］明代于每一行省设都指挥使司，掌一省军政。

⑩［照磨］为其属官，以对照、磨勘文书为职。

⑪［射］射覆，一种猜物游戏，一件东西用碗盆等盖起来叫人猜。后发展为酒令的一种，用字句隐喻事物，令人猜测。

⑫［侈］多。

⑬［四方兵起］指元末群雄并起。

⑭［圣主兴］指朱元璋一统天下建立明朝。

⑮［余齿已加耄（mào）矣］齿，代指年龄。耄，老。《礼记·曲礼上》：“八十九十曰耄。”

⑯［颜回、原宪］都是孔子弟子。颜回，鲁人，字子渊。《论语·雍也》：“贤哉回也！一箪食一瓢饮，在陋巷，人不堪其忧，回也不改其乐。”原宪，字子思。《史记·仲尼弟子列传》：“孔子卒，原宪遂亡在草泽中。子贡相卫，而结驷连骑，排藜藿入穷阎，过谢原宪。宪摄敝衣冠见子贡。子贡耻之，曰‘夫子岂病乎？’原宪曰：‘吾闻之，无财者谓之贫，学道而不能行者谓之病。若宪，贫也，非病也。’子贡惭，不怿而去。”

【评析】

赠序是古代常见的一种送别亲友的文章。叙交游、道别情、陈规勉，是一般赠序的主要内容。唐代韩愈所作的赠序文，送别大都只是借题，主要在文中挥洒自我之怀抱志意，议论时事，叙述主张，如《送孟东野序》《送董邵南序》等。同时代的柳宗元，以及宋代的欧阳修、朱熹等所写的赠序文也都是如此，不仅表达了师友亲朋之间相互砥砺的真挚感情，还展示出作者的胸襟、见识与理想，熔叙事、说理与抒情于一炉。

宋濂的这篇《送陈庭学序》，开篇以四川山水奇险入笔，归结为“不可以游”、“纵游无所得”、“多老死于其地”三种情况。如果不是满足“仕有力”、“材有文”、“壮强”这三项条件，猎奇者往往只能遗恨而已。下文历数陈庭学仕宦行迹，暗暗点出陈庭学符合以上三个条件。川蜀的山水名胜对陈庭学作诗的补益之功显而易见，使人感受到“其气愈充，其语愈壮，其志意愈高”，作者也认同其“盖得于山水之助者侈矣”。接着笔锋一转，写自己虽有志出游，但碍于各种原因未能出行。初看似有憾意，实际上是欲进先退，下文点出古人砥砺修行，“有得于山水之外者”，委婉含蓄地表示规劝之意。文章笔法绵密，无一处闲笔，古人称赞此文“起伏迎合，如峰回路转，真神明变化之笔”。

【理性思考】

1. 分析第一段中写景的内容，所指的分别是“能游”的哪个条件？

2. 宋濂借颜回、原宪的例子，提出能使人“志意充然，有若囊括于天地”的，不仅仅在于山水游历，但并未点明所指。联系宋元明时期理学盛行的思想背景，谈谈你的认识。

3. 文末说“余将不一愧而已也”，一愧是指自己愧不能如陈庭学那样壮游山河，于文章上得其所助，“再愧者”又指什么？试作阐释。

【延伸阅读】

1. 刘永翔《宋濂文臆说》，《蓬山舟影》，汉语大词典出版社 2004 年版。

2. 全祖望《宋文宪公（濂）画像记》，《鲒埼亭集外编》卷十九，《全祖望集汇校集注》，上海古籍出版社 2000 年版。

3. 韩愈《送董邵南序》，《韩昌黎文集校注》卷四，上海古籍出版社 2014 年版。

游黄山日记徽州府[①]

徐霞客

初二日 自白岳下山，十里，循麓[②]而西，抵南溪桥。渡大溪，循别溪，依山北行。十里，两山峭逼如门，溪为之束[③]。越而下，平畴[④]颇广。二十里，为猪坑。由小路登虎岭，路甚峻。十里，至岭。五里，越其麓。北望黄山诸峰，片片可掇[⑤]。又三里，为古楼坳。溪甚阔，水涨无梁[⑥]，木片弥[⑦]满布一溪，涉之甚难。二里，宿高桥。

初三日 随樵者[⑧]行久之，越岭二重，下而复上，又越一重，两岭俱峻，曰双岭。共十五里，过江村。二十里，抵汤口[⑨]，香溪、温泉诸水所由出者[⑩]。折而入山，沿溪渐上，雪且[⑪]没趾。五里，抵祥符寺。汤泉[⑫]在隔溪，遂俱解衣赴汤池。池前临溪，后倚壁，三面石瓮[⑬]，上环石如桥。汤深三尺，时凝寒未解，而汤气郁然[⑭]，水泡池底汩汩[⑮]起，气本香冽[⑯]。黄贞父谓其不及盘山[⑰]，以汤口、焦村[⑱]孔道[⑲]，浴者太杂遝[⑳]也。浴毕，返寺。僧挥印引登莲花庵，蹑[㉑]雪循涧以上。涧水三转，下注而深泓者[㉒]，曰白龙潭；再上而停涵石间者，曰丹井。井旁有石突起，曰“药臼”，曰“药铫”[㉓]。宛转随溪，群峰环耸，木石掩映。如此一里，得一庵，僧印我他出[㉔]，不能登其堂。堂中香炉及钟鼓架，俱天然古木根所为。遂返寺宿。

初四日 兀坐[㉕]，听雪溜竟日。

初五日 云气甚恶，余强卧[㉖]至午起。挥印言慈光寺颇近，令其徒引。过汤池，仰见一崖，中悬鸟道[㉗]，两旁泉泻如练。余即从此攀跻上，泉光云气，撩绕衣裾。已转而右，则茅庵上下，磬韵香烟[㉘]，穿石而出，即慈光寺也。寺旧名珠砂庵。比丘[㉙]为余言：“山顶诸静室，径[㉚]为雪封者两月。今早遣人送粮，山半，雪没腰而返。”余兴大阻，由大路二里下山，遂引被卧[㉛]。

初六日 天色甚朗，觅导者各携筇[㉜]上山，过慈光寺。从左上，石峰环夹，其中石级为积雪所平，一望如玉。疏木茸茸[33]中，仰见群峰盘结，天都独巍然上挺。数里，级愈峻，雪愈深，其阴处冻雪成冰，坚滑不容着趾[34]。余独前，持杖凿冰，得一孔，置前趾，再凿一孔，以移后趾。从行者俱循此法得度。上至平冈，则莲花、云门诸峰，争奇竞秀，若为天都拥卫者。由此而入，绝巘[35]危崖，尽皆怪松悬结。高者不盈[36]丈，低仅数寸，平顶短鬣[37]，盘根虬干[38]，愈短愈老，愈小愈奇，不意奇山中又有此奇品也！松石交映间，冉冉[39]僧一群从天而下，俱合掌言："阻雪山中已三月，今以觅粮勉到此，公等何由得上也？"且言："我等前海诸庵，俱已下山，后海山路尚未通，惟莲花洞可行耳。"已而[40]从天都峰侧攀而上，透峰罅[41]而下，东转即莲花洞路也。余急于光明顶、石笋矼[42]之胜，遂循莲花峰而北。上下数次，至天门。两壁夹立，中阔摩肩，高数十丈，仰面而度，阴森悚骨。其内积雪更深，凿冰上跻[43]，过此得平顶，即所谓前海也。由此更上一峰，至平天矼。矼之兀突独耸者，为光明顶。由矼而下，即所谓后海也。盖平天矼阳为前海，阴为后海[44]，乃极高处，四面皆峻坞，此独若平地。前海之前，天都、莲花二峰最峻，其阳属徽之歙[45]，其阴属宁之太平[46]。

余至平天矼，欲望光明顶而上。路已三十里，腹甚枵[47]，遂入矼后一庵。庵僧俱踞石向阳。主僧曰智空，见客色饥，先以粥饷。且曰："新日太皎，恐非老睛[48]。"因指一僧谓余曰："公有余力，可先登光明顶而后中食，则今日犹可抵石笋矼，宿是师处矣。"余如言登顶，则天都、莲花并肩其前，翠微、三海门环绕于后，下瞰绝壁峭岫，罗列坞中，即丞相原也。顶前一石，伏而复起，势若中断，独悬坞中，上有怪松盘盖。余侧身攀踞其上，而浔阳[49]踞[50]大顶相对，各夸胜绝。

下入庵，黄粱已熟。饭后，北向过一岭，踯躅菁莽[51]中，入一庵，曰狮子林，即智空所指宿处。主僧霞光，已待我庵前矣。遂指庵北二峰曰："公可先了此胜。"从之。俯窥其阴，则乱峰列岫，争奇并起。循之西，崖忽中断，架木连之，上有松一株，可攀引而度，所谓接引崖也。度崖，穿石罅而上，乱石危缀间，构木为石[52]，其中亦可置足，然不如踞石下窥更雄胜耳。下崖，循而东，里许，为石笋矼。矼脊斜亘，两夹悬坞中，乱峰森罗，其西一面，即接引崖所窥者。矼侧一峰突起，多奇石怪松，登之，俯瞰壑中，正与接引崖对瞰，峰回岫转，顿改前观。

下峰，则落照拥树[53]，谓明晴可卜，踊跃归庵[54]。霞光设茶，引登前楼。西望碧痕一缕，余疑山影。僧谓："山影夜望甚近，此当是云气。"余默然，知为雨兆也。

初七日　四山雾合。少顷，庵之东北已开，西南腻[55]甚，若以庵为界者，即狮子峰亦在时出时没间。晨餐后，由接引崖践雪下。坞半一峰突起，上有一松，裂石而出，巨干高不及二尺，而斜拖曲结，蟠翠[56]三丈余，其根穿石上下，几与峰等，所谓"扰龙松"是也。

攀玩移时，望狮子峰已出，遂杖而西[57]。是峰在庵西南，为案山。二里，蹑其巅，则三面拔立坞中，其下森峰列岫，自石笋、接引两坞迤逦[58]至此，环结又成一胜。登眺间，沉雾渐爽[59]，急由石笋矼北转而下，正昨日峰头所望森阴径也。群峰或上或下，或巨或纤，或直或欹[60]，与身穿绕而过。俯窥辗顾[61]，步步生奇，但壑深雪厚，一步一悚。

行五里，左峰腋一窦[62]透明，曰"天窗"。又前，峰旁一石突起，作面壁状，则"僧坐石"也。下五里，径稍夷[63]，循涧而行。忽前涧乱石纵横，路为之塞。越石久之，一阙新崩，片片欲堕，始得路。仰视峰顶，黄痕一方，中间绿字宛然可辨，是谓"天牌"，亦谓"仙人榜"。又前，鲤鱼石；又前，白龙池。共十五里。一茅出涧边，为松谷庵旧基。再五里，循溪东西行，又过五水，则松谷庵矣。再循溪下，溪边香气袭人，则一梅亭亭正发，山寒稽[64]雪，至是始芳。抵青龙潭，一泓深碧，更会两溪，比白龙潭势既雄壮，而大石磊落，奔流乱注，远近群峰环拱，亦佳境也。还餐松谷，往宿旧庵。余初至松谷，疑已平地，及是询之，须下岭二重，二十里方得平地，至太平县共三十五里云。

初八日　拟寻石笋奥境，竟为天夺，浓雾迷漫。抵狮子林，风愈大，雾亦愈厚。余急欲趋炼丹台，遂转西南。三里，为雾所迷，偶得一庵，入焉。雨大至，遂宿此。

初九日 逾午少霁[65]。庵僧慈明,甚夸西南一带峰岫不减石笋矼,有“秃颅朝天”、“达摩面壁”诸名。余拉浔阳蹈乱流至壑中,北向即翠微诸峦,南向即丹台诸坞,大抵可与狮峰竞驾,未得比肩石笋也。雨踵至,急返庵。

初十日 晨雨如注,午少停。策杖二里,过飞来峰,此平天矼之西北岭也。其阳坞中,峰壁森峭,正与丹台环绕。二里,抵台。一峰西垂,顶颇平伏。三面壁翠合沓[66],前一小峰起坞中,其外则翠微峰、三海门蹄股拱峙[67],登眺久之。东南一里,绕出平天矼下。雨复大至,急下天门。两崖隘肩,崖额飞泉,俱从人顶泼下。出天门,危崖悬叠,路缘崖半[68],比后海一带森峰峭壁,又转一境。“海螺石”即在崖旁,宛转酷肖,来时忽不及察,今行雨中,颇稔[69]其异,询之始知。已趋大悲庵,由其旁复趋一庵,宿悟空上人处。

十一日 上百步云梯。梯磴插天,足趾及腮[70],而磴石倾侧崄岈[71],兀兀[72]欲动,前下时以雪掩其险,至此骨意俱悚。上云梯,即登莲花峰道。又下转,由峰侧而入,即文殊院、莲花洞道也。以雨不止,乃下山,入汤院,复浴。由汤口出,二十里抵芳村,十五里抵东潭,溪涨不能渡而止。黄山之流,如松谷、焦村,俱北出太平;即南流如汤口,亦北转太平入江;惟汤口西有流,至芳村而巨,南趋岩镇,至府西北与绩溪会。

【注释】

① 选自《徐霞客游记》(中华书局 2015 年版)。徐霞客(1587—1641),名弘祖,字振之,号霞客,江阴梧塍里(今江苏江阴市)人。明代旅行家、地理学家、文学家。毕生从事旅行考察,足迹遍及明代的两京十三布政司。其旅行所记在其身后被整理为《徐霞客游记》。黄山,原名黟山,唐天宝后改为今名。相传黄帝与容成子、浮丘公同在此炼丹,故名黄山,亦称黄岳。位于安徽黄山市,面积约 154 平方公里。以中部的平天矼光明顶为界,其北称后海,其南称前海。今又称以东为东海,以西为西海,光明顶周围为天海。黄山风景以奇松、怪石、云海、温泉最

为著名。徐霞客于万历四十四年(1616)游黄山而有此记。

②［循麓］顺着山脚。麓，山脚。

③［溪为之束］溪流被山势约束。

④［平畴］平旷的田野。

⑤［掇］拾取。

⑥［梁］桥。

⑦［弥］遍。

⑧［樵者］砍柴的人。

⑨［汤口］地名，在歙县西北境，是进入黄山的门户。

⑩［香溪、温泉诸水所由出者］香溪、温泉等各处的溪水都是从这里流出去的。

⑪［且］将近，几乎。

⑫［汤泉］温泉。汤，热水。

⑬［三面石瓮(wèng)］三面用石块砌成。

⑭［郁然］水汽旺盛的样子。

⑮［汩汩(gǔ gǔ)］水流的声音或样子。

⑯［香冽］芳香清凉。

⑰［盘山］在今天津蓟县西北12公里，主峰挂月峰海拔864米。有上中下三盘，下盘以水胜，中盘以石胜，上盘以松胜。上有五峰，又称东五台。曾被誉为“京东第一名胜”。后来，徐霞客亦曾亲至盘山。

⑱［焦村］在黄山市太平区南境，黄山西侧。从汤口越黄山到焦村，是过去徽州到池州的要道。

⑲［孔道］交通要道。

⑳［杂遝(tà)］众多而杂乱。

㉑［蹑］踩着。

㉒［下注而深泓者］向下流注入深深的水潭中。

㉓［药铫(diào)］煮药的器具。

㉔［他出］外出去了别的地方。

㉕［兀坐］干坐。

㉖［强卧］勉强睡到。

㉗［鸟道］小道。

㉘［磬韵香烟］钟磬的余韵和缭绕的香烟。

㉙［比丘］梵文音译词，俗称和尚。

㉚［径］道路。

㉛［遂引被卧］于是拉过被子睡觉。

㉜［筇(qióng)］筇竹，一种竹子，可以用来作手杖。

㉝［疏木茸茸］白茸茸稀疏的树丛间。

㉞［着趾］落脚。

㉟［绝巘(yǎn)］极高的山峰。

㊱［盈］满。

㊲［鬣］松针。

㊳［盘根虬(qiú)干］盘结的树根和拳曲的树干。

㊴［冉冉］缓缓地。

㊵［已而］不久。

㊶［罅(xià)］裂缝。

㊷［矼(gāng)］又作“杠”，即石桥。

㊸［跻］向上攀爬。

㊹［盖平天矼阳为前海，阴为后海］原来平天矼的南面是前海，北面是后海。坐北朝南为阳，坐南朝北为阴。

㊺［徽之歙］徽州府的歙县。

㊻［宁之太平］宁国府的太平县。

㊼［腹甚枵(xiāo)］肚子很饿。枵，空虚。

㊽［新日太皎，恐非老晴］新出的太阳太娇艳了，恐怕晴不了一会。

㊾［浔阳］据丁文江《徐霞客年谱》：“浔阳乃其号，叔翁疑即叔岳之称。先生原配许氏，然则浔阳当姓许。”乃与徐霞客同游者。

㊿［踞(jù)］蹲或坐。

(51)［踯躅菁莽］徘徊在茂密的丛林中。

(52)［构木为石］架设木头代替岩石。

(53)［落照拥树］落日的余晖环抱着树木。

(54)［谓明晴可卜，踊跃归庵］我以为明天可以预知是晴天，于是很踊跃地回到庵中。

(55)［腻］凝滞。

(56)［蟠翠］蟠曲苍翠。

(57)［遂杖而西］于是拄着拐杖向西走。

(58)［迤逦］曲折连绵的样子。

(59)［爽］明朗。

(60)［攲(qī)］倾斜，歪向一边。

(61)［俯窥辗顾］向下看回头看。

(62)［窦］孔。

(63)［夷］平坦。

(64)［稽］留止。

(65)［逾午少霁(jì)］过了中午稍稍放晴。霁，雨止天晴。

(66)［合沓(tà)］重叠。

(67)［蹄股拱峙］像蹄子和大腿一样耸峙拱卫。

(68)［路缘崖半］道路沿着石崖的半山腰。

(69)［稔(rěn)］熟悉。

(70)［梯磴(dèng)插天，足趾及腮］云梯石阶直插入天，脚趾几乎要碰到腮帮子。

(71)［岭岈(hán yá)］中间空而深阔。

(72)［兀兀］高耸突出的样子。

【评析】

黄山是我国著名风景名胜，地处皖南，这篇游记是万历四十四年

(1616)徐霞客游览黄山后所作。此次游览，正值大雪封山，徐霞客由南向北，从汤口出发，途经祥符寺、慈光寺、天门、平天矼、狮子峰、接引崖、松谷庵等处，全程共十天。

徐霞客在旅途过程中注意记录天气情况和所行路线，在观赏黄山各处风景时，多能彼此参照对比，突出各处的特色。虽然条件艰险，但他迎难而上，尽可能全面细致地考察沿途环境，其中尤其注意对黄山松、石等标志性自然景物的摹写，细腻程度让人仿佛身临其境。在文章的最后，他还指出了黄山附近水流的走向，体现了一位地理学家自觉的专业精神和科学素养。整篇游记语言流畅、富有条理，既有很高的地理考察记录价值，又不失观赏性人文情趣，读完让人不能不对黄山生出神往之情。

【理性思考】

1. 请列出徐霞客游黄山的具体路线，并指出他是用什么写作顺序勾勒这一路线的。

2. 徐霞客此次旅行遇到诸多困难，试举出三例。

3. 黄山自古便是我国著名风景区，请查阅相关资料，找出其他古人对黄山的记叙描写并与徐霞客此文对比阅读。

【延伸阅读】

1. 徐霞客《游黄山日记后》，《徐霞客游记》，中华书局 2015 年版。

2. 徐弘祖著，朱惠荣校注《徐霞客游记校注》，云南人民出版社 1985 年版。

3. 苏雪林《黄海游踪》，《苏雪林自选集》，台湾黎明文化事业公司 1975 年版。

4. 钱谦益《徐霞客传》，《牧斋初学集》，上海古籍出版社 2009 年版。

徐霞客传[①]

钱谦益

徐霞客者，名弘祖，江阴梧塍里[②]人也。高祖经，与唐寅同举除名。寅尝以倪云林画卷偿博进[③]三千，手迹犹在其家。霞客生里社，奇情郁然，玄对山水[④]，力耕奉母。践更[⑤]繇役，蹙蹙如笼鸟之触隅[⑥]，每思飏[⑦]去。年三十，母遣之出游。每岁三时出游，秋冬觐省[⑧]，以为常。东南佳山水，如东西洞庭、阳羡、京口、金陵、吴兴、武林、浙西径山、天目、浙东五泄、四明、天台、雁宕、南海落迦，皆几案衣带间物耳[⑨]。有再三至，有数至，无仅一至者。

其行也，从一奴或一僧、一杖、一襆被[⑩]，不治装，不裹粮，能忍饥数日，能遇食即饱，能徒步走数百里，凌绝壁，冒丛箐，扳援下上，悬度绠汲[⑪]，捷如青猿，健如黄犊；以崟岩[⑫]为床席，以蹊涧为饮沐，以山魅、木客、王孙、玃父[⑬]为伴侣，儚儚粥粥[⑭]，口不能道词，与之论山经，辨水脉，搜讨形胜，则划然心开。居平未尝鞶帨[⑮]为古文辞，行游约数百里，就破壁枯树，燃松拾穗，走笔为记，如甲乙之簿，如丹青之画，虽才笔之士，无以加也。

游台、宕还，过陈木叔[⑯]小寒山，木叔问："曾造雁山绝顶否?"霞客唯唯[⑰]。质明已失其所在[⑱]，十日而返。曰："吾取间道，扪萝[⑲]上龙湫，三十里有宕[⑳]焉，雁所家也，扳绝磴[㉑]，上十数里，正德[㉒]间白云、云外两僧团瓢[㉓]尚在。复上二十余里，其颠罡风[㉔]逼人，有麋鹿数百群，围绕而宿。三宿而始下。"其与人争奇逐胜，欲赌身命，皆此类也。已而游黄山、白岳、九华、匡庐，入闽，登武夷，泛九鲤湖；入楚，谒玄岳；北游齐、鲁、燕、冀、嵩、洛；上华山，下青柯枰，心动趣归，则其母正属疾，啮指[㉕]相望也。

母丧服阕[㉖]，益放志远游。访黄石斋[㉗]于闽，穷闽山之胜，皆非闽人所知。登罗浮，谒曹溪，归而追石斋于黄山，往复万里，如步武[㉘]耳。

繇[29]终南背走峨眉，从野人采药，栖宿岩穴中，八日不火食[30]。抵峨眉，属奢酋[31]阻兵，乃返。只身戴釜[32]，访恒山于塞外，尽历九边[33]厄塞。归，过余山中，剧谈四游四极[34]，九州九府[35]，经纬分合，历历如指掌。谓昔人志星官舆地[36]，多承袭傅会，江河二经[37]，山川两戒[38]，自纪载来，多囿于中国[39]一隅。欲为昆仑海外之游，穷流沙而后返。小舟如叶，大雨淋湿，要之登陆，不肯，曰："譬如涧泉暴注，撞击肩背，良足快耳！"

丙子[40]九月，辞家西迈。僧静闻愿登鸡足[41]礼迦叶[42]，请从焉。遇盗于湘江，闻被创病死[43]，函其骨[44]，负之以行。泛洞庭，上衡岳，穷七十二峰。再登峨眉，北抵岷山，极于松潘。又南过大渡河，至黎雅[45]，登瓦屋[46]、晒经[47]诸山。复寻金沙江，极于牦牛徼外[48]。繇金沙南泛澜沧，繇澜沧北寻盘江，大约在西南诸夷境，而贵竹[49]、滇南之观，亦几尽矣。过丽江，憩点苍[50]、鸡足，瘗静闻骨于迦叶道场[51]，从宿愿也。

繇鸡足而西，出玉门关数千里，至昆仑山，穷星宿海[52]，去中夏三万四千三百里。登半山，风吹衣欲堕，望见外方黄金宝塔。又数千里，至西番[53]，参大宝法王[54]。鸣沙以外，咸称胡国，如述卢、阿耨[55]诸名，繇旬[56]不能悉。《西域志》称沙河阻远，望人马积骨为标识，鬼魅热风，无得免者。玄奘法师受诸磨折，具载本传。霞客信宿[57]往返，如适莽苍[58]。还至峨眉山下，托估客[59]附所得奇树虬根以归。并以《溯江纪源》一篇寓[60]余，言《禹贡》岷山导江，乃泛滥中国之始，非发源也。中国入河之水为省五，入江之水为省十一，计其吐纳，江倍于河，按其发源，河自昆仑之北，江亦自昆仑之南，非江源短而河源长也。又辨三龙[61]大势，北龙夹河之北，南龙抱江之南，中龙中界之，特短。北龙只南向，半支入中国，惟南龙磅薄半宇内，其脉亦发于昆仑，与金沙江相并南下，环滇池以达五岭。龙长则源脉亦长，江之所以大于河也。其书数万言，皆订补桑《经》、郦《注》[62]及汉、宋诸儒疏解《禹贡》所未及，余撮其大略如此。

霞客还滇南，足不良行，修《鸡足山志》，三月而毕。丽江木太守[63]偫糇粮[64]，具笋舆[65]以归。病甚，语问疾者曰："张骞[66]凿空[67]，未睹昆仑。唐玄奘、元耶律楚材[68]衔人主之命，乃得西游。吾以老布衣，孤筇双屦[69]，穷河沙，上昆仑，历西域，题名绝国[70]，与三人而为四，死不恨矣。”余之识霞客也，因漳人刘履丁[71]。履丁为余言：“霞客西归，气息支缀[72]，闻石斋下诏狱，遣其长子间关[73]往视，三月而反，具述石斋颂系[74]状，据[75]床浩叹，不食而卒。”其为人若此。

梧下先生[76]曰：“昔柳公权记三峰事[77]，有王玄冲者，访南坡僧义海，约登莲花峰，某日届山趾[78]，计五千仞为一旬之程，既上，爇烟[79]为信。”海如期宿桃林，平晓，岳色清明，伫立数息，有白烟一道起三峰之顶。归二旬而玄冲至，取玉井莲[80]落叶数瓣，及池边铁船寸许遗海，负笈而去。玄冲初至，海渭之曰：“兹山削成，自非驭风凭云，无有去理。”玄冲曰：“贤人勿谓天不可登，但虑无其志尔。”霞客不欲以张骞诸人自命，以玄冲拟之，并为三清[81]之奇士，殆庶几乎[82]？霞客纪游之书，高可隐几[83]。余属其从兄仲昭雠勘[84]而存之，当为古今游记之最。霞客死时，年五十有六。西游归以庚辰六月，卒以辛巳正月，葬江阴之马湾。亦履丁云。

【注释】

① 选自《牧斋初学集》(上海古籍出版社 2009 年版)。钱谦益(1582—1664)，字受之，号牧斋，晚号蒙叟，东涧老人。学者称虞山先生。苏州府常熟人。明万历三十八年(1610)一甲三名进士。曾是东林党的领袖之一，官至礼部侍郎，因与温体仁争权失败而被革职。明朝京师顺天府沦陷后，马士英、阮大铖在南京拥立福王，建立南明弘光政权，钱谦益依附之，为礼部尚书。后降清，为礼部侍郎。清初诗坛的盟主之一。著有《牧斋初学集》《牧斋有学集》等。

② [梧塍(chéng)里] 今江阴徐霞客镇。

③ [博进] 赌博输掉的钱。

④ [玄对山水] 语出《世说新语·容止篇》刘孝标注引孙绰《庾亮碑文》：“方寸湛然，固以玄对山水。”意谓以玄妙之趣与山水之美融合为一。

⑤ [践更] 出钱请人代服徭役。

⑥ [触隅] 触到边沿。

⑦［飏］（向上）飞，亦指遁去。

⑧［觐省］看望长辈。

⑨［皆几案衣带间物耳］形容徐霞客对这些地方十分熟悉。

⑩［襆被］铺盖卷，行李。

⑪［悬度绠汲］横穿山谷，就像拿绳子打水一样。

⑫［崟(yín)岩］高峻的山岩。

⑬［山魅、木客、王孙、玃(jué)父］山上的鬼魅、丛林间的怪兽、猴子、大猿。

⑭［儚儚(méng méng)粥粥］昏昧柔弱的样子。

⑮［鞶帨(pán shuì)］大带与佩巾，比喻华丽的藻饰。

⑯［陈木叔］陈函辉，原名炜，字木叔，崇祯朝进士，授靖江知县。明亡后作绝命词十章，投水而死。

⑰［唯唯］回答含糊不清的样子。

⑱［质明已失其所在］等到天亮的时候已经找不到他了。

⑲［扪萝］抓着藤萝。

⑳［宕］大坑。

㉑［扳绝磴］攀登陡峻的山路。

㉒［正德］明武宗年号(1506—1521)。

㉓［团瓢］圆形的屋子。

㉔［罡(gāng)风］强劲的风。

㉕［啮(niè)指］咬着手指。《搜神记》载，曾子从孔子在楚，忽心动辞归探母，母曰："思尔啮指。"后用以表示慈母与孝子之间的心灵感应。

㉖［母丧服阕］服母丧期满。

㉗［黄石斋］黄道周，字幼玄，号石斋，福建漳浦人。明天启朝进士，崇祯年间官至少詹事，南明弘光朝任礼部尚书。后拥立唐王，拜武英殿大学士，兵败被俘至南京，不屈而死。

㉘［步武］指距离很近。

㉙［繇］由。

㉚［火食］吃熟的食物。

㉛［奢酋］奢崇明，苗族，居四川永宁，为宣抚司。明熹宗时造反，围攻成都，国号大梁，后被朱燮元剿灭。

㉜［釜］一种炊具。

㉝［九边］明代北方的九处重镇，即辽东、宣府、大同、延绥、宁夏、甘肃、蓟州、山西、固原。

㉞［四游四极］四游，纬书中的说法，古人以为大地星辰在一年四季之中会向东南西北四方移动。四极，指四方极远之地。

㉟［九州九府］九州，古籍记载不一，《尔雅·释地》作冀、豫、雍、荆、扬、兖、徐、幽、营，泛指中国。九府，谓各地的宝藏和特产。

㊱［星官舆地］指天文地理。

㊲［江河二经］指长江、黄河。徐霞客《溯江纪源》："江、河为南北二经流，以其特达于海也。"

㊳［两戒］唐代一行和尚提出的中国地理大势，北戒略似今日青海、陕北、山西、河北、辽宁一线；南戒略似四川、陕南、河南、湖北、湖南、江西、福建一线。

㊴［中国］上古时代，我国华夏族建国于黄河流域一带，以为居天下之中，故称中国，而把周围其他地区称为四方。后泛指中原地区。

㊵［丙子］崇祯九年(1636)。

㊶［鸡足］山名，在今云南宾川西北。

㊷［迦叶］摩诃迦叶，释迦牟尼弟子，佛寂灭后，传正法眼藏，曾持僧伽梨衣入鸡足山。

㊸［闻被创病死］静闻被伤害至死。

㊹［函其骨］用盒子盛放尸骨。

㊺［黎雅］黎州(今四川汉源县)和雅州(今四川雅安市)。

㊻［瓦屋］山名，在四川荥经县东南。

㊼［晒经］山名，在四川越西县东北，相传唐玄奘曾于此处晒经，故名。

㊽［牦牛徼外］出产牦牛的边远地区。

㊾［贵竹］即贵筑县，今属贵阳。

㊿［点苍］山名，又名大理山，在今云南大理白族自治州中部。

51［瘗(yì)静闻骨于迦叶道场］将静闻的尸骨葬在迦叶道场。

52［星宿(xiù)海］在青海省鄂陵湖西，为一浅湖群，状如群星，故名。

53［西番(bō)］亦作“西藩”、“西蕃”，概指西域及西部边境地区，此处指西藏。

54［大宝法王］元世祖尊西藏喇嘛教萨迦派首领八思巴为大宝法王，明代承续之。

55［述卢、阿耨(nòu)］西域国名。

56［繇旬］梵语 yojana，古印度计程单位。一繇旬的里程，古有八十里、六十里、四十里等不同说法，此处指路程远近。

57［信宿］谓两三日。

58［莽苍］空旷貌，指郊外，语出《庄子·逍遥游》：“适莽苍者三餐而返，腹犹果然。”

59［估客］商人。

60［寓］寄。

61［三龙］古人谓山脉曰龙。北龙为祁连山脉、中龙为巴颜喀拉山脉、南龙为唐古拉山脉。“三龙”说见徐霞客《溯江纪源》。

62［桑《经》、郦《注》］桑钦《水经》和郦道元的《水经注》。

63［木太守］云南丽江府知府。洪武十六年以木德为知府，子孙世系其职。

64［偫(zhì)糇(hóu)粮］偫，储备。糇粮，干粮。

65［笋舆］竹轿。

66［张骞］汉武帝时人，首通西域诸国。

67［凿空］开辟道路。《史记·大宛列传》：“张骞凿空，其后使往者皆称博望侯。”

68［耶律楚材］字晋卿，初仕金，后为元朝重臣，曾随元太祖出征西域。

⑲［孤筇双屦］一根竹杖、一双鞋子。

⑳［绝国］边远的国家。

㉑［刘履丁］字渔仲，福建漳州人，明末以诸生应辟召，任郁林州知州。

㉒［支缀］勉强维持。

㉓［间关］辗转跋涉。

㉔［颂系］关押时不加刑具，以示宽容。

㉕［据］靠着。

㉖［梧下先生］作者自称。

㉗［三峰］指莲花峰、落雁峰、朝阳峰，唐柳公权曾记王玄冲登莲花峰事，见《小说旧闻记》。

㉘［山趾］山脚。

㉙［熇(gōu)烟］燃烟。

㉚［玉井莲］华山顶有池，生千叶莲华。韩愈《古意》云："太华峰头玉井莲，开花十丈藕如船。"

㉛［三清］道教之说，即玉清、太清、上清，为神仙居住之所。

㉜［殆庶几乎］大概差不多吧。

㉝［高可隐几］高度几乎超越了几案。

㉞［雠勘］校雠勘定。

【评析】

徐霞客是我国古代著名的旅行家、地理学家、文学家，这篇文章是一代文坛领袖钱谦益为徐霞客作的传。

作为一篇传记，文章开始简要交代了徐霞客的出身、籍贯，接着就将主要篇幅集中在徐霞客一生中最重要的旅行活动。作者主要着墨于几个方面：一是徐霞客出行的一般状况，包括随从、装备、所处的环境，特别强调徐在艰苦的条件下坚持旅行中的见闻记录；二是徐霞客的旅行路线，说明他纵横四方、不惧路途遥远的坚毅品质；三是描写徐霞客富有科学精神，每到一地能将传统文献和实际地况结合起来，不迷信书本。文章同时写徐霞客对朋友重情重义，并不因为时势改变交往。结尾处钱谦益用柳公权书中的人物王玄冲作比，赞美徐霞客行万里路的高远志向和博大胸襟。

整篇传记删繁就简，在细节中突出人物形象，同时能穿插对话，举例说明，使得文章灵动有趣，不流于板滞。结尾处的引用也能恰到好处地帮助读者更好地领悟徐霞客过人的精神品质，余韵无穷。

【理性思考】

1. 文中描写徐霞客与陈木叔的对话是为了说明徐霞客的什么品质？

2. 文章中说徐霞客平时不善言辞，为什么他能创作出《溯江纪源》这样的作品？

3. 作者为什么认为以王玄冲比张骞更适合比拟徐霞客？他们身上的共同点是什么？

【延伸阅读】

1. 徐霞客《徐霞客游记》，中华书局 2015 年版。

2. 钱谦益《牧斋初学集》，上海古籍出本社 2009 年版。

3. 柳公权《小说旧闻记》，载涵芬楼本《说郛》卷四九。

峡江寺飞泉亭记[①]

袁 枚

余年来观瀑屡矣。至峡江寺而意难决舍[②]，则飞泉一亭为之也。

凡人之情，其目悦，其体不适，势不能久留。天台[③]之瀑，离寺百步，雁宕[④]瀑旁无寺。他若匡庐[⑤]，若罗浮[⑥]，若青田之石门[⑦]，瀑未尝不奇，而游者皆暴[⑧]日中，踞危崖[⑨]，不得从容以观，如倾盖交[⑩]，虽欢易别。

惟粤东峡山，高不过里许，而磴级纡曲[⑪]，古松张覆[⑫]，骄阳不炙[⑬]。

过石桥，有三奇树鼎足立，忽至半空，凝结为一。凡树皆根合而枝分，此独根分而枝合，奇已。

登山大半，飞瀑雷震，从空而下。瀑旁有室，即飞泉亭也。纵横丈余，八窗明净，闭窗瀑闻，开窗瀑至。人可坐可卧，可箕踞[14]，可偃仰[15]，可放笔研，可瀹茗[16]置饮，以人之逸，待水之劳，取九天银河，置几席[17]间作玩。当时建此亭者，其仙乎！

僧澄波善弈[18]，余命霞裳与之对枰[19]。于是水声棋声，松声鸟声，参错并奏。顷之，又有曳杖[20]声从云中来者，则老僧怀远，抱诗集尺许，来索余序。于是吟咏之声，又复大作。天籁人籁[21]，合同而化。不图观瀑之娱一至于斯，亭之功大矣！

坐久，日落，不得已下山，宿带玉堂。正对南山，云树蓊郁[22]，中隔长江，风帆往来，妙无一人肯泊岸来此寺者。僧告余曰："峡江寺俗名飞来寺。"余笑曰："寺何能飞？惟他日余之魂梦或飞来耳！"僧曰："无征不信[23]。公爱之，何不记之！"余曰："诺。"已遂述数行，一以自存，一以与僧。

【注释】

① 选自《小仓山房诗文集》(上海古籍出版社 1988 年版)。袁枚(1716—1797)，钱塘(今浙江杭州市)人，字子才，号简斋，晚年自号仓山居士、随园主人、随园老人，清朝乾嘉时期代表诗人、散文家、文学评论家。峡江寺，在广东省清远县峡山上。

② [决舍] 舍弃、弃绝之意。

③ [天台] 位于浙江天台县，山中有石梁飞瀑。

④ [雁宕] 亦作"雁宕"，即雁荡山，位于浙江省温州市东北部海滨。有大龙湫瀑布。

⑤ [匡庐] 即庐山，地处江西省九江市庐山市境内。庐山瀑布是由三叠泉瀑布、开先瀑布、石门涧瀑布、黄龙潭和秀峰瀑布、王家坡双瀑和玉帘泉瀑布等组成的庐山瀑布群。

⑥［罗浮］即罗浮山，位于广东省博罗县。山中有白水门瀑布。

⑦［青田之石门］青田石门洞位于浙江省青田县城西北，有瀑布。

⑧［暴］同“曝”，指晒。这句是说游人都在太阳下暴晒。

⑨［危厓］险峻的悬崖。

⑩［倾盖交］途中相遇，停车交谈，双方车盖往一起倾斜，形容一见如故。典出谚语“白头如新，倾盖如故”。

⑪［磴级纡曲］指山上石台阶迂回曲折。

⑫［张覆］指松树枝干伸展，互相覆盖。

⑬［不炙］表示阳光被松树枝叶遮挡，不能晒到游人。

⑭［箕（jī）踞］两腿张开坐着，形状如箕，形容放松、不拘泥的状态。

⑮［偃仰］俯仰，此处指休息的意思。

⑯［瀹（yuè）茗］煮茶。

⑰［几席］几、席皆为坐卧所凭靠的器具。

⑱［弈］下棋。

⑲［余命霞裳与之对枰］霞裳，姓刘，袁枚弟子，美姿容。《随园诗话》卷二载：“余弟子刘霞裳有仲容之姣，每游山，必载与俱。”仲容即西晋人石苞，时人有“石仲容，姣无双”之说。对枰，枰指棋盘，对枰即下棋。

⑳［曳杖］拄拐杖。

㉑［天籁人籁］天籁，自然界的声音如风声、鸟声、流水声等。人籁，人吹箫所发出的音响。籁，古代管乐器，一说即排箫。

㉒［蓊（wěng）郁］形容草木浓密。

㉓［无征不信］没有证据，不能使人相信。出自《礼记·中庸》：“上焉者，虽善无征，无征不信，不信民弗从。”

【评析】

袁枚的一生，尽其才以为文辞诗歌，论诗主张书写性灵，成为乾嘉诗坛的领军人物。亦工于文章，自称“好韩、柳，亦为徐、庾，汲汲顾影，如恐不及”。他把古文、四六视为和诗具备一样的功能，作为可以抒情达意的工具。因此他的文章中总能透出一些灵动的气息。

本文是袁枚游遍闽浙粤奇山异水后的产物。一般来说，一个人游历久了，就很难被司空见惯的事物所打动，即所谓“曾经沧海难为水”。而袁枚偏偏能在这篇《峡江寺飞泉亭记》中翻出新意，能发现这里的瀑布不同于其他地方的特点，可见袁枚对于自然特性的敏感。袁枚在此文中并不极力描摹景色，他更注重的是环境所带给自身的感受，他喜欢一种自然舒适的感觉。文章开篇就提到了“凡人之情，其目悦，其体不适，势不能久留”。而欣赏其他地方的瀑布多半会让“游者皆暴日中”而感到不舒适，唯有峡江山因为树木茂密，游人不用承受艳阳炙烤，此是一舒服。峡江山的瀑布“从空而下”在瀑布旁的飞泉亭里，“人可坐可卧，可箕踞，可偃仰，可放笔研，可瀹茗置饮，以人之逸，待水之劳，取九天银河，置几席间作玩”。真是无论什么姿势，无论做什么事都很相宜，此为二舒服。在这样舒服的环境中，袁枚体会到了身心真正的放松，因此他认为这个地方真是神仙所造的。

袁枚在这篇文章并非要传达多么高深的道理，他通过描写自我的舒适，也希望将这种随顺的心态传达给世人。让世人也能体会一种安逸的情致。

【理性思考】

1. 文中描绘了几种声音？
2. 袁枚说“不图观瀑之娱一至于斯”，令他愉快的地方是什么？

【延伸阅读】

1. 《庄子 · 养生主》，陈鼓应《庄子今注今译》，中华书局 2007 年版。
2. 袁枚《游武夷山记》，《小仓山房诗文集》，上海古籍出版社 1988 年版。

六、技　艺

（主持人：许　结　张宗友）

（一）导言

中国古代科学技术以其辉煌的成就，对人类的文明进化做出了杰出的贡献。近代工业革命的主要发源地英国先后有三位学者培根、贝尔纳和李约瑟对中国古代科技成就给予极高的评价，如李约瑟《中国科学技术史》认为“中国在公元三世纪到十三世纪之间保持着一个西方所望尘莫及的科学知识水平”。另一位西方物理学家爱因斯坦在《给J·E. 斯威策的信》中说过这样一段话：“西方科学的发展是以两个伟大的成就为基础，那就是：希腊哲学家发明形式逻辑体系（在欧几里德几何学中），以及通过系统的实验发现有可能找出因果关系（在文艺复兴时期）。在我看来，中国的贤哲没有走上这两步，那是用不着惊奇的。令人惊奇的倒是这些发明（在中国）全都做出来了。”爱因斯坦这一说法得到了很多西方文化学者的回应，他们既重视中国古代“贤哲”对科学技艺的贡献，同时又极度推崇古希腊发明“形式逻辑体系”以及欧洲文艺复兴时期通过系统实验对科学“因果关系”之发现。这实质上暗示了古代科学技术发展的两座高峰。根据前一方面，有的学者认为中国古代科技并没有超过西方，如陈方正《从〈大汇篇〉谈现代科学起源》（《跨文化对话》第一辑）就这样认为；根据后一方面，有的学者认为中国古代科技在十三世纪以前始终保持着西方社会“望尘莫及”的水平，如李约瑟的说法。如果偏重某一领域或某种思想进行比较，两种说法都有足够的依据(比如偏重古希腊的“形式逻辑”，或偏重古中国的“四大发明”)，如果回到中国古代贤哲对技艺的认知与理解，则有助于我们对这一问题的探寻。早在《周礼·考工记》中就有这样的记述：“知者创物，巧者述之，守之世，谓之工。百工之事，皆圣人之作也。”又如《易经·系辞上》说：“备物致用，立成器以为天下利，莫大乎圣人。”都将技艺工巧提升到圣人所为。也正因为将科技放在政治文化的层面予以高度重视，所以中国古代的技艺成就也就非常突出，举世闻名的“四大发明”(火药、指南针、造纸术、印刷术)推动了整个世界文明的进程。值得注意的是，中国先贤对技艺的态度最初体现在“经书”中，尤其是“礼书”中，所以认识中国古代的技艺思想，也似必落点于“礼”制社会的展开。

人类摆脱仅利用天然“工具”的那种出于动物本能的劳动形式，进入通过技艺制造与使用工具的劳动阶段，这是人类智慧与器物文明的开端，生产工具成为这一文明的最初体现。然而随着生产的进化，社会组织的形成，诚如《易经·说卦》所称道的“有天地然后有万物，有万物然后有男女，有男女然后有夫妇，有夫妇然后有父子，有父子然后有君臣，有君臣然后有上下，有上下然后礼义有所措”，构建起以家族血缘为中心的“政礼一体”、“天人合一”的伦理文化。因此，中国古代早期的“技艺”呈现于“工具”，除了生产与生活所需的石器与陶器等，还有很多的诸如进行祭祀、丧葬、朝聘、征伐和宴享、婚冠等活动时的“礼器”。而“礼器”之用源于“礼事”，“礼事”则外现于“礼仪”并内敛于“礼义”。《礼记·乐记》所倡言的“乐者，天地之和也；礼者，天地之序也。和，故百物皆化；序，故群物皆别”，以及《孝经》所引孔子说“安上治民，莫善于礼；移风易俗，莫善于乐”，展开的正是施政立教的礼乐制度。值得一提的是，作为施政立教的礼乐，制度与技艺是交融一体的，对此，《汉书·礼乐志》引述孔子“礼云礼云，玉帛云乎哉？乐云乐云，钟鼓云乎哉”之语，进一步说明“畏敬之意难见，则著之于享献辞受，登降跪拜；和亲之说难形，则发之于诗歌咏言，钟石管弦”，从而达致“揖让而天下治者，礼乐之谓也”。礼乐在具有“修外”与“治内”、“象德”与“闭淫”之功用的同时，也展现于文章光华，孔颖达疏解《易·贲卦》“观乎人文以化成天下”谓：“‘观乎人文以化成天下’者，言圣人观察人文，则《诗》《书》《礼》《乐》之谓，当法此教而化成天下也。”这正切合《周礼·考工记》“百工之事，皆圣人之作”的说法，使我们认识到礼乐无论是制度，还是作为“经书”的文本，技艺均溶涵于中，构成中国特色的“体用不二”的哲学思想体系。

作为统合于礼乐制度的政教传统与技艺传统，同样也统合于中国古代的“士”阶层，所以“士”与技艺的关系，在很大程度上决定了古代科学技术与文学艺术的发展导向以及学科发展的不均匀性。考察士与技艺的关系，关键在“士”的政治角色意识和其承担的社会功用，其中最重要的是“任事”与“致圣人之道”。这一思想在先秦诸子的撰述中被反复称道。如《论语·泰伯》载孔子语“士不可以不弘毅，任重而道远”；《孟子·尽心上》载孟子说“士穷不失义，达不离道”，故有“尚志”之谓；《墨子·亲士》开宗明义：“入国而不存其士，则亡其国矣；见贤而不急，则缓其君矣。非贤无急，非士无与虑国。”由此可见，“士”之尚志与达道，均落实于齐家与治国，所谓“唯而以尚同一义为政故也”(《墨子·尚同》)。这也构成“士”与“技艺”在中国古代文化史上呈示的最突出的两大特点：一是“士”所主技艺之事被限制于国家事务之内；二是由政体决定“士”的生存形态，使中国古代与国家事务关系密切的学科明显发达。就科学技术而言，中国古代最发达的是天文、地理、数学、农学、医学、建筑、水利、机械等，这与国家事务之天人思想、农耕经济、建构营造等相关，尤其重要的是此类科技成果与国家政治事务和人生修养关系最为密切。正因如此，古人对这些均提升到治家理政的高度，如贾让《治河三策》的建言，可见一斑；而史家也记述了大量的科技工作者在这些方面的成就，如《后汉书·张衡传》对张衡“数术穷天地，制作侔造化”的颂扬，就是一个典型的范例。

同样，作为广义的文章之学，如文字学、训诂学、校勘学、考订学、金石学等等，自有技艺的成分，却也与中国古代的国家意志如经学传统有着千丝万缕的联系。倘仅就文学艺术而言,也正因为“诗言志”与“文载道”的传统,使中国古代诗歌与散文成为文学创作的两大主流,而被宫廷与文士称颂的艺术,则以书法与绘画为显学。这也充分体现于古人的诗文与书画理论的文本中。当然,如何“言志”,如何“载道”,又并非笼统的政教观所能涵盖,其间也须有技艺手法加以表现。如刘勰《文心雕龙·明诗》以“诗言志,歌咏言”为“圣谟所析”,以为纲领,但同时因时代变迁,则渐重技法,其论汉代诗人,则谓“婉转附物,怊怅述情”,至晋代以降,已然“俪采百字之偶,争价一句之奇,情必极貌以写物,辞必穷力而追新”,所述虽不离“言志”本旨,但讲求技法,已十分明显。在《诠赋》文中,刘勰同样尊奉经学思维,以“诗有六义,其二曰赋”立义,然亦注重赋体写作本色,所谓“赋者,铺也;铺采摛文,体物写志”,只是在比较“拟诸形容,则言务纤密,象其物宜,则理贵侧附”的“小制”与“序以建言,首引情本,乱以理篇,写送文势”的宏篇时,或许更重那种“体国经野,义尚光大”的弘大气象。于是在整个文学艺术史的发展中,随着魏晋以后“文人化”的进程,先秦两汉以“礼法”为中心的文用论(如强调诗文的美刺功能)也有所淡化,而以“技法”为主导的审美思潮则渐次呈示。试看《世说新语·文学篇》中所载当时士人对诗赋创作的态度。如论诗,所载:“谢公因弟子集聚,问《毛诗》何句最佳?遏称曰:‘昔我往矣,杨柳依依;今我来思,雨雪霏霏。’公曰:‘訏谟定命,远猷辰告。’谓此句偏有雅人深致。”又如论赋,所载:“孙兴公作《天台赋》成,以示范荣期,云:‘卿试掷地,要作金石声。’范曰:‘恐子之金石,非宫商中声!’然每至佳句(“赤城霞起而建标,瀑布飞流以界道。”此赋之佳处),辄云:‘应是我辈语。’”这里记载的有关谢安与谢玄对《诗经》佳句的品评,范荣期对孙绰赋佳句的称赏,都是对词章与技能的赞美,诗、赋批评趣味的融通已寓其中。这种对技艺的讲究到唐宋以后,得到变本加厉的发展。比如赵璘《因话录》记述唐代故事云:“(裴度)晋公贞元中作《铸剑戟为农器赋》,其首云:‘皇帝之嗣位三十载,寰海镜清,方隅砥平。驱域中尽归力穑,示天下不复用兵。’宪宗平荡宿寇,数致太平,正当元和十三年，而晋公以文儒作相，竟立殊勋，为章武佐命。观其辞赋气概，岂得无异日之事乎！”以文章中的一句话观其“宰相气度”。清人李调元也有类似之说，如其《赋话》卷五评范仲淹的闱场之作《用天下心为心赋》中“审民之好恶，察政之否臧”数语，谓“此中大有经济，不知费几许学问，才得到此境界”，将器识、学问与技巧融织为一，却落实于“句法”技巧，这显然又与刘勰笼统以“体国经野”赞述汉大赋气象有所不同。

文学创作对技艺的追求，又呈示出对“秀句”与“字眼”的追捧，其中最具代表性的就是唐代诗人贾岛为两句诗想了三年（“两句三年得，一吟双泪流”），并以“僧敲月下门”一语之“推”或“敲”孰佳，流传下来的人们耳熟能详的“推敲”故事。宋人王安石一首小诗《泊船瓜洲》：“京口瓜洲一水间，钟山只隔数重山。春风又绿江南岸，明月何时照我还。”诗的字眼是“绿”，据洪迈《容斋随笔》记载，此字初为“到”，以为不好，改为“过”，后又改为“入”，再改为“满”，改了十几遍，最后定为“绿”，以一颜色字点亮了整个春的世界。这种技艺的追求，有时退藏于密，如杜甫诗所言“毫发无遗憾”，有时放弥六合，亦杜诗谓“波澜独老成”，推扩至人与自然的联系（天人合一）。试看清人叶燮《赤霞楼诗集序》有关诗与画艺术的评论，其论画：“吾尝谓：凡艺之类多端，而能尽天地万事万物之情状者，莫如画。彼其山水、云霞、林木、鸟兽、城郭、宫室，以及人士、男女、老少、妍媸、器具、服玩，甚至状貌之忧离欢乐，凡遇于目，感于心，传之于手而为象，惟画则然；大可笼万有，小可析毫末，而为有形者所不能遁。”又论诗：“吾又以谓，尽天地万事万物之情状者，又莫如诗。故彼山水、云霞、士人、男女、忧离欢乐等类而外，更有雷鸣、风动、鸟啼、虫吟、歌哭、言笑，凡触于目，入于耳，会于心，宣之于口而为言，惟诗则然；其笼万有，析毫末，而为有情者所不能遁。”其论诗与画之同，为其大要，然则以“有形者”状画，而以“有情者”状诗，且将“声响”之描写归于诗而阙于画，已内涵两种不同艺术形态的差异，也标明了诗画情志相同而技艺不同的表现。至于对具体技艺的示范，古代大量的诗文书画的“品”、“谱”、“格”的撰述内涵丰富，均可参读。但是，我们不可忽略，如前所说的极度讲究技艺的唐宋时代的文人，又正是大力倡导“文以明道”、“文以载道”的鼓吹者。这又牵涉到中国人对“道”与“技”的认知态度。

中国古代谈技艺，始终贯穿着一个“道”的传统。对“道”与“技”(艺)、“器”(物)关系的看法，往往表现出一元化的形态，即以“道”为主，以“技”、“器”为辅；以“技”、“器”为手段，以“道”为目的。《易·系辞》谓：“形而上者谓之道，形而下者谓之器。”朱熹解释：“形而上者，无形无影是此理；形而下者，有情有状是此器。”(《朱子语类》卷九五)在《庄子·养生主》中，庄子托“庖丁”之口为说词：“臣之好者道也，进乎技矣。”强调的是超越“技”术层面的“道”，但“道”中的“游刃自如”，同样寓含“技法”于其间。只是强调了“道”，也就出现了轻技的假象。如《礼记·王制》云：“凡执技以事上者，祝、史、射、御、医、卜及百工。凡执技以事上者，不贰事，不移官，出乡不与士齿。”而如果做了不符合圣人规范、统治者所需要的“淫声、异服、奇技、奇器”，则被列于“四杀”，万万不可。虽然历代也不乏从市井、田野寻访技艺人才，如汉武帝时招募民间天文学家落下闳等参与编太初历，沈括在《上欧阳参政书》中也认为“至于技巧、器械、大小尺寸、黑黄苍赤，岂能尽出于圣人？百工、群有司、市井、田野之人，莫不预焉”，但直到明清时代，王徵、阮元分别在《远西奇器图说序》《畴人传》中言及西方“奇器”，尚谓“特工匠技艺流耳，君子不器”，可见尊圣贱技、重道轻器观念的根深蒂固。然而有趣的是在此尊、贱之间，技艺往往是借助具有政教性质的“圣学”得以弘展，这也说明中国古代存在的重道而轻技的思想只是一种比较值，而非绝对值，因为其重道即内含了技与器，倘无技与器，又何尝有道可谈？犹如中国古人并不讳言“利”，只是反对“见利忘义”，他们也并不反对技艺与词章，而是反对“淫词害道”罢了。孔子说“文质彬彬，然后君子”，中国历史上的文章光华、礼乐技艺正是在此前提下而彰显其风雅传统与耀眼光采的。

（二）选文

礼记·乐记[1]

凡音[2]之起，由人心生也。人心之动，物使之然也。感于物而动，故形于声[3]。声相应，故生变，变成方[4]，谓之音。比音而乐之[5]，及干戚羽旄[6]，谓之乐[7]。

乐者，音之所由生也，其本在人心之感于物也。是故其哀心感者，其声噍以杀[8]；其乐心感者，其声啴[9]以缓；其喜心感者，其声发以散[10]；其怒心感者，其声粗以厉[11]；其敬心感者，其声直以廉[12]；其爱心感者，其声和以柔[13]。六者非性也，感于物而后动。是故先王慎所以感之者。故礼以道其志[14]，乐以和其声[15]，政以一其行，刑以防其奸。礼乐刑政，其极一也[16]，所以同民心而出治道也[17]。

凡音者，生人心者也。情动于中，故形于声；声成文[18]，谓之音。是故治世之音安以乐，其政和；乱世之音怨以怒，其政乖[19]；亡国之音哀以思[20]，其民困。声音之道，与政通矣。宫为君，商为臣，角为民，徵为事，羽为物[21]。五者不乱，则无怗懘之音矣[22]。宫乱则荒，其君骄；商乱则陂[23]，其臣坏；角乱则忧，其民怨；徵乱则哀，其事勤[24]；羽乱则危，其财匮。五者皆乱，迭相陵[25]，谓之慢[26]。如此，则国之灭亡无日矣。

郑、卫之音，乱世之音也，比于慢矣[27]。桑间、濮上[28]之音，亡国之音也，其政散，则民流，诬上行私而不可止也。

凡音者，生于人心者也。乐者，通伦理者也。是故知声而不知音者[29]，禽兽是也。知音而不知乐者[30]，众庶是也。唯君子为能知乐[31]。是故审声以知音，审音以知乐，审乐以知政，而治道[32]备矣。是故不知声者不可与言音，不知音者不可与言乐，知乐则几于礼矣[33]。礼乐皆得，谓之有德。德者，得也。

是故乐之隆[34]，非极音也[35]；食飨之礼[36]，非致味也[37]。《清庙》之瑟[38]，朱弦而疏越[39]，壹倡而三叹[40]，有遗音[41]者矣。大饗之礼[42]，尚玄酒而俎腥魚[43]，大羹不和[44]，有遗味者矣。是故先王之制礼乐也，非以极口腹耳目之欲也，将以教民平好恶而反人道之正也[45]。

人生而静，天之性也。感于物而动，性之欲也[46]。物至知知[47]，然后好恶形[48]焉。好恶无节于内[49]，知诱于外[50]，不能反躬[51]，天理灭矣[52]。夫物之感人无穷，而人之好恶无节，则是物至而人化物也[53]。人化物也者，灭天理而穷人欲者也[54]。于是有悖逆诈伪[55]之心，有淫泆作乱[56]之事。是故强者胁弱，众者暴[57]寡，知者诈愚，勇者苦怯[58]，疾病不养，老幼孤独不得其所。此大乱之道[59]也。

是故先王之制礼乐，人为之节。衰麻哭泣[60]，所以节丧纪[61]也。钟鼓干戚，所以和安乐也。昏姻冠笄[62]，所以别男女也。射乡食飨[63]，所以正交接也[64]。礼节民心，乐和民声[65]，政以行之，刑以防之。礼乐刑政，四达而不悖[66]，则王道备矣。

乐者为同，礼者为异[67]。同则相亲，异则相敬。乐胜则流[68]，礼胜则离[69]。合情饰貌[70]者，礼乐之事也。礼义立，则贵贱等矣[71]。乐文同[72]，则上下和矣。好恶著[73]，则贤不肖别矣。刑禁暴，爵举贤[74]，则政均[75]矣。仁以爱之，义以正之[76]。如此则民治行矣[77]。

乐由中出，礼自外作[78]。乐由中出，故静；礼自外作，故文[79]。大乐必易，大礼必简[80]。乐至则无怨，礼至则不争。揖让而治天下者，礼乐之谓也[81]。暴民不作[82]，诸侯宾服[83]，兵革不试，五刑不用，百姓无患，天子不怒，如此则乐达[84]矣。合[85]父子之亲，明长幼之序，以敬四海之内，天子如此，则礼行矣。

大乐与天地同和[86]，大礼与天地同节[87]。和，故百物不失；节，故祀天祭地。明则有礼乐，幽则有鬼神[88]。如此，则四海之内合敬同爱[89]矣。礼者，殊事合敬者也[90]。乐者，异文合爱者也[91]。礼乐之情同，故明王以相沿也。故事与时并，名与功偕[92]。

故钟鼓管磬，羽籥[93]干戚，乐之器也；屈伸俯仰，缀兆[94]舒疾，乐之文也[95]。簠簋俎豆[96]，制度文章，礼之器也；升降上下，周还裼袭[97]，礼之文也。故知礼乐之情者能作，识礼乐之文者能述。作者之谓圣，述者之谓明[98]。明圣者，述作之谓也[99]。

乐者，天地之和也。礼者，天地之序也。和，故百物皆化[100]；序，故群物皆别。乐由天作，礼以地制[101]。过制则乱，过作则暴。明于天地，然后能兴礼乐也。

论伦[102]无患，乐之情也；欣喜欢爱，乐之官[103]也。中正无邪，礼之质也；庄敬恭顺，礼之制也。若夫礼乐之施于金石，越于声音[104]，用于宗庙社稷，事乎山川鬼神[105]，则此所与民同也[106]。

王者功成作乐，治定制礼。其功大者其乐备，其治辩[107]者其礼具。干戚之舞，非备乐也；孰[108]亨而祀，非达礼也。五帝殊时，不相沿乐；三王异世，不相袭礼。乐极则忧，礼粗则偏矣。及夫敦[109]乐而无忧，礼备而不偏者，其唯大圣乎！

天高地下，万物散殊，而礼制行矣[110]。流而不息，合同而化，而乐兴焉。春作夏长，仁也。秋敛[111]冬藏，义也。仁近于乐，义近于礼。乐者敦和，率神而从天[112]；礼者别宜，居鬼而从地[113]。故圣人作乐以应天，制礼以配地。礼乐明备，天地官矣[114]。

天尊地卑，君臣定矣[115]。卑高以陈，贵贱位矣[116]。动静有常，小大殊矣[117]。方以类聚，物以群分[118]，则性命不同[119]矣。在天成象，在地成形[120]。如此，则礼者，天地之别也[121]。地气上齐[122]，天气下降，阴阳相摩，天地相荡，鼓之以雷霆，奋之以风雨，动之以四时，煖[123]之以日月，而百化兴焉[124]。如此，则乐者，天地之和也。

化不时则不生，男女无辨则乱升，天地之情也。及夫礼乐之极乎天而蟠乎地[125]，行乎阴阳而通乎鬼神[126]，穷高极远而测深厚[127]。乐著大始，而礼居成物[128]。著不息者[129]，天也；著不动者，地也。一动一静者，天地之间也[130]。故圣人曰“礼乐云”[131]。

昔者舜作五弦之琴[132]，以歌《南风》[133]；夔始制乐，以赏诸侯。故天子之为乐也，以赏诸侯之有德者也。德盛而教尊[134]，五谷时熟[135]，然后赏之以乐。故其治民劳者[136]，其舞行缀远[137]；其治民逸者，其舞行缀短。故观其舞，知其德；闻其谥[138]，知其行也。《大章》[139]，章之也。《咸池》[140]，备矣。《韶》[141]，继也。《夏》[142]，大也。殷周之乐尽矣[143]。

天地之道，寒暑不时则疾，风雨不节则饥。教者，民之寒暑也，教不时则伤世；事者，民之风雨也，事不节则无功[144]。然则先王之为乐也，以法治也，善则行象德矣[145]。

夫豢豕为酒[146]，非以为祸也；而狱讼益繁，则酒之流生祸也。是故先王因为酒礼。壹献之礼，宾主百拜[147]，终日饮酒而不得醉焉，此先王之所以备酒祸也。故酒食者，所以合欢也[148]。乐者，所以象德也。礼者，所以缀淫[149]也。是故先王有大事，必有礼以哀之；有大福，必有礼以乐之。哀乐之分，皆以礼终[150]。乐也者，圣人之所以乐也，而可以善民心。其感人深，其移风易俗，故先王著其教焉[151]。

夫民有血气心知之性[152]，而无哀乐喜怒之常[153]，应感起物而动，然后心术[154]形焉。是故志微、噍杀[155]之音作，而民思忧；啴谐[156]、慢易、繁文[157]、简节[158]之音作，而民康乐[159]；粗厉、猛起、奋末[160]、广贲[161]之音作，而民刚毅；廉直、劲正、庄诚之音作，而民肃敬；宽裕、肉好[162]、顺成、和动之音作，而民慈爱；流辟、邪散、狄成、涤滥[163]之音作，而民淫乱。

是故先王本之情性，稽之度数[164]，制之礼义，合生气之和，道五常之行[165]，使之阳而不散，阴而不密[166]，刚气不怒，柔气不慑[167]，四畅交于中而发作于外，皆安其位而不相夺也[168]。然后立之学等[169]，广其节奏，省其文采，以绳德厚，律小大之称，比终始之序，以象事行[170]，使亲疏、贵贱、长幼、男女之理，皆形见于乐，故曰“乐观其深”[171]矣。

土敝[172]则草木不长，水烦[173]则鱼鳖不大，气衰则生物不遂[174]，世乱则礼慝而乐淫[175]。是故其声哀而不庄，乐而不安；慢易以犯节[176]，流湎以忘本[177]；广则容奸，狭则思欲[178]；感条畅之气[179]，而灭平和之德。是以君子贱[180]之也。

凡奸声[181]感人而逆气应之，逆气成象而淫乐兴焉[182]。正声感人而顺气应之，顺气成象而和乐兴焉。倡和有应，回邪曲直各归其分，而万物之理，各以类相动也[183]。

是故君子反情以和其志，比类以成其行，奸声乱色不留聪明，淫乐慝礼不接心术，惰慢邪僻之气不设于身体，使耳目鼻口心知百体皆由顺正以行其义[184]。

然后发以声音[185]，而文[186]以琴瑟，动[187]以干戚，饰以羽旄，从[188]以箫管。奋至德之光，动四气之和[189]，以著[190]万物之理。是故清明象天，广大象地，终始象四时，周[191]还象风雨，五色成文而不乱，八风从律而不奸[192]。百度得数而有常，小大相成，终始相生，倡和清浊，迭相为经[193]。故乐行而伦清[194]，耳目聪明，血气和平，移风易俗，天下皆宁。

故曰："乐者，乐也[195]。"君子乐得其道，小人乐得其欲。以道制欲，则乐而不乱；以欲忘道，则惑而不乐。是故君子反情以和其志，广乐以成其教[196]。乐行而民乡方[197]，可以观德矣。德者，性之端也[198]。乐者，德之华也[199]。金石丝竹，乐之器也。诗，言其志也；歌，咏其声也[200]；舞，动其容也。三者本于心，然后乐器从之。是故情深而文明，气盛而化神，和顺积中而英华发外，惟乐不可以为伪[201]。

乐者，心之动也。声者，乐之象也。文采节奏，声之饰也。君子动其本，乐其象，然后治其饰[202]。是故先鼓以警戒，三步以见方，再始以著往，复乱以饬归，奋疾而不拔，极幽而不隐，独乐其志，不厌其道，备举其道，不私其欲[203]。是故情见而义立，乐终而德尊，君子以好善，小人以听过[204]。故曰："生民之道，乐为大焉[205]。"

乐也者，施也。礼也者，报也[206]。乐，乐其所自生；而礼，反其所自始[207]。乐章德，礼报情、反始[208]也。

所谓大辂[209]者，天子之车也。龙旗九旒[210]，天子之旌也。青黑缘者，天子之宝龟也。从之以牛羊之群，则所以赠诸侯也。

乐也者，情之不可变者也；礼也者，理之不可易者也[211]。乐统同，礼辨异[212]。礼乐之说，管乎人情矣[213]。穷本知变，乐之情也；著诚去伪，礼之经也[214]。礼乐偩[215]天地之情，达神明之德，降兴上下之神[216]，而凝是精粗之体[217]，领父子君臣之节[218]。

是故大人举礼乐，则天地将为昭焉。天地欣合[219]，阴阳相得，煦妪[220]

覆育万物，然后草木茂，区萌达[221]，羽翼奋，角觡[222]生，蛰虫昭苏，羽者妪伏[223]，毛者孕鬻[224]，胎生者不殰[225]，而卵生者不殈[226]，则乐之道归焉耳[227]。

乐者，非谓黄钟、大吕、弦歌、干扬[228]也，乐之末节也，故童者舞之。铺筵席，陈尊俎，列笾豆，以升降为礼者，礼之末节也，故有司[229]掌之。乐师辨乎声诗，故北面而弦；宗祝[230]辨乎宗庙之礼，故后尸[231]；商祝[232]辨乎丧礼，故后主人。是故德成而上[233]，艺成而下，行成而先，事成而后[234]。是故先王有上有下，有先有后，然后可以有制于天下[235]也。

……

君子曰：礼乐不可斯须[236]去身。致乐以治心[237]，则易、直、子、谅[238]之心油然生矣。易、直、子、谅之心生则乐，乐则安，安则久，久则天，天则神[239]。天则不言而信，神则不怒而威，致乐以治心者也。致礼以治躬[240]则庄敬，庄敬则严威[241]。心中斯须不和不乐，而鄙诈之心入之矣。外貌斯须不庄不敬，而易慢之心入之矣。故乐也者，动于内者也。礼也者，动于外者也。乐极和，礼极顺[242]，内和而外顺，则民瞻其颜色而弗与争也，望其容貌而民不生易慢焉。故德辉动于内[243]，而民莫不承听，理发诸外，而民莫不承顺。故曰：致礼乐之道[244]，举而错之[245]，天下无难矣。

乐也者，动于内者也。礼也者，动于外者也。故礼主其减，乐主其盈[246]。礼减而进，以进为文[247]；乐盈而反，以反为文[248]。礼减而不进则销[249]，乐盈而不反则放[250]，故礼有报而乐有反[251]。礼得其报则乐，乐得其反则安[252]。礼之报，乐之反，其义一也。

夫乐者，乐也，人情之所不能免也。乐必发于声音，形于动静，人之道也。声音动静，性术之变尽于此矣[253]。故人不耐[254]无乐，乐不耐无形[255]。形而不为道，不耐无乱[256]。先王耻其乱，故制《雅》《颂》之声以道之，使其声足乐而不流，使其文足论而不息，使其曲直、繁瘠、廉肉、节奏足以感动人之善心而已矣，不使放心邪气得接焉。是先王立乐之方也[257]。

是故乐在宗庙之中，君臣上下同听之，则莫不和敬；在族长乡里之中，长幼同听之，则莫不和顺；在闺门之内，父子兄弟同听之，则莫不和亲。故乐者，审一以定和，比物以饰节，节奏合以成文[258]，所以合和父子君臣、附亲万民也。是先王立乐之方也。

故听其《雅》《颂》之声，志意得广焉。执其干戚，习其俯仰诎伸，容貌得庄焉。行其缀兆[259]，要其节奏，行列得正焉，进退得齐焉。故乐者，天地之命，中和之纪[260]，人情之所不能免也。

夫乐者，先王之所以饰喜也。军旅铁钺者[261]，先王之所以饰怒也。故先王之喜怒，皆得其侪焉[262]。喜则天下和之，怒则暴乱者畏之。先王之道，礼乐可谓盛矣[263]。

【注释】

① 节选自《礼记注疏》卷三十六至三十九（阮元校刻《十三经注疏》本，中华书局 1980 年版）。

② ［音］宫、商、角、徵（zhǐ）、羽等五音相杂而有其规律者称音。

③ ［声］声音。单出者为声，同“音”不同。

④ ［成方］成其曲调。

⑤ ［比（bì）音而乐（yuè）之］排比音节并用乐器演奏。比，排比。

⑥ ［干戚羽旄］都是古代的舞具。干，盾牌。戚，斧头。羽，野鸡毛。旄，旄牛尾。文舞用羽旄，武舞用干戚。

⑦ ［乐］《乐记》中的乐，音乐、舞蹈（有时还包括诗歌）是一体的。

⑧ ［噍（jiào）以杀（shài）］急促而衰微。

⑨ ［啴（chǎn）］和缓，宽舒。

⑩ ［发以散］悠扬而舒畅。发，扬。

⑪ ［粗以厉］粗犷而凌厉。

⑫ ［直以廉］正直而廉正。

⑬ ［和以柔］平和而温柔。

⑭ ［道］引导。

⑮ ［和其声］调和人们的性情。声，当作“性”。

⑯ ［其极一也］它们的终极目标都是一致的。

⑰［所以同民心而出治道也］都是用来和同民心走向大治的道路的。

⑱［成文］同“成方”，成其曲调。

⑲［乖］乖戾不和。

⑳［思］忧虑。

㉑［宫、商、角、徵(zhǐ)、羽］古代五等音阶，相当于现代音乐简谱上的 1(do)、2(re)、3(mi)、5(suo)、6(la)。

㉒［怗(zhān)懘(chì)］敝败不和的样子。

㉓［陂］倾。

㉔［事勤］事役繁重。

㉕［迭相陵］互相陵越。

㉖［谓之慢］这就叫做“慢音”。

㉗［比于慢矣］接近于“慢音”了。

㉘［桑间、濮上］地名。桑间，在濮阳。濮上，濮水之上。

㉙［知声而不知音］只懂得声，而不懂得有节奏的音。

㉚［知音而不知乐］只懂得有节奏的音，而不知道反映人心的乐。

㉛［唯君子为能知乐］只有君子才懂得反映人心的乐。

㉜［治道］治理之道。

㉝［知乐则几(jī)于礼矣］懂得了乐，就基本懂得了礼。

㉞［隆］隆重。

㉟［非极音也］不是达到了极致的音乐。

㊱［食飨之礼］食礼和飨礼，用于宗庙祭祀、招待宾客。食礼无酒，飨礼有酒。

㊲［非致味也］不是达到了极致的美味。

㊳［《清庙》之瑟］演奏《清庙》所用的瑟。《清庙》，《诗经·周颂》中的一篇，用于祭祀文王。

㊴［朱弦而疏越］红色的丝弦，疏朗的底孔。越，瑟底面上的小孔。

㊵［壹倡而三叹］一人领唱，三人应和。

㊶［遗音］遗落的音乐。

㊷［大飨之礼］诸侯王在宗庙祭祀祖先(即祫祭)所用之礼。

㊸［尚玄酒而俎(zǔ)腥鱼］把玄酒放在上位,把生鱼放在俎器上。俎,放祭品的器物。

㊹［大羹不和］大羹不用佐料加以调和。

㊺［将以教民平好恶而反人道之正也］将用来教导民众摆正好恶之心,进而返回做人的正道。

㊻［性之欲也］天性所赋的情欲。

㊼［知知］心智加以感知。前一“知”字通“智”。

㊽［形］产生。

㊾［无节于内］在内部没有节制。

㊿［知诱于外］增多的感知在外诱惑。

51［反躬］自我省察。

52［天理灭矣］禀赋的天性就灭绝了。

53［则是物至而人化物］那么,随着外物的纷至沓来,人也跟着外物而迁化。

54［灭天理而穷人欲者也］灭绝天性而极力满足个人欲望。

55［悖逆诈伪］悖乱忤逆、欺诈虚伪。

56［淫泆作乱］纵情放荡、为非作歹。

57［暴］欺压。

58［勇者苦怯］胆大的坑害胆小的。

59［大乱之道］导致社会大乱的邪道。

60［衰麻哭泣］指制定关于丧服、哭泣的制度与礼仪。

61［节丧纪］节制丧事活动。

62［昏姻冠笄(jī)］婚礼、冠礼和加笄礼。

63［射乡食飨］射礼、乡饮酒礼、食礼和飨礼。

64［正交接］正,规范。交接,交际接触。

65［礼节民心,乐和民声］用礼来调节民心,用乐来调和民声。

⑯［四达而不悖］四方通行而不相悖。

⑰［乐者为同，礼者为异］乐是为了和同情感，礼是为了区别差异。

⑱［流］随便。

⑲［离］疏离。

⑳［合情饰貌］使感情融合，仪容整饬。

㉑［贵贱等矣］贵贱的等级就确立了。

㉒［乐文同］乐的形式统一了。

㉓［好恶著］好恶的标准彰明了。

㉔［爵举贤］用爵位拔举贤人。

㉕［均］平正清明。

㉖［仁以爱之，义以正之］用仁来爱护民众，用义来匡正民众。

㉗［民治行矣］民众治理就能推行。

㉘［乐由中出，礼自外作］乐从内心发出，礼从外表体现。

㉙［文］指各种仪节规范。

㉚［大乐必易，大礼必简］隆重的音乐必定是平易的。重要的礼仪必定是简朴的。大乐，完美的音乐。大礼，完美的礼仪。

㉛［揖让而治天下者，礼乐之谓也］作揖、谦让而治理好天下，说的就是礼乐(的作用)。

㉜［暴民不作］违法作乱的人不会出现。作，兴起、出现。

㉝［宾服］归顺臣服。

㉞［乐达］音乐的教化作用达到了。

㉟［合］使……和合、融洽。

㊱［和］和谐。

㊲［节］秩序。

㊳［明则有礼乐，幽则有鬼神］明处有礼乐教化，暗处有鬼神相助。

㊴［合敬同爱］互相敬重、友爱。

㊵［礼者，殊事合敬者也］所谓礼，就是通过不同的仪节使人互相敬重的活动。

⑨①［乐者，异文合爱者也］所谓乐，就是通过不同的乐曲使人互相友爱的活动。

⑨②［事与时并，名与功偕］礼能与时俱进，乐能同功相称。事，指规定的仪节。名，指乐曲的命名。

⑨③［籥（yuè）］同“龠”，笛状乐器。

⑨④［缀兆］指舞者所处的队列方位。

⑨⑤［乐之文也］都是乐的表现形式。

⑨⑥［簠（fǔ）簋（guǐ）俎豆］都是盛物的器具。

⑨⑦［周还（xuán）裼（xī）袭］绕圈转体和袒衣掩衣。

⑨⑧［作者之谓圣，述者之谓明］制作礼乐的人称作“圣”，传授礼乐的人称作“明”。

⑨⑨［明圣者，述作之谓也］所谓“明”“圣”，说的就是传授和制作礼乐。

⑩⓪［化］化生。

⑩①［乐由天作，礼以地制］乐是依从天的道理来制作的，礼是依从地的道理来制作的。

⑩②［论伦］符合伦常。

⑩③［官］功能。

⑩④［施于金石，越于声音］通过金石等器物表现出来，通过声音传播出来。

⑩⑤［用、事］均指祭祀。

⑩⑥［则此所与民同也］这些都是同民众所供同应用的了。

⑩⑦［辩］通“遍”。

⑩⑧［孰］“熟”的本字。

⑩⑨［敦］重视，厚爱。

⑪⓪［礼制行矣］礼制就是依据天地万物的尊卑差别而实行的。

⑪①［敛］收。

⑪②［率神而从天］遵循神的意旨而顺从天道。

⑬ [居鬼而从地] 依照鬼的意旨而顺从地道。

⑭ [天地官矣] 天地万物各尽其能,各得其所。

⑮ [天尊地卑,君臣定矣] 天尊而地卑,君主和臣子的关系因此确定了。

⑯ [卑高以陈,贵贱位矣] 高低不同的地势形成了,贵贱也就定位了。

⑰ [动静有常,小大殊矣] 阴阳运行有一定的规律,事物大小的区别就形成了。

⑱ [方以类聚,物以群分] 事物按照不同的种类彼此聚合,彼此区别。

⑲ [性命不同] 显示出各自不同的特性与生命。

⑳ [在天成象,在地成形] 万物在天形成日月星辰等各种现象,在地形成山川草木等各种形体。

㉑ [礼者,天地之别也] 礼,体现的是天地万物的差别。

㉒ [齐(jī)] 通“跻”,升。

㉓ [煖(nuǎn)] 同“暖”。

㉔ [百化兴焉] 万物就化生兴起了。

㉕ [及夫礼乐之极乎天而蟠乎地] 至于那礼乐,上达于天而下托于地。

㉖ [行乎阴阳而通乎鬼神] 运行于阴阳二气之间而与鬼神相通。

㉗ [穷极高远而测深厚] 穷尽极高极远的地方,探测极深极厚的地方。

㉘ [乐著大始,而礼居成物] 乐与天一体,礼与地一体。著,处,居。大,通“太”。太始,指天。成物,指地。

㉙ [著不息者] 明显地运行不息的。

㉚ [一动一静者,天地之间也] 动静相生的,就是天地之间的万物。

㉛ [故圣人曰“礼乐云”] 所以圣人常说“礼怎么说,乐怎么说”。

⑬² [五弦之琴] 传说神农制琴,舜去其文、武二弦,留下宫商角徵羽五弦,称五弦琴。

⑬³ [《南风》] 佚诗名,据说是孝子之诗。

⑬⁴ [教尊] 尊重教化。

⑬⁵ [五谷时熟] 五谷按时成熟,即五谷丰登。

⑬⁶ [治民劳者] 统治百姓而使百姓劳苦的。

⑬⁷ [舞行缀远] 舞蹈的行距疏而远。

⑬⁸ [谥] 谥号,根据生前功业给予的称号。

⑬⁹ [《大章》] 相传为尧时乐曲。

⑭⁰ [《咸池》] 相传为黄帝时乐曲。

⑭¹ [《韶》] 相传为舜时乐曲。

⑭² [《夏》] 相传为禹时乐曲。

⑭³ [殷周之乐尽矣] 殷周时代的音乐,完全表现了那个时代的特色。

⑭⁴ [事不节则无功] 政事不加节制,就会劳而无功。

⑭⁵ [以法治也,善则行象德矣] 按照一定的方法去实行(制作)的。乐教施行得好,民众的行为就会体现出高尚的德行。

⑭⁶ [豢豕为酒] 养猪、做酒。

⑭⁷ [壹献之礼,宾主百拜] 在壹献之礼中,主人和客人要互相行礼很多次。

⑭⁸ [合欢] 联欢。

⑭⁹ [缀淫] 防止过分。

⑮⁰ [哀乐之分,皆以礼终] 表达悲哀和欢乐的程度,最后都要符合礼的规范。

⑮¹ [故先王著其教焉] 所以先王特别重视乐的教化作用。

⑮² [有血气心知之性] 有血气心智的天性。知,同“智”。

⑮³ [无哀乐喜怒之常] 哀乐喜怒变化不定。

⑮⁴ [心术] 受外物影响而形成的思想感情。

⑮⁵ [志微、噍杀] 志微,衰微,急促。志,细,微。噍杀,见前注⑧。

⑮⑥［啴谐］和缓、和谐。啴，见前注⑨。

⑮⑦［繁文］音调丰富。

⑮⑧［简节］节奏简明。

⑮⑨［康乐］健康、快乐。

⑯⓪［奋末］收束亢奋。

⑯①［广贲（fèn）］宽广而愤怒。贲，同“愤”。

⑯②［肉好（hào）］圆润。肉，玉璧的边。好，玉璧中间的圆孔。

⑯③［狄（tì）成、涤滥］浪荡、放纵。狄，通“逖”。

⑯④［稽之度数］考求音律的度数。度数，指用来确定音高的律管的长度及取律法则。

⑯⑤［合生气之和，道五常之行］合乎阴阳二气的和谐，遵循五常运行的规律。

⑯⑥［阳而不散，阴而不密］乐作发扬而不至于散漫，乐作收束而不至于郁结。

⑯⑦［刚气不怒，柔气不慑］阳刚而不暴怒，阴柔而不畏缩。

⑯⑧［四畅交于中而发作于外，皆各安其位而不相夺也］阴阳刚柔四种性情和畅地交融在心中而通过音乐体现出来，都能各安于其位而不互相侵夺。

⑯⑨［立之学等］规定学习的等级。

⑰⓪［以绳德厚，律小大之称，比终始之序，以象事行］用来衡量品德纯厚的程度，调整音律的高低使之相称，排比乐章开端与结尾的次序，用来表现事功和德行。

⑰①［乐观其深］乐要观察其中的深义。

⑰②［土敝］地力衰竭。

⑰③［水烦］不按时捕捞。

⑰④［遂］长成。

⑰⑤［礼慝（tè）而乐淫］礼失而乐淫。慝，隐。淫，过分。

⑰⑥［犯节］紊乱节奏。

⑰⑦ [流湎以忘本] 沉湎放纵而忘其本性。

⑰⑧ [广则容奸,狭则思欲] 音调宽缓就包含着邪恶,音调急促就挑动着情欲。

⑰⑨ [感条畅之气] 撼动人们通畅的正气。感,通“撼”。

⑱⓪ [贱] 鄙视。

⑱① [奸声] 奸邪之音。

⑱② [逆气成象而淫乐兴焉] 悖逆的心气发散成象,淫乐就兴起了。

⑱③ [万物之理,各以类相动也] 世间万物的道理,都是同类相互呼应、触动的。

⑱④ [君子反情以和其志,比类以成其行,奸声乱色不留聪明,淫乐慝礼不接心术,惰慢邪僻之气不设于身体,使耳目鼻口心知百体皆由顺正以行其义] 君子回复本性以调和其心志,比照自己的同道以成全其德行,奸邪淫乱的声色不经过耳目,放荡的音乐、违礼的言行不侵入内心,懒惰、怠慢、邪僻的习气不沾染身体,使耳目鼻口、思想理智、身体各个部分,都能和顺纯正,以实行合乎道义的举措。

⑱⑤ [发以声音] 用声音来抒发、表现。

⑱⑥ [文] 演奏。

⑱⑦ [动] 舞蹈。

⑱⑧ [从] 伴奏。

⑱⑨ [奋至德之光,动四气之和] 发扬最高德性的光辉,调动阴阳刚柔四气的和谐之性。

⑲⓪ [著] 昭显。

⑲① [周还] 周旋回转。

⑲② [八风从律而不奸] 八音都合乎律度而不互相凌犯。

⑲③ [百度得数而有常,小大相成,终始相生,倡和清浊,迭相为经] 一切律度都合乎规律而有常道。大小音调相辅相成。前后乐章相续相生。有唱有和,有清有浊,相互交替,形成常规。

⑲④ [乐行而伦清] 音乐流行,人伦之道就清楚了。

⑲⑤ [乐者，乐也] 音乐，是使人欢乐的。

⑲⑥ [广乐以成其教] 推广音乐来实现它的教化作用。

⑲⑦ [民乡方] 人民走向正道。乡，通“向”。

⑲⑧ [德者，性之端也] 德行，是人本性的体现。

⑲⑨ [乐者，德之华也] 音乐，是德行开出的花朵。

⑳⓪ [歌，咏其声也] 歌是用来吐露心声的。

⑳① [情深而文明，气盛而化神，和顺积中而英华发外，惟乐不可以为伪] 感情深厚而形象鲜明，正气旺盛而出神入化，和顺的感情积聚在心中，美妙的音乐体现于外，只有音乐是不可以作伪的。

⑳② [君子动其本，乐其象，然后治其饰] 君子有所感动于内心，用音乐形象表达出来，然后再用文采节奏加以修饰。

⑳③ [先鼓以警戒，三步以见方，再始以著往，复乱以饬归，奋疾而不拔，极幽而不隐，独乐其志，不厌其道，备举其道，不私其欲] 首先击鼓，以引起注意。舞蹈开始时，前进三步，表示舞列的方向。第二节开始时，也前进三步，表示舞列的方向。舞蹈结束时，整饬队列，回到起始的位置。动作迅速而不忙乱。含义深刻而不隐晦。观众各自欣赏乐舞体现的志向，而不厌烦其中蕴含的道义。完备地展现了其中的道义，而不会只满足个人的私欲。

⑳④ [情见而义立，乐终而德尊，君子以好善，小人以听过] 感情得以表现而道义得以确立，音乐演奏完毕而德行受到尊崇，君子因此乐行善道，小人因此发现过失。

⑳⑤ [生民之道，乐为大焉] 教化人民之道，乐是最重要的。

⑳⑥ [乐也者，施也。礼也者，报也] 乐是施予。礼是报答施予。

⑳⑦ [乐，乐其所自生；礼，反其所自始] 乐，用来体现它所由产生的情境。礼，用来追溯它所由产生的本初。

⑳⑧ [乐章德，礼报情、反始也] 乐表彰德行，礼报答恩情、追念本始。

⑳⑨ [辂(lù)] 车上横木。

⑳〔旒(liú)〕旌旗上的装饰品。

㉑〔乐也者,情之不可变者也。礼也者,理之不可易者也〕乐反映的是不可改变的感情。礼体现的是不可更易的道理。

㉒〔乐统同,礼辨异〕乐统一、和同人们的情感,礼辨别身份尊卑的差异。

㉓〔管乎人情矣〕贯通着人情。

㉔〔穷本知变,乐之情也;著诚去伪,礼之经也〕探究根本,通晓变化,这是乐的功能。表彰诚信,去除虚伪,这是礼的原则。

㉕〔偩〕依照,摹仿。

㉖〔降兴上下之神〕使天神下降,地神上升。

㉗〔凝是精粗之体〕凝结成精妙内容与繁复形式相结合的体式。

㉘〔节〕关系,法度。

㉙〔天地欣合〕天地二气上下相合。

220〔煦妪(yù)〕抚育。

221〔区(gōu)萌达〕种子发芽。曲出曰区,直出曰萌。

222〔角觡〕泛指兽类。觡,指无内骨的角,如麋鹿的角。

223〔妪伏〕指鸟孵卵。

224〔鬻〕通"育"。

225〔殰(dú)〕动物未出生而死。

226〔殈(xù)〕鸟卵未孵化而破裂。

227〔则乐之道归焉耳〕这都体现了音乐和合万物的精神。

228〔黄钟、大吕、弦歌、干扬〕黄钟、大吕:均乐律名。扬,一名钺,即大斧,也是舞具。

229〔有司〕专门的执事人员。

230〔宗祝〕宗,宗人,掌礼事的人员。祝,掌宗庙祭祀的人员。

231〔后尸〕站在尸的后面。尸,代替死者受祭的人。

232〔商祝〕周代习商礼的祭祀官员。

233〔德成而上〕成就德行是主要的。

㉞[行成而先，事成而后] 成就德行的在上位，办成政事的在下位。

㉟[有制于天下] 制定礼乐，颁行天下。

㊱[斯须] 须臾，时刻。

㊲[致乐以治心] 研究乐，用来提高内心修养。

㊳[易、直、子、谅] 平易、正直、慈爱、诚信。

㊴[天则神] 合乎天道，就能通乎神明。

㊵[致礼以治躬] 研究礼，用来规范自己的行为。

㊶[庄敬则严威] 庄重恭敬就有威严。

㊷[乐极和，礼极顺] 乐的极致是和悦，礼的极致是恭顺。

㊸[德辉动于内] 道德的光辉发自内心。

㊹[致礼乐之道] 研究礼、乐的道理。

㊺[举而错之] 把它推行开来。错，同“措”。

㊻[礼主其减，乐主其盈] 礼应该简单，乐应当丰富。

㊼[以进为文] 努力遵循就会变得美好。

㊽[乐盈而反，以反为文] 乐丰富了就会返求本性，返求本性就会变得美好。

㊾[销] 消亡。

㊿[放] 放纵。

251[礼有报而乐有反] 礼要求回报，乐要求反本。

252[礼得其报则乐，乐得其反则安] 礼使人得到回报就会令人快乐，乐使人返求本性就会令人安定。

253[声音动静，性术之变尽于此矣] 声音动静把人的性情、心理的变化，完全表达出来了。

254[耐]“能”的古字。

255[乐不耐无形] 乐不能无所体现。

256[形而不为道，不耐无乱] 音乐有所体现，而不符合道，不能不产生混乱。

㉕⑦[使其声足乐而不流,使其文足论而不息,使其曲直、繁瘠、廉肉、节奏足以感动人之善心而已矣,不使放心邪气得接焉。是先王立乐之方也]使其声音足以令人快乐,而不流于放纵。使其文辞足以令人回味,而不会止息。使乐曲的曲直、声音的大小、节奏的变化,都足以感发人的善心罢了。不使放纵的心、邪恶的习气对人发生影响。这就是先王制定音乐的指导思想。

㉕⑧[审一以定和,比物以饰节,节奏合以成文]审定一个感情基调,来确定前后的乐调。比照各种乐器,来配合节奏。节奏和合,构成乐曲。

㉕⑨[行其缀兆]按照舞蹈的行列位置行进。

㉖⓪[天地之命,中和之纪]乐体现了天地赋予人的教化,使人保持中正和谐的纲纪。

㉖①[铁钺]古代军队行刑用的斧子。

㉖②[侪(chái)]同辈、同类。

㉖③[先王之道,礼乐可谓盛矣]先王治理天下,礼乐可以说相当重要的了。

【评析】

《乐记》是先秦至汉初儒家解释乐之起源与功用的资料的集合,系统地寄寓并阐述了儒家的礼乐思想。乐,起源于外而感动于内("本在人心之感于物"),因此具有打动人心的力量:"其感人深,其移风移俗";"乐至则无怨,礼至则不争。揖让而治天下"。先王或圣人(均是儒家构拟的具有完美人格的人物)便因此制礼作乐,借以构建礼乐制度("先王著其教"),用以教化民众,"将以教民平好恶而反人道之正也";礼乐同刑政并举,期待达到"四达而不悖"且"王道备"的效果。在儒家的想象中,这种理想的礼乐教化,"在宗庙之中,君臣上下同听之,则莫不和敬;在族长乡里之中,长幼同听之,则莫不和顺;在闺门之内,父子兄弟同听之,则莫不和亲";甚至"大乐与天地同和,大礼与天地同节",达到天人和一的完美境界。总之,在《乐记》构建的政教典范中,乐不仅仅是音乐，还是敦风化俗的工具；这充分说明了古代技艺与制度的交融，体现了以家族血缘为中心的“政礼一体”“天人合一”的伦理文化。

【理性思考】

1. 思考《礼记·乐记》中，声、音、乐三者的关系。

2. 结合《庄子·齐物论》，思考儒家与道家对于声音的看法有何不同。

【延伸阅读】

1.《左传·襄公二十九年》“吴公子札来聘”，杨伯峻注《春秋左传注》，中华书局1990年版。

2.《庄子·齐物论》，郭庆藩撰，王孝鱼点校《庄子集释》，中华书局1961年版。

3. 嵇康《声无哀乐论》，戴明扬校注《嵇康集校注》，中华书局1962年版。

毛诗序[1]

《关雎》[2]，后妃[3]之德也，风之始也[4]，所以风天下而正夫妇也[5]。故用之乡人[6]焉，用之邦国[7]焉。风，风也，教也[8]。风以动[9]之，教以化[10]之。诗者，志之所之也[11]。在心为志，发言为诗[12]。情动于中而形于言，言之不足，故嗟叹之；嗟叹之不足，故永歌[13]之；永歌之不足，不知手之舞之、足之蹈之也。情发于声，声成文，谓之音[14]。治世之音安以乐，其政和；乱世之音怨以怒，其政乖[15]；亡国之音哀以思[16]，其民困。故正得失、动天地、感鬼神，莫近乎诗[17]。先王以是经夫妇[18]、成孝敬[19]、厚人伦[20]、美教化[21]、移风俗[22]。故诗有六义焉[23]：一曰风[24]，二曰赋[25]，三曰比[26]，四曰兴[27]，五曰雅[28]，六曰颂[29]。上以风化下，下以风刺[30]上，主文而谲谏[31]，言之者无罪，闻之者足以戒，故曰风。至于王道衰，礼义废，政教失，国异政，家殊俗[32]，而变风、变雅[33]作矣。国史[34]明乎得失之迹，伤人伦之变，哀刑政之苛，吟咏性情，以风其上，达于事变[35]，而怀其旧俗者也。故变风发乎情，止乎礼义[36]。发乎情，民之性也；止乎礼义，先王之泽[37]也。是以一国之事，系一人之本，谓之风[38]；言天下之事，形四方之风，谓之雅[39]。雅者，正也，言王政之所由废兴也。政有小大，故有小雅焉，有大雅焉。颂者，美盛德之形容，以其成功告于神明者也[40]。是谓四始[41]，诗之至也[42]。

【注释】

① 选自《毛诗注疏》卷一（阮元校刻《十三经注疏》本，中华书局 1980 年版）。汉代传《诗》的有齐、鲁、韩、毛四家，只有《毛诗》传承至今。《毛诗》每首诗前都有序，解说诗旨，习称诗小序；《关雎》前的诗序，不仅有该篇之序，也有全诗之序，习称诗大序。本篇《毛诗序》，就是小序和大序结合在一起的。《毛诗注疏》由毛亨传（以下简称《毛传》），郑玄笺（以下简称《郑笺》），孔颖达正义（以下简称《正义》）。

② [《关雎》] 《诗经·国风·周南》第一首诗的篇名。

③ [后妃] 天子的配偶。汉儒常以教化解经，所以认为《关雎》反映了天子后妃的德行。

④ [风之始也] 是十五国风的开始。《诗经》分风、雅、颂三部分，风分周南、召南等十五国风，《关雎》是《周南》的第一篇，所以说是国风之始。《正义》："序以后妃乐得淑女，不淫其色，家人之细事耳，而编于诗首，用为歌乐，故于后妃德下，即申明此意，言后妃之有美德，文王风化之始也。"

⑤ [所以风（fèng）天下而正夫妇也] 是用来教化天下而端正夫妇之义的。风，教化。《毛传》："风，是诸侯政教也。"《正义》："言文王行化，始于其妻，故用此为风教之始，所以风化天下之民，而使之皆正夫妇焉。"

⑥ [乡人] 百姓。相传古代一万二千五百家为一乡。

⑦［邦国］诸侯。《正义》："序以后妃乐得淑女……周公制礼作乐，用之乡人焉，令乡大夫以之教其民也。庶民悉知此诗，皆正夫妇也。"

⑧［风，风(fèng)也，教也］风，就是风(fèng)，就是教化。

⑨［动］感动。

⑩［化］化育。

⑪［诗者，志之所之也］诗，是人内心志意的表达。所之，所往，所适。《诗大序》自此句起。

⑫［在心为志，发言为诗］蕴藏于内心，叫做志；发表为言辞，叫做诗。《正义》："上言用诗以教，此又解作诗所由。诗者，人志意之所之适也。虽有所适，犹未发口，蕴藏在心，谓之为志；发见于言，乃名为诗。作诗者所以舒心志愤懑而卒成于歌咏，故《虞书》谓之'诗言志'也。"

⑬［永歌］即长歌。《正义》："嗟叹之犹嫌不足，故长引声而歌之。"

⑭［情发于声，声成文，谓之音］感情抒发为声，五声和合成曲，就叫做音。声，指宫、商、角、徵、羽；文，由五声和合而成的曲调。

⑮［乖］乖戾不和。

⑯［思］忧虑。

⑰［莫近于诗］莫过于诗。

⑱［经夫妇］使夫妇归于常道。经，常，常道。《正义》："经夫妇者，经，常也；夫妇之道有常，男正位乎外，女正位乎内，德音莫违，是夫妇之常。"

⑲［成孝敬］成就孝敬。《正义》："成孝敬者，孝以事亲，可移于君；敬以事长，可移于贵。"

⑳［厚人伦］使人伦敦厚。伦，理。《正义》："厚人伦者，伦，理也；君臣父子之义，朋友之交，男女之别，皆是人之常理。"

㉑［美教化］使教化美备。《正义》："美教化者，美谓使人服之而无厌也。"

㉒［移风俗］使风俗改移。《正义》："移风俗者，《地理志》云：'民有刚柔缓急，音声不同，系水土之风气，故谓之风；好恶取舍动静，随君上之情欲，故谓之俗。'则风为本，俗为末，皆谓民情好恶也。缓急系水土之气，急则失于躁，缓则失于慢。王者为政，当移之，使缓急调和，刚柔得中也。"

㉓［六义］六种要义。《周礼·春官·大师》："大师教六诗，曰风，曰赋，曰比，曰兴，曰雅，曰颂。"一般认为，风、雅、颂是《诗》的三个组成部分，赋、比、兴是三种艺术手法。

㉔［风］国风。《正义》："风，言贤圣治道之遗化。"

㉕［赋］铺陈直叙。《正义》："赋之言铺，直铺陈今之政教善恶。"

㉖［比］打比方。《正义》："比，见今之失，不敢斥言，取比类以言之。"

㉗［兴］起兴。《正义》："兴，见今之美，嫌于媚谀，取善事以喻劝之。"

㉘［雅］《诗经》的第二个组成部分，分小雅、大雅。《正义》："雅，正言也。今之正者，以为后世法颂之言。"

㉙［颂］《诗经》的第三个组成部分，分周颂、鲁颂、商颂。《正义》："颂之言诵也，容也，诵今之德，广以美之。"

㉚［刺］讽刺，美刺。

㉛［主文而谲谏］主于美文，婉转讽谏。《毛传》："主，与乐之宫商相应也。谲谏，咏歌依违不直谏。"

㉜［国异政，家殊俗］诸侯国政治措施有异，百姓家家风俗不同。《正义》："至于王道衰，礼义废而不行，政教施之失所，使诸侯国国异政，下民家家殊俗。"

㉝［变风、变雅］偏离正道的风、雅。《正义》："《诗》之风、雅，有正有变。"

㉞［国史］史官。天子、诸侯都有史官。

㉟［达于事变］通达事物变易之理。《正义》："作诗者皆晓达于世

事之变易，而私怀其旧时之风俗。”

㊱［发乎情，止乎礼义］从民情出发，而合于礼义。《正义》：“变风之诗，皆发于民情，止于礼义，言各出民之情性，而皆合于礼义也。”

㊲［先王之泽］先王的恩泽、遗泽。《正义》：“言俱被先王遗泽，故得皆止礼义也。”

㊳［一国之事，系一人之本，谓之风］记载一国的政事，维系于作诗者的本意，这样的诗，就叫做风。一国，指诸侯国。一人，指作诗者。

㊴［言天下之事，形四方之风，谓之雅］记录天下的大事，刻画各个区域的风俗，这样的诗，就叫做雅。

㊵［颂者，美盛德之形容，以其成功告于神明者也］颂，就是要把君王美好的德行表达出来，把他们的成功报告给神明。

㊶［是谓四始］这就叫做“四始”。四始，有司马迁、郑玄两种解释。《史记·孔子世家》：“《关雎》之乱，以为风始；《鹿鸣》，为小雅始；《文王》，为大雅始；《清庙》，为颂始。”《正义》：“四始者，郑答张逸云：‘风也，小雅也，大雅也，颂也。此四者，人君行之则为兴，废之则为衰。’又笺云：‘始者，王道兴衰之所由然。’则此四者是人君兴废之始，故谓之四始也。”

㊷［诗之至也］诗的极致。

【评析】

诗是源于生活的表达思想情感的文学样式，起初是同音乐、舞蹈紧密结合在一起的。由于体现了真情实感，可以藉以感知民众的所思所想，因此，来自民间的诗受到官府的重视，经采诗之官的收集而进入官学系统，由王官进行系统的整理，同上层的雅诗、颂诗一起，构成了诗学系统。流传至今的《诗经》文本共有三百零五首，另有六篇没有文本的笙诗。汉代传习《诗经》的有齐、鲁、韩、毛四家，各有师承授受，发展成为专门的学问。《毛诗序》就是毛氏一派在传习中形成的重要文本，旨在解释诗的源起、功用与构成，是先秦以来儒家构建诗教传统的典范之作。《毛诗序》实际上分三层对《诗经》进行解读：第一层（至“用之邦国焉”止），解释《关雎》一诗的教化意义；第二层（至“教以化之”），解释的是“风”诗（即十五国风）的教化意义；第三层，则对作为整体的《诗经》加以论说，探讨诗的起源（“志之所之”）、类别（风、雅、颂）、功用（观风察俗、移风易俗）、手法（赋、比、兴）、变体（变风、变雅）等。通过层层释读，并通过类比、比附、联想的方式，《毛诗序》赋予诗美刺的政治功能，将诗同教化联系起来，儒家的诗教传统因此得以成功构建。

【理性思考】

1. 文中提到诗歌有哪些政治功用？
2. 如何理解诗歌与时代的关系？
3.《毛诗序》体现了儒家诗学中什么样的思想规范？

【延伸阅读】

1. 朱熹《诗集传序》，赵长征点校《诗集传》，中华书局 2011 年版。

2. 班固《汉书·艺文志·诗赋略序》，《汉书》，中华书局 1962 年版。

3. 刘勰《文心雕龙·原道》，范文澜注《文心雕龙注》，人民文学出版社 1958 年版。

治河三策[①]

班　固

哀帝[②]初，平当使领河堤[③]，奏言“九河今皆寘灭[④]，按经义治水，有决河深川[⑤]，而无堤防雍[⑥]塞之文。河从魏郡以东，北多溢决，水迹难以分明。四海之众不可诬[⑦]，宜博求能浚川疏河者。”下丞相孔光[⑧]、大司空何武[⑨]，奏请部刺史、三辅[⑩]、三河[⑪]、弘农太守举吏民能者，莫有应书[⑫]。待诏[⑬]贾让奏言：

治河有上中下策。古者立国居民[14]，疆理土地[15]，必遗川泽之分，度水势所不及[16]。大川无防[17]，小水得入，陂障卑下[18]，以为污泽[19]，使秋水多，得有所休息[20]，左右游波，宽缓而不迫。夫土之有川，犹人之有口也。治土而防其川，犹止儿啼而塞其口，岂不遽止[21]，然其死可立而待也。故曰："善为川者，决之使道[22]；善为民者，宣之使言。"盖堤防之作，近起战国，雍[23]防百川，各以自利[24]。齐与赵、魏，以河为竟[25]。赵、魏濒山[26]，齐地卑下，作堤去河二十五里。河水东抵齐堤，则西泛赵、魏，赵、魏亦为堤去河二十五里。虽非其正[27]，水尚有所游荡[28]。时至而去，则填淤肥美，民耕田之。或久无害，稍筑室宅，遂成聚落。大水时至漂没[29]，则更起[30]堤防以自救，稍去其城郭，排水泽而居之，湛溺自其宜也[31]。今堤防狭者去水数百步，远者数里。近黎阳南故大金堤，从河西西北行，至西山南头，乃折东，与东山相属[32]。民居金堤东，为庐舍，往十余岁更起堤，从东山南头直南与故大堤会。又内黄界中有泽，方数十里，环之有堤[33]，往十余岁太守以赋民[34]，民今起庐舍其中，此臣亲所见者也。东郡白马故大堤亦复数重，民皆居其间。从黎阳北尽魏界，故大堤去河远者数十里，内亦数重[35]，此皆前世所排也[36]。河从河内北至黎阳为石堤，激使东抵东郡平刚[37]；又为石堤，使西北抵黎阳、观[38]下；又为石堤，使东北抵东郡津北；又为石堤，使西北抵魏郡昭阳；又为石堤，激使东北。百余里间，河再西三东[39]，迫厄如此，不得安息。

今行上策，徙冀州之民当水冲者[40]，决黎阳遮害亭，放河使北入海。河西薄[41]大山，东薄金堤，势不能远泛滥，期月[42]自定。难者将曰："若如此，败坏城郭田庐冢墓以万数，百姓怨恨。"昔大禹治水，山陵当路者毁之，故凿龙门，辟[43]伊阙，析[44]底柱，破碣石，堕断天地之性[45]。此乃人功所造，何足言也！今濒河十郡治堤岁费且万万，及其大决，所残无数。如出数年治河之费，以业[46]所徙之民，遵古圣之法，定山川之位，使神人各处其所，而不相奸[47]。且以大汉方制万里[48]，岂其[49]与水争咫尺之地哉？此功一立[50]，河定民安，千载无患，故谓之上策。

若乃多穿漕渠于冀州地，使民得以溉田，分杀水怒[51]，虽非圣人法，然亦救败术也[52]。难者将曰:“河水高于平地,岁增堤防,犹尚决溢,不可以开渠。”臣窃按视遮害亭西十八里,至淇水口,乃有金堤,高一丈。自是东,地稍下,堤稍高,至遮害亭,高四五丈。往六七岁,河水大盛,增丈七尺,坏黎阳南郭门,入至堤下[53]。水未逾堤二尺所[54],从堤上北望,河高出民屋,百姓皆走上山。水留十三日,堤溃,吏民塞之。臣循堤上[55],行视水势[56],南七十余里,至淇口,水适至堤半,计出地上五尺所。今可从淇口以东为石堤,多张水门[57]。初元[58]中,遮害亭下河去堤足数十步,至今四十余岁,适至堤足。由是言之,其地坚矣。恐议者疑河大川难禁制[59],荥阳漕渠足以卜之[60],其水门但用木与土耳,今据坚地作石堤,势必完安。冀州渠首尽当卬此水门[61]。治渠非穿地[62]也,但为东方一堤,北行三百余里,入漳水中,其西因山足高地,诸渠皆往往股引取之[63];旱则开东方下水门溉冀州,水则开西方高门分河流。通渠有三利,不通有三害。民常罢[64]于救水,半失作业[65];水行地上,凑润上彻[66],民则病湿气[67],木皆立枯,卤不生谷[68];决溢有败,为鱼鳖食[69]:此三害也。若有渠溉,则盐卤下湿[70],填淤加肥[71];故种禾麦,更为[72]粳稻,高田五倍[73],下田十倍[74];转漕舟船之便:此三利也。今濒河堤吏卒郡数千人,伐买薪石之费岁数千万,足以通渠成水门;又民利其溉灌,相率治渠,虽劳不罢[75]。民田适治,河堤亦成,此诚富国安民,兴利除害,支数百岁[76],故谓之中策。

若乃缮完故堤,增卑倍薄[77],劳费无已,数逢其害[78],此最下策也。

【注释】

① 选自《汉书·沟洫志》(中华书局 1962 年版)。治策提出者贾让(生卒不详),西汉水利专家。

② [哀帝] 汉哀帝刘欣(前 25—前 1),字和,元帝刘奭之孙,成帝刘骜之侄,定陶恭王刘康之子。西汉第十三位皇帝,在位 7 年。

③ [平当使领河堤] 平当奉命管理黄河堤岸。平当,字子思,梁国下邑(今河南商丘市夏邑县)人。哀帝初,征为光禄大夫,后任御史大

夫、丞相。

④［寘(zhì)灭］淤塞。寘，同“置”。

⑤［决河深川］决河，挖决口以分泄河水。深川，疏浚治理。颜世古《注》(以下简称“《颜注》”)：“决，分泄也。深，浚治也。”

⑥［雍］同“壅”，堵塞。

⑦［诬］欺骗。

⑧［下丞相孔光］下，交付、下达任务。孔光(前65—5)，字子夏，曲阜人。孔子十四世孙，太师孔霸之子。

⑨［何武］(前？—3)，字君公，蜀郡郫县(今四川郫县)人。

⑩［三辅］三辅，又称“三秦”，指治理长安京畿地区(京兆、左冯翊、右扶风)的三位官员京兆尹、左冯翊、右扶风。

⑪［三河］河东、河内、河南。这里指三个地方的行政长官。

⑫［莫有应书］没有人响应号召。

⑬［待诏］随时听候皇帝诏令(的人)。指汉廷征召来的才能之士。

⑭［立国居民］建立国家，安定百姓。国，国都，都城。

⑮［疆理土地］规划、利用土地。

⑯［必遗川泽之分，度水势所不及］一定留下河流与湖泽的分布，估算水势所达不到的地方。遗，留。度，计。《颜注》：“言川泽水所流聚之处，皆留而置之，不以为居邑而妄垦殖，必计水所不及，然后居而田之也。”

⑰［大川无防］大的河流没有堤防。

⑱［陂障卑下］水岸低下。

⑲［以为污泽］就会变成水流滞停的地方。《颜注》：“停水曰污。”

⑳［使秋水多，得有所休息］假使秋天水多，就得让水能够停留。

㉑［遽］立即。《颜注》：“遽，速也。”

㉒［决之使道］打开河口使河水得以疏导。道，同“导”，疏导，通引。《颜注》：“道读曰导。导，通引也。”

㉓［雍］见注⑥。

㉔［各以自利］各自凭借堤防，为本国谋取私利。

㉕［竟］同“境”，边境。

㉖［赵、魏濒山］赵、魏二国，以山为界。《颜注》：“濒山，犹言以山为边界也。”

㉗［虽非其正］虽然不是治理河水的正途。

㉘［水尚有所游荡］河水还是有来回奔流的余地。

㉙［大水时至漂没］河水有时泛滥，尽被淹没。

㉚［更起］重建。

㉛［湛（chén）溺自其宜也］水沉没得正合适。湛溺，沉没。《颜注》：“湛读曰沈。”

㉜［相属（zhǔ）］相连。《颜注》：“属，连及也。”

㉝［环之有堤］绕泽建有堤岸。《颜注》：“环，绕也。”

㉞［往十余岁太守以赋民］往往十多年太守便把土地分给百姓。《颜注》：“以堤中之地给与民。”

㉟［内亦数重］里面也有数道堤岸。

㊱［此皆前世所排也］这都是前代所建成的。

㊲［激使东抵东郡平刚］河水受到石堤的阻挡，便向东抵达东郡的平刚。《颜注》：“激者，聚石于堤旁冲要之处，所以激去其水也。”

㊳［观（guàn）］《颜注》：“观，县名也。”

㊴［河再西三东］黄河两次向西，三次向东。

㊵［当水冲者］住在水流要道的地方。

㊶［薄］临近。

㊷［期月］一个月。

㊸［辟］开辟。

㊹［析］分开，劈开。

㊺［堕（huī）断天地之性］毁掉、断弃了天地的特性。堕，同“隳”，毁坏。

㊻［业］安置。

㊼［奸］干扰。《颜注》:“奸音干。”

㊽［且以大汉方制万里］况且以大汉统治万里的江山。

㊾［岂其］难道。

㊿［此功一立］这项功业一旦建立。

51［分杀水怒］分担水流的急势。

52［然亦救败术也］但也是挽救失败的方法。

53［坏黎阳南郭门，入至堤下］冲坏黎阳南门，从北门出，流到堤下。《颜注》:“臣瓒曰:‘谓水从郭南门入，北门出，而至堤也。’”

54［水未逾堤二尺所］水没有越过岸堤，还有二尺多高的余地。

55［臣循堤上］臣沿着河堤向上游走。

56［行视水势］查看水势。

57［水门］水闸。

58［初元］汉元帝刘奭年号(前48—前44)。

59［禁制］制服。

60［荥阳漕渠足以卜之］荥阳的漕渠足以证明。《颜注》:“如淳曰:‘今砾溪口是也。言作水门通水流，不为害也。’”

61［冀州渠首尽当印(àng)此水门］冀州地区的水渠全都依靠这个水门。

62［穿地］挖地。

63［诸渠皆往往股引取之］各渠往往分别引水。《颜注》:“如淳曰:‘股，支别也。’”

64［罢］通“疲”。

65［作业］指生产。《颜注》:“此一害。”

66［凑润上彻］积累的水分蒸发了。

67［病湿气］得风湿病。

68［卤不生谷］土地盐碱化，不长谷子。《颜注》:“此二害。”

69［决溢有败，为鱼鳖食］河口决口，人民成为鱼鳖的食物。

⑦〇 [盐卤下湿] 盐碱下沉。

⑦① [填淤加肥] 填上淤泥,增加肥力。《颜注》:“此一利。”

⑦② [更为] 再种。

⑦③ [高田五倍] 产量比高产田高出五倍。

⑦④ [下田十倍] 产量比低产田高出十倍。《颜注》:“此二利也。”

⑦⑤ [虽劳不罢] 即使劳累,也不会感到疲倦。罢,通“疲”。

⑦⑥ [支数百岁] 维持数百年。

⑦⑦ [增卑倍薄] 把低处填高,把薄处加厚。

⑦⑧ [数逢其害] 屡次受到它的祸害。

【评析】

中华民族栖息于欧亚大陆的东部,西为青藏高原,北极苦寒之地,东、南濒临大海,形成相对封闭的地理单元;自西向东,地势呈由高到低的三级阶梯分布。由于大部分地处亚热带,四季分明,降水充沛。春夏之季,通常水患严重,在科技欠发达、生产力较低下的时代,人民便深受其苦。如何治水,成为历代统治者不得不考虑的关乎国计民生的大事;大禹治水的故事,正说明治水事业的久远与艰难。贾让以“土之有川,犹人有口”为喻,提出治河(黄河)当以疏导为上,以雍堵为下的原则;疏导时必然会牺牲部分民众的利益,但同雍堵而决堤导致的灾难而言,这种局部牺牲是值得的,是可以补偿的,利远大于弊。在这一原则指导之下,贾让具体提出三种治河的方案。中华民族的水患问题,直到中华人民共和国成立以来,才逐步得到解决;历史上一再反复的经验与教训表明,两千年前贾让所提出的以疏为主的治河原则,是切实有效的,因此至今闪烁着理性的光芒。

【理性思考】

1. 简要概述贾让提出的治河上中下三策。
2. 据贾让的分析,黄河水患的起因是什么?

3. 贾让的治河三策体现了中国文化中什么样的精神与智慧?

【延伸阅读】

1. 司马迁《史记·河渠书》,中华书局 2013 版。
2. 班固《汉书·循吏传·王景传》,中华书局 1962 年版。

马　钧　传[①]

裴松之

时有扶风马钧,巧思绝世。傅玄[②]序之曰:

马先生,天下之名巧也。少而游豫[③],不自知其为巧也。当此之时,言不及巧,焉可以言知乎? 为博士居贫,乃思绫机[④]之变,不言而世人知其巧矣。旧绫机五十综者五十蹑[⑤],六十综者六十蹑,先生患其丧功费日,乃皆易以十二蹑。其奇文异变,因感而作者,犹自然之成形,阴阳之无穷,此轮扁[⑥]之对,不可以言言者[⑦],又焉可以言校也[⑧]。先生为给事中,与常侍高堂隆、骁骑将军秦朗争论于朝,言及指南车,二子谓古无指南车,记言之虚也[⑨]。先生曰:“古有之,未之思耳,夫何远之有!”二子哂之曰:“先生名钧字德衡,钧者器之模[⑩],而衡者所以定物之轻重[⑪],轻重无准而莫不模哉[⑫]!”先生曰:“虚争空言,不如试之易效也。”于是二子遂以白明帝,诏先生作之,而指南车成。此一异也,又不可以言者也,从是天下服其巧矣。居京都,城内有地,可以为园,患无水以灌之。乃作翻车,令童儿转之,而灌水自覆,更入更出,其巧百倍于常。此二异也。其后人有上百戏者,能设而不能动也。帝以问先生:“可动否?”对曰:“可动。”帝曰:“其巧可益否?”对曰:“可益。”受诏作之。以大木雕构,使其形若轮,平地施之,潜以水发焉。设为歌乐舞象,至令木人击鼓吹箫,作山岳,使木人跳丸掷剑,缘絙[⑬]倒立,出入自在;百官行署,舂磨斗鸡,变巧百端。此三异也。先生见诸葛亮连弩,曰:“巧则巧矣,未尽善也。”言作之可令加五倍。又患发石车,敌人之于楼边县[⑭]湿牛皮,中之则堕,石不能连属而至。欲作一轮,县大石数十,以机鼓轮为常,则以断县石飞击敌城,使首尾电至。尝试以车轮县瓴甓[15]数十,飞之数百步矣。有裴子者,上国之士也,精通见理,闻而哂之。乃难先生,先生口屈不对。裴子自以为难得其要,言之不已。傅子谓裴子曰:“子所长者言也,所短者巧也。马氏所长者巧也,所短者言也。以子所长,击彼所短,则不得不屈;以子所短,难彼所长,则必有所不解者矣。夫巧,天下之微事也,有所不解而难之不已,其相击刺,必已远矣。心乖于内[16],口屈于外,此马氏所以不对也。”傅子见安乡侯,言及裴子之论,安乡侯又与裴子同。傅子曰:“圣人具体备物,取人不以一揆[17]也:有以神取之者,有以言取之者,有以事取之者。有以神取之者,不言而诚心先达,德行颜渊之伦是也。以言取之者,以变辩是非,言语宰我、子贡是也。以事取之者,若政事冉有、季路,文学子游、子夏。虽圣人之明尽物,如有所用,必有所试,然则试冉、季以政,试游、夏以学矣。游、夏犹然,况自此而降者乎!何者?悬言物理,不可以言尽也,施之于事,言之难尽而试之易知也。今若马氏所欲作者,国之精器,军之要用也。费十寻之木,劳二人之力,不经时而是非定。难试易验之事,而轻以言抑人异能,此犹以己智任天下之事,不易其道以遇难尽之物,此所以多废也。马氏所作,因变而得是,则初所言者不皆是矣。其不皆是,因不用之,是不世之巧无由出也。夫同情者相妒,同事者相害,中人所不能免也。故君子不以人害人,必以考试为衡石;废衡石而不用,此美玉所以见诬为石,荆和所以抱璞而哭之也。”于是安乡侯悟,遂言之武安侯,武安侯忽之,不果试也。此既易试之事,又马氏巧名已定,犹忽而不察,况幽深之才,无名之璞乎?后之君子其鉴之哉!马先生之巧,虽古公输般、墨翟、王尔[18],近汉世张平子[19],不能过也。公输般、墨翟,皆见用于时,乃有益于世。平子虽为侍中,马先生虽给事省中,俱不典工官,巧无益于世。用人不当其才,闻贤不试以事,良可恨也。

裴子者,裴秀。安乡侯者,曹羲也。武安侯者,曹爽也。

【注释】

① 选自《三国志》卷二十九《魏志·方技·杜夔传·裴注》(陈寿撰,裴松之注,中华书局 1959 年版)。

② [傅玄] 傅玄(217—278),字休奕,北地郡泥阳县(今陕西铜川市)人。西晋时期文学家、思想家。

③ [游豫] 游乐。原指帝王出巡,春曰游,秋曰豫。

④ [绫机] 织绫的机具。

⑤ [综(zèng)、蹑] 综,织布机上带着经线上下分开形成梭口的装置。蹑,踩,踏。

⑥ [轮扁] 春秋时齐国著名的造车工匠。典出《庄子·天道》。

⑦ [不可以言言者] 不可以用语言来形容。

⑧ [又焉可以言校也] 又怎么可以用语言来难倒他呢? 校,校正。

⑨ [记言之虚也] 书上说的是虚构的。

⑩ [钧者器之模] "钧"是制器的模范。钧,制陶所用的转轮。钧又是重量单位,三十斤为一钧。模,规范,标准。

⑪ [衡] 秤杆,泛指秤。

⑫ [轻重无准而莫不模哉] 轻重没有准头,就没有不能规范的吧!

⑬ [絙(gēng)] 古同"縆",大绳。

⑭ [县] 通"悬"。

⑮ [瓴(líng)甓(pì)] 砖块。

⑯ [心乖于内] 心里并不认同。乖,背离。

⑰ [取人不以一揆] 取用(或评价)一个人,并不靠一个尺度。一揆,一致。

⑱ [公输般、墨翟、王尔] 都是古代的能工巧匠。公输般即鲁班。墨翟即墨子,墨家学派创始人。

⑲ [张平子] 张衡字平子。介绍详见《张衡传》。

【评析】

中国自古英才辈出，能工巧匠极多，本文所写扶风马钧，就是其一。马钧之巧思，见于以下几种器物之制作：(一)十二蹑绫机；(二)指南车；(三)灌水车；(四)飞石机。每一种均巧夺天工，非常人可及。可惜当时“用人不当其才”，没有受到重用，其巧“无益于世”，以上器物的制作方法，因此湮没不传。

【理性思考】

1.《马钧传》中傅玄是如何为马钧辩护的？

2. 对比《马钧传》与《庄子·天地》，谈谈中国古代是如何看待“机巧”的。

【延伸阅读】

1.《周礼·考工记》，郑玄注，贾公彦疏《周礼注疏》，上海古籍出版社2010年版。

2.《列子·汤问》“周穆王西巡狩”，杨伯峻注《列子集释》，中华书局1979年版。

3.《庄子·天地》“子贡南游于楚”，郭庆藩撰，王孝鱼点校《庄子集释》，中华书局1961年版。

张 衡 传[①]

范 晔

张衡字平子，南阳西鄂[②]人也。世为著姓[③]。祖父堪，蜀郡太守。衡少善属文[④]，游于三辅[⑤]，因入京师[⑥]，观太学[⑦]，遂通《五经》[⑧]，贯六艺[⑨]。虽才高于世，而无骄尚[⑩]之情。常从容淡静，不好交接[⑪]俗人。永元[⑫]中，举孝廉不行[⑬]，连辟公府不就[⑭]。时天下承平日久，自王侯以下，莫不逾侈[15]。衡乃拟班固《两都》，作《二京赋》，因以讽谏[16]。精思傅会[17]，十年乃成。文多故不载[18]。大将军邓骘奇其才，累召不应[19]。

衡善机巧[20]，尤致思于天文、阴阳、历算[21]。常耽好《玄经》[22]，谓崔瑗[23]曰："吾观《太玄》，方知子云妙极道数[24]，乃与《五经》相拟[25]，非徒传记之属[26]，使人难论阴阳之事[27]，汉家得天下二百岁之书也[28]。复二百岁，殆将终乎[29]？所以作者之数，必显一世，常然之符也[30]。汉四百岁，玄其兴矣[31]。"安帝雅闻衡善术学[32]，公车特征拜郎中，再迁为太史令。遂乃研核[33]阴阳，妙尽璇机之正[34]，作浑天仪，著《灵宪》《筭罔论》，言甚详明[35]。

顺帝初，再转，复为太史令。衡不慕当世，所居之官，辄积年不徙。自去史职，五载复还，乃设客问，作《应闲》以见其志[36]。

阳嘉[37]元年，复造候风地动仪。以精铜铸成，员径[38]八尺，合盖隆起，形似酒尊，饰以篆文山龟鸟兽之形。中有都柱[39]，傍行八道，施关发机[40]。外有八龙，首衔铜丸，下有蟾蜍，张口承之。其牙机巧制[41]，皆隐在尊中，覆盖周密无际。如有地动，尊则振龙机发吐丸[42]，而蟾蜍衔之。振声激扬，伺者因此觉知。虽一龙发机，而七首不动[43]，寻其方面[44]，乃知震之所在。验之以事，合契若神[45]。自书典[46]所记，未之有也。尝一龙机发而地不觉动，京师学者咸怪其无征，后数日驿至，果地震陇西，于是皆服其妙。自此以后，乃令史官记地动所从方起[47]。

后迁侍中，帝引在帷幄[48]，讽议[49]左右。尝问衡天下所疾恶者。宦官惧其毁己，皆共目之，衡乃诡对[50]而出。阉竖恐终为其患[51]，遂共谗之[52]。

衡常思图身[53]之事，以为吉凶倚伏，幽微难明[54]，乃作《思玄赋》[55]，以宣寄情志[56]。

永和初，出为河间相[57]。时国王骄奢，不遵典宪[58]；又多豪右[59]，共为不轨[60]。衡下车，治威严，整法度，阴知[61]奸党名姓，一时收禽[62]，上下肃然，称为政理[63]。视事三年，上书乞骸骨，征拜尚书。年六十二，永和四年卒。

著《周官训诂》，崔瑗以为不能有异于诸儒也[64]。又欲继孔子《易》说《彖》《象》残缺者，竟不能就[65]。所著诗、赋、铭、七言、《灵宪》《应闲》《七辩》《巡诰》《悬图》凡三十二篇。

永初[66]中，谒者仆射刘珍、校书郎刘騊駼等著作东观，撰集《汉记》，因定汉家礼仪，上言请衡参论其事。会并卒[67]，而衡常叹息，欲终成之[68]。及为侍中，上疏请得专事东观，收捡遗文，毕力[69]补缀。又条上[70]司马迁、班固所叙与典籍不合者十余事。又以为王莽本传但应载篡事而已，至于编年月，纪灾祥，宜为元后本纪。又更始居位[71]，人无异望，光武初为其将，然后即真[72]，宜以更始之号建于光武之初[73]。书数上，竟不听。及后之著述，多不详典[74]，时人追恨之。

论曰：崔瑗之称平子曰“数术穷天地，制作侔造化”[75]。斯致可得而言欤[76]！推其围范两仪，天地无所蕴其灵[77]；运情机物，有生不能参其智[78]。故知思引渊微，人之上术[79]。记曰：“德成而上，艺成而下。”[80]量斯思也，岂夫艺而已哉[81]？何德之损乎！[82]

赞曰：三才理通，人灵多蔽[83]。近推形算，远抽深滞[84]。不有玄虑，孰能昭晰[85]？

【注释】

① 节选自《后汉书·张衡传》（范晔撰，李贤等注，中华书局1965年版）。张衡（78—139），东汉文学家、科学家。

②［南阳西鄂］南阳，东汉郡名，今河南南阳市。西鄂，今河南淅川县。

③［著姓］大姓。著，显著。

④［少善属（zhǔ）文］善，擅长。属文，写文章。

⑤［三辅］三辅，又称“三秦”，参前《治河三策》注⑩。

⑥［京师］东汉都城，今洛阳。

⑦［太学］古代设于都城的最高学府，始于汉武帝时。

⑧［《五经》］指《周易》《尚书》《毛诗》《仪礼》《春秋》。

⑨［六艺］汉代“六艺”有二指，一指《周易》《尚书》《毛诗》《仪礼》《乐经》《春秋》，一指礼、乐、射、御、书、数。前者指经典，后者指技艺。此处“六艺”与“《五经》”对举，当指技艺。

⑩［骄尚］骄傲自大。

⑪［交接］结交。

⑫［永元］东汉和帝刘肇的第一个年号，凡17年(89—105)。

⑬［举孝廉不行］被推举为孝廉，(张衡)不去。孝廉，东汉察举官员的科目名称，意思是“孝顺亲长，廉能正直”。

⑭［连辟公府不就］公府连续征召(为吏)，(张衡)不接受。辟，召。

⑮［逾侈］过分奢侈。

⑯［因以讽谏］用来作为讽谏。

⑰［精思傅会］精心思考，组织文词。

⑱［文多故不载］文章很长，所以没有收录(在本篇列传里)。

⑲［累召不应］屡次征召，(张衡)不予答应。

⑳［善机巧］擅长制作灵巧的装置。

㉑［历算］历法。

㉒［《玄经》］《太玄经》，扬雄著。凡三篇，有八十一卦。桓谭《新论》曰：“扬雄作玄书，以为玄者，天也，道也。言圣贤制法作事，皆引天道以为本统，而因附续万类、王政、人事、法度，故宓羲氏谓之易，老子谓之道，孔子谓之元，而扬雄谓之玄。《玄经》三篇，以纪天地人之道，立三体有上中下，如禹贡之陈三品。三三而九，因以九九八十一，故为八十一卦。以四为数，数从一至四，重累变易，竟八十一而遍，不可损益。以三十(五)〔六〕蓍揲之。《玄经》五千余言，而传十二篇也。”

㉓［崔瑗］字子玉(77—142)，涿郡安平(今河北安平县)人，东汉书法家、文学家、学者，官至济北相。著有《草书势》。

㉔［子云妙极道数］扬子云深究道数。扬雄，字子云。

㉕［乃与《五经》相拟］(《太玄经》)能与《五经》相比。

㉖［非徒传记之属］并非只是传记一类的著作。传记，原指对经典的解释、说明，如《公羊传》《礼记》等。

㉗［使人难论阴阳之事］使人再难以讨论阴阳的事理。

㉘［汉家得天下二百岁之书也］汉代得天下二百年以来最好的书。按：扬雄在汉哀帝时著《太玄经》，距汉初已有二百年。

㉙［复二百岁，殆将终乎］再过二百年，（汉家天下）恐怕要结束了吧？

㉚［所以作者之数，必显一世，常然之符也］所以这部书写的道数，一定会显现于一个时代，是永恒不变的道理。

㉛［汉四百岁，玄其兴矣］汉家天下四百年了，《玄经》恐怕要兴起了。

㉜［安帝雅闻衡善术学］安帝素来听说张衡擅长算学。

㉝［研核］研讨。

㉞［妙尽璇机之正］穷究天体运行的规律。

㉟［言甚详明］论述非常详细清楚。

㊱［乃设客问，作《应闲》以见其志］于是假设有客人问他，作《应闲》来表达他的志向。

㊲［阳嘉］汉顺帝刘保使用的第二个年号，凡4年（132—135）。

㊳［员径］周长。

㊴［都柱］大柱。

㊵［傍行八道，施关发机］周围有八条道，安装有机关。

㊶［牙机巧制］发动机械的枢纽和精巧的制作。

㊷［尊则振龙机发吐丸］仪尊就振动机关，吐出铜丸。

㊸［虽一龙发机，而七首不动］虽然有一龙发动机关，而其他七条龙头并不动。

㊹［寻其方面］寻找发动机关那条龙所面对的方位。

㊺［合契如神］灵验得如有神助。

㊻［书典］典籍，文献。

㊼［记地动所从方起］记录地震所发生的方向。

㊽［帷幄］皇宫。

㊾［讽议］讽刺议论。

㊿［诡对］虚假的回答。

51［阉竖恐终为其患］宦官们害怕（张衡）终究会成为他们的祸患。

52［遂共谗之］于是一起说他的坏话。

53［图身］保全自身。

54［吉凶倚伏，幽微难明］吉凶相互依存、转化，幽深隐微，很难明白。

55［《思玄赋》］玄，道，德。老子曰："玄之又玄，众妙之门。"

56［宣寄情志］宣泄自己的感情，寄托自己的志向。

57［河间相］河间王的相。时河间王名政，即下文"国王"。

58［典宪］典章法度。

59［豪右］豪门巨族。

60［不轨］不合规则（违法）的事。

61［阴知］暗中了解。

62［一时收禽］同时捉拿。禽，同"擒"。

63［称为政理］被称作有政绩。

64［崔瑗以为不能有异于诸儒也］崔瑗认为诸儒提不出不同的看法。

65［又欲继孔子《易》说《彖》《象》残缺者，竟不能就］又想完成孔子《易》说中《彖》《象》两部分残缺的内容，最终没有达到目标。

66［永初］汉安帝刘祜的第一个年号，凡7年（107—113）。

67［会并卒］恰逢刘珍、刘騊駼都去世了。

68［欲终成之］想最终完成《东观汉记》的撰集工作。

69［毕力］尽力。

70［条上］上奏。

⑦1 [更始居位] 更始做皇帝。更始帝刘玄(? —25),自称景帝之后,为绿林军拥立,后为赤眉军所杀。

⑦2 [即真] 登上真正的皇帝位。

⑦3 [光武之初] 光武年号之前。

⑦4 [多不详典] 大多没有详细的记录。

⑦5 [数术穷天地,制作侔造化] 这是崔瑗为张衡所撰碑文中的文句,意思是,张衡高深的数术能够穷尽天地的变化,精巧的制作能够同万物的创造演化相媲美。

⑦6 [斯致可得而言欤] 这种精妙,怎么能用言语去表达啊。

⑦7 [推其围范两仪,天地无所蕴其灵] 论其涵括阴阳两仪的变化,天地万物的运行无不包括于其中。按:此就浑天仪而言。

⑦8 [运情机物,有生不能参其智] 运用心思造出仪器,任何人不能参透他的才智。按:此就候风地动仪而言。

⑦9 [思引渊微,人之上术] 思虑指向高深精微,是人类上等数术。

⑧0 [记曰:"德成而上,艺成而下。"]《礼记》上说:"成就德行为上,成就技艺为下。"

⑧1 [量斯思也,岂夫艺而已哉] 考量张衡的巧思,难道仅仅是技艺而已吗?

⑧2 [何德之损乎] 对德行有什么减损呢? 意思是成就技艺同成就德行一样重要。

⑧3 [三才理通,人灵多蔽] 天、地、人三才的情理可通,人的性灵多被蒙蔽。

⑧4 [近推形算,远抽深滞] 近推有形之物的测算,远绎深远难解的奥秘。

⑧5 [不有玄虑,孰能昭晰] 没有深远玄妙的思虑,谁能使之昭然明晰?

【评析】

张衡是著名的思想家、文学家，同时也是一位伟大的科学家，是中国历史上罕见的全才。这篇传记概略地介绍了张衡的生平事行，突出了他在文学创作、学术研究方面的成就，尤其在科学方面的发明创造。在文学创作方面，著有诗、赋、铭、七言等；在学术研究方面，有《灵宪论》《算罔论》《周官训诂》等；在科学发明方面，则有浑天仪、地动仪等。可惜因宦官专权，政治黑暗，张衡没有完全施展他的才华。崔瑗称他“数术穷天地，制作侔造化”，的确是十分允当的评价。

【理性思考】

1. 《张衡传》主要从哪几个方面记述了张衡？
2. 《张衡传》关于张衡的生平采用什么样的记叙顺序？
3. 结合具体作品，谈谈张衡在“赋”上的成就与贡献。

【延伸阅读】

1. 张衡《二京赋》《思玄赋》《归田赋》，张震泽校注《张衡诗文集校注》，上海古籍出版社 1986 年版。
2. 魏征等《隋书·耿询传》，中华书局 1973 年版。

梓 人 传[①]

柳宗元

裴封叔[②]之第，在光德里[③]。有梓人款其门[④]，愿佣隙宇而处焉[⑤]。所职[⑥]，寻引、规矩、绳墨[⑦]，家不居砻斫之器[⑧]。问其能，曰：“吾善度[⑨]材，视栋宇之制，高深圆方短长之宜，吾指使而群工役焉。舍我，众莫能就一宇。故食[⑩]于官府，吾受禄[⑪]三倍；作于私家[⑫]，吾收其直[⑬]大半焉。”他日，入其室，其床阙足而不能理。曰：“将求他工。”余甚笑之，谓其无能而贪禄嗜货者[14]。

其后京兆尹将饰官署[15]，余往过焉。委[16]群材，会众工，或执斧斤[17]，或执刀锯，皆环立。向之梓人左持引，右执杖，而中处焉。量栋宇之任[18]，视木之能举，挥其杖，曰："斧！"彼执斧者奔而右；顾而指曰："锯！"彼执锯者趋而左。俄而，斤者斫，刀者削，皆视其色，俟其言，莫敢自断者。其不胜任者，怒而退之，亦莫敢愠[19]焉。画宫于堵[20]，盈尺而曲尽其致[21]，计其毫厘而构大厦[22]，无进退[23]焉。既成，书于上栋[24]曰："某年、某月、某日、某建。"则其姓字也。凡执用之工不在列。余圜[25]视大骇，然后知其术之工[26]大矣。

继而叹曰："彼将[27]舍其手艺，专其心智，而能知体要[28]者欤！吾闻劳心者役人，劳力者役于人[29]。彼其劳心者欤[30]！能者用而智者谋[31]，彼其智者欤！是足为佐天子相天下法[32]矣。物莫近乎此也[33]。

彼为天下者本于人[34]。其执役者为徒隶[35]，为乡师、里胥[36]；其上为下士；又其上为中士，为上士；又其上为大夫、为卿、为公。离而为六职[37]，判而为百役[38]。外薄四海[39]，有方伯、连率[40]。郡有守，邑有宰，皆有佐政。其下有胥吏，又其下皆有啬夫、版尹[41]以就役焉，犹众工之各有执伎以食力也[42]。

彼佐天子相天下者，举而加焉，指而使焉，条其纲纪而盈缩[43]焉，齐其法制而整顿焉；犹梓人之有规、矩、绳、墨以定制也。择天下之士，使得其职；居天下之人，使安其业。视都知野，视野知国[44]，视国知天下，其远迩[45]细大，可手据其图而究焉。犹梓人画宫于堵，而绩于成[46]也。能者进而由之，使无所德[47]；不能者退而休之，亦莫敢愠。不衒[48]能，不矜[49]名，不亲小劳[50]，不侵众官[51]，日与天下之英才，讨论其大经[52]，犹梓人之善运众工而不伐艺[53]也。夫然后相道得而万国理矣[54]。

相道既得，万国既理，天下举首而望曰："吾相之功也！"后之人循迹而慕曰："彼相之才也！"士或谈殷、周之理者，曰："伊、傅、周、召[55]。"其百执事之勤劳，而不得纪焉；犹梓人自名其功，而执用者不列也。大哉相乎[56]！通是道者，所谓相而已矣[57]。

其不知体要者反此。以恪勤[58]为公，以簿书为尊，炫能矜名，亲小劳，侵众官，窃取六职、百役之事，听听于府廷[59]，而遗其大者、远者焉，所谓不通是道者也。犹梓人而不知绳墨之曲直，规矩之方圆，寻引之短长，姑夺众工之斧斤刀锯以佐其艺，又不能备其工，以至败绩，用而无所成也，不亦谬欤！

或曰：彼主为室者，傥或发其私智，牵制梓人之虑，夺其世守，而道谋是用[60]。虽不能成功，岂其罪耶？亦在任之而已[61]。"

余曰："不然！夫绳墨诚陈，规矩诚设，高者不可抑而下也，狭者不可张而广也。由我则固，不由我则圮[62]。彼将乐去固而就圮也，则卷其术，默其智[63]，悠尔而去。不屈吾道[64]，是诚良梓人耳！其或嗜其货利，忍而不能舍也，丧其制量，屈而不能守也，栋桡[65]屋坏，则曰'非我罪也'，可乎哉？可乎哉？"

余谓梓人之道类于相，故书而藏之。

梓人，盖古之审曲面势[66]者，今谓之"都料匠"[67]云。余所遇者，杨氏，潜[68]其名。

【注释】

① 选自《柳宗元集》(中华书局 1979 年版)。柳宗元(773—819)，字子厚，河东解(今山西运城市)人。唐代诗人，古文运动倡导者之一。与韩愈并称"韩柳"。贞元九年(793)进士，官至礼部员外郎。后因参加永贞革新，贬官永州司马，终于柳州刺史任上。有《柳河东集》。

② [裴封叔] 裴瑾，河东闻喜(今山西闻喜县)人，作者姊夫。

③ [光德里] 唐代长安街坊名。

④ [有梓(zǐ)人款其门] 有位木匠来敲他家的门。梓人，木匠。本文中的梓人，为匠人中的首领。款，叩，敲。

⑤ [愿佣隙宇而处焉] 希望租间空屋居住。隟，同"隙"。

⑥ [职] 掌管。

⑦ [寻引、规矩、绳墨] 寻引，八尺为寻，十丈为引，此指丈量长度

的器具。规矩，圆规、曲尺。绳墨，墨线、墨斗。

⑧ [砻(lóng)斫(zhuó)之器] 磨刀石和砍削的工具。砻，磨。斫，砍、削。

⑨ [度(duó)] 计算，估量。

⑩ [食] 谋食，挣饭吃。

⑪ [禄] 俸禄。这里指工钱。

⑫ [作于私家] 为私人干活。

⑬ [直] 同“值”，工钱。

⑭ [谓其无能而贪禄嗜货者] 认为他是一个没有本事而贪图工钱、爱好财物的人。

⑮ [京兆尹将饰官署] 京兆尹，治理首都长安的长官。饰，修理。

⑯ [委] 堆放。

⑰ [斧斤] 斧子。

⑱ [任] 负担。这里指房屋承重。

⑲ [愠] 生气，恼恨。

⑳ [画宫于堵] 把房屋的图样画在墙上。堵，墙。

㉑ [盈尺而曲尽其致] 只有一尺见方的区域内能详尽细致地把房屋的结构画出来。

㉒ [计其毫厘而构大厦] 根据图上规定的尺寸比例而建造大厦。

㉓ [进退] 出入，差错。

㉔ [上栋] 房口大梁。

㉕ [圜] 同“环”。

㉖ [工] 高明。

㉗ [将] 大概，或许。

㉘ [体要] 要领，关键。

㉙ [劳心者役人，劳力者役于人] 用脑的人指挥别人，用力的人受人指挥。

㉚ [彼其劳心者欤] 那他就是用脑的人吧。

㉛［能者用而智者谋］有技艺的人出力干活，有智慧的人出谋划策。

㉜［佐天子相天下法］辅佐天子治理天下的法则。

㉝［物莫近乎此也］没有比这更相近的事情了。

㉞［彼为天下者本于人］那想治理好天下的人，要以人为本。

㉟［其执役者为徒隶］服徭役的人是徒隶。徒隶，服劳役的罪犯。

㊱［乡师、里胥］均古代官名。乡师，一乡之长。里胥，一里之长胥。

㊲［离而为六职］合起来有六种职位。离，相并。

㊳［判而为百役］分开来有成百种职务。

㊴［外薄(bó)四海］从都城直到四方边境。薄，迫近，接近。

㊵［方伯、连率］古代职官。周代在都城千里之外设方伯，为诸侯首领；十个诸侯国为连，设连率为长。率，同“帅”。

㊶［啬夫、版尹］汉代官名。汉制，乡小者置啬夫一人。版尹，掌管户籍的小官。

㊷［犹众工之各有执伎以食力也］就像工人们各有技艺凭劳动吃饭一样。

㊸［盈缩］调节有余和不足。盈，充盈，有余。缩，不足。

㊹［视都知野，视野知国］观察离国都五百里的都，能够推知离国都三百里的野；观察离国都三百里的野，能够推知国都(的情况)。《司马法》上说，国都之外，百里为郊，二百里为州，三百里为野，四百里为县，五百里为都。

㊺［迩］近。

㊻［绩于成］完成工程。绩，功劳，功绩。

㊼［能者进而由之，使无所德］有才能的人因其才能而擢升，不必对人感恩戴德。由，用。德，感德，感恩。

㊽［衒］炫耀。

㊾［矜］自负。

㊿［不亲小劳］不插手小事。

51［不侵众官］不侵夺众官的职权。

52［大经］治理国家的大法。

53［不伐艺］不夸耀自己的技艺。

54［夫然后相道得而万国理矣］这样之后掌握了治理天下的宰相之道，而天下万国就得到治理了。

55［伊、傅、周、召］伊尹、傅说、周公、召公。

56［大哉相乎］宰相的事业真是盛大啊！

57［通是道者，所谓相而已矣］通晓宰相之道的，才是真正的所谓宰相罢了。

58［恪勤］恭谨勤恳。

59［听(yín)听于府廷］在官府和朝廷上争论不休。

60［夺其世守，而道谋是用］改变他世代相传的方法，采用过路人的意见。

61［亦在任之而已］也在信任他而已。

62［圮(pǐ)］坏，坍塌。

63［卷其术，默其智］收藏起自己的技能，隐藏起自己的智慧。

64［不屈吾道］不放弃自己的原则。

65［桡(ráo)］断。

66［审曲面势］《周礼·考工记》："审曲而势以饬五材，以辨民器，谓之百工。"

67［都料匠］负责房屋设计和施工指挥的总工匠。

68［潜］隐。

【评析】

柳宗元此文，为杨姓梓人首领立传，并借以说明官吏分职、为相之道。文章共分三层：第一层，欲扬先抑，从梓人"其床阙足而不能理"出发，误以为其人是"无能而贪禄嗜货者"。第二层，通过梓人带领众工匠营造官署时之成竹在胸、指挥若定，才惊觉“其术之工大矣”，其人实为“舍其手艺，专其心智，而能知体要者”。第三层，从梓人留名而其他匠人湮没无闻的现象，联想到天下官吏之分工，同此相类，重要的是“相道得而万国理”；如果“不通是道”，则“败绩”“无所成”。

【理性思考】

1. 《梓人传》中作者是如何一步步表现梓人“其术之工大矣”的？

2. 通过对梓人的刻画，作者悟出了哪些治国之道？

【延伸阅读】

1. 柳宗元《种树郭橐驼传》，吴文治等点校《柳宗元集》，中华书局 1979 年版。

2. 王禹偁《待漏院记》，王禹偁撰《小畜集》，上海书店 1989 年影印《四部丛刊》本。

3. 韩愈《柳子厚墓志铭》，马其昶校注《韩昌黎文集校注》，上海古籍出版社 1986 年版。

诗　品　序[①]

钟　嵘

气之动物[②]，物之感人，故摇荡性情[③]，形诸舞咏[④]。照烛三才[⑤]，晖丽万有[⑥]，灵祇待之以致飨[⑦]，幽微[⑧]藉之以昭告。动天地，感鬼神，莫近于诗[⑨]。

昔《南风》[⑩]之辞，《卿云》[⑪]之颂，厥义夐矣[⑫]。夏歌曰：“郁陶乎予心。”[⑬]楚谣曰：“名予曰正则。”[⑭]虽诗体未全，然是五言之滥觞[⑮]也。逮汉李陵[⑯]，始著五言之目[⑰]矣。

古诗眇邈[⑱]，人世难详[⑲]，推其文体，固是炎汉之制[⑳]，非衰周之倡[㉑]也。

自王、扬、枚、马之徒[22]，词赋竞爽[23]，而吟咏靡闻[24]。从李都尉迄班婕妤[25]，将百年间[26]，有妇人[27]焉，一人[28]而已。诗人之风[29]，顿已缺丧。东京[30]二百载中，惟有班固《咏史》[31]，质木无文[32]。

降及建安[33]，曹公父子[34]，笃好斯文；平原兄弟[35]，郁为文栋[36]；刘桢、王粲[37]，为其羽翼。次有攀龙托凤[38]，自致于属车者[39]，盖将百计。彬彬之盛，大备于时矣。

尔后陵迟衰微[40]，迄于有晋。太康[41]中，三张、二陆、两潘、一左[42]，勃尔复兴，踵武前王[43]，风流未沫[44]，亦文章之中兴也。

永嘉[45]时，贵黄老[46]，稍尚虚谈。于时篇什[47]，理过其辞[48]，淡乎寡味。爰及江表[49]，微波尚传。孙绰、许询、桓、庾诸公[50]，诗皆平典[51]，似《道德论》，建安风力[52]尽矣。

先是，郭景纯[53]用隽上之才，变创其体；刘越石[54]仗清刚之气，赞成厥美。然彼众我寡，未能动俗。逮义熙[55]中，谢益寿[56]斐然继作。元嘉[57]中，有谢灵运[58]，才高词盛，富艳难踪[59]，固已含跨刘、郭[60]，陵轹潘、左[61]。

故知陈思为建安之杰，公干、仲宣为辅。陆机为太康之英，安仁、景阳为辅。谢客为元嘉之雄，颜延年[62]为辅：斯皆五言之冠冕[63]，文词之命世[64]也。

夫四言，文约易广[65]，取效《风》《骚》[66]，便可多得。每苦文繁而意少[67]，故世罕习焉。五言居文词之要[68]，是众作之有滋味者也。故云会于流俗[69]，岂不指事造形[70]，穷情写物[71]，最为详切[72]者耶？

故诗有六义[73]焉：一曰兴，二曰比，三曰赋。文已尽而义有余，兴也；因物喻志[74]，比也；直书其事，寓言写物，赋也。宏斯三义，酌而用之，干之以风力[75]，润之以丹彩[76]，使味之者无极[77]，闻之者动心，是诗之至[78]也。若专用比兴，则患在意深，意深则词踬[79]。若但用赋体，则患在意浮[80]，意浮则文散[81]，嬉成流移[82]，文无止泊[83]，有芜蔓之累[84]矣。

若乃春风春鸟，秋月秋蝉，夏云暑雨，冬月祁寒[85]，斯四候之感诸诗者也。嘉会[86]寄诗以亲，离群托诗以怨[87]。至于楚臣去境[88]，汉妾辞宫[89]。或骨横朔野[90]，或魂逐飞蓬[91]。或负戈外戍[92]，杀气雄边[93]。塞客衣单[94]，孀闺泪尽[95]。又士有解佩出朝[96]，一去忘返。女有扬蛾入宠[97]，再盼倾国[98]。凡斯种种，感荡心灵[99]，非陈诗何以展其义[100]？非长歌何以骋其情[101]？故曰："诗可以群，可以怨[102]。"使穷贱易安，幽居靡闷，莫尚于诗矣[103]。

故词人作者，罔不爱好。今之士俗，斯风炽矣[104]。才能胜衣[105]，甫就小学[106]，必甘心而驰骛[107]焉。于是庸音杂体[108]，人各为容[109]。至使膏腴子弟[110]，耻文不逮[111]，终朝点缀[112]，分夜呻吟[113]。独观谓为警策[114]，众睹终沦平钝[115]。次有轻薄之徒，笑曹、刘为古拙[116]，谓鲍照羲皇上人[117]，谢朓今古独步[118]。而师鲍照，终不及"日中市朝满[119]"；学谢朓，劣得"黄鸟度青枝"[120]。徒自弃于高明，无涉于文流矣[121]。

观王公搢绅之士[122]，每博论[123]之余，何尝不以诗为口实[124]。随其嗜欲，商榷[125]不同，淄渑并泛[126]，朱紫相夺[127]，喧议竞起[128]，准的无依[129]。近彭城刘士章[130]，俊赏之士[131]，疾其淆乱[132]，欲为当世诗品，口陈标榜[133]。其文未遂[134]，感而作焉[135]。

昔九品论人[136]，《七略》裁士[137]，校以宾实[138]，诚多未值[139]。至若诗之为技，较尔可知[140]。以类推之，殆均博弈[141]。方今皇帝[142]，资生知之上才[143]，体沉郁之幽思[144]，文丽日月[145]，赏究天人[146]。昔在贵游[147]，已为称首[148]。况八纮既掩[149]，风靡云蒸[150]，抱玉者联肩，握朱者踵武[151]。以瞰汉、魏而不顾，吞晋、宋于胸中。谅非农歌辕议[152]，敢致流别[153]。嵘之今录，庶周旋于闾里，均之于谈笑耳[154]。

【注释】

① 选自钟嵘《诗品》。钟嵘（约 468—约 518），字仲伟，颍川长社（今河南长葛）人。著有诗歌评论专著《诗品》，以五言诗为主，将两汉至梁作家 122 人，分为上、中、下三品进行评论。

② ［气之动物］气，泛指四时气候。动物，孕化万物。动，萌动。

③ ［摇荡性情］摇荡，激动。性情，情性，人之禀赋与气质。

④［舞咏］舞蹈、歌咏。

⑤［照烛三才］烛，照。三才，天、地、人。也称“三材”。

⑥［晖丽万有］晖丽，照耀。万有，万物。

⑦［灵祇(zhī)待之以致飨］灵祇，神灵。飨，以牲祭神，代指祭祀。

⑧［幽微］喻鬼魂。幽，昏暗。

⑨［莫近于诗］莫过于诗。语出《毛诗序》，参前文。

⑩［《南风》］原始歌谣名，相传为虞舜所作。

⑪［《卿云》］原始歌谣名，相传为虞舜禅位给夏禹时所作。

⑫［厥义夐(xiòng)矣］它的诗义很久远了。厥，其。夐，久远。

⑬［夏歌曰:“郁陶乎予心。”］夏歌，指《五子之歌》，出自《尚书》。郁陶，郁结，郁积。

⑭［楚谣曰:“名予曰正则。”］楚谣，楚辞。屈原《离骚》:“名予曰正则兮，字予曰灵均。”

⑮［滥觞］喻事物之始。滥，水满溢出。觞，酒器。

⑯［逮汉李陵］逮，到。李陵(？—前74)，字少卿，陇西成纪(今甘肃秦安县)人，名将李广之后，同匈奴力战后投降。

⑰［始著五言之目］开始立五言诗的条目。著，著录。目，条目。李陵同苏武为好友，送苏武南还，世传有二人五言赠答诗。

⑱［古诗眇邈］古诗已经很久远了。两汉无名氏五言体诗，通称“古诗”。

⑲［详］察。

⑳［炎汉之制］汉代的诗作。炎汉，根据五行学说，汉代以火德王天下，故称炎汉。炎，火光。

㉑［衰周之倡］晚周的诗作。东周时诸侯争霸，王室衰微，故称衰周，同炎汉对举。

㉒［王、扬、枚、马之徒］王褒、扬雄、枚乘、司马相如这些人。均西汉辞赋家。王褒字子渊，蜀资阳(今四川资阳市)人。枚乘，字叔，淮阴人，著有《七发》等。扬雄，字子云，成都人，著有《思玄赋》《太玄经》《法

言》等。司马相如，字长卿，成都人，著有《上林赋》《子虚赋》等。

㉓［竞爽］争胜。

㉔［靡闻］不闻，没有听说。意谓诸人无五言诗作。

㉕［从李都尉迄班婕妤］从李陵到班婕妤。李陵曾官骑都尉。班婕妤（前48—前6），班况之女，汉成帝时入宫，封为婕妤。

㉖［将百年间］近百年间。

㉗［妇人］指班婕妤。

㉘［一人］指李陵。

㉙［诗人之风］诗人怨刺讽谕的作诗风尚。

㉚［东京］指东汉。东汉都洛阳，世称东京，称东都，同西汉、西京（长安）、西都相对。

㉛［班固《咏史》］班固《咏史》诗，记文帝时淳于意女缇萦救父事。班固（32—92），字孟坚，扶风安陵（今陕西咸阳市）人，著有《汉书》。

㉜［质木无文］文字朴实，没有华丽的藻饰。

㉝［建安］东汉献帝刘协年号（196—220）。

㉞［曹公父子］曹操（155—220，字孟德）及其子曹丕（187—226，字子桓）、曹植（192—232），沛国谯（今安徽亳州市）人，俱以文学知名。曹操为汉丞相，尊称魏武帝；曹丕为魏文帝；曹植世称陈思王。

㉟［平原兄弟］曹丕、曹植。曹植曾封平原侯。

㊱［郁为文栋］郁，有文彩。栋，栋梁。

㊲［刘桢、王粲］刘桢（？—217），字公干，东平人。王粲（177—217），字仲宣，高平（今山东邹县）人。二人齐名，并称“刘王”。

㊳［攀龙托凤］刘桢、王粲等俱依附曹氏。龙、凤，喻曹丕、曹植。

㊴［自致于属车者］自己前来依附的人。属车，副车，又称贰车，泛指追随左右者。

㊵［陵迟衰微］逐渐衰落。陵迟，丘陵由高降低，喻事物衰落。衰微，由盛转衰。

㊶［太康］晋武帝司马炎年号（280—289）。

㊷［三张、二陆、两潘、一左］三张，指张载（字孟阳）、张协（？—307，字景阳）、张亢（字季阳）兄弟，安平灌津（今河北安平县）人。二陆，指陆机（261—303，字士衡）、陆云（262—303）兄弟，吴郡华亭（今上海松江）人。两潘，指潘岳（247—300，字安仁）及其从子潘尼（约250—311，字正叔），荥阳中牟（今河南中牟县）人。一左，指左思（约250—305，字太冲），临淄人。

㊸［踵武前王］追踪先哲的业绩。踵，足跟。武，踪迹。前王，泛指前代诗家。

㊹［风流未沫］风气没有终止。风流，指创作五言诗的风气。沫，同“末”，终。

㊺［永嘉］晋怀帝司马炽年号（307—312）。

㊻［黄老］道家学派。世传黄帝、老子为道家学派创始人，用以代指。

㊼［篇什］诗篇。

㊽［理过其辞］哲理多过文饰。

㊾［爰及江表］到了东晋。爰，于是。及，到。江表，长江以南，代指东晋。

㊿［孙绰、许询、桓、庾诸公］孙绰（314—371），字兴公，太原中都（今山西平遥）人。许询，字玄度，高阳新城（今河北新城县）人。桓温（312—373），字元子，谯国龙亢（今安徽怀远县）人。庾亮（289—340，字元规）、庾阐（字仲初），颍川鄢陵（今河南鄢陵县）人。

51［平典］平正典雅。

52［建安风力］建安时代诗作中体现出来的慷慨悲凉的情调、刚健清新的风格。

53［郭景纯］郭璞（276—324），字景纯，河间闻喜（今山西闻喜县）人。有《游仙诗》十二首。

54［刘越石］刘琨（271—318），字越石，中山魏昌（今河北无极县）人。

55［义熙］东晋安帝司马德宗年号（405—418）。

㊺[谢益寿] 谢混(？—412),字叔源,小字益寿,陈郡阳夏(今河南太康县)人。

㊼[元嘉] 南朝宋文帝刘义隆年号(424—453)。

㊽[谢灵运] 原名公义(385—433),字灵运,以字行。曾送人寄养,小名客儿;袭封康乐公,官临川内史,故又称谢客、谢康乐、谢临川。

㊾[富艳难踪] 文辞华美,难以追随。

㊿[含跨刘、郭] 包含、跨越刘琨、郭璞。

61[陵轹潘、左] 压倒潘岳、左思。

62[颜延年] 颜延之(384—456),字延年,琅琊临沂(今山东临沂市)人。同谢灵运齐名。

63[冠冕] 古代帝王和高级别官员所戴之帽称做冠冕,这里喻指最好的五言诗人。

64[命世] 闻名当世。

65[文约易广] 文字简约,涵义深广。

66[取效《风》《骚》] 取法、效仿《诗经》《楚辞》。《诗经》包括《风》《雅》《颂》,《楚辞》以《离骚》为首。

67[文繁而意少] 文字繁多,而涵义较少。

68[五言居文词之要] 五言诗是诗作的主流。

69[会于流俗] 合于习俗。

70[指事造形] 叙述史事,创造形象。

71[穷情写物] 穷尽情感,描写事物。

72[详切] 详尽切贴。

73[六义] 诗六义,指风、雅、颂、赋、比、兴。

74[因物喻志] 借物言志。

75[干之以风力] 以风力作为主干。

76[润之以丹彩] 用华美的文辞加以润色。

77[无极] 无穷。

78[诗之至] 诗的极致。

⑲［词踬］文词艰涩。踬，障碍。

⑳［意浮］文意浮浅。

㉑［文散］文气散漫。

㉒［嬉成流移］文字随意变动。

㉓［止泊］停顿。

㉔［芜蔓之累］枝节庞杂的毛病。

㉕［祁寒］大寒。

㉖［嘉会］盛会。嘉，美。

㉗［怨］怨刺。

㉘［楚臣去境］指屈原放逐。

㉙［汉妾辞宫］指昭君出塞。

㉚［骨横朔野］尸骨横陈在北方的原野上。

㉛［魂逐飞蓬］魂魄随着野草乱飞。

㉜［负戈外戍］拿着武器戍边。负，扛，执。

㉝［杀气雄边］杀伐之气，威震边关。

㉞［塞客衣单］游子单衣。塞客，边塞之客，游子。

㉟［孀闺泪尽］孀妇流尽了眼泪。夫死，妻称孀妇。

㊱［解佩出朝］辞去官职，离朝归隐。佩，士大夫所佩之玉，喻指官位。

㊲［扬蛾入宠］美女得意，入宫受宠。蛾，娥眉。

㊳［再盼倾国］美女再回眸，姿色压倒全国佳丽。典故出自李延年所写李夫人歌(《汉书·外戚传》)。

㊴［感荡心灵］使人心灵震荡。

⑽［非陈诗何以展其义］不通过吟诗，怎么能够展示其深义。

⑾［非长歌何以骋其情］不通过长歌，怎么能够驰骋其才情。

⑿［诗可以群，可以怨］群，和合、团结。怨，表达怨愤、讽刺。典出《论语·阳货》。

⒀［使穷贱易安，幽居靡闷，莫尚于诗矣］使穷困低贱的人安居乐

业，使离群索居的人没有孤独苦闷，没有比诗更合适的了。

⑩④［斯风炽矣］好诗之风，成为风气。炽，盛。

⑩⑤［才能胜衣］（童年）仅能着衣。才，仅。胜，承。

⑩⑥［甫就小学］刚入小学。

⑩⑦［驰骛］追求。

⑩⑧［庸音杂体］庸音，平庸的诗作。杂体，不入流的诗作。

⑩⑨［人各为容］每个人诗作的面貌都不一样。

⑪⓪［膏腴子弟］富贵子弟。膏，肥肉。腴，丰美。

⑪①［耻文不逮］以文章不好为耻。不逮，不及。

⑪②［终朝点缀］成天修饰文辞。

⑪③［分夜呻吟］半夜还在吟诵诗句。

⑪④［独观谓为警策］把自我欣赏说成催人奋进。警策，驭手扬鞭催马。策，马鞭。

⑪⑤［众睹终沦平钝］众人叫好之作却沦为平庸。

⑪⑥［笑曹、刘为古拙］曹、刘，曹植、刘桢。古拙，古朴，不合流俗。

⑪⑦［谓鲍照羲皇上人］鲍照（414—466），字明远，上党（今山西长治市）人，擅乐府歌行。曾任参军，世称“鲍参军”。羲皇上人，上古圣贤。羲皇，传说中的上古帝王伏羲。

⑪⑧［谢朓今古独步］谢朓（464—499），字玄晖，陈郡阳夏（今河南太康县）人，曾任宣城太守，世称“谢宣城”。为永明体代表诗人。独步，独擅，无人能比。

⑪⑨［日中市朝满］鲍照《代结客少年场行》诗句。

⑫⓪［劣得“黄鸟度青枝”］却得到低劣的句子如“黄鸟度青枝”。这是南朝齐时诗人虞炎《玉阶怨》中的一句。

⑫①［无涉于文流］不得在优秀诗人之列。无涉，无关。

⑫②［王公搢绅之士］王公大臣、厚禄高官。搢绅，插笏带间，代指仕宦。

⑫③［博论］高谈阔论。博，通。

⑫④［口实］话柄。

⑫⑤［商榷］商量，研讨。

⑫⑥［淄渑并泛］淄水、渑水同时泛滥（则无从辨别）。

⑫⑦［朱紫相夺］赤色、紫色互相掩盖（则优劣相乱）。

⑫⑧［喧议竞起］各种议论竞相出现。

⑫⑨［准的无依］没有标准可以依从，无所适从。

⑬⓪［刘士章］刘绘（458—502），字士章，有诗名，《南齐书》有传。

⑬①［俊赏之士］杰出的鉴赏者、评论者。

⑬②［疾其淆乱］痛恨其混乱。

⑬③［标榜］品评。

⑬④［遂］完成。

⑬⑤［感而作焉］有感于此，写成此文。

⑬⑥［九品论人］按照九个等第划分人物。

⑬⑦［《七略》裁士］按照《七略》鉴别人物。西汉时刘歆随其父刘向校书，撰成《七略》，分图书为六略，诸子百家之作，各有其类次。

⑬⑧［校以宾实］考订名实。宾实，名为宾，实为主。

⑬⑨［诚多未值］实际上很多不都不恰当。未值，不当。

⑭⓪［较尔可知］显而易见。

⑭①［殆均博弈］大约如同博奕（有高下之分）。博，六博，游戏。奕，围棋。

⑭②［方今皇帝］南朝梁武帝萧衍（464—549）。

⑭③［资生知之上才］天赋聪慧，才智超群。资，禀赋。生知，先天智慧。

⑭④［体沉郁之幽思］体察郁积在内心深处的文思。

⑭⑤［文丽日月］文采同日月一样光明。丽，附丽，比附。

⑭⑥［赏究天人］洞察天人之际之事理。

⑭⑦［昔在贵游］从前同显贵共游。

⑭⑧［已为称首］已被视为群伦之首。

⑭⑨［八纮既掩］八方统一。指萧衍登帝位。八纮，八维，遥远的八方。掩，覆盖。

⑮⓪［风靡云蒸］喻天下文士前来归附。风靡，风行。云蒸，云涌。

⑮①［抱玉者联肩，握朱者踵武］喻诗人络绎而来。

⑮②［谅非农歌辕议］料想不是乡语俚曲。农歌，农耕歌谣。辕议，驭者之论。

⑮③［敢致流别］敢于区分类别。

⑮④［庶周旋于闾里，均之于谈笑耳］近于闾里酬唱，等同于谈笑。

【评析】

魏晋六朝时期，朝政为世家大族所把握，选官采用九品中正制，门阀制度盛行，社会上重视人物的出身等第，也喜欢对人物进行品评。在这样的世风影响下，文学批评上也出现了对作品等第的品评，钟嵘的《诗品》，就是这样一部评论诗人诗作的批评专著；它同刘勰的《文心雕龙》一起，代表了齐梁时代文学批评的最高成就。在《诗品序》里，钟嵘从诗的源起（吟咏情性）、内容（“照烛三才，晖丽万有”）、功用（“动天地，感鬼神”）谈起，指出五言诗滥觞于“《南风》之辞，《卿云》之颂”；继对五言诗体之形成（“炎汉之制”）与发展历程（建安时期“彬彬之盛”、西晋时期“文章之中兴”、永嘉时期“理过其辞”），进行勾勒。与此同时，对李陵、班婕妤、班固、曹氏父子、陆氏兄弟直至谢灵运等一众五言诗作者，均有简要评述。文章认为，四言诗“文约易广”，“文繁意少”，因此“世罕习者”；而五言诗“居文词之要，是众作之有滋味者”，这也是《诗品》为何专论五言诗的原因。钟嵘又指出，诗用以体物写情，能作者多，而缺少恰当的标准，出现了“朱紫相夺”“准的无依”的现象。《诗品》之作，就是为了模仿“九品论人，《七略》裁士”，品评诗作等第，以便“诗之为技，较尔可知”。

【理性思考】

1.《诗品序》中体现了钟嵘怎样的文学审美思想?

2. 钟嵘认为诗歌怎样才能做到有“滋味”?

【延伸阅读】

1. 刘勰《文心雕龙·时序》《文心雕龙·明诗》,范文澜注《文心雕龙注》,人民文学出版社1958年版。

2. 萧子显《南齐书·文学传论》,中华书局1972年版。

送孟东野序[①]

韩 愈

大凡物不得其平[②]则鸣。草木之无声,风挠[③]之鸣;水之无声,风荡[④]之鸣——其跃也或激之[⑤],其趋也或梗之[⑥],其沸也或炙之[⑦];金石之无声,或击之鸣。人之为言也亦然,有不得已者而后言。其謌也有思[⑧],其哭也有怀[⑨],凡出乎口而为声者,其皆有弗平者乎?乐[⑩]也者,郁于中而泄于外者也[⑪],择其善鸣者而假之鸣。金、石、丝、竹、匏、土、革、木八者[⑫],物之善鸣者也。维天之于时也亦然,择其善鸣者而假[⑬]之鸣。是故以鸟鸣春,以雷鸣夏,以虫鸣秋,以风鸣冬。四时之相推敓[⑭],其必有不得其平者乎?

其于人也亦然:人声之精[⑮]者为言;文辞之于言,又其精也,尤择其善鸣者而假之鸣。其在唐、虞[⑯],咎陶、禹[⑰]其善鸣者也,而假之以鸣;夔[⑱]弗能以文辞鸣,又自假于《韶》[⑲]以鸣;夏之时,五子[⑳]以其歌鸣;伊尹[㉑]鸣殷,周公[㉒]鸣周——凡载于《诗》《书》六艺[㉓],皆鸣之善者也。周之衰,孔子之徒[㉔]鸣之,其声大而远。《传》[㉕]曰:“天将以夫子为木铎[㉖]。”其弗信矣乎!其末也,庄周以其荒唐之辞[㉗]鸣于楚。楚,大国也,其亡也,以屈原[㉘]鸣。臧孙辰、孟轲、荀卿[㉙],以道鸣者也。杨朱、墨翟、管夷吾、晏婴、老聃、申不害、韩非、眘到、田骈、邹衍、尸佼、孙武、张仪、苏秦之属[30]，皆以其术[31]鸣。秦之兴，李斯[32]鸣之。汉之时，司马迁、相如、扬雄[33]，最其善鸣者也。其下魏晋氏[34]，鸣者不及于古，然未尝绝也。就[35]其善者，其声清以浮[36]，其节数以急[37]，其辞淫以哀[38]，其志弛以肆[39]，其为言也乱杂而无章[40]。将天丑其德莫之顾邪[41]？何为乎不鸣其善鸣者也？

唐之有天下，陈子昂、苏源明、元结、李白、杜甫、李观[42]，皆以其所能鸣。其存而在下者，孟郊东野[43]始以其诗鸣，其高出魏、晋，不懈而及于古；其他浸淫[44]乎汉氏矣。从吾游者，李翱、张籍其尤也[45]。三子者之鸣，信善鸣矣。抑不知天将和其声而使鸣国家之盛邪？将穷饿其身、思[46]愁其心肠而使自鸣其不幸邪？三子者之命，则悬乎天矣。其在上也奚以喜，其在下也奚以悲？

东野之役于江南也[47]，有若不释然[48]者。故吾道其命于天者以解之[49]。

【注释】

① 选自《韩昌黎文集校注》卷四（马其昶校注，上海古籍出版社1986年版）。韩愈（768—824），字退之，河南河阳（今河南孟州市）人。曾任吏部侍郎，人称“韩吏部”；谥文，人称“韩文公”；郡望昌黎，世称“昌黎先生”。唐代杰出的文学家、思想家、政治家。有《昌黎先生集》通行本四十卷、《外集》十卷及遗文一卷。孟东野，即孟郊（751—814），唐代著名诗人。

② [不得其平] 没有得到平正的位置或状态。

③ [挠] 吹动，摇动。

④ [荡] 振荡，振动。

⑤ [其跃也或激之] 跃，飞溅。激，阻止，遏止。

⑥ [其趋也或梗之] 趋，水流加速。梗，阻塞。

⑦ [其沸也或炙之] 沸，沸腾。炙，烧。

⑧［謌］同“歌”，歌唱。

⑨［怀］感伤。

⑩［乐］音乐。

⑪［郁于中而泄于外者也］郁，郁结，郁积。泄，发泄，表现。

⑫［金、石、丝、竹、匏(páo)、土、革、木八者］我国古代制作乐器的八种材料。金，钟、镈(bó)之类；石，磬之类；丝，琴、瑟之类；竹，箫、笛之类；匏，笙、竽之类；土，埙(xūn)之类；革，鼗(táo)、鼓之类；木，柷(zhù)、敔(yǔ)之类。一般用来指代各种乐器。《周礼·春官·大师》：“皆播之以八音：金、石、土、革、丝、木、匏、竹。”

⑬［假］借助。

⑭［推敚(duó)］强取。敚，古“夺”字。

⑮［精］精要，精华。

⑯［唐、虞］唐是上古帝王尧的国号，尧又称陶唐氏。虞是上古帝王舜的国号，又称有虞氏。

⑰［咎(gāo)陶(yáo)、禹］咎陶，又作“皋陶”、“咎繇”，舜时名臣，掌刑法。禹，上古帝王，治水有功，继舜为帝。以其子启创立夏朝，又被称作夏禹。

⑱［夔］尧、舜时掌音乐之官。

⑲［《韶》］相传为尧、舜时乐曲。

⑳［五子］夏朝第二任国君太康的五位兄弟。夏康无道失国，五人聚于洛、汭，忧而作歌。《尚书·五子之歌·序》：“太康失邦，昆弟五人，须于洛汭，作《五子之歌》。”

㉑［伊尹］商初名臣。姓伊，尹为官名。

㉒［周公］周初名臣，武王弟姬旦。灭商有功，又辅佐成王执政。相传曾制礼作乐。

㉓［六艺］指《易》《书》《诗》《礼》《乐》《春秋》。

㉔［孔子之徒］孔子一派人。徒，徒众。

㉕［《传》］此指《论语》。

㉖［天将以夫子为木铎］上天要把夫子当成木铎了呢。这是仪封人见了孔子之后的感叹之词(见《论语·八佾》)。木铎,铜质木舌的铃。

㉗［荒唐之辞］《庄子·天下》自称所著为"荒唐之言"。荒唐,广大无边之意。

㉘［屈原］战国楚人,文学家,著有《离骚》等。

㉙［臧孙辰、孟轲、荀卿］臧孙辰,即臧文仲,名辰,字仲,谥文,鲁大夫。孟轲,即孟子,名轲,战国时邹人,著名思想家。荀卿,即荀子,名况,字卿,战国时赵人,著名思想家。

㉚［杨朱、墨翟、管夷吾、晏婴、老聃、申不害、韩非、昚到、田骈、邹衍、尸佼、孙武、张仪、苏秦之属］杨朱,又称杨子居、杨生,战国时魏人,早期道家。墨翟,即墨子,战国初鲁国人(一说宋国人),墨家学派创始人。管夷吾,即管子,字仲,又称管敬叔,颍上人,思想家、政治家,辅助齐桓公称霸。晏婴,即晏子,名婴,字平仲,齐国人,政治家。老聃,即老子,又称老莱子,姓李,名耳,字聃,楚人,道家。申不害,即申子,战国时郑人,法家。韩非,即韩非子,战国时韩人,法家代表人物,荀子弟子。昚到,即慎子("昚"为"慎"之古字),战国时赵人,法家。田骈,即田子,又名陈骈,战国时齐人,法家。邹(驺)衍,即邹子,战国时齐人,阴阳家。尸佼,即尸子,战国时魏人,道家,通刑名之术。孙武,即孙子,字长卿,春秋末齐人,兵家。张仪,战国时魏人,纵横家。苏秦,字季子,战国时洛阳人,纵横家。

㉛［术］诸子之学说、学术,同圣人之"道"相对。

㉜［李斯］战国时楚人,荀子弟子,法家。担任秦丞相,助秦统一中国。有《谏逐客书》等。

㉝［司马迁、相如、扬雄］司马迁,字子长,韩城人,西汉史学家、思想家,著有《史记》,为我国第一部纪传体通史。司马相如,字长卿,成都人,西汉文学家,著有《上林赋》《子虚赋》等。扬雄,字子云,成都人,西汉文学家、思想家,著有《思玄赋》《太玄经》《法言》等。

㉞［魏晋氏］三国时魏国、西晋、东晋。魏曹氏,晋司马氏。

㉟［就］即使。

㊱［清以浮］清轻而飘浮。

㊲［其节数(shuò)以急］节，音节，节拍。数以急，频繁而急促。

㊳［其辞淫以哀］淫，过度。哀，伤感。

㊴［其志弛以肆］弛，松懈。肆，放纵。

㊵［无章］没有法度、条理。

㊶［将天丑其德莫之顾邪］将，犹“抑”，难道。丑，憎恶。

㊷［陈子昂、苏源明、元结、李白、杜甫、李观］都是唐代著名文学家。陈子昂，字伯玉，梓州射洪(今四川射洪县)人，有《唐伯玉集》。苏源明，字弱夫，武功(今陕西武功县)人，以古文享名当时。元结，字次山，河南(今河南洛阳市)人，致力于诗文复古，后人辑有《元次山集》。李观，字元宾，赵州赞皇(今河北赞皇县)人，与韩愈同榜进士，有《李观集》。

㊸［孟郊东野］孟郊，字东野，武康人，著名诗人。今《孟东野诗集》十卷。

㊹［浸淫］水逐渐浸染，喻逐渐接近。

㊺［李翱、张籍其尤也］李翱和张籍是其中最突出的。

㊻［思］使……伤悲。

㊼［东野之役于江南也］孟郊作溧阳尉。溧阳属江南道。

㊽［不释然］烦郁不解。释，开释，放下。

㊾［故吾道其命于天者以解之］命于天，上天所命。解，开释，安慰。

【评析】

孟郊将任江南道溧阳尉，因官职不大，颇有不平之气。韩愈写了这篇文章送给他，指出“物不平则鸣”是普遍现象，提出要“鸣其善鸣者”的命题。文章历数历史上在不平的境遇下做出非凡业绩的人物，用以激励孟郊，有所作为。

【理性思考】

1. “不平则鸣”揭示了什么样的创作心理?

2. 文中的“不平”仅仅是指愤懑不平的情绪吗?

【延伸阅读】

1. 韩愈《荆潭唱和诗序》,马其昶校注《韩昌黎文集校注》,上海古籍出版社 1986 年版。

2. 欧阳修《梅圣俞诗集序》,李逸安点校《欧阳修全集》,中华书局 2001 年版。

3. 钱锺书《诗可以怨》,钱锺书撰《七缀集》,生活·读书·新知三联书店 2002 年版。

答吴充秀才书[①]

欧阳修

修顿首白,先辈吴君足下[②]。前辱示书及文三篇,发而读之,浩浩乎若千万言之多,及少定[③]而视焉,才数百言尔。非夫辞丰意雄,霈然有不可御之势,何以至此!然犹自患伥伥莫有开之使前者[④],此好学之谦言也[⑤]。

修材[⑥]不足用于时,仕[⑦]不足荣于世,其毁誉不足轻重[⑧],气力[⑨]不足动人。世之欲假誉[⑩]以为重,借力而后进者,奚取于修焉[⑪]?先辈学精文雄,其施于时,又非待修誉而为重、力而后进者也。然而惠然见临[⑫],若有所责[⑬],得非急于谋道[⑭],不择其人而问焉者欤?

夫学者未始[⑮]不为道,而至者鲜焉[⑯]。非道之于人远也,学者有所溺焉尔[⑰]。盖文之为言,难工而可喜,易悦而自足。世之学者往往溺之,一有工焉,则曰:“吾学足矣。”甚者至弃百事不关于心,曰:“吾文士也,职于文而已。”此其所以至之鲜也。

昔孔子老而归鲁，六经之作，数年之顷尔[18]。然读《易》者如无《春秋》，读《书》者如无《诗》，何其用功少而至于至也[19]！圣人之文虽不可及，然大抵道胜者[20]文不难而自至也。故孟子皇皇[21]不暇著书，荀卿盖亦晚而有作。若子云、仲淹[22]，方勉焉以模[23]言语，此道未足而强[24]言者也。后之惑者，徒见前世之文传，以为学者文而已，故愈力愈勤而愈不至。此足下所谓"终日不出于轩序[25]，不能纵横高下皆如意"者，道未足也。若道之充焉，虽行乎天地，入于渊泉，无不之也[26]。

先辈之文浩乎霈然，可谓善矣。而又志于为道，犹自以为未广，若不止焉，孟、荀可至而不难也。修学道而未至者，然幸不甘于所悦而溺于所止，因吾子之能不自止，又以励修之少进焉。幸甚幸甚。修白。

【注释】

① 选自《欧阳修全集》卷四十七（中华书局 2001 年版）。欧阳修（1007—1072），字永叔，号醉翁，晚号六一居士，吉州永丰（今江西永丰县）人。著名政治学、文学家、史学家。本信作于宋仁宗康定元年（1040）。

② [足下] 尊称之词。

③ [少定] 稍微冷静。少，同"稍"。定，安定。

④ [然犹自患伥伥莫有开之使前者] 然而您还在担心无所适从，没有开导自己、促使自己取得进步的东西。

⑤ [此好学之谦言也] 这是您好学而自谦的话罢了。

⑥ [材] 材用，能力。

⑦ [仕] 做官。欧阳修时任馆阁校勘，是翰林院里的低级职务。

⑧ [毁誉不足轻重] 对人物、文章的批评、褒扬，不为时人所重。

⑨ [气力] 才力。

⑩ [假誉] 凭借（他人的）称赞、表扬。

⑪ [奚取于修焉] 在我这里能得到什么呢？意思是自己人微言轻，不能给人以帮助。奚，何。

⑫［惠然见临］肯施惠前来见我。

⑬［若有所责］好像有所期待。责，有的本子作“求”。

⑭［得非急于谋道］难道不是急着寻求学问真知。

⑮［未始］未尝。

⑯［而至者鲜焉］可是达到要求的就极少了。

⑰［学者有所溺焉尔］学者有时执迷不悟罢了。溺，沉迷。

⑱［数年之顷尔］数年之间罢了。顷，形容其快。

⑲［何其用功少而至于至也］为什么能用功少而达到那么高的成就呢。

⑳［道胜者］以追求道为主的人。

㉑［皇皇］通“遑遑”，匆忙的样子。

㉒［子云、仲淹］扬雄、王通。扬雄，西汉人，拟《易》而作《太玄》，拟《论语》以作《法言》等。王通，字仲淹，号文中子，拟《论语》而作《中说》等。

㉓［模］模拟，仿照。

㉔［强］勉强。

㉕［轩序］屋子。轩，窗。序，房屋中堂两旁的隔断。

㉖［无不之也］无所不到。之，至。

【评析】

秀才吴充写信向欧阳修请教为文之道，并附上文章三篇。欧阳修写此信答复他。信中首先夸奖吴文有“霈然有不可御之势”，有好学的态度；继而指出，世之学文者往往成就不高，就在于仅仅满足于作文而已，而忽视了对“道”的体悟与追求，因此“愈力愈勤而愈不至”。欧阳修勉励吴充“为道”“不止”，至少可以追迹孟子、荀子，“可至而不难也”。

【理性思考】

1. 在《答吴充秀才书》中，欧阳修是如何理解“文”与“道”的关系？

2. 阅读相关史料，谈谈欧阳修与宋代理学家对于“文”“道”关系理解上的异同。

【延伸阅读】

1. 韩愈《答李翊书》，马其昶校注《韩昌黎文集校注》，上海古籍出版社 1986 年版。

2. 柳宗元《答韦中立论师道书》，吴文治等点校《柳宗元集》，中华书局 1979 年版。

3. 欧阳修《答祖择之书》，李逸安点校《欧阳修全集》，中华书局 2001 年版。

上欧阳内翰第一书[①]

苏　洵

内翰执事[②]：洵布衣[③]穷居，尝窃有叹，以为天下之人，不能皆贤，不能皆不肖。故贤人君子之处于世，合必离，离必合。往者[④]天子[⑤]方有意于治，而范公[⑥]在相府，富公[⑦]为枢密副使，执事与余公[⑧]、蔡公[⑨]为谏官。尹公[⑩]驰骋上下，用力于兵革之地。方是之时，天下之人，毛发丝粟之才[⑪]，纷纷然而起，合而为一。而洵也，自度其愚鲁无用之身，不足以自奋于其间，退而养其心，幸其道之将成，而可以复见于当世之贤人君子。不幸道未成，而范公西，富公北，执事与余公、蔡公分散四出，而尹公亦失势，奔走于小官[⑫]。洵时在京师，亲见其事，忽忽仰天叹息，以为斯人之去，而道虽成，不复足以为荣也。既复自思，念往者众君子之进于朝，其始也，必有善人焉推之；今也，亦必有小人焉间[⑬]之。今之世，无复有善人也，则已[⑭]矣！如其不然也，吾何忧焉？姑[⑮]养其心，使其道大有成而待之，何伤？退而处十年，虽未敢自谓其道有成矣，然浩浩乎其胸中若与曩者[⑯]异。而余公适亦有成功于南方，执事与蔡公复相继登于朝，富公复自外入为宰相，其势将复合为一。喜且自贺，以为道既已粗成[17]，而果将有以发之也。既又反而思，其向之所慕望爱悦之而不得见之者，盖有六人，今将往见之矣。而六人者，已有范公、尹公二人亡焉[18]，则又为之潸然出涕以悲。呜呼！二人者不可复见矣！而所恃以慰此心者，犹有四人也，则又以自解[19]。思其止于四人也，则又汲汲[20]欲一识其面，以发其心之所欲言。而富公又为天子之宰相，远方寒士，未可遽[21]以言通于其前；余公、蔡公，远者又在万里外。独执事在朝廷间，而其位差不甚贵[22]，可以叫呼扳援[23]而闻之以言[24]。而饥寒衰老之病，又痼[25]而留之，使不克[26]自至于执事之庭。夫以慕望爱悦其人之心，十年而不得见，而其人已死，如范公、尹公二人者，则四人之中，非其势不可遽以言通者，何可以不能自往而遽已也。

执事之文章，天下之人莫不知之。然窃自以为洵之知之特深，愈于天下之人。何者？孟子之文，语约而意尽，不为巉刻斩绝[27]之言，而其锋不可犯。韩子[28]之文，如长江大河，浑浩流转，鱼鼋[29]蛟龙，万怪惶惑[30]，而抑遏蔽掩，不使自露；而人自见其渊然之光、苍然之色，亦自畏避，不敢迫视。执事之文，纡余委备[31]，往复百折，而条达疏畅[32]，无所间断；气尽语极，急言竭论，而容与闲易[33]，无艰难劳苦之态。此三者，皆断然自为一家之文也。惟李翱[34]之文，其味黯然而长，其光油然而幽，俯仰揖让[35]，有执事之态。陆贽[36]之文，遣言措意，切近的当[37]，有执事之实，而执事之才，又自有过人者。盖执事之文，非孟子、韩子之文，而欧阳子之文也。夫乐道人之善，而不为谄者，以其人诚足以当之也。彼不知者，则以为誉人以求其悦己也。夫誉人以求其悦己，洵亦不为也。而其所以道执事光明盛大之德，而不自知止者，亦欲执事之知其知我也。

虽然，执事之名满于天下，虽不见其文，而固已知有欧阳子矣。而洵也，不幸堕在草野泥涂之中，而其知道之心，又近而粗成，而欲徒手奉咫尺之书，自托于执事，将使执事何从而知之，何从而信之哉！洵少年不学，生二十五年，始知读书，从士君子游。年既已晚，而又不遂刻意厉行[38]，以古人自期[39]，而视与已同列者，皆不胜已，则遂以为可矣。其后困益甚，然每取古人之文而读之，始觉其出言用意，与已大别，时复内顾，自思其才，则又似夫不遂止于是而已者。由是尽烧曩时所为文数百篇，取《论语》《孟子》、韩子及其他圣人贤人之文，而兀然[40]端坐终日以读之者，七八年矣。方其始也，入其中而惶然，博观于其外而骇然以惊。及其久也，读之益精，而其胸中豁然以明，若人之言固当然者。然犹未敢自出其言也。时既久，胸中之言日益多，不能自制[41]，试出而书之。已而[42]再三读之，浑浑乎觉其来之易矣，然犹未敢以为是也。近所为《洪范论》《史论》凡[43]七篇，执事观其如何？嘻！区区[44]而自言，不知者又将以为自誉以求人之知已也。惟执事思其十年之心如是之不偶然也而察之。

【注释】

① 选自苏洵《嘉祐集》卷十二(北京图书馆出版社 2004 年版)。苏洵(1009—1066)，字明允，自号老泉，眉州眉山(今属四川眉山市)人。同其子苏轼、苏辙并以文学著称于世，有“三苏”之称，均列名“唐宋八大家”。欧阳内翰，指欧阳修(1007—1072)，字永叔，号醉翁、六一居士，北宋著名政治家、文学家、史学家。时任翰林学士，执掌内翰。

② [内翰执事] 指欧阳修。

③ [布衣] 代指平民百姓。此处指没有做官的读书人。

④ [往者] 以前，过去。此处指庆历三年(1043)。

⑤ [天子] 此处指宋仁宗赵祯。《续资治通鉴》卷四十六记载庆历三年九月仁宗擢拔范仲淹、韩琦、富弼等人，数次问政，颇多改革，后称庆历新政。

⑥ [范公] 范仲淹(989—1052)，字希文，真定(今属河北)人。北宋政治家、军事家、文学家。庆历三年任枢密副使，八月除参知政事，九月上疏言新政。

⑦ [富公] 富弼(1004—1083)，字彦国，洛阳(今属河南)人。庆历三年(1043)八月除枢密副使，与范仲淹分掌北边、西边事务，共同推进改革。

⑧［余公］余靖（1000—1064），字安道，韶州曲江（今属广东）人。庆历三年在谏院任职。

⑨［蔡公］蔡襄（1012—1067），字君谟，兴化仙游（今属福建）人，当时为秘书丞，亦在谏院。与欧阳修、余靖三人同为谏官。

⑩［尹公］尹洙（1001—1046），字师鲁，河南（今河南洛阳市）人。庆历初于甘肃一带任职，参与对抗西夏。

⑪［毛发丝粟之才］皮毛、头发、丝线、粟米皆极微小之物，但一旦聚集，则数量无穷。比喻天下众多卑微而稍有才能的人均被鼓动起来，聚集在一起。

⑫［不幸道未成……奔走于小官］此处指庆历四年新政失败，之后范仲淹、富弼、欧阳修、余靖、蔡襄、尹洙等改革要员均分别被出调贬官。

⑬［间］离间，使有间隙。

⑭［已］结束，停止。

⑮［姑］姑且，暂且。

⑯［曩者］以前，从前。

⑰［粗成］大致形成。

⑱［范公、尹公二人亡焉］庆历六年（1046）尹洙病死，范仲淹于皇祐四年（1052）年卒。苏洵写此信时在嘉祐元年（1056）左右，二人已经亡故。

⑲［自解］自我安慰。

⑳［汲汲］形容急切的样子。

㉑［遽（jù）］立即，马上。

㉒［差（chā）不甚贵］大致不那么显贵。

㉓［扳（bān）援］援引，扶助，指奖掖后进，有所扶助。

㉔［闻之以言］以言使闻之。让他听到自己的话。

㉕［痼］久病，积久难治的病。

㉖［不克］不能。

㉗［巉(chán)刻斩绝］尖刻决绝。巉刻，形容山峰险峻，此处比喻言语。

㉘［韩子］韩愈(768—824)。

㉙［鼋(yuán)］大鳖。《尔雅翼·鼋》："鼋，鳖之大者，阔或至一二丈。"

㉚［惶惑］惶恐疑惑。

㉛［纡余委备］纡余，婉转回旋。委，委婉，曲折。备，完备，详细。形容文章委婉曲折有韵味。

㉜［条达疏畅］形容文章条理通达，流畅阔达。

㉝［容与闲易］容与，悠闲自得的样子。闲易，闲适安逸的样子。指文章悠闲自适。

㉞［李翱(áo)］李翱(772—841)，字习之，陇西成纪(今属甘肃)人。唐代文学家。从韩愈学。

㉟［俯仰揖让］俯仰，低头抬头，指举止动作。《史记》卷七十九《范雎蔡泽传》云："未敢言内，先言外事，以观秦王之俯仰。"此处指文章应对。揖让，古代宾主相见之礼节，作揖谦让。《周礼·秋官·司仪》："司仪掌九仪之宾客摈相之礼，以诏仪容、辞令、揖让之节。"俯仰揖让，形容文章应对自如，谦和内敛。

㊱［陆贽(zhì)］陆贽(754—805)，字敬舆，苏州嘉兴(今属浙江)人。唐代政治家，文学家。长于奏议，直言敢谏。有《陆宣公翰苑集》。

㊲［的(dí)当(dàng)］恰当，合适。

㊳［厉行］认真严格地执行。

㊴［自期］自我期待，自我要求。

㊵［兀然］依旧，长久地。

㊶［不能自制］不能控制自己。

㊷［已而］不久，后来。

㊸［凡］总共。

㊹［区区］小，少。形容微不足道。

【评析】

苏洵为“三苏”之一，是苏轼、苏辙的父亲。苏洵读书、成名较晚，虽然同欧阳修年龄相当（仅小两岁），而欧阳修早已名满天下。苏洵因此写信给欧阳修，希望引起后者的重视。文章从庆历新政谈起，备述对当时欧阳修等执政诸人的仰慕之情；继又纵论孟子、韩子、欧阳修的文章风格，认为三者“皆断然自为一家”，欧阳修因而能同孟子、韩子相提并论，称“欧阳子”；如此，足以证明苏洵本人对欧阳修的文章“知之特深，愈于天下之人”。文章情理兼茂，持论得体，足以动人。

【理性思考】

1. 以欧阳修《与高司谏书》为例，并结合本文，体会欧阳修的文风。
2. 苏洵的事迹给你哪些启发？

【延伸阅读】

1. 苏洵《仲兄字文甫说》，金成礼笺注《嘉祐集笺注》，上海古籍出版社 1993 年版。

2. 欧阳修《故霸州文安县主簿苏君墓志铭》，李逸安点校《欧阳修全集》，中华书局 2001 年版。

3. 曾巩《苏明允哀辞》，陈杏珍、晁继周点校《曾巩集》，中华书局 1984 年版。

答张文潜县丞书[①]

苏　轼

轼顿首文潜县丞张君足下。久别思仰。到京公私纷然，未暇奉书。忽辱手教，且审起居佳胜，至慰！至慰！惠示文编，三复感叹。甚矣，君之似子由[②]也！子由之文实胜仆[③]，而世俗不知，乃以为不如。其为人深不愿人知之，其文如其为人，故汪洋澹泊，有一唱三叹之声，而其秀杰之气，终不可没。作《黄楼赋》，乃稍自振厉，若欲以警发愦愦[4]者。而或者便谓仆代作，此尤可笑。是殆见吾善者机也[5]。文字之衰，未有如今日者也。其源实出于王氏[6]。王氏之文，未必不善也，而患在于好使人同己。自孔子不能使人同，颜渊之仁，子路之勇，不能以相移。而王氏欲以其学同天下[7]！地之美者，同于生物，不同于所生[8]。惟荒瘠斥卤[9]之地，弥望皆黄茅白苇，此则王氏之同也。近见章子厚[10]言，先帝晚年甚患文字之陋，欲稍变取士法，特未暇耳。议者欲稍复诗赋[11]，立《春秋》学官，甚美。仆老矣，使后生犹得见古人之大全者，正赖黄鲁直、秦少游、晁无咎、陈履常[12]与君等数人耳。如闻君作太学博士，愿益勉之。“德輶如毛，民鲜克举之。我仪图之，爱莫助之。”[13]此外千万善爱[14]。偶饮卯酒[15]，醉。来人求书，不能覙缕[16]。

【注释】

① 选自《苏轼文集》卷四十九（中华书局 1986 年版）。苏轼（1037—1101），字子瞻，又字和仲，号东坡，眉山（属四川）人。著名文学家。张文潜，即张耒（1054—1114），字文潜，号柯山，人称宛丘先生、张右史。北宋文学家，擅长诗词，为苏门四学士之一。县丞，县令的佐官。当时张耒为咸平（今河南通许县）县丞。

② ［子由］苏轼弟苏辙（1039—1112），字子由。

③ ［仆］第一人称谦词。

④ ［愦（kuì）愦］昏乱糊涂。

⑤ ［是殆见吾善者机也］这大概是（从文中）见到了我的文章路数了吧。此句为《庄子·应帝王》内壶子所说的话。“善者机”，即生机。

⑥ ［王氏］指王安石（1021—1086）。

⑦ ［王氏欲以其学同天下］王安石为相时，于熙宁八年（1075）颁布《三经新义》（包括《周官》《诗经》《书经》），作为科举考试的新标准，开启以义理之学替代汉唐注疏之学的风气。

⑧［地之美者，同于生物，不同于所生］好的土地，在能够生长物种这一点上是相同的，而生长出来的东西则是不同的。

⑨［斥(chì)卤(lǔ)］盐碱地。

⑩［章子厚］章惇(1035—1115)，字子厚，浦城(属福建)人。宋哲宗时曾任宰相。

⑪［稍复诗赋］稍稍恢复以诗赋取士的科举传统。

⑫［黄鲁直、秦少游、晁无咎、陈履常］俱当时青年文学才俊之士。黄庭坚(1045—1105)，字鲁直，号山谷道人，晚号涪翁，洪州分宁(今江西修水县)人。秦观(1049—1100)，字太虚，一字少游，号淮海居士，高邮人。晁补之(1053—1110)，字无咎，号归来子，济州巨野(今山东巨野县)人。陈师道(1053—1101)字履常，一字无己，别号后山居士，彭城(今江苏徐州市)人。以上四人，俱入《宋史》文苑传。

⑬［"德辅如毛"句］出自《诗·大雅·烝民》，有删节。原诗作："人亦有言：'德辅如毛，民鲜克举之。'我仪图之。维仲山甫举之，爱莫助之。"(大意是：人们也有一种说法："德行轻如鸿毛，民众很少会推举他。"我是这样猜测他的。只有仲山甫推举他，爱护他，却不能很好地帮助他。)此诗原来歌颂周宣王能够任用仲山甫治国。辅，轻。

⑭［善爱］善加爱护自己。

⑮［卯酒］晨酒。卯时当早晨五点至七点之间。

⑯［觌(luó)缕］详细而有条理地论述。

【评析】

本篇是苏轼写给张耒的书信。信的开端，夸奖张耒的文章像苏辙，而苏辙文章胜过自己，间接表扬张耒文章做得好。其次指出，"文字之衰，未有如今日者也"，其根源在于王安石推行荆公新学，"好使人同己"，"欲以其学同天下"。实际上对王安石变法提出了批评。

【理性思考】

1. 文中苏轼称张耒“君之似子由也”，目的何在？

2. 文中苏轼称“文字之衰，未有如今日者也”，对于此观点你是否赞同？

【延伸阅读】

1. 苏轼《答王庠书》，孔凡礼点校《苏轼文集》，中华书局 1986 年版。

2. 苏轼《答谢民师书》，孔凡礼点校《苏轼文集》，中华书局 1986 年版。

书蒲永升画后[①]

苏　轼

古今画水，多作平远细皱[②]，其善者不过能为波头起伏，使人至以手扪[③]之，谓有洼隆[④]，以为至妙矣。然其品格，特[⑤]与印板水纸争工拙于毫厘间耳。唐广明[⑥]中，处士孙位[⑦]始出新意，画奔湍[⑧]巨浪，与山石曲折，随物赋形[⑨]，尽水之变，号称神逸。其后蜀人黄筌[⑩]、孙知微[⑪]，皆得其笔法。始知微欲于大慈寺[⑫]寿宁院壁作湖滩水石四堵，营度[⑬]经岁，终不肯下笔。一日仓皇[⑭]入寺，索笔墨甚急，奋袂[⑮]如风，须臾而成，作轮泻跳蹙[⑯]之势，汹汹欲崩屋也。知微既死，笔法中绝五十余年。

近岁成都人蒲永升，嗜酒放浪，性与画会，始作活水，得二孙本意[⑰]。自黄居寀兄弟[⑱]、李怀衮[⑲]之流，皆不及也。王公富人，或以势力使之，永升辄嘻笑舍去。遇其欲画，不择贵贱，顷刻而成。尝与余临寿宁院水，作二十四幅，每夏日挂之高堂素壁，即阴风袭人，毛发为立。永升今老矣，画亦难得，而世之识真者亦少。如往时董羽[⑳]，近日常州戚氏[㉑]画水，世或传宝之，如董、戚之流，可谓死水，未可与永升同年而语也。元丰三年十二月十八日夜，黄州临皋亭西斋戏书。

【注释】

① 选自《苏轼选集》(王水照选注,上海古籍出版社 2014 年版)。本文作于元丰三年(1080),时苏轼在黄州。浦永升,成都人,晚唐著名画家。嗜酒放浪,善画水。

②[皱]曲折的纹路。

③[扪]按,摸。

④[窪(wā)隆]低凹与隆起。窪,同“洼”。

⑤[特]但,仅。

⑥[广明]唐僖宗李儇年号(880—881)。

⑦[孙位]曾改名孙遇,号会稽山人,会稽人。晚唐画家。擅长人物山水,画龙水尤精。

⑧[湍(tuān)]急流之水。

⑨[随物赋形]随着山石形状的不同而画出相应的形态。

⑩[黄筌]字要叔,成都人。五代时画家,善画花竹翎毛,兼工佛道人物、山川龙水。

⑪[孙知微]字太古,眉阳人。五代至宋初年间画家,善画山水、仙官、星辰、人物。

⑫[大慈寺]在成都。

⑬[营度]经营构思。

⑭[仓皇]匆促,慌张。

⑮[奋袂]挥动衣袖。挥笔作画的意思。

⑯[轮泻跳蹙]形容水流奔腾倾泻、跳跃急促的样子。

⑰[二孙]孙位、孙知微。

⑱[黄居寀(cǎi)兄弟]黄居寀,字伯鸾,工花竹翎毛,黄筌第三子。其兄黄居实、黄居宝均擅画。

⑲[李怀衮]成都人,宋代画家。善画山水、木石、禽鸟。

⑳[董羽]字仲翔,俗号董哑子,毘陵(今常州)人。宋代画家,善

画龙水海鱼。

㉑［常州戚氏］宋代昆陵戚氏家世山水，善画者有戚化元、戚文秀等。

【评析】

本篇是苏轼为晚唐著名画家蒲永升的画作所写的跋文。文中从画水难工谈起，历数前辈书画名家的笔法；继而指出蒲氏“性与画会，始作活水”，所以能得前人本意，为世人所不及。文章短小精悍，不仅论画，而且论人，足见苏轼胸襟所在。

【理性思考】

1. 苏轼所认为的“死水”与“活水”各自有哪些特点？

2. 从艺术创作的一般规律，谈谈孙知微由“不肯下笔”到“须臾而成”对你的启示。

【延伸阅读】

1. 张彦远《论画六法》，《历代名画记》，人民美术出版社 1963 年版。

2. 杜甫《丹青引赠曹霸将军》，仇兆鳌注《杜诗详注》，中华书局 1979 年版。

3. 苏轼《文与可画筼筜谷偃竹记》，孔凡礼点校《苏轼文集》，中华书局 1986 年版。

金石录后序[①]

李清照

右《金石录》[②]三十卷者何？赵侯德父[③]所著书也。取上自三代[④]，下迄五季[⑤]，钟、鼎、甗、鬲、盘、匜、尊、敦之款识[⑥]，丰碑大碣[⑦]、显人晦士[⑧]之事迹，凡见于金石刻者二千卷，皆是正讹谬[⑨]，去取褒贬[⑩]，上足以合圣人之道，下足以订史氏之失者皆载之[11]，可谓多矣。呜呼！自王播、元载之祸[12]，书画与胡椒无异；长舆、元凯之病，钱癖与传癖何殊[13]？名虽不同，其惑一也。

余建中辛巳，始归[14]赵氏。时先君[15]作礼部员外郎，丞相[16]时作吏部侍郎，侯年二十一，在太学[17]作学生。赵、李族寒，素贫俭，每朔望谒告[18]出，质[19]衣取半千钱，步入相国寺[20]，市碑文、果实归，相对展玩咀嚼，自谓葛天氏[21]之民也。后二年，出仕宦，便有饭蔬衣綀[22]，穷遐方绝域[23]，尽天下古文奇字之志。日就月将[24]，渐益堆积。丞相居政府，亲旧或在馆阁[25]，多有亡诗、逸史[26]，鲁壁、汲冢[27]所未见之书，遂尽力传写，浸觉有味，不能自已。后或见古今名人书画，三代奇器，亦复脱衣市易。尝记崇宁[28]间，有人持徐熙[29]《牡丹图》，求钱二十万。当时虽贵家子弟，求二十万钱，岂易得耶？留信宿[30]，计无所出而还之。夫妇相向惋怅者数日。

后屏居[31]乡里十年，仰取俯拾[32]，衣食有余。连守两郡[33]，竭其俸入以事铅椠[34]。每获一书，即同共勘校[35]，整集签题[36]。得书画彝[37]鼎，亦摩玩舒卷，指摘疵病，夜尽一烛为率[38]。故能纸札精致，字画完整，冠诸收书家。余性偶强记，每饭罢，坐归来堂[39]烹茶，指堆积书史，言某事在某书某卷第几叶第几行，以中否角[40]胜负，为饮茶先后。中即举杯大笑，至茶倾覆怀中，反不得饮而起。甘心老是乡矣！故虽处忧患困穷，而志不屈。

收书既成，归来堂起书库，大橱簿甲乙[41]，置书册。如要讲读，即请钥上簿，关出卷帙[42]。或少损污，必惩责揩完涂改，不复向时之坦夷[43]也。是欲求适意而反取憀栗[44]。余性不耐[45]，始谋食去重肉[46]，衣去重采[47]，首无明珠、翠羽之饰，室无涂金、刺绣之具，遇书史百家，字不刓阙[48]、本不讹谬者，辄市之，储作副本。自来家传《周易》《左氏传》，故两家者流，文字最备。于是几案罗列，枕席枕藉[49]，意会心谋，目往神授[50]，乐在声色狗马[51]之上。

至靖康丙午[52]岁，侯守淄川。闻金人犯京师，四顾茫然，盈箱溢箧[53]，且恋恋，且怅怅，知其必不为己物矣。建炎丁未[54]春三月，奔太夫人[55]丧南来。既长物[56]不能尽载，乃先去书之重大印本者，又去画之多幅者，又去古器之无款识者，后又去书之监本[57]者、画之平常者、器之重大者。凡屡减去，尚载书十五车。至东海[58]，连舻渡淮，又渡江，至建康[59]。青州故第，尚锁书册什物，用屋十余间，期明年春再具舟载之。十二月，金人陷青州，凡所谓十余屋者，已皆为煨烬[60]矣。

建炎戊申[61]秋九月，侯起复[62]，知建康府。己酉春三月罢，具舟上芜湖，入姑孰[63]，将卜居赣水[64]上。夏五月，至池阳[65]，被旨知湖州，过阙上殿[66]。遂驻家池阳，独赴召。六月十三日，始负担舍舟，坐岸上，葛衣岸巾[67]，精神如虎，目光烂烂射人[68]，望舟中告别。余意甚恶[69]，呼曰："如传闻城中缓急[70]，奈何？"戟手[71]遥应曰："从众。必不得已，先弃辎重，次衣被，次书册卷轴，次古器。独所谓宗器[72]者，可自负抱，与身俱存亡，勿忘之！"遂驰马去。途中奔驰，冒大暑，感疾。至行在[73]，病痁[74]。七月末，书报卧病。余惊怛[75]，念侯性素急，奈何病痁？或热，必服寒药，疾可忧。遂解舟下，一日夜行三百里。比至，果大服柴胡、黄芩[76]药，疟且痢，病危在膏肓[77]。余悲泣，仓皇不忍问后事。八月十八日，遂不起，取笔作诗，绝笔而终，殊无分香卖履之意[78]。

葬毕，余无所之。朝廷已分遣六宫[79]，又传江当禁渡。时犹有书二万卷，金石刻二千卷，器皿、茵褥[80]，可待百客，他长物称是[81]。余又大病，仅存喘息。事势日迫，念侯有妹婿任兵部侍郎，从卫在洪州[82]。遂遣二故吏先部送[83]行李往投之。冬十二月，金人陷洪州，遂尽委弃。所谓连舻渡江之书，又散为云烟矣。独余少轻小卷轴书帖，写本李、杜、韩、柳集[84]，《世说》，《盐铁论》，汉唐石刻副本数十轴，三代鼎鼐[85]十数事，南唐写本书数箧，偶病中把玩，搬在卧内者，岿然独存。

上江[86]既不可往，又虏势叵测[87]。有弟迒，任敕局[88]删定官，遂往依之。到台[89]，台守已遁，之剡[90]。出陆[91]，又弃衣被，走黄岩，雇舟入海，奔行朝[92]。时驻跸章安[93]，从御舟，海道之温[94]，又之越[95]。庚戌[96]十二月，放散百官，遂之衢[97]。绍兴辛亥[98]春三月，复赴越。壬子[99]，又赴杭[100]。先侯疾亟[101]时，有张飞卿学士，携玉壶过视侯，便携去，其实珉[102]也。不知何人传道，遂妄言有颁金[103]之语，或传亦有密论列者[104]。余大惶怖，不敢言，亦不敢遂已，尽将家中所有铜器等物，欲赴外廷投进[105]。到越，已移幸四明[106]。不敢留家中，并写本书寄剡。后官军收叛卒，取去，闻尽入故李将军家。所谓岿然独存者，无虑十去五六矣。惟有书画砚墨可五七簏，更不忍置他所，常在卧榻下，手自开阖。在会稽[107]，卜居土民钟氏舍，忽一夕，穴壁[108]负五簏去。余悲恸不已，重立赏收赎。后二日，邻人钟复皓出十八轴求赏，故知其盗不远矣。万计求之，其余遂牢不可出。今知尽为吴说[109]运使贱价得之。所谓岿然独存者，乃十去其七八。所有一二残零不成部帙书册，三数种平平书帖，犹复爱惜如护头目[110]，何愚也邪！

今日忽阅此书，如见故人。因忆侯在东莱静治堂[111]，装卷初就，芸签缥带[112]，束十卷作一帙。每日晚吏散，辄校勘二卷，跋题一卷。此二千卷，有题跋者五百二卷耳。今手泽[113]如新，而墓木已拱[114]，悲夫！

昔萧绎江陵陷没，不惜国亡而毁裂书画[115]；杨广江都倾覆，不悲身死而复取图书[116]。岂人性之所著，死生不能忘之欤？或者天意以余菲薄[117]，不足以享此尤物[118]耶？抑亦死者有知，犹斤斤爱惜，不肯留在人间耶？何得之艰而失之易也？呜呼！余自少陆机作赋之二年[119]，至过蘧瑗知非之两岁[120]，三十四年之间，忧患得失，何其多也！然有有必有无，有聚必有散，乃理之常。人亡弓，人得之[121]，又胡足道！所以区区记其终始者，亦欲为后世好古博雅者之戒云。

绍兴二年玄黓岁壮月朔甲寅[122]，易安室题。

【注释】

① 选自《李清照集笺注》卷三（徐培均笺注，上海古籍出版社 2013 年版）。李清照（1084—约 1155），自号易安居士。齐州章丘（今山东济南市）人。两宋之际著名词人，兼工诗文。有《漱玉词》《易安居士文集》等。

②［右《金石录》］右，古书竖行，序文在书后，故称“右”。《金石录》，三十卷，赵明诚撰。明诚字德父（或作德甫、德夫），密州诸城人，李清照丈夫。

③［赵侯德父］即赵明诚。“侯”是李清照对其夫之敬称。唐时以州、府长官称侯。赵明诚曾任莱州、淄州、建康府及湖州等地长官。

④［三代］指夏、商、周三个朝代。

⑤［五季］即五代，指后梁、后唐、后晋、后汉、后周五个朝代。

⑥［钟、鼎、甗（yǎn）、鬲（lì）、盘、匜（yí）、尊、敦（duì）之款识（zhì）］所举俱古代器物，一般为青铜器。钟，乐器。鼎，炊具。甗，蒸煮用炊具。鬲，炊具。匜，盛水器。尊，酒器。敦，食器。款识，金石器物上的文字。

⑦［丰碑大碣（jié）］以巨石为质做成的纪念物，方者为碑，圆顶为碣。

⑧［晦士］同“显人”对举，犹隐士。

⑨［是正讹谬］校正其中的错误。

⑩［去取褒贬］取用合适的评论。

⑪［史氏］史家，史官。

⑫［王播、元载之祸］王播，当作王涯，唐文宗时，官至司空、开府仪同三司、兼领江南榷茶使。遭兵变，下狱、抄家，所藏前代法书名画，洗劫一空（参《旧唐书·王涯传》）。元载，唐代宗时宰相，结党营私，公行贿赂，终遭赐死。抄家时，胡椒即有八百石（参《新唐书·元载传》）。

⑬［长舆、元凯之病，钱癖与传癖何殊］典出《晋书·杜预传》：“预常称济有马癖，峤有钱癖。武帝闻之，谓预曰：‘卿有何癖？’对曰：‘臣有《左传》癖。’”济，王济，字武子。峤，和峤，字长舆。杜预，字元凯。

⑭［归］嫁。

⑮［先君］李格非。旧称去世的父亲为先君、先父。

⑯［丞相］赵挺之，赵明诚父。

⑰［太学］古代最高学府。

⑱［朔望谒告］朔望，阴历每月一日为朔，十五日为望。谒告，谒见。

⑲［质］典当，典押。

⑳［相国寺］北宋都城汴京（今开封）内最大的寺庙，也为集市所在。

㉑［葛天氏］传说中的远古帝王。

㉒［綀（shū）］一种织物。

㉓［遐方绝域］极远、偏僻之地。

㉔［日就月将］日月运行，指时光流逝。《诗·周颂·敬之》："日就月将，学有缉熙于光明。"

㉕［馆阁］掌管图书、编修国史的机构。

㉖［亡诗、逸史］《诗经》和《尚书》散佚的文字，泛指失散的历史文献资料。

㉗［鲁壁、汲冢］山东曲阜孔子家的墙壁，汲郡魏国安釐王的坟墓，泛指秘藏典籍的处所。这两处分别在汉代、晋代发现了前人秘藏的典籍。

㉘［崇宁］宋徽宗赵佶年号（1102—1106）。

㉙［徐熙］五代南唐画家。

㉚［信宿］两夜。

㉛［屏（bǐng）居］退职闲居。

㉜［仰取俯拾］想方设法谋生。

㉝［连守两郡］赵明诚先后知莱州（徽宗宣和三年［1121］）、淄州（钦宗靖康元年［1126］）。

㉞［铅椠（qiàn）］铅粉笔和木板，借指著作、校勘。

㉟［勘校］查勘、校对。

㊱［整集签题］整理书籍，题写书名、篇题。

㊲［彝（yí）］青铜祭器。

㊳［率（lǜ）］限度。

㊴［归来堂］赵、李青州住处名。陶渊明有《归去来辞》。

㊵［角（jué）］较量。

㊶［簿甲乙］按类登记图书，即编制书目。

㊷［请钥上簿，关出卷帙］开锁取书目，检出图书。

㊸［坦夷］坦然，不太在意。

㊹［憀（liáo）栗］不安。

㊺［不耐］缺乏（持家的）本领。

㊻［重肉］两种肉食。

㊼［重采］两件绸衣。

㊽［刓（wán）阙］缺少。刓，坏。阙，缺。

㊾［枕藉］堆积。

㊿［神授］神往。

51［声色狗马］指歌舞表演、走狗赛马等娱乐活动。

52［靖康丙午］宋钦宗赵桓靖康元年（1126）。

53［箧］小箱子。

54［建炎丁未］宋高宗赵构建炎元年（1127）。

55［太夫人］赵明诚之母。

56［长（cháng）物］像样之物。

57［监（jiàn）本］版本术语，指国子监刻印的本子。

58［东海］海州（今连云港等地）。

59［建康］今南京。

60［煨（wēi）烬］灰烬。煨，热灰。

61［建炎戊申］宋高宗建炎二年（1128）。

62［起复］官员守丧未满期而被任用。

63［姑孰］今安徽当涂。

64［卜居赣水］选择赣江某地居住。卜居，择地而居。赣水，赣江。

65［池阳］今安徽贵池。

66［过阙上殿］朝见宋高宗。

67［葛衣岸巾］葛布衣服，露额头巾。

68［目光烂烂射人］目光有神，足以动人。《世说新语·容止》："裴令公目王安丰，眼烂烂如岩下电。"

⑲［意甚恶］感觉不好。

⑳［缓急］形势危急。偏义复词。

㉑［戟(jǐ)手］同“戟指”。用手指指着(对方)。

㉒［宗器］宗庙祭祀之器，为贵重之物。

㉓［行在］皇帝外出所在。此指建康。

㉔［病痁(shān)］染上疟(nüè)疾。

㉕［惊怛(dá)］惊惧忧伤。

㉖［黄芩(qín)］同柴胡都是退烧中药。

㉗［膏肓(huāng)］喻病已不治。

㉘［分香卖履］喻安排身后之事。典出陆机《吊魏武文序》:“余香可分与诸夫人，诸舍中无所为，学作履组卖也。”

㉙［分遣六宫］疏散六宫嫔妃等人。

㉚［茵褥］枕、被之类。

㉛［称是］同此相当。

㉜［从卫在洪州］在洪州(今江西南昌市)护卫皇帝。

㉝［部送］护送。

㉞［李、杜、韩、柳集］李白、杜甫、韩愈、柳宗元的诗文集。

㉟［鼐(nài)］大鼎。

㊱［上江］安徽一带，在建康上游。

㊲［叵(pǒ)测］不可推测。

㊳［敕局］撰写皇帝诏令的机构。

㊴［台］台州。

㊵［剡(shàn)］剡溪，今浙江嵊县等地。

㊶［出陆］走陆路。

㊷［行朝］同“行在”。

㊸［驻跸(bì)章安］皇帝停留在章安(今浙江临海市东南)。

㊹［海道之温］从海路到温州。

㊺［越］越州(今浙江绍兴市)。

⑯[庚戌] 宋高宗建炎四年(1130)。

⑰[衢] 衢州。

⑱[绍兴辛亥] 宋高宗绍兴元年(1131)。

⑲[壬子] 绍兴二年(1132)。

⑩[杭] 杭州。

⑪[先侯疾亟(jí)] 先侯,赵明诚。疾亟,病危。

⑫[珉(mín)] 像玉的石头。

⑬[颁金] 分取金银财物。

⑭[有密论列者] 有秘密举报的人。

⑮[外廷投进] 外廷,同“行在”。投进,进献。

⑯[移幸四明] 皇帝转移至明州(今浙江宁波市)。皇帝驾临叫“幸”。

⑰[会稽] 今浙江绍兴市。

⑱[穴壁] 在墙上打洞。

⑲[吴说(yuè)] 书法家,时任福建路转运判官。

⑳[头目] 头和眼睛。

㉑[东莱静治堂] 东莱,莱州。静治堂,赵、李居处堂名。

㉒[芸签缥带] 用芸草制成的书签。缥带,丝带。

㉓[手泽] (赵明诚)亲手书写的文字。

㉔[墓木已拱] (赵明诚)坟墓上生长的草木,已经很高了。指去世已久。

㉕[毁裂书画] 梁元帝(萧绎)时西魏攻陷江陵,绎“聚图书十余万卷尽烧之”(参《南史·梁元帝纪》)。

㉖[复取图书] 这两句说,隋炀帝杨广在身死国灭之后,又显灵把生前珍爱的图书,据为己有(指图书也遭毁灭)。

㉗[菲薄] 命薄,没有福气。

㉘[尤物] 特异、珍贵之物。

㉙[少陆机作赋之二年] 指十八岁。杜甫《醉歌行》:“陆机二十作《文赋》,汝更少年能缀文。”

⑫⓪ [过蘧(qú)瑗知非之两岁] 指五十二岁。《淮南子·原道训》："蘧伯玉年五十而知四十九年非。何者？先者难为知，而后者易为攻也。"蘧瑗，字伯玉，春秋时卫国大夫。

⑫① [人亡弓，人得之]《孔丛子》卷中："楚王张繁弱之弓，载忘归之矢，以射蛟兕于云梦之囿，反而丧其弓。左右请求之。王曰：'止也！楚人遗弓，楚人得之，又何求乎？'"成语作"楚弓楚得"。

⑫② [绍兴二年玄黓岁壮月朔甲寅] 绍兴二年壬子(1132)八月初一日。《尔雅·释天》："(太岁)在壬曰玄黓。"壮月，八月。

【评析】

本篇是著名词人李清照为亡夫赵明诚遗著《金石录》所写跋文。文章抚今追昔，回忆二人结婚之后，爱好相同，欲"尽天下古文奇字"，因此节衣缩食，肆力于收藏图书、古物。收藏既富，则"同共勘校，整集签题"、"摩玩舒卷，指摘疵病"，夫唱妇随，伉俪情深。但在南北宋之交的乱世之中，收藏逐渐散佚；赵明诚病故后，李清照虽竭力护持，而独力难支，被巧取豪夺，散佚殆尽。李清照晚年作跋，回顾平生，悲不自禁，只能以"有聚必有散"自解。文章笔触细腻，感情真挚，其实是一篇典籍聚散史、家庭兴亡史，折射出南北宋之际风流云散的艰难的历史现状。

【理性思考】

1. 赵明诚与李清照的收藏是如何一步步散佚的？

2. 结合《隋书·牛弘传》与《少室山房笔丛·经籍会通一》，谈谈我国古代的典籍还经历过哪些浩劫？

【延伸阅读】

1. 欧阳修《集古录目序》，李逸安点校《欧阳修全集》，中华书局2001年版。

2. 元好问《故物谱》，狄宝心校注《元好问文编年校注》，中华书局

2012 年版。

3. 钱谦益《书旧藏宋雕两汉书后》，钱仲联标校《牧斋有学集》，上海古籍出版社 1996 年版。

倪云林画论[①]

吴从先

画，一艺耳。然品既不同[②]，情亦殊致[③]，则系之其人矣[④]。云林之时，以画名家者，富春则黄公望[⑤]，林平则王叔明[⑥]，武塘则吴仲圭[⑦]，而云林最后出。从公望游，遂寄兴山水间。然不为蛮峦叠嶂嵚[⑧]崎诡怪之状，盈尺林亭，瘦风疏雨，朗树两三条，修竹十数竿，茅屋独处，旷石两层，意兴毕于此矣[⑨]。然云烟烂熳之致，潇爽不群之态，意色不远，平淡不奇，遂定名于三家之上。虽然，云林竟以画累之[⑩]矣。人固有以画重者，而画亦有以人重者。画以托意，意以传神。山水之趣，不为笔墨而飞；笔墨之间，偶缘山水而合。以此思画，画可为也。云林当胜国之季，栖隐吴门，不求闻达。楼藏异琛[⑪]，架藏异书。胡人[⑫]登其楼，惊拜而退；揭斯[⑬]探其架，长叹而归。袭等龙宫[⑭]，帙散孔壁[⑮]。古今之至人，文人之领袖也，而徒以画名也。士诚崛起，麋鹿吴宫[⑯]，云林浩然发桴海之叹[⑰]。而士诚幕罗[⑱]，多方不屈，窘辱频加[⑲]，脱百万于敝屣[⑳]，撚虎须于牙物[㉑]，而青山无恙，白骨不淄[㉒]，斯又昂藏[㉓]烈丈夫也。云林自有逸[㉔]于千百世之上，风[㉕]于千百世之下者在。而徒以画也，则垂[㉖]巧当以官废，右军[㉗]风流，当以书掩，而寿亭[㉘]忠义，当与此刀并蠹矣。惟不局于画，则竹之矢，书之法，关之刀，不磨于天壤，而卒无意于天壤也。造化[㉙]自有以雄之者，而岂为此拘拘也？不以画求云林，而云林自在也；以画求云林，而云林亦在也。以画求云林者，目中无人，宇宙无人，天地直一帧耳[㉚]。此云林之本心超出于三家者，是云林之不以画累者也。

【注释】

① 选自吴从先《小窗自纪》卷三(上海图书馆藏明万历刻本,《四库全书存目丛书》本)。吴从先(生卒年不详),字宁野,号小窗,常州人,明末散文家。倪云林,即倪瓒(1301—1374),初名珽,字泰宇,后字元镇,号云林子、荆蛮民、幻霞子等,无锡人。世称诗书画三绝,为“元四家”之一。

② [品既不同] 画的品格既然有所不同。

③ [情亦殊致] 所表达的情感也是不同的。

④ [则系之其人矣] 就要归因于作画的人了。其人,指画家。

⑤ [黄公望] (1269—1354),本姓陆,名坚,常熟人;后过继永嘉平阳(今温州苍南)黄家,改姓,字子久,号一峰、大痴道人。善书法,通音律,擅画山水,为“元四家”之一。

⑥ [王叔明] 王蒙(1308—1385),字叔明,湖州(今浙江吴兴)人。工书法,擅画山水人物,同倪瓒、黄公望、吴镇齐名,并称“元四家”。

⑦ [吴仲圭] 吴镇(1280—1354),字仲圭,嘉兴武塘(一作魏塘)人。“元四家”之一,善画墨竹。

⑧ [嵚(qīn)] 高峻。

⑨ [意兴毕于此矣] 意趣和兴味都展现在这里了。此,画作。

⑩ [以画累之] 因为作画而受牵累。指下文张士诚事。

⑪ [琛(chēn)] 珍宝。

⑫ [胡人] 指蒙古人。

⑬ [揭斯] 揭傒斯(1274—1344),字曼硕,号贞文,龙兴富州(今江西丰城市)人。元代文学家、书法家、史学家。

⑭ [袭等龙宫] 宝物同龙宫相等。

⑮ [帙散孔壁] 奇书像是从孔壁中散出的。孔壁,孔子家的屋壁。汉武帝时,鲁恭王拆毁孔子旧宅,于夹壁中发现古文经传多种。

⑯ [麋鹿吴宫]《史记·淮南衡山列传》:“臣闻子胥谏吴王,吴王

不用，乃曰：'臣今见麋鹿游姑苏之台也。'今臣亦见宫中生荆棘，露霑衣也。"喻繁华之地变为荒凉之所。

⑰［桴海之叹］归隐海外的感叹。《论语·公冶长》："道不行，乘桴浮于海。"桴，竹木编成的船。

⑱［士诚幕罗］张士诚想请他入幕。张士诚（1321—1367），元末农民军领袖，自称吴王，后败于朱元璋。

⑲［窘辱频加］困窘、羞辱屡屡遇到。倪瓒因拒绝入幕、作画，险被张士诚兄弟打死。详《明史·倪瓒传》。

⑳［脱百万于敝蓰（xǐ）］像对待破旧的鞋子一样扔掉百万之钱。敝蓰，当作"敝屣"。

㉑［撚（niǎn）虎须于牙物］在极危险的地方拔老虎的胡子。撚，同"捻"。

㉒［淄（zī）］同"缁"，黑色。

㉓［昂藏］仪表、气度非凡。

㉔［逸］散逸，归隐。

㉕［风（fèng）］影响。

㉖［垂］当作"倕"，人名，传说是黄帝时的巧匠，发明了耒、耜、钟、规、矩等。

㉗［右军］书圣王羲之，官至右军将军，世称王右军。

㉘［寿亭］三国名将关羽，以忠义著称，曾封汉寿亭侯。

㉙［造化］自然界。

㉚［天地直一帧耳］天地不过是一幅画罢了。

【评析】

本文对倪瓒之画的艺术成就进行揭示，给予极高的评价。文章围绕主题，共分三层来写：首先，通过对倪瓒同黄公望、王蒙、吴镇三家技法的对比，指出倪氏实能超出三家之上；其次，通过倪瓒在元末际遇的描写，突出其刚贞不屈的品格（"昂藏烈丈夫"），其实是以人品写画品；

再次，将倪瓒的画作同王羲之的书法、关羽的忠义相提并论，而王氏、关氏在各自领域最为杰出，从而烘托出倪氏在绘画方面达到了最高的艺术成就，也就是臻于“目中无人，宇宙无人，天地一帧”的最高境界。文章善于铺垫，层层递进，是一篇优秀的画论之作。

【理性思考】

1. 倪云林的画中体现了什么样的传统艺术审美？
2. 文中分别提到垂、右军、寿亭，意在说明什么？

【延伸阅读】

1. 欧阳修《盘车图》，李逸安点校《欧阳修全集》，中华书局 2001 年版。

2. 苏轼《书鄢陵王主簿所画折枝二首》，孔凡礼点校《苏轼诗集》，中华书局 1982 年版。

3. 钱锺书《中国诗与中国画》，《七缀集》，生活 · 读书 · 新知三联书店 2002 年版。

徐文长传[①]

袁宏道

余一夕坐陶太史[②]楼，随意抽架上书，得《阙编》诗一帙[③]，恶楮毛书[④]，烟煤败黑，微有字形[⑤]。稍就灯间读之，读未数首，不觉惊跃，忽呼周望[⑥]：“《阙编》何人作者？今耶？古耶？”周望曰：“此余乡徐文长先生书也。”两人跃起，灯影下，读复叫，叫复读，僮仆睡者皆惊起。盖不佞[⑦]生三十年，而始知海内有文长先生。噫，是何相识之晚也！因以所闻于越[⑧]人士者，略为次第，为《徐文长传》。

徐渭字文长，为山阴诸生[⑨]，声名藉甚[⑩]。薛公蕙校越时[⑪]，奇其才，有国士之目。然数奇[⑫]，屡试辄蹶[⑬]。中丞胡公宗宪[⑭]闻之，客诸幕[15]。文长每见，则葛衣乌巾[16]，纵谈天下事。胡公大喜。是时公督数边兵[17]，威振东南，介胄之士[18]，膝语蛇行[19]，不敢举头[20]；而文长以部下一诸生傲之，议者方之刘真长、杜少陵云[21]。会得白鹿[22]，属文长作表[23]。表上，永陵[24]喜。公以是益奇之[25]，一切疏记[26]，皆出其手。

文长自负才略，好奇计，谈兵多中[27]。视一世士无可当意者，然竟不偶[28]。

文长既已不得志于有司[29]，遂乃放浪曲糵[30]，恣情山水，走齐、鲁、燕、赵之地，穷览朔漠[31]。其所见山奔海立[32]，沙起云行，风鸣树偃[33]，幽谷大都[34]，人物鱼鸟，一切可惊可愕之状，一一皆达之于诗。其胸中又有勃然不可磨灭之气，英雄失路、托足无门[35]之悲，故其为诗，如嗔[36]如笑，如水鸣峡，如种出土，如寡妇之夜哭，羁人之寒起[37]。虽其体格时有卑者，然匠心独出，有王者气，非彼巾帼而事人者所敢望也[38]。文有卓识，气沉而法严[39]，不以模拟损才[40]，不以议论伤格[41]，韩、曾之流亚也[42]。文长既雅不与时调合[43]，当时所谓骚坛主盟者[44]，文长皆叱而奴之[45]，故其名不出于越，悲夫！喜作书，笔意奔放如其诗，苍劲中姿媚跃出，欧阳公所谓妖韶女“老自有余态”者也[46]。间以其余[47]，旁溢为花鸟[48]，皆超逸有致。卒以疑杀其继室[49]，下狱论死，张太史元汴[50]力解乃得出。

晚年愤益深[51]，佯狂[52]益甚。显者[53]至门，或拒不纳。时携钱至酒肆，呼下隶[54]与饮。或自持斧击破其头，血流被面，头骨皆折，揉之有声。或以利锥锥其两耳，深入寸余，竟不得死。

周望言：“晚岁诗文益奇，无刻本，集藏于家。”余同年有官越者，托以抄录，今未至。余所见者，《徐文长集》《阙编》二种而已。然文长竟以不得志于时，抱愤而卒。

石公[55]曰：“先生数奇不已，遂为狂疾；狂疾不已，遂为囹圄[56]。古今文人，牢骚困苦，未有若先生者也。虽然，胡公间世[57]豪杰，永陵英主，幕中礼数异等[58]，是胡公知有先生矣；表上，人主[59]悦，是人主知有先生矣。独身未贵耳。先生诗文崛起，一扫近代芜秽之习，百世而下，自有定论，胡为不遇哉？梅客生[60]尝寄余书曰：‘文长吾老友，病奇于人，人奇于诗。’余谓文长无之而不奇者也。无之而不奇，斯无之而不奇也[61]，悲夫！”

【注释】

① 选自《袁宏道集笺校》(钱伯城笺校，上海古籍出版社2008年版)。袁宏道(1568—1610)，字幼学，又字中郎，号石公，又号无学、六休，湖广公安(今属湖北)人。标举性灵，反对复古，为公安派代表人物之一。著有《袁中郎七种》。徐文长，即徐渭(1521—1593)，字文清，改字文长，别号田水月、天池山人、青藤道士等，山阴(今浙江绍兴市)人。徐渭为公安派文学先驱，在诗文、戏曲、书法、绘画方面，皆有所成。有《徐文长集》30卷，《逸稿》24卷，杂剧《四声猿》，戏曲理论著作《南词叙录》等。徐渭屡应乡试不第，人生坎坷。袁宏道此篇传记即为文长吐不平之气。

② [陶太史] 陶望龄(1562—1609)，字周望，字石篑，万历十七年(1589)进士，授翰林院编修。“太史”是对编修的尊称。

③ [得《阙编》诗一帙]《阙编》，徐渭自编诗文集，凡十卷。一帙，一卷。此指装成一函所线装书。

④ [恶楮(chǔ)毛书] 纸张低劣，装订粗糙。楮树皮为造纸原料，故以楮代指纸。毛书，毛边装订的书。

⑤ [烟煤败黑，微有字形] 用墨低劣，字迹模糊。明代多以烟煤代替墨汁用以书写。

⑥ [周望] 陶望龄字。

⑦ [不佞(nìng)] 不才。自称谦词。

⑧ [越] 此指浙江绍兴一带。

⑨ [山阴诸生] 山阴，今绍兴。诸生，明代经省内各级考试，得入府、州、县学者，称生员。生员有增生、附生、廪生、例生等名目，统称诸生，俗称秀才。

⑩ [声名藉甚] 名声很大。

⑪［薛公蕙校(jiào)越时］薛蕙担任浙江乡试主考官的时候。薛蕙(1489—1541)，字君采，号西原，亳州人。官至吏部郎中，著有《考功集》等，《明史》有传。校，担任乡试主考官。

⑫［数奇(jī)］命运不好。

⑬［蹶(jué)］失败。

⑭［中丞胡公宗宪］中丞，对巡抚的代称。胡宗宪(？—1565)，字汝贞，号梅林，绩溪(属安徽)人。嘉靖三十四年(1555)任浙江巡按御史，因慕徐渭文才而将其招至幕府。

⑮［客诸幕］以为幕客，即招致幕府。

⑯［葛衣乌巾］穿葛布制成的衣服，戴黑色的角巾。戴乌巾者，皆为立志不仕之人。

⑰［督数边兵］时胡宗宪总督浙、闽、南直隶军务。

⑱［介胄之士］披着铠甲、戴着头盔的人。

⑲［膝语蛇行］跪着说话，像蛇一般伏地而行，形容将士恭顺的样子。

⑳［举头］抬头。

㉑［议者方之刘真长、杜少陵云］评论者把他比做刘惔、杜甫。刘惔，字真长，晋沛国相(今安徽宿县)人，好老庄，善言理，曾入会稽王司马昱(后为简文帝)幕，为名流所重。

㉒［白鹿］古代以为祥瑞。

㉓［属文长作表］委托徐渭写进表。属，同“嘱”。表，臣下写给君主的奏章，常用以陈述衷情，表达政治诉求、歌功颂德等。

㉔［永陵］即明世宗嘉靖皇帝的陵墓，此指嘉靖皇帝。

㉕［公以是益奇之］公因此更加视徐谓为奇才。以是，因此。

㉖［疏记］两种文体，疏指臣子给皇帝的奏疏，记即书札。

㉗［谈兵多中(zhòng)］讨论军事行动，预测常常很准确。

㉘［不偶］不遇。

㉙［有司］主管某一部门的官吏，此指乡试考官。

㉚［曲蘖(niè)］酒母，代指酒。

㉛［朔漠］北方的沙漠地带。

㉜［山奔海立］山好像在奔走，海好像竖立着，此形容声势之大。

㉝［风鸣树偃(yǎn)］风在嚎鸣，树也倒伏在地。偃，倒伏。

㉞［大都］大的都市。

㉟［托足无门］指无安身立命之处。

㊱［嗔］生气。

㊲［羁人之寒起］旅人在寒风中起程。

㊳［非彼巾帼而事人者所敢望也］不是那些取媚于权贵的人所敢仰望的。巾帼，女子，喻取媚于权贵的文人。

㊴［气沉而法严］文气深沉，法度谨严。

㊵［不以模拟损才］不因为模仿前人而损伤才华。

㊶［不以议论伤格］不因为有所议论而损害文体。

㊷［韩、曾之流亚也］是同韩愈、曾巩一类的啊。

㊸［雅不与时调合］向来不与时俗相同。雅，素，向来，一向。

㊹［骚坛主盟者］引领诗坛风气的人，即诗坛盟主。指“后七子”代表人物李攀龙、王世贞等。

㊺［叱而奴之］痛斥并以为奴仆，表明极度轻视。

㊻［欧阳公所谓“妖韶女老，自有余态”者也］欧阳修《水谷夜行寄子美圣俞》诗中有“譬如妖韶女，老自有余态”句。此处用以形容其书法美妙成熟。妖韶，形容女子美艳。

㊼［间以其余］有时用其剩余精力。

㊽［旁溢为花鸟］心力他用，画成花鸟。指从事绘画。

㊾［杀其继室］徐渭狂疾复发，杀死继室张氏。

㊿［张太史元忭］张元忭(1538—1588)，字子荩，号阳和，山阴(今绍兴)人。隆庆五年(1571)进士，官至翰林侍读。

51［愤益深］更加激愤。

52［佯狂］假装疯癫。

53［显者］显达的人。

㊾[下隶]差役等下层人。

㊿[石公]作者自称。

(56)[囹(líng)圄(yǔ)]监狱。

(57)[间(jiàn)世]隔世。古称三十年为一世。此指像胡公这样的人世不常有。

(58)[礼数异等]礼遇不同寻常。

(59)[人主]指嘉靖帝。

(60)[梅客生]梅国桢(1542—1605),字客生,作者友人。

(61)[无之而不奇,斯无之而不奇也](徐文长)没有一样不奇特,这就是没有一样不奇特啊。指徐氏样样奇特,所以命运也特别坎坷。

【评析】

本文是以倡言"独抒性灵,不拘格套"而闻名的袁宏道为江南才子徐渭所写的传记。文章同常见的传记文字不同,首先从袁氏本人读徐渭著作"不觉惊跃"谈起,先声夺人,彰显徐氏著述能令作者"读复叫,叫复读"的艺术魅力,写法可谓新奇。在正式书写徐渭生平事行时,主要突出徐氏性格、命运之"奇":学官薛蕙"奇其才",目为"国士";胡宗宪延入幕府,因所作表文受到万历皇帝的表扬而"益奇之",疏记皆出其手;徐渭"负才略,好奇计,谈兵多中",然而科场失意,没有功名;"放浪曲糵,恣情山水",诗作、画作,迥异时流;狂迹发作,举止怪诞;终不得志,抱愤而卒。总之,徐渭其才奇,其文奇,其遇奇,其性奇,堪称一代奇人,所谓"无之而不奇"。本文也是一篇写法"不拘格套"的传记文。

【理性思考】

1. 徐渭之"奇"表现在哪些方面?

2. 结合袁宏道对徐渭的艺术评价及其《叙小修诗》,分析袁氏的艺术追求。

【延伸阅读】

1. 徐渭《四声猿·渔阳三弄》，周中明校注《四声猿》，上海古籍出版社 1984 年版。

2. 徐渭《南词叙录》，李复波、熊澄宇注释《南词叙录注释》，中国戏剧出版社 1989 年版。

3. 袁宏道《叙小修诗》，钱伯城笺校《袁宏道集笺校》，上海古籍出版社 2008 年版。

甘薯疏序[1]

徐光启

方舆[2]之内，山陬海澨[3]，丽土之毛[4]，足以活人者多矣。或隐弗章[5]。即章矣，近之人习用[6]之，以为泽居之鱼鳖、山居之麋鹿也；远之人逖闻[7]之，以为逾汶之貉[8]、逾淮之橘[9]也。坐是[10]，两者弗获相通焉。

余不佞[11]独持迂论[12]，以为能相通者什九[13]，不者什一。人人务[14]相通，即世可无虑不足，民可无道殣[15]。或嗤笑之[16]，固陋之心，终不能移。每闻他方之产可以利济人者，往往欲得而艺[17]之。同志者[18]或不远千里而致[19]，耕获菑畬[20]，时时利赖其用[21]，以此持论颇益坚。岁戊申[22]，江以南大水，无麦禾，欲以树艺佐其急[23]，且备异日也[24]。有言闽、越之利甘薯者，客莆田徐生为予三致其种[25]，种之，生且蕃[26]，略无异彼土[27]，庶几哉橘逾淮弗为枳矣[28]。余不敢以麋鹿自封也[29]，欲遍布[30]之，恐不可户说[31]，辄以是疏先焉[32]。

【注释】

① 选自《徐光启集》卷二(王重民辑校，中华书局 1963 年版)。徐光启(1562—1633)，字子先，号玄扈，上海人。著名科学家、政治家。著有《农政全书》，译有《几何原本》《泰西水法》等。疏，一种文体，疏通、说明之意。

②［方舆］土地，领域。

③［山陬(zōu)海澨(shì)］水角水滨。

④［丽土之毛］生长在土地上的植物。丽，附属，附丽。毛，草，植物。

⑤［章］同“彰”，彰明，显明。

⑥［习用］日常接触。

⑦［逖(tì)闻］远远听说。逖，遥远。

⑧［逾汶(wèn)之貉(hé)］渡过了汶水的貉。《周礼·考工记》：“貉逾汶则死，地气然也。”

⑨［逾淮之橘］生长在淮北的橘子。《晏子春秋》：“橘生淮南，则为橘；生淮北，则为枳(zhǐ)。叶徒相似，其实味不同。所以然者何？水土异也。”

⑩［坐是］因此。坐，因为。

⑪［不佞(nìng)］没有才干。

⑫［迂论］迂腐、不切实际之论。自谦之语。

⑬［什九］十分之九。

⑭［务］寻求，谋求。

⑮［道殣(jǐn)］饿死在路上。殣，饿死。

⑯［或嗤(chī)笑之］有人讥笑我。

⑰［艺］种植。

⑱［同志者］有相同志向的人。

⑲［致］送来。

⑳［耕获菑(zī)畲(yú)］加以耕种、栽培。开垦一年的土地叫“菑”，开垦两年的土地叫“畲”。

㉑［利赖其用］依赖从中获得的收益。

㉒［戊申］明神宗万历三十六年(1608)。

㉓［欲以树艺佐其急］想种植某种作物来救灾。树艺，种植。佐，救。

㉔［且备异日也］而且防备将来(的灾荒)。

㉕［种(zhǒng)］种子。

㉖［生且蕃］能够生长并且十分茂盛。

㉗［略无异彼土］同闽、越等地所出产的大致相同。

㉘［庶几哉橘逾淮弗为枳矣］同橘子生长在淮北没有变成枳子可以相比了。

㉙［余不敢以麋鹿自封也］我不敢用“某种生物只应在某种特定地区才能生长”的说法把自己局限起来。

㉚［布］流布，推广。

㉛［户说］一家一户地去游说。

㉜［辄以是疏先焉］就写下这篇疏文作为倡导。辄，就。

【评析】

本文是著名科学家徐光启为推广甘薯而写的一篇文章。甘薯别名甜薯、红薯、地瓜等，是一种分布很广、产量很大的粮食作物之一。徐光启具有敏锐的眼光，对这种作物的价值有充分的考量，亲自试种，准备加以推广。文章从议论入手，认为凡方舆之内的物产，都可以相通为用；复从自己试种的经验出发，证明甘薯具有很强的适应性，从而为推广种植做了很好的广告与铺垫。

【理性思考】

1. 徐光启力倡广种甘薯的原因有哪些？
2. 结合相关史料，思考中国历史上还引进过哪些作物？

【延伸阅读】

1. 贾谊《论积贮疏》，王洲明、徐超校注《贾谊集校注》，人民文学出版社 1996 年版。

2. 晁错《论贵粟疏》，严可均辑《全汉文》，商务印书馆 1999 年版。

3. 贾思勰《齐民要术·五谷、果蓏、菜茹非中国物产者》，石声汉校释《齐民要术今释》，中华书局 2009 年版。

国学文选 ③

中国传统价值观当代诠释

史学　政体　法治

莫砺锋　主编

徐兴无　副主编

凤凰出版社

七、史　学

（主持人：程章灿　于　溯）

（一）导言

并不是每个文明都有记录历史的兴趣。古印度宗教极为发达，历史书却近乎空白，而我们的文明好像恰恰相反。中国人为什么这么热衷记录历史呢？如果我们从不记录，文明进程会有什么不同吗？

自有文字起，中国人就在做记录，那做记录的人，就是史，所以汉字的“史”作手持书册之形。在殷周时期，活跃着各种各样的史，他们记各种各样的事：卜辞，灾异，战争，法令……一些事记录下来，是为了祭祀时向祖先汇报；一些事记录下来，是为了日常行政的需要。这样，有的史像巫师，有的史像公务员，总之神职人员和世俗官僚中，都有史的身影。所以后来司马迁认为他的太史家族“世序天地”，管天又管地，自己也因之天然具有追讨天人之际的责任和能力。这个说法有点夸饰，但也不是毫无理据。

据说夏将亡时，夏太史带着夏的图法——文书档案、地图和律令等，总之是他所持有的全部图文资料——跑到了商；等到纣王时，殷的内史又带着图法跑到了周。春秋末年，晋国内乱前夕，晋太史带着晋的图法奔周；又有说王子朝带着周的典籍出奔到了楚。这些故事，多少有些政治隐喻色彩，我们知道后来萧何入咸阳，也是先急着去接收秦的图法。图法，仿佛是一个政权的“记录形态”，是那个实际运作政权的图文复刻版，太史们把这个版本打包带走，预示着一个政权的终结。

这些传说也透露出早期的史的一些特点。首先是史记录和保存与高层政治密切相关的内容，村子里这个月有五对新人结婚，大概不会出现在王祭告祖先的汇报或者国家的行政档案里。其次是史有超越世俗政权的身份，太史们没有义务与国共存亡，他们的责任是保护已有的记录，保证文字版的国存而不亡。然而这两个特点之间隐然存在矛盾：史记录政治，又超越政治，成了一支凌驾统治权之上的笔。这个矛盾预示着，史与王之间，必有一战。

这场战斗在《左传》中就打响了。在齐国，齐太史兄弟三人因为记录“崔杼弑其君”被崔杼接连杀害，但当他看到太史第三个弟弟依然秉笔如故，终于放弃了——与此同时，更有南史氏闻讯执简赶来，准备前仆后继。在晋国，赵穿杀死了晋灵公，太史董狐认为责任人是赵盾，于是记录“赵盾弑君”，赵盾虽然不满，也无奈接受。史与政治首脑的碰撞，似乎以史的胜出告终，虽然这胜利在历史的夜空中只是星星一闪，并且代价是惨重的。

孟子说，孔子作《春秋》而乱臣贼子惧；司马迁说，《春秋》“是非”（而不是记载）二百四十二年之中，以为天下仪表。也许《春秋》本身并没有他们说的那样神奇——它是那样的简略疏散，可当后人将大义加诸《春秋》的时候，那便意味着在他们的时代，史已经超越了单纯的记载，成为一种终极审判，世俗权力，也不能逃过这个审判。这就是《左传》不以赵盾为不辜的原因，这就是《太史公自序》说的“当一王之法”。在王之外，又有一套王法，史权的神圣性，似乎是王权都不能企及呢。

我们说，当记录变成审判的时候，历史意识便诞生了。史不再是简单的记录员，他们秉持永恒的真理，对人类过去发生的事件进行了解和总结。如果我们把《史记》看作生活着各色历史人物的王国的话，那立志在其间“别嫌疑，明是非，定犹豫，善善恶恶，贤贤贱不肖”的司马迁，岂不就是这个王国的王吗？

可是，当司马迁试图去做历史王的时候，他遇到了困惑——

或曰:“天道无亲,常与善人。”若伯夷、叔齐,可谓善人者非邪?积仁絜行如此而饿死!且七十子之徒,仲尼独荐颜渊为好学。然回也屡空,糟糠不厌,而卒蚤夭。天之报施善人,其何如哉?盗蹠日杀不辜,肝人之肉,暴戾恣睢,聚党数千人横行天下,竟以寿终。是遵何德哉?此其尤大彰明较著者也。若至近世,操行不轨,专犯忌讳,而终身逸乐,富厚累世不绝。或择地而蹈之,时然后出言,行不由径,非公正不发愤,而遇祸灾者,不可胜数也。余甚惑焉,傥所谓天道,是邪非邪?(《史记·伯夷叔齐列传》)

我们说,当人们开始叩问“傥所谓天道,是邪非邪”的时候,历史学便诞生了。史,既不再是简单地记录,也不再是盲目地评判,他要对历史为何如此、是否应如此发问,他要探寻历史的规律。

西人说:“上帝的归上帝,凯撒的归凯撒。”在宗教意识相对薄弱的中华文明中,只有史家一度萌发了“序天地”的自觉,希望掌握宇宙秩序和人间真理,但这个权力,最终被世俗君主取得了。我们没有历史王,只有王的历史,官修历史兴起并发达起来,成为中国古代史学一个最重要的传统。尽管如此,早期史家的实践和理念,却深深根植中国史学传统中。在这些理念中,最重要的就是“不虚美、不隐恶”(《汉书·司马迁传》)的实录精神,以及“前事之不忘,后事之师”(《战国策·赵策一》)的镜鉴意识。

古人相信历史能为现实提供经验——对现实迷茫时,向过去求取经验,和今日我们习惯向他国学习经验,其实异曲同工。在不断回溯历史中获猎灵感,并且也将历史作为评价现实的标尺,这种崇古、信古意识及其实践,极大保证了文明的连续性。古人坚信历史要秉笔直书,这是在与各种权力的博弈中也不可放弃的底线,因为虽然没有死后的天堂、来世的果报,历史却终将给我们迟到的正义。对中国人来说,人生最大的成功是名垂青史,最大的失败是遗臭万年——而能使人遗臭万年的,正是持续不断的历史记录。

本书选取的16篇文章,是古代史学宝库中的精华。它们或展现了古人的历史观念，或阐明了古人的史学思想，或代表了古代历史编纂的不同体裁特色；或叙事委曲，或词锋敏辩，或议论深沉，或理致精微，亦史亦文，可读可诵。希望读者们从中既能收获史学知识，也能体验到历史的美感。

（二）选文

齐桓公伐楚盟屈完[①]

四年春，齐侯以诸侯之师侵蔡[②]。蔡溃[③]，遂伐楚。楚子使与师言曰[④]："君处北海[⑤]，寡人[⑥]处[⑦]南海[⑧]，唯[⑨]是风马牛不相及[⑩]也。不虞[⑪]君之[⑫]涉[⑬]吾地也，何故？"管仲[⑭]对曰："昔召康公[⑮]命我先君[⑯]大公[⑰]曰：'五侯九伯[⑱]，女[⑲]实[⑳]征[㉑]之，以夹辅[㉒]周室。'赐我先君履[㉓]：东至于海[㉔]，西至于河[㉕]，南至于穆陵[㉖]，北至于无棣[㉗]。尔贡包茅[㉘]不入[㉙]，王祭不共[㉚]，无以缩酒[㉛]，寡人是征[㉜]；昭王[㉝]南征[㉞]而不复[㉟]，寡人是问[㊱]。"对曰："贡之不入，寡君[㊲]之罪也；敢[㊳]不共给？昭王之不复，君其问诸水滨！"[㊴]

师进，次[㊵]于陉[㊶]。

夏，楚子使屈完如[㊷]师。师退，次于召陵[㊸]。

齐侯陈[㊹]诸侯之师，与屈完乘[㊺]而观之。齐侯曰："岂不谷是为？先君之好是继！[㊻]与不谷同好[㊼]，何如？"对曰："君惠徼福于敝邑之社稷，辱收寡君，寡君之愿也。"[㊽]齐侯曰："以此众[㊾]战，谁能御[㊿]之！以此攻城，何城不克！"对曰："君若以德绥[51]诸侯，谁敢不服？君若以力，楚国方城以为城，汉水以为池[52]，虽众[53]，无所用之[54]！"

屈完及诸侯盟[55]。

【注释】

① 本文选自《左传·僖公四年》(《春秋左传注》，中华书局 1981 年

版)。鲁僖公四年,公元前656年。屈完,芈(mǐ)姓,屈氏,楚公族。

②[齐侯以诸侯之师侵蔡]齐侯即齐桓公,姜姓,名小白,公元前685—前643年在位。古代有五等爵制,自上而下分别为公、侯、伯、子、男,齐属侯爵,故文中称他为齐侯。至于又称其为齐桓公,这里的公是东周时诸侯的通称,并非五等爵制中的公;桓则是他死后的谥号。齐桓公是春秋五霸中时代最早的一个,一般认为也是霸业最成功的一个。以,介词。诸侯之师,指参加这次行动的齐、鲁、宋、陈、卫、郑、许、曹八国诸侯军队。师,军队。蔡,国名,姬姓,在今河南省汝南、上蔡一带。蔡国是中原的屏障,也是楚国北上争霸中原的前哨,对双方都具有重要战略意义。蔡侯的妹妹本是齐桓公夫人,称蔡姬,鲁僖公三年,齐桓公与蔡姬在苑中乘舟,蔡姬荡舟,不听桓公制止,桓公受到惊吓,一怒之下将她送归,结果蔡侯不待桓公将她迎回就使其另嫁,给了桓公征伐蔡国的口实。

③[溃]溃败。

④[楚子使与师言曰]楚成王派使者跟诸侯之师说。楚子,指楚成王。楚属子爵,故称其君为楚子,其实当时楚国国君已经自称为王。与,介词,跟,和。

⑤[北海]齐临渤海,古人称为北海。

⑥[寡人]"寡德之人",君主自称的谦词。

⑦[处(chǔ)]居住。

⑧[南海]楚境不到南海,这里只是极言其远。

⑨[唯]句首语气词。

⑩[风马牛不相及]马牛发情相诱,也到不了对方,喻两国相距甚远,互不相干。风,通"放",指雌雄相诱。

⑪[不虞]不料。

⑫[之]介词,连接主语"君"和谓语"涉吾地",取消句子的独立性,使之成为"虞"的宾语。

⑬[涉]本来是蹚水过河的意思,这里引申为"进入"。不说齐进

攻而说“涉”，是委婉的外交辞令。

⑭［管仲］齐大夫，管姓，名夷吾，字仲。

⑮［召（shào）康公］周成王时太保（官名）召公奭（shì），因其封地在召（今陕西岐山县），所以称召公，康是他的谥号。

⑯［先君］后代君臣对本国已故君王的称呼。

⑰［大公］即姜太公，名尚，齐始祖。大，后来写作“太”。

⑱［五侯九伯］泛指所有诸侯。五、九是虚数，泛指数目很多。

⑲［女（rǔ）］同“汝”，你。

⑳［实］句中语气词，表示命令或期望。

㉑［征］讨伐，这里指有征伐之权。

㉒［夹辅］辅佐。

㉓［履］践踏，指足迹可以践踏的地方，即可以征伐的范围。

㉔［海］指黄海、渤海。

㉕［河］黄河。

㉖［穆陵］地名，在楚境内。今湖北麻城西北一百里有穆陵山，疑即此地。

㉗［无棣（dì）］地名，在今河北卢龙县一带。

㉘［包茅］包，裹束；茅，菁茅，皆是楚地特产。

㉙［入］纳，这里指纳贡。

㉚［王祭不共］周王的祭祀用品供给不上。共，供给，后来写作“供”。

㉛［无以缩酒］没有用来缩酒的东西。据说古代祭祀时将包茅树立，以酒浇下，酒渗下流，就表示神在饮酒了，这叫作缩酒。

㉜［寡人是征］我来索取它。是，代词，指包茅，是“征”的宾语。征，索取。下一句的“寡人是问”结构同此。

㉝［昭王］周昭王，约前987—前966年在位。昭王生前多次伐楚，最后就死于楚地，具体死因，传说是他巡行到汉水，当地人故意弄了一只胶粘的船给他，船行至江心，开胶解体，导致他溺死。

㉞［征］行，这里指天子巡行。

㉟［复］回。

㊱［是问］责问这件事。

㊲［寡君］臣子对别国人谦称自己的国君。

㊳［敢］谦词，等于说“岂敢”、“胆敢”。

㊴［君其问诸水滨］您还是到水边去问吧！其，句中语气词，表示委婉语气。诸，“之于”的合音词，代词兼介词。之，指“昭王南征不复”。于，介词，向。水滨，水边。

㊵［次］军队临时驻扎。

㊶［陉(xíng)］山名，在今河南郾城县南。

㊷［如］往，到……去。

㊸［召(shào)陵］地名，在今河南郾城县东。

㊹［陈］陈列。

㊺［乘(chéng)］登车。

㊻［岂不谷是为？先君之好是继］难道是为了我？（只是为了）继承先君的友好关系。这是虚伪的外交辞令。不谷，不善，诸侯的自谦之称，和“寡人”类似。两个“是”字都是代词，分别复指提前的宾语“不谷”、“先君之好”。

㊼［同好(hào)］同其所好，意思是双方结盟。

㊽［君惠徼福于敝邑之社稷，辱收寡君，寡君之愿也］承蒙您向我国社稷之神求福，意思是您不毁灭我国。惠，表敬副词，意思是您这样做表现了您的恩惠。徼(yāo)，求。敝邑，谦称自己的国家。社，土神。稷，谷神。辱，表谦敬的副词，意思是您这样做使您蒙受了耻辱。收，收容。

㊾［众］名词，这里指军队。

㊿［御］抵挡。

51［绥(suí)］安抚。

52［方城以为城，汉水以为池］以方城山为城墙，以汉水为护城河。这两句都是宾语前置，“方城”、“汉水”分别是两个介词“以”的宾语。方城，山名，在今河南叶县南、方城县东北，西连伏牛山脉。春秋时楚国所筑方城（楚东段长城）经此山东麓。池，护城河。

53 [众] 多。

54 [无所用之] 没有地方用它。

55 [盟] 订立盟约。

【评析】

《左传》即《春秋左氏传》，也就是左氏传的《春秋》，传，是解说、注释的意思。《春秋》是鲁国编年史，记载鲁隐公元年（前 722）到鲁哀公十四年（前 481）凡 242 年的历史。虽然是鲁史，《春秋》也兼及当时各国大事，所以后来它突破地理界限，成为一个时代的专名，现在我们就把公元前 770 年到公元前 5 世纪这段时期称为“春秋”时代。

《春秋》记事极为简略。三国时有人统计出《春秋》的字数，约有 18 000 字，这样平均下来一年也不过 60 多字，写年月还要占掉不少。比如本文所选的这件事，《春秋》短如记账：“四年，春，王正月，公会齐侯、宋公、陈侯、卫侯、郑伯、许男、曹伯侵蔡。蔡溃。遂伐楚。次于陉。夏，许男新臣卒。楚屈完来盟于师，盟于召陵。”《左传》则用了十倍多的篇幅充实它，提供了大量的历史细节，人物也鲜明起来。所以汉代人感慨说，《左传》和《春秋》就像一件衣服的表里，如果没有《左传》，即使是圣人闭门读十年，也参不透《春秋》讲了什么。由于《左传》采取提供更丰富、生动的历史叙述的方法去注释《春秋》，后人能对这段时期的历史有所了解，其实主要靠《左传》。

《左传》的“左氏”，相传是春秋时鲁国史官左丘明，但《左传》未必是一人一时而成，先秦的文献，多有这个特征。而且《左传》记事直到鲁悼公四年（前 464），时间下限晚于《春秋》，它的最终成书可能在战国时期。

本篇涉及的“召陵之盟”，是春秋时期一次重要的盟会。盟主齐桓公是春秋五霸之首，他的霸业总方针，是“尊王攘夷”，尊王即拥护周天子，攘夷即对四夷进行军事行动。四夷与中原诸国（当时被称为“诸夏”）既有文化上的差异，又有领土上的纠纷，齐桓公便以诸夏保护者身份自居，通过夺取战争胜利和主导战后和会，逐步确立霸主地位。这个思路，既易获得诸夏支持，又占尽了道义优势。孔子甚至曾说，如果没有管仲，我恐怕要成为蛮夷了，也就是把管仲和他背后的齐桓公视为诸夏文化（而不仅仅是领土）的拯救者。楚虽是周的封国，当时人却以蛮夷视之，在本文中，楚使质问齐发动战争的原因，我们可以从管仲的回答中清楚地看到尊王攘夷的思路。

《论语》将齐桓公的伟业形容为“九合诸侯，一匡天下”，可见盟会在齐桓公的称霸之路上扮演着极其重要的角色，而召陵之盟之尤其重要，乃在于缔约的另一方是同样野心勃勃的楚国。在召陵之盟前，楚已不断尝试向中原伸出触角，扩张势力，齐楚之正面交锋，似是迟早的事。但是，这一次齐桓公的八国联军声势浩大，楚国却也不甘示弱，在剑拔弩张的一刻，双方最终选择和平缔约，对各方而言，这应该都是最好的结果。

本篇选文突出展现了春秋时期外交家（当时称为行人）的风采。自古以来，同盟的建立无不基于参与者的实力与利益均衡，但杰出的外交家也往往在其间起着相当重要的作用。齐国发动战争，本无正当理由，面对楚使的质问，管仲不仅公然宣称齐有征伐特权，而且点出楚在此特权可以行使的地理范围内；不仅洞悉楚近期对周王室的不敬行为，还能搬出几百年前的旧账，把谋杀天子的巨大罪名抛给楚国，虽曰强辞，却要夺理。对此楚使也仅有招架之功。这里有两个细节可以注意，一是《左传》连这位楚使的名字都没有写，二是紧接着此次外交交锋，诸侯联军向前开进，点明事态更为紧张。

英雄人物总是在千钧一发之际出现。楚国马上进行第二次外交努力，此次派出的使者屈完，刚一出场，联军先退；继而齐桓公主动提出缔约；接着想耀武扬威一番，不料又遭到不卑不亢的回应、不冷不热的嘲讽。齐楚第二次外交较量，楚国占尽上风，齐国锋芒顿折。《左传》叙述到这里，立即以“屈完及诸侯盟”收束，极为精简，颇有八国联军一时为三寸之舌所退的戏剧效果，不愧为描写行人辞令的名篇。

如果我们只读《春秋》经文，不仅感受不到其间波澜，甚至不知道屈完是谁。不过，《左传》跌宕起伏的情节中，也有些疑点：屈完一来，联军先退，这是为什么？主动提出结盟的是齐桓公，而不是屈完，这又是为什么？如果我们去看《史记》的相关记载，就知道屈完并不是只身前来盟会，而是带来了楚的军队，可见这是齐桓公考虑媾和的重要原因。而一百多年后，楚灵王还试图效仿齐桓公召陵之盟来谋取霸业，可见即使在楚人心中，召陵之盟也是齐桓公的重大外交成功。《左传》的叙述更突出屈完的个人能力，却可能让读者忽略了齐桓公退兵必有所虑、结盟必有所得的道理。

不同史籍叙述同一历史事件，对历史信息的剪裁取舍往往不同。当然，取舍可能是有意的，也可能是信息来源不同所致。无论古今中外，历史叙述的这个特点，都普遍地存在着。

【理性思考】

齐桓公进攻楚国的原因是什么？

【延伸阅读】

1.《史记·齐太公世家》，中华书局 2013 年版。

2.《史记·管晏列传》，中华书局 2013 年版。

展喜犒师[1]

夏，齐孝公伐我[2]北鄙[3]。卫人伐齐，洮之盟[4]故也。公[5]使展喜犒师，使受命于展禽。[6]齐侯未入竟[7]，展喜从之，曰：“寡君闻君亲举[8]玉趾[9]，将辱于敝邑[10]，使下臣[11]犒执事[12]。”齐侯曰：“鲁人恐乎？”对曰：“小人恐矣，君子则否。”齐侯曰：“室如县[13]罄[14]，野无青草[15]，何恃[16]而不恐?”对曰:“恃先王[17]之命。昔周公[18]、大公股肱[19]周室,夹辅成王。成王劳之,而赐之盟曰:‘世世子孙,无相害也!’载[20]在盟府[21],大师[22]职[23]之。桓公是以纠合[24]诸侯而谋[25]其不协[26],弥缝[27]其阙[28]而匡[29]救其灾,昭旧职[30]也。及君即位,诸侯之望[31]曰:‘其率[32]桓[33]之功。’我敝邑用[34]不敢保聚[35],曰:‘岂其嗣世[36]九年而弃命[37]废职,其若先君何?君必不然。’恃此而不恐。”齐侯乃还。

【注释】

① 本文选自《左传·僖公二十六年》(《春秋左传注》,中华书局1981年版)。僖公二十六年,公元前634年。展喜,鲁大夫,字乙。犒(kào),以酒食财物等慰劳。师,指齐军。

② [齐孝公伐我] 齐孝公,名昭,齐桓公之子,公元前642—前633年在位。我,指鲁国。

③ [鄙] 边邑,边境。

④ [洮之盟] 僖公二十五年,卫、鲁、莒在洮地结盟,因此之间有互救的义务。现在齐国侵犯鲁国,卫国为此伐齐。

⑤ [公] 指鲁僖公,姬姓,名申,公元前659—前627年在位,是鲁国历史上比较重要的一位君主。

⑥ [使受命于展禽] (鲁僖公)让展喜向展禽请教(外交辞令)。受命,受教。展禽,名获,字季,又字禽,鲁大夫,是当时有名的贤人,因其食邑柳下,谥惠,故后世多称他为柳下惠。这一句和上一句“使”的主语都是鲁僖公。

⑦ [竟] 同“境”。

⑧ [举] 抬。

⑨ [玉趾] 对人脚步的敬称。

⑩ [将辱于敝邑] 将要屈尊来到我国。这是对对方入侵十分委婉客气的说法。

⑪ [下臣] 臣对君的谦称。

⑫［执事］主管其事的人，是一种对人的敬称，这里指齐孝公。

⑬［县］同“悬”。

⑭［罄］同“磬”，古代打击乐器，悬挂于架上，击之而鸣。磬的形状像曲尺，悬挂时呈人字形，其间空洞无物，所以齐孝公拿它作比方，说百姓贫乏、家无储蓄，只有屋脊高隆两檐下斜的空房子，就像悬挂的磬。

⑮［野无青草］指旱灾严重。

⑯［恃］依赖，凭借。

⑰［先王］故去的天子，这里指周成王。

⑱［周公］名旦，姬姓，周文王子，武王弟。初封于鲁，但他留下辅佐武王、成王，而由长子伯禽就封，成为鲁国第一任国君。

⑲［股肱］大腿和胳膊，喻辅佐。

⑳［载］载书，即盟约。

㉑［盟府］掌管保存盟约文书的官府。

㉒［大师］即太师，齐的先祖太公望曾为周太师。

㉓［职］职掌。

㉔［纠合］集合，聚集。

㉕［谋］询问。

㉖［不协］不和。

㉗［弥缝］弥合，补救。

㉘［阙］（指感情上的）裂痕，嫌隙。

㉙［匡］挽救，救助。

㉚［昭旧职］使齐太公的事业发扬光大。昭，昭明，发扬光大。

㉛［望］期望。

㉜［率］遵循。

㉝［桓］指齐桓公。

㉞［用］因而。

㉟［保聚］指聚众守卫。

㊱［嗣世］即位。

㊲［弃命］违命。

【评析】

俗话说，弱国无外交。这话很有道理，但反过来说也有道理——弱国才需要外交。在实力不济的情况下，那些凭借知识和口才，最大限度为自己的国家争取利益或降低损失的外交官，其机敏与辩才，常给我们留下深刻印象。

鲁僖公二十五年，卫、鲁、莒有洮之盟；第二年春天，三国又订了向之盟。这三个国家的结盟引起了齐的不满，齐孝公为此兴兵攻鲁。与齐楚之“风马牛不相及”不同，齐鲁两国从地理看是邻国，从历史论是周王朝两大创业功臣之封，渊源极深。展喜的辞令遂紧紧抓住两国往事，既打感情牌，又拿周天子和齐太公、齐桓公来压齐孝公。在齐桓公时代，齐一贯鼓吹“尊王攘夷”，对中原诸侯，不仅要充当矛盾调解人的角色，还特别强调“亲邻国”、“安四邻”。这些当年谋求霸业的金字招牌，如今都成了打在齐孝公身上的板子，更何况咱们还有先王先公留下的古老盟誓。话说到这里，齐孝公若再打下去，简直成了无父无君之人。特别需要注意的是，展喜的话也暗示了另一层意思，即鲁君同样受“世世子孙，无相害也”这个盟誓约束，绝不会侵犯齐国，眼下我们“不敢保聚”，就是明证。这颗糖衣炮弹，也让齐孝公放松了戒备，动摇了决心。

我们常说外交使臣面对强国要做到“不卑不亢”，不卑不亢是态度，具体体现在辞令上，其实就是示软与示硬的巧妙结合，取得的效果，就是让对方认识到进攻好处不大、撤退收益更多。其实，齐鲁两国从来摩擦不断，何尝会拿“世世子孙，无相害也”当真，我们熟知的长勺之战，不就发生在齐鲁之间吗？就在展喜带着慰问品去北方战场进行外交斡旋、拖延战机的同时，鲁的另一路使者南下入楚，搬来救兵，僖公于是立即转守为攻，率兵伐齐了。英国政治家曾说，英国没有永恒的朋友，也没有永恒的敌人，只有永恒的利益。东周列国间的战争与和平，也当作如是观。

【理性思考】

1. 找一张春秋时期的历史地图，看看卫、鲁、莒、齐的地理位置，分析齐国攻击鲁国的原因。

2. 比较展喜与屈完设计辞令角度的异同。

【延伸阅读】

《国语·鲁语上》，陈桐生译注《国语》，中华书局 2019 年版。

太史公自序（节选）[①]

司马迁

迁生龙门[②]，耕牧河山之阳[③]。年十岁则诵古文[④]。二十而南游江、淮，上会稽，探禹穴，窥九疑，浮于沅、湘[⑤]；北涉汶、泗[⑥]，讲业齐、鲁之都[⑦]，观孔子之遗风，乡射邹、峄[⑧]；厄困鄱、薛、彭城，过梁、楚以归[⑨]。于是迁仕为郎中[⑩]，奉使西征巴、蜀以南，南略邛、笮、昆明[⑪]，还报命[⑫]。

是岁天子始建汉家之封[⑬]，而太史公留滞周南[⑭]，不得与从事[⑮]，故发愤且卒[⑯]。而子迁适使反，见父于河洛之间[⑰]。太史公执迁手而泣曰："余先周室之太史也。自上世尝显功名于虞、夏，典天官事[⑱]。后世中衰，绝于予乎？汝复为太史，则续吾祖矣。今天子接千岁之统[⑲]，封泰山，而余不得从行，是命也夫，命也夫！余死，汝必为太史；为太史，无忘吾所欲论著矣。且夫孝始于事亲，中于事君，终于立身。扬名于后世，以显父母，此孝之大者。夫天下称诵周公，言其能论歌文武之德，宣周邵之风[⑳]，达太王、王季[㉑]之思虑，爰及公刘，以尊后稷也[㉒]。幽厉[㉓]之后，王道缺，礼乐衰，孔子修旧起废，论《诗》《书》，作《春秋》，则学者至今则之[㉔]。自获麟以来四百有余岁，而诸侯相兼，史记放绝[㉕]。今汉兴，海内一统，明主贤君忠臣死义之士，余为太史而弗论载[㉖]，废天下之史文，余甚惧焉，汝其念哉！"迁俯首流涕曰："小子不敏，请悉论先人所次旧闻，弗敢阙[27]。”

卒三岁[28]而迁为太史令，细史记石室金匮之书[29]。五年而当太初元年[30]，十一月甲子朔旦冬至，天历始改，建于明堂，诸神受纪[31]。

太史公曰：“先人[32]有言：‘自周公卒五百岁而有孔子。孔子卒后至于今五百岁，有能绍明世，正《易传》，继《春秋》[33]，本《诗》《书》《礼》《乐》之际？’[34]意在斯乎！意在斯乎！小子何敢让焉！”[35]

上大夫壶遂[36]曰：“昔孔子何为而作《春秋》哉？”太史公曰：“余闻董生[37]曰：‘周道衰废，孔子为鲁司寇，诸侯害之，大夫壅之[38]。孔子知言之不用，道之不行也，是非二百四十二年之中，以为天下仪表[39]。贬天子，退诸侯，讨大夫，以达王事而已矣[40]。’子曰：‘我欲载之空言，不如见之于行事之深切著明也[41]。’夫《春秋》，上明三王之道，下辨人事之纪[42]，别嫌疑，明是非，定犹豫[43]，善善，恶恶，贤贤，贱不肖[44]，存亡国，继绝世[45]，补弊起废，王道之大者也。《易》著天地阴阳四时五行，故长于变[46]；《礼》经纪人伦，故长于行[47]；《书》记先王之事，故长于政；《诗》记山川溪谷禽兽草木牝牡雌雄，故长于风[48]；《乐》乐所以立，故长于和[49]；《春秋》辨是非，故长于治人。是故《礼》以节[50]人，《乐》以发和，《书》以道事，《诗》以达意，《易》以道化，《春秋》以道义。拨乱世反之正[51]，莫近于《春秋》。《春秋》文成数万，其指[52]数千。万物之散聚皆在《春秋》。《春秋》之中，弑君三十六，亡国五十二，诸侯奔走不得保其社稷者不可胜数。察其所以，皆失其本已[53]。故《易》曰‘失之豪厘，差以千里。’故曰‘臣弑君，子弑父，非一旦一夕之故也，其渐[54]久矣’。故有国者不可以不知《春秋》，前有谗而弗见，后有贼而不知[55]；为人臣者不可以不知《春秋》，守经事而不知其宜，遭变事而不知其权[56]。为人君父而不通于《春秋》之义者，必蒙首恶之名；为人臣子[57]而不通于《春秋》之义者，必陷篡弑之诛，死罪之名。其实皆以为善，为之不知其义，被之空言而不敢辞[58]。夫不通礼义之旨，至于[59]君不君，臣不臣，父不父，子不子。夫君不君则犯，臣不臣则诛[60]，父不父则无道，子不子则不孝。此四行者，天下之大过也。以天下之大过予之，则受而弗敢辞。故《春秋》者，礼义之大宗也[61]。夫礼禁未然之前，法施已然之后[62]；法之所为用者易见，而礼之所为禁者难知。”

壶遂曰：“孔子之时，上无明君，下不得任用，故作《春秋》，垂空文以断礼义，当一王之法[63]。今夫子上遇明天子，下得守职，万事既具，咸各序其宜，夫子所论，欲以何明[64]？”

太史公曰：“唯唯，否否[65]，不然。余闻之先人曰：‘伏羲至纯厚，作《易》八卦。尧舜之盛，《尚书》载之，礼乐作焉。汤武之隆，诗人[66]歌之。《春秋》采善贬恶，推三代之德，褒周室，非独刺讥而已也[67]。’汉兴以来，至明天子，获符瑞，封禅，改正朔，易服色，受命于穆清，泽流罔极，海外殊俗，重译款塞，请来献见者不可胜道[68]。臣下百官力诵圣德，犹不能宣尽其意。且士贤能而不用，有国者之耻；主上明圣而德不布闻，有司之过也。且余尝掌其官，废明圣盛德不载，灭功臣世家贤大夫之业不述，堕先人所言[69]，罪莫大焉。余所谓述故事、整齐其世传，非所谓作也[70]，而君比之于《春秋》，谬矣。”

于是论次[71]其文。七年而太史公遭李陵之祸，幽于缧绁[72]。乃喟然而叹曰：“是余之罪也夫！是余之罪也夫！身毁不用矣。”退而深惟[73]曰：“夫《诗》《书》隐约[74]者，欲遂其志之思也。昔西伯拘羑里[75]，演《周易》；孔子厄陈、蔡[76]，作《春秋》；屈原放逐，著《离骚》；左丘失明，厥有《国语》[77]；孙子膑脚，而论兵法；不韦迁蜀，世传《吕览》[78]；韩非囚秦，《说难》《孤愤》[79]；《诗》三百篇，大抵贤圣发[80]愤之所为作也。此人皆意有所郁结，不得通其道也，故述往事，思来者[81]。”于是卒述陶唐以来，至于麟止，自黄帝始[82]。

【注释】

① 本文选自《史记·太史公自序》（中华书局 2013 年版）。太史，即太史令，官名，掌管天文星象、历法、占卜等，也负责记录灾异等大事。这个官职自西周就有，司马迁的祖先、父亲和他本人都曾任此职。自序，作者自述生平家世、写作意图、过程或作品大旨的文章。

②［龙门］山名，在今山西河津县与陕西韩城市交界的黄河峡谷出口处，山跨两岸，黄河夹中。司马迁生于龙门山南，属今韩城市。

③［河山之阳］山南水北为阳，河山之阳即黄河以北，龙门山以南的地区。

④［古文］指先秦典籍。

⑤［探禹穴，窥九疑，浮于沅、湘］禹穴，禹的坟墓，相传在今浙江会稽山。九疑，山名，又作九嶷山，在今湖南宁远县南，相传舜葬于此。沅、湘，沅水、湘水，在今湖南境内。

⑥［汶、泗］汶水、泗水，在今山东境内。

⑦［讲业齐、鲁之都］讲业，研习学业。齐、鲁之都，齐都在今山东临淄；鲁都在今山东曲阜，是孔子的故乡。

⑧［乡射邹、峄］乡射，古代射箭饮酒的礼仪。邹，汉县名，今山东邹县，是孟子的故乡。峄，峄山，在邹县。这句话是说学习乡射礼于邹县峄山下。

⑨［厄困鄱、薛、彭城，过梁、楚以归］厄，被困，受困。鄱，今山东滕州。薛，今山东滕州东。彭城，今江苏徐州，刘邦即是这一带人。司马迁在《史记·孟尝君传》中提到，他曾在薛地碰到许多残暴的年轻人，感觉当地风俗与邹鲁很不一样。梁，大梁，战国时是魏国的都城，在今河南开封。司马迁在《史记·魏世家》中也提到他到过大梁的故城。彭城在战国属于楚地，汉初刘邦封弟弟刘交为楚王，也统领这块地方，所以司马迁从彭城西折前往大梁再回到长安，是过梁、楚（实际上是楚、梁）而归。

⑩［郎中］官名，负责侍卫皇帝。

⑪［南略邛、筰、昆明］略，巡行。邛、筰、昆明，都是当时西南地区部族名。

⑫［报命］复命，奉命办事完毕回来报告。

⑬［是岁天子始建汉家之封］是岁，这一年。指汉武帝元封元年（前 110）。封，封禅，古代帝王祭天地的大典。在泰山祭天，称封；在泰

山下的梁父山上祭地，称禅。

⑭［太史公留滞周南］太史公，这里指司马迁的父亲司马谈。周南，今洛阳一带。

⑮［与(yù)从事］与，参与。从事，参与做(某种事情)。

⑯［发愤且卒］愤，郁结于心，憋闷。且，将要。

⑰［而子迁适使反，见父于河洛之间］适，正好，恰巧。反，同“返”，返回。洛，洛水。河洛之间，即洛阳。

⑱［自上世尝显功名于虞、夏，典天官事］虞，即舜。典，掌管。天官，天文，天象。官指星官，是一种古人划分的恒星组合，类似于今天说的星座。

⑲［统］天统，即受命于天的正统帝王世系。

⑳［“夫天下称诵周公”句］周公，名旦，周武王的弟弟。武王死后，他和召公奭(召又作邵)共同辅佐成王。论歌，论赞歌颂。文武，周文王和周武王。宣，显示，宣扬。周邵，周公和召公。周、邵本是地名，在陕西岐山之南，周文王的祖父周太王带领周人迁到这一带，在此繁衍发展。周代殷后，这两地分别成为旦和奭的采邑，所以他们二人被称为周公和召公。

㉑［太王、王季］太王，即古公亶父，周文王的祖父。王季，即季历，周文王的父亲。

㉒［爰及公刘，以尊后稷也］爰及，至于。公刘，文王的先祖。后稷，公刘的先祖，名弃，传为舜之农官，教民耕稼。以上这些周代先公先王的事迹，《诗经》中都有记载。

㉓［幽厉］周幽王和周厉王，西周有名的昏君。

㉔［“孔子修旧起废”句］修旧起废，修补已缺之王道，兴起已衰之礼乐。作《春秋》，相传《春秋》为孔子所作，孟子说：“孔子作《春秋》而乱臣贼子惧。”又说：“《诗》亡而后《春秋》作。”司马迁对《诗》和《春秋》递承关系的理解，即来自《孟子》。则，效法。

㉕［“自获麟以来”句］获麟，鲁哀公十四年(前481)猎获一只麒

麟，这是《春秋》记载的最后一件事。相兼，相互吞并。史记，泛指历史记录。放绝，废弃。这句话的意思是说，从《春秋》截止的鲁哀公十四年，到现在的元封元年，期间四百多年（实际上只有370多年），由于战乱的原因，没有人再做记录历史的工作。

㉖［“明主贤君”句］死义，为义而死。弗，不。论载，论说和记载。

㉗［“小子不敏”句］小子，晚辈对尊长的自称。不敏，不聪明。论，论定。次，编次。

㉘［卒三岁］指司马谈死后三年。

㉙［䌷(chōu)史记石室金匮之书］䌷，缀缉。石室、金匮，都是古代藏图书档案处。

㉚［五年］指司马谈死后五年，这一年是太初元年，司马迁正式开始写《史记》。

㉛［“天历始改”句］这是说在十一月初一（甲子日）冬至这天，朝廷颁行了新的历法（太初历），为此在明堂祭祀诸神，告知诸神新的历法。朔旦，初一。明堂，古代帝王举行大典、宣明政教的地方。受纪，接受历法，因为改历也会影响到祭祀时间，所以也要使诸神知道。

㉜［先人］亡父，指司马谈。

㉝［“有能绍明世”句］绍，承继。明世，政治清明的时代。正，修正，整理。

㉞［本《诗》《书》《礼》《乐》之际］在《诗》《书》《礼》《乐》中探究。本，探究，推原。之际，之间。

㉟［“意在斯乎”句］斯，这里，指司马迁自己。让，辞让。

㊱［上大夫壶遂］上大夫，官名。壶遂，人名。

㊲［董生］董仲舒。武帝时的著名儒家学者，司马迁曾向他学习《公羊春秋》。

㊳［“孔子为鲁司寇”句］司寇，官名，掌管刑狱。孔子曾为鲁司寇，后来因与鲁大夫季氏不合而去职。壅，阻挡。

㊴［“是非二百四十二年之中”句］是非，动词，褒贬。二百四十二

年，就是《春秋》所记载的二百四十二年历史。这是说孔子自知政治主张无法实现，于是退而著《春秋》，通过对历史人物的褒贬，为后世树立正确的社会准则。仪表，准则，法式，楷模。

㊵［“贬天子”句］贬天子，退诸侯，讨大夫，即对不合格的天子、诸侯、大夫进行贬斥、讨伐。退，使后退，屏退。王事，王道。

㊶［“我欲载之空言”句］空言，褒贬之辞。所谓空，是指这些言论主张并不见用于当世，无法在现实中执行。这句话是说，抽象地发些褒贬议论，就不如把人们的所作所为记载下来，这样更能把道理讲得深刻、明白。

㊷［“上明三王之道”句］三王，三代（夏商周）的圣王，即禹、汤、文王、武王等。纪，纲纪。

㊸［“别嫌疑”句］别，辨别。嫌疑，疑惑难辨的事理。明，分辨，区分。定，停，止息。

㊹［善善，恶恶，贤贤，贱不肖］第一个善、恶（wù）、贤都是动词。善，赞美，褒扬。贤，尊崇，器重。第二个善、恶（è）、贤都是名词，即善人、恶人、贤人。贱，轻视，鄙视。不肖，不正派的人。

㊺［存亡国，继绝世］使亡国复存，绝嗣得续。

㊻［“《易》著天地阴阳四时五行”句］五行，水、火、木、金、土。古人认为这是构成各种物质的基础元素，并常以五种元素的互动阐释宇宙万物的起源和变化。长于变，即擅长阐明变化的道理。

㊼［“《礼》经纪人伦”句］经纪，条理，秩序。人伦，尊卑长幼之间的等级关系。经纪人伦，使人伦有秩序。长于行，擅长指导人们的行为。

㊽［牝牡雌雄，故长于风］牝牡雌雄，牝牡和雌雄意思相类同，只不过牝牡原专指走兽，而雌雄原专指飞禽。风，《诗经》有十五《国风》，是各地风土之音，展现了各地的风俗、风光、风情。

㊾［“《乐》乐所以立”句］乐，康乐。和，调和。

㊿［节］节制。

51 [拨乱世反之正] 治理混乱的局面，使恢复正常。

52 [指] 旨意，意向。

53 [“诸侯奔走”句] 奔走，逃亡。所以，原因，情由。本，根本，根本的准则，即下文说的“礼义”。已，表确定语气，相当于“了”。

54 [渐] 缓进，逐步地变化。

55 [“故有国者”句] 有国者，指国君。馋，进谗言的人。贼，犯上作乱的人。

56 [“为人臣者”句] 经事，常道。经，常。宜，合适。权，权宜，变通。“权”和“经”是一对反义词。这是说只知道恪守常规准则，而不知调整；一旦遇到变故，不知道如何变通应对，所以要通过褒贬之辞将这些事理叙述出来，不敢推辞这份责任。

57 [臣子] 做大臣的和做儿子的。

58 [“其实皆以为善”句] 这句话是说，初衷都是做好事，只是因为不懂得真正的道义（才犯下了罪恶），被舆论所批评，得到恶名也无法推卸。

59 [至于] 以至于，导致。

60 [“夫君不君则犯”句] 犯，被僭越，被欺凌。诛，被诛杀。

61 [“故《春秋》者”句] 大宗，本原。《春秋》所褒的，都是符合礼义的，所贬的，都是违背礼义的，所以说是礼义的大宗。

62 [礼禁未然之前，法施已然之后] 礼的作用是在祸乱未发生前禁止它，法的作用是在祸乱已经发生后惩治它。

63 [“垂空文以断礼义”句] 空文，犹前文的“空言”。一王，一代王朝。

64 [“今夫子上遇明天子”句] 序，顺，各序其宜，即各得其所。这句话是说，现在您遇到圣明的天子在上，臣下各守本职，国家的万事齐备，大家各得其所，您的论著，想要阐明什么呢？

65 [唯唯，否否] 唯唯，很谦虚地答应的声音。否否，犹“不不”。

66 [诗人]《诗经》诸篇的作者。

㊲ ［“推三代之德”句］推，推崇。三代，夏商周。褒，褒美，称赞。前面这段话是说，《六经》或者是纯厚的统治者所作，或者歌颂了统治者的盛德，并不是仅以批评时政为宗旨。

㊳ ［“汉兴以来”句］明天子，指汉武帝。符瑞，吉祥的征兆，古人认为这些征兆表明帝王受命于天，得到天的庇护。正(zhēng)朔，正即正月，朔即朔日(每月初一)，改正朔，指帝王颁布新的历法。服色，车马的颜色，服是驾、乘的意思。古代帝王改革历法服色，也有承天受命、建立新的人间秩序的含义。穆清，天。罔极，无极。殊俗，风俗不同的地方。重译，经过几重翻译，这是因为两国隔绝，要通过几种语言转译才能交流。款塞，叩塞门，指外族前来通好。款，叩。塞，关塞。献见，进贡晋见。

㊴ ［“灭功臣世家”句］世家，王侯之家，因王侯开国，子孙世代承袭，故称世家。堕(huī)，荒废，废弃。

㊵ ［“余所谓述故事”句］述，叙述。故事，过去发生的事。整齐，整理。作，指有自己思想的创作，与“述”相对，孔子曾说自己“述而不作，信而好古。”

㊶ ［论次］论定编次。

㊷ ［幽于缧绁(léi xiè)］幽，囚禁。缧绁，捆绑犯人的绳索，引申为牢狱。

㊸ ［深惟］深思，深入考虑。

㊹ ［隐约］旨意隐晦而文辞简要。

㊺ ［昔西伯拘羑里(yǒu lǐ)］西伯，周文王。羑里，殷商的监狱名。

㊻ ［陈、蔡］春秋时的陈国和蔡国，孔子周游列国，曾在陈蔡间被围困，绝粮多日。

㊼ ［“左丘失明”句］左丘，左丘明。厥，副词，乃。

㊽ ［“不韦迁蜀”句］不韦，吕不韦，秦相。迁，流放，放逐。《吕览》，即《吕氏春秋》，吕不韦集宾客所撰。

㊾ ［《说难》(shuì nán)《孤愤》］是《韩非子》中的两篇。

⑳ [发] 抒发,发泄。

㉑ [述往事,思来者] 记述前言往事,希望将来的人通过作品了解自己的志向。

㉒ ["于是卒述陶唐以来"句] 陶唐,即尧。麟止,汉武帝元狩元年(前122)猎获一只白麟,《史记》的记载就止于汉武帝。《春秋》的记载止于获麟,所以"至于麟止"不仅是介绍《史记》记事的时间下限,同时有将《史记》比附《春秋》的意图。自黄帝始,《史记》的第一篇是《五帝本纪》,里面记载的第一个人物是黄帝。

【评析】

《史记》本名《太史公书》,《史记》是后人的叫法。这部书记载了从黄帝到汉武帝三千年左右的历史,是我国第一部纪传体通史,也是我们常说的"二十四史"之首。全书一共一百三十篇,包括十二本纪、三十世家、七十列传、十表、八书。其中,本纪是以帝王为线索的编年史;世家是封国诸侯的传记;列传是其他历史人物的传记;表是大事年表和人物年表;书是关于典章制度的专题史。

《太史公自序》是史记的最后一篇。不过,我们读《史记》,不妨先跳到最后把这一篇读熟,因为它既是司马迁的自传,也是《史记》全书的总纲,是打开《史记》的一把钥匙。在这篇文章中,司马迁以极其高超的手法把"我"和"我的著作"并在一起,文中每一句关于司马迁的信息,同时都是关乎《史记》的,与《史记》无关者,像司马迁的家庭生活、兴趣爱好甚至出生年代,我们都无从知道,司马迁就是《史记》,《史记》就是司马迁。

在《太史公自序》的开篇,司马迁先介绍了祖先世系,这一部分,本文没有选入,大致是说他的远祖来自"世序天地"的重黎氏,后来繁衍为"世典周史"的司马氏。这其实是一个非常骄傲的宣言:史家的本初任务是"序天地",即掌管天地间的秩序;而司马迁继承世职,天然地承担着这一伟大的责任。

所以，司马迁早早就开始为此做准备，他学习古代经典，又去各地漫游，阅读与游历所得的见闻，正是后来写作《史记》的资料来源。在《史记》的各篇中，司马迁经常会提到他读过哪些记载，或者曾到过的某个地方、见到什么风俗、访问了什么人。我们可以想象，在书写还依靠简牍的时代，这一路不断地记录，肯定为他的漫游添了不少累赘。司马迁之后的史学家，大多是依靠现成的档案文献撰写历史，像这样甘冒艰险、实地考察的，很不多见了。

家族的谱系只是将司马迁引向《史记》的一条线索，另一条线索是圣人的谱系，即从周公到孔子的谱系。按照司马迁的说法，这两条谱系是父亲司马谈糅合起来交到他的手里的：他不仅要继承世职，还要继承圣业。而继承了这两个传统的产品，就是《史记》。

因此，《史记》在充满隐喻色彩的氛围中诞生，它始于“天历始改，建于明堂，诸神受纪”这一天的秩序重建的时刻；继承着作为人间秩序的“礼义之大宗”的《春秋》；它的作者像孔子一样周游列国，像孔子一样遭遇困厄，像孔子一样以“述而不作”、“见于行事”的方式隐曲地表达自己的主张，甚至恰恰在孔子之后五百年出世，就像孔子在周公之后五百年一样。简言之，司马迁是孔子再出，《史记》是《春秋》续集。董仲舒曾说：“《春秋》之中，视前世已行之事，以观天人相与之际。”而司马迁在给朋友的信中也说，他的《史记》要“究天人之际，通古今之变，成一家之言”。《史记》与《春秋》在精神上一脉相承的关系，是《自序》最核心介绍的内容。

《春秋》是乱世中的作品，是以史学的方式对礼崩乐坏的时代的抨击，那么继承《春秋》而写一部带有批判意图的著作，会不会有政治风险呢？司马迁考虑到了这一点，所以设计了和壶遂之间的一段对话，预先堵住质疑者的嘴。史学家本来自认为是天地间道德秩序的掌握者，但这和统治者的权力间有着深刻矛盾，因此迫害或驯化史学家的行为，从没有停止过。《史记》之所以为后世读者所宝爱，不仅因为它有敏锐的史学眼光、精彩的叙事方式、雄奇的语言风格，更因为它是一部没有被

“驯化”的历史书，比较完整地呈现着作者个人的史学思想体系。这种鲜明的个人特色，在司马迁之后的史学著作中，也是不多见的。

为什么要通过史学编纂来呈现自我呢？除了继承家族和圣人的伟业外，在选文的最后一段，司马迁又道出了第三个原因：因为他已经没有别的途径自我呈现。前两个动因是骄傲和光荣的，最后一个动因却是心酸的，身遭酷刑的司马迁，其实只能期望通过《史记》来寻求异代之音。所可庆幸的是，这个愿望，不折不扣地实现了。

【理性思考】

1. 《史记》和《春秋》的关系是什么？
2. 在《史记》的五种体裁里，《太史公自序》应该属于哪一种？

【延伸阅读】

1. 司马迁《报任安书》。
2. 李长之《司马迁之人格与风格》，生活·读书·新知三联书店 2013 年版。

秦楚之际月表序[①]

司马迁

太史公读秦楚之际，曰：初作难[②]，发于陈涉；虐戾[③]灭秦，自项氏；拨乱诛暴，平定海内，卒践帝祚[④]，成于汉家。五年之间，号令三嬗，自生民以来，未始有受命若斯之亟也[⑤]。

昔虞、夏之兴，积善累功数十年，德洽百姓，摄行政事，考之于天，然后在位[⑥]。汤、武之王，乃由契、后稷修仁行义十余世，不期而会孟津八百诸侯，犹以为未可，其后乃放弑[⑦]。秦起襄公，章于文、缪，献、孝之后，稍以蚕食六国，百有余载，至始皇乃能并冠带之伦[⑧]。以德若彼，用力如此，盖一统若斯之难也[⑨]。

秦既称帝，患兵革不休，以有诸侯也，于是无尺土之封，堕坏名城，销锋镝，钼豪杰，维万世之安[10]。然王迹之兴，起于闾巷，合从讨伐，轶于三代[11]。乡秦之禁，适足以资贤者为驱除难耳[12]。故愤发其所为天下雄，安在无土不王[13]？此乃传之所谓大圣[14]乎？岂非天哉，岂非天哉！非大圣孰能当此受命而帝者乎？

【注释】

① 本文选自《史记·秦楚之际月表》(中华书局 2013 年版)。秦楚之际，指秦二世元年(前 209)到楚霸王政权灭亡(前 202)共八年时间。月表，即按月编排的大事表。《史记》每一表前都附一段介绍性的文字，后人称之为序。

② [作难] 发难，发起反抗。

③ [虐戾] 残暴凶狠。

④ [卒践帝祚] 践，登。帝祚，帝位。

⑤ ["五年之间"句] 五年，指秦亡(前 206)到刘邦称帝(前 202)间的五年。嬗，变，更替。三嬗，指这期间接连经历了秦、楚、汉三个政权。自生民以来，即有人类以来。未始，未曾，从未。受命，受天之命，指政权的建立。亟，疾速。

⑥ ["昔虞、夏之兴"句] 洽，润泽。摄行，代理行使职权。传说尧晚年令舜代行政事，舜在位时，禹治水有功，被指定为继承人。舜和禹都是积累善行功业，接受了上天的考察后，才获得天下的。

⑦ ["汤、武之王"句] 汤，商汤。武，周武王。契(xiè)，商的始祖。后稷，周的始祖，后是帝王、君主的意思。不期，未经约定。据说武王决定伐纣，在孟津聚合部队，有八百诸侯不期而至，但武王仍认为天命是否在自己，还未可知，因此退兵。放，驱逐，流放，这里指汤伐桀、夏桀被迫出逃的事。弑，凡卑幼杀死尊长叫弑，如臣子杀死君主，子女杀死父母，这里指武王伐纣、纣因此自焚而死的事。

⑧ ["秦起襄公"句] 襄公，秦襄公(前 777—前 766 在位)，曾护送

周平王东迁洛邑，以功封诸侯，并获赐西周故地，为日后秦国的强大打下基础。章，盛。文、缪、献、孝，秦文公、秦穆公、秦献公、秦孝公，在这四位君主统治期间，秦在内政和军事上都有成果，逐渐强大。缪，同“穆”。冠带，帽子与腰带，喻指有礼仪教化之人。伦，类。并冠带之伦，即吞并东方六国。

⑨［“以德若彼”句］以，凭借。彼，指舜、禹、契、后稷、周武王等修仁行义的君主。力，武力。此，指秦的先公直到始皇。这句话是说，以德得天下也是那样漫长，以武力得天下也是那样漫长，可见实现一统的大业是如此艰难。

⑩［“以有诸侯也”句］以，因为。锄（chú），诛灭，清除。维，通“惟”，愿，希望。

⑪［“然王迹之兴”句］王迹，帝王的功业。闾巷，里巷，乡里，借指民间。合从，联合。从，通“纵”。轶，超过。

⑫［“乡秦之禁”句］乡，通“向”，从前。禁，禁令。资，帮助。驱出，排除，赶走。难，患难。这句话的意思是说，秦始皇为了维护统治，毁坏地方的城防建筑和兵器，这实际上也为起义者赶走了麻烦，客观上帮助了他们。

⑬［“故愤发其所为天下雄”句］愤发，犹奋发。无土不王，没有封地就不能称王。这句话是说，所以发奋成为天下的豪杰，哪里有什么无土不王的说法呢！秦不行分封制，为的是防止诸侯有实力造反，但陈涉、项羽、刘邦都起于闾巷，无尺土之封最终却得以称王，所以司马迁这样反问。

⑭［大圣］指刘邦。

【评析】

司马迁写作《史记》的意图，是要“究天人之际，通古今之变，成一家之言。”也就是说，他不仅要叙述历史，还要寻找历史的规律，探寻天与人之间的互动是如何影响历史走向的。《秦楚之际月表》以时间表的形式罗列了八年里发生的大事件，前面的小序，就是司马迁对这八年间“天命”屡屡变化的历史给出的解释。

在司马迁看来，虞夏商周秦的历史，有一条清晰的、一以贯之的规律，就是其祖先要经过长期的、甚至是持续几代人的德行、功业积累，通过上天的考察，才能得到天命，成就大一统。但是，这条自古不变的规律，在这八年里失灵了，陈涉、项羽或者刘邦，他们的政权都有“暴发”性质，凭借的不是“积善累功”，反而好像是捡了秦的那些维护稳定的禁令的便宜。陈涉和项羽昙花一现了，那么大汉呢？它得到“天命”的理据是什么呢？它统治人民的正当性何来呢？

既然“一统之难”，为什么“受命之亟”？按照“积善累功”的逻辑，司马迁似乎把自己逼近了死胡同，最后也只能说：“岂非天哉，岂非天哉！非大圣孰能当此受命而帝者乎？”不是结论的结论，用的仍然是疑问的口气。

一个历史撰写者，写出自己对历史的困惑，这在历代史书中都是不多见的，司马迁却常常有感即发。在《伯夷列传》中，他又对“天”发出质疑：“像伯夷、叔齐这样高洁的人，却凄惨地饿死；像颜渊那样好学的人，却英年早逝；像盗跖那样的恶人，却得享天年；古人是这样，现在更是如此……这就是天道吗？”

司马迁好言天命，这是他作为“序天地”的史家的职责。然而，他想找到的天命，是合乎道德准则的天道；最后找到的天命，往往却是盲目的、不可解释和把控的命运。这种困惑、迷茫带来的痛苦，为《史记》的叙事本身蒙上了一种悲剧色彩，这也是《史记》在文学性上很难为后代史书超越的一个原因。

【理性思考】

这篇文章对秦亡原因的描述，与贾谊《过秦论》角度有什么不同？

【延伸阅读】

《史记·伯夷列传》,中华书局 2013 年版。

高祖功臣侯者年表序[①]

司马迁

太史公曰:古者人臣功有五品,以德立宗庙[②]、定社稷曰勋,以言曰劳,用力曰功,明其等曰伐,积日曰阅。封爵之誓曰:"使河如带,泰山若厉。国以永宁,爰及苗裔[③]。"始未尝不欲固其根本,而枝叶稍陵夷衰微也[④]。

余读高祖侯功臣,察其首封,所以失之者[⑤],曰:异哉所闻!《书》曰"协和万国",迁于夏商,或数千岁[⑥]。盖周封八百,幽厉之后,见于《春秋》[⑦]。《尚书》有唐虞之侯伯,历三代千有余载,自全以蕃卫天子,岂非笃于仁义,奉上法哉[⑧]?汉兴,功臣受封者百有余人。天下初定,故大城名都散亡,户口可得而数者十二三,是以大侯不过万家,小者五六百户。后数世,民咸归乡里,户益息,萧、曹、绛、灌之属或至四万,小侯自倍,富厚如之[⑨]。子孙骄溢,忘其先,淫嬖[⑩]。至太初百年之间,见侯五,余皆坐法陨命亡国,秏矣[⑪]。网亦少密焉,然皆身无兢兢于当世之禁云[⑫]。

居今之世,志古之道,所以自镜也,未必尽同[⑬]。帝王者各殊礼而异务,要以成功为统纪,岂可绲乎[⑭]?观所以得尊宠及所以废辱,亦当世得失之林也,何必旧闻[⑮]?于是谨其终始,表见其文,颇有所不尽本末;著其明,疑者阙之[⑯]。后有君子,欲推而列之,得以览焉[⑰]。

【注释】

① 本文选自《史记·高祖功臣侯者年表》(中华书局 2013 年版)。高祖功臣侯者,指刘邦建汉后,获得封侯的功臣。

②［宗庙］古代帝王、诸侯祭祀祖宗的庙宇，也可以作为王朝的代名词。

③［"使河如带"句］使，假使。带，衣带。厉，砺的古字，磨刀石。"使河如带，泰山若厉"意即假使有朝一日黄河变得像衣带一样细、泰山变得像磨刀石一样平，你的封国才会灭亡。以，助词。爰，助词，无义。及，直到。苗裔，子孙后代。

④［"始未尝不欲固其根本"句］陵夷，衰落。枝叶，指受封诸侯的后代继任者。这句话是说，分封功臣，一开始无不是希望他们长保封邑、固其根本，但是传到他们的子孙后代，仍然败落了。

⑤［察其首封所以失之者］谓观察汉初高祖初封诸侯形势和诸侯亡国的原因。

⑥［"《书》曰"句］协和，调和，使和睦。《尚书》这句话的意思是尧能够使各诸侯和睦相处。迁于夏商，或数千岁，是说随着时代变迁，到了夏商时代，那些唐尧时就有的诸侯有的依然存在，延绵了几千年。

⑦［"盖周封八百"句］周封八百，周分封八百诸侯。后面一句是说，周幽王、周厉王之后的诸侯，《春秋》都有记载。

⑧［"自全以蕃卫天子"句］自全，保全自己。蕃卫，捍卫。蕃，通"藩"。笃，纯一，专一。上法，天子的法令。

⑨［"户益息"句］生长。自倍，指比原来的户口增长一倍。富厚如之，财富也相应地增长了。

⑩［"子孙骄溢"句］骄溢，骄奢淫逸。淫嬖（bì），淫乱。

⑪［"见侯五"句］见侯五，现存之侯只有五个。见，通"现"。坐，犯罪。陨命，丧命。秏（máo），同"耗"，罄尽，没有。

⑫［"网亦少密焉"句］网，法网。少，稍，略。这句话是说，此时法网比过去严密，然而诸侯还是没有谨慎奉法的。

⑬［"居今之世"句］自镜，用镜子照自己，指作为参照。这句话是说，人生活在当下，有志于学习古人的历史经验，是为了作参照，不是一定得原样照搬。

⑭［“帝王者”句］要，总之。成功，成就功业或事业。统纪，纲领。绲，通“混”，混同。这句话是说，不同时期的帝王各有各的礼法，各有各的事务，总之是以成就功业为总原则，今人不能食古不化，混淆古今。

⑮［“观所以得尊宠”句］林，泛指人或事物的会聚、汇集处，如“儒林”、“士林”。这句话是说，应该观察分析这些功臣封侯者得到尊崇宠信和废黜蒙辱的原因，这些人也是当代成败得失的例子，何必一定要借鉴古代的历史呢？

⑯［“于是谨其终始”句］谨其终始，谓慎重地将汉初功臣诸侯的历史梳理出来。表见，记载。颇有所不尽本末，颇有一些历史无法详究本末。著，记载。明，明确的。阙，空缺着。

⑰［“后有君子”句］推，推究。列，陈述。这句话是说，以后的人要想推究叙述这段历史，可以参考这个表格。

【评析】

和《秦楚之际月表序》一样，这又是一篇短小精悍的文章，也同样是先提出一个历史问题，再试图解释之。这一次司马迁的问题是：汉高祖夺取天下后，因功被封侯者有百余人，过了一百年左右，到了汉武帝太初年间，这些诸侯只剩下五家幸存。功臣侯国为什么如此迅速地消亡呢？

在司马迁看来，夏商周历代所封的诸侯，数目都更庞大，而其国竟能历久传承，有的甚至绵延千年，古今相比，情形差异太大。拿古代史作对照着来读当代史，当代史更见其诡异，也让前面的问题更有深度。然而，这么郑重其事推出的话题，司马迁又立刻给了答案：诸侯失国，就是因为子孙骄奢淫逸，不能谨奉法度的缘故。

尽管这个答案来得似乎太快也太简短，和前面巨大的悬念不甚相称，但有问有答，讨论似乎该结束了。出其不意，司马迁又写了一段。他说，历史只是一个参照，时移势易，过去的事未必能解释当下的事。换言之，即便今日之诸侯像三代之诸侯一样“笃于仁义，奉上法”，也未必能自全。这是因为国家的组织理念完全变了，诸侯的利益和天子要成就的功业之间，有根本性的矛盾：天子的任务不再是“协和万国”，而是加强皇权；于是诸侯也不再是“蕃卫天子”的屏障，而是皇权的绊脚石。这一层意思，司马迁当然无法明说，但是“网亦少密焉”，已经透露了消息。本来就是眼中钉，自己又不能小心奉法、积善行义，怎能不灭亡呢？

通过功臣诸侯这个具体案例的探讨，司马迁最后得出一个关于历史功用的结论：了解过去的历史，我们能更敏锐地察觉出当代的变动；但历史提供的只是参照，当下问题的答案并不在过去，它只能在当下找寻。

司马迁的行文，常不是平铺直叙，而是故设曲折，读之如登峰下谷，跌宕无穷。

【理性思考】

根据本文提供的信息，分析功臣封侯者应该怎样做才可能传国长久？

【延伸阅读】

《史记·萧相国世家》，中华书局 2013 年版。

项羽本纪(节选)[①]

司马迁

项籍者，下相[②]人也，字羽。初起[③]时，年二十四。其季父项梁，梁父即楚将项燕，为秦将王翦所戮者也[④]。项氏世世为楚将，封于项[⑤]，故姓项氏。

项籍少时，学书不成，去[⑥]；学剑，又不成。项梁怒之。籍曰：“书足以记名姓而已。剑一人敌，不足学，学万人敌。”于是项梁乃教籍兵法，籍大喜,略知其意,又不肯竟[7]学。

秦始皇帝游会稽,渡浙江[8],梁与籍俱观。籍曰:“彼可取而代也。”梁掩其口,曰:“毋妄言,族[9]矣!”梁以此奇籍。籍长八尺余,力能扛鼎[10],才气过人,虽吴中子弟皆已惮籍矣。

项羽已杀卿子冠军[11],威震楚国,名闻诸侯。乃遣当阳君、蒲将军将卒二万渡河,救矩鹿[12]。战少利,陈余复请兵。项羽乃悉引兵渡河,皆沉船,破釜甑,烧庐舍,持三日粮,以示士卒必死,无一还心[13]。于是至则围王离,与秦军遇,九战,绝其甬道,大破之,杀苏角,虏王离。涉间不降楚,自烧杀[14]。当是时,楚兵冠诸侯。诸侯军救矩鹿下者十余壁,莫敢纵兵。及楚击秦,诸将皆从壁[15]上观。楚战士无不一以当十,楚兵呼声动天,诸侯军无不人人惴恐。于是已破秦军,项羽召见诸侯将,入辕门[16],无不膝行而前,莫敢仰视。项羽由是始为诸侯上将军,诸侯皆属焉。

章邯使人见项羽,欲约[17]。项羽召军吏谋曰:“粮少,欲听其约。”军吏皆曰:“善。”项羽乃与期洹水南殷虚上[18]。已盟,章邯见项羽而流涕,为言赵高。项羽乃立章邯为雍王,置楚军中。使长史欣为上将军,将秦军为前行[19]。

到新安。诸侯吏卒异时故繇使屯戍过秦中,秦中吏卒遇之多无状,及秦军降诸侯,诸侯吏卒乘胜多奴虏使之,轻折辱秦吏卒[20]。秦吏卒多窃言曰:“章将军等诈吾属降诸侯,今能入关破秦,大善;即不能,诸侯虏吾属而东,秦必尽诛吾父母妻子。”诸将微闻其计,以告项羽。项羽乃召黥布、蒲将军计曰:“秦吏卒尚众,其心不服,至关中不听,事必危[21]。不如击杀之,而独与章邯、长史欣、都尉翳入秦。”于是楚军夜击坑[22]秦卒二十余万人新安城南。

项羽引兵西屠咸阳,杀秦降王子婴,烧秦宫室,火三月不灭;收其货宝妇女而东。人或说项王曰:“关中阻山河四塞,地肥饶,可都以霸[23]。”项王见秦宫室皆以烧残破,又心怀思欲东归,曰:“富贵不归故乡,如衣绣[24]夜行,谁知之者!”说者曰:“人言楚人沐猴而冠耳,果然。”项王闻之，烹说者[25]。

项王军壁[26]垓下，兵少食尽，汉军及诸侯兵围之数重。夜闻汉军四面皆楚歌，项王乃大惊曰："汉皆已得楚乎？是何楚人之多也！"项王则夜起，饮帐中。有美人名虞，常幸从；骏马名骓，常骑之。于是项王乃悲歌慷慨，自为诗曰："力拔山兮气盖世，时不利兮骓不逝。骓不逝兮可奈何，虞兮虞兮奈若何！"歌数阕，美人和之[27]。项王泣数行下，左右皆泣，莫能仰视。

于是项王乃上马骑，麾下壮士骑从者八百余人，直夜溃围[28]南出，驰走。平明，汉军乃觉之，令骑将灌婴以五千骑追之。项王渡淮，骑能属[29]者百余人耳。项王至阴陵，迷失道，问一田父，田父绐[30]曰"左。"左，乃陷大泽中，以故汉追及之。项王乃复引兵而东，至东城，乃有二十八骑[31]。汉骑追者数千人。项王自度[32]不得脱，谓其骑曰："吾起兵至今八岁矣，身七十余战[33]，所当者破，所击者服，未尝败北，遂霸有天下。然今卒困于此，此天之亡我，非战之罪也。今日固决死，愿为诸君快战，必三胜之，为诸君溃围，斩将，刈旗[34]，令诸君知天亡我，非战之罪也。"乃分其骑以为四队，四向。汉军围之数重。项王谓其骑曰："吾为公取彼一将。"令四面骑驰下，期山东为三处[35]。于是项王大呼驰下，汉军皆披靡，遂斩汉一将。是时，赤泉侯为骑将，追项王，项王瞋目而叱之，赤泉侯人马俱惊，辟易数里。[36]与其骑会为三处。汉军不知项王所在，乃分军为三，复围之。项王乃驰，复斩汉一都尉，杀数十百人，复聚其骑，亡其两骑耳。乃谓其骑曰："何如？"骑皆伏曰："如大王言！"

于是项王乃欲东渡乌江[37]。乌江亭长舣船待，谓项王曰："江东虽小，地方千里，众数十万人，亦足王也[38]。愿大王急渡。今独臣有船，汉军至，无以渡。"项王笑曰："天之亡我，我何渡为！且籍与江东子弟八千人渡江而西，今无一人还，纵江东父兄[39]怜而王我，我何面目见之？纵彼不言，籍独不愧于心乎？"乃谓亭长曰："吾知公长者[40]。吾骑此马五岁，所当无敌，尝一日行千里，不忍杀之，以赐公。"乃令骑皆下马步行，持短兵[41]接战。独籍所杀汉军数百人。项王身亦被十余创[42]。顾[43]见汉骑司马吕马童，曰："若非吾故人乎?"马童面之，指王翳曰："此项王也。"项王乃曰："吾闻汉购我头千金，邑万户，吾为若德[44]。"乃自刎而死。王翳取其头，余骑相蹂践争项王，相杀者数十人。最其后，郎中骑杨喜、骑司马吕马亶、郎中吕胜、杨武各得其一体。五人共会其体，皆是。故分其地为五：封吕马童为中水侯，封王翳为杜衍侯，封杨喜为赤泉侯，封杨武为吴防侯，封吕胜为涅阳侯。

太史公曰：吾闻之周生[45]曰"舜目盖重瞳[46]子"，又闻项羽亦重瞳子。羽岂其苗裔邪？何兴之暴[47]也！夫秦失其政，陈涉首难，豪杰蜂起[48]，相与并争，不可胜数。然羽非有尺寸，乘埶起陇亩之中，三年，遂将五诸侯灭秦，分裂天下，而封王侯，政由羽出，号为"霸王"，位虽不终，近古以来未尝有也[49]。及羽背关怀楚，放逐义帝[50]而自立，怨王侯叛己，难矣。自矜功伐，奋其私智而不师古，谓霸王之业，欲以力征经营天下，五年卒亡其国，身死东城，尚不觉寤而不自责，过矣[51]。乃引"天亡我，非用兵之罪也"，岂不谬[52]哉！

【注释】

①本文选自《史记·项羽本纪》(中华书局2013年版)。

②[下相]在今江苏宿迁西南。

③[起]兴兵，起义。

④["其季父项梁"句]季父，叔父。王翦，秦国名将，在秦吞并六国的战争中多次担当统帅。前223年，王翦战胜楚将项燕，平定楚国。戮，杀。

⑤[项]在今河南项城东南。

⑥[学书不成，去]书，文字。去，离开。

⑦[竟]完成。

⑧[游会稽，渡浙江]会稽，会稽山，在今浙江绍兴南。浙江，即今钱塘江。

⑨[族]族灭。

⑩［扛(gāng)鼎］举鼎。扛读 gāng 时，意为以手举物；读 káng 时，意为以肩荷物。

⑪［卿子冠军］宋义。项梁起兵反秦后，为扩大号召力，拥立了一位楚怀王。后来项梁战死，怀王就以宋义为上将军，项羽为次将。秦军攻打赵，宋义、项羽率军救赵，中途两人矛盾激化，项羽刺杀了宋义并夺其兵权。

⑫［"乃遣(wèi)当阳君"句］遗，给，交付。当阳君，英布，秦末汉初名将，曾触秦律被黥，又称黥布。初随项羽，后归刘邦。蒲将军，名字不详。将，率领，统帅。矩鹿，又作巨鹿，在今河北邢台。

⑬［"战少利"句］少利，稍有些胜利。陈余，当时为赵将。河，这里之指漳水。釜，锅。甑，蒸锅。庐舍，房屋。无一还心，没有一个人有活着回去的念头。

⑭［"于是至则围王离"句］王离、苏角、涉间，皆秦将。甬道，通道。当时秦军修了一条运粮的通道。自烧杀，自焚而死。

⑮［壁］营垒。

⑯［辕门］领兵将帅的营门。

⑰［"章邯使人见项羽"句］章邯，秦军主帅。当时章邯内见疑于赵高，外新败于项羽，于是与长史司马欣、都尉董翳等率众倒戈。约，盟约。

⑱［"项羽召军吏谋曰"句］听，听凭，接受。洹(huán)水，即今河南安阳市北面的安阳河。殷虚，即殷墟，在今河南安阳。

⑲［"使长史欣为上将军"句］前行，前锋。这句是说以司马欣为上将军，率领投降的秦兵做前锋。

⑳［"到新安"句］新安，在今河南渑池县东。异时，从前。故，过去，从前。繇使，徭役。繇，通"徭"。屯戍，驻防。秦中，秦地的泛称，一般指关中地区。遇，对待。无状，无礼。轻，随意。折辱，侮辱。

㉑［"秦吏卒多窃言"句］窃言，私下谈论。吾属，我辈。即，假若。微闻，隐约听到。不听，不听从(命令)。这是担心秦降兵一旦攻入关中

秦故地后就会哗变。

㉒［坑］活埋。

㉓［“关中阻山河四塞”句］四塞，指关中周围的四个关隘，即东南的函谷关，南面的武关（今陕西商县东），西面的散关（即大散关，今陕西宝鸡市西南），北面的萧关（今宁夏固原市东南）。都，作为都城。

㉔［衣绣］穿锦绣衣裳。

㉕［“说者曰”句］沐猴，猕猴。沐猴而冠，猴子着人衣冠，比喻外表虽装扮得很像样，但本质却掩盖不了。这里是讽刺项羽为人无远见，不能建立真正的功业。烹，用鼎镬煮人的酷刑。

㉖［壁］驻守。

㉗［“自为诗曰”句］逝，跑。慷慨，情绪激昂。阕，一曲为一阕，歌数阕即唱了几遍。和（hè），以声相应，跟着唱。

㉘［溃围］突破重围。

㉙［属（zhǔ）］连续，这里指跟着项羽逃出来。

㉚［“项王至阴陵”句］阴陵，在今安徽定远县西北。绐（dài），欺骗。

㉛［“至东城”句］东城，在今安徽定远县东南。乃，仅仅，只。

㉜［自度（duó）］自己衡量，自忖。

㉝［身七十余战］亲身参加战役七十多次。身，亲身。

㉞［刈旗］刈，砍断。刈旗即砍倒敌军大旗。

㉟［期山东为三处］即约定突围后在山东面的三个地点集合。期，约定。

㊱［“汉军皆披靡”句］披靡，倒伏，形容军队溃败。赤泉侯，杨喜，见下文。辟易，退避，避开。

㊲［乌江］在今安徽和县东北。

㊳［“乌江亭长舣（yǐ）船待”句］亭长，乡官名。舣，使船靠岸。方，方圆。地方千里，即其地方圆千里。王，称王。

㊴［纵江东父兄］纵，即使。父兄，父老。

㊵［长者］德高望重的人。

㊶［短兵］刀剑等短武器。

㊷［被十余创］被，遭受。创，创伤。

㊸［顾］回首，回视。

㊹［吾为若德］意即我送给你这个人情。

㊺［周生］姓周的儒生，其名不详。

㊻［重(chóng)瞳］眼中有两个瞳仁。

㊼［暴］猝然，突然。

㊽［“夫秦失其政”句］失其政，谓政治混乱。首难，首先发难。蜂起，像群蜂飞舞，纷然并起。

㊾［“然羽非有尺寸”句］尺寸，比喻微少，这里指项羽没有什么权柄可以凭借。埶，同“势”。陇亩之中，田野之间，指民间。项羽杀死秦王子婴后，尊楚怀王为“义帝”，随后自行分封天下诸侯，自立为“西楚霸王”，定都彭城。很多诸侯对分封的结果不满意，矛盾纷纭。

㊿［背关怀楚，放逐义帝］背关怀楚，指放弃关中而怀念彭城的根据地。放逐义帝，指项羽把义帝流放至长沙，又暗中令英布等人在途中杀死了义帝。

51［“自矜功伐”句］矜，自夸，自恃。自矜功伐，以功勋自诩。奋，骄矜，矜夸。私智，个人的智慧，多指偏私、狭隘识见。师古，效法古代。力征，武力征伐。觉寤，即觉悟。过，错误。

52［谬］荒谬，错误。

【评析】

人物是历史叙事的核心，所以著名的历史学家，多擅长描绘人物。所谓擅长，首先是善于用具体的事迹而不是空泛的形容词去构建人物形象；二是有呈现丰满的、多面的、立体的人物的意识和能力，从而避免扁平的、脸谱化的形象。这篇《项羽本纪》，就是长于写人的代表。

举例来说，读过《项羽本纪》，我们都会对项羽的盖世英勇留下极深刻的印象，其实《项羽本纪》通篇一个“勇”字也没有，项羽的勇，完全是通过具体的战事描写跃然纸上的。在项羽平生经历的七十余场战争中，司马迁只选择了“巨野之战”和“垓下之战”来细写。前者是项羽的成名作，他破釜沉舟、豪气冲天，其巨大的震慑力，不是靠敌军的恐惧、而是靠盟军的恐惧呈现的：“无不人人惴恐”，“无不膝行而前”，“莫敢仰视”。在司马迁笔下，项羽战胜的不是秦军，而是围观着这场大战的整个世界。后者是项羽的告别演出，笔墨更加繁复。其实就交代史实而言，这场战争“项羽拜死垓下”六个字就可以道尽，司马迁却要写出一个具有强烈观赏性的死亡，其意就在完足人物形象。项羽于重围之中，仍可玩强敌于股掌，他的眼睛，仍然令敌人无法直视；死亡是他主动的选择，除了他自己，没有人能砍下他的头，汉兵只能像秃鹫一样，争夺死去的狮王的一块肉。“愿为诸君快战”，“令诸君知天亡我，非战之罪也”，诸君，既是楚军，也是全世界。这同样是一场面向全世界的、明知穷途末路却要倾情演出的勇士的告别。

在所有的人物类型中，司马迁特别善于写悲剧英雄，他们往往既有强大的人格魅力，又有致命的性格缺陷，司马迁的处理方式，就是用精彩的叙事将性格的各个侧面一一呈现。在选文中，我们同时能看到项羽残暴、刚愎、缺乏政治头脑的一面。项羽好武少文，年轻气盛，祖父、叔父又都死于秦军之手，这让他的行动总带有报复倾向，而缺乏战略考量。项羽救赵、坑杀秦降卒 20 万人，这就是对半个世纪前秦将白起侵赵、坑杀赵降卒 40 万人的血腥历史的回应，以暴易暴，何异于虎狼之秦？就在项羽坑杀秦卒的时候，刘邦却在咸阳与百姓约法三章、秋毫无犯，两个人的眼光高下、格局大小，相形立见。

陈涉曾说：“壮士不死即已，死即举大名耳，王侯将相宁有种乎！”项羽看到秦始皇，说：“彼可取而代也！”刘邦看到秦始皇，说：“嗟乎，大丈夫当如是也！”司马迁把这三句话分别写进三个人的传记中，其实暗示了他们各自的志向和分别完成的历史任务。项羽 24 岁起兵，在历史上仅仅留下了 7 年痕迹，却被司马迁的笔写得流星一般璀璨，千古之下，读之仍如在目前。最后一段的“太史公曰”，是司马迁对项羽生平做的总评价，英雄其兴也勃、其亡也忽，其间原委，在此点明。这段文字虽是议论，也同样有较强的感情色彩，比如接连而下的“未尝有也”、“难矣”、“过矣”、“谬哉”，既是严厉的批判，也透露着强烈的惋惜。

【理性思考】

项羽失败的原因，和陈涉有什么不同？

【延伸阅读】

《史记·高祖本纪》，中华书局 2013 年版。

盐铁论本议[①]

桓 宽

惟始元六年，有诏书使丞相、御史与所举贤良、文学语，问民间所疾苦[②]。

文学对曰：“窃闻治人之道，防淫佚之原，广道德之端，抑末利而开仁义，毋示以利，然后教化可兴，而风俗可移也[③]。今郡国有盐、铁、酒榷，均输，与民争利[④]。散敦厚之朴，成贪鄙之化[⑤]。是以百姓就本者寡，趋末者众[⑥]。夫文[⑦]繁则质衰，末盛则本亏。末修则民淫，本修则民悫[⑧]。民悫则财用足，民侈则饥寒生。愿罢盐、铁、酒榷、均输，所以进本退末，广利农业，便也。”

大夫[⑨]曰：“匈奴背叛不臣，数为寇暴于边鄙[⑩]，备之则劳中国之士[⑪]，不备则侵盗不止。先帝哀边人之久患，苦为虏所系获也，故修障塞，饬烽燧，屯戍以备之[⑫]。边用度不足，故兴盐、铁，设酒榷，置均输，蕃货长财，以佐助边费[⑬]。今议者欲罢之，内空府库之藏，外乏执备之用，使备塞乘城之士饥寒于边，将何以赡之[⑭]？罢之，不便也。”

文学曰：“孔子曰：‘有国有家者，不患贫而患不均，不患寡而患不安。’故天子不言多少，诸侯不言利害，大夫不言得丧[⑮]。畜仁义以风之，广德行以怀之[16]。是以近者亲附而远者悦服。故善克者不战，善战者不师，善师者不阵[17]。修之于庙堂，而折冲还师[18]。王者行仁政，无敌于天下，恶[19]用费哉？”

大夫曰：“匈奴桀黠，擅恣入塞，犯厉中国，杀伐郡、县、朔方都尉，甚悖逆不轨[20]，宜诛讨之日久矣。陛下垂大惠，哀元元之未赡，不忍暴士大夫于原野[21]；纵难被坚执锐，有北面复匈奴之志，又欲罢盐、铁、均输，扰边用，损武略，无忧边之心，于其义未便也[22]。”

文学曰：“古者，贵以德而贱用兵。孔子曰：‘远人不服，则修文德以来之。既来之，则安之。’今废道德而任兵革，兴师而伐之，屯戍而备之，暴兵露师，以支[23]久长，转输粮食无已，使边境之士饥寒于外，百姓劳苦于内。立盐、铁，始张利官以给之，非长策也[24]。故以罢之为便也。”

大夫曰：“古之立国家者，开本末之途，通有无之用[25]，市朝以一其求[26]，致士民，聚万货，农商工师各得所欲，交易而退。《易》曰：‘通其变，使民不倦。’故工不出，则农用乏；商不出，则宝货绝。农用乏，则谷不殖；宝货绝，则财用匮。故盐、铁、均输，所以通委财而调缓急[27]。罢之，不便也。”

文学曰：“夫导民以德，则民归厚；示民以利，则民俗薄。俗薄则背义而趋利，趋利则百姓交于道而接于市[28]。老子曰：‘贫国若有余，非多财也，嗜欲众而民躁也[29]。’是以王者崇本退末，以礼义防民欲，实菽粟货财[30]。市、商不通无用之物，工不作无用之器。故商所以通郁滞[31]，工所以备器械，非治国之本务也。”

大夫曰：“管子云：‘国有沃野之饶而民不足于食者，器械不备也。有山海之货而民不足于财者，商工不备也。’陇、蜀之丹漆旄羽[32]，荆、扬之皮革骨象[33]，江南之楠梓竹箭[34]，燕、齐之鱼盐旃裘[35]，兖、豫之漆丝絺纻[36]，养生送终[37]之具也，待商而通，待工而成。故圣人作为舟楫之用，以通川谷，服牛驾马，以达陵陆；致远穷深，所以交庶物而便百姓[38]。是以先帝建铁官以赡农用，开均输以足民财；盐、铁、均输，万民所戴仰而取给者[39]，罢之，不便也。”

文学曰："国有沃野之饶而民不足于食者，工商盛而本业荒也；有山海之货而民不足于财者，不务民用而淫巧[40]众也。故川源不能实漏卮，山海不能赡溪壑[41]。是以盘庚萃居，舜藏黄金，高帝禁商贾不得仕宦，所以遏贪鄙之俗，而醇至诚之风也[42]。排困市井，防塞利门，而民犹为非也，况上之为利乎[43]？传曰：'诸侯好利则大夫鄙，大夫鄙则士贪，士贪则庶人盗。'是开利孔为民罪梯也[44]。"

大夫曰："往者，郡国诸侯各以其方物贡输，往来烦杂，物多苦恶，或不偿其费[45]。故郡国置输官以相给运，而便远方之贡，故曰均输。开委府于京师，以笼货物，贱即买，贵则卖，是以县官不失实，商贾无所贸利，故曰平准[46]。平准则民不失职，均输则民齐[47]劳逸。故平准、均输，所以平万物而便百姓，非开利孔而为民罪梯者也。"

文学曰："古者之赋税于民也，因其所工，不求所拙。农人纳其获，女工效其功[48]。今释其所有，责其所无[49]。百姓贱卖货物，以便上求。间者，郡国或令民作布絮，吏恣留难[50]，与之为市。吏之所入，非独齐、阿之缣，蜀、汉之布也[51]，亦民间之所为耳。行奸卖平，农民重苦，女工再税[52]，未见输之均也。县官猥发，阖门擅市[53]，则万物并收。万物并收，则物腾跃。腾跃，则商贾侔利。自市，则吏容奸[54]。豪吏富商积货储物以待其急，轻贾奸吏收贱以取贵，未见准之平也[55]。盖古之均输，所以齐劳逸而便贡输，非以为利而贾万物也[56]。"

【注释】

① 本文选自桓宽《盐铁论》(王利器校注《盐铁论校注》，中华书局1992年版)。汉昭帝始元六年(前81)，由当时的朝廷首脑丞相田千秋、御史大夫桑弘羊主持召开了一次会议，议题以盐铁专卖为核心，也牵涉到国家各项重大政策。到汉宣帝时，桓宽对这次会议记录做了整理，这就是《盐铁论》。本文是全书的第一篇，因记述了会议的根本核心议题，故名本议。

② ["惟始元六年"句] 惟，句首发语词，无义。诏书，皇帝颁发的

命令。御史，即御史大夫。贤良，即贤良方正，它和文学都是汉代察举科目，由地方举荐能够直谏的人为贤良方正，举荐有学问才智的人为文学，朝廷经过一定的考核后，予以官职。本篇中贤良方正没有出场。

③［“窃闻治人之道”句］窃，私下，私自，是一种谦词。淫，放纵，无节制。佚，安逸，安乐。淫佚即恣意逸乐。末利，指工商业带来的利益。毋，不要。教化，政教风化。移，变动，改变。

④［“今郡国有盐”句］郡国，国指诸侯王的封国，郡和王国是当时的一级行政区，从行政级别上讲，类似于我们今天说的“省和自治区”，这里泛指地方政府。兴盐、铁，设酒榷，置均输，是汉武帝时期桑弘羊主持的一系列经济政策，盐铁指盐铁专卖；榷（què）也是专卖的意思，酒榷即酒类专卖。均输，将各地热销商品的买卖权收归国有，收购来的物资全国统一调配，统购统销。

⑤［“散敦厚之朴”句］朴，本义是未经加工成器的木材，引申为天然的本质。贪鄙，贪婪卑鄙。化，习俗，风气。

⑥［就本者寡，趋末者众］本，指农业。末，指工商业。

⑦［文］本义是彩色交错，引申为修饰，与“质”相对。

⑧［“末修则民淫”句］修，整饬。悫（què），恭谨，朴实。

⑨［大夫］即御史大夫。

⑩［“匈奴背叛不臣”句］臣，臣服。数，屡次。寇暴，侵夺劫掠。边鄙，边疆。

⑪［备之则劳中国之士］备，防备。中国，指汉政权，但这个词是一个文化地理的概念，与“四夷”相对，与今日所说中国不同。劳，使疲劳，使劳苦。

⑫［“先帝哀边人之久患”句］先帝，指汉武帝。边人，边民。虏，指匈奴。系获，俘获。障塞，即亭障，边塞要地设置的堡垒。饬，整治，整顿。烽燧，古代边防报警的信号，白天放烟叫烽，夜间举火叫燧。屯戍，驻守。

⑬［“边用度（duó）不足”句］边用，和下文的边费都是指边防费

用。度，估计。蕃，生长，繁殖。货，财物。蕃货长财，即增长财富。

⑭［“内空府库之藏”句］府库，国库。执备，守备。乘城，登上城，即守城。赡，供给，供养。

⑮［“故天子不言多少”句］得丧，得失。“故天子不言多少”这句话出自《荀子》，意思是统治者不要把财富多少和得失作为施政核心。

⑯［“畜仁义以风(fēng)之”句］风，教育，感化。怀，安抚。

⑰［“故善克者不战”句］这句话出自《谷梁传》，意思是善于克敌的人不一定依赖战争，善于打仗的人不一定依赖兵力，善于用兵的人不一定依赖阵法。

⑱［“修之于庙堂”句］庙堂，朝廷。折冲，使敌人的战车后撤，即制敌取胜。冲，冲车。战车的一种。这句话是说，只要把朝廷里的政事搞好，自然可以制服敌人。

⑲［恶］疑问代词，相当于“何”、“安”。

⑳［“匈奴桀黠”句］桀黠，凶悍狡猾。擅，擅自。恣，放肆。犯厉，侵害。杀伐，杀戮。都尉，边郡的长官。杀伐郡、县、朔方都尉，是说匈奴经常杀戮边郡、县吏民，甚至朔方郡的都尉都惨遭毒手。悖逆，违逆，忤逆。不轨，不法。

㉑［“陛下垂大惠”句］陛下，指汉昭帝。元元，百姓。暴(pù)，暴露。士大夫，桑弘羊这里暗指和他论辩的文学。不忍暴士大夫于原野，即不忍让你们这些士大夫去打仗。

㉒［“纵难被坚执锐”句］这句话是说，(你们)既没有披上铠甲拿着武器去北方边境报复匈奴入侵的志气，又要废止盐铁专卖和均输法，干扰国防支出政策，损害国防战略，道理上是说不过去的。

㉓［支］支持。

㉔［“立盐、铁”句］张，设置。利官，即掌盐铁、酒榷、均输之官。长策，良计。

㉕［“古之立国家者”句］立国家者，类似于前文的“有国有家者”。诸侯的封地称国，大夫的封地称家。开本末之途，为本(农业)和末(工

商业)开路,意即同时扶植农业和工商业。通有无之用,即互通有无。

㉖[市朝以一其求] 市朝,市集,市场。一,统一。市朝以一其求,即“以市朝一其求”,靠集市交易统一解决商品需求。

㉗[“故工不出”句] 宝货,泛指金银财宝。匮,穷尽。委财,积压的财物。

㉘[“夫导民以德”句] 导,教导,劝导,诱导。民归厚,人民的德行回归淳厚。趋利,追逐财富。交于道而接于市,奔走往来于道路和市场中。

㉙[“贫国若有余”句] 躁,躁动。这句话是说,一个贫穷的国家看上去仿佛很富有,其实不是真富,而是嗜欲太多、人民躁动不安而显得如此罢了。

㉚[“是以王者崇本退末”句] 崇本退末,即重农抑商。实,充实。菽(shū)粟,豆和小米,泛指粮食。

㉛[通郁滞] 流通积压的货物。郁滞,阻滞。

㉜[陇、蜀之丹漆旄羽] 陇,陇西郡,在今甘肃省东南。蜀,蜀郡,在今四川省。丹,丹砂。旄,牦牛尾,用来做旌旗的装饰。羽,雉的羽毛,色泽鲜艳,古人服饰仪仗常用以为饰。

㉝[荆、扬之皮革骨象] 荆,荆州,约相当于今湖南、湖北两省及河南、贵州、广东、广西省的一部分。扬,扬州,约相当于今长江、淮河以南的江苏、安徽两省及江西、浙江、福建。象,象牙。

㉞[江南之柟梓竹箭] 江南,泛指长江以南地区。楠梓,楠木和梓木,都是木材。竹箭,即篠(xiǎo),一种细小的竹子,因为可以做箭杆,所以也叫竹箭。

㉟[燕、齐之鱼盐旃(zhān)裘] 燕,在今河北省北部。齐,在今山东省。旃裘,用兽毛制成的衣服。旃,通“毡”。

㊱[兖、豫之漆丝絺(chī)纻(zhù)] 兖,兖州,在今山东省南部及河南省东部。豫,豫州,约相当于今豫东、皖北地区。丝,丝织品。絺,细葛布。纻,用苎麻为原料织成的粗布。

㊲［养生送终］即养生送死。

㊳［“故圣人作为舟楫之用”句］舟楫，船桨。服，使用。陵陆，山陵与平地。庶物，众物，万物。交庶物，即流通万物。便百姓，使百姓获得便利。

㊴［万民所戴仰而取给者］戴仰，拥戴仰望。取给，取得物力或人力以供需用。

㊵［淫巧］过于精巧而无益的技艺与制品。

㊶［“故川源不能实漏卮(zhī)”句］漏卮，底上有孔的酒器。溪壑，据说晋国的贪官羊舌鲋生下来体貌异常，他的母亲因此预言他“溪壑可盈，是不可餍也”，意思是深沟可以用水冲满，这个孩子的愿望却不能满足。所以后来用“溪壑”比喻人的贪欲。

㊷［“是以盘庚萃居”句］萃，草茂盛的样子。据说盘庚居处以未修建的茅草做屋顶，所以叫萃居。舜藏黄金，传说舜藏金于山，以杜绝人的贪欲。醇，使淳厚质朴。

㊸［“排困市井”句］排，排抑。困，阻碍。市井，古代城邑中集中买卖货物的场所，这里指商人。防，堵塞。利门，获利的门路。而民犹为非也，而百姓尚且会为非作歹。上，指朝廷。

㊹［“诸侯好利则大夫鄙”句］诸侯、大夫、士，是先秦社会的三个等级。利孔，经济利益的来源。罪梯，导人犯罪的阶梯。

㊺［“往者”句］方物，土产。贡输，进贡输送。苦恶，粗劣。或不偿其费，即有的方物价值还没有运输的费用高。

㊻［“故郡国置输官以相给运”句］这一句是讲平准法。所谓平准即平抑物价，是汉武帝时桑弘羊继均输法之后推出的又一项经济政策，即在京师设立平抑物价的机构，把全国各地输纳的货物集中起来，物价上涨时出售，下跌时买入，使商人无法牟利，以期稳定物价。委府，储积物资的官署。县官，朝廷，官府。贸利，牟利。贸，通“牟”。

㊼［齐］平齐，使一致。

㊽［“古者之赋税于民也”句］这句话是说，古时向百姓征收赋税，

是根据其所擅长来索取不同物资，不索求人们不擅长生产的东西。所以农民缴纳他们的收成，妇女缴纳她们的劳动产品。女工，指从事纺织等工作的妇女。功，一个劳力一日的工作。

㊾［释其所有，责其所无］释，放弃。责，索取。

㊿［“间者”句］布絮，布和丝绵。恣，肆意。留难，无端阻留；故意刁难。

51［“吏之所入”句］阿，东阿县，在今山东寿张。齐、阿是当时著名的丝绸的产地。汉，汉中郡，其地在今陕西南部和湖北西北地区。蜀、汉是当时著名的麻布产地。

52［“行奸卖平”句］行奸，欺诈。平，通“评”，指评定价格。卖平，即官吏收取贿赂而胡乱定价。重、再，都是两倍的意思。

53［“县官猥发”句］猥，多，繁多。阖门，关上门，形容独占市场。擅市，也是独占市场的意思。

54［“万物并收”句］腾跃，物价上涨。自市，指官府专卖。

55［“豪吏富商”句］这句话是说，大小官商勾结起来，压低价格购入，囤积起来等待物资匮乏的时候再高价售出，没有看到物价得到平抑。

56［“盖古之均输”句］这句话是说，古人也有均输的概念，那是为了使远近纳赋的人们劳役均衡，便于人们缴纳贡赋，而不是为了利润买卖物资。贾（gǔ），做买卖。

【评析】

盐铁会议的召开，有一个漫长的背景。在汉武帝时期，由于长达四十余年的匈奴战争，国家财政状况十分紧张，战争打到后期，不要说军需装备，就是获胜后将士们的奖赏，都要把国库掏空。与此同时，汉武帝还在帝国的多个方向开疆拓土，再加上兴建宫殿、封禅大典、修筑水利工程和各种赈灾，出项繁多，却无人买单。而当时的富商大贾，靠煮盐铸铁，家累万金，他们引起了汉武帝的财政专家桑弘羊的注意。桑弘羊逐步推出的均输、平准法，配合着盐铁专卖，实现了国家对民生必须的重要物资的全面垄断，大大缓解了武帝的财政困难。

武帝死后，昭帝即位，桑弘羊和霍光同为顾命大臣，两人迅速成为政敌。这个时候，匈奴早已在武帝的军事摧毁下远徙漠北，再无法对汉帝国造成威胁，此前的经济政策失去了最坚强的理据；而这套经济政策带来的负面效应，已经相当明显了。于是，霍光鼓动60多位贤良文学，以盐铁专卖等政策问题为切入口，向桑弘羊发难，这就是公元前81年的盐铁会议。

贤良文学是儒生，从理念上，他们就无法接受把国家当成生意做的政策。按照儒家的观念，义和利是相对的，激发人们利润欲望的商业行为是危险的，所以国家应该重农抑商；至于军事开销，则最好不打仗。这些知识分子的理想国当然有些乌托邦，但“示民以利，则民俗薄”的看法，并不是迂腐之论，而是极有远见的批评。桑弘羊让国家变成了大垄断商，出售物资，出售官爵，出售减罪的机会，生活在这样一个国度里的人民，会是什么样的性情？如果我们翻开《史记·平准书》，就会看到一个国家和人民互相做贼的世界：政府变着花样铸币，人民就变着花样盗铸；政府为了钱允许犯人交钱减罪，于是法网也就越来越密；政府鼓励告发偷税，于是中等财富水平以上的商人基本被告得破产，而人民宁可吃光花光，也不去储蓄；商人卖什么赚钱，政府就垄断这项物资，而本文的最后一段告诉我们，有门路的商人还会和政府勾结，囤积居奇，倒买倒卖。长此以往，结果必然是国富民困，腐败滋生，人心浮动，道德沦丧。这些问题，不仅贤良文学看出来了，武帝时有一年旱灾，当时的御史大夫卜式就说，官员本应是靠税收养活，桑弘羊却让他们去倒买倒卖，除非烹了桑弘羊，老天才会下雨。

除了理念不同外，贤良文学对经济政策的不满也来自对现实的观察。贤良文学来自地方，了解经济政策的实际执行情况，从本文最后一段他们描述的案例看，平准均输法的落实状况与桑弘羊冠冕堂皇的政策解读大相径庭。当国家成为唯一的商人，它既没有竞争对手，也不怕市场调节，更有无限的权力做后盾，当然可以为所欲为。《史记·平准书》和《盐铁论》的其他篇章中记载，自盐铁垄断以来，铁器的质量就不好了，价格还特别贵。贫民只好用木质工具、甚至用手耕种，饭菜干脆不加盐。过去的富商大贾，虽然也在百姓身上谋财，威力却远没有政府亲自上阵大。

客观地说，如果没有桑弘羊的经济政策，汉朝就没有实力打赢对匈奴的战争。为这场战争买单的，是每一个编户齐民，当然，没有官方背景的自由商人等有产者的付出可能更大。这样的一套政策，很难以简单的对错去评论，只能说非常之时有非常之法。到了汉昭帝的时候，既然国家的外部军事威胁已经减轻，考虑重新调整经济政策，也在情理之中。遗憾的是，这次会议并没有什么实质性的结果，除了酒类专营被取消外，其他政策一仍其旧。站在贤良文学身后的霍光，本意就不在经济政策问题，盐铁会议后的第二年，桑弘羊在与霍光的政治斗争中彻底失败，惨遭族灭。改革桑弘羊的经济政策，自此反而没有必要了。

【理性思考】

简要归纳文学和大夫的主张。

【延伸阅读】

1.《史记·平准书》，中华书局 2013 年版。

2.《汉书·公孙刘车王杨蔡陈郑传赞》，中华书局 1962 年版。

战国策书录[1]

刘　向

护左都水使者、光禄大夫臣向言[2]：所校中《战国策》书，中书余卷，错乱相糅莒[3]。又有国别者八篇，少不足[4]。臣向因国别者略以时次之，分别不以序者以相补，除复重，得三十三篇[5]。本字多误脱为半字，以“趙”为“肖”，以“齊”为“立”，如此类者多。中书本号[⑥]，或曰《国策》，或曰《国事》，或曰《短长》，或曰《事语》，或曰《长书》，或曰《修书》。臣向以为战国时游士辅所用之国，为之策谋[⑦]，宜为《战国策》。其事继《春秋》以后，讫楚汉之起，二百四十五年间之事，皆定以杀青，书可缮写[⑧]。

叙[⑨]曰：周室自文武始兴，崇道德，隆礼义，设辟雍泮宫庠序之教，陈礼乐弦歌移风之化，叙人伦，正夫妇，天下莫不晓然[⑩]。论孝悌之义，惇笃之行，故仁义之道满乎天下，卒致之刑错四十余年，远方慕义，莫不宾服，《雅》《颂》歌咏，以思其德[⑪]。下及康昭之后，虽有衰德，其纲纪尚明[⑫]。及《春秋》时，已四五百载矣，然其余业遗烈[⑬]，流而未灭。五伯之起，尊事周室，五伯之后，时君虽无德，人臣辅其君者，若郑之子产，晋之叔向，齐之晏婴，挟君辅政，以并立于中国[⑭]，犹以义相支持，歌说以相感，聘觐以相交，期会以相一，盟誓以相救[⑮]。天子之命，犹有所行；会享[⑯]之国，犹有所耻；小国得有所依，百姓得有所息。故孔子曰：“能以礼让为国乎？何有？”周之流化，岂不大哉[⑰]！

及春秋之后，众贤辅国者既没，而礼义衰矣。孔子虽论《诗》《书》，定《礼》《乐》，王道粲然分明，以匹夫无势，化之者七十二人而已，皆天下之俊也[⑱]。时君莫尚[⑲]之，是以王道遂用不兴，故曰“非威不立，非势不行”。仲尼既没之后，田氏取齐，六卿分晋[⑳]，道德大废，上下失序。至秦孝公捐[㉑]礼让而贵战争，弃仁义而用诈谲，苟以取强而已矣。夫篡盗之人，列为侯王，诈谲之国，兴立为强，是以传相放效，后生师之，遂相吞灭，并大兼小，暴师经岁，流血满野，父子不相亲，兄弟不相安，夫妇离散，莫保其命，湣然道德绝矣[㉒]！晚世益甚，万乘之国七，千乘之国五，敌侔争权，盖为战国[㉓]。贪饕无耻，竞进无厌，国异政教，各自制断[㉔]。上无天子，下无方伯，力功争强，胜者为右，兵革不休，诈伪并起[㉕]。当此之时，虽有道德，不得施设，有谋之强，负阻而恃固，连与交质，重约结誓，以守其国。[㉖]故孟子、孙卿儒术之士，弃捐于世，而游说权谋之徒，见贵于俗。是以苏秦、张仪、公孙衍、陈轸、代、厉[㉗]之属，生纵横短长之说，左右倾侧。苏秦为纵，张仪为横，横则秦帝，纵则楚王，所在国重，所去国轻[28]。

然当此之时，秦国最雄，诸侯方弱，苏秦结从之时，六国为一，以傧背秦，秦人恐惧，不敢窥兵于关中[29]，天下不交兵者二十有九年。然秦国势便形利，权谋之士，咸先驰之。苏秦初欲横，秦弗用，故东合纵。及苏秦死后，张仪连横，诸侯听之，西向事秦。是故始皇因四塞[30]之固，据崤、函之阻，跨陇、蜀之饶，听众人之策，乘六世之烈[31]，以蚕食六国，兼诸侯，并有天下，杖于谋诈之弊，终无信笃之诚，无道德之教，仁义之化，以缀天下之心[32]。任刑罚以为治，信小术以为道，遂燔烧《诗》《书》，坑杀儒士，上小尧、舜，下邈三王[33]。二世愈甚，惠不下施，情不上达，君臣相疑，骨肉相疏，化道浅薄，纲纪坏败，民不见义，而悬于不宁[34]。抚天下十四岁[35]，天下大溃，诈伪之弊也。其比王德，岂不远哉？孔子曰："道之以政，齐之以刑，民免而无耻；道之以德，齐之以礼，有耻且格[36]。"夫使天下有所耻，故化可致也。苟以诈伪偷活取容[37]，自上为之，何以率下？秦之败也，不亦宜乎？

战国之时，君德浅薄，为之谋策者，不得不因势而为资，据时而为故[38]。其谋扶急持倾[39]，为一切之权[40]。虽不可以临国教，化兵革，亦救急之势也[41]。皆高才秀士[42]，度[43]时君之所能行，出奇策异智，转危为安，运亡为存，亦可喜，皆可观。

护左都水使者光禄大夫臣向所校《战国策》书录。

【注释】

① 本文选自《七略别录佚文・七略佚文》(上海古籍出版社 2009 年版)。书录，图书目录，也包括对书籍主要情况的介绍。

② ["护左都水使者"句] 护左都水使者，官名，主管国家水利事务。光禄大夫，官名，是国家的高级顾问。向，刘向(约前 77—前 6)，原名更生，字子政，西汉楚国彭城(今江苏徐州)人，汉宗室，是我国著名的经学家和目录学家。

③ ["所校中《战国策》书"句] 校，校勘，对同一书籍用不同的版本

和有关资料加以比较核对，以考订其文字的异同和正误真伪。中，指皇家。中书，即皇家藏书。糅莒(jǔ)，混杂。

④［“又有国别者八篇”句］这句话是说，又有八篇是以国别为单位的，但是内容略有残缺。

⑤［“臣向因国别者”句］这句话是说，我于是把以国别为单位的篇章各自按时间顺序整理好，把此外零散无序的散篇插补进去，删除重复的内容，这样一共得到三十三篇。复重，即重复。

⑥［本号］本来的书名。

⑦［策谋］策划，谋划。

⑧［定以杀青，书可缮写］杀青，当使用竹简书写时，为了便于着墨和防止虫蛀，须先用火烤干青竹简里的水分，这个工艺叫做杀青或汗青。定以杀青，即以经过杀青处理的简写成定本。缮写，誊写。这是说，《战国策》的定本已经整理好，可以以它为母本进行誊抄了（因为当时没有印刷术，制作复本必须要靠抄写）。

⑨［叙］陈述，记述，这里指对文献作简要介绍。

⑩［“周室自文武始兴”句］辟(bì)雍，天子所设的大学。泮(pàn)宫，诸侯所设的大学。庠(xiáng)序，地方学校。叙，使有次序等地。人伦，人与人之间的关系。叙人伦，即确定人和人之间的尊卑关系。正夫妇，端正夫妻间的尊卑关系。晓然，明白的样子。

⑪［“论孝悌之义”句］孝，孝顺父母。悌，顺从和敬爱兄长。惇笃(dūn dǔ)，敦厚。刑错，刑法搁置不用。错，通“措”，弃置，搁置。慕义，倾慕仁义。宾服，归顺，服从。思，怀念。其，指文王、武王等周初统治者。

⑫［“下及康昭之后”句］康昭，周康王和周昭王。衰德，道德衰败。纲纪，法度，纲常。

⑬［遗烈］前人遗留的业迹或风操。

⑭［“五伯(bà)之起”句］五伯，即春秋五霸。伯，通“霸”。时君，当时的君主。子产、叔向、晏婴，都是春秋时期著名的政治家。挟，

辅佐。

⑮［“犹以义相支持”句］歌，歌诗，指在外交场合咏唱诗篇。说（shuì），劝说别人听从自己的意见。聘，聘问，指天子与诸侯或诸侯之间的遣使通问。觐，诸侯秋季朝见天子叫觐。期会，约期聚集。相一，统一（意见）。

⑯［会享］会，盟会。享，进献。

⑰［“故孔子曰”句］礼让，守礼谦让。这句话出自《论语·里仁》，意思是：“能够以礼让治理国家吗？这有什么困难？”流化，流布的教化。

⑱［“王道粲然分明”句］王道，儒家提出的一种以仁义治天下的政治主张，与“霸道”相对。粲然，明白的样子。匹夫，平民百姓。七十二人，据说孔子有三千弟子，其中才德出众的七十二人。化，教化。

⑲［尚］爱好。

⑳［田氏取齐，六卿分晋］田氏取齐，指公元前386年田和立为齐侯。六卿分晋，指晋卿赵、魏、韩、范、中行及智伯六家掌控晋国，其后再经杀并，最终由韩赵魏三分晋国。

㉑［捐］放弃，舍弃。

㉒［“是以传相放效”句］传，通“转”。暴（pù）师，让军队在外蒙受风吹日晒，指进行战争。湣，通“闵”，昏昧，湣然即昏昧的样子。

㉓［“晚世益甚”句］晚世，末世。万乘之国、千乘之国，一车四马的兵车组合叫一乘，万乘、千乘是用军事实力代指国家的大小强弱。《战国策》共有十二策，其中的秦、楚、燕、齐、赵、魏、韩是万乘之国；东周在周赧王后分成的东周国和西周国、宋国、卫国、中山国，是千乘之国。敌、侔，都是齐等、相当的意思，这里指力量相当的国家。战国，指互相交战的国家。

㉔［“贪饕（tāo）无耻”句］饕，极其贪婪。政教，政令和教化。制断，专断，裁决。

㉕［方伯］殷周时代一方诸侯之长。右，古人尚右，故右有强、大、尊贵的意思。

㉖［“当此之时”句］施设，实施，实行。负阻、恃固，都是依恃险阻的地理形势的意思。连，联合。交质，交换人质。重(chóng)约，反复多次结盟。

㉗［苏秦、张仪、公孙衍、陈轸、代、厉］都是战国时期的纵横家，代、厉是苏秦的弟弟苏代、苏厉。所谓纵横家，即以“合纵”或“连横”的主张游说列国君主的谋士，地理上的南北为纵，东西为横，合纵即合山东六国之力以抗秦，连横即使六国事秦。

㉘［“横则秦帝”句］帝、王，都是动词，称帝，称王。所在国重，所去国轻，是说纵横家在哪个国家，哪个国家就被人们看重，纵横家离开哪个国家，哪个国家就被看轻。

㉙［“苏秦结从之时”句］从，通“纵”。傧背，摈弃，背弃。傧，通“摈”。窥兵，观兵，炫耀武力。

㉚［四塞］指四境皆有天险，可作屏障。

㉛［六世之烈］秦自孝公用商鞅变法起，国势始强，此后经过惠文王、武王、昭襄王、孝文王、庄襄王时期，不断壮大扩张，六代君主的铺垫为秦始皇最终统一天下打下了基础。

㉜［“杖于谋诈之弊”句］杖，凭恃，依靠。缀，系结，连接。

㉝［“任刑罚以为治”句］任，听凭，凭借。小，以之为小，轻视。三王，夏禹、商汤、周文王。

㉞［“惠不下施”句］惠，恩惠。情，下情。化道，教化之道。悬于不宁，指处于不安宁的状态。

㉟［十四岁］指前221年秦始皇统一天下到前207年秦朝灭亡，共十四年。

㊱［“孔子曰”句］这句话出自《论语·为政》，意思是用政令来引导，用刑罚来整治，只能使人民不去犯罪，却不能使他们生出廉耻之心。用道德来引导，用礼义来整治，人民就会有廉耻之心，从而行为端正。道，通“导”。格，正。

㊲［取容］讨好别人以求自己安身。容，媚悦，欢喜。

㊳［因势而为资，据时而为故］即根据时事变化制定权宜之策。故，旧典，成例。

㊴［扶急持倾］扶助处于困急中的、将要覆灭的国家。

㊵［权］权宜。

㊶［“虽不可以临国教”句］临，治理。国教，国家的教化。化，化解。兵革，兵器和甲胄的总称，指战争。

㊷［秀士］才能杰出的人。

㊸［度（duó］估计。

【评析】

汉成帝和平三年（前 26），刘向受命主持当时皇家图书的整理工作，《战国策》就是刘向所校诸书中的一种，它实际上是皇家所藏的性质相似的各种战国史料的汇编，“战国策”是刘向将这些史料整合为一编之后新起的名字，我们今天将春秋之后、秦统一六国之前的历史时期称为战国，就是受了这个书名的影响。

按照刘向的工作程序，每整理完一种书，都要写一篇“书录”奏呈皇帝。书录主要介绍该书的篇目和整理情况，概述书的主旨，并作些简单的书评。《战国策》记录了战国时期的史事，所以《战国策书录》既有书评的性质，又有些史论的味道，我们从中可以看到西汉晚期儒家学者对战国历史的见解。

书录从周文王、周武王谈起，描绘了一幅每况愈下的历史图景。这种每况愈下，体现为原有社会秩序的解体和被视为社会秩序根基的礼义教化的缺失，而战国时代，正是历史跌落到谷底前的一个阶段。从现实功利的角度看，在战国纷争中壮大实力，乃至一统天下，应该是一种成功，但在儒家学者看来，这种成功与三王的功业相比，其间却有霸道和王道的天壤之别，因为后者是以礼乐教化为基础，而前者却是以刑法为基础的。基于这样的历史认识，刘向对《战国策》中行走列国、纵横捭阖、搅动天下的苏秦、张仪等政治明星，并没有太好的评价，在他看来，这些人除了为弱国出奇策、救急难还算有点积极意义外，总不过是以霸道鼓动诸侯，而道德浅薄的统治靠这些纵横家或许能得志一时，最后也必将一败涂地。

儒家学者的历史观，总有贵古贱今的倾向，这实际上是将儒家政治理念附着在远古的理想国上，并通过历史书写的方式，将其推销给现世统治者的一种策略。汉成帝本人是一位喜好儒术的皇帝，在他即位之初，开展校理皇家图书这样的文化工程，也是尊经尚文的体现。这篇上给成帝的书录中，一上来大讲周文王、武王的教化之明与王道之间的关系，也是对年轻皇帝的一种呼应和期许。

【理性思考】

简述刘向校书的流程。

【延伸阅读】

徐兴无《刘向评传》，南京大学出版社，2005 年版。

封　建　论[①]

柳宗元

天地果无初[②]乎？吾不得而知之也。生人[③]果有初乎？吾不得而知之也。然则孰为近[④]？曰：有初为近。孰明之[⑤]？由封建[⑥]而明之也。彼封建者，更[⑦]古圣王尧、舜、禹、汤、文、武而莫能去之。盖非不欲去之也，势[⑧]不可也。势之来，其生人之初乎？不初，无以有封建。封建，非圣人意也。

彼其初与万物皆生，草木榛榛[⑨]，鹿豕狉狉[⑩]，人不能搏噬[⑪]，而且无毛羽，莫克[⑫]自奉自卫，荀卿[⑬]有言：必将假物以为用者也[⑭]。夫假物者必争，争而不已，必就其能断曲直者而听命焉[⑮]。其智而明者，所伏必众；告之以直而不改，必痛之[⑯]而后畏；由是君长刑政生焉。故近者聚而为群。群之分，其争必大[17]，大而后有兵有德。又有大者，众群之长又就而听命焉，以安其属。于是有诸侯之列。则其争又有大者焉。德又大者，诸侯之列又就而听命焉，以安其封[18]，于是有方伯、连帅之类[19]。则其争又有大者焉。德又大者，方伯、连帅之类，又就而听命焉，以安其人，然后天下会于一。是故有里胥[20]而后有县大夫[21]，有县大夫而后有诸侯，有诸侯而后有方伯、连帅，有方伯、连帅而后有天子。自天子至于里胥，其德在人者，死必求其嗣而奉之。故封建非圣人意也，势也。

夫尧、舜、禹、汤之事远矣，及有周而甚详。周有天下，裂土田而瓜分之，设五等[22]，邦群后[23]，布履星罗[24]，四周于天下，轮运而辐集[25]。合为朝觐会同[26]，离为守臣扞城[27]。然而降于夷王[28]，害礼伤尊，下堂而迎觐者。历于宣王[29]，挟中兴复古之德，雄南征北伐之威，卒不能定鲁侯之嗣。陵夷迄于幽、厉[30]，王室东徙，而自列为诸侯。厥后，问鼎之轻重[31]者有之，射王中肩者[32]有之，伐凡伯[33]、诛苌弘[34]者有之，天下乖戾[35]，无君君之心。余以为周之丧久矣，徒建空名于公侯之上耳！得非诸侯之盛强，末大不掉[36]之咎欤？遂判为十二[37]，合为七国[38]，威分于陪臣之邦[39]，国殄于后封之秦[40]。则周之败端，其在乎此矣。

秦有天下，裂都会而为之郡邑，废侯卫而为之守宰[41]，据天下之雄图[42]，都六合之上游[43]，摄制[44]四海，运于掌握之内，此其所以为得也。不数载而天下大坏，其有由矣。亟役万人，暴其威刑，竭其货贿。负锄梃[45]谪戍之徒，圜视[46]而合从[47]，大呼而成群。时则有叛人而无叛吏，人怨于下而吏畏于上，天下相合，杀守劫令而并起。咎在人怨，非郡邑之制失也。

汉有天下，矫秦之枉，徇周之制[48]，剖海内而立宗子[49]，封功臣。数年之间，奔命扶伤之不暇[50]，困平城[51]，病流矢[52]，陵迟不救者三代[53]。后乃谋臣献画[54]，而离削自守矣。然而封建之始，郡邑居半。时则有叛国而无叛郡。秦制之得，亦以明矣。继汉而帝者，虽百代可知也。

唐兴，制州邑，立守宰，此其所以为宜也。然犹桀猾[55]时起，虐害方域者，失不在于州而在于兵，时则有叛将而无叛州。州县之设，固不可革也。

或者曰："封建者，必私其土，子其人，适其俗，修其理[56]，施化易也。守宰者，苟其心[57]，思迁其秩[58]而已，何能理乎？"余又非之。周之事迹，断可见矣。列侯骄盈，黩货事戎[59]。大凡乱国多，理国寡。侯伯不得变其政，天子不得变其君。私土子人[60]者，百不有一。失在于制，不在于政，周事然也。秦之事迹，亦断可见矣。有理人之制，而不委郡邑，是矣；有理人之臣，而不使守宰，是矣。郡邑不得正其制，守宰不得行其理，酷刑苦役，而万人侧目。失在于政，不在于制。秦事然也。汉兴，天子之政行于郡，不行于国；制其守宰，不制其侯王。侯王虽乱，不可变也；国人虽病，不可除也。及夫大逆不道，然后掩捕而迁之，勒兵而夷之耳。大逆未彰，奸利浚财[61]，怙势作威[62]，大刻[63]于民者，无如之何。及夫郡邑，可谓理且安矣。何以言之？且汉知孟舒于田叔[64]，得魏尚于冯唐[65]，闻黄霸之明审[66]，睹汲黯之简靖[67]，拜之可也，复其位可也，卧而委之以辑一方[68]可也。有罪得以黜，有能得以赏。朝拜而不道，夕斥之矣；夕受而不法，朝斥之矣。设使汉室尽城邑而侯王之，纵令[69]其乱人，戚之[70]而已。孟舒、魏尚之术，莫得而施；黄霸，汲黯之化，莫得而行。明谴而导之，拜受而退已违矣。下令而削之[71]，缔交合从之谋，周于同列，则相顾裂眦，勃然而起。幸而不起，则削其半。削其半，民犹瘁矣，曷若举而移之以全其人乎？汉事然也。今国家尽制郡邑，连置守宰，其不可变也固矣。善制兵，谨择守，则理平矣。

或者又曰："夏、商、周、汉封建而延，秦郡邑而促。"尤非所谓知理者也。魏之承汉也，封爵犹建，晋之承魏也，因循不革。而二姓陵替[72]，不闻延祚。今矫而变之，垂二百祀，大业弥固，何系于诸侯哉？

或者又以为："殷、周，圣王也，而不革其制，固不当复议也。"是大不然。夫殷、周之不革者，是不得已也。盖以诸侯归殷者三千焉，资以黜夏[73]，汤不得而废；归周者八百焉，资以胜殷，武王不得而易。徇之以为安，仍之以为俗，汤、武之所不得已也。夫不得已，非公之大者也，私其力于己也，私其卫于子孙也。秦之所以革之者，其为制，公之大者也；其情，私也，私其一己之威也，私其尽臣畜于我也。然而公天下之端自秦始。

夫天下之道，理安，斯得人者也。使贤者居上，不肖者居下，而后可以理安。今夫封建者，继世而理。继世而理者，上果贤乎？下果不肖乎？则生人之理乱未可知也。将欲利其社稷[74]，以一其人之视听，则又有世大夫世食禄邑，以尽其封略。圣贤生于其时，亦无以立于天下，封建者为之也。岂圣人之制使至于是乎？吾固曰："非圣人之意也，势也。"

【注释】

① 本文选自《柳宗元集》(中华书局 1979 年版)。柳宗元(773—819)，字子厚，河东解(今山西运城市西南)人。唐代诗人，古文运动倡导者之一。与韩愈并称"韩柳"。贞元九年(793)进士，官至礼部员外郎。后因参加永贞革新，贬官永州司马，终于柳州刺史任上。有《柳河东集》。

②［初］开始。

③［生人］即生民，人类。避唐太宗李世民讳。

④［孰为近］意为哪一种说法为近事理。

⑤［孰明之］如何明白这一点。

⑥［封建］指分封子弟，以建藩国。

⑦［更(gèng)］经历。

⑧［势］客观情势。

⑨［榛榛(zhēn zhēn)］草木丛生的样子。

⑩［狉狉(pī pī)］野兽成群行走的样子。

⑪［搏噬(shì)］搏斗噬咬。

⑫［克］能。

⑬［荀卿］荀子，战国后期儒家学派的代表人物。

⑭［必将假物以为用者也］《荀子·劝学》曰："君子生非异也，善假于物也。"即凭借、利用外物。

⑮［必就其能断曲直者而听命焉］意为一定去找那些能够判断是非曲直的并听命于他。曲，非。直，是。

⑯［痛之］惩罚使之感到痛苦。

⑰［群之分，其争必大］人们划分为群体之后，争斗的规模一定会更大。

⑱［封］指其统治的封国。

⑲［方伯、连帅之类］方伯，即一方诸侯的领袖。连帅，十国的领袖。《礼记·王制》："千里之外，设方伯。……二在一十国以为州，州有伯。"又曰："十国以为连，连有帅。"

⑳［里胥］里正、闾胥一类的基层乡官。

㉑［县大夫］县一级的长官。

㉒［五等］周代分封诸侯，分公、侯、伯、子、男五等爵位。

㉓［邦群后］即分封诸侯。邦，分封。群后，诸侯。后，长。

㉔［布履星罗］指诸侯国遍布天下，如繁星罗列。布，分布。履，履践，到达。

㉕［轮运而辐集］周初诸侯尊奉周天子，如车轮运转时辐条集凑于车毂一样。

㉖［朝觐(jìn)会同］周代诸侯见天子，春曰朝，秋曰觐，时见曰会，殷(众)见曰同。

㉗［守臣扞城］守土捍城之臣。

㉘［降于夷王］此句及以下三句，指周夷王受诸侯拥戴，继其叔孝王位，从此失礼，下堂见诸侯。

㉙［历于宣王］此句及以下四句，指周宣时虽然一度中兴，征伐西戎、荆蛮、淮夷，声威大振。但鲁武公携二子括与戏来朝时，宣王立戏为鲁君之嗣。武公死后，鲁人杀戏立括，宣王伐鲁，再立戏弟称为君，诸侯从此不服。事见《国语·周语上》。

㉚［陵夷迄于幽、厉］此句及以下三句，指周厉王被国人放逐，死于彘（今山西霍县），幽王被犬戎杀死在骊山，其子周平王东迁于洛邑。陵夷，衰微。

㉛［问鼎之轻重］指春秋时楚庄王伐陆浑之戎至洛邑，在周王城郊耀武扬威。并向周定王派来犒军的大夫王孙满询问象征着王权的九鼎的大小轻重，有僭越觊觎之心。事见《左传·宣公三年》。

㉜［射王中肩者］指周桓王率诸侯代郑，被郑庄公打败。桓王的肩膀被郑国大夫祝聃射中。事见《左传·桓公五年》。

㉝［伐凡伯］指周桓王卿士凡伯聘鲁，经楚丘遭戎人绑架劫掠，为此而伐戎之事。事见《左传·隐公七年》。

㉞［诛苌弘］指周敬王时晋国大夫苑吉身与赵鞅相互攻伐。周大夫苌弘支持苑氏，后赵氏胜，责问周王，周王只得杀苌弘以谢。事见《国语·周语下》。

㉟［乖戾］反常，违背。

㊱［末大不掉］即尾大不掉。掉，动摇。

㊲［判为十二］分为春秋时的鲁、齐、晋、秦、楚、宋、卫、陈、蔡、曹、郑、燕等十二国。

㊳［合为七国］指战国后期，各国互相兼并，又合为魏、韩、赵、楚、燕、齐、秦七国。

㊴［威分于陪臣之邦］指天子的权威被陪臣所瓜分。陪臣，诸侯国大夫对天子的自称。春秋末期，晋国大夫魏、赵、韩三家分晋，得到周天子的承认。齐国大夫田氏篡夺姜氏齐国的君位，自立为齐侯，也得到周天子的承认。

㊵［国殄（tiǎn）于后封之秦］指周终被秦所灭。殄，灭绝。后封之秦，秦原为西周的附庸之国，平王东迁，秦襄王率兵护送有功，才被封为诸侯。故曰后封。

㊶［废侯卫而为之守宰］指废除封建诸侯而设置郡守、县令。侯，侯服。卫，卫服。属于周代王畿之外的九服之内，这里泛指诸侯。

㊷［雄图］形胜。图，区域。

㊸［都六合之上游］建都于六合的上游。六合，指天地上下四方。上游，秦建都咸阳，位于中国西北，居高临下，控引六合。按照中国的地势观念，有所谓天缺西北，地陷东南之说，故西北为天位。

㊹［摄制］控制。

㊺［负锄梃］指扛着锄头棍棒被遣派戍边。梃，棍棒。

㊻［圜视］相互顾视的样子。

㊼［合从］战国时六国合纵，联合抗秦。这里借以指联合。

㊽［徇周之制］依从、沿袭周代的封建制。

㊾［宗子］嫡长子，这里泛指子弟。

㊿［奔命扶伤之不暇］奔走效命，救死扶伤。指汉初诸侯频频叛乱，人民不得安宁。

51［困平城］汉高祖六年(前201)，韩王信降匈奴，次年高祖征讨，匈奴与韩王联兵抵抗，包围高祖于平城(今山西大同)达七日之久。

52［病流矢］高祖十一年(前196)，淮南王英布反，高祖征讨时被流矢射中，归途中矢伤发作，次年崩。

53［陵迟不救者三代］指诸侯割据，国力不振达三代之久。陵迟，衰微。三代，指惠帝、文帝、景帝三代帝王。

54［谋臣献画］文帝时贾谊便主张诸侯可将封地再分封其子孙；景帝时晁错又主张削藩；武帝时主父偃建议行推恩令，让诸侯王分封子弟。如此便让诸侯王削弱离析。画，谋划。

55［桀猾］凶恶狡猾之人。指唐朝安史之乱后的藩镇势力。

56［修其理］修明国家的政治。理，治。避唐高宗李治名讳。

57［苟其心］苟且其心，即心不在治。

58［思迁其秩］想着官位品秩的升迁。秩，官阶。

59［黩货事戎］贪财好货，用兵好战。戎，战事。

60［私土子人］即前文中的私其土，子其人。以其封地为私产，以其人民为子女。指爱护其国家百姓。

㉑ ［奸利浚（jùn）财］非法谋利，搜括财货。浚，取。

㉒ ［怙势作威］倚仗权势，擅作威福。怙，倚恃。

㉓ ［大刻］大大伤害。刻，苛刻。

㉔ ［知孟舒于田叔］孟舒汉高祖时为云中太守，因郡中遭匈奴劫掠而被免官。文帝时，召见汉中郡太守田叔，问天下长者。田叔举荐孟舒。文帝便重新起用孟舒为云中太守。

㉕ ［得魏尚于冯唐］文帝时去中太守魏尚爱护士卒，守土有功。但因虚报战功被罚徒役。后经中郎署长冯唐辩白举荐，得以恢复原职。

㉖ ［闻黄霸之明审］宣帝听说黄霸精明温良，施政有方。故召为廷尉正。后任颍川太守，治绩为天下第一。晚年官至丞相，封为建成侯。

㉗ ［睹汲黯之简靖］汲黯于武帝时任东郡太守，好黄老无为之术，简约清静，常卧于家中，却致大治。后免官。不久，武帝要他出任淮阳太守，称病不赴。武帝对他说："淮阳吏民不相得，吾徒得君之重，卧而治之。"黯到任后，淮阳果然大治。

㉘ ［以辑一方］以安一方。揖，抚，安。

㉙ ［纵令］即使。

㉚ ［戚之］忧虑。

㉛ ［下令而削之］此句及以下五句，指汉景帝三年（前 154）用晁错之策削弱诸侯，引起吴、楚七国联兵反叛之事。

㉜ ［二姓陵替］指魏晋两代，国运不久。二氏，指曹氏、司马氏。陵替，衰落。

㉝ ［资以黜夏］指凭藉诸侯之归服来取代夏。黜，摈斥。

㉞ ［将欲利其社稷］此句及以下七句，指封建诸侯们为了利其封国，便统一视听，又加上世袭大夫世世享受食禄封邑，占尽了封疆。如此，即便有圣贤生于其时，也无法立足于天下。这样的情形便是封建造成的。封略，疆界，国土。

【评析】

史论是古代散文的重要类别。其内容大多分析成败得失，惩前毖后。历史最早的著名史论是贾谊的《过秦论》，此后能与《过秦论》匹敌的名篇大概就是柳宗元的《封建论》了。《封建论》中所说的封建是与郡县相对的政治制度。指的是西周实行的分封诸侯，藩卫天子的制度。这种制度以宗法文化为根据，以天子为嫡长子，继承大宗，同姓子弟为小宗，和功臣一道分封到各地，史载周公规定同姓不婚，如此则天下诸侯皆为一家，建构起以“家天下”为模式的政治统一局面。这个制度从春秋时期开始解体，被郡县制代替。郡县制度的特征是实行君主集权和官僚政治，中央地方二级行政，秦汉时代建立并巩固了郡县制的统一帝国，直至清代。秦汉以后，许多政治家也主张实行封建制，如曹魏时期的曹冏作《六代论》、西晋陆机作《五等论》。唐太宗曾与大臣们讲论封建之事，遭到魏征、李百药等人的反对。经历过安史之乱后，唐朝进入藩镇割据的时代，朝廷政令不出国都之门，柳宗元作为有识之士，在政治上主张加强中央集权，撤销藩镇，故作此宏论。

文中先论述设立制度的目的在于去除争斗，而封建制只是顺应时势，并不符合圣人之意，所以出现了分裂之弊。接着从周秦汉唐政治的对比入手，得出郡县制度的合理性。最后联系唐代的政治剖析军事力量割据的危害，立论设问，环环相扣，一一驳斥主张封建的错误观点。

文章贯通古今，体大思精，善用对比，分析利害，雄深恣肆，表现出柳宗元卓越的历史与政治见解。古人认为：“韩退之文章过子厚，而议论不及。子厚作《封建论》，退之所无。”

【理性思考】

1. 柳宗元揭示了封建制的哪些弊端。
2. 《封建论》中是如何论证郡县制度的合理性的？
3. 《封建论》中没有讨论秦国是如何设计与实行郡县制的，你能搜集史料，阅读史书，说说秦国郡县制度的特点吗？

【延伸阅读】

1. 朱自清《柳宗元〈封建论〉指导大概》，刊于钱伯城导读，朱自清撰《经典常谈》，上海古籍出版社 1999 年版。

2. 顾炎武《郡县论》，顾炎武《顾亭林诗文集》卷一，中华书局 1959 年版。

3. 韩愈《柳子厚墓志铭》，《韩昌黎文集校注》，上海古籍出版社 1986 年版。

史通·二体[①]

刘知几

三、五之代，书有典、坟，悠哉邈矣，不可得而详[②]。自唐、虞以下迄于周，是为《古文尚书》[③]。然世犹淳质，文从简略，求诸备体，固已阙如[④]。既而丘明传《春秋》，子长著《史记》，载笔之体[⑤]，于斯备矣！后来继作，相与因循，假有改张，变其名目，区域有限，孰能逾此[⑥]。盖荀悦、张璠，丘明之党也；班固、华峤，子长之流也[⑦]。惟此二家，各相矜尚[⑧]，必辨其利害，可得而言之。

夫《春秋》者，系日月而为次，列时岁以相续，中国外夷，同年共世，莫不备载其事，形于目前[⑨]。理尽一言，语无重出。此其所以为长也。至于贤士贞女，高才俊德，事当冲要者，必盱衡而备言[⑩]；迹在沉冥者，不枉道而详说[⑪]。如绛县之老，杞梁之妻，或以酬晋卿而获记，或以对齐君而见录[⑫]。其有贤如柳惠，仁若颜回，终不得彰其名氏、显其言行[⑬]。故论其细也，则纤芥[⑭]无遗；语其粗也，则丘山是弃：此其所以为短也。

《史记》者，纪以包举大端，传以委曲细事，表以谱列年爵，志以总括遗漏，逮于天文地理、国典朝章，显隐必该，洪纤靡失[⑮]。此其所以为长也。若乃同为一事，分在数篇；断续相离，前后屡出；于《高纪》则云语在《项传》，于《项传》则云事具《高纪》[16]。又编次同类，不求年月；后生而擢居首帙，先辈而抑归末章；遂使汉之贾谊将楚屈原同列，鲁之曹沫与燕荆轲并编：此其所以为短也[17]。

考兹[18]胜负，互有得失；而晋世干宝[19]著书，乃盛誉丘明而深抑子长。其义云：能以三十卷之约，括囊二百四十年之事，靡有遗也。寻其此说，可谓劲挺之词乎[20]？案春秋时事，入于左氏所书者，盖三分得其一耳。丘明自知其略也，故为《国语》以广[21]之。然《国语》之外，尚多亡逸，安得言其括囊靡遗者哉？向使丘明世为史官，皆仿《左传》也，至于前汉之严君平、郑子真，后汉之郭林宗、黄叔度[22]，晁错、董生之对策，刘向、谷永之上书[23]，斯并德冠人伦，名驰海内；识洞幽显，言穷军国。或以身隐位卑，不预朝政；或以文烦事博，难为次序[24]。皆略而不书，斯则可也。必情有所吝，不加刊削，则汉氏之志传百卷，并列于十二纪中，将恐碎琐多芜，阑单失力者矣[25]。故班固知其若此，设纪、传以区分，使其历然[26]可观，纲纪有别。荀悦厌其迂阔，又依左氏成书，翦截班史，篇才三十，历代褒之，有逾本传[27]。然则，班、荀二体，角力争先，欲废其一，固亦难矣。后来作者，不出二途[28]。故晋史有王、虞，而副以干《纪》；《宋书》有徐、沈，而分为裴《略》。[29]各有其美，并行于世，异夫令升之言唯守一家而已。

【注释】

① 本文选自刘知几撰，浦起龙通释《史通通释》（上海古籍出版社2009年版）。二体，指编年体和纪传体。

②［“三、五之代”句］三、五之代，三皇五帝的时代。典、坟，传说三皇时代有书名《三坟》，五帝时代有书名《五典》。悠哉邈矣，悠、邈，久远。不可得而详，无法知道详细的信息。

③［《古文尚书》］汉武帝时，武帝之兄鲁共王刘余为扩建宫殿拆毁了孔子故居，偶然在墙壁中发现了用先秦古文字书写的古书，其中一

部就是《尚书》；此外，武帝的弟弟河间献王刘德也曾购买到一部用先秦古文字书写的《尚书》。为与汉代以隶书书写流传的《尚书》相区别，人们称前者为《今文尚书》，而用古文字书写的就叫《古文尚书》。

④［“然世犹淳质”句］淳质，敦厚质朴。阙如，缺少，没有。

⑤［“既而丘明传(zhuàn)《春秋》”句］传，解释，注释。载笔，史官携带文具以记录王事，叫作载笔。载笔之体，即史书的体裁。

⑥［“后来继作”句］因循，沿袭，承袭，继承。改张，即“改弦更张”，调换乐器上的弦线，并重新调音，比喻改革制度或变更方法。张，将弦绷紧。区域，范围。逾，越。

⑦［“盖荀悦、张璠”句］荀悦，东汉史学家，著有编年体史书《汉纪》。张璠，西晋史学家，著有编年体史书《后汉纪》。华峤，西晋史学家，著有纪传体史书《汉后书》。

⑧［矜尚］夸耀。

⑨［“夫《春秋》者”句］《春秋》，这里指《春秋左氏传》。时，季节。形，流露，显示。

⑩［“高才俊德”句］俊德，有美德的人。冲要，军事或交通等方面的要地，这里指重要、关键。盱(xū)，向上看。衡，眉。盱衡即扬眉举目，这里指仔细查看。备言，和下文的“详说”都是详细说明的意思。

⑪［“迹在沉冥者”句］沉冥，不显赫，和前面的“冲要”相反。枉道，绕道。

⑫［“如绛县之老”句］绛县之老，春秋时晋国绛县有一位老人，已经七十三岁了还去修筑杞城，别人问他的年龄，他故意不直说，而答复自己活到了第四百四十五甲子，最后一个甲子刚过了三分之一。一个甲子是60天，所以老人的年龄以日计是26 660天，以年计是73岁。晋卿赵武知道这件事后，向老人道歉，给以田地，并要他担任小官。杞梁之妻，杞梁是春秋时齐大夫，跟从齐侯出征，被俘身亡。齐侯回国，在郊野遇到杞梁的妻子，就派人吊唁。杞梁的妻子认为这不合礼，拒不接受，于是齐侯到到杞梁的家中去正式吊丧。这两个故事，都见于《左

传》。以，因为。酬，应对，对答。刘知几这里的意思是，绛县之老和杞梁之妻都不是平庸等闲之辈，但这样的民间高人，也只是因为与政治人物接触的偶然机缘，才会被《左传》记录。

⑬［“其有贤如柳惠”句］柳惠，即柳下惠，见《展喜犒师》注⑥。颜回，孔子弟子，以德行著称。《左传》对柳下惠只是叙述他事时一笔带过，对颜回更是一字未及。

⑭［纤芥］细微。

⑮［“《史记》者”句］委曲，详悉，详述。总括，汇聚，包括。逮于，至于。国典，国家和朝廷的典章制度。该，具备。洪纤，大小，巨细。靡，无，没有。

⑯［“若乃同为一事”句］若乃，至于，用于句子开头，表示另起一事。《高纪》，指《史记·高祖本纪》。《项传》，指《史记·项羽本纪》。同一个历史事件，总会涉及多个人物，为避免重复叙述，司马迁往往在主要涉事人物的传记中详写其事，其他人物传中略写或者用“语在某传”“事在某传”等提示语让读者参考其他传记了解详情。但是在刘知几看来，这个做法有把一个事件割裂到几个传记中的感觉，比如刘邦项羽二人间的故事，有些记载在刘邦的本纪中，有些记载在项羽的本纪中。

⑰［“又编次同类”句］编次同类，按同类编排，即将一类人物放在一个传记中。擢，举拔，提升。帙，装书籍的套子，也用来指书籍的卷册。后生而擢居首帙，先辈而抑归末章，即把时代晚的人物的传记提前，年代早的人物传记置后。《史记》诸传大致是按照传主时代排序的，但是部分传记是同类异代人物的合传，如屈原、贾谊合为《屈原贾生列传》，曹沫、荆轲同在《刺客列传》，这样就造成了全书时序的混乱。

⑱［兹］这，指上述以《左传》为代表的编年体和以《史记》为代表的纪传体。

⑲［干宝］字令升，东晋史学家，著有编年体史书《晋纪》。

⑳［“能以三十卷之约”句］约，少，简约。括囊，囊括，包罗。劲挺，刚健挺拔。

㉑［广］扩大。

㉒［“至于前汉之严君平、郑子真”句］严君平、郑子真，都是西汉时隐士。郑子真躬耕不仕，严君平以占卜为生，班固《汉书》中有他们二人的传记。郭林宗、黄叔度，即郭泰和黄宪，都是东汉名士，以才学德行闻名于世，范晔《后汉书》中有他们的传记。

㉓［“晁错、董生之对策”句］晁错，西汉政治家。董生，即董仲舒，西汉著名的思想家。对策，一种取士制度，主考者就政事、经义等设问，由应试者对答。《史记》《汉书》中均有晁、董传，并详载其对策文辞。谷永，西汉官员。上书，即向君主进呈的书面建议。《汉书》有刘向和谷永的传记，记载了他们比较重要的上书内容。

㉔［“斯并德冠人伦”句］人伦，人类。伦，辈，类。识，见解。洞，洞察。幽显，隐晦的和明显的。言，言论。军国，指军国大事。预，参与。身隐位卑，指严君平、郑子真、郭林宗、黄叔度等人。文烦事博，指晁错、董仲舒、刘向、谷永等人的对策或上书文字很长且牵扯的问题很多。

㉕［“必情有所吝”句］吝，吝惜。刊削，消除。汉氏，这里指《汉书》。阑单，破碎的样子。这句话是说，编年体史书很难收录与国家政治生活关系不大的人物事迹或文字繁复的历史文献，那么这些内容就只能略而不书。如果编纂者舍不得放弃这些材料，那么以《汉书》为例，将它改编成编年史而不删削任何内容，等于是把原书一百卷的庞大内容拆并到十二纪中（因为本纪基本是编年体的），那肯定形成一本琐碎芜杂、阅读体验很差的书。

㉖［历然］清晰的样子。

㉗［“荀悦厌其迂阔”句］迂阔，不切合实际。翦截，删削。本传，指班固《汉书》。

㉘［“班、荀二伍”句］角力，以武力决胜负。二途，指纪传、编年两种体例。

㉙［“故晋史有王、虞”句］王、虞，指东晋史学家王隐、虞预，二人

都有纪传体史书《晋书》,均已亡佚。干《纪》,即干宝《晋纪》。徐、沈,徐即徐爰,刘宋史学家,有纪传体史书《宋书》,已亡佚;沈即沈约,历仕宋、齐、梁三朝,是著名的文学家和史学家,他在徐爰《宋书》的基础上,修定成纪传体史书《宋书》,后来二十四史中的《宋书》,即沈约所作。裴《略》,即萧梁史学家裴子野的《宋略》,《宋略》是将沈《宋书》删改为编年体而成,这部书后来也亡佚了,但当时曾获得很高的评价。

【评析】

中国史学发展到唐代,经历了编纂观念上和实践上的种种新变,也积累了数量庞大而形态各异的著作,在这个时候对以往史学成果作以理论总结,无论对述往还是对开来,都有重要意义。刘知几(661—721),字子玄,唐代史学家,他自幼酷嗜史籍,又有长期修史的实际工作经验,对史学编纂体察入微、见解深刻,他和他的《史通》,可谓人当其任,书当其时。

《史通》是中国历史上第一部系统的史学理论专著,该书主要分析史书体例与编撰方法,辨析史籍源流,并评论前人修史得失。“史通”的书名是什么意思呢?刘知几说,当年西汉的儒生在白虎阁讨论儒家经典,后来编辑出的会议记录叫《白虎通》(又称《白虎通义》),而自己长期供职国家历史编纂机构“史馆”,所以仿照《白虎通》而取名《史通》;而且汉朝封给司马迁的后人“史通子”的称号,可见“史通”这个词是古已有之的,不是生捏硬造。这个解释有点故作迂曲,其实《白虎通》的编辑者就是《汉书》的作者班固,刘知几给自己的书标名“史通”,乃是以司马迁、班固自诩,要去探求、疏通“史”的大义。

刘知几认为,自古以来史书的诸种体裁中,真正传承不断而堪称主流的,只有纪传体和编年体两种。《二体》这一篇,就是要分析纪传体和编年体各自的得失。在刘知几看来,编年体的优势在同一事不会前后重复,劣势在很多史料无法编年,那就只能忽略不录。纪传体的优点和缺点,与编年体刚好相反。所以文章的结论是二体互有得失,各有其美，与其各相矜尚，不如并行于世。

任何一种书写体裁或者研究方法，都有其所长和能力的边界，刘知几精准地抓住了二体各自的特性，用简约的文字讲清了问题。从中我们不仅能看到他深厚的史学素养，也能看出他卓越的文字功力。《史通》本身是以骈文写成的，古人使用骈句，最初是为了文辞华美，后来就不仅用于抒情，也用于议论，因为骈句往往能一正一反，使说理完备而平允。在结构上，本篇采用了典型的“总分总”式，首起尾结，中间两短分述二体长短，格式齐整划一。讲求文章的结构和句式，虽然属于形式问题，实则对于把观点说清，助益甚大。

【理性思考】

简述纪传体和编年体各自的优缺点。思考有没有什么方法，能把两种体裁的优点整合起来，而规避掉它们的不足之处？

【延伸阅读】

刘知几《史通·六家》，《史通通释》，上海古籍出版社 2009 年版。

史通·直书[①]

刘知几

夫人禀五常，士兼百行[②]，邪正有别，曲直不同。若邪曲[③]者，人之所贱，而小人之道也；正直者，人之所贵，而君子之德也。然世多趋邪而弃正，不践君子之迹，而行由小人者，何哉？语曰：“直如弦，死道边；曲如钩，反封侯[④]。”故宁顺从以保吉，不违忤以受害也。况史之为务，申以劝诫，树之风声[⑤]。其有贼臣逆子，淫君乱主，苟直书其事，不掩其瑕，则秽迹彰于一朝，恶名被于千载。言之若是，吁可畏乎[⑥]！

夫为于可为之时则从，为于不可为之时则凶[⑦]。如董狐之书法不隐，赵盾之为法受屈，彼我无忤，行之不疑，然后能成其良直，擅名今古[8]。至若齐史之书崔弑，马迁之述非汉，韦昭仗正于吴朝，崔浩犯讳于魏国[9]，或身膏斧钺[10]，取笑当时；或书填坑窖，无闻后代。夫世事如此，而责史臣不能申其强项之风，励其匪躬之节，盖亦难矣[11]。是以张俨发愤，私存《嘿记》之文；孙盛不平，窃撰辽东之本。以兹避祸，幸获两全[12]。足以验世途之多隘，知实录之难遇耳[13]。

然则历考前史，征诸直词，虽古人糟粕，真伪相乱，而披沙拣金，有时获宝。案金行在历，史氏尤多[14]。当宣、景开基之始，曹、马构纷之际，或列营渭曲，见屈武侯，或发仗云台，取伤成济[15]。陈寿、王隐咸杜口而无言，陆机、虞预各栖毫而靡述[16]。至习凿齿，乃申以死葛走达之说，抽戈犯跸之言，历代厚诬，一朝如雪[17]。考斯人之书事，盖近古之遗直欤[18]？次有宋孝王《风俗传》、王劭《齐志》，其叙述当时，亦务在审实[19]。案于时河朔王公，箕裘未陨；邺城将相，薪构仍存。而二子书其所讳，曾无惮色[20]。刚亦不吐[21]，其斯人欤？

盖烈士徇名，壮夫重气，宁为兰摧玉折，不作瓦砾长存[22]。若南、董之仗气直书，不避强御；韦、崔之肆情奋笔，无所阿容[23]，虽周身[24]之防有所不足，而遗芳余烈，人到于今称之。与夫王沈《魏书》，假回邪以窃位；董统《燕史》，持谄媚以偷荣[25]，贯三光而洞九泉，曾未足喻其高下也[26]。

【注释】

① 本文选自刘知几撰，浦起龙通释《史通通释》(上海古籍出版社2009年版)。

② [人禀五常，士兼百行] 五常，指仁、义、礼、智、信五种品德。百行，各种品行。

③ [邪曲] 不正直。

④ ["直如弦"句] 这是东汉顺帝末年京师的童谣，见《后汉书·五行志》。

⑤ ["故宁顺从以保吉"句] 违忤，违背，不顺从。风声，教化，好的风气。

⑥ [“则秽迹彰于一朝”句] 秽迹，丑恶的行迹。吁，叹词，表示感慨。

⑦ [“夫为于可为之时则从”句] 这句话来自西汉文学家扬雄的《解嘲》，原文是“故为可为于可为之时，则从；为不可为于不可为之时，则凶。”意思是在可以做一件事的时候去做这件事，则顺遂；在不可以做一件事的时候去做一件事，则凶险。从，和顺，顺遂。

⑧ [“董狐之书法不隐”句] 公元前607年，晋国正卿赵盾为躲避晋灵公的杀害而逃亡，但他还没有逃出晋国，堂弟赵穿就杀死了晋灵公。于是赵盾返回国都，与赵穿共立晋成公。晋太史董狐认为，灵公被赵穿杀死时赵盾还在国内，而且赵盾后来并不惩治赵穿，所以应该担负弑君的罪名。董狐于是将“赵盾弑其君”记载在史策上。后来孔子评论说：“董狐，古之良史也，书法不隐。赵宣子，古之良大夫也，为法受恶。惜也，越境乃免。”书法，古代史官修史，对材料处理、史事评论、人物褒贬，各有原则、体例，谓之“书法”。无忤，不抵触。这句话是说，董狐可以做到直书，而赵盾也接受了为法受屈，他们之间没有爆发冲突，各自按原则做事没有什么疑虑。这个结果成就了两个人的贤良正直，他们都得到了古今传颂的好名声，这就属于“为于可为之时则从”的情况。

⑨ [“齐史之书崔弑”句] 春秋时齐国大夫崔杼杀了齐庄公，齐太史于是记录“崔杼弑其君”。崔杼怒而杀之。太史的两个弟弟相继这样写，相继被杀，第三个弟弟仍坚持这样写，崔杼终于无奈作罢。当时有南史氏听说齐太史家为此事尽死，便带着竹简前去，听说太史弟已书其事，方才回去。马迁之述非汉，据说司马迁在《景帝本纪》中写了很多汉景帝和汉武帝的过错，武帝看了大怒，把这些内容删去了。韦昭仗正于吴朝，三国吴主孙皓继承其叔皇位，而令史官韦昭为其父孙和作帝纪。韦昭认为孙和没有当过皇帝，只能立传，孙皓为此怀恨在心，后来借故杀害了韦昭。仗正，坚守正道。崔浩犯讳于魏国，北魏崔浩奉诏编写国史，由于其书记载了一些敏感内容，被指责暴露“国恶”，导致崔浩最终被族诛。犯讳，触犯忌讳。

⑩［身膏(gào)斧钺］即被处死。膏，润泽，滋润。斧钺，斧和钺，古代兵器，可用于斩刑。

⑪［“夫世事如此”句］强项之风，这是用东汉董宣的典故。光武帝的姐姐湖阳公主的奴仆杀人，藏在公主府中，为洛阳令董宣法办。公主告到光武帝那里，董宣以头撞柱，血流满面，据理力争；光武帝命他向公主叩头赔罪，他两手据地，脖子挺直，坚持不从，所以号为“强项令”。励，通“砺”，砥砺。匪躬，忠心耿耿，不顾自身，出自《易·蹇》：“王臣蹇蹇，匪躬之故。”匪，通“非”，不。躬，自身，自己。以上举的齐太史等四个例子，就属于“为于不可为之时则凶”的情况。最后一句意思是说，既然在险恶的政治环境下，史臣坚持直书要付出如此巨大的代价，那么要求每个史臣都能做到刚直不屈，也是不现实的。

⑫［“是以张俨发愤”句］张俨，三国时吴国官员。嘿，同“默”。《嘿记》这部书的具体情况今天已不清楚，从刘知几的表述看，应该是张俨秘密撰写的有违碍问题的著作。孙盛，东晋史学家，曾撰有《晋阳秋》，因其中内容触怒权臣桓温，受到灭族威胁，孙盛之子于是删改相关部分以应付桓温，而孙盛将原本另抄两份寄存辽东慕容儁处，使之最终得以保全。

⑬［“足以验世途之多隘”句］世途，世路，世道。隘，狭窄难行的地方。实录，符合实际的记载。

⑭［金行在历，史氏尤多］金行在历，指晋朝。古人以五行解释朝代更替，汉属火德，曹魏属土德，晋属金德。历，历运，即天象运行所显示的一个朝代的气数、命运。史氏，即史家。

⑮［“当宣、景开基之始”句］宣、景，指晋宣帝司马懿和晋景帝司马师。曹、马，指曹魏和司马氏两派势力。列营渭曲，见屈武侯，指司马懿和诸葛亮率军在渭南对峙，诸葛亮病死军中，而遗计蜀军反旗鸣鼓，吓退司马懿追袭之军，使蜀军平安撤退的事。发仗云台，指魏帝曹髦不堪司马昭专权，自下凌云台部署甲兵讨伐司马昭，被王沈(chén)等人告密，遂为司马昭党羽成济以戈刺死的事。仗，兵器的总称。云台，即

凌云台,在洛阳宫中。

⑯［“陈寿、王隐咸杜口而无言”句］陈寿,西晋史学家,著有《三国志》。王隐,东晋史学家,著有《晋书》。杜口,闭口。陆机,西晋文学家和史学家,著有《晋纪》。虞预,东晋史学家,著有《晋书》。栖毫,停笔。

⑰［“至习凿齿”句］习凿齿,东晋史学家,著有《汉晋春秋》。死葛走达之说,即前述司马懿见屈武侯之事,据《汉晋春秋》记载,司马懿中计退兵后,百姓编了个谚语说“死诸葛走生仲达。”抽戈犯跸,即前述成济刺死魏帝事,犯跸,冲犯皇帝的车驾。厚诬,谓深加欺骗、蒙蔽。

⑱［“考斯人之书事”句］书,记录,记载。古之遗直,孔子曾称赞晋国大夫叔向是“古之遗直也”,即直道而行、有古人遗风的人。

⑲［“次有宋孝王《风俗传》”句］宋孝王,北朝齐、周间人,著有《关东风俗传》。王劭,隋代史学家。审实,真实,核实。

⑳［“案于时河朔王公”句］河朔,泛指北方地区,这里指北齐别都晋阳,即今山西太原。箕裘,《礼记·学记》说:“良冶之子,必学为裘,良弓之子,必学为箕。”制裘与冶炼、造弓与制畚箕在工艺上有相通之处,故全句要表达的意思是子弟耳濡目染,往往继承父业。邺城,北齐国都,在今河北临漳。薪构,薪即“薪尽火传”,薪虽尽,火种仍然流传,语出《庄子·养生主》:“指穷于为薪,火传也,不知其尽也。”构即“堂构”,语出《尚书》:“若考作室,既底法,厥子乃弗肯堂,矧肯构。”意谓父亲要盖房子,并已确定房子的盖法,而儿子却不肯去筑堂基,盖房子,所以后人以“肯堂肯构”或“堂构”比喻继承祖先事业。“于时河朔王公,箕裘未陨;邺城将相,薪构仍存”,就是说宋孝王和王劭在撰写《风俗传》《齐志》时,当权者中仍不乏当年北齐王公将相的后人。曾,副词,乃,竟。

㉑［刚亦不吐］意指不畏强暴。语出《诗经·大雅·烝民》:“柔亦不茹,刚亦不吐。不侮矜寡,不畏强御。”

㉒［“盖烈士徇名”句］徇名,舍身以求名。徇,通“殉”。重气,崇尚气节。宁为兰摧玉折句,宁做玉器被打碎、兰花被摧折,也不要做砖头瓦片而保全。

㉓［“若南、董之仗气直书”句］南，南史氏。董，董狐。仗气，凭仗正气。强御，豪强，有权势的人。阿容，偏袒宽容。

㉔［周身］保全自身。

㉕［“与夫王沈《魏书》”句］王沈《魏书》，王沈见注⑮，他著有《魏书》，内容多为时讳。回邪，奸邪不正。董统，十六国时人，曾受诏编写后燕历史，得到后燕皇帝慕容垂的称赞，但其中多有歌功颂德的内容。偷荣，窃取荣禄。

㉖［“贯三光而洞九泉”句］三光，日、月、星。九泉，指地下极深处。贯、洞同义，指贯穿，通达。这是说南、董、韦、崔和王沈、董统的高下差别之大，连三光与九泉之间的高下都不足以为比。

【评析】

史书不仅是对过往的事实陈述，也是对过往的终极价值判断，所以孟子说：“孔子成《春秋》，而乱臣贼子惧。”这无上的权力，既给史学家带来荣光，也给他们带来了灾难。尽管无论在任何时代，坚持秉笔直书，拒绝文过饰非、粉饰太平，都是史学家最根本的职业操守，但面对专制强权，守住这条底线，却往往要付出惨烈的代价。

《汉书·司马迁传赞》称赞《史记》：“其文直，其事核，不虚美，不隐恶，故谓之实录。”刘知几的直书和班固的实录，是两个近似的概念，它们的反义概念是“曲笔”，《史通》在《直书》之后即专有一篇名《曲笔》，可与本篇对参。事实上，在《直书》中，刘知几已经列出了几个曲笔的例子，并且谈到了曲笔的原因，我们从中可以看到，当代人写当代史，是曲笔的重灾区，是史学与政治博弈的主要战场；这也提示我们，在阅读历史文献时，要特别留意文献产生的时代背景，对文献内容中出现的时间空白、语焉不详、前后矛盾等现象，应时时保持警惕。

客观地说，在任何社会中，可做到“宁为兰摧玉折，不作瓦砾长存”的只能是少数人，如果没有相关制度的保障，单靠史学家个人的气节，历史记录是不可能真正摆脱政治的干扰的。遗憾的是，在传统社会中，随着君主专制越来越严密，史学家的自主空间其实是逐步缩小的，在刘知几所处的时代，王朝史的编纂已经被官方垄断，史学家的口径和专制皇权的口径走向合一，在某些时期，史职甚至有了养闲性质，再无曾经高危职业的味道。因史获罪的人此后虽然仍旧历代有之，但是皇权吞噬这些史学家的生命和著作易如反掌，后者几乎毫无还手余地。刘知几供职史馆多年，他在《史通》中专设《直书》《曲笔》二篇，标榜前贤，抨击谄谀，实际上有对时风变化的深刻感慨寄寓其间。

【理性思考】

1. 造成史家不直书的原因都有哪些？

2. 思考在阅读史书时，如何能发现作者不直书的痕迹？

【延伸阅读】

1. 刘知几《史通·曲笔》，《史通通释》，上海古籍出版社 2009 年版。

2. 逯耀东《刘知几〈史通〉与魏晋史学》，《魏晋史学的思想与社会基础》，中华书局 2006 年版。

元和郡县图志序[①]

李吉甫

臣闻王者建州域，物土疆，观次于星躔，察法于地理[②]。考中国山河之象，求二仪险阻之情，天汉萌而两界分，南官正而五均叙[③]。自黄帝之方制万国，夏禹之分别九州，辨方经野，因人纬俗，其揆一矣[④]。及秦皇并六国，则罢侯而置守；汉武讨百蛮，则穷兵而黩武[⑤]。虽裂为郡县者远过于殷、周，而教令之所行，威怀之所服，亦不越于三代[⑥]。失天地作限之意，非皇王尚德之仁，夸志役心，久而后悔[⑦]。由此观之，则圣人疆理之制，固不在荒远矣[⑧]。

吾国家肇自贞观，至于开元，兼夏、商之职贡，掩秦、汉之文轨[⑨]，梯航累乎九译，厩置通乎万里[10]。然后分疆以辨之，置吏以康之，任所有而差贡赋，因所宜而制名物，守其要害，险其走集[11]，经理之道，冠乎百王[12]。巍巍乎，无得而称矣[13]！

《易》曰："天险不可升，地险山川丘陵。王公设险以守其国，险之时用大矣哉！"然则圣人虽设险，而未尝恃险。施于有备之内，措于立德之中，其用常存，其机不显，弛张开阖，因变制权，所以财成二仪，统理万物[14]。故汉祖入关，诸将争走金帛之府，惟萧何收秦图书，高祖所以知山川厄塞，户口虚实[15]。厥后受命汜水，定都洛阳[16]，留侯演委辂之谋，田肯贺入关之策，事关兴替，理切安危，举斯而言，断可识矣[17]。

伏惟睿圣文武皇帝陛下[18]，握枢秉圣，承祧立极，祖尧、舜之道，宪文、武之程[19]。皇王之遐踪，行之必至；祖宗之耿光，寝而复耀[20]。天宝之季，王途暂艰，由是坠纲解而不纽，强侯傲而未肃[21]。逮至兴运[22]，尽为驱除。故蜀有阻隘之夫，吴有凭江之卒，虽完保聚，缮甲兵，莫不手足裂而异处，封疆一乎四海[23]。故鄘、卫风偃，朔塞砥平，东西南北，无思不服[24]。

臣吉甫当元圣抚运之初，从内庭视草之列，寻备衮职，久尘台阶，每自循省，赧然收汗[25]。谟明弼谐，诚浅智之不及；簿书期会，亦散材之不工[26]。久而伏思，方得所效，以为成当今之务，树将来之势，则莫若版图[27]地理之为切也。所以前上《元和国计簿》，审户口之丰耗[28]；续撰《元和郡县图志》，辨州域之疆理。时获省阅，或裨聪明，岂欲希酇侯之规模，庶乎尽朱虚之条奏[29]。况古今言地理者凡数十家，尚古远者或搜古而略今，采谣俗者多传疑而失实，饰州邦而叙人物，因丘墓而征鬼神[30]，流于异端，莫切根要。至于丘壤山川，攻守利害，本于地理者，皆略而不书，将何以佐明王扼天下之吭，制群生之命，收地保势胜之利，示形束壤制之端[31]。此微臣之所以精研，圣后[32]之所宜周览也。谨上《元和郡县图志》，起京兆府，尽陇右道，凡四十七镇，成四十卷[33]。每镇皆图在篇首，冠于叙事之前，并目录两卷，总四十二卷。臣学非博闻，识愧经远，驰骛虽久，漏略犹多，轻渎宸严，退增战越[34]。谨上。

【注释】

① 本文选自《元和郡县图志》(贺次君注解,中华书局 1983 年版)。元和是唐宪宗年号。

② [“臣闻王者建州域”句] 建,设立。州域,按州划分的区域。物,辨识,选择。土疆,领土,疆界。次,星次,古人把黄赤道附近一周天按照由西向东的方向分为十二个等分,叫作十二星次;并以十二星次的位置划分地面上州、国的位置与之相对应。就天文说,称作分星;就地面说,称作分野。星躔(chán):星辰运行的度次、位置。地理,土地、山川等的环境形势。这句话是说,统治者划分其疆土和政治分区,主要凭借两个标准,一是通过星躔确定州域的分野,二是根据自然环境形势规划州域的疆界。

③ [“考中国山河之象”句] 中国,泛指中原地区。二仪,天地。天汉,天河,银河。南官,司天之官。五均,指对土地的管理。据《周礼·地官》,均人与土均之官掌均地政、均地守、均地战、均地事、均地贡。

④ [“自黄帝之方制万国”句] 方制,制定方域。辨方,辨别四方疆界。经,划分界限。野,郊野。纬俗,匡正风俗。揆(kuí),道理,准则。

⑤ [“及秦皇并六国”句] 罢侯而置守,停止分封诸侯而设置郡守。百蛮,古代南方少数民族的总称。

⑥ [“虽裂为郡县者”句] 威怀,威服和怀柔。这句话是说,秦汉的行政地理划分虽然远比三代细密,但各地的政教实施效果,也没有因此就比三代好。

⑦ [“失天地作限之意”句] 作限,设置险阻。夸,夸耀。役心,为心所役使。久而后悔,这样持续了很久之后感到悔过。

⑧ [“由此观之”句] 疆理之制,制定疆域。荒远,远方,这里指开疆拓土。

⑨ [“兼夏、商之职贡”句] 职贡,藩属或外国对朝廷按时的贡纳。掩,囊括。文轨,文字和车轨,古代以同文轨为国家统一的标志,所以也

用文轨指代疆域。

⑩ [梯航] 梯子和船，登山涉水的工具。九译，辗转多次翻译（才能相互交流），指边远地区或外国。厩置，驿站。

⑪ [“置吏以康之”句] 康，治理。任，依据。差，分别等级。名物，名目与物产。险，设险。走集，边界要塞，交通要冲。

⑫ [“经理之道”句] 经理，治理。百王，历代帝王。

⑬ [“巍巍乎”句] 巍巍，崇高伟大。无得而称，（伟大到）没有语言可以称颂。

⑭ [“弛张开阖”句] 弛张开阖，或松或紧，或开或闭，比喻灵活掌握尺度。因变制权，根据情况变化制定权宜办法。财成二仪，《易·泰》：“天地交，泰。后以财成天地之道。”即君主应时裁度以成就天地之道。财，通“裁”。

⑮ [“故汉祖入关”句] 图书，图籍，即疆域版图与户籍等簿册。厄塞，险要之地，险阻要塞。《史记·萧相国世家》：“沛公至咸阳，诸将皆争走金帛财物之府分之，何独先入收秦丞相御史律令图书藏之……汉王所以具知天下厄塞，户口多少，强弱之处，民所疾苦者，以何具得秦图书也。”

⑯ [“厥后受命氾（fán）水”句] 氾水，古水名，久湮。故道在今山东省曹县北，从古济水分出，东北流至定陶县北，注入古菏泽。受命氾水，指前 202 年汉王刘邦即皇帝位于氾水之阳。

⑰ [“留侯演委辂（wèi hé）之谋”句] 留侯，即张良。演，推广引申。委辂，运输。委指委输，即转运（物资）。辂是车辕上用来挽车的横木，引申为驾。刘邦称帝后初都洛阳，娄敬建议他都关中，张良赞同娄说，说：“夫关中左殽函，右陇蜀，沃野千里，南有巴蜀之饶，北有胡苑之利，阻三面而守，独以一面东制诸侯。诸侯安定，河渭漕挽天下，西给京师；诸侯有变，顺流而下，足以委输。此所谓金城千里，天府之国也。”于是刘邦即日起驾，西都关中。田肯称贺汉都关中，说：“秦，形胜之国，带河山之险，县隔千里，持戟百万，秦得百二焉。地执便利，其以下兵于诸

侯，譬犹居高屋之上建瓴水也。”兴替，盛衰，成败。切，切中。

⑱［伏惟睿圣文武皇帝陛下］伏惟，念及，想到，这是下对上的敬词，多用于奏疏或信函。睿圣文武皇帝，即唐宪宗。唐以前的天子，生前只被臣民称为皇帝，自唐代起，皇帝二字前又加字为尊号，睿圣文武皇帝即唐宪宗元和三年(808)正月群臣为天子上的尊号。

⑲［“握枢秉圣”句］枢，指国家政权、天子之位。承祧，承继奉祀祖先的宗庙，也就是继承祖先而为其后嗣。立极，登帝位。祖，承袭。宪，效法。程，典范，法度。

⑳［“皇王之遐踪”句］皇王，指古圣王。遐踪，(古代贤人的)远踪。耿光，光明，光辉，光荣。寝，湮没不彰，隐蔽。

㉑［“天宝之季”句］季，末，指一个时期的末了。坠纲，废弛的纲纪。解，解散。纽，系结。

㉒［兴运］时运昌隆，即指唐宪宗即位后。

㉓［“故蜀有阻隘之夫”句］蜀有阻隘之夫，指刘辟。元和元年(806)剑南西川节度使刘辟反叛，被朝廷擒获处斩。阻隘，指刘辟凭借蜀地山川险阻对抗朝廷。吴有凭江之卒，指李锜。元和二年浙西节度使李锜反叛，事败被杀。凭江，即凭借长江天险。完，修筑，修缮。保聚，即堡聚，围以土墙木栅的战守据点。缮，修补，修葺。

㉔［“故鄘、卫风偃”句］风偃，风止，比喻臣服，顺从。砥平，安定，平定。鄘、卫，春秋古国名，在今河南卫辉，这个地方在安史之乱后由河北藩镇所据。朔塞，指回纥。

㉕［“臣吉甫当元圣抚运之初”句］元圣，大圣，这里指唐宪宗。抚运，顺应时运，指即帝位。从内庭视草之列，这是指李吉甫在元和元年为翰林学士。翰林学士值宿内廷，为皇帝起草诏书，相当于皇帝的机要秘书。视草，修正诏谕及代皇帝起草制书。衮(gǔn)职，三公的职位，这里指宰相。李吉甫元和二年拜相。尘，污染，这里是谦辞。台阶，即三台星，古人认为它象征三公，故台阶也指三公或宰辅重臣。循，省察，察看。循省，即省察。

㉖［“谟明弼谐”句］谟明弼谐，《书·皋陶谟》：“允迪厥德，谟明弼谐。”是说做臣子的谋划明智，辅助君主，配合协调。簿书，官署文书。期会，在规定的时限内办理。散材，无用之木，比喻无用之人。这两句都是自谦之词。

㉗［版图］户籍和地域图册。

㉘［“所以前上《元和国计簿》”句］计簿，登记户口的簿籍。《元和国计簿》，即元和年间国家户口统计簿。丰耗，增加减少。

㉙［“时获省阅”句］裨，增益。聪明，视听灵敏，可用来特指君王的视听。酂（zàn）侯，即萧何。规模，典范，榜样。这是指前文提到的萧何“收秦图书，高祖所以知山川厄塞，户口虚实”一事。庶乎，几乎，近似，差不多。朱赣，即朱赣，西汉末年地理学家，他曾为上司分别地区，条其风俗，写成《地理书》。后来班固写《汉书·地理志》，其中记述各地风俗的部分主要依据了朱赣提供的资料。条奏，逐条陈奏。

㉚［“采谣俗者”句］谣俗，风俗习惯。人物，这里指地方上的名人。丘墓，坟墓。征，求索。

㉛［“将何以佐明王”句］吭，咽喉，比喻地势险要之地。地保，地势险要易守。势胜，形势优越。形束壤制，以地理形势束缚控制居于其间的人民。端，头绪，原委。

㉜［圣后］圣君。

㉝［“起京兆府”句］京兆府、陇右道，这是道一级的行政单位。唐代的行政区本有州（州有时候又叫郡，京畿地区的州则叫府）和县两级。但在州之上，又有道，设立道的本意是将其作为监察区，若干个州合为一道，朝廷定期派专人巡访，演变到后来，道就慢慢成了行政实体，《元和郡县图志》于是就以道为单位记录天下地理。镇，方镇，本是边疆地区设立的军镇，安史之乱中，政府又在内地设立方镇，给其长官军政权力，鼓励他们帮助剿乱。方镇范围划定大致以道为依据，最后就形成了每道有若干方镇，每个方镇统若干州的局面。这样，方镇变成了实体军政区，强势的方镇往往不受中央节制。元和年间，除都城长安所在的京

兆府外,全国共分为四十七镇。

㉞［“臣学非博闻”句］经远,谋划长远。驰骛,奔走,这里指编撰本书。渎,渎犯,冒犯。宸严,帝王的威严。战越,因惶恐而战栗,多用于章表或上书,表达臣子的诚惶诚恐。

【评析】

《元和郡县图志》是唐代地理学名著,也是我国现存最早而完整的地方总志。此书成于唐宪宗元和八年,书名中“元和”就是指成书时间,不过其内容并不局限在元和时代。

书名中的“郡县”,说明本书的主题不是自然地理,而是政治地理,是按照行政区划逐一介绍各行政区沿革、户口、疆域、物产等内容的著作。书名中的“图志”,说明它本来既有地志(即各地情况的文字说明),又配有地图。但地图到了宋代就亡佚了,于是后人也把这部书省称作《元和郡县志》。

历史是以时间为线索的,地理是以空间为线索的,在现代的教育体系中,地理和历史是两门独立的学科。但在我国古代,地理学却被视为史学的一个分支。在纪传体正史的“志”中,往往就设有地理志,《元和郡县图志》这样的地理书,也有点像正史地理志的扩充。

本文是李吉甫向宪宗进呈《元和郡县图志》的表,文中回顾了古代统治者规划政区的原则和意图,指出在唐代拥有空前广袤疆土的情势下,深入了解自然地理、合理规划政治地理,对保证国家安全有着极端重要的意义。

李吉甫出身官宦世家,他和他的儿子李德裕,都是中晚唐名相。唐宪宗即位时,安史之乱虽然过去,留下的后遗症还十分严重,这后遗症就是安史残余的军事势力、靠剿灭安史发迹的军事势力、趁乱发迹的军事势力各据一方,朝廷对他们失去控制,甚至还要面临他们的挑衅。唐宪宗是一位比较强势的皇帝,他在位期间的主要精力都放在剿灭藩镇上,也获得了一定成就。作为宪宗朝的重臣,李吉甫在藩镇问题上多有建树，他写作并进献《元和郡县图志》的目的，也在于希望通过这部书帮助朝廷深入把握当时的行政区划、军事布局、割据形势等问题，这便是他自己说的“佐明王扼天下之吭，制群生之命，收地保势胜之利，示形束壤制之端”，可见其现实意义。

【理性思考】

1. 我国现在的行政区划有几个级别？行政区划的级别，是越多越好，还是越少越好？

2. 古人为什么把地理学视为史学的一种？它们有什么内在关联？

【延伸阅读】

《史记·货殖列传》，中华书局 2013 年版。

通典·选举(节选)[①]

杜　佑

大唐贡士之法，多循隋制[②]。上郡岁三人，中郡二人，下郡一人，有才能者无常数[③]。其常贡之科，有秀才，有明经，有进士，有明法，有书，有算。自京师郡县，皆有学焉[④]。每岁仲冬，郡县馆监课试其成者[⑤]。长吏会属僚，设宾主，陈俎豆，备管弦，牲用少牢，行“乡饮酒礼”，歌《鹿鸣》之诗[⑥]。征耆艾，叙少长而观焉[⑦]。既饯，而与计偕[⑧]。其不在馆学而举者，谓之“乡贡[⑨]”。旧令[⑩]诸郡虽一、二、三人之限，而实无常数。到尚书省，始由户部集阅，而关于考功，课试可者为第[⑪]。律曰：“诸贡举非其人，谓德行乖僻，不如举状者。及应贡举而不贡举者，谓才堪利用，蔽而不言也。一人徒一年，二人加一等，罪止徒三年[⑫]。”

初，秀才科等最高，试“方略策[⑬]”五条，有上上、上中、上下、中上，凡四等。贞观中，有举而不第者，坐[⑭]其州长，由是废绝。自是士族所趣向[⑮]，唯明经、进士二科而已。

先试之期，命举人谒于先师，有司卜日，宿张于国学，宰辅以下皆会而观焉。博集群议讲论，而退之礼部[16]。阅试之日，皆严设兵卫，荐棘围之，搜索衣服，讥诃出入，以防假滥焉[17]。其进士大抵千人，得第者百一二；明经倍之，得第者十一二[18]。

其制诏举人，不有常科，皆标其目而搜扬之[19]。试之日，或在殿廷，天子亲临观之。试已，糊其名。于中考之，文策高者特授以美官，其次与出身[20]。开元以后，四海晏清，士无贤不肖，耻不以文章达，其应诏而举者，多则二千人，少犹不减千人，所收百才有一[21]。

【注释】

① 本文选自《通典》卷一五《选举三》(中华书局 1988 年版)。

② ［“大唐贡士之法”句］贡士，地方向朝廷荐举人才，即向中央推荐参加省试的考生。循，遵守，遵从，遵循。

③ ［“上郡岁三人”句］上郡、中郡、下郡，唐代按户数多少将郡(州)分为上、中、下三等，户满四万以上为上郡，户满二万以上为中郡，户不满二万为下郡。有才能者无常数，即有格外才能的人不受上述名额限制。

④ ［“其常贡之科”句］常贡之科，即每年定期举行的考试科别。由于时间、科目确定，这种考试被称为“常选”，与之并列，唐代还有一种项目和时间都不固定的科举考试，称为“制举”。学，学校。

⑤ ［“每岁仲冬”句］仲冬，冬季的第二个月，即农历十一月。馆监，郡县馆学的负责官员。课试，考试。成者，指完成学业的人。

⑥ ［“长吏会属僚”句］长吏，州县长官的辅佐。会，会合，聚会。宾主，对在地方考试合格而被举荐到朝廷应试的人，地方官以宾礼相待，所以宴会时设宾主之位。俎豆，俎和豆是祭祀、宴飨时盛食物用的两种礼器。管弦，管乐和弦乐。牲，供祭祀、盟誓和食用的家畜。少牢，用羊、豕二牲祭祀。乡饮酒礼，据说周代乡学学制三年，毕业后大考，其中德行道艺优异者会被荐于诸侯。被推荐者将行之时，由乡大夫设酒

宴以宾礼相待,这叫作“乡饮酒礼”。唐代地方官设宴为赴京考生践行,就是沿用了这个传统仪式。《鹿鸣》,《诗经·小雅》的第一篇,传统上认为是一首表现宴请群臣、嘉宾场景的诗。

⑦［“征耆艾”句］征,召。耆艾,老年人。叙少长,以年龄的少长为顺序。叙,排列次序。

⑧［而与计偕］计,计吏,地方上负责每年将官员政绩呈报中央的官吏。偕,一起。这是说考生与计吏一起赴京。

⑨［乡贡］未经各级学校学习的人,也可以自行到所在郡(州)县报名,经过县、郡(州)两级考试,合格即可取得赴京参加省试的资格,这些人就叫“乡贡”。前文讲述的那些地方学校出身被推荐赴京应试的考生,他们和崇文馆、弘文馆、国子监等中央学校出身的考生一起,在当时都被称为“生徒”。生徒和乡贡是唐代科举考试的两大生源,由于他们都是经过选拔而被推举参加省试的考生,所以也被统称为“举子”。

⑩［令］法令。

⑪［“到尚书省”句］集阅,汇总审核。全国的举子到达京师后,先要到尚书省报道,由尚书省户部查验他们的身份(因为户部是掌管户籍的),再到吏部(后来改为礼部)参加考试,这个考试就是省试(省指尚书省)。关,通知,通告。考功,吏部下属机构,省试由这个机构的长官主持。可者,考试合格的人。第,及第,省试考中者被分为甲乙等第,所以考中也称及第。

⑫［“律曰”句］律,指唐律。“谓德行乖僻,不如举状者”和“谓才堪利用,蔽而不言也”都是律文条款的自注。德行,品德和行为。乖僻,反常,怪僻。不如举状,和举状(州府发给举子们的推荐文书)不符。徒,徒刑,一种强制服劳役的刑罚,唐代徒刑共五等,一年起判,每加一等刑期加半年。本条律文体现的是举主连坐制度,一个举子出了问题,推举他的地方负责人徒刑一年,二人罪加一等,以徒刑三年为量刑上限。

⑬［方略策］策试是一种传统的考试形式,出题叫制策,答题叫对

策，题目多是就政事或经史大义设问，要求考生逐条作答。所谓方策略，即要求考生陈述对国家某些方略的主张的策试。

⑭［坐］判罪。

⑮［自是士族所趣向］士族，泛指读书人。趣向，向往，趋附。趣，通“趋”。

⑯［“先试之期”句］谒，拜谒。先师，孔子。卜日，占卜吉日。宿张，像星宿一样排列。国学，国子监。宰辅，宰相。在省试之前，举子们要到国子监拜谒孔子像，并听国子监的学官们讲经。这个仪式是表示朝廷对举子们的重视，所以朝中高官也都要参加。仪式结束后，举子们就要到礼部（一度是吏部）正式参加考试了，所以叫“退之礼部”。

⑰［“阅试之日”句］阅试，考试。荐棘，草席和荆棘，即考场要用草席荆棘之类做成的篱笆圈起来，所以此后考场也被称为“棘围”、“棘篱”。讥诃，稽查盘问。假滥，冒充。

⑱［“其进士大抵千人”句］大抵千人，这是说参加进士科考试的人数。得第者百一二，即得第率在百分之一到百分之二。明经倍之，即参加明经科考试的人数是进士科的两倍。

⑲［“其制诏举人”句］制诏举人，即制举，参见注④。制举是以天子的名义发布诏书，要求州府举荐当地知名人士到京都应试，所以叫制诏举人。不有常科，即没有常规的科目。标其目，即制定名目。唐代制举科目极其繁多，往往根据当时人才需要灵活制定。搜扬，访求举拔。

⑳［“试已”句］已，完毕。出身，即科举考试中选者的身份、资格。

㉑［所收百才有一］即及第率仅百分之一。制科考试及第者有时能得到比明经、进士及第者更高的官职，或者升迁得更快，所以很有吸引力；另一方面，唐代的进士、明经在及第后也只是取得出身，并不能立即授官职，而他们如果再参加制科考试，就能立即得官，这更增加了制举的热门程度。

【评析】

杜佑的《通典》，是一部记录古代政治经济制度沿革史的书，涉及的时代范围，上起传说中的唐虞时代，下到作者生活的唐代中期。因它是通代之史，所以称“通”；因专讲制度，所以叫“典”。像《通典》这样记制度史的史书，有专门的名字叫“政书”，政书和纪传、编年、纪事本末一样，都是古代史籍的重要体裁。

《通典》全书一共分为食货、选举、职官、礼、乐、兵、刑、州郡、边防九个门类，从这个设计上看，它很像纪传体正史中的“志”。不过，纪传体正史的“志”记录的是某个朝代、时段的制度，我们从中无法把握更长时期的沿革情况；《通典》把制度“通”起来了，从古到今，因革可寻。另一方面，《通典》又没有史志中常见的天文、五行、经籍等内容，着眼点更集中在与国计民生有直接关系的主题上。和那种书斋里的史学家不同，杜佑历任地方官吏，后来做到重镇淮南的节度使，再后来又入朝为相，是一个具有丰富行政经验的政治家。正因为如此，他才更关心与国家运转切近相关的制度，像他格外看重经济问题，将食货放在全书之首，这在过去的历代史志中，都是没有的。

传统中国社会是一个官本位的社会，所以我们看到的历朝史书，都是紧紧围绕着官僚政治的；基于同样的原因，如何做官，是生活在传统社会的人们极为关心的话题，那么选官制度，也必然是国家最重要的制度之一。本文讲述的就是唐代的选举制度。

以科考举人，这一官吏选拔方式在隋代开始制度化，而唐代是该制度继续发展的关键期。科举制在设计之初，就有对抗贵族制的意图，因为世袭贵族背后有强大的家族背景支撑，往往对皇权造成威胁，而通过科举选拔的寒微之士，既容易为皇权控制，又会因为阶层的骤然提升而对皇帝高度忠诚。但在唐代前半期，门荫（即子孙凭借父祖官阶自动得到相应官位）仍然是入仕的主要途径，这还是六朝以来贵族制的延续，《通典》的作者杜佑本人，也是凭借门荫入仕的。只是与此同时，国家对科举越来越重视，也在根据对人才的需要和士人知识结构的考量，不断调整考试科目和重点内容。与门荫相比，科举在一定程度上打破了阶级的封闭性，使得民间学士有了进入政府成为官僚的机会，因此吸引面广泛。到唐代后期，科举尤其是进士出身的人越来越受到社会认可，反过来更增重了考试的吸引力。这样一路发展，到了宋代，科举几乎垄断了入仕途径，或者说，成为读书人加入政府的唯一稳定制度化渠道，直到 1905 年被废除为止。

科举制度的优点是显而易见的，它为有才有志之士提供了进入统治阶层的希望，也保证了统治阶层基因的多样性。宋代以后，通过考试选拔而为帝国官僚几乎成为才智之士唯一的努力方向，这也有益于帝国统治的稳定。

但科举制的缺点也是明显的。对国家而言，尽管科考内容代有调整——唐重诗赋，宋试经策，明清行八股——但核心都在考察士子的文辞能力，而士子们中举后将要走上的工作岗位，所需要的却是实在的行政能力。也就是说，所习非所用，所用非所习，新得第的举子一旦分配到基层岗位，百姓们面对的将是一个未经行政训练的文人、一个不专业的官僚。对举子而言，考试是人生悲喜剧的开始，登科者春风得意，落榜者失魂落魄。像范进一样蹭蹬科场、皓首无成的，代有其人。唐代省试每年考生大致在一千人到两千人之间，而及第者只有十到二十人，竞争异常激烈，最后起兵造反、推翻唐朝的黄巢，竟然也是不第举子。宋代以后，科考及第率大大增加，看起来似乎是好事，但国家又要面对科举形成的庞大官僚储备队伍的分配问题。而科举制对古代中国最大的伤害，莫过于极大消解了士人的独立人格，正如唐人赵嘏的诗所说，“太宗皇帝真长策，赚得英雄尽白头”，人们唯官是瞻，唯考是务，努力向专制朝廷靠拢以企求获得进士身份，成为他们欣然走上的不归路；即便有零星贾宝玉那样的叛逆者，也难免家庭与环境的逼迫。而明清以后，统治者更是通过调整科考内容来控制读书人的大脑，科举帮助专制政权利用考试灌输思想，将读书人驯化为帝国的工具。

在唐宋到清的漫长的历史中,科举制是联系读书人和专制帝国的纽带。相比王朝的更迭,斩断这个纽带,重新调整读书人和国家的关系,才是真正的社会革命。因此我们可以说,科举制的形成和废止,也是一个整体时代的开始和结束。

【理性思考】

简述唐代科举的生源构成、主要科目和考试流程。

【延伸阅读】

1. 杜甫《奉赠韦左丞丈二十二韵》,《杜甫全集校注》,人民文学出版社 2014 年版。

2. 孟郊《登科后》,《孟郊诗集校注》,人民文学出版社 2015 年版。

3. 吴敬梓《儒林外史》,人民文学出版社 1958 年版。

正　闰　论[①]

司马光

臣光曰:天生烝民,其势不能自治,必相与戴君以治之[②]。苟能禁暴除害以保全其[③]生;赏善罚恶使不至于乱,斯可谓之君矣。是以三代之前,海内诸侯何啻万国,有民人社稷者,通谓之君[④]。合万国而君子,立法度,班号令,而天下莫敢违者,乃谓之王[⑤]。王德既衰,强大之国能帅诸侯以尊天子者,则谓之霸。故自古天下无道,诸侯力争,或旷[⑥]世无王者,固亦多矣。秦焚书坑儒,汉兴,学者始推五德生胜,以秦为闰位,在木火之间,霸而不王,于是正闰之论兴矣[⑦]。及汉室颠覆,三国鼎跱。晋氏失驭,五胡云扰[⑧]。宋、魏以降,南、北分治,各有国史,互相排黜,南谓北为索虏,北谓南为岛夷[⑨]。朱氏代唐,四方幅裂,朱邪入汴,比之穷、新[⑩]。运历年纪,皆弃而不数,此皆私己之偏辞,非大公之通论也[⑪]。

臣愚诚不足以识前代之正闰，窃以为苟不能使九州合为一统，皆有天子之名而无其实者也，虽华夷仁暴，大小强弱，或时不同，要皆与古之列国无异，岂得独尊奖一国谓之“正统”，而其余皆为“僭伪[12]”哉！若以自上相授受者为正邪，则陈氏何所授？拓跋氏何所受[13]？若以居中夏者为正邪，则刘、石、慕容、苻、姚、赫连所得之土，皆五帝三王之旧都也[14]。若以有道德者为正邪，则蕞尔之国，必有令主，三代之季，岂无僻王[15]！是以正闰之论，自古及今，未有能通其义，确然使人不可移夺者也[16]。

臣今所述，止欲叙国家之兴衰，著生民之休戚，使观者自择其善恶得失，以为劝戒，非若春秋立褒贬之法，拨乱世反诸正也[17]。正闰之际，非所敢知，但据其功业之实而言之。周、秦、汉、晋、隋、唐，皆尝混壹九州，传祚于后，子孙虽微弱播迁，犹承祖宗之业，有绍复之望，四方与之争衡者，皆其故臣也，故全用天子之制以临之[18]。其余地丑德齐，莫能相壹，名号不异，本非君臣者，皆以列国之制处之，彼此均敌，无所抑扬，庶几不诬事实，近于至公[19]。然天下离析之际，不可无岁、时、月、日以识[20]事之先后。据汉传于魏而晋受之，晋传于宋以至于陈而隋取之，唐传于梁以至于周而大宋承之，故不得不取魏、宋、齐、梁、陈、后梁、后唐、后晋、后汉、后周年号，以纪诸国之事，非尊此而卑彼，有正闰之辨也[21]。昭烈之于汉，虽云中山靖王之后，而族属疏远，不能纪其世数名位[22]，亦犹宋高祖称楚元王后，南唐烈祖称吴王恪后，是非难辨[23]，故不敢以光武及晋元帝为比，使得绍汉氏之遗统也[24]。

【注释】

① 本文选自《资治通鉴·魏文帝黄初二年》（中华书局 1956 年版）。这篇文字是司马光史论内容，所以以“臣光曰”开头，类似于《史记》传后的“太史公曰”。《正闰论》的题目是编者所加。

② [“天生烝（zhēng）民”句] 烝，众，众多。烝民，民众，百姓。相与，共同，一道。戴，拥戴。

③ [其] 指烝民。

④ [“有民人社稷者”句] 民人,人民。通,全部。

⑤ [“合万国而君子”句] 合,合并,统一。君,用作动词,作……的君主,统治。班,颁布。

⑥ [旷] 长久,久远。

⑦ [“秦焚书坑儒”句] 推,推演。五德,古代阴阳家把金、木、水、火、土五行看成五德,认为历代王朝各代表一德,按照五行相克或相生的顺序,交互更替,周而复始。生胜,生克。闰,偏,副,伪,与“正”相对。闰位,非正统的帝位。在木火之间,战国末年阴阳家邹衍创立五德终始学说,以五行相克为序,周得火德,水克火,秦继周后,则秦为水德。汉儒为了论证汉代秦的合理性,又以五行相生的顺序解说,以周为木德,秦为水德,汉为火德,木生火,汉当继周,由此秦不在五德相生的正运之中,只能算霸,不能算王,也就是不算正统朝代。

⑧ [“及汉室颠覆”句] 跱(zhì),立。鼎跱,鼎立,三方像鼎的三足一样并立。失驭,失去驾驭,指丧失统治能力。五胡,晋武帝死后,晋室内乱,匈奴族、羯族、鲜卑族、氐族、羌族首领相继在中原称帝,史称“五胡”。云扰,像云一样的纷乱,比喻动荡不安。

⑨ [“宋、魏以降”句] 排黜,贬斥。南谓北为索虏,北谓南为岛夷,参《通志总序》注㊾。

⑩ [“朱氏代唐”句] 朱氏,指后梁太祖朱温。幅裂,像布幅一样被撕裂。朱邪,指五代后唐庄宗李存勖,他是沙陀人,本姓朱邪,因其父被唐德宗赐姓李,故名李存勖。入汴,指923年后唐军队攻入后梁都城汴梁(今开封),后梁亡。李存勖因沿用了唐的国号(史称后唐),故将自己灭梁比之于夏少康灭有穷、汉光武灭新莽。(相传有穷国君后羿夺取了夏的王位,后来夏又灭有穷而复国;西汉末年王莽废汉自立,国号为新。)本文的“比之穷、新”即指此。

⑪ [“运历年纪”句] 运历,天象运行所显示的一个朝代的气数。年纪,纪年年数。偏辞,片面说法。通论,通达的说法。

⑫［僭伪］指割据一方的非正统的王朝政权。

⑬［“若以自上相授受者”句］这句话是想说，如果依据是否处于延绵不断的王朝承接关系中来判断一个朝代是正统还是非正统，那么南北朝时，南朝的陈没有下继之国，北朝的魏又并不是承接着哪个政权而来，这样等于南北朝都不是正统了。

⑭［“若以居中夏者”句］这句话是说，如果以是否占据中原作为王朝正统与否的标准，那么匈奴人刘渊建立的汉，羯人石勒建立的后赵，鲜卑慕容部建立的前、后、西、南燕，氐人苻坚建立的前秦，羌人姚苌建立的后秦，匈奴人赫连勃勃建立的夏，这些政权所据有的领土，正是五帝和夏商周三代君王故都所在，那么这些五胡政权，也能算正统吗？

⑮［“若以有道德者”句］蕞（zuì）尔，小。令主，贤德的君主。季，末，指一个时期的末了。僻王，邪僻不正的国君。

⑯［“未有能通其义”句］通，畅达，顺畅，这里作使动用法。移夺，改变。

⑰［“臣今所述”句］止，仅，只。著，记载。生民，人民。休戚，喜乐和忧虑。劝戒，勉励告戒。若，像。春秋立褒贬之法，见《太史公自序》注㊴。拨乱世反诸正也，见《太史公自序》注㊿。

⑱［“皆尝混壹九州”句］混壹，统一。祚，君位。播迁，迁徙，流离。绍，继承。复，复兴。争衡，较量高低。临，给，加给。

⑲［“其余地丑德齐”句］地丑德齐，土地相同，德教齐等。丑，相同。壹，统一。处，对待。庶几，差不多，近似。

⑳［识（zhì）］标明。

㉑［辨］分别，区分。

㉒［“昭烈之于汉”句］昭烈，即蜀汉昭烈帝刘备。刘备自称汉景帝子中山靖王刘胜之后。不能纪其世数名位，据《三国志·先主传》记载，刘备之先世仅知父、祖而已，祖以上情况不详。

㉓［“亦犹宋高祖称楚元王后”句］宋高祖，南朝宋建立者刘裕，《宋书》说他是汉高祖刘邦之弟楚元王刘交之后。刘邦六年（前201）封

为楚王，都彭城。在位二十三年，死后谥元，史称楚元王。南唐烈祖，五代时南唐建立者李昪(biàn)，他原名徐知诰，是杨吴权臣徐温的养子，即位后复本姓李，自称唐宪宗之子建王李恪之后。

㉔［“故不敢以光武及晋元帝为比”句］光武，汉光武帝刘秀，据《后汉书》记载，刘秀是刘邦九世孙，出自景帝子长沙王刘发一支，发生刘买，买生刘外，外生刘回，回生刘钦，钦即刘秀父。晋元帝，东晋王朝的建立者司马睿，他是司马懿的曾孙，琅邪武王司马伷之孙，琅邪恭王司马觐之子，也就是西晋王朝的建立者司马炎的侄子辈。司马光这里的意思是，刘秀与西汉、司马睿与西晋皇室的血统关系很明确，而刘备的情况不同，他和汉朝皇室的具体关系不甚清楚，有点像刘裕和李昪的情况，既然真假难辨，《资治通鉴》就不将蜀汉视为继承汉朝的王朝，也就不以之为正统，而根据“汉传于魏而晋受之”的情况，用曹魏的年号纪事。

【评析】

中国历代王朝的统治者无不要求臣民无限效忠，正因为如此，解释本朝为什么可以推翻前朝，就是一个虽然尴尬却不得不面对的问题。正统论这种学说，就是为了论证一个政权的合法性服务的。

什么叫正统呢？《公羊传》里有两个词，叫“大居正”和“大一统”，大，是以……为大，也就是重视的意思，居正和一统，便是正统概念的来源。

统的本义是丝的头绪，君权来自于天，君主手中握着天统，代代相传，就算王朝更迭，统也从一个王朝传到下一个王朝，历史顺着这些王朝延展，正如丝之不绝，因此正统论制造的历史模型是古今绵延无断的，换言之，在任何一个时刻，天下有且只有一个正统王朝。这个正统王朝，体现在地理上，是统一天下；体现在时间上，是以其年号为天下唯一的合法纪年方式；体现在制度上，就是政教一齐，天下有统一的典章礼乐制度；并且它还要遵循正道，是所谓居正。司马光总结出的“自上相授受”、“居中夏”、“有道德”这三条传统的正统标准，就是从时间接续、地理控制和仁政实施三个角度设置的。

但是，历史的实际并没有按照这个人为设定的模型走。当天下分裂，久而不一，统的延续性就成了问题，那还谈何正统呢？可是，任何政权，哪怕它无承无继、偏居一隅、倒行逆施，都需要自称正统，甚至更需要自称正统，所以正统论不是被抛弃，而是解释空间越来越大了。若一个政权只掌控了中原地区，或者占据了传统的古都如长安、洛阳，便会自命居天下之正；与非华夏政权对峙的华夏政权，会从文明角度自命为正；总之，统治者自证正统的技术有很多，通过五德终始学说，通过禅让的仪式，通过沿用前代的国号，通过宣称与前代皇室的血缘关系，通过获猎传国玉玺，五花八门，各显神通。这就给后代的历史学家，尤其是写作通史的编年史学家，造成了巨大的困难，因为编年须将历代正统王朝的年号串联起来，中间既不能断绝，也不能重叠。司马光在编纂《资治通鉴》时，就遇到了这个难题。

司马光(1019—1086)，字君实，号迂叟，陕州夏县涑(sù)水乡(今山西夏县)人，世称涑水先生，因他去世后赠温国公，又常被后人称为司马温公。司马光是北宋著名的政治家、文学家和史学家，他从四十八岁起着手编纂《资治通鉴》，直到六十六岁，前后共修了 19 年。《资治通鉴》逐年记载了周威烈王二十三年(前 403)三家分晋到赵匡胤建宋前一年，即五代后周世宗显德六年(959)间一千三百多年的史事，是一部体量颇大的编年体通史，在我国史学史上占有极为重要的地位。

自唐安史之乱后，中央政府逐渐丧失对地方的控制力，直到五代天下分裂，北宋才复归一统。司马光所处的时代，这段长期分裂的历史留下的教训尚在眼前，北方辽、西夏的威胁又近在咫尺，因此士大夫对正统这个话题，也就比较敏感。司马光特意选取三家分晋作为《通鉴》的时间起点，正是痛心于天子失驭，下臣僭权；在处理南北朝史的时候，使用南朝年号，而不顾隋唐政权源自北朝的事实，也有尊奉华夏政权为正统的意味。

不过，《通鉴》对正闰的选择，有的时候是别有深意，有的时候也只是为了编修的操作方便，司马光在本文中主要强调了后一点。这篇议论写在曹魏黄初二年史事之后，因为这一年蜀汉建国，司马光面临一个在魏、蜀中选正统的问题。曹丕接受了汉献帝的禅让，具有合法的政权授受形式；刘备自称汉室宗亲，用汉国号，在血统上占据优势。但曹丕禅汉，却没有杀害汉献帝，汉献帝的存在，让刘备的继承汉统有点尴尬（所以刘备在称帝前谣传汉献帝已死）；而蜀最终被魏所灭，即使以蜀为正统，魏也是下一个正统，这是逃不掉的。尤其《通鉴》写这一段历史的主要参考书是《三国志》，《三国志》是以曹魏为正统的，《通鉴》因之不变，也省得加大工作量和工作难度，所以司马光选择魏为正统，从修史方便的角度说，是合理的。

但是，司马光对魏蜀的正闰处理，也经常受到后人的批评。大思想家朱熹就对司马光的作法表示强烈不满，而这种情绪，又和朱熹所处的南宋已然是一个南方政权有关了。另一方面，宋以后的中国，君主专制越来越强，忠贞观念在统治者的大力宣传下越来越坚固，毕竟从忠君的角度说，曹氏父子直接从汉室手中夺取权力，刘备却总打着复兴汉室的旗号活动，于是尊刘抑曹，不可避免地将成为主流历史观。我们看《三国演义》，就是明确地将忠与仁、奸与暴作为刘曹两家的标签。意大利史学家克罗齐有句名言："一切历史都是当代史。"没有哪个历史学家能不受其所处时代社会背景、意识形态的影响，他们的著作虽然处理古代的问题，却也饱含着对当下的关怀，司马光看重"三家分晋"事件，朱熹强调蜀汉正统，无不是出于这种当下关怀。史书的这个特点，是我们阅读时所应该注意的。

【理性思考】

为什么《三国志》以曹魏为正统？

【延伸阅读】

梁启超《论正统》，收入饶宗颐《中国史学上之正统论》，中华书局2015年版。

通志总序(节选)[1]

郑 樵

百川异趣,必会于海,然后九州无浸淫之患;万国殊途,必通诸夏,然后八荒无壅滞之忧:会通之义大矣哉[2]! 自书契以来,立言者虽多,惟仲尼以天纵之圣,故总《诗》《书》《礼》《乐》而会于一手,然后能同天下之文[3];贯二帝三王而通为一家;然后能极古今之变[4]。是以其道光明百世之上,百世之下不能及。

仲尼既没,百家诸子兴焉,各效《论语》以空言著书,至于历代实迹,无所纪系。迨汉建元、元封之后,司马氏父子出焉[5]。司马氏世司典籍,工于制作,故能上稽仲尼之意,会《诗》《书》《左传》《国语》《世本》《战国策》《楚汉春秋》之言,通黄帝、尧、舜至于秦、汉之世,勒成一书[6],分为五体:“本纪”纪年,“世家”传代,“表”以正历,“书”以类事,“传”以著人,使百代而下,史官不能易其法,学者不能舍其书。六经之后,惟有此作,故谓“周公五百岁而有孔子,孔子五百岁而在斯乎!”是其所以自待[7]者已不浅。然大著述者,必深于博雅而尽见天下之书,然后无遗恨。当迁之时,挟书之律初除,得书之路未广,亘三千年之史籍,而跼蹐于七八种书,所可为迁恨者,博不足也[8]。凡著书者,虽采前人之书,必自成一家言。左氏,楚人也,所见多矣,而其书尽楚人之辞;公羊,齐人也,所闻多矣,而其书皆齐人之语[9]。今迁书全用旧文,间以俚语,良由采摭未备,笔削不遑[10]。故曰:“予不敢堕先人之言,乃述故事,整齐其传,非所谓作也。”刘知几亦讥其“多聚旧记,时插杂言”。所可为迁恨者,雅不足也。大抵开基之人不免草创,全属继志之士为之弥缝[11]。晋之《乘》、楚之《梼杌》、鲁之《春秋》,其实一也[12]。《乘》《梼杌》无善后之人,故其书不行[13]。《春秋》得仲尼挽之于前,左氏推之于后,故其书与日月并传[14]。不然,则一卷事目[15],安能行于世?

自《春秋》之后,惟《史记》擅制作之规模,不幸班固非其人,遂失会通之旨，司马氏之门户自此衰矣[16]！班固者，浮华之士也，全无学术，专事剽窃[17]。肃宗问以制礼作乐之事，固对以在京诸儒必能知之。傥臣邻皆如此，则顾问何取焉！及诸儒各有所陈，固惟窃叔孙通十二篇之仪以塞白而已。傥臣邻皆如此，则奏议何取焉[18]！肃宗知其浅陋，故语窦宪曰："公爱班固而忽崔骃，此叶公之好龙也[19]。"固于当时，已有定价；如此人材[20]，将何著述？《史记》一书，功在十表，犹衣裳之有冠冕、木水之有本原；班固不通旁行邪上，以古今人物强立差等[21]。且谓汉绍尧运，自当继尧，非迁作《史记》侧于秦、项，此则无稽之谈也[22]。由其断汉为书，是致周、秦不相因[23]，古今成间隔。自高祖至武帝，凡六世之前，尽窃迁书，不以为惭[24]；自昭帝至平帝，凡六世，资于贾逵、刘歆，复不以为耻[25]。况又有曹大家终篇，则固之自为书也几希[26]！往往出固之胸中者，《古今人表》耳，他人无此谬也[27]。

后世众手修书，道傍筑室，掠人之文，窃钟掩耳，皆固之作俑也[28]。固之事业如此，后来史家奔走[29]班固之不暇，何能测其浅深？迁之于固，如龙之于猪，奈何诸史弃迁而用固，刘知几之徒尊班而抑马[30]？且善学司马迁者，莫如班彪[31]。彪续迁书，自孝武至于后汉。欲令后人之续已，如已之续迁，既无衍文，又无绝绪，世世相承，如出一手。善乎其继志也[32]！其书不可得而见；所可见者，元、成二帝赞耳[33]。皆于本纪之外，别记所闻，可谓深入太史公之阃奥[34]矣！凡左氏之有"君子曰"者，皆经之新意；《史记》之有"太史公曰"者，皆史之外事，不为褒贬也[35]；间有及褒贬者，褚先生之徒杂之耳[36]。且纪传之中，既载善恶，足为鉴戒，何必于纪传之后更加褒贬？此乃诸生决科之文，安可施于著述？殆非迁、彪之意。况谓为"赞"，岂有贬辞[37]？后之史家，或谓之"论"，或谓之"序"，或谓之"铨"，或谓之"评"，皆效班固，臣不得不剧论固也[38]。

司马谈有其书，而司马迁能成其父志。班彪有其业，而班固不能读父之书[39]。固为彪之子，既不能保其身，又不能传其业，又不能教其子。为人如此，安在乎言为天下法[40]！范晔、陈寿之徒继踵，率皆轻薄无行，以速罪辜，安在乎笔削而为信史也[41]！孔子曰："殷因于夏礼，所损益，可知也；周因于殷礼，所损益，可知也[42]。"此言相因也。自班固以断代为史，无复相因之义；虽有仲尼之圣，亦莫知其损益。会通之道，自此失矣！

语其同也[43]，则纪而复纪，一帝而有数纪；传而复传，一人而有数传。天文者，千古不易之象，而世世作天文志；《洪范五行》者，一家之书，而世世序五行传[44]。如此之类，岂胜繁文[45]！语其异也，则前王不列于后王，后事不接于前事[46]；郡县各为区域，而昧迁革之源；礼乐自为更张，遂成殊俗之政[47]。如此之类，岂胜断绠[48]！曹魏指吴、蜀为寇，北朝指东晋为僭；南谓北为索虏，北谓南为岛夷[49]。《齐史》称梁军为义军，谋人之国可以为义乎？《隋书》称唐兵为义兵，伐人之君可以为义乎[50]？房玄龄董史册，故房彦谦擅美名[51]；虞世南预修书，故虞荔、虞寄有嘉传[52]。甚者，桀犬吠尧，吠非其主[53]。《晋史》党晋而不有魏，凡忠于魏者，目为叛臣，王凌、诸葛诞、毌邱俭之徒抱屈黄壤[54]；《齐史》党齐而不有宋，凡忠于宋者，目为逆党，袁粲、刘秉、沈攸之之徒含冤九泉[55]。噫！天日在上，安可如斯！似此之类，历世有之。伤风败义，莫大乎此！

迁法既失，固弊日深，自东都至江左，无一人能觉其非[56]。惟梁武帝为此慨然，乃命吴均作《通史》，上自太初，下终齐室，书未成而均卒[57]。隋杨素又奏令陆从典续《史记》，讫于隋，书未成而免官[58]。岂天之靳斯文而不传与[59]？抑非其人而不祐之与？自唐之后，又莫觉其非，凡秉史笔者，皆准《春秋》专事褒贬[60]。夫《春秋》以约文[61]见义，若无传释则善恶难明；史册以详文该事，善恶已彰，无待美刺[62]。读萧、曹之行事，岂不知其忠良？见莽、卓之所为，岂不知其凶逆[63]？

夫史者，国之大典[64]也。而当职之人，不知留意于宪章，徒相尚于言语；[65]正犹当家之妇，不事饔飧[66]，专鼓唇舌，纵然得胜，岂能肥家[67]？此臣之所深耻也。

【注释】

① 本文选自郑樵《通志》(《通志二十略》，中华书局 1995 年版)。

②［“百川异趣”句］趣，通“趋”，趋向。浸淫，泛滥。八荒，泛指荒远的地方。壅滞，阻隔，堵塞。会通，融会贯通。

③［“自书契以来”句］书契，指文字。立言，著书立说。天纵，上天赋予。同天下之文，指将天下的典籍融会贯通。

④［“贯二帝三王”句］二帝三王，指尧、舜、禹、汤、周文王（或周武王）。极，穷尽。

⑤［“仲尼既没”句］迨（dài），等到。建元、元封，汉武帝年号。司马氏父子，司马谈、司马迁父子。这一段内容，可以参考《太史公自序》。

⑥［“司马氏世司典籍”句］工于，长于，善于。制作，写作，撰述。稽（jī），考核，查考。《世本》，先秦史书，记载了黄帝到春秋间的史事。《楚汉春秋》，西汉初陆贾撰写的一部当代史，主要记述楚汉战争至汉初史事。勒，编纂。

⑦［自待］看待自己。

⑧［“当迁之时”句］挟书之律，秦禁私藏书籍，这种法规直到汉惠帝时才废止。挟，持有。亘，贯穿。《史记》从黄帝写到汉武帝，所以叫“亘三千年”。跼蹐（jú jí），局限。《汉书·司马迁传赞》说：“司马迁据《左氏》《国语》，采《世本》《战国策》，述《楚汉春秋》，接其后事，讫于天汉。”郑樵对《史记》材料来源的看法，就是从这句话来的。但《汉书》并没有说《史记》只参考了这几本书，其实《史记》的参考书有上百种之多，所以郑樵的说法是不准确的。

⑨［“左氏”句］左氏，郑樵认为《左传》虽然是鲁国史，但记载楚国的事件也格外详细，《左传》的作者不是左丘明，而是春秋时楚国左史倚相的后人，这里的左氏就是指他。公羊，公羊高，战国时齐人，精于《春秋》，他的学问口授给子孙，到汉景帝时，他的玄孙将家传的《春秋》解读写出来，就是《春秋公羊传》。

⑩［“今迁书全用旧文”句］间（jiàn），夹杂。旧文，过去的典籍。俚语，方言俗语、民间口语。《史记》所参考的古代典籍如《尚书》等，词句与司马迁时代的语言习惯差别已经很大，所以司马迁将相关内容写

到书中时，常常就直接翻译成汉代当时的语言，所以郑樵说《史记》的语言不够古雅。不过，郑樵前文说《史记》只参考了七八种书，这里说《史记》全用旧文，前后有些矛盾。良，副词，确实。采摭（zhí），采集摘录。笔削，记载和删改。不遑，来不及。

⑪［“刘知几亦讥其”句］多聚旧记，时插杂言，即前文的“全用旧文，间以俚语”。草创，草率创建。属（zhǔ），委托。弥缝，缝合，补救。

⑫［“晋之《乘》”句］这是《孟子》里的话，是说春秋各国各有史书，比如晋国有《乘》，楚国有《梼杌》，鲁国有《春秋》，都是一样的性质。

⑬［“《乘》《梼杌》无善后之人”句］善后，妥善处理事情发生后的遗留问题。这是说《乘》《梼杌》都亡佚了，只有《春秋》留了下来，是因为《乘》和《梼杌》没有后人去删改加工，使其完善。

⑭［“《春秋》得仲尼挽之于前”句］这句话是说，《春秋》有孔子为之删定整理在前，左氏为之作传在后，所以能如日月一样永远流传。

⑮［事目］即简单的纪事大纲。

⑯［“自《春秋》之后”句］擅，占有，据有。规模，制度，程式。非其人，不是那个（能继承司马迁）的人。门户，指学术派别。

⑰［“班固者”句］浮华，华而不实。学术，学问，学识。

⑱［“肃宗问以制礼作乐之事”句］肃宗，汉章帝。章帝曾问班固如何改定礼制，班固建议广招京师诸儒，共议得失，章帝认为众议纷纭，反而难有结果，没有同意。后来班固将汉初的叔孙通所作的《汉仪》十二篇献给章帝。傥（tǎng），倘若，假如。臣邻，臣下。顾问，供帝王咨询的侍从之臣。何取，用反问的语气表示不足称许。塞白，敷衍塞责。

⑲［“肃宗知其浅陋”句］这句话是的背景是章帝赞赏崔骃的文才，把他推荐给窦宪。窦宪，章帝窦皇后之兄。班固是窦宪的同乡，窦班两个家族渊源很深，后来窦宪击败北匈奴，班固随军；窦宪被和帝赐死，班固也遭到牵连，死于狱中。

⑳［人材］人品和才能。

㉑［“班固不通旁行邪上”句］旁行邪上，横行斜线，指以表格形式

排列的年表、世系表等。邪，斜。差，次第，等级。这句话是批评班固的《汉书·古今人表》，该表将伏羲到秦代的著名人物分成了圣人、仁人、智人、愚人等九个等级。

㉒［“且谓汉绍尧运”句］汉绍尧运，东汉很多儒者都宣传汉是尧的后裔，班彪、班固父子都持此说。《汉书·叙传》明确说：“汉绍尧运，以建帝业，至于六世，史臣（指司马迁）乃追述功德，私作本纪，编于百王之末，厕于秦、项之列。”郑樵的批评，就是针对班固这句话的。《史记》作为通史，将《高祖本纪》安排在五帝夏商周秦诸王之后、秦始皇和项羽之间，而班固认为汉继承了唐尧的运祚，这是他们二者间的很大不同。绍，继承。运，运祚。侧，错杂。无稽之谈，没有根据、无从查证的话。

㉓［是致周、秦不相因］是致，因此导致。相因，相袭，相承。

㉔［“自高祖至武帝”句］这句话是说《汉书》对汉武帝及其之前的汉高祖、吕后、惠帝、文帝、景帝时期的记载多袭用《史记》原文。

㉕［“自昭帝至平帝”句］这句话是说《汉书》对昭帝至平帝历史的记载，是借助了贾逵、刘歆的著作完成的。贾逵，与班固同时的学者。刘歆，西汉末年人，刘向子，他们父子曾经续写《史记》。资，凭藉，依靠。

㉖［“况又有曹大家(gū)终篇”句］曹大家，即班固的妹妹班昭，曹是她夫家的姓。大家，即大姑，是对女子的尊称，班昭经常奉召入宫教导后妃，故当时尊称为曹大家。终篇，完成全篇。班固死时，《汉书》并未完稿，所以汉和帝命班昭续成。几希，极少。

㉗［“往往出固之胸中者”句］往往，处处。这句话是说，《汉书》中完全出于班固手的，只有《古今人表》，别人也写不出那么荒谬的东西。

㉘［“后世众手修书”句］众手修书，即集体修史。道旁筑室，出自《诗经·小雅·小旻》：“如彼筑室于道谋，是用不溃于成。”盖房子，同过路的人商量，而人多言杂，必难成事。窃钟掩耳，即“掩耳盗铃”。作俑，《孟子·梁惠王上》：“仲尼曰：‘始作俑者，其无后乎！’为其像人而用之也。”俑，木偶人，孔子认为，殉葬用人形的木偶非爱人之道，所以坚决反对。后因称首开恶例为“作俑”。

㉙［奔走］趋附，迎合。这里指追、随效法《汉书》。

㉚［“迁之于固”句］诸史弃迁而用固，指《汉书》之后的纪传体史书，多为断代史，并且在细节体例上也深受《汉书》影响。尊班而抑马，这是说刘知几尊崇班固而贬低司马迁，刘知几不主张写通史，所以特别赞扬班固《汉书》断代为史的体例，对此可以参看《史通・六家》。

㉛［班彪］(3—54)，字叔皮，班固之父。《史记》只写到汉武帝太初年间，彪撰“后传”数十篇，以续《史记》。

㉜［“既无衍文”句］衍文，因缮写、刻版、排版等错误而多出来的字或句子，这里指内容上的重复。绝绪，指史事头绪中断，无人继续撰述。继志，继续前人之志。

㉝［“其书不可得而见”句］这句是说班彪的书已经亡佚，只有其中的《元帝本纪赞》和《成帝本纪赞》被班固取用而保存在《汉书》中，现在还可以看到。

㉞［阃(kǔn)奥］深邃的内室，比喻学问或事理的精微深奥所在。

㉟［“凡左氏之有‘君子曰’者”句］这句话是说，《左传》中常出现“君子曰”的评论，其内容都是阐发经(即《春秋》)的新意；《史记》也采用了类似的体例，凡是文中出现“太史公曰”的地方，都是要补充信息，而不评议、褒贬史事。

㊱［“间(jiàn)有及褒贬者”句］间有，间或有。及，涉及。褚先生，褚少孙，指汉元帝、成帝时人，曾补续《史记》，今天看到的《史记》里有部分内容是褚少孙补入的。《史记》中利用“太史公曰”加入作者议论褒贬的地方其实相当之多，郑樵认为这些内容都是出于褚少孙的，这个猜测可能没有根据。

㊲［“且纪传之中”句］诸生决科之文，儒生参加科举考试所写的文章。决科，决定科第，指参加科举考试。殆，副词，当，必。这句话是针对《汉书》传赞的，《汉书》在传后系“赞”，形式上仿效了《左传》“君子曰”和《史记》“太史公曰”的做法，但郑樵认为班固的赞中都是褒贬之辞，违背了《左传》和《史记》的精神。而且，既然叫“赞”，内容里就不应

该贬,否则名实不符。

㊳［“后之史家”句］这句话是说后代的史书仿效《汉书》,也在传后设立论、序、铨、评等内容,就相当于班固的“赞”。班固是这个坏风气的始作俑者,所以要予以严厉批评。剧论,深刻论议,激切论辩。

㊴［班固不能读父之书］指班彪本有续《史记》之书,为班固继续撰作提供基础,可是班固不再续写通史,而是自创了断代之体。

㊵［“固为彪之子”句］不能保其身,指班固受窦宪牵连获罪,而之前他的儿子、家奴横行不法,与洛阳令结怨,此时洛阳令也借机报复他,使其死于狱中。安在乎,在哪里。安在乎言为天下法,即(人们说《汉书》的)文字是天下人效法的准则,在哪里有所体现啊!

㊶［“范晔、陈寿之徒继踵”句］范晔,刘宋史学家,《后汉书》的作者,其品行颇有不合当时风化处,最后因卷入谋反案被杀。陈寿,西晋史学家,《三国志》的作者,据说他在守父丧期间使婢女和药,又遵母嘱葬母于洛阳,而没有依当时礼俗归葬原籍,遭人非议。继踵,接踵,前后相接,这里指《三国志》和《后汉书》继承《汉书》断代史的传统。轻薄无行,轻佻浮薄、品行不好。速,招致。罪辜,罪咎。信史,真实可信、无所讳饰的史籍。安在乎笔削而为信史也,即(人们说《三国志》《后汉书》是)笔削得当的信史,在哪里有所体现啊!

㊷［“孔子曰”句］孔子的这句话出自《论语·为政》,弟子子张问孔子“今后十世的礼仪制度是否可以预先知道”,孔子回答:“殷因于夏礼,所损益,可知也;周因于殷礼,所损益,可知也。其或继周者,虽百世,可知也。”意思是:“商朝继承了夏朝的礼仪制度,所增减的内容是可以知道的;周朝又继承商朝的礼仪制度,所增减内容是可以知道的。将来有继承周朝的,就是一百世以后的情况,也是可以预先知道的。”郑樵援引这个典故,想说明通史的意义在不割断连续的时间,从而保证历史的延续和变革情况能被完整记录下来,这就是下文所说的“会通之道”。因,因袭。损益,增减。

㊸［语其同也］即“说到那些相同的地方”,这是说生活在改朝换

代时期的历史人物，往往上一个朝代的断代史要写，下一个朝代的断代史也得写，由此造成同一人物多次立传的情况。比如《三国志》《后汉书》里都有《董卓传》和《吕布传》。

㊹［“天文者”句］这句话是说，天文是相对恒定的，没有必要一代代的断代史都立一个《天文志》；《洪范五行》不过是一家之言，未必有道理，也没有必要一代代的断代史都去立一个《五行志》。《汉书》设有《天文志》《五行志》，前者讲天象，后者讲符瑞灾异，古人科技不发达，凡有天文和自然异常，往往要在人世中寻求解释或联系，所以后世很多史书都设立这两个志。不过随着科学知识的积累和理性主义的成长，人们必然逐渐怀疑乃至否认前人对自然世界的阐释，郑樵在这方面就有强烈的意识。《洪范五行》，即《洪范五行传》，西汉时关于符瑞灾异及其祸福占验的文献，是《汉书·五行志》的材料来源之一。

㊺［繁文］繁琐复杂的文辞。

㊻［“语其异也”句］这句话是想说明，时代相接的断代史著作，因为是各自独立的作品，前后内容并不严格对接、照应，所以人物和事迹无法通史那样能贯穿连接。

㊼［“郡县各为区域”句］这句话是说，断代史只叙述当代的郡县区域，它们沿革变迁的源流读者却无从得知；因为不交代变革过程，各史呈现的礼乐制度自动就变更了，好像它们是属于不同文化的国家。昧，使昏暗。更张，改弦更张，变革。殊俗，风俗不同。

㊽［断绠（gěng）］断了的汲水绳，比喻前后不连贯。

㊾［“曹魏指吴、蜀为寇”句］这句话是指斥断代史各有各的王朝立场，相互攻击。比如《三国志》记事以魏为正统，称吴、蜀为寇；记载北魏历史的《魏书》称东晋为“僭晋”，称南朝人为岛夷；而记载南朝宋历史的《宋书》则称北魏为索虏。索虏、岛夷，都是对蛮人的贬称。

㊿［“《齐史》称梁军为义军”句］这句话是想说修史者作为后代人去修前代史，在涉及朝代更替时，就不得不为自己的朝代和君主回护。比如南朝梁萧子显撰《南齐书》，把梁武帝所率的反齐部队说成是义军；

唐人修《隋书》，也说李渊的反秦部队是义兵。既然是写齐、隋的历史，站在齐、隋的立场上，这些篡国的武装难道能说是“义”吗？

㉛［“房玄龄董史册”句］房玄龄，唐初名臣，曾奉命主持修撰《隋书》，他的父亲房彦谦生前并不十分显赫，《隋书》却为其设传，并将房彦谦描写得德行兼备。

㉜［“虞世南预修书”句］虞世南，唐初名臣，他是虞荔的儿子，出继给叔叔虞寄。虞荔、虞寄都以文史知名于南朝梁、陈间，《陈书》和《南史》有他们的传记。不过从现存资料看，虞世南并没有参与这两部史书的撰写，也可能郑樵参考了我们现在已见不到的文献，或者他的记忆发生了错误。

㉝［“甚者”句］甚者，更严重的情况。桀犬吠尧，吠非其主，意思是暴君夏桀的狗，会向圣君尧狂吠，因为狗的本性只是忠于主人，而不是辨别是非。

㉞［“《晋史》党晋”句］党，偏私。有，通“友”。魏末王凌、毌（guàn）丘俭、诸葛诞起兵反对司马氏专权，都被镇压，《晋书》将他们视为叛臣。

㉟［“《齐史》党齐”句］这是说齐高帝萧道成当年谋夺刘宋帝位，袁粲、刘秉和沈攸之都因反抗他而死，《南齐书》却将三人视为逆党。

㊱［“自东都至江左”句］东都，东汉都城洛阳在西汉都城长安之东，故称东都，这里代指东汉。江左，即江东，长江下游以东地区，这里代指东晋南朝，因其建都在今南京市。

㊲［“惟梁武帝为此慨然”句］吴均，南朝梁文学家、史学家，曾奉梁武帝命编写《通史》，书没有写完吴均就去世了。太初，太古时期。齐室，指南齐。

㊳［“隋杨素”句］陆从典，陈隋之际的文学家和史学家，由于隋右仆射杨素的奏请，他奉命编写一部接续《史记》直到隋代的通史，但是书没写完就因故被贬官了。

㊴［岂天之靳斯文而不传与］靳，吝惜。斯文，指通史体裁的史

书。与(yú),语气词,表疑问。

⑥⓪ [皆准《春秋》专事褒贬] 自汉代以来,学者多认为《春秋》暗寓褒贬于行文用字之中,并将这种曲折表达褒贬的写作方法称为"春秋笔法";而这种过于隐晦的褒贬,读者只有通过《春秋》的注释,如《左传》《公羊传》《谷梁传》等书才能理解。

⑥① [约文] 简略的文字。

⑥② ["史册以详文该事"句] 该,详备,这里作使动用法。美刺,赞美和刺讥。这句话是说,史书可以详细地记载史实,让善恶在叙事中自然而然地彰显出来,不需要使用春秋笔法。

⑥③ ["读萧、曹之行事"句] 萧、曹,西汉初年的两位政治家萧何、曹参,《史记》里有他们的传记。莽即王莽《汉书》有传。卓即董卓,《三国志》和《后汉书》有传。

⑥④ [大典] 重要的典籍。

⑥⑤ ["而当职之人"句] 宪章,典章制度。相尚于言语,即互相标榜春秋笔法等措辞上的讲究。

⑥⑥ [饔(yōng)飧(sūn)] 本义是早饭和晚饭,这里指做饭。

⑥⑦ [肥家] 治家。

【评析】

郑樵(1104—1162),字渔仲,兴化军莆田(今福建莆田)人。他生活在两宋之交,因长年在夹漈(jì)山隐居著述,世称夹漈先生。郑樵一生不应科举,把全部精力投入到学术研究中,在经学、史学、语言学、文献学等方面都取得了成就。

《通志》是郑樵最负盛名的著作,书名中的"志"是"记事之史"的意思,所以"通志"也就是"纪传体通史"。郑樵推重通史,反对断代,这是他的核心史学观念,为此在全书的总序中,郑樵以班固《汉书》为重点,激烈地批判了断代史。在郑樵之前,刘知几是比较推重断代史的,但他也强调编纂断代史应避免与前史内容重复,还特别指出《汉书·五行志》牵强附会的弊病，郑樵吸收了刘知几的这些思考，认为这正是断代史体裁本身有缺陷的证据。除此之外，断代史往往属于前朝史、近代史，和修撰者所处的王朝牵连很深，所以郑樵认为断代史撰写中必然会有曲笔讳饰的行为。不过，郑樵反对断代最根本的原因不是这些技术上的问题，而是断代史无法实现他“会通”的理想。所谓会通，类似于司马迁说的“通古今之变”。历史如何走到今天，世界如何成了今天这个样子，不是通过短时段历史的叙述就能说明的；而一个朝代的年数有限，政治社会格局变化也有限，不从更长的历史时段去考量，有些重要的历史走向便无从把握。

除了主张通史外，郑樵的另一个重要观点是反对在历史叙述中加入撰写者的褒贬，史家只是叙述者，而不是评论者，用今天的话说，就是“让事实说话”。保证历史叙述的客观性，当然是理想的撰史心态，但是应当承认的是，任何史学家都难免或多或少在叙述中加入自己的价值判断，即使不通过直接的褒贬之词，也可以通过史料的剪裁、拼接来完成。就拿郑樵自己的这篇《总序》来说，写到“肃宗问以制礼作乐之事”这件事，就利用了不同来源的文献进行拼接，又私自加入了“窃叔”、“塞白”、“肃宗知其浅陋”等史料中没有的措辞，把原本并无贬损班固意味的几个事件，制作成了一个能够证明班固不学无术的史料；又比如他通过对班彪史学特色的一些不太准确的解读，将班氏父子的史学观念有意对立起来，古人有子当传父道的观念，这就等于把班固的形象更丑化了。此外，尽管本文不是一篇传记，但反对褒贬的郑樵自己写出“迁之于固，如龙之于猪”的话，这也有失一个史学家基本的学术立场。其实，郑樵推崇会通，有理有据，完全不需要枝蔓出对班固乃至后代断代史作者陈寿、范晔等近乎人身攻击的议论，更何况史学家的个人品德，与断代体这种史学体裁的缺陷，其间完全没有关系。

断代史和通史的优劣，就像纪传体与编年体的优劣一样，是古人反复辩论不休的史学话题。其实，这种争论不休，本身就说明了各个体裁都有其难以取代的价值，不能说哪一种就更好，哪一种就应该被淘汰。

郑樵的《通志》虽然是一部通史，但纪传部分由于基本抄录《史记》以来的前代史书，并不为后世读者看重，全书中公认最精彩的部分，乃是二十篇“略”。《通志》的“略”相当于此前纪传体史书中的“志”，郑樵认为史家不应过度强调文辞而应把关注点放在典章制度上，所以《二十略》是他格外用心的制作。但是《二十略》又不像前代的史志一样局限于典章制度史，它包括了学术、社会、科技等方方面面的内容，几乎可以说是一部百科全书，集中地体现了郑樵的广博学识和卓越史才。

【理性思考】

除了本文所列外，想想通史和断代史各自还可能有什么优缺点？将纪传体、编年体和通史、断代史搭配，所得到的四种史书体裁，又会各自有什么优缺点？分别更适合处理什么样的历史题材？

【延伸阅读】

章学诚《文史通义・申郑》，《文史通义校注》，中华书局 1985 年版。

文史通义・书教下[①]

章学诚

《易》曰：“蓍之德圆而神，卦之德方以智[②]。”间尝窃取其义以概古今之载籍，撰述欲其圆而神，记注欲其方以智也[③]。夫“智以藏往，神以知来”[④]，记注欲往事之不忘，撰述欲来者之兴起，故记注藏往似智，而撰述知来拟神也[⑤]。藏往欲其赅备无遗，故体有一定而其德为方；知来欲其决择去取，故例不拘常而其德为圆[⑥]。

《周官》三百六十，天人官曲之故，可谓无不备矣，然诸史皆掌记注，而未尝有撰述之官[⑦]。则传世行远之业，不可拘于职司，必待其人而后行[⑧]。非圣哲神明，深知二帝三王精微之极致，不足以与此[⑨]。此《尚书》之所以无定法[⑩]也。

《尚书》《春秋》，皆圣人之典也。《尚书》无定法，而《春秋》有成例；故《书》之支裔折入《春秋》，而《书》无嗣音[11]——有成例者易循，而无定法者难继，此人之所知也。然圆神方智，自有载籍以还，二者不偏废也。不能究六艺之深耳，未有不得其遗意者也[12]。史氏继《春秋》而有作，莫如马、班[13]，马则近于圆而神，班则近于方以智也。

《尚书》一变而为左氏之《春秋》，《尚书》无成法，而左氏有定例以纬经[14]也；左氏一变而为史迁之纪传，左氏依年月，而迁书分类例以搜逸[15]也。迁书一变而为班氏之断代，迁书通变化，而班氏守绳墨以示包括也[16]。就形貌而言，迁书远异左氏，而班史近同迁书，盖左氏体直，自为编年之祖，而马、班曲备，皆为纪传之祖也[17]。推精微而言，则迁书之去左氏也近，而班史之去迁书也远；盖迁书体圆用神，多得《尚书》之遗；班氏体方用智，多得《官礼》之意也[18]。

迁书纪、表、书、传，本左氏而略示区分，不甚拘拘[19]于题目也。《伯夷列传》乃七十篇之序例，非专为伯夷传也；《屈贾列传》[20]所以恶绛、灌之谗，其叙屈之文，非为屈氏表忠，乃吊贾之赋也。《仓公》录其医案，《货殖》兼书物产，《龟策》但言卜筮，亦有因事命篇之意，初不沾沾为一人具始末也[21]。《张耳陈余》，因此可以见彼耳；《孟子荀卿》，总括游士著书耳[22]。名姓标题，往往不拘义例，仅取名篇，譬如《关雎》《鹿鸣》，所指乃在嘉宾淑女[23]。而或且讥其位置不伦，或又摘其重复失检。不知古人著书之旨，而转以后世拘守之成法反訾古人之变通，亦知迁书体圆而用神，犹有《尚书》之遗者乎[24]！

迁《史》不可为定法，固《书》因迁之体，而为一成之义例，遂为后世不祧之宗焉[25]。三代以下，史才不世出，而谨守绳墨，待其人而后行，势之不得不然也[26]。然而固《书》本撰述而非记注，则于近方近智之中，仍有圆且神者以为之裁制，是以能成家而可以传世行远也[27]。后史失班史之意，而以纪、表、志、传同于科举之程式、官府之簿书[28]，则于记注撰述两无所似，而古人著书之宗旨不可复言矣。史不成家而事文皆晦，而犹拘守成法，以谓其书固祖马而宗班也，而史学之失传也久矣[29]！

历法久则必差，推步后而愈密，前人所以论司天也。而史学亦复类此[30]。《尚书》变而为《春秋》，则因事命篇，不为常例者，得从比事属辞为稍密矣[31]。《左》《国》变而为纪传，则年经事纬，不能旁通者，得从类别区分为益密矣[32]。纪传行之千有余年，学者相承，殆如夏葛冬裘，渴饮饥食，无更易矣[33]。然无别识心裁，可以传世行远之具；而斤斤如守科举之程式，不敢稍变；如治胥吏之簿书，繁不可删[34]。以云方智，则冗复疏舛，难为典据；以云圆神，则芜滥浩瀚，不可诵识[35]。盖族史[36]但知求全于纪、表、志、传之成规，而书为体例所拘，但欲方圆求备，不知纪传原本《春秋》，《春秋》原合《尚书》之初意也。《易》曰："穷则变，变则通，通则久。"纪传实为三代以后之良法，而演习既久，先王之大经大法转为末世拘守之纪传所蒙，曷可不思所以变通之道欤[37]！

左氏编年，不能曲分类例；《史》《汉》纪、表、传、志，所以济类例之穷也[38]。族史转为类例所拘，以致书繁而事晦；亦犹训诂注疏，所以释经，俗师反溺训诂注疏而晦经旨也[39]。夫经为解晦，当求无解之初；史为例拘，当求无例之始。例自《春秋左氏》始也，盍求《尚书》未入《春秋》之初意欤[40]？

神奇化臭腐，臭腐复化为神奇，解《庄》书者，以谓天地自有变化，人则从而奇腐云耳[41]。事屡变而复初，文饰穷而反质，天下自然之理也[42]。《尚书》圆而神，其于史也，可谓天之至矣[43]。非其人不行，故折入左氏，而又合流于马、班，盖自刘知几以还，莫不以谓《书》教中绝，史官不得衍其绪矣[44]。又自《隋经籍志》著录，以纪传为正史，编年为古史，历代依之，遂分正附，莫不甲纪传而乙编年[45]。则马、班之史，以支子而嗣《春秋》，荀悦、袁宏，且以左氏大宗，而降为旁庶矣[46]。司马《通鉴》病纪传之分，而合之以编年。袁枢《纪事本末》又病《通鉴》之合，而分之以事类[47]。按本末之为体也，因事命篇，不为常格；非深知古今大体，天下经纶，不能网罗隐括[48]，无遗无滥。文省于纪传，事豁于编年，决断去取，体圆用神，斯真《尚书》之遗也[49]。在袁氏初无其意，且其学亦未足与此，书亦不尽合于所称。故历代著录诸家，次其书于杂史[50]。自属纂录之家，便观览耳。但即其成法，沉思冥索，加以神明变化，则古史之原，隐然可见[51]。书有作者甚浅，而观者甚深，此类是也。故曰：神奇化臭腐，而臭腐复化为神奇，本一理耳。

夫史为记事之书。事万变而不齐，史文屈曲而适如其事[52]，则必因事命篇，不为常例所拘，而后能起讫自如，无一言之或遗而或溢也。此《尚书》之所以神明变化，不可方物[53]。降而左氏之传，已不免于以文徇例，理势不得不然也：以上古神圣之制作，而责于晚近之史官，岂不悬绝欤[54]！不知经不可学而能，意固可师而仿也[55]。且《尚书》固有不可尽学者也，即《纪事本末》，不过纂录小书，亦不尽取以为史法，而特以义有所近，不得以辞害意也[56]。斟酌古今之史，而定文质之中，则师《尚书》之意，而以迁《史》义例，通左氏之裁制焉，所以救纪传之极弊，非好为更张也[57]。

纪传虽创于史迁，然亦有所受也。观于《太古年纪》《夏殷春秋》《竹书纪年》，则本纪编年之例，自文字以来，即有之矣[58]。《尚书》为史文之别具[59]，如用左氏之例，而合于编年，即传也[60]。以《尚书》之义，为《春秋》之传，则左氏不致以文徇例，而浮文之刊落者多矣[61]。以《尚书》之义，为迁《史》之传，则八书、三十世家，不必分类，皆可仿左氏而统名曰传。或考典章制作，或叙人事终始，或究一人之行，或合同类之事，或录一时之言，或著一代之文，因事命篇，以纬本纪。则较之左氏翼经，可无局于年月后先之累；较之迁《史》之分列，可无歧出互见之烦[62]。文省而事益加明，例简而义益加精，岂非文质之适宜，古今之中道[63]欤？至于人名事类，合于本末之中，难于稽检，则别编为表，以经纬之；天象地形，舆服仪器，非可本末该之，且亦难以文字著者，别绘为图，以表明之[64]。盖通《尚书》《春秋》之本原，而拯马《史》、班《书》之流弊[65]，其道莫过于此。至于创立新裁，疏别条目，较古今之述作，定一书之规模，别具《圆通》之篇，此不具言[66]。

邵氏晋涵[67]云："纪传史裁，参仿袁枢，是貌同心异；以之上接《尚书》家言，是貌异心同。是篇所推，于六艺为支子，于史学为大宗；于前史为中流砥柱，于后学为蚕丛开山[68]。”

【注释】

① 本文选自章学诚撰，叶瑛校注《文史通义校注》(中华书局 1985 年版)。“书教”的书指《尚书》，《书教》共有上中下三篇，以《尚书》对史学的影响入手讨论史籍的类型、流变等问题，并对史书编纂体裁提出了变革意见。

② [“《易》曰”句] 这句话出自《周易·系辞上》。蓍(shī)，用蓍草占卦。德，类似于今天说的“性质”。周易的占卦方法，是取 50 根蓍草(实际使用 49 根)，经过复杂的排算，最后布出一卦，再对照《周易》中提供的卦辞，对之进行解释。49 根蓍草在排算过程中会产生无穷变化，这种变动性、不定性被形容为“圆”；而《周易》中提供的卦辞是固定的，这种固定性被形容为“方”。卦辞记载了固定的妙解，如人之有智；而占蓍将得到未知的一卦，如人之有神。

③ [“间(jiān)尝窃取”句] 间，近来。尝，曾。窃取，谦词，借用，即借用《周易》圆神方智之说来评论史籍。概，概括。载籍，书籍，典籍。记注，未经加工的原始史料，类似于今天说的档案。撰述，根据史料写成的史学著作。

④ [智以藏往，神以知来] 这句话同出《周易·系辞上》。藏往，记录往事并存藏起来。知来，预见未来。

⑤ [“记注欲往事之不忘”句] 这句话是说，记注的作用是记录往事，史学著作是要在往事中找到历史发展的方向，所以一个比拟为智，一个比拟为神。

⑥ [“藏往欲其赅备无遗”句] 赅备，齐备，完备。体有一定，即有固定的体例。例不拘常，即体例不拘于故常。

⑦ [“《周官》三百六十”句] 《周官》，即《周礼》，儒家经典之一。曲，物曲，即物的性能。天人官曲，泛指天下众人百官万物。故，事，事情。这是说《周官》中设置了三百六十种官，处理天下万事的职能都齐

备了，但其中各种史官的执掌都是记注，没有专门负责撰述的官。

⑧［“则传世行远之业”句］行远，传布广远。职司，职务。这句话是说，流传久远的事业（指撰述），不能被职务设置所局限，非要有待那个担任此职的人去开展。

⑨［“非圣哲神明”句］精微，精深微妙。与，参与，这里指从事撰述。这句话是指《尚书》而言的，即若没有超出常人的才智与品德，深知二帝三王历史的极为精深微妙处，是不足以写作《尚书》的。

⑩［定法］固定的体例，和下文的“成例”同义。

⑪［“故《书》之支裔折入《春秋》”句］支裔，流派，支派。《书》之支裔折入《春秋》，这是形容《尚书》的一些写法为《春秋》所汲取。嗣音，谓继承前人的事业，如响应声。

⑫［“然圆神方智”句］以还，以来。偏废，重视某人、某事、某物而忽视其他人和事物。六艺，儒家的“六经”，即《礼》《乐》《书》《诗》《易》《春秋》。这是说自有著作以来，圆神方智的特性就蕴含于不同著作之中，虽然后代作者不能深研六经的精义，不知道圆神方智的源头在六经，但也都在不自觉中继承了这些来自六经的特点。

⑬［马、班］司马迁和班固。

⑭［纬经］即解释经义。织物的纵线为经，横线为纬，所以也用纬来解释“经”。

⑮［迁书分类例以搜逸］类例，类别与体例。逸，散失，亡佚。司马迁为《史记》设立本纪、世家、列传、表、书五类，依此分别去搜集材料，所以叫分类例以搜逸。

⑯［“迁书一变”句］断代，指《汉书》是断代史。绳墨，木工画直线用的工具，比喻规矩、准则。包括，包含，总括。守绳墨以示包括，这是说班固机械遵守着纪传体的体例，以示把史记设立的各类都包括了（却没有领会《史记》通古今之变的追求和灵活多变的写作方法）。

⑰［“就形貌而言”句］体直、曲备，编年史书的体例比较纯一，而纪传体白纪传表等几个部分组成，每个部分各有其撰写方式，相对而言

体例比较综合，故形容前者为直，后者为备。曲备，完备。

⑱［“推精微而言”句］推，推求，推究。《官礼》，即《周礼》。这句话是说，虽然《左传》是编年体而《史记》《汉书》是纪传体，但《史记》的史学理念其实离《左传》近，离《汉书》远。这是因为《史记》是撰述，秉承了《尚书》的遗意；《汉书》体例齐整，力求完备，更接近于记注，更多地体现了《周礼》的传统。

⑲［拘拘］拘泥。《伯夷列传》是《史记》七十列传中的第一篇，这篇传记叙事很短，但司马迁在里面发了很多议论，尤其指出那些立德建功但出身不显赫的人物，如果没有史家为之立传，事迹就往往无法流传百世。这等于点明了七十列传的写作宗旨，所以章学诚认为它实际充当了七十列传的总序。

⑳［《屈贾列传》］即《史记·屈原贾生列传》。贾谊因政见与绛侯周勃、灌婴等不合，被贬为长沙王太傅，他渡湘水时，写了一篇《吊屈原赋》以发泄苦闷。刘知几在《史通·二体》中批评《史记》不应将时代不同的屈原、贾谊二人合为一传，但章学诚认为，司马迁写这篇传记的意图是揭露周勃、灌婴等人对贾谊的迫害，为贾谊鸣冤，并让人们了解贾谊为何写《吊屈原赋》，所以写屈原的部分是为写贾谊的部分服务的。

㉑［“《仓公》录其医案”句］《仓公》《货殖》《龟策》是《史记》列传中的三篇。仓公，太仓公淳于意，他的传中有很多诊病记录；《货殖列传》除记载著名商人外，兼载各地物产；《龟策列传》专记卜筮活动，它们都不是纯粹的人物传记。命，命名。初，本，本来。沾沾，执着，拘执。为一人具始末，即写一个人的传记。

㉒［“《张耳陈余》”句］《张耳陈余》，即《史记·张耳陈余列传》，张耳、陈余是楚汉间人，初为至交，后来反目为仇。章学诚认为《史记》将二人合传，是因为他们的事迹互相牵连，可以互参。《孟子荀卿》，即《史记·孟子荀卿列传》，传中除孟子、荀子外，还兼载邹忌、驺衍、淳于髡、慎到、环渊、接子、田骈、驺奭诸子的事迹学说。

㉓［“名姓标题”句］义例，根据某种深意制定的体例。《关雎》《鹿

鸣》，都是《诗经》的篇名。这句话是说《关雎》写淑女为君子好逑，《鹿鸣》写宴乐嘉宾，之所以叫《关雎》《鹿鸣》，不过是取诗句中的一个词来名篇；同样地，《史记》取人名名篇，也只是命名而已，并不表示这一篇的内容一定专为记录这个人。

㉔［“而或且讥其位置不伦”句］不伦，不相当。摘，指摘，责备。失检，缺乏审慎检核。关于位置不伦和前后失检，可以参考《史通·二体》。訾(zǐ)，诋毁，指责。

㉕［“迁《史》不可为定法”句］一成，一成不变。不祧(tiāo)，古代帝王的宗庙分家庙和远祖庙，远祖庙叫“祧”。家庙中的神主，除始祖外，凡辈分远的要依次迁入祧庙中合祭；而始祖和非常重要的祖先的神主永远不迁出家庙，这叫作“不祧”。这句话是说，《史记》没有固定义例供人遵守，《汉书》则是在《史记》的基础上“义例化”了的一部史书，所以《汉书》的义例就成了后人遵从的一成不变的法则。

㉖［“三代以下”句］三代，夏商周。以下，以后。世出，不时出现。

㉗［“仍有圆且神者以为之裁制”句］裁制，节制，这里指折中、调和。成家，自成一家。

㉘［科举之程式、官府之簿书］程式，法式，规格。科举之程式，即科举考试的固定作文格式。簿书，官署中的文书簿册。

㉙［“史不成家而事文皆晦”句］事文，叙事与文采。晦，昏暗，不清晰明白。以谓其书固祖马而宗班也，自认为他的史书是遵奉司马迁、班固的体例的。

㉚［“历法久则必差”句］推步，推算天象历法。司天，掌管有关天象的事务。古代制历不够精确，历法使用久了，就会产生差误；但时代越往后，科学越发达，推算历法就越精密。

㉛［“《尚书》变而为《春秋》”句］这句话的意思是，《尚书》演变为《春秋》，那因事命篇、不为常例的优点，被吸收进了“比事属辞”的新编纂方法中，使得《春秋》比《尚书》更为精密了。比事属辞，即（以时间顺序）排比史事、连缀文辞。

㉜［“《左》《国》变而为纪传”句］《左》《国》，《左传》和《国语》。年经事纬，即将事件系于时间，如经纬相织。旁通，遍通，广泛通晓。关于编年体会造成史事的无法旁通，可以参考《史通·二体》。

㉝［“殆如夏葛冬裘”句］殆，几乎。葛，用葛布制成的夏衣。更易，改变，改换。

㉞［“然无别识心裁”句］别识，卓识，高见。心裁，内心的考虑和判断。具，才具，才能。胥吏，官府中的小吏。

㉟［“以云方智”句］冗复，累赘重复。疏舛，粗略紊乱；疏漏错乱。典据，典实和根据。

㊱［族史］众史。族，众。

㊲［“先王之大经大法”句］转，副词，反而，反倒。曷，代词，怎么。

㊳［“左氏编年”句］曲分，详尽地划分。曲，周遍，详尽。济，弥补，补益。穷，不足，缺陷。

㊴［“亦犹训诂注疏”句］训诂，对字句作解释。经，儒家经典。对经的解释叫注，对注的解释叫疏。师，指经师，专职讲授儒家经典的人。溺，沉湎。

㊵［“夫经为解晦”句］这句话是说，当注疏过于繁复，反而使得经义不明的时候，就应当放弃注疏，在原初的经典文本中寻求解释。当史书撰写被义例拘束住，就应当放弃义例，使其恢复到没有义例时的样子。史书有义例，是从《左传》开始的，那么何不寻求没有演变出《春秋》之前，《尚书》那本来的写法呢？盍，何不。

㊶［“神奇化臭腐”句］《庄子·知北游》说：“臭腐复化为神奇，神奇复化为臭腐。”解读《庄子》的人，认为这句话的意思是天地万物都在周而复始的变化中循环，人只是把这变化过程中的某个阶段视为腐朽，某个阶段视为神奇。

㊷［“事屡变而复初”句］复，恢复到本初的样子。饰，藻饰。穷，穷竭。反质，回归质朴。反，通“返”。

㊸［天之至］最高极限。这是说《尚书》作为史书，形式最为完美。

㊹［“莫不以谓《书》教中绝”句］中绝，中断，灭绝。刘知几的《史通》有《六家》一篇，将古今史籍编纂流派分为六家，《尚书》家是其中之一，刘知几认为《尚书》家后继乏人。衍，推演。绪，统系，世系。

㊺［“又自《隋经籍志》著录”句］《隋经籍志》，即《隋书·经籍志》，记载了隋代的国家藏书目录。著录，记载，记录，特指将书名列入目录。按照《隋书·经籍志》对图书的分类，纪传体属于正史，编年体属于古史，自此成为传统。甲纪传而乙编年，以纪传为甲，以编年为乙，即纪传体的地位高于编年体。

㊻［“则马、班之史”句］支子，嫡子以外的庶子。荀悦，东汉末史学家。汉献帝以《汉书》文繁难读，命他以《左传》体裁撰成《汉纪》。袁宏，东晋史学家，曾仿荀悦《汉纪》体例，撰成《后汉纪》。大宗，嫡系长房。旁庶，旁支，庶子。

㊼［“司马《通鉴》病纪传之分”句］病，不满。袁枢，南宋史学家，他改编《资治通鉴》而成《通鉴纪事本末》，开创了“纪事本末体”这种新的历史编纂体裁，即将重要史事分别列目，独立成篇；各篇又按年月的顺序编写。这种体裁在一定程度上弥补了编年、纪传体之不足，很受章学诚推崇。

㊽［天下经纶，不能网罗隐括］经纶，指学问。隐括，概括。

㊾［“文省于纪传”句］豁，显豁。体，本体，形式。用，功用。

㊿［次其书于杂史］次，编次，排列。杂史，和上文的正史、古史一样，也是目录学家对历史类书籍设置的一个类别，凡是难以分到其他类别之中的史书，往往被归入杂史类。

(51)［“自属纂录之家”句］纂录，编撰记载。冥索，潜心探究。隐然，隐约。

(52)［史文屈曲而适如其事］指史书的内容应灵活变化以贴切地叙述史实。

(53)［不可方物］即无与伦比。方，比拟，比喻。

(54)［“降而左氏之传”句］降而，及至，到了。降，表示从先前某时到后来某时。徇(xùn),依从,曲从。上古神圣之制作,指《尚书》。责,要求。晚近之史官,指《左传》的作者。悬绝,相差甚远。

㊺[“不知经不可学而能”句] 经,指《尚书》。这句话的意思是,虽然学习《尚书》也不可能再写出一部像《尚书》一样的作品,但《尚书》体现的史学编纂精神还是可以效仿的。师,学习,效法。

㊻[“且《尚书》固有不可尽学者也”句]《纪事本末》,即袁枢《通鉴纪事本末》。特,但,仅,只是。以,因为。义有所近,指《通鉴纪事本末》和《尚书》在编纂理念上有近似处。以辞害意,语本《孟子·万章上》:“说《诗》者不以文害辞,不以辞害志。”意思是因拘泥于辞义而误会或曲解作者的原意。章学诚在此是想强调,他推重《通鉴纪事本末》只是推重其编纂理念与《尚书》的类似,而不是说这部书在各方面质量上都很好。

㊼[“斟酌古今之史”句] 斟酌,品评。文质,装饰与本质,这里是指义例与内容,类似于前文的“体”、“用”。中,适中。极弊,严重的弊病。好,喜好。

㊽[“纪传虽创于史迁”句]《太古年纪》《夏殷春秋》《竹书纪年》都是编年史,前两书久已亡佚,情况不详。《竹书纪年》是西晋武帝时在魏王墓中发现的一部战国时魏国的史书,记夏、殷以来到西周灭亡的史事,其后接述魏国史事。这是说《史记》的本纪部分多是编年体,比如《五帝本纪》《夏本纪》《殷本纪》等,这部分内容与古代的编年体史书《太古年纪》《夏殷春秋》《竹书纪年》有传承关系,可见本纪使用编年体,自古以来就是如此。

㊾[别具] 另一种,意谓《尚书》是史书的一种特殊形式。

㊿[“如用左氏之例”句] 这是说《尚书》如果采用《左传》的体例,改编成编年体,那也就成了《春秋》之传一类的书。

61[“以《尚书》之义”句] 这句话是说,如果《左传》不是采用编年体,而是采用《尚书》“无定法”的编纂理念去为《春秋》作传,就不会让义例拘限住内容,并且其中很多华而不实的文辞也能删除了。刊落,删除文字。

62 ［“则较之左氏翼经”句］翼，辅佐，辅助。歧出，前后文字不符。互见，互相参见。

63 ［中道］适中合宜之道。

64 ［“至于人名事类”句］本末，指纪事本末体。稽检，检索。该，包容，包括。

65 ［流弊］相沿而成的弊病。

66 ［“至于创立新裁”句］新裁，新体裁，新体例。疏别，疏通分别。条目，按内容分的细目。较，比较。规模，制度，程式。《圆通》，《文史通义》本计划有此一篇，但并未写成。

67 ［邵氏晋涵］邵晋涵，史学家，是章学诚的好友。这段话是邵晋涵对上一节章学诚所倡议的继承《尚书》编纂理念、借鉴《通鉴纪事本末》编纂形式的“新纪传体”设想的评论。所以邵晋涵先总结说，这种“新纪传体”与《通鉴纪事本末》是貌同，与《尚书》是心(理念)同。

68 ［“是篇所推”句］是篇，即《书教》。所推，指本篇所推崇的那种“新纪传体”。中流砥柱，比喻坚强而能起支柱作用的人或事物。蚕丛，传说中古蜀国的开创者。

【评析】

章学诚(1738—1801)，字实斋，号少岩，浙江会稽(今浙江绍兴)人，清代史学家和思想家。章学诚年少时资质鲁钝，后来长期困顿于举业，做学问的路数又与当时的学术风气不合；但他的聪明和坚定之处在于，很早意识到自己的长处和短处，不强求自己从事不擅长的事情，屏蔽流行风气的干扰，只在自己的兴趣方向下功夫。这种人生规划，虽然没给章学诚带来生前的显赫，却使他在身后得到了人们的推重，乃至被公认为我国史学史上的一方重镇。

章学诚的兴趣方向，用今天的术语来说，就是史学理论。在中国传统史学中，纯粹的史学理论著作其实比较稀少，真正成体系的作品，只有《史通》和章学诚的《文史通义》——大多数史学家的兴趣，还是在史书的编纂上。《史通》和《文史通义》这两部书，讨论的问题有很多是相关的，但又有很多不同。最重要的一点不同在于，《史通》是在史学的内部讨论问题，而章学诚是在整体学术的视角下讨论史学问题，所以建构的体系比《史通》更为宏大。我国古代的"整体学术"，由"经""史""子""集"四部构成：经是经学，即研究儒家核心经典，探讨儒家的"大义"；史是历史学；子是诸子百家之学；集则近于今天说的文学。经史子集，是一个固定的排序，经的地位最高，然后依次递降。《尚书》是经学研究的对象，章学诚却专从它入手谈史学，这就是因为他有一种"整体学术"的构想。

《文史通义》的理论基石，是一个著名的命题——"六经皆史"。这就好比说，所有的数学课、语文课、政治课，其实都是美术课一样，是个非常新颖而有点惊世骇俗的说法。章学诚的论据是，六经记载的都是古代人民的日常生活，而并不是抽象的道理；儒家的"大义"，就藏在这些日常记载中。这个说法，就等于把最高意识形态抢到了史学手中，提高了史学的地位。

本篇专谈历史编纂问题。《史通·二体》认为主流历史编纂体裁是纪传体和编年体，这是就史籍呈现形式作出的一种划分；而章学诚提出了"记注"和"撰述"的二分法，这是就史书性质作出的划分——前者是史料汇编，由政府的专职人员负责收集，体例要规范；内容要丰富；后者是专家著述，体例要随具体情况灵活设计，内容要体现作者本人的历史见解。既然"六经皆史"，那六经中就必得有记注的史和撰述的史，章学诚认为《周礼》属于前者，而《尚书》属于后者。

我们看章学诚如果采用纪传体和编年体的划分，"六经皆史"的命题就不好证明了，因为六经里无论如何也找不到纪传体。从现代的学术眼光看，《尚书》没有统一的体例，不是作者有意为之，反倒是因为《尚书》只是史料汇编而已。说《尚书》是一种撰述，是不拘义例的，这都有些牵强。

章学诚特别推重纪事本末体，这种史学体裁肇始于袁枢，是刘知几不及见到的。纪事本末体是以事为单位来书写的，正如我们今日的历史课本，都是以“赤壁之战”、“诸葛亮治蜀”这样的事件立目，里面再按时间叙事，这样既不会有同时间的无关事件插入其中，割断主题，也不会出现“赤壁之战”重复出现在参战各位人员传记中的情况，在一定程度上弥补了纪传、编年二体的缺陷。不过，章学诚为了“六经皆史”的基础命题，强调纪事本末体和《尚书》的关系，并且因为袁枢确实没有仿《尚书》的意思，只好说《通鉴纪事本末》是在“腐朽化神奇，神奇化腐朽”的规律支配下不自觉地承接了《尚书》的精神，这也是很牵强的。但凡建构体系的著作，在论证上难免要有牵强附会以合体系需求的地方，这是我们阅读理论类书籍所特别应该注意的。

尽管有论证牵强的地方，章学诚对记注、撰述二体不同编纂要求的划分，对参考纪事本末体以救纪传体之流弊的意见，都是非常精到的。如果记注的工作做不好，没有为后人保留下丰富的史料，就无法期待来日有上乘的撰述；如果撰述陈陈相因，毫无史家个人的思想见解，那传记就变成了一篇篇枯燥的履历。除此之外，章学诚的历史编纂观还有一个要点，就是特别看重史书的文字处理，认为只有好的文笔才能准确叙述史实，这也是他将全书定名为“文史通义”的原因。不过，《文史通义》本身的文笔却偏于艰涩繁复，读起来没有《史通》那样顺畅，篇章结构也不像《史通》那样齐整，句与句之间也会有逻辑跳跃，这就要求我们在阅读时紧扣上下文揣摩其意，既要知道他的每句话讲什么，也要明白他总体的论证步骤是什么。

【理性思考】

简要概括“记注”和“撰述”的含义。

【延伸阅读】

张舜徽《史学三书平议》，中华书局 1983 年版。

八、政　体

（主持人：武秀成　赵庶洋）

（一）导言

中国古代社会从夏朝至清代，其政权可统称为君主制，大体经历了两个发展阶段：第一阶段是贵族君主制，第二阶段是专制君主制。在第一阶段，国家虽然处于君主政体时期，但是只是许多相对独立的封建领地的不稳定联合体，君主的权力受到贵族的限制，各封建领主在自己的土地上行使君主权力，一定程度上分割了君主的权势；在第二阶段，君主拥有绝对权力，不受任何来自外部的监督和限制，君主按照自己的意志来行使权力。

第一个阶段包括夏、商、周三个王朝，跨越距今四千多年至距今两千三百多年的漫长时期。这一时期的历史，由于缺少系统的典籍记载，只能从传世的《尚书》《左传》《国语》《史记》等先秦两汉典籍的记载以及出土的甲骨文、简牍帛书、墓葬等文物的研究中获得认识。

大禹之子夏启在他的父亲身后接掌权位，改变了此前原始社会部落联盟之间“家以传子，官以传贤”的权力交接传统，并且动用暴力手段以维护自己的政治地位。《竹书记年》记载“益干启位，启杀之”，《史记》也记载“有扈氏不服，启伐之，大战于甘”，“遂灭有扈氏，天下咸朝”，这些举动标志着原始社会的结束以及奴隶制社会的开始。史书中称启为“夏后帝启”，从此开始了王位传子的家族世袭制度。这一制度保证了统治集团的稳定性和连续性，为社会经济的和平发展提供了保障。夏王朝的最高统治者称为“后”，《国语·周语》引《夏书》云“众非元后，何戴？后非众，无与守邦”，就是指此。夏后，就是夏王。夏王朝以及随后的商、周在政治制度上的一个显著特点就是将君权与神权结合起来。由于当时社会生产力低下，人们的认知还处在蒙昧阶段，对于无法解释的现象只能求助于虚构的神灵，于是产生了原始的宗教信仰。夏王朝统治者利用当时人的这种认识，声称自己是最高的神祇“天”的代言人，也就拥有了至高无上的权威，夏启就将与有扈氏的战争称作是“今予惟恭行天之罚”，将自己说成是在执行上天的命令讨伐有扈氏。而夏王的重大决策，每每都要经过占卜才能最终决定。在夏朝的中央朝廷里，诸如“官占”、“太史令”、“瞽”之类的宗教官员与普通官员同时并列，显示出夏王朝统治中“神道设教”的浓重色彩，对中国古代社会影响深远的“君权神授”思想也是由此开始的。夏朝的地方政治制度是分封制，即将此前的原始社会的同姓或者异姓部落进行改编，使之成为臣服于夏王朝的地方政权，就是“方国”，方国的领导人称侯、伯。与夏王同姓的方国侯、伯，在血缘上与王族有紧密联系，是夏朝掌控全国的核心力量，再通过联合一批异姓侯、伯，实现对全国的控制。夏王朝实际是一个同姓和异姓方国诸侯组成的松散联盟，这较之尧、舜、禹时代的原始社会部落联盟是一个巨大的进步。商朝继承了夏朝将君权与神权结合进行统治的传统，宣称“天命玄鸟，降而生商”，将其始祖契认定为鸟的后代，为自身的统治蒙上神秘色彩。其他政治制度也基本上沿袭夏朝。

周朝分为西周和东周两个阶段。西周时期是继承夏、商二朝的政治制度并对之加以发展的阶段，进一步完善血缘、宗法等级制度，形成同姓、异姓相结合的王族贵族统治集团，使王权得到巩固和加强，对后世也有很大影响。西周还发展了夏、商以来的分封制，按照亲疏关系和距离远近将地方侯伯分为“九服”，服外诸侯有按时朝见周王并向周王朝进贡等义务，这些措施加强了对服外诸侯的控制，使西周成为一个统一集权的王朝，是奴隶制政治制度的高峰时期，孔子曾赞美云：“周监于二代，郁郁乎文哉。”

公元前770年，周幽王被犬戎所杀，周平王迫于北方少数民族武力威胁将国都由宗周（今陕西西安地区）迁往雒邑（今河南洛阳地区）后，史称“东周”。东周又分为春秋、战国两个时代。这一时期是奴隶社会逐渐崩溃，封建社会逐渐兴起的阶段。西周时期长期的社会安定使各个诸侯国的实力均得到提升，平王东迁以后，周王室的政治、经济、军事实力都遭到削弱，已经无法实现对所有诸侯国的有效控制，因此就出现了诸侯国公然对抗周王室以及诸侯之间的争斗，这使得周王室的权威受到了极大的损害。然而，虽然周王室已经衰弱，但是诸侯国中还没有能取而代之者，名义上仍需要臣属于周王室，意图破坏这种关系的诸侯国会招致其他诸侯国的讨伐。所以，当时的强国均是打着“尊王”的旗号，声称拥戴周王室，利用周王室的权威，来讨伐其他诸侯国，用意其实是争夺自己的霸主地位，也就是对各诸侯国的领导和控制权，相继产生了著名的“春秋五霸”。中小国为在大国争霸斗争中求得生存空间，纷纷在国内采取一些富国强兵的措施，在国与国之间也是外交手段和武力征讨交互为用，使得春秋时期政治呈现出波澜壮阔的局面。政治制度方面，旧的宗法制、等级制、世官制随着贵族间的斗争遭到严重破坏，原本的贵族阶级地位下降，而掌握先进知识的“士”阶层逐渐形成，封建官僚制也逐渐出现，打破了原本的政治传统，新生政治力量蓬勃发展。公元前453年，韩、魏、赵三家联合灭掉智氏，瓜分晋国，标志着春秋时期的结束和战国时期的开始，春秋时期的一百多个诸侯国经过长期兼并最终只剩下强大的七个国家，号称“战国七雄”。由于尚处在新旧制度的转变时期，旧制度的存在阻碍了新制度的成长和完善，各国为了在相互竞争中占得优势，纷纷推行改革或变法，加强君主集权，完成了由奴隶制国家向封建制国家的过渡。战国时期兴起或者确立的一系列制度如封建官僚制、郡县制、赋税制等都为后代所继承，沿用了两千多年，影响深远。

第二个阶段包括从秦汉以后一直到清朝的两千多年，是创造了灿烂的中华文明的封建社会时期。

公元前246年，秦王嬴政即位，此后依靠商鞅变法以来秦国日益强大的政治、经济、军事实力，最终灭掉其他六国，建立了中国历史上第一个大一统的封建国家——秦朝，嬴政也成为中国历史上第一位皇帝——秦始皇。秦朝统一后，采取了一系列措施以巩固统治。政治上“海内为郡县，法令由一统”；“建皇帝之号，立百官之职”；经济上统一度量衡，统一货币。然而由于秦始皇的横征暴敛、倒行逆施，使得国内各种矛盾激化到不可调和，在他去世以后不久，秦王朝就被农民起义所推翻。在秦末农民战争中崛起的汉高祖刘邦，最终击败竞争对手，建立起汉王朝，吸收了秦朝迅速败亡的教训，推行休养生息政策。经过百余年的恢复，到汉武帝时汉朝国力达到鼎盛，政治上采取了一系列措施打击诸侯王割据和地方豪强势力以加强中央集权，思想文化上采纳董仲舒的建议“罢黜百家，独尊儒术”，成为此后封建王朝的主导思想。一般认为，秦汉两朝是我国封建社会的初级阶段，这一时期所建立的专制主义中央集权的政治体制，为此后两千多年的封建社会确立了政治体制的基本模式。在中央建立三公九卿制度，丞相、太尉、御史大夫等三公分别负责行政、军事、司法三个方面的主要权力运作，直接隶属于皇帝，互不统属，九卿（太常、光禄勋、卫尉、太仆、廷尉、大鸿胪、宗正、大司农、少府）则分别负责宗庙礼仪、宫门宿卫、宫廷守卫、车马、刑辟、外交、皇家亲属、农事、宫廷财政等具体的国家与宫廷事务。这样中央政府集行政、司法、军事、财政和监察于一体，分工明确，组织严密。虽然此后王朝政府在组织形式上时有变化，但是基本都渊源于此。

东汉末年，宦官专权，豪强割据，最终导致汉王朝灭亡，统一国家分裂为魏、蜀、吴三国鼎立局面。此后西晋王朝短暂统一不久之后，就因为统治集团内部争斗导致北方边境少数民族政权入侵，此后北方陷入五胡十六国的混乱局面，而东晋王朝偏安江南一隅，开始了长达百十年的南北朝分裂局面。魏晋南北朝时期政治的主要特点是以门阀取人，自魏文帝时启用九品中正制，根据家世和行状两方面来考定士人品级，凡为九品。这一制度上承两汉时期的察举制度，下开隋唐时期的科举制度，具有重要意义，但是发展到后来产生了非常大的弊端，造成了唯以门第取人的局面，所谓“上品无寒门，下品无士族”，门阀世族把持着政治实权，最终导致了政治上的混乱与衰败。

隋文帝建国后，派兵征服南方的陈朝，完成了南北统一，开创了中国封建社会发展的第二次大一统时期。隋朝虽然享国只有短短的不到四十年时间，尤其是隋炀帝的许多奢侈、荒唐、残暴的事迹为后世史家诟病，但是此时开创的众多政治制度为唐代所继承，成为唐朝盛世的基础。最主要的就是将秦汉时期的三公九卿制创造性地发展为三省六部制，以适应时代发展的需要。三省，即中书省、门下省、尚书省，分别负责决策、审议、政务执行，其长官是辅佐君主处理国务的首脑，即宰相。六部，隶属于尚书省，包括吏、户、礼、兵、刑、工，各部之下又分设四司，分别处理各类事务。又另设直属皇帝，专门负责监察、弹劾百官的御史台。这种政府机构的设置非常合理，既有分工又有合作，各部门之间互相牵制和监督，提高了行政效率，为唐代出现繁荣昌盛的局面奠定了坚实的政治基础。隋唐时期的政治制度不仅在当时发挥了重要作用，对于后世的政治制度也产生了深远影响，甚至连日本和新罗也模仿唐朝以设置本国的政府机构。

在唐末五代战乱之后建立起来的宋王朝在许多制度上都沿袭了唐朝，但是鉴于唐朝后期的宦官干政、藩镇割据等教训，宋朝从建国之初就采取一系列措施严防武将、外戚、宦官等专权，制定出一整套“祖宗家法”。在中央行政方面，虽然仍设三省，但大部分职权被其他机构分割，又设参知政事和枢密使与宰相分权，从而形成了“二府制”，也就是中书和枢密院这两个机构，分别执掌国家的文、武大权，这就在很大程度上削弱了宰相的权力。后来与西夏的战争，宰相与枢密使之间不相通气，对战争指挥不利，曾一度由宰相兼枢密使，战争结束后又恢复“二府制”。南宋早期，也有一些权臣以宰相兼枢密使，但还只是少数现象，直到南宋中晚期，由宰相兼枢密使遂成定制，“二府制”也就名存实亡，对皇权产生了一定的冲击。在官职设置上,将唐朝出现的使职现象制度化,官称与实际职务分离,虽有官名而不任其职,朝廷机构官无定员,无专职,地方长官也由京朝官以差遣名义充任,用名义上的官名以笼络权贵,用实际上的职务以招揽人才,保证了国家政权顺利地进行新陈代谢。但是这一制度发展到后来也带来了严重的弊端,最严重的就是机构臃肿,冗员过多,造成严重的财政负担。虽然后来的政治家也试图改变这种状况,但是都没有彻底废除这一制度。宋朝的政治制度在当时有很大的影响力,同时代的少数民族政权辽国、西夏国、金国都或多或少受到宋朝的影响,尤其是职官制度方面。

北方兴起的游牧民族蒙古政权在统一中国的过程中,参照宋、金制度改革原有的蒙古旧制,完成了从奴隶社会向封建社会的转变,建立了多民族的元朝政权,特别是忽必烈即汗位后,推行汉法,确立皇帝制度,成为改变蒙古政权的一项重要内容。其主要措施包括设立中书省"以总权纲",作为最高行政管理机构,以皇太子兼中书令,丞相、平章政事、左右丞和参知政事为宰辅,由丞相主管省务;设御史台以掌监察之权,设枢密院以掌全国军政;改革原本诸王名分、权力混乱的局面,确定君臣名分,定用御宝制,将诸王印章分为六等,以此确定皇帝的名分和诸王地位的高低;改国号,制定朝仪;建立皇太子制度等等。元朝政治制度最大的特点就是蒙古制度和中原"汉制"两种制度的混合,而以汉制为主,这体现了草原民族在入主中原之后为了适应新的形势所做出的积极改变。元朝政治制度的另一特点是民族歧视,将治内民众分为蒙古人(原蒙古高原的居民)、色目人(西部民族的统称)、汉人(金朝移民)和南人(南宋遗民)四等,蒙古人和色目人最受优待,可以出任高官,汉人和南人则遭受歧视,只能担任中下级官员,南人尤其受排挤。这一不平等的民族政策也成为导致元末农民战争的一大诱因。

出身于士卒的明太祖朱元璋在建立明朝之后,摒弃元朝制度,仿照历代汉族政权模式,重新进行新政权的建设。为了防止相权超越皇权,朱元璋以宰相胡惟庸谋反为借口,罢中书省,废除宰相,将中书省的政务分别归到六部，直接对皇帝负责；实行内阁与宦官双轨制，以宦官制约朝臣的权力；成立督察院、通政司、大理寺，加强皇帝的耳目监察和对刑狱的控制。这些机构都是彼此独立，互相牵制，以此达到“事皆朝廷总之”的目的。又设立锦衣卫、东厂、西厂等机构以进行特务统治，加强对百官的监察和对文化思想的控制。这些措施使得明朝的中央集权进一步发展，皇权空前膨胀，但是这一制度的隐患也随着时间逐渐显现出来，明中叶之后不断出现宦官专权、官员结党等现象，就是这一制度弊端恶性发展的结果。

清朝是中国历史上最后一个封建王朝。秦汉以来存世将近两千年的政治制度到了这一时期继续发展，达到了当时最完善的程度。前期的政治制度大多为仿照明朝，并进行了多方面的改进，关外形成的一些固有规制如八旗制等仍继续发挥作用，入关以后相继设立议政王大臣会议、内阁、南书房、军机处等中枢机构以具体贯彻中央决策，避免了重蹈明朝覆辙。同时，封建社会的种种弊端，如专制、保守、僵化等也更加显露无遗。从世界范围看，资本主义已经在西欧等国家萌芽并发展，开始迅速扩张势力，清朝的封建制度已经远远落后于世界发展的潮流。鸦片战争之后，国门被打开，西方国家将一系列不平等条约强加于清政府，统治者头脑中“天朝”观念逐渐被瓦解，政治制度上也出现了一些新的气象，只是由于中国封建社会的基础极其牢固，政治制度的彻底变革还需要等待下一个时代的来临。①

钱穆在评价中国历代政治制度时曾经指出人事对于制度的重要意义，认为“离开人事单来看制度，则制度只是一条条的条文，似乎干燥乏味”，“制度虽像勒定为成文，其实还是跟着人事随时有变动”。制度虽然相对固定，人的因素的介入使其呈现出不稳定性，同样也是因为人的

① 关于中国历代政治制度的研究成果非常丰富，其中较有代表性的著作有钱穆撰《中国历代政治制度得失》（生活·读书·新知三联书店2001年版）、白钢主编《中国政治制度史》（社会科学文献出版社2011年版）、张创新著《中国政治制度史》（清华大学出版社2005年版）等，以上叙述即参考这些论著而成。

不断追求，才使得政治制度不断完善。

现存最早的记载中国古代官制的典籍是《周礼》，此书详细系统地记载了周朝的设官分职，对后世产生了深远影响。秦汉以后的职官制度，在历代正史的职官志中有比较系统的记载，是了解和研究历代官制的基础。其他较为著名的官制专书如唐玄宗时编纂的《唐六典》，对于了解当时的官制较之正史职官志更加可靠，是深入认识唐朝官制的权威文献。以上两种都是对于政体、官制宏观系统的专门记载，以本书所选十六篇文章为代表的古人议论文字，则是从具体而微的某个角度切入，针对性很强。阅读这些文章，能够使我们对当时的政体、官制的认识更加丰富而真实。

本单元所选文章，既有对于国家政治大局的伟论（《治安策》《原道》《本朝百年无事札子》），也有对具体机构建设的意见（《奉天请罢琼林大盈二库状》），既有对现有政治制度的批判（《书褒城驿壁》），也有对往日政治制度的怀念（《东京梦华录序》），既有对高居庙堂者仁政爱民的告诫（《尚书·无逸》），也有对位高权重者恪尽职守的倡言（《谏院题名记》）。这些文章为我们展现了古人的政治理想和行政智慧，也记录了历代仁人志士为追求理想政治不断奋斗的过程。

（二）选文

无逸[①]

周公曰："呜呼！君子所[②]，其无逸[③]。先知稼穑[④]之艰难，乃逸[⑤]，则知小人之依[⑥]。相[⑦]小人，厥[⑧]父母勤劳稼穑，厥子乃不知稼穑之艰难，乃逸乃谚[⑨]。既诞[⑩]，否则[⑪]侮厥父母曰：'昔之人[⑫]，无闻知[⑬]。'"

周公曰："呜呼！我闻曰：昔在殷王中宗[⑭]，严恭寅畏[⑮]，天命自度[⑯]，治民祗惧[⑰]，不敢荒宁[⑱]。肆[⑲]中宗之享国[⑳]，七十有[㉑]五年。其[㉒]在高宗[㉓]，时旧劳于外[㉔]，爰暨小人[㉕]。作[㉖]其即位，乃或亮阴[㉗]，三年不言[28]。其惟不言，言乃雍[29]。不敢荒宁，嘉靖殷邦[30]。至于小大[31]，无时或怨[32]。肆高宗之享国，五十有九年[33]。其在祖甲[34]，不义惟王[35]，旧为小人[36]。作其即位，爰知小人之依，能保惠[37]于庶民，不敢侮鳏寡。肆祖甲之享国，三十有三年。自时厥后[38]立王，生则逸。生则逸，不知稼穑之艰难，不闻小人之劳，惟耽乐之从[39]。自时厥后，亦罔或克寿[40]，或十年，或七八年，或五六年，或四三年。”

周公曰：“呜呼！厥[41]亦惟我周太王[42]、王季[43]，克自抑畏[44]。文王卑服[45]，即康功田功[46]。徽柔懿恭[47]，怀保[48]小民，惠鲜[49]鳏寡。自朝至于日中昃[50]，不遑[51]暇食，用咸[52]和万民。文王不敢盘[53]于游田[54]，以庶邦惟正之供[55]。文王受命[56]惟中身[57]，厥享国五十年[58]。”

周公曰：“呜呼！继自今[59]嗣王[60]，则其无淫[61]于观[62]、于逸、于游、于田，以万民惟正之供。无皇[63]曰：‘今日耽乐。’乃非民攸训[64]，非天攸若[65]，时人丕则有愆[66]。无若殷王受[67]之迷乱，酗[68]于酒德[69]哉！”

周公曰：“呜呼！我闻曰：‘古之人犹胥[70]训告[71]，胥保惠[72]，胥教诲，民无或胥诪张为幻[73]。’此厥不听[74]，人乃训之[75]，乃变乱先王之正刑[76]，至于小大[77]。民否则厥心违[78]怨，否则厥口诅祝[79]。”

周公曰：“呜呼！自殷王中宗，及高宗，及祖甲，及我周文王，兹四人迪哲[80]。厥或告之曰：‘小人怨汝詈[81]汝。’则皇[82]自敬德[83]。厥愆[84]，曰：‘朕之愆。’允若时[85]，不啻不敢含怒[86]。此厥不听，人乃或诪张为幻，曰：‘小人怨汝詈汝。’则信之。则若时，不永念厥辟[87]，不宽绰厥心[88]，乱罚无罪，杀无辜，怨有同[89]，是丛[90]于厥身。”

周公曰：“呜呼！嗣王其监于兹[91]。”

【注释】

① 选自《尚书正义》卷十七（《中华再造善本》影印南宋两浙东路茶盐司刻本，北京图书馆出版社2003年版）。《尚书》是中国古代最早的一部历史文献汇编，先秦称之为《书》，汉代始名之曰《尚书》，意思是“上古之书”。汉代以来，《尚书》成为“五经”之一，是儒家的重要经典，所以

又叫作《书经》。这部书的写作和编纂年代以及作者都很难确考，但在汉代以前就已经有了定本。《尚书》用散文写成，按朝代编排，分为《虞书》《夏书》《商书》和《周书》。今本《尚书》共有五十八篇，其中三十三篇为《今文尚书》，即汉初伏生用汉代隶书传录的二十八篇《尚书》（四篇有析分）；二十五篇为《古文尚书》，原出于汉代孔壁，用先秦古文字书写，但现在学界一般认为今本二十五篇为魏晋人伪造，故称之为“伪《古文尚书》”。《无逸》出自《今文尚书》之《周书》。无逸，勿安逸。无，通“毋”，禁止之词。该篇旨在戒逸乐，故以名篇。据《史记》记载，此篇是周公还政成王以后为告诫成王不要贪图安逸而作。《书小序》也称“周公作《无逸》”。

②［君子所］汉郑玄注：“所，犹处也。君子处位为政。”君子，此谓有官位者，特指成王。

③［其无逸］可不要贪图享受安逸。其，表示期望、祈使的语气，可译为“可要”。

④［稼穑］泛指农事。

⑤［乃逸］于是谋求享受安乐。王念孙《读书杂志·尚书》认为：“‘乃逸’二字，乃因下文而衍。”从文义上说，无此二字更为通畅。

⑥［则知小人之依］就会知道农民的艰辛。小人，民众。依，隐，隐痛。

⑦［相］视。

⑧［厥］其，他们的。

⑨［乃谚］这样放肆不恭。谚，通“喭”（yàn），淧睢，粗暴。

⑩［诞］妄诞。

⑪［否（pī）则］于是。否，古与“丕”通。《尚书》中屡见“丕则”一词，犹“于是”。

⑫［昔之人］犹言古老之人。

⑬［无闻知］犹言无知识。

⑭［中宗］祖乙，殷代第七世贤主，由王国维据甲骨文资料及《太

平御览》所引《竹书纪年》证之。《史记》及郑玄《诗笺》以为太戊，殷代第五世贤主。

⑮［严恭寅畏］庄严恭敬而又谨慎畏惧。严，庄重。寅，敬谨。

⑯［天命自度］以天命为准则来度量自己。

⑰［治民祗(zhī)惧］治理民众非常的恭谨和戒惧。祗，敬谨。

⑱［荒宁］古成语，荒废，过于逸乐。

⑲［肆］所以。

⑳［享国］谓在位。享，享有，保有。

㉑［有］又。

㉒［其］发语词。

㉓［高宗］即武丁，为殷代明君。

㉔［时旧劳于外］武丁为太子时，其父小乙使其行役劳苦，久居于民间。旧，久。

㉕［爰暨小人］于是与民众一起出入劳作。

㉖［作］及，等到。

㉗［乃或亮阴(ān)］于是有武丁居丧。亮阴，又写作"凉阴"、"亮闇"、"谅闇"、"梁闇"，指居丧所处之草庐。或，有。一说：亮阴(yīn)，信默而不言。亮，信。阴，默。

㉘［不言］不言国事。

㉙［雍］和，和顺合理。

㉚［嘉靖殷邦］使殷国美好安定。嘉，美善。靖，安定。

㉛［至于小大］从民众到百官。一说：小大，谓大小政事。

㉜［无时或怨］没人对高宗有抱怨。时，是，此。

㉝［五十有九年］《史记》作"五十五年"，《汉石经》作"百年"。

㉞［祖甲］汤孙太甲，为商代明君。

㉟［不义惟王］为王不义。

㊱［旧为小人］长久沦落于民间。《史记·殷本纪》载：太甲执政初年，暴虐乱德，被宰相伊尹流放于桐宫。后太甲悔过自新，伊尹迎回

重做君王，诸侯归附，百姓安宁。

㊲［惠］爱。

㊳［自时厥后］从此以后。时，是。厥，之。

㊴［惟耽乐之从］只是追求过分的享乐。耽，沉迷，过分享乐。之，是，代词，复指宾语，表示强调。

㊵［亦罔或克寿］也没有能够长久在位的了。罔或，没有。克，能够。

㊶［厥］助词，无义，表示强调语气。

㊷［太王］周代先祖古公亶父，王季之父，文王之祖。因广施仁政，令不少部落归附。周灭商，以为“王气”始于亶父，故追尊为太王。

㊸［王季］姬姓，名历，排行最末，又称季历，尊称公季、王季，为周太王子，周文王父，周武王、周公旦祖父。

㊹［抑畏］谨慎小心，敬畏天命。

㊺［卑服］谓恶衣服。一说：卑贱之事。

㊻［即康功田功］从事安居与稼穑的工作。即，就。康，安。一说：康功，指平易道路之事。

㊼［徽柔懿恭］徽，和。懿，美。

㊽［怀保］保护。

㊾［鲜］善。

㊿［日中昃(zè)］谓自日中至日昃。昃，日西斜。

(51)［遑］闲暇。

(52)［咸］和，和洽。

(53)［盘］乐，玩乐。

(54)［田］打猎。

(55)［以庶邦惟正之供］因诸侯方国之故，只是恭谨地操劳政事。正，通“政”。供，通“恭”。之，是，指代宾语，表示强调。

(56)［受命］受命于天，谓继承君位。

(57)［中身］中年。据《礼记·文王世子》，文王年九十七而终，则其即位之时年四十七。

㊽[五十年]《吕氏春秋·制乐》及《韩诗外传》卷三皆谓文王在位五十一年,此言五十,举其成数而言。

㊾[继自今]谓自今以后。

㊿[嗣王]继位置王,指周成王及以后的君主。

61[淫]过度。

62[观]观览,指不一般的观赏。

63[无皇]不敢悠闲。皇,通“遑”,闲暇。

64[乃非民攸训]这样就不是民众的榜样了。攸,所。训,典则,榜样。

65[若]顺。

66[时人丕则有愆]这样的人那就有罪过了。时,是。丕则,于是。愆,过失。

67[受]商纣王名。

68[酗]谓过度饮酒。

69[德]行为。

70[胥]相,互相。

71[训告]劝导。

72[保惠]安顺。

73[民无或胥诪(zhōu)张为幻]人们就没有相互欺诈造假的。诪张,欺诈。幻,以假乱真。

74[听]听从。

75[人乃训之]官吏就会顺其私意。训,顺。

76[乃变乱先王之正刑]就会改变篡乱先王的政治法令。

77[至于小大]以至于不论小刑大法,无不变乱。

78[违]同“愇”,恨。

79[诅祝]诅咒。

80[迪哲]蹈行圣明之道。迪,蹈行,实行。哲,智。

⑧1 [詈(lì)] 骂。

⑧2 [皇] 通"惶",惊恐。一说:一作"兄",通"况",更加。

⑧3 [敬德] 修德。

⑧4 [厥愆] 有人指出他们几个君王的过错。

⑧5 [允若时] 确实像这样去做。允,诚然。时,是,这。

⑧6 [不啻不敢含怒] 他们不只是不敢心怀怒怨,而且是很愿意听到这些话。不啻,不只。

⑧7 [不永念厥辟] 不深远地去考虑国家的法度。永,久远。辟,法。

⑧8 [不宽绰厥心] 不把你的心胸放宽广。绰,宽。

⑧9 [同] 会合。

⑨0 [丛] 聚集。

⑨1 [监于兹] 以此为鉴。监,同"鉴",借鉴。

【评析】

《尚书·无逸》是一篇反映西周初年社会政治生活的重要文章。据《史记·鲁周公世家》记载,周公"恐成王壮,治有所淫佚,乃作《多士》,作《毋逸》"。《无逸》篇首云"君子所,其无逸",这正是该篇的宗旨。《无逸》篇中,周公反复告诫成王,治政之道决不能贪图安逸,而应该效法殷、周之先哲王,努力做到"不遑暇食","治民祗惧,不敢荒宁"。为了保持周人来之不易的王业,周公一再向成王强调,要去骄抑奢,奋勉为政。

公元前 1046 年,武王克殷,推翻了以殷王纣为代表的商王朝的黑暗统治。这既顺应了历史的潮流,也符合了当时广大人民的愿望。然而,当时那种波涛汹涌、复杂多变的斗争,令人困惑的形势,以及周朝突如其来的胜利,使得新出现的种种艰难和重重问题,不断地摆到周初统治者面前。尤其是克殷后的第二年,周武王染疾而死,继位之君周成王尚在襁褓之中,这不能不使周初统治更为忧心忡忡。虽然有周公"摄行政当国",并发动了两次东征,"伐诛武庚、管叔,放蔡叔",既镇压了殷人的反抗，也打击了一部分周贵族对周王朝的离心力量，从而对新王朝的统治起到了一定的巩固作用，可是阻挡在周王朝政权的巩固和发展道路上的暗礁并未完全消除，在初创基业的周王朝面前仍然有着重重困难，突出的表现为：殷人的继续反抗，周人内部的不和，以及随着周人的胜利而滋长起来的骄奢之风。面对这种风雨晦晦的形势和困局，周王朝中的一些明智的辅弼大臣，特别是聪睿明达、见识深邃的周公，采取了一系列军事、政治、经济等方面的措施，除此而外，还采取了一项十分重要的加强思想道德修养方面的手段，即竭力强调君臣上下戒骄勿逸和奋勉从政。《无逸》就是在这样的历史背景下产生的。据《鲁周公世家》所述，此篇当作于周公还政于成王之后。但此篇文字较为浅显，不似《召诰》《洛诰》等篇那么古奥，故也有学者认为是春秋末年的作品。

围绕着反对安逸、提倡奋勉为政的主旨，《无逸》篇中列举了中宗、高宗及祖甲三位殷先哲王勤奋为政的史实，更表彰了周人自己的先哲王太王、王季、文王等艰难创业的功绩，还不止一次地指出了殷王纣因骄奢淫逸而失政的史实，从正反两个方面反复告诫“今之嗣王”应“其监于兹”。综观《无逸》全篇，可以看出，周公所言之“君子所，其无逸”，内容丰富广泛，归纳起来，既包括体恤民众疾苦，也包括提倡劝奋为政，反对骄奢淫逸，还包括谨言慎事、敬德省愆。也就是说，周初统治者所说的“无逸”，主要是对为政者而言的。从政治上强调勤奋为政、体恤下民；从生活上提倡卑服节乐、抑奢戒逸；从思想上则要求责己省愆。虽然受到君主制政体的限制和知易行难的影响，他们不可能完全推行这些政治主张，但是在当时政治形势的要求和历史兴亡的借鉴，睿智的成王在“四圣维之”(周公旦、太公望、召公奭和史佚共同辅佐)下努力践行这些政治主张和措施，也的确有力地推动了周初社会的稳步发展，形成了史家所称道的“成康之治”。我们可以这样说，周初成王中叶以后，社会所出现的统一安宁和经济稳定发展的局面，实与周公倡言、成王践行的为政无逸的主张是密不可分的。

“逝者如斯夫，不舍昼夜。”《无逸》的问世，至今已有三千多年，它所记载的“故事”，早已湮没在历史的长河之中，它所赞誉的殷周“迪哲”，也早已成为如烟往事。虽然时过境迁，但是《无逸》诸篇同伟大祖国的许多优秀典籍一样，至今仍熠熠生辉，读之发人深省。

【研习与思考】

1.《无逸》篇中周公反复告诫成王的核心内容是什么？告诫中列举了哪些先哲史实？

2.《无逸》篇蕴含了哪些深刻的政治思想？

3.《尚书》是一部怎样的书？你能梳理一下阎若璩《古文尚书疏证》为《伪古文尚书》定谳的最主要的几条证据吗？同时谈谈你自己对此问题的看法。

【延伸阅读】

1. 顾颉刚、刘起釪《尚书校释译论》，中华书局 2005 年版。

2. 刘起釪《尚书研究要论 · 宋元明疑辨〈尚书〉及清初推翻伪古文》，齐鲁书社 2007 年版。

3. 司马迁《史记 · 殷本纪》《周本纪》及《鲁周公世家》，中华书局 2013 年版。

礼　　运[①]

昔仲尼与于蜡[②]宾，事毕，出游于观[③]之上，喟然而叹。仲尼之叹，盖叹鲁也。言偃在侧，曰：“君子何叹？”孔子曰：“大道[④]之行也，与三代之英[⑤]，丘未之逮也，而有志[⑥]焉。大道之行也，天下为公，选贤与[⑦]能，讲信修睦。故人不独亲其亲，不独子其子，使老有所终，壮有所用，幼有所长，矜寡孤独废疾者[⑧]皆有所养，男有分，女有归[⑨]。货，恶其弃于地也，不必藏于己；力，恶其不出于身也，不必为己。是故谋闭而不兴，盗窃乱贼而不作，故户外而不闭。是谓大同。今大道既隐，天下为家，各亲其亲，各子其子，货力为己，大人世及[⑩]以为礼，城郭沟池[⑪]以为固，礼义以为纪，以正君臣，以笃父子，以睦兄弟，以和夫妇，以设制度，以立田里，以贤勇知，以功为己。故谋用是作，而兵由此起。禹、汤、文、武、成王、周公，由此其选[⑫]也。此六君子者，未有不谨于礼者也，以著其义，以考[⑬]其信，著有过，刑[⑭]仁讲让，示民有常。如有不由此者，在埶[⑮]者去，众以为殃。是谓小康。”

言偃复问曰：“如此乎礼之急也？”孔子曰：“夫礼，先王以承天之道，以治人之情，故失之者死，得之者生。《诗》曰：‘相鼠有体，人而无礼。人而无礼，胡不遄死[⑯]！’是故夫礼，必本于天，殽[⑰]于地，列于鬼神[⑱]，达于丧、祭、射、御、冠、昏、朝、聘。故圣人以礼示之，故天下国家可得而正也。”

言偃复问曰：“夫子之极言礼也，可得而闻与？”孔子曰：“我欲观夏道，是故之杞[⑲]，而不足征也，吾得《夏时》[⑳]焉。我欲观殷道，是故之宋[㉑]，而不足征也，吾得《坤乾》[㉒]焉。《坤乾》之义，《夏时》之等，吾以是观之。夫礼之初，始诸饮食，其燔黍捭豚[㉓]，污尊而抔饮[㉔]，蒉桴而土鼓[㉕]，犹若可以致其敬于鬼神。及其死也，升屋而号，告曰：‘皋！某复[㉖]。’然后饭腥而苴孰[㉗]。故天望而地藏[㉘]也，体魄则降，知气在上。故死者北首，生者南乡[㉙]，皆从其初。昔者先王未有宫室，冬则居营窟[㉚]，夏则居橧巢[㉛]。未有火化，食草木之实，鸟兽之肉，饮其血，茹其毛[㉜]。未有麻丝，衣其羽皮。后圣有作，然后修火之利，范[㉝]金，合土[㉞]，以为台榭、宫室、牖[㉟]户。以炮[㊱]以燔[㊲]，以亨[㊳]以炙[㊴]，以为醴酪[㊵]。治其麻丝，以为布帛。以养生送死，以事鬼神上帝，皆从其朔。故玄酒在室[㊶]，醴醆在户[㊷]，粢醍在堂，澄酒在下[㊸]。陈其牺牲，备其鼎俎，列其琴瑟、管磬、钟鼓，修其祝嘏[㊹]，以降上神与其先祖，以正君臣，以笃父子，以睦兄弟，以齐上下，夫妇有所。是谓承天之祜。作其祝号[㊺]，玄酒以祭，荐其血毛[㊻]，腥其俎[㊼]，孰其殽[㊽]，与其越席[㊾]，疏布以幂[㊿]，衣其澣帛[51]，醴醆以献，荐其燔炙[52]，君与夫人交献，以嘉魂魄，是谓合莫[53]。然后退而合亨[54]，体其犬豕牛羊[55]，实其簠[56]簋[57]笾[58]豆[59]铏[60]羹，祝以孝告，嘏以慈告，是谓大祥。此礼之大成也。”

孔子曰：“於呼哀哉！我观周道，幽、厉伤之。吾舍鲁，何适矣？鲁之郊禘，非礼也[61]，周公其衰矣！杞之郊也，禹也；宋之郊也，契也。是天子之事守也[62]。故天子祭天地，诸侯祭社稷。

“祝嘏莫敢易其常古，是谓大假[63]。祝嘏辞说，藏于宗祝巫史，非礼也，是谓幽国[64]。醆斝及尸君[65]，非礼也，是谓僭君。冕弁[66]兵革，藏于私家，非礼也，是谓胁君。大夫具官[67]，祭器不假，声乐皆具[68]，非礼也，是谓乱国。故仕于公曰臣，仕于家曰仆。三年之丧与新有昏者，期不使。以衰裳入朝，与家仆杂居齐齿，非礼也，是谓君与臣同国[69]。故天子有田以处其子孙，诸侯有国以处其子孙，大夫有采以处其子孙，是谓制度。故天子适诸侯，必舍其祖庙，而不以礼籍[70]入，是谓天子坏法乱纪。诸侯非问疾吊丧而入诸臣之家，是谓君臣为谑。是故礼者，君之大柄也，所以别嫌明微，傧[71]鬼神，考制度，别仁义[72]，所以治政安君也。故政不正则君位危，君位危则大臣倍[73]，小臣窃。刑肃而俗敝则法无常，法无常而礼无列，礼无列则士不事也。刑肃[74]而俗敝，则民弗归也。是谓疵国。

“故政[75]者，君之所以藏身也。是故夫政，必本于天，殽以降命。命降于社[76]之谓殽地，降于祖庙之谓仁义[77]，降于山川之谓兴作[78]，降于五祀之谓制度[79]。此圣人所以藏身之固也。故圣人参于天地，并[80]于鬼神，以治政也。处其所存，礼之序也；玩其所乐，民之治也。故天生时而地生财，人其父生而师教之，四者君以正用之，故君者立于无过之地也。

“故君者所明也[81]，非明人者也；君者所养也，非养人者也；君者所事也，非事人者也。故君明人则有过，养人则不足，事人则失位。故百姓则君以自治也，养君以自安也，事君以自显也。故礼达而分定，故人皆爱其死而患其生。故用人之知，去其诈；用人之勇，去其怒；用人之仁，去其贪。故国有患，君死社稷谓之义，大夫死宗庙谓之变[82]。

“故圣人耐[83]以天下为一家，以中国为一人者，非意之也，必知其情，辟[84]于其义，明于其利，达于其患，然后能为之。何谓人情？喜、怒、哀、惧、爱、恶、欲，七者弗学而能。何谓人义[85]？父慈、子孝、兄良、弟弟、夫义、妇听、长惠、幼顺、君仁、臣忠十者，谓之人义。讲信修睦，谓之人利[86]。争夺相杀，谓之人患[87]。故圣人之所以治人七情，修十义，讲信修睦，尚辞让，去争夺，舍礼何以治之？饮食男女[88]，人之大欲存焉；死亡贫苦，人之大恶存焉。故欲恶者，心之大端也。人藏其心，不可测度也。美恶皆在其心，不见其色也，欲一以穷之，舍礼何以哉？

“故人者，其天地之德，阴阳之交，鬼神[89]之会，五行[90]之秀气也。故天秉阳，垂日星；地秉阴，窍于山川。播五行于四时[91]，和而后月生也。是以三五而盈，三五而阙。五行之动，迭相竭也。五行、四时、十二月，还相为本也。五声、六律、十二管，还相为宫也[92]。五味、六和、十二食，还相为质也[93]。五色、六章、十二衣，还相为质也[94]。故人者，天地之心也，五行之端[95]也，食味、别声、被色而生者也。

“故圣人作则，必以天地为本，以阴阳为端[96]，以四时为柄[97]，以日星为纪[98]，月以为量[99]，鬼神以为徒[100]，五行以为质[101]，礼义以为器[102]，人情以为田，四灵以为畜[103]。以天地为本，故物可举也。以阴阳为端，故情可睹也。以四时为柄，故事可劝也。以日星为纪，故事可列也。月以为量，故功有艺[104]也。鬼神以为徒，故事有守也。五行以为质，故事可复也。礼义以为器，故事行有考也。人情以为田，故人以为奥[105]也。四灵以为畜，故饮食有由也[106]。

“何谓四灵？麟[107]、凤[108]、龟[109]、龙[110]，谓之四灵。故龙以为畜，故鱼鲔不淰[111]；凤以为畜，故鸟不獝[112]；麟以为畜，故兽不狘[113]；龟以为畜，故人情不失。故先王秉蓍龟[114]，列祭祀，瘗缯[115]，宣祝嘏辞说，设制度[116]。故国有礼，官有御，事有职，礼有序。

“故先王患礼之不达于下也。故祭帝于郊，所以定天位也；祀社于国，所以列地利也；祖庙，所以本仁也；山川，所以傧鬼神也；五祀，所以本事也[117]。故宗祝[118]在庙，三公[119]在朝，三老在学[120]，王前巫而后史，卜筮瞽[121]侑[122]皆在左右。王中心无为也，以守至正。故礼行于郊而百神受职[123]焉，礼行于社而百货可极焉，礼行于祖庙而孝慈服焉，礼行于五祀而正法则焉[124]。故自郊社、祖庙、山川、五祀，义之修而礼之藏也。

"是故夫礼，必本于大一[125]，分而为天地，转而为阴阳，变而为四时，列而为鬼神。其降曰命，其官[126]于天也。夫礼必本于天，动而之地，列而之事，变而从时，协于分艺[127]。其居人也曰养[128]，其行之以货力、辞让、饮食、冠昏、丧祭、射御、朝聘。

"故礼义也者，人之大端也，所以讲信修睦而固人之肌肤之会、筋骸之束也[129]，所以养生、送死、事鬼神之大端也，所以达天道、顺人情之大窦[130]也[131]。故唯圣人为知礼之不可以已也。故坏国、丧家、亡人，必先去其礼。故礼之于人也，犹酒之有蘖[132]也，君子以厚，小人以薄。

"故圣王修义之柄，礼之序，以治人情。故人情者，圣王之田也，修礼以耕之，陈义以种之，讲学以耨之，本仁以聚之，播乐以安之。故礼也者，义之实也[133]，协诸义而协，则礼虽先王未之有，可以义起也。义者，艺之分[134]，仁之节也。协于艺，讲于仁，得之者强。仁者，义之本也，顺之体也，得之者尊。故治国不以礼，犹无耜而耕也；为礼不本于义，犹耕而弗种也；为义而不讲之以学，犹种而弗耨也；讲之以学而不合之以仁，犹耨而弗获也；合之以仁而不安之以乐，犹获而弗食也；安之以乐而不达于顺，犹食而弗肥也。

"四体既正，肤革充盈，人之肥也；父子笃，兄弟睦，夫妇和，家之肥也；大臣法，小臣廉，官职相序，君臣相正，国之肥也；天子以德为车，以乐为御，诸侯以礼相与，大夫以法相序，士以信相考，百姓以睦相守，天下之肥也。是谓大顺。大顺者，所以养生送死，事鬼神之常[135]也。故事大积焉而不苑[136]，并行而不缪[137]，细行而不失[138]，深而通，茂而有间，连而不相及也，动而不相害也，此顺之至也。故明于顺，然后能守危[139]也。

"故礼之不同[140]也，不丰也，不杀[141]也，所以持情而合危[142]也。故圣王所以顺，山者不使居川，不使渚[143]者居中原，而弗敝也。用水、火、金、木，饮食必时。合男女，颁爵位，必当年德。用民必顺。故无水旱昆虫之灾，民无凶饥妖孽[144]之疾。故天不爱[145]其道，地不爱其宝，人不爱其情。故天降膏露，地出醴泉，山出器车，河出马图[146]，凤皇麒麟皆在郊棷[147]，龟龙在宫沼，其余鸟兽之卵胎，皆可俯而窥也。则是无故，先王能修礼以达义，体信以达顺故，此顺之实也。”

【注释】

① 选自《礼记正义》卷二十九至三十一(《中华再造善本》影印南宋绍熙三年(1192)两浙东路茶盐司刻宋元递修本，北京图书馆出版社2003年版)。《礼记》又名《小戴礼记》《小戴记》，是西汉礼学家戴圣所编纂的孔子及其弟子对于先秦礼制的讨论集。《礼运》是《礼记》中的一篇。关于《礼运》的作者和撰成年代，历代说法不一，目前较通行的看法是:《礼运》非出自一人一时之手，而是经过多人多次记录整理而成。其主体部分为孔子与子游讨论礼制的文字，应该是由子游记录，大概写成于战国初期，在流传过程中，大约于战国晚期掺入了阴阳五行家之言，又经后人整理而成为目前我们看到的面貌。

② [蜡(zhà)] 通“褙”，祭名，于每年十二月举行，是合聚万物之神而祭之。行蜡祭还当聚民于学校以行饮酒礼。行饮酒礼当设宾主，而孔子“与于蜡宾”。

③ [观] 于门两旁建高台，台上建可观望之楼，即所谓观，又名门阙。

④ [大道] 此谓五帝时期的治理天下之道，实际是儒家学者所理想的社会制度，即“大同”社会，详下文。

⑤ [三代之英] 三代，夏、商、周。英，指下文所提到的禹、汤、文、武、成王、周公一流的人物，也都是儒家理想中的圣人。

⑥ [志] 识，识记之书。

⑦ [与] 同“举”。

⑧ [矜(guān)寡孤独废疾者] 矜，通“鳏”，老而无妻。寡，老而无夫。孤，幼而无父。独，老而无子。废指伤残，疾指患病。

⑨ [男有分，女有归] 分，犹职。女谓出嫁曰归。

⑩ [世及] 父子相传曰“世”，兄终弟及曰“及”。

⑪［沟池］护城河。

⑫［由此其选］由，用也。选，英选，即上节所谓“三代之英”。

⑬［考］成也。

⑭［刑］通“型”，典型，法则。

⑮［埶］古“势”字。

⑯［《诗》曰四句］见今《诗经·鄘风·相鼠》。相，视。遄，迅速。

⑰［殽］通“效”，效法。

⑱［列于鬼神］谓取法度于鬼神。

⑲［杞］夏禹的后代所建立的国家。

⑳［《夏时》］夏代的历书。今存有《夏小正》一篇，见《大戴礼记》。

㉑［宋］商汤的后代所建立的国家。

㉒［《坤乾》］是一部运用阴阳理论进行占筮的书，大约是殷人的《易》，因《坤》卦在《乾》卦之前，故名。

㉓［燔黍捭(bò)豚］捭，通“擘”，分开。豚，在此泛指兽肉。

㉔［污尊而抔(póu)饮］污，本指小池塘，在此是挖坑池的意思。抔，捧。

㉕［蒉(kuài)桴而土鼓］谓抟土为桴（鼓椎），筑土为鼓。“蒉”通“凷”，土块。

㉖［皋某复］皋，拉长了声音呼唤。某，代死者名。

㉗［饭腥而苴孰］饭腥，以生米含在死者口里。苴孰，用草苇叶子包着熟食。腥，生食。苴，苞苴。孰，古“熟”字。

㉘［天望而地藏］天望，谓始死升屋向天号告以招魂。地藏，谓不用棺椁，埋尸于土中。

㉙［死者北首，生者南乡］古人的观念，以为人死归阴，北方为阴，故死者北首；生人属阳，故生者南向而居。

㉚［营窟］用土垒成的洞穴。

㉛［橧(zēng)巢］积聚薪柴而造成的巢形住处。橧，谓聚薪柴居其上。

㉜［茹其毛］茹，食也。因上古未有火化，去毛不能尽，故并而食之。

㉝［范］模子。

㉞［合土］谓烧制砖瓦壶罐等陶器。

㉟［牖］原作"牗"，形似而误，据《唐石经》、清嘉庆十一年张敦仁影刻宋淳熙四年抚州公使库本及嘉庆二十年南昌府学刻《十三经注疏》本改。

㊱［炮(páo)］裹而烧之。

㊲［燔］在火上烤。

㊳［亨］通"烹"，煮也。

㊴［炙］串成串用火烤。

㊵［酪］醋。

㊶［玄酒在室］玄酒，指水，水色玄，上古无酒，以水代之，故称。在室，指在室内而近北的地方。

㊷［醴醆在户］醴、醆，皆酒名，即所谓醴齐和盎齐。前者是一种未将糟滓滤去的酒，类似后世的甜酒；后者是一种葱白色的酒，因盛在盏中，故又名之为盏。醆，即"盏"，一种浅而小的酒杯。在户，是指在室内靠近门的地方。

㊸［粢(zī)醍(tǐ)在堂，澄酒在下］"粢"与"齐"通。粢醍，即《周礼》之"缇齐"，一种浅红色清酒。澄酒，即"沈齐"，是一种有糟滓沉在下面的红赤色而稍清澄的酒。案祭祀时神位和尸都在庙堂后的室中，而玄酒是水，以下醴、醆、醍齐和澄酒，其酿造工艺依次递精，所陈之处也依次递远，这体现了反始尚朴之义。

㊹［修其祝嘏］祝，祝为主人飨神之辞。嘏，祝为尸致福于主人之辞。

㊺［祝号］祝辞中对鬼神和祭品的美好称呼，如称天神为"昊天上帝"，称鬼为"皇祖"，称酒为"清酌"，称牛为"一元大武"。

㊻［荐其血毛］谓杀牲之后，祝取牲血及毛入室禀告于神。

㊼［腥其俎］以俎盛生肉进献于尸。

㊽［孰其殽］将带骨的肉放在开水中稍煮，半生不熟，然后献于尸。

㊾［越（huó）席］蒲席。越，一种蒲属植物。

㊿［幂（mì）］覆盖，遮掩。

51［澣帛］祭服，用练帛染色制成。

52［燔炙］燔，烤熟的肉。炙，烤熟的肝。

53［合莫］谓祭祀时祭者通过进献祭物与所祭鬼神相感通。莫，通“寞”，指冥冥之中。

54［合亨］上文云“孰其殽”，其实并未真正煮熟，故此时又合亨（烹）之。

55［体其犬豕牛羊］谓分别骨肉之贵贱以为众俎。案牲之骨体有贵贱之分，就左右来说，右体贵于左体；就前后来说，前体贵于后体；就上下来说，上体贵于下体。此处肩即指牲右体前胫骨的最上部，祭祀时尸最尊，故为尸设俎即取肩，自宾、主人、兄弟以下诸俎所设牲体，则依次递贱。

56［簠（fǔ）］盛稻粱之器。

57［簋（guǐ）］盛黍稷之器。

58［笾］盛果脯之器。

59［豆］盛菹醢之器。

60［铏］盛菜汤、肉汤之器，如鼎而小。

61［鲁之郊禘，非礼也］郊、禘之礼，只有天子才能举行，鲁僭行天子之礼，故曰“非礼也”。郊，天子祭天之礼，因在郊外举行，故名。禘，天子在太庙祭祀始祖之礼。

62［是天子之事守也］意为唯此（杞、宋）二国，可世守天子之事以事其祖。案因杞、宋之祖，分别为夏、殷之天子，故其子孙可世守其事而行郊天礼，其他诸侯国则不可引以为例。

63［假］通“嘏”，福也。

⑭ ［“祝嘏”至“幽国”］ 这几句是说礼文只由宗、祝、巫、史掌管，国君和大夫都不知礼、不明礼，礼不明则无以治国，其国政必昏暗，故谓之“幽国”。辞说，指礼文。

⑮ ［醆斝（jiǎ）及尸君］ 醆，同“盏”，酒杯。斝，酒器名，其形制略与爵相似。据说，醆是夏代的酒杯，斝是殷代的酒杯，只有夏、殷的后代即杞、宋二国之君祭祀时，才能用以献尸，其他诸侯国君则不得用之，用之则为僭礼。尸君，即尸，因是被祭祀的先君形象的扮演者，故名。

⑯ ［冕弁］ 国君的礼服。冕，衮冕。弁，皮弁。

⑰ ［大夫具官］ 大夫拥有一整套官僚制度。按礼，只有天子、诸侯才可以设置百官，每官掌管一事，而大夫只能设宰一人，总理各项事务。

⑱ ［祭器不假，声乐皆具］ 无地的大夫不得制造祭器，有地的大夫可以制造祭器但不得全备，故祭祀时皆须假借，此云“不假”，是造祭器而全备。又大夫所拥有的乐器和乐人也都有一定的限制，不得逾制而全备。

⑲ ［“以衰”至“同国”］ 按照家天下的观念，国是君的国而非臣的国，有丧者不居丧于家，而穿着丧服入朝，是视君之朝如己之家，则有君与臣同其国之嫌；又大夫乃其仆之君，而仆亦犹大夫之臣，大夫而与其仆“杂居齐齿”，无上下之分，是亦犹君臣同国。

⑳ ［礼籍］ 记载礼的简策，上面载有入诸侯国之宗庙所当注意的忌讳。

㉑ ［傧］ 以礼接待宾客。

㉒ ［别仁义］ 仁主于慈爱，义主于断制，以礼别而用之。

㉓ ［倍］ 通“背”，背叛。

㉔ ［肃］ 峻急。

㉕ ［政］ 即指礼。

㉖ ［命降于社］ 社即土地。土地，以及下文所云祖庙、山川、五祀，皆体现有天理在其中，故当本之而出政令。

㉗ ［降于祖庙之谓仁义］ 祖庙之中蕴含尊、亲，亲出于仁，尊出于

义，故祖庙之礼体现仁义。

⑱［降于山川之谓兴作］山川有草木禽兽，可以作器物，共（供）国事。

⑲［降于五祀之谓制度］五祀，在此指宫室中所有的中溜、门、户、灶、行，而非指其神，故此处五祀实代指宫室。此制度为宫室制度。

⑳［并］比并，相比。

㉑［所明］被人所明，即通过善采众议而使自己变得聪明，与下“所养”、“所事”为同一词例。

㉒［变］通“辩”，正当。

㉓［耐］“能”的古字。

㉔［辟］通“譬”，明晓，谓明晓“父慈、子孝”以下十义。

㉕［人义］人际关系的准则。

㉖［人利］人际关系的改善。

㉗［人患］人际关系的破坏。

㉘［饮食男女］吃喝与求偶。

㉙［鬼神］鬼指形体；神指精灵。

㉚［五行］指金、木、水、火、土。

㉛［播五行于四时］把五行与四季相配，木配春，火配夏，金配秋，水配冬，土配季夏与孟秋之间。

㉜［五声、六律、十二管，还相为宫］五声，指宫、商、角、徵、羽。六律，即十二律，因十二律分阴、阳两类，处于奇数位的六律叫做阳律，处于偶数位的六律叫作六吕，合称则为“律吕”，古书中则通常用“六律”来包举阴阳各六的十二律。十二管，即十二律管。还相为宫，此处之宫，指宫调式。但宫音作为五声音阶之一，与其他四声一样，只有相对的音高，没有绝对的音高，它们的音高要用十二律来确定，例如用十二律的第一律黄钟律来定宫音的音高，这样构成的调式，就叫作黄钟宫。十二律依次皆可用以确定宫音的音高，根据音乐所要表现的内容和性质的不同，可以轮环使用，这就叫作“还相为宫”。其他四种调式亦如此，这

里是举一以概全。

⑬[五味、六和、十二食，还相为质] 五味，酸、苦、辛、咸、甘也。六和，谓五味加以滑（以米粉和菜为滑），谓之六和。十二食，谓十二月之所食。还相为质，质，本也，如春以酸为本味，夏以苦为本味，秋以辛为本味，冬以咸为本味，是一年的四季，酸、苦、辛、咸，轮环作为本味，即所谓“还相为质”。

⑭[五色、六章、十二衣，还相为质] 青、赤、黄、白、黑为五色，加上天的玄色为六章。十二衣，谓十二月之衣，如春衣青，夏衣赤，季夏之末衣黄，秋衣白，冬衣黑，是十二月之衣以五色“还相为质”。

⑮[五行之端] 指人具有仁、义、礼、知、信五者。

⑯[端] 首。

⑰[以四时为柄] 柄，权柄，关键。四时各有所当行之政令，应据以权衡所制之典则。

⑱[以日星为纪] 纪，纲纪。日之运行，星之分布，皆有规矩，是为纲纪。

⑲[量] 区分。

⑳[徒] 如徒侣相依的样子。

⑩[质] 主干，主体。

⑩[器] 工具。

⑩[四灵以为畜] 四灵，即下节所说的麟、凤、龟、龙。四灵皆瑞征，古人以为四灵出现，是圣人降生、天下大治的征兆，故以四灵为畜，实际意思是说以天下大治为制定典则的目标。

⑩[艺] 极，亦即标准、准则。

⑩[奥] 犹主。

⑩[以四灵为畜，故饮食有由] 四灵之至，既为天下大治之瑞征，民众的饮食温饱自然就不成问题了。

⑩[麟] 麒麟，毛虫之长。

⑩[凤] 凤凰，羽虫之长。

⑩⑨ [龟] 甲虫之长。

⑪⓪ [龙] 鳞虫之长。

⑪① [鱼鲔(wěi)不淰(shěn)] 鲔,鲟鱼,在此泛指大鱼。淰,鱼类惊骇逃散的样子。

⑪② [獝(xù)] 鸟类惊骇逃散的样子。

⑪③ [狘(xuè)] 兽类惊骇逃散的样子。

⑪④ [蓍龟] 指蓍草和龟甲,前者用于占筮,后者用于占卜,皆所以定吉凶。

⑪⑤ [瘗(yì)缯] 瘗,埋。缯,丝织物,即所谓币帛。瘗缯是一种祭祀方式,表示赠牲缯予神,以祈神的佑助。

⑪⑥ [制度] 指宫室、城郭、车旗之类的制度。

⑪⑦ [五祀,所以本事] 五祀皆宫室之神,祭祀之,可藉以体现兴作之事功。

⑪⑧ [宗祝] 宗伯和太祝。天子祭祖庙,宗祝是其助手。

⑪⑨ [三公] 太师、太傅、太保。

⑫⓪ [三老在学] 在太学中,天子向三老乞求善言。

⑫① [瞽] 乐官。

⑫② [侑] 谏官。

⑫③ [百神受职] 谓风雨寒暑,四时节候,皆百神所掌,百神受职,则风调雨顺而无灾异咎征。

⑫④ [礼行于五祀而正法则] 五祀皆为宫室之神,宫室的建造皆有法度,因此通过祭五祀,就可启发天下"正法则"。

⑫⑤ [大一] 大一,即太一,指处于混沌未分的元气状态的天。

⑫⑥ [官] 主。

⑫⑦ [协于分艺] 此句之义可与上文"月以为量,故功有艺也"参看,意谓配合十二月来制定事功的标准。

⑫⑧ [养] "义"字之误。

⑫⑨ [固人之肌肤之会,筋骸之束] 陈澔曰:"肌肤之总会,筋骨之联

束，非不固也，然无礼以维饬之，则慢惰倾侧之容见矣，故必礼以固之也。”

⑬⓪［窦］孔穴。窦在此用作比喻：有礼义则可通达，无礼义则将闭塞。

⑬①［也］原脱，据《唐石经》、清嘉庆十一年张敦仁影刻宋淳熙四年抚州公使库本及嘉庆二十年南昌府学刻《十三经注疏》本补。

⑬②［蘖］酒曲，酿酒用的发酵剂。

⑬③［礼也者，义之实］陈澔曰：“实者，定制也。礼者义之定制，义者礼之权度。”

⑬④［义者，艺之分］王引之曰：“谓义本因时之宜，乃法则之有分别者也。”

⑬⑤［常］郑《注》曰：“谓皆有礼用，无匮乏也。”

⑬⑥［苑］滞，郁结。

⑬⑦［缪］通“谬”，乖错。

⑬⑧［细行而不失］细微的小事也能施行而不遗失。

⑬⑨［能守危］郑《注》曰：“能守自危之道也。君子居安如危。”

⑭⓪［礼之不同］人有贵贱等级的不同，故亦有不同等级的礼。

⑭①［杀（shài）］减省。

⑭②［合危］即上文“守危”之意。

⑭③［渚］水中可居住的小块陆地。

⑭④［妖孽］衣服、歌谣、草木之怪谓之妖，禽兽、虫蝗之怪谓之孽。

⑭⑤［不爱］谓不隐藏。

⑭⑥［山出器车，河出马图］器车，作车的器材。马图，即龙马负图，亦即《易・系辞上》所谓“河出图，洛出书”之“河图”。传说伏羲氏时，有龙马从黄河出现，背负“河图”；有神龟从洛水出现，背负“洛书”，伏羲氏即根据“河图”“洛书”发明了八卦，就是后来《周易》一书的来源。

⑭⑦［棷（sǒu）］通“薮”，泽。

【评析】

《礼运》是今本《礼记》的第九篇，重点谈论了礼的发展演变和运用，故名《礼运》。该篇首先提出了中国历史上著名的有关“大同”社会的理想，进而说明礼制是“大道既隐”之后的“小康”社会的产物，然后着重论述礼的起源、发展、演变，以至完善的过程，并探讨了圣王制度的根据、原则，礼与仁、义、乐、顺等的关系，以及礼制的运行规律，反复强调了运用礼来治理人情、社会的重要意义，批评了周代末期的种种违礼现象，最后描述了通过运用礼制以达到天下“大顺”的境界，以与篇首的“小康”社会相呼应。

《礼运》约作于战国时期。这个时期，战乱频仍，民不聊生，人们对安定、平等、幸福的生活和社会充满了向往，同时也产生了多种关于理想社会的设计和规划。其中，以农家的“并耕而食”理想，道家的“小国寡民”理想和儒家的“大同”理想最具代表性。随着汉代儒家思想定于一尊，并最终成为中国传统社会的核心思想和价值体系，以“天下为公”为标志的“大同”社会理想也就成为中国传统社会政治文化的价值标准。《礼运》篇中对于“大同”社会的描述，反映了我国传说中原始社会的概貌。所谓“大同”，即“天下为公”的理想世界，虽然带有不少的空想特征，但反映了人们对现实社会的不满和对没有剥削、压迫，人人平等、幸福美好社会的向往，同时也寄托了儒家的人性关怀和终极理想。篇中对于“小康”社会的描述，则反映了我国古代世袭制代替禅让制，进入阶级社会后的情形。所谓“小康”，是对“天下为家”的社会形态的概括。作者在关于这种社会的论述中，则特别强调了“礼义以为纪”的重要性。

在长达数千年的中国历史上，“大同”思想对后世中国的社会、文化走向产生了非常深刻的影响，孔子所向往的“大同世界”成为无数志士仁人对人类美好社会的憧憬，“大同世界”、“天下为公”等词语也成了理想社会的代名词。直到近世，从康有为写《大同书》，设计世界幸福远景，到孙中山先生书“天下为公”，倡导新政匡救中国，“大同”理想所激发的鼓舞人们反对剥削，消灭专制，争取社会进步，构建和谐家园的积极影响，依然久久回荡。

文章雍容雅驯，气势沛然，寓政论于兴叹答问之中，亲切自热。文中多用对偶、排比等修辞手法，颇有战国时期散文之风韵。

【理性思考】

1. 根据《礼运》篇中的描述，儒家理想中的大同社会具有哪些特点?

2.《礼运》篇中的"小康"与现代国人建设小康社会的"小康"有何关联与差异?

3. 作为中西早期乌托邦思想的典型，柏拉图所谓的"理想国"与《礼运》篇中的"大同"世界，二者之间是否具有相似之处，又存在怎样的差异?

【延伸阅读】

1. 康有为《礼运注》，中华书局 1987 年版；康有为《大同书》，上海世纪出版集团 2009 年版。

2.《文史知识》编辑部编《经书浅谈》，中华书局 1984 年版。

3. 彭林《礼乐人生：成就你的君子风范》，中华书局 2006 年版。

谏逐客书[①]

李　斯

臣闻吏议[②]逐客[③]，窃[④]以为过矣！昔缪公求士[⑤]，西取由余[⑥]于戎[⑦]，东得百里奚[⑧]于宛[⑨]，迎蹇叔[⑩]于宋，求丕豹[⑪]、公孙支[⑫]于晋。此五子者，不产于秦，而缪公用之，并[⑬]国二十，遂霸西戎。孝公用商鞅[⑭]之法，移风易俗，民以殷盛[⑮]，国以富强，百姓乐用[⑯]，诸侯亲服[⑰]，获楚、魏之师[⑱]，举[⑲]地千里，至今治强[⑳]。惠王用张仪[㉑]之计，拔三川之地[㉒]，西并巴、蜀[23]，北收上郡[24]，南取汉中[25]，包九夷[26]，制鄢、郢[27]，东据成皋[28]之险，割膏腴之壤，遂散六国之从[29]，使之西面[30]事[31]秦，功施[32]到今。昭王得范雎[33]，废穰侯[34]，逐华阳[35]，强公室[36]，杜私门[37]，蚕食诸侯，使秦成帝业。此四君者，皆以客之功。由此观之，客何负于秦哉！向使四君却[38]客而不内[39]，疏士[40]而不用，是使国无富利之实[41]而秦无强大之名也。

今陛下致昆山[42]之玉，有随、和之宝[43]，垂明月之珠[44]，服[45]太阿[46]之剑，乘纤离[47]之马，建翠凤之旗[48]，树灵鼍[49]之鼓。此数宝者，秦不生一焉，而陛下说[50]之。何也？必秦国之所生然后可，则是夜光之璧不饰朝廷，犀象[51]之器不为玩好[52]，郑卫之女[53]不充后宫，而骏良駃騠[54]不实外厩，江南金锡不为用，西蜀丹青[55]不为采。所以饰后宫、充下陈[56]、娱心意、说耳目者，必出于秦然后可，则是宛珠之簪[57]、傅玑之珥[58]、阿缟[59]之衣、锦绣之饰不进于前；而随俗雅化[60]、佳冶[61]窈窕赵女[62]不立于侧也。夫击瓮叩缶[63]，弹筝搏髀[64]，而歌呼呜呜[65]快耳者，真秦之声也；郑、卫、桑间[66]，《韶》《虞》《武》《象》[67]者，异国之乐也。今弃击瓮叩缶而就[68]郑、卫，退[69]弹筝而取《韶》《虞》，若是者何也？快意当前，适观[70]而已矣。今取人则不然。不问可否，不论曲直，非秦者去，为客者逐。然则是所重者在乎色、乐、珠、玉，而所轻者在乎人民也。此非所以跨海内[71]、制诸侯之术也。

臣闻地广者粟多，国大者人众，兵彊则士勇。是以太山不让土壤，故能成其大；河海不择细流，故能就[72]其深；王者不却众庶[73]，故能明其德。是以地无[74]四方，民无异国，四时充美[75]，鬼神降福，此五帝、三王之所以无敌也。今乃弃黔首[76]以资敌国，却宾客以业[77]诸侯，使天下之士退而不敢西向，裹足[78]不入秦，此所谓"藉寇兵而赍盗粮"[79]者也。

夫物不产于秦，可宝者多；士不产于秦，而愿忠者众。今逐客以资敌国，损民以益雠[80]，内自虚而外树怨于诸侯[81]，求国无危，不可得也。

【注释】

① 选自司马迁《史记》卷八十七《李斯列传》（中华书局 2013 年

版)。李斯(约前 284—前 208),战国时楚国上蔡(今河南省上蔡县西)人。秦朝政治家、文学家、书法家。荀况的弟子。协助秦始皇统一中国,官至丞相,为秦始皇拟定郡县制,下禁书令,以小篆为标准统一文字。传世作品除《谏逐客书》外,尚有《泰山石刻文》《琅琊石刻文》《会稽石刻文》等。李斯于战国末期来到秦国,最初只是吕不韦的门客,因能力突出,被任命为郎官。后来向秦始皇进献灭亡六国的策略,得到赏识,被任命为长史、客卿。约公元前 237 年,韩国人郑国来秦国当间谍,事发,秦始皇下令驱逐所有在秦国做官的其他诸侯国的人,李斯也属于被驱逐的对象,于是他给秦始皇上了这篇著名的《谏逐客书》,表达了"逐客"对秦国的不利,得到秦始皇的采纳,从而废除逐客的命令。秦始皇死后,李斯听信赵高之言,合谋伪造遗诏,迫使秦始皇长子扶苏自杀,立少子胡亥为二世皇帝。后来因赵高构陷,被斩腰于咸阳。

② [吏议] 官吏讨论政府要事。

③ [客] 即客卿,秦国官名,指在秦国做官的其他诸侯国的人。

④ [窃] 私下,私自。古人表示自谦的副词。

⑤ [昔缪公求士] 过去秦穆公求取贤才。缪公,秦穆公,春秋五霸之一。缪,同"穆"。士,先秦时最低级的贵族阶层,也是古代四民(士、农、工、商)之一。这里指贤才。

⑥ [由余] 春秋时晋国人,亡命入戎,奉戎王命出使到秦。秦穆公用计离间由余和戎王,由余归降秦国,享受客卿的礼遇,协助秦国征服西戎。

⑦ [戎] 我国古代西部少数民族的统称。

⑧ [百里奚] 原为虞国大夫,晋国灭掉虞国后,把他作为晋献公女儿陪嫁的奴仆送给秦国。百里奚从秦国逃到楚国,被楚国边境的人抓住。秦穆公听说他很贤能,用五张羊皮将他赎回,后来在秦国当了七年的丞相。

⑨ [宛(yuān)] 楚地,今河南省南阳市。

⑩ [蹇(jiǎn)叔] 百里奚的好友,当时居住在宋国,百里奚向秦穆

公推荐他，于是秦穆公派人用厚币迎蹇叔为上大夫。

⑪［丕豹］晋大夫丕郑之子，因丕郑被杀，他逃往秦国，被秦穆公任用为将。

⑫［公孙支］又名子桑，先居住在晋国，后来归秦，被秦穆公任用为大夫。

⑬［并］兼并。

⑭［商鞅］即公孙鞅，战国时卫国之庶公子，所以又称卫鞅。少年时学刑名之术，曾为魏相公叔痤家臣，后入秦国，辅佐秦孝公变法，使秦国富强。后秦孝公以商于之地(今陕西省商县)封鞅，号商君。

⑮［殷盛］富裕。

⑯［乐用］乐意用命，即乐意为政府效力。

⑰［亲服］亲近归服。

⑱［获楚魏之师］意为战胜楚国、魏国的军队。

⑲［举］攻克，占领。

⑳［治强］安定强盛。

㉑［张仪］战国时魏国人，秦惠王用为相，为秦国定"连横"之计，游说诸侯事秦。

㉒［拔三川之地］意为夺取三川一带的土地。三川之地，本属韩国领地，在今河南省黄河以南、灵宝以东的地带。三川，指黄河、洛水、伊水。

㉓［巴蜀］均古国名。巴，今重庆市巴县一带。蜀，今四川成都一带。

㉔［上郡］本属魏国领地，今陕西北部及内蒙古自治区一部分。

㉕［汉中］本属楚国领地，今陕西汉中。

㉖［包九夷］包，并吞。九夷，楚国部族。

㉗［制鄢郢(yān yǐng)］制，控制。鄢，本属楚国领地，今湖北省宜城县。郢，楚国国都，今湖北省江陵县。

㉘［成皋］今河南省荥阳虎牢关，是著名的军事要塞。

㉙［六国之从(zònɡ)］六国，韩、魏、燕、赵、齐、楚。从，同“纵”，谓合纵，是东方六国结成联盟以抵抗秦国的一种策略。

㉚［西面］向西。

㉛［事］侍奉。

㉜［施(yì)］延续。

㉝［范雎(jū)］战国时魏国人，字叔，曾为秦国丞相。

㉞［穰(ránɡ)侯］秦昭王母宣太后弟，曾为秦国丞相，专权为政。

㉟［华阳］即华阳君，秦昭王母宣太后弟。因穰侯、华阳君等专权，范雎说服秦昭王免去穰侯丞相职位，与华阳君等一起被逐出关。

㊱［彊公室］意为加强和巩固了王室的权力。

㊲［杜私门］指限制私家的权力。杜，堵塞。

㊳［却］拒绝。

㊴［内］同“纳”。

㊵［疏士］意为疏远外来之士。

㊶［实］效果，成效。

㊷［昆山］昆仑山。

㊸［随、和之宝］隋珠与和氏璧。随，同“隋”，西周春秋时的小国名。相传隋侯遇见一条受重伤的大蛇，便派人用药敷治，一年多以后，这条伤愈的大蛇衔着一颗洁白发光的大珠来报答，所以叫“隋珠”。和氏璧，相传楚国人卞和在荆山下得到一块璞玉，把它进献给楚厉王，楚厉王派玉人鉴定，玉人认为只是一块石头，楚厉王认为卞和欺骗了他，一怒之下砍掉他的左脚。楚武王即位，卞和又献上这块璞玉，玉人仍然认为只是一块石头，楚武王又砍掉他的右脚。等到楚文王即位，卞和抱着这块璞玉，在荆山下痛哭，楚文王于是派玉人雕琢这块璞玉，果然得到一块大玉，于是叫它“和氏璧”，后来被秦始皇用作传国玉玺。

㊹［垂明月之珠］垂，缀饰。明月之珠，夜光珠。

㊺［服］佩带。

㊻［太阿(ē)］利剑名，相传吴国欧冶子干将作铁剑三把，其中一

把名叫太阿。

㊼［纤离］古代骏马名。

㊽［建翠凤之旗］意为树立以翠羽为凤形装饰的旗帜。建，树立。

㊾［鼍(tuó)］爬虫类动物，产于长江下游，现在叫扬子鳄，他的皮可以蒙鼓。

㊿［说］同“悦”。

(51)［犀象］犀，犀牛角。象，象牙。

(52)［玩好(hào)］供玩赏的奇珍异宝。

(53)［郑卫之女］当时人认为郑、卫之地多美女。

(54)［駃(jué)騠(tí)］骏马名。

(55)［丹青］颜料。丹，丹砂。青，青雘。

(56)［下陈］后列。侍奉君主的嫔妃、宫女，处于后列。

(57)［宛珠之簪］意为用宛地之珠所装饰的簪子。

(58)［傅玑(jī)之珥(ěr)］意为缀有珠子的耳饰。傅，通“附”。玑，不圆的珠。珥，用珠子或玉石做成的耳饰。

(59)［阿(ē)缟］齐国东阿所产的白色绢。阿，东阿，现在分属山东省茌平、寿张二县。缟，白色绢。

(60)［随俗雅化］随着流行的样式打扮自己。

(61)［冶］美。

(62)［赵女］古代赵国以出美女著名。

(63)［缶(fǒu)］瓦器。

(64)［搏髀(bì)］拍击大腿。搏，击。髀，大腿。

(65)［呜呜］秦地乐歌声。

(66)［郑、卫、桑间］郑、卫，即郑、卫之音，是春秋末年流行于郑国、卫国的民间音乐，以悦耳著称。桑间，地名，在濮水(今河南省境内)之滨，是卫国男女欢会歌唱的地方，此指淫靡之音。

(67)［《韶》《虞》《武》《象》］《韶》《虞》，五帝之一舜的乐曲名。《武》《象》，周代乐曲名。

⑱ [就] 取,从。

⑲ [退] 不接受。

⑳ [适观] 适合欣赏。

㉑ [跨海内] 比喻统一天下。跨,驾凌。

㉒ [就] 成就,成为。

㉓ [众庶] 众民,百姓。庶,平民,百姓。

㉔ [无] 无论,不论。

㉕ [四时充美] 意为一年四季都很富足、美好。

㉖ [黔首] 秦统治者称百姓为黔首。黔,黑色。

㉗ [业] 成就其事业。这里作动词用。

㉘ [裹足] 包缠住脚。这里比喻有顾虑,受拘束。

㉙ [藉(jiè)寇兵而赍(jī)盗粮] 意为把武器粮食供给寇盗。藉,借。赍,给与。《荀子·大略》云:“非其人而教之,赍盗粮借贼兵也。”

㉚ [损民以益雠] 意为减少本国的人口而增加敌国的人力。雠,同“仇”。

㉛ [内自虚而外树怨于诸侯] 意为对内使自己陷于虚弱,而对外又和各国结下了怨仇。言下之意是说被驱逐的人到了别国必然痛恨秦国,等于派了许多仇敌到别的诸侯国去反对自己。

【评析】

“谏”,是古代臣子批评君主的一种行为方式。西汉刘向在《说苑·正谏》中说:“人臣之所以蹇蹇为难而谏其君者,非为身也,将欲以匡君之过,矫君之失也。”为了匡正君主之过失,从秦汉开始,就设立了专门的“谏官”制度,后世又不断加以完善,如“谏议大夫”、“左、右拾遗”、“左、右补阙”等。但谏官又不只是指专门担任谏职者,大凡在朝官员有谏行谏文传世者,也可以称之为“谏官”。谏文之体,没有定式。刘向总结了五种进谏方式:“一曰正谏,二曰降谏,三曰忠谏,四曰戆谏,五曰讽谏。”进谏方式不同,谏文体式也随之有别,要之,时效性、批判性、感染性是其一般特征。本文很好地体现了谏书的这些特点,充分展现了李斯作为政治家的远大抱负与对现实的深刻洞察力,以及作为文学家对历史知识的娴熟与对语言技巧的驾驭能力。

本文先叙述秦国先王秦穆公、秦孝公、秦惠王、秦昭王等皆以重用客卿致强的历史史实,说明客卿在秦国实现强国的过程中所发挥的重大作用。接着又列举秦始皇所喜爱的来自别国的女乐、珠玉,以此形成鲜明的对比,说明秦始皇重物轻人的不可取。

文章立意高远,摈弃私利,从统一天下的高度立论,始终贯穿"大一统"的政治目标,正反结合,利害并举,说明利用客卿以致强秦的重要性,充分表现了治国安邦须任人唯贤的思想。行文雄辩滔滔,理足词胜,从而游说成功,使秦王嬴政最终收回了"逐客令",使李斯的政治命运开启了新的大门,也避免了秦国历史可能出现的一次重大逆转。鲁迅先生在《汉文学史纲要》中说:"秦之文章,李斯一人而已。"此文可窥见一斑。

文章气势奔放,辞采斐然。这还与作者多用铺陈、夸饰和排比、对偶的手法以及妙用比喻,锤炼辞藻等密切相关。如写秦国先王"四君"因客卿之功而"成帝业"的历史事迹,手法铺张,叠用排比对偶,显得文势磅礴,音节和美。写秦王嬴政之重"色、乐、珠、玉",大肆夸饰,多用排偶,辞藻华美,文气充沛又极富文采。其写"惠王用张仪之计",为避重复而采用了"拨、并、收、取、包、制、据、割、散、使、施"等一系列动词,又见其辞藻之丰富与用字之巧思。再如文章暗引荀子"赍盗粮借贼兵"之语为喻来说明逐客之愚,形象生动而又深刻入木。故此文历两千年而传诵不衰。清代李兆洛《骈体文钞》选录此篇为"骈体初祖",则从文体的角度揭示了此文对后世文章的深远影响。

【理性思考】

1. 请举例说明李斯是如何运用比喻、对比、夸张、排比等手法,以增强论证的说服力的。

2. 李斯认为逐客之害有哪些？试就其论述的逻辑性加以简要分析。

3. 请谈谈《谏逐客书》与后世骈文的异同。

4. 说说李斯“任人唯贤”思想的现实意义。

【延伸阅读】

1. 司马迁《史记》卷八十七《李斯列传》，中华书局 2013 年版。

2.《战国策·齐策四·冯谖客孟尝君》，诸祖耿《战国策集注汇考》，凤凰出版社 2008 年版。

3.《战国策·秦策一·苏秦始将连横》，诸祖耿《战国策集注汇考》，凤凰出版社 2008 年版。

4. 刘麟生《中国骈文史》，东方出版社 1996 年版。

治　安　策[①]

贾　谊

臣窃惟事势[②]，可为痛哭者一，可为流涕者二，可为长太息[③]者六，若其它背理而伤道[④]者，难遍以疏举[⑤]。进言者[⑥]皆曰天下已安已治[⑦]矣，臣独以为未也。曰安且治者，非愚则谀，皆非事实[⑧]知治乱之体[⑨]者也。夫抱火厝[⑩]之积薪[⑪]之下而寝其上，火未及燃，因谓之安，方今之势，何以异此！本末舛逆[⑫]，首尾衡决[⑬]，国制抢攘[⑭]，非甚有纪[⑮]，胡[⑯]可谓治！陛下何不壹[⑰]令臣得孰数[⑱]之于前，因陈治安之策，试详择焉！

夫射猎之娱，与安危之机[⑲]孰[⑳]急？使为治[㉑]劳智虑，苦身体，乏钟鼓之乐[㉒]，勿为可也。乐与今同[㉓]，而加之诸侯轨道[㉔]，兵革不动，民保首领[㉕]，匈奴宾服[㉖]，四荒乡风[㉗]，百姓素朴，狱讼衰息。大数[㉘]既得，则天下顺治，海内之气，清和咸理[㉙]，生为明帝，没[㉚]为明神，名誉之美，垂于无穷。《礼》祖有功而宗有德，使顾成之庙称为太宗，上配太祖，与汉亡极[㉛]。建久安之势，成长治之业，以承祖庙，以奉六亲[㉜]，至孝也；以幸[㉝]天下，以育群生，至仁也；立经陈纪，轻重同得[㉞]，后可以为万世法程[35]，虽有愚幼不肖之嗣[36]，犹得蒙业而安，至明也。以陛下之明达，因使少[37]知治体者得佐下风[38]，致此非难也。其具[39]可素陈于前，愿幸无忽[40]。臣谨稽之天地，验之往古，按之当今之务，日夜念此至孰[41]也，虽使禹舜复生，为陛下计，亡以易此。

夫树国[42]固必相疑[43]之势，下数[44]被[45]其殃，上数爽[46]其忧，甚非所以安上而全下也。今或亲弟[47]谋为东帝，亲兄之子[48]西乡[49]而击，今吴[50]又见告[51]矣。天子春秋鼎盛[52]，行义未过，德泽有加焉，犹尚如是，况莫大[53]诸侯，权力且十此者虖[54]！

然而天下少安[55]，何也？大国之王幼弱未壮，汉之所置傅相[56]方握其事。数年之后，诸侯之王大抵皆冠[57]，血气方刚，汉之傅相称病而赐罢，彼自丞尉以上[58]偏置私人[59]，如此，有异淮南[60]、济北[61]之为邪？此时而欲为治安，虽尧舜不治。

黄帝[62]曰："日中必熭，操刀必割。"[63]今令此道[64]顺[65]而全安，甚易，不肯早为，已乃堕[66]骨肉之属[67]而抗刭[68]之，岂有异秦之季世[69]虖！夫以天子之位，乘今之时，因天之助，尚惮以危为安，以乱为治，假设陛下居齐桓[70]之处，将不合诸侯而匡天下乎？臣又以知陛下有所必不能矣。假设天下如曩时[71]，淮阴侯[72]尚王楚，黥布[73]王淮南，彭越[74]王梁，韩信[75]王韩，张敖[76]王赵，贯高[77]为相，卢绾[78]王燕，陈豨[79]在代，令此六七公者皆亡恙[80]，当是时而陛下即天子位，能自安乎？臣有以知陛下之不能也。天下殽乱[81]，高皇帝[82]与诸公并起[83]，非有仄室之势以豫席[84]之也。诸公幸者，乃为中涓[85]，其次廑[86]得舍人[87]，材之不逮[88]至远也。高皇帝以明圣威武即天子位，割膏腴之地以王诸公，多者百余城，少者乃三四十县，德至渥[89]也，然其后十年之间，反者九起[90]。陛下之与诸公，非亲角材[91]而臣之也，又非身封[92]王之也，自高皇帝不能以是一岁为安，故臣知陛下之不能也。然尚有可诿[93]者，曰疏[94]，臣请试言其亲者。假令悼惠王[95]王齐，元王[96]王楚，中子[97]王赵，幽王[98]王淮阳，共王[99]王梁，灵王[100]王燕，厉王[101]王淮南，六七贵人皆亡恙，当是时陛下即位，能为治虖？臣又知陛下之不能也。若此诸王，虽名为臣，实皆有布衣昆弟之心，虑无不帝制[102]而天子自为[103]者。擅爵人[104]，赦死罪[105]，甚者或戴黄屋[106]，汉法令非行也。虽行不轨[107]如厉王者，令之不肯听，召之安可致乎！幸而来至，法安可得加！动一亲戚，天下圜视而起[108]，陛下之臣虽有悍如冯敬[109]者，适启其口，匕首已陷其匈[110]矣。陛下虽贤，谁与领此[111]？故疏者必危，亲者必乱，已然之效也。其异姓负强而动[112]者，汉已幸胜之矣，又不易其所以然[113]。同姓袭[114]是迹而动，既有征矣，其势尽又复然。殃祸之变，未知所移[115]，明帝处之尚不能以安，后世将如之何！

屠牛坦[116]一朝解十二牛，而芒刃[117]不顿[118]者，所排击剥割[119]，皆众理解[120]也。至于髋髀[121]之所，非斤[122]则斧。夫仁义恩厚，人主之芒刃也；权势法制，人主之斤斧也。今诸侯王皆众髋髀也，释斤斧之用，而欲婴[123]以芒刃，臣以为不缺[124]则折[125]。胡不用[126]之淮南、济北？势不可也。

臣窃迹前事[127]，大抵强者先反。淮阴王楚最强，则最先反；韩信倚胡[128]，则又反；贯高因赵资[129]，则又反；陈豨兵精，则又反；彭越用梁[130]，则又反；黥布用淮南，则又反；卢绾最弱，最后反。长沙[131]乃在[132]二万五千户[133]耳，功少而最完[134]，势疏[135]而最忠，非独性异人也，亦形势然也。曩令樊、郦、绛、灌[136]据数十城而王，今虽以[137]残亡可也；令信、越[138]之伦[139]列为彻侯[140]而居，虽至今存可也。然则天下之大计可知已。欲诸王之皆忠附，则莫若令如长沙王；欲臣子之勿菹醢[141]，则莫若令如樊、郦等；欲天下之治安，莫若众建诸侯而少其力。力少则易使以义，国小则亡邪心。令海内之势如身之使臂，臂之使指，莫不制从，诸侯之君不敢有异心，辐凑[142]并进而归命天子，虽在细民[143]，且知其安，故天下咸知陛下之明。割地定制[144]，令齐、赵、楚各为若干国，使悼惠王、幽王、元王之子孙毕以次[145]各受祖之分地[146]，地尽而止，及燕、梁它国皆然。其分地众而子孙少者，建以为国，空而置之，须[147]其子孙生者，举[148]使君[149]之。诸侯之地其削颇入汉者[150]，为徙其侯国[151]及[152]封其子孙也，所以数偿之[153]；一寸之地，一人之众，天子亡所利焉，诚以定治而已，故天下咸知陛下之廉。地制壹定，宗室子孙莫虑不王[154]，下无倍畔[155]之心，上无诛伐之志，故天下咸知陛下之仁。法立而不犯，令行而不逆，贯高、利几[156]之谋不生，柴奇、开章[157]之计不萌，细民乡善[158]，大臣致顺，故天下咸知陛下之义。卧[159]赤子[160]天下之上而安，植遗腹，朝委裘[161]，而天下不乱，当时大治，后世诵圣。壹动[162]而五业[163]附[164]，陛下谁惮[165]而久不为此？

天下之势方病大瘇[166]。一胫之大几如要[167]，一指之大几如股，平居[168]不可屈信[169]，一二指[170]搐[171]，身虑亡聊[172]。失今不治，必为锢疾[173]，后虽有扁鹊[174]，不能为已。病非徒瘇也，又苦跋盭[175]。元王之子[176]，帝之从弟也；今之王者[177]，从弟之子也。惠王，亲兄子也；今之王者[178]，兄子之子也。亲者[179]或亡分地以安天下，疏者[180]或制大权以偪[181]天子，臣故曰非徒病瘇也，又苦跋盭。可痛哭者，此病是也。

天下之势方倒县[182]。凡天子者，天下之首，何也？上也。蛮夷[183]者，天下之足，何也？下也。今匈奴嫚娒[184]侵掠，至不敬也，为天下患，至亡已[185]也，而汉岁致金絮[186]采缯[187]以奉之。夷狄[188]征令，是主上之操[189]也；天子共贡[190]，是臣下之礼也。足反居上，首顾[191]居下，倒县如此，莫之能解，犹为[192]国有人乎？非亶[193]倒县而已，又类辟[194]，且病痱[195]。夫辟者一面病，痱者一方痛。今西边北边之郡，虽有长爵[196]不轻得复[197]，五尺[198]以上不轻得息[199]，斥候[200]望烽燧不得卧，将吏被[201]介胄[202]而睡[203]，臣故曰一方病矣。医能治之，而上不使，可为流涕者此也。

陛下何忍以帝皇之号为戎[204]人诸侯，势既卑辱，而祸不息，长此安穷！进谋者率以为是，固不可解也，亡具甚矣[205]。臣窃料匈奴之众不过汉一大县，以天下之大困于一县之众，甚为执事者[206]羞之。陛下何不试以臣为属国之官[207]以主匈奴？行臣之计，请必系单于[208]之颈而制其命，伏[209]中行说[210]而笞其背，举匈奴之众唯上之令[211]。今不猎猛敌而猎田彘[212]，不搏反寇而搏畜菟[213]，玩细娱[214]而不图大患，非所以为安也。德可远施，威可远加，而直[215]数百里外威令不信，可为流涕者此也。

今民卖僮[216]者，为之绣衣丝履偏诸缘[217]，内之闲[218]中，是古天子后服，所以庙而不宴[219]者也，而庶人得以衣婢妾。白縠[220]之表，薄纨[221]之里，緁[222]以偏诸，美者黼绣[223]，是古天子之服，今富人大贾嘉会[224]召客者以被墙。古者以奉一帝一后而节适[225]，今庶人屋壁得为帝服，倡优下贱得为后饰，然而天下不屈[226]者，殆未有也。且帝之身自衣皂绨[227]，而富民墙屋被文绣[228]；天子之后以缘其领，庶人孽妾[229]缘其履：此臣所谓舛也。夫百人作之不能衣一人，欲天下亡寒，胡可得也？一人耕之，十人聚而食之，欲天下亡饥，不可得也。饥寒切于民之肌肤，欲其亡为奸邪，不可得也。国已屈矣，盗贼直须时[230]耳，然而献计者曰“毋动[231]”，为大[232]耳。夫俗至大不敬也，至亡等[233]也，至冒上[234]也，进计者犹曰“毋为”，可为长太息者此也。

商君[235]遗礼义，弃仁恩，并心于进取，行之二岁，秦俗日败。故秦人家富子壮则出分[236]，家贫子壮则出赘[237]。借父耰鉏，虑有德色；母取箕帚，立而谇语[238]。抱哺其子，与公并倨[239]；妇姑[240]不相说，则反唇而相稽[241]。其慈子耆利[242]，不同禽兽者亡几[243]耳。然并心[244]而赴时[245]，犹曰蹷[246]六国，兼天下。功成求得矣，终不知反廉愧[247]之节，仁义之厚。信[248]并兼之法，遂进取之业，天下大败；众掩寡，智欺愚，勇威怯，壮陵衰，其乱至矣。是以大贤起之[249]，威震海内，德从[250]天下。曩之为秦者，今转而为汉矣。然其遗风余俗，犹尚未改。今世以侈靡相竞，而上亡制度[251]，弃礼谊[252]，捐廉耻，日甚，可谓月异而岁不同[253]矣。逐利不耳，虑非顾行[254]也，今其甚者杀父兄矣。盗者剟寝户[255]之帘，搴两庙之器[256]，白昼大都[257]之中剽[258]吏而夺之金。矫伪者[259]出[260]几十万石粟，赋六百余万钱，乘传[261]而行郡国，此其亡行义[262]之尤至者也。而大臣特以簿书[263]不报，期会之间，以为大故[264]。至于俗流失，世坏败，因恬而不知怪，虑不动于耳目，以为是适然[265]耳。夫移风易俗，使天下回心而乡道[266]，类非俗吏之所能为也。俗吏之所务，在于刀笔筐箧[267]，而不知大体。陛下又不自忧，窃为陛下惜之。

夫立君臣，等[268]上下，使父子有礼，六亲有纪，此非天之所为，人之所设也。夫人之所设，不为不立，不植[269]则僵，不修则坏。《管子》[270]曰：“礼义廉耻，是谓四维；四维不张，国乃灭亡。”使管子愚人也则可，管子而少知治体，则是岂可不为寒心哉！秦灭四维而不张，故君臣乖乱，六亲殃戮[271]，奸人并起，万民离叛，凡十三岁，而社稷为虚[272]。今四维犹未备也，故奸人几幸[273]，而众心疑惑。岂如今定经制[274]，令君君臣臣[275]，上下有差，父子六亲各得其宜，奸人亡所几幸，而群臣众信，上不疑惑！此业壹定，世世常安，而后有所持循[276]矣。若夫经制不定，是犹度江[277]河亡维楫[278]，中流而遇风波，船必覆矣。可为长太息者此也。

夏为天子，十有余世，而殷受之。殷为天子，二十余世，而周受之。周为天子，三十余世，而秦受之。秦为天子，二世而亡。人性不甚相远也，何三代之君有道之长，而秦无道之暴也？其故可知也。古之王者，太子乃生[279]，固举[280]以礼，使士负之，有司齐肃[281]端冕[282]，见之南郊[283]，见于天也。过阙[284]则下[285]，过庙则趋[286]，孝子之道也。故自为赤子而教固已行矣。昔者成王[287]幼在襁抱[288]之中，召公[289]为太保，周公[290]为太傅，太公[291]为太师。保，保其身体；傅，傅之德义；师，道之教训：此三公之职也。于是为置三少，皆上大夫也，曰少保、少傅、少师，是与太子宴[292]者也。故乃[293]孩提有识，三公、三少固明孝仁礼义以道习之，逐去邪人，不使见恶行。于是皆选天下之端士[294]孝悌博闻有道术者以卫翼[295]之，使与太子居处出入。故太子乃生而见正事，闻正言，行正道，左右前后皆正人也。夫习与正人居之，不能毋正，犹生长于齐不能不齐言也；习与不正人居之，不能毋不正，犹生长于楚之地不能不楚言也。故择其所耆[296]，必先受业，乃得尝之；择其所乐，必先有习，乃得为之。孔子曰："少成若天性，习贯[297]如自然。"及太子少长，知妃色[298]，则入于学。学者，所学之官[299]也。《学礼》[300]曰："帝入东学，上[301]亲而贵仁，则亲疏有序而恩相及矣；帝入南学，上齿[302]而贵信，则长幼有差而民不诬矣；帝入西学，上贤而贵德，则圣智在位而功不遗矣；帝入北学，上贵而尊爵，则贵贱有等而下不隃矣；帝入太学，承师问道，退习而考于太傅，太傅罚其不则[303]而匡其不及，则德智长而治道得矣。此五学者既成于上，则百姓[304]黎民化辑[305]于下矣。"及太子既冠成人，免于保傅之严，则有记过之史[306]，彻膳之宰[307]，进善之旌[308]，诽谤之木[309]，敢谏之鼓[310]。瞽史诵诗[311]，工诵箴谏[312]，大夫进谋，士传民语。习与智长，故切而不愧；化与心成，故中道[313]若性[314]。三代之礼：春朝朝日，秋暮夕月[315]，所以明有敬[316]也；春秋入学，坐国老[317]，执酱而亲馈之，所以明有孝也；行以鸾和[318]，步中《采齐》[319]，趣[320]中《肆夏》[321]，所以明有度也；其于禽兽，见其生不食其死，闻其声不食其肉，故远庖厨，所以长恩，且明有仁也。

夫三代之所以长久者，以其辅翼太子有此具[322]也。及秦而不然。其俗固非贵辞让也，所上者告讦[323]也；固非贵礼义也，所上者刑罚也。使赵高[324]傅胡亥[325]而教之狱，所习者非斩劓[326]人，则夷[327]人之三族也。故胡亥今日即位而明日射人，忠谏者谓之诽谤，深计者谓之妖言，其视杀人若艾草菅[328]然。岂惟胡亥之性恶哉？彼其所以道之者非其理故也。

鄙谚[329]曰："不习为吏，视已成事[330]。"又曰："前车覆，后车诫[331]。"夫三代之所以长久者，其已事可知也；然而不能从者，是不法圣智也。秦世之所以亟绝[332]者，其辙迹可见也；然而不避，是后车又将覆也。夫存亡之变，治乱之机，其要在是矣。天下之命，县于[333]太子；太子之善，在于早谕教与选左右。夫心未滥[334]而先谕教，则化易成也；开[335]于道术智谊之指[336]，则教之力也。若其服习积贯，则左右而已。夫胡、粤之人，生而同声，耆欲不异，及其长而成俗，累数译[337]而不能相通，行者有虽死而不相为[338]者，则教习然也。臣故曰选左右早谕教最急。夫教得而左右正，则太子正矣，太子正而天下定矣。《书》[339]曰："一人[340]有庆[341]，兆民[342]赖之。"此时务也。

凡人之智，能见已然[343]，不能见将然[344]。夫礼者禁于将然之前，而法者禁于已然之后，是故法之所用易见，而礼之所为生难知也。若夫庆赏以劝善，刑罚以惩恶，先王执此之政，坚如金石，行此之令，信如四时，据此之公，无私如天地耳，岂顾[345]不用哉？然而曰礼云礼云者，贵绝恶于未萌，而起教于微眇，使民日迁善远罪而不自知也。孔子曰："听讼，吾犹人也，必也使毋讼乎！"[346]为人主计者，莫如先审取舍；取舍之极定于内，而安危之萌应于外矣。安者非一日而安也，危者非一日而危也，皆以积渐然，不可不察也。人主之所积，在其取舍。以礼义治之者，积礼义；以刑罚治之者，积刑罚。刑罚积而民怨背，礼义积而民和亲。故世主欲民之善同，而所以使民善者或异。或道[347]之以德教，或殴[348]之以法令。道之以德教者，德教洽而民气乐；殴之以法令者，法令极而民风哀。哀乐之感，祸福之应也。秦王之欲尊宗庙而安子孙，与汤、武[349]同，然而汤、武广大其德行，六七百岁而弗失，秦王治天下，十余岁则大败。此亡它故矣，汤、武之定取舍审而秦王之定取舍不审矣。夫天下，大器[350]也。今人之置器，置诸安处则安，置诸危处则危。天下之情与器亡以异，在天子之所置之。汤武置天下于仁义礼乐，而德泽洽，禽兽草木广裕[351]，德被蛮貊四夷[352]，累子孙数十世，此天下所共闻也。秦王置天下于法令刑罚，德泽亡一有，而怨毒盈于世，下憎恶之如仇雠，祸几及身，子孙诛绝，此天下之所共见也。是非其明效大验邪！人之言曰："听言之道，必以其事观之，则言者莫敢妄言。"今或言礼谊之不如法令，教化之不如刑罚，人主胡不引殷、周、秦事以观之也？

人主之尊譬如堂，群臣如陛[353]，众庶如地。故陛九级上，廉[354]远地，则堂高；陛亡级，廉近地，则堂卑。高者难攀，卑者易陵[355]，理势然也。故古者圣王制为等列，内有公卿大夫士，外有公侯伯子男，然后有官师小吏，延及庶人，等级分明，而天子加焉，故其尊不可及也。里谚[356]曰："欲投鼠而忌器。"此善谕也。鼠近于器，尚惮不投，恐伤其器，况于贵臣之近主乎！廉耻节礼以治君子，故有赐死而亡戮辱。是以黥劓之罪不及大夫，以其离主上不远也。礼不敢齿[357]君之路马[358]，蹴其刍者有罚；见君之几杖则起，遭君之乘车则下，入正门则趋；君之宠臣虽或有过，刑戮之罪不加其身者，尊君之故也。此所以为主上豫远[359]不敬也，所以体貌[360]大臣而厉[361]其节也。今自王侯三公之贵，皆天子之所改容而礼之也，古天子之所谓伯父、伯舅[362]也，而令与众庶同黥劓髡刖笞傌弃市[363]之法，然则堂不亡陛虖？被戮辱者不泰迫[364]虖？廉耻不行，大臣无乃[365]握重权、大官而有徒隶亡耻之心虖？夫望夷之事[366]，二世见当[367]以重法者，投鼠而不忌器之习也。

臣闻之，履虽鲜不加于枕，冠虽敝不以苴[368]履。夫尝已在贵宠之位，天子改容而体貌之矣，吏民尝俯伏以敬畏之矣，今而有过，帝令废之可也，退之可也，赐之死可也，灭之可也；若夫束缚之，系绁[369]之，输之司寇，编之徒官，司寇[370]小吏詈[371]骂而榜笞之，殆非所以令众庶见也。夫卑贱者习知尊贵者之一旦，吾亦乃可以加此也，非所以习天下也，非尊尊贵贵之化也。夫天子之所尝敬，众庶之所尝宠，死而死耳，贱人安宜得如此而顿辱[372]之哉！

豫让[373]事中行之君[374]，智伯[375]伐而灭之，移事智伯。及赵灭智伯，豫让衅面吞炭[376]，必报[377]襄子[378]，五起而不中。人问豫子[379]，豫子曰："中行众人畜我，我故众人事之；智伯国士遇我，我故国士报之。"故此一豫让也，反君事雠，行若狗彘，已而抗节致忠，行出虖列士，人主使然也。故主上遇其大臣如遇犬马，彼将犬马自为也；如遇官徒，彼将官徒自为也。顽顿亡耻，奊诟亡节[380]，廉耻不立，且不自好[381]，苟若而可，故见利则逝，见便则夺。主上有败，则因而挻[382]之矣；主上有患，则吾苟免而已，立而观之耳；有便吾身者，则欺卖而利之耳。人主将何便于此？群下至众，而主上至少也，所托财器职业者粹于群下也。俱亡耻，俱苟妄，则主上最病。故古者礼不及庶人，刑不至大夫，所以厉宠臣之节也。古者大臣有坐[383]不廉而废者，不谓不廉，曰"簠簋不饰[384]"；坐污秽淫乱男女亡别者，不曰污秽，曰"帷薄不修[385]"；坐罢软[386]不胜任者，不谓罢软，曰"下官不职[387]"。故贵大臣定有其罪矣，犹未斥然正以謼[388]之也，尚迁就而为之讳也。故其在大谴大何[389]之域[390]者，闻谴何则白冠牦缨[391]，盘水加剑[392]，造[393]请室[394]而请罪耳，上不执缚系引而行也。其有中罪者，闻命而自弛[395]，上不使人颈盭而加[396]也。其有大罪者，闻命则北面再拜，跪而自裁，上不使捽抑[397]而刑之也，曰："子[398]大夫自有过耳！吾遇子有礼矣。"遇之有礼，故群臣自憙[399]；婴[400]以廉耻，故人矜[401]节行。上设廉耻礼义以遇其臣，而臣不以节行报其上者，则非人类也。故化成俗定[402]，则为人臣者主耳[403]忘身，国耳忘家，公耳忘私，利不苟就，害不苟去，唯义所在。上之化也，故父兄之臣[404]诚死宗庙，法度之臣诚死社稷，辅翼之臣诚死君上，守圄扞敌之臣[405]诚死城郭封疆。故曰圣人有金城者，比物此志[406]也。彼且为我死，故吾得与之俱生；彼且为我亡，故吾得与之俱存；夫将为我危，故吾得与之皆安。顾行[407]而忘利，守节而仗义，故可以托不御之权[408]，可以寄六尺之孤[409]。此厉廉耻行礼谊之所致也，主上何丧焉！此之不为，而顾彼之久行，故曰可为长太息者此也。

【注释】

① 选自班固《汉书》卷四十八《贾谊传》(中华书局 1962 年版)。贾谊(前 200—前 168)，洛阳(今属河南省)人。西汉著名的思想家、文学家。汉文帝初年，由洛阳守吴公推荐，被召见，官至大中大夫。因力主改革政制，被权贵毁谤，贬为长沙王太傅，故世称贾太傅、贾生、贾长沙。后又被召为梁怀王太傅，因怀王坠马死，贾谊自伤为傅失责，忧郁而死。其作品除《治安策》外，流传至今的如《过秦论》《论积贮疏》《吊屈原赋》《鹏鸟赋》等，均为名作。后人辑录他的文章为《贾长沙集》。另外著有《新书》十卷。贾谊在政治上主张逐步削弱地方割据势力，巩固中央政权，以全力抗击匈奴，并强调要重视农业，以达到民富国强的目的。公元前 173 年，贾谊已经从长沙回到长安，针对当时表面稳定而暗藏危机的西汉政局，他给汉文帝上了这篇著名的《治安策》(也叫《陈政事疏》)。

② [臣窃惟事势] 意为我私下考虑当今的政治局势。臣，对天子说话或进言时的自称。窃，私下，私自，古人用来表示自谦的副词。惟，想，思考。事势，指事情发展的趋势、形势。

③ [长太息] 长久地叹息。

④ [伤道] 伤害大道。

⑤ [疏举] 逐条列举。疏，分条说明的文字。

⑥ [进言者] 向汉文帝提出治国建议的其他大臣。进言，臣子向君主提出建议或劝谏。

⑦ [治] 社会安定、太平，与“乱”相对。

⑧ [事实] 真正意义上。

⑨ [体] 大体，指事物的根本格局。

⑩ [厝(cuò)] 通“措”，安置，放置。

⑪ [积薪] 柴草堆。

⑫［舛（chuǎn）逆］错乱颠倒，悖逆。舛，错乱，违背。

⑬［衡决］横裂，不衔接。

⑭［抢攘］纷乱的样子。

⑮［非甚有纪］意为不是很有条理。纪，条理，秩序。

⑯［胡］何，怎么。

⑰［壹］一概，全部。

⑱［孰数］详细列举。孰，通“熟”。

⑲［机］事物的关键，枢纽。

⑳［孰］谁，哪个。

㉑［使为治］意为假使实行我所提出的治国方策。

㉒［乏钟鼓之乐］意为影响享受钟鼓所奏音乐。乏，荒废，耽误。

㉓［乐与今同］意为如果我的治国方略能使您享受的乐趣不受影响。

㉔［加之诸侯轨道］使各诸侯国遵守法度。加，施加，加强。轨道，比喻法度。

㉕［首领］头和颈，这里指生命。

㉖［宾服］归顺，服从。

㉗［四荒乡风］意为边陲百姓都归顺。四荒，四方荒远之地。乡风，有归顺的意思。乡，通“向”，面对着。

㉘［大数］大计，指治理天下的大政方针。

㉙［清和咸理］意为都清正和谐，符合情理。

㉚［没（mò）］死。

㉛［《礼》祖有功而宗有德，使顾成之庙称为太宗，上配太祖，与汉亡极］意为《礼》书上说古代天子庙号，尊有开创之功的国君为祖，其后有德之君尊为宗，使您的顾成庙被尊称为太宗，可以与太祖共享盛名，与大汉江山永世长存。《礼》，儒家六艺之一。《孔子家语·庙制》：“古者祖有功而宗有德，谓之祖、宗者，其庙皆不毁。”顾成，汉文帝的庙名，意谓顾望而成。太祖，即汉高祖刘邦。亡极，没有止境。亡，同“无”。

㉜［六亲］说法各异。《贾子·六术篇》认为六亲指父、昆弟、从父昆弟、从祖昆弟、曾祖昆弟、族兄弟。今泛指亲戚。

㉝［幸］活，使活命。

㉞［立经陈纪，轻重同得］意为创设准则，标立纪纲，使大小事务都处理得当。

㉟［法程］法式，榜样。

㊱［不肖之嗣］不成器的后代。

㊲［少］略微，稍许。

㊳［佐下风］意为在下位辅佐。下风，风所吹向的那一方，比喻处于下位，卑位。

㊴［具］具体办法。

㊵［忽］忽视。

㊶［孰］通“熟”，详细。

㊷［树国］建立诸侯王国。

㊸［相疑］指朝廷与诸侯国之间互相猜忌。

㊹［数(shuò)］屡次，多次。

㊺［被］遭受。

㊻［爽］伤败，败坏。

㊼［亲弟］指汉文帝异母弟淮南厉王刘长。他在文帝六年谋反，因他的封地在今安徽淮河以南地区，在长安的东方，所以自称东帝。他谋反后被废死。

㊽［亲兄之子］指汉文帝胞兄齐悼惠王刘肥的儿子济北王刘兴居。他在汉文帝二年谋反，兵败自杀。

㊾［西乡］西向。

㊿［吴］指汉高祖刘邦兄刘仲的儿子吴王刘濞。

51［见告］被告发。

52［春秋鼎盛］意为正当壮年。春秋，这里指年龄。

53［莫大］最大。

㊹ [虖] 通“乎”。

㊺ [少安] 稍安。

㊻ [傅相] 指诸侯王国的太傅和丞相，都是由朝廷指派。傅是辅佐的官，相是行政长官。

㊼ [冠] 举行加冠仪式，标志成年。古代男子二十岁时举行冠礼，天子、诸侯则在二十岁时加冠，标志已经成年。

㊽ [丞尉以上] 泛指诸侯国的官吏。丞尉，县官。

㊾ [偏置私人] 意为都安排自己的亲信。偏，同“遍”。

㊿ [淮南] 指淮南王刘长。

61 [济北] 指济北王刘兴居。

62 [黄帝] 古史传说中的上古帝王。

63 [日中必熭(wèi)，操刀必割] 这两句引自古代兵书《六韬·守士》中太公之语，意为日上中天，一定要抓紧晒物件；持刀在手，一定要赶紧宰割牲畜。比喻办事要抓住时机。熭，曝晒。

64 [此道] 指前面所引黄帝话中的道理。

65 [顺] 遵循。

66 [堕] 毁坏，毁弃。

67 [骨肉之属] 指同姓诸侯王，他们都是皇帝的亲属。

68 [抗刭] 举刀割脖子，指杀头。抗，举。刭，割头颈。

69 [季世] 末年。指秦二世篡夺帝位之后残杀兄弟的衰败时期。

70 [齐桓] 齐桓公，春秋时齐国的国君，春秋五霸之一。

71 [曩(nǎng)时] 从前，过去。

72 [淮阴侯] 即韩信。汉初封为齐王、楚王。因人告他谋反，被刘邦所杀。

73 [黥(qíng)布] 即英布。汉初封淮南王，后谋反被杀。

74 [彭越] 汉初封梁王，后谋反被杀。

75 [韩信] 即韩王信，战国末期韩襄王的孙子。汉初封韩王，因勾结匈奴反汉，被刘邦消灭。

⑯［张敖］汉初赵王张耳的儿子，高祖刘邦的女婿，父亲死后，袭封赵王。后因与赵国丞相贯高谋杀刘邦的事有牵连，降为宣平侯。

⑰［贯高］赵王张敖的国相。因谋杀高祖刘邦被捕，自杀。

⑱［卢绾（wǎn）］刘邦同乡，汉初封燕王。后与陈豨勾结反汉，阴谋败露，叛逃匈奴，被封为东胡卢王，死于匈奴中。

⑲［陈豨（xī）］汉初封阳夏侯，任代国国相，监管边兵。后自立为代王，反汉被杀。

⑳［亡恙］无病，这里指活着。

㉑［殽（xiáo）乱］混乱。殽，同"淆"。

㉒［高皇帝］即汉高祖刘邦。

㉓［并起］一齐起兵反秦。

㉔［非有仄室之势以豫席］意为无侧室之势，为之凭借。仄室，即"侧室"，古代卿大夫嫡长子之外的儿子统称"侧室"。仄，同"侧"。豫，预先。席，藉，凭借。

㉕［中涓］官名。秦汉时皇帝亲近的侍从官。这里指皇帝身边的大臣。

㉖［廑］同"仅"。

㉗［舍人］门客。战国至汉初，王侯贵官的左右亲近、侍从宾客称舍人。这里指皇帝的近侍之臣。

㉘［不逮］不及。

㉙［渥（wò）］优厚。

㉚［反者九起］指汉高祖五年至十一年间发生的燕下臧荼、项羽旧将利几以及韩信、黥布、彭越、韩王信、贯高、卢绾、陈豨等九起谋反事件。

㉛［角（jué）材］较量才能高低。角，较量。

㉜［身封］亲自分封。

㉝［诿（wěi）］推诿，推托。

㉞［疏］疏远。指相对于亲戚而言，韩信等都是异姓王。

⑮[悼惠王] 刘邦的儿子刘肥，封为齐王，谥号“悼惠”。

⑯[元王] 刘邦的弟弟刘交，封为楚王，谥号“元”。

⑰[中子] 刘邦的儿子刘如意，封为赵王。

⑱[幽王] 刘邦的儿子刘友，封为淮阳王，谥号“幽”。

⑲[共王] 刘邦的儿子刘恢，曾封为梁王，谥号“共”。

⑳[灵王] 刘邦的儿子刘建，曾封为燕王，谥号“灵”。

㉑[厉王] 刘邦的儿子刘长，曾封为淮南王，谥号“厉”。

㉒[帝制] 建立帝制。指模仿皇帝的礼仪制度。

㉓[天子自为] 即自为天子。

㉔[擅爵人] 擅自封人爵位。

㉕[赦死罪] 赦免犯有死罪的人。此与上句所言，都是古代皇帝才拥有的权力。

㉖[黄屋] 皇帝专用的黄色车盖。

㉗[不轨] 不遵守法度。

㉘[圜(huán)视而起] 意为互相效仿而发动叛乱。圜视，向四周看。圜，围绕。起，发起叛乱。

㉙[冯敬] 汉文帝时任御史大夫，因揭发淮南王刘长的谋反阴谋，被刺客所杀。

㉚[匈]“胸”的古字。

㉛[谁与领此] 即与谁领此，意为和谁来治理这种局面。领，治理。此，指诸侯王专横的局面。

㉜[负强而动] 凭恃强大发动叛乱。

㉝[其所以然] 指导致这种局面的分封制度。

㉞[袭] 沿袭。这句暗指吴王刘濞的反叛。

㉟[移] 改变。这里有趋向的意思。

㊱[坦] 春秋时人名，以屠牛为业。

㊲[芒刃] 锋利的刀刃。

㊳[顿] 通“钝”。

⑲[排击剥割]指宰牛的劳作。排，批，分开。

⑳[众理解(xiè)]各处纹理和缝隙。理，纹路。解，通“懈”，缝隙。

㉑[髋(kuān)髀(bì)]泛指大骨。髋，胯骨。髀，大腿骨。

㉒[斤]砍刀。这里用如动词，用砍刀砍。

㉓[婴]通“撄(yīng)”，接触。

㉔[缺]缺口。

㉕[折]折断。

㉖[不用]这里指不用仁义。

㉗[迹前事]考察往事，总结历史经验。迹，追寻。

㉘[胡]指匈奴。

㉙[资]资助，供给。

㉚[用梁]利用封为梁王的势力。

㉛[长沙]指长沙王吴芮。

㉜[在]通“才”。

㉝[二万五千户]指长沙王所统治的户数。

㉞[完]保全。

㉟[势疏]与皇帝关系疏远。

㊱[樊、郦、绛、灌]指舞阳侯樊哙、曲周侯郦商、绛侯周勃、颍阴侯灌婴，四人在汉初都封为列侯，并非封王。

㊲[以]同“已”。

㊳[信、越]指韩王信、梁王彭越。

㊴[伦]辈。

㊵[彻侯]爵位名，因避汉武帝刘彻讳而改为通侯，又改为列侯，只享受封地的租税，不管封地行政，也不一定住在封地。

㊶[菹(zū)醢(hǎi)]把人杀死剁成肉酱。

㊷[辐凑]归聚。辐，车轮中连接轮圈与轮轴的直木。凑，聚集。

㊸[细民]平民，小民。

㊹[割地定制]定出分封土地的制度。指确定和贯彻“众建诸侯

而少其力”的策略。

⑭[次] 指长幼等差。

⑭[分地] 指所分封的地域。

⑭[须] 待,等到。

⑭[举] 全部。

⑭[君] 封君,封王。名词用如动词。

⑮[其削颇入汉者] 那些诸侯王有因犯罪而被削,并由汉朝中央政府没收的封地。颇,大量。

⑮[为徙其侯国] 把这个侯国迁往他处。

⑮[及] 等到。

⑮[所以数偿之] 意为所有这些封国都照数补偿他们。

⑮[莫虑不王] 意为没有人担心当不上诸侯王。

⑮[倍畔] 即“背叛”。倍,通“背”。

⑮[利几] 原为项羽部将,降汉后被封为颍川侯,后反叛被杀。

⑮[柴奇、开章] 淮南王刘长的谋士,两人曾为刘长的谋反出谋划策。

⑮[乡善] 向善。乡,通“向”。

⑮[卧] 放置。

⑯[赤子] 初生婴儿。这里指年幼的皇帝。

⑯[植遗腹,朝委裘] 意为扶立遗腹子为君,放置亡故君主的皇袍让臣子朝拜。植,扶植,扶立。遗腹,遗腹子。朝,朝拜。委裘,亡故君主留下的衣冠。

⑯[壹动] 一动。一个行动,指“众建诸侯而少其力”的贯彻实施。

⑯[五业] 指上文述及的“明”、“廉”、“仁”、“义”、“圣”五项功业。

⑯[附] 随带着。这里指成就。

⑯[谁惮] 即惮谁,顾忌什么,怕什么。谁,何。

⑯[瘇(zhǒng)] 腿脚浮肿。

⑯[要] 同“腰”。

⑯⑧ [平居] 平时。平,睡。居,坐。

⑯⑨ [信] 通“伸”。

⑰⓪ [指] 脚趾。

⑰① [搐(chù)] 抽搐,牵动。

⑰② [亡聊] 无所依赖。这里指难受。

⑰③ [锢疾] 久治难愈的病。

⑰④ [扁鹊] 姓秦,名越人,战国时名医。

⑰⑤ [跖(zhí)盭(lì)] 脚掌扭折。跖,古“跖”字,足掌。盭,通“戾”,扭转。

⑰⑥ [元王之子] 楚夷王刘郢客。

⑰⑦ [今之王者] 指楚王刘戊。

⑰⑧ [今之王者] 指齐共王刘喜。

⑰⑨ [亲者] 指文帝的子孙。

⑱⓪ [疏者] 指从弟、兄子之子。

⑱① [偪] 同“逼”。

⑱② [倒县(xuán)] 倒挂,颠倒。县,同“悬”。

⑱③ [蛮夷] 古代对四方边远地区少数民族的泛称。也专指南方少数民族。

⑱④ [嫚娒] 也作“嫚侮”,轻蔑侮辱。娒,同“侮”。

⑱⑤ [亡(wú)已] 无已。没完没了,无止境。

⑱⑥ [金絮] 银两与绢。

⑱⑦ [采缯] 彩色丝织品。

⑱⑧ [夷狄] 古代称东方部族为夷,北方部族为狄。常用来泛称除华夏族以外的各族。

⑱⑨ [操] 权柄。

⑲⓪ [共贡] 供奉贡品。共,通“供”。

⑲① [顾] 反。

⑲② [犹为] 还认为。犹,还。为,谓。

⒆③ [亶] 通“但”，仅，只。

⒆④ [类辟(bì)] 类似腿瘸。辟，通“躄”，腿瘸。

⒆⑤ [病痱(fèi)] 患风病。病，患。痱，风病，偏瘫。

⒆⑥ [长爵] 高的爵位。

⒆⑦ [复] 免除兵役。

⒆⑧ [五尺] 指儿童。古代尺短，故以五尺指儿童身高。

⒆⑨ [不轻得息] 指时刻备战。

⒇⓪ [斥候] 也作“斥堠”。侦察兵，哨兵。

⒇① [被] 同“披”。

⒇② [介胄] 铠甲和头盔。介，甲。胄，盔。

⒇③ [睡] 坐寐。

⒇④ [戎] 指匈奴。

⒇⑤ [亡具甚矣] 太没才能了。亡，无。具，才能。

⒇⑥ [执事者] 指朝廷掌权的人。

⒇⑦ [属国之官] 即属国都尉，负责民族事务的官员。

⒇⑧ [单于(chán yú)] 匈奴部落联盟首领的称号。

⒇⑨ [伏] 制伏。

㉑⓪ [中行说(zhōng háng yuè)] 姓中行，名说。原为汉宦官，奉使送汉公主至匈奴和亲时，投顺匈奴，成为单于的重要谋臣。

㉑① [唯上之令] 意为唯皇帝之命是从。

㉑② [田彘(zhì)] 野猪。

㉑③ [畜菟] 家兔。菟，通“兔”。

㉑④ [细娱] 精妙的娱乐。

㉑⑤ [直] 仅。

㉑⑥ [僮(tóng)] 封建时代受奴役的未成年人。汉代指奴婢。

㉑⑦ [偏诸缘] 在衣鞋边缘缝上花边。偏诸，古代名贵织物。缘，镶边。

㉑⑧ [闲] 栏。这里指卖奴隶时所围的遮拦。

㉑⑨［庙而不宴］意思是入庙才穿，平时不着，表示贵重。宴，安闲，平时。

㉒⓪［縠（hú）］绉纱。

㉒①［纨（wán）］薄绸。

㉒②［緁（jī）］同“缉”。

㉒③［黼（fǔ）绣］绣有斧形花纹。

㉒④［嘉会］宴会。

㉒⑤［节适］节制合度，不轻易使用。

㉒⑥［屈］尽。

㉒⑦［皂绨（tí）］黑色的厚缯。

㉒⑧［文绣］绣有花纹的绸缎。

㉒⑨［孽妾］贱妾，地位低下的妾。

㉓⓪［须时］指待时而发。

㉓①［毋动］指不要变动，不能改革。

㉓②［为大］是上策。

㉓③［亡等］没有等级差别。

㉓④［冒上］触犯皇上。

㉓⑤［商君］商鞅。

㉓⑥［出分］分家。

㉓⑦［出赘］男子到女家就婚。赘，招女婿。

㉓⑧［借父耰（yōu）鉏（chú），虑有德色；母取箕帚，立而谇（suì）语］意为将耰锄一类农具借给父亲，也会以为施以恩惠而得意于容色，母亲取用箕帚一类东西，竟然用恶言咒骂。耰，古代用来击碎土块、平整田地的农具。鉏，同“锄”，锄头，古代用来松土及除草的工具。箕帚，畚箕、扫帚。谇，责骂。

㉓⑨［并倨］伸开两脚坐着。古人以为这是对人不礼貌的姿态。

㉔⓪［妇姑］婆媳。

㉔①［反唇而相稽］互相顶嘴争论。反唇，顶嘴。相稽，相互计较与

争论。

㉜[慈子耆利] 偏爱自己的孩子,贪图利益。耆,同“嗜”。

㉝[亡几] 没有多少。

㉞[并心] 同心。

㉟[赴时] 顺应时势。

㊱[蹷(jué)] 同“蹶”,颠覆。

㊲[廉愧] 廉耻。

㊳[信] 通“伸”。

㊴[是以大贤起之] 意为所以道德才能极高的人就出来扶持天下的危乱。大贤,指汉高祖刘邦。

㊵[从] 同“纵”,广泛,普及。

㊶[亡制度] 没有制定法度。

㊷[礼谊] 礼义。

㊸[月异而岁不同] 指时时在发展。

㊹[逐利不(fǒu)耳,虑非顾行] 意为只考虑能不能获取利益,毫不顾及行为的好坏。不,同“否”。耳,相当于“而已”、“罢了”。顾行,顾全德行。

㊺[剟(duō)寝户] 毁坏陵寝的大门。剟,割取。

㊻[搴(qiān)两庙之器] 拔取汉高祖、汉惠帝庙的器物。

㊼[大都] 指首都长安。

㊽[剽(piáo)] 抢劫。

㊾[矫伪者] 伪造公文进行诈骗的人。

㊿[出] 指骗取。

261[传] 驿站的车马。

262[亡行义] 没有德行道义。

263[簿书] 官署中的文书簿册。泛指公文。

264[期会之间,以为大故] 意为只把定期实施朝廷政令当作大事。期会,约定的期限。大故,大事。

㉖⑤[适然]理所当然。

㉖⑥[乡道]走向正道。

㉖⑦[刀笔筐箧]指文书类工作。刀笔,古代书写的工具。筐箧,用竹枝等编制的狭长形箱子,这里指装文书的箱子。

㉖⑧[等]分别等级。

㉖⑨[植]建立,确立。

㉗⓪[《管子》]书名,春秋时期齐国政治家、思想家管仲及管仲学派所著。引文见《管子·牧民篇》。

㉗①[殃戮]遭殃被杀。

㉗②[虚]同"墟",废墟。

㉗③[几幸]即"冀幸"。

㉗④[经制]经理节制,这里指治理国家的制度。

㉗⑤[君君臣臣]君主像君主,臣子像臣子。

㉗⑥[持循]遵循。

㉗⑦[度江]即"渡江"。

㉗⑧[维楫(jí)]系船的绳索和船桨。

㉗⑨[乃生]刚生下来。

㉘⓪[举]教养。

㉘①[齐肃]即"斋肃",认真斋戒。齐,通"斋"。

㉘②[端冕]端正衣冠。

㉘③[南郊]古代帝王祭天的地方。

㉘④[阙(què)]皇宫门前两边供瞭望的楼。

㉘⑤[下]指下车马步行,以示敬重。

㉘⑥[趋]俯身小步快走。

㉘⑦[成王]周成王姬诵,周武王之子,西周第二位君主,谥号成王。

㉘⑧[襁抱]即"襁褓",包婴儿的被服。

㉘⑨[召(shào)公]名奭(shì),周武王之弟,封于召,所以称召公。

㉙⓪[周公]名旦,周武王之弟。

㉑[太公] 即姜太公。姜姓,吕氏,名尚,一名望。辅佐周武王伐纣,武王尊为“师尚父”。

㉒[与太子宴] 指平时陪伴太子,随时辅导。宴,闲居。

㉓[乃] 始。

㉔[端士] 行为端正的人。

㉕[卫翼] 护卫,辅佐。

㉖[耆] 同“嗜”,爱好。

㉗[贯] 同“惯”。两句引文见《大戴礼·保傅篇》。

㉘[妃色] 女色。

㉙[官] 指官舍,宫廷中的学馆。

㉚[《学礼》] 书名,已经失传。引文见《大戴礼·保傅篇》。

㉛[上] 同“尚”。

㉜[上齿] 即“尚齿”。齿,年岁,这里指老年人。

㉝[不则] 不合规矩。

㉞[百姓] 这里指百官。

㉟[化辑] 受感染而和睦相处。

㊱[记过之史] 记载过失的史官。

㊲[彻膳之宰] 以减膳之法进行规劝的官员。

㊳[进善之旌] 竖起招引进善言者得旌旗。

㊴[诽谤之木] 立起让人指责过失的木牌。

㊵[敢谏之鼓] 摆出让敢于进谏的人敲打的鼓。

㊶[瞽史诵诗] 意为让瞽史用诗进行规劝。瞽史,史官之一。

㊷[工诵箴谏] 让乐工用劝戒之文进谏。

㊸[中道] 符合准则。

㊹[性] 本性。

㊺[春朝朝日,秋暮夕月] 意为正月初一祭拜太阳,八月十五祭礼月亮。

㊻[有敬] 指敬畏天地。

㉛⑦ [坐国老] 请长老坐于上座。
318 [鸾和] 挂在车马上的两种铃。
319 [《采齐》] 古代乐曲名。
320 [趣] 同“趋”。
321 [《肆夏》] 古代乐曲名。
322 [此具] 这些办法。
323 [告讦(jié)] 揭发别人的阴私。
324 [赵高] 秦朝人,先为宦官,后当上丞相。
325 [胡亥] 即秦二世,秦始皇第十八子。
326 [劓(yì)] 古代割掉鼻子的一种酷刑。
327 [夷] 消灭。
328 [艾(yì)草菅(jiān)] 铲除茅草。艾,通“刈”,割掉,铲除。
329 [鄙谚] 俗语。
330 [视已成事] 意为看看以往官吏所办的事就明白了。
331 [诫] 警惕。
332 [亟绝] 迅速灭亡。
333 [县于] 即“悬于”,指关键在于。
334 [滥] 这里指放荡。
335 [开] 领悟。
336 [指] 同“旨”。
337 [数译] 多次翻译。
338 [相为] 互相帮助。
339 [《书》] 即《尚书》,引文见《尚书·吕刑》。
340 [一人] 指天子。
341 [庆] 善行。
342 [兆民] 广大民众。兆,万亿。
343 [已然] 已发生的事。
344 [将然] 将要发生的事。

㉟⑤ [顾] 反而。

346 引文见《论语·颜渊篇》。听讼,指审理诉讼。无讼,指消灭诉讼的事件。

347 [道(dǎo)] 同“导”。

348 [敺(qū)] “驱”的古字。

349 [汤武] 商汤王和周武王的并称。

350 [大器] 比喻重要的事物。

351 [广裕] 众多茂盛。

352 [德被蛮貊(mò)四夷] 意为恩惠布满四方兄弟民族。蛮貊,也作“蛮貉”、“蛮貃”,古代称南方和北方部族。四夷,古代华夏族对四方少数民族的统称。

353 [陛] 帝王宫殿的台阶。

354 [廉] 堂屋的边侧。

355 [陵] 乘,登,跨。

356 [里谚] 民间谚语。

357 [齿] 指计算马的年龄。

358 [路马] 专拉皇帝车驾的马。

359 [远] 离,避免。

360 [体貌] 相待以礼。

361 [厉] 同“励”,磨炼。

362 [伯父、伯舅] 古代天子称呼诸侯长者,同姓称伯父,异姓称伯舅。伯,长。

363 [黥劓髡(kūn)刖(yuè)笞傌(mà)弃市] 都是古代的刑罚名称。髡,古代剃去男子头发的一种刑罚。刖,古代把脚砍掉的一种酷刑。弃市,指死刑。

364 [迫] 指威胁天子。

365 [无乃] 恐怕,只怕。

366 [望夷之事] 指丞相赵高与女婿阎乐等合谋杀害秦二世于望夷

官的事件。

㊂㊅㊆[当]指判罚。

368[苴(jū)]鞋垫。

369[系绁(xiè)]用长绳捆绑。

370[司寇]官名，掌管刑狱、纠察等事务。

371[詈(lì)]骂，责骂。

372[顿辱]指揪头顿地使受辱。

373[豫让]刺客，春秋末年晋国人。

374[中行之君]晋国大夫荀寅，封于中行。

375[智伯]春秋末期晋国卿大夫。

376[衅面吞炭]意为毁污容貌，破坏声带。衅面，用草药熏或用漆涂面，毁坏容貌。吞炭，吞炭使声音变哑。

377[报]报仇。

378[襄子]春秋末期晋国大夫。

379[豫子]对豫让的尊称。

380[顽顿亡耻，奊(xǐ)诟亡节]即顽钝无耻，謑诟无节。奊诟，没有志气。奊，同“謑”，诟辱。

381[自好]自爱。

382[梴(shān)]窃取，篡夺。

383[坐]定罪。

384[簠(fǔ)簋(guǐ)不饰]指当官不清正廉洁。簠簋，古代的食器、祭器。不饰，即“不饬”，不整齐。

385[帷薄不修]指家庭生活淫乱。帷薄，帐幔和帘子，古代用来遮隔内外。修，整饬。

386[罢(pí)软]疲软，软弱无能。罢，通“疲”。

387[不职]不称职。

388[謼]同“呼”。

389[何]通“呵”，谴责，喝问。

㊵⓪ [域] 范围。

391 [白冠牦缨] 古时出丧用的帽子。牦缨,用牦尾作缨。

392 [盘水加剑] 古时请罪的一种形式,在盛水的盘子上加一把剑。盘水平,比喻让君主用公平的法律来治罪。盘上加剑,表示自己有罪,请求自杀。

393 [造] 往,到。

394 [请室] 清洗罪过之室,即囚禁有罪官吏的牢狱。请,通"清"。

395 [自弛] 自废而死,表示认罪。驰,废。

396 [颈盭(lì)而加] 刀架在反扭过来的脖子上。盭,古"戾"字,反扭。

397 [捽(zuó)抑] 揪住头发按着头。

398 [子] 古代对男子的美称。

399 [自憙] 即"自喜",自爱。

400 [婴] 加。

401 [矜] 注重,慎重。

402 [化成俗定] 意为教化成功,良俗形成。

403 [主耳] 意思是只为君主而已。

404 [父兄之臣] 指父兄辈之臣。

405 [守圄扞敌之臣] 指守边御敌之臣。圄,通"圉",边陲。扞,同"捍"。

406 [比物此志] 比类此意。

407 [顾行] 顾全德行。

408 [托不御之权] 指可托权柄,不必加以制御。

409 [六尺之孤] 指未成年的孤儿。上古尺度短,故以"六尺"言儿童。

【评析】

策疏是古代政论文的重要文体。其内容主要是臣子针对当时的政治局势,向君主陈述自己治国理政的意见。作为古代公文类重要的文体之一，它除了遵循应用文基本的写作规范之外，还需要作者充分发挥自己的聪明才智，结合各种文学创作手法，让文章具有说服力，使自己所提出的意见和建议被采纳。本文篇幅较长，但形散而神聚。文章的主旨思想是实现巩固大一统国家的政治理想，但现实是封国势力庞大，对皇权造成威胁。表面统一安定，而实际上是危机四伏。作者凭借他非凡的洞察力，开篇就指出“可为痛哭者一，可为流涕者二，可为长太息者六，若其他背理而伤道者，难遍以疏举”的政治现实，从而否定了其他大臣认为“天下已安已治”的错误观点。接着，作者并不急于提出自己的治国方略，而是首先通过对当前形势的分析与对历史事件的回顾，指出所暗藏危机的严重性，从而证明了改革弊政的紧迫性，为下文提出自己的治安策略蓄势。针对诸侯国对中央政权构成严重威胁这一突出问题，作者主张要定出明确的礼制和地制，以达到“众建诸侯而少其力”的目的，从而削弱诸侯国的力量。贾谊的《治安策》，是彻底铲除商周分封诸侯的奴隶制社会残余，全面实施郡县制，强化中央集权的理论政纲，汉景帝时期晁错的“削藩策”，以及汉武帝时期主父偃的“推恩令”，均为承接贾谊的余绪。

文章高瞻远瞩，见解深刻，内容丰富，笔力雄健，语言华茂，气势磅礴，加以总分式的结构，波澜起伏的行文，比喻、夸张、想象及夹叙夹议等手法的综合运用，使文章一气呵成而又不失委婉细腻。如文中论“涉猎之娱与安危之机孰急”，先设身处地为文帝着想，声称己所陈献，既可国治民安，还可“乐与今同”，不用“劳智虑，苦身体”，语气温婉，娓娓道来。其后却急转而下，言语激烈，一个接一个的“能”或“不能”的诘问，步步紧逼，再用连续三个排比“臣又知陛下必不能矣”，将文帝的苟且幻想一举击碎。其文一步三叹，舒缓有法，或一气呵成，气势逼人，词锋犀利，不愧为汉代政论散文的最高典范，开创了汉代此类文章内容深刻、立意高远、语言朴茂、笔力雄劲、气势磅礴的风格。鲁迅先生称此文为“西汉鸿文，沾溉后人，其泽深远”。毛泽东主席也称赞《治安策》是“西汉第一雄文”。

【理性思考】

1. 请简要叙述文章的思路。

2. 为了达到削弱诸侯王国势力的目的，作者提出了哪些具体措施？

3. 结合《治安策》，谈谈政论文的风格与魅力。

【延伸阅读】

1. 班固《汉书·贾谊传》，中华书局 1962 年版。

2. 贾谊《过秦论》，《贾谊集校注》，人民文学出版社 1996 年版。

3. 王兴国《贾谊评传》，南京大学出版社 1992 年版。

卜　　论[①]

李　华

天地之大德曰生[②]，舜"好生之德，洽于人心[③]"。五福[④]首乎寿。麟、凤、龟、龙，谓之四灵[⑤]，龟不伤物，呼吸元气，于介虫[⑥]为长而寿，古之圣者刳[⑦]而朘[⑧]之，观其裂画以定吉凶。残其生，剿其寿，既剿残之，而求其灵，夫何故？愚未知夫天地之心、圣达之谟，灵之寿之[⑨]而夭戮之，脱[⑩]其肉，钻其骸，精气复于无物，而贞悔[⑪]发于焦朽，不其反耶[⑫]？

夫大人与天地合其德，与日月合其明，与四时合其序，与鬼神合其吉凶[⑬]，不当妄也。寿而夭之，岂合其德乎？因物求征[⑭]，岂合其明乎？毒灵介[⑮]而黴[⑯]其神，岂合其序乎？假[⑰]枯壳而决狐疑，岂合其吉凶乎？《洪范》[⑱]曰："尔有大疑，谋及卜筮[⑲]。"圣人不当有疑于人以筮也。夫祭有尸[⑳]，自虞、夏、商、周不变。战国荡[㉑]古法，祭无尸。尸之重，重于卜，则明废龟可也。又闻夫铸刀剑者，不成则屠犬彘[㉒]，血而祭之，被发[㉓]而哭之，则成而利，盖不祥器[㉔]也。其神者，跃为龙蛇，穿木石，入泉源，以至发炯光、声音。人不能自神[㉕]，因天地之气，化天地之物而为神，固无悉然[26]，是亦为怪。古者，成宫室必落[27]之，钟鼓、器械必衅[28]之，岂神明贵杀享膻腥[29]欤？今亡[30]其礼，未闻屋室不安身而器物不利用，由是而言，则卜筮、阴阳之流皆妄作也。夫洁坛墠[31]而布精意，求福之来，缅[32]不可致。耕夫蚕妇，神一草木，祷一禽畜[33]，鼓而舞之，谓妖祥如答，实欤？妄欤？牺、文之《易》，更周、孔之述[34]，以为至矣。扬子云为《太玄》[35]，设卦辩吉凶，如《易》之告。若使后代有如子云又为一书可筮，则象数[36]之变，其可既[37]乎？专任道德以贯之，则天地之理尽矣，又焉假夫蓍龟乎？又焉征夫鬼神乎？子不语[38]，是存乎道义也。

【注释】

① 选自《文苑英华》卷七百五十（中华书局 1966 年版）。李华（715—766），字遐叔，赵郡赞皇（今属河北省）人。唐玄宗开元二十三年（735）进士，天宝二年（743）登博学宏辞科。官监察御史、右补阙。安禄山占领长安时被迫任凤阁舍人，乱平后贬为杭州户司参军。肃宗上元中召为左补阙、司封员外郎，称病不受。后李岘领选江南，擢检校吏部员外郎，以病辞官，隐居于大别山南麓。晚年信佛，代宗大历元年（766）病故。李华为唐代文学家，擅长古文，与萧颖士并称“萧李”，二人倡导宗经和文学上的复古，为中唐古文运动奠定了基础。其传世名篇有《吊古战场文》。原有集十卷，后散佚，今存《李遐叔文集》四卷为辑本。

② [天地之大德曰生] 出自《周易·系辞下》。生，使万物生长。

③ [好（hào）生之德，洽于人心] 出自《尚书·大禹谟》，为伪《古文尚书》之一篇。好生，爱惜生灵，使万物生生不息。

④ [五福] 长寿、富贵、平安、道德、善终五种福气。《尚书》卷十二《周书·洪范》：“五福：一曰寿，二曰富，三曰康宁，四曰攸好德，五曰考终命。”

⑤ [麟、凤、龟、龙，谓之四灵] 出自《礼记·礼运》。

⑥ [介虫] 有甲壳蔽体的虫类或水族。

⑦ [刳（kū）] 剖开。

⑧［朘(juān)］挖剥。

⑨［灵之寿之］将其视为灵明又长寿的动物。

⑩［脱］《文苑英华》原校："《文粹》作'朘'。"于义为优。

⑪［贞悔］古代占卜之法，排演蓍草以成六爻(yáo，组成卦的符号)，下三爻曰内卦，为贞；上三爻曰外卦，为悔。若爻有变化，则本卦为贞，变生的之卦为悔。

⑫［不其反耶］难道不是矛盾的吗。其，语气助词，表示反问。

⑬［夫大人与天地合其德，与日月合其明，与四时合其序，与鬼神合其吉凶］出自《周易·文言》。四时，四季。

⑭［征］征兆，迹象。

⑮［灵介］灵龟。

⑯［徼(jiǎo)］求，求取。

⑰［假］凭借，借助。

⑱［《洪范》］《尚书》篇名，相传为"殷末三贤"之一箕子向周武王陈述帝王治理国家必须遵守的九种根本大法，即"洪范九畴(畴，类别)"，今人认为系春秋或战国后期儒者所作。

⑲［尔有大疑，谋及卜筮］《尚书·洪范》原文作"汝则有大疑，谋及乃心，谋及卿士，谋及庶人，谋及卜筮"。尔，你。卜筮，古代预测吉凶的两种方法，用龟甲称卜，用蓍(shī)草称筮，合称卜筮。后泛指占卜之类。

⑳［尸］古代祭祀时代表死者受祭的人。

㉑［荡］破坏。

㉒［彘(zhì)］猪。

㉓［被(pī)发］披散着头发。被，通"披"。

㉔［盖不祥器］大概是不祥的东西。《老子》第三十一章："夫佳(后人校作'佳'，即古'唯'字)兵者，不祥之器，物或恶之，故有道者不处。"盖，连词，表示推测原因。

㉕［自神］神化自己，自认为是神。

㉖［固无悉然］确实不都是这样。

㉗［落］古代宫室刚筑成时举行祭祀典礼。

㉘［衅(xìn)］古代的祭祀仪式,用牲畜的血涂在新制的器物上。

㉙［膻(shān)腥］荤腥。

㉚［亡(wú)］通“无”,没有。

㉛［坛墠(shàn)］古代祭祀的场所。坛,在平地上用土石筑的高台。墠,经过整治的郊野平地。

㉜［缅(miǎn)］遥远。

㉝［神一草木,祷一禽畜］将草木禽畜视为神灵来崇拜。

㉞［牺、文之《易》,更(gēng)周、孔之述］相传伏羲创立八卦,周文王将其演绎成六十四卦和三百八十四爻,形成《周易》,周公作卦辞、爻辞进行推演阐发,孔子作《易传》(又称“十翼”,即《彖辞》上下、《象辞》上下、《系辞》上下、《文言》《序卦》《说卦》《杂卦》十篇)解释《易经》。牺,伏羲,又称宓(fú)羲、庖(páo)牺、包牺等,传说中华夏民族的人文始祖。文,周文王,姬姓,名昌,周朝奠基者。更,经过。周公,名旦,周文王第四子,武王姬发之弟,有辅佐武王伐纣、制礼作乐之功。

㉟［扬子云为《太玄》］西汉扬雄的哲学著作,融合儒、道、阴阳三家学说,以老子之道的“玄”为中心思想阐述其宇宙观与知行论。

㊱［象数］象,卦象、爻象,即卦爻所象之事物及其时位关系。数,阴阳数、爻数,即占筮求卦的基础。《左传·僖公十五年》:“龟,象也;筮,数也。物生而后有象,象而后有滋,滋而后有数。”杜预注曰:“言龟以象示,筮以数告,象数相因而生,然后有占,占所以知吉凶,不能变吉凶。”

㊲［既］终了,完结。

㊳［子不语］孔子不谈论这些。《论语·述而》:“子不语乱力怪神。”

【评析】

李华是唐朝著名散文家，与萧颖士一起反对六朝以来讲求声律、辞藻、排偶的骈文及其所代表的形式主义文风。李华崇尚儒学，强调文章的教化作用，因此主张“尊经”、“载道”。其文以《五经》为本，对于百家之说、谶纬之书则存而不用。其文学复古活动为中唐古文运动的兴起发挥了先驱作用，其独特的无神论思想也对古文运动的中坚人物柳宗元的无神论思想产生了重要影响。

《卜论》对当时社会上流行的算命、占卜等巫术活动进行了批判，体现了李华不同于主流社会的独特的无神论思想。文章开篇以《周易》《尚书》为依据，指出生养万物，是为“大德”。而据此反思：人们一方面把长寿的乌龟视为灵性的象征，另一方面又将其杀害用龟甲进行占卜来探求未来的吉凶，这样怪异的行为已经违背了自然常态与伦理道德。然后通过类比与反证，说明卜筮以及杀牲血祭等并无依据，不可盲从，并进一步得出了与其崇拜神灵不如加强道德修养的结论。全文逻辑严密，条理清晰，行文简洁犀利，发乎当发，止乎当止。

【理性思考】

1. 结合王充、范缜文章的阅读，梳理一下中国古代无神论思想的脉络。

2. 谈谈李华《卜论》产生的时代背景与意义。

3. 体会此文中珍爱生命的思想。

【延伸阅读】

1. 王充《论衡》之《订鬼篇》《卜筮篇》《讥日篇》《诘术篇》，《论衡校释》，中华书局 2017 年版。

2. 范缜《神灭论》。

3. 韩愈《原鬼》，《韩愈文集汇校笺注》，中华书局 2010 年版。

原　道[1]

韩　愈

博爱之谓仁[2]，行而宜之之谓义，由是而之焉之谓道，足乎己无待于外之谓德。仁与义为定名；道与德为虚位[3]：故道有君子小人，而德有凶有吉。老子之小[4]仁义，非毁之也，其见者小也。坐井而观天，曰天小者，非天小也。彼以煦煦[5]为仁，孑孑[6]为义，其小之也则宜。其所谓道，道其所道[7]，非吾所谓道也；其所谓德，德其所德，非吾所谓德也。凡吾所谓道德云者，合仁与义言之也，天下之公言也；老子之所谓道德云者，去仁与义言之也，一人之私言也。

周道衰，孔子没，火于秦[8]，黄老[9]于汉，佛[10]于晋、魏、梁、隋之间。其言道德仁义者，不入于杨[11]则入于墨[12]，不入于老则入于佛。入于彼，必出于此[13]。入者主之，出者奴之；入者附之，出者污之。噫！后之人其[14]欲闻仁义道德之说，孰从[15]而听之？老者曰："孔子，吾师之弟子也。"佛者曰："孔子，吾师之弟子也。"为孔子者，习闻其说，乐其诞而自小[16]也，亦曰"吾师亦尝师之"云尔[17]。不惟举之于其口，而又笔之于其书。噫！后之人虽[18]欲闻仁义道德之说，其[19]孰从而求之？甚矣，人之好怪也[20]！不求其端，不讯其末，惟怪之欲闻。

古之为民者四，今之为民者六[21]；古之教者处其一，今之教者处其三[22]。农之家一，而食粟之家六；工之家一，而用器之家六；贾之家一，而资[23]焉之家六：奈之何[24]民不穷且盗也！古之时，人之害多矣。有圣人者立，然后教之以相生养之道。为之君，为之师，驱其虫蛇禽兽而处之中土。寒，然后为之衣；饥，然后为之食。木处而颠[25]，土处而病也，然后为之宫室。为之工以赡其器用，为之贾以通其有无，为之医药以济其夭死，为之葬埋祭祀以长[26]其恩爱，为之礼以次其先后，为之乐以宣其湮郁[27]，为之政以率其怠倦，为之刑以锄其强梗[28]。相欺也，为之符玺[29]、斗斛[30]、权衡[31]以信之；相夺也，为之城郭、甲兵以守之。害至而为之备，患生而为之防。今其[32]言曰："圣人不死，大盗不止。剖斗折衡，而民不争。"呜呼，其亦不思而已矣！如古之无圣人，人之类灭久矣。何也？无羽毛鳞介[33]以居寒热也，无爪牙以争食也。是故君者，出令者也；臣者，行君之令而致之民者也；民者，出粟米麻丝，作器皿，通货财，以事[34]其上者也。君不出令，则失其所以为君；臣不行君之令而致之民[35]，民不出粟米麻丝，作器皿，通货财，以事其上，则诛。今其法曰：必弃而[36]君臣，去而父子，禁而相生养之道，以求其所谓清净寂灭[37]者。呜呼！其亦幸而出于三代[38]之后，不见黜[39]于禹、汤、文、武、周公、孔子也。其亦不幸而不出于三代之前，不见正于禹、汤、文、武、周公、孔子也。

帝之与王，其号虽殊，其所以为圣一也。夏葛而冬裘[40]，渴饮而饥食，其事虽殊，其所以为智一也。今其言曰："曷[41]不为太古之无事[42]?"是亦责冬之裘者曰："曷不为葛之之易也?"责饥之食者曰："曷不为饮之之易也?"传[43]曰："古之欲明[44]明德于天下者，先治其国；欲治其国者，先齐其家；欲齐其家者，先修其身；欲修其身者，先正其心；欲正其心者，先诚其意。"然则古之所谓正心而诚意者，将以有为[45]也。今也欲治其心而外天下国家[46]，灭其天常[47]，子焉[48]而不父其父[49]，臣焉而不君其君，民焉而不事其事。孔子之作《春秋》[50]也，诸侯用夷礼则夷之，夷而进于中国则中国之[51]。经[52]曰："夷狄之有君，不如诸夏之亡[53]。"《诗》曰："戎狄是膺[54]，荆舒[55]是惩。"今也举夷狄之法，而加之先王之教之上，几何其不胥而为夷也[56]！

夫所谓先王之教者，何也？博爱之谓仁，行而宜之之谓义，由是而之焉之谓道，足乎己无待于外之谓德。其文，《诗》《书》《易》《春秋》；其法，礼、乐、刑、政；其民，士、农、工、贾；其位[57]，君臣、父子、师友、宾主、昆弟、夫妇；其服，麻、丝；其居，宫、室；其食，粟米、蔬果、鱼肉。其为道易明，而其为教易行也。是故以之为己，则顺而祥；以之为人，则爱而公；以之为心，则和而平；以之为天下国家，无所处而不当。是故生则得其情，死则尽其常[58]，郊[59]焉而天神假[60]，庙[61]焉而人鬼飨[62]。曰：斯[63]道也，何道也？曰：斯吾所谓道也，非向所谓老与佛之道也。尧以是传之舜，舜以是传之禹，禹以是传之汤，汤以是传之文、武、周公，文、武、周公传之孔子，孔子传之孟轲[64]，轲之死，不得其传焉。荀[65]与扬[66]也，择焉而不精，语焉而不详。由周公而上，上而为君，故其事行[67]；由周公而下，下而为臣，故其说长[68]。然则如之何其可也？曰：不塞不流，不止不行[69]。人其人[70]，火其书，庐其居[71]。明先王之道以道之，鳏寡孤独废疾[72]者有养也。其亦庶几[73]其可也！

【注释】

① 选自韩愈著，刘真伦、岳珍校注《韩愈文集汇校笺注》卷一（中华书局 2010 年版）。韩愈（768—824），字退之，河南河阳（今河南省孟州市）人。德宗贞元八年（792）进士，累迁监察御史。曾因论事被贬阳山，后又因谏阻宪宗迎佛骨，贬为潮州刺史。晚年官至吏部侍郎。穆宗长庆四年（824）病逝，赠礼部尚书，谥号“文”，故称“韩文公”。宋神宗元丰元年（1078）追封为昌黎伯，从祀孔庙。韩愈为唐代著名文学家，古文运动领袖，后人尊为“唐宋八大家”之首，与柳宗元并称“韩柳”。有《韩昌黎集》传世。

② [博爱之谓仁]《论语·学而》载孔子语：“泛爱众而亲仁。”皇侃《论语义疏》卷一云：“人有博爱之德谓之仁。”

③ [虚位] 指没有固定内涵的抽象符号。

④ [小] 轻视，小看。

⑤ [煦煦（xù xù）] 温和慈惠的样子。

⑥ [孑孑（jié jié）] 细小琐碎的样子。

⑦ [道其所道] 把他所认为的道当作道。

⑧ [火于秦] 秦始皇为加强集权统治、排除不同的政治思想而焚《诗》《书》，坑术士。

⑨ [黄老] 黄帝与老子的合称，后世道教将其奉为始祖。黄老思想崇尚“无为而治”，倡导“休养生息”，是汉初统治者治国的指导思想。

⑩ [佛] 佛教于东汉传入中国，南北朝时期蓬勃发展，至隋唐而

鼎盛。

⑪［杨］杨子，名朱，先秦杨朱学派创始人。杨朱之学将老子的“无为而治”发展为“贵己”、“为我”的个人主义思想，强调“全性保真，不以物累形”，战国时期与墨学并为显学。

⑫［墨］墨子，名翟，先秦墨家学派创始人。墨学反对儒家的社会等级制度与当时的兼并战争，其社会伦理思想以“兼爱”为核心，军事思想集中体现为“非攻”、“救守”。

⑬［入于彼，必出于此］指信奉一家的学说，必然反对另一家的主张。

⑭［其］如果，假使。

⑮［孰从］向谁。孰，疑问代词作宾语前置。

⑯［乐其诞而自小］乐于荒诞地妄自菲薄。

⑰［云尔］句末语气助词，如此而已。

⑱［虽］即使。

⑲［其］将，助词。

⑳［甚矣，人之好怪也］人们喜欢怪诞言论（的这种现象）太过分了。此句为主谓倒装。

㉑［古之为民者四，今之为民者六］在古代，人分士、农、工、商四类，又称“四民”。唐朝儒学式微而道教、佛教盛行，二者并称“佛老”，故于四民中增道士、僧人为六。

㉒［处其三］指有儒、佛、道三教。处，占。

㉓［资］取资，求取。

㉔［奈之何］如之何，对……怎么办，怎么对付……。

㉕［颠］陨坠，跌落。

㉖［长(cháng)］使……长久深厚。

㉗［湮(yān)郁］抑郁，情感得不到宣泄排解。

㉘［强梗］强硬凶猛的人。

㉙［符玺］天子的符印，此处泛指凭证。符，古代朝廷传达命令或

征调兵将用的凭证，双方各执一半，合之以验真假。玺，官印，秦以后专指皇帝的印，皇权的证明。

㉚［斗斛（hú）］皆粮食量器名。斗，量粮食的器具。斛，古量器名，也是容量单位，十斗为一斛。

㉛［权衡］称量物体轻重的器具。权，秤锤。衡，秤杆。

㉜［其］指道家学派。引文出自《庄子·胠箧》。《老子》亦云："绝圣弃智，民利百倍。绝仁弃义，民复孝慈。绝巧弃利，盗贼无有。"

㉝［介］甲壳。

㉞［事］侍奉，为……服务。

㉟［臣不行君之令而致之民］南宋绍熙刻祝充《音注》本、蜀刻本、《文苑英华》卷三六三此句作"臣不能行君之令，则失其所以为臣"。

㊱［而］第二人称代词，你（们）的。

㊲［清净寂灭］道教的清净无为与佛家的涅槃寂灭之说。

㊳［三代］夏、商、周三个朝代。

㊴［见黜（chù）］被贬退。见，表被动，相当于"被"。

㊵［夏葛（gé）而冬裘］夏天穿葛布制成的衣服，冬天穿皮衣。葛、裘，皆名词作动词用。

㊶［曷（hé）］怎么，为什么。

㊷［无事］无为而治。

㊸［传（zhuàn）］注释或阐述经义的文字。此处指《礼记·大学》。

㊹［明］阐明，弘扬。

㊺［将以有为］打算用（正心诚意）来有所作为。

㊻［外天下国家］将天下国家视为身外之物。

㊼［天常］天生不变的法则，指儒家道德观念中的君臣、父子、夫妇、兄弟、朋友之间的伦理体系。

㊽［子焉］做儿子的。

㊾［不父其父］不把父亲当作父亲（来对待）。

㊿［《春秋》］孔子据鲁国史书修订而成的编年体史书，用作讲授

近现代史的教本。所记起自鲁隐公元年，讫于鲁哀公十四年，凡历十二公、二百四十二年，语言极为简练，常以一字一语寓褒贬之意，后人称为“春秋笔法”、“微言大义”。

㊿①[诸侯用夷礼则夷之，夷而进于中国则中国之] 将使用少数民族礼俗的诸侯继续视为少数民族，将进入中土、遵循中原礼仪的夷狄之邦视为华夏民族。夷而，朱熹校本无此二字。

㊾52[经] 经书，儒家的经典。此处指引文的出处《论语·八佾(yì)》。

53[亡] 通“无”，没有。

54[戎狄是膺] 抵抗西北方少数民族(的攻击)。戎，我国古代对西部民族的统称。狄，我国古代北部一个民族，后泛称北方诸少数民族。是，代词，放在前置宾语和动词之间，复指前置宾语。膺，抵抗，抗击。

55[荆舒] 古代指东南方的少数民族。荆，春秋时期南方楚国的别称。舒，群舒国，春秋时期江淮地区的七个国家的联合军事集团。

56[几何其不胥(xū)而为夷也] 我们不是差不多都要沦为蛮夷了。几何，差不多。胥，都，皆。夷，我国古代对东部各民族的统称，后泛指少数民族。

57[位] 社会关系中的伦理次序。

58[生则得其情，死则尽其常] 活着为人处世合乎情理，死了也顺应自然。

59[郊] 郊祀，古代帝王在郊外祭祀天地的典礼。

60[假(gé)] 到。

61[庙] 庙祀，供奉祭祀祖先。

62[飨(xiǎng)] 通“享”，鬼神享用祭品。

63[斯] 此。

64[孟轲(kē)] 孟子，名轲，字子舆。孔子之孙孔伋的再传弟子，战国时期儒家学派的代表人物，与孔子并称“孔孟”。

65[荀] 荀子，名况，字卿。战国末期思想家，在吸收法家学说的同时发展了儒家思想。

66 [扬] 扬雄(前 53—18),字子云。西汉末年文学家、思想家,重视儒家学说,为恢复儒学的正统地位而批判神学与经学。

67 [其事行] 他们的儒道得以施行。

68 [其说长] 他们的学说能够流传。

69 [不塞不流,不止不行] 不阻塞佛老之道,儒道就不能流传;不禁止佛老之道,儒道就不能推行。

70 [人其人] 使道士、僧人还俗为民。

71 [庐其居] 将道观、佛寺变为民房。庐,房舍。

72 [废疾] 久病不愈,残疾。

73 [庶几] 差不多,也许可以。

【评析】

隋唐以来,随着本土道教的繁荣发展和外来佛教的逐渐兴盛,儒学对文化思想的影响日益衰落。唐代中期兴起了提倡古文、反对骈文的古文运动,其领军人物韩愈、柳宗元二人提出"文以明道"的古文理论,希望通过文体、文风的革新来改变人们的思想观念,重新建立儒家道统。韩愈首倡道统说,认为儒家有一个自尧舜至孔孟一脉相传且有异于佛老的"道",这个儒道系统才是华夏文明的正统,所以不仅要在形式上"复古",内容上也要恢复古代的圣贤之道,借此重振儒家的王政和道德观念,恢复唐王朝的统治秩序。

《原道》是韩愈宣扬道统和儒学的重要著作,集中体现了其复古崇儒、攘斥佛老的思想主张。文章通过阐释仁义道德之说,指出儒道以"仁义"为核心内容,并囊括了典章制度、社会规范、伦理秩序、礼仪习俗在内的整个儒家文化,而道家舍弃仁义而空谈道德,佛家更是荒诞不经,因此儒道才是道的本原。韩愈不仅构建了一个授受有序的儒道传承谱系,还用上古以来的历史发展过程与当时的社会现状进行比较,一方面证明了儒家社会伦理学说的合理性,另一方面揭示了佛老思想的狭隘与自私及其对国计民生、社会伦理的严重破坏,强调只有废止佛老、振兴儒学才能挽救安史之乱造成的社会危机。

韩愈将文学创作视为传道的重要手段,一方面强调文学创作必须以“道”为依归,另一方面也重视文辞本身的价值。《原道》有为而发、针砭时弊,表达了排斥佛老的思想倾向和反对藩镇割据的政治主张,行文上论证周密,气势雄伟,语言简练自然,体现出作者道德修养和文章感情力量的结合,充分发挥了古文的功能,是唐代古文的杰作。清代桐城派领袖刘大櫆曾称赞道:“老苏称:‘韩文如长江大河,浑灏流传,鱼鼋蛟龙,万怪惶惑。’惟此文足以当之。”

【理性思考】

1. 归纳文中的词类活用现象。
2. 文中是如何论证儒道合理性的?
3. 文中何处体现了韩愈反对藩镇割据的政治主张?

【延伸阅读】

1. 韩愈《答李翊书》,《韩愈文集汇校笺注》,中华书局 2010 年版。
2. 王安石《读〈孟尝君传〉》,《王文公文集》,上海人民出版社 1974 年版。
3. 苏辙《六国论》,《苏辙集》,中华书局 1990 年版。
4. 卞孝萱、张清华、阎琦《韩愈评传》第三章《韩愈思想》,南京大学出版社 1998 年版。

奉天请罢琼林大盈二库状[①]

陆　贽

右[②]臣闻:作法于凉,其弊犹贪;作法于贪,弊将安救[③]? 示人以义[④],其患犹私[⑤];示人以私,患必难弭[⑥]。故圣人之立教也,贱货[⑦]而尊让[8]，远利[9]而尚廉。天子不问有无，诸侯不言多少[10]，百乘之室，不畜聚敛之臣[11]。夫岂皆能忘其欲贿[12]之心哉！诚惧贿之生人心而开祸端，伤风教而乱邦家耳。是以务鸠敛[13]而厚其帑椟[14]之积者，匹夫之富也；务散发而收其兆庶[15]之心者，天子之富也。天子所作，与天同方[16]：生之长之，而不恃[17]其为；成之收之，而不私其有。付物以道[18]，混然忘情。取之不为贪，散之不为费。以言乎体则博大，以言乎术则精微。亦何必挠废公方[19]，崇聚私货，降至尊[20]而代有司[21]之守，辱万乘[22]以效匹夫之藏。亏法失人[23]，诱奸聚怨，以斯制事，岂不过哉！

今之琼林、大盈[24]，自古悉无其制，传诸耆旧[25]之说，皆云创自开元。贵臣贪权，饰巧求媚，乃言："郡邑贡赋所用，盍各区分[26]。税赋当委之有司，以给经用[27]；贡献宜归乎天子，以奉私求。"玄宗悦之，新是二库，荡心侈欲，萌柢[28]于兹。迨乎失邦[29]，终以饵寇[30]。《记》[31]曰："货悖而入，必悖而出[32]。"岂非其明效欤？

陛下嗣位之初，务遵理道[33]，敦行约俭，斥远贪饕[34]。虽内库旧藏，未归太府[35]，而诸方曲献[36]，不入禁闱[37]。清风肃然，海内丕[38]变。议者咸谓汉文却马[39]，晋武焚裘[40]之事，复见于当今。近以寇逆乱常[41]，銮舆外幸[42]，既属忧危之运，宜增儆励[43]之诚。臣昨奉使军营，出由行殿[44]，忽睹右廊之下，牓列二库之名，戄然[45]若惊，不识所以[46]。何则？天衢尚梗[47]，师旅方殷，疮痛呻吟之声，噢咻[48]未息，忠勤战守之效，赏赉[49]未行，而诸道[50]贡珍，遽私别库，万目所视，孰能忍怀[51]。窃揣军情，或生觖望[52]，试询候馆之吏，兼采道路之言，果如所虞，积憾已甚，或忿形谤讟[53]，或丑肆讴谣[54]，颇含思乱之情，亦有悔忠[55]之意。是知甿[56]俗昏鄙，识昧高卑[57]，不可以尊极临，而可以诚义感[58]。

顷者六师[59]初降，百物无储，外扞[60]凶徒[61]，内防危堞[62]，昼夜不息，迨[63]将五旬，冻馁交侵，死伤相枕，毕命同力，竟夷大艰[64]。良以陛下不厚其身，不私其欲，绝甘[65]以同卒伍，辍食以啖功劳。无猛制[66]而人不携[67]，怀所感也；无厚赏而人不怨，悉所无也。今者攻围已解，衣食已丰，而谣讟方兴，军情稍阻，岂不以勇夫恒性，嗜货矜功，其患难既与之同忧，而好乐不与之同利，苟异恬默[68]，能无怨咨？此理之常，固不足怪。《记》曰："财散则民聚，财聚则民散。"岂非其殷鉴[69]欤！众怒难任，蓄怨终泄，其患岂徒人散而已，亦将虑有构奸鼓乱[70]，干纪[71]而强取者焉！

夫国家作事，以公共为心者，人必乐而从之；以私奉为心者，人必咈[72]而叛之。故燕昭筑金台[73]，天下称其贤；殷纣作玉杯[74]，百代传其恶：盖为人与为己殊也。周文[75]之囿[76]百里，时患其尚小；齐宣[77]之囿四十里，时病其太大：盖同利与专利异也。为人上者，当辨察兹理，洒濯其心[78]，奉三无私[79]，以壹有众，人或不率[80]，于是用刑。然则宣其利而禁其私，天子所恃以理天下之具也。舍此不务，而壅利行私，欲人无贪，不可得已。

今兹二库，珍币所归，不领度支[81]，是行私也，不给经费，非宣利也，物情离怨，不亦宜乎！智者因危而建安，明者矫失而成德。以陛下天姿英圣，傥加之见善必迁，是将化蓄怨为衔恩，反过差为至当，促殄遗孽[82]，永垂鸿名，易如转规[83]，指顾可致。然事有未可知者，但在陛下行与否耳。能则安，否则危；能则成德，否则失道：此乃必定之理也。愿陛下慎之惜之！陛下诚能近想重围之殷忧[84]，追戒平居之专欲，器用取给，不在过丰，衣食所安，必以分下。凡在二库货贿，尽令出赐有功，坦然布怀，与众同欲。是后纳贡，必归有司，每获珍华，先给军赏，瑰异纤丽，一无上供。推赤心于其腹中[85]，降殊恩于其望外。将卒慕陛下必信之赏，人思建功；兆庶悦陛下改过之诚，孰不归德。如此则乱必靖，贼必平，徐驾六龙[86]，旋复都邑，兴行坠典[87]，整缉棼纲[88]。乘舆有旧仪，郡国有恒赋[89]，天子之贵，岂当忧贫！是乃散其小储而成其大储也，损其小宝而固其大宝[90]也。举一事而众美具，行之又何疑焉！吝少失多，廉贾[91]不处，溺近迷远，中人所非，况乎大圣应机，固当不俟终日。不胜管窥愿效[92]之至。谨陈冒以闻。谨奏。

【注释】

① 选自《陆贽集》卷十四（中华书局 2006 年版）。陆贽（754—

805)，字敬舆，苏州嘉兴(今属浙江)人。排行九，故人称“陆九”。代宗大历八年(773)登进士第，德宗贞元八年(792)四月拜相。贞元十年，遭构陷罢相。永贞元年(805)卒，谥“宣”，世称陆宣公。陆贽为中唐名相、文章大家，长于制诰政论。所作奏议，多用排偶，条理精密，文笔流畅。唐朝宰相权德舆比之为西汉名臣贾谊，称其“榷古扬今，雄文藻思”。今存《陆宣公翰苑集》二十二卷，有清人张佩芳注本。

②［右］指前行。古代书写方式是由右而左，直行书写。唐代进状，先摘录事由，写在正文的前面，正文的开头，冠以一个“右”字，表示文中所论述的就是前列事件。

③［作法于凉，其弊犹贪；作法于贪，弊将安救］原文出自《左传·昭公四年》：“作法于凉，其弊犹贪；作法于贪，弊将若之何?”意思是：“以薄赋为出发点来制定法令，尚且不免于有贪腐之弊端；若以贪为出发点来制定法令，其弊端将如何整治呢?”作法，制定法令。凉，薄。

④［义］道义。

⑤［其患犹私］它的毛病尚且不免于偏私。患，毛病。私，偏私，不公道。

⑥［弭］消除，停止。

⑦［货］财物。

⑧［让］谦让。

⑨［利］利益。

⑩［天子不问有无，诸侯不言多少］原文出自《荀子·大略篇》：“天子不言多少，诸侯不言利害。”上下互文，意思是：“作为天下的统治者或一国的统治者，不应该斤斤计较私人的财富。”

⑪［百乘之室，不畜聚敛之臣］原文出自《礼记·大学》：“百乘之家，不畜聚敛之臣。”意思是：“拥有百辆兵车的卿大夫之家，不豢养搜括财货的家臣。”百乘，兵赋数，卿大夫的封邑内能够出兵车百辆。畜，豢养。聚敛之臣，搜括财货的家臣。

⑫［贿］财货。

⑬［鸠敛］聚敛。

⑭［帑(tǎng)椟(dú)之积］私人所积累的财货。帑，储藏金帛的府库。椟，柜子。

⑮［兆庶］众多的平民。百万为兆。

⑯［方］道。

⑰［不恃］不依仗，即不以此居功。

⑱［付物以道］意谓任其自然。

⑲［挠废公方］阻挠废止国家法度。

⑳［至尊］指皇帝。

㉑［有司］官吏。

㉒［万乘］天子。周制，天子王畿地方千里，出兵车万乘。

㉓［失人］失去民心。

㉔［琼林、大盈］指德宗皇帝在奉天行宫建立的两个私库，用来贮藏诸道贡献的财物。史载唐玄宗在禁中设有大盈库，其后皇家沿袭成制。

㉕［耆旧］年迈德高之人。

㉖［盍各区分］何不各自加以区别。

㉗［经用］国家财政支出。

㉘［萌柢(dǐ)］萌发。柢，木根。

㉙［迨乎失邦］等到失去邦国的时候。天宝十四载(755)“安史之乱”爆发，次年叛军攻陷了都城长安，唐玄宗逃往蜀中。

㉚［饵寇］资敌，指库藏为叛军所得。

㉛［《记》］指《礼记》。

㉜［货悖而入，必悖而出］财货以不义得之，必将以不义失之。悖，逆。

㉝［理道］即治道。避唐高宗李治讳。

㉞［贪饕(tāo)］比喻贪官污吏。饕，传说中一种贪食的恶兽。

㉟［太府］唐有太府寺，掌管财货廪藏。

㊱［曲献］租赋之外以私人名义贡献给皇帝的财物。

㊲［禁闱］皇宫。

㊳［丕］大。

㊴［汉文却马］《汉书·贾捐之传》载：汉文帝时，有人献千里马，文帝说："我平常出行，一天走五十里，行军时，一天走三十里。要是一个人骑着千里马在前面走，到哪儿去呢？"于是拒不接受。

㊵［晋武焚裘］《晋书·武帝纪》载：有人向晋武帝进献雉头裘，武帝认为奇装异服是礼法所禁止的，于是将它焚烧掉。

㊶［寇逆］指唐德宗时朱泚叛乱。常，伦理纲常。

㊷［銮舆外幸］皇帝在外避难，此时唐德宗避朱泚乱逃亡至奉天。銮舆，皇帝所乘的车。銮，同"鸾"，古代帝王车驾所系的一种铃。

㊸［儆(jǐng)励］犹言惕励。儆，戒备。

㊹［行殿］这里指在奉天所设的临时朝廷。

㊺［戄(jué)然］惊恐的样子。

㊻［不识所以］不知其所以然。意思说，想不出为什么要设这两个库的理由来。

㊼［天衢尚梗］谓都城还被叛军占领，没有收复。天衢，指长安城。梗，阻塞。

㊽［噢咻(yǔ xǔ)］抚慰病痛者的声音。

㊾［赏赉(lài)］赏赐。

㊿［诸道］各地。道是唐代设置于州府之上的行政区划，唐代在较长时期内采用"道州县"三级地方管理制度。唐初有十道，玄宗时分为十五道。

(51)［孰能忍怀］内心怎么能够容忍。

(52)［觖(jué)望］不满，抱怨。觖，不满足。

(53)［谤讟(dú)］怨恨的言辞。

(54)［丑肆讴谣］以民谣进行丑化和诋毁。

(55)［悔忠］后悔对朝廷的忠心。

㊱［甿(méng)］百姓。

㊲［识昧高卑］分不清尊卑。

㊳［不可以尊极临，而可以诚义感］不能用地位和权力去压制他们，只能用诚义去感动他们。

㊴［六师］皇帝的禁卫军，包括左右羽林、左右龙武、左右神武六军。

㊵［扞］同“捍”，抵御。

㊶［凶徒］指围攻奉天的朱泚叛军。

㊷［危堞］危城。堞，城上如齿状的矮墙。

㊸［迨］同“殆”，差不多，几乎。

㊹［竟夷大艰］终于打退了叛军的进攻。夷，平定。

㊺［绝甘］弃绝美味的食品。

㊻［猛制］用暴力来制伏别人。

㊼［不携］没有贰心。

㊽［恬默］恬淡寡言。

㊾［殷鉴］殷朝人的鉴戒。后泛指可以借鉴的往事。

㊿［构奸鼓乱］造作奸邪，鼓动叛乱。

71［干纪］违反法纪。

72［咈(fú 弗)］违背。

73［燕昭筑金台］战国时期燕昭王筑黄金台来招徕贤士。

74［殷纣用玉杯］《韩非子·喻老》载殷纣王用象牙作筷子，用玉作杯子，箕子认为纣王贪图个人享乐，欲望必然没有满足的时候，这会给国家带来灾难。

75［周文］周文王。

76［囿］园林。

77［齐宣］战国时齐宣王。

78［洒濯其心］去掉贪欲的私心。

79［三无私］原文出自《礼记·孔子闲居》：“天无私覆，地无私载，日月无私照。奉斯三者，以劳天下，此之谓三无私。”

⑧⓪［不率］不顺从。

⑧①［度支］掌管财赋收支的官员。

⑧②［促殄遗孽］加快消灭遗留的叛逆。

⑧③［转规］转动圆规，比喻轻而易举。

⑧④［殷忧］深重的忧患。

⑧⑤［推赤心于其腹中］用诚恳坦率的心来待人。

⑧⑥［六龙］即六马，天子所乘之车由六匹马驾驭。

⑧⑦［兴行坠典］整顿推行被破坏的法典。

⑧⑧［棼纲］紊乱的纲纪。

⑧⑨［恒赋］定额的租赋。

⑨⓪［固其大宝］意指巩固君权。

⑨①［廉贾(gǔ)］赚取合理利润的商人。

⑨②［愿效］愿意把它贡献出来。

【评析】

状是中国古代奏疏的常见文体，往往陈述事状，辨析利弊，向统治者表达己见。兴元元年(784)，陆贽在奉天(今陕西省乾县)向唐德宗进奏此状，这与当时特定的历史背景是分不开的。据史料记载，建中三年(782)十一月，淮西李希烈叛乱；次年八月，李希烈率军围攻襄阳(今河南襄城)；十月，朝廷诏令泾原节度使姚令言率师救援。援兵行经长安(今陕西省西安)，朝廷饷军不当激起了兵变，太尉朱泚被拥立为帝，占据了长安。唐德宗仓皇逃往奉天，复遭朱泚围困，财竭粮乏，形势岌岌可危。直至十一月，李怀光击败朱泚，解除重围。这时“诸道贡献继至，用度始振”，此前的窘困局面得以改观。然而在此存亡未卜之际，唐德宗却先在行宫重建“琼林”、“大盈”二处内库，贮藏各地贡献之物以满足自己的享乐。针对这一情况，陆贽上疏进谏，痛陈其弊，最终唐德宗“嘉纳之”，罢黜了二库。

文章首论天子不蓄私财。天子之富不同于匹夫之富，匹夫之富是“务鸠敛而厚其帑椟之积者”，而天子之富是“务散发而收其兆庶之心者”。进而从历史教训和现实处境两方面深入辨析建立二库的危害。二库始建于唐玄宗，陆贽指出“荡心侈欲，萌柢于兹，迨乎失邦，终以饵寇”。唐玄宗晚年因不能励精图治，逞其私欲，终酿安史之乱，颠沛流离，避祸蜀地，而京城沦陷，皇家库藏反而成了寇仇的财源，这是惨痛的前车之鉴。而从现实处境来看，“天衢尚梗，师旅方殷，疮痛呻吟之声，噢咻未息；忠勤战守之效，赏赉未行”，天下重创未能安抚，杀敌将士未能行赏，重建二库私积财货，是不合时宜的。为了发散蓄怨，平复众怒，消弭谤言，激励三军，陆贽建议“凡在二库货贿，尽令出赐有功，坦然布怀，与众同欲”。财散民聚，只有这样才能“散其小储，而成其大储也；损其小宝，而固其大宝也”。

这篇文章围绕二库废立的现实问题，进而论及封建王朝兴衰存亡的治国之道。一方面它体现了陆贽富有卓识的政治眼光和敢于直谏的名臣风范，另一方面它也展现了陆贽作为文章大家精妙的语言艺术。思想的深刻、表达的精练，使得这篇奏状成为千古名篇，被誉为“聚古今之精英，实治乱之龟鉴”（苏轼《乞校正陆贽奏议进御札子》）自六朝以来，公牍文书均用骈体文写作，到了唐代，更是盛极一时。陆贽作为唐代骈文的代表，因袭之中又不乏新变，而《奉天请罢琼林大盈二库状》此文正是其中的代表。从句式上看，文章多用四六对偶，又羼入散行文句，兼有骈散之长。从用典上看，文章引经据典切合事理，并不艰深晦涩。从风格上看，既有骈文含蓄典雅的特点，又有散文流畅古朴的气韵。正如清代史学家赵翼所评：“陆宣公奏议，虽亦不脱骈偶之习，而指切事情，纤微毕到，其气又浑灏流转，行乎其所不得不行。”（《廿二史札记》卷二十）

【理性思考】

1. 唐德宗建立二库在当时有什么危害？

2. 从《奉天请罢琼林大盈二库状》看骈文写作的特点。

3. 苏轼《谢欧阳内翰书》说："盖唐之古文，自韩愈始。其后学韩而不至者为皇甫湜，学皇甫湜而不至者为孙樵。自樵以降，无足观矣。"你对苏轼的这一观点有何看法？

【延伸阅读】

1. 刘昫等《旧唐书》卷百一三十九《陆贽传》，中华书局 1975 年版；欧阳修、宋祁《新唐书》卷一百五十九《陆贽传》，中华书局 1975 年版。

2. 王素《陆贽评传》下编《政论》，南京大学出版社 2001 年版。

3. 于景祥《唐代骈文史》，辽宁人民出版社 1991 年版。

书褒城驿壁[1]

孙 樵

褒城[2]驿[3]号天下第一。及得寓目[4]，视其沼[5]则浅混[6]而污，视其舟则离败[7]而胶[8]，庭除[9]甚芜，堂庑[10]甚残，乌睹[11]其所谓宏丽者！讯于驿吏[12]，则曰："忠穆公[13]尝牧梁州[14]，以褒城控二节度治所[15]，龙节虎旗[16]，驰驲奔轺[17]，以去以来，毂交蹄劘[18]，由是崇侈其驿[19]，以示雄大。盖当时视他驿为壮，且一岁宾至者不下数百辈，苟夕得其庇[20]，饥得其饱，皆暮至朝去，宁有顾惜[21]心耶！至如棹舟[22]则必折篙破舷碎鹢[23]而后止，漁钓则必枯泉汩泥尽鱼[24]而后止，至有饲马于轩，宿隼于堂[25]。凡所以污败室庐，糜毁器用，官小者，其下虽气猛，可制[26]；官大者，其下益暴横，难禁。由是日益破碎，不与曩类[27]。其曹八九辈，虽以供馈[28]之隙葺治之，其能补数十百人残暴乎？"

语未既[29]，有老甿[30]笑于旁，且曰："举今州县皆驿也[31]。吾闻开元中，天下富蓄[32]，号为理平[33]，踵[34]千里者不裹粮[35]，长子孙者[36]不知兵。今者天下无金革之声[37]，而户口[38]日益破，疆埸[39]无侵削之虞[40]，而垦田日益寡，生民日益困，财力日益竭，其故何哉？凡与天子共治天下者，刺史、县令而已，以其耳目接于民，而政令速于行也。今朝廷命官[41]，既已轻任刺史、县令，而又促数[42]于更易，且刺史、县令远者三岁一更，近者一二岁再更，故州县之政，苟有不利于民，可以出意革去其甚者，在刺史，曰：'明日我即去，何用如此？'在县令，亦曰：'明日我即去，何用如此？'当愁醉浓[43]，当饥饱鲜[44]，囊帛椟金[45]，笑与秩终[46]。"

呜呼！州县真[47]驿耶！矧[48]更代之隙，黠吏因缘恣为[49]奸欺以卖[50]州县者乎！如此，而欲望生民不困，财力不竭，户口不破，垦田不寡，难哉！予既揖退[51]老甿，条其言[52]，书于褒城驿屋壁。

【注释】

① 选自《孙可之文集》卷二(《宋蜀刻本唐人集丛刊》本，上海古籍出版社 1994 年版)。孙樵(生卒年不详)，字可之，一作隐之。关东人。唐宣宗大中九年(855)进士。僖宗广明元年(880)黄巢起义军攻入长安，唐僖宗逃至岐陇。孙樵奔赴行在，迁职方郎中。孙樵长于古文，文风奇崛，内容多针砭时弊。清人誉为"唐宋十大家"之一。有《孙可之文集》十卷传世。

② [褒城] 县名，唐属山南西道兴元府，今陕西省勉县褒城镇。

③ [驿(yì)] 驿站，古代供递送公文的人或来往官员暂住、换马的处所。

④ [寓目] 亲眼看到。

⑤ [沼] 水池。

⑥ [混] 浑浊。

⑦ [离败] 破裂。

⑧ [胶] 船搁浅在泥滩上，浮不起来。

⑨ [庭除] 庭院和台阶。

⑩ [堂庑(wǔ)] 中堂和堂下四周的走廊。

⑪ [乌睹] 哪里看得到。

⑫ [驿吏] 管理驿站的官吏。

⑬［忠穆公］指山南西道节度使兼梁州刺史严震。震（724—799），字遐闻，梓州盐亭（今属四川）人。唐德宗朝名相，死后谥“忠穆”。

⑭［牧梁州］任梁州（治所在今陕西汉中）刺史。

⑮［褒城控二节度治所］褒城县北为褒谷山，山南口叫作褒，北口叫作斜，又称褒斜。长四百多里，形势险要，是由关中入蜀的必经之地。二节度治所，一指山南西道节度使治所南郑县（今陕西省汉中县），一指凤翔府节度使治所天兴县（今陕西省凤翔县）。二，原作“三”，据《唐文粹》卷四十九改。

⑯［龙节虎旗］唐制，节度使奉命出镇，赐双旌双节。节和旗上画有龙、虎的图案。

⑰［驰驲（rì）奔轺（yáo）］形容经过驿站的车马络绎不绝。驲，驿站专用的车马。轺，小型轻便的马车。

⑱［毂（gǔ）交蹄劘（mó）］形容来往的车马很多。毂，车轮当中贯轴之处。劘，磨擦。

⑲［崇侈其驿］扩大驿馆的建筑。

⑳［夕得其庇］夜间得到住宿的地方。庇，遮蔽，这里指住宿。

㉑［顾惜］爱惜。

㉒［棹（zhào）舟］划船。

㉓［鹢（yì）］一种善飞不畏风的水鸟，这里指装饰有鹢的图案的船头。

㉔［枯泉汩（gǔ）泥尽鱼］让泉水干涸见泥，把鱼抓光。汩，沉。

㉕［宿隼（sǔn）于堂］把驿馆的中堂作为猎鹰栖息的场所。隼，一种凶猛的飞禽。

㉖［可制］可以制止。

㉗［不与曩（nǎng）类］不像过去的样子。曩，从前。

㉘［供馈］供给膳食。

㉙［既］完毕。

㉚［老甿（méng）］老农。

㉛［举今州县皆驿也］现在所有的州县都像驿站一样。
㉜［富蓄］财物丰富，人口众多。
㉝［理平］即治平，太平的意思。避唐高宗李治讳。
㉞［踵］脚跟，引申为走的意思。
㉟［裹粮］携带干粮。
㊱［长(zhǎng)子孙者］指年老的人。长，养。
㊲［金革之声］锣钲和战鼓的声音，借指战争。
㊳［户口］有户籍的居民。
㊴［疆埸(yì)］边境。
㊵［虞］担忧。
㊶［命官］任命官员。
㊷［促数(shuò)］短促频繁。
㊸［醉浓］谓痛饮醇酒而沉醉。
㊹［饱鲜］饱食鲜美的鱼肉。
㊺［囊帛椟金］袋子里装满丝帛，柜子里装满黄金。
㊻［笑与秩终］欢欢喜喜地直到任期结束。
㊼［真驿］《文苑英华》卷三七四作“其驿”，且上有“者”字。
㊽［矧(shěn)］况且。
㊾［因缘恣为］利用机会任意妄为。
㊿［卖］玩弄，蒙骗。
(51)［揖退］作揖送走。
(52)［条其言］把他的话加以整理。

【评析】

《书褒城驿壁》是一篇“厅壁记”，所谓“厅壁记”是指刻写在官府墙壁上的一种记体散文。其内容一般是记述官府机构的由来，历任官员的姓名、经历、政绩等，既是作为纪念，又为继任者提供参考。“厅壁记”始于唐代，唐人所撰此类作品数量众多，但大多已经亡佚，保留在《全唐文》中的作品尚有八十多篇。北宋初年编纂的唐代文学总集《文苑英华》最早收录“厅壁记”这一类的文章,并将“厅壁记”细分为十七类。“厅壁记”在唐代虽然已成为一种常见文体,但因为它的官方文字的属性,写法上往往颂美扬善,粉饰事实,缺少思想深度和感情力度。盛唐时期李华、元结的作品中开始反映一些社会问题,融入自己的思考,为唐代“厅壁记”的创作开创了新的气象。受他们的影响,中唐时期的古文家如独孤及、权德舆、韩愈、元稹、白居易等人的“厅壁记”也都写得有声有色,不落俗套。晚唐孙樵的《书褒城驿壁》同样继承了这一优良传统,作品既有较高的史料价值,又具有较强的文学可读性。

文章从眼前的褒城驿落笔。唐代的褒城县属于山南西道兴元府(今陕西省勉县),是关中入蜀的必经之地。褒城驿号称“天下第一”,正得益于它得天独厚的地理优势。然而时过境迁,作者来到褒城驿时见到的已是一副破败不堪的景象。究其原因,正如褒城驿吏所指出的,是因为来往不绝的宾客“污败室庐,糜毁器用”,对驿站毫无顾惜之情。作者进而联想到整个大唐王朝的命运,借老农之口道出了“举今州县皆驿也”的惨痛事实。如果说弊政丛生,积重难返的大唐王朝就像这小小的褒城驿的话,而那不断更替的“当愁醉浓,当饥饱鲜,囊帛椟金,笑与秩终”的刺史、县令,以及“恣为奸欺以卖州县”的“黠吏”,不正如那些来往于驿站而毫无“顾惜心”的宾客吗?对此乱象,作者还提出了深刻的政见:不得“轻任刺史、县令”,更不宜“促数于更易”,可谓是切中肯綮。

孙樵是韩愈的三传弟子,这篇文章充分发扬了韩愈“不平则鸣”的创作精神,叙事真实客观,讽刺鞭辟入里。这篇文章的构思也令人称道,作者由小见大,步步深入,将褒城驿站的盛衰与大唐王朝的国家命运有机地联系在一起,寓意十分深刻。清代学者高士奇曾评价道:“因驿而发明郡县迁代不宜促数之故,可谓深达物情,有关治体。”(高步瀛《唐宋文举要》甲编卷五引)后世治国者,当有警醒焉。

【理性思考】

1. 中国古代的驿站有什么作用?

2.《书褒城驿壁》中是如何运用类比的表现手法的?

3.《唐宋文醇》卷二十一:“前幅似主而实宾,后幅似宾而实主。此文家变化之法。”你对这一观点是怎么理解的?

【延伸阅读】

1. 孙昌武《唐代古文运动通论》,百花文艺出版社 1984 年版。

2. 李德辉《唐宋时期馆驿制度及其与文学之关系研究》,人民文学出版社 2008 年版。

3. 王志昆《孙樵作品的思想内容和艺术特色初探》,《广西大学学报》1988 年第 1 期。

待漏院记[①]

王禹偁[②]

天道不言,而品物亨[③],岁功成[④]者,何谓也?四时之吏[⑤]、五行之佐[⑥]宣[⑦]其气矣。圣人不言,而百姓亲,万邦宁者,何谓也?三公论道[⑧],六卿分职[⑨],张其教矣。是知君逸于上,臣劳于下,法乎天也。古之善相天下者,自咎[⑩]、夔[⑪]至房[⑫]、魏[⑬],可数也。是不独有其德,亦皆务于勤尔。况夙兴夜寐,以事一人,卿大夫犹然,况宰相乎!

朝廷自国初[⑭]因旧制[⑮],设宰臣待漏院于丹凤门之右,示勤政也。至若北阙[⑯]向曙,东方未明,相君[⑰]启行[⑱],煌煌[⑲]火城,相君至止,哕哕[⑳]銮[㉑]声。金门[㉒]未辟[㉓],玉漏[㉔]犹滴。彻[㉕]盖下车,于焉以息。待漏之际,相君其有思乎?其或兆民[㉖]未安,思所泰之;四夷[㉗]未附,思所来[㉘]之;兵革未息,何以弭[㉙]之;田畴多芜,何以辟之;贤人在野,我将进之;佞臣立朝,我将斥之;六气[㉚]不和,灾眚[㉛]荐[㉜]至,愿避位[㉝]以禳[㉞]之;五刑[㉟]未措[36]，欺诈日生，请修德以厘[37]之。忧心忡忡，待旦而入。九门[38]既启，四聪[39]甚迩[40]，相君言焉，时君纳焉，皇风[41]于是乎清夷，苍生以之而富庶。若然，总[42]百官，食万钱[43]，非幸也，宜也。其或私仇未复，思所逐之；旧恩未报，思所荣之；子女玉帛，何以致之；车马器玩，何以取之；奸人附势，我将陟[44]之；直士抗言[45]，我将黜之；三时[46]告灾，上有忧色，构巧词以悦之；群吏弄法，君闻怨言，进谄容以媚之。私心慆慆[47]，假寐[48]而坐。九门既开，重瞳[49]屡回，相君言焉，时君惑焉，政柄[50]于是乎隳[51]哉，帝位以之而危矣。若然，则死下狱[52]，投[53]远方，非不幸也，亦宜也。是知一国之政，万人之命，悬[54]于宰相，可不慎欤！复有无毁无誉，旅进旅退[55]，窃位[56]而苟禄[57]，备员[58]而全身者，亦无所取焉。棘寺小吏[59]王某为文，请志[60]院壁，用规于执政者。

【注释】

① 选自《四部丛刊》本《小畜集》卷十六。待漏院，百官早晨集合准备早朝的地方。唐李肇《国史补》载："旧百官早朝，必立马于望仙、建福门外，宰相于光宅车坊，以避风雨。元和初，始置待漏院。"漏，即漏壶，古代用以计时的工具。

② 王禹偁(chēng)(954—1001)，字元之，巨野(今属山东)人。宋太宗太平兴国八年(983)举进士，端拱初(988)擢右拾遗，直史馆，拜左司谏、知制诰。未几，判大理寺。以请论妖尼道安罪，贬商州团练副使。至道元年(995)，为翰林学士知审官院。以谤讪，罢为工部郎中，知滁州。真宗即位，复知制诰，预修《太宗实录》，与当时宰相张齐贤、李沆不协，出知黄州，复徙蕲州，卒于黄州任上，人称"王黄州"。王禹偁遇事敢言，多所规讽，故为流俗所不容，屡遭贬谪。他鄙弃唐末以来的浮艳文风，推崇韩愈、柳宗元、李白、杜甫、白居易等人的文风与诗风，是宋初倡导文学革新的先行者。他的作品多反映民生疾苦与针砭时弊，风格平易简明，朴素自然。主要作品有《小畜集》《小畜外集》。

③ [品物亨] 万物通达。品物，众物，万物。亨，通达，顺利。《周

易》:“品物咸亨。”

④［岁功成］一年的农作物得以成熟。岁功，年景，一年的农业收获。成，成就，成熟。《周易》:“寒往则暑来，暑往则寒来，寒暑相推，而岁成焉。”“岁成”即“岁功成”。

⑤［四时之吏］《淮南子·天文训》:“四时者，天之吏也。”

⑥［五行之佐］《孔子家语》:“五行佐成上帝而称五帝。”王肃注：“五帝，五行之神，佐生物者。”

⑦［宣］宣泄。

⑧［三公论道］三公与帝王谈论大道。三公，古代三种最高官衔的合称。周以太师、太傅、太保为三公，一说以司马、司徒、司空为三公，后世沿袭，具体官名也有变化。《尚书·周官》:“立太师、太傅、太保，兹惟三公，论道经邦，燮理阴阳。”

⑨［六卿分职］六官各司其职。《尚书·周官》:“六卿分职，各率其属。”六卿，六官，《汉书·百官公卿表》:“天官冢宰，地官司徒，春官宗伯，夏官司马，秋官司寇，冬官司空，是为六卿，各有徒属职分。”

⑩［咎］即咎繇(gāo yáo)，通“皋陶”，舜时为“理官”，掌管刑法，是上古名臣。

⑪［夔］古代音乐家，舜时为乐官，主管乐舞之事，其所创之《韶》乐被孔子赞为“尽美矣，又尽善也”。

⑫［房］房玄龄(579—648)，唐太宗时官至宰相，与杜如晦齐名，史称“房谋杜断”，协助太宗开创“贞观之治”。

⑬［魏］魏征(580—643)，唐太宗时大臣，以直言敢谏闻名。

⑭［国初］指建国之初，即宋朝初年。

⑮［旧制］唐五代的制度。

⑯［北阙］古代宫殿北面的门墙，是臣子等候朝见皇帝或上书奏事之处。

⑰［相君］对丞相的尊称。

⑱［启行］开始出发。

⑲［煌煌］形容明亮的样子。

⑳［哕哕(huì huì)］形容铃铛有节奏的声音。

㉑［銮］古代车驾上的铃。

㉒［金门］金马门的省称，汉代宫门名，为学士待诏之处。一说为金明门的省称，为唐代宫城门，金明门内为翰林院所在，李白诗有“是时仆在金门里，待诏公车谒天子”。

㉓［辟］开，启。

㉔［玉漏］漏，即漏壶，古代计时器，以滴水的刻度来表示时间，一般为铜制，“玉漏”者，极言其精美。

㉕［彻］撤除。

㉖［兆民］兆，古代的计数单位，十万为亿，十亿为兆。兆民，意即亿万人民。

㉗［四夷］古代对边远地区少数民族的泛称，包括东夷、西戎、南蛮、北狄。

㉘［来］通“徕”，招徕，招抚。

㉙［弭］停止。

㉚［六气］自然气候变化的六种现象，指阴、阳、风、雨、晦、明，一说指天地四时之气。

㉛［灾眚(shěng)］灾殃，祸患。

㉜［荐］频频，屡次，一再。

㉝［避位］辞职，让位。古人认为灾害是由于宰臣治理不当所致，灾害发生时常有宰臣辞职以求上天减轻惩罚。

㉞［禳(ráng)］一种祭祀的名称，用以消除灾难。

㉟［五刑］五种轻重不等的刑法，秦以前为墨、劓、刖、宫、大辟，秦汉时为黥、劓、斩左右趾、枭首、菹其骨肉，隋唐以后为死、流、徒、杖、笞。

㊱［措］安放，搁置。《汉书·文帝纪赞》云：“断狱数百，几致刑措。”应劭注：“措，置也。民不犯法，无所刑也。”五刑未措，指五刑尚未被搁置不用，即社会尚未能达到太平盛世。

㊲［厘］治理，处理。

㊳［九门］相传古天子宫城有九门，《礼记》郑玄注：“天子九门者，路门也，应门也，雉门也，库门也，皋门也，城门也，近郊门也，远郊门也，关门也。”后泛指皇宫。

㊴［四聪］能远闻四方的听觉，此处指皇帝。

㊵［迩］近。

㊶［皇风］皇帝的教化，指世风。

㊷［总］统领。

㊸［食万钱］《晋书·何曾传》载何曾“食日万钱，犹曰无下筯处”，每天饮食花费上万钱，还抱怨没有什么可吃的，形容极度奢侈，此处指宰相的待遇优厚。

㊹［陟］进用，晋升。

㊺［抗言］直言。

㊻［三时］指春、夏、秋三季农作之时。

㊼［慆慆（tāo tāo）］纷乱不息貌。

㊽［假寐］不脱衣服小睡。

㊾［重瞳］一个眼睛里有两个瞳孔，古代认为是一种异相、贵相，著名的如舜、项羽都是重瞳，后来用以泛指帝王的眼睛。

㊿［政柄］政权。

51［隳（huī）］毁坏，崩毁。

52［死下狱］即“下狱死”，即关进牢狱而死。

53［投］抛弃，弃置，流放。

54［悬］关联，系连。

55［旅进旅退］旅，俱。原指队伍整齐划一，此处指宰相不能独排众议，而只是与其他大臣共同进退以避祸。

56［窃位］窃居其位，指才德与名位不相称。

57［苟禄］无功而享受俸禄。

58［备员］凑足人员之数。古代官职设置都有定数，“备员”就是指没有实际作用而只是充数。

59［棘寺小吏］棘寺，泛指九卿官属，王禹偁写此文时为大理寺评事，故称“棘寺小吏”。

60［志］记。

【评析】

壁记，是唐宋时期兴起的一种文体。唐封演《封氏闻见记·壁记》载：“朝廷百司诸厅皆有壁记，叙官秩创置及迁授始末。原其作意，盖欲著前政履历，而发将来健羡焉。故为记之体，贵其说事详雅，不为苟饰。”唐代著名文学家韩愈、柳宗元、李华等人都写过壁记类的文章，王禹偁《待漏院记》是众多壁记文章中最出色的一篇，本文表面虽然是采用壁记的形式，实际却是一篇充满政论色彩的“宰相论”，有别于一般的壁记。宰相，在中国古代官制体系中的地位仅次于皇帝，是最高的行政长官，向上对皇帝负责，协助皇帝制定国家的大政方针，向下总领百官，处理政务，是皇帝与臣民之间一条重要的沟通纽带，也是国家机器得以正常运行的一个重要组成部分。历代王朝都非常重视宰相这一职位的设置与人选，认为选择一位称职的宰相是国家政治清明、经济发展的必要条件，所以中国历代的杰出人物中很多都是做过宰相的人，如汉代的萧何、三国的诸葛亮、唐朝的房玄龄、杜如晦、姚崇、宋璟，无论是皇帝本人还是普通民众，都对宰相寄予了非常高的期望。宋朝自建国之后，就非常重视宰相人选，太祖朝的宰相范质、王溥、赵普、薛居正等人无不是年高德重之人。王禹偁作为大理寺评事撰写宰相待漏院的记文，能够做到高屋建瓴，不卑不亢，充分体现了他宽广的个人胸襟和远大的政治理想。

文中将宰相分为三个类型，分别是贤相、奸相和庸相，对他们在待漏院中的心理活动进行了描写，揣摩得非常细腻传神，言语之间褒贬之意已经明显，其中也寄寓了作者的劝诫之意。

文章紧扣“待”字，立意正大高远。行文中骈散兼有，活泼灵动，遣词造句简洁整饬，语言富有节奏感，朗朗上口。前人称赞本文“将千古贤相奸相心事，曲曲描出，辞气严正，可法可鉴”。

【理性思考】

1. 王禹偁揭示的贤相、奸相、庸相的特点有哪些？是否能够为之补充一些？

2.《待漏院记》中对于三种宰相的心理行动的揣摩其实都是有历史或现实政治背景的，你能否搜集材料对其中的行为找到一些对应的历史人物？

【延伸阅读】

1. 苏轼《王元之画像赞并序》，《苏轼文集》，中华书局 1986 年版。

2. 祝总斌《两汉魏晋南北朝宰相制度研究》，北京大学出版社 2017 年版。

谏院题名记[①]

司马光

古者谏无官，自公卿大夫至于工商，无不得谏者。汉兴以来，始置官[②]。夫以天下之政，四海之众，得失利病，萃于一官使言之，其为任亦重矣。居是官者，当志其大，舍其细，先其急，后其缓，专利国家而不为身谋。彼汲汲于名者，犹汲汲于利也。其间相去何远哉！

天禧初，真宗诏置谏官六员[③]，责其职事。庆历[④]中，钱君[⑤]始书其名于版[⑥]。光恐久而漫灭[⑦]，嘉祐八年[⑧]，刻著[⑨]于石。后之人将历[⑩]指其名而议之曰：“某也忠，某也诈，某也直，某也回[⑪]。”呜呼，可不惧哉！

【注释】

① 选自《四部丛刊》本《温国文正司马公文集》卷六十六。司马光

(1019—1086),字君实,号迂叟,陕州夏县(今山西夏县)涑水乡人,世称涑水先生。宋仁宗宝元元年(1038)中进士甲科,历仕仁宗、英宗、神宗、哲宗四朝,因反对王安石变法,离开朝廷居洛阳十五年,绝口不论时事,哲宗即位后召拜尚书左仆射兼门下侍郎,即宰相。当政八月卒,赠太师、温国公,谥文正。司马光是北宋著名的政治家、史学家,政治上在哲宗年间为相之后,废除王安石新法,史学上主持编纂编年体通史《资治通鉴》。虽不以文著称,但是其文章学力充沛,立意高远,文风简洁质朴,有《温国文正司马公文集》八十卷。

②［汉兴以来始置官］汉朝建国以后才设置谏官这一职务。

③［天禧初,真宗诏置谏官六员］《宋史·真宗本纪》天禧元年(1017)二月载:“置谏官、御史各六员,每月一员奏事,有急务,听非时入对。”

④［庆历］宋仁宗年号(1041—1048)。

⑤［钱君］钱明逸(1015—1071),字子飞,杭州人。庆历四年(1044)为右正言,六年擢知谏院,成为谏院官员。

⑥［版］同“板”,木板。

⑦［漫灭］磨灭,模糊不清。

⑧［嘉祐八年］即公元1063年。嘉祐,宋仁宗在位时的最后一个年号(1056—1063)。司马光于嘉祐六年以修起居注同知谏院。

⑨［著］词缀,用在动词词尾,表示已经达到目的。

⑩［历］依次。

⑪［回］邪僻,奸邪。

【评析】

题名记,是壁记的一种异称,一般来说,唐代人习称“壁记”,北宋以后则比较流行称“题名记”。其载体有木板、墙壁、石碑等多种,是官署中用于记载历任官员及其事状的应用文体,具有教化、劝诫等功用,一般都会邀请比较有名望的人来进行撰写。谏官制度,是中国古代针对君主集权的弊端所设立的一种制度，谏官本人可以针对皇帝的过失进行规谏。宋代更加重视谏官，谏官的职责也有了进一步扩大，不仅可以规谏皇帝，还可以议论朝臣，而且由于宋代对于言论较之历朝历代都更加宽容，所以宋代谏官非常活跃，对于国家的各种政策畅所欲言。

司马光自仁宗嘉祐六年担任谏官，此后的时间里不断就朝廷政事进谏，对于国家大事多有匡正，也赢得了正直敢谏的美名。宋神宗即位以后，任用王安石，推行新法，司马光看到新法在推行过程中的一些弊端，上书提出反对意见，但是并没有被采纳，失望之下他辞位退居洛阳专心修纂《资治通鉴》，终神宗一朝绝口不论政事。

本文是司马光担任谏官初期所写，与一般题名记写法不同，没有花太多笔墨叙述职官沿革等内容，而是着重阐明谏官的重大责任及其应有品德，显示了作者履行谏官职责的坚定决心。文章短小精悍，语言简洁峻刻，感情充沛，"后之人"数句，借他人之口说出自己的判断，具有非常好的警诫作用。

【理性思考】

1. 阅读几篇其他的题名记作品，分析本文与其他同类作品相比有哪些共性以及特殊性。

2. 搜集一些宋代谏官的著名事例，体会一下宋代的谏官制度有何优越之处。

【延伸阅读】

1. 司马光《与王介甫书》，《四部丛刊》本《温国文正司马公文集》卷六十。

2. 王安石《答司马谏议书》，《四部丛刊》本《临川先生文集》卷七三。

朋党论[①]在谏院进[②]

欧阳修

臣闻朋党[③]之说，自古有之，惟幸人君辨其君子小人而已。大凡君子与君子以同道为朋，小人与小人以同利为朋，此自然之理也。

然臣谓小人无朋，惟君子则有之，其故何哉？小人所好者，禄利也，所贪者，财货也。当其同利之时，暂相党引[④]以为朋者，伪[⑤]也。及其见利而争先，或利尽而交疏[⑥]，则反相贼害[⑦]，虽其兄弟亲戚，不能相保。故臣谓小人无朋，其暂为朋者，伪也。君子则不然，所守者道义，所行者忠信，所惜者名节。以之修身，则同道而相益；以之事国，则同心而共济。终始如一，此君子之朋也。故为人君者，但当退小人之伪朋，用君子之真朋，则天下治矣。

尧之时，小人共工、讙兜等四人为一朋[⑧]，君子八元、八恺十六人为一朋[⑨]。舜佐尧，退四凶小人之朋，而进元恺君子之朋[⑩]，尧之天下大治。及舜自为天子，而皋、夔、稷、契等二十二人并列于朝[⑪]，更相称美[⑫]，更相推让，凡二十二人为一朋，而舜皆用之，天下亦大治。《书》[⑬]曰："纣有臣亿万，惟亿万心。周有臣三千，惟一心。"纣之时，亿万人各异心，可谓不为朋矣，然纣以亡国。周武王之臣三千人为一大朋，而周用[⑭]以兴。后汉献帝[⑮]时，尽取天下名士囚禁之，目为党人[⑯]。及黄巾贼[⑰]起，汉室大乱，后方悔悟，尽解党人而释之，然已无救矣[⑱]。唐之晚年，渐起朋党之论[⑲]，及昭宗时，尽杀朝之名士，或投之黄河，曰："此辈清流，可投浊流。"而唐遂亡矣[⑳]。

夫前世之主能使人人异心不为朋莫如纣，能禁绝善人为朋莫如汉献帝，能诛戮清流之朋莫如唐昭宗之世，然皆乱亡其国。更相称美推让而不自疑莫如舜之二十二臣，舜亦不疑而皆用之，然而后世不诮舜为二十二人朋党所欺，而称舜为聪明之圣者，以辨君子与小人也。周武之世，举其国之臣三千人共为一朋，自古为朋之多且大莫如周，然周用此以兴者，善人虽多而不厌也。

夫兴亡治乱之迹，为人君者，可以鉴矣。

【注释】

① 选自《四部丛刊》本《欧阳文忠公集·居士集》卷十七。宋仁宗时，朝中大臣形成以范仲淹和吕夷简为首的政见不同的两股势力，彼此之间互相批评，纷争不断。景祐三年(1036)，范仲淹、尹洙、余靖、欧阳修等人被诬为“朋党”而遭到贬斥，并且名单被张贴在朝堂之上，于是朋党之论起。庆历初，范仲淹一派重新得势，欧阳修进《朋党论》，用意乃是翻景祐旧案。

② [在谏院进] 此为作者在标题下所作注释，用以记录写作此文的时间及背景。庆历三年(1043)，欧阳修从滑州召还，任职谏院，本文作于第二年。

③ [朋党]《管子·法禁》：“以朋党为友，以蔽恶为仁，以数变为智，以重敛为忠，以遂忿为勇者，圣王之禁也。”《荀子·臣道》：“朋党比周，以环主图私为务，是篡臣者也。”

④ [党引] 结党互相援引。

⑤ [伪] 虚假。

⑥ [交疏] 交情疏浅，交情不深。

⑦ [贼害] 残害，祸害。

⑧ [共工讙兜(huān dōu)等四人] 四人名字，《尚书》作共工、驩兜、三苗、鲧(gǔn)，称为“四罪”，《左传》作浑敦(即讙兜)、穷奇(即共工)、梼杌(táo wù)、饕餮(tāo tiè)，称为“四凶”。

⑨ [八元、八恺(kǎi)]《左传》：“昔高阳氏有才子八人，苍舒、隤敳(tuí ái)、梼戭(tāo yǎn)、大临、尨(méng)降、庭坚、仲容、叔达，齐圣广渊，明允笃诚，天下之民，谓之八恺。高辛氏有才子八人，伯奋、仲堪、叔献、季仲、伯虎、仲熊、叔豹、季貍，忠肃共懿，宣慈惠和，天下之民，谓之八元。”元，善。恺，和。

⑩［“退四凶”句］《左传》：“舜臣尧，举八恺，使主后土，以揆百事，莫不时序，地平天成。举八元，使布五教于四方，父义母慈，兄友弟共子孝，内平外成。”又云：“流四凶族……投诸四裔，以御魑魅。”

⑪［皋、夔、稷、契等二十二人］皋，即皋陶（gāo yáo），舜时担任理官，即掌握刑法之官。夔（kuí），舜时担任乐官。稷，即后稷，尧舜时担任农官。契（xiè），舜时担任火正，即管理民事之官。二十二人，据《尚书》记载，乃是舜帝时包括八元、八恺在内的大臣之数。

⑫［称美］称赞，赞美。

⑬［《书》］《尚书》的简称，是中国古代儒家经典之一，又称《书经》。“尚”即“上”，《尚书》就是上古时期的书，是中国上古历史文献和部分追述古代事迹著作的汇编，自尧舜禹至夏商周，跨越两千多年的时间，以记言为主。

⑭［用］介词，表原因。

⑮［后汉献帝］东汉最后一个皇帝，名刘协，189 至 220 年在位。

⑯［党人］东汉桓帝时宦官专权，士大夫李膺、陈蕃等联合太学生郭泰等猛烈抨击宦官集团。宦官诬告他们结为朋党，诽谤朝廷，李膺等二百余人被捕，后虽释放，但终身不许作官。灵帝时，膺等复起用，与大将军窦武联合谋诛宦官，不幸失败，李膺等百余人被杀，并陆续处死、流徙、囚禁六七百人，史称“党锢之祸”，参与此次政治活动的人皆被称为“党人”。“党锢之祸”主要发生在桓帝、灵帝时，下文所云“黄巾之乱”也是发生在灵帝时，欧阳修云“献帝”，应该是记忆失误。

⑰［黄巾贼］东汉末年，朝廷腐败，外戚专权，宦官干政，民不聊生，巨鹿人张角于灵帝光和七年（184）以“苍天已死，黄天当立，岁在甲子，天下大吉”为口号发动起义，响应起义的人皆头戴黄巾，史称“黄巾之乱”。为平息叛乱，各地军阀用兵自重，虽然起义最后被镇压，但是也造成军阀割据的局面，东汉政府名存实亡，最终导致三国鼎立局面的形成。

⑱［汉室大乱］至［已无救矣］《后汉书·党锢列传》载：“中平元

年，黄巾贼起，中常侍吕彊(qiáng)言于帝曰：'党锢久积，人情多怨，若久不赦宥，轻与张角合谋，为变滋大，悔之无救。'帝惧其言，乃大赦党人，诛徙之家，皆归故郡。其后黄巾遂盛，朝野崩离，纲纪文章荡然矣。"

⑲［唐之晚年，渐起朋党之论］唐宪宗元和年间(806—820)，朝廷大臣中出现以牛僧孺、李宗闵为首的"牛党"和以李德裕为首的"李党"，两派在朝廷大政上存在重大分歧，为争夺权力展开激烈斗争，互相倾轧，这一局面持续穆宗、敬宗、文宗、武宗数朝，直到宣宗时李德裕贬死崖州、牛僧孺病死方才结束。唐文宗曾经感慨："去河北贼易，去朝廷朋党难。"史称"牛李党争"。党争极大削弱了唐朝政府的实力，加速了唐王朝的灭亡。

⑳［唐之晚年……唐遂亡矣］唐昭宗天祐二年(905)，已经掌握唐朝政府实权的朱温为了巩固自己的统治和打击拥护唐王朝的大臣，将裴枢、独孤损、崔远、陆扆、赵崇等朝廷重臣皆加贬官，逐出朝廷，在他们行至滑州白马驿(今河南省滑县境内)时，将这些"衣冠清流"三十余人全部杀害，并投尸黄河，史称"白马驿之祸"。这些人或出身高贵，门第清华，或科举中第，以名节自居，当时称为"清流"，地位远远高于一般的官吏，所以朱温的从官李振向朱温建议说："此辈常自谓清流，宜投之黄河，使为浊流。"这次事件彻底扫除了拥护唐王朝的势力，两年后，朱温废掉当时的皇帝唐哀帝，自立为帝，改国号为"梁"，成为梁太祖，唐朝正式灭亡。

【评析】

中国古代政治历来都是君主专政，臣子必须绝对服从君主意志，朋党的形成会使臣子在一定程度上获得与君主对抗的力量，向来都是政治大忌，历朝均对朋党采取镇压的方式。因此，朋党也成为政治斗争中用以指责以及打击政敌的一个重要手段。欧阳修此文则反其道而行之，开门见山地承认朋党的正义性，认为正人君子以义相交才有可能结为真正的朋党，奸臣小人以利相交只是暂时结盟，一旦没有共同利益就会土崩瓦解，并列通过举例证明朋党之有好有坏，全靠君主善于辨别，进善退恶，擢用君子之朋党就会国家大治，擢用小人之朋党则会使国家大乱。由本文的写作背景可知，欧阳修的用意就是向宋仁宗表明朋党有善有恶，如何处理完全在君主本人善于辨别，不必闻朋党而色变，有力地驳斥了政敌的污蔑，展示出革新者的凛然正气和过人胆识，为自己所参与的范仲淹党寻求存在的合法性。

本文跳出历代相传的思维定式，巧妙地将原本贬义的“朋党”转换为中性，挖掘其中对阐述作者论点有利的方面，展示出作者高超的论述技巧。列举诸事例中，正面事例为舜、周武王，乃是历代明君典范；反面事例为汉献帝、唐昭宗，乃是末代昏君，同时作者希望宋仁宗向舜、周武王学习而以汉献帝、唐昭宗为鉴之意不言自明，语意含蓄委婉，富有感染力。

在唐宋八大家中，欧阳修的语言简洁流畅，文风纡徐委婉，从容不迫，雍容大方，在韩愈的雄肆、柳宗元的峻峭之外，别创一种平易自然的新风格，对宋代散文的发展产生了深远影响。

【延伸阅读】

1. 李德裕《朋党论》，傅璇琮、周建国《李德裕文集校笺》，河北教育出版社 2000 年版。

2. 欧阳修《新五代史·唐六臣传》，中华书局 2016 年版。

3. 苏轼《续欧阳子朋党论》，《苏轼文集》，中华书局 1986 年版。

本朝百年无事札子[①]

王安石

臣前蒙陛下问及本朝所以享国百年天下无事之故，臣以浅陋[②]，误承[③]圣问，迫于日晷[④]，不敢久留，语不及悉[⑤]，遂辞而退。窃惟念[⑥]圣问及此，天下之福，而臣遂无一言之献，非近臣所以事君之义，故敢昧冒[⑦]

而粗有所陈。

伏惟[8]太祖[9]躬[10]上智独见之明，而周知人物之情伪[11]，指挥付托，必尽其材，变置[12]施设，必当其务[13]。故能驾驭将帅，训齐[14]士卒，外以扞[15]夷狄，内以平中国[16]。于是除苛赋[17]，止虐刑[18]，废强横之藩镇[19]，诛贪残[20]之官吏，躬以简俭为天下先[21]。其于出政发令之间，一以安利元元[22]为事。太宗[23]承之以聪武[24]，真宗[25]守之以谦仁[26]，以至仁宗[27]、英宗[28]，无有逸德[29]。此所以享国百年而天下无事也。仁宗在位，历年最久。臣于时[30]实备从官[31]，施为[32]本末，臣所亲见。尝试为陛下陈其一二，而陛下详择其可，亦足以申鉴于方今[33]。

伏惟仁宗之为君也，仰畏天，俯畏人，宽仁恭俭，出于自然，而忠恕诚悫[34]，终始如一。未尝妄兴一役，未尝妄杀一人。断狱[35]务在生之，而特恶吏之残扰。宁屈己弃财于夷狄，而终不忍加兵[36]。刑平而公，赏重而信。纳用谏官、御史，公听并观[37]而不蔽于偏至之谗[38]。因任[39]众人耳目，拔举疏远[40]，而随之以相坐之法[41]。盖监司之吏，以至州县，无敢暴虐残酷，擅有调发，以伤百姓。自夏人顺服[42]，蛮夷遂无大变，边人父子夫妇得免于兵死，而中国之人安逸蕃息[43]，以至今日者，未尝妄兴一役，未尝妄杀一人，断狱务在生之，而特恶吏之残扰，宁屈己弃财于夷狄而不忍加兵之效[44]也。大臣贵戚，左右近习[45]，莫敢强横犯法，其自重慎[46]，或甚于闾巷之人[47]，此刑平而公之效也。募天下骁雄横猾[48]以为兵，几[49]至百万，非有[50]良将以御[51]之，而谋变者辄败[52]。聚天下财物，虽有文籍[53]，委之府史[54]，非有能吏以钩考[55]，而断盗者[56]辄发[57]。凶年饥岁[58]，流者填道[59]，死者相枕，而寇攘者[60]辄得，此赏重而信之效也。大臣贵戚，左右近习，莫能大擅威福[61]，广私货赂[62]，一有奸慝[63]，随辄[64]上闻；贪邪横猾，虽间或见用[65]，未尝得久，此纳用谏官、御史，公听并观，而不蔽于偏至之谗之效也。自县令、京官[66]以至监司[67]、台阁[68]，升擢[69]之任，虽不皆得人，然一时之所谓才士，亦罕[70]蔽塞[71]而不见收举[72]者，此因任众人之耳目，拔举疏远，而随之以相坐之法之效也。升遐[73]之日，天下号恸[74]，如丧考妣[75]，此宽仁恭俭出于自然，忠恕诚悫终始如一之效也。

然本朝累世因循末俗[76]之弊，而无亲友群臣之议，人君朝夕与处，不过宦官、女子，出而视事，又不过有司之细故[77]，未尝如古大有为之君，与学士大夫讨论先王之法，以措[78]之天下也。一切因任自然之理势[79]，而精神之运[80]，有所不加，名实[81]之间，有所不察。君子非不见贵，然小人亦得厕[82]其间；正论非不见容，然邪说亦有时而用。以诗赋、记诵求天下之士[83]，而无学校养成之法[84]；以科名[85]、资历[86]叙[87]朝廷之位，而无官司课试[88]之方。监司无检察之人，守将非选择之吏。转徙[89]之亟[90]，既难于考绩[91]，而游谈之众[92]，因得以乱真。交私养望者[93]多得显官，独立营职者[94]或见排沮[95]，故上下偷惰[96]取容[97]而已，虽有能者在职，亦无以异于庸人。农民坏于徭役，而未尝特[98]见[99]救恤，又不为之设官，以修其水土之利。兵士杂于疲老[100]，而未尝申敕[101]训练，又不为之择将，而久其疆埸之权[102]。宿卫则聚卒伍无赖之人[103]，而未有以变五代姑息羁縻[104]之俗；宗室则无教训选举之实，而未有以合先王亲疏隆杀之宜[105]。其于理财，大抵无法，故虽俭约而民不富，虽忧勤[106]而国不强。赖非夷狄昌炽[107]之时，又无尧汤水旱之灾[108]，故天下无事，过于百年。虽曰人事，亦天助也。盖累圣[109]相继，仰畏天，俯畏人，宽仁恭俭，忠恕诚悫，此其所以获天助也。

伏惟陛下躬上圣之质[110]，承无穷之绪[111]，知天助之不可常恃[112]，知人事之不可怠终[113]，则大有为之时，正在今日。臣不敢辄废将明之义[114]，而苟逃讳忌之诛[115]。伏惟陛下幸赦而留神[116]，则天下之福也。取进止[117]。

【注释】

① 选自《四部丛刊》本《临川先生文集》卷四十一。王安石（1021—1086），字介甫，号半山，临川（今江西抚州市临川区）人，北宋著名的思想家、政治家、文学家、改革家。庆历二年（1042）进士。熙宁二年（1069），任参知政事，次年拜相，主持变法。因守旧派反对，熙宁七年（1074）罢相。一年后，宋神宗再次起用，旋又罢相，退居江宁。元祐元

年(1086),逝于钟山(今江苏南京),赠太傅。绍圣元年(1094),获谥“文”,故世称王文公。有《王临川集》等。百年,指北宋建国至宋神宗即位这段时间,即自公元 960 年至公元 1067 年的一百多年,共计经历宋太祖、太宗、真宗、仁宗、英宗五朝,这百年之间,宋朝结束了五代十国的分裂割据局面,基本完成了南北方统一,社会政治安定,经济文化平稳发展,是北宋历史的黄金时期。札子,原指书札,后来专用于指臣子对皇帝上书的一种文体,比上书、奏疏稍为简略。

②[浅陋]学问浅薄,见识不广,谦辞。

③[误承]辜负或误受的意思,也是谦辞。

④[日晷(guǐ)]本义指太阳的影子,后来指古代利用日影来测量时刻的一种计时器,此处代指时间。

⑤[悉]详尽。

⑥[窃惟]私下考虑,惟和念是同义并列,都是思考、考虑的意思。

⑦[昧冒]即冒昧。

⑧[伏惟]古人奏札、书信中常用的套语,意思为“我暗自考虑”。

⑨[太祖]指宋太宗赵匡胤,宋朝的开国皇帝。他积极推行一系列实现统一的政策,结束了五代十国的分裂局面,完成了中原地区的基本统一。

⑩[躬]亲自,这里作动词用,有“本人具备”之意。

⑪[情伪]真伪。情:真情,诚实。伪,虚伪,虚假。

⑫[变置]变革旧的,设置新的。

⑬[务]紧要的事情。

⑭[训齐]训练整齐。

⑮[扞]抵抗。

⑯[平中国]指平定中原地区的战乱。

⑰[苛赋]繁重的赋税。苛,繁重。

⑱[虐刑]酷虐的刑法。

⑲[废强横之藩镇]唐代中期开始在边境地区设置节度使,掌管

军政大权,后来成为分裂割据势力,成为藩镇。宋太祖成功撤掉藩镇大将石守信等人的兵权,加强了中央集权。

⑳[贪残]贪婪凶残。

㉑[先]带头,做榜样。

㉒[安利元元]使百姓安定和得到好处。元元,百姓。

㉓[太宗]宋太祖的弟弟赵匡义,在位二十三年。

㉔[聪武]聪明勇敢。

㉕[真宗]宋太宗之子赵恒,在位二十五年。

㉖[谦仁]谦和仁爱。

㉗[仁宗]宋真宗之子赵祯,在位四十一年。

㉘[英宗]宋仁宗之子赵曙,在位四年。

㉙[逸德]失德,也就是过错的意思。逸,过失。

㉚[于时]在当时。

㉛[实备从官]仁宗嘉祐六年,王安石曾任知制诰,代皇帝起草诏书文件,是侍从官。

㉜[施为]作为。

㉝[申鉴于方今]作为今天的借鉴。

㉞[忠恕诚悫(què)]儒家伦理思想,忠要求待人真诚,恕要求推己及人。诚,诚实。悫,谨慎。

㉟[断狱]判决案件。

㊱[宁屈己弃财于夷狄,而终不忍加兵]宁愿委屈自己拿出钱财给辽、西夏统治者,而始终不忍对他们用兵。宋朝自真宗景德元年与辽国订立澶渊之盟后,就以每年送给辽国大量银、绢等财物为条件达成和平,这种措施后来也用在与西夏的关系处理中,成为惯例,从而实现了边境地区长达百年的和平。

㊲[公听并观]多听多观察。

㊳[偏至之谗]片面的谗言。

㊴[因任]依靠。

㊵［拔举疏远］提拔、起用疏远的人。疏远，指与皇帝及高官显贵关系不密切但有真才实干的人。

㊶［相坐之法］指推荐别人做官，如果被推荐的人犯了罪，推荐人也要承担连带责任接受惩罚。相坐，即牵连犯罪。坐，犯罪。

㊷［夏人顺服］西夏在宋初与宋王朝屡有战争冲突，至仁宗庆历三年，西夏国主元昊遣使请和，宋、西夏间战事方告一段落，社会获得短暂和平。

㊸［蕃息］人口繁殖。

㊹［效］结果。

㊺［左右近习］皇帝左右亲近的人，指太监。

㊻［重慎］即慎重。

㊼［闾巷之人］指平民百姓。

㊽［骁(xiāo)雄横猾］勇健有力和强横奸诈之人。宋朝建国以后，为了缓和社会矛盾，防止发生暴乱，招募勇武有力和流氓无赖之人进入军队，以防止其作奸犯科。

㊾［几］几乎。

㊿［非有］没有。

51［御］统帅，管理。

52［谋变者辄败］凡是阴谋哗变者，很快就失败被平定。

53［文籍］文簿账册。

54［府史］专管仓库的小吏。

55［钩考］查核。

56［断盗者］从中盗窃者，即贪污中饱的人。

57［发］揭发，揭露，这里是被动用法。

58［凶年饥岁］荒年，年成很坏。

59［流者填道］路上满是流亡之人。

60［寇攘者］指强盗。攘，抢夺。

61［大擅威福］擅用职权，作威作福。

㉜[广私货赂]到处收受贿赂。广,广泛,到处。

㉝[奸慝(tè)]奸邪的事情。

㉞[随辄]随即。

㉟[间或见用]有时候也会被提拔任用。

㊱[京官]在中央系统任职的官员,区别于在地方和差遣外出的官员。

㊲[监司]宋朝设立转运使,最初专门负责国家财赋运输,后来职权扩大,兼管边防、狱讼,负有监察各州郡的责任,叫监司。

㊳[台阁]指执政大臣。台,指御史台,是主管监察的机关。阁指龙图阁、天章阁等,是收藏皇室图书或备顾问的机构,宋朝执政大臣官衔之上往往要有龙图阁学士等名称,以表示尊崇。

㊴[升擢(zhuó)]提拔。

㊵[罕]少有。

㊶[蔽塞(sè)]埋没。

㊷[收举]荐举任用。

㊸[升遐]对皇帝死亡的讳称。

㊹[号恸(tòng)]痛哭。

㊺[如丧考妣(bǐ)]像死了父母一样悲痛。旧时父亲死后称考,母亲死后称妣。典出《尚书·舜典》"二十有八载,帝乃殂落,百姓如丧考妣"。

㊻[末俗]末世的风俗,此指五代以来的风俗。

㊼[细故]细小的事情。故,事情。

㊽[措]实施。

㊾[一切因任自然之理势]一切听任客观发展的趋势。

㊿[精神之运]主观努力。

81[名实]名义和实效。

82[厕]参与,混杂在里面。

83[以诗赋、记诵求天下之士]指科举考试以考写作诗赋和记诵经书来选拔士人的办法。王安石反对以背诵章句取士，认为这样选拔出来的人不识时务。

⑭[学校养成之法]指建立州县学，用儒家经典教育士子。

⑮[科名]科举名目，如进士、明经等。

⑯[资历]任职年限。

⑰[叙]排列，安排。

⑱[课试]考察测试官吏政绩。

⑲[转徙]迁移，调动。

⑳[亟(qì)]频繁。

㉑[考绩]考核成绩。

㉒[游谈之众]夸夸其谈的人。

㉓[交私养望者]私下交结，培植自己威望的人。

㉔[独立营职者]不依靠后台，忠于职守，做好本职工作的人。

㉕[排沮(jǔ)]排挤，压抑。

㉖[偷惰]偷闲懒惰。

㉗[取容]讨好取悦上司。

㉘[特]特地，专门。

㉙[见]专门被，特地被。

⑩⓪[兵士杂于疲老]士兵中混杂着许多疲病老弱之人。

⑩①[申敕(chì)]发布政府的命令，引申为告诫、约束。

⑩②[久其疆埸(yì)之权]让他们久守边疆。疆埸，边界。

⑩③[宿卫则聚卒伍无赖之人]禁卫军里招募的都是军队里游手好闲、刁滑强横之人。宿卫，保卫宫廷的人，即禁卫军。

⑩④[姑息羁縻(jī mí)]纵容笼络的意思。

⑩⑤[未有以合先王亲疏隆杀之宜]还不能符合先王所规定亲疏尊卑标准的适宜程度，就是说在用人方面未能给予宗室足够的重视。亲疏隆杀：《仪礼·丧服》郑玄注："天子以下，死而相丧，衣服、年月亲疏隆杀之礼。"指根据丧服制度规定为亲人居丧的衣服形制、时间长短的亲

近疏远以及尊卑高下等准则。

⑯[忧勤]指帝王为国事而忧虑勤劳。

⑰[昌炽]兴旺昌盛。

⑱[尧汤水旱之灾]传说尧时曾经有过九年的水灾,商汤时有过七年的旱灾。

⑲[累圣]列圣,指上文所提到的几位皇帝。

⑳[躬上圣之质]具备最圣明的资质。上圣:至圣,指德智超群的人。

㉑[承无穷之绪]继承永久无穷的帝业。绪,事业。

㉒[常恃]长久依靠。

㉓[怠终]以懈怠结束,谓有始无终。

㉔[将明之义]指人臣应该有奉行王命向君王辨明国事是非的责任,即宰相的责任。语出《诗·大雅·烝民》:"肃肃王命,仲山甫将之。邦国若否,仲山甫明之。"原为歌颂曾经辅佐周宣王的大臣仲山甫,周宣王有命令时,仲山甫就贯彻执行它(将之);邦国如果有不妥当的事情,仲山甫就向周宣王辨明它(明之)。王安石此时为相,故以仲山甫自比。

㉕[苟逃讳忌之诛]侥幸逃脱因触怒天子而受到的惩罚。

㉖[陛下幸赦而留神]侥幸陛下赦免我并留意我的话。

㉗[取进止]这是人臣写给皇帝奏章中的套语,相当于"当否,请裁夺"之意。进止,意旨,命令。

【评析】

北宋建国以后,经历太祖、太宗两朝,基本完成了中原地区的统一,形成与辽、西夏地区鼎立的相对稳定局面,国内政治形势较为稳定,经济、文化平稳发展,历时百年,至宋神宗即位前,国力已经达到鼎盛时期。宋神宗是一位胸怀抱负的皇帝,即位以后,就召王安石从江宁(今南京市)入对,征求王安石对政治改革的意见。这篇札子就是王安石在入对以后所写。

宋神宗提出本朝为什么百年来太平无事这一问题，本意是想吸取历史经验，以便制定施政方针。当时，围绕这一问题展开了较为激烈的争论，以韩琦、富弼等为代表的保守派大臣认为“百年无事”是由于执行了正确的政策，不须更改，反对革新。王安石则反对这种观点，犀利地指出当时社会政治的各种弊端，并明确提出了政治革新的主张。

札子大致分为三个层次：首先，回顾北宋建国以来的历史，赞颂宋太祖的统一业绩和改革创置，这是正面的评价；其次，全面分析了仁宗时期的施政措施以及政治局面，似褒而实贬；第三，逐条列举仁宗时期的弊政，指出之所以“百年无事”，只是由于幸运未逢天灾以及外敌尚不够强盛，并非政策得当，实际情况是危机四伏，透过表象探讨实质问题，是对仁宗朝的全面批判。通过这三个层次的分析论述，既解答了北宋之所以能够“百年无事”的原因，又在分析原因的同时巧妙地将百年间的政策弊端条分缕析，充分展示，使神宗能够感受到深深的紧迫感。

王安石是唐宋八大家之一，他将文学创作与政治活动联系起来，主张文道合一，他的散文贯彻了他的文学主张，揭露时弊，反映社会矛盾，具有浓厚的政治色彩。他的文章在风格上视野开阔，议论宏大，分析犀利，笔力雄健，形成锋利峭拔的独特风格，体现了他作为政治家的特殊魅力。与他同时的许多文学家如苏轼等虽然与他政见不合，但是也都承认他在散文创作中所取得的成就。

本文作为王安石政论散文的代表作，充分体现了他的文章特色：文章观点鲜明而新颖，议论既符合实际又透辟深刻，体现出一个政治家居安思危的远见卓识；逻辑严密，条理细密，层层推进，论述明白充分，非常具有说服力和感染力；措辞委婉含蓄，通篇以褒为贬，似扬实抑，但是在表达语言上非常谦恭，极尽臣子之礼，非常得体；具体写作中运用对偶、排比等手法，音节铿锵，气势宏大，为文章生色不少。

【延伸阅读】

1. 王安石《上仁宗皇帝言事书》，《四部丛刊》本《临川先生文集》卷三十九。

2. 邓广铭《北宋政治改革家王安石》，生活·读书·新知三联书店2007年版。

度支副使厅壁题名记[①]

王安石

三司副使[②]不书前人名姓。嘉祐五年，尚书户部员外郎吕君冲之[③]，始稽[④]之众史，而自李纮[⑤]已上，至查道[⑥]，得其名；自杨偕[⑦]已上，得其官；自郭劝[⑧]已下，又得其在事之岁时。于是书石而镵[⑨]之东壁。

夫合天下之众者财，理天下之财者法，守天下之法者吏也。吏不良，则有法而莫守；法不善，则有财而莫理。有财而莫理，则阡陌闾巷[⑩]之贱人[⑪]，皆能私[⑫]取予之势[⑬]，擅[⑭]万物之利，以与人主[⑮]争黔首[⑯]，而放其无穷之欲，非必贵强桀大[⑰]而后能。如是而天子犹为不失其民者，盖特号[⑱]而已耳。虽欲食蔬衣敝[⑲]，憔悴其身，愁思其心，以幸[⑳]天下之给[㉑]足，而安吾政，吾知其犹不得也。然则善吾法，而择吏以守之，以理天下之财，虽上古尧、舜，犹不能毋以此为先急[㉒]，而况于后世之纷纷[㉓]乎？

三司副使，方今之大吏，朝廷所以尊宠之甚备。盖今理财之法，有不善者，其势皆得以议于上而改为之[㉔]。非特当守成法，吝出入[㉕]，以从有司之事[㉖]而已。其职事如此，则其人之贤不肖，利害施于天下如何也！观其人，以其在事之岁时，以求其政事之见于今者，而考其所以佐上理财之方，则其人之贤不肖，与世之治否，吾可以坐而得矣[㉗]。此盖吕君之志也[㉘]。

【注释】

① 选自《四部丛刊》本《临川先生文集》卷八十二。

② ［三司副使］唐宋以盐铁、度支、户部为三司，主理财赋，三司使

一人统领三司，副使三人分管三司，称三司副使。题目中“度支副使”即三司度支副使，掌管全国财赋的统计与支调。

③［吕君冲之］吕景初，字冲之，开封酸枣（今河南延津）人。嘉祐四年至六年间（1059—1061）为度支副使。迁吏部员外郎，终天章阁待制、知谏院。

④［稽（jī）］核查。

⑤［李纮（hóng）］字仲纲，宋州楚邱（今河南滑县）人。历梓州、陕西、河北路转运使，迁侍御史知杂事，仁宗明道二年（1033）为三司度支副使。

⑥［查道］字湛然，歙（shè）州休宁（今属安徽）人。咸平四年（1001），举贤良方正之士，授右正言，直史馆，不久出为西京转运使。六年（1003），三司使分置副，被召入授工部员外郎，充任度支副使。

⑦［杨偕］字次公，坊州中部（今属陕西）人。以尚书户部员外郎兼侍御史知杂事，判吏部流内铨。景祐三年（1036），任度支副使。

⑧［郭劝］字仲褒，郓州须城（今山东东平）人。景祐元年（1034）冬十月，以兵部员外郎兼起居舍人之职出使西夏。回朝后兼侍御史知杂事，权判流内铨。景祐三年（1036），任度支副使。

⑨［镵（chán）］刺，凿。

⑩［阡陌闾（lǘ）巷］阡陌，指乡间小路。闾巷，里巷，乡里，借指民间。

⑪［贱人］地位低下的人，此处指兼并土地的地主和操纵市场的商人。

⑫［私］垄断。

⑬［取予之势］收受和给予，指财货的出入。

⑭［擅］独占。

⑮［人主］皇帝。

⑯［黔（qián）首］百姓。

⑰［贵强桀（jié）大］贵族豪强。

⑱［特号］特，仅仅。号，帝王之称号。

⑲［衣敝］穿旧衣。

⑳［幸］希望。

㉑［给］供应。

㉒［先急］当务之急。

㉓［纷纷］纷乱貌。

㉔［其势皆得以议于上而改为之］凭他们的地位皆可以向皇帝建议而加以改革。

㉕［吝出入］紧缩开支。

㉖［从有司之事］照有关部门的职责办事。

㉗［坐而得矣］坐观厅壁题名，就可以知道。形容十分容易了解。

㉘［此盖吕君之志也］这大概就是吕君刻石的用意所在吧。

【评析】

财政，是一个国家赖以生存和发展的基础，也是国家的基本职能之一。中国古代国家很早就有了专门的财政部门，《周礼·地官》中就设司徒专门掌管财政之事，后来的王朝也一直都设有专管财政的部门，虽然名称各有不同。隋朝开始实行三省六部制，其中户部主要掌管财政工作，同时兼管户籍等民政工作。到了唐代，随着财政工作的日益繁重，户部原有的部门设置已经逐渐无法满足国家财政中对于理财与征税工作的需要，因此，从唐玄宗时期开始设置度支使这一官职来专门管理财政事务，与户部职能并行。到宋朝时期，财政部门演化为盐铁、户部、度支三司，由三司使总领，而度支副使就是度支司的长官，专门负责财税事务，主要包括征收赋税和规划开支（也就是今天所说的"财政预算"）两部分。

北宋王朝建立以后，实行扩充军队和荒年募兵的政策，军队规模大幅度扩张，军费开支相应急剧增加；国家机构多有重叠，产生了许多冗官，而宋朝官员的俸禄非常丰厚，这笔开支也十分巨大；边境的辽、西夏王朝与宋朝多有战争，战争产生的军费以及为了讲和而支付给两个国家的岁币金额非常庞大，这几个方面的因素导致北宋王朝虽然统一了长江以南地区，国内经济也持续稳定发展，但是国家财政却入不敷出，负担非常严重，引起了一系列问题。王安石早在嘉祐三年(1058)任度支判官之初，就写了一篇长达万言的《言事书》献给宋仁宗，详细论述当时所面临的严峻局面，其中财政方面就提出要“饶之以财”，这篇政论为他赢得了政治声誉，但是他所提出的改革建议当时并没有被采纳。

此篇题名记为嘉祐四年(1059)王安石在三司度支判官任上时所作。三司度支副使吕景初将曾任度支副使的官员之姓名、职官、任职时间都刻在度支厅壁上，而王安石在议论此事时，不仅仅落在“题名”之上，更善于从具体的角度出发，借机表达自己的政见。文章第一部分由开头至“书石而镵之东壁”而止，叙度支副使题名东壁之事的由来，纪事简明。第二部分由“夫合天下之众者财”至“而况于后世之纷纷乎”止，王安石从民、财、法、吏之间的关系论证，强调了理财、善法、择吏的重要性，以择良吏行善法而守天下之财以维护统治者的长治久安为根本目标。而在最后一部分，即从“三司副使，方今之大吏”至结尾，王安石又回到“度支副使”这一起点上，指出只有做到“今理财之法，有不善者，其势皆得以议于上而改为之。非特当守成法，吝出入，以从有司之事而已”，才能尽到度支副使的职责，思虑不可谓不深远。实际上，正是由于此前的度支副使都没有做到这些，大部分仅仅是“守成法，吝出入”，才导致北宋的财政问题日渐突出，始终没有得到解决。

宋神宗即位以后，起用王安石为宰相，推行新法，新法的目标就是富国、富民、强兵，为实现这一目标，实行了一系列围绕理财的措施，包括农田水利法、均输法、青苗法等，这些措施在很大程度上发展了生产，扭转了北宋朝廷积贫的局势。但是，随着宋神宗的去世和王安石的罢相，反对新法的保守派上台以后，将这些措施一并废止。王安石也因为新法中追求理财而遭到保守派诟病其“言利”，非君子所为。在北宋朝廷积贫积弱的形势下，王安石能够清醒地认识到问题所在，并且积极推行新政以图改变这种状况，体现了一位伟大政治家的战略眼光。虽然新法因为种种原因最终废止，但不能因此否认王安石的成就。《度支副使厅壁题名记》一文作于王安石成为宰相推行新法之前，但是已经透露出王安石若干关于理财的观念，可谓是新法的先声。

本文虽题为“记”，实际上是“论”，其雄辩色彩和犀利论证不亚于政论文。王安石之文，笔力简而健，正在于其说理透辟，故能深中肯綮。

【理性思考】

1. 王安石所认为的治国之本是什么？原因为何？

2. 《度支副使厅壁题名记》中体现了王安石怎样的理财思想？

3. 结合所学习阅读过的王安石其他记体文，谈谈王安石记体文的写作特点。

【延伸阅读】

1. 汪圣铎《两宋财政史》，中华书局 1995 年版。

2. 龚延明《宋代官制辞典》，中华书局 2017 年版。

3. 曾枣庄《宋代杂记文》，《宋文通论》第二十一章，上海人民出版社 2008 年版。

教战守策[①]

苏　轼

夫当今生民之患，果安在哉？在于知安而不知危，能逸而不能劳。此其患不见于今，将见于他日。今不为之计，其后将有所不可救者。

昔者先王[②]知兵之不可去[③]也，是故天下虽平，不敢忘战。秋冬之隙，致[④]民田猎以讲武[⑤]，教之以进退坐作之方[⑥]，使其耳目习于钟鼓旌旗[⑦]之间而不乱，使其心志安于斩刈[⑧]杀伐之际而不慑[⑨]。是以虽有盗贼之变，而民不至于惊溃[⑩]。及至后世，用迂儒[⑪]之议，以去兵为王者之盛节[12]，天下既定，则卷甲[13]而藏之。数十年之后，甲兵顿弊[14]，而人民日以安于佚乐[15]；卒有盗贼之警，则相与恐惧讹言[16]，不战而走。开元、天宝之际，天下岂不大治？惟其民安于太平之乐，酣豢[17]于游戏酒食之间；其刚心勇气，销耗钝眊[18]，痿蹶[19]而不复振。是以区区之禄山一出而乘之[20]，四方之民，兽奔鸟窜，乞为囚虏之不暇[21]，天下分裂，而唐室固以微矣[22]。

盖尝试论之：天下之势，譬如一身。王公贵人所以养其身者，岂不至哉[23]？而其平居常苦于多疾[24]。至于农夫小民，终岁劳苦，而未尝告疾，此其故何也？夫风雨霜露寒暑之变，此疾之所由生也。农夫小民，盛夏力作，而穷冬暴露[25]，其筋骸之所冲犯[26]，肌肤之所浸渍[27]，轻霜露而狎[28]风雨，是故寒暑不能为之毒[29]。今王公贵人，处于重屋[30]之下，出则乘舆，风则袭裘[31]，雨则御盖[32]，凡所以虑患之具[33]，莫不备至。畏之太甚，而养之太过，小不如意，则寒暑入之矣。是以善养身者，使之能逸而能劳，步趋动作，使其四体狃[34]于寒暑之变，然后可以刚健强力，涉险而不伤。

夫民亦然。今者治平之日久，天下之人，骄惰脆弱，如妇人孺子，不出于闺门。论战斗之事，则缩颈而股栗；闻盗贼之名，则掩耳而不愿听。而士大夫亦未尝言兵，以为生事扰民，渐不可长。此不亦畏之太甚，而养之太过欤？且夫天下固有意外之患也。愚者见四方之无事，则以为变故无自而有，此亦不然矣。今国家所以奉西北之虏[35]者，岁以百万计。奉之者有限，而求之者无厌，此其势必至于战。战者，必然之势也。不先于我，则先于彼；不出于西，则出于北。所不可知者，有迟速远近，而要以不能免也。天下苟不免于用兵，而用之不以渐[36]，使民于安乐无事之中，一旦出身[37]而蹈死地，则其为患必有不测。故曰：天下之民，知安而不知危，能逸而不能劳，此臣所谓大患也。

臣欲使士大夫尊尚武勇，讲习兵法；庶人之在官者，教以行阵[38]之节[39]；役民之司盗者[40]，授以击刺之术。每岁终则聚于郡府，如古都试[41]之法，有胜负，有赏罚，而行之既久，则又以军法从事[42]。然议者必以为无故而动民，又悚[43]以军法，则民将不安，而臣以为此所以安民也。天下果[44]未能去兵，则其一旦将以不教之民[45]而驱之战。夫无故而动民，虽有小怨，然孰与夫一旦之危哉？

今天下屯聚之兵，骄豪而多怨，陵压[46]百姓，而邀其上[47]者，何故？此其心以为天下之知战者，惟我而已。如使平民皆习于兵，彼知有所敌[48]，则固以破其奸谋，而折其骄气。利害之际，岂不亦甚明欤？

【注释】

① 选自《苏轼文集》（中华书局1986年版）。苏轼（1037—1101），字子瞻，又字和仲，号东坡居士，世称苏东坡。北宋眉州眉山（今属四川省眉山市）人，祖籍河北栾城，北宋著名文学家、书法家。嘉祐二年（1057），进士及第。元丰三年（1080），因“乌台诗案”受诬陷被贬黄州任团练副使。宋哲宗即位后，曾任翰林学士、侍读学士、礼部尚书等职，并出知杭州、颍州、扬州、定州等地，晚年因新党执政被贬惠州、儋州。宋徽宗时获大赦北还，途中于常州病逝。宋高宗时追赠太师，谥号“文忠”。有《东坡七集》《东坡易传》《东坡乐府》等。

② ［先王］夏、商、周三代之王。

③ ［去］去除，废除。

④ ［致］使，招来。

⑤ ［讲武］讲习武事。

⑥ ［进退坐作之方］前进后退，坐与起，止与行的战法。

⑦ ［钟鼓旌旗］钟鼓、旗帜等军队的号令。

⑧ ［刈（yì）］割。

⑨ ［慑］恐惧。

⑩ ［惊溃］惊慌溃散。

⑪ ［迂儒］迂腐的儒生。

⑫ ［王者之盛节］君王的英明措施。

⑬ ［卷甲］卷起铠甲，收起武装。

⑭［甲兵顿弊］铠甲和兵器废败，损坏。顿，通“钝”。

⑮［佚乐］悠闲安乐。

⑯［讹言］传布谣言。

⑰［酣豢(huàn)］安养。

⑱［钝眊(mào)］精力衰颓，眼睛昏花。

⑲［痿(wěi)蹶(juě)］废弛，停滞不前。

⑳［区区之禄山一出而乘之］小小的安禄山一旦乘机作乱。安禄山(703—757)，营州(今辽宁朝阳)人，本姓康，父母为胡人，开元初，冒姓安氏，后于幽州从军，官至范阳节度使，深得唐玄宗宠信，天宝十四载(755)发动叛乱，史称“安史之乱”，成为唐王朝由繁荣走向衰落的标志性事件。

㉑［乞为囚虏之不暇］求作囚犯和俘虏还来不及。

㉒［唐室固以微矣］唐王朝因此而衰落。

㉓［岂不至哉］难道不是很周全吗？

㉔［平居常苦于多疾］平日常常由于病多而苦恼。

㉕［暴露］露在外面，无所遮蔽。

㉖［冲犯］冲冒，触犯。

㉗［浸渍(zì)］浸泡。

㉘［狎(xiá)］习惯。

㉙［毒］危害。

㉚［重(chóng)屋］指高楼。

㉛［袭裘］穿裘衣。

㉜［御盖］使用伞盖。

㉝［虑患之具］预防疾患的工具。

㉞［狃(niǔ)］因袭，拘泥。

㉟［西北之虏］指西夏、契丹。

㊱［用之不以渐］用兵不凭着逐步训练。

㊲［出身］投身。

㊳［行(háng)阵］行伍，军队。

㊴［节］节度。

㊵［役民之司盗者］从民间抽调来缉捕盗贼的差役。

㊶［都试］汉代的阅兵制度，用以考试讲武。以立秋日总试。翟义诛王莽后，于每年九月间举行。

㊷［从事］行事。

㊸［怵］使恐慌。原作“挠”，据《应诏集》改。

㊹［果］果真。

㊺［不教之民］未经军事训练的民众。

㊻［陵压］欺压。

㊼［邀其上］向他的上级邀功。

㊽［敌］匹敌之人。

【评析】

策，是古代一种政论文文体，《文心雕龙·议对》云：“对策者，应诏而陈政也；射策者，探事而献说也。”对策是皇帝为国家大事征集建议而下令臣僚上书言政，射策则是主考官将考试的问题书写在竹简做成的策上，考生选取其一，叫作“射”，按照所射策上提出的问题作答，就是“射策”。实际上，在汉朝时期，对策、射策均是取士考试的形式，而并非如《文心雕龙》所分这样严格，所以后人将这种考试形式统称为“试策”。汉朝时期，试策以儒家经书为主，唐宋时期，已不局限于经书，而广泛涉及历史评论、时事政治等方面。这一文体要求作者不仅能够斟酌经典，旁征博引，更要有实际操作性，不能流于不切实际的空论。

《教战守策》原非独立成篇，而是苏轼为参加制科考试所作的十七篇《进策别》中的一篇。在这十七篇策中，苏轼从四个环节探讨治国方略：第一，课百官；第二，安万民；第三，厚货财；第四，训兵旅。每个环节又分为不同的方面，总共十七个方面，每个方面各为一篇。《教战守策》是“安万民”的第五篇，其他五篇分别为《崇教化》《敦亲睦》《均户口》《较赋税》和《去奸民》，可见苏轼对这一问题既有宏观全面的把握，又有具体深刻的观察。这十七篇《进策别》集中反映了苏轼的政治思想，也代表了他的政论文成就，《教战守策》是其中最精彩的一篇。

宋代自建国以后，借鉴了唐末五代藩镇割据的历史教训，通过一系列措施解除了军事将领与军队之间的紧密联系，最著名的就是宋太祖的“杯酒释兵权”，加强了国家对于军队的统治力，有利于国家的统一。但是，这些措施也带来了一定的负面效应，随着将领与军队之间关系的隔膜，导致军队战斗力遭到削弱，所以北宋在后来对辽、西夏的战争中经常失败。另一方面，废止了从北朝延续到唐代的府兵制度，府兵制度就是兵农合一，府兵平时是耕种的农民，农闲时训练，轮番从军，平时戍守，战时从军，这一制度在北朝至唐朝前期发挥了重要作用，但是到了唐末五代时期渐渐瓦解，为新兴的雇佣兵所代替。

在苏轼所处的时代，辽和西夏对宋朝有着巨大的威胁，随时有进犯的可能，但北宋统治者仍对此麻痹大意，一味苟且投安，每年向两国输送大量岁币以求边境安宁，而对于本国军事实力的提升却没有足够重视。这形成了一个恶性循环，军事实力的下降导致在对外战争中经常处于劣势地位，一旦处于劣势又只想通过贡献以求和平，贡献过多导致投入于提升军事的物力财力减少。所以，北宋王朝本来是以武力统一中原各国，但是统一之后采取的一系列措施却导致了此后在军事上的积贫积弱。这个问题，当时人已经注意到了，并且引起了激烈的讨论，许多当时著名的政治家都参与到这一讨论之中。苏轼此文就是其中之一。

苏轼针对边防安全，引证安史之乱的史实，深入浅出地点明“知安而不知危，能逸而不能劳”的危险性，主张对教民习武，作好应对外患的准备，这样的意见是居安思危，十分有见地的。全文在论说上设喻浅近，说理透彻，结构严谨，层层深入。开门见山地以设问形式提出问题以及主要观点，并指明问题的严重性，令人深思。在论证时征引史实为例证，又将天下形势比喻为人的身体，明白易懂。而在强调当今情势危急之时，又注重就事论事，剖析北宋朝严峻的外患，所谓“今国家所以奉西北之虏者，岁以百万计。奉之者有限，而求之者无厌，此其势必至于战”，这也正与第一段提出的论点相对应。接着，苏轼又提出了具体的教战守措施，驳斥了认为教民战守是扰民的错误观点，认为不能因为要避免“小恐”就不去为“一旦之危”做准备。全文紧紧围绕“教战守”这一中心，摆事实，讲道理，反复论证了不教民战事的严重后果，切中时弊，生动活泼，讲理透彻，是一篇十分经典的政论文。

当然，由兵农合一到兵农分离其实是历史的进步，对于社会经济以及军事的发展都有着重要意义，北宋王朝诸多军事问题的根本不一定就是苏轼所说的没有教民战守，而是有着复杂的历史因素，本文的分析可以作为一家之言，但远非定论。

【理性思考】

1. 文章的主体部分运用了哪些论证方法来进行说理？

2. 苏轼曾自评其文道：“吾文如万斛泉源，不择地皆可出，在平地滔滔汩汩，虽一日千里无难。及其与石山曲折，随物赋形，而不可知也。所可知者，常行于所当行，常止于不可不止，如是而已矣。其他，虽吾亦不能知。”结合《教战守策》谈谈苏轼的文风。

【延伸阅读】

1. 苏轼《策别安万民》六首，《苏轼文集》卷八，中华书局 1986 年版。

2. 苏辙《亡兄子瞻端明墓志铭》，《苏辙集》，中华书局 1990 年版。

3. 刘勰《文心雕龙·议对》，周勋初《文心雕龙解析》，凤凰出版社 2015 年版。

东京梦华录序[1]

孟元老

仆[2]从先人[3]宦游[4]南北，崇宁癸未[5]到京师，卜居[6]于州西金梁桥[7]西夹道[8]之南。渐次长立[9]，正当辇毂[10]之下，太平日久，人物繁阜[11]。垂髫[12]之童，但习鼓舞[13]；班白之老，不识干戈[14]。时节[15]相次[16]，各有观赏。灯宵月夕[17]，雪际花时[18]，乞巧[19]登高[20]，教池游苑[21]。举目则青楼[22]画阁[23]，绣户[24]珠帘。雕车竞驻于天街[25]，宝马争驰于御路，金翠[26]耀目，罗绮[27]飘香。新声巧笑[28]于柳陌花衢[29]，按管调弦[30]于茶坊酒肆。八荒[31]争凑[32]，万国咸[33]通。集四海之珍奇，皆归市易[34]；会寰区[35]之异味，悉在庖厨[36]。花光[37]满路，何限[38]春游；箫鼓[39]喧空[40]，几家夜宴。伎巧[41]则惊人耳目，侈奢则长人精神。瞻天表[42]则元夕、教池、拜郊、孟享[43]。频观公主下降[44]，皇子纳妃。修造则创建明堂[45]，冶铸则立成鼎鼐[46]。观妓籍[47]则府曹衙罢[48]，内省[49]宴回；看变化[50]则举子唱名[51]，武人唤授[52]。仆数十年烂赏[53]叠游[54]，莫知厌足[55]。

一旦兵火，靖康丙午之明年[56]，出京南来，避地江左[57]，情绪牢落[58]，渐入桑榆[59]。暗想当年，节物风流[60]，人情和美，但成怅恨。近与亲戚会面，谈及曩昔[61]，后生往往妄生不然[62]。仆恐浸久[63]，论其风俗者，失于事实，诚为可惜。谨省记[64]编次成集，庶几[65]开卷得睹当时之盛。古人有梦游华胥之国[66]，其乐无涯者，仆今追念，回首怅然，岂非华胥之梦觉哉？目之曰《梦华录》。

然以京师之浩穰[67]，及有未尝经从[68]处，得之于人，不无遗阙[69]。倘遇乡党宿德[70]，补缀周备，不胜幸甚。此录语言鄙俚[71]，不以文饰者，盖欲上下通晓尔，观者幸详焉[72]。绍兴丁卯岁除日[73]，幽兰居士孟元老序。

【注释】

① 选自《东京梦华录注》(邓之诚点校，中华书局 1980 年版)。孟

元老(生卒年待考),号幽兰居士,北宋东京开封府(今河南开封)人,宋代文学家。据《宋会要辑稿》及苏辙等人著作,可知他是北宋保和殿大学士孟昌龄的族人孟钺,曾任开封府仪曹,北宋末叶在东京居住二十余年。金灭北宋,孟元老南渡,常忆东京之繁华,于南宋绍兴十七年(1147)撰成《东京梦华录》。也有人认为孟元老系徽宗朝宗室子弟赵子湍,参伊永文《孟元老考》(《南开学报》2011 年第 3 期)。

②[仆]谦词,用于第一人称。

③[先人]指作者已经去世的父亲。

④[宦游]外出做官。

⑤[崇宁癸未]即宋徽宗崇宁二年,公元 1103 年。

⑥[卜居]古人以占卜来选择居住地,后来泛指择地居住。

⑦[金梁桥]北宋京城的桥梁名,建在汴水之上。

⑧[夹道]两侧有墙壁的狭窄道路。

⑨[渐次长立]逐渐长大。

⑩[辇毂(niǎn gǔ)]皇帝的车舆,借指京城,即北宋都城汴梁(今河南开封)。

⑪[人物繁阜]人口密集,物产富饶。

⑫[垂髫(tiáo)]又称垂发。古时童子未冠者头发下垂,因指童孩或童年。

⑬[鼓舞]击鼓跳舞,代指歌舞。

⑭[班白之老,不识干戈]班白,班通“斑”,即斑白,头发花白之貌,代指老人。干戈,干即盾牌,戈即长柄横刃,干和戈均为古代常用武器,借指战争。这句话的意思是,连头发花白的老人都不认识打仗用的武器,说明国家承平日久。

⑮[时节]时令节日。

⑯[相次]依次、相继。

⑰[灯宵月夕]灯宵,指正月十五元宵节夜晚赏灯。月夕,指八月十五中秋节夜晚赏月。

⑱［雪际花时］雪际，冬天下雪的时候。花时，春天开花的时候。

⑲［乞巧］旧时风俗，农历七月七日夜（或七月六日夜）妇女在庭院向织女星乞求智巧。南朝梁宗懔《荆楚岁时记》："七月七日为牵牛织女聚会之夜。是夕，人家妇女结彩缕，穿七孔针，或以金银鍮石为针，陈瓜于庭中以乞巧，有喜子网于瓜上则以为符应。"

⑳［登高］指九月九日重阳节，这一天人们登高祈福禳灾。

㉑［教池游苑］三月一日于金明池、琼林苑训练水军。宋高承《事物纪原》载："昆明池，汉武帝立之，习水战，则是教池之事。……宋朝太祖建隆间，即都城之南凿讲武池，始习水战，将有事于江南也。及太宗兴国中，得吴越钱氏龙舟，七年，疏国城西，开金明池，于是每岁二月教池遂为故事。"教池游苑本为军事演习，允许平民围观，吸引了众多商贩，场面热闹非凡。

㉒［青楼］涂饰青漆的楼阁，形容其豪华。

㉓［画阁］彩绘华丽的楼阁。

㉔［绣户］雕绘华美的门户。

㉕［雕车竞驻于天街］雕饰华丽的车舆争相停靠在京城中的街道。

㉖［金翠］黄金和翠玉制成的饰物。

㉗［罗绮］罗和绮制成的衣物。

㉘［新声巧笑］新声，新制的乐曲。巧笑，美好的笑貌。《诗经·卫风·硕人》："巧笑倩兮，美目盼兮。"后以"巧笑"代指美人。

㉙［柳陌花衢］指妓院或者妓院聚集之地。

㉚［按管调弦］即奏乐，管、弦代指乐器。

㉛［八荒］四面八方遥远之地，泛指天下。此处指全国各地民众。

㉜［争凑］争相奔赴。

㉝［咸］全，都。

㉞［市易］买卖交易。

㉟［寰（huán）区］寰宇，即天下。

㊱［庖厨］厨房。

㊲［花光］花的色彩。

㊳［何限］无限，无边。

㊴［箫鼓］箫与鼓，泛指奏乐。

㊵［喧空］震荡长空。

㊶［伎(jì)巧］指精美奇巧的工艺品。

㊷［天表］天子仪容。

㊸［元夕、教池、拜郊、孟享］元夕，即正月十五元宵节。教池即三月初一开金明池琼林苑。拜郊，即郊拜。孟享，即孟飨。拜郊孟享，帝王宗庙祭礼，因于每年的四孟(孟春、孟夏、孟秋、孟冬)举行，故称。

㊹［公主下降］即公主出嫁，因皇室地位高贵，故以下降代指。

㊺［明堂］是古代帝王所建最隆重的建筑物，用作朝会诸侯、宣明政教、发布政令、大享祭天、举行大典之处。明李濂《汴京遗迹志》载："徽宗政和五年乙未秋八月，始作明堂。……命蔡京为明堂使，开局兴工，日役万人。"

㊻［鼎鼐(nài)］两种烹饪所用的青铜器，亦用于祭祀等仪式。天子有九鼎，乃国之重器。鼐即大鼎。

㊼［妓籍］借指入乐籍的妓女。宋代歌舞妓女，隶属于教坊，有名籍。宋罗烨《醉翁谈录》载："京中饮妓，籍属乐坊，凡朝士有宴聚，须假诸曹署行牒，然后致于他处。"这些隶属教坊的歌舞妓，并非轻易能够欣赏，须通过一定手续方能申请演出。

㊽［府曹衙罢］开封府官员日常办公结束。北宋都城汴梁隶属开封府，所以开封府府衙也在汴梁。

㊾［内省］指宫中。

㊿［变化］这里特指科举考试中的进士及第。进士及第前为平民，及第后可以进入仕途，命运发生改变，比之为"鲤鱼跃龙门"，由鱼到龙，就是"变化"。如唐人黄颇及第后和主考官王起诗云"多羡龙门齐变化，屡看鸡树第名流"。

㊿[举子唱名] 宋朝举子在考试完毕之后，均聚集在统一的地方，等待官方唱名，也就是宣布中举名单。宋高承《事物纪原》载："雍熙二年三月十五日，太宗御崇政殿试进士。十六日，帝按名一一呼之，面赐及第。唱名赐第，盖自是为始。"后来的唱名多是由主考部门负责，不再由皇帝亲自出面，由于是一年一度的重要场合，场面非常热闹。

㊾[武人唤授] 指武举考试中点名以及授予名次。

㊿[烂赏] 纵情玩赏。

㊿[叠游] 多次游玩，重复游玩。

㊿[厌足] 满足。

㊿[靖康丙午之明年] 宋钦宗靖康元年的第二年，即公元 1127 年，这一年，北方的金朝军队攻下北宋京城汴梁，俘虏了宋徽宗、宋钦宗以及北宋皇室、后宫、朝臣等三千余人，北宋灭亡，史称"靖康之难"。

㊿[避地江左] 靖康之乱后，北宋士人为躲避金朝统治，纷纷渡江来到南宋统治的长江以南地区。江左，即江东，指长江下游以东地区。

㊿[牢落] 寥落，孤寂。

㊿[桑榆] 日落时光照桑榆树端，因以指日暮，此处作者自况年老。

㊿[节物] 各个季节的风物景色。

㊿[曩(nǎng)昔] 往日，从前。

㊿[妄生不然] 胡乱、没有根据地不以为然。

㊿[浸久] 渐久。

㊿[省记] 回忆，记忆。

㊿[庶几] 希望，但愿。

㊿[梦游华胥之国]《列子·黄帝》："(黄帝)昼寝而梦，而梦游于华胥氏之国。"后多借指理想之境或梦境。

㊿[浩穰(ráng)] 众多，繁多。

㊿[经从] 经历和参与过的。

㊿[阙] 通"缺"，遗漏。

⑩［乡党宿德］同乡亲友和年老有德者。

⑪［鄙俚］粗野，庸俗。

⑫［幸详焉］希望能清楚（语言鄙俚，不以文饰者，欲上下通晓）这一点。

⑬［绍兴丁卯岁除日］南宋高宗绍兴十七年（1147）的除夕日。

【评析】

序又作“叙”，是古代的一种重要文体，其源头可追溯至先秦。明刘师曾《文体明辨》有言：“序之体，始于《诗》之大序，首言大义，次言风雅之变，又次言二南王化之自，其言次第有序，故谓之序也。”这可以看作序的开始。此后最为著名的，当属汉司马迁《史记·太史公自序》。既有开篇明义之效，又有叙述次第之功，序最为重要的两个特征和作用在《太史公自序》中得到了淋漓尽致的体现。自此而下，千百年间，名篇佳作迭出，如汉班固《汉书叙》、东晋王羲之《兰亭集序》、南朝梁萧统《文选序》、唐韩愈《送孟东野序》、宋李清照《金石录后序》、明宋应星《天工开物序》、清龚自珍《送钦差大臣侯官林公序》，直至近代如章太炎《革命军序》等。既有自序，又有他序；既可置于书前书后，以明书之主旨体例；也可作于相聚别离，以抒情之浓烈醇厚。

全文分三段，各为一个部分：第一段，回忆北宋京城汴梁民俗风土之盛美；第二段，解释创作《东京梦华录》的缘由；第三段，解释书中可能存在的“阙疑”和“鄙陋”。依作者自言，宋朝南渡以来，年轻后生因为未曾经历过曾经的繁华，对过去的历史缺乏了解，所以在听到长者讲述北宋的繁华时往往会提出质疑。这让作者警觉并感到惋惜。警觉的是，“谈及曩昔，后生往往妄生不然”，过去的繁荣在年轻人心中变得不以为真；惋惜的是，“论其风俗者，失于事实，诚为可惜”，曾经的风俗因时间的流逝而不为人所知。鉴于此，作者或以其自身经历，或以其访问探寻，回忆往事，裒辑成册。孟元老写的是北宋都城的旧景，回忆的却是往昔美好岁月。不过在某种程度上，作者还算是幸运的，清人顾炎武在面对他族入主中原时“亡天下”的担忧，孟元老并没有遇到。

北宋一代，王朝不得不经常面对战争，然而由于宋王朝军事实力的孱弱，最终在金人的铁蹄下灭亡。需要注意的是，在这个传统教科书中所谓“积贫积弱”、“冗官冗员”的时代，物质和精神文明却达到了古代中国的顶峰。无论从农业生产、商业贸易和以四大发明为代表的科技创造，还是政治上大刀阔斧的改革，文学中诗词的风行，著名文学家大量涌现，史学中诸多名著的完成，思想上理学的发生与展开，艺术趋于精湛，审美愈益提升，乃至社会风气的纯净、道德品质上的追求，都集中展现了古代中国社会文化最为精彩的一面。南北宋一脉相承，纵然故土被占领，但文化通融，共同构成中华文明的集大成者。

【理性思考】

1. 文中所言节日有哪些？各有什么风俗？

2. 查找资料，简要梳理序文体的大致发展脉络。

3. 对比亡国与亡天下的异同，搜集相关资料，谈谈中华文化的延续性特征以及对当今社会的启发作用。

【延伸阅读】

1. 邓广铭《宋史十讲》，中华书局 2015 年版。

2. 王夫之《宋论》，中华书局 2013 年版。

3. 刘子健撰，赵冬梅译《中国转向内在——两宋之际的文化转向》，江苏人民出版社 2012 年版。

4. 钟敬文等编，游彪等撰《中国民俗史（宋辽金元卷）》，人民出版社 2008 年版。

治　平　篇[①]

洪亮吉

人未有不乐为治平之民者也，人未有不乐为治平既久之民者也。治平至百余年，可谓久矣。然言其户口，则视三十年以前增五倍焉，视六十年以前增十倍焉，视百年、百数十年以前不啻[②]增二十倍焉。

试以一家计之：高、曾[③]之时，有屋十间，有田一顷，身一人，娶妇后不过二人。以二人居屋十间，食田十顷[④]，宽然有余矣。以一人生三计之，至子之世而父子四人，各娶妇即有八人，八人即不能无佣作[⑤]之助，是不下十人矣。以十人而居屋十间，食田一顷，吾知其居仅仅足，食亦仅仅足也。子又生孙，孙又娶妇，其间衰老者或有代谢[⑥]，然已不下二十余人。以二十余人而居屋十间，食田一顷，即量腹而食[⑦]，度足而居[⑧]，吾以[⑨]知其必不敷矣。又自此而曾[⑩]焉，自此而玄焉[⑪]，视高、曾时口已不下五六十倍，是高、曾时为一户者，至曾、玄时不分至十户不止。其间有户口消落之家，即有丁男繁衍之族，势亦足以相敌[⑫]。或者曰："高、曾之时，隙地未尽辟[⑬]，闲廛未尽居[⑭]也。"然亦不过增一倍而止矣，或增三倍五倍而止矣，而户口则增至十倍二十倍。是田与屋之数常处[⑮]其不足，而户与口之数常处其有余也。又况有兼并之家，一人据百人之屋，一户占百户之田，何怪乎遭风雨霜露饥寒颠踣而死者之比比乎[⑯]？

曰：天地有法乎？曰：水旱疾疫，即天地调剂之法也。然民之遭水旱疾疫而不幸[⑰]者，不过十之一二矣。曰：君相有法乎？曰：使野无闲田，民无剩力[⑱]，疆土之新辟者，移种民[⑲]以居之，赋税之繁重者，酌今昔而减之，禁其浮靡[⑳]，抑其兼并[㉑]，遇有水旱疾疫，则开仓廪[㉒]，悉[㉓]府库以赈之，如是而已，是亦君相调剂之法也。

要之[㉔]，治平之久，天地不能不生人，而天地之所以养人者[㉕]，原不过此数也；治平之久，君相亦不能使人不生，而君相之所以为民计者，亦不过前此数法也。然一家之中,有子弟十人,其不率教者[26],常有一二,又况天下之广,其游惰不事者何能一一遵上之约束乎?一人之居以供十人已不足,何况供百人乎?一人之食以供十人已不足,何况供百人乎?此吾所以为治平之民虑也[27]。

【注释】

① 选自《洪亮吉集》(中华书局 2001 年版)。洪亮吉(1746—1809),初名莲,字君直,一字稚存,号北江,别号梦殊,晚号更生居士。阳湖(今江苏常州)人,祖籍安徽歙县。精训诂,善史地,长骈文,工诗歌,是清代著名的经学家、文学家、思想家。著有《春秋左传诂》《北江诗话》《卷葹阁诗文甲乙集》等,今人编有《洪亮吉集》。治平,即太平。

②[啻]但,只。

③[高、曾(zēng)]高祖、曾祖。

④[顷]一百亩为一顷。

⑤[佣作]受雇为人劳作。

⑥[代谢]新旧更迭,交替,此处指年老者去世。

⑦[量腹而食]计算着饭量来吃饭。

⑧[度(duó)足而居]计算着脚的大小来居住。度,计量。

⑨[以]因此。

⑩[曾]曾孙。

⑪[玄]玄孙,曾孙之孙。作"元"者,避清圣祖玄烨讳。

⑫[相敌]相当。

⑬[隙地未尽辟]空地尚未全部开垦。

⑭[闲廛(chán)未尽居]空屋尚未住满。廛,古代城市平民一家所居的房地。《说文解字·广部》:"廛,一亩半,一家之居也。"

⑮[处(chǔ)]存在。

⑯[何怪乎遭风雨霜露饥寒颠踣(bó)而死者之比比乎]颠踣,跌倒。这句话的意思是遭受风雨、霜露、饥寒等灾害跌倒而死亡的人处处

都是,这又有什么奇怪的呢?

⑰[不幸]指死亡。

⑱[剩力]剩余的劳动力。

⑲[种民]租田种地的人,即佃农。

⑳[浮靡]浮华浪费。

㉑[兼并]指侵夺土地。

㉒[仓廪(lǐn)]贮藏米谷的仓库。

㉓[悉]竭尽。

㉔[要之]总而言之。

㉕[者]用在名词、动词、形容词、数词词组后,并与其相结合,指人、指事、指物、指时等。此句的意思是:天地用来养活人的东西。

㉖[不率教者]不遵循教导的人。

㉗[此吾所以为治平之民虑也]这就是我为太平社会民众忧虑的原因。

【评析】

作为农耕社会,国家需要人口耕作以增强国力,民众需要人口来传宗接代,因而传统中国一直有重人口、重生育的思想。到了洪亮吉生活的乾隆、嘉庆年间,清王朝已经建国一百多年,社会和平,没有出现大的战乱,政治、经济持续稳定发展,人民生活比较安定,人口持续增长,已经突破三亿。相比于明代的五六千万,增长了数倍。但是另一方面,全国耕地面积却只有七千万亩左右,数量相对稳定——比之明中期,仅仅增加了百分之二三。

乾隆五十八年(1793)十一月,清高宗在查看了全国户口统计册后,深为全国人口激增担忧,下谕旨给内阁官员说:“朕查上年各省奏报民数,较之康熙年间计增十余倍。承平日久,生齿日繁,盖藏自不能如前充裕。且庐舍所占田土,亦不啻倍蓰。生之者寡,食之者众,朕甚忧之。犹幸朕临御以来,辟土开疆,幅员日廓,小民皆得开垦边外地土,借以暂谋衣食。然为之计及久远，非野无旷土，家有赢粮，未易享升平之福。各省督抚及有牧民之责者，务当随时劝谕，俾皆俭朴成风，惜物力而尽地利，慎勿以奢靡相竞，习于怠惰也。”指出人口快速增长与有限的耕地之间的矛盾，但是清高宗并未能深刻认识到这种矛盾将会引发的后果，只是提醒各省长官敦劝民众养成简朴之风，以防止奢侈浪费，没有从根本上解决问题。

洪亮吉《治平篇》作于同一年，应当就是见到清高宗谕旨之后对这一问题进行了深刻思考之后的产物，是洪亮吉人口理论的代表作，集中反映了他的人口学思想。洪亮吉先是建立了一个简单人口模型，接着便突出了人口猛增与耕地有限之间的矛盾，进而提出诸如减赋税、禁奢靡、抑兼并、赈灾害、尊教化等多种解决方案，以求“治平”之长久。文章虽短，但其思想之超前、体系之严密，当时人固然难以望其项背，两百年后的中国人亦多难以企及。作为《治平篇》的姊妹篇，洪亮吉还撰有《生计篇》，探讨通货膨胀对于社会动荡的影响问题，可与《治平篇》合观。

除此之外，他还有不少关于时政经济的文章，《洪亮吉集》所收的《意言》二十篇，表明他对官场弊病、社会发展都有着深入的观察，集中反映了他的哲学与政治学观点。经世致用是洪亮吉思想的重要特征。事实上，洪亮吉仅仅是他所生活的时代里，重视经世致用的一员而已。只是由于政治高压、社会舆论、个人偏好、生存困境等种种原因所限，有些学者未能予以如此明确清晰地表露。但可以确定的是，他们以文章济世的动机和以学术弼国的努力，永远闪耀在文字的背后。

《治平篇》的重要意义，不仅在于洪亮吉所提出的解决社会发展和人口问题的具体方案，更为可贵之处在于，他所谓的学术研究，并非仅仅落于纸上，而是不废功利、实务，以所学为其所用，自觉继承百千年来中国知识人经世致用传统的精神。

【理性思考】

1. 洪亮吉的论述有无缺陷？若有，在什么地方？

2. 经世致用思想还在哪些学者身上有所体现?

3. 结合《治平篇》,查阅相关文献,谈谈二十世纪中期以来中国大陆人口政策的状况,并分析其利弊。

【延伸阅读】

1. 约翰·R. 魏克斯著,侯苗苗译《人口学概论》,中国社会科学出版社 2016 年版。

2. 路遇、滕泽之《中国人口通史》,中国社会科学出版社 2015 年版。

3. 邝士元《中国经世史》,上海三联书店 2013 年版。

4. 王汎森《权力的毛细管作用:清代的思想、学术与心态》(修订版),北京大学出版社 2015 年版。

5. 陈居渊《汉学更新运动研究:清代学术新论》,凤凰出版社 2013 年版。

九、法　治

（主持人：金程宇　卞东波）

（一）导言

“法令者，民之命也，为治之本也。”（《商君书·定分》）作为国家的产物，法律是统治阶级为了实现统治管理国家的目的，经过一定立法程序而颁布、对全体社会成员具有普遍约束力、由国家强制力保证实施的一种特殊行为规范，是调节社会关系、维系社会稳定的重要工具。恩格斯在《论住宅问题》中指出：“在社会发展某个很早的阶段，产生了这样的一种需要：把每天重复着生产、分配和交换产品的行为用一个共同规则概括起来，设法使个人服从生产和交换的一般条件。这个规则首先表现为习惯，后来便成为法律。”从这个意义上说，法律的实质即是规则。法律以其内在的规则性、现实性、时代性、保守性和价值性及严密的逻辑结构区别于其他社会规范，赋予社会秩序以明晰、稳定、可靠、可操作的制度安排，使老有所养，壮有所用，幼有所长，贫有所依，难有所助，从而保障国家机关的正常运作和人民生活的整体安定。

回眸人类历史，古巴比伦颁布的《汉谟拉比法典》是现存迄今最早的一部比较系统的成文法典，内容涉及租佃、雇佣、婚姻、债务、奴隶等，对之后的古代西亚及西方法律文化产生了深远的影响。古罗马法是奴隶制社会最完备的法律体系，其中蕴含的人人平等、公正至上的法律观念具有超越时空的永恒价值，为欧洲法制体系的建立奠定了坚实的基础。至近现代的《权利法案》《法国民法典》《德国民法典》等诸多法律典章、规章条例，无不反映着人类对认识自身、改造社会的尝试与努力。透过一个时代、一个国家、一个民族的法律条文，可以清楚地观察到当时人们在人、社会、人与人关系、人与社会关系、经济、政治、哲学、宗教等诸方面的思想与观点。法律制度的发展变迁史，同时也是人类自身不断发展、不断完善的历史。

由于自然环境、文化背景、发展路径的差异，古代中国与西方国家在对法律的理解、制定、执行等方面存在较大的差异，形成了各自独特的风格，但是双方在各自的发展轨迹中都注重法律的制定与完善。程树德在《九朝律考》中写道："九章之律，出于李悝《法经》，而《法经》则本于诸国刑典，其源最古。春秋时齐有管子七法，楚有仆区法、茆门法，晋有刑书刑鼎，郑有刑书竹刑，其见于记载者如此。商君有言，不观时俗，不察国本，则其法立而民乱。自汉以后，沿唐及宋，迄于元明，虽代有增损，而无敢轻议成规者，诚以其适国本，便民俗也。"言简意赅地勾勒出中国古代法制发展的主要脉络。

"古之为国者，议事以制，不为刑辟，惧民之知争端也。后世作为刑书，惟恐不备，俾民之知所避也。其为法虽殊，而用心则一，盖皆欲民之无犯也。"(《新唐书·刑法志》)夏商周时期，习惯法是当时法律的主要表现形式，且不公开、不成文。春秋战国时期，子产铸刑书，晋国铸刑鼎，邓析作竹刑，这些成文法的颁布，标志着法律从此前临事制刑的贵族利器变成了众所周知的固定条文，法律的知情对象范围得到扩大。同时，文字赋予法律以确定性与稳定性，有效地拓展了其施行的时空，这是法律成为常法并能够在实践中得到反复适用的关键。此后，从《法经》到《大唐疏议》《大明律》《大清律例》，中国古代历代统治者均在吸纳前代经验教训的基础上对本朝的法律制度体系进行补充和优化，以施行国政。

在现代意义上，常会有"法治"与"法制"的区分。一般将"法制"理解为法律制度体系，与政治制度、经济制度、文化制度相对而言，包括一个国家的全部法律、法规以及立法、执法、司法、守法和法律监督等，相当于英文中的 legislation。“法治”相对于人治而言，指法律至上，国家、政府、政治领袖都置于法律的规范之下，没有任何人和机构可以凌驾法律，相当于英文中的 rule of law。法制依靠他律来规范人们的言行，使人们的言行举止符合社会规范，法治则更多地依靠自律；法制是社会秩序的管控方法，法治则是最终实现的理想状态。中国古籍中关于“法治”的表述虽不乏其例，但其意义与今天略有不同，更确切地说，中国古籍中的“法治”在概念上接近英文中的 rule by law，即法律是政府实行统治的手段，宣扬依法办事的同时保障君主的权威。在内涵上，它包含律、令、格、式、科、比等静态的法律规则，也包括法律的动态运行，如法律的出台、罪行的审判、罪罚的裁判与执行、宽赦原则等诸多有关的制度与原则，并以此建构起中国古代的法律体系。

总体而言，中国古代的法律体系以汉、唐影响最大，隋唐以前多承袭汉代的，其后多承袭唐代的。汉承秦制，而秦国统一六国、治理国家的理论与实践支撑均源自法家思想。法家提出的“任法而治”（《商君书·慎法》）主张，是中国古代法治思想的滥觞。作为春秋战国时期百家争鸣的一部分，法家主要代表人物有管仲、子产、李悝、吴起、商鞅、申不害等，其中韩非是集大成者。他们认为国家的治理必须以法为本，树立法律的权威，以法律作为奖善罚恶的依据，严格按照法律的规定办事，“不别亲疏，不殊贵贱，一断于法”（《史记·太史公自序》），并主张因时变法，“治世不一道，便国不必法古”（《商君书·更法》）。这种尚法精神，为加强中央集权提供了有力支撑，在后代的律典、吏治中都有充分的体现，贯穿了整个专制集权社会的发展始终。而秦朝后期法治实践的极端化，“以刑去刑”（《商君书·靳令》）的重刑做法，则为社会动荡埋下了隐患。因此后代统治者以秦为鉴，在法制构建与运行中结合德、礼，从而化解法在施行过程中产生的尖锐矛盾，赋予法律以一定的弹性，达到缓和矛盾、减少冲突的目的。汉代的春秋决狱，开启了中国古代法律儒家化的进程，魏晋南北朝时进一步发展，至唐代时最终完成，儒家的思想观念被贯彻运用到立法、司法、守法的整个法律实施过程中，成为定罪量刑的重要原则，从而造就了中华法系鲜明的特点。

作为中华法系的典型代表，唐代以“德礼为政教之本，刑罚为政教之用”为指导思想，制定了《武德律》《贞观律》《开元律》《唐六典》等。“唐之刑书有四，曰律、令、格、式。令者，尊卑贵贱直等数，国家之制度也。格者，百官有司之所常行之事也。式者，其所常守之法也。凡邦国之政，必从事于此三者。其有所违及人之为恶而入于罪戾者，一断以律。”（《新唐书·刑法志》）唐代成熟的律法体系不仅在本国，而且对东亚诸国的法制史都产生了影响。通过往来长安的外国商人、僧侣、留学生，唐律被传播到周边国家和地区，《高丽律》的篇章内容取法于唐律，日本的《大宝律令》《养老律令》以唐律为蓝本，越南李太尊明道元年（1042）颁布的《刑法》和陈太尊建中六年（1230）颁布的《国朝刑律》均参用唐律。

与现代法律体系相比，中国古代的法律诸法合体，民刑不分，礼法合一，换言之，中国古代法律是礼与法有机融合的体系。这里的礼，一方面是指制度层面的，包括但不限于吉礼、凶礼、军礼、宾礼、嘉礼等章程格式，另一方面则是指价值观层面上的伦理道德，是被社会民众所普遍认可的价值追求、道德信仰。礼在中国古代社会中具有举足轻重的作用，“礼之于正国也，犹衡之于轻重也，绳墨之于曲直也，规矩之于方圆也。”（《礼记·经解》）关于礼与法密不可分的关系，古人已有透彻的认识。“礼者，禁于将然之前，而法者，禁于已然之后。”（《大戴礼记·礼察》）“德礼为政教之本，刑罚为政教之用，犹昏晓阳秋相须而成者也。”（《唐律疏议·名例律》）“中国自书契以来，以礼教治天下。劳之来之而政出焉，匡之直之而刑生焉。政也，刑也，凡皆以维持礼教于勿替。故《尚书》曰：‘明于五刑，以弼五教。’又曰：‘士制百姓于刑之中，以教祇德。’古先哲王，其制刑之精义如此。”（《清史稿·刑法一》）历代律书、《刑法志》、古哲先贤的著作对此均有专门的论述。礼是法的根本，这代表了中国古代对礼与法关系的主流认识。

在具体法律条款的制定中，礼渗透其中，“八议”入律、“准五服以制罪”等是礼与法融合的显例。“八议”之说源自《周礼·秋官·小司寇》中“以八辟丽邦，法附刑罚。一曰议亲之辟，二曰议故之辟，三曰议贤之辟，四曰议能之辟，五曰议功之辟，六曰议贵之辟，七曰议勤之辟，八曰议宾之辟。”以上八种人犯罪，轻罪则宥，重罪则改附轻刑，这实际上是“刑不上大夫”原则在法律适用上的具体体现。至曹魏时，“八辟”改为“八议”，并被作为法典的主要内容之一固定下来，使权贵者的司法特权得到明确而公开的保护。以后诸朝相沿不变，均将“八议”作为一项重要制度纳入律典。

“五服”是指斩衰、齐衰、大功、小功、缌麻五等丧服，以亲疏为差等，亲者服重，疏者服轻。事实上，这是缘于血缘的宗法制度在丧礼上的外化，它通过梳理和规定家族各类亲属关系的等级次序，实现厘清利害关系、加强家族内部稳定的目的。家庭作为人类社会生活的基本单位，是中国古代社会政治、法律思想得以产生和发展的重要土壤，维护家族伦理自然成为个人修养和社会运作的重要基石。虽然此前不乏依据亲属远近关系定罪量刑的记载，但是第一次明确规定“准五服以制罪”，即利用礼法的手段明确将亲属关系远近及身份尊卑作为法律裁判的依据，实行同罪异罚的，是晋武帝制定的《晋律》。《晋书·刑法志》也有相关记载：“峻礼教之防，准五服以制罪也。”至唐朝，五服之制不仅成为确定亲属之间继承与赡养关系的标准，也成为确定亲属相犯时刑罚轻重的原则。后代律典因而不改。

当然，在司法实践中，礼与法也有发生矛盾冲突的时候。唐代武则天时发生的徐元庆复仇案便是一例。同州下邽（今陕西省渭南市东北）人徐爽被县尉赵师韫所杀，其子徐元庆更名易姓，在驿站充任杂役之人，趁机手刃仇人，事成之后非但没有逃走，反而主动向官府自首归罪。针对这一案件该如何判决，当时朝中大臣议论纷纷。武则天赞赏徐氏为父复仇，主张免其死罪，改判流放。谏官陈子昂认为徐氏复仇于法不容、于情可宥，主张对徐氏处以死刑“以正国法”，同时“旌其闾墓，嘉其徽烈”。最终,陈子昂的主张被采纳。中唐时,柳宗元重提此案,对陈子昂的主张进行驳论,认为徐元庆之举既合于礼义,又合于法律,应予以充分肯定。具体内容可见本单元选录的《复仇议状》和《驳复仇议》两篇文章。百行孝为先,血亲复仇是人性的本能,当这种服孝死义的人性本能与不允许擅杀的国法相互冲突时,便使奉行礼仁之德的世人面临伦理与法理两难的难题。

树立并保障法律的权威是推行法治的重要前提,唯有如此才能保障法治畅行,实现令行禁止。《商君书·修权》中指出的“世之为治者多释法而任私议,此国之所以乱也”正是此理。法律的权威性并不简单等同于国家的强制力,而是法律本身所具备的令人信服的力量和威望。北宋时的阿云之狱就明显地反映出法律权威的重要性,《宋史·刑法志》有其记载。熙宁元年(1068),朝廷颁布诏令:“谋杀已伤,按问欲举,自首,从谋杀减二等论。”登州(今山东省蓬莱县)女子阿云在母亡服丧期间许聘给韦姓男子,她嫌此人丑陋,谋杀未遂,在审问过程中她主动供认了犯罪事实。审刑院、大理寺判定为死罪,但以阿云在服丧期间成婚属于违律为婚的理由奏报宋神宗裁决,宋神宗赦免其死罪。当时登州知州许遵引用《宋刑统》中“因杀伤而自首,得免所因之罪,仍从故杀伤法”的规定,主张阿云应以“谋杀已伤”论处,“当用按问欲举条”而减刑二等判决。但许遵的这一主张被刑部驳回,刑部复核的意见与审刑院、大理寺相同。御史台弹劾许遵判决不当,许遵不服,请求将此案交由内外两制讨论。宋神宗令王安石、司马光二人共同商议,司马光赞同刑部的观点,王安石支持许遵的主张,后宋神宗采纳了王安石的主张。而御史中丞滕甫仍请求再选官定议,吕公著、韩维、钱公辅对此案进行重新审定,结论与王安石一致,宋神宗制书说:“可以。”但齐恢、王师元、蔡冠卿等主张吕公著等人所议有失妥当,于是宋神宗又组织官员反复研究这一案件。熙宁二年(1069),宋神宗下诏:“今后谋杀人自首,并奏听敕裁。”朝中仍有异议,但宋神宗采用王安石的主张,再次下诏:“自今并以去年七月诏书从事。”至元丰八年(1085),司马光为相,他再次重申自己以前的观点，二是宋哲宗下诏："强盗按问欲举自首者，不用减等。"

暂且不论这场长达17年的论争是否带有党争的意味，光从案件本身来看，阿云之狱引起争议的原因是众人对法律条文的认识理解不同，争论的焦点在于阿云服丧期间婚姻是否有效、谋杀是否适用自首、谋杀已伤自首能否得免所因之罪等几个方面。虽然最终由统治者颁布敕令对刑书条文进行补充说明才平息论争，但敕令的前后几经反复，折射出君主专制的天生缺陷对法律的稳定性和权威性所造成的负面影响。这一点引人深思。

古代关于法治、礼与刑之关系以及相关观念的论述不计其数，如《管子·任法》主张"君臣上下贵贱皆从法，此谓为大治"的贤君之道，《荀子》将礼法并提，认为"治之经，礼与刑，君子以修百姓宁。明德慎罚，国家既治四海平"，《韩非子·饰邪》和《韩非子·守道》强调法律维系社会稳定的重要作用，王符的《潜夫论·德化》明确立法的本意在于"防奸恶而救祸败，检淫邪而内正道尔"，王安石《上时政疏》、朱熹《论语集注·为政》、黄宗羲《原法》等作品中都包含着对法制的理性思辨，显示出古人对法制和法治的关注和用心。篇幅所限，不一一赘述。

（二）选文

牧　民[1]

管　仲

国颂[2]

凡有地牧民[3]者，务在四时[4]，守在仓廪[5]。国多财，则远者来；地辟举[6]，则民留处；仓廪实，则知礼节；衣食足，则知荣辱；上服度，则六亲固[7]；四维张，则君令行[8]。故省刑之要，在禁文巧[9]；守国之度，在饰[10]四维；顺民之经[11]，在明鬼神，祗[12]山川，敬宗庙，恭祖旧[13]。不务天时，则财不生；不务地利，则仓廪不盈[14]；野芜旷，则民乃菅[15]；上无量，则民乃安[16]。文巧不禁，则民乃淫；不璋两原，则刑乃繁[17]。不明鬼神，则陋民不悟[18]；不祗山川，则威令不闻[19]；不敬宗庙，则民乃上校[20]；不恭祖旧，则孝悌[21]不备。四维不张，国乃灭亡。

四维

国有四维。一维绝则倾，二维绝则危，三维绝则覆，四维绝则灭。倾可正也，危可安也，覆可起也，灭不可复错[22]也。何谓四维？一曰礼，二曰义，三曰廉，四曰耻。礼不逾节[23]，义不自进[24]，廉不蔽恶，耻不从枉[25]。故不逾节，则上位安[26]；不自进，则民无巧诈；不蔽恶，则行自全[27]；不从枉，则邪事不生。

四顺

政之所兴[28]，在顺民心；政之所废，在逆民心。民恶忧劳，我佚[29]乐之；民恶贫贱，我富贵之；民恶危坠[30]，我存安之；民恶灭绝，我生育之。能佚乐之，则民为之忧劳；能富贵之，则民为之贫贱；能存安之，则民为之危坠；能生育之，则民为之灭绝[31]。故刑罚不足以畏其意，杀戮不足以服其心[32]。故刑罚繁而意不恐，则令不行矣。杀戮众而心不服，则上位危矣。故从其四欲[33]，则远者自亲；行其四恶[34]，则近者叛之。故知予之为取[35]者，政之宝也。

士经[36]

错[37]国于不倾之地，积于不涸之仓，藏于不竭之府，下令于流水之原[38]。使民于不争之官，明必死之路，开必得之门[39]。不为不可成，不求不可得，不处不可久，不行不可复。错国于不倾之地者，授有德也[40]；积于不涸之仓者，务五谷也；藏于不竭之府者，养桑麻、育六畜也；下令于流水之原者，令顺民心也。使民于不争之官者，使各为其所长也；明必死之路者，严刑罚也；开必得之门者，信[41]庆赏也。不为不可成者，量民力也；不求不可得者，不强民以其所恶也；不处不可久者，不偷取一世也[42]；不行不可复者，不欺其民也。故授有德，则国安；务五谷，则食足；养桑麻、育六畜，则民富；令顺民心，则威令行；使民各为其所长，则用备，严刑罚，则民远邪；信庆赏，则民轻难[43]。量民力，则事无不成；不强民以其所恶，则诈伪不生；不偷取一世，则民无怨心；不欺其民，则下亲其上。

六亲五法

以家为乡[44]，乡不可为也；以乡为国，国不可为也；以国为天下，天下不可为也。以家为家，以乡为乡，以国为国，以天下为天下。毋曰不同生[45]，远者不听[46]；毋曰不同乡，远者不行[47]。毋曰不同国，远者不从[48]。如地如天，何私何亲[49]？如月如日，唯君之节[50]。

御民之辔，在上之所贵[51]；道[52]民之门，在上之所先[53]；召[54]民之路，在上之所好恶。故君求之，则臣得之；君嗜之，则臣食之；君好之，则臣服[55]之；君恶之，则臣匿[56]之。毋蔽汝恶，毋异汝度，贤者将不汝助[57]。言室满室，言堂满堂[58]，是谓圣王。

城郭沟渠，不足以固守；兵甲强力，不足以应敌；博地多财，不足以有众[59]。惟有道者，能备患于未形也，故祸不萌[60]。

天下不患无臣，患无君以使之；天下不患无财，患无人以分之。故知时[61]者可立以为长，无私者可置以为政[62]。审于时而察于用，而能备官者[63]，可奉以为君也。缓者后于事[64]，吝于财者失所亲[65]，信小人者失士[66]。

【注释】

① 选自黎翔凤《管子校注》卷一（中华书局 2004 年版）。管仲，姬姓，名夷吾，字仲，谥敬，春秋时期法家代表人物，颍上（今安徽颍上县）人，古代著名的经济学家、哲学家、政治家、军事家。辅佐齐桓公九合诸侯，一匡天下，成为一代霸主。《管子》一书是管仲政治理念和思想的集中体现，此书的成书年代应该在战国到西汉期间，并由西汉刘向加以整理、删汰，定为 86 篇，后又亡佚 10 篇，所以今人所见的《管子》总计 76 篇。

②［国颂］陈述治国之法。颂，同“容”，《广雅·释诂》：“容，法也。”

③［有地牧民］占有土地蓄养人民，即治理国家。牧民，统治、蓄养人民。牧，《说文解字》："牧，养牛人也。"

④［四时］一年四季。

⑤［廪(lǐn)］米仓，亦指储藏的米。这里指粮食储备。

⑥［举］耕种，古人偶耕，对举耒耜。

⑦［上服度，则六亲固］君主的服饰器用合乎法度，则六亲各得其所，团结一致。服，行也，用也。度，法制。六亲，说法不一，代表性的说法有以下三种：一说指父子、兄弟、姑姐（父亲的姐妹）、甥舅、婚媾（妻的家属）及姻亚，见《左传》。一说指父子、兄弟、夫妇，见《老子》。一说指父、母、兄、弟、妻子、子女，见《汉书》。

⑧［四维张，则君令行］张，展开，发扬。四维，即下文提及的礼、义、廉、耻。维，《说文解字》："维，车盖系也。"古代车舆的车盖依靠四根绳索与车舆四角相牵挂，这四根绳索叫作"四维"。古代的车舆是对天地的模拟，因此古人想象大地的四角也有四根无形的大绳被系总在北极点上，这四根无形的大绳也叫作"四维"。

⑨［省刑之要，在禁文巧］减少刑罚的关键，在于减少奢侈。文指布织，巧指刻镂。

⑩［饰］同"饬"，整理、整顿。

⑪［顺民之经］顺，同"训"，教育、教训。经，途径、方法。

⑫［祗(zhī)］尊敬。

⑬［敬宗庙，恭祖旧］敬重祖先、宗亲、故旧。

⑭［盈］充满。

⑮［菅(jiān)］当为"营"字之误，贪。

⑯［上无量，则民乃妄］君主挥霍无度，人民就会犯上作乱。

⑰［文巧不禁，则民乃淫；不璋两原，则刑乃繁］不注意禁止奢侈，人民就会放纵淫荡。不堵塞这两个祸根，刑罚就会日趋频繁。璋，当作"墇"，古同"障"，隔塞。

⑱［悟］感悟。

⑲［闻］传扬，远播。

⑳［上校］效法于上。

㉑［孝悌(tì)］孝顺父母，敬爱兄长。

㉒［错］同“措”，安置。

㉓［节］等级规范。

㉔［自进］不经过推荐，自己投机钻营。

㉕［耻不从枉］有耻，(人们)就不会走歪路。枉，邪恶不正。

㉖［不逾节，则上位安］(人们)不逾越应守的规范，君主的地位就稳固。上位，指君位、帝位。

㉗［自全］自然端正。

㉘［兴］兴起，推行。

㉙［佚］同“逸”，安逸。

㉚［危坠］危亡。

㉛［能佚乐之，则民为之忧劳；能富贵之，则民为之贫贱；能存安之，则民为之危坠；能生育之，则民为之灭绝］(君主)能够使人民安逸，人民就会为此承受忧劳；能使人民富贵，人民就会为此忍受贫贱；能使人民安定，人民就会为此承担危难；能使人民生育繁息，人民就会不惜为此献出生命。

㉜［刑罚不足以畏其意，杀戮不足以服其心］单靠刑罚不足以使人民真正畏惧，仅凭杀戮也不足以使人民心悦诚服。

㉝［四欲］指上文所说的“佚乐”“富贵”“存安”“生育”四种欲望。

㉞［四恶］指上文所说的“忧劳”“贫贱”“危坠”“灭绝”四种厌恶的东西。

㉟［予之为取］予之于民就是取之于民。予，同“与”。

㊱［士经］事之可以常行者。另本作“十一经”，认为“士”为“十一”竖排粘连之误。士，事。经，常。

㊲［错］同注㉒。

㊳［流水之原］水的源头，借指事物的根本。

㊴［明必死之路，开必得之门］向人们指出犯罪必死的道路，向人们敞开立功必赏的大门。

㊵［授有德］（把政权）交给有道德的人。

㊶［信］守信用。

㊷［不处不可久者，不偷取一世也］不可立足于难以持久的地位，不贪图一代的苟安。

㊸［轻难］不怕危难。

㊹［以家为乡］用治理家的方法治理乡。为，治理。乡，《管子·小匡》："五家为轨，轨有长；十轨为里，里有司；四里为连，连有长；十连为乡，乡有良人。"

㊺［同生］同属一个家族。生，同"姓"。

㊻［远者不听］不听取外姓人的意见。

㊼［行］采用，采纳。

㊽［毋曰不同国，远者不从］国，当作"邦"，汉人为避汉高祖刘邦讳而改。从，听从。

㊾［如地如天，何私何亲］就像天地一样，对待万物没有亲疏偏私。

㊿［如月如日，唯君之节］要像日月普照万物，这才是君王的风范气度。节，节度，气度。

51［御民之辔，在上之所贵］治理人民的方法，在于君主重视什么。辔，马缰绳，这里指治理人民的手段。

52［道］同"导"，引导。

53［先］先行，提倡。

54［召］"诏"的假借字，告。

55［服］实行，施行。

56［匿］隐藏，规避。

57［毋蔽汝恶，毋异汝度，贤者将不汝助］不要掩蔽你的过错，不要擅改你的法度，否则贤能的人将不会帮助你。异，同"易"，改变。汝，指君王。

㊿[言室满室，言堂满堂] 在室内讲话，声音要使全室的人听到；在堂上讲话，声音要使满堂的人听到。这里指君王说话办事公开，没有隐藏。

59 [有众] 拥有百姓。

60 [惟有道者，能备患于未形也，故祸不萌] 只有有道的君主，能做到防患于未然，才可避免灾祸的发生。萌，事物初显端倪，开始发生。

61 [知时] 洞晓时事的人。

62 [政] 同“正”，长官。

63 [审于时而察于用，而能备官者] 审时度势，善于理财，而又能任用官吏的人。备官，任用、调配官吏。

64 [缓者后于事] 处事迟钝的人，会落后于形势。

65 [吝于财者失所亲] 吝啬财物的人，会失去亲信。

66 [信小人者失士] 宠信小人的人，会失掉贤能的人才。

【评析】

先秦时期，百家争鸣，是我国古代思想史的第一个黄金期。儒、道、法、墨等家，对于现实政治问题，都提出了各自的看法。其中《管子》一书，托名为齐相管仲所著，实际上是稷下学派的思想汇总。《汉书·艺文志》将其列入子部道家类，《隋书·经籍志》列入法家类，《四库全书》将其列入子部法家类。清代史学家章学诚说：“《管子》，道家之言也。”由此可见其思想之复杂。

《牧民》是《管子》的第一篇，讲述的是如何治理国家的问题。首先，作者特别重视物质资料的生产，提出了“仓廪实则知礼节，衣食足则知荣辱”的著名论断，强调经济基础的重要性。对于老百姓而言，只有解决衣食问题后，才能对其讲求礼仪道德。《孟子》也曾说道：“无恒产而有恒心者，惟士为能。若民，则无恒产，因无恒心。”

但是，另一方面，作者也强调礼、义、廉、耻的道德规范，认为这是国家的“四维”，就像房屋的四根支柱。北宋欧阳修在《新五代史》卷五十四《杂传序》中更进一步归纳和强调：“礼义廉耻，国之四维。四维不张，国乃灭亡。”

此外，如“城郭沟渠，不足以固守；兵甲强力，不足以应敌；博地多财，不足以有众”等，也具有深远的政治眼光。因此，刘向评价说：“凡《管子》书，务富国安民，道约言要，可以晓合经义。”

【理性思考】

1. “仓廪实则知礼节，衣食足则知荣辱”，体现了什么样的治国思想？

2. 为什么说“一维绝则倾，二维绝则危，三维绝则覆，四维绝则灭”？

3. 有人认为《管子》属于道家思想作品，也有人认为《管子》属于法家思想作品。根据对《牧民》一篇的理解，谈谈你的看法。

【延伸阅读】

1. 白奚《稷下齐地之学的代表作品〈管子〉》，《稷下学研究——中国古代的思想自由与百家争鸣》，生活·读书·新知三联书店 1998 年版。

2. 刘向《管子叙录》，张舜徽选编《文献学论著辑要》，中国人民大学出版社 2011 年版。

管晏列传[①]

司马迁

管仲夷吾者，颍上[②]人也。少时常与鲍叔牙[③]游，鲍叔知其贤。管仲贫困，常欺鲍叔，鲍叔终善遇之[④]，不以为言。已而鲍叔事[⑤]齐公子小白[⑥]，管仲事公子纠[⑦]。及小白立为桓公，公子纠死，管仲囚焉。鲍叔遂进[⑧]管仲。管仲既用，任政于齐，齐桓公以霸，九合诸侯，一匡天下[⑨]，管仲之谋也。

管仲曰："吾始困时，尝与鲍叔贾[10]，分财利多自与[11]，鲍叔不以我为贪，知我贫也。吾尝为鲍叔谋事而更穷困，鲍叔不以我为愚，知时有利不利也。吾尝三仕三见逐于君[12]，鲍叔不以我为不肖[13]，知我不遭时也。吾尝三战三走[14]，鲍叔不以我怯，知我有老母也。公子纠败，召忽[15]死之，吾幽囚受辱，鲍叔不以我为无耻，知我不羞小节而耻功名不显于天下也[16]。生我者父母，知我者鲍子也。"

鲍叔既进管仲，以身下之[17]。子孙世禄于齐[18]，有封邑者十余世，常为名大夫。天下不多[19]管仲之贤，而多鲍叔能知人也。

管仲既任政相齐，以区区之齐在海滨，通货积财，富国强兵，与俗[20]同好恶。故其称曰："仓廪实而知礼节[21]，衣食足而知荣辱，上服度则六亲固[22]。四维[23]不张，国乃灭亡。下令如流水之原，令顺民心[24]。"故论卑[25]而易行。俗之所欲，因而予之；俗之所否，因而去之。

其为政也，善因祸而为福，转败而为功。贵轻重，慎权衡。桓公实怒少姬，南袭蔡，管仲因而伐楚，责包茅不入贡于周室[26]。桓公实北征山戎，而管仲因而令燕修召公之政[27]。于柯之会，桓公欲背曹沫之约[28]，管仲因而信之，诸侯由是归齐。故曰："知与之为取，政之宝也。"

管仲富拟于公室，有三归[29]、反坫[30]，齐人不以为侈。管仲卒，齐国遵其政，常强于诸侯。后百余年而有晏子焉。

晏平仲婴者，莱[31]之夷维[32]人也。事齐灵公、庄公、景公，以节俭力行重于齐。既相齐，食不重肉，妾不衣帛。其在朝，君语及之，即危言[33]；语不及之，即危行[34]。国有道，即顺命[35]；无道，即衡命[36]。以此三世显名于诸侯。

越石父贤，在缧绁[37]中。晏子出，遭之涂[38]，解左骖[39]赎之，载归。弗谢[40]，入闺[41]。久之，越石父请绝[42]。晏子戄然[43]，摄衣冠谢[44]曰："婴虽不仁，免子于厄，何子求绝之速也？"石父曰："不然。吾闻君子诎[45]于不知己而信于知己者。方吾在缧绁中，彼不知我也。夫子既已感寤[46]而赎我，是知己；知己而无礼，固不如在缧绁之中。"晏子于是延入为上客。

晏子为齐相，出，其御[47]之妻从门间而窥其夫。其夫为相御，拥大盖[48]，策驷马，意气扬扬，甚自得也。既而归，其妻请去。夫问其故。妻曰："晏子长不满六尺，身相齐国，名显诸侯。今者妾观其出，志念深矣，常有以自下者[49]。今子长八尺，乃为人仆御，然子之意自以为足，妾是以求去也。"其后夫自抑损[50]。晏子怪而问之，御以实对。晏子荐以为大夫。

太史公曰：吾读管氏《牧民》《山高》《乘马》《轻重》《九府》，及《晏子春秋》，详哉其言之也。既见其著书，欲观其行事，故次其传[51]。至其书，世多有之，是以不论，论其轶事。管仲世所谓贤臣，然孔子小之[52]。岂以为周道衰微，桓公既贤，而不勉之至王[53]，乃称霸哉？语曰："将顺其美，匡救其恶，故上下能相亲也。"岂管仲之谓乎？方晏子伏庄公尸哭之，成礼然后去，岂所谓"见义不为，无勇"者邪？至其谏说，犯君之颜，此所谓"进思尽忠，退思补过"者哉！假令晏子而在，余虽为之执鞭[54]，所忻慕[55]焉。

【注释】

① 本篇选自《史记》卷六十二（中华书局 2013 年版）。《史记》，西汉司马迁著，是我国第一部纪传体通史，分为十二本纪、三十世家、七十列传、十表、八书，共一百三十篇，被鲁迅称为"史家之绝唱，无韵之离骚"。列传主要记载人臣的言行事迹。

② ［颍上］今安徽颍上县。

③ ［鲍叔牙］春秋时期齐国大夫，齐襄公十二年（前 686）协助公子小白夺得国君之位，并推荐管仲为相。

④ ［终善遇之］始终对他很好。

⑤ ［事］辅佐。

⑥ ［齐公子小白］即齐桓公，齐襄公之弟。

⑦ ［公子纠］齐襄公之弟，齐桓公之兄。曾与齐桓公争位，后被杀。

⑧［进］举荐。

⑨［九合诸侯，一匡天下］多次召集诸侯会盟，使天下归于正一。

⑩［贾(gǔ)］做生意。

⑪［多自与］多分给自己一些。

⑫［三仕三见逐于君］几次做官都被君主免职。

⑬［不肖］没有才干。

⑭［走］逃跑。

⑮［召忽］春秋时期齐国人。曾与管仲一起辅佐公子纠。公子纠被杀后，召忽自杀身亡。

⑯［不羞小节而耻功名不显于天下也］不因未尽小节而感到羞耻，而因功名不曾显耀天下而感到羞耻。

⑰［以身下之］将自己置于管仲之下。

⑱［子孙世禄于齐］子孙世代在齐国做官。

⑲［多］称赞。

⑳［俗］百姓。

㉑［仓廪实而知礼节］仓库粮食储备充实了，百姓才能懂得礼节。

㉒［上服度则六亲固］见《牧民》注释⑦。

㉓［四维］指礼、义、廉、耻。

㉔［下令如流水之原，令顺民心］下达政令要像流水的源头顺流而下那样，合乎百姓的心意。

㉕［论卑］政令少而浅显易懂。

㉖［桓公实怒少姬，南袭蔡，管仲因而伐楚，责包茅不入贡于周室］少姬，即蔡姬，齐桓公姬妾。齐桓公二十九年(前657)，蔡姬因小事忤逆齐桓公，被遣归蔡国，然而未断联系。蔡人却使蔡姬改嫁，触怒了齐桓公。桓公召集诸侯讨伐蔡国。蔡国溃退之后，齐国转以未向周王室进贡包茅、影响祭祀的理由伐楚，并与楚国订立了召陵之盟。事见《左传》。

㉗［桓公实北征山戎，而管仲因而令燕修召公之政］齐桓公二十

三年(前 663),山戎攻打燕国,燕国向齐国求救。齐国出兵讨伐山戎援救燕国,并叮嘱燕君学习召公为政,向周王室纳贡。这种做法得到了诸侯的拥护。

㉘［曹沫之约］齐桓公五年(前 681),齐国攻打鲁国,鲁国请求割让城池平息战争,桓公与鲁国在柯地会盟。会上,鲁国臣子曹沫用宝剑劫持了齐桓公,要求归还齐鲁边境的汶阳之田。

㉙［三归］三姓女,妇人出嫁曰归。一说指三处采邑。另一说指大量市租常例。

㉚［反坫(diàn)］周代诸侯宴会时,在正堂两旁设有放空酒杯的土筑平台叫坫,诸侯互相敬酒后,将酒杯反置在坫上。管仲行此,视为逾制。

㉛［莱］古国名,今山东黄县东南。

㉜［夷维］今山东高密县。

㉝［危言］正直地表达自己的意见。

㉞［危行］正直地去做事。

㉟［顺命］顺从命令去做事。

㊱［衡命］斟酌着命令去做事。

㊲［缧绁(léi xiè)］捆绑犯人的绳索,引申为囚禁。

㊳［涂］同“途”,道路。

㊴［骖(cān)］古时驾在车前两侧的马。

㊵［谢］告别。

㊶［闺］内室。

㊷［请绝］要求绝交。

㊸［戄(jué)然］惊惶的样子。

㊹［摄衣冠谢］整理衣冠道歉。谢,谢罪,道歉。

㊺［诎(qū)］遭受委屈。

㊻［感寤］感悟。寤,同“悟”。

㊼［御］车夫。

㊽［拥大盖］头上遮着大伞。

㊾［常有以自下者］常常有甘居人下的态度。

㊿［抑损］谦逊。

51［次其传］编写他们的传记。

52［孔子小之］孔子小看他。《论语·八佾》:“管仲之器小哉!”

53［不勉之至王］不勉励齐桓公实行王道。

54［执鞭］挥动鞭子为人驾车,表示景仰追随,引申为做仆役。

55［忻慕］欣喜向往。忻,同“欣”。

【评析】

《管晏列传》是《史记》列传的第二篇,记述了春秋中后期齐国的两名贤能的臣子管仲、晏婴的事迹。这两人分别辅佐齐桓公、齐景公,成就了一番事业,声名远播。当时的史书资料对两人的政治思想和执政措施都记述得颇为详尽,故而司马迁在撰写两人的传记时独辟蹊径,从小事入手,概括两人的品质和平生际遇。在为管仲作传时,司马迁并未具体描述他辅佐齐桓公“九合诸侯”的过程,而是用很大的篇幅记叙了他和鲍叔牙之间的相知相重,以及与齐桓公的君臣遇合。而为晏子作传时,司马迁则用越石父和马车夫两个事例,充分说明了晏子知贤之明和举贤之诚。

同样需要注意的是,《史记》不仅是一部史书,也是司马迁“发愤著书”的心灵史书写。因此,为管仲、晏婴合传,并强调管子受知于鲍叔牙的际遇、晏子知贤能用的品格,这与司马迁自身的经历及人生感触也有莫大关联。司马迁因为李陵仗义执言而受宫刑,所交往者无一救助,与汉武帝之间的君臣关系同样非常微妙,所以他在写作此文时,从对传主事迹的选择到最后的“太史公曰”,都可以放到其抒发世无知己的隐衷的视角下来观察。

《管晏列传》是《史记》中非常精彩的一篇,其行文举重若轻,娓娓道来,意味深长,正体现了司马迁“意到笔随,思余语止”的文章特色。

【理性思考】

1.《史记·管晏列传》中的管仲和晏婴分别具有什么样的形象？

2. 本文最后三段的“太史公曰”是《史记》中非常有特色的部分，是司马迁作为历史学家对传主的评价与议论。那么，司马迁在这里对管、晏分别做出了怎样的评价？表达了自己什么样的感慨和思考？

3.《管晏列传》中说“管仲世所谓贤臣，然孔子小之”，尝试阅读书籍，收集当时人们（如孔子、孟子）对管仲、晏婴的评价。

【延伸阅读】

1. 司马迁《史记·太史公自序》，中华书局 2013 年版。

2.《晏子春秋》，中华书局 2015 年版。

3. 梁启超《管子传》，《饮冰室合集》（专集十五），中华书局 2015 年版。

修　　权[①]

商　鞅

国之所以治者三：一曰法，二曰信，三曰权[②]。法者，君臣之所共操也；信者，君臣之所共立也；权者，君之所独制也[③]。人主失守[④]则危，君臣释法[⑤]任私必乱。故立法明分[⑥]而不以私害法则治[⑦]，权制独断于君则威，民信其赏则事功成[⑧]，信其刑则奸无端[⑨]。惟明主爱权重信，而不以私害法。故上多惠言而不克其赏，则下不用[⑩]；数[⑪]加严令而不致其刑，则民傲死[⑫]。凡赏者，文也；刑者，武也；文武者，法之约也[⑬]。故明主任法[⑭]。明主不蔽[⑮]之谓明，不欺[⑯]之谓察。故赏厚而信，刑重而必[⑰]。不失疏远，不违亲近[⑱]，故臣不蔽主，而下不欺上。

世之为治者，多释法而任[⑲]私议，此国之所以乱也。先王县权衡，立尺寸，而至今法之，其分明也[⑳]。夫释权衡而断轻重，废尺寸而意长短，虽察，商贾不用，为其不必也[21]。故法者，国之权衡也。夫倍[22]法度而任私议，皆不知类[23]者也。不以法论知、能、贤、不肖者惟尧，而世不尽为尧。是故先王知自议誉私之不可任也，故立法明分[24]，中程者赏之，毁公者诛之[25]。赏诛之法，不失其议[26]，故民不争。不以爵禄便[27]近亲，则劳臣不怨；不以刑罚隐[28]疏远，则下亲上。故授官予爵，不以其劳，则忠臣不进；行赏赋禄[29]，不称其功，则战士不用[30]。

凡人臣之事君也，多以主所好事君。君好法，则臣以法事君；君好言，则臣以言事君。君好法，则端直之士[31]在前；君好言，则毁誉之臣在侧。公私之分明，则小人不疾贤[32]，而不肖者不妒功[33]。故尧、舜之位[34]天下也，非私天下之利也，为天下位天下也[35]。论贤举能而传焉，非疏父子，亲越人[36]也，明于治乱之道也。故三王以义亲[37]，五霸[38]以法正诸侯，皆非私天下之利也，为天下治天下。是故擅其名而有其功，天下乐其政而莫之能伤也[39]。今乱世之君臣，区区然[40]皆擅一国之利，而管一官之重，以便其私，此国之所以危也。故公私之交，存亡之本也[41]。

夫废法度而好私议，则奸臣鬻权以约禄[42]，秩官之吏隐下而渔民[43]。谚曰："蠹众而木折，隙大而墙坏[44]。"故大臣争于私而不顾其民，则下离上。下离上者，国之隙也。秩官之吏隐下而渔百姓，此民之蠹也。故有隙蠹而不亡者，天下鲜矣。是故明主任法去私，而国无隙蠹矣[45]。

【注释】

①《商君书》（中华书局 2006 年版），也称《商子》，是战国时期法家学派的代表作之一，现存 24 篇。旧题商鞅撰，但学术界对此颇有争议。普遍认为，《商君书》并非一人一时之作，是商鞅遗著与其他法家思想的合编。商鞅（约前 395—前 338），战国时期政治家、改革家、思想家，法家代表人物。卫国（今河南省安阳市）人，卫国国君的后裔，姬姓公孙氏，故又称卫鞅、公孙鞅。后因在河西之战中立功获封商于十五邑，号为商君，故称之为商鞅。商鞅通过变法使秦国的经济得到大力发展，军事实力不断加强，成为战国后期最富裕强大的国家。

②［国之所以治者三：一曰法，二曰信，三曰权］国家安定的因素有三个：法度、信用、权力。

③［“法者，君臣之所共操也”以下三句］法度是君臣共同执掌的，信用是君臣共同树立的，权力是君主独自控制的。操，坚守，执掌。立，树立。独制，独自控制。

④［失守］失去掌控的权力。

⑤［释法］弃法不用。

⑥［立法明分］建立法度，明确公私的界限。分，名分，指和各种人或物的名称所相对应的职分、地位、界限、标准、归属等。

⑦［不以私害法则治］不因私人意志损害法度，那么国家就能治理好。

⑧［民信其赏则事功成］人民相信君主的赏赐事业就会办成。事功，功绩，功业。

⑨［无端］不会产生。端，开端。

⑩［故上多惠言而不克其赏，则下不用］所以如果君主对民众许下很多施予恩惠的空话，而不能兑现他的奖赏，那么民众就不会听从君主的役使。惠言，好听的空话。克，能，能够。

⑪［数（shuò）］屡次，多次。

⑫［傲死］倨傲而轻视死刑。

⑬［文武者，法之约也］赏罚两种手段，是法治的纲要。约，同“要”，总要，纲要。

⑭［任法］看重法治，运用法治。

⑮［不蔽］不被蒙蔽，不受蒙蔽。

⑯［不欺］不被欺骗。

⑰［赏厚而信，刑重而必］重赏则树立了信用，而重罚也是必然的。

⑱［不失疏远，不违亲近］（重赏）不忘关系疏远的人，（重罚）不回避关系亲近的人。疏远，不亲近的人。违，避开，回避。

⑲［任］听信，任由。

⑳［先王县权衡，立尺寸，而至今法之，其分明也］先王制定了秤锤和秤杆，确定了尺寸的标准，作为标准沿用至今，这是因为它们的界限清楚明确。县，同“悬”，挂起了秤，实指制造了秤。权，秤锤。衡，秤杆。

㉑［夫释权衡而断轻重，废尺寸而意长短，虽察，商贾不用，为其不必也］如果抛弃了权衡而判断轻重，废除尺寸而估计长短，即使估计得很准确，商人也不会用这种方法，因为这样的结果不是完全肯定的。释，抛弃。断，判断。

㉒［倍］同“背”，违背。

㉓［类］指对事物用类推来判断是非。

㉔［分］标准，职分。

㉕［中程者赏之，毁公者诛之］合乎法度的就奖赏他，危害国家的就惩罚他。中程，合乎法度。诛，责罚。

㉖［议］同“仪”，法则，标准。

㉗［便］利。

㉘［隐］不显露，埋没。

㉙［赋禄］给予俸禄。

㉚［用］与上文的“进”互为对文，指仕进、被提拔。

㉛［端直之士］正直的人。

㉜［小人不疾贤］平庸的人就不会嫉妒有才干的人。小人，这里与贤能之人相对，指资质平庸的人。疾，同“嫉”，嫉妒。

㉝［不肖者不妒功］无能的也不会妒忌功臣。不肖者，不成才的人。

㉞［位］同“莅”，到、临。引申为统治。

㉟［为天下位天下］为天下而治理天下。

㊱［越人］越国不仅地理位置与中原相距较远，而且习俗与中原也有所不同，所以被中原各国视为异族。因此，越人在当时被用来比喻关系疏远的人。

㊲［三王以义亲］三王，指夏商周三代之君夏禹、商汤、周文王。义，正义或道德规范。

㊳［五霸］其说法不一，一般指春秋时的齐桓公、宋襄公、晋文公、秦穆公、楚庄王。

㊴［是故擅其名而有其功，天下乐其政而莫之能伤也］所以有功名的君主，天下的人都满意他的统治，没有谁能动摇他的统治。

㊵［区区然］自得的样子。

㊶［公私之交，存亡之本也］公私是否分明，是国家存亡的根本。

㊷［奸臣鬻权以约禄］奸臣利用君主废弃法度的机会而卖弄权势，以向民众索取更多的俸禄。鬻（yù）权，指弄权以谋利。鬻，卖。约，求取。约禄，求取俸禄。

㊸［秩官之吏隐下而渔民］国家常设的官吏就会隐瞒下情而鱼肉百姓。秩官，享有俸禄的常设之官。秩，常。渔，侵占，掠夺。

㊹［蠹众而木折，隙大而墙坏］蛀虫多了，树就会折断；缝隙大了，墙就会崩坏。比喻不利的因素多了，就会造成灾祸。蠹（dù），本意指蛀蚀器物的虫子。引申为比喻祸害国民的人和事。

㊺［是故明主任法去私，而国无隙蠹矣］所以贤明的君主利用法律，摒除私利，国家就不会有“缝隙”和“蛀虫”了。

【评析】

法家是战国时期的重要学派之一，因主张以法治国，“不别亲疏，不殊贵贱，一断于法”，故称之为法家。春秋时期，管仲、子产即是法家的先驱。战国初期，李悝、商鞅、申不害、慎到等开创了法家学派。至战国末期，韩非综合商鞅的“法”、慎到的“势”和申不害的“术”，集法家思想学说之大成。这一学派，经济上主张废井田，重农抑商，奖励耕战；政治上主张废分封，设郡县，君主专制，仗势用术，以严刑峻法进行统治；思想和教育方面，则主张禁断诸子百家学说，以法为教，以吏为师。其学说为君主专制的大一统王朝的建立，提供了理论根据和行动方略。

《汉书·艺文志》中有这样一段评论:“法家者流,盖出于理官。信赏必罚,以辅礼制。《易》曰‘先王以明罚饬法’,此其所长也。及刻者为之,则无教化,去仁爱,专任刑法而欲以致治,至于残害至亲,伤恩薄厚。”法家思想是一把双刃剑,既有积极的一面,也有消极的影响。尽管法家思想在秦始皇统一六国,建立中央集权的专制国家的过程中发挥了重大作用,并成为秦朝的统治思想,但随着秦朝的灭亡,法家也盛极而衰,一蹶不振,不过其学说对中国哲学思想、政治法律思想仍然产生了长远而巨大的影响。

就本文而言,所谓《修权》,即修整权力,是指如何使用权力。作者在这一篇中论述了君主该如何运用自己手中的权力来治理国家。作者认为,治理好国家需要三个因素:法度、信用、权力。法度、信用是君臣共同建立并遵守的,权力是由君主独掌的,这三者不可偏废。为此他提出“任法去私”,强调法的重要性,反对以权谋私,其主张至今仍值得我们吸收和借鉴。作者也认为“世之为治者多释法而任私议,此国之所以乱也”,因此要制定标准化、规范化的法律和制度,保证“立法分明”。

【理性思考】

1. 为什么作者认为“权者,君之所独制也”?
2. “私议”对“法度”有什么不利影响?

【延伸阅读】

1. 郭沫若《前期法家的批判》,《十批判书》,东方出版社 1996 年版。

2. 司马迁《史记·商君列传》,中华书局 2013 年版。

商君列传[1]

司马迁

商君[2]者，卫之诸庶孽[3]公子也，名鞅，姓公孙氏，其祖本姬姓也。鞅少好刑名之学[4]，事魏相公叔座[5]为中庶子[6]。公叔座知其贤，未及进[7]。会[8]座病，魏惠王[9]亲往问病，曰："公叔病有如不可讳[10]，将奈社稷何？"公叔曰："座之中庶子公孙鞅，年虽少，有奇才，愿王举国而听[11]之。"王嘿[12]然。王且[13]去，座屏[14]人言曰："王即不听用鞅，必杀之，无令出境。"王许诺而去。公叔座召鞅谢[15]曰："今者王问可以为相者，我言若[16]，王色[17]不许我。我方先君后臣，因谓王即弗用鞅，当杀之。王许我。汝可疾去矣，且见禽[18]。"鞅曰："彼王不能用君之言任臣，又安能用君之言杀臣乎？"卒[19]不去。惠王既[20]去，而谓左右曰："公叔病甚，悲乎，欲令寡人以国听公孙鞅也，岂不悖[21]哉！"

公叔既死，公孙鞅闻秦孝公下令国中求贤者，将修缪公之业[22]，东复侵地[23]，乃遂西入秦，因孝公宠臣景监[24]以求见孝公。孝公既见卫鞅，语事良久，孝公时时睡，弗听。罢而孝公怒景监曰："子之客妄人[25]耳，安足用邪！"景监以让[26]卫鞅。卫鞅曰："吾说公以帝道[27]，其志不开悟矣。"后五日，复求见鞅。鞅复见孝公，益愈，然而未中旨[28]。罢而孝公复让景监，景监亦让鞅。鞅曰："吾说公以王道[29]而未入也。请复见鞅。"鞅复见孝公，孝公善[30]之而未用也。罢而去。孝公谓景监曰："汝客善，可与语矣。"鞅曰："吾说公以霸道[31]，其意欲用之矣。诚[32]复见我，我知之矣。"卫鞅复见孝公。公与语，不自知厀之前于席[33]也。语数日不厌。景监曰："子何以中吾君？吾君之驩[34]甚也。"鞅曰："吾说君以帝王之道比三代[35]，而君曰：'久远，吾不能待。且贤君者，各及其身显名天下，安能邑邑[36]待数十百年以成帝王乎？'故吾以强国之术说君，君大说[37]之耳。然亦难以比[38]德于殷周矣。"

孝公既用卫鞅，鞅欲变法，恐天下议己。卫鞅曰："疑行无名[39]，疑事无功[40]。且夫有高人[41]之行者，固见非于世[42]；有独知之虑者，必见敖[43]于民。愚者闇[44]于成事，知[45]者见于未萌[46]。民不可与虑始[47]而可与乐成[48]。论至德者[49]不和于俗，成大功者不谋于众。是以[50]圣人苟[51]可以强国，不法其故[52]；苟可以利民，不循其礼。”孝公曰：“善。”甘龙[53]曰：“不然。圣人不易民而教，知者不变法而治。因民而教，不劳而成功；缘[54]法而治者，吏习[55]而民安之。”卫鞅曰：“龙之所言，世俗之言也。常人安于故俗，学者溺[56]于所闻。以此两者居官守法可也，非所与论于法之外[57]也。三代不同礼而王[58]，五伯[59]不同法而霸。智者作法，愚者制[60]焉；贤者更礼，不肖者拘焉。”杜挚[61]曰：“利不百，不变法；功不十，不易器。法古无过，循礼无邪。”卫鞅曰：“治世不一道，便[62]国不法古。故汤武不循古而王，夏殷[63]不易礼而亡。反古者不可非，而循礼者不足多[64]。”孝公曰：“善。”以卫鞅为左庶长[65]，卒定变法之令。

令民为什伍[66]，而相牧司[67]连坐[68]。不告奸[69]者腰斩，告奸者与斩敌首同赏[70]，匿奸者与降敌同罚[71]。民有二男以上不分异[72]者，倍其赋。有军功者，各以率[73]受上爵；为私斗者，各以轻重被刑大小。僇力[74]本业，耕织致粟帛多者复其身[75]。事末利[76]及怠[77]而贫者，举以为收孥[78]。宗室非有军功论[79]，不得为属籍[80]。明尊卑爵秩等级，各以差次[81]名[82]田宅，臣妾衣服以家次[83]。有功者显荣，无功者虽富无所芬华[84]。

令既具[85]，未布，恐民之不信，已乃立三丈之木于国都市南门[86]，募民有能徙[87]置北门者予十金。民怪之，莫敢徙。复曰“能徙者予五十金”。有一人徙之，辄[88]予五十金，以明不欺[89]。卒下令。

令行于民期年[90]，秦民之国都言初令[91]之不便者以千数。于是[92]太子[93]犯法。卫鞅曰：“法之不行，自上犯之。”将法[94]太子。太子，君嗣[95]也，不可施刑，刑其傅[96]公子虔，黥[97]其师公孙贾。明日，秦人皆趋[98]令。行之十年，秦民大说，道不拾遗，山无盗贼，家给人足。民勇于公战，怯于私斗，乡邑大治。秦民初言令不便者有来言令便者，卫鞅曰：“此皆乱化[99]之民也。”尽迁之于边城。其后民莫敢议令。

于是以鞅为大良造[100]。将[101]兵围魏安邑[102]，降之。居三年，作为筑冀阙[103]宫庭于咸阳，秦自雍[104]徙都之。而令民父子兄弟同室内息[105]者为禁。而集小乡邑聚[106]为县，置令、丞[107]，凡三十一县。为田开阡陌[108]封疆[109]，而赋税平[110]。平斗桶[111]权衡[112]丈尺[113]。行之四年，公子虔复犯约，劓[114]之。居五年，秦人富强，天子致胙[115]于孝公，诸侯毕[116]贺。

其明年[117]，齐败魏兵于马陵，虏其太子申，杀将军庞涓。其明年，卫鞅说孝公曰："秦之与魏，譬若人之有腹心疾，非魏并[118]秦，秦即并魏。何者？魏居领厄[119]之西，都安邑，与秦界河[120]而独擅山东[121]之利。利则西侵秦，病[122]则东收地。今以君之贤圣，国赖以盛。而魏往年大破于齐，诸侯畔[123]之，可因此时伐魏。魏不支[124]秦，必东徙。东徙，秦据河山之固，东乡[125]以制诸侯，此帝王之业也。"孝公以为然，使卫鞅将而伐魏。魏使公子卬将而击之。军既相距[126]，卫鞅遗[127]魏将公子卬书曰："吾始与公子驩，今俱为两国将，不忍相攻，可与公子面相见，盟，乐饮而罢兵，以安秦魏。"魏公子卬以为然。会盟已[128]，饮，而卫鞅伏甲士而袭虏魏公子卬，因攻其军，尽破之以归秦。魏惠王兵数破于齐秦，国内空，日以削，恐，乃使使割河西之地献于秦以和。而魏遂去安邑，徙都大梁[129]。梁惠王曰："寡人恨不用公叔座之言也。"卫鞅既破魏还，秦封之於、商[130]十五邑，号为商君。

商君相秦十年，宗室贵戚多怨望[131]者。赵良见商君。商君曰："鞅之得见也，从[132]孟兰皋，今鞅请得交，可乎？"赵良曰："仆[133]弗敢愿[134]也。孔丘有言曰：'推贤而戴者[135]进，聚不肖而王者[136]退。'仆不肖，故不敢受命。仆闻之曰：'非其位而居之曰贪位，非其名而有之曰贪名。'仆听君之义，则恐仆贪位贪名也。故不敢闻[137]命。"商君曰："子不说[138]吾治秦与[139]？"赵良曰："反听[140]之谓聪，内视[141]之谓明，自胜[142]之谓强。虞舜有言曰：'自卑[143]也尚[144]矣。'君不若道[145]虞舜之道，无为问仆矣。"商君曰："始秦戎翟[146]之教，父子无别，同室而居。今我更制其教，而为其男女之别，大筑冀阙，营[147]如鲁卫矣。子观我治秦也，孰[148]与五羖大夫[149]贤？"赵良曰："千羊之皮，不如一狐之掖[150]；千人之诺诺[151]，不如一士之谔谔[152]。武王谔谔以昌，殷纣墨墨[153]以亡。君若不非武王乎，则仆请终日正言而无诛[154]，可乎?”商君曰:“语有之矣[155]，貌言[156]华[157]也，至言[158]实也，苦言药也，甘言疾也。夫子果肯终日正言，鞅之药也。鞅将事[159]子，子又何辞焉!”赵良曰:“夫五羖大夫，荆之鄙人[160]也。闻秦缪公之贤而愿望见，行而无资，自粥[161]于秦客，被褐[162]食[163]牛。期年，缪公知之，举之牛口之下，而加[164]之百姓[165]之上，秦国莫敢望焉。相秦六七年，而东伐郑[166]，三置晋国之君[167]，一救荆国之祸[168]。发教[169]封内[170]，而巴人致贡[171];施德诸侯，而八戎[172]来服。由余[173]闻之，款关[174]请见。五羖大夫之相秦也，劳不坐乘[175]，暑不张盖，行于国中，不从车乘，不操干戈[176]，功名藏于府库，德行施于后世。五羖大夫死，秦国男女流涕，童子不歌谣，舂[177]者不相杵[178]。此五羖大夫之德也。今君之见秦王也，因嬖[179]人景监以为主[180]，非所以为名也。相秦不以百姓为事，而大筑冀阙，非所以为功也。刑黥太子之师傅，残伤民以骏刑[181]，是积怨畜[182]祸也。教之化民也深于[183]命，民之效上也捷于令。今君又左建外易[184]，非所以为教也。君又南面[185]而称寡人，日绳[186]秦之贵公子。《诗》曰:‘相鼠[187]有体，人而无礼，人而无礼，何不遄[188]死。’以《诗》观之，非所以为寿也。公子虔杜门[189]不出已八年矣，君又杀祝懽[190]而黥公孙贾。《诗》曰:‘得人者兴，失人者崩[191]。’此数事者，非所以得人也。君之出也，后车十数，从车载甲[192]，多力而骈胁[193]者为骖乘[194]，持矛而操闟戟[195]者旁[196]车而趋[197]。此一物不具，君固不出。《书》[198]曰:‘恃[199]德者昌，恃力者亡。’君之危若朝露，尚将欲延年益寿乎?则何不归[200]十五都[201]，灌园[202]于鄙[203]，劝秦王显[204]岩穴之士[205]，养老存孤，敬父兄，序[206]有功，尊有德，可以少安。君尚将贪商於之富，宠秦国之教，畜百姓之怨，秦王一旦捐宾客[207]而不立朝，秦国之所以收[208]君者，岂其微[209]哉?亡可翘足而待。”商君弗从。

后五月而秦孝公卒，太子立。公子虔之徒[210]告商君欲反，发吏捕商君。商君亡[211]至关下，欲舍[212]客舍。客人[213]不知其是商君也，曰:“商君之法，舍人[214]无验[215]者坐[216]之。”商君喟然[217]叹曰:“嗟乎，为法之敝[218]一至此哉!”去之魏[219]。魏人怨其欺公子卬而破魏师，弗受。商君欲之他国。魏人曰:“商君，秦之贼[220]。秦强而贼入魏，弗归，不可。”遂内[221]秦。商君既复入秦，走[222]商邑，与其徒属发邑兵北出击郑。秦发兵攻商君，杀之于郑黾池[223]。秦惠王车裂[224]商君以徇[225]，曰："莫如商鞅反者！"遂灭商君之家。

太史公曰：商君，其天资[226]刻薄[227]人也。迹[228]其欲干[229]孝公以帝王术，挟持浮说[230]，非其质[231]矣。且所因由嬖臣，及得用，刑公子虔，欺魏将卬，不师[232]赵良之言，亦足发明[233]商君之少恩矣。余尝读商君《开塞》《耕战》[234]书，与其人行事相类。卒受恶名于秦，有以[235]也夫！

【注释】

① 选自《史记》卷六十八（中华书局 2013 年版）。

② ［商君］以封邑称。秦封公孙鞅于商，故号商君，亦称商鞅。出身于卫，又称卫鞅。

③ ［庶孽］古代非正妻所生的孩子，被视为旁支疏属。

④ ［刑名之学］刑，同"形"，指形体或事实；名，指言论或主张。刑名之学，即主张循名责实、赏罚严明的学说，以战国时申不害为代表。

⑤ ［公叔座］公叔为氏，座为名，一作"痤"。

⑥ ［中庶子］官名，掌公族。《周礼·夏官》谓之"诸子"，《礼记·文王世子》谓之"庶子"。

⑦ ［进］推荐。

⑧ ［会］恰逢。

⑨ ［魏惠王］魏侯之子，后徙大梁而称梁。

⑩ ［不可讳］指死亡、不测。讳，忌讳。

⑪ ［听］听从。

⑫ ［嘿］同"默"。

⑬ ［且］将要。

⑭ ［屏（bǐng）］屏退。

⑮ ［谢］道歉。

⑯ ［若］你，汝。

⑰［色］脸色，神情。

⑱［见禽］见，被。禽，同“擒”。

⑲［卒］最终。

⑳［既］已经。

㉑［悖］糊涂，荒谬。

㉒［缪公之业］指秦穆公修德行武，争霸诸侯的大业。缪，同“穆”，即秦穆公。

㉓［东复侵地］秦穆公时曾占领原晋国的河西地带，至秦惠公死，秦国内乱，晋国夺回河西地带。河西在秦之东，故曰东复。

㉔［景监］景姓，楚之族。

㉕［妄人］无知狂妄之人。

㉖［让］责备。

㉗［帝道］五帝之道，即尧、舜治国之道。

㉘［未中旨］未合孝公的心意。

㉙［王道］三王之道，即夏禹、商汤、周文王和周武王统一天下之道。

㉚［善］善待。

㉛［霸道］春秋五霸之道，即秦穆公、晋文公、齐桓公、宋襄公、楚庄王称霸诸侯之道。

㉜［诚］假如真的。

㉝［厀之前于席］厀，同“膝”。古人席地而坐，言秦孝公因听得入神，不知不觉间膝盖移到了坐席的前边。

㉞［驩］同“欢”。

㉟［三代］指夏、商、周三朝。

㊱［邑邑］同“悒悒(yì)”，忧闷不乐的样子。

㊲［说］同“悦”。

㊳［比］比拟，媲美。

㊴［疑行无名］行动迟疑不决就不会成名。

㊵［疑事无功］做事犹疑不定就不会成功。

㊶［高人］高出常人。

㊷［固见非于世］本就会被世俗所非难。固，本来。见，助词，被。非，非难。

㊸［敖］同“謷(áo)”，讥笑。

㊹［闇］同“暗”，不清楚，不明白。

㊺［知］同“智”。

㊻［萌］萌芽。

㊼［虑始］虑，谋划。始，开端。

㊽［乐成］成，成果、成功。

㊾［论至德者］讲求无上道德的人。

㊿［是以］因此。

51［苟］如果。

52［不法其故］不效法旧制度。法，效法，仿效。

53［甘龙］秦孝公之臣，是春秋甘昭公王子带之后。

54［缘］依据，凭借。

55［习］习惯。

56［溺］沉溺、沉迷。

57［法之外］旧法之外的事情，即变法。

58［王(wàng)］统治，成就王业。

59［五伯］即春秋五霸，指齐桓公、晋文公、宋襄公、秦穆公、楚庄王，亦作“五霸”“伍伯”。

60［制］受节制，被制约。

61［杜挚］秦孝公之臣。

62［便］有利，适宜。

63［夏殷］夏，指夏桀。殷，指商纣王。

64［多］推重，赞美。

65［左庶长］秦爵第十等。《秦本纪》记载卫鞅为左庶长在变法后三年。

⑥⑥［什伍］户籍编制单位，五家为伍，十家为什，令民相保，或为五保，或为十保。

⑥⑦［牧司］监督检举，即一家犯法，九家联名举发。

⑥⑧［连坐］连带定罪，指不告发者要被牵连。

⑥⑨［奸］犯法。

⑦⓪［同赏］享受相同的奖赏，即皆赐爵一级。

⑦①［同罚］即皆诛其身，没其家为官奴婢。

⑦②［分异］分家，分居。

⑦③［率］标准。

⑦④［僇力］同“戮力”，努力。

⑦⑤［复其身］免除其本人的劳役。

⑦⑥［事末利］从事商业谋利。古代重农轻商，商鞅视商业为末等之事。

⑦⑦［怠］懈怠、懒惰。

⑦⑧［收孥］没收子女为官奴婢。孥，同“奴”，奴婢。

⑦⑨［论］讲述，评定。

⑧⓪［属籍］宗室的谱牒簿籍。

⑧①［差次］等级次序。

⑧②［名］占有。

⑧③［以家次］随其家之爵秩班次，不得僭越。

⑧④［芬华］尊荣，荣显。

⑧⑤［具］完备。

⑧⑥［国都市南门］都城市场南门。古代国都建制：前朝，后市，左祖，右社。

⑧⑦［徙］移动，搬迁。

⑧⑧［辄］就。

⑧⑨［欺］欺骗。

⑩[期(jī)年] 一整年。

⑪[初令] 新法令。

⑫[于是] 这时。

⑬[太子] 即太子驷,后来的秦惠文王。

⑭[法] 依法惩治。

⑮[嗣] 后代,子孙。

⑯[傅] 师傅。

⑰[黥(qíng)] 墨刑,在脸上刺字,并涂以墨。

⑱[趋] 遵奉。

⑲[乱化] 扰乱教化。

⑳[大良造] 即“大上造”,秦之第十六等爵。

101 [将(jiàng)] 率领、带领。

102 [安邑] 魏国都城,在今山西夏县。

103 [冀阙] 古代宫廷前的高台建筑物,左右各一,中有缺路,故称阙。高台上有上圆下方的楼观,是公布法令的地方。冀,记,把法令记成文字悬挂在阙上,故称冀阙。

104 [雍] 雍邑,今陕西凤翔。

105 [同室内息] 秦地旧俗,男女长幼同在一间房内住宿。

106 [乡邑聚] 皆居民单位。

107 [令、丞] 令,一县之长官。丞,县令的副手。

108 [阡陌(qiān mò)] 田间小路。阡,南北向的田埂。陌,东西向的田埂。

109 [封疆] 指分封土地的疆界。封,聚土而成疆界。疆,疆界。

110 [平] 均等。

111 [斗桶] 指计量物体容积的器物。桶,即斛。

112 [权衡] 计量物体重量的器物。权,秤锤。衡,秤杆。

113 [丈尺] 指计量物体长短的器物。

114 [劓(yì)] 割鼻的刑罚,古代五刑之一。

⑮ [致胙(zuò)] 胙，古代祭祀时用的肉。周天子把祭祀用的肉赐给诸侯，表示特别的恩宠。

⑯ [毕] 全部，全都。

⑰ [明年] 第二年。

⑱ [并] 吞并。

⑲ [领厄] 领，同“岭”。山岭险阻之地。

⑳ [界河] 以黄河为界。

㉑ [山东] 函谷关、崤山以东。

㉒ [病] 不利。

㉓ [畔] 同“叛”。

㉔ [不支] 支持不住。

㉕ [乡] 同“向”。

㉖ [相距] 相互对峙。距，同“拒”。

㉗ [遗(wèi)] 给予，赠送。

㉘ [已] 停止，结束。

㉙ [大梁] 今河南开封。

㉚ [於、商] 今陕西商县地区。

㉛ [怨望] 怨恨。

㉜ [从] 因。

㉝ [仆] 谦称。

㉞ [弗敢愿] 不敢奢望。

㉟ [戴者] 爱民且有才能的人。

㊱ [王者] 讲求王道的人。

㊲ [闻] 听从。

㊳ [说] 同“悦”。

㊴ [与] 同“欤”，疑问语气词。

㊵ [反听] 听取不同意见。

㊶ [内视] 自我省视。

⑭ [自胜] 克制自我私欲。

⑭ [自卑] 自我谦虚。

⑭ [尚] 被人尊重。

⑭ [道] 遵循。

⑭ [戎翟(dí)] 翟,同“狄”。戎、狄都是古代西北少数民族,被视为不开化。

⑭ [营] 经营。

⑭ [孰] 疑问代词,谁。

⑭ [五羖(gǔ)大夫] 即百里奚。本春秋虞国人,晋献公灭虞、虢,虏虞君及大夫百里奚。秦穆公夫人是晋太子申生的姐姐,百里奚作为陪嫁奴隶到了秦国,后又从秦逃到了楚国的宛,被楚人抓获。秦穆公闻百里奚贤,就用五张黑公羊皮赎回他,授以国政,号曰“五羖大夫”。羖,黑公羊。

⑮ [掖] 同“腋”。

⑮ [诺诺] 随声附和。

⑮ [谔谔] 直言争辩。

⑮ [墨墨] 同“默默”。即群臣都缄默不语。

⑮ [诛] 责罚。

⑮ [语有之矣] 有这样的古话。

⑮ [貌言] 虚饰之言。

⑮ [华] 同“花”。

⑮ [至言] 忠实之言。

⑮ [事] 侍奉,服事。

⑯ [荆之鄙人] 荆,楚国的别称。鄙,低贱。指百里奚作为奴隶时曾逃到楚国。

⑯ [粥] 同“鬻”,卖。

⑯ [被褐] 被,同“披”。褐,粗布短衣。

⑯ [食(sì)] 饲养。

⑯④[加]凌驾。

⑯⑤[百姓]指贵族。

⑯⑥[东伐郑]公元前627年,秦穆公袭击郑国,即崤山之战。

⑯⑦[三置晋国之君]置,立。晋国自献公死后,秦穆公先后安置过晋国三个君主,即公元前651年派百里奚送公子夷吾回国即位,为晋惠公;公元前637年晋公子圉从秦国回国即位,即晋怀公;公元前635年送晋公子重耳即位,即晋文公。

⑯⑧[一救荆国之祸]当指晋楚城濮之战。公元前632年,秦国与宋、晋、齐等国在城濮击败楚国,从而制止了楚国北进的祸乱。

⑯⑨[发教]施行教化。

⑰⓪[封内]境内。

⑰①[巴人致贡]巴,古国名,今四川东部一带。致贡,进纳贡物。

⑰②[八戎]泛指诸戎部族及其国家。

⑰③[由余]本晋人,流亡入戎。秦穆公与内史廖谋,使由余入秦。秦用由余,称霸西戎。

⑰④[款关]款,叩。扣动关门通报求见,即入关。

⑰⑤[乘]车辆,一车四马为一乘。

⑰⑥[干戈]泛指兵器。

⑰⑦[舂(chōng)]捣米。

⑰⑧[相杵(chǔ)]送杵捣米时发出呼唱声。

⑰⑨[嬖(bì)]宠幸、宠爱。

⑱⓪[主]主人,与宾客相对。

⑱①[骏刑]指严峻的刑法。骏,同"峻",严峻。

⑱②[畜]同"蓄"。

⑱③[于]比。

⑱④[左建外易]左,失正;外,失中。违背情理来建立权威,改变法制。

⑱⑤[南面]古代君主面向南坐,所以称为南面。指商鞅受封为

商君。

⑱⑥ [绳] 约束制裁。

⑱⑦ [相鼠] 又名礼鼠，相传见人则前足交拱，似知礼仪。以下四句出自《诗经·鄘风·相鼠》。

⑱⑧ [遄(chuán)] 快，迅速。

⑱⑨ [杜门] 杜，堵塞。闭门。

⑲⓪ [祝懽(huān)] 亦太子师。

⑲① [得人者兴，失人者崩] 今本《诗经》中无此二句。

⑲② [甲] 带甲的兵士。

⑲③ [骈胁] 骈，并连。胁，从腋下至肋骨尽处。看不见肋骨，像是连成一片，形容肌肉健壮。

⑲④ [骖乘] 骖，驾车时辕马两旁的马。古代乘车时左右担任警卫的人。

⑲⑤ [闟(xì)戟] 长戟。

⑲⑥ [旁] 同"傍"，靠近。

⑲⑦ [趋] 前进。

⑲⑧ [《书》]《尚书》。下所引两句出《尚书·周书》。

⑲⑨ [恃] 依仗。

⑳⓪ [归] 归还。

⑳① [十五都] 即商鞅的封地於、商十五邑。

⑳② [灌园] 浇灌园圃，指从事田园劳动。灌，浇灌。

⑳③ [鄙] 僻境边远的地方。

⑳④ [显] 显扬。

⑳⑤ [岩穴之士] 指隐士。古时隐士多山居，故称。

⑳⑥ [序] 次序。

⑳⑦ [捐宾客] 谢绝宾客，是死亡的委婉说法。捐，舍弃。

⑳⑧ [收] 拘捕。

⑳⑨ [微] 幽微不明。

㉑⓪ [徒] 徒众,手下。

㉑① [亡] 逃亡。

㉑② [舍] 留宿。

㉑③ [客人] 客店主人。

㉑④ [舍人] 留宿客人

㉑⑤ [验] 凭证。

㉑⑥ [坐] 判罪。

㉑⑦ [喟(kuì)然] 长叹的样子。

㉑⑧ [敝] 同“弊”,弊端。

㉑⑨ [去之魏] 离开(秦国)去到魏国。

㉒⓪ [贼] 罪犯。

㉒① [内] 同“纳”,送致。

㉒② [走] 跑。

㉒③ [黾(miǎn)池] 位于今河南渑池。

㉒④ [车裂] 古代酷刑,用马车撕裂人体,俗名五马分尸。

㉒⑤ [徇(xùn)] 示众。

㉒⑥ [天资] 天性。

㉒⑦ [刻薄] 残忍少恩。

㉒⑧ [迹] 追寻踪迹。

㉒⑨ [干(gān)] 求。

㉓⓪ [浮说] 虚说。

㉓① [质] 本质,本意。

㉓② [师] 师从。

㉓③ [发明] 证明,表明。

㉓④ [《开塞》《耕战》]《商君书》之篇名。今本《商君书》中已无《耕战》篇,而有《农战》篇。

㉓⑤ [以] 缘由。

【评析】

《史记》中有一系列改革家的传记，如孙子、吴起、管仲、田单、赵奢等，但最成功的改革家只有胡服骑射的赵武灵王和商鞅。秦孝公当政时已是七雄争霸的战国时期，周室衰微，诸侯相互攻伐，斗争异常激烈，各国都在寻求自强之径。商鞅能顺应历史潮流，三见孝公，行以强国之术，可谓有先见明识。而商鞅变法，又能改革政治、经济、军事、意识形态等各个领域，从上而下彻底变革，使得落后的秦国一跃成为称雄诸侯的强国，为后来秦始皇统一天下奠定坚实的基础，可谓秦之功臣。后世变法者如北宋王安石称“天变不足畏，人言不足恤，祖宗不足法”，但其底蕴为商鞅已发，故商君可谓历代变法之先驱者。其人虽执于独断，不从善言，最终自祸其身，但坚守变革信念，期有效于国家，亦为后人称道，赞其“以一羁旅之臣，岸然排父兄百官之议，任众怨，兼众劳，以卒成其破荒特创之功，非绝世之异才不能为也。”（姚苎田《史记菁华录》）

就文章章法结构而言，此传前后照应，通篇以变法为中心来取舍材料，意脉贯通而主题突出，文势极为可观。又运用了夸张、对偶、排比等修辞手法，析理透彻深刻。其语言生动形象，特别是廷辩之言，针锋簇竖。人物刻画亦丰满生动，又不失历史之真实。

【理性思考】

1. 为使变法顺利进行，商鞅采取了哪些措施？

2. 太史公评价商鞅“刻薄”，请整理并总结文中能体现这一点的内容。

3. 请阅读相关史书，搜集史料，对先秦法家思想及其具体政策作简要陈述。

【延伸阅读】

1. 赵明《大变革时代的立法者：商鞅的政治人生》，北京大学出版社2013年版。

2. 姚远《商鞅》,人民大学出版社 2015 年版。
3.《商君书》,中华书局 2009 年版。

定　　法[1]

韩　非

问者曰:"申不害[2]、公孙鞅[3],此二家之言孰急于国[4]?"

应之曰:"是不可程[5]也。人不食,十日则死;大寒之隆,不衣亦死。谓之衣食孰急于人,则是不可一无也,皆养生之具也。今申不害言术,而公孙鞅为法。术者,因任[6]而授官,循名而责实[7],操杀生之柄,课[8]群臣之能者也,此人主之所执[9]也。法者,宪令著于官府,刑罚必于民心,赏存乎慎法[10],而罚加乎奸令者[11]也,此臣之所师[12]也。君无术则弊[13]于上,臣无法则乱于下,此不可一无,皆帝王之具[14]也。"

问者曰:"徒[15]术而无法,徒法而无术,其不可何哉?"

对曰:"申不害,韩昭侯之佐[16]也。韩者,晋之别国[17]也。晋之故法未息,而韩之新法又生;先君之令未收,而后君之令又下。申不害不擅其法[18],不一[19]其宪令,则奸多。故利在故法前令则道[20]之,利在新法后令则道之,利在故新相反,前后相悖[21],则申不害虽十[22]使昭侯用术,而奸臣犹有所谲其辞[23]矣。故讬[24]万乘[25]之劲韩[26],七十年[27]而不至于霸王者,虽用术于上,法不勤饰[28]于官之患也。公孙鞅之治秦也,设告相坐[29]而责其实,连什伍[30]而同其罪,赏厚而信,刑重而必。是以其民用力劳而不休,逐[31]敌危而不卻[32],故其国富而兵强;然而无术以知奸,则以其富强也资人臣而已矣。及孝公[33]、商君死,惠王即位,秦法未败也,而张仪以秦殉韩、魏[34]。惠王死,武王即位,甘茂以秦殉周[35]。武王死,昭襄王即位,穰侯[36]越韩、魏而东攻齐,五年而秦不益[37]一尺之地,乃成[38]其陶邑之封。应侯[39]攻韩八年,成其汝南[40]之封。自是以来[41],诸用秦者[42],皆应、穰之类也。故战胜,则大臣尊;益地,则私封立;主无术以知奸也。商君虽十饰其法,人臣反用其资。故乘[43]强秦之资数十年而不至于帝王者,法不勤饰于官,主无术于上之患也。”

问者曰:“主用申子之术,而官行商君之法,可乎?”

对曰:“申子未尽[44]于法也。申子言:‘治不逾官[45],虽知弗言。’治不逾官,谓之守职也可;知而弗言,是不谓过也[46]。人主以一国目视,故视莫明焉[47];以一国耳听,故听莫聪[48]焉。今知而弗言,则人主尚安[49]假借[50]矣?商君之法曰:‘斩一首者爵[51]一级,欲为官者为五十石之官;斩二首者爵二级,欲为官者为百石之官。’官爵之迁与斩首之功相称也。今有法曰:‘斩首者令为医、匠[52]。’则屋不成而病不已。夫匠者手巧也,而医者齐药[53]也,而以斩首之功为之,则不当其能。今治官者,智能[54]也;今斩首者,勇力之所加也。以勇力之所加而治智能之官,是以斩首之功为医、匠也。故曰:二子之于法术,皆未尽善也。”

【注释】

① 选自王先慎《韩非子集解》卷十七(中华书局 1998 年版)。韩非,韩国新郑(今河南新郑市)人,战国末期法家思想的集大成者。著有《孤愤》《五蠹》《内外储》《说林》《说难》等。

② [申不害] 亦称申子,郑国京邑(今河南新郑)人,战国时期法家创始人之一,曾担任韩国丞相,重视君主用来驾驭臣民的权术。

③ [公孙鞅] 即商鞅,法家代表人物。

④ [急于国] 为国家所急需。

⑤ [程] 衡量,比较。

⑥ [因任] 根据才能。因,顺应、依据。任,能力。

⑦ [责实] 责求实绩。

⑧ [课] 考核。

⑨ [执] 掌握。

⑩ [慎法] 严格守法的人。

⑪ [奸(gān)令者] 违反法令的人。奸,同“干”,冒犯,违反。

⑫ [师] 效法,学习。

⑬［弊］同“蔽”，蒙蔽。

⑭［具］措施，方法。

⑮［徒］只有，仅仅。

⑯［韩昭侯之佐］韩昭侯，战国时期韩国君主。佐，辅佐大臣。申不害曾任韩昭侯的丞相。

⑰［晋之别国］从晋国分裂出去的一个国家。

⑱［擅其法］专一推行他的新法令。擅，专一。

⑲［一］专一。

⑳［道］遵照执行。

㉑［悖］相互矛盾。

㉒［十］泛指反复多次。

㉓［谲其辞］用语言为自己诡辩。谲，诡诈。

㉔［讬］同“托”，凭借。

㉕［万乘］万辆战车。

㉖［劲韩］强大的韩国。

㉗［七十年］指申不害在韩变法到本文写作之间的时长。

㉘［饰］同“饬”，整饬，整治。

㉙［设告相坐］设立不告发奸人的连坐罪。告，告发、检举。相坐，即连坐。

㉚［连什伍］十家或五家连坐制度。连，连坐。什伍，十家为什，五家为伍。

㉛［逐］追逐，进攻。

㉜［卻］退却，后退。

㉝［孝公］秦孝公。战国时期秦国君主，支持商鞅变法。

㉞［张仪以秦殉韩、魏］张仪凭借秦国的强大从韩、魏那里捞取私人利益。张仪，战国时期魏国人，主张连横。殉，追求利益。

㉟［甘茂以秦殉周］甘茂凭借秦国的力量从周那里捞取私人利益。

㊱［穰（ráng）侯］即魏冉，战国时期楚国人，任秦相。因封于穰，故称“穰侯”。

㊲［益］增加。

㊳［成］通“城”，用作动词，筑城墙。

㊴［应侯］即范雎。范雎本为战国时期魏国人，后入秦为相，被封为应侯。

㊵［汝南］地名，大约在汝水以南地区。

㊶［自是以来］从此以后。是，此。

㊷［用秦者］在秦国掌权的人。

㊸［乘］凭借。

㊹［未尽］不够完善。

㊺［治不逾官］处理政务的时候不能超越自己的职务权限。

㊻［是不谓过也］这就是一种过错了。本句中“不”为衍字。

㊼［视莫明焉］没有人比君主看得更为清楚的。焉，代词，指代君主。

㊽［聪］听力好。

㊾［安］什么。

㊿［假借］利用。

51［爵］爵位，这里用作动词。

52［医匠］医生、工匠。

53［齐（jì）药］调制药物。齐，同“剂”，调剂、调制。

54［智能］智慧和才能。

【评析】

韩非子作为法家思想之集大成者，系统地总结了战国时期各派法家思想，建立了完整的法家理论。韩非的理论包括经济、政治、军事、哲学思想等方面，《定法》篇是他的代表作之一。

《定法》篇通过对法家先驱者申不害的“术”和商鞅的“法”进行对

比、分析，肯定了“法”与“术”的基本精神，第一次把两者结合起来，使法治思想更完善和有生气，这是对法治思想的新发展。

全文分为两大部分。第一部分讲“法”与“术”两者缺一不可，都是加强君主集权统治的工具，提出官治民要依“法”，君治臣要倚“术”。文章的第二部分论述了商鞅的“法”和申不害的“术”本身仍有缺陷，还需要发展、完善，不能机械地将二者结合起来。

这篇政论文是以问答形式展开，论证与实例兼备，精密透剔，结构严谨，具有很强的说服力。

【理性思考】

1. 韩非是如何论证“法”与“术”缺一不可的？

2. 韩非认为申不害的“术”和商鞅的“法”分别有何缺陷？

3. 韩非的思想强调“法”、“术”、“势”三者结合，但文章中没有提到慎到的“势”，你能搜集史料，说说如何理解“势”以及三者该如何结合吗？

【延伸阅读】

1. 陈奇猷《韩非子新校注》，上海古籍出版社 2000 年版。

2. 宋洪兵《韩非子解读》，中国人民大学出版社 2010 年版。

去　私[①]

吕不韦

天无私[②]覆[③]也，地无私载[④]也，日月无私烛[⑤]也，四时[⑥]无私行[⑦]也，行其德而万物得遂长[⑧]焉。黄帝言曰：“声禁重，色禁重，衣禁重，香禁重，味禁重，室禁重。”[⑨]尧有子十人，不与其子而授舜；舜有子九人，不与其子而授禹：至公也。

晋平公[⑩]问于祁黄羊[⑪]曰：“南阳[⑫]无令[⑬]，其[⑭]谁可而为[⑮]之？”祁黄羊对曰："解狐[16]可。"平公曰："解狐非子之仇邪？"对曰："君问可，非问臣之仇也[17]。"平公曰："善[18]。"遂用之。国人[19]称善焉。居有间[20]，平公又问祁黄羊曰："国无尉[21]，其谁可而为之？"对曰："午[22]可。"平公曰："午非子之子邪？"对曰："君问可，非问臣之子也。"平公曰："善。"又遂用之。国人称善焉。孔子闻之曰："善哉！祁黄羊之论也，外举[23]不避[24]仇，内举[25]不避子。祁黄羊可谓公矣。"

墨者[26]有钜子[27]腹䵍[28]，居秦，其子杀人。秦惠王[29]曰："先生之年长矣，非有他子也，寡人已令吏弗诛矣，先生之以此听寡人也。"腹䵍对曰："墨者之法曰：'杀人者死，伤人者刑。'此所以禁杀伤人也。夫禁杀伤人者，天下之大义也。王虽为之赐[30]，而令吏弗诛，腹䵍不可不行墨者之法。"不许惠王[31]，而遂杀之。子，人之所私也，忍所私以行大义，钜子可谓公矣。

庖人[32]调和[33]而弗敢食，故可以为庖。若使庖人调和而食之，则不可以为庖矣。王伯之君[34]亦然。诛暴[35]而不私[36]，以封天下之贤者，故可以为王伯。若使王伯之君诛暴而私之，则亦不可以为王伯矣。

【注释】

① 选自许维遹《吕氏春秋集释》卷一（中华书局2009年版）。吕不韦（前292—前235），姜姓，吕氏，卫国濮阳（今河南安阳滑县）人。战国末期著名商人，后因帮助子楚（即秦庄襄王）登上王位，被立为秦国丞相。《吕氏春秋》，又称《吕览》，由吕不韦集合门客集体撰写而成，全书二十六卷（十二纪、八览、六论），一百六十篇，是杂家的代表著作。学术思想以黄老道家为主，兼采众家，被《汉书·艺文志》归入"杂家"一类。

② [私] 偏爱，与公相对。

③ [覆] 覆盖。

④ [载] 承载。

⑤ [烛] 照亮。

⑥ [四时] 指四季，春、夏、秋、冬。

⑦［行］运行。

⑧［遂长］成长。

⑨［声禁重，色禁重，衣禁重，香禁重，味禁重，室禁重］声，音乐。色，颜色。衣，服饰。香，香料。味，食物。室，宫室。重，过度。此句文义与上下文不通联，疑为传写之误。

⑩［晋平公］春秋时晋国国君，公元前557—前532年在位。

⑪［祁黄羊］晋国大夫，名奚，字黄羊。

⑫［南阳］古地名，春秋时属晋地，约在今河南济源一代，因在太行山南、黄河北，故名。

⑬［令］官长。

⑭［其］句首语气词，表疑问语气。

⑮［为（wéi）］任职。

⑯［解（xiè）狐］人名。

⑰［君问可，非问臣之仇也］您问的是谁可以担任南阳令，并没问我的仇人。

⑱［善］应答之词，表示同意。

⑲［国人］西周、春秋时把居于国都内的人叫国人。

⑳［居有间］过了不久。

㉑［尉］主管军事的官吏。

㉒［午］指祁午，祁黄羊之子。

㉓［外举］推荐外人。

㉔［避］回避。

㉕［内举］推荐自家人。

㉖［墨者］墨家的门徒。墨家，战国初年墨翟创立的学派，主张“贵俭”、“兼爱”、“非攻”、“尚同”。

㉗［钜子］墨家学派对墨家有成就的人的称呼，又称“巨子”。

㉘［腹䵍（tūn）］人名。

㉙［秦惠王］战国秦国国君，公元前337—前331年在位。

㉚ [赐] 恩赐，指给予特殊照顾。

㉛ [不许惠王] 指不同意秦惠王不杀其子。

㉜ [庖人] 厨师。

㉝ [调和] 调和五味，指做饭。

㉞ [王伯之君] 成就王霸之业的国君。伯(bà)，同“霸”。此处王、伯，用作动词。

㉟ [暴] 指暴君。

㊱ [私] 指独自占有土地而不分封。

【评析】

本文先阐述公而无私是天地自然的本性，然后推及人类社会，认为上古的贤明君主也拥有公而无私的德行，以祁奚荐贤、腹䵍诛子两则事例，又借庖丁类比，阐明持公秉正、公私分明的法理，指出君主只有“诛暴而不私”，才能成就王霸之业。

【理性思考】

1. 有学者认为“黄帝言曰：‘声禁重，色禁重，衣禁重，香禁重，味禁重，室禁重’”几句与前后文意不相连，是后人传写误入此文，你认同这种说法吗？

2. “去私”这一观念具有怎样的社会价值？

3. 搜集相关材料，比较墨家“贵公去私”与法家“任法去私”两种主张的异同。

【延伸阅读】

1. 许维遹《吕氏春秋集释》卷一《贵公》，中华书局2009年版。

2. 李小龙译注《墨子·兼爱》，中华书局2007年版。

3. 石磊译注《商君书》第十四篇《修权》，中华书局2011年版。

贵　　公[1]

吕不韦

昔先圣王之治天下也，必先公[2]，公则天下平[3]矣。平得于公。

尝试观于上志[4]，有得天下者众矣，其得之必以公，其失之必以偏[5]。凡主之立也，生[6]于公。故《鸿范》[7]曰："无偏无党，王道荡荡[8]；无偏无颇，遵王之义[9]；无或作好[10]，遵王之道[11]；无或作恶[12]，遵王之路。"天下非一人之天下也，天下之天下也。阴阳[13]之和，不长一类；甘露时雨，不私[14]一物；万民之主，不阿[15]一人。

伯禽[16]将行，请所以治鲁，周公[17]曰："利而勿利也[18]。"荆人有遗弓者[19]，而不肯索[20]，曰："荆人遗之，荆人得之，又何索焉？"孔子闻之曰："去其'荆'而可矣[21]。"老聃[22]闻之曰："去其'人'而可矣[23]。"故老聃则至公矣。天地大矣，生而弗子，成而弗有[24]，万物皆被其泽、得其利[25]，而莫知其所由[26]始，此三皇、五帝[27]之德也。

管仲有病[28]，桓公往问之[29]，曰："仲父之病矣，渍甚[30]，国人弗讳[31]，寡人将谁属国[32]？"管仲对曰："昔者臣尽力竭智，犹未足以知之[33]也，今病在于朝夕之中，臣奚能言？"桓公曰："此大事也，愿仲父之教寡人也。"管仲敬诺，曰："公谁欲相[34]？"公曰："鲍叔牙[35]可乎？"管仲对曰："不可。夷吾善[36]鲍叔牙，鲍叔牙之为人也，清廉洁直，视不己若者，不比于人[37]，一闻人之过，终身不忘。"

"勿已[38]，则隰朋[39]其可乎？""隰朋之为人也，上志而下求[40]，丑不若黄帝，而哀不己若者[41]。其于国也，有不闻也[42]；其于物也，有不知也[43]。其于人也，有不见也[44]。勿已乎，则隰朋可也。"

夫相，大官也。处大官者，不欲小察[45]，不欲小智[46]，故曰：大匠不斫，大庖不豆，大勇不斗，大兵不寇[47]。桓公行公去私恶，用管子而为五伯长[48]；行私阿所爱，用竖刀而虫出于户[49]。人之少也愚，其长也智，故智而用私，不若愚而用公。日醉而饰服[50]，私利而立公，贪戾而求王，舜弗能为。

【注释】

① 选自许维遹《吕氏春秋集释·孟春纪第一》(中华书局2009年版)。

②［公］公正,不偏私。

③［平］和平,指政治清明安定。

④［尝试观于上志］尝、试,同义连用。上志,古记,即古代典籍。

⑤［偏］偏私,不公正。

⑥［生］出。

⑦［《鸿范》］《尚书·周书》中的一篇,又作《洪范》。鸿,大。范,法。

⑧［无偏无党,王道荡荡］党,偏私。荡荡,广大平坦貌。

⑨［无偏无颇,遵王之义］颇,不正。义,法度。

⑩［无或作好］不要偏私。或,有。好,偏私。

⑪［道］法则。

⑫［恶］擅自作威,指发泄个人私怨。

⑬［阴阳］古人用来描述基本对立关系的哲学要素,并且以二者的消长盈虚、推移运动来解释各种现象的变化。

⑭［私］不同,指偏袒。

⑮［阿］同“私”。

⑯［伯禽］周公旦之子,周成王封之于鲁,为鲁国始祖。

⑰［周公］姬姓,名旦,周武王之弟,辅佐武王灭商,后又辅佐成王。相传周朝的礼乐制度是周公制定的。

⑱［利而勿利也］要施利于民而不要谋求私利。两个“利”均用作动词,前者为“施利”,后者为“谋利”。

⑲［荆人有遗弓者］荆,古代楚国的别称。遗,失。

⑳［索］寻找。

㉑［去其“荆”而可矣］意谓天下人皆可得,不必拘泥为楚人。

㉒［老聃(dān)］即老子，春秋战国时期楚国人，相传《老子》(《道德经》)为他所著。

㉓［去其“人”而可矣］意谓天下得之可也，不拘泥于人。

㉔［天地大矣，生而弗子，成而弗有］天地广大，生育万民而不以民人为己子，成遂万物而不以万物为己有。子，以之为子。有，以为己有。

㉕［被其泽、得其利］承受恩泽，获得好处。被，承受。

㉖［由］从。

㉗［三皇、五帝］传说中的远古帝王。说法不一，一般认为三皇是伏羲(xī)、神农、燧人，五帝指黄帝、颛顼(zhuān xū)、帝喾(kù)、尧、舜。

㉘［管仲有病］管仲，名夷吾，字仲，春秋时期齐国人，曾辅佐齐桓公称霸。病，病重。

㉙［桓公］齐桓公，姓姜，名小白，公元前 685 年—前 643 年在位，春秋五霸之一。

㉚［渍甚］渍，病。甚，严重。

㉛［国人弗讳］国人不可避忌的事情，指死亡。

㉜［寡人将谁属(zhǔ)国］我将把国家嘱托给谁呢？属，同“嘱”，嘱托。

㉝［知之］知人(指知道齐桓公可以嘱托国家大事的人)。

㉞［公谁欲相］“公欲谁相”的倒装，您想让谁当宰相。

㉟［鲍叔牙］齐国大夫，管仲的好友，以知人著称。管仲初事公子纠，与齐桓公为敌，后由鲍叔牙推荐，为桓公宰相。

㊱［善］与之友好。

㊲［视不己若者，不比于人］看待不如自己的人，不屑与之为伍。比，并列，齐等。

㊳［勿已］不得已。

㊴［隰朋］齐国大夫，曾经帮助管仲相桓公，成就霸业，与管仲同年卒。

㊵［上志而下求］上志，志上世贤人而模之，即记识古代贤能的人并模仿。下求，下问。

㊶［丑不若黄帝，而哀不己若者］以不如黄帝贤能而感到羞愧，为不如自己的人感到痛惜。丑，以……为羞愧。

㊷［有不闻也］（不该管的）不去打听。闻，问。

㊸［有不知也］（不需要知晓的）不去了解。

㊹［有不见也］（对别人无关紧要的缺点）不去明察。

㊺［不欲小察］欲，应该。小察，在小事上苛责。

㊻［小智］在小处要聪明。

㊼［大匠不斫，大庖不豆，大勇不斗，大兵不寇］斫（zhuó），砍削。豆，祭祀用的笾豆，这里用作动词，摆设笾豆之类的食物容器。寇，劫掠。

㊽［五伯长］春秋五霸之首。五伯，通常写作“五霸”，一般指齐桓公、晋文公、秦穆公、宋襄公、楚庄王。《吕氏春秋》中把齐桓、晋文、楚庄、吴阖闾、越勾践列为春秋五霸。伯，长，首领。

㊾［用竖刀而虫出于户］任用竖刀使齐桓公死后尸虫爬出门外而无人殓葬。竖刀，一作“竖刁”，齐桓公近侍。桓公死后，竖刀参与作乱，五子争立而无人主丧，致使齐桓公死后六十多日停在床上没有殓葬，尸体腐烂而蛆虫爬出户外。

㊿［日醉而饰服］每天醉酒而想要整饬丧纪。饰，同“饬”，整饬。服，丧服制度。据礼，居丧期间不饮酒食肉。

【评析】

战国时期，百家争鸣，为宣扬自己的执政之道，各家相互争论，并汲取其他流派的长处来完善自己的学说。杂家便是其中最为驳杂的一家，其思想博采众家而以道家为主，故胡适视其为“道家的前身”。

杂家因折中、糅合众家思想，故呈现出包容并蓄而略散漫的特点。《汉书·艺文志》将杂家列为“九流”之一，评价其为“兼儒、墨，合名、法，知国体之有此，见王治之无不贯，此其所长也。及荡者为之，则漫羡而无所归心。”

所谓“贵公”，即以公为贵，崇尚公平。本文认为“公”是天下太平的原因，用古代典籍的记录，周公答伯禽的治国之策，以及荆人、管仲、桓公的事例，充分说明了“公”的重要性，甚至认为“公”的重要性超过“智”。文章总体流露出的“天下非一人之天下也，天下之天下也”的“至公”、“法自然”、“无为”等道家观点，是全文的思想基调，亦可见杂家与道家思想渊源之近。

【理性思考】

1. 文中列举了哪几种以“公”处事或治国的观点？
2. 本文所谓的“至公”指什么？
3. 试找出文中诸子(除了杂家)的代表性观点。

【延伸阅读】

1. 班固《汉书·艺文志》，中华书局 1962 年版。
2. 楼宇烈《老子道德经注校释》，中华书局 2008 年版。
3. 胡适《胡适全集·读〈吕氏春秋〉》，北京大学出版社 1998 年版。

张释之传[①]

司马迁

张廷尉释之者，堵阳[②]人也，字季。有兄仲同居。以訾为骑郎[③]，事孝文帝，十岁不得调[④]，无所知名。释之曰：“久宦[⑤]减仲之产，不遂[⑥]。”欲自免[⑦]归。中郎将袁盎知其贤，惜其去，乃请徙释之补谒者[⑧]。释之既[⑨]朝毕[⑩]，因前言便宜事[⑪]。文帝曰：“卑[⑫]之，毋甚高论[⑬]，令今可施行也。”于是释之言秦汉之间事，秦所以失而汉所以兴者久之。文帝称善[⑭]，乃拜释之为谒者仆射[⑮]。

释之从行，登虎圈。上问上林尉[16]诸禽兽簿，十余问，尉左右视，尽不能对。虎圈啬夫[17]从旁代尉对上所问禽兽簿甚悉[18]，欲以观其能口对响应无穷者[19]。文帝曰："吏不当若是邪？尉无赖[20]！"乃诏释之拜[21]啬夫为上林令。释之久之前曰："陛下以绛侯周勃何如人也[22]？"上曰："长者[23]也。"又复问："东阳侯张相如[24]何如人也？"上复曰："长者。"释之曰："夫绛侯、东阳侯称为长者，此两人言事曾不能出口[25]，岂敩[26]此啬夫谍谍利口捷给[27]哉！且秦以任刀笔之吏[28]，吏争以亟疾苛察相高[29]，然其敝徒文具耳[30]，无恻隐[31]之实。以故不闻其过，陵迟[32]而至于二世，天下土崩。今陛下以啬夫口辩而超迁[33]之，臣恐天下随风靡靡[34]，争为口辩而无其实。且下之化上疾于景响[35]，举错不可不审也[36]。"文帝曰："善。"乃止不拜啬夫。

上就车，召释之参乘[37]，徐行，问释之秦之敝。具以质言[38]。至宫，上拜释之为公车令[39]。

顷之[40]，太子与梁王[41]共车入朝，不下司马门[42]，于是释之追止太子、梁王无得入殿门。遂劾[43]不下公门不敬，奏之。薄太后闻之，文帝免冠谢[44]曰："教儿子不谨。"薄太后乃使使承诏[45]赦太子、梁王，然后得入。文帝由是奇[46]释之，拜为中大夫。

顷之，至中郎将。从行至霸陵[47]，居北临厕[48]。是时慎夫人[49]从，上指示慎夫人新丰[50]道，曰："此走[51]邯郸道也。"使慎夫人鼓瑟，上自倚瑟而歌[52]，意惨凄悲怀，顾谓群臣曰："嗟乎！以北山石为椁，用纻絮斮陈，蕠漆其间[53]，岂可动哉！"左右皆曰："善。"释之前进曰："使其中有可欲者[54]，虽锢南山犹有郄[55]；使其中无可欲者，虽无石椁，又何戚[56]焉！"文帝称善。其后拜释之为廷尉[57]。

顷之，上行出中渭桥[58]，有一人从桥下走[59]出，乘舆马[60]惊。于是使骑[61]捕，属之廷尉。释之治问。曰："县人[62]来，闻跸[63]，匿桥下。久之，以为行已过，即出，见乘舆车骑，即走耳。"廷尉奏当[64]，一人犯跸，当罚金。文帝怒曰："此人亲惊吾马，吾马赖柔和[65]，令他马，固不败伤我乎？而廷尉乃当之罚金！"释之曰："法者天子所与天下公共也[66]。今法如此而更重[67]之，是法不信于民也。且方其时，上使立诛之则已。今既下廷尉，廷尉，天下之平[68]也，一倾[69]而天下用法皆为轻重[70]，民安所措其手足[71]？唯陛下察之。"良久，上曰："廷尉当是也。"

其后有人盗高庙[72]坐前玉环，捕得，文帝怒，下廷尉治。释之案律盗宗庙服御物者为奏[73]，奏当弃市[74]。上大怒曰："人之无道，乃盗先帝庙器，吾属廷尉者，欲致之族[75]，而君以法奏之，非吾所以共承宗庙意也[76]。"释之免冠顿首[77]谢曰："法如是足也[78]。且罪等，然以逆顺为差[79]。今盗宗庙器而族之，有如万分之一，假令愚民取长陵一抔土[80]，陛下何以加其法乎？"久之，文帝与太后言之，乃许廷尉当。是时，中尉条侯周亚夫与梁相山都侯王恬开[81]见释之持议平[82]，乃结为亲友。张廷尉由此天下称之。

后文帝崩，景帝立，释之恐，称病。欲免去，惧大诛至；欲见谢，则未知何如。用王生计，卒见谢，景帝不过[83]也。

王生者，善为黄老言，处士[84]也。尝召居廷中[85]，三公九卿尽会立[86]，王生老人，曰"吾袜解"，顾谓张廷尉："为我结袜！"释之跪而结之。既已，人或谓王生曰："独奈何廷辱张廷尉，使跪结袜？"王生曰："吾老且贱[87]，自度[88]终无益于张廷尉。张廷尉方今天下名臣，吾故聊[89]辱廷尉，使跪结袜，欲以重之[90]。"诸公闻之，贤王生而重张廷尉[91]。

张廷尉事景帝岁余[92]，为淮南王相，犹尚以前过[93]也。久之，释之卒。其子曰张挚，字长公，官至大夫，免。以不能取容当世[94]，故终身不仕。

【注释】

① 选自《史记》卷一〇二《张释之冯唐列传》(中华书局 2013 年版)。

②［堵阳］西汉县名，在今河南方城东。

③［以訾为骑郎］凭借殷实的家境被选为骑郎。訾，同"赀"，财货。骑郎，郎中令属官，负责守卫门户，出充车骑，随时供帝王顾问差遣。"赀选"是汉初时的选官制度，即凭借家庭财产获得做官资格，"二

千石高官及近侍之臣可任子为郎，地方家资十万以上者可选补为郎。”赀郎需自备衣饰鞍马。

④［十岁不得调］岁，年。调，升迁。

⑤［宦］做官。

⑥［不遂］不遂心，不满意。

⑦［免］辞官。

⑧［谒者］郎中令属官，负责接收文书奏议、通报传达。

⑨［既］已经。

⑩［朝毕］朝会结束。

⑪［因前言便(biàn)宜事］趁机上前陈说有利于国家、合乎时政之事。因，趁机。便宜，有利国家、合乎时政之事。

⑫［卑］下。指降低说话调子，谈论切实的事情。

⑬［高论］不切实际、离现实很远的议论。

⑭［善］好。

⑮［仆射(yè)］诸官之长。秦时设置，因古时重视武官，用善射的人掌理事务，汉以后都据秦法而有此官。唐初左右仆射相当于宰相的职任。宋徽宗时改左右仆射为太宰、少宰，南宋孝宗时改为左、右丞相，此后仆射之名不复存在。

⑯［上林尉］管理上林苑日常事务的官员。上林苑，汉代皇家园林。

⑰［虎圈啬(sè)夫］虎圈，上林苑养虎的地方。啬夫，管理杂事的小官。

⑱［甚悉］非常清楚详尽。甚，很，非常。

⑲［欲以观其能口对响应无穷者］指啬夫想让汉文帝看到他对答如流、滔滔不绝的才能。口对响应，马上能答出被问到的问题，就像有了响动立马就有声音那样，形容对答如流。无穷，滔滔不绝，没有停顿。

⑳［无赖］没有才能可以依赖，指不足以胜任本职工作。

㉑［拜］提拔。

㉒［以绛侯周勃何如人也］认为绛侯周勃是什么样的人。周勃，西汉开国将领、宰相，汉高祖六年（前201）受封绛侯。

㉓［长者］德高望重的人。

㉔［张相如］西汉开国功臣，战功卓著，平定陈豨之乱有功，封东阳侯。汉文帝时为太子太傅。事见《史记·万石君列传》《史记·高祖功臣侯者年表》。

㉕［言事曾（zēng）不能出口］讨论事情的时候甚至不能开口发言。曾，甚至，还。出口，说话、发言。

㉖［敩］同“学”，学习，效法。

㉗［利口捷给（jǐ）］口齿伶俐，应对敏捷。利口，伶俐的口齿。捷给，敏捷应对。

㉘［刀笔之吏］指文职官员。古代用笔在简牍上写字，写错了用刀削去重写，故将办理文书工作的官吏叫“刀笔吏”，后来也指主办讼狱的文官。

㉙［以亟疾苛察相高］以办事积极、督察苛刻程度来争夺高下。苛察，苛刻督察。

㉚［然其敝徒文具耳］这样做的弊端就是空有官样文书而没有务实。徒，仅仅。文具，空有其表而不务实的官样文书。

㉛［恻隐］指体恤民情。

㉜［陵迟］衰败、颓废。

㉝［超迁］越级提拔。

㉞［随风靡靡］像野草随风扑倒之势，指跟风效仿之人众多。

㉟［下之化上疾于景响］下层官民效仿上层风气比影子和回声还快。景响，即影响，影子和回声，指模仿、效法。景，同“影”。

㊱［举错不可不审也］官员的任废不能不慎重。举措，任用和废黜。审，慎重。

㊲［参乘］陪侍帝王乘车，以为优待。

㊳［质言］实话。质，信、诚。

㊴［公车令］公车司马令，执掌司马门的警卫、接待以及宫中夜巡工作，吏民上书和献贡都由公车令接收上送。

㊵［顷之］不久。

㊶［太子与梁王］太子，即后来的汉景帝刘启。梁王，刘武，文帝次子，景帝同母弟。

㊷［司马门］汉宫外门，除皇帝之外，过司马门不许乘车。

㊸［劾］弹劾，揭发罪状。

㊹［谢］请罪，认错。

㊺［使使承诏］派遣使者秉承旨意。前一“使”作动词，派遣。后一“使”作名词，使者。

㊻［奇］赏识，器重。

㊼［霸陵］汉文帝刘恒陵寝，位于西安东郊白鹿原东北角，北临灞水。文帝生前就已建好。

㊽［居北临厕］面对灞水站在霸陵的北边。厕，同“侧”，站在悬崖边上；一说高岸夹水为厕。

㊾［慎夫人］汉文帝宠妃，邯郸人。

㊿［新丰］汉县名，在今陕西临潼新丰镇。

51［走］通往。

52［倚瑟而歌］跟随瑟声唱歌。

53［以北山石为椁（guǒ），用纻（zhù）絮斮（zhuó）陈，蕠（rú）漆其间］用北山石为外棺，用切碎的苎麻絮填塞缝隙，再用漆黏合。椁，外棺。纻絮，苎麻纤维。斫，切碎。陈，排列，此指充塞。蕠，黏着，胶合。

54［可欲者］人们想要的东西，此指丰厚的陪葬品。

55［虽锢南山犹有郄］即使把整个南山都浇筑了也有缝隙。锢，用金属溶液浇筑。郄，同“隙”。

56［戚］担心。

57［廷尉］主管司法的最高官吏。

58［中渭桥］位于长安北渭河上，初名渭桥，两汉时又名横桥，后建有东、西渭桥,故称此中渭桥。

⑲ [走] 跑。

⑳ [乘舆马] 皇帝车驾的马匹。乘舆,皇帝或诸侯乘坐的车子。

㉑ [骑] 骑兵侍从。

㉒ [县人] 长安县人,即乡下人。

㉓ [跸(bì)] 皇帝出行时清道,禁止行人来往。

㉔ [奏当] 上奏该判的刑罚。当,判罪,处以该判的刑罚。

㉕ [赖柔和] 幸好马温和驯良。

㉖ [法者,天子所与天下公共也] 法律是皇帝颁布给天下人共同遵守的。

㉗ [更重] 改变法律,加重处罚。

㉘ [平] 公正执法的人。

㉙ [倾] 倾斜,不公平。

㉚ [为轻重] 随意轻重。

㉛ [民安所措其手足] 人民怎么安放自己的手脚呢?指人民无所适从。

㉜ [高庙] 汉高祖刘邦庙。

㉝ [案律盗宗庙服御物者为奏] 依照法律上盗窃宗庙器物的罪名上奏。

㉞ [弃市] 在闹市中执行死刑,暴尸于众。

㉟ [欲致之族] 想判他灭罪之族。

㊱ [非吾所以共承宗庙意也] 违背了我恭敬供奉宗庙的本意。共,同"恭"。

㊲ [顿首] 磕头。

㊳ [法如是足也] 这是按照法律判得最重的罪了。足,到头。

㊴ [且罪等,然以逆顺为差] 况且即使罪名相同,还要根据情节的轻重判处罪刑。

㊵ [取长陵一抔(póu)土] 拿走长陵上的一捧土,讳言盗长陵墓。

长陵，汉高祖刘邦与吕后合葬墓，在今陕西省咸阳市东。

⑧① ［王恬开］原名王恬启，避汉景帝刘启讳改。

⑧② ［持议平］所持观点公正。

⑧③ ［不过］不怪罪。

⑧④ ［处士］有才德而隐居不仕的人。

⑧⑤ ［尝召居廷中］曾经被召到朝廷，居中而坐。尝，曾经。

⑧⑥ ［会立］相聚而立。

⑧⑦ ［贱］身份低微。

⑧⑧ ［自度(duó)］自己思量。

⑧⑨ ［聊］姑且。

⑨⓪ ［欲以重之］想以此来提高他的声望。

⑨① ［贤王生而重张廷尉］认为王生很贤达而敬重张廷尉。贤，以之为贤。重，以之为重。

⑨② ［岁余］一年多。

⑨③ ［犹尚以前过］还是因为以前的过错(指太子和梁王过司马门不下车，被张释之制止入内之事)。犹尚，还，仍然。

⑨④ ［取容当世］性格耿介，不容于世。

【评析】

列传是古代纪传体史书的体裁之一，为司马迁作《史记》时首创，后世沿用。《史记》内容分本纪、世家、列传、表、书五种体裁，其中列传用于记录不同类型、不同阶层有代表性的人物或少数民族的情况。内容上，或为单传，如《商君列传》，或为有共同特点的一类人的合传，如《货殖列传》。后世纪传体史书将《史记》世家和列传统归于“列传”。本文节选自张释之和冯唐的合传《张释之冯唐列传》，因张释之、冯唐均以刚直不阿的性格为太史公称道，故一起列述。《汉书》将张释之传记收入《张冯汲郑传》中。

汉初统治者希望汲取秦朝灭亡的教训，通过革新秦朝的弊政来巩固自己的统治。正是在这种执政需求下，张释之凭借对秦汉之事的深刻见解得到汉文帝的重用。本文记叙了张释之以虎圈啬夫逞口才为不当赏，以太子及梁王乘车不下司马门为当禁，以律法处置中渭桥犯跸之人和盗窃高庙之人为准绳等几个事例，表现了他处事赏罚分明、敢于在权贵面前坚持原则的无畏精神，即如太史公引《尚书》评之："不偏不党。"同时，也通过袁盎的推荐、汉文帝器重与周亚夫、王恬开、王生等人的赏识，从侧面表现了张释之过人的才学和为人尊敬的品德。

【理性思考】

1. 结合文章谈谈张释之坚持依法治国的原因。

2. 联系当时社会背景思考：为什么王生让张释之结袜能够使他赢得社会的尊重？

【延伸阅读】

1. 司马迁《史记·张释之冯唐列传》，中华书局 2013 年版。

2. 班固《汉书·张冯汲郑传》，中华书局 1962 年版。

西门豹治邺[①]

褚少孙

魏文侯[②]时，西门豹为邺令[③]。豹往到邺，会[④]长老[⑤]，问之民所疾苦。长老曰："苦为河伯[⑥]娶妇，以贫故。"豹问其故，对曰："邺三老[⑦]、廷掾[⑧]常岁赋敛[⑨]百姓，收取其钱得数百万，用其二三十万为河伯娶妇，与祝巫[⑩]共分其余钱持归。当其时，巫行视[⑪]小家女[⑫]好者，云是当为河伯妇，即娉取[⑬]。洗沐之，为治新缯绮縠衣[⑭]，间居斋戒[⑮]。为治斋宫河上[⑯]，张缇绛帷[⑰]，女居其中。为具[⑱]牛酒饭食，(行)十余日。共粉饰[⑲]之，如嫁女床席，令女居其上，浮之河中。始浮，行数十里乃没。其人家有好女者，恐大巫祝为河伯取之，以故[⑳]多持女远逃亡。以故城中益空无人，又困贫，所从来[21]久远矣。民人俗语曰‘即[22]不为河伯娶妇，水来漂没[23]，溺其人民’云。”西门豹曰：“至为河伯娶妇时，愿三老、巫祝、父老送女河上，幸[24]来告语之，吾亦往送女。”皆曰：“诺。”

至其时，西门豹往会之河上。三老、官属、豪长者[25]、里父老皆会，以[26]人民往观之者三二千人。其巫，老女子也，已年七十。从弟子女十人所[27]，皆衣[28]缯单衣，立大巫后。西门豹曰：“呼河伯妇来，视其好丑。”即将女出帷中，来至前。豹视之，顾谓三老、巫祝、父老曰：“是[29]女子不好，烦大巫妪[30]为之报河伯，得更求好女，后日送之。”即使吏卒共抱大巫妪投之河中。有顷[31]，曰：“巫妪何久也？弟子趣[32]之。”复以弟子一人投河中。有顷，曰：“弟子何久也？复使一人趣之。”复投一弟子河中。凡投三弟子。西门豹曰：“巫妪、弟子是女子也，不能白事[33]，烦三老为入白之。”复投三老河中。西门豹簪笔[34]磬折[35]，向河立待良久。长老、吏傍[36]观者皆惊恐。西门豹顾曰：“巫妪、三老不来还，奈之何？”欲复使廷掾与豪长者一人入趣之。皆叩头，叩头且破，额血流地，色如死灰。西门豹曰：“诺，且[37]留待之须臾[38]。”须臾，豹曰：“廷掾起矣。状[39]河伯留客之久，若[40]皆罢去归矣。”邺吏民大惊恐，从是以后，不敢复言为河伯娶妇。

西门豹即发民凿十二渠，引河水灌民田，田皆溉。当其时，民治渠少[41]烦苦，不欲也。豹曰：“民可以乐成，不可与虑始[42]。今父老子弟虽患苦[43]我，然百岁[44]后期[45]令父老子孙思我言。”至今皆得水利，民人[46]以给足[47]富。十二渠经绝[48]驰道[49]，到汉之立，而长吏[50]以为十二渠桥绝驰道，相比近[51]，不可。欲合渠水，且至驰道合三渠为一桥。邺民人父老不肯听长吏，以为西门君[52]所为也，贤君之法式[53]不可更[54]也。长吏终听置[55]之。故西门豹为邺令，名闻天下，泽流后世，无绝已时[56]，几[57]可谓非贤大夫哉。

传曰：“子产治郑[58]，民不能欺。子贱治单父[59]，民不忍欺。西门豹治邺，民不敢欺。”三子之才能谁最贤哉？辨治者当能别之。

【注释】

① 选自司马迁《史记》卷一二六《滑稽列传》(中华书局 2013 年版)。褚少孙,颍川(今河南禹州)人,寓居沛县(今属江苏),西汉后期史学家、经学家,在汉元帝、成帝时任博士。因《史记》有残缺,曾为《武帝本纪》《三王世家》《滑稽列传》等篇写了续补文字,后人把这些续补附于《史记》书中,文前大都冠以"褚先生曰"。此篇是褚少孙所补之一,序云:"褚先生曰:臣幸得以经术为郎,而好读外家传语。窃不逊让,复作故事滑稽之语六章,编之于左。可以览观扬意,以示后世好事者读之,以游心骇耳,以附益上方太史公之三章。"

② [魏文侯] 姬姓魏氏,名斯,魏恒子之孙,魏武侯之父,公元前 445 年即位。公元前 403 年,韩、赵、魏三家分晋,被周威烈王正式承认为诸侯。在文化上,他奉子夏、田子方等儒门子弟为师,提升儒家思想的地位;在政治上,任用法家人物李悝、翟璜等,实行变法,改革政治制度,发展经济;在军事上,任用吴起、乐羊等将领,向西击强秦,向北灭中山国。从而成为战国时期魏国百年霸业的开创者。

③ [邺令] 邺的地方长官。邺,古地名,在今河北省临漳县附近。

④ [会] 会合,聚会。

⑤ [长老] 对年长者的通称。

⑥ [河伯] 古代神话传说中的黄河水神。姓冯氏,名夷,华阴潼乡人,浴于河中而溺死,遂为河伯娶妇。

⑦ [三老] 职官名,汉时掌一乡之教化。

⑧ [廷掾(yuàn)] 古时州县的职员。掾,古代属官的通称。

⑨ [赋敛] 征收赋税。

⑩ [祝巫] 以歌舞娱神、能通鬼神之人。祝,祭祀时主持祝告的人。巫,古代以降神、祈祷、占卜、治病为职业的人,特指女巫。

⑪ [行视] 巡行视察。

⑫ [小家女] 门第低下的贫苦家庭的女儿。

⑬ [娉取] 聘娶，娶亲。娉，同“聘”。取，同“娶”。

⑭ [为治新缯(zēng)绮縠(hú)衣] 给(她)做新的丝织花衣。缯，对丝织品的总称。绮，有花纹的丝织品。縠，有皱纹的纱。

⑮ [斋戒] 在祭祀或举行重要典礼之前，沐浴更衣，不饮酒，不吃荤，严守戒律，以示虔诚庄敬。

⑯ [为治斋宫河上] 为(她)在河边上建造供闲居斋戒的房子。

⑰ [张缇(tí)绛帷] 在四周张挂起橘红色和深红色的帐幕。缇，橘红色。绛，深红色。帷，围在四周的帐幕。

⑱ [具] 准备饭食或酒席。

⑲ [粉饰] 涂饰表面，打扮，装饰。

⑳ [以故] 因为这个缘故，因此，所以。

㉑ [从来] 向来，一向。用在动词或形容词前面，表示动作、行为或情况从过去到现在一直是那样。

㉒ [即] 如果，假如。

㉓ [漂没] 冲没，泛滥。

㉔ [幸] 希望。

㉕ [豪长者] 强横的、有特殊势力的人。

㉖ [以] 及，与。

㉗ [所] 表示大概的数目。

㉘ [衣(yì)] 穿(衣服)。

㉙ [是] 指示代词，这，这个。

㉚ [妪(yù)] 年老的女人。

㉛ [有顷] 不久，过了一会儿。

㉜ [趣] 同“促”，催促。

㉝ [白事] 陈述事情，将事情阐述清楚。白，下对上告诉，陈述，禀告。

㉞ [簪笔] 一种将毛装在簪头的冠饰，长五寸，插在冠前，谓之为笔，是行礼时的装饰。后指将笔插在头上，以备随时记事。簪，在头上

插戴。

㉟ [磬(qìng)折] 像磬的形状一样弯着腰,形容十分恭敬。磬,古代一种石制敲击乐器,形状像曲尺,可悬挂。

㊱ [傍] 同"旁",旁边,侧边。

㊲ [且] 暂且,姑且。

㊳ [须臾] 片刻,一会儿。

㊴ [状] 推测之辞,相当于"看样子""看情况"。

㊵ [若] 第二人称代词,你,你们。

㊶ [少] 稍微。

㊷ [民可以乐成,不可与虑始] 百姓可以和他们共同为成功而快乐,不可以和他们一起筹谋事情的开始。虑始,筹谋商量事情的开始。

㊸ [患苦] 憎恶,厌恨。

㊹ [百岁] 百年,比喻人的一生。死的讳称。

㊺ [期] 期待,希望。

㊻ [民人] 人民,百姓。

㊼ [给(jǐ)足] 丰富充裕,足供所需。

㊽ [经绝] 横穿,截断。绝,断,断绝。

㊾ [驰道] 古代供君王行驶车马的道路。泛指供车马驰行的大道。

㊿ [长吏] 职官名,汉代官员享有二百石至四百石的爵禄的称为"长吏"。用来指地位较高的县吏或官员。

51 [比近] 邻近,挨近。比,并列,挨着。

52 [西门君] 指西门豹。

53 [法式] 法度,模式。

54 [更(gēng)] 更改,变革。

55 [置] 搁置,放弃。

56 [无绝已时] 没有断绝终了的时候。

57 [几] 同"岂",难道。

㊿8[子产治郑] 事详见《春秋左传》襄公二十四年、三十年、三十一年等,《史记》卷一一九《循吏列传》略及其事。唐司马贞《史记索引》云:"《循吏传》记子产相郑,仁而且明,故人不能欺之也。"子产,春秋时期郑国大夫公孙侨的字,生卒年不详。其人博洽多闻,长于政治,历郑简公、郑定公、郑声公执政大夫。为政宽猛并济,时当晋、楚争霸,郑国处其间,子产能事大以礼,而不苟徇其欲,晋、楚皆敬惮之。及其卒,孔子为之涕。

㊿9[子贱治单父] 宓子贱治单父,弹鸣琴,身不下堂而单父治。《史记》卷六七《仲尼弟子列传》略及其事。唐司马贞《史记索引》云:"子贱为政清净,唯弹琴,三年不下堂而化,是人见思,故不忍欺之。"子贱,宓不齐的字,孔子学生之一,曾任单父宰。单父,古地名,在今山东省菏泽市单县。

【评析】

在科学技术尚不发达的古代社会,对于天地的初创、自然的奇迹,以及礼仪和信仰的起源、风俗习惯的意义,先民有一种天真的解释和美丽的向往,其结果就是一个个精彩纷繁的神话传说的诞生。这些传说当中,有的蕴含着浪漫主义的精神和瑰丽奇绝的想象,也有的反映出特定阶层的思想局限甚至是愚昧成分。邺地的河伯娶妇之事即是当地祝巫与官绅相互勾结,利用权势官威和百姓的盲目迷信,假借神灵之手,炮制出的一个骗局,来搜刮民财,愚弄人民。

西门豹,战国时期著名的政治家、军事家,曾立下赫赫战功。他任邺地长官期间,关心民生疾苦,巧妙地利用巫妪、三老等地方豪绅为河伯娶妻的机会,采取以其人之道还治其人之身的方法,用事实说话,以威化御俗,凭借着铁腕手段,将巫妪等人的骗局揭露无疑,既惩治了地方恶霸势力,又破除了迷信,唤醒民智,整饬民风,"从是以后,不敢复言为河伯娶妇"。同时,他发动百姓开凿了水渠,引河水使大片田地得到了灌溉,治理水患,为民谋福祉,使百姓生活富足。

在写作上，文章寓褒贬于叙事之中，选材详略得当，记叙生动，语言简练，在逼真的场景、尖锐的矛盾冲突中，塑造出丰满的人物形象，富有表现力。

【理性思考】

1. 西门豹是怎样破除邺地河伯娶妇这一迷信观念的？为什么不直接明令禁止祭祀河伯、惩治巫妪官绅？

2. 如何理解“西门豹治邺，民不敢欺”这句话？具体体现在哪些方面？

3. 结合当今社会实际，谈谈西门豹治邺的举措对当下的借鉴意义。

【延伸阅读】

1. 杨伯峻《春秋左传注》，中华书局 2009 年版。

2. 《史记》卷一一九《循吏列传》，中华书局 2013 年版。

尚德缓刑书[①]

路温舒

臣闻齐有无知之祸，而桓公以兴[②]；晋有骊姬之难，而文公用伯[③]。近世赵王不终，诸吕作乱，而孝文为大宗[④]。繇[⑤]是观之，祸乱之作，将以开圣人也。故桓、文扶微兴坏，尊文武之业，泽加百姓，功润诸侯，虽不及三王，天下归仁焉。

文帝永思至德，以承天心，崇仁义，省刑罚，通关梁[⑥]，一远近[⑦]，敬贤如大宾，爱民如赤子，内恕[⑧]情之所安，而施之于海内，是以囹圄[⑨]空虚，天下太平。

夫继变化之后，必有异旧之恩[⑩]，此贤圣所以昭天命也。往者，昭帝即世[⑪]而无嗣，大臣忧戚，焦心合谋，皆以昌邑尊亲[⑫]，援而立之。然天不授命，淫乱其心，遂以自亡。深察祸变之故，乃皇天之所以开至圣也。故大将军[13]受命武帝，股肱[14]汉国，披肝胆，决大计，黜亡义[15]，立有德，辅天而行，然后宗庙以安，天下咸宁。

臣闻《春秋》正即位[16]，大一统而慎始也[17]。陛下初登至尊，与天合符，宜改前世之失，正始受之统[18]，涤烦文[19]，除民疾，存亡继绝，以应天意。

臣闻秦有十失[20]，其一尚存，治狱之吏是也。秦之时，羞文学[21]，好武勇，贱仁义之士，贵治狱之吏；正言者谓之诽谤，遏过[22]者谓之妖言。故盛服先生[23]不用于世，忠良切言皆郁[24]于胸，誉谀之声日满于耳；虚美熏心，实祸蔽塞。此乃秦之所以亡天下也。方今天下赖陛下恩厚，亡金革之危，饥寒之患，父子夫妻戮力[25]安家，然太平未洽者，狱乱之也。夫狱者，天下之大命也，死者不可复生，绝者不可复属[26]。《书》曰："与其杀不辜，宁失不经。"[27]今治狱吏则不然，上下相驱，以刻为明[28]；深者获公名[29]，平者多后患[30]。故治狱之吏皆欲人死，非憎人也，自安之道在人之死。是以死人之血流离于市，被刑之徒比肩而立，大辟之计[31]岁以万数，此仁圣之所以伤也。太平之未洽，凡以此也。夫人情安则乐生，痛则思死。棰楚[32]之下，何求而不得？故囚人不胜痛，则饰辞以视之[33]；吏治者利其然，则指道以明之[34]；上奏畏却，则锻练而周内之[35]。盖奏当[36]之成，虽咎繇[37]听之，犹以为死有余辜。何则？成练者众，文致之罪明也[38]。是以狱吏专为深刻，残贼[39]而亡极，媮[40]为一切，不顾国患，此世之大贼也。故俗语曰："画地为狱，议不入；刻木为吏，期不对。"[41]此皆疾吏之风，悲痛之辞也。故天下之患，莫深于狱；败法乱正，离亲塞道，莫甚乎治狱之吏。此所谓一尚存者也。

臣闻乌鸢之卵不毁，而后凤凰集；诽谤之罪不诛，而后良言进。故古人有言："山薮藏疾，川泽纳污，瑾瑜匿恶，国君含诟。"[42]唯陛下除诽谤以招切言，开天下之口，广箴谏之路，扫亡秦之失，尊文、武之德，省法制，宽刑罚，以废治狱，则太平之风可兴于世，永履和乐，与天亡极，天下幸甚。

【注释】

① 选自《汉书》卷五一《贾邹枚路传》(中华书局1962年版)。路温舒,字长君,巨鹿东里人。父为里监门,温舒幼时牧羊,取泽中蒲苇以练字,后求为狱小吏,学律令,转为狱史,县中有疑事都会来问他。太守来县巡视时,颇感惊异,于是让他代任决曹史。温舒又学《春秋》,通大义,举孝廉,为山邑的辅丞,犯法免职,复为郡吏。后逢汉昭帝刘弗陵驾崩,昌邑王刘贺被废,宣帝刘询初即位,于是上书,言宜"尚德缓刑"。路温舒历数历代兴王、颓败之迹,尤取秦朝十失之一,劝谏宣帝,宣帝嘉善其言,升迁他为广阳私府长。

② [齐有无知之祸,而桓公以兴] 齐国连称、管至父弑杀齐襄公,立其堂弟公孙无知为君,其后被杀,公子小白回国即位,为齐桓公,齐国在齐桓公期间国运大兴。

③ [晋有骊姬之难,而文公用伯] 晋献公宠妃骊姬,诬陷谮杀太子申生,立自己儿子奚齐为太子,公子重耳、夷吾出奔,献公死后,骊姬之子奚齐、卓子(《史记》作悼子,骊姬之妹少姬与献公所生)相继为国君,后皆被杀,大臣迎立夷吾为君,后公子重耳回国即位,终成春秋五霸之一,是为晋文公。用,以。伯,同"霸"。

④ [赵王不终,诸吕作乱,而孝文为大宗] 赵王刘如意为刘邦与戚夫人之子,刘邦死,立太后吕雉之子刘盈为君,赵王为吕后毒死,不得其善终,吕氏外戚得以专权作乱,后大臣周勃、陈平等诛灭诸吕,迎立刘恒即位,是为孝文帝,文帝庙号太宗,后世所称"文景之治"中的"文"即孝文帝。大宗,即太宗,汉朝庙号只给予有功绩的皇帝,并不轻易立定,太宗之号不与惠帝刘盈而与文帝,是承认文帝才是太祖(高祖)刘邦帝业的后继者。

⑤ [繇(yóu)] 同"由"。

⑥ [通关梁] 畅通关门桥梁。

⑦ [一远近] 无远近亲疏之别,待之如一。

⑧［内恕］内心推想。恕，孔子云："其恕乎，己所不欲，勿施于人。"

⑨［囹圄(líng yǔ)］牢狱。

⑩［异旧之恩］异于旧时的恩泽。

⑪［即世］去世。

⑫［昌邑尊亲］昌邑王刘贺，位尊而血缘亲近。

⑬［大将军］指霍光。

⑭［股肱］大腿与胳膊，都是有力之处，常喻辅佐君王的得力大臣。这里指霍光受遗诏辅政。

⑮［亡义］即"无义"，"亡"同"无"。

⑯［正即位］继位必得之于正统。

⑰［大一统而慎始也］重视一统而慎于开始。一年的第一月为正，一月的第一日为朔，即位必在新年第一日改变正朔之时，故曰"慎始"。大，用作动词，以之为重大。

⑱［正始受之统］匡正到从高祖刘邦那里继承下来的统绪。

⑲［涤烦文］洗除繁琐的规矩。

⑳［十失］秦朝的十种过失：废封建、筑长城、铸金人、造阿房宫、焚书坑儒、营骊山之冢、求不死药、使太子监军、用治狱之吏。

㉑［羞文学］羞辱文学之士。

㉒［遏过］阻止犯错。

㉓［盛服先生］指儒者。

㉔［郁］积累充满。

㉕［戮力］协力。

㉖［属］连。

㉗［《书》曰："与其杀不辜，宁失不经。"］《尚书・虞书・大禹谟》载咎繇之言。与其滥杀无罪之人，宁可失之不按常法。言人命至重，治狱宜慎，应崇尚宽恕。辜，罪。经，常。

㉘［以刻为明］以严刻为英明。

㉙［深者获公名］用法严深的人获得公平的名声。

㉚［平者多后患］用法持平的人反而后来多有灾患。

㉛［大辟之计］执行死刑的数目。

㉜［棰楚］木棒与荆杖，常以称杖刑。

㉝［故囚人不胜(shēng)痛，则饰辞以视之］所以被囚禁的人不能承受痛楚，就说谎作假证词给官吏看。不胜，不能承受。饰词，文饰之词，指修改过的假证词。

㉞［吏治者利其然，则指道以明之］吏治者为了将囚犯屈打成招而从中获得利益，就指明一条不受罪的路让他明白。然，是，这里指承认罪行是自己所犯。利其然，以罪犯承认罪行为利益。

㉟［上奏畏却，则锻练而周内之］上奏罪名怕被退回，就反复修改，使罪名都能成立。却，退。锻练，这里指如冶金般反复锤炼字句。周，全。内，同“纳”。周内，指将罪名全部都能纳于罪犯一身。

㊱［奏当］切合罪名的上奏。“奏当”，所奏切当，这里用作名词。

㊲［咎繇(gāo yáo)］即皋陶，舜时名臣，以善于治狱断案而闻名。

㊳［成练者众，文致之罪明也］罗织成罪的很多，明显是伪造的罪名。练，丝织品，这里指罗织的罪名。文，遮掩文饰。

㊴［残贼］残害、戕害。

㊵［媮］苟且敷衍。

㊶［画地为狱，议不入；刻木为吏，期不对］在地上画圈当作为牢狱，一定不会想进去，刻个木头人当作狱吏，也一定不想与他相对。这里是说画地为狱、刻木为吏尚且如此，何况进了真牢狱、碰上真狱吏，状况必定更凄惨。期，颜师古注曰：“期犹必也，议必不入对。”“期”与“议”皆与“必”同义。

㊷［山薮藏疾，川泽纳污，瑾瑜匿恶，国君含诟］《春秋左氏传》所载晋大夫伯宗之辞，是说山林草泽茂盛所以能藏匿毒虫，川泽广大所以能容纳污垢，美玉质美所以瑕不掩瑜，人君德厚所以能忍耻听谏。

【评析】

本文被收入《古文辞类纂》的“奏议类”。按姚鼐自序的解释，奏议类文体在唐虞三代时就有了，是圣贤为其君主陈说治国之道的言辞，《尚书》中已具这样的言辞。后周室衰微，列国的臣子为自己国家出谋划策，也以《尚书》“谟”“诰”为本，撰写此类文章，辞采斐然而情意忠笃。汉代以来的表、奏、疏、议、上书、封事等名目，究其根本都可以视作同一种文体。

“奏议”有“奏”和“议”两个要义。既是上奏君主，在观点鲜明、立论可靠的基础上，必须辞顺以怡口，意笃以动人。良言多苦口，词不顺、意不笃，平辈之交也难悦纳，何况君主，若表达稍有差池，可能就有牢狱之灾、性命之患了。班固评价《尚德缓刑书》为“辞顺而意笃”，说明这篇奏议是十分得“体”的。作为议论文，不能仅仅是讲道理，还需要采用多种手法来引导、说明。《尚德缓刑书》于此也颇有手段。文章从春秋时的齐桓公、晋文公成就霸业说起，又从反面指出秦朝的过失，揭露了汉朝狱吏的危害，最后归结到“扫亡秦之失，尊文、武之德”，旨在劝诫汉宣帝减省法制、放宽刑罚、崇尚德政。文中所举既有正面的经验，又有负面的教训，既有古今实例对举，又有谚语名言的引用，多种手段掺杂纷呈，相反相成。

总的来说，本文不仅“辞顺而意笃”，而且揭发、剖析了现实问题，提出了切实的举措，确实称得上一篇“得体”的奏议。

【理性思考】

1. 汉承秦制，你还能举出一些例子吗？所承的这些制度有什么利弊？

2. 尚德与缓刑，和如今的道德与法律有什么区别、联系？

3. 路温舒因上书“辞顺而意笃”获得赞赏升迁，历史上有没有因“辞不顺而意笃”“辞顺而意不笃”“辞不顺而意不笃”而获罪的？总结上书建言的要诀，试写一封给老师、父母或朋友的建议书。

【延伸阅读】

1. 张岱年《中国古代哲学中关于德力、刚柔的论争》，袁行霈编《国学：多学科的视角》，北京大学出版社 2007 年版。

2.《汉书》卷五一《贾邹枚路传》，中华书局 1962 年版。

盐铁论本议[①]

桓　宽

惟始元六年[②]，有诏书使丞相、御史与所举贤良、文学[③]语，问民间所疾苦。

文学对曰："窃[④]闻治人之道，防淫佚之原[⑤]，广[⑥]道德之端，抑末利[⑦]而开仁义，毋示以利，然后教化可兴，而风俗可移也。今郡国[⑧]有盐、铁[⑨]、酒榷[⑩]、均输[⑪]，与民争利。散敦厚之朴，成贪鄙之化。是以百姓就本者寡，趋末者众。夫文繁则质衰[⑫]，末盛则本亏。末修则民淫[⑬]，本修则民悫[⑭]。民悫则财用足，民侈则饥寒生。愿罢盐、铁、酒榷、均输，所以进本退末，广利农业，便[⑮]也。"

大夫[⑯]曰："匈奴背叛不臣[⑰]，数为寇暴于边鄙[⑱]，备之则劳中国之士，不备则侵盗不止。先帝哀边人之久患，苦为虏[⑲]所系获也，故修障塞，饬烽燧[⑳]，屯戍以备之。边用度不足，故兴盐、铁，设酒榷，置均输，蕃货长财，以佐助边费。今议者欲罢之，内空府库[㉑]之藏，外乏执备[㉒]之用，使备塞乘城[㉓]之士饥寒于边，将何以赡[㉔]之？罢之，不便也。"

文学曰："孔子曰：'有国有家者，不患贫而患不均，不患寡而患不安。'故天子不言多少，诸侯不言利害，大夫不言得丧[㉕]。畜[㉖]仁义以风[㉗]之，广德行以怀[㉘]之。是以近者亲附而远者悦服。故善克者不战，善战者不师[㉙]，善师者不阵[㉚]。修之于庙堂[㉛]，而折冲[㉜]还师。王者行仁政，无敌于天下，恶[㉝]用费哉？"

大夫曰："匈奴桀黠[㉞]，擅恣入塞，犯厉中国，杀伐郡、县、朔方[㉟]都尉，甚悖逆不轨[36]，宜诛讨之日久矣。陛下垂[37]大惠，哀元元[38]之未赡，不忍暴士大夫于原野；纵难被坚执锐[39]，有北面复匈奴之志，又欲罢盐、铁、均输，扰边用，损武略，无忧边之心，于其义未便也。”

文学曰：“古者贵以德而贱用兵。孔子曰：‘远人不服，则修文德以来之。既来之，则安之。’今废道德而任兵革[40]，兴师而伐之，屯戍而备之，暴兵露师[41]，以支[42]久长，转输粮食无已，使边境之士饥寒于外，百姓劳苦于内。立盐、铁，始张[43]利官以给之，非长策也。故以罢之为便也。”

大夫曰：“古之立国家者，开本末之途，通有无之用，市朝[44]以一其求，致士民，聚万货，农商工师[45]各得所欲，交易而退。《易》曰：‘通其变，使民不倦。’故工不出，则农用乏；商不出，则宝货绝。农用乏，则谷不殖[46]；宝货绝，则财用匮。故盐、铁、均输，所以通委财[47]而调缓急[48]。罢之，不便也。”

文学曰：“夫导[49]民以德，则民归厚；示民以利，则民俗薄。俗薄则背义而趋利，趋利则百姓交于道而接于市[50]。《老子》曰：‘贫国若有余，非多财也，嗜欲众而民躁[51]也。’是以王者崇本退末，以礼义防民欲，实菽粟[52]货财。市、商不通无用之物，工不作无用之器。故商所以通郁滞[53]，工所以备器械，非治国之本务也。”

大夫曰：“《管子》云：‘国有沃野之饶而民不足于食者，器械不备也。有山海之货而民不足于财者，商工不备也。’陇、蜀之丹漆旄[54]羽，荆、扬之皮革骨象，江南之柟梓竹箭，燕、齐之鱼盐旃[55]裘，兖、豫之漆丝絺纻[56]，养生送终之具也，待商而通，待工而成。故圣人作为舟楫之用，以通川谷，服[57]牛驾马，以达陵陆[58]。致远穷深，所以交庶物而便百姓。是以先帝建铁官以赡农用，开均输以足民财。盐、铁、均输，万民所戴仰而取给者，罢之，不便也。”

文学曰：“国有沃野之饶而民不足于食者，工商盛而本业荒也；有山海之货而民不足于财者，不务民用而淫巧[59]众也。故川源不能实漏卮[60]，山海不能赡溪壑。是以盘庚萃居[61]，舜藏黄金[62]，高帝禁商贾不得仕宦，所以遏贪鄙之俗，而醇至诚之风也。排困[63]市井，防塞利门，而民犹为非也，况上之为利乎？《传》曰：'诸侯好利则大夫鄙，大夫鄙则士贪，士贪则庶人盗。'是开利孔为民罪梯[64]也。"

大夫曰："往者郡国诸侯各以其方物[65]贡输，往来烦杂，物多苦恶[66]，或不偿其费。故郡国置输官以相给运，而便远方之贡，故曰均输。开委府[67]于京师，以笼[68]货物。贱即买，贵则卖。是以县官[69]不失实，商贾无所贸利，故曰平准[70]。平准则民不失职[71]，均输则民齐劳逸[72]。故平准、均输，所以平万物而便百姓，非开利孔而为民罪梯者也。"

文学曰："古者之赋税于民也，因其所工，不求所拙。农人纳其获，女工效[73]其功。今释其所有，责其所无。百姓贱卖货物，以便上求。间者[74]，郡国或令民作布絮，吏恣留难，与之为市。吏之所入，非独齐、阿之缣[75]，蜀、汉之布也，亦民间之所为耳。行奸卖平，农民重苦，女工再税，未见输之均也。县官猥发[76]，阖门擅市[77]，则万物并收。万物并收，则物腾跃[78]。腾跃，则商贾侔利。自市，则吏容奸。豪吏富商积货储物以待其急，轻贾奸吏收贱以取贵，未见准之平也。盖古之均输，所以齐劳逸而便贡输，非以为利而贾万物也。"

【注释】

① 选自王利器《盐铁论校注》卷一（中华书局 1992 年版）。桓宽，字次公，汝南郡（治所在今河南上蔡西南）人。研究《春秋公羊传》，被举荐为郎，后任庐江太守丞。他博学善属文，推衍盐铁之议，增广条目，极其论难，著数万言，亦欲以究治乱，成一家之法。他接近董仲舒的反对盐铁官营的思想，所以对盐铁会议辩论双方的态度，是倾向贤良、文学，贬抑坚持开边兴利政策的桑弘羊。

② [始元六年] 公元前 81 年。始元，汉昭帝的年号。

③ [文学] 有学问的读书人。

④ [窃] 谦词，表示个人的意见。

⑤ [原] 根源。

⑥［广］推广。

⑦［末利］工商之利。古时社会以农为本，以商为末。

⑧［郡国］汉代地方行政机构。秦朝把天下分为三十六郡，汉沿袭秦制并作了改革，设立诸侯王国，国也相当于郡。

⑨［盐、铁］西汉在地方设立盐官和铁官，实行盐铁官营。

⑩［酒榷(què)］西汉设立酒榷官，管理酒类专卖。

⑪［均输］为方便地方交纳贡赋，在各地设立管理运输的均输官。

⑫［文繁则质衰］《论语·雍也》："质胜文则野，文胜质则史。"质，实也。文，华也。

⑬［淫］奢侈。

⑭［悫(què)］诚朴。

⑮［便］与"不便"对举，为当时议论事情用来表明自己观点的习惯用语。

⑯［大夫］御史大夫。

⑰［臣］臣服。

⑱［边鄙］靠近边界的地方。

⑲［虏］对匈奴的蔑称。

⑳［饬烽燧(suì)］饬，整顿。烽，把草绑在长木之端，见敌则点燃举起来。燧，把木柴堆积起来，有敌军侵犯则焚烧之。

㉑［府库］国家仓库。

㉒［执备］守备。执，守。

㉓［乘城］登城。

㉔［赡］供给。

㉕［得丧］得失。

㉖［畜］同"蓄"，积蓄。

㉗［风］同"讽"，教化。

㉘［怀］教化。

㉙［师］军队。这里活用为动词，出动军队。

㉚［阵］部置兵阵。

㉛［庙堂］指朝廷。

㉜［折冲］折回敌人的冲车。冲，一种攻击用的兵车。

㉝［恶］何必。

㉞［桀黠］凶残狡猾。

㉟［朔方］郡名。汉武帝驱逐匈奴，收复河南时所设，即今绥远河套附近。

㊱［不轨］不循法度。轨，车辙，引申为法度。

㊲［垂］下施。

㊳［元元］百姓。

㊴［被坚执锐］披上坚甲，拿着锐利的兵器。被，同“披”。

㊵［兵革］这里指武力。

㊶［暴兵露师］陈兵于外。

㊷［支］支持。

㊸［张］设立。

㊹［市朝］市场。

㊺［工师］手工业工匠。

㊻［殖］繁殖，增产。

㊼［委财］积压的财货。

㊽［调缓急］救济急需。

㊾［导］引导。

㊿［交于道而接于市］相交于道路和市场作交易。

51［躁］浮躁。

52［菽(shū)粟］泛指粮食。菽，豆类的总称。粟，谷类的总称。

53［郁滞］积压停滞。

54［旄(máo)］旄牛尾。

55［旃(zhān)］同“毡”，用兽毛制成的毡子。

56［絺(chī)纻(zhù)］絺，细葛布。纻，麻布。

㊼[服]乘，用。

㊽[陵陆]陵，丘陵。陆，平原。

㊾[淫巧]华丽奇巧的奢侈品。

㊿[漏卮(zhī)]渗漏的酒器。卮，酒器。

(61)[盘庚萃居]盘庚住在简陋的茅草屋。

(62)[舜藏黄金]《淮南子·泰族》："故舜深藏黄金于崭岩之山，所以塞贪鄙之心也。"

(63)[排困]排斥，限制。

(64)[罪梯]犯罪的阶梯。

(65)[方物]各地所产的物品。

(66)[苦恶]粗劣，质量低下。

(67)[委府]主管储积物质的仓库机构。

(68)[笼]收归国有。

(69)[县官]这里指朝廷。

(70)[平准]平定物价标准。

(71)[职]常所。

(72)[齐劳逸]使劳逸可以平均。

(73)[效]献。

(74)[间者]近者以来。

(75)[缣(jiān)]细绢。

(76)[猥发]随意征调贡物。

(77)[阖门擅市]关闭市门而独霸市场。

(78)[腾跃]物价突涨。

【评析】

《本议》是《盐铁论》的第一篇。此篇是御史大夫桑弘羊等和应召而来的儒生贤良、博学之士对民生相关问题的商议。它是全书的纲领，反映了盐铁会议的主要内容和这次会议的核心问题。文中御史大夫和文学之士展开了激烈的论战，他们针对盐铁、酒榷、均输等问题发表了不同的看法和观点。文学之士主张农为本商为末，要大力发展农业，抑制商业，不能本末倒置。他们指出了盐铁、酒榷、均输的弊端，与民争利，造成社会上奢侈好巧之不良风气。而御史大夫则从边境的角度，论证了盐铁、酒榷、均输的益处，他们认为商业有助于充足边费，巩固国防，让战士免于受冻挨饿。针对此问题，文学之士提出反驳，认为国家不应该依靠武力，而是应该修文德，以德服人。御史大夫还提出了工商对于物质的开采和市场的调剂作用，可以提供必要的生活商品，满足人们的生活需求。而文学之士指出一味发展工商会造成本业荒废，也批评了商人唯利是图的贪鄙风气等。

本文完整而详细地记载了这次盐铁会议，文中论辩的中心问题意识很强，论辩也异常激烈。此篇精彩的辩论，并非泛泛而谈，而是结合当时的重要社会问题和实际，提出双方不同的见解。他们所提出的问题以及解决办法都很深刻、严密。语言上以当时的口语为主，不仅保留了当时的语言原貌，而且增加了辩论的激烈性。

【理性思考】

1. 御史大夫和文学之士争论的焦点是什么？
2. 对于工商业，御史大夫和文学之士的观点有哪些不同？
3. 你能通过实际生活来评判一下这场争论的优劣吗？

【延伸阅读】

1. 徐汉昌《盐铁论研究》，文史哲出版社 1983 年版。
2. 王佩诤《盐铁论札记》，商务印书馆 1958 年版。

复仇议状[1]

陈子昂

臣伏见[2]同州[3]下邽[4]人徐元庆[5]者，父爽为县吏赵师韫所杀，卒能手刃父仇，束身归罪[6]。

议曰：先王立礼，所以进人也[7]；明罚[8]，所以齐政[9]也。夫枕干[10]仇敌，人子之义；诛罪禁乱，王政之纲。然则无义不可以训人，乱纲不可以明法。故圣人修礼理[11]内，饬法防外，使夫守法者不以礼废刑，居礼者不以法伤义，然后能使暴乱不作，廉耻以兴，天下所以直道而行[12]也。窃见[13]同州下邽人徐元庆，先时父为县吏赵师韫所杀，元庆鬻身庸保[14]，为父报仇，手刃师韫，束身归罪。虽古烈者，亦何以多，诚足以激清[15]名教[16]，旁感忍辱义士之靡者也。然按之国章，杀人者死[17]，则国家画一[18]之法也。法之不二[19]，元庆宜伏辜[20]。

又按礼经，父仇不同天[21]，亦国家劝人之教也。教之不苟[22]，元庆不宜诛。然臣闻昔者刑之所生，本以遏乱；仁之所利，盖以崇德。今元庆报父之仇，意非乱也；行子之道，义能仁也。仁而无利，与乱同诛，是曰能刑[23]，未足以训[24]，元庆之可显宥[25]于此矣。然邪由正生，理必乱作，昔礼防[26]至密，其弊不胜，先王所以明刑，本实由此。今傥[27]义元庆之节，废国之刑，将为后图[28]，政必多难，则元庆之罪不可废也。何者？人必有子，子必有亲，亲亲相仇，其乱谁救。圣人作始，必图其终，非一朝一夕之故，所以全其政也。故曰：信人之义，其政必行。且夫以私义[29]而害公法[30]，仁者不为；以公法而徇私节，王道不设。元庆之所以仁高振古[31]，义伏当时，以其能忘生[32]而及于德也。今若释元庆之罪以利其生，是夺其德而亏其义，非所谓杀身成仁[33]全死[34]无生之节也。

如臣等所见，谓宜正国之法，置之以刑，然后旌其闾墓[35]，嘉其徽烈[36]，可使天下直道而行。编之于令，永为国典。谨议。

【注释】

① 选自《陈子昂集》卷七(徐鹏校点,上海古籍出版社 2013 年版)。陈子昂(661—702),字伯玉,梓州射洪(今四川射洪县)人,初唐诗文革新人物之一。唐睿宗文明元年(684)进士。武后时,官右拾遗。直言敢谏,所陈多切中时弊。曾随武攸宜征契丹。后解职归里,为县令段简陷害,死于狱中。后世称为陈拾遗。有《陈子昂集》。议状,论罪定刑之文书,又指向上呈送的抒发己见的文书。

②［伏见］伏着看到。下对上(多用于对皇帝)陈述自己的想法时用的敬词。

③［同州］地名,在今陕西省大荔县。

④［下邽(guī)］唐县名,在今陕西省渭南市东北。

⑤［徐元庆］《旧唐书·陈子昂传》:“时有同州下邽人徐元庆,父为县尉赵师韫所杀。后师韫为御史,元庆变姓名于驿家佣力,候师韫,手刃杀之。议者以元庆孝烈,欲舍其罪。子昂建议以为‘国法专杀者死,元庆宜正国法,然后旌其闾墓,以褒其孝义可也’。当时议者咸以子昂为是。”事又见《新唐书·孝友传》。

⑥［束身归罪］自缚其身,自首认罪。束身,自缚其身,表示顺从、归降。归罪,自首服罪,认罪。

⑦［先王立礼,所以进人也］《礼记·檀弓下》:“古之君子,进人以礼,退人以礼。”

⑧［明罚］严明刑法。

⑨［齐政］整饬政令。

⑩［枕干］枕盾而卧,形容复仇志切。《礼记·檀弓下》:“子夏问于孔子曰:‘居父母之仇,如之何?’夫子曰:‘寝苦,枕干,不仕,弗于共天下也。’”干,盾牌。

⑪［理］治,唐人避高宗讳改。

⑫［直道而行］遵循正道行事,以公正无私的态度处事。语出《论

语·卫灵公》:“斯民也,三代之所以直道而行也。”

⑬［窃见］谦辞,私自看到,私下看到。

⑭［鬻(yù)身庸保］卖身充任杂役之人。鬻,卖。庸保,雇工、佣人。

⑮［激清］激浊扬清之省语,原意指冲去污泥,使清水浮上来,后用以比喻除恶扬善。

⑯［名教］名分与教化。指以儒家所定的名分与伦常道德为准则的礼法。

⑰［杀人者死］语出《荀子·正论》:“杀人者死,伤人者刑,是百王之所同也。”

⑱［画一］整齐,一致。

⑲［不二］没有两样,一致,相同。

⑳［伏辜］服罪,承担罪责而死。语本《诗·小雅·雨无正》:“舍彼有罪,既伏其辜。”

㉑［父仇不同天］语本《礼记·曲礼上》:“父之仇,弗与共戴天。”

㉒［不苟］不轻易,不草率。

㉓［能刑］善于执法用刑。

㉔［未足以训］未足以为训,不能够作为典式。

㉕［显宥］公开免罪。宥,宽容,饶恕,原谅。

㉖［礼防］指礼节法度。礼之禁乱,如堤之止水。《礼记·经解》:“夫礼,禁乱之所由生,犹坊止水之所自来也。”陆德明释文:“坊,音房,本又作防。”

㉗［傥］同“倘”,假使,如果。

㉘［后图］为日后作打算、安排。

㉙［私义］个人道义。

㉚［公法］国法。

㉛［振古］远古,往昔。

㉜［忘生］不顾性命。

㉝［杀身成仁］指为正义而牺牲生命。语本《论语·卫灵公》:“志士仁人,无求生以害仁,有杀身以成仁。”

㉞［全死］善死,好死。

㉟［旌(jīng)其闾(lǘ)墓］在其里巷与墓道之门前建坊题字以表彰之。旌,表彰,表扬。闾,原指里巷的大门,后指人聚居处。

㊱［徽烈］宏业,伟业。

【评析】

议状是古代散文的重要文体之一,是向上级呈送的抒发己见的文书。其内容大多切合时政,针对某个社会热点或者某种社会现象陈述自己的观点。作为议论文文体,议状的撰写对写作者的逻辑严密性、表达准确性、论证有力性有很高的要求,从中不仅可以看出写作者的文笔与才华,更能反映出写作者的思想与观点。

武后当政期间,同州下邽人徐元庆复仇案,凭借着陈子昂、柳宗元两位文人的讨论而留名青史。案件过程比较清晰,徐元庆之父徐爽被县尉赵师韫杀害,为报父仇,徐元庆更名易姓,在驿站充任杂役之人,趁机手刃仇人,事成之后徐氏非但没有逃走,反而主动向官府自首归罪。这一案件该如何判决,当时朝中就此事展开了议论,陈子昂、柳宗元分别在议状中阐明各自的观点。

陈子昂认为,徐氏杀人当处死刑,但报杀父之仇是孝行,因此,应该在判处死刑的同时,对之予以表彰。在具体论证过程中,他首先明确礼与法的社会功能,即立礼以进人,明罚以齐政。其次,从礼的角度切入,徐氏之举“足以激清名教,旁感忍辱义士之靡者”,但是从法的角度来看,杀人者应当处死这是国家法律的明确规定,徐氏也不能例外。再次,徐氏报父仇之举符合礼,满足了国家勉励人尽孝的教化内容,应该被宽恕,然而若因此赦免了徐氏的死罪,因孝废法,以公法而徇私节,不仅不利于国家和社会的长治久安,而且是“夺其德而亏其义”,所以徐氏的罪罚是不能免除的。最后,他主张折中的处理方法,对徐氏判处死刑，又在其里巷与墓道之门前建坊对其孝义刚烈之举进行表彰，诛与旌并用。

陈子昂的建议看似相互矛盾，但得到了武后的支持和朝中大臣的认可，实际的判决也是按照这一建议实施的。

【理性思考】

1. 徐元庆复仇一案之所以会引起讨论的焦点是什么？

2. 你如何看陈子昂就此案的处理意见？试详细分析。

3. 假如你是负责此案的判决者，面对武则天的询问，你会如何建议判决这个案子？请现场模拟。

【延伸阅读】

1. 柳宗元《驳复仇议》，《柳河东集》卷四，上海古籍出版社2008年版。

2. 李隆献《复仇观的省察与诠释：宋元明清编》，台大出版中心2015年版。

3. 曾宪义总编《礼与法：中国传统法律文化总论》，中国人民大学出版社2012年版。

驳复仇议[①]

柳宗元

臣伏见天后时，有同州下邽人徐元庆者，父爽为县吏赵师韫所杀，卒能手刃父仇，束身归罪。当时谏臣[②]陈子昂建议诛之而旌其闾，且请编之于令，永为国典[③]。臣窃独过[④]之。

臣闻礼之大本，以防乱也，若曰无为贼虐，凡为子者杀无赦；刑之大本，亦以防乱也，若曰无为贼虐，凡为理者杀无赦。其本则合，其用则异，旌与诛莫得而并焉。诛其可旌，兹[⑤]谓滥，黩刑[⑥]甚矣；旌其可诛，兹谓僭[7]，坏礼甚矣。果以是示于天下，传于后代，趋义者[8]不知所向，违害者不知所以立，以是为典可乎？

盖圣人之制，穷理以定赏罚[9]，本情以正褒贬[10]，统于一而已矣[11]。向使[12]刺谳[13]其诚伪，考正[14]其曲直，原始而求其端[15]，则刑礼之用，判然[16]离矣。何者？若元庆之父不陷于公罪，师韫之诛独以其私怨，奋其吏气[17]，虐于非辜[18]，州牧[19]不知罪，刑官不知问，上下蒙冒[20]，吁号[21]不闻；而元庆能以戴天[22]为大耻，枕戈[23]为得礼，处心积虑[24]，以冲[25]仇人之胸，介然[26]自克[27]，即[28]死无憾，是守礼而行义也。执事者[29]宜有惭色，将谢[30]之不暇，而又何诛焉？

其或元庆之父，不免于罪，师韫之诛，不愆[31]于法，是非死于吏也，是死于法也。法其[32]可仇乎？仇天子之法，而戕[33]奉法之吏，是悖骜[34]而凌上也。执[35]而诛之，所以正邦典，而又何旌焉？

且其议曰："人必有子，子必有亲，亲亲相仇，其乱谁救？"是惑于礼也甚矣。礼之所谓仇者，盖以冤抑[36]沉痛而号无告也，非谓抵罪[37]触法陷于大戮[38]。而曰"彼杀之，我乃杀之"，不议曲直，暴寡[39]胁弱[40]而已。其非经背圣不以甚哉。

《周礼》："调人[41]掌司万人之仇。凡杀人而义者，令勿仇，仇之则死。有反杀者，邦国交仇之[42]。"又安得[43]亲亲相仇也？《春秋公羊传》曰："父不受诛，子复仇，可也。父受诛，子复仇，此推刃[44]之道。复仇不除害。"今若取此以断两下相杀[45]，则合于礼矣。且夫不忘仇，孝也；不爱死[46]，义也。元庆能不越于礼，服孝死义[47]，是必达理而闻道[48]者也。夫达理闻道之人，岂其以王法为敌仇者哉？议者反以为戮，黩刑坏礼，其不可以为典，明矣。

请下臣[49]议，附于令，有断斯狱者，不宜以前议[50]从事。谨议。

【注释】

① 选自《柳河东集》卷四（上海古籍出版社 2008 年版）。柳宗元（773—819），字子厚，河东解（今山西运城西南）人，唐代古文运动倡导

者之一,与韩愈并称“韩柳”。贞元九年(793)进士,官至礼部员外郎。后因参加永贞革新,贬官永州司马,终于柳州刺史任上。有《柳河东集》。徐元庆复仇一案始末见陈子昂《复仇议状》注⑤。

②[谏臣]负责或勇于向皇帝直言规劝的臣子。

③[陈子昂建议诛之而旌其闾,且请编之于令,永为国典]详见陈子昂《复仇议状》。

④[过]错误,失当。

⑤[兹(zī)]指示代词,这,这样。

⑥[黩(dú)刑]滥用刑法。黩,滥用,轻率。

⑦[僭(jiàn)]超过本分,引申为过分。

⑧[趋义者]追求正义的人。

⑨[穷理以定赏罚]透彻地研究事物的道理来决定赏罚。穷理,深究事物的道理。

⑩[本情以正褒贬]根据事实来批评是非优劣。

⑪[而已矣]语气词连用,表示突出和加强语气。

⑫[向使]假使,假如。

⑬[刺谳(yàn)]刺,侦察调查。谳,审判定罪。

⑭[考正]考察核实。

⑮[原始而求其端]以事实为本,在此基础上寻求其产生的结果。

⑯[判然]形容差别特别分明。

⑰[奋其吏气]施展他的官威。吏气,官吏的气势。

⑱[非辜]无罪的人。

⑲[州牧]职官名。古时分九州,州牧为每州的最高长官。后指朝廷所委派的州郡最高行政长官。

⑳[蒙冒]蒙蔽,庇护。冒,覆盖,遮盖。

㉑[吁号]呼号,哀声呼求。

㉒[戴天]头上顶着天,意为和仇敌共同生活在一个天地里。

㉓[枕戈]枕着武器,谓为报仇情殷志切。

㉔［处心积虑］经过长时间的考虑，形容蓄谋已久。

㉕［冲］冲击，撞。这里意为刺。

㉖［介然］坚定不移的样子。

㉗［自克］自我克制。

㉘［即］即使。

㉙［执事者］执掌事务的人。

㉚［谢］谢罪，道歉。

㉛［愆(qiān)］罪过，过失。

㉜［其］语气词，表反问语气。

㉝［戕(qiāng)］戕害，杀害。

㉞［悖(bèi)骜(áo)］悖逆不驯。悖，违背，违反。骜，傲慢，不驯服。

㉟［执］捉拿，拘捕。

㊱［冤抑］受到冤枉压抑而不得伸张。

㊲［抵罪］因犯罪而受到相应的处罚。

㊳［大戮］杀死、处死且陈尸示众。

㊴［暴寡］以众暴寡，以人多势众的一方去欺凌、迫害人少势弱的一方。

㊵［胁弱］胁迫弱者。《礼记·乐记》:“强者胁弱，众者暴寡。”

㊶［调(tiáo)人］周代官名，负责调解民众之间的争端。后代沿用指调解纠纷的人。

㊷［凡杀人而义者，令勿仇，仇之则死。有反杀者，邦国交仇之］凡是杀人而又符合礼义的，不准被杀者的亲属报仇，如要报仇，则处以死刑。有反过来再杀死对方的，全国的人就都要把他当作仇人。

㊸［安得］如何能得，怎能得。

㊹［推刃］持刀杀人，后比喻复仇。

㊺［今若取此以断两下相杀］现在如果用这个标准来判断赵师韫杀死徐爽和徐元庆杀死赵师韫两个行为。断，判断，决断。

㊻［不爱死］不怕死。爱，吝惜。

㊼［服孝死义］克尽孝道，为义而死。

㊽［闻道］语本《论语·里仁》："朝闻道，夕死可矣。"

㊾［下臣］臣子对君王的谦称。

㊿［前议］指陈子昂的建议。

【评析】

这是柳宗元在礼部员外郎任上写的一篇带有驳论性质的奏议，是针对陈子昂的《复仇议状》而发的。徐元庆为父报仇，杀了仇敌，然后到官府自首，对于此案，陈子昂认为杀人犯法，应处以死罪，而报父仇却合于礼义，应予以表彰，从而提出了诛与旌并用的处理意见。柳宗元在他的奏议中，引经据典，批驳了陈氏的观点，认为这不但赏罚不明，而且自相矛盾。他指出，徐元庆报杀父之仇的行为既合于礼义，又合于法律，应予以充分肯定。

文章首先一开始就旗帜鲜明地指出陈子昂的主张是欠妥的。其次，柳宗元通过分析礼与刑的辩证关系，认为陈子昂提出的"诛之而旌其间"的观点是自相矛盾的，以之作为典范传之后代，会造成社会失序，得出"盖圣人之制，穷理以定赏罚，本情以正褒贬，统于一而已矣"的结论。再次，他对此案的事实假设了两种情况：第一种，如果徐爽没有犯罪，赵师韫出于个人私怨而滥杀无辜，官官相护，伸张无由，则徐元庆的报仇是遵守和奉行礼义的行为。第二种，如果徐爽的确犯了罪，赵师韫根据法律杀之是合法行为，则徐元庆的报仇是悖逆犯上的行为，应该将他抓起来并诛杀，以正国法，根本不值得表彰。从次，陈子昂"人必有子，子必有亲，亲亲相仇，其乱谁救"的逻辑明显模糊了礼所说的"仇"的概念，违背了圣贤经传的教导。最后，柳宗元引经据典，援引儒家经典来佐证，认为徐元庆能不越出礼的范围，克尽孝道，为义而死，是达理闻道之人，故而其行为是值得充分肯定的。

全文立论清晰，观点鲜明，驳论有力，逻辑严密，层次分明，富有思想内涵。

【理性思考】

1. 细读文章,分析柳宗元是从哪几个方面对陈子昂进行驳论的?

2. 柳宗元生活的时代比陈子昂晚半个多世纪,徐元庆一案也早已尘埃落定,为什么柳宗元还要写这篇《驳复仇议》,并且效仿陈子昂上疏武则天的口吻?请联系中国古代文学史,谈谈你的看法。

【延伸阅读】

1. 陈子昂《复仇议状》,徐鹏校点《陈子昂集》卷七,上海古籍出版社 2013 年版。

2. 李芳民《礼、法冲突与柳宗元的理性精神——以〈驳复仇议〉为中心的考察》,《西北大学学报(哲学社会科学版)》,2010 年 03 期。

3. 曾宪义总编《礼与法:中国传统法律文化总论》,中国人民大学出版社 2012 年版。

公 狱 辨[①]

杨 夔

缙绅[②]先生牧于东郡[③],绳属吏有公于狱者[④]。某适次于座[⑤],承间[⑥]咨其所以为公之道。先生曰:"吾每窥辞牒[⑦],意其曲直[⑧],指而付之[⑨],彼能立具牍[⑩],无不了吾意,亦可谓尽其公矣。"某居席之末,不敢以非是为决[⑪],因退而辩[⑫]其公。

且《传》[⑬]曰:"君所谓否[⑭],臣献其可[⑮]。君所谓可,臣献其否。"是谓弥缝[⑯]其不至也。及君可亦可,君否亦否,故平仲罪丘据踵君之意[⑰],叔向讥乐王鲋从君者也[⑱]。所以智询于愚,以其或有得也。尺先其寸,或有长也。皆庸[⑲]其涓滴[⑳],将助其广大也。况末世纤狡[㉑],内外荏刚[㉒],乌有不尽其辞而能必究其情乎[㉓]?使居上者得其情,属踵而诘之,可谓合于理,未足言公也。忽居上者异于见,远于理,亦随而鞫[㉔]之,取叶[25]于意，所谓明于不法，乌可为公哉？且不师古[26]之言，非不可为也，为之不能远。不由礼[27]之事，非不可行也，行之不能久。故君子尽心法古，动必本礼，将远而不泥[28]，久而不乱也。若乃告诸狱任意以为明，其属徇已以为公。是使怀幸者[29]有窥进之路，挟邪者[30]有自容之门矣。矧[31]丛棘[32]之内，辛楚备至，何须而不克，而况承[33]执政指其所欲哉？

鸣呼！欲人之随意[34]者，吾见乱其曲直矣；乐人之附已[35]者，吾见汨[36]其善恶矣。而犹伐[37]其治，誉其公，无乃瞽者[38]衒[39]别[40]诸五色[41]乎？

【注释】

① 选自《全唐文》卷八六七（中华书局 1983 年版）。杨夔，生卒年不详，其先弘农（今河南灵宝）人，自号弘农子，唐末处士，举进士不第。与杜荀鹤等同为宣州田頵门客。史称杨夔“有隽才”，然其生平其他事迹不详。本集五卷已佚，《全唐文》存其文。

② [缙(jìn)绅] 指官僚士大夫。古代官吏朝会时插笏于绅带间，故称。

③ [牧于东郡] 为东郡牧史。东郡，郡名，治所在今河南省滑县。

④ [绳属吏有公于狱者] 称赞秉公断案的下属官吏。绳，称誉。属吏，下属的官吏。公于狱，秉公断案。

⑤ [某适次于座] 我恰好位于在座之中。某，作者自称。适，恰好。次，列于。

⑥ [承间] 趁空隙。

⑦ [辞牒] 案件讼诉文书。

⑧ [意其曲直] 猜测其是非。意，猜测。

⑨ [指而付之] 指示然后交给属吏。

⑩ [具牍] 完成判决。牍，指判决公文。

⑪ [决] 判断，决断。

⑫ [辩] 同“辨”。

⑬ [《传》] 指《左传》。

⑭［否］不对。

⑮［可］对。

⑯［弥缝］弥补。

⑰［故平仲罪丘据踵君之意］事见《左传·昭公二十年》。平仲，即晏婴，字平仲，为齐景公相。丘据，梁丘据，齐景公的宠臣。踵，跟随。

⑱［叔向讥乐王鲋(fù)从君者也］事见《左传·襄公二十一年》。叔向，春秋时晋大夫。乐王鲋，晋大夫。

⑲［庸］用。

⑳［涓滴］指水少。

㉑［末世纤狡］末世，风俗衰微的时代。纤狡，刻薄狡猾。

㉒［内外荏刚］内心柔弱，外表刚强，表里不一。

㉓［乌有不尽其辞而能必究其情乎］哪里有不把辞牒仔细看完就一定能弄清案件实情的呢？

㉔［鞫(jū)］审讯。

㉕［叶］同“协”，和洽。

㉖［师古］效法古人。

㉗［由礼］根据事理。

㉘［泥］拘泥。

㉙［怀幸者］怀有侥幸心理的人。

㉚［挟邪者］带有邪念的人。

㉛［矧(shěn)］况且。

㉜［丛棘］丛生的荆棘，代指牢狱。

㉝［承］顺承。

㉞［随意］顺从自己的意愿。

㉟［附己］附和自己。

㊱［汩］扰乱。

㊲［伐］夸耀。

㊳［瞽(gǔ)者］盲人。

㊴［衒(xuàn)］同“炫”，夸耀。

㊵［别］区分。

㊶［五色］本指青、黄、赤、白、黑五种颜色，后泛指各种颜色。

【评析】

此文对怎样做才是秉公断案进行了辩论。文中缙绅先生认为秉公断案就是下属在断决案件时要附和自己的意见，作者对此观点进行了反辩。作者认为要以古人为法，尺有所短，寸有所长，智者要谦虚听取愚者的建议以期盼有所获得，已达到真正的大公无私、秉公断案。最后作者也批判了这种让下属或别人附和自己的意愿，往往会混淆曲直对错、善良邪恶的心理和行为。

此文短小精悍，语言简练明快，善于运用譬喻、典故等，说理透彻，极有气势。

【理性思考】

1. 作者是从哪些角度反驳缙绅先生的观点的？
2. 作者写这篇短文的目的是什么？

【延伸阅读】

［清］董诰等编:《全唐文》卷八百六十七杨夔《刑议》。

请除滥刑疏[①]

朱敬则

臣闻李斯之相秦也，行申商[②]之法，重刑名[③]之家，杜[④]私门，强公室，弃无用之费，捐不急之官。惜日爱功，疾[⑤]耕急战，人繁国富，遂屠[⑥]诸侯，此救弊之术也。

故曰:刻薄[⑦]可行于进趋[⑧]，变诈可陈于攻战。兵犹火也，弗戢[⑨]将自焚。既而锋镝[10]已销，石城又毁，谅可易之以宽大，润之以淳和。八风[11]之乐以柔之，三代之礼以导之。秦则不然，淫虐滋甚，往而不返，卒至土崩，此不知变之祸也。

陆贾、叔孙通之事汉王也，当荥阳、成皋之间，粮馈已穷，智勇俱困，不敢开一说、效一奇，惟进豪猾[12]之材，荐贪暴之客。及区宇适平，干戈甫[13]戢，金鼓之声未息，伤痍之痛尚闻，二子顾盼雍容[14]，绰有余裕，乃陈《诗》《书》，说《礼》《乐》，开王道，谋帝图。高皇帝忿然曰："吾以马上得之，安事[15]《诗》《书》？"对曰："陛下马上得之，可马上治之乎？"高皇默然。是时陆贾著《新语》，叔孙通定礼仪，始知天子之尊，方觉帝王之贵。此知变之善也。向使高皇排二子而不收，置《诗》《书》而不顾，重攻战之吏，尊首级[16]之材，复道争功，张良已知其变；拔剑击柱，吾属不得无谋。即晷漏[17]难逾[18]，何十二帝乎？亡秦是续[19]，何二百年乎？故曰：仁义者，圣人之蘧庐[20]；礼经者，先王之陈迹。

然则祝辞向毕，刍狗[21]须投，淳化已流，糟粕可弃，仁义尚舍，况轻于此者乎？自文明草昧[22]，天地屯蒙[23]，三叔流言，四凶[24]构难[25]。不设钩距[26]，无以应天顺人；不峻[27]刑名，不能摧奸禁暴。故置神匦，以开告端。曲直之影必呈，包藏之心尽露。神道助顺，无罪不除；人心保宁，无妖不戮。以兹妙算，穷造化之幽深；用此神谋，尽天人之秘术。故能计不下席，听不出闱[28]，苍生晏然，紫宸[29]易主。伟哉无得而称也！岂比造攻鸣条[30]，大战牧野[31]，血变草木，头折不周，可同年而语乎？

然而急趋无善迹，促柱[32]少和声，拯溺[33]不规行，疗饥[34]非鼎食[35]，即向时之妙策，乃当今之刍狗也。伏愿鉴秦汉之得失，考时事之合宜，审糟粕之可遗，觉蘧庐之须毁。见几而作，岂劳于终日乎？陛下必不可偃蹇太平，徘徊中路。伏愿改法制，立章程，下恬愉[36]之词，流旷荡之泽，去萋斐[37]之牙角[38]，顿[39]奸险之锋芒，杜[40]告密之源，绝罗织[41]之迹。使天下黎民，坦然大悦，岂不乐哉？

【注释】

① 选自《全唐文》卷一七〇（中华书局 1983 年版）。朱敬则

(635—709),字少连,亳州永城(今河南省永城县)人。早以辞学知名,为人志尚恢博,重节义然诺。高宗咸亨中授洹水尉。武后朝累迁正谏大夫、同凤阁鸾台平章事,兼修国史。后历任祭酒、东宫侍郎、郑州刺史等职。为官清廉,直言敢谏。景龙三年卒,年七十五。两《唐书》有传。文集有《十代兴亡论》十卷及《五等论》,前者已佚。《全唐文》编其文两卷。

②［申商］战国人申不害与商鞅的合称。两人均为法家学派的重要人物。《史记·袁盎晁错列传》:“学商刑名于轵张恢申先所。”亦指申不害、商鞅的学说。

③［刑名］代指法律。

④［杜］堵塞、杜绝。

⑤［疾］尽力、努力。

⑥［屠］大范围地杀人,这里指称霸。

⑦［刻薄］冷酷,过分苛刻。

⑧［进趋］进取。

⑨［戢(jí)］(把兵器)收起来。

⑩［锋镝(dí)］泛指刀箭武器。烽,兵刃。镝,箭镞。

⑪［八风］大自然中不同方向的八种风。《吕氏春秋》云:“东北曰炎风,东方曰滔风,东南曰熏风,南方曰巨风,西南曰凄风,西方曰飂风,西北曰厉风,北方曰寒风。”

⑫［豪滑］强横狡猾不守法度。

⑬［甫］刚、才。

⑭［顾盼雍容］神态文雅大方,从容不迫。

⑮［事］用。

⑯［首级］作战时斩下敌人的头颅。

⑰［晷漏］晷和漏都是古代测时的工具。这里指时间短、片刻。

⑱［逾］超过、越过。

⑲［续］延续,继续;继承。

⑳［蘧(qú)庐］传舍，即古时供行人住宿的地方。《庄子·天运》："名，公器也，不可多取；仁义，先王之蘧庐也，止可以一宿，而不可以久处，觏而多责。古之至人假道于仁，托宿于义，以游逍遥之虚。食于苟简之田，立于不贷之圃，逍遥无为也。"

㉑［刍狗］指轻贱无足轻重之物。《老子》五章："天地不仁，以万物为刍狗；圣人不仁，以百姓为刍狗。"

㉒［草昧］未开化，原始。

㉓［屯蒙］蒙昧未开化。

㉔［四凶］古代四个凶人，指不服从舜控制的四个部落的首领，即浑敦、穷奇、梼杌、饕餮，皆被舜流放。

㉕［构难］作乱。

㉖［钩距］官吏审问的一种方法。辗转推问，以得实情。

㉗［峻］严厉，严格。

㉘［闱］宫中的小门。

㉙［紫宸］皇宫的宫殿名，代指皇帝或帝位。

㉚［鸣条］在今山西运城市东北。商汤伐夏桀，战于此。《尚书·伊训》："造攻自鸣条。"《史记·殷本纪》："桀奔于鸣条。"《史记正义》引《括地志》："高涯原在蒲州安邑县北三十里南阪口，即古鸣条陌也。鸣条战地，在安邑西。"一说在河南封丘县东。

㉛［牧野］古地名，一作坶野。在今河南淇县西南。周武王所率诸侯之师大败殷军于此。《尚书·牧誓》："武王戎车三百辆、虎贲三百人与受战于牧野。"

㉜［促柱］理琴调音，也指操琴奏乐。

㉝［拯溺］拯救溺水的人，也泛指救助他人。

㉞［疗饥］充饥，解除饥饿。

㉟［鼎食］列鼎而食，形容富贵人家豪华奢侈的生活。

㊱［恬愉］恬适、安乐。

㊲［萋斐］花纹交错貌，比喻谗言毁谤。语本《诗·小雅·巷伯》：

“萋兮斐兮，成是贝锦；彼谮人者，亦已大甚。”郑玄笺：“喻谗人集作已过以成于罪，犹女工之集采色以成锦衣。”

㊳［牙角］牙齿和角，比喻党羽。

㊴［顿］同“钝”，不锋利。

㊵［杜］杜绝。

㊶［罗织］编造罪名进行陷害。

【评析】

本文是作者上奏武则天的奏议，表达了政策要因时而变的见解。本文首先举出秦朝兴盛于严酷的政策，而这一政策没有因时而变也是其衰亡的原因。又举汉高祖的例子，高祖崇尚武力战功，厌恶儒学，而经过陆贾、叔孙通的劝谏，从善如流，一改原来政策，使得汉朝走向兴盛。通过这两个例子，作者劝谏武则天要审时度势，因时而变。最后主张杜绝告密陷害之不良风气，断绝奸佞阴险之人的结党营私，使天下百姓，胸怀坦荡，愉悦生活。

本文运用正反对比来论证观点，极有说服力，运用了大量典故、反问的手法，论证精辟入微，极有气势。

【理性思考】

1. 作者认为秦朝灭亡的根源在哪里？

2. 作者认为当时应该怎样因时而变调整政策？

【延伸阅读】

1. 许凌云、王洪军《朱敬则的史学思想》，《史学史研究》，1987 年第 4 期。

2. 郑显文、王哲《试论朱敬则》，《松辽学报》，1994 年第 1 期。

3. 马艳辉、陈雪阳《论盛唐历史学家朱敬则》，《西昌学院学报》，2005 年 3 月第 1 期。

4. 张峰《朱敬则史论的理论价值》,《红河学院学报》,2008 年第 6 期。

刑赏忠厚之至论[①]

苏　轼

尧、舜、禹、汤、文、武、成、康[②]之际,何其爱民之深,忧民之切,而待天下之以君子长者[③]之道也。有一善,从而赏之,又从而咏歌嗟叹之,所以乐其始而勉其终。有一不善,从而罚之,又从而哀矜惩创[④]之,所以弃其旧而开其新。故其吁俞[⑤]之声,欢忻[⑥]惨戚,见于虞、夏、商、周之书。成、康既没,穆王立,而周道始衰。然犹命其臣吕侯[⑦],而告之以祥刑[⑧]。其言忧而不伤,威而不怒,慈爱而能断,恻然有哀怜无辜之心,故孔子犹有取焉。

《传》曰[⑨]:"赏疑从与,所以广恩也;罚疑从去,所以谨刑也。"[⑩]当尧之时,皋陶[⑪]为士。将杀人,皋陶曰"杀之",三。尧曰"宥[⑫]之",三。故天下畏皋陶执法之坚,而乐尧用刑之宽。四岳[⑬]曰:"鲧[⑭]可用。"尧曰:"不可,鲧方命圮族[⑮]。"既而曰:"试之。"何尧之不听皋陶之杀人,而从四岳之用鲧也?然则圣人之意,盖亦可见矣。

《书》曰:"罪疑惟轻,功疑惟重。与其杀不辜,宁失不经。"[⑯]呜呼!尽之矣。可以赏,可以无赏,赏之过乎仁;可以罚,可以无罚,罚之过乎义。过乎仁,不失为君子;过乎义,则流而入于忍人[⑰]。故仁可过也,义不可过也。古者赏不以爵禄,刑不以刀锯。赏以爵禄,是赏之道行于爵禄之所加,而不行于爵禄之所不加也[⑱]。刑以刀锯,是刑之威施于刀锯之所及,而不施于刀锯之所不及也。先王知天下之善不胜赏,而爵禄不足以劝也;知天下之恶不胜刑,而刀锯不足以裁也。是故疑则举而归之于仁[⑲],以君子长者之道待天下,使天下相率而归于君子长者之道。故曰:忠厚之至也。

《诗》曰:"君子如祉,乱庶遄已。君子如怒,乱庶遄沮。"[⑳]夫君子之已乱[21]，岂有异术哉？制[22]其喜怒，而不失乎仁而已矣。《春秋》之义，立法贵严，而责人贵宽。因其褒贬之义，以制赏罚[23]，亦忠厚之至也。

【注释】

① 选自《经进东坡文集事略》卷九（文学古籍刊行社 1957 年版）。苏轼（1037—1101），字子瞻，又字和仲，号东坡居士，眉州眉山（今属四川省眉山市）人，北宋著名文学家，兼工书画，与其父苏洵、弟苏辙俱有文名，合称“三苏”。苏轼为“唐宋八大家”之一，代表着宋代文学的最高成就。北宋仁宗嘉祐二年（1057）进士，曾官杭州、密州、徐州、湖州等地。神宗元丰二年（1079），因“乌台诗案”被贬黄州团练副使。宋哲宗即位，历任翰林学士、侍读学士、礼部尚书等职，并出知杭州、颍州等地。后因新党执政，再贬惠州、儋州。宋徽宗时获释，北归途中卒于常州，年六十五。宋高宗时追赠太师，谥文忠。有《苏文忠公全集》等。

②［尧、舜、禹、汤、文、武、成、康］均为古代贤明君主。尧，唐尧。舜，虞舜。禹，夏禹。汤，商汤。文，周文王。武，周武王。成，周成王。康，周康王。史称周成王、康王在位时，四十多年未动用刑法，谓“成康之治”。

③［君子长者］指施行仁善、待人忠厚的人。

④［惩创］惩戒。创，惩。

⑤［吁俞］吁，叹息。俞，赞许、应允之声。

⑥［忻（xīn）］同“欣”。也作“休”。

⑦［吕侯］即甫侯，周穆王时司寇。周穆王听从吕侯意见，颁布有关刑法的文告。见《尚书·吕刑》。

⑧［祥刑］善用刑法。

⑨［《传》曰］指孔安国给《尚书》作的传。

⑩［赏疑从与，所以广恩也；罚疑从去，所以谨刑也］赏疑从与，意谓欲赏有疑，宁可从厚。罚疑从去，意谓欲罚有疑，宁可从轻。

⑪［皋陶（yáo）］传说中东夷族的首领，为舜之臣，掌管刑狱之事，被奉为司法鼻祖。

⑫［宥］宽恕。

⑬［四岳］相传为尧舜时四方部落首领。

⑭［鲧(gǔn)］传说中的中原部落首领，夏禹之父。奉唐尧之命治水，九年未成，被舜杀死在羽山。

⑮［方命圮(pǐ)族］方命，逆命不从。圮，毁、绝。圮族，残害同类。

⑯［《书》曰："罪疑惟轻，功疑惟重。与其杀不辜，宁失不经。"］出自《尚书·大禹谟》。经，常规、原则。

⑰［忍人］残忍之人。

⑱［赏以爵禄，是赏之道行于爵禄之所加，而不行于爵禄之所不加也］用官位俸禄赏赐，这种办法只对能得到官位俸禄的人起作用，面对得不到这些的人就起不到作用。

⑲［疑则举而归之于仁］有疑惑就全部以仁爱之心来处理。

⑳［君子如祉，乱庶遄(chuán)已。君子如怒，乱庶遄沮。］出自《诗经·小雅·巧言》，原文作："君子如怒，乱庶遄沮。君子如祉，乱庶遄已。"意谓君子如果怒责小人之言，喜纳贤人之言，祸乱就可以马上停止。祉，喜欢。庶，几乎。遄，迅速。沮，终止。

㉑［已乱］停止动乱。

㉒［制］掌握、控制。也作"时"。

㉓［因其褒贬之义，以制赏罚］依据《春秋》的褒贬原则来制定赏罚条例。

【评析】

本文是苏轼于宋仁宗嘉祐二年(1057)应试礼部时的策论试卷。当时的主考官欧阳修看到这篇文章时惊喜异常、赞叹不已，本来想将这份考卷置为第一名，但考虑到可能是自己的门人曾巩所写，为了避嫌，只好降为第二名。放榜之后，欧阳修在给梅尧臣的信中表示："读轼书，不觉汗出。快哉！快哉！老夫当避路，放他出一头地也。"(苏辙《东坡先生墓志铭》)足可见欧阳修对于苏轼才华的高度欣赏。此外，宋人笔记中还记载了这样一则趣事：苏轼在考试时杜撰了“皋陶杀人”的典故，而后当欧阳修（有些记载是梅尧臣）遍寻书本不获，直接询问典故出处时，苏轼回答道：“何须出处！”欧阳修听罢，连连称赞其豪迈。（陆游《老学庵笔记》）

《刑赏忠厚之至论》是一篇议论性极强的散文。开篇先从古圣先王的仁政和刑赏之道谈起，以儒家文化中所敬仰的古代贤君作为典范，确立了刑赏都必须要保持忠厚的论点。其次，援引尧不从皋陶杀人，而从四岳任用鲧的例子，进行正反两面对比，点出了圣人在实践中所遵从的道理。列出论据后，再进行理论上的深层分析，以增强行文的说服力。最后，引用《诗》《春秋》中的文字作结，进一步强调了主题。

苏轼的这篇文章虽只有短短六百余字，却环环相扣、论证严谨，是不可多得的散文佳作。其文一扫前代浮靡之风，流畅易晓、文道并重，十分契合欧阳修诗文革新运动的主张。其次，它也反映了苏轼对于法的观念的理解，对“广恩”、“慎刑”的强调，其本质仍不脱中国儒家政治哲学中“仁爱”、“仁政”的思想。

黄庭坚曾说苏轼“嬉笑怒骂皆成文章”（《东坡先生真赞》），欧阳修也评价苏轼之文“学问通博，资识明敏，文采烂然，议论蜂出”（《举苏轼应制科状》），而这篇《刑赏忠厚之至论》亦是苏轼散文作品中的明珠之一。

【理性思考】

1. 如何看待《刑赏忠厚之至论》中所反映的法的精神？

2. 苏轼自谓少好贾谊之文，你能对比两者的散文，谈谈苏轼到底在哪些方面受到了贾谊的影响吗？

【延伸阅读】

1. [汉]贾谊《过秦论》，《贾谊集》，上海人民出版社 1976 年版。

2. 林语堂《苏东坡传》，张振玉译，湖南文艺出版社 2012 年版。

3. 莫砺锋《漫话东坡》，凤凰出版社 2008 年版。

国学文选

中国传统价值观当代诠释

4

莫砺锋 主编

徐兴无 副主编

性命

儒学

佛道

凤凰出版社

十、性　命

（主持人：曹　虹　俞士玲）

（一）导言

古希腊智者苏格拉底的名言是“认识你自己”。中国先哲究心于天道人性的话题，蕴含对人如何安身立命的终极思考。心性与天命怎样结合？对这一扣问的兴趣看起来浮现着玄思色彩，但也最能反映传统学术对德性及其动力等问题的忧患之思。早在先秦，孔子已有“性相近，习相远”之类的名言，稍后孟子论“性善”、荀子论“性恶”，西汉扬雄以善恶混合谈性等，已正式创发出儒家性道观的种种重要命题。中唐韩愈提出“性三品”说，看到人之本性中既有基于仁义礼智的“德性”，也有基于喜怒哀惧爱恶欲的“感性”，也就是说，性与情其实是有机关联的。他的弟子李翱《复性说》主“灭情复性”，开宋代理学之先河。宋儒以理气二元的方法弥缝“性善”与“性恶”立说的不完备，将人性分为“本然之性”与“气质之性”，认为天赋善性，强调道德内化于人的天性，因而出现主张“性即理”的程朱一派，将天理与人情或人欲对置。与“性即理”说形成一定的挑战与反拨的，宋明理学内部又滋生出“心即理”也就是更看重灵心妙用的一派。不可否认，宋代性理学的某些命题有可能被后人质疑或批判，但这种学问所强化起来的道德神圣的意识，对于中华精神史的意义是自具辉光的。

儒家在追求心性与天命的统一时，不乏像《中庸》“天命之谓性”这样的积极论述。在孟子看来:“尽其心者,知其性也。知其性,则知天矣。存其心,养其性,所以事天也。夭寿不贰,修身以俟之,所以立命也。”(《孟子·尽心上》)觉悟到了自己的本性,就是懂得了天命。宋儒在定义“本然之性”时,又称之为“本原之性”、“天地之性”等,既是天赋本性,又是天赋使命,具有德合天地的神圣感。作为道德化人格与使命的神圣无欺,可从张载“为天地立心,为生民立命”的壮语中得到最高度的凝结。人为什么要“为天地立心,为生民立命”?除了受之于天的至善纯粹之本性,如浩然之气贯注于一身,仰不愧天,俯不愧地;如撑柱于天地间,无怍于天地人“三才”之目;而且,人格的提升也冥冥中有着人天感应式的启悟,孔子自谓“五十而知天命”(《论语·为政》),“五十而学《易》,可以无大过”(《论语·述而》),清人刘宝楠疏释说:“知天命者,知己为天所命,非虚生也。盖夫子当衰周之时,贤圣不作久矣。及年至五十,得《易》学之,知其有得,而自谦言‘无大过’。则知天之所以生己,所以命己,与己之不负乎天,故以知天命自任。‘命’者,立之于己,而受之于天,圣人所不敢辞也。”(《论语正义》)[①]儒家对于“天命”的看法重在对天道人性的信念,尤其是在理学家的思想框架中是不离“性理”而谈“天命”。朱熹把天命性理看作是一个整体,肯定“天则就其自然者言之,命则就其流行而赋于物者言之,性则就其全体而万物所得以为生者言之,理则就其事事物物各有其则者言之。”[②]对待“命”,从“立之于己”的一面看,贵在择善的执着不舍;从“受之于天”的一面看,也不乏敬畏天命之意。常言道,尽人力而俟天命、谋事在人而成事在天,少了一份妄求,未必不可多一份从容。

道家其实也关注人性的完善,向往“合于道”的人生。在“人法地,地法天,天法道,道法自然”的思想结构中,天道是人性的本原。道家崇尚真朴恬静的人性,《老子》中还有“归根”之说:“致虚极,守静笃,万物

① 刘宝楠《论语正义》卷二,中华书局 1990 年版,第 44—45 页。

② 黎靖德《朱子语类》卷五“性理二”,中华书局,1986 年版,第 1 册第 82 页。

并作，吾以观其复。夫物芸芸，各归其根。归根曰静，是谓复命。”(十六章)关于“归其根”，魏晋玄学家王弼注谓：“各返其所始也。”[①]又有“食母”之说：“我独异于人，而贵食母。”(二十章)王弼注谓：“食母，生之本也。人皆弃生民之本，贵末饰之华，故曰‘我独欲异于人’。”[②]老子称“常德不离，复归于婴儿”(二十八章)，以“婴儿”为喻，形容返本归真的复性之义。道家对物欲横流戕害人性深有痛感，《庄子·徐无鬼》曰：“盈耆欲，长好恶，则性命之情病矣！”汉初黄老道家的著作《淮南子·人间》也有这样的定义：“清静恬愉，人之性也。”道家开出了对治人性残损的药方，正如《庄子·天地》所谓“执道者德全，德全者形全，形全者神全”，“德全”、“形全”、“神全”岂非最大限度地获得了性命之本？道家对儒家式的道义目的性不以为然，在庄子的理想国里，人们“不尚贤，不使能”，“端正而不知以为义，相爱而不知以为仁”(《庄子·天地》)，因为一旦落入好贤好仁之名，对贤能仁爱的追求就可能变味了。由于葆有的是一颗真淳虚静之心，不计得失甚至祸福不惊，在孤寂中表现出安之若命的本领。道家式的有所不为在陶渊明的身上产生了积极效用，像他这样觉悟到真淳本性的人，才敢于在《自祭文》中自谓“识运知命”！儒道两家共享着知性与知天相统摄的思想模式，而佛教明心见性成佛的种种论说其实也不违于这种模式。

但不可否认，人世间的吉凶祸福对人性的报偿形成考验。对此，先哲的种种格言也开启了感知性命观的空间。《尚书》有天道福善祸淫之训，《周易》说积善余庆、积恶余殃。这是一种朴素的感情，相信行为的原动力总是制约着境遇的必然性。但从现世的层面看，仍大量存在着行为性质与境遇结局的矛盾现象，以至于西汉司马迁在《史记·伯夷列传》痛心于“天道，是耶非耶”的疑问！东汉王充否定了人类德行与命运祸福之间的因果关系。这种表述上的创意其实在根底上仍不脱儒家的

① 王弼《老子道德经注》，楼宇烈《王弼集校释》，中华书局 1980 年版，第 36 页。
② 王弼《老子道德经注》，同上，第 49 页。

立场。《孟子·尽心上》曰:"君子行法而俟命而已矣。"默认了道德成就与降临的命运之间的不协调。作为君子人格,也需要甘于忍耐这种现实的命运不公,孟子甚至说这也属于"天降大任于斯人"的必要磨难。随着佛教的传入,三世报应之说弥缝了道德与幸福的错位矛盾之苦。不过,理论信条往往取代不了生命实践的丰富,在这个意义上,文章书写中所蕴含的性命论述应当更为多姿多彩。

中国文章史上关涉于性道内容的书写早就受到关注。清朝人整理《历代赋汇》时,专门汇录了四卷"性道"赋,如《性习相近远赋》《自诚而明谓之性赋》《至诚尽人物之性赋》等,这类题目原自儒家经典,有些就是重视经学时代科举考试时的命题作文。不过,表达对人性的信念,分享对人的本性和命运乃至人类终极的幸福观的感怀与思虑,这样的内容往往并不局限于以上所举的哲理题目之中。真正具有思想性和文学感发力的作品,离不开生活感悟与人生淬炼。古往今来,一代代的贤哲对"性命"的思考落实在人生实践或生活化场景中,交出了生动而奥衍的答卷,从中正可以参证人如何在天地中安顿自我,如何修身、立诚、处世,那么,文章家各以其不同的境遇、志趣、性别,施以美妙之文笔,隐然达成对"性命"问题的诗意策略。尽管其中蕴含着儒家、道家或其他学派的思想底蕴,但文章史上这方面的佳篇名作,贵在不是教条解释,而是交织着情感、体察于生活的知见与智慧。

(二)选文

卜　居[①]

屈　原

屈原既放,三年不得复见。竭知[②]尽忠,而蔽鄣[③]于谗。心烦虑乱,不知所从。乃往见太卜[④]郑詹尹[⑤]曰:"余有所疑,愿因先生决之。"詹尹乃端策拂龟[⑥],曰:"君将何以教之?"

屈原曰："吾宁悃悃款款[7]朴以忠[8]乎？将送往劳来[9]斯无穷乎？宁诛锄草茅以力耕乎？将游大人[10]以成名乎？宁正言不讳以危身乎？将从俗富贵以媮生乎？宁超然高举以保真[11]乎？将哫訾栗斯[12]，喔咿嚅唲[13]以事妇人[14]乎？宁廉洁正直以自清乎？将突梯滑稽[15]，如脂如韦[16]，以洁楹[17]乎？宁昂昂[18]若千里之驹乎？将泛泛若水中之凫，与波上下，偷以全吾躯乎？宁与骐骥亢轭[19]乎？将随驽马之迹乎？宁与黄鹄比翼乎？将与鸡鹜争食乎？此孰吉孰凶？何去何从？世溷浊[20]而不清，蝉翼为重，千钧为轻；黄钟[21]毁弃，瓦釜[22]雷鸣；谗人高张[23]，贤士无名。吁嗟默默兮，谁知吾之廉贞[24]！"

詹尹乃释策[25]而谢曰："夫尺有所短，寸有所长，物有所不足[26]，智有所不明[27]，数有所不逮[28]，神有所不通[29]。用君之心，行君之意，龟策[30]诚不能知此事。"

【注释】

① 选自洪兴祖《楚辞补注》(中华书局 1983 年版)。屈原(约公元前 340—前 278)，名平，字原，战国后期楚国人。"博闻强志，明于治乱，娴于辞令"，任楚怀王左徒、三闾大夫等职。后被谗去职，流落于沅湘流域，自投汨罗江。是我国古代第一个伟大爱国诗人，有《离骚》《九歌》《天问》等二十五篇作品传世(见王逸《楚辞章句》)。

② [知] 通"智"。

③ [蔽鄣] 遮蔽阻碍。鄣，通"障"。

④ [太卜] 官名，掌阴阳卜筮之法。

⑤ [郑詹尹] 古卜筮者之名。

⑥ [端策拂龟] 摆正蓍草，清除龟壳尘土。

⑦ [悃悃款款] 忠实诚恳。

⑧ [朴以忠] 质朴而忠厚。

⑨ [送往劳来] 这里指官场上虚以应酬。

⑩ [游大人] 游说权贵。

⑪［超然高举以保真］超脱尘世，保持真性情。

⑫［哫訾栗斯］阿谀畏缩。

⑬［喔咿嚅唲］强笑顺从的样子。

⑭［妇人］这里指楚怀王夫人郑袖。

⑮［突梯滑稽］委屈顺俗。突梯，圆滑貌。滑稽，钱锺书《管锥编》谓"滑稽"意为"乱同异"，这里引申为巧舌如簧。

⑯［如脂如韦］像油脂一样光滑，像熟牛皮一样柔软。脂，油脂。韦，熟牛皮。

⑰［洁楹］滑泽之意。楹，屋柱。洁楹，喻圆滑谄谀之态。

⑱［昂昂］器宇轩昂的样子。

⑲［亢轭］犹言齐头并进。王夫之《楚辞通释》："亢，与伉同，并也。轭，辕端驾马木。与良马同轭相并，则行必齐力。"

⑳［溷浊］混乱污浊。

㉑［黄钟］古之打击乐器，多为庙堂所用。

㉒［瓦釜］陶制的炊器。

㉓［高张］嚣张跋扈。

㉔［廉贞］廉洁刚正。

㉕［释策］放下蓍草。

㉖［物有所不足］万物均有不足之处。

㉗［智有所不明］人也有不明了的时候。

㉘［数有所不逮］占卜有到不了的地方。数，卦数。逮，及。

㉙［神有所不通］天神也有不知道的道理。

㉚［龟策］龟甲和蓍草，这里指占卜。

【评析】

所谓"卜居"，是借占卜来决是非，关系到如何安身立命的大问题。《离骚》中已有"索琼茅以筳篿兮，命灵氛为余占之"；"巫咸将夕降兮、怀椒糈而要之"诸句，本篇是此类意旨的灵活发展。表面上看，屈原因"心烦虑乱，不知所从”，而向长于龟策占卜的郑詹尹卜问决疑，其实他内心有着明辨是非的尺度。屈原的为人堪称“与日月同光”，他心性高洁，九死不悔，但对于“此孰吉孰凶？何去何从？”的命运难题也深有忧愤：“世溷浊而不清，蝉翼为重，千钧为轻；黄钟毁弃，瓦釜雷鸣；谗人高张，贤士无名。吁嗟默默兮，谁知吾之廉贞！”凭着“廉贞”的君子本性，尽管遭逢命运的颠倒，终究无法倾覆他的忠诚，反而映衬出他的临危不惧、择善固执。所以，郑詹尹看出屈原的本质，并自认“数有所不逮，神有所不通。用君之心，行君之意，龟策诚不能知此事。”隐然具有德性至上、鬼神无欺之信念。这种在世俗依违之间志不可夺的风概与词品，颇有传续，如陶渊明《归去来辞》可称“《卜居》之嗣响”（刘师培《楚词之用》）。

《卜居》在艺术手法上也颇开后世法门。许学夷称赏其“思若涌泉，文如贯珠”（《诗源辨体》）。其中以设问决疑驱动章法矫变的笔致，对后世也有影响，如刘熙载《艺概 · 文概》谓：“欧阳公（修）文几于史公之洁，而幽情雅韵，得骚人之指趣为多。屈子《卜居》，《史记 · 伯夷传》妙在于所不疑事，却参以活句，欧文往往似此。”不失为探究骚人旨趣影响后世的佳例。

【理性思考】

1. 相对于《离骚》《九歌》而言，《卜居》为何被认为“文体丕变”？其与汉赋的关系如何？

2. 由《卜居》进而了解古代的占卜仪式。

【延伸阅读】

1. 洪兴祖《渔父 · 楚辞补注》，中华书局 1983 年版。

2. 嵇康《卜疑》，戴明扬校注《嵇康集校注》，人民文学出版社 1962 年版。

3. 容肇祖《占卜的源流》，海豚出版社 2010 年版。

鹏　鸟　赋[①]

贾　谊

谊为长沙王傅三年，有鹏鸟飞入谊舍，止于坐隅。鹏似鸮，不祥鸟也。谊既以谪居长沙，长沙卑湿，谊自伤悼，以为寿不得长，乃为赋以自广[②]。其辞曰：

单阏[③]之岁兮，四月孟夏，庚子日斜兮，鹏集予舍[④]，止于坐隅，貌甚闲暇。异物来萃[⑤]兮，私怪其故，发书占之兮，谶言其度[⑥]，曰“野鸟入处兮，主人将去”。请问于鹏兮：“予去何之？吉乎告我，凶言其灾[⑦]。淹数之度兮，语予其期[⑧]。”鹏乃叹息，举首奋翼[⑨]，口不能言，请对以臆。

万物变化兮，固无休息[⑩]。斡流而迁兮，或推而还[⑪]。形气转续兮，变化而蟺[⑫]。沕穆无穷兮，胡可胜言[⑬]！祸兮福所倚，福兮祸所伏[⑭]；忧喜聚门兮，吉凶同域[⑮]。彼吴强大兮，夫差以败；越栖会稽兮，勾践霸世[⑯]。斯游遂成兮，卒被五刑[⑰]；傅说胥靡兮，乃相武丁[⑱]。夫祸之与福兮，何异纠纆[⑲]。命不可说兮，孰知其极？[⑳]水激则旱兮，矢激则远[㉑]。万物回薄兮，振荡相转[㉒]。云蒸雨降兮，纠错相纷[㉓]。大均播物兮，坱轧无垠[㉔]。天不可预虑兮，道不可预谋[㉕]。迟速有命兮，焉识其时[㉖]？

且夫天地为炉兮，造化为工；阴阳为炭兮，万物为铜[㉗]。合散消息兮，安有常则；千变万化兮，未始有极[㉘]。忽然为人兮，何足控抟；化为异物兮，又何足患[㉙]！小智自私兮，贱彼贵我；达人大观兮，物无不可[㉚]。贪夫徇财兮，烈士徇名；夸者死权兮，品庶每生[㉛]。怵迫之徒兮，或趋西东；大人不曲兮，意变齐同[㉜]。愚士系俗兮，窘若囚拘；至人遗物兮，独与道俱[㉝]。众人惑惑兮，好恶积亿；真人恬漠兮，独与道息[㉞]。释智遗形兮，超然自丧；寥廓忽荒兮，与道翱翔[㉟]。乘流则逝兮，得坻则止；纵躯委命兮，不私与己[㊱]。其生若浮兮，其死兮若休；澹乎若深渊之静，泛乎若不系之舟[㊲]。不以生故自宝兮，养空而浮；德人无累，知命不忧[㊳]。细故蒂芥，何足以疑[㊴]！

【注释】

① 选自萧统编《文选》(中华书局 1977 年版)。贾谊(前 200—前 168),洛阳(今河南洛阳东)人,汉初杰出的政治家、辞赋家。年少有才,汉文帝召为博士,迁大中大夫。因受守旧大臣妒忌,于文帝三年(前 177)出为长沙王太傅。四年后被召回,复任梁怀王太傅。后梁怀王不慎坠马而死,谊深自歉疚,抑郁而亡,年仅 33 岁。长于政论与辞赋,其《过秦论》《陈政事疏》《吊屈原文》等堪称“西汉鸿文”。

②[自广] 自我开导。

③[单阏] 卯年的别称,《尔雅》云:“太岁在卯曰单阏。”

④[鹏集予舍] 鹏鸟栖止于我的屋舍。集,栖止。

⑤[异物] 指鹏鸟,因其不祥故称“异物”。萃,栖止。

⑥[谶言其度] 揣度谶语。谶,预示吉凶之言。

⑦[凶言其灾] 如果有凶事,也请把灾祸言明。

⑧[淹数之度兮,语予其期] 死生迟速的定数,告诉我它的期限。

⑨[举首奋翼] 昂起头,张开翅膀。

⑩[休息] 休止。

⑪[斡流而迁兮,或推而还] 万物运化迁移,往复回还。斡流,迁转。

⑫[形气转续兮,变化而蟺] 天地间形气相互转化,如同蝉的蜕化。

⑬[沕穆无穷兮,胡可胜言] 精微深远,无穷无尽,难以说尽。沕穆,深微之貌。

⑭[祸兮福所倚,福兮祸所伏] 语出《老子》第五十八章。原文为“祸兮福之所倚,福兮祸之所伏”。

⑮[忧喜聚门兮,吉凶同域] 忧喜吉凶相因倚,如同处一门之中、一地之内。

⑯[彼吴强大兮,夫差以败;越栖会稽兮,勾践霸世] 春秋时,吴国强大,吴王夫差战胜,越国。越王勾践领五千残兵退守会稽,卧薪尝胆,

终于灭吴国。

⑰［斯游遂成兮，卒被五刑］李斯游秦，至于成功，最终却身受五刑而死。

⑱［傅说胥靡兮，乃相武丁］傅说服劳役，终被殷高宗武丁赏识，用他为相。胥靡，以绳子将罪人系在一起，以服劳役。

⑲［夫祸之与福兮，何异纠缪（mò）］福祸相为表里，如绳索相捻附。纠，二股捻成的绳子。缪，三股捻成的绳索。

⑳［命不可说兮，孰知其极］天命不可解说，谁知它的究竟。

㉑［水激则旱兮，矢激则远］水流受外物激荡而迅猛，弓箭因外物相激而飞远。旱，通“悍”。

㉒［万物回薄兮，振荡相转］万物往返激荡，震荡转化。薄，迫近。

㉓［云蒸雨降兮，纠错相纷］地气升腾而为云，云气交变而降雨，自然界的事物变化纷纭，如同人的吉凶祸福一样。

㉔［大均播物兮，坱（yǎng）圠无垠］自然造化万物，无穷无尽。坱圠，无边无际貌。

㉕［天不可预虑兮，道不可预谋］天道理深，不可预为思虑谋度。

㉖［迟速有命兮，焉识其时］死生迟速有命，如何能预知它的期限。

㉗［天地为炉兮，造化为工；阴阳为炭兮，万物为铜］以陶冶比喻造化，故阴阳为炭，万物为铜。

㉘［合散消息兮，安有常则；千变万化兮，未始有极］聚散离合哪里有一定法则？千变万化，无有终极。语本《庄子·知北游》：“人之生，气之聚也，聚则为生，散则为死。”

㉙［忽然为人兮，何足控抟（tuán）；化为异物兮，又何足患］偶然为人，哪里值得引持以自贪恋，而死亡又何足担忧。控，引。抟，持也。异物，指死亡。

㉚［小智自私兮，贱彼贵我；达人大观兮，物无不可］拥有小智慧的人，自矜自贵。在达人看来，自己和万物可以契合无间，故无一物不

合适。

㉛ [贪夫徇财兮,烈士徇名;夸者死权兮,品庶每生] 贪婪之人为财而死,刚烈之士为名而死。贪求虚名的人,死于权势,众人都贪生畏死。徇,亡身从物。夸者,指贪求虚名的人。品庶,众庶。每,《史记》作“凭”,意为贪恋。

㉜ [怵迫之徒兮,或趋西东;大人不曲兮,意变齐同] 为利所诱、为贫贱所迫的人,奔走东西,趋利避害;与天地合其德的伟人不阿私于身,对千变万化的事物都等量齐观。西东,原文为“东西”,据《史记》等书,并考虑到“东”与下句末“同”押韵,故改。意,通“亿”。

㉝ [愚士系俗兮,窘若囚拘;至人遗物兮,独与道俱] 愚笨的人为俗界所牵系,困窘如囚犯;有至德的人遗弃物累,独与大道同行。

㉞ [众人惑惑兮,好恶积亿;真人恬漠兮,独与道息] 众人惑乱之甚,爱憎郁积于心;得天地之道的人安然平淡,独和大道相处。真人,《吕氏春秋》曰:“精气日新,邪气尽去,反其天年,谓之真人也。”

㉟ [释智遗形兮,超然自丧;寥廓忽荒兮,与道翱翔] 放弃智识,遗弃形体,超脱物外,自忘其身,深远空阔,与道遨游。自丧,自忘其身。

㊱ [乘流则逝兮,得坻(chí)则止;纵躯委命兮,不私与己] 乘流远游,止于水中小洲。把自己的身躯托付给命运,任凭自然,不私爱自己的身躯。坻,水中小洲。

㊲ [其生若浮兮,其死兮若休;澹乎若深渊之静,泛乎若不系之舟] 言体道之人,参悟生死,涵养虚静之性而心若浮舟。澹,安静。

㊳ [不以生故自宝兮,养空而浮;德人无累,知命不忧] 不看重生存利害,但涵养空虚之性而逍遥,至德之人不被万物牵累,知天命而了不忧愁。自宝,自贵。

㊴ [细故蒂芥,何足以疑] 生死这类细微之事不足介怀,又有什么值得疑虑的。

【评析】

萧统《文选》赋体子目中列有“鸟兽”类，首篇即是贾谊《鹏鸟赋》。此赋因谪降于长沙王太傅时，有鹏鸟入户，俗以为不祥，故贾谊借人鸟对话形式，抒发对生命忧患的思考。他从现实感慨而延伸至历史上的胜败无常、祸福无定，增大了人生层面“命不可说兮，孰知其极”的怵迫感。如何冲决生存压迫而通向主体超越之路？作为哲理对策，他汲取了庄子的“物化”思想。在《庄子·齐物论》中“庄周梦为蝴蝶”的故事里，最终模糊了“周之梦为蝴蝶”与“蝴蝶之梦为周”的分际，“此之谓‘物化’”，也就是消解物我界限，融释万物为一。由此脱离“小智自私兮，贱彼贵我”，做到“达人大观兮，物无不可”，故司马迁也有“读《鹏鸟赋》，同死生，轻去就，又爽然自失矣”（《史记·屈原贾生列传》）的感受。贾谊的笔力能将哲理化与形象化兼顾，也使本篇成为哲理赋的一个典范。

【理性思考】

1. 了解并溯源动物赋的创作并考察其写作特点与艺术魅力。

2.《鹏鸟赋》在思想和内容上分别受到《庄子》什么影响？

3.“澹乎若深渊之静，泛乎若不系之舟”是作者的理想心境，然贾谊的真实心态是什么？

【延伸阅读】

1. 司马迁《史记·屈原贾生列传》，中华书局 2013 年版。

2. 饶宗颐《贾谊〈鹏鸟赋〉及其人学》，《东南大学学报》，2003 年第 4 期。

答　客　难[1]

东方朔

客难东方朔曰[2]:"苏秦、张仪壹当万乘之主[3],而身都卿相之位[4],泽及后世[5]。今子大夫修先王之术[6],慕圣人之义,讽诵《诗》《书》百家之言[7],不可胜记[8],著于竹帛[9],唇腐齿落[10],服膺而不可释[11],好学乐道之效[12],明白[13]甚矣,自以为智能海内无双[14],则可谓博闻辩智[15]矣。然悉力[16]尽忠,以事[17]圣帝,旷日持久[18],积数十年,官不过侍郎[19],位不过执戟[20],意者尚有遗行邪[21]?同胞之徒[22],无所容居[23],其故何也?"

东方先生喟然长息[24],仰而应之[25]曰:"是故非子之所能备[26]。彼一时也,此一时也,岂可同哉[27]?夫[28]苏秦、张仪之时,周室大坏[29],诸侯不朝[30],力政[31]争权,相擒以兵[32],并为十二国[33],未有雌雄[34],得士[35]者强,失士者亡,故说[36]得行焉。身处尊位,珍宝充内[37],外有仓廪[38],泽及后世,子孙长享[39]。今则不然。圣帝德流[40],天下震慴[41],诸侯宾服[42],连四海之外以为带[43],安于覆盂[44],天下平均[45],合为一家[46],动发举事[47],犹运之掌[48],贤与不肖,何以异哉[49]?遵天之道,顺地之理[50],物无不得其所[51]。故绥之则安[52],动之则苦[53];尊之则为将,卑之则为虏[54];抗之则在青云之上[55],抑之则在深渊之下[56];用之则为虎[57],不用则为鼠[58];虽欲尽节效情[59],安知前后[60]?夫天地之大,士民之众,竭精驰说[61],并进辐凑者[62],不可胜数,悉力慕之[63],困于衣食[64],或失门户[65]。使苏秦、张仪与仆并生于今之世[66],曾不得掌故[67],安敢望侍郎乎[68]!传曰[69]:'天下无害,虽有圣人无所施才[70];上下和同[71],虽有贤者无所立功。'故曰:时异事异[72]。

"虽然,安可以不务修身乎哉[73]?《诗》曰:'鼓钟于宫,声闻于外。''鹤鸣九皋,声闻于天。'[74]苟[75]能修身,何患不荣[76]!太公体行仁义[77],七十有二[78],乃设用[79]于文武,得信厥说[80],封于齐,七百岁而不绝[81]。此士所以日夜孳孳[82],修学敏行而不敢怠也[83]。譬若鹡鸰[84],飞且鸣矣[85]。传曰:天不为人之恶寒而辍其冬,地不为人之恶险而辍其广,君子不为小人之匈匈而易其行。天有常度,地有常形,君子有常行;君子道其常,小人计其功。《诗》云:'礼义之不愆,何恤人之言[86]?''水至清则无鱼[87],人至察则无徒[88]。冕而前旒[89],所以蔽明[90];黈纩充耳[91],所以塞聪[92]。'明有所不见[93],聪有所不闻[94],举大德[95],赦小过[96],无求备于一人之义也。'枉[97]而直之,使自得之;优而柔之[98],使自求之;揆而度之,使自索之[99]。'盖圣人之教化如此[100],欲其自得之。自得之,则敏且广矣[101]。

"今世之处士[102],时虽不用[103],块然[104]无徒,廓然[105]独居,上观许由[106],下察接舆[107],计同范蠡[108],忠合子胥[109],天下和平,与义相扶[110],寡偶少徒[111],固其宜也[112],子何疑于予哉[113]?若夫燕之用乐毅[114],秦之任李斯[115],郦食其[116]之下齐,说行如流[117],曲从如环[118],所欲必得,功若丘山[119],海内定,国家安,是遇其时者也,子又何怪之邪[120]?语曰:'以管窥天[121],以蠡测海[122],以筳撞钟[123]',岂能通其条贯[124],考其文理[125],发其音声哉!犹是观之[126],譬由鼱鼩之袭狗[127],孤豚之咋虎[128],至则靡[129]耳,何功之有?今以下愚而非处士[130],虽欲勿困[131],固不得已。此适足以明其不知权变[132],而终惑于大道也[133]。"

【注释】

① 选自萧统编《文选》(中华书局 1977 年版)。东方朔(前 154—前 93),字曼倩,西汉平原厌次(今山东省德州市陵县)人。西汉文学家。武帝时为太中大夫、给事中,善辞赋,性格诙谐,言词敏捷,滑稽多智。

② [客难(nàn)东方朔] 作者假托有人诘难自己,以发表下文的议论。难,质问。

③ [苏秦、张仪壹当万乘之主] 苏秦、张仪,战国纵横家。苏秦主合纵,张仪主连横。合纵即联合六国以抗秦,连横即六国联合以事秦。苏秦、张仪凭三寸不烂之舌,游说(shuì)于七国之间,以博取荣华富贵。当,遇上。万乘(shèng)之主,有万辆兵车的国家君主,这里指当时最强大的诸侯国。乘,兵车。

④［身都(dū)卿(qīng)相(xiàng)之位］身居卿相之位。都，担任。卿，古时高级长官或爵位的称谓。相，古时候高级长官的称谓。

⑤［泽及后世］恩泽延及后世。泽，恩泽。及，延续到。

⑥［今子大夫修先王之术］如今您修习古帝王之术。子大夫，大约等于“大夫先生”的意思，指东方朔。“子”是古代对男子的敬称。“大夫”是东方朔担任的官职，太中大夫的简称。先王，古代帝王。术，道术。

⑦［讽诵《诗》《书》百家之言］背诵朗读儒家和诸子百家的典籍。讽，背诵。诵，朗读。《诗》，指《诗经》。《书》，指《尚书》。

⑧［不可胜(shēng)记］不可胜数，形容数量极多。

⑨［著于竹帛］写在竹简和绢帛上。在造纸术发明以前，人们通常是以竹木、绢帛作为书写的工具。

⑩［唇腐齿落］嘴唇破烂，牙齿脱落，这里指年纪大了。

⑪［服膺(yīng)］牢记于心。膺，胸。释，放下，这里指忘记。

⑫［效］功效。

⑬［明白］清楚。

⑭［智能海内无双］智慧才能天下第一。

⑮［博闻辩智］博学多闻，机智而有口才。

⑯［悉力］尽力。

⑰［事］侍奉。

⑱［旷日持久］历时长久。

⑲［侍(shì)郎］指侍从于皇帝左右的郎官。

⑳［执戟(jǐ)］戟，是古时候的一种兵器。侍郎、郎中等郎官都要执戟侍从于宫门，因此郎官也被称为执戟。这里的意思是形容东方朔官位低微。

㉑［意者尚有遗行邪］恐怕还是德性有不足之处吧。意者，想来，料想。遗行，过失、不检点的行为。邪(yé)，同“耶”，表示疑问、推测的语气词。

㉒［同胞之徒］亲兄弟们。

㉓［无所容居］没有容身之地。

㉔［喟(kuì)然长息］喟然长叹。

㉕［仰而应之］仰着头回答他。“仰”的动作表示对对方观点的不以为然,是一种轻蔑的表示。

㉖［是故非子之所能备］这原本不是您能完全理解的。是,这。故,同“固”,原本,本来。备,具备。

㉗［彼一时也,此一时也,岂可同哉］那时的形势与现在不同,不能同日而语。

㉘［夫］句首发语词,无实义。

㉙［周室大坏］周王朝衰落。

㉚［朝(cháo)］朝见天子。

㉛［力政］同“力征”,大举征战。

㉜［相擒以兵］指以武力互相兼并。

㉝［十二国］指鲁、卫、齐、宋、楚、郑、燕、赵、韩、魏、秦、中山。

㉞［未有雌雄］未分强弱。

㉟［士］有知识智慧才能的人。

㊱［说(shuì)］游说、说服。

㊲［珍宝充内］家里充满了珍宝。

㊳［仓廪(lǐn)］仓库,米仓。这里指家道殷实,财富丰富。

㊴［长享］长享富贵。

㊵［德流］德泽流布。

㊶［震慴(shè)］震惊畏惧。

㊷［宾服］服从。

㊸［连四海之外以为带］四海之外并在一起,犹如衣带紧紧相连。

㊹［安于覆盂(yú)］比倒扣的盘盂还要安稳。覆,倒过来。盂,一种盛液体的器皿。

㊺［天下平均］全国的情形都一样。

㊻［合为一家］全国统一于一个政权的统治之下。

㊼［动发举事］发动大事。动发，发动，举动。举事，兴办大事。

㊽［犹运之掌］如同在手掌中转动一样容易。

㊾［贤与不肖(xiào)，何以异哉］贤与不贤又怎么能区分清楚呢？不肖，品行不好，不贤。

㊿［遵天之道，顺地之理］遵循天地的道理，即按照自然界的客观规律办事。

51［物无不得其所］各种事物无不被安放在适当的位置上。

52［绥之则安］若是安抚你，日子会很安逸。绥，安抚。

53［动之则苦］若是役使你，日子就会很辛苦。动，劳动，这里指驱使、役使之意。

54［尊之则为将，卑之则为虏］尊崇你，可以把你提拔为将帅；贬低你，也可以把你当成奴隶。

55［抗之则在青云之上］若是抬举你，可以把你捧到青云之上。抗，举。青云之上，形容极高的地方。

56［抑之则在深渊之下］若是压制你，也可以把你贬到深渊之下。抑，压抑。深渊之下，形容极低下之处。

57［用之则为虎］如果重用你，你便会如老虎一般。虎，比喻有权势的人。

58［不用则为鼠］如果不重用你，你便会如老鼠一般。鼠，比喻无权势的人。

59［虽欲尽节效情］即使想要尽臣子之节，效忠诚之情。虽，即使。

60［安知前后］又哪里知道何时进退呢。安，哪里，怎么。前后，这里指进退。

61［竭精驰说(shuì)］竭尽精力去游说。

62［并进辐凑者］聚集到一起来的人数。辐凑，本意是车辐集中于车毂(gǔ)，形容密集。

⑬[悉力慕之] 尽力仰慕天子的恩德。

⑭[困于衣食] 吃不饱，穿不暖。

⑮[或失门户] 有的人招来杀身之祸。或，有的人。失门户，丧失家庭，指被杀戮。

⑯[使苏秦、张仪与仆并生于今之世] 让苏秦、张仪与我并生于现在。使，假设。仆，自己的谦称。

⑰[曾(zēng)不得掌故] 连掌故那样的小吏都当不上。曾，用来加强语气的副词，大约是“连……都”的意思。掌故，汉代掌管礼乐制度等档案的小官，级别很低。

⑱[安敢望侍郎乎] 哪里敢指望当侍郎呢。

⑲[传曰] 凡引用古书上的话，都可以泛称为“传曰”。以下一段文字出处不详。

⑳[施才] 施展才能。

㉑[上下和同] 上下同心同德，齐心协力。

㉒[时异事异] 时势不同，事物的发展及其结果也不同了。

㉓[安可以不务修身乎哉] 哪里可以不加强自身的修养呢。务，致力，重视。乎哉，连用的两个语气助词，加强反诘的语气。

㉔[鼓钟于宫，声闻于外。鹤鸣九皋，声闻于天] 这两句分别出自《诗经・小雅》的《白华》和《鹤鸣》两篇。在室内撞钟，室外也能听到钟声。鹤在深泽里鸣叫，声音响彻云霄。鼓钟，撞钟，敲钟。宫，室内。九皋，深泽。九，表示众多。皋，沼泽地。

㉕[苟(gǒu)] 假如。

㉖[何患不荣] 还愁什么不能显达。

㉗[太公体行仁义] 姜太公身体力行仁义之道。太公：本姓姜，从其封姓吕，名尚，字子牙。传说吕尚垂钓于渭水之滨，被出猎到此的周文王看见，交谈之后大为敬重，载其同归，尊之为师。当时他已72岁。文王死，武王立，又重用吕尚，终于灭商，建立了周朝。体行，身体力行。

㉘[七十有二] 即七十又加二。有，通“又”。

⑲［设用］大用。

⑳［得信厥（jué）说］得以实践他的论说。信，同“申”，这里是实践施行的意思。厥，其。

㉑［七百岁而不绝］自太公封于齐到田和篡齐，大约七百年。

㉒［孳孳（zī）］勤勉的样子。

㉓［修学敏行而不敢怠也］勉力而行不敢懈怠。敏，努力，奋勉。怠，懈怠。

㉔［譬若鹡（jī）鸰（líng）］比如鹡鸰鸟。鹡鸰，鸟名。这种鸟飞则鸣叫，行则摇尾。这里比喻人勤勉修身而不懈怠。

㉕［飞且鸣矣］一边飞翔一边鸣叫。

㉖［天不为人之恶（wù）寒而辍（chuò）其冬，地不为人之恶险而辍其广，君子不为小人之匈匈而易其行。天有常度，地有常形，君子有常行；君子道其常，小人计其功。《诗》云：‘礼义之不愆，何恤人之言’］这段话出自《荀子·天论篇》，原文作：“天不为人之恶寒也辍冬，地不为人之恶辽远也辍广，君子不为小人之匈匈也辍行。天有常道矣，地有常数矣，君子有常体矣。君子道其常而小人计其功。《诗》曰：‘礼义之不愆，何恤人之言兮！’此之谓也。”这几句的意思是，天不因为人们讨厌寒冷而去掉冬季，地不因为人们讨厌艰险而不再那么辽阔，君子也不因为众人计算功利而改变自己的行为。为，因为。恶，厌恶。辍，废止。匈匈，同“汹汹”，争辩吵闹的声音。易，改变。

㉗［水至清则无鱼］水清到了极点，鱼便无法生存下去。

㉘［人至察则无徒］人明察到了极点，就没有朋友伙伴了。

㉙［冕（miǎn）而前旒（liú）］冠冕前有玉旒。冕，大夫以上的贵族所戴的礼帽。旒，礼帽前后悬挂的一串串小珠子。

㉚［所以蔽明］是用来遮蔽视力。蔽，遮蔽。明，指视力。

㉛［黈（tǒu）纩（kuàng）充耳］礼帽两边悬着黄色丝绵，像堵住了耳朵。黈纩，黄色的丝绵。充，填塞。

㉜［所以塞聪］是用来阻塞听觉。聪，指听力。以上这段话相传

出于孔子，见《大戴礼记·子张向入官》。

⑼[明有所不见] 有些东西眼睛最好不要看见。

⑼[聪有所不闻] 有些声音耳朵最好不要听见。

⑼[举大德] 推举大的优点。大德，大功绩，大的优点。

⑼[赦小过] 宽恕小的过失。赦，赦免，宽恕。

⑼[枉] 弯曲。

⑼[优而柔之] 即“优柔之”，“优柔”在这里作动词，意思是优厚宽和地对待。

⑼[揆(kuí)而度之，使自索之] 即“揆度之”，意思是仔细揣摩他的心理。索，求取。以上三句相传也出于孔子，见《大戴礼记·子张问入官》。

⑽[盖圣人之教化如此] 圣人的教化就是这样。盖，句首语气词，无实际意义。

⑽[则敏且广矣] 聪敏而广大。敏，智力敏捷。广，胸怀广阔。

⑽[处士] 有才德而隐居不仕的人，这里也包括像东方朔自己那样有德才而未得到重用的人。

⑽[不用] 不受重用。

⑽[块然] 孤独的样子。

⑽[廓然] 空荡荡的样子。

⑽[许由] 和帝尧同时的一个隐士，帝尧将天下让给他，他坚决推辞不受。

⑽[接舆] 与孔子同时的隐士，曾唱歌讥笑孔子热衷于政治。

⑽[范蠡(lǐ)] 春秋时越王勾践的谋臣，帮助勾践奋发图强，兴越灭吴，功成后辞去官职，改名陶朱公，经商致富，漫游江湖以终。

⑽[子胥] 伍员(yún)字子胥，春秋时吴国大夫，曾帮助阖闾刺杀吴王僚，夺取王位，振兴吴国，国势逐渐强大，不久又攻破楚国。吴王夫差时，他反对夫差答应越国求和，渐被疏远，终于被迫自尽。

⑾[天下和平，与义相扶] 以上及此句之意是当时的处士虽然不

受重用,一个人孤独地生活着,也没有什么朋友,但是他们都以许由、接舆为榜样,和范蠡一样足智多谋,和伍员一样忠心耿耿,在天下和平的时候,也是他们在支撑着道义。相扶,相扶持。

⑪[寡偶少徒]少有合得来的。寡,少。偶,合,指合得来的人。

⑫[固其宜也]本来是应该的。这句的意思是既然不遇其时,那么处士落落寡合是可以理解的,理所当然的。

⑬[子何疑于予哉]你怎么对我有疑问了呢?

⑭[乐毅]燕昭王的臣子,受燕昭王重用,曾大破齐国,攻下七十余城。

⑮[李斯]秦国丞相,曾辅佐秦始皇灭六国,统一天下。

⑯[郦食(yì)其(jī)]秦汉之际人,曾在秦末农民战争中为刘邦献计献策,楚汉战争中,又为刘邦游说齐王田光,田光因此放松了守备,被汉军攻下七十余城。

⑰[说(shuì)行如流]他们进言取得成功,像流水那样顺利。

⑱[曲(qū)从如环]人主听从他们的话,像环子转动那样自然。曲从,放弃自己的观点而采纳别的意见。

⑲[功若丘山]比喻功绩高大。

⑳[是遇其时者也,子又何怪之邪]既然他们是因为时机凑巧才得以施才立功,那么您又有什么好奇怪的呢?

㉑[以管窥天]通过小孔或缝隙朝外看。

㉒[以蠡(lí)测海]用瓢测量大海的容量。蠡,用瓠(hù)瓜做的瓢。测,测量。

㉓[以筳(tíng)撞钟]用细竹枝撞钟。筳,细竹枝。

㉔[通其条贯]精通它的体系。条贯,指星辰的体系,宇宙运行的规律。这是针对以管窥天而言。

㉕[考其文理]探究海水的波纹。考,探究,弄清楚。文理,海水的波纹。这是针对以蠡测海而言。

㉖[犹是观之]由此看来。犹,同“由”。

⑫⑦ [譬由鼱(jīng)鼩(qú)之袭狗] 犹如地鼠袭击狗。譬由，犹如的意思。鼱鼩，地鼠，尾短体小。

⑫⑧ [孤豚(tún)之咋(zé)虎] 小猪啃咬老虎。豚，小猪。咋，啃咬。以上两个比喻都是说以小犯大，以弱犯强，不自量力。

⑫⑨ [靡(mǐ)] 顺风而倒。

⑬⓪ [今以下愚而非处士] 现在就凭你这样愚钝的人来非难我。下愚，极其愚蠢。非，非难(nàn)。处士，这里指东方朔自己。

⑬① [虽欲勿困] 即使想要不窘困。虽，即使。

⑬② [此适足以明其不知权变] 适，正好。明，表明。权变，变通。

⑬③ [而终惑于大道也] 终究不能明白真理。惑，迷惑。大道，大道理。

【评析】

对于社会评价体系和用人制度的不公与混乱，《答客难》中有这样生动的拟写："用之则为虎，不用则为鼠。"对于追求用世的士人来说，如何面对这种不止于怀才不遇的尴尬处境，东方朔的牢骚和自解颇能引起千古共鸣。篇中以客主问难的寓言形式，呈现了作者如何寻求才命相忌之答案的心路历程。只不过他对命的难测已转化为对"时"的审视：因"时异事异"，所以"使苏秦、张仪与仆并生于今之世，曾不得掌故，安敢望侍郎乎！"自己与苏、张的命运是不同的。在东方朔牢骚之言的背后，仍然有着儒学的基调，即文中引右贤之语曰："天不为人之恶寒而辍其冬，地不为人之恶险而辍其广，君子不为小人之匈匈而易其行。天有常度，地有常形，君子有常行；君子道其常，小人计其功。"《诗》云："礼义之不愆，何恤人之言？"那么，不因时命不济而"不务修身"，这就是东方朔支撑社会道义之方。竹林七贤的代表之一嵇康在《与山巨源绝交书》中说："柳下惠、东方朔，达人也，安乎卑位。"如果说《答客难》正可以反映作者如何"安"于时命，那么作为"达人"的东方朔的时命观也是有其思想意义的。

《答客难》在艺术上继承宋玉《对楚王问》，又有创新。它既不同于汉代以司马相如《子虚赋》为代表的具有讽谏精神的散体大赋，也不同于正面抒发“感士不遇”的骚体赋，而是以更灵动的笔法，通过反话正说、对比映照，在似是而非中进行耐人寻味的嘲讽，丰富了汉赋的艺术表现力。后来扬雄《解嘲》、班固《答宾戏》、张衡《应间》乃至韩愈《进学解》等，都是模仿它的作品。

【理性思考】

1. 刘勰称《答客难》“托古慰志，疏而有辨”（《文心雕龙·杂文》），怎么理解？

2. 林语堂认为“最上乘的幽默自然是表示‘心灵的辉光与智慧的丰富’”（《论幽默》）。移来评价东方朔的幽默之趣可行吗？

3. 章学诚《文史通义·诗教上》曰：“《客难》《解嘲》，屈原之《渔父》《卜居》，庄（周）之惠（施）问难也。”你同意如此溯源吗？

【延伸阅读】

1. 班固《汉书·东方朔传》，中华书局 1962 年版。

2. 林语堂《论幽默》，刊于《我站在自由这一边》，江苏人民出版社 2014 年版。

七发（节选）[①]

枚　乘

楚太子有疾，而吴客往问[②]之，曰：“伏闻太子玉体不安，亦少间[③]乎？”太子曰：“惫，谨谢客[④]。”

客因[⑤]称曰：“今时天下安宁，四宇和平，太子方富于年[⑥]。意者久耽安乐，日夜无极[⑦]。邪气袭逆，中若结轖[⑧]。纷屯澹淡，嘘唏烦酲[⑨]。惕惕怵怵，卧不得瞑[⑩]。虚中重听，恶闻人声[⑪]。精神越渫，百病咸生[12]。聪明眩曜，悦怒不平[13]。久执不废，大命乃倾[14]。太子岂有是乎[15]？”

太子曰：“谨谢客[16]。赖君之力[17]，时时有之，然未至于是也。”

客曰：“今夫贵人之子，必宫居而闺处[18]，内有保母[19]，外有傅父[20]，欲交无所[21]。饮食则温淳甘膬，腥醲肥厚[22]。衣裳则杂遝曼暖，燂烁热暑[23]。虽有金石之坚，犹将销铄而挺解[24]也，况其在筋骨之间乎哉！故曰：纵耳目之欲、恣支体之安者，伤血脉之和[25]。且夫出舆入辇，命曰蹶痿之机[26]；洞房清宫，命曰寒热之媒[27]；皓齿蛾眉，命曰伐性之斧[28]；甘脆肥脓，命曰腐肠之药[29]。今太子肤色靡曼[30]，四支委随[31]，筋骨挺解，血脉淫濯[32]，手足堕窳[33]。越女侍前，齐姬奉后；往来游醼[34]，纵恣于曲房隐间[35]之中。此甘餐[36]毒药，戏猛兽之爪牙也。所从来者至深远，淹滞永久而不废，虽令扁鹊治内，巫咸[37]治外，尚何及哉！今如太子之病者，独宜世之君子，博见强识，承间语事[38]，变度易意[39]，常无离侧，以为羽翼。淹沉之乐，浩唐之心，遁佚之志[40]，其奚由至哉[41]！”

太子曰：“诺。病已，请事此言[42]。”

客曰：“今太子之病，可无药石针刺灸疗而已，可以要言妙道说而去之，不欲闻之乎？”

太子曰：“仆愿闻之。”

（中略）

客曰：“将以八月之望，与诸侯远方交游兄弟，并往观涛乎广陵之曲江[43]。至则未见涛之形也，徒观水力之所到，则恤然[44]足以骇矣。观其所驾轶者，所擢拔者，所扬汩者，所温汾者，所涤汔者，虽有心略辞给，固未能缕形其所由然也[45]。怳兮忽兮，聊兮栗兮，混汩汩兮，忽兮慌兮，俶兮傥兮，浩瀇瀁兮，慌旷旷兮[46]。秉意乎南山，通望乎东海[47]。虹洞兮苍天，极虑乎崖涘[48]。流揽无穷，归神日母[49]。汩乘流而下降兮，或不知其所止[50]。或纷纭其流折兮，忽缪往而不来[51]。临朱汜而远逝兮，中虚烦而益怠[52]。莫离散而发曙兮，内存心而自持[53]。于是澡概胸中，洒练五藏，澹澉手足，頮濯发齿[54]。揄弃恬怠，输写淟浊，分决狐疑，发皇耳目[55]。当是之时，虽有淹病滞疾，犹将伸伛起躄，发瞽披聋而观望之也，况直眇小烦懑，酲醲病酒之徒哉[56]！故曰：发蒙解惑[57]，不足以言也。”

太子曰：“善，然则涛何气哉[58]？”

答曰：“不记也[59]。然闻于师曰，似神而非者三[60]：疾雷闻百里；江水逆流，海水上潮；山出云内，日夜不止[61]。衍溢漂疾，波涌而涛起[62]。其始起也，洪淋淋焉，若白鹭之下翔[63]。其少进也，浩浩溰溰，如素车白马帷盖之张[64]。其波涌而云乱，扰扰焉如三军之腾装[65]。其旁作而奔起者，飘飘焉如轻车之勒兵[66]。六驾蛟龙，附从太白，纯驰浩蜺，前后骆绎[67]。颙颙卬卬，椐椐强强，莘莘将将[68]。壁垒重坚，沓杂似军行[69]。訇隐匈礚，轧盘涌裔，原不可当[70]。观其两傍，则滂渤怫郁，暗漠感突，上击下律，有似勇壮之卒，突怒而无畏[71]。蹈壁冲津，穷曲随隈，逾岸出追[72]。遇者死，当者坏。初发乎或围之津涯，荄轸谷分[73]。回翔青篾，衔枚檀桓[74]。弭节伍子之山，通厉骨母之场[75]。凌赤岸，篲扶桑，横奔似雷行[76]。诚奋厥武，如振如怒[77]。沌沌浑浑，状如奔马[78]。混混庉庉，声如雷鼓[79]。发怒庢沓，清升逾跇，侯波奋振，合战于藉藉之口[80]。鸟不及飞，鱼不及回，兽不及走[81]。纷纷翼翼，波涌云乱，荡取南山，背击北岸，覆亏丘陵，平夷西畔[82]。险险戏戏，崩坏陂池，决胜乃罢[83]。㳌汩潺湲，披扬流洒，横暴之极[84]。鱼鳖失势，颠倒偃侧，沋沋湲湲，蒲伏连延[85]。神物怪疑，不可胜言。直使人踣焉，洄暗凄怆焉[86]。此天下怪异诡观也，太子能强起观之乎？”

太子曰：“仆病，未能也。”

客曰：“将为太子奏方术之士有资略者，若庄周、魏牟、杨朱、墨翟、便蜎、詹何之伦，使之论天下之精微，理万物之是非[87]；孔、老览观，孟子持筹而算之，万不失一[88]。此亦天下要言妙道也，太子岂欲闻之乎？”

于是太子据几而起，曰：“涣乎[89]若一听圣人辩士之言。”涊然汗出，霍然病已[90]。

【注释】

① 选自萧统编《文选》(中华书局 1977 年版)。枚乘(？—前 140)，

字叔，淮阴（今江苏淮安）人，西汉辞赋家，“七体”创造者。历任梁孝王刘武文学侍从、吴王濞郎中。汉武帝爱辞赋，召其入京，未至而死。有《七发》《上书谏吴王》等。

②［问］探望。

③［少间］病稍微好一些。

④［惫，谨谢客］我很疲劳，谢绝客人的来访。惫，疲劳。

⑤［因］趁机。

⑥［方富于年］正值壮年。

⑦［意者久耽安乐，日夜无极］想来长期迷恋安逸享乐，没完没了。意者，想来。无极，没完没了。

⑧［邪气袭逆，中若结轖］邪气侵入，体内好像郁结堵塞了一样。袭逆，侵入。中，体内。结轖，郁结堵塞。

⑨［纷屯澹淡，嘘唏烦酲（chéng）］心思烦乱不安，悲叹烦躁，像喝多了酒神志不清。纷屯：纷乱。澹淡：摇荡不定。嘘唏：呻吟悲叹。烦酲：烦躁如醉。

⑩［惕惕怵怵，卧不得瞑］提心吊胆，卧不能睡。惕惕怵怵：惊恐不安的样子。瞑，安睡。

⑪［虚中重听，恶闻人声］中气虚弱，耳鸣不灵，厌恶听到人的声音。虚中：中气虚弱。重听：耳鸣而听觉不灵敏。

⑫［精神越渫（xiè），百病咸生］精神涣散，百病都生。越渫，涣散。

⑬［聪明眩曜，悦怒不平］耳目迷惑昏乱，喜怒无常。聪明，听觉和视觉。眩曜，迷惑昏乱。

⑭［久执不废，大命乃倾］长期患病不痊愈，生命将不保。废，止。大命，生命。倾，倒。

⑮［太子岂有是乎］太子难道有这些症状吗？

⑯［谨谢客］这里意为多谢客人的好意。

⑰［赖君之力］仰仗父王的庇护。赖，仰仗。

⑱［宫居而闺处］居于宫中，处于深闺。

⑲［保母］即保姆。

⑳［傅父］负责太子教育的官员。

㉑［欲交无所］想要结交朋友毫无办法。

㉒［饮食则温淳甘膬（cuì），脭（chéng）醲（nóng）肥厚］饮食必味道厚重，香甜可口，肉肥酒醇。温淳，味道厚重。膬，古“脆”字。脭醲，肥肉醇酒。

㉓［衣裳则杂遝曼暖，燀烁热暑］衣裳众多，轻柔温暖，穿上就像夏天一样炎热。杂遝，众多。曼暖，轻柔温暖。燀烁，火热。

㉔［销铄而挻解］熔化消解。

㉕［纵耳目之欲、恣支体之安者，伤血脉之和］放纵视听的欲望，追求身体的安逸，会伤害身体正常的血液流通。支体，身体。

㉖［出舆入辇，命曰蹶痿之机］出入乘坐车子，四体不勤，就是麻痹瘫痪的征兆。蹶痿，麻痹瘫痪。

㉗［洞房清宫，命曰寒热之媒］常住清凉的宫室，就容易受寒发热。媒，媒介。

㉘［皓齿蛾眉，命曰伐性之斧］贪恋女色，就会摧残性命。伐，摧残。

㉙［甘脆肥脓，命曰腐肠之药］放纵口腹之欲，无异于喝了腐烂肠子的毒药。

㉚［靡曼］瘦弱。

㉛［委随］不能灵便地伸展活动。

㉜［血脉淫濯］血管膨胀硬化。

㉝［手足堕窳］手脚软弱无力。

㉞［游醼］游乐吃喝。醼，同“宴”。

㉟［曲房隐间］洞房密室。

㊱［甘餐］心甘情愿地去吃。

㊲［巫咸］古代神巫，能替人祛除疾病。

㊳［承间语事］乘机进言，贡献意见。

㊴［变度易意］改变生活方式和思想感情。

㊵［淹沉之乐，浩唐之心，遁佚之志］放荡纵欲的心志，耽溺享乐的思想。淹沉：沉迷。浩唐：同“浩荡”。遁佚：放纵。

㊶［其奚由至哉］怎么会产生呢？

㊷［请事此言］一定照这番话去做。

㊸［观涛乎广陵之曲江］在广陵曲江处观看江涛。曲江，扬州附近长江边。

㊹［恤然］惊恐的样子。

㊺［观其所驾轶者，所擢拔者，所扬汩者，所温汾者，所涤汔者，虽有心略辞给，固未能缕形其所由然也］当看到后浪推前浪的状况，浪头高耸突起的情形，波涛汹涌激荡的情景，水流凝聚翻滚的势态，水势到处冲刷的力量，即使有智慧、言辞敏捷的人，也绝对不能说明其所以形成的道理。驾轶，超越。擢拔：指浪头高耸拔起。扬汩，指浪潮汹涌激荡。温汾：水势凝聚翻滚。涤汔，冲刷。心略：心机智慧。辞给，敏捷的言辞。缕形：详细地描述。

㊻［怳兮忽兮，聊兮栗兮，混汩汩兮，忽兮慌兮，俶兮傥兮，浩瀇瀁兮，慌旷旷兮］江涛浩荡无边，使人恍惚难辨；又汹涌澎湃，叫人心惊胆战；波浪滔滔，发出汩汩的喧声。时而迷茫一片，令人目眩；时而奇峰突起，异常壮观。聊栗，形容惊恐战栗的样子。混汩汩，水流声。俶兮傥兮，即“倜傥”。瀇瀁，水势浩大无边的样子。慌旷旷，形容江涛茫茫一片。慌，茫茫。旷旷，空阔无边。

㊼［秉意乎南山，通望乎东海］集中注意力观看南山而来的江水，一直望到东海。秉意，集中注意力。通望，一直望。

㊽［虹洞兮苍天，极虑乎崖涘］水势浩大深广，水一望无际，简直无法想象。虹洞，水天相连的样子。极虑，穷思极虑。

㊾［流揽无穷，归神日母］四面展望，无穷无尽的壮观景色络绎不绝，最后把目光集中在潮头所去的东方。归神，收敛心神。日母，日出的地方。

㊿［汩乘流而下降兮，或不知其所止］有时潮头顺着江流迅速向下游行，不知道在何地才能停住。汩，水流迅疾的样子。

51［或纷纭其流折兮，忽缪往而不来］有时波涛纷乱曲折，纠缠到一起流去，一去不回头。缪，纠结在一起。

52［临朱汜而远逝兮，中虚烦而益怠］浪涛冲到朱汜又向远处流逝，使人见了心虚烦躁更加倦怠。朱汜，南方的水涯。虚烦，空虚烦躁。

53［莫离散而发曙兮，内存心而自持］晚潮离散，早潮到来，观涛者仍对江涛念念不忘。莫，同“暮”。离散，晚潮退去。发曙，早潮到来。

54［于是澡概胸中，洒练五藏，澹澉手足，頮濯发齿］观涛之后，浑身上下如同被全部清洗了一遍，精神面貌焕然一新。澡概，洗濯。概，同“溉”。洒练，洗涤。澹澉，洗涤。頮濯，洗涤。

55［揄弃恬怠，输写淟浊，分决狐疑，发皇耳目］抛除懒惰安逸，排除污浊之气，在犹豫不决之时做出决断，使耳目清晰明亮。揄弃，扬弃。恬怠，安逸懒惰。输写，排除。写，同“泻”。淟浊，污浊。分决，分辨决断。发皇耳目，使耳目清晰明亮。

56［虽有淹病滞疾，犹将伸伛起躄，发瞽披聋而观望之也，况直眇小烦懑，酲醲病酒之徒哉］纵使有久病不起，患有顽疾的人，尚且要将驼背伸直，抬起跛脚行走，睁开瞎眼，开通聋耳，观看江涛的宏伟景象，何况只不过是胸中小小不舒服的人呢。伸伛，使伛偻者挺直腰板。起躄，使跛足者起立行走。发瞽，睁开瞎眼。披聋，使聋子恢复听觉。

57［发蒙解惑］启发愚昧，解除疑惑。

58［然则涛何气哉］然而波涛气象如何呢？何气，气象如何。

59［不记也］没有记载。

60［似神而非者三］看上去如有神助，其实并非神力所致的三个特点。

61［疾雷闻百里；江水逆流，海水上潮；山出云内，日夜不止］一是声似疾雷，百里外还能听到；二是江水倒流，江海之水都倒灌上来；三是山口日夜不停地吞吐云气。

⑥② [衍溢漂疾,波涌而涛起] 江水漫出,水流湍急,波浪汹涌。衍溢,漫出。漂疾,急流。

⑥③ [其始起也,洪淋淋焉,若白鹭之下翔] 江涛开始出现之时,山洪飞泻而下,似白鹭向下飞翔。淋淋焉,奔流而下的样子。

⑥④ [其少进也,浩浩溰溰,如素车白马帷盖之张] 稍进一步,水势白茫茫一片,像白色的车马张设着车盖帷幔奔驰而来。浩,同"皓",洁白。

⑥⑤ [其波涌而云乱,扰扰焉如三军之腾装] 波涛汹涌,如同乱云,又如大军整装前进那样威猛。扰扰焉,纷乱的样子。

⑥⑥ [其旁作而奔起者,飘飘焉如轻车之勒兵] 潮头横出奔涌,轻盈飘逸的样子就像将军坐在轻车上指挥军队。旁作,指潮头横出。飘飘焉,轻盈飘逸的样子。

⑥⑦ [六驾蛟龙,附从太白,纯驰浩蜺,前后骆绎] 江涛像驾车的是六条蛟龙,跟随在河神之后。又似一条白色虹霓在奔驰,前后连续不断。浩蜺,同"皓蜺"。

⑥⑧ [颙颙卬卬,椐椐强强,莘莘将将] 波浪高大,前后相继,激荡奔涌不息。颙颙卬卬,波涛高大的样子。椐椐强强,形容江涛前后相随的样子。莘莘将将,形容波涛激荡的样子。

⑥⑨ [壁垒重坚,沓杂似军行] 江涛像军营坚固的堡垒,又仿佛军队的行列那样奔腾不息。重坚,重叠而坚固。沓杂,众多的样子。

⑦⓪ [訇隐匈磕,轧盘涌裔,原不可当] 江涛咆哮,奔腾澎湃,势不可挡。訇隐匈磕,形容波涛汹涌的声音。盘,盘桓。裔,流动。原,本来。当,抵挡。

⑦① [观其两傍,则滂渤怫郁,暗漠感突,上击下律,有似勇壮之卒,突怒而无畏] 观看两岸,水势怒激,汪洋一片,左冲右突,一会儿被推向尖峰,一会儿往下跌落。好似英勇的士卒,奋勇突进而无所畏惧。傍,同"旁"。感,同"撼"。律,当作"硉",石从高处滚下。

⑦② [蹈壁冲津,穷曲随隈,逾岸出追] 潮水拍打岸壁,冲击渡口,江岸的每一个深曲之处都要被潮水冲击到。潮头还会越过堤岸,漫出沙

堆。曲、隈，均指江水深曲的地方。出追，超出沙滩。追，古“堆”字，这里指沙滩。

⑬［初发乎或围之津涯，荄轸谷分］波涛开始时从或围水边出发，随江涛转弯，川谷因而分流。或围：地名，或为作者臆想之地。荄，同“陔”。轸，转动。

⑭［回翔青篾，衔枚檀桓］回旋于青篾之地，经过檀桓时像战马衔枚一样无声疾进。回翔，回旋。青篾，地名。衔枚，本指急行军时士兵嘴里衔着小木条，防止发出声响。檀桓，地名，一说即“盘桓”。

⑮［弭节伍子之山，通厉骨母之场］潮头流到伍子山稍作停留，再远行到胥母之场。弭节，缓行。骨母之场，当作“胥母之场”，祭祀伍子胥的祠庙。

⑯［凌赤岸，篲扶桑，横奔似雷行］侵犯赤岸，扫到扶桑，汹涌奔腾之声似响雷经过。赤岸，地名。篲，扫帚，用作动词。扶桑，神话传说中的日出之处，一说“柴桑”之误。

⑰［诚奋厥武，如振如怒］江涛实在奋发了它的威武，既像示威，又像发怒。诚，实在。振，同“震”，盛怒。

⑱［沌沌浑浑，状如奔马］波涛滚滚，前后追逐，如同万马奔逐。沌沌浑浑，浪涛前后追逐的样子。

⑲［混混庉庉，声如雷鼓］波涛滚滚，如同打雷击鼓。混混庉庉，波涛滚滚的声音。

⑳［发怒庢沓，清升逾跇，侯波奋振，合战于藉藉之口］江涛发怒，水势因受阻而溢出。水势减缓后，清波相互超越而升腾，大波奋起震荡，会战在名为藉藉的港口。庢，阻碍。沓，沸腾而溢出。清升，清波升起。逾跇，超越。侯，波神。藉藉，假想的地名。

㉑［鸟不及飞，鱼不及回，兽不及走］鸟兽虫鱼来不及回头逃跑。

㉒［纷纷翼翼，波涌云乱，荡取南山，背击北岸，覆亏丘陵，平夷西畔］水势浩大，波涌似飞云翻动，冲击着南山，又激荡北岸，摧毁了丘陵，又把西岸铲成平地。纷纷翼翼，水势众多的样子。荡，冲荡。取，同

“趋”，趋向。背击，回击。覆亏，倾覆侵蚀。夷，平。

㉝［险险戏戏，崩坏陂池，决胜乃罢］倾侧危险，冲垮了堤岸，就像打仗胜利了才罢休。险险戏戏，倾侧危险的样子。戏戏，同“巇巇”。陂池，蓄水池。

㉞［沛汩潺湲，披扬流洒，横暴之极］波涛相激，水波流动，浪花飞溅，任意泛滥，已到极点。沛汩，波涛相激的样子。潺湲，水波流动的样子。披扬流洒，江水汹涌，浪花四溅。

㉟［鱼鳖失势，颠倒偃侧，沈沈湲湲，蒲伏连延］鱼鳖失去了往常的优势，在急水中东倒西歪，艰难爬行不停。偃，仰躺。侧，歪斜。沈沈湲湲，形容鱼鳖难以游行的狼狈样子。蒲伏，同“匍匐”。连延连续不断。

㊱［神物怪疑，不可胜言。直使人踣焉，洄暗凄怆焉］水中神物，奇形怪状令人生疑的东西，说也说不尽，简直让人吓得跌倒，丧魂失魄，悲伤不已。踣，跌倒。洄暗，神智不清的样子。

㊲［论天下之精微，理万物之是非］讨论天下精深微妙的道理，辨明万物的是非。

㊳［万不失一］万无一失。

㊴［涣乎］豁然开朗的样子。

㊵［涊（niǎn）然汗出，霍然病已］出了一身汗，病一下子就好了。涊然，出汗的样子。霍然，迅速解散的样子。

【评析】

“修身”的理念关乎人性的健康。枚乘的《七发》标举“要言妙道”是身心疾患的最佳疗救，尽管他并没有申论“要言妙道”神效何在，但他以生动的笔触描述了人性之病态及其起因，文中借吴客的角色分析了楚太子缠绵百病之情状曰：“今时天下安宁，四宇和平，太子方富于年。意者久耽安乐，日夜无极。邪气袭逆，中若结轖。纷屯澹淡，嘘唏烦酲。惕惕怵怵，卧不得瞑。虚中重听，恶闻人声。精神越渫，百病咸生。聪明眩曜，悦怒不平。”令人警醒的是，人性的健全与“久耽安乐”的享受是冲突的，“安乐”带来的危害连神医都束手无策：“纵耳目之欲、恣支体之安者，伤血脉之和。且夫出舆入辇，命曰蹶痿之机；洞房清宫，命曰寒热之媒；皓齿蛾眉，命曰伐性之斧；甘脆肥脓，命曰腐肠之药。今太子肤色靡曼，四支委随，筋骨挺解，血脉淫濯，手足堕窳。越女侍前，齐姬奉后；往来游燕，纵恣于曲房隐间之中。此甘餐毒药，戏猛兽之爪牙也。所从来者至深远，淹滞永久而不废，虽令扁鹊治内，巫咸治外，尚何及哉！”枚乘在铺采摛文的修辞中，不啻形成对人性与欲望的反省。“甘餐”可为“毒药”，这种危害因其“甘”而诱人，沿着这个思考方向，那么，文章家对“苦”味的发掘，也往往可能触及对心性的意义。后世如黄庭坚的《苦笋赋》、刘基的《苦斋记》等文就是这方面有思想联系的佳撰。

【理性思考】

1. 为什么说由《七发》开创的“七”体是赋的变体？
2. 先秦以来诸子学说关于享乐对人性危害有什么谈论？
3. 如何看待疾病与文学的关系？

【延伸阅读】

1. 班固《汉书·枚乘传》，中华书局 1962 年版。
2. 陶秋英《汉赋研究》，浙江古籍出版社 1986 年版。

与吴质书[①]

曹　丕

二月三日，丕白[②]：

岁月易得，别来行复四年[③]。三年不见，《东山》犹叹其远[④]，况又过之，思何可支[⑤]！虽书疏[⑥]往返，未足解其劳结[⑦]。昔年疾疫[⑧]，亲故多离[⑨]其灾：徐、陈、应、刘[⑩]，一时俱逝，痛可言邪！昔日游处，行则连舆[11]，止则接席[12]，何曾须臾相失[13]！每至觞酌流行，丝竹并奏，酒酣耳热，仰而赋诗，当此之时，忽然不自知乐[14]也。谓百年己分[15]，可长共相保[16]。何图[17]数年之间，零落略尽[18]，言之伤心！顷撰[19]其遗文，都[20]为一集。观其姓名，已为鬼录[21]。追思昔游，犹在心目[22]，而此诸子，化为粪壤[23]，可复道哉！

观古今文人，类皆不护细行，鲜能以名节自立[24]。而伟长独怀文抱质，恬淡寡欲，有箕山之志，可谓彬彬君子者矣[25]。著《中论》二十余篇，成一家之言，辞义典雅，足传于后，此子为不朽矣[26]。德琏常斐然有述作之意，其才学足以著书，美志不遂，良可痛息[27]。间者历览诸子之文，对之抆泪[28]，既痛逝者，行自念也。孔璋章表殊健，微为繁富[29]。公幹有逸气，但未遒耳；其五言诗之善者，妙绝时人[30]。元瑜书记翩翩，致足乐也[31]。仲宣独自善于辞赋，惜其体弱，不足起其文；至于所善，古人无以远过[32]。昔伯牙绝弦于钟期[33]，仲尼覆醢于子路[34]，痛知音之难遇，伤门人之莫逮[35]。诸子但为未及古人，自一时之隽也。今之存者，已不逮矣。后生可畏，来者难诬，然恐吾与足下不及见也[36]。

年行已长大，所怀万端，时有所虑，至通夜不瞑[37]，志意[38]何时复类昔日？已成老翁，但未白头耳。光武言“年三十余，在兵中十岁，所更非一”，吾德不及之，年与之齐矣[39]。以犬羊之质，服虎豹之文[50]，无众星之明，假日月之光[51]，动见瞻观[52]，何时易乎？恐永不复得为昔日游也。少壮真当努力，年一过往，何可攀援[53]？古人思秉烛夜游，良有以[54]也。顷何以自娱[55]？颇复有所述造[56]不？东望于邑[57]，裁书[58]叙心。丕白。

【注释】

① 选自萧统编、李善注《文选》卷四十二。吴质(177—230)，字季重，济阴(今属山东)人。因才学为曹丕所善。曹丕(187—226)，字子桓，沛国谯(今安徽亳州)人，曹操次子。汉献帝建安二十二年(217)，为魏王太子，二十五年(220)，代汉自立，为大魏皇帝，在位七年。天资文藻，下笔成章，有《典论》等。是书作于建安二十三年(218)，是时，吴质

为元城(今属河北)令。

②［白］禀告,陈述。古代书信中自谦之词。

③［得］“得失”之省,说时光易得易失,运行甚速。行,且,将。

④［“三年”二句］《诗经·豳风·东山》:“我徂东山,慆慆(形容时间久)不归。……自我不见,于今三年。”两句是说,分别三年,《东山》诗中的士卒都叹恨时间太长。

⑤［支］支撑,承受。

⑥［书疏］书信。

⑦［劳结］萦思于心,心为之劳结,形容怀念至于劳苦而郁结的程度。

⑧［昔年］指建安二十二年(217)。疾疫,指瘟疫。此年瘟疫流行。

⑨［离］通“罹”,遭遇。

⑩［徐、陈、应、刘］指建安七子的徐幹(170—217)、陈琳(?—217)、应玚(177—217)、刘祯(186—217)。

⑪［连舆］车连着车。

⑫［接席］古人席地而坐,坐席相接,意谓坐在一起。

⑬［须臾］片刻。相失,相分离。

⑭［“忽然”句］出《庄子·天地》“荡荡乎,忽然出,勃然乎,而万物从”,形容无心而应之貌。此句是作者回忆过去,描绘当时一众好友从没想过快乐与否的自然而然的快乐。

⑮［己分］自己份内当得。

⑯［长共相保］一直在一起相互不分散。

⑰［何图］哪里想到。

⑱［零落略尽］建安七子,此时都已去世。

⑲［撰］编定。

⑳［都］凡,总。

㉑［鬼录］指死者的名册。

㉒［心目］心头眼前。

㉓［化为粪壤］人死后埋于地下，与土壤化为一体。

㉔［"观古今文人"三句］类，大都，大多。不护，不重视、轻忽。细行，小事、小节。鲜，少。出《尚书·旅獒》："不矜细行，终累大德。"意思是说古今文人，大都不重视小事、小节，积微毁大，所以很少能以名节自立于世。

㉕［"伟长"四句］伟长，徐幹字。文，人的外在风采。质，人的内在品质。箕山之志，尧让天下于许由，许由不受而避于箕山，指不热衷名利的隐逸之志。彬彬君子，出《论语·雍也》：文质彬彬，然后君子。

㉖［"著《中论》"五句］《中论》，书名，徐幹著作。成一家之言：出司马迁《报任安书》：究天人之究，通古今之变，成一家之言。不朽，《左传》"襄公二十四年"："太上有立德，其次有立功，其次有立言，虽久不废，此之为不朽。"意思是说，古今文人，很少有能立德而不朽的，但徐幹既可立德，又可立言不朽。

㉗［"德琏"四句］德琏，应玚字。斐然，富有文采。述作，《论语·述而》：子曰：述而不作，信而好古，窃比于我老彭。志，指著述之志。遂，实现。四句是说应玚有著书立说的志向，又有能力和文采，可惜骤逝，未能完成著述。

㉘［间者］最近，近来。历览，遍览，逐一地看。文，与经、子、史之书相对的文，指诗、赋、文章等。抆（wěn），擦拭。

㉙［"孔璋"两句］孔璋，陈琳字。章表，臣向君王陈说的文体。殊，特别。健，雄健，有气势。繁富，繁冗。

㉚［"公幹"四句］公幹，刘祯字。逸气，俊逸之气。遒，遒劲，劲健。妙绝时人，比同时之人都要好。

㉛［"元瑜"两句］元瑜，阮瑀字。阮瑀（165—212），阮籍父；书记，书札、奏记，包括各种记事的文体。翩翩，富有文采，自然流畅。致足乐，能使人产生阅读快感。

㉜［"仲宣"五句］仲宣，王粲（177—217）字。体，指作者的体气。

曹丕《典论·论文》说:“文以气为主,气之清浊有体,不可力强而致。”所善,指其擅长的文章。

㉝［“伯牙”句］钟期,钟子期。伯牙、钟子期,春秋时楚人,伯牙善鼓琴,子期知音。《吕氏春秋·孝行览·本味》载:“子期死,伯牙破琴绝弦,终身不复鼓琴,以为世无足复为鼓琴者。”

㉞［“仲尼”句］仲尼,孔子字。子路,孔子弟子,仲由字。覆,倒掉。醢,肉酱。《礼记·檀弓》载:“孔子哭子路于中庭,有人吊者而夫子拜之,既哭,进使者而问故,使者曰醢之矣,遂命覆醢。”是说子路在卫国被杀并受醢刑被剁成肉酱,孔子知道后,不忍心再看到酱状物,令家人倒掉家中的肉酱。

㉟［“伤门人”句］门人,孔子的其他弟子。莫逮,不及,赶不上。读《论语》,感觉孔子最欣赏的学生是颜回,不过颜回很年轻就去世了,子路一直跟随孔子。《论语·公冶长》记载了这对师生很有趣的互动。“子曰:道不行,乘桴浮于海,从我者,其由也。子路闻之喜,子曰:由也好勇,无所取材。”可见孔子对子路的了解和信赖,而子路真率而略显鲁莽的性格让老师恼怒,更换来老师真率的批评,孔子对子路的亲近非其他门人可比。

㊱［“诸子”七句］诸子,指前文提到的建安诸子。隽,通“俊”,俊才。今之存者,还健在的文士。后生,后来之人。《论语·子罕》:“子曰:后生可畏也,焉知来者之不如今也。”诬,胡乱推测。曹丕将建安诸子与古人、时人、今之存者、后生来者作比较,确立建安诸子立言不朽的地位。

㊲［瞑］入睡。

㊳［志意］指之前的“酒酣耳热,仰而赋诗”、“忽然不自知乐也”、“谓百年已分”等志气和意兴。

㊴［“光武”句］光武,指东汉光武帝。更,经历。光武帝语李善注引自《东观汉记》。

㊵［“以犬羊之质”两句］扬雄《扬子法言·吾子》载有人问穿上孔

子的衣裳，伏在孔子的讲席上，是否就是孔子了？吾子回答说："其文是也，其质非也。"又问什么是质？吾子回答说："羊质而虎皮，见草而食，见豺而战。"是说羊穿了虎皮，本性还是羊，看到草就想吃，看到豺狼就发抖。曹丕用此自谦，说自己是庸才，而做了太子。

㊶［"无众星之明"两句］《文子·上德》云："百星之明，不如一月之光。"《文选》李善注引《贾子》："主之与臣，若日月之与星也。"曹丕自谦语，意谓自己无高才，借父亲之光而得高位。

㊷［动见瞻观］一举一动都被众人瞩目。

㊸［攀援］拉住、挽回。李善注引《庄子》："北海若曰：年不可攀，时不可止，消息盈虚，终则又始。"

㊹［"古人"两句］《古诗十九首》："生年不满百，常怀千岁忧。昼短苦夜长，何不秉烛游。"秉，持，拿。以，因由、缘故。

㊺［述造］著述。

㊻［于邑］郁悒。邑，通"悒"。

㊼［裁书］裁笺作书，指写信。

【评析】

汉末社会动荡，兵祸连连，曹操描绘为"万姓以死亡"、"白骨露于野"，此时文学对于生命易逝有深刻和密集的吟咏，如《古诗十九首》反复吟咏"人生寄一世，奄忽若飙尘"、"年命如朝露"、"奄忽随物化"。在这样的时代和文学氛围中，曹丕又经受了建安二十二年(218)一场大瘟疫，一起饮酒作诗的四位朋友死于这场瘟疫，同年稍早一些，王粲也病逝了，"建安七子"全部故去。此时曹丕也经历了人生中的重要转折点，经过多年的举棋不定，父亲曹操最终立他为太子，曹丕这篇写给吴质的书信就是围绕"痛逝"和"自念"两端展开，笔下涉及对性命天道的低回思索。

书信的第一部分，曹丕描绘了健康、快乐之时，人们感觉天命、人事仿佛是掌握在自己手中的一种认知和状态("百年己分，可长共相保")，而不可知的“天命”使生命骤然飘逝，使人感慨人生很多“美志”不能实现。作者在立德、立言的层面肯定“著述”、“文章”可传之永久，使人不朽，所以人可以以“著述”、“文章”立命来部分抗衡不可知的天命。接着曹丕讨论了建安七子各家的文学短长，将个体性气引入到对作品风格和文学个性的讨论之中，拓展了“性命”的探寻领域。

在“行自念也”的思索中，曹丕可能是中国历史上第一次提出了公众人物不能释放自我天性的烦恼，流露出对“慷慨以任气，磊落以使才”的生命状态的怀念和向往。他同时思考了个体和群体的内在本性和外部文饰之间的质文关系，以真诚的自谦说自己文胜于质，再次呼应了《论语》文质彬彬的君子理想。

钟惺评曹丕书信，云其“往往于没紧要处口角低回，具有情理”。认为在评论建安诸子时，文中横插“既痛逝者，行自念也”，为“年行长大”以下伏脉（见王志坚《四六法海》卷三十），高步瀛称赞此乃有“文章变化之妙”（《魏晋文举要》）。过去研究者多看重此文对邺下文人的品评，由上分析，此文对性命天道的思考也非常值得品读。

【理性思考】

1. 个人身体状况、气质、才性与创作风格的关系。
2. 在中国传统文化超越生死的模式中，曹丕的策略有什么意义？

【延伸阅读】

1. 曹丕《典论·论文》，夏传才、唐绍忠校注《曹丕集校注》，河北教育出版社 2013 年版。

2. 曹植《与吴季重书》，赵幼文校注《曹植集校注》，中华书局 2016 年版。

与山巨源绝交书[①]

嵇　康

康白：

足下[②]昔称吾于颍川[③]，吾常谓之知言[④]。然经怪此，意尚未熟悉于足下，何从便得之也？前年从河东还[⑤]，显宗、阿都[⑥]说足下议以吾自代[⑦]，事虽不行，知足下故不知之。足下傍通[⑧]，多可而少怪，吾直性狭中，多所不堪，偶与足下相知耳。间闻足下迁[⑨]，惕然不喜，恐足下羞庖人之独割，引尸祝以自助，手荐鸾刀，漫之膻腥[⑩]，故具为足下陈其可否。

吾昔读书，得并介之人[⑪]，或谓无之，今乃信其真有耳。性有所不堪，真不可强。今空语同知[⑫]，有达人，无所不堪，外不殊俗，而内不失正，与一世同其波流，而悔吝不生耳。老子、庄周，吾之师也，亲居贱职[⑬]；柳下惠、东方朔[⑭]，达人也，安乎卑位。吾岂敢短之哉！又仲尼兼爱，不羞执鞭[⑮]，子文无欲卿相，而三登令尹[⑯]，是乃君子思济物[⑰]之意也，所谓达能兼善而不渝，穷则自得而无闷[⑱]。以此观之，故尧舜之君世[⑲]，许由之岩栖[⑳]，子房[㉑]之佐汉，接舆之行歌[㉒]，其揆[㉓]一也。仰瞻数君，可谓能遂其志者也。故君子百行，殊涂而同致，循性而动，各附所安，故有处朝廷而不出，入山林而不反之论[㉔]。且延陵高子臧之风[㉕]，长卿慕相如之节[㉖]，志气所托，不可夺也。

吾每读尚子平、台孝威传，慨然慕之，想其为人[㉗]。少加孤露[㉘]，母兄见骄[㉙]，不涉经学，性复疏懒，筋驽肉缓，头面常一月十五日不洗，不大闷痒，不能[㉚]沐也。每常小便而忍不起，令胞中略转乃起耳。又纵逸来久，情意傲散。简与礼相背，懒与慢相成，而为侪类见宽[㉛]，不攻其过。又读《庄》《老》，重增其放。故使荣进之心日颓，任实之情转笃。此由禽[㉜]鹿少见驯育，则服从教制，长而见羁，则狂顾顿缨[㉝]，赴蹈汤火，虽饰以金镳[㉞]，飨以嘉肴，愈思长林而志在丰草也。

阮嗣宗[35]口不论人过，吾每师之，而未能及，至性过人，与物无伤，唯饮酒过差[36]耳。至为礼法之士所绳，疾之如仇，幸赖大将军保持之耳[37]。吾不如嗣宗之贤，而有慢弛之阙；又不识人情，闇于机宜，无万石之慎[38]，而有好尽之累。久与事接，疵衅[39]日兴，虽欲无患，其可得乎？

又人伦有礼，朝廷有法，自惟至熟[40]，有必不堪者七、甚不可者二：卧喜晚起，而当关呼之不置[41]，一不堪也。抱琴行吟，弋钓草野，而吏卒守之，不得妄动，二不堪也。危坐一时，痹不得摇，性复多虱，把搔无已，而当裹以章服[42]，揖拜上官，三不堪也。素不便书，又不喜作书，而人间多事，堆案盈机[43]，不相酬答则犯教伤义，欲自勉强则不能久，四不堪也。不喜吊丧，而人道以此为重，已为未见恕者所怨，至欲见中伤者，虽瞿然自责，然性不可化，欲降心顺俗，则诡故[44]不情，亦终不能获无咎无誉，如此，五不堪也。不喜俗人，而当与之共事，或宾客盈坐，鸣声聒耳，嚣尘臭处，千变百伎，在人目前，六不堪也。心不耐烦，而官事鞅掌[45]，机务缠其心，世故繁其虑，七不堪也。又每非汤、武而薄周、孔[46]，在人间不止，此事会显，世教所不容，此甚不可一也。刚肠疾恶，轻肆直言，遇事便发，此甚不可二也。以促中小心之性，统此九患，不有外难，当有内病，宁可久处人间邪！又闻道士遗言，饵术[47]黄精，令人久寿，意甚信之；游山泽，观鱼鸟，心甚乐之。一行作吏，此事便废，安能舍其所乐，而从其所惧哉！

夫人之相知，贵识其天性，因而济之。禹不偪伯成子高[48]，全其节也；仲尼不假盖于子夏，护其短也[49]；近诸葛孔明不偪元直以入蜀[50]，华子鱼不强幼安以卿相[51]，此可谓能相终始，真相知者也。足下见直木必不可以为轮，曲者不可以为桷[52]，盖不欲以枉其天才，令得其所也。故四民有业，各以得志为乐，惟达者为能通之，此足下度内耳。不可自见好章甫，强越人以文冕也[53]；己嗜臭腐，养鸳雏以死鼠也[54]。吾顷学养生之术，方外荣华，去滋味，游心于寂寞，以无为为贵。纵无九患，尚不顾足下所好者，又有心闷疾，顷转增笃，私意自试，不能堪其所不乐。自卜已审[55]，若道尽涂穷则已耳。足下无事冤之，令转于沟壑[56]也。

吾新失母兄之欢，意常凄切，女年十三，男年八岁，未及成人，况复多病，顾此悢悢[57]，如何可言！今但愿守陋巷，教养子孙，时与亲旧叙阔[58]，陈说平生，浊酒一杯，弹琴一曲，志愿毕矣。足下若嬲[59]之不置，不过欲为官得人，以益时用耳。足下旧知吾潦倒粗疏，不切事情，自惟亦皆不如今日之贤能也。若以俗人皆喜荣华，独能离之，以此为快，此最近之，可得言耳。然使长才广度，无所不淹，而能不营，乃可贵耳。若吾多病困，欲离事自全，以保余年，此真所乏耳，岂可见黄门而称贞哉！若趣[60]欲共登王途，期于相致，时为欢益，一旦迫之，必发其狂疾，自非重怨[61]，不至于此也。

野人有快炙背而美芹子者，欲献之至尊，虽有区区之意，亦已疏矣，愿足下勿似之[62]。其意如此，既以解足下，并以为别。嵇康白。

【注释】

① 选自嵇康撰、戴明扬校注《嵇康集校注》(中华书局 2014 年版)。嵇康(224—263)，字叔夜，三国魏谯郡铚县(今安徽濉溪)人，长期居住河内山阳(今河南焦作)，在此地竹林与阮籍、山涛、向秀、刘伶、王戎、阮咸等酣饮纵歌，世称“竹林七贤”。嵇康生活在晋魏政治易代之际，司马昭等一方面血洗曹魏政治集团，一方面倡导名教，嵇康强烈地感受到当时政治、社会生活中的虚伪，所以从理论到生活实践都激烈地反对名教的虚伪，提倡任性、“任自然”。这表明嵇康本质上肯定人性和自然内具真善。山涛(205—283)，字巨源，河内怀县(今河南武陟)人，早年隐居，“竹林七贤”之一。魏高贵乡公甘露四年(259)，司马昭命山涛为尚书吏部郎，山涛推荐嵇康代替自己，嵇康拒绝。景元元年(261)，司马昭再次任命山涛为吏部郎，嵇康担心山涛又要举荐自己，因而作此书明志。嵇康因始终不为司马氏政治集团收编，始终保持独立的批判立场，最终为司马昭所杀。

② [足下] 敬称对方。多用于书信。

③ [颍川] 指山涛的叔父山嵚，他曾为颍川太守，故以代称。

④［常］通“尝”，曾经。知言，相知之言。

⑤［“前年”句］甘露二年(257)，司马昭发兵讨伐在东南起兵的诸葛诞，召嵇康入幕，嵇康拒绝；嵇康又因侄儿有事连累，从洛阳躲避到河东(今山西夏县)，甘露四年(259)回山阳。此文写于景元二年(261)，前年指甘露四年。

⑥［显宗］公孙崇，字显宗，谯国(今安徽亳州)人，曾为尚书郎。阿都，吕安小名，东平(今属山东)人。

⑦［以吾自代］指甘露四年山涛举荐嵇康代自己为尚书郎事。

⑧［傍通］即旁通，意指旁通众艺，善于应对。

⑨［间］最近。迁，升官。指山涛由赵国相升为尚书吏部郎。

⑩［“恐足下”四句］《庄子·逍遥游》写尧让天下给许由，许由拒绝说自己不能越俎代庖。在祭祀中，庖工宰割牺牲，准备祭品，尸祝主持祭祀仪式，两者各司其职。嵇康化用这一典故，意思是说山涛因独自做官感到羞耻，所以拉自己一同做官。嵇康将帝王和做官者比作庖，将自己和隐士许由等比作尸祝，其中也有对政治具有暴力和肮脏的一面的隐喻。荐，进、献。鸾刀，把上装饰铃铛的刀。漫，玷污。羶腥，动物和血的气味。

⑪［并介之人］指能接受任何人、任何情况又能耿介自守的人。并，兼，指任何人、任何情形(特别是差别很大或相反的情形)都能兼容。介，耿介。

⑫［空语］空谈，自谦语。同知，人所共知。

⑬［老子］春秋时楚国人，曾为周柱下史(周藏书室柱下之史)，道家创始人，著有《老子》。庄周，战国时宋国蒙人，曾为漆园吏(蒙漆园这个地方的小吏)，道家代表人物，《庄子》是庄子及其后学之作。《老子》《庄子》是魏晋玄学家的重要典籍，故嵇康称两者为师。

⑭［柳下惠］春秋时鲁国大夫，展氏，名获，字禽，食邑在柳下，故又称柳下惠。东方朔(前 154—前 93)，字曼倩，西汉平原厌次(今山东惠民)人，武帝时，为侍郎，性格诙谐滑稽。

⑮［“又仲尼”两句］孔子(前 551—前 479)，名丘，字仲尼，春秋时鲁国陬邑(今山东曲阜)人，儒家创始人。《论语·述而》载孔子说，如果富贵可以求得，即使去做执鞭赶车的人，我也在所不辞。

⑯［“子文”两句］子文，春秋时楚人。姓斗，名谷于菟，字子文。《论语·公冶长》载子文三次做令尹(楚国的最高官职，总揽军政大权)，他没有流露过喜色，三次免官，也没有流露出不高兴。新旧令尹交接时，他一定要把过去的政事向新令尹交代清楚。孔子称他“忠”。

⑰［济物］救济天下万物。

⑱［“所谓”两句］《孟子·尽心上》说：“穷则独善其身，达则兼济天下。”《周易》乾卦《文言》：“遁世无闷。”达，道行于世。穷，困窘，道不能行于世。两句是说道能行于世，就以济世为己任，并且始终不渝，世遇困窘，道不能行于世，就自得其乐、不苦闷。

⑲［尧舜］传说中上古的贤明君主。君世：称君于世。

⑳［岩栖］栖于山岩，指隐居。

㉑［子房］张良，字子房，汉高祖刘邦的主要谋臣。

㉒［“接舆”句］接舆，春秋时楚国隐士。《论语·微子》载接舆唱着歌从孔子车旁经过，歌词大意是劝孔子归隐。

㉓［揆］道理、准则。

㉔［“故有”两句］语出《韩诗外传》卷五：“朝廷之人为禄，故入而不出；山林之人为名，故往而不返。”

㉕［延陵］即季札，春秋时吴王寿梦第四子，因封于延陵，故又称延陵季子。《左传》“襄公十四年”载，吴王寿梦死后，季札之兄诸樊要立季札为国君，季札以子臧不为曹国国君而坚决不受。子臧，春秋时曹国公子，曹宣公死后，诸侯和曹人准备立子臧为国君，子臧离国而去。

㉖［长卿］指司马相如(前 179—118)。相如，指蔺相如。战国时赵国人，不畏强秦，完璧归赵。《史记·司马相如列传》载司马相如更名原因是“慕蔺相如之为人”。

㉗［尚子平］又作向子平，即向平，字子平。台孝威，即台佟，字孝

威。两者并为东汉隐士，并见《后汉书·逸民传》。

㉘［孤露］孤单而无所庇护，指父亡。六朝时习语。

㉙［母兄见骄］被母亲、兄长娇惯。

㉚［不能］不愿、不耐烦。

㉛［侪类］同辈。为……见……，为……所……，六朝时被动句式。

㉜［禽］同“擒”，捕捉。

㉝［顿缨］弄坏绳索。

㉞［镳（biāo）］马笼头，这里指鹿笼头。

㉟［阮嗣宗］阮籍（210—263），字嗣宗，尉氏（今河南尉氏）人。“竹林七贤”之一，常纵酒谈玄，不评论他人，以求自保。

㊱［过差］过度、过分。

㊲［“至为”三句］《文选》李善注引孙盛《晋阳秋》载何曾在司马昭面前指责阮籍“任性放荡，败礼伤教”，建议将阮籍“投之四裔，以絜王道”，司马昭以阮籍身体不好让何曾宽恕他。大将军，指司马昭。继其兄司马师为魏大将军，专国政，其子司马炎废魏立晋，追赠其为文帝。

㊳［万石］西汉万石君石奋（前？—前124）。汉景帝时，石奋和他四个儿子都俸禄二千石，合为万石，所以景帝称石奋“万石君”。石奋一生谨小慎微。

㊴［疵］毛病。衅，事端。

㊵［自惟至熟］自己思考得特别清楚。

㊶［当关］看门的差役。不置，不舍、不停。

㊷［章服］冠帽和衣服。

㊸［机］通“几”，案桌。

㊹［诡故］诈伪。

㊺［鞅掌］事务忙碌。

㊻［“每非”句］汤，成汤，商朝的建立者。武，周武王姬发，周朝的建立者。周，周公姬旦，周武王弟弟，周成王叔叔，政治上，助武王灭商，

辅佐成王；文化上，相传制礼作乐，建立典章制度。孔，孔子。此句是说自己每每否定成汤、周武，看不起周公、孔子。

㊼［术(zhú)黄精］白术和黄精，两种可补气养肺健脾的草药。

㊽［“禹不偪”句］出《庄子·天地》篇。尧时，伯成子高为诸侯，后来尧让位给舜，舜让位给了禹以后，伯成子高就辞去诸侯去耕田了，禹去问原因，伯成子高说，你的政治，德衰刑立，后世的祸乱将从此开始。于是又去耕田，再不看禹一眼。禹，夏朝的第一个君主。又称大禹、夏禹。

㊾［“仲尼”两句］子夏(前507—？)，即卜商，春秋时卫国人，孔子学生。《孔子家语·致思》载，孔子有次出门，下雨了，孔子没有伞，有位学生告诉孔子：子夏有伞。孔子说：子夏为人比较吝啬，我听说跟人交往，要挂许别人的长处，避开他的短处，这样交情才能长久，所以不要向子夏借伞了。

㊿［“近诸葛”句］诸葛孔明，诸葛亮(181—234)，字孔明，三国琅琊阳都(今山东沂南)人，刘备的主要谋臣。元直，徐庶，字元直，颍川人。典出《三国志·蜀书·诸葛亮传》。徐庶本是刘备的谋臣，后来曹操俘获徐庶老母，徐庶便辞别刘备，投奔了曹操，诸葛亮知道徐庶是孝子，所以没有阻拦徐庶。

51［“华子鱼”句］华子鱼，华歆(157—231)，字子鱼，三国平原厌次(今山东禹城)人。幼安，即管宁，字幼安。典出《三国志·魏书·管宁传》。华歆多次举荐管宁，每次管宁都拒绝了。

52［桷］方形的椽子。

53［“不可”两句］典出《庄子·逍遥游》。说宋国人到越国贩卖帽子，可是越国人“断发纹身”，剪掉头发，身刺花纹，根本用不着帽子。章甫，古代的一种帽子。

54［“已嗜”两句］典出《庄子·秋水》。说惠施在梁国为相，听说庄子来到梁国，担心庄子抢自己的相位，派人搜寻庄子。于是庄子去见惠施，跟他讲了一个故事。说南方有一种鸟叫鸳雏(又作鹓雏，传说中凤凰一类的鸟），它从南海飞到北海，一路上，不是梧桐树，它就不会栖息，不是竹子的果实，它就不会吃，不是甘美的泉水，它就不会饮。有只猫头鹰找到一只腐烂了的老鼠，鸳雏恰好从猫头鹰头顶飞过，猫头鹰怕鸳雏来抢它的臭老鼠，对着鸳雏“吓”了一声。庄子问惠施，现在你想用你的梁国相“吓”我一声吗？此处用这个典故，是告诉山涛，不要因自己喜欢做官，就以为别人也跟自己一样。

㉟［自卜已审］自己已想得很清楚。

㊱［转于沟壑］弃尸于沟壑，指死且死得很惨。

㊲［悢悢（liàng）］悲伤、惆怅。

㊳［阔］离，离别。

㊴［嬲（niǎo）］纠缠。

㊵［趣］通“促”，急于。

㊶［重怨］深仇大恨。

㊷［“野人”五句］典出《列子·杨朱》篇。说宋国有位农夫，只能穿麻布衣勉强过冬，他不知道世上还有高楼深院、丝绵皮裘可以保暖，开春后，他在阳光下曝晒取暖，感受到前所未有的温暖。他对妻子说：“晒太阳的温暖，别人都不知道，将它献给国君，一定能受到重赏。”里中富豪于是给农夫讲了一个故事，说从前有个人对乡里的富豪称赞胡麻味道很美，大麻秸秆、芹菜籽很甜，富豪拿来尝了尝，结果嘴被刺痛，肚子也很难受，大家都讥笑、抱怨说这些东西好吃的人。这几句是说，山涛举荐自己就像田夫想将负暄之乐献给国君，就像里人说胡麻味道好，麻秸秆、芹菜籽味道甜一样，虽然出自至诚之心，但也太不切合实际了。炙，烤，这里指晒太阳。疏，疏阔，不切合实际。

【评析】

刘勰在《文心雕龙·书记》中以“志高而文伟”评价这篇文章。嵇康表达的中心之“志”就是“我不做官”，山涛你要拉我一道做官，说明你不懂我，你不是我的知己，不是我的朋友，我要和你绝交。这种任性放达的“志”何以被美之为“高”？因为这种“志”始终保持独立的批判性和反思的精神，而不是被收编和调适的情态，比如他公开挑战借圣贤而行私欲的当世权威，敢于宣称“每非汤武而薄周孔”；他公开表达不愿与当世俗人、世故者、礼法之士为伍，因而他的社会责任感其实是更为内在和深刻的。

此文广泛、深入地讨论了个性问题。他以大量例证讨论了每个个体都有个性。文章提到“并介之人”，有人说没有这样的人，实际上，可能只是我们没有遇到而已。涉及个体，文章强调了个性的稳定性，所谓“性有所不堪，真不可强”，“君子百行，殊涂而同致，循性而动，各附所安”。文章用自己为例，讨论了个性形成的先天因素和后天的环境和教育等作用。他说自己筋骨迟缓、肌肉松弛，能长期不洗头、洗澡，小便都要等到涨得不行才去解等等，说自己天性懒惰、散漫。他说自己早年失去父亲，童年、少年时没有严父之教，只有母亲、兄长的溺爱，成年后，身旁都是宽容的朋友，这些更养成了他不愿受拘束的个性。然后他用例证说明个性或许有好坏之分，比如子夏吝啬，对自身而言可能是短处，但能理解、尊重他人的个性缺陷，成全他人的人才是真正的知己。非常有意思的是，嵇康用早失父教来解释自己何以能保有任真、率性的天性，将隐逸、栖岩、行歌看作是基于天性而成的风节、志气，虽然他屡言自己“直性狭中”、“多所不堪”、“不识人情”，然而骨子里却透着执着与兀傲，这使“父教”带上了反人性的色彩。然而在文章最后，嵇康说自己是十三岁女孩和八岁男孩的父亲，“教养子孙”是他的志愿和义务之一，文章使父教功能复杂化了。

文章说理深透，析理绵密，语气恳切，间杂讽喻、诙谐之语，谦敬中透着兀傲，明确中带着混沌，《文心雕龙·体性》篇说嵇康体性“隽侠”，故文章“兴高采烈”，可用来评论此篇。

【理性思考】

1.《易》革卦云：“汤武革命，应乎天而顺乎人。”孔子说：“武王、周公其达孝矣乎！夫孝者，善继人之志，善述人之事者也。”但伯夷、叔齐质疑武王伐纣说：“父死不葬，爰及干戈，可谓孝乎？以臣弑君，可谓仁乎？”在嵇康的时代，为什么汤武论述仍是一个敏感的政治问题？

2. 教育、社会化过程与个性的养成和消泯之间的关系应如何平衡？后世的文学作品中有没有接续嵇康的思考？

【延伸阅读】

1. 嵇康《答难养生论》，嵇康撰、戴明扬校注《嵇康集校注》，中华书局 2014 年版。

2. 鲁迅《魏晋风度及文章与药及酒之关系》，《鲁迅全集》第三卷，人民文学出版社 2005 年版。

自　祭　文[①]

陶渊明

岁惟丁卯[②]，律中无射[③]。天寒夜长，风气萧索。鸿雁于征[④]，草木黄落。陶子将辞逆旅之馆[⑤]，永归于本宅[⑥]。故人凄其相悲，同祖[⑦]行于今夕。羞以嘉蔬，荐以清酌[⑧]。候颜已冥，聆音愈漠[⑨]。呜呼哀哉！

茫茫大块[⑩]，悠悠高旻[⑪]。是[⑫]生万物，余得为人。自余为人，逢运之贫。箪瓢屡罄[⑬]，絺绤冬陈[⑭]。含欢谷汲，行歌负薪[⑮]。翳翳柴门，事我宵晨[⑯]。春秋代谢，有务中园。载耘载耔[⑰]，乃育乃繁。欣以素牍[⑱]，和以七弦[⑲]。冬曝其日，夏濯其泉。勤靡余劳，心有常闲[⑳]。乐天委分，以至百年[㉑]。

惟此百年，夫人爱之。惧彼无成，愒[㉒]日惜时。存为世珍，殁亦见思[㉓]。嗟我独迈，曾是异兹[㉔]。宠非己荣，涅岂吾缁[㉕]。捽兀[㉖]穷庐，酣饮赋诗。识运知命，畴能罔眷[㉗]。余今斯化，可以无恨[㉘]。寿涉百龄，身慕肥遁。从老得终，奚所复恋[㉙]。

寒暑逾迈，亡既异存[㉚]。外姻[㉛]晨来，良友宵奔[㉜]。葬之中野[㉝]，以安其魂。窅窅[34]我行，萧萧[35]墓门。奢耻宋臣[36]，俭笑王孙[37]。廓[38]兮已灭，慨焉已遐[39]。不封不树，日月遂过。匪贵前誉[40]，孰重后歌[41]。人生实难，死如之何[42]。呜呼哀哉！

【注释】

① 选自陶渊明著、袁行霈笺注《陶渊明集笺注》(中华书局 2003 年版)。陶渊明(365—427)，字元亮，又名潜，号五柳先生，谥靖节，浔阳柴桑(今江西九江)人。晋孝武帝太元十八年(393)，因家贫，起为州祭酒，不堪吏职，不久，自解职。安帝隆安二年(398)，入江州刺史桓玄幕，后因母丧归家。元兴三年(404)，任镇军将军刘裕参军，义熙元年(405)，为建威将军刘敬宣参军，同年八月，为彭泽令，十一月弃职，从此再没有任职。此《自祭文》作于宋文帝元嘉四年(427)九月，两个月后去世，此文可视为诗人绝笔。祭文，是在祭典上朗读的文章，主要为追悼死者，陶渊明却为自己写了这篇祭文，想象自己死后的情形，这在文章史上是非常少见的。

② [惟] 为，在。丁卯：宋文帝元嘉四年(427)，丁卯年。

③ [“律中”句] 中国古代将一个八度按一定的方式分为十二律，十二律名从低到高依次为：黄钟、大吕、太簇、夹钟、姑洗、中吕、蕤宾、林钟、夷则、南吕、无射、应钟。古人又将十二律和十二月相配，据《礼记·月令》，正月，律中太簇，依次，九月为无射(yì)。中，合。

④ [“鸿雁”句] 大雁南飞。于，句中助词，无义。征，远飞。此句出《诗经·小雅·鸿雁》。

⑤ [陶子] 子为男子敬称，这里以陶子自称，模拟诵读祭文者的口吻，将自己客体化。逆，迎接。逆旅之馆，迎接旅人的客舍，指世间，陶渊明将人生比作短暂之旅。

⑥ [本宅] 本来的家，指墓穴。

⑦ [祖] 原指送行时祭路神、饯行者，这里指送灵柩安葬。

⑧ [“羞以”两句] 羞、荐，进，供。嘉蔬，祭祀用稻之专称。清酌，

祭祀用酒之专称。《礼记·曲礼》下记祭祀用物都有专称:"牛曰一元大武,豕曰刚鬣……酒曰清酌……稻曰嘉蔬……"

⑨[“候颜”两句]拟想自己死时情状,周围人的面孔越来越模糊,周围人的声音越来越空漠低微。

⑩[大块]大地。《庄子·齐物论》曰:"夫大块噫气,其名为风。"

⑪[高旻]高云。

⑫[是]此,指天地。

⑬[“箪瓢”句]《论语·雍也》:"子曰:贤哉,回也。一箪食,一瓢饮,在陋巷,人不堪其忧,回也不改其乐。"此句与颜回作比,颜回还有箪食、瓢饮,自己比颜回更贫。罄,空。

⑭[“绨绤”句]穿夏天的葛布衣过冬。绨,细葛布。绤,粗葛布。

⑮[“含欢”两句]是说甘于清贫劳作的生活。谷,溪谷。汲,汲水。前句典出《韩非子·五蠹》篇:"山居故汲者,膢腊(狩猎之祭),以水相赠。"后句典出《汉书·朱买臣传》,写朱买臣:"家贫好读书……担束薪,行且诵书,其妻亦负戴相随,数止买臣毋歌呕道中,买臣愈益疾歌,妻羞之,求去。"

⑯[事]侍奉,从事。两句是说甘于隐居柴门之下,日复一日。

⑰[耘]除草。耔:培土。

⑱[素牍]指书籍。素,精绢。牍,木简。两者都以书的物质载体代书。

⑲[七弦]指琴。

⑳[“勤靡”两句]是说身体勤苦但无多余的事操心,常可保持心情闲静。

㉑[“乐天”两句]是说乐天任命,终其一生。

㉒[愒(kài)]贪恋。《左传》"昭公元年":"玩岁而愒日。"

㉓[“存为”两句]是说世俗之人希望生前被人珍视,死后被人怀念。

㉔[“嗟我”两句]是说我独不同于世俗之想。独迈,独行。

曾，乃。

㉕［“宠非”两句］是说不因受宠而引以为荣，污染也不能让我变黑。典出《论语·阳货》：“不曰白乎？涅而不缁。”涅，染。缁，黑。

㉖［捽兀］傲岸的样子。

㉗［畴］谁。罔，无。眷，眷念。

㉘［化］指死。《孟子·公孙丑下》：“且比化者，无使土亲肤。”恨，遗憾。

㉙［“寿涉”四句］是说自己寿命够长，按自己的意愿过着隐退生活，因老而终（非夭横等年命短或遇意外而死），再没有什么留恋的了。《吕氏春秋·安死》云：“人之寿，久之不过百，中寿不过六十。”《礼记·曲礼》：“六十曰耆。”孔颖达引南朝齐贺玚疏：“耆，至也，至老境也。”写此文时，陶渊明已年过六十，所以说“寿涉百龄”、“从老得终”。肥遁，指隐退。《易·遁卦》：“上九，肥遁无不利。”肥，通飞。奚，何。

㉚［亡］死。存，生。

㉛［外姻］外姓姻亲，代所有亲属。

㉜［奔］奔丧。

㉝［“葬之”句］典出《易·系辞下传》：“古之葬者，厚衣之以薪，葬之中野，不封不树，丧期无数。”不封，不堆土为高坟。不树，不在坟周围种树。

㉞［窅窅］深远的样子。

㉟［萧萧］萧条寂寞的样子。

㊱［“奢耻”句］以宋臣的奢侈为耻。宋臣，春秋时宋国桓魋。《孔子家语》载：“桓魋自为石椁（套在棺材外的大棺材），三年而不成，工匠皆病，夫子愀然曰：‘若是其靡也。’”

㊲［“俭笑”句］以王孙的过于节俭为可笑。王孙，汉代杨王孙。《汉书·杨王孙传》载杨王孙学黄老之术，遗令儿子让其裸葬，他说：“死则为布囊盛尸，入地七尺，从足引脱其囊，以身亲土。”

㊳［廓］空阔。

㊴［慨］慨叹。遐，远。

㊵［前誉］生前的美誉。

㊶［后歌］死后的歌颂。

㊷［“人生”两句］人生实在艰难，死是怎样的呢？典出《后汉书·逸民传·向长传》。向长不愿意在王莽时为官，隐居在家，读《易》至损、益卦时，叹息道：“吾已知富不如贫，贵不如贱，但未知死何如生耳。”

【评析】

这是陶渊明生前为安慰自己在天之灵而预写的一篇自祭文。全篇可依换韵和文意分为四段，第一段是纳棺，最后一段是送葬、埋葬和死后世界。在纳棺后，诗人想象自己进入声光渐为冥漠的世界，他开始追想生前，展示他对生死、运命、性道等的理解和实践，这是文章的第二、第三段。

诗人将人生分为人可以掌控和无法掌控的两部分，人无法掌控的部分，他称之为“天”、“命”、“运”、“分”，对此，他持“乐天”、“委分”、“识运”、“知命”的态度，陶渊明在《形影神》之《神释》诗中表述为“纵浪大化中，不喜亦不惧。应尽便须尽，无复独多虑”。在自己可以掌控的人生中，他坚守自己的独立标准，这一标准可能独异于众人，而众人的赞誉和玷污都不可能对之产生影响，他不刻意追求生前、生后之誉。他的独立标准建立在自我的适性之上，陶渊明在许多诗文中表达了这一点，如《归园田居》所云：“少无适俗韵，性本爱丘山。”“久在樊笼里，复得返自然。”在此文中，则表现为诗酒人生，所谓“欣以素牍，和以七弦”、“酣饮赋诗”。因此，他甘于贫穷的物质生活，甘于勤苦的身体劳作，只为获得心灵和精神上的安闲。他说：“翳翳柴门，事我宵晨。”“事”是值得玩味的用语，表现出珍重的态度，近乎虔诚地过着这样的、自己选择的、属于自己的日日夜夜。

人的一生，长寿者也不过百年，相对于不可复生的死，生是短暂的，而死似是永恒，所以陶渊明将生看作是短暂的旅行，将黄泉后土看作是人永恒的归宿。在生命的尽头，陶渊明希望能不奢侈也不要太寒酸地安葬，他讨厌刻意和戏剧性。虽然有旷达的生死观，但在生和死的交界处，他无法确知死是什么样子，于是坦率地表达了对“死”的疑问，就像东汉隐士向子平当年提出的那样：“人生实难，死如之何？”陶渊明这样写，不是为了诙谐，不是为了行乐，他提出了一个亘古的、生人无法回答的疑问。这使这篇文章增加了沉思的调子，也使性命、生死的思考更充满了矛盾性。

【理性思考】

1. 陶渊明的生死观及其思想来源。
2. 陶渊明与早期自挽文学的关系。

【延伸阅读】

1. 缪袭《挽歌》一首、陆机《挽歌》三首，萧统编，李善注《文选》，上海古籍出版社 1986 年版。

2. 陶渊明《拟挽歌诗》三首，陶渊明著、袁行霈笺注《陶渊明集笺注》，中华书局 2003 年版。

3. 陈寅恪《陶渊明之思想与清谈之关系》，陈寅恪《金明馆丛稿初编》，生活·读书·新知三联书店，2001 年版。

严　光　传[①]

范　晔

严光字子陵，一名遵，会稽余姚[②]人也。少有高名，与光武同游学。及光武即位，乃变名姓，隐身不见。帝思其贤，乃令以物色[③]访之。后齐国上言，有一男子披羊裘钓泽中。帝疑其光，乃备安车玄𫄸[④]遣使聘之。三反而后至。舍于北军[⑤]，给床褥，太官[⑥]朝夕进膳。

司徒侯霸与光素旧[⑦]，遣使奉书。使人因谓光曰：“公闻先生至，区区欲即诣造[8]，迫于典司，是以不获。愿因日暮自屈语言[9]。”光不答，乃投札与之，口授曰：“君房足下，位至鼎足[10]，甚善。怀仁辅义天下悦，阿谀顺旨要领绝[11]。”霸得书封奏之。帝笑曰：“狂奴故态也！”车驾即日幸其馆。光卧不起，帝即其卧所，抚光腹曰：“咄咄子陵！不可相助为理邪？”光又眠不应。良久，乃张目熟视曰：“昔唐尧著德，巢父洗耳[12]，士故有志，何至相迫乎？”帝曰：“子陵，我竟不能下汝[13]邪？”于是升舆叹息而去。

复引光入，论道旧故，相对累日。帝从容问光曰：“朕何如昔时？”对曰：“陛下差增于往[14]。”因共偃卧[15]，光以足加帝腹上。明日，太史奏客星犯御坐甚急[16]。帝笑曰：“朕故人严子陵共卧耳。”

除为谏议大夫[17]，不屈。乃耕于富春山[18]。后人名其钓处为严陵濑[19]焉。建武十七年，复特征，不至。年八十，终于家。帝伤惜之，诏下郡县赐钱百万，谷千斛。

【注释】

① 选自范晔《后汉书·逸民传》（中华书局 1965 年版）。范晔（398—445），字蔚宗，顺阳（今属河南南阳）人。出继伯父范弘之，袭封武兴县五等侯。晋末为刘裕子刘义康参军，南朝宋时，累迁至吏部尚书郎。后贬为宣城太守，撰写《后汉书》。元嘉二十二年，因与孔熙先等谋立刘义康为帝被杀。范晔《后汉书》体大思精，“《史》《汉》之后，首推《后汉书》。”（章太炎《略论读史之法》，见收《章太炎国学讲演录》，中华书局，2013 年版）

② [会稽余姚] 今浙江余姚。

③ [物色] 形貌。

④ [安车] 古代可以坐乘的小车。高官告老或朝廷征召德高望重者，皇帝往往赐坐安车以示优礼。玄𫄸，黑色和浅红色的布帛，帝王以之作为延聘贤士的礼品。玄，黑色。𫄸，浅红色。

⑤ [北军] 汉代守卫京师的屯卫兵，因驻守长安城北而得名。

⑥［太官］掌管皇帝膳食和宴享的官员。

⑦［司徒］西汉末，罢丞相，置大司徒，东汉光武帝建武二十七年(51)，去“大”，称司徒。侯霸，光武帝建武五年至十三年(29—37)任大司徒，比处云司徒，史家以之后的职务名称之。侯霸(？—37)，字君房，河南密县(今河南新密)人。矜严有威容，为光武帝所倚重。素旧，故交。

⑧［区区］诚恳，真情挚意。诣，到，特指到尊长处。造，到、去。

⑨［“迫于”四句］迫于职守，因此不能亲来拜访，希望日暮时，您能屈尊亲自(来府)叙谈。典，主持，主管。司，官署名称，这里指司徒府。

⑩［位至鼎足］侯霸为大司徒，大司徒为三公之一，故云。

⑪［“阿谀”句］阿谀、顺从皇帝的意旨就该被杀。要，同“腰”。领，脖子。绝，断。

⑫［“昔唐尧”两句］从前唐尧圣德昭著，(要让天下给巢父，巢父觉得这话污染了自己的耳朵)巢父去水边洗耳朵。唐尧，司马迁《史记》首列《五帝本纪》，尧为五帝之一，帝喾次子，先封陶地，后改封唐地，故称陶唐氏，又称唐尧。巢父，尧时隐士，以树为巢，住在树上，许由的朋友。据《高士传》，尧要让天下给许由，许由到颍水滨洗耳，巢父批评许由隐居得不够深，自求名誉，所以才惹出尧要让天下的事。洗耳者是许由，但汉代典籍多有巢父洗耳之说。如扬雄《扬子法言·问明》：“巢父洗耳，不亦宜乎！”曹植《巢父赞》：“尧禅许由，巢父是耻。秽其溷听，临河洗耳。”

⑬［下汝］以汝为臣下。

⑭［“陛下”句］您比以前稍胖了点。

⑮［偃卧］睡卧、躺卧。

⑯［太史］官名。汉代掌天文历法的官。客星，古代对天空新出现的星的统称。御坐，帝王的星座。急，很严重。

⑰［谏议大夫］掌议论的官职，属光禄勋，秩六百石。

⑱［富春山］在今浙江桐庐西，因严子陵曾耕钓于此，又称严陵山。

⑲［严陵濑（lài）］相传为严子陵隐居垂钓处，在今桐庐县南。

【评析】

范晔《后汉书》创《逸民传》，在逸民传论中，范晔讨论了隐遁的意义（遁之时义大矣）。一方面，隐遁在官本位以及权力世界为个人自主选择留下了一点余地，所谓“不尚王侯，高尚其事”；另一方面，要求帝王和持权势者对他人意志必须给予尊重（《逸民传》，不是出于赞美尧、周武王或光武帝对隐逸者的宽容，而是以逸民为行动和道德主体），所谓“尧称则天，不屈颍阳之高；武尽美矣，终全孤竹之絜”。范晔列举了各种各样的隐遁原因，“或隐居以求其志，或回避以全其道，或静己以镇其躁，或去危以图其安，或垢俗以动其概，或疵物以激其清”，有的出于对社会现实不满，有的出于避祸，有的为了修身养性，有的为了求志全德，但有一点是一致的，隐居者都甘心于物质生活的贫乏（“甘心畎亩之中，憔悴江湖之上”）。范晔进一步在适性的意义上安放这些隐者的生存、生命方式的选择。

严光与汉光武帝同学，少有高名。光武帝做皇帝后，想让严光辅佐自己治理国家，也就是说光武相信严光是有治世之才的。中国古代，同门是重要的社会关系，不但有真诚的友谊，也有利益共沾的可能，所以《古诗十九首》“明月皎夜光”中有“昔我同门友，高举振六翮。不念携手好，弃我如遗迹”的怨望；连杜甫都有“同学少年多不贱，五陵衣马自轻肥”的隐晦的牢骚。由此来看，严光的人生选择应属异类，对他来说，选择隐遁比选择入仕更有外在阻力。《严光传》主要书写严光如何对抗这一压力。

严光开始通过改换名姓来消除原先的社会印记，可还是被识破，他只能正面应对皇帝和大司徒——当时权力金字塔顶峰的两个人物，如果愿与合作，他可能是体制内的鼎足而三之人，这对一般人有很大的诱惑力。皇帝和大司徒始终联手，开始大司徒派人送信请严光去司徒府见面，严光不但不去，甚至不亲自回信，而是口授让对方使者笔录，他在信中批评大司徒阿谀奉承。击败大司徒后，光武帝亲自出场，光武帝始终想让严光进入他的权力体系，严光始终加以拒绝。

《严光传》将严光塑造成重感情的人。光武帝邀请他一起谈论故旧，严光就肯入宫，而且跟光武对坐累日，可见他珍视同窗情谊。他回答光武帝身体胖瘦的问题，两人如昔时一样同睡一榻，这时两人不论是精神上还是身份上都是平等的。当太史报告出现客星严重冲犯御坐星的天象时，两人的身份差异在舆论层面无法回避。范晔将严光塑造成珍视人与人之间情感的人，同时是追求人与人之间身份、精神平等的主体。后世出现大量吟咏、讨论严光的诗文，从各种角度赞颂严光，如范仲淹说："云山苍苍，江水泱泱。先生之风，山高水长。"严光对身份平等和精神平等的追求，确实山高水长，至今仍有意义。

【理性思考】

1. 严光为什么会成为一个隐逸典范？
2. 严光作为隐逸典故如何进入文学，试举例欣赏。

【延伸阅读】

1. 范仲淹《严先生祠堂记》，《范仲淹全集》，凤凰出版社，2004年版。

2. 朱元璋《严光论》，《明太祖全集》卷十。

3. 蒙田《关于隐退》，[法]蒙田著，潘丽珍等译《蒙田随笔全集》上卷，译林出版社 1996 年版。

送李愿归盘谷序[①]

韩　愈

太行之阳[②]有盘谷[③]，盘谷之间，泉甘而土肥，草木藂茂[④]，居民鲜少。或曰：“谓其环两山之间，故曰‘盘’”[⑤]。或曰：“是谷也，宅幽而势阻[⑥]，隐者之所盘旋[⑦]。”友人李愿居之。

愿之言曰：“人之称大丈夫[⑧]者，我知之矣：利泽[⑨]施于人，名声昭于时[⑩]，坐于庙朝[⑪]，进退百官[⑫]而佐天子出令。其在外，则树旗旄[⑬]，罗弓矢[⑭]，武夫前呵[⑮]，从者塞途，供给之人[⑯]，各执其物，夹道而疾驰。喜有赏，怒有刑[⑰]。才畯[⑱]满前，道古今而誉盛德，入耳而不烦。曲眉丰颊[⑲]，清声而便体[⑳]，秀外而惠中，飘轻裾[㉑]，翳长袖[㉒]，粉白黛绿者[㉓]，列屋而闲居，妒宠而负恃，争妍而取怜[㉔]。大丈夫之遇知[㉕]于天子，用力于当世者之所为也。吾非恶[㉖]此而逃之，是有命[㉗]焉，不可幸而致[㉘]也。

穷居而野处，升高而望远，坐茂树以终日，濯清泉[㉙]以自洁。采于山，美可茹[㉚]；钓于水，鲜可食；起居无时，惟适之安。与其有誉于前，孰若[㉛]无毁[㉜]于其后；与其有乐于身，孰若无忧于其心。车服不维[㉝]，刀锯不加[㉞]，理乱不知[㉟]，黜陟不闻[㊱]。大丈夫不遇于时者之所为也，我则行之。伺候于公卿之门，奔走于形势[㊲]之途，足将进而趑趄[㊳]，口将言而嗫嚅[㊴]，处污秽[㊵]而不羞，触刑辟而诛戮[㊶]，徼幸于万一[㊷]，老死而后止者，其于为人贤不肖何如也[㊸]？”

昌黎韩愈闻其言而壮之[㊹]，与之酒而为之歌曰：盘之中，维子之宫[㊺]。盘之土，可以稼[㊻]。盘之泉，可濯可沿。盘之阻，谁争子所[㊼]。窈而深[㊽]，廓其有容[㊾]。缭而曲[㊿]，如往而复。嗟盘之乐兮，乐且无央[51]；虎豹远迹[52]兮，蛟龙遁藏[53]；鬼神守护兮，呵禁不祥[54]。饮则食兮寿而康，无不足兮奚所望[55]；膏吾车兮秣吾马[56]，从子于盘兮，终吾生以徜徉[57]。

【注释】

① 选自《韩昌黎文集校注》（上海古籍出版社 2014 年版）。韩愈

(768—825),字退之,河南河阳(今河南孟县)人。郡望昌黎。唐代文学家,古文运动倡导者。唐德宗贞元八年(792)进士,曾几度被贬,官终吏部侍郎。有《韩昌黎集》。李愿,生平不详。据五百家注本所载《唐人跋盘谷序后》曰:“陇西李愿,隐者也,不干誉以求达,每韬光而自晦……昌黎韩愈,知名之士,高愿之贤,故叙而送之。”他与“代、德两朝名将、曾封西平郡王的李晟子名愿”的李愿,不是同一人。序,有书序和赠序之别。此指赠序,是古人饯行或临别时,表达祝愿、劝勉或惜别之意的一种文体。

②[太行之阳]太行山的南面。今山西、河北交界处。

③[盘谷]地名,在孟州济原县。

④[藂茂]繁杂茂密。藂,同“丛”。

⑤[或曰:“谓其环两山之间,故曰‘盘’”]有人说,盘谷地形屈曲,环绕在两座山之间,所以叫盘谷。

⑥[宅幽而势阻]地处幽深而山势险阻。

⑦[盘旋]逗留。

⑧[大丈夫]《孟子·滕文公下》:“富贵不能淫,贫贱不能移,威武不能屈,此之谓大丈夫。”

⑨[利泽]利益、恩泽。

⑩[昭于时]显耀于一时。

⑪[坐于庙朝]意为执政,掌握大权。庙朝,宗庙、朝堂,代表国家统治和权力。

⑫[进退百官]升迁和罢黜各级官吏。《新唐书·百官制》:“宰相之职,佐天子,总百官,治万事,其任重矣。”

⑬[旄(máo)]用牦牛尾系在竿首作装饰的旗子。

⑭[罗弓矢]谓排列弓矢仪仗。

⑮[武夫前呵]卫士在前面喝道。呵,喝道。指古代权贵出行,有人在前方呵斥行人让道,以显示威仪。

⑯[供给之人]侍候应用物品的仆从。此形容出行声势浩大,仆

役成群。

⑰［喜有赏，怒有刑］谓赏罚无常。《左传》昭公五年："喜有施舍，怒有战斗。"

⑱［才畯］才智过人的人。畯，同"俊"。

⑲［丰颊］丰满的面庞。颊，面庞。

⑳［清声而便(pián)体］清亮的歌喉，轻盈的体态。《文选·上林赋》郭璞注："便嬛，轻利也。"

㉑［裾］衣前襟。曹植《美女篇》："罗衣何飘飘，轻裾随风还。"

㉒［翳(yì)长袖］长袖遮身。翳，遮蔽、笼罩。曹植《洛神赋》："扬轻袿之猗靡兮，翳修袖以延伫。"

㉓［粉白黛绿者］面容粉白，眉毛黛青。黛，古代女子画眉所用的青黑色颜料，因接近绿色，故又称为黛绿。《战国策·楚策》："张子(仪)曰：'彼郑、周之女，粉白黛黑，立于衢间，非知而见之者以为神。'"

㉔［妒宠而负恃，争妍而取怜］意为自负有恃无恐，嫉妒别人得到宠爱。相互争比美貌，求得怜爱。

㉕［遇知］即知遇，受重用。

㉖［恶(wù)］厌恶。

㉗［有命］天命所注定。

㉘［幸而致］侥幸达到。

㉙［濯清泉］以泉水清洗体肤。《孟子·离娄上》："沧浪之水清兮，可以濯我缨；沧浪之水浊兮，可以濯我足。"

㉚［美可茹(rú)］新鲜的野菜野果可以吃。茹，吃。

㉛［孰若］何若，不若，不如。

㉜［无毁］不受讥谤。

㉝［车服不维］没有车马服饰的约束。车服，官员乘坐的车马和穿的官服。维，系。《尚书·舜典》："车服以庸。"孔安国传："功成则赐卓服以表显其能用。"

㉞［刀锯不加］不受刑罚。刀锯，古刑具，刀用于割截，锯用于刖

劓。《国语·鲁语上》:“中刑用刀锯。”

㉟[理乱不知] 不理会国家治乱。理为“治”的避讳,避唐高宗李治讳。

㊱[黜陟(zhì)不闻] 不闻官员升降之事。黜,降职或被罢官。陟,登高。《尚书·舜典》:“三载考绩,三考,黜陟幽明。”孔安国传:“三年有成,故以考功,九岁则能否幽明有别。黜退其幽者,升进其明者。”

㊲[形势] 此指权势地位。

㊳[趑(zī)趄(jū)] 徘徊不前貌,欲行而不进的样子。

㊴[嗫(niè)嚅(rú)] 欲言又止的样子。

㊵[污秽] 贪赎非义之事。

㊶[触刑辟而诛戮] 触犯刑法而被处罚或杀戮。辟,法。《诗经·小雅·雨无正》:“如何昊天,辟言不信。”毛传:“辟,法也。”诛戮,被处罚或杀戮。

㊷[徼幸于万一] 万一幸运而逃过处罚或诛杀。侥幸,企求非分。《庄子·在宥》:“此以人之国侥幸也。”陆德明《释文》:“侥幸,求利不止之貌。”

㊸[其于为人贤不肖何如也] 这样的人是贤还是不贤呢?不肖,不贤。

㊹[闻其言而壮之] 听了以上言论,认为很有魄力。

㊺[维子之宫] 你的住所。维,同“惟”,发语词。

㊻[可以稼(gǔ)] 可以种植庄稼。《诗·七月》:“九月筑场圃,十月纳禾稼。”顾亭林《诗本音》云:“稼,古音古。”

㊼[谁争子所] 有谁来争夺你的住处。

㊽[窈(yǎo)而深] 曲折而幽深。

㊾[廓其有容] 广阔深大。廓,广阔。有容,指盘谷中别有一番天地。

㊿[缭而曲] 缭绕盘曲。

51[无央] 无尽。

52 [远迹] 踪迹远离。

53 [遁藏] 逃避隐藏。遁，逃走。

54 [呵禁不祥] 呵斥、禁止魑魅魍魉之类的不祥之物。

55 [奚所望] 还有什么冀望。奚，和，什么。

56 [膏(gào)吾车兮秣(mò)吾马] 给车轴涂油，用粮草喂马。《诗经·周南·汉广》："言秣其马。"

57 [徜徉] 流连徘徊，自由自在地来回走着。

【评析】

北宋苏轼推荐说："唐无文章，惟韩退之《送李愿归盘谷序》而已。"(《跋退之送李愿序》)这篇赠序固然可作多种欣赏，不过，正如清代恽敬所评："字字有本，句句自造，事事披根，惟退之有此。"(叶百丰《韩昌黎文汇评》)全篇的修辞姿态和思想意度中，也巧妙地融纳了《七发》与《答客难》的构思。不仅全篇以赋为文，即全文有赋的体态，而且其性命观的省思也隐然与前贤有所呼应。《七发》中有"皓齿蛾眉，命曰伐性之斧；甘脆肥脓，命曰腐肠之药"等的透过现象的实质命名，韩愈对此深有会心，当他描摹所谓"大丈夫"即得意洋洋的显贵时，写到环绕着诸如"曲眉丰颊，清声而便体，秀外而惠中，飘轻裾，翳长袖，粉白黛绿者，列屋而闲居，妒宠而负恃，争妍而取怜。大丈夫之遇知于天子、用力于当世者之所为也。吾非恶此而逃之，是有命焉，不可幸而致也"。"是有命焉"一句利用了《答客难》的幽默。赋以体物铺陈为主要手法，韩愈在貌似客观的铺陈中还暗含了褒贬。与"大丈夫"周围"皓齿蛾眉"的种种奢乐享受形成对应的，韩愈铺写了清贫隐士的生活："与其有乐于身，孰若无忧于其心！"那么，孰为伐性？孰为养性？答案已在铺陈描摹中。

【理性思考】

1. "无不足兮奚所望"，作者是真的"无所望"吗？
2. 作者对文中的三种人有无明显的褒贬态度？

3. 刘大櫆评此文曰："兼取偶俪之体，却非偶俪之文，此哲匠之妙用也。"你怎样看待此说？

【延伸阅读】

1. 林纾《韩柳文研究法·韩文研究法》，山西人民出版社 2014 年版。

2. 陈寅恪《论韩愈》，《历史研究》1954 年第 2 期。

3. 钱穆《杂论唐代古文运动》，《新亚学报》1957 年第 3 卷第 1 期。

送穷文[1]

韩 愈

元和六年[2]正月乙丑晦[3]，主人使奴星[4]结柳做车[5]，缚草为船[6]，载糗舆粻[7]，牛系轭下[8]，引帆上樯[9]。三揖穷鬼而告之曰："闻子行有日矣，鄙人不敢问所涂[10]，窃具船与车，备载糗粻，日吉时良[11]，利行四方，子饭一盂[12]，子啜一觞[13]，携朋挈俦[14]，去故就新[15]，驾尘彍风[16]，与电争先。子无底滞之尤[17]，我有资送之恩[18]：子等有意于行乎？"

屏息潜听，如闻音声，若啸若啼，砉欻嘎嘤[19]，毛发尽竖，竦肩[20]缩颈，疑有而无，久乃可明，若有言者曰："吾与子居，四十年余：子在孩提[21]，吾不子愚[22]。子学子耕，求官与名；惟子是从，不变于初。门神户灵[23]，我叱我呵[24]。包羞诡随[25]，志不在他。子迁南荒[26]，热烁湿蒸[27]，我非其乡，百鬼欺陵。太学四年[28]，朝齑暮盐[29]；惟我保汝，人皆汝嫌[30]。自初及终，未始背汝，心无异谋，口绝行语[31]。於何听闻，云我当去，是必夫子信谗，有间[32]于予也。我鬼非人，安用车船？鼻齅臭香[33]，糗粻可捐[34]。单独一身，谁为朋俦？子苟备知，可数已不[35]？子能尽言，可谓圣智[36]；情状既露，敢不回避？"

主人应之曰："予以吾为真不知也邪？子之朋俦，非六非四，在十去五，满七除二[37]；各有主张，私立名字，捩手覆羹[38]，转喉触讳[39]。凡所以使吾面目可憎，语言无味者，皆子之志也。其名曰智穷：矫矫亢亢[40]，恶圆喜方，羞为奸欺，不忍害伤。其次名曰学穷：傲数与名[41]，摘抉杳微[42]；高挹群言[43]，执神之机[44]。又其次曰文穷：不专一能[45]，怪怪奇奇，不可时施[46]，秖以自嬉。又其次曰命穷：影与形殊[47]，面丑心妍[48]，利居众后，责在人先。又其次曰交穷：磨肌戛骨[49]，吐出心肝；企足以待[50]，寘我仇冤[51]。凡此五鬼，为吾五患；饥我寒我，兴讹造讪[52]，能使我迷，人莫能间[53]；朝悔其行，暮已复然；蝇营狗苟[54]，驱去复还。"

言未毕，五鬼相与张眼吐舌，跳踉偃仆[55]，抵掌[56]顿脚，失笑相顾。徐谓主人曰："子知我名，凡我所为，驱我令去，小黠大痴[57]。人生一世，其久几何，吾立子名，百世不磨[58]。小人君子，其心不同；惟乖于时[59]，乃与天通[60]。携持琬琰，易一羊皮[61]；饫于肥甘，慕彼糠糜[62]。天下知子，谁过于予；虽遭斥逐，不忍子疏[63]。谓予不信，请质《诗》《书》[64]。"

主人于是垂头丧气，上手称谢，烧车与船，延之上座[65]。

【注释】

① 选自《韩昌黎文集校注》（上海古籍出版社 2014 年版）。

②［元和六年］公元 811 年，韩愈时为河南令。

③［乙丑晦］正月三十。乙丑，表示日期的干支。晦，每月的最后一日为晦日。

④［奴星］名字叫星的仆人。

⑤［结柳做车］把柳条编结起来做成车子。

⑥［缚草为船］把草捆起来做成船。

⑦［载糗(qiǔ)舆粻(zhāng)］装运干粮和粮食。糗，干粮，古代用米或麦炒熟后磨制成的粉。粻，粮食。

⑧［牛系轭(è)下］套好牛车。轭，车辕前套牲口的曲木。

⑨［引帆上樯］把帆拉到桅杆上。樯，船桅。

⑩［所涂］走哪条路。涂，同"途"。

⑪［日吉时良］吉利时日。《九歌·东皇太一》："吉日兮辰良。"

⑫［子饭一盂(yú)］请你吃一碗饭。

⑬［子啜(chuò)一觞(shāng)］请你饮一杯酒。啜，饮。《墨子·节用中》："饭于土塯，啜于土形。"觞，盛酒的酒器。

⑭［携朋挈俦(chóu)］携带朋友伙伴。挈，带领。俦，同辈，伙伴。

⑮［去故就新］意为离开旧主人到新主人那里去。《九辩》："怆恍懭悢兮，去故而就新。"

⑮［驾尘彉(kuò)风］牛车扬起尘土，船帆吹起如弯弓。彉，拉满弓。《孙子·执篇》："执如彉弩。"

⑰［子无底滞之尤］穷鬼不要抱怨滞留在穷家里，现已备好车船，到富人家去吧。底滞，停滞。《国语·楚语下》："夫民，气纵则底，底则滞，滞久而不振，生而不殖。"

⑬［资送之恩］以财物相赠的恩德。

⑲［砉欻(xū)嚘(yōu)嘤］意为声音细小。砉欻，窸窣之声。嚘嘤，意同"砉欻"。

⑳［竦肩］耸肩膀。竦，同"耸"。

㉑［孩提］小孩子。《孟子·尽心上》："孩提之童，无不知爱其亲者。"赵岐注："孩提，二三岁之间，在襁褓、知孩笑、可提抱者也。"

㉒［吾不子愚］我不嫌你幼稚无知。

㉓［门神户灵］门户上都有神灵保佑。

㉔［我叱我呵］大声呵斥。即由我管束呵斥。

㉕［包羞诡随］忍受耻辱而屈从人意。《诗经·大雅·民劳》："无踪诡随，以谨无良。"毛传："诡随，诡人之善，随人之恶者。"

㉕［子迁南荒］指"穷子"被迁南疆偏僻之地。贞元十九年(803)，韩愈因为《上天旱人饥状》而获罪，由监察御史贬连州阳山令。

㉗［热烁(shuò)湿蒸］被炎热所伤，被湿气熏蒸。烁，同"铄"，销熔。

㉘［太学四年］元和元年(806)六月，韩愈任国子博士，分司东都，至四乍六月，改都官员外郎，仍守东都省，前后共四年。

㉙［朝齑(jī)暮盐］早晚只有咸菜盐水下饭，生活清苦。齑，切碎的菜末。

㉚［人皆汝嫌］嫌汝，众人全都嫌弃你。

㉛［口绝行语］口里从未说过要离开的话。

㉜［有间(jiàn)］有隔阂。间，隔阂。

㉝［鼻齅(xiù)臭香］鬼只闻食物的香气，并不吃。齅，同嗅，用鼻子闻。

㉞［可捐］可以抛弃。捐，弃。

㉟［可数已不(fǒu)］可以数一数吗？

㊱［圣智］非凡的智慧。《尚书・洪范》："聪作谋，睿作智。"孔传："于事无不通谓之圣。"

㊲［非六非四，在十去五，满七除二］指的都是"五"，同伴有五个。

㊳［捩(liè)手覆羹］扭手把羹汤弄翻了。捩，扭转。

㊴［转喉触讳］一说话就犯了忌讳。转喉，咽喉一转，即说话。

㊵［矫矫亢亢］刚强正直。矫，通"趫"，强。《礼・中庸》："故君子和而不流，强哉矫。"亢，高。

㊶［傲数与名］不重视术数与概念方面的学问。数，术数，技艺。

㊷［摘抉杳微］揭示幽远微妙的道理。摘抉，揭示、掘取。

㊸［高挹(yì)群言］居高临下酌取他人言论。挹，舀，此谓酌取。

㊹［执神之机］掌握神理的枢机和关键。

㊺［不专一能］不专习一种技能。这里指一般的时下流行的文章写作技巧。

㊻［不可时施］不能为当时所用。

㊼［影与形殊］意指外表与实质不同。

㊽［面丑心妍］面目丑陋但内心美好。

㊾［磨肌戛(jiá)骨］以磨掉肌肉，刮去骨头那样坦诚地对待朋友。戛，轻轻敲打。

㊿［企足以待］殷切等待。企，踮起脚跟。

㉛ [寘(zhì)我仇冤] 把我置于仇人的位置。

㉜ [兴讹造讪] 造成错误,引来诽谤。讪,诽谤。

㉝ [人莫能间] 没有人能加以离间。

㉞ [蝇营狗苟] 像苍蝇那样飞来飞去,如狗那样苟且偷生. 比喻不顾廉耻,不择手段,到处钻营。

㉟ [跳踉(liàng)偃仆] 跳跃仆倒。《晋书·诸葛长民传》:"眠中惊起,跳踉,如与人相打。"

㊱ [抵(zhǐ)掌] 击掌。抵,拍,击。《战国策·秦策一》:"抵掌而谈。"

㊲ [小黠(xiá)大痴] 看起来是一点小聪明,实际上是个大傻瓜。黠,机敏,聪明。《淮南子》:"人不小觉不大迷,不小慧不大愚。"《抱朴子·道意》:"凡人多以小黠而大愚。"

㊳ [吾立子名,百世不磨] 我使你名扬四海,流芳百世。

㊴ [惟乖于时] 只是与时俗不合。乖,违反,背离。

㊵ [乃与天通] 然而却天理相通。

㊶ [携持琬(wǎn)琰(yǎn),易一羊皮] 怀抱美玉去换一张羊皮。琬琰,皆美玉。

㊷ [饫(yù)于肥甘,慕彼糠(kāng)糜(mí)] 饱食鲜美的食物,却羡慕糠皮稀粥。

㊸ [不忍子疏] 不忍心疏远你。

㊹ [谓予不信,请质《诗》《书》] 假如说我所言不实,请与《诗》《书》对证。

㊺ [延之上座] 请穷鬼上座。延,邀请。之,代词,指穷鬼。

【评析】

相传高辛氏(一说高阳氏)有一子,喜欢穿破衣服,吃差的食物,号为穷子,死于正月晦日。后世人们在这一天把破衣剩饭拿来祭他,叫送穷,即把穷鬼送出去。韩愈此文受西汉扬雄《逐贫赋》的影响,此后形成了一系列的“送穷”文学。孔子曰：“君子固穷，小人穷斯滥矣。”穷乏对人性的考验既现实又严峻。《送穷文》借“主人”与“穷鬼”对话，表白自己四十余年智穷、学穷、文穷、命穷、交穷，恳请五鬼离去。岂知五鬼“虽遭斥逐，不忍子疏”：“主人于是垂头丧气，上手称谢”，“延之上座”。自嘲与诙谐中，反而让扰攘世界中的利禄贵显变得一文不值。茫茫人寰，焉知这五个穷鬼不是毕生知己？何况韩愈有“不平则鸣”说而引发其后欧阳修提炼出“诗穷而后工”论，那么，经受穷愁历练的文人，提升感悟力，或许更容易窥破天工！“穷”所带来的时命感之沉重，以及慰藉文心之富足，都包融在韩愈雄健诙谐的行文中。

【理性思考】

1. 如何勾勒中国历史上“送穷”文学的系谱？

2.《送穷文》虽言送而复留，这与“固穷”“安贫”的君子情操有关联吗？

3. 韩愈谓“小人君子，其心不同，惟乖于时，乃与天通”，曾国藩评“乃与天通”一句曰：“精语惊人！”为什么？

【延伸阅读】

1. 扬雄《扬雄集校注·逐贫赋》，四川大学出版社 2001 年版。

2. 卞孝萱等《韩愈评传》，南京大学出版社 1998 年版。

南阳县君谢氏墓志铭[①]

欧阳修

庆历[②]四年秋，予友宛陵[③]梅圣俞来自吴兴[④]，出其哭内[⑤]之诗而悲曰：“吾妻谢氏亡矣。”丐[⑥]我以铭而葬焉。予未暇作。居一岁中，书七八至，未尝不以谢氏铭为言，且曰：

“吾妻故太子宾客[⑦]谢涛[⑧]之女、希深[⑨]之妹也。希深父子为时闻人[10]，而世显荣。谢氏生于盛族，年二十以归[11]吾，凡十七年而卒。卒之夕，殓[12]以嫁时之衣，甚矣，吾贫可知也！然谢氏怡然处之，治其家，有常法。其饮食器皿[13]，虽不及丰侈，而必精以旨；其衣无故新，而澣濯[14]缝纫[15]，必洁以完；所至官舍虽庳陋，其庭宇洒扫[16]，必肃以严；其平居语言容止，必怡以和。吾穷于世久矣，其出而幸与贤士大夫游而乐，入则见吾妻之怡怡而忘其忧，使吾不以富贵贫贱累其心者，抑吾妻之助也。吾尝与士大夫语，谢氏多从户屏[17]窃听之，间则尽能商榷其人才能贤否及时事之得失，皆有条理。吾官吴兴，或自外醉而归，必问曰：'今日孰与饮而乐乎？'闻其贤者也则悦，否则叹曰：'君所交，皆一时贤俊[18]，岂其屈己下之耶？惟以道德焉，故合者尤寡。今与是人饮而欢邪？'是岁南方旱[19]，仰见飞蝗[20]而叹曰：'今西兵[21]未解，天下重困，盗贼暴起于江淮[22]，而天旱且蝗如此！我为妇人，死而得君葬我，幸矣。'其所以能安居贫而不困者，其性识[23]明而知道理，多类此。呜呼！其生也迫吾之贫，而殁也又无以厚焉，谓惟文字可以著其不朽。且其平生，尤知文章为可贵，殁而得此，庶几以慰其魂，且塞予悲。此吾所以请铭于子之勤也。"若此，予忍不铭？

夫人享年三十七，用夫恩封南阳县君。二男一女。以其年七月七日，卒于高邮[24]。梅氏世葬宛陵，以贫不能归也，某年某月某日，葬于润州[25]之某县某原。铭曰：高崖断谷兮，京口[26]之原。山苍水深兮，土厚而坚。居之可乐兮，卜者曰然。骨肉虽土兮，魂气则天[27]。何必故乡兮，然后为安。

【注释】

① 选自《欧阳修诗文集校笺》(上海古籍出版社 2009 年版)。欧阳修(1007—1072)，字永叔，号醉翁、六一居士，吉州永丰(今江西省吉安市永丰县)人。北宋政治家、文学家，领导了北宋诗文革新运动。与韩愈、柳宗元、苏轼、苏洵、苏辙、王安石、曾巩被世人称为"唐宋八大家"。仁宗天圣八年(1030)进士，官至枢密副使、参知政事、刑部尚书、兵部尚

书等职。后以太子少师的身份辞职，居颍州，卒谥文忠。有《欧阳文忠集》《五代史记》《集古录跋尾》等。

②［庆历］即宋仁宗（赵祯）年号。

③［宛陵］即今安徽宣城。汉初置，隋代改为宣城。

④［吴兴］即今浙江湖州，宋代为浙西路湖州。时梅圣俞监湖州盐税。

⑤［内］称妻妾曰“内”，《左传》：“齐桓公好内。”

⑥［丐］求也。

⑦［太子宾客］官名，晋惠帝为愍怀太子，择宾友五人，谓之东宫宾客。唐显庆初年，始置为官，宋代沿用。

⑧［谢涛］字济之，富阳人，以文行称。以进士起家，累官西京留司御史台、太子宾客。死后，欧阳修为其作铭。

⑨［希深］名绛，以文学知名。所至大兴学舍，好施宗族，喜宾客，累官至兵部员外郎。

⑩［闻人］知名之人。

⑪［归］古代女子出嫁曰归。

⑫［殓］为死者加衣衾。

⑬［皿（mǐn）］碗、碟、杯、盘一类用器的统称。

⑭［澣（huàn）濯（zhuó）］澣，同“浣”。澣濯，即洗涤衣垢也。

⑮［纫（rèn）］缝缀。

⑯［洒扫］以水洒地而扫之，使尘土不起。

⑰［屏］屏风，放置于门间，以遮蔽内外。

⑱［俊］才智出众的人。

⑲［是岁南方旱］《宋史·五行志》载曰：“（庆历）四年三月丙寅，遣内侍两浙、淮南、江南祠庙祈雨。”

⑳［蝗］食苗虫，有赤脚、黄脚两种。

㉑［西兵］与西夏的战争。

㉒［江淮］今江苏、安徽等地，为长江、淮水流域。

㉓［性识］见识也。沈约《神不灭论》:“自斯以上,性识渐弘。”

㉔［高邮］宋代军名,属淮南东路,治所在今江苏省高邮市。

㉕［润州］宋代州名,属两浙路,治所在今江苏省镇江市。

㉖［京口］故址在今江苏镇江,属润州,谢氏葬于此。

㉗［骨肉虽土兮,魂气则天］此句本于春秋吴延陵季子葬其长子后的号哭之词:“骨肉归复于土,命也;若魂气则无不之也,无不之也。”见《礼记·檀弓》。

【评析】

欧阳修留下的八十三篇墓志铭中,为女性结撰者达二十二篇。《南阳县君谢氏墓志铭》是他在庆历五年(1045)为好友梅圣俞之妻而作。全文主体以梅圣俞函请之语构成,清代古文评点家浦起龙称赏这种技法:“就来语为志,乃作闺阁文章法门。”(《古文眉诠》)这样做,不仅可以避免叙行表德的平冗套语,使行文摇曳多姿;而且引出了作为患难夫妇、人生知己的讲述者与传主之间的鸾凤和鸣,情意更为凄婉动人,在墓志铭中别具一格。

古代女性对“性命”这样的大题目直接发言的甚少,但她们一样有家国情怀和生活担当。谢氏作为一位出身“盛族”的女子,却能在婚后安于清贫,不仅使“穷于世”的丈夫感到慰情,而且从贤妻身上得以励志,这样的人生伴侣,平凡中有其伟大。梅圣俞述她“治其家,有常法,其饮食器皿,虽不及丰侈,而必精以旨;其衣无故新,而浣濯缝纫必洁以完;所至官舍虽卑陋,而庭宇洒扫必肃以严;其平居语言容止,必怡以和。吾穷于世久矣,其出而幸与贤士大夫游而乐,入则见吾妻之怡怡而忘其忧。使吾不以富贵贫贱累其心者,抑吾妻之助也。”梅氏赞贤妻之“所以能安居贫而不困者”,不只是一般的随遇而安,更在于“其性识明而知道理”!这正是一股来自人格修持的力量。客观地说,由于生活圈子或教养条件所限,或许也不必苛求内闱中的妇人明识心性。但谢氏能“居贫”而“安”,体现女性在取予之际的明达与好恶之间的从容。“不以富贵贫贱累其心”确是一种心性实践的高境，梅氏夫妇的同心同德令人羡慕。

梅圣俞以卓著的诗名享誉千古，当得上欧阳修所谓“诗穷而后工”之例。幸运的是，梅妻谢氏“平生尤知文章为可贵”！尽管她死后以贫不能归葬故园，却获得如椽巨笔为其铭墓。那么，从“贫穷”中安享慰藉的谢氏身影，岂非可以迭合到《送穷文》的意趣？

【理性思考】

1. 欧阳修写作《南阳县君谢氏墓志铭》的缘由是什么？

2.《南阳县君谢氏墓志铭》中是如何陈述梅家主妇谢氏高贵品质的？

3. 你能搜集材料，阅读其他相关女性墓志铭，说说女性墓志铭还有什么不同的写法？

【延伸阅读】

1. 梅尧臣《悼亡三首》，《梅尧臣集编年校注》，上海古籍出版社 2006 年版。

2. 欧阳修《长寿县太君李氏墓志铭》《万寿县君徐氏墓志铭并序》，《欧阳修诗文集校笺》，上海古籍出版社 2009 年版。

六一居士传[①]

欧阳修

六一居士初谪滁山，自号醉翁[②]。既老而衰且病，将退休于颍水之上，则又更号六一居士[③]。

客有问曰：“六一何谓也？”居士曰：“吾家藏书一万卷，集录三代以来金石遗文一千卷[④]，有琴一张，有棋一局，而常置酒一壶。”客曰：“是为五一尔，奈何？”居士曰：“以吾一翁，老于此五物之间，是岂不为六一乎?”客笑曰:“子欲逃名者乎,而屡易其号?此庄生所诮畏影而走乎日中者也。余将见子疾走大喘渴死,而名不得逃也[5]!”居士曰:“吾固知名之不可逃,然亦知夫不必逃也;吾为此名,聊以志[6]吾之乐尔。”客曰:“其乐如何?”居士曰:“吾之乐可胜道哉[7]!方其得意于五物也,太山在前而不见,疾雷破柱而不惊[8];虽响九奏于洞庭之野,阅大战于涿鹿之原,未足喻其乐且适也[9]。然常患不得极吾乐于其间者,世事之为吾累者众也。其大者有二焉:轩裳珪组[10]劳吾形于外,忧患思虑劳吾心于内,使吾形不病而已悴,心未老而先衰,尚何暇于五物哉?虽然,吾自乞其身[11]于朝者三年矣,一日天子恻然哀之,赐其骸骨[12],使得与此五物偕返于田庐,庶几偿其夙愿焉。此吾之所以志也。”客复笑曰:“子知轩裳珪组之累其形,而不知五物之累其心乎?”居士曰:“不然。累于彼者已劳矣,又多忧;累于此者,既佚[13]矣,幸无患,吾其何择哉!”于是与客俱起,握手大笑曰:“置之[14],区区[15]不足较也!”

已而叹曰:“夫士少而仕,老而休,盖有不待七十者矣[16],吾素慕之,宜去一也。吾尝用于时矣,而讫无称焉[17],宜去二也。壮犹如此,今既老且病矣,乃以难强之筋骸,贪过分之荣禄,是将违其素志,而自食其言[18],宜去三也。吾三宜去,虽无五物,其去宜矣,复何道哉!”

熙宁三年九月七日,六一居士自传。

【注释】

①选自欧阳修著、李逸安点校《欧阳修全集》(中华书局2001年版)。熙宁三年(1070)七月,欧阳修出知蔡州(治所在今河南汝南),此文是作者赴任途中滞留颍州时所作,时年六十四。

②[“六一”两句]庆历六年(1046),欧阳修贬知滁州(今安徽滁州),自号醉翁。

③[颍水之上]指颍州(今安徽阜阳)。欧阳修皇祐元年(1049),贬知颍州,爱其西湖风景,决定晚年退居于此。欧阳修自署六一居士的诗文最早见于治平三年(1066)题《隋泛爱寺碑》跋尾。

④［“集录”句］指欧阳修《金石录》中所收的金石拓片。

⑤［“庄生”三句］典出《庄子·渔夫》，说一个人畏惧自己的影子、讨厌自己的脚印，想快跑抛开影子和脚印，结果抬脚越多脚印就越多，跑得更快影子也不离身，他以为是自己跑得不够快，快跑不止，最后力尽而死。庄生，指庄子。诮，嘲笑。

⑥［志］记，标志。

⑦［可胜道哉］哪里能说得完呢？

⑧［“方其”三句］自《鹖冠子·天则》“一叶蔽目，不见太山；两耳塞豆，不闻雷霆”变化而来，是说自己得意于自己的书、金石、琴、棋、酒之乐时，对其他事情都视而不见、充耳不闻了。

⑨［“虽响”三句］是说其他再美妙的音乐、再精彩的书籍，也比不上从自家书、金石、琴、棋、酒中所获得的乐趣和舒适。九奏于洞庭之野，《庄子·至乐》：“咸池九韶之乐，张之洞庭之野。”《论语·述而》：“子在齐闻韶，三月不知肉味。”九奏，即九韶，舜乐。大战于涿鹿之原，黄帝、炎帝与蚩尤大战，被认为是奠定华夏文明之战。《逸周书·尝麦解》《史记·五帝本纪》都有精彩的记载。涿鹿，在今河北。

⑩［轩］车马。裳，代服饰。珪，印信。组，系印信的绶带。四者代官场的事物和排场。

⑪［乞其身］请求致仕、退休。

⑫［赐其骸骨］指皇帝准许退休。

⑬［佚］同“逸”，安逸。

⑭［置之］放在一边。

⑮［区区］形容事小。

⑯［“老而休”两句］《礼记·檀弓》：“七十不俟朝。”俟朝，等待朝见，指做官。

⑰［“吾尝”两句］指自己曾为枢密副使、参知政事，而最终无为人称道的建树。

⑱［“是将”两句］欧阳修与韩绛、王珪曾相约五十八岁退休，故

云。欧阳修《寄韩子华诗序》载："余与韩子华(绛)、长文(吴奎)、禹玉(王珪)同直玉堂，尝约五十八岁致仕，子华书于柱上。"

【评析】

《礼记·曲礼上》已有"大夫七十而致事"之说，但将致仕(退休)制度化、完善化，则在北宋仁宗、神宗之时，也就是欧阳修生活的时代。致仕制度改变了官员终身制，改善官员年龄结构，保证政府机构正常、更有活力运转。宋代规定七十岁退休，致仕后有一半的薪俸，也有较好的安置条件，尽管如此，从宋代的处罚条例看，似乎推延、不愿意正常退休的官员更多。从这一背景看欧阳修自六十岁左右就一直请求退休，并最终在六十五岁时被允许提前退休的意义了。韩绛祭文赞美欧阳修："公之进退，远迈前贤。……身虽公辅，志则林泉。"王安石祭文也称："功名成就，不居而去。其出处进退，又庶乎英魄灵气，不随异物腐散，而长在乎箕山之侧与颍水之湄。"也就是一位官居高位者，虽心系政事，但能将不慕荣利的林泉之志作为士人之性气而永远保存，"不随异物腐散"，就是不变士人本质。

后人总结欧阳修的个性、性格，"公为人天性刚劲，而器度恢廓宏大，中心坦然，未尝有所屑屑于事，事不轻发，而义有可为，则虽祸患在前，直往不顾。""开口可见心腑，至于贵显，终始如一。"(欧阳发等述《先公事迹》)对于欧阳修来说，仕和隐并不对立，相反，林泉之志保证了士人的品格和境界，也保证了仕进的品格和境界，它们和谐地建构了士人人格。在欧阳修"以身许国"的政治生涯中，他从未停止过读书、考史、搜集金石、弹琴、饮酒、作文等等，这是士大夫能常保社会理想、完成文化使命之必须，在六十岁以后，在苏轼、王安石等已成熟的年代致仕，做一个职业的读书、集录金石、弹琴、弈棋、饮酒者(其实也是很忙的)，尽情享受这些乐事，这也是一种安顿生命的方式。文章妙趣横生，洋溢着至性深情。

【理性思考】

1. 联系本文，思考王安石赞美欧阳修“出处进退，又庶乎英魄灵气，不随异物腐散，而长在乎箕山之侧与颍水之湄”这句话。

2. 以实例思考宋代士大夫如何将士与大夫身份结合在一起的，其意义和局限性何在？

【延伸阅读】

1. 欧阳发等述《先公事迹》，欧阳修著，李逸安点校《欧阳修全集》附录卷二，中华书局 2001 年版。

2. 陈寅恪《赠蒋炳南序》（见陈寅恪著《寒柳堂集》，生活·读书·新知三联书店，2001 年版）、《邓广铭宋史职官志考证序》（陈寅恪《金明馆丛稿二编》，生活·读书·新知三联书店，2001 年版）。

灵璧张氏园亭记[①]

苏　轼

道京师而东[②]，水浮浊流，陆走黄尘，陂田苍莽，行者倦厌[③]。凡八百里，始得灵璧张氏之园于汴之阳[④]。其外修竹森然以高，乔木蓊然[⑤]以深。其中因汴之余浸，以为陂池[⑥]，取山之怪石，以为岩阜[⑦]。蒲苇莲芡[⑧]，有江湖之思。椅桐桧柏[⑨]，有山林之气。奇花美草，有京洛之态[⑩]。华堂厦屋，有吴蜀之巧。其深可以隐，其富可以养。果蔬可以饱邻里，鱼鳖笋茹[⑪]可以馈四方之宾客。余自彭城移守吴兴[⑫]，由宋[⑬]登舟，三宿而至其下。肩舆[⑭]叩门，见张氏之子硕。硕求余文以记之。

维张氏世有显人，自其伯父殿中君[⑮]，与其先人通判府君[⑯]，始家[⑰]灵璧，而为此园，作兰皋之亭[⑱]以养其亲。其后出仕于朝，名闻一时，推其余力，日增治之，于今五十余年矣。其木皆十围[⑲]，岸谷隐然。凡园之百物，无一不可人意者，信其用力之多且久也。

古之君子，不必仕，不必不仕[20]。必仕则忘其身，必不仕则忘其君[21]。譬之饮食，适于饥饱而已。然士罕能蹈其义、赴其节[22]。处者安于故而难出[23]，出者狃于利[24]而忘返。于是有违亲绝俗之讥[25]，怀禄苟安之弊[26]。今张氏之先君，所以为其子孙之计虑者远且周[27]，是故筑室艺园于汴、泗[28]之间，舟车冠盖之冲，凡朝夕之奉，燕游之乐[29]，不求而足。使其子孙开门而出仕，则跬步市朝之上[30]，闭门而归隐，则俯仰山林之下[31]。于以养生治性，行义求志，无适而不可。故其子孙仕者皆有循吏良能[32]之称，处者皆有节士廉退[33]之行。盖其先君子之泽[34]也。

余为彭城二年，乐其土风。将去不忍，而彭城之父老亦莫余厌[35]也，将买田于泗水之上而老焉。南望灵璧，鸡犬之声相闻，幅巾杖屦，岁时往来于张氏之园，以与其子孙游[36]，将必有日矣。

元丰二年三月二十七日记。

【注释】

① 此文选自苏轼著、孔凡礼点校《苏轼文集》(中华书局1986年版)。苏轼(1037—1101)，字子瞻，号东坡居士，四川眉山(今属四川)人。宋神宗嘉祐二年(1057)进士，曾为凤翔(今属陕西)判官、杭州通判，历任密州、徐州、湖州知州。元丰三年，因乌台诗案被贬黄州团练副使。哲宗即位，任翰林学士、侍读学士、礼部尚书等职，期间自请出知杭州、颍州、扬州、定州等地。晚年，因新党执政，被贬惠州(今属广东)、儋州(今属海南岛)。宋徽宗时大赦北归，途中于常州病逝。苏轼是继欧阳修后的宋代文坛领袖，诗、词、文、书、画均有极高成就。此文作于元丰二年(1079)三月，苏轼自徐州赴湖州任途经灵璧(今安徽灵璧)而作。

② [道京师而东] 取道开封向东走。

③ [“水浮”四句] 水指黄河。黄河穿过世界上最大的黄土高原，进入地势平坦的开封，从中上游带来的巨量泥沙至此大量沉积下来，自此黄河水患也最为严重，北抵天津，南至江淮，几乎到处都是黄河决溢、改道留下的痕迹。四句即描写这一地区水陆景象以及行人行走其间的

感受。

④［汴之阳］汴水的北面。水之北面为阳，山之南面为阳。

⑤［蓊然］茂盛的样子。

⑥［因］凭借。余浸，汴河淤涸后留下的水坑。陂池，池塘。

⑦［岩阜］岩石堆成的山。

⑧［蒲］蒲苇，草本植物，茎末端有柔软的、银色的毛。苇，芦苇。莲，莲荷。芡，菱角。

⑨［椅］山桐子树。桐，桐树。桧，即圆柏。栢，通“柏”。

⑩［京洛之态］洛阳名花的风姿。

⑪［茹］菜。

⑫［彭城］指徐州。吴兴，宋湖州治所，今属浙江湖州。

⑬［宋］指徐州。商纣王庶兄微子启封宋国，始都商丘，战国时迁都彭城，故称。

⑭［肩舆］轿子。

⑮［伯父殿中君］指张硕的伯父张次立，他在宋仁宗朝官至殿中丞，工篆书。

⑯［先人通判府君］张硕父张损之，与欧阳修交好，曾为州府通判。府君，对州郡长官的尊称。

⑰［家］安家。

⑱［兰皋之亭］兰皋亭。景祐三年(1036)，欧阳修游张氏园，作《题张损之学士兰皋亭》诗。兰皋取自《楚辞·离骚》“步余马兮兰皋”。

⑲［围］两手拇指和食指合拢起来的长度、两手臂合拢起来的长度都称围，张氏园不过五十余年，故当以前者为宜。

⑳［“不必”两句］不是非要做官，也不是非要不做官。

㉑［忘其身］忘记自己的躯体，即性命不保。忘其君：忘记应当承担的社会职责。语出《荀子·荣辱》：“斗者，忘其身者也，忘其亲者也，忘其君者也。”

㉒［蹈其义、赴其节］模拟赴汤蹈火一语，意谓不顾一切地保持

节义。

㉓［处］隐退。出，出仕。《易·系辞上》：“君子之道，或出或处，或默或语。”

㉔［狃］因袭、拘泥。

㉕［“于是”句］指隐退者可能遭受违亲不孝、绝俗逃世的批评。《论语·为政》：“懿子问孝，子曰：无违。”《晋书·华轶传》：“栖情玄远，确然绝俗。”

㉖［“怀禄”句］指出仕者可能有因贪图利禄苟且偷安的弊端。《汉书·杨敞传》附杨恽《报孙会宗书》：“怀禄贪势，不能自退。”

㉗［远且周］长远而周到。

㉘［艺］植。汴、泗，汴水、泗水。

㉙［舟车冠盖之冲］水陆交通及官吏往来之要道。奉，奉养父母。燕游，宴饮游乐。

㉚［跬步市朝之上］举步便可出仕为官。跬，半步。古人行走，跨一脚为跬，再跨另一脚，合起来为步。

㉛［俯仰山林之下］抬头、仰头都在山林之中，意谓张氏园可提供完美的隐居环境。

㉜［循吏］古代正史都设《循吏传》，入传者都是重农重教、清正廉洁，在任时让百姓变得富裕，离开后让百姓怀念的地方官。良能，贤良而有才能。

㉝［廉退］廉洁谦让。

㉞［泽］恩泽、德泽。

㉟［莫余厌］即莫厌余，不厌弃我。

㊱［“鸡犬”四句］语出《老子》“鸡犬之声相闻，老死不相往来”，反其意而用之，意为距离很近可以听到鸡犬之声，故一年四季可相往来。幅巾，戴上幅巾。用绢一幅束头发，故称，常与冠冕相对。杖，拄杖。屦，着屦。

【评析】

苏轼以为君子出处不必预定目标,“不必仕”,也“不必不仕”,就如人吃饭喝水,当根据当下的情形决定,如果饿,就多吃点,不太饿就少吃点,不渴,就可以不喝水,决定当下的仕和隐是士的内在标准:“义”和“节”,尽管罕有,但士应当“蹈其义赴其节”。苏轼指出,人生仕和隐的状态,有时只是出于我们性格、思想以及言语行动中的惯性,或“安于故”,或“狃于利”,这也是一种偏执。理想的状态是,士人有可仕可隐的物质条件,也有可仕可隐的无适而不可的思想自觉,在这一意义上,苏轼赞美张氏园,其地当出处两便之冲,其园兼仕隐两得之胜,其家世又兼禄养两行之风,张氏兄弟因此园的存在,人生选择变得从容,也因这一从容而更能不失士之节义。表面上苏轼批评人生选择“必”的偏执,提倡“无适而不可”,使用的是道家和佛家的术语和思辨,但其价值体系则是儒家的行义求志、节士廉让,养亲养生,为循吏良能。人生仕隐也在此获得了内在的统一性。

苏轼在八百里的黄土和扬尘的背景上,凸显修竹森然、乔木蓊然的张氏园,又以其生花妙笔描绘了既有京洛之态又有山林之气的园中之景,之后的不必仕、不必不仕的议论早藏在前面的景事中,篇末表达对张氏园生活的向往,愿岁时往来。全文“寓对属于流行,满眼冲和之气”(浦起龙《古文眉诠》卷六十八)。据说此文亦成为“乌台诗案”罪状之一,认为是教天下之人无进取之心,以乱取士之法,真是冤枉了东坡先生。

【理性思考】

1. 联系《日喻》,思考苏轼的思想方法和文章写作方法。

2. 秦观在《答傅彬老简》中希望人们不要将苏轼只看作是一位文章家,他说:“苏氏之道,最深于性命自得之际,其次则器足以任重,识足以致远,至于议论文章,乃其与世周旋至粗者也。”联系《灵璧张氏园亭记》,依秦观所提示的苏氏之道的内容和方向,谈谈你的看法。

【延伸阅读】

1. ［美］包弼德《苏轼的道：尽个性而求整体》，见包弼德著，刘宁译《斯文：唐宋思想的转型》，江苏人民出版社 2001 年版。

2. ［日］荒木见悟《宋代的儒教与佛教》，见刘俊文主编，许洋主等译《日本学者研究中国史论著选译》，中华书局 1993 年版。

苦 斋 记[①]

刘 基

苦斋者，章溢[②]先生隐居之室也。室十有[③]二楹[④]，覆之以茆[⑤]，在匡山之巅。匡山在处[⑥]之龙泉县西南二百里，剑溪之水出焉。山四面峭壁拔起，岩崿[⑦]皆苍石[⑧]，岸外而臼中[⑨]。其下惟白云，其上多北风。

风从北来者，大率[⑩]不能甘而善苦，故植物中[⑪]之，其味皆苦，而物性之苦者亦乐生焉。于是鲜支、黄蘗、苦楝、侧柏之木[⑫]，黄连、苦杕、亭历、苦参、钩夭之草[⑬]，地黄、游冬、葴、芑之菜[⑭]，槠、栎、草斗之实[⑮]，楛竹[⑯]之笋，莫不族布而罗生[⑰]焉。野蜂巢其间，采花髓作蜜，味亦苦，山中方言谓之黄杜，初食颇苦难，久则弥觉其甘，能已积热[⑱]，除烦渴[⑲]之疾。其槚茶亦苦于常茶[⑳]。其泄水皆啮石出[㉑]，其源沸沸汩汩[㉒]，汫滢[㉓]曲折，注入大谷。其中多斑文[㉔]小鱼，状如吹沙[㉕]，味苦而微辛[㉖]，食之可以清酒[㉗]。

山去人[㉘]稍远，惟先生乐游，而从者多艰其昏晨之往来，故遂择其窊[㉙]而室焉。携童儿数人，启陨箨以艺粟菽[㉚]，茹啖其草木之荑实[㉛]。间[㉜]则蹑屐登崖，倚修木而啸，或降而临清泠[㉝]。樵歌出林，则拊石而和之[㉞]。人莫知其乐也。

先生之言曰："乐与苦，相为倚伏[㉟]者也，人知乐之为乐，而不知苦之为乐，人知乐其乐，而不知苦生于乐，则乐与苦相去能几何哉！今夫膏粱之子[㊱]，燕坐于华堂之上[㊲]，口不尝荼蓼[㊳]之味，身不历农亩之劳，寝必重褥[39]，食必珍美，出入必舆隶[40]，是人之所谓乐也。一旦运穷福艾[41]，颠沛生于不测，而不知醉醇饫肥[42]之肠，不可以实疏粝[43]，籍柔覆温之躯[44]，不可以御蓬藋[45]，虽欲效野夫贱隶，局跳窜伏[46]，偷性命于榛莽而不可得，庸非昔日之乐，为今日之苦也耶？故孟子曰：'天之降大任于是人也，必先苦其心志，劳其筋骨，饿其体肤[47]。'赵子曰：'良药苦口利于病，忠言逆耳利于行[48]。'彼之苦，吾之乐；而彼之乐，吾之苦也。吾闻井以甘竭[49]，李以苦存[50]，夫差以酣酒亡[51]，而勾践以尝胆兴[52]，无亦犹是也夫？"

刘子闻而悟之[53]，名其室曰苦斋，作《苦斋记》。

【注释】

① 选自《刘伯温集》(浙江古籍出版社，2011 年版)。刘基(1311—1375)，字伯温，青田(今浙江文成县)人，明初政治家、军事家、文学家。自幼博通经史，元至顺四年进士及第，授高安县丞，颇有政绩。至正二十年(1360)，应朱元璋聘，赴金陵，参与机要，为明朝建立立下不世奇功。后遭胡惟庸构陷，加之朱元璋猜疑，郁郁而终，葬于夏山。有《诚意伯文集》。

② [章溢] 字三溢，元末明初龙泉人，元末曾隐居匡山，曾与刘基同受朱元璋聘。

③ [有] 同"又"。

④ [室十有二楹] 意为十二间房屋。楹，原指厅堂前的柱子，这里作量词"间"用。

⑤ [茆] 茅草。茆，同"茅"。

⑥ [处] 处州府，治所在今浙江丽水，辖龙泉等县。

⑦ [崿] 原指山石如大嘴张开，这里引申为险峻。

⑧ [苍石] 青石。苍，深青色。

⑨ [岸外而臼中] 外边高，中间低。岸，高峻貌。臼，内凹貌。

⑩ [大率] 大都。

⑪［中］受到，遭受。

⑫［鲜支、黄蘗、苦楝、侧柏之木］鲜支，即栀子，常绿灌木或小乔木，性寒味苦，可入药。黄蘗，落叶乔木，树皮味苦，可入药。苦楝，即楝树，落叶乔木，根皮味苦，可入药。侧柏，一名扁柏，常绿乔木，枝叶可入药。

⑬［黄连、苦杕、亭历、苦参、钩夭之草］黄连，多年生草本植物，根茎味苦，可入药。苦杕，草名，味苦。亭历，即葶苈，一年生草本植物，子实味苦，可入药。苦参，落叶亚灌木，其根性寒味苦，可入药。钩夭，苦芺，菊科宿根草，味苦。

⑭［地黄、游冬、葴、芑之菜］地黄，多年生草本植物，根状茎味苦，可入药。游冬一名苦菜，菊科植物，茎叶味苦。葴，苦葴，酸浆草，果实可入药。芑，类似苦菜的草本植物。

⑮［槠、栎、草斗之实］槠，苦槠，常绿乔木，种子仁苦涩。栎，即橡树，落叶乔木，皮果等均味苦，可入药。草斗，即橡斗，橡子，栎树的果实。草是皂的古字。

⑯［楛竹］即苦竹，又名伞柄竹，其笋味苦，不可食用。

⑰［族布而罗生］丛生密布。族，丛聚貌。罗，原意为捕鸟之网，这里引申为密集。

⑱［能已积热］能够消除积热。积热，病症名，多指小儿全身俱热。

⑲［烦渴］烦躁干渴。

⑳［其槚茶亦苦于常荼］槚荼所产之荼也比常荼味苦。槚荼，苦荼树。荼，即茶，早采者为荼，晚取者为茗。

㉑［其泄水皆啮石出］这里的水都从石缝间侵蚀而出。啮，侵蚀。

㉒［沸沸汩汩］沸沸，水腾涌的样子；汩汩，水急流的样子。

㉓［浡潏］水湍急的样子。

㉔［斑文］斑驳的花纹。

㉕［吹沙］鲨，古代小鱼名，常张口吹沙，故名。

㉖［辛］辛辣。

㉗［清酒］醒酒。

㉘［去人］离尘世。

㉙［窊］同“洼”，地势低洼处。

㉚［启陨箨以艺粟菽］清扫剥落的笋壳来种植谷类和豆类植物。启，扫除；箨，笋壳；艺，种植。

㉛［荑实］植物的嫩芽和果实。

㉜［间］空暇时。

㉝［清泠］清凉的溪水。

㉞［拊石而和之］拍石和歌。

㉟［倚伏］互相依存，互相转化。

㊱［膏粱之子］富贵人家的子弟。膏，肥肉；粱，细粮。

㊲［燕坐于华堂之上］安坐于华美屋室中。燕坐，安坐。

㊳［荼蓼］泛指田野沼泽间的杂草。荼，苦菜；蓼，一年生草本植物，味苦。

㊴［重褥］双层垫被。

㊵［舆隶］舆，车、轿；隶，仆役。

㊶［运穷福艾］运气尽，福气止。

㊷［醉醇饫肥］醉饮醇酒，饱食肥肉。

㊸［实疏粝］用粗糙的食物充饥。实，填充。

㊹［籍柔覆温之躯］铺盖惯了柔软温暖被褥的身躯。籍，同“藉”，铺垫。

㊺［御蓬藋］用蓬草铺盖。御，使用；蓬藋，蓬草和藋草。

㊻［局跳窜伏］跳跃奔窜。

㊼［天之降大任于是人也，必先苦其心志，劳其筋骨，饿其体肤］见《孟子·告子下》。

㊽［良药苦口利于病，忠言逆耳利于行］《史记·留侯世家》作“忠言逆耳利于行，毒药苦口利于病。”《孔子家语》作“良药苦口而利于病，

忠言逆耳而利于行”。然二书言此语者分别为张良、孔子，非赵子，不详刘基称述赵子所本。

㊾［井以甘竭］井水因为甘甜枯竭。典出《庄子·山木》：“直木先伐，甘井先竭。”

㊿［李以苦存］李树上留下的李子因为味苦而存留。

51［夫差以酣酒亡］夫差因为沉迷酒色而亡国。

52［勾践以尝胆兴］勾践因为卧薪尝胆而兴越(国)。

53［悟之］领悟了“苦乐倚伏”这个道理。

【评析】

“苦”是五味之一，在传统的药食同源的认识中，食物的“苦”味对应着独特的养生或治疗效果。中医经典认为五味与五行、五藏相配，故有“心火赤色宜苦”之说(《黄帝内经》)，心于五行属火，而“苦”之相宜正在其能降泄燥湿、抑阳存阴。刘基《苦斋记》写到山颠隐居地的植物受北风吹拂，“大率不能甘而善苦”，故“物性之苦者”如黄蘗、黄连、苦杕、地黄等药材“莫不族布而罗生焉”；山中的蜂蜜亦含苦味，其疗效在于能消“积热，除烦渴之疾”；连石涧中的斑文小鱼，因“味苦而微辛”，食之可以“清酒”。可见刘基对生活中的中医养生原理颇谙熟。不仅如此，刘基还通过苦斋主人之口，发挥了人生应当拥有怎样的苦乐观，从而把“苦”之宜人提升到养性的层面。这实际上是有着对世俗享乐的反省，那些膏粱之子放纵“醉醇饫肥之肠”，未必是幸事。在这个意义上，隐然是对《七发》“甘脆肥脓，命曰腐肠之药”的警世之言的呼应！为了引证更重要的思想资源，文中还用到了孟子“天之降大任于是人也，必先苦其心志，劳其筋骨，饿其体肤”云云，完成了对“苦斋”的释义和颂美。

【理性思考】

1. 《苦斋记》是如何阐发“苦乐相倚，互为转化”的哲理的？

2. 刘基曾遭宦海沉浮，晚年尤甚，这种苦乐相倚的思想他贯彻了吗？为什么？

【延伸阅读】

1. 元稹《元稹集校注·苦乐相倚曲》，上海古籍出版社 2011 年版。
2. 过庭训《章溢传》，《本朝分省人物考》卷五十六。

答人问神仙[①]

王守仁

询及神仙有无，兼请其事[②]，三至而不答，非不欲答也，无可答耳。昨令弟来，必欲得之。仆诚[③]生八岁而即好其说，今已余三十年矣，齿渐摇动，发已有一二茎变化成白，目光仅盈尺，声闻函丈之外[④]，又常经月卧病不出，药量骤进，此殆其效[⑤]也。而相知者犹妄谓之能得其道，足下又妄听之而以见询。不得已，姑为足下妄言之[⑥]。

古有至人，淳德凝道，和于阴阳，调于四时，去世离俗，积精全神；游行天地之间，视听八远之外[⑦]，若广成子之千五百岁而不衰[⑧]，李伯阳历商周之代，西度函谷[⑨]，亦尝有之。若是而谓之曰无，疑于欺子矣[⑩]。然其呼吸动静，与道为体，精骨完久，禀于受气之始，此殆天之所成，非人力可强也[⑪]。若后世拔宅飞升[⑫]，点化投夺[⑬]之类，谲怪奇骇[⑭]，是乃秘术曲技[⑮]，尹文子所谓"幻"[⑯]，释氏谓之"外道"[⑰]者也。若是[⑱]而谓之曰有，亦疑于欺子矣。夫有无之间，非言语可况[⑲]。存久而明，养深而自得之[⑳]；未至而强喻，信亦未必能及也[㉑]。盖吾儒[㉒]亦自有神仙之道，颜子三十二而卒，至今未亡也[㉓]。足下能信之乎？后世上阳子[㉔]之流，盖方外技术之士，未可以为道。若达磨[㉕]、慧能[㉖]之徒，则庶几近之矣。然而未易言也[㉗]。足下欲闻其说，须退处山林三十年，全耳目，一心志，胸中洒洒不挂一尘，而后可以言此，今去仙道尚远也。妄言不罪。

【注释】

① 此文选自王守仁撰，吴光、钱明、董平、姚延福编校《王阳明全

集》(上海古籍出版社 1992 年版)。王守仁(1472—1529),幼名云,字伯安,因筑室于会稽山阳明洞,自号阳明子,学者称阳明先生,绍兴余姚(今属浙江)人。弘治十二年(1499)进士,历任刑部主事、贵州龙场驿丞、庐陵知县、右佥都御史、南赣巡抚、两广总督等职,晚年官至南京兵部尚书、督察院左都御史。因平定朱宸濠之乱有功,封新建伯,隆庆年间,追封新建侯,谥文成,后人称王文成公。王阳明少好兵法,纵游塞外,学道,后遍读朱熹著作,实践"格物致知"之说并渐渐质疑朱子学说理路,后提出"致良知"之说,成为心学集大成者,在当时和之后都影响极大。是书作于正德三年(1508),贬贵阳龙场驿时,年三十七。

②[请其事] 请问学神仙的方法。

③[诚] 确实。

④["声闻"句] 声音只能传到一丈之外,形容自己身体虚弱、声音小。《礼记·曲礼上》:"若非饮食之客则布席,席间函丈。"函丈,(两席之间)容一丈之地。

⑤[此殆其效] 这大概就是学神仙的效果。

⑥["而相知"四句] 而相知者竟然虚妄地说我懂得神仙之道,您又听信虚妄之言而向我请教,不得已,姑且为您随便说说吧。语出《庄子·齐物论》:"予尝为女(汝)妄言之,女(汝)以妄听之。"妄,不实。

⑦["古有"八句] 至人,以其淳朴之德全彼妙用之道,言动呼吸参同阴阳,与四时合节,身心都能远离俗世的浸染,所以能积精而全神,精神能游行天地之间,视力和听力都能达到八荒之外。语出《黄帝内经素问·上古天真论篇》:"中古之时,有至人者,淳德全道,和于阴阳,调于四时,去世离俗,积精全神,游行天地之间,视听八远之外。"《素问》分真人、至人、圣人、贤人四种,其中真人寿同天地,没有尽时;至人亦归于真人一类,但略逊于真人;圣人,可以百岁;贤人可以益寿。

⑧["若广成子"句]《庄子·在宥》写广成子对黄帝说:"我修身千二百岁矣,吾形未常衰。"晋葛洪以广成子为《神仙传》之首。

⑨[李伯阳] 即老子,入刘向《列仙传》。《列仙传》:"老子姓李,名

耳，字伯阳。……生于殷时，为周柱下史。”《史记·老子列传》载老子："居周久之，见周之衰，乃遂去，至关，关令尹喜曰：子将隐矣，强为我著书。于是老子乃著书上下二篇，言道德之意五千余言而去。”关，指函谷关。又说：“老子百有六十余岁，或言二百余岁……自孔子死之后百二十九年，而史记周太史儋见秦献公……或曰儋即老子，或曰非也，世莫知其然否。老子，隐君子也。”

⑩［是］指上述传说和记载。嵇康《养生论》也说：“神仙虽不目见，然记籍所载，前史所传，较而论之，其有必矣。”

⑪［“然其”六句］是说“至人”呼吸之间，动静之时，都与道融为一体，精神、骨骼都完美、永久，这些特征是孕育之时就秉受到的，这些大概是天所成就的，不是人力所能勉强的。嵇康《养生论》曰：“（神仙）似特受异气，禀之自然，非积学所能致也。”

⑫［拔宅飞升］指许逊及全家四十二口因服丹药连房子一起飞升，全家成仙。事见《太平广记》卷十四《许真君》。

⑬［点化］道教术语。道教传说中，神仙使用法术点化人或物成仙。投夺，即投胎夺舍，投胎，是人或动物死后，灵魂找到一个新的载体，组成新的生命。夺舍，是灵魂入住他人或他物身体。

⑭［谲怪奇骇］离奇古怪，骇人听闻。

⑮［曲］邪僻、不正派的。

⑯［“尹文子”句］典出《列子·周穆王》，说考成子学幻于尹文子三年，尹文子也没有传授给他，考成子很失望，想离开。尹文子跟他解释说，老子告诉他，有生之气，有形之物都是幻。只有知道幻化的道理和生死的道理是一致的，才可以学幻。你我都是有生之气，有形之状，我和你都是幻，我们又何须学幻呢？考成子回去后沉思三个月，于是能存亡自在。尹文子，战国时齐人，名家学派代表人物之一，现存《尹文子》二卷。

⑰［“释氏”句］佛陀所说的教法为内道，不是源于佛性皆是外道。佛陀在各经论中都说，佛法是自己的真心自性，佛法在自己心中，不向

外求，故心外求法，谓之“外道”。

⑱［是］指上述服丹药以及他人点化而成仙的传说。

⑲［非言语可况］不是言语就能说清楚的。

⑳［“存久”两句］在心性中存养久且深，就能自得明了。

㉑［“未至”两句］你没有存养到位，而外人勉强要跟你说明白，实在也未必能够做到（让你明白）。

㉒［吾儒］我们儒家，王阳明以儒自认，也认为问神仙者是儒学中人。

㉓［“颜子”两句］颜子，即颜渊，名回，字子渊，好学而早卒。孔子称其贤。《史记索隐》引《家语》云颜回：“三十二而死。”徐幹《中论·治学》云：“昔之君子成德立行，身没而名不朽。”颜回至今未亡，当从“身没而名不朽”这一意义上理解。

㉔［上阳子］名陈致虚，字观吾，自号上阳子。年四十始学道，讲神仙炼养之术，其说以金丹之道当以阴符道德为祖，金碧参同次之。著有《金丹大要》《参同契分章注》等。方外技术：指道教神仙炼养技术。

㉕［达磨］菩提达摩（或达摩菩提）的简称，西天禅宗第二十八祖，东土禅宗初祖。《太平御览》卷六五八引《宝林传》载，菩提达磨，南天竺人也，梁普通（520—526）中泛海至广州，后过江，至嵩山少林寺。

㉖［慧能（638—713）］唐僧人，东土禅宗六组，南宗始祖。《坛经》载其最后说法：“自性若悟，众生是佛；自性若迷，佛是众生。”

㉗［“则庶几”两句］是说达磨、慧能或许是近于得道之人，然而也不容易说清他们何以能得道。

【评析】

中国古代文化、文学中，屡见仙人、成仙、学仙之事，从思想和文学的角度看，它显示了人类欲突破生命有限性的渴望和追求，同时也是批判现实的策略性武器；从宗教的角度看，神仙是道教中的重要内容；从身体营卫的角度看，古代的神仙、学神仙，可以看作是养生的高目标，当今，受无神论洗礼，养生目标降至延年益寿的范围，但从延长生命这一点看，古今有其一致性。

有关神仙之有无，受现代科学观念和无神论思想的影响，这已经是一个无需讨论的话题，但古代不乏这类讨论，嵇康、王阳明都从有文献记载的角度肯定神仙存在。如果撇开神仙有无的事实问题，仅从论辩术和修辞层面看，嵇康在《答难养生论》中也有精彩的呈现。有人从经验主义的角度指出，我们从未亲见过千岁之人，所以没有神仙，嵇康提问道：如果你看到了千岁之人，你怎么分辨他/她？看外形，千岁之人跟人一样，如果你想验证他的年岁，可你根本没他活得长，所以嵇康下结论说：即使千岁之人就在大街上，你也辨别不出来。所以有关神仙的经验根本是不可能有的。在此基础上，嵇康讨论了人类因为思想的禁锢和不开放影响了人类想象力的发展和接受能力，所谓“思不出位，使奇事绝于所见，妙理断于常论”，他将神仙有无的问题转化为对人类思想的局限性问题的思考。

王阳明《答人问神仙》可以看到嵇康思想和文章的深刻影响，但两个时代的氛围以及两位思想者感兴趣的话题非常不同。虽然我们常常将嵇康对养生和神仙的向往解读成对现实的策略性批判和过激式的反应，而忽略其由衷性，但很多时候，嵇康对神仙世界的向往似乎也是真诚的，而王阳明一开始就用自己身体为例证明自己学神仙的失败，他说自己学神仙学了三十年，却在三十七岁时，就牙齿松动，头发渐白，目力极弱，声息细微，时常卧病不起，每日大把大把吃药。如果学神仙失败，我们究竟要学什么和如何学呢？从用典的情况看，王阳明并未将神仙局限在神仙传或神仙道教的范围内，他还提到儒家的神仙、中国禅宗的初祖和南宗奠基人，可见王阳明的道更具贯通性，也更具广泛的实践可能。王阳明将学道分为他人、外物的外在刺激和内在涵养、自得的工夫，这个内在涵养、自得的工夫贵在精专、持久，此时，王阳明还没有提到人内在的那一点灵明，即他后来表述的“良知”。这篇文章集中批判依赖他人指点或外在刺激的学道方法的徒劳，强调自性的重要，是王阳明哲学感悟过程中的一个节点。

【理性思考】

1. 儒家将生命区分为自然生命和文化生命两种不同形态，尊重自然生命，如《尚书·洪范》“五福”中有“寿”，并将文化生命视为对自然生命的提升。那么，王阳明与这一思想传统的关系如何？

2. 明人陈建批评王阳明：颜子至今未亡，此语尤可骇，岂即佛氏所谓“形有死生，真性常在者”邪？你怎么理解文中“颜子不死”之说？

【延伸阅读】

1. 王阳明《答毛宪副》，《王阳明全集》，上海古籍出版社 1992 年版。

2. 岛田虔次《明代思想的一个基调》，见《日本学者研究中国史论著选译》第七卷，中华书局 1993 年版。

亭林先生神道表[①]

全祖望

顾氏世为江东四姓之一[②]，五代时由吴郡徙徐州，南宋时迁海门，已而复归于吴，遂为昆山县之花浦村人。其达者，始自明正德间，曰工科给事中、广东按察使司佥事溱[③]及刑科给事中济[④]。刑科生兵部侍郎章志[⑤]。侍郎生左赞善绍芳[⑥]及国子生绍芾[⑦]。赞善生官荫生同应[⑧]。同应之仲子曰绛[⑨]，即先生也。绍芾生同吉，早卒，聘王氏，未婚守节，以先生为之后[⑩]。

先生字曰宁人，乙酉改名炎武[⑪]，亦或自署曰蒋山[⑫]佣，学者称为亭林先生。少落落[⑬]有大志，不与人苟同[⑭]，耿介绝俗。其双瞳子中白而边黑[⑮]，见者异之。最与里中归庄[⑯]相善，共游复社[⑰]，相传有“归奇顾怪”之目[⑱]。

于书无所不窥，尤留心经世之学。其时四国多虞[⑲]，太息[⑳]天下乏材以至败坏，自崇祯己卯[21]后，历览二十一史[22]、十三朝实录[23]、天下图经[24]、前辈文编说部[25]，以至公移邸抄[26]之类，有关于民生之利害者随录之，旁推互证，务质[27]之今日所可行，而不为泥[28]古之空言，曰《天下郡国利病书》[29]；然犹未敢自信，其后周流西北且二十年，遍行边塞亭障，无不了了而始成。其别有一编曰《肇域志》[30]，则考索利病之余，合图经而成者。予观宋乾、淳[31]诸老，以经世自命者，莫如薛艮斋[32]，而王道夫[33]、倪石林[34]继之，叶水心[35]尤精悍，然当南北分裂，闻而得之者多于见，若陈同甫[36]则皆欺人无实之大言。故永嘉、永康之学[37]，皆未甚粹[38]，未有若先生之探原竟委[39]，言言可以见之施行，又一禀于王道而不少参以功利之说者也[40]。最精韵学，能据遗经以正六朝、唐人之失，据唐人以正宋人之失，欲追复三代以来之音，分部正帙，而究其所以不同，以知古今音学之变，其自吴才老而下廓如[41]也，则有曰《音学五书》[42]。性喜金石之文，到处即搜访，谓其在汉唐以前者足与古经相参考，唐以后者亦足与诸史相证明，盖自欧、赵、洪、王[43]后，未有若先生之精者，则有曰《金石文字记》[44]。晚益笃志六经，谓古今安得别有所谓理学者，经学即理学也。[45]自有舍经学以言理学者，而邪说以起，不知舍经学，则其所谓理学者禅学也。[46]故其本朱子[47]之说，参之以慈溪黄东发《日抄》[48]，所以归咎于上蔡、横浦、象山者甚峻，[49]于同时诸公，虽以苦节推百泉、二曲[50]，以经世之学推梨洲[51]，而论学则皆不合。其书曰《下学指南》[52]。或疑其言太过，是固非吾辈所敢遽定[53]，然其谓经学即理学，则名言也。而《日知录》三十卷，尤为先生终身精诣之书，凡经史之粹言具在焉。[54]盖先生书尚多，予不悉详，但详其平生学业之所最重者。

初太安人[55]王氏之守节也，养先生于襁保中。太安人最孝，尝断指以疗君姑之疾[56]。崇祯九年，直指王一鹗请旌于朝，报可。[57]乙酉之夏，太安人六十，避兵常熟之郊，谓先生曰："我虽妇人哉，然受国恩矣，果有大故，我则死之。"于是先生方应昆山令杨永言之辟，与嘉定诸生吴其沆及归庄共起兵，奉故郧抚王永祚以从夏文忠公于吴[58]。江东授公兵部司务[59]，事既不克，永言行遁去，其沆死之，先生与庄幸得脱，而太安人遂不食卒，遗言后人莫事二姓。次年，闽中使至，以职方郎召[60]，欲与族父延安推官咸正[61]赴之，念太安人尚未葬，不果。次年，几豫吴胜兆之祸[62]，更欲赴海上[63]，道梗不前。

先生虽世籍江南，顾其姿禀颇不类吴会人，以是不为乡里所喜，而先生亦甚厌裙屐浮华之习[64]。尝言："古之疑众者，行伪而坚，今之疑众者，行伪而脆，了不足恃。"[65]既抱故国之戚，焦原毒浪，日无宁晷[66]。庚寅[67]，有怨家欲陷之，乃变衣冠作商贾，游京口[68]，又游禾中[69]。次年，之旧都[70]拜谒孝陵[71]，癸巳[72]再谒，是冬又谒而图[73]焉。次年，遂侨居神烈山[74]下，遍游沿江一带，以观旧都畿辅之胜。顾氏有三世仆曰陆恩，见先生日出游，家中落，叛投里豪。丁酉，先生四谒孝陵归，持之急，乃欲告先生通海，先生亟往禽之，数其罪，湛之水。[75]仆婿复投里豪，以千金贿太守，求杀先生，不系讼曹，而即系之奴之家，危甚。狱日急，有为先生求救于□□者，□□欲先生自称门下而后许之，其人知先生必不可，而惧失□□之援，乃私自书一刺以与之，先生闻之，急索刺还，不得，列揭于通衢以自白。□□亦笑曰："宁人之卞也！"曲周路舍人泽溥者，故相文贞公振飞子也。侨居洞庭之东山，识兵备使者，乃为诉之，始得移讯松江而事解。[76]于是先生浩然有去志，五谒孝陵，始东行，垦田于章丘[77]之长白山[78]下以自给。戊戌[79]，遍游北都[80]诸畿甸，直抵山海关外，以观大东[81]。归至昌平[82]，拜谒长陵以下[83]，图而记之。次年再谒，既而念江南山水有未尽者，复归。六谒孝陵。东游直至会稽[84]。次年，复北谒思陵[85]。由太原大同以入关中，直至榆林。是年，浙中史祸作，先生之故人吴潘二子死之，[86]先生又幸而脱。甲辰[87]，四谒思陵。事毕，垦田于雁门[88]之北，五台[89]之东。初先生之居东也，以其地湿，不欲久留，每言马伏波田畴[90]，皆从塞上立业，欲居代北。尝曰："使吾泽中有牛羊千，则江南不足怀也。"然又苦其地寒，乃但经营创始，使门人辈司之，而身出游。丁未，之淮上。次年，自山东入京师。莱之黄氏，有奴告其主所作诗者，多株连，自以为得，乃以吴人陈济生所辑《忠义录》，指为先生所作，首之，书中有名者三百余人。先生在京闻之，驰赴山东自请勘，讼系半年，富平李因笃自京师为告急于有力者，亲至历下解之，狱始白。[91]复入京师，五谒思陵，自是还往河北诸边塞者几十年。丁巳[92]，六谒思陵，始卜居陕之华阴[93]。

初先生遍观四方，其心耿耿未下，谓“秦人慕经学，重处士，持清议，实他邦所少；而华阴绾毂关河[94]之口，虽足不出户，而能见天下之人，闻天下之事，一旦有警，入山[95]守险，不过十里之遥，若志在四方[96]，则一出关门，亦有建瓴[97]之便。”乃定居焉。王征君山史[98]筑斋延之。先生置五十亩田于华下供晨夕，而东西开垦所入，别贮之以备有事。又饵沙苑蒺藜而甘之曰：“啖此久，不肉不茗可也。”

凡先生之游，以二马二骡，载书自随。所至厄塞，即呼老兵退卒，询其曲折，或与平日所闻不合，则即坊肆中发书而对勘之。或径行平原大野，无足留意，则于鞍上嘿诵诸经注疏，偶有遗忘，则即坊肆中发书而熟复之。

方大学士孝感熊公[99]之自任史事也，以书招先生为助，答曰：“愿以一死谢公，最下则逃之世外。”孝感惧而止。戊午大科[100]，诏下，诸公争欲致之，先生豫令诸门人之在京者辞曰：“刀绳具在，无速我死。”次年大修明史，诸公又欲特荐之，贻书叶学士讱庵[101]，请以身殉得免。或曰：“先生盍亦听人一荐，荐而不出，其名愈高矣。”先生笑曰：“此所谓钓名者也。今夫妇人之失所天也，从一而终，之死靡慝[102]，其心岂欲见知于人？若曰盍亦令人强委禽[103]焉，而力拒之以明节，则吾未之闻矣。”华下诸生请讲学，谢之曰：“近日二曲亦徒以讲学故得名，遂招逼迫，几致凶死，虽曰威武不屈，然而名之为累[104]，则已甚矣！又况东林[105]覆辙，有进于此者乎?”有求文者，告之曰：“文不关于经术政理之大，不足为也。韩文公起八代衰[106]，若但作《原道》《谏佛骨表》《平淮西碑》《张中丞传后》诸篇，而一切谀墓之文[107]不作，岂不诚山斗[108]乎！今犹未也。”其论为学，则曰：“诸君关学[109]之余也。横渠、蓝田[110]之教，以礼为先，孔子尝言‘博我以文，约之以礼’，而刘康公[111]亦云‘民受天地之中以生，所谓命也，是以有动作礼义威仪之则以定命’，然则君子为学，舍礼何由？近来讲学之师，专以聚徒立帜为心，而其教不肃，方将赋《茅鸱》[112]之不暇，何问其余！”

寻以乙未春出关，观伊洛，历嵩少，[113]曰：“五岳游其四矣。”会年饥，不欲久留，渡河至代北，复还华下。

先生既负用世之略，不得一遂，而所至每小试之，垦田度地，累致千金，故随寓即饶足。徐尚书乾学兄弟[114]，甥也，当其未遇，先生振其乏，至是鼎贵，为东南人士宗，四方从之者如云，累书迎先生南归，愿以别业居之，且为买田以养，皆不至。或叩之，答曰：“昔岁孤生，飘摇风雨，今兹亲串[115]，崛起云霄，思归尼父[116]之辕，恐近伯鸾之灶[117]；且天仍梦梦[118]，世尚滔滔，犹吾大夫[119]，未见君子[120]，徘徊渭川，以毕余年足矣。”

庚申[121]，其安人[122]卒于昆山，寄诗挽之而已。次年，卒于华阴，无子，徐尚书为立从孙洪慎以承其祀。年六十九。门人奉丧归葬昆山之千墩。高弟吴江潘耒[123]，收其遗书，序而行之，又别辑《亭林诗文集》十卷，而《日知录》最盛传。历年渐远，读先生之书者虽多，而能言其大节者已罕，且有不知而妄为立传者，以先生为长洲人，可哂也。

徐尚书之冢孙涵持节粤中，数千里贻书，以表见属，予沉吟久之。及读王高士不庵[124]之言曰：“宁人身负沉痛，思大揭其亲之志于天下，奔走流离，老而无子，其幽隐莫发，数十年靡诉之衷，曾不得快然一吐，而使后起少年，推以多闻博学，其辱已甚，安得不掉首故乡，甘于客死！噫，可痛也！”[125]斯言也，其足以表先生之墓矣。夫其铭曰：

先生兀兀[126]，佐王之学[127]。云雷经纶，以屯被缚。[128]渺然高风，寥天一鹤。[129]重泉拜母，庶无愧怍。

【注释】

① 选自全祖望著，朱铸禹汇校集注《全祖望集汇校集注》卷十二（上海古籍出版社2000年版）。全祖望（1705—1755），字绍衣，号榭山，浙江鄞县人。乾隆元年（1736）进士，选翰林庶吉士，不久辞官。主讲绍兴蕺山书院、广东端溪书院等。清代浙东学派代表人物，杰出史学家，

素以气节自励，著作等身。亭林先生，顾炎武(1613—1682)，因其居旁有亭林湖，世称亭林先生。

②［"顾氏"一句］典出《世说新语·赏誉》："吴四姓旧目云：张文，朱武，陆忠，顾厚。"江东，指长江下游江南一带。

③［溱］顾溱，字粱卿，号小泾，正德十六年(1521)进士。

④［济］顾济，字舟卿，正德十二年(1517)进士。顾炎武高祖父。

⑤［章志］顾济子，字行之，嘉靖三十二年(1553)进士。顾炎武曾祖父。

⑥［绍芳］章志次子，字实甫，号观海，万历五年(1577)进士，选翰林庶吉士，早卒。

⑦［绍芾］章志子，字德甫，太学生。其七言歌行近李白。顾炎武祖父。

⑧［同应］绍芳子，字仲从，诸生，因父荫补国子生。好学工诗，早卒。顾炎武父亲。

⑨［绛］顾炎武初名，同应次子。顾炎武兄名缃，字遐篆，崇祯六年(1633)举人，年未四十卒。

⑩［同吉］绍芾子，早卒。王氏(1586—1645)，昆山人，同吉未婚妻。同吉死，赴吊，不去，留顾家守节，后过继顾炎武为嗣，崇祯九年(1636)受朝廷旌表。明亡，绝食而死。

⑪［"乙酉"句］乙酉年(1645)，清兵占领南京，南明小朝廷覆亡，改名炎武。南宋末，王应梅跟随老师文天祥起兵勤王，后文天祥被俘，王应梅作生祭文激励老师死节，宋亡后，应梅改名炎午，终身不仕。顾炎武仰慕王应梅，故改名炎武。

⑫［蒋山］即钟山，顾炎武曾侨居山下。

⑬［落落］孤高不凡。

⑭［苟同］苟同迎合。

⑮［"其双瞳"句］他眼睛里有两个瞳孔，瞳孔白色，虹膜黑色。据张穆《顾亭林先生年谱》，顾炎武三岁生过一场天花，左眼失明。瞳孔白

色、虹膜白色或许是眼中生翳。顾炎武外孙陆舒城常言:“人眼俱白外黑中,惟我舅祖两眼俱白中黑外。”似乎说顾炎武眼珠白色,巩膜黑色。两者所记有不同。

⑯ [归庄(1613—1673)] 一名祚明,字玄恭,又名玄恭,字恒轩,一生名、字、号屡更,自言名从其旧,字从其新,号从其怪,昆山人,归有光曾孙。明诸生,复社成员。入清后,反薙发令,事败僧装亡命,后隐居乡野,佯狂玩世,贫困而终。

⑰ [复社] 明末清初最有影响力的士人团体。崇祯二年(1632)由云间几社、浙西闻社、江北南社、江西则社、江南应社等十几个社团联合组成,顺治九年(1652)被取缔。

⑱ [目] 品评。

⑲ [四国] 四方。虞,灾难,忧患。

⑳ [太息] 叹息。太,通“叹”。

㉑ [崇祯己卯] 崇祯十二年(1639),顾炎武二十七岁,是年乡试失利,退而读书。

㉒ [二十一史] 明在宋《十七史》之外加宋、辽、金、元四史而成,分别是:《史记》《汉书》《后汉书》《三国志》《晋书》《宋书》《南齐书》《梁书》《陈书》《魏书》《北齐书》《周书》《南史》《北史》《隋书》《新唐书》《新五代史》《宋史》《辽史》《金史》《元史》。

㉓ [十三朝实录] 指明代所修的《明太祖实录》《明太宗实录》《明仁宗实录》《明宣宗实录》《明英宗实录》《明宪宗实录》《明孝宗实录》《明武宗实录》《明世宗实录》《明穆宗实录》《明神宗实录》《明光宗实录》《明熹宗实录》。实录,编年体史书的一种,继嗣之君令史官根据前朝皇帝的起居注、时政记和日历等编写,专记前朝皇帝统治时的大事。

㉔ [图经] 文字外附有图画的书籍,这里指地图和地理志类的书籍。

㉕ [前辈文编说部] 前人的集部和子部类书。

㉖ [公移] 官署间传递的公文。邸抄,又称邸报,是古代抄发皇帝

谕旨、臣僚奏议、官员任免等有关政治情报类的出版物，类似于当今的报纸。

㉗［务］一定，务必。质，验证、勘验。

㉘［泥］拘泥、拘执。

㉙［《天下郡国利病书》］一百二十卷，辑录全国各地形势、险要、卫所、城堡、关寨、岛礁、烽堠、民兵、巡司、马政、草场、兵力配备、粮草供应、屯田以及社会动乱等方面资料。梁启超《中国近三百年学术史》称此书为“政治地理学”著作。

㉚［《肇域志》］辑录史料、未经厘定体例的明代全国地理总志。顾炎武为此书，曾读万卷书、行几万里路。

㉛［乾、淳］乾道（1165—1173）、淳熙（1175—1188），南宋孝宗赵昚的两个年号。

㉜［薛艮斋］薛季宣（1134—1173），字士龙，号艮斋，永嘉（今浙江温州）人。反对空谈义理，重视研究田赋、兵制、地形、水利等世务，创南宋永嘉事功学派。

㉝［王道夫］王自中（1140—1199），字道甫，一作道夫，号厚轩，泰顺（今属浙江）人。其学术注重事功。研究兵法，著《孙子新略》；研究王政制度，著《王政纪原》等。

㉞［倪石林］倪朴（1105—1195），字文卿，号石陵，浦江（今属浙江）人。喜谈兵说剑，以为谈兵，必当明山川险夷、户口虚实、经济物产等，故作《舆地会元志》四十卷。

㉟［叶水心］叶适（1150—1223），字正则，号水心居士，温州人。主张功利之学，为永嘉事功学派集大成者。

㊱［陈同甫］陈亮（1143—1194），字同甫，号龙川，婺州永康（今属浙江）人。政论气势豪迈，词作豪放，略嫌粗豪。

㊲［永嘉、永康之学］永嘉学派、永康学派。永嘉学派，主张经世致用、义利并举，因代表人物皆永嘉一带人而得名。永康学派，主张义利双行、王霸并举，因陈亮为永康人而得名。

㊳［粹］精致、精粹。

㊴［探原竟委］深入地探求事物的始末。

㊵［不少参］不参，不掺杂。此段与南宋经世学派诸位代表人物作比较，赞美顾炎武学术既能经世致用，又思想纯粹，不杂功利。

㊶［吴才老］吴棫（1100—1154），字才老，舒州（今属安徽）人，一说武夷山（今属福建）人。著有《韵补》五卷，分古韵为九部，提出古韵通转之说，为古韵研究先驱。廓如，澄清的样子。

㊷［《音学五书》］第一书《音论》三卷，为五书之纲领；第二书《诗本音》十卷，以《诗经》所用之音互相参证，并证以它书，以明《诗经》本音；第三书《易音》三卷，因《易》以求古音；第四书《唐韵正》二十卷，以古音正唐韵之伪；第五书《古音表》二卷，将古音分为十部，制成《古音表》。

㊸［欧］指欧阳修，见《六一居士自传》。有《集古录》十卷。赵，指赵明诚（1081—1129），字德甫（一作德父），李清照之夫，山东诸城人。有《金石录》三十卷。洪，指洪适（1117—1184），字景伯，饶州乐平（今属江西）人。有金石著作《隶释》二十七卷、《隶续》二十一卷。王，指王俅，字子弁，一作王球，字夔玉，山东任城人。有金石著作《啸堂集古录》二卷。

㊹［《金石文字记》］集汉以来碑刻三百余种，以时代编次，大都撰有跋尾，以考证今古，辨正讹误。四库馆臣认为此书比欧阳修、赵明诚书“精核”。

㊺［“晚益”三句］笃志，专心致意。经学，研究儒学经典的学问，这里指儒家通经致用的学问。理学，宋明儒家多附会经意而说天人性命之理，故称理学，这里主要指专用心于内的理学的心学走向。

㊻［“不知”两句］是说舍经学的理学，就是舍弃了齐家、治国、平天下的外在追求而专用心于内，就成了讲人心自悟的禅学。

㊼［朱子］朱熹（1130—1200），字元晦，一字仲晦，号晦庵，婺源（今属江西）人。宋代著名理学家。

㊽［黄东发］黄震（1213—1280），字东发，慈溪（今属浙江）人。学

宗朱熹。《日抄》，指《黄氏日抄》，九十七卷。排佛老，排功利。

㊾ ["所以"句] 将理学的禅学化发展归罪于宋代的谢良佐、张九成和陆九渊，批评得很严厉。上蔡，谢良佐(1050—1103)，字显道，蔡州上蔡(今属河南)人，人称上蔡先生。从程颢、程颐学，创立上蔡学派，为心学创始人。横浦，张九成(1092—1159)，字子韶，号横浦居士，钱塘(今浙江杭州)人。从杨时学，研思经术，杂以佛学。象山，陆九渊(1139—1193)，字子静，自号存斋、象山翁，学者称象山先生，金溪(今属江西)人。主张心即理，形成心学。

㊿ [苦节] 艰苦卓绝。百泉，孙奇逢(1584—1675)，字启泰，号钟元，容城(今属河北)人，明亡，隐居夏峰(今属河南辉县)，因地近名泉百泉，称百泉先生。其学本陆九渊、王阳明，以慎独为宗，以体天理为要。二曲，李颙(1627—1705)，字中孚，号二曲，陕西周至人。为学兼采朱熹、陆九渊。

(51) [梨洲] 黄宗羲(1610—1695)，字太冲，世称梨洲先生，浙江余姚人。明时，复社活跃成员，反宦官，反权贵。明亡，在东南招募义兵，反清十余年，后著述以终。

(52) [《下学指南》] 一卷，顾炎武作此书意在揭示心学即禅学，倡导由朱子之言而达经学之旨。其《下学指南序》云："夫学程子而涉于禅者，上蔡也；横浦则以禅而入于儒，象山则自立一说，以排千五百年之学者，而其所谓'收拾精神，扫去阶级'，亦无非禅之宗旨矣。……有能由朱子之言以达夫圣人下学之旨，则此一编者，其硕果之犹存也。"

(53) [遽定] 仓促下结论。

(54) ["而《日知录》"三句] 《日知录》，顾炎武自刻八卷后仍不断扩充修改，后门人潘耒整理付刻为三十二卷本，即今通行本。举凡经义、史学、官方、吏志、财赋、典礼、舆地、艺文有关明道救世者都有论述，顾炎武自言："平生志与业皆在其中。"(《与友人论门人书》)

(55) [太安人] 明清时，六品官母或祖母封太安人。这里指顾炎武嫡母王夫人。

㊵［“太安人”两句］古代孝子、孝女在亲人疾病无能为力时，借助于伤害自己的身体以表现至孝以求感动上天，出现奇迹。古代孝子、孝女传中常出现这一情节，中国古代也一直有视这类做法为愚孝和逾理的批评。君姑，丈夫的母亲。

㊷［直指］指朝廷巡视各地的官员。旌，旌表，表彰。报可，批复照准。

㊸［杨永言］初名澜，字岑立，昆明人。崇祯癸未进士(1643)，除昆山令。清兵至昆山，守城拒清，事败为僧。辟，征召。嘉定，今属上海。吴其沆(1620—1645)，字同初，嘉定县生员。守昆山城，不屈死。郧，指郧阳(今属湖北)。王永祚，字澄川，昆山人。郧阳巡抚任上，遇李自成兵入襄阳，王永祚兵败遁走，归昆山。明亡，其被吴其沆、顾炎武等推举为抗清义军领袖，兵败，隐去。夏文忠公，夏允彝(1596—1645)，字彝仲，号瑗公，华亭人，崇祯十年(1637)进士。清兵攻江南，起兵抗清，兵败投水死。

㊹［江东］指南明弘光帝南京政权。兵部司务，明代兵部司务厅有司务四员，从九品，主兵部出纳文书等。

㊻［闽中］指南明唐王朱聿键在福州建立的政权。职方郎，兵部属官，掌天下地图、镇戍、堡塞、烽堠等。

㊼［咸正］顾咸正，字端木，号般庵，昆山人，大学士顾鼎臣曾孙。崇祯十三年(1640)以会试副榜出为延安推官。顺治四年(1647)，为洪承畴所杀。

㊽［吴胜兆］明将，后降清，为吴淞提督，顺治四年，密谋反清，事泄被捕，死于狱中。

㊾［海上］此时海上有郑成功等在东南沿海抗清。

㊿［裙屐］指穿裙子着木屐的不通实务的少年。典出《魏书·邢峦传》:“萧深藻是裙屐少年，不洽治务。”

65［“尝言”句］语出《礼记·王政》:“行伪而坚，言伪而辩，学非而博，顺非而泽以疑众，杀。”疑众者，指影响众人、扰乱社会风气的人。行伪而坚，行为诈伪而坚持不变。脆，相对于坚，指脆弱，变化多端。

⑯［“既抱”三句］是说先生为故国之悲、忠义之气所激荡，日无宁时。焦原，高地名，用来比喻高义。典出《尸子》卷下：“莒国有名焦原者，广数里，长五十步，临万仞之溪，莒国莫敢近也。有以勇见莒子者，独卻行齐踵焉。……夫义之为焦原也，亦高矣，是故贤者之于义也，必且齐踵焉。”毒浪，海水，这里指宋元崖山之战后，十余万南宋军民殉国所投之海水。元吴莱《新得南海志观宋季崖山事迹》：“毒浪悲潺内，烟氛苍莽间。”

⑰［庚寅］顺治七年，公元1650年。

⑱［京口］今江苏镇江。

⑲［禾中］浙江嘉兴。

⑳［旧都］指江苏南京。

㉑［孝陵］明孝陵，明太祖朱元璋陵墓。

㉒［癸巳］顺治十年，公元1653年。

㉓［图］指《孝陵图》。

㉔［神烈山］明孝陵所在之山，即钟山，现紫金山。《大明会典》卷八五载嘉靖十年：“号钟山曰神烈山。”

㉕［“顾氏”至“湛之水”一段］记述顾炎武和陆恩的主仆纠纷。明代法律虽然不承认主仆身份，但社会生活中主仆关系普遍存在。主家的义务是给仆人田种，给仆人屋住，给仆人娶妻，给仆人葬地，奴仆的义务要终身听从主家使唤。奴仆关系可以解除，但要有相应的条件和手续。因为顾炎武日日出游，家道中落，世仆陆恩显然没有与顾家达成共识就投靠了里中豪家，顾炎武回来后，催迫陆恩回来，陆恩诬告顾炎武谋反、交通海上抗清的郑成功，顾炎武抓到陆恩，列举他的罪状，将其沉入水中。三世仆，数代为仆。通海，与海中反清义军郑成功有联系。湛，沉。

㉖［“仆婿”至“事解”一段］记述顾炎武与陆恩女婿的纠纷、遭遇牢狱之灾及其被释事。据张穆《顾亭林先生年谱》，陆恩之婿再次投靠

里中豪族，以千金贿赂太守，以杀奴罪请求杀顾炎武，顾炎武不是被关在衙门里，而是被关在奴仆家中，情况十分危急。归庄为顾炎武而向钱谦益求救，钱谦益以顾炎武自称门生为条件答应帮忙，归庄知道顾炎武绝不会对钱谦益自称门生，又怕失去钱谦益的援手，私自写了一张（顾炎武自称门生）名片给了钱谦益，顾炎武听说这件事，急忙索回名片，但已来不及，于是写了一张揭帖贴在交通要道上以说明情况。后来因路泽溥认识兵备使者，代顾炎武申诉，此案最终移交松江府审理，狱事最终被解除。□□，指钱谦益。因乾隆帝将钱谦益定为贰臣，其后书版中钱谦益名多被剜掉而出现空格。刺，名刺，名片。揭，揭帖，指公开张贴的启示、文告。卞，卞急，急躁。曲周，地名，今属河北。泽溥，路振飞长子。振飞，路振飞（1590—1648），南明唐王时，拜太子太保、吏部兼兵部尚书、文渊阁大学士。卒于粤中，谥文贞。洞庭之东山，又称东洞庭山，俗称东山，是延伸至太湖中的一个半岛。

⑦⑦ ［章丘］今属山东。

⑦⑧ ［长白山］据《济南府志》，因山中云气常呈白色而得名，又名会仙山，在章丘东北。

⑦⑨ ［戊戌］指顺治十五年（1658）。

⑧⓪ ［北都］北京。

⑧① ［大东］极东之地。

⑧② ［昌平］今属北京。

⑧③ ［长陵以下］指明成祖朱棣长陵以下十三座明代皇帝陵墓。

⑧④ ［会稽］今浙江绍兴。

⑧⑤ ［思陵］崇祯皇帝陵墓。

⑧⑥ ［“浙中史祸”两句］浙江乌程人庄廷鑨购得天启大学士朱国祯所作《明史》，花重金广请当时名士继写崇祯和南明史，书成后不久，庄廷鑨病死，其父顺治十七年（1660）为之刊出。是书奉南明弘光、隆武、永历帝为正朔，称努尔哈赤为奴酋，称清兵为建夷。康熙二年，此书被告发，受牵连者甚多，其中重辟七十余人，凌迟十八人，已故的庄氏父子

被戮尸。顾炎武故人吴炎、潘柽章因参与续书而被凌迟。

㊇［甲辰］康熙三年(1664)。

㊈［雁门］雁门关,在今山西代县北。

㊉［五台］五台山。

⑩［马伏波］马援(前14—49),东汉开国功臣,官至伏波将军。田畴(169—214),东汉末隐居,后跟随曹操征乌桓、荆楚。

⑪［“丁未”至“狱始白”一段］记述顾炎武卷入即墨黄培逆诗案。黄氏,指黄培(1604—1669),莱州即墨人,兵部尚书黄嘉善孙。明时为锦衣卫指挥佥事,明亡后以遗民自居,有《含章馆诗集》行世。奴,指姜元衡,其祖父为黄嘉善仆人,但姜元衡已读书,并中顺治六年(1649)进士,为翰林院侍讲。因贿买童生受处分,平时又横行乡里,受黄培斥责,于是图谋陷害,告黄培刊刻逆书,包括《含章馆诗集》和《忠义录》等。《忠义录》,即《启祯集》,又名《天启崇祯两朝遗诗》,长洲陈济生编选,收录殉国节义之士的诗作。首,告发。勘,审问。李因笃(1632—1692),字天生,又字天德,富平(今属陕西)人。顾炎武至交,曾一起在雁门、五台间屯田。有力者,指徐乾学等人。历下,指济南,山东巡抚驻地。黄培诗逆案康熙五年(1666)告到山东督抚署,督抚上奏朝廷,清廷下旨督抚从严审讯奏复,康熙八年(1669)结案。因黄培总揽罪责,竭力为他人开脱,最终黄培被施以绞刑,其他人都“免予议处”,顾炎武因“情属无罪,合行开释”。顾炎武《赴东六首》诗“序”曾叙此事:“莱人姜元衡讦告其主黄培诗狱,株连二三十人,又以吴郡陈济生《忠节录》二帙首官,指为余所辑,书中有名者三百余人。余在燕京闻之,亟驰投到,颂系半年,竟得开释。”

⑫［丁巳］康熙十六年(1677)。

⑬［华阴］今属陕西。

⑭［绾毂］控制、扼制。关,潼关。河,黄河。

⑮［山］指华山。

⑯［志在四方］天下之志。

⑰ [建瓴] 形容居高临下、难以阻挡的形势。语出《史记·高祖本纪》:“地势便利,其以下兵于诸侯,譬犹居高屋上建瓴水也。”

⑱ [王山史] 名弘撰(1622—1702),字文修,一字无异,号太华山史。明诸生,有反清复明之志,顾炎武称其为“关中声气之领袖”。征君,不受朝廷征召的人。

⑲ [熊公] 指熊赐履(1635—1709),字青岳,湖广孝感人。顺治十五年(1658)进士,授翰林院庶吉士,康熙九年(1670),为国史院学士,康熙十四年(1675),为武英殿大学士。

⑳ [戊午] 康熙十七年(1678)。大科,指来年的博学鸿词科。

㉑ [叶学士讱庵] 指叶方蔼(? —1682),字子吉,号讱庵,昆山人。顺治十六年(1659)进士,康熙十七年,晋掌院学士,兼礼部侍郎,入直南书房,充《鉴古集览》《皇舆表》总裁,康熙十八年博学鸿词阅卷官。

㉒ [之死靡慝] 至死不邪,至死不变。出《诗经·鄘风·柏舟》:“之死矢靡慝。”

㉓ [委禽] 古代婚礼六礼之一,即纳采,男方向女方下聘礼。

㉔ [名之为累] 名气成为人的负担。

㉕ [东林] 指东林党。

㉖ [“韩文公”句] 出苏轼《潮州韩文公庙碑》,苏轼评价韩愈:“文起八代之衰,而道济天下之溺。”

㉗ [谀墓之文] 为人作墓志而称颂不实。语出《新唐书·韩愈传》所附《刘义传》:“(刘义)持(韩)愈金数斤去,曰:‘此谀墓中人得耳,不若与刘君为寿。’”

㉘ [山斗] 泰山和北斗,形容德高望重的、令人仰望的人。语出《新唐书·韩愈传》:“自愈没,其言大行,学者仰之如泰山北斗云。”

㉙ [关学] 北宋张载所创理学学派,因张载讲学关中而得名。

㉚ [横渠] 指张载(1020—1077),张载为凤翔(今陕西眉县)横渠人,世称横渠先生。蓝田,指吕大临(1044—1091),蓝田(今属陕西)人。吕大临先从张载学,后从程颐学,为程门四先生之一。

⑪[刘康公] 名季子，周顷王子，周定王弟，周定王封刘予季子，故称。语见《左传》“成公十三年”，刘康公、成肃公会晋厉公伐秦，成肃公无礼，刘子曰：“吾闻之，民受天地之中以生，所谓命也，是以有动作礼义威仪之则以定命也。”

⑫[《茅鸱》] 逸诗，刺不敬。见《左传》“襄公二十八年”记事。

⑬[伊洛] 伊河、洛河。嵩少，嵩山、少室山。

⑭[徐乾学(1631—1694)] 顾炎武外甥，昆山人。康熙九年(1670)探花，曾任《明史》总裁官，侍讲学士、内阁学士，康熙二十六年(1687)，为左都御史、刑部尚书。弟徐元文、秉义，都有高官和文名。

⑮[亲串] 亲戚。

⑯[尼父] 对孔子的尊称，孔子，字仲尼。

⑰[“恐近”句] 指不愿趁人势、沾人光。典出《东观汉记·梁鸿传》少年梁鸿家贫，邻居烧好了饭，让他趁着灶中余热赶紧烧饭，梁鸿说：“童子鸿不因人热。”

⑱[梦梦] 混乱不明。

⑲[犹吾大夫] 指皆为无道之人。典出《论语·公冶长》，说崔杼弑齐君，陈文子不愿意跟崔杼同朝，就离开齐国，到了他邦，结果发现，他国大夫也“犹吾大夫崔子也”。

⑳[未见君子] 指有道之人。典出《诗经·召南·草虫》：“未见君子”，“忧心忡忡”、“我心伤悲”。

㉑[庚申] 康熙十九年(1680)。

㉒[安人] 明清时，六品官妻封安人。这里指顾炎武妻王夫人。

㉓[潘耒(1646—1708)] 字次耕，一字稼堂、南村，晚号止止居士，吴江(今属苏州)人。上文提到的庄廷铣案被杀的潘柽章弟。师从顾炎武，举康熙十八年博学鸿词科，授翰林检讨。

㉔[王高士不庵] 王炜(1625？—1882后)，后改名王艮，字无闷，号不庵，歙县(今属安徽)人。明遗民，与顾炎武、黄宗羲、屈大均等有诗文往来，有《鸿逸堂稿》行世。

⑫⑤［“宁人”数句］与王炜文类似。王炜《书顾宁人昌平山水记后》：“独念宁人身抱大痛，太夫人王以贞女持服，拊育宁人，续仲从君，上承蠡源先生之系，卒以大义不食死，宁人不能以其学奋身鳞翼，大揭亲志于天下，老而无子，奔走流离，至与后起少年以高文博学为海内称，而其幽隐莫发，数十年靡诉之衷，曾不得快然一吐于行墨间，使天下知其母子之任纲常、持世道有如此者，为可哀耳！”

⑫⑥［兀兀］勤苦不懈。

⑫⑦［佐王之学］指经世致用之学。

⑫⑧［“云雷”两句］言本可务时经纶而大，但最终道穷。典出《易·屯卦》，屯象辞：“云雷屯，君子以经纶。”但屯卦难于后，至上六已“道穷也”。

⑫⑨［“渺然”两句］既形容其一生高风，如长天一鹤，令人渺然思之，又形容其逝。

【评析】

此文横空出世，从顾炎武著述叙起，本以为以著述作为顾炎武安身立命之处，岂不知作者要表达的是顾炎武其志不遂，使天下后世所知的，只是他的所著之书，文章还引用顾炎武朋友王高士之言，认为后人推许顾炎武多闻博学，对于顾炎武是“其辱已甚”之事，是可痛之事。

此表主体以年月为经，以顾炎武的游历或曰漂泊为纬，详细记录了顾炎武六谒明孝陵、六谒思陵和两谒长陵以下明陵的时间和画孝陵和其他诸陵图之举，顾炎武以此来表达故国之思，文章以此来表现顾炎武之大节。“言其大节”，才是表彰顾炎武的正确方式。表文情感深挚灼热，文章言顾炎武“其心耿耿未下”、“抱故国之戚，焦原毒浪，日无宁晷”，失国的悲戚和不惜生命坚守节义的悲壮的情感在胸中激荡，让他无法平静。顾炎武有离开他祖祖辈辈生活的江南的冲动，他甚至开始讨厌江南的潮湿，当然更因为江南在他心中代表了“裙屐”之习、好名之风。顾炎武游历，是要看遍天下，然后在一个他认为在历史、地理、物产、人群、民风和学风等等都适宜其复明的地方开始他切实的行动，最后他选择关中、塞上。

全祖望描绘的顾炎武游历形象非常具有象征性："凡先生之游，以二马二骡，载书自随。所至厄塞，即呼老兵退卒，询其曲折，或与平日所闻不合，则即坊肆中发书而对勘之。或径行平原大野，无足留意，则于鞍上嘿诵诸经注疏，偶有遗忘，则即坊肆中发书而熟复之。"自然被分为两类，一是厄塞，具有战略意义的存在；一是"平原大野"，则无足留意。所以顾炎武的游历是考察山川地理，是军事侦察。其游历也是读书，是由亲历来验证知识，从而充实、改写知识。游历中，顾炎武永远不会忘记信仰，那就是重温经学，"于鞍上嘿诵诸经注疏"，以此正心、诚意，以此修身、齐家，以此治国、平天下。文章对顾炎武"经学即理学"、舍经学而谈理学就是禅学的说法再三致意，也是在经学的框架中涵盖顾炎武的一切思想和行动的合理性。

此表写顾炎武因母未葬而不赴闽中唐王之召，写其忠孝两难时，选择孝。写顾炎武夫人卒于昆山，顾炎武"寄诗挽之而已"；顾炎武一生"无子"，死后方由徐乾学为其立嗣，而将顾炎武一生的奋斗看作是"思大揭其亲之志于天下"，彰显了他在人伦层面经学实践的高尚和纯粹。

顾炎武一生遭遇了政治、社会中的惊涛骇浪，除了明亡的大事变，吴胜兆之祸、浙中史案、与陆恩翁婿的纠纷、黄培诗逆案，无不充满了攻讦与仇杀，人心、世情的乖戾匪夷所思，在这样的世界中，追求改变世道和人心，无疑具有巨大的勇气，甚至有知其不可为而为之的精神。在顾炎武的世界里，天命、天道、自身的性情、性命已变得不重要了，重要的是自己的志节以及为之坚持不懈的努力。

【理性思考】

1. 顾炎武的志向与其母的节义之教有何关系，如何理解文中"重泉拜母，庶无愧怍"之句？

2. 顾炎武为什么卜居华阴？

【延伸阅读】

1. 顾炎武《孝陵图》《与友人论学书》《与史馆诸君书》，顾炎武著，华忱之点校《亭林诗文集》，中华书局 1983 年版。

2. 赵园《关于遗民学术・综论》，见赵园《明清之际士大夫研究》，北京大学出版社 1999 年版。

十一、儒　学

（主持人：徐兴无　徐雁平）

（一）导言

儒学是中国古代最具有普遍性的思想，因为它最适应并能引导中国古代的农耕生产、家族宗法这两种物质生产方式和社会组织方式，因而自汉代以后，一直是中国古代的主要文化意识形态和政治意识形态。

从历史上看，儒学渊源于西周礼乐文化，这样的社会基于封建制度，宗法血缘贵族构成统治阶层，也叫士、君子、士大夫，他们才能接受教育，并由他们统治庶民。古代成就一个士的途径是“六艺”，即礼、乐、书、数、射、御。礼、乐与古代的经典《诗》《书》密切相关，有时也称为“诗、书、礼、乐”。《礼记·王制》载“乐正崇四术，立四教，顺先王《诗》《书》、礼、乐以造士”。但是君子们学习“六艺”与诗、书并不是要成为这些典籍或技艺的职业传承者，因为“《诗》《书》，义之府也；礼、乐，德之则也；德、义，利之本也”（《左传》僖公二十七年），君子的目标，是从知识和技艺中获得德义，《礼记·文王世子》中说：“乐正司业，父师司成。”司业是知识教育，由乐官们主持；司成是成人教育，即成为道德完美的人，要由德高望重的大贵族——父师们来主持。因此，学习传统的礼乐、技艺和文化典籍，从中培育道德，能够承担社会责任，成为合格的君子，才是培养“士”、“君子”的目标，所谓的“君子曰德，德成而教尊，教尊而官正，官正而国治。君子之谓也”（《文王世子》）。古代贵族君子引称诗、赋诗皆是“赋诗断章”(《左传》襄公二十八年),即不整篇讽诵《诗经》中的文字,“断章”是为了“取义”。贵族对于繁缛的礼仪,并不看重其揖让周旋的仪式,更注重其中的文化精神,认为礼是“天地之经也,地之义也,民之行也”(《左传》昭公二十五年)。

春秋时代,礼崩乐坏,西周封建制社会解体,一些士君子们失去了统治者的政治权力,于是转而谋求知识权力,向民间传授文化知识和道德理想的教师,转型为知识分子和学者,传统封建贵族意义上的士和君子的内涵,更多地指向有知识和有道德的人。孔子是这类人当中最为杰出的一位,开创了儒家学说。西汉史学家司马迁在《史记》专设《孔子世家》,是中国历史上第一部孔子的传记,他说:“《诗》有之:‘高山仰止,景行景止。’虽不能至,然心向往之。”表达了对孔子的景仰之情。孔子他本人依循“述而不作”的原则,没有独立的著作,而是以继承和创发传统文化作为他个人的使命,自诩“斯文在兹”。他一边谋求出仕,实践其政治和道德理想,一边整理、阐释、传授古代的《诗》《书》、礼、乐文献,他认为君子应该“兴于《诗》,立于礼,成于乐”。据说《诗》是经他之手编定的中国古代第一部诗歌总集,传世的文本有305篇。《书》又称《尚书》,是一部上古时期的政论文集,包括尧、舜、夏、商、周五个时代的君臣言论和政府公告,也是中国历史上第一部散文集,孔子为其中的篇章作了《序》。夏商周的礼乐制度不同,孔子能够阐明其中的意义,加以损益,以周礼最为完备。传说在他的晚年,还突破传统君子教育的经典藩篱,从史官的文献系统中先择了占筮经典《周易》和鲁国的现当代史《春秋》进行了阐释,以探求天人之道。《孟子》中记载孔子作《春秋》时说:“王者之迹熄而《诗》亡。《诗》亡然后《春秋》作。晋之《乘》、楚之《梼杌》、鲁之《春秋》,一也。其事则齐桓、晋文,其文则史。孔子曰:其义则丘窃取之矣。”在马王堆西汉墓里出土的《易传》中,记载孔子自称其读《易》的方法有别于传统的史巫:“吾求其德而已,吾与史巫同途而殊归者也。君子德行焉求福,故祭祀而寡也;仁义焉求吉,故卜筮而希也。”总之,他特别发扬了传统君子之学中的“取义”精神,创发出传统中的精神内涵,提升为新的时代理想。经他整理阐释的这六部古代经典，构成了儒学的经典体系——六经。孔子的言论和思想在死后被他的后学编纂为《论语》。在这部经典中，孔子提出了最高的，带有普世价值的道德范畴“仁”，并以此作为人生的理想和道德使命，因为“天生德予余”。仁也规定了人类的政治理想，因为“仁者爱人”，“夫仁者，己欲立而立人；己欲达而达人”。每个人都在实践“仁”的过程中实现人生的价值和社会价值，君主也要将“仁政”、“德政”作为政治的目标。

在那个时代，孔子在政治实践上并不成功，但他在教育和思想两方面都开创了新的文化时代。他“有教无类”、“诲人不倦”，开创了中国古代的平民教育，被后世尊奉为“至圣先师”。他三十岁左右就授徒设教，有德行、言语、政事、文学四科，据传说有弟子三千，贤者七十二人。孔子创立儒家，是战国诸子百家的发轫。此后，出于工匠的墨家、出于史官的道家、出于理官（法官）的法家、出于巫师的阴阳家、出于田官的农家等等，从各自的职业官守的知识背景与文化理想出发，对伦理、政治、文化提出了不同的主张，形成了中国古典时代最辉煌的思想原创时代。就儒家而言，孔子的弟子，所谓“七十子”以及孟子、荀子等先秦儒家相继弘扬了孔子的思想。一般认为，儒家学说就是孔孟之道，经过曾子和子思等人的传递，由孟子继承了孔子的精神统绪。孟子也说：“予未得为孔子徒也，予私淑诸人也。”（《孟子·离娄下》）又说：“由孔子而来，至于今百有余岁，去圣人之世，若此其未远也，近圣人之居，若此其甚也，然而无有乎尔，则亦无有乎尔。”（《孟子·尽心下》）他自觉地将孔子的事业当成自己的使命。孟子将人类道德自觉的根源阐发了出来，他认为人的良知、良能是先天具备的，不待后天教育就能表现出来的，所以仁义礼智皆根于人心，构成了人的本性，而且他特别强调，唯有这种能被道德心知觉到的人性规定了人之所以为人而不是禽兽，是真正意义上的人性，所谓孟子说：“仁者，人也。合而言之，道也。”在孔子、孟子看来，道德比生命的价值更重要，可以“杀身成仁”、“舍生取义”。人的生命过程，乃至于人类社会的全部意义就是实现这些道德的过程。荀子则受到道家自然学说的影响,认为人的本性是自然的,由趋利避害的欲望组成。这样的本性在社会生活中必然表现为恶。但是人性受到人心的控制,必须用后天的礼乐教化将人心训练成向善的习惯。礼乐教化是人为的,也就是“伪”,所以荀子主张“化性起伪”。因此他以礼教为最高目标,注重经典的教育功效,注重对民众的教导和对社会的改造,他的学说对汉儒通经致用的思想起到了很大的影响。

战国秦汉间,封建制度被郡县制度逐渐替代,郡县制的特征是国家由中央地方二级行政,社会由士农工商四民构成,消除了宗法贵族和庶民的阶级等差。但在这样的实践中,推崇道家和法家的政治思想,弱民强君,以法治国。执赏罚之柄,行功利之权,富国强兵,一民于农耕,封建制的礼乐文化传统和道德伦理遭到否定和扫荡,民众得不到教育,统治阶层素质下降,社会道德沦丧。清代大儒顾炎武在《日知录·周末风俗》中说:“如春秋时,犹尊礼重信,而七国则绝不言礼与信矣。”“不待始皇之并天下,而文武之道尽矣。”秦统一中国后,形成了郡县制的帝国,变本加厉,焚《诗》《书》,坑杀非议朝政的儒生,并禁民挟书,以吏为师,全面否定了传统文化。汉承秦制,无所作为,直到汉武帝时,朝野上下才意识到郡县制的文化教育问题和官吏的选举问题,《公羊春秋》学家、大儒董仲舒等不断向朝廷提出警告,而且还在对策和著作中进行了理论阐述和设计建议,促成了独尊儒术,罢黜百家和选举孝廉的国策。董仲舒的著作被后人整理为《春秋繁露》。西汉自武帝至宣帝、元帝时期,逐步确立了《诗》《书》《礼》《易》《春秋》计十四家五经博士(《乐经》在汉代已亡失),博士弟子通过考试担任官吏。经学也成为汉代政治的道德文化根据,汉儒通经致用,至“以《禹贡》治河,以《洪范》察变,以《春秋》决狱,以三百五篇当谏书”(皮锡瑞《经学历史》)。汉人自称:“夫《五经》亦汉家之所立,儒生善政大义,皆出其中”。(王充《论衡》)因此,汉代在郡县制度中重新确立了传统文化的价值体系。从此到清代废科举,儒家经学成为国家意识形态和教育选举制度的根据,也成为东亚地区的道德、政治和文化范式。

汉代博士们传授的五经文本，都是用汉代官方规定的隶书将秦火残存下来的古代民间文本重新写定的，后人称之为“今文经学”。但民间不断出土一些战国时期用六国文字书写的经书，与今文经学的文本出入很大，一些学者用以校勘、完善今文的文本，继而认为完备的文本更能准确地传达古代圣人的习想，不断要求国家增立为博士。自西汉末期到东汉时期，这样的民间经学逐渐兴盛，后人称之为“古文经学”，到曹魏时期基本上被确立为博士，取代了“今文经学”。但是汉代博士经学由于和利禄仕途以及政治意识形态密切相关，在学术上形成了墨守师法，拘泥章句，抱残守缺的弊端，其思想表达离析繁琐，破碎大道，被通儒博学者们诟病，如民间学者王充在《论衡・问孔》中，就指责“世儒学者，好信师而是古”。意识形态的衰弱，加之东汉以降，士族豪强势力壮大，土地兼并严重，流民游动，周边民族又纷纷涌入中原，人们的信仰出现了危机，寻求精神解脱。于是玄学和佛道宗教获得了发展的土壤。

东晋南北朝时期，南北经学不统一，于是唐代官方修订颁布了《五经正义》，作为教育和考试的标准。但是《五经正义》注疏繁琐，民间士子无法钻研，而科举中的主流科目进士科主要用诗赋取士，所以，儒家的经学教育不能普及，儒家的伦理教化不能深入民心，让位于佛教、道教的信仰。安史之乱后，以韩愈、柳宗元、李翱为代表的一些士大夫们开始觉醒，感到必须复兴儒家之道，他们关注人伦日用，并且主张写散文（古文）传播思想主张，后世称之为古文运动，也认为是新儒家思想的兴起。唐宋之际学校废弛，士人多在寺院道观里读书，所以新儒学的学说一方面吸收了佛道的思想方法，一方面在民间办书院。北宋新儒学的代表性流派是“理学”，或称为“道学”，重视精神修养和道德实践，对宋以后的中国文化影响至为深远，周敦颐、邵雍、张载、程颢、程颐兄弟被认为是创发理学的“五子”。张载（字横渠）在《西铭》中提出了“民胞物与”，以万物为一体的精神境界；他所说的“为天地立心，为生民立命，为往圣继绝学，为万世开太平”被后世称为“横渠四句”，作为古代士人的道德担当。二程兄弟都是河南洛阳人，他们在嵩山脚下办了一个嵩阳书院，号称“洛学”，提出了“理”与“气”的命题，奠定了理学的理论基础，产生了很大的影响，二程对北宋的政治也有所批评与建议。理学发展到南宋大儒朱熹手上集其大成，号称“闽学”，他将“天理”作为宇宙的精神本体，将“气”作为宇宙的物质本体，从而将宇宙和人性划分为形而上与形而下两个世界，而将价值归之于形而上的世界。此外，朱熹采揖北宋以来理学家的观点，撰写了《孟子集注》《大学章句》《中庸章句》《论语集注》，《大学》和《中庸》是《礼记》中的两篇，理学家认为前者是曾子所记孔子的言论，其中提出了“明明德”、“新民”、“止于至善”三纲领，以及“格物”、“致知”、“诚意”、“正心”、“修身”、“齐家”、“治国”、“平天下”的八条目；后者是子思的思想，其中将“诚”作为天道的本体的道德实践的目标，提出了“致中和”的道德境界。后人并称这四部经典为《四书》，成为相对于“五经”的新经典体系，这个新经典体系文字简练，易于传播并且彰显了从孔子到孟子的儒学精神传统——“道统”。南宋时期，另一位理学家陆九渊创立了“心学”，与朱熹的“道学”进行辩论。心学主张宇宙的精神本体“理”其实就是人的“心”，他说“宇宙便是吾心，吾心便是宇宙”，这样的智识不必就具体的事物上去求，所以其修养方法简易自得。明代大儒王阳明光大了心学的思想，他在贬谪贵州龙场驿的困厄之时顿悟“致良知”之学。《大学》中的“格物致知”一直被理解为人类认识事物的活动，而王阳明将其解释成“正心诚意”，也就是发现内心“良知”的活动，良知是生来就有的，即先验的道德意识，发现了“良知”就可以去除心中不道德的意识，其思想学说集中体现在他和弟子之间的问答《传习录》之中。他后来平定藩乱，建立功勋，学术影响扩大，后人称为“陆王心学”。心学受佛教禅宗的启发，简易活泼，注重日常生活中的道德实践和个人的精神自觉，不过多地依赖经典的释读与知识传授，所以更容易世俗化，影响民间。宋元以后，中国的社会经济和生产技术高度发达，都市经济、市民文化发展起来，印刷术的发明造成了书籍和知识的普及，进了世俗经济社会。可以说，唐以前的中国社会是一个讲“礼”的社会，文化类型是精英的、古典的。宋以后的中国社会是一个讲“理”的社会，文化类型是平民的、世俗的。这个“理”，也叫“天理”，与之相关的是对宇宙和人性的重新思考，而这是由中唐以来的新儒家们不断阐发出来的，他们要与佛、道二教争夺世道人心。儒学终于实现了复兴，元代以后，理学被确定为政治意识形态，元仁宗时，又将朱熹的《四书》定为科举考试的教科书，这样的格局，明、清两代沿用不改并影响到东亚的文明。

明末清初，许多思想家已经认识到理学定于一尊后思想僵化，远离社会实践，着重精神修炼，特别是心学对客观知识的漠视，流于“空谈心性”，“束书不观”等弊端，加之明末党社议政风潮和亡国之痛的刺激，一些大思想家转而重视知识，讲求实学，注重行为。这个时期的三位大儒是顾炎武、黄宗羲和王夫之，其中顾炎武对清代学术转变的影响最大。明亡后，他游历四方，读书考察，提出“经学即理学”，将理学的学术重心转移到对知识的探求中来，历史、实证和辨证的治学方法，在音韵训诂、历史地理、社会经济等一系学术领域均具有开创之功，撰写了《日知录》《肇域志》《天下郡国利病书》等巨著。他肯定人的情欲，但主张士人“博学于文，行己有耻”，“国家兴亡，匹夫有责”，通过学习使自己具备向善和反省的能力。他深刻地把握中国的社会和制度，总结明亡的教训，主张“寓封建于郡县之中”，即反对中央集权专制，注重地方自治分权，提高社会和民众对国家的维持能力。这些学说发展了儒家修身齐家治国平天下的思想。对知识的追求意识和治学方法的确立，开创了清代学术的新世界，从经学出发，扩充到史学、诸子，清代学者取得了一系列的成就，以戴震、段玉裁、王念孙、王引之父子、阮元、钱大昕等一批杰出学者为代表，清乾隆、嘉庆时期形成了乾嘉朴学，以汉儒的经学为学术基础，号称“汉学”，以区别于理学为代表的“宋学”，创造了清代学术的巅峰时代。此后清代经学内部又分出庄存与、刘逢禄等人开创的今文学派，为晚清政治变革思想奠定了学术基础。

近现代以来，由于中国社会的巨大变革，作为国家意识形态和教育制度的儒学已经不复存在，中国现代化和中国革命的过程，也是儒学经受不断批判的过程。而儒学自身也在不断地自新转换，形成诸多现代新儒家和海外新儒家，如熊十力、梁漱溟、冯友兰、唐君毅、牟宗三等，他们在世界文化的视野中重新审视儒学，发明儒学对现代中国的意义。无论如何，随着中国的改革开放进程，人们越来越深刻地认识到，作为中国传统文化中的重要知识体系和精神传统，儒学和一切中华优秀传统文化一样，仍旧是中国社会发展的重要历史文化资源，儒学确立的伦理原则和政治原则在华人世界和东亚世界的政治文化生活中仍然发挥着价值判断的作用。

（二）选文

诸子学略说[①]

章太炎

所谓诸子学者，非专限于周秦，后代诸家，亦得列入，而必以周秦为主。盖中国学说，其病多在汗漫[②]。春秋以上，学说未兴，汉武以后，定一尊于孔子，虽欲放言高论，犹必以无碍孔氏为宗。强相援引，妄为皮傅[③]，愈调和者愈失其本真，愈附会者愈违其解故[④]。故中国之学，其失不在支离，而在汗漫。自宋以后，理学肇兴。明世推崇朱氏，过于素王[⑤]。阳明起而相抗，其言致良知也[⑥]，犹云朱子晚年定论。孙奇逢辈遂以调和朱、陆为能[⑦]，此皆汗漫之失也。

惟周秦诸子，推迹古初，承受师法，各为独立，无援引攀附之事，虽同在一家者，犹且矜己自贵，不相通融。故荀子非十二子，子思、孟轲亦在其列。或云子张氏之贱儒，子游氏之贱儒，子夏氏之贱儒，诟詈[⑧]嘲弄，无所假借。《韩非子·显学篇》云：世之显学，儒墨也，儒之所至，孔丘也，墨之所至，墨翟也。自孔子之死也，有子张之儒，有子思之儒，有颜氏之儒，有孟氏之儒，有漆雕氏之儒，有仲良氏之儒，有孙氏之儒，有乐正氏之儒。自墨子之死也，有相里氏之墨，有相夫氏之墨，有邓陵氏之墨。故孔、墨之后，儒分为八，墨离为三，取舍相反不同，而皆自谓真孔、墨，孔、墨不可复生，谁使定世之学乎[9]！此可见当时学者，惟以师说为宗，小有异同，便不相附，非如后人之忌狭隘、喜宽容、恶门户、矜旷观也。盖观调和独立之殊，而知古今学者远不相及[10]。佛家有言，何等名为所熏，若法平等，无所违逆，能容习气，乃是所熏[11]。此遮善染，势力强盛，无所容纳，故非所熏。若法自在性，非坚密能受习气，乃是所熏[12]。此遮心所。及无为法，依他坚密，故非所熏。（见《成唯识论》[13]）此可见古学之独立者，由其持论强盛，义证坚密，故不受外熏也。

或曰：党同门而妒道真者，刘子骏之所恶[14]，以此相责，得无失言。答曰：此说经与诸子之异也。说经之学，所谓疏证，惟是考其典章制度与其事迹而已。其是非且勿论也。欲考索者，则不得不博览传记，而汉世太常诸生，惟守一家之说，不知今之经典，古之官书，其用在考迹异同，而不在寻求义理。故孔子删定六经，与太史公、班孟坚[15]辈，初无高下，其书既为记事之书，其学惟为客观之学，党同妒真，则客观之学，必不能就，此刘子骏所以移书匡正也。若诸子则不然。彼所学者，主观之学，要在寻求义理，不在考迹异同。既立一宗，则必自坚其说，一切载籍，可以供我之用，非束书不观也。虽异己者，亦必睹其籍，知其义趣，惟往复辩论，不稍假借而已。是故言诸子，必以周秦为主。

古之学者，多出王官世卿用事之时[16]，百姓当家，则务农商畜牧，无所谓学问也。其欲学者，不得不给事官府为之胥徒，或乃供洒扫为仆役焉。故《曲礼》云：宦学事师。学字本或作御。所谓宦者，谓为其宦寺也；所谓御者，谓为其仆御也。故事师者，以洒扫进退为职，而后车从者，才比于执鞭拊马之徒[17]。观春秋时，世卿皆称夫子。夫子者，犹今言老爷耳。孔子为鲁大夫，故其徒尊曰夫子，犹是主仆相对之称也。《说文》云：“仕，学也。”仕何以得训为学？所谓宦于大夫，犹今之学习行走尔。是故非仕无学，非学无仕，二者是一而非二也。（学优则仕之言，出于子夏。子夏为魏文侯师。当战国时，仕学分途久矣，非古义也。）秦丞相李斯议曰:“若欲有学法令,以吏为师。”亦犹行古之道也。惟其学在王官,官宿其业,传之子孙,故谓之畴人子弟。(见《史记·历书》。)畴者,类也。汉律,年二十三傅之畴官[18],各从其父学,此之谓也。(近世阮元作《畴人传》,以畴人为明算之称,非是。)其后有儒家、墨家诸称,《荀子·大略篇》云:此家言邪学,所以恶儒者。当时学术相传,在其子弟,而犹称为家者,亦仍古者畴官世业之名耳。《史记》称老聃为柱下史,庄子称老聃为征藏史,道家固出于史官矣。孔子问礼老聃[19],卒以删定六艺,而儒家亦自此萌芽。墨家先有史佚,为成王师,其后墨翟亦受学于史角。阴阳家者,其所掌为文史星历之事,则《左氏》所载瞽史之徒,能知天道者是也。其他虽无征验,而大抵出于王官。是故《汉·艺文志》论之曰:

> 儒家者流,盖出于司徒之官[20]。道家者流,盖出于史官。阴阳家者流,盖出于羲和之官[21]。法家者流,盖出于理官[22]。名家者流,盖出于礼官。墨家者流,盖出于清庙之守[23]。纵横家者流,盖出于行人之官[24]。杂家者流,盖出于议官。农家者流,盖出于农稷之官。小说家者流,盖出于稗官[25]。

此诸子出于王官之证。惟其各为一官,守法奉职,故彼此不必相通。《庄子·天下篇》云:譬如耳目鼻口,皆有所明,不能相通,是也。亦有兼学二术者,如儒家多兼纵横,法家多兼名,此表里一体,互为经纬者也。若告子之兼学儒、墨,则见讥于孟氏,而墨子亦谓告子为仁,譬犹跂以为长,隐以为广[26],其弟子请墨子弃之。(见《墨子·公孟篇》。)进退失据,两无所容,此可谓调和者之戒矣。

今略论各家如下:

一论儒家。《周礼·太宰》言儒以道得民,是儒之得称久矣。司徒之官,专主教化,所谓三物化名。三物者,六德、六行、六艺[27]之谓。是故孔子博学多能,而教人以忠恕。虽然,有商订历史之孔子,则删定《六经》是也;有从事教育之孔子,则《论语》《孝经》是也。由前之道,其流为经师；由后之道，其流为儒家。《汉书》以周秦、汉初诸经学家录入《儒林传》中，以《论语》《孝经》诸书录入《六艺略》中，此由汉世专重经术，而儒家之荀卿，又为《左氏》《穀梁》《毛诗》之祖，此所以不别经、儒也。若在周秦，则固有别。且如儒家巨子，李克、宁越、孟子、荀卿、鲁仲连辈，皆为当世显人，而《儒林传》所述传经之士，大都载籍无闻，莫详行事。盖儒生以致用为功，经师以求是为职[28]。虽今文古文，所持有异，而在周秦之际，通经致用之说未兴，惟欲保残守缺，以贻子孙，顾于世事无与。故荀卿讥之曰：鄙夫好其实，不恤其文，是以终身不免埤污庸俗。故《易》曰：括囊，无咎无誉[29]。腐儒之谓也。（见《非相篇》。）此云腐儒，即指当时之经师也。由今论之，则犹愈于汉世经师，言取青紫如拾芥[30]，较之战国儒家亦为少愈，以其淡于荣利云尔。

儒家之病，在以富贵利禄为心。盖孔子当春秋之季，世卿秉政，贤路壅塞，故其作《春秋》也，以非世卿见志（公羊家及左氏家张敞皆有其说），其教弟子也，性欲成就吏材，可使从政。而世卿既难猝去，故但欲假借事权，便其行事。是故终身志望，不敢妄希帝王，惟以王佐自拟。观荀卿《儒效篇》云：大儒者，天子三公也。（杨注，其才堪王者之佐也。）小儒者，诸侯大夫士也。众人者，工农商贾也。是则大儒之用，无过三公，其志亦云卑矣。孔子之讥丈人，谓之不仕无义[31]。孟子、荀卿皆讥陈仲，一则以为无亲戚君臣上下，一则以为盗名不如盗货[32]。（见《荀子·不苟篇》。）而荀子复述太公诛华仕事（见《宥坐篇》），由其不臣天子，不友诸侯（见《韩非子·外储说》右上），是儒家之湛心荣利，较然可知。所以者何？苦心力学，约处穷身，必求得雠，而后意歉，故曰："沽之哉！沽之哉[33]！"不沽则吾道穷矣。

《艺文志》说儒家云，辟者随时抑扬，违离道本，苟以哗众取宠[34]。不知哗众取宠，非始辟儒，即孔子固已如是。庄周述盗跖之言曰："鲁国巧伪人孔丘，不耕而食，不织而衣，摇唇鼓舌[35]，擅生是非，以迷天下之主。使天下学士，不反其本，妄作孝弟，而侥幸于封侯富贵者也。"此犹曰道家诋毁之言也，而微生亩与孔子同时，已讥其佞[36]，则儒家之真可见矣。孔子干七十二君，已开游说之端，其后儒家率多兼纵横者。（见下。）其自为说曰："无可无不可。"又曰："可与立，未可与权[37]。"又曰："君子之中庸也，君子而时中。"孟子曰："孔子，圣之时者也。"荀子曰："君子时绌则绌，时伸而伸也。"（见《仲尼篇》。）然则孔子之教，惟在趋时，其行义从事而变，故曰"言不必信，行不必果"，如《墨子·非儒》下篇讥孔子曰：

> 孔某穷于陈、蔡之间，藜羹不糂[38]十日，子路为烹豚，孔丘不问肉之所由来而食。褫人衣以酤酒，孔丘不问酒之所由来而饮。哀公迎孔丘，席不端弗坐，割不正弗食，子路进请曰："何其与陈、蔡反也？"孔丘曰："来！吾语汝！曩与汝为苟生，今与汝为苟义。"夫饥约，则不辞妄取以活身；赢饱，则伪行以自饰。污邪诈伪，孰大于此。

其诈伪既如此。及其对微生亩也，则又以疾固自文[39]，此犹叔孙通对鲁两生曰："若真鄙儒不知时变也。"所谓中庸，实无异于乡愿[40]。彼以乡愿为贼而讥之。夫一乡皆称愿人，此犹没身里巷，不求仕宦者也。若夫逢衣浅带[41]，矫言伪行，以迷惑天下之主，则一国皆称愿人。所谓中庸者，是国愿也，有甚于乡愿者也。孔子讥乡愿，而不讥国愿，其湛心利禄又可知也。

君子时中，时伸时绌，故道德不必求其是，理想亦不必求其是，惟期便于行事则可矣。用儒家之道德，故艰苦卓厉者绝无，而冒没[42]奔竞者皆是。俗谚有云："书中自有千钟粟。"此儒家必至之弊。贯于征辟、科举、学校之世，而无乎不遍者也。用儒家之理想，故宗旨多在可否之间，论议止于函胡[43]之地。彼耶稣教、天方教[44]，崇奉一尊，其害在堵塞人之思想，而儒术之害，则在淆乱人之思想，此程、朱、陆、王诸家所以有权而无实也。虽然，孔氏之功则有矣，变禨[45]祥神怪之说而务人事，变畴人世官之学而及平民，此其功亦敻[46]绝千古。二千年来，此事已属过去，独其热中竞进在耳。

次论道家。道家老子，本是史官，知成败祸福之事，悉在人谋，故能排斥鬼神，为儒家之先导。（道家如老、庄辈，皆无崇信鬼神之事，列子稍近神仙，亦非如汉世方士所为也。）《老子》“谷神不死，是谓玄牝”等语，未知何指。道士依傍其说，推为教祖，实于老子无与，亦以怵[47]于利害，胆为之怯，故事事以卑弱自持。所云无为权首，将受其咎，人皆取先，己独取后者，实以表其胆怯之征。盖前世伊尹、太公之属（《汉・艺文志》道家有《伊尹》五十一篇，《太公》二百三十七篇），皆为辅佐，不为帝王。学老氏之术者，周时有范蠡，汉初有张良，其位置亦相类，皆惕然于权首之戒者也。孔子受学老聃，故儒家所希，只在王佐，可谓不背其师说矣。

老子非特不敢为帝王，亦不敢为教主。故云强梁者不得其死，吾将以为教父[48]。大抵为教主者，无不强梁，如释迦以勇猛无畏为宗，尊曰大雄，亦曰调御，而耶稣、穆罕默德辈，或称帝子，或言天使，遇事奋迅，有悍不畏死之风，此皆强梁之最也。老子胆怯，自知不堪此任，故云“人之所教，我亦教之”，如是而已。然天下惟胆怯者权术亦多，盖力不能取，而以智取，此事势之必然也。老子云：“道法自然。”太史论老、庄诸子，以为归于自然。自然者，道家之第一义谛，由其博览史事，而知生存竞争，自然进化，故一切以放任为主。虽然，亦知放任之不可久也。群龙无首，必有以提倡之，又不敢以权首自居。是故去力任智，以诈取人，使彼乐于从我，故曰：善为道者，非以明民，将以愚之。弱之胜强，柔之胜刚，天下莫不知。老氏学术，尽于此矣。

虽然，老子以其权术授之孔子，而征藏故书，亦悉为孔子诈取。孔子之权术，乃有过于老子者。孔学本出于老，以儒道之形式有异，不欲崇奉以为本师（亦如二程子之学本出濂溪[49]，其后反对佛老，故不称周先生，直称周茂叔而已。东原[50]之学，本出婺原[51]，其后反对朱子，故不称江先生，直称吾郡老儒江慎修而已），而惧老子发其覆[52]也，于是说老子曰：乌鹊孺，鱼傅沫，细要者化，有弟而兄啼[53]。（见《庄子・天运篇》。意谓己述六经，学皆出于老子，吾书先成，子名将夺，无可如何也。）老子胆怯，不得不曲从其请。逢蒙杀羿之事[54]，又其素所怵惕也。胸有不平，欲一举发，而孔氏之徒，遍布东夏，吾言朝出，首领可以夕断，于是西出函谷，知秦地之无儒，而孔氏之无如我何，则始著《道德经》以发其覆。借令其书早出，则老子必不免于杀身，如少正卯在鲁，与孔子并，孔子之门，三盈三虚（见《论衡·讲瑞篇》），犹以争名致戮[55]，而况老子之凌驾其上者乎！呜呼！观其师徒之际，忌刻如此，则其心术可知，其流毒之中人，亦可知已。

庄子晚出，其气独高，不惮抨弹前哲，愤奔走游说之风，故作《让王》以正之；恶智力取攻之事，故作《胠箧》以绝之。其术似与老子相同，其说乃与老子绝异，故《天下篇》历叙诸家，已与关尹、老聃裂分为二。其褒之以至极，尊之以博大真人者，以其自然之说，为己所取法也。其裂分为二者，不欲以老子之权术自污也。或谓子夏传田子方，田子方传庄氏，是故庄子之学，本出儒家，其说非是。庄子所述，如庚桑楚、徐无鬼、则阳之徒多矣，岂独一田子方耶！以其推重子方，遂谓其学所出必在于是，则徐无鬼亦庄子之师耶？南郭子綦之说，为庄子所亟称，彼亦庄子师耶？

次论墨家。墨家者，古宗教家，与孔、老绝殊者也。儒家公孟言无鬼神。（见《墨子·公孟篇》。）道家老子言以道莅天下，其鬼不神[56]，是故儒、道皆无宗教。儒家后有董仲舒，明求雨禳灾之术，似为宗教。道家则由方士妄托，为近世之道教，皆非其本旨也。惟墨家出于清庙之守，故有《明鬼》三篇，而论道必归于天志，此乃所谓宗教矣。兼爱、尚同之说，为孟子所非；非乐、节葬之义，为荀卿所驳。其实墨之异儒者，并不止此。盖非命[57]之说，为墨家所独胜。儒家、道家，皆言有命，其善于持论者，神怪妖诬之事，一切可以摧陷廓清，惟命则不能破，如《论衡》有《命禄》《气寿》《幸遇》《命义》等篇是也。其《命义篇》举儒、墨对辩之言曰：

> 墨家之论，以为人死无命。儒家之议，以为人死有命。言有命者，见子夏言“死生有命，富贵在天”。言无命者，闻历阳

之都，一宿沉而为湖[58]。秦将白起，坑赵降卒于长平之下四十万众，同时皆死。春秋之时，败绩之事，死者数万，尸且万数，饥馑之岁，饿者满道，温气疫疠，千户灭门，如必有命，何其秦、齐同也？言有命者曰：夫天下之大，人民之众，一历阳之都，一长平之坑，同命俱死，未可怪也。命当溺死，故相聚于历阳；命当压死，故相积于长平。犹高祖初起，相工入丰、沛之邦，多封侯之人矣，未必老少男女俱贵而有相也。卓跞[59]时见，往往皆然，而历阳之都，男女俱没，长平之坑，老少并陷，万数之中，必有长命未当死之人，遭时衰微，兵革并起，不得终其寿。人命有长短，时有盛衰，衰则疾病被灾蒙祸之验也。宋、卫、陈、郑，同日并灾[60]，四国之人，必有禄盛未当衰之人，然而俱灾，国祸临之也。故国命胜人命，寿命胜禄命。

凡言禄命而能成理者，以此为胜。

虽然，命者孰为之乎？命字之本，固谓天命。儒者既斥鬼神，则天命亦无可立。若谓自然之数，数由谁设，更不得其征矣。然墨子之非命，亦仅持之有故，未能言之成理也。特以有命之说，使其偷惰，故欲绝其端耳[61]。其《非命》下篇云：今天下之君子之为文学出言谈也，非将勤能其颊舌而利其唇吻也，中实将欲其国家邑里万民刑政者也[62]。今王公大臣，若信有命而致行之，则必怠乎听狱治政矣，卿大夫必怠乎治官府矣，农夫必怠乎耕稼树艺矣，妇人必怠乎纺绩织纴矣。是故非命者，不必求其原理，特谓于事有害而已。

夫儒家不信鬼神而言有命，墨家尊信鬼神而言无命，此似自相刺缪者。不知墨子之非命，正以成立宗教，彼之尊天右[63]鬼者，谓其能福善祸淫耳。若言有命，则天鬼为无权矣。卒之盗跖寿终，伯夷饿夭，墨子之说，其不应者甚多，此其宗教所以不能传久也。又凡建立宗教者，必以音乐庄严之具感触人心，使之不厌。而墨子贵俭非乐，故其教不能逾二百岁。（秦汉已无墨者。）虽然，墨子之学，诚有不逮孔、老者，其道德则非孔、老所敢窥视也。

次论阴阳家。阴阳家亦属宗教，而与墨子有殊观。《墨子·贵义篇》云：子墨子北之齐，遇日者[64]。日者曰："帝以今日杀黑龙于北方，而先生之色黑，不可以北。"子墨子不听，遂北至淄水，不遂而返焉。日者曰："我谓先生不可以北。"子墨子曰："南人不得北，北人不得南，其色有黑者，有白者，何故皆不遂也。且帝以甲乙杀青龙于东方，以丙丁杀赤龙于南方，以庚辛杀白龙于西方，以壬癸杀黑龙于北方，以戊己杀黄龙于中方。若用子之言，则是禁天下之行者也。"盖墨家言宗教，以善恶为祸福之标准，阴阳家言宗教，以趋避为祸福之标准，此其所以异也。或疑《七略》以阴阳家录入诸子，而《数术》自为一略，二者何以相异？答曰：以今论之，实无所异，但其理有浅深耳。盖数术诸家，皆繁碎占验之辞，而阴阳家则自有理论，如《邹子》四十九篇、《邹子终始》五十六篇、《邹奭子》十二篇，观《史记·孟荀列传》所述，邹衍之说，穷高极深，非专术家之事矣[65]。《南公》三十六篇，即言"楚虽三户，亡秦必楚"者，是为豫言[66]之图谶[67]，亦与常占有异。如扬雄之《太玄》、司马光之《潜虚》、邵雍之《皇极经世》、黄道周之《三易洞玑》，皆应在阴阳家，而不应在儒家六艺家，此与蓍龟形法之属，高下固殊绝矣。

次论纵横家。纵横家之得名，因于从人横人，以六国抗秦为从，以秦制六国为横，其名实不通于异时异处。《汉志》所录，汉有《蒯子》五篇、《邹阳》七篇。蒯劝韩信以三分天下鼎足而居[68]，邹阳仕梁，值吴、楚昌狂之世[69]，其书入于纵横家，亦其所也。其他秦《零陵令信》一篇、《主父偃》二十八篇、《徐乐》一篇、《庄安》一篇、《待诏仓马聊苍》一篇，身仕王朝，复何纵横之有。然则纵横者，游说之异名，非独外交颛对之事也。

儒家者流，热中趋利，故未有不兼纵横者，如《墨子·非儒》下篇记孔子事，足以明之：

> 孔丘之齐，见景公，景公欲封之以尼谿。晏子曰："不可。"于是厚其礼，留其封，数见而不问其道，孔乃恚怒[70]于景公与晏子，乃树鸱夷子皮[71]于田常之门，告南郭惠子以所欲焉。归于鲁。有顷间，齐将伐鲁，告子贡曰："赐乎，举大事于今之时

矣。”乃遣子贡之齐，因南郭惠子以见田常，劝之伐吴，以教高、国、鲍、晏，使毋得害田常之乱。

《越绝书》内传《陈成恒篇》亦记此事云：子贡一出，存鲁、乱齐、破吴、强晋、霸越。是则田常弑君，实孔子为之主谋，沐浴请讨之事，明知哀公不听，特借此以自文[72]。此为诈谖之尤矣。便辞利口，覆邦乱家，非孔子、子贡为之倡耶？《庄子·胠箧》云：田成子一旦杀齐君而盗其国，所盗者岂独其国耶？并举其圣知之法而盗之，故窃钩者死，窃国者为诸侯，诸侯之门，而仁义存焉。此即切齿腐心于孔子之事也。

自尔以来，儒家不兼纵横，则不能取富贵。余观《汉志》儒家所列，有《鲁仲连子》十四篇、《平原老》七篇、《陆贾》二十三篇、《刘敬》三篇、《终军》八篇、《吾丘寿王》六篇、《庄助》四篇。此外，则有郦生，汉初谒者，称为大儒。而其人皆善纵横之术。其关于外交者，则鲁仲连说辛垣衍，郦生说田横[73]，陆贾、终军、严助谕南越是也[74]。其关于内事者，则刘敬请都关中[75]是也。吾丘寿王在武帝前，智略辐辏，传中不言其事，寿王既与主父偃、徐乐、庄助同传，其行事宜相似。而平原老朱建者，则为辟阳侯审食其事，游说嬖人，其所为愈卑鄙矣。

纵横之术，不用于国家，则用于私人，而持书求荐者，又其末流。曹丘通谒于季布[76]，楼护传食于五侯[77]。降及唐世，韩愈以儒者得名，亦数数[78]腾言当道，求为援手。乃知儒与纵横，相为表里，犹手足之相支、皮革之相附也。宋儒稍能自重。降及晚明，何心隐辈又以此术自豪。及满洲而称理学者，无不习捭阖[79]、知避就矣。孔子称达者察言观色，虑以下人，闻者色取行违[80]，居之不疑。由今观之，则闻者与纵横稍远，而达者与纵横最近，达固无以愈于闻也。程、朱末流，惟是闻者；陆、王末流，惟是达者。至于今日，所谓名臣大儒，则闻达兼之矣。若夫纵人横人之事，则秦皇一统而后，业已灭绝，故《隋书·经籍志》中，惟存《鬼谷》三卷，而梁元帝所著《补阙子》与《湘东鸿烈》二书，不知其何所指也。

次论法家。法家者，略有二种，其一为术，其一为法。《韩非子·定法篇》曰：申不害言术，而公孙鞅为法。术者，因任[81]而授官，循名而责实，操杀生之柄，课[82]群臣之能者也。此人主之所执也。法者，宪令著于官府，刑罚必于民心，赏存乎慎法，而罚加乎奸令者也，此臣之所师也。然为术者，则与道家相近；为法者，则与道家相反。《庄子·天下篇》说慎到之术曰：椎拍輐断[83]，与物宛转，推而后行，曳而后往，若飘风之还，若羽之旋，若磨石之隧，全而无非，动静无过，未尝有罪。此老子所谓圣人无常心，以百姓为心也。此为术者与道家相近也。老子言民不畏死，奈何以死惧之。太史公《酷吏列传》亦引法令滋章、盗贼多有之说，而云法令者，治之具，而非制治清浊之源，此为法者与道家相反也。亦有兼任术法者，则管子、韩非是也。《汉志》，《管子》列于道家，其《心术》《白心》《内业》诸篇，皆其术也，《任法》《法禁》《重令》诸篇，皆其法也。韩非亦然，《解老》《喻老》，本为道家学说。少尝学于荀卿，荀卿隆礼义而杀诗书，经礼三百，固周之大法也。韩非合此二家，以成一家之说，亦与管子相类。（惟《管子·幼官》诸篇，尚兼阴阳，而韩非无此者，则以时代不同也。）后此者惟诸葛亮专任法律，与商君为同类。故先主遗诏，令其子读《商君书》（见裴松之《三国志注》引《诸葛亮集》），知其君臣相合也。其后周之苏绰、唐之宋璟，庶几承其风烈。

然凡法家必与儒家、纵横家反对，惟荀卿以儒家大师，而法家韩、李为其弟子，则以荀卿本意在杀《诗》《书》[84]，固与他儒有别。韩非以法家而作《说难》，由其急于存韩，故不得不兼纵横耳。其他则与儒家、纵横家未有不反唇相稽者。《商君·外内篇》曰：奚为淫道，为辩知者贵，游宦者任，文学私名显之谓也[85]。此兼拒儒与纵横之说也。《靳令篇》曰：六虱：曰礼乐，曰诗书，曰修善，曰孝弟，曰诚信，曰贞廉，曰仁义，曰非兵，曰羞战。此专拒儒者之说也。《韩非·诡使篇》曰：守度奉量之士欲以忠婴上而不得见，巧言利辞，行奸轨以幸偷世者数御。《六反篇》曰：游居厚养，牟[86]食之民也，而世尊之曰“有能之士”。曲语牟知，伪诈之民也，而世尊之曰“辩智之士”。此拒纵横家之说也。《五蠹篇》曰：儒以文乱法，侠以武犯禁。《显学篇》曰：藏书策，习谈论，聚徒役，服文学而议说，世主必从而礼之。国平则养儒侠，难至则用介士[87]，所养者非所用，所用者非所养，此所以乱也。此拒儒家之说也。《五蠹篇》曰：明主之国，无书简之文，以法为教；无先王之语，以吏为师。此拒一切学者之说也。至汉公孙弘、董仲舒辈，本是经师。其时经师与儒已无分别。弘习文法吏事，而缘饰以儒术；仲舒为《春秋决狱》二百三十二事，以应廷尉张汤之问，儒家、法家，于此稍合。自是以后，则法家专与纵横家为敌，严助、伍被，皆纵横家，汉武欲薄其罪，张汤争而诛之。主父偃亦纵横家，汉武欲勿诛，公孙弘争而诛之。而边通学短长之术，亦卒谮杀张汤[88]。诸葛治蜀，赏信必罚，彭羕、李严，皆纵横之魁桀，故羕诛而严流。其于儒者，则稍稍优容之。盖时诎则诎，能俯首帖耳于法家之下也。然儒家、法家、纵横家，皆以仕宦荣利为心，惟法家执守稍严，临事有效。儒家于招选茂异之世，则习为纵横；于综核名实之世，则毗[89]于法律。纵横是其本真，法律非所素学。由是儒者自耻无用，则援引法家以为己有。南宋以后，尊诸葛为圣贤，亦可闵已。然至今日，则儒、法，纵横，殆将合而为一也。

次论名家。名家之说，关于礼制者，则所谓“刑名从商，爵名从周，文名从礼[90]”也。关于人事百物者，则所谓“散名之加于万物者，则从诸夏之成俗曲期”也。《庄子·天下篇》云：《春秋》以道名分[91]，非特褒贬损益而已。《穀梁传》曰：陨石于宋五，先陨而后石何也，陨而后石也。于宋四竟之内曰宋。后数，散辞也，耳治[92]也。六鶂退飞过宋都。先数，聚辞也，目治也。石、鶂且犹尽其辞，而况于人乎？说曰：陨石，记闻也，闻其磌然[93]，视之则石，察之则五。六鶂退飞，记见也，视之则六，察之则鶂，徐而察之则退飞，是关于散名者也。凡正名者，亦非一家之术，儒、道、墨、法，必兼是学，然后能立能破，故儒有荀子《正名》，墨有《经说》上、下，皆名家之真谛，散在余子者也。若惠施、公孙龙辈，专以名家著闻，而苟为鉥析[94]者多，其术反同诡辩。故先举儒家荀子《正名》之说，以征名号。其说曰：

何缘而以同异？曰：缘天官[95]。凡同类同情者，其天官之意物也同[96]；故比方之疑似而通。是所以共其约名以相期也。形体色理，以目异；声音清浊、调竽奇声，以耳异；甘、苦、咸、淡、辛、酸、奇味，以口异；香、臭、芬、郁、腥、臊、洒、酸、奇臭，以鼻异；疾、养、疮、热、滑、铍、轻、重，以形体异。说、故、喜、怒、哀、乐、爱、恶、欲，以心异。心有征知。征知，则缘耳而知声可也，缘目而知形可也，然而征知必将待天官之当簿其类然后可也。五官簿之而不知，心征之而无说，则人莫不然谓之不知，此所缘而以同异也[97]。

然后随而命之，同则同之，异则异之；单足以喻则单；单不足以喻则兼；单与兼无所相避则共，虽共，不为害矣。故万物虽众，有时而欲遍举之，故谓之物。物也者，大共名也[98]。推而共之，共则又共，至于无共然后止。有时而欲遍举之，故谓之鸟兽。鸟兽者，大别名也。推而别之，别则又别，至于无别然后止。物有同状而异所者，有异状而同所者[99]，可别也。状同而为异所者，虽可合，谓之二实。状变而实无别而为异者，谓之化；有化而无别，谓之一实。此事之所以稽实定数也[100]。此制名之枢要也。

按此说同异何缘，曰缘天官。中土书籍少言缘者，故当征之佛书。大凡一念所起，必有四缘：一曰因缘，识种是也[101]；二曰所缘缘，尘境是也[102]；三曰增上缘，助伴是也[103]；四曰等无间缘，前念是也[104]。缘者是攀附义。此云缘天官者，五官缘境[105]，彼境是所缘缘，心缘五官见分，五官见分是增上缘，故曰缘耳而知声可也，缘目而知形可也。五官非心不能感境，故同时有五，俱意识为五官，作增上缘。心非五官不能征知，故复借五官见分为心作增上缘。五官感觉，惟是现量[106]，故曰五官簿之而不知。心能知觉，兼有非量[107]、比量[108]，初知觉时，犹未安立名言，故曰心征之而无说。征而无说，人谓其不知，于是名字生焉。

大抵起心分位[109]，必更五级：其一曰作意，此能警心令起；二曰触，此能令根（即五官。）境识[110]三和合为一；三曰受，此能领纳顺违俱非境相；四曰想，此能取境分齐[111]；五曰思，此能取境本因[112]。作意与触，今称动向，受者今称感觉，想者今称知觉，思者今称考察。初起名字，惟由想成，所谓口呼意呼者也。继起名字，多由思成，所谓考呼者也。凡诸别名，起于取像，故由想位口呼而成。凡诸共名，起于概念，故由思位考呼而成。同状异所，如两马同状，而所据方分各异；异状同所，如壮老异状，而所据方分[113]是同。不能以同状异所者，谓为一物；亦不能以异状同所者，谓为二物。然佛家说六种言论[114]，有云众法聚集言论者，谓于色、香、味、触等事和合差别，建立宅、舍、瓶、衣、车、乘、军、林、树等种种言论[115]，有云非常言论者[116]，或由加行谓于金段等起，诸加行造环钏等异，庄严具，金段言舍，环钏言生[117]。或由转变，谓饮食等于转变时，饮食言舍便秽言生[118]。（见《瑜伽师地论》[119]。）然则同状异所者，物虽异而名可同，聚集万人，则谓之师矣。异状同所者，物虽同而名可异，如卵变为鸡，则谓之鸡矣。荀子未言及此，亦其鉴有未周也。

次举《墨经》以解因明。其说曰：

> 故所得而后成也。（《经上》。）小故有之不必然，无之必不然[120]，体也若有端[121]。大故[122]有之必无然，若见之成见也[123]。体若二之一[124]，尺之端也。（《经说上》。）

荀子惟能制名，不及因名之术，要待墨子而后明之。何谓因明[125]？谓以此因明彼宗旨。佛家因明之法，宗因喻[126]三分为三支，于喻之中，又有同喻异喻。同喻异喻之上，各有合离之言词，名曰喻体[127]，即此喻语，名曰喻依，如云声是无常（宗），所作性故（因），凡所作者，皆是无常，同喻如瓶[128]。凡非无常者，皆非所作。异喻如太空[129]。（喻。）墨子之“故”，即彼之“因”，必得此因，而后成宗，故曰“故所得而后成也”。小故大故，皆简因喻过误之言，云何小故，谓以此大为小之因。盖凡“因”较宗之“后陈”，其量必减，如以所作成无常，而无常之中，有多分非所作者，若海市电光，无常起灭，岂必皆是所作[130]。然凡所作者，则无一不是无常。是故无常量宽，所作量狭[131]，今此同喻合词。若云凡无常者，皆是所作，则有“倒合[132]”之过，故曰“有之不必然”。谓有无常者，不必皆是所作也。然于异喻离词，若云凡非无常者，皆非所作，则为无过，故曰“无之必不然”。谓无无常者，必不是所作也。以体喻宽量，以端喻狭量，故云“体也若有端”。云何大故？谓以此大为彼大之因。如云声是无常不遍性，故不遍之与无常，了不相关，其量亦无宽狭。既不相关，必不能以不遍之因，成无常之宗，故曰“有之必无然”。二者同量，若见与见，若尺之前端后端，故曰“若见之成见也，体若二之一，尺之端也”。

近人或谓印度三支，即是欧洲三段。所云宗者，当彼断按；所云因者，当彼小前提；所云同喻之喻体者，当彼大前提。特其排列逆顺，彼此相反，则由自悟悟他之不同耳。然欧洲无异喻，而印度有异喻者，则以防其倒合，倒合则有减量换位之失。是故示以离法，而此弊为之消弭。村上专精[133]据此以为因明法式长于欧洲。乃墨子于小故一条已能如此，是亦难能可贵矣。若鸡三足、狗非犬之类，诡辩繁辞，今姑勿论。

次论杂家。杂家者，兼儒、墨，合名、法，见王治之无不贯，此本出于议官。彼此异论，非以调和为能事也。《吕氏春秋》《淮南》内篇，由数人集合而成，言各异指，固无所害，及以一人为之，则漫羡[134]无所归心，此《汉志》所以讥为荡者也。《韩非子·显学篇》曰：墨者之葬也，冬日冬服，夏日夏服，桐棺三寸，服丧三月，世以为俭而礼之。儒者破家而葬，服丧三年，大毁扶杖，世以为孝而礼之。夫是墨子之俭，将非孔子之侈也；是孔子之孝，将非墨子之戾也。今孝、戾、俭、侈，俱在儒、墨，而上兼礼之。漆雕之议，不色挠，不目逃，行曲则违于臧获，行直则怒于诸侯[135]，世主以为廉而礼之。宋荣子之议，设不斗争，取不随仇，不羞囹圄，见侮不辱，世主以为宽而礼之。夫是漆雕之廉，将非宋荣之恕也；是宋荣之宽，将非漆雕之暴也。今宽、廉、恕、暴，俱在二子，人主兼而礼之。自愚诬之学、杂反之辞争而人主俱听之；故海内之士，言无定术，行无常议。夫冰炭不同器而久，寒暑不兼时而至，杂反之学不两立而治。

今兼听杂学缪行同异之举，安得无乱乎？韩非说虽如是，然欲一国议论如合符节[136]，此固必不可得者。学术进行，亦借互相驳难，又不必偏废也。至以一人之言而矛盾自陷，俛仰[137]异趋，则学术自此衰矣。东汉以来，此风最盛，章氏《文史通义》谓近人著作，无专门可归者，率以儒家、杂家为蛇龙之菹[138]，信不诬也。

次论农家。农家诸书，世无传者，《氾胜之书》，时见他书征引，与贾思勰之《齐民要术》、王桢之《农书》义趣不异。若农家止于如此，则不妨归之方技，与医经经方同列。然观《志》所述云："鄙者为之，以为无所事圣王，欲使君臣并耕，悖上下之序。"则许行所谓神农之言[139]犹有存者。《韩非・显学篇》云：今世之学士语治者，多曰："与贫穷地，以实无资[140]。"是即近世均地主义，斯所以自成一家欤！

次论小说家。周秦、西汉之小说，似与近世不同。如《周考》七十六篇、《青史子》五十七篇、《臣寿周纪》七篇、《虞初周说》九百四十三篇，与近世杂史相类，比于《西京杂记》《四朝闻见录》等，盖差胜[141]矣。贾谊尝引《青史》，必非谬悠[142]之说可知。如《伊尹说》二十七篇、《鬻子说》十九篇、《宋子》十八篇、《待诏臣安成未央术》一篇，则其言又兼黄老[143]。《庄子・天下篇》举宋钘、尹文之术，列为一家，荀卿亦与宋子相难[144]。今尹文入名家，而宋子只入小说，此又不可解者。以意揣之，宋子上说下教，强聒不舍[145]（见《庄子・天下篇》），盖有意于社会道德者。所列黄老诸家，宜亦同此。街谈巷议，所以有益于民俗也。《笑林》以后，此指渐衰，非刍荛之议[146]矣。

上来所述诸子，凡得十家，而《汉志》称九流者，彼云九家可观，盖小说特为附录而已。就此十家论之，儒、道本同源而异流，与杂家、纵横家合为一类，墨家、阴阳家为一类，农家、小说家为一类，法家、名家各自独立，特有其相通者。

【注释】

① 本文原载 1906 年 7 月 8 日《国粹学报》丙午年第八、第九号，后

曾收入日本秀光社铅印《国学讲习会略说》、1914 年上海中华图书馆石印本《章太炎文抄》。此文选自《章太炎全集》。章太炎(1869—1936),原名学乘,字枚叔,后更名绛,号太炎,后又改名炳麟。浙江余杭人。清末民初著名学者,同时也积极参与各种思想改良运动及革命活动。一生著作颇丰,研究范围涉及小学、经学、史学、政治学等领域。其著作被编入《章氏丛书》《章氏丛书续编》和《章氏丛书三编》,上海人民出版社 2014、2015 年先后出版《章太炎全集》第一辑、第二辑,网罗丰富,可窥章氏著作大体面貌。

②[汗漫] 漫无标准,浮泛不着边际。

③[皮傅] 凭肤浅的认识牵强附会。

④[解故] 用当代语解释古语。

⑤[素王] 指孔子。汉公羊家因孔子身无尊位,而修春秋以制明王之法,因尊之为"素王"。

⑥[阳明起而相抗,其言致良知也] 王阳明反对朱熹通过格物致知而追求"天理"的方法,提倡"心学","心即是理",也就是从自己内心去寻找"理","理"在于人"心",因此提出"致良知"的认识。

⑦[孙奇逢辈遂以调和朱、陆为能] 指孙奇逢认为朱熹的"格物致知"而求至理,与陆九渊的"心即是理"、向内心寻求至理的看法实际上殊途而同归,两者不应该对立。《四书近指》云:"文成之良知,紫阳之格物,原非有异。"孙奇逢(1584—1675),字启泰,号钟元,学者称夏峰先生,直隶容城人。明末清初著名理学家,负经世之略,与左光斗、魏大中、周顺昌论交。

⑧[诟詈(lì)] 辱骂。

⑨[谁使定世之学乎] 谁可以判断儒、墨学说的真假呢。

⑩[盖观调和独立之殊,而知古今学者远不相及] 指古之学者相互之间学说不同,并坚持己见,不妄加苟同。而今之学者不喜有异,相互援引附会,失去学术独立的精神。

⑪[何等名为所熏,若法平等,无所违逆,能容习气,乃是所熏] 何

谓熏习，世间一切平等，无所违逆，能被他人的思想、习性所影响，这样的人即受熏习。熏，熏习，身心行为对心识的影响作用。

⑫［若法自在性，非坚密能受习气，乃是所熏］若如其所欲，无所坚持，则受熏习。

⑬［《成唯识论》］凡十卷。护法等造，唐代玄奘译。又称唯识论、净唯识论。阐释《唯识三十论颂》，是法相宗的重要经典之一。

⑭［党同门而妒道真者，刘子骏之所恶］刘歆《移书让太常博士》云："若必专己守残，党同门，妒道真，违明诏，失圣意，以陷于文吏之议，甚为二三君子不取也。"见《汉书·楚元王传》。刘子骏，刘歆。

⑮［班孟坚］班固。

⑯［古之学者，多出王官世卿用事之时］因学在官府，民间既无载籍也无老师，因此学者一般都是出自于宫廷的王官贵族或供事于宫廷的人。

⑰［执鞭拊(fǔ)马之徒］驾车者，御者。拊，拍打。

⑱［畴官］世代承袭其专业的官职。

⑲［孔子问礼老聃］孔子与鲁南宫敬叔适周问礼，路遇老子，老子送之以言。事见《史记·孔子世家》。

⑳［司徒之官］六卿之一，掌管教化。

㉑［羲和之官］掌管历法之官。

㉒［理官］法官，治理狱讼之官。

㉓［清庙之守］看守宗庙之官。

㉔［行人之官］掌管朝觐聘问，接待宾客之官。

㉕［稗官］收集民间风俗的小官。以上论诸子出于王官，乃截取《汉书·艺文志》文字拼合而成，非原文。

㉖［跂(qǐ)以为长，隐(yìn)以为广］踮起脚尖使身子增长，卧靠使身子变广。跂，同"企"，踮脚。隐，倚、靠。语见《墨子·公孟》。

㉗［六德、六行、六艺］六德，知、仁、圣、义、忠、和。六行，教、友、睦、姻、任、恤。六艺，礼、乐、射、御、书、数。见《周礼·地官司徒》。

㉘［盖儒生以致用为功，经师以求是为职］儒生求经世致用，因此四处游说奔走，显于当世，而经师只求经义是非，因此载入《儒林传》之儒生大多默默无闻。

㉙［鄙夫好其实，不恤其文，是以终身不免埤污庸俗。故《易》曰：括囊，无咎无誉］粗鄙之人好实在的利益，不注重文采，所以终生都免不了卑鄙庸俗。因此《易》曰："像扎紧口袋一样缄口不言，既无过错也无赞誉"。见《荀子·非相》。

㉚［取青紫如拾芥］对待高官厚禄如同草芥一般。青紫，指古代高官衣服的颜色或绑在官印上的青绶、紫绶，用来代指高官厚禄。

㉛［孔子之讥丈人，谓之不仕无义］孔子与子路失散，子路遇隐者荷蓧丈人，认为其"不仕无义……君子之仕也，行其义也。"见《论语·微子篇》。

㉜［盗名不如盗货］欺世盗名还不如偷盗货物。

㉝［沽之哉］卖掉它。《论语·子罕篇》："沽之哉！沽之哉！我待贾者也。"孔子以美玉自喻，希望等到可以发现其才能和价值的明主。

㉞［辟者随时抑扬，违离道本，苟以哗众取宠］辟儒根据世俗的需要随时任意曲解经义，违背了根本的道义，只知哗众取宠。语出《汉书·艺文志》，原文为："然惑者既失精微，而辟者又随时抑扬，违离道本，苟以哗众取宠。后进循之，是以五经乖析，儒学渐衰，此辟儒之患"。辟，陋。

㉟［摇唇鼓舌］以言辞干诸侯。

㊱［而微生亩与孔子同时，已讥其佞］微生亩认为孔子终日忙忙碌碌、四处奔走，是巧言谄媚之人。事见《论语·宪问篇》，原文为："微生亩尝谓孔子曰：'丘何为是栖栖者与？无乃为佞乎？'孔子曰：'非敢为佞也，疾固也。'"

㊲［可与立，未可与权］能与之坚守不移的，不一定能够通权达变。见《论语·子罕篇》

㊳［藜羹不糂］以藜做羹，无半颗米粒，粗食。

㊴［则又以疾固自文］孔子又以自己讨厌顽固的人这个说法来自我伪饰。见《论语·宪问篇》。

㊵［乡愿］亦作“乡原”。貌似外表忠厚老实，惹人喜爱，实际上却不能辨别是非。愿：老实恭谨。

㊶［逢衣浅带］古时儒者所穿服饰。

㊷［冒没］轻率，莽撞。

㊸［函胡］含糊。

㊹［天方教］伊斯兰教。

㊺［禨(jī)］事鬼神以求福。

㊻［敻(xiòng)］远。

㊼［怵］恐惧。

㊽［强梁者不得其死，吾将以为教父］强暴、违反自然规律的人不得好死，我把这当作施教的根本。语见《老子·四十二章》。

㊾［濂溪］周敦颐，字茂叔，号濂溪先生。北宋道州营道楼田堡(今湖南省道县)人，北宋著名理学家。

㊿［东原］戴震，字东原。休宁隆阜(今安徽黄山屯溪区)人。清代著名朴学家。

51［婺原］江永，字慎修，又字慎斋。徽州府婺源县(今江西省婺源县江湾镇)人，清代著名经学家。

52［发其覆］揭露真相。

53［乌鹊孺，鱼傅沫，细要者化，有弟而兄啼］乌鸦喜鹊孵化而生，鱼濡沫而生，蜂类是化生，弟弟出生，哥哥失爱而啼哭。

54［逢(páng)蒙杀羿之事］逢蒙跟随羿学箭，学成之后，因为天下只有羿的箭术超过自己，因此将羿杀害。事见《孟子·离娄章句下》，原文曰：“逢蒙学射于羿，尽羿之道，思天下惟羿为愈己，于是杀羿。孟子曰：‘是亦羿有罪焉。’”

55［犹以争名致戮］孔子与少正卯均在鲁收徒讲学，孔子的弟子大多跑到少正卯那里去听课，即《论衡·讲瑞篇》所谓“孔子之门，三盈三虚”。后来孔子为鲁司寇，上任七天就将少正卯杀掉了。事又见《荀子·宥坐》《史记·孔子世家》。

㊻［以道莅天下，其鬼不神］用道治理天下，鬼神起不了作用。语见《老子·六十章》。

㊼［非命］否定宿命。

㊽［历阳之都，一宿沉而为湖］见《淮南子·俶真训》。

㊾［卓跞(luò)］卓绝超群。

㊿［宋、卫、陈、郑，同日并灾］事见《左传·昭公十七年》。

(61)［特以有命之说，使其偷惰，故欲绝其端耳］天命之说使人消极而懒惰，因此墨子提出非命说便是为了断绝这种可能性。

(62)［今天下之君子之为文学出言谈也，非将勤能其颊舌而利其唇吻也，中实将欲其国家邑里万民刑政者也］天下的君子作辞章、谈话，并不是为了锻炼自己的口舌，而是为了国家百姓的政法服务。

(63)［右］以之为尊。

(64)［日者］占侯卜筮之人。

(65)［非专术家之事矣］指邹衍述阴阳自有理论体系，非专于某一具体数术。

(66)［豫言］预言。

(67)［图谶］有关王者受命征验的书籍，多为预言或隐语。

(68)［蒯劝韩信以三分天下鼎足而居］事见《史记·淮阴侯列传》。

(69)［邹阳仕梁，值吴、楚昌狂之世］事见《史记·鲁仲连邹阳列传》。

(70)［恚(huì)怒］愤怒。

(71)［鸱(chī)夷子皮］范蠡。

(72)［文］修饰伪装。

(73)［郦生说田横］事见《史记·郦生陆贾列传》。

(74)［陆贾、终军、严助谕南越是也］事见《史记·南越列传》。

(75)［刘敬请都关中］见《汉书·张陈王周传》。

⑯［曹丘通谒于季布］事见《史记·季布栾布列传》。

⑰［楼护传食于五侯］楼护交结王氏五侯，事见《汉书·游侠传》。

⑱［数数］屡次。

⑲［捭阖］或开或合，游说之术。

⑳［闻者色取行违］所谓闻名，是神态上表现为仁，而行动上却违背它。语见《论语·颜渊篇》，原文为："夫闻也者，色取仁而行违。"

㉑［因任］根据事物本身的特点采取相应的措施。

㉒［课］操纵、徒役。

㉓［椎拍輐断］用椎用力拍打，物品还是圆的。

㉔［杀《诗》《书》］将《诗经》《尚书》放在次要的位置。

㉕［奚为淫道，为辩知者贵，游宦者任，文学私名显之谓也］何为淫逸的道路？逞口舌之利的人得到尊贵，四处游说、不事生产的人得到任用，各种思想得到显扬。

㉖［牟］谋取。

㉗［介士］甲胄之士，此处指士兵。

㉘［边通学短长之术，亦卒谮杀张汤］事见《汉书·张汤传》。长短术，纵横术。

㉙［毗］以之为辅助。

㉚［刑名从商，爵名从周，文名从礼］刑名仿照的是商代，爵位仿照的是周代，礼节仪式仿照的是《礼经》。

㉛［《春秋》以道名分］《春秋》是用来讲解名分的。

㉜［耳治］以耳闻之。

㉝［磌（tián）然］石落声。

㉞［觚（gū）析］抠字眼。觚，铁觚。析，分开。

㉟［缘天官］根据人的自然感官。

㊱［其天官之意物也同］对事物的感知相同。

㊲［此所缘而以同异也］这就是事物的名称有同有异的原因。

㊳［物也者，大共名也］"物"这个概念，是最大的公共名称。

⑨⑨ [物有同状而异所者,有异状而同所者] 物体有形状相同而实体不同的,有形状不同而实体相同者。

⑩⑩ [此事之所以稽实定数也] 这就是为什么要考察事物的本质并且制定一定的标准了。

⑩① [因缘,识种是也] 因缘,即产生自果之直接内在原因。种,种子,种子生根发芽,喻内在的直接原因。

⑩② [所缘缘,尘境是也] 所缘缘,略称缘缘,指心、心所所攀缘之一切对象,亦即一切外在事物对内心所产生之间接、直接之缘。尘镜,像尘世的镜子一般倒影在心中。

⑩③ [增上缘,助伴是也] 增上缘,一切有助于或无碍于现象发生之原因条件。所以称之为"助伴"。

⑩④ [等无间缘,前念是也] 等无间缘,又称次第缘,即心、心所之相续中,由前一刹那让路而开引后一刹那生起之原因。前念,前一刻心中之念想。

⑩⑤ [五官缘境] 五官的感知缘于外在的一切事物对心的影响。

⑩⑥ [现量] 即感觉。量,为尺度之意,指知识来源、认识形式,及判断知识真伪之标准。

⑩⑦ [非量] 错误的认知和推论。

⑩⑧ [比量] 即用已知之因(理由)比证未知之宗(命题),以生决定之正智。比,比类。

⑩⑨ [起心分位] 用心感知事物的状态。起心,发起菩提心。分位,暂时处于某个阶段。

⑪⑩ [境识] 客观的外物与主观的心识。

⑪① [取境分齐] 分辨事物之间的差别。取境,取心中之概念。分齐,界限,差别。

⑪② [本因] 事物的根本原因。

⑪③ [方分] 极细微的差别。

⑪④ [六种言论] 谓属主相应言论,远离此彼言论,众共施设言论,

众法聚集言论,不遍一切言论,非常言论。

⑮[谓于色、香、味、触等事和合差别,建立宅、舍、瓶、衣、车、乘、军、林、树等种种言论]对于生命体以外的色、香、味、触等事情,和合起来成为种种不同的事情。是什么呢?就是宅、舍、瓶、衣、车、乘、军、林、树等种种言论,也就是色、香、味、触建立为宅、舍,建立为瓶,建立为衣,建立为车、乘,建立为军,建立为林树等种种言论。

⑯[非常言论者]由四种相应知:由破坏故、由不破坏故、由加行故、由转变故。

⑰[或由加行谓于金段等起,诸加行造环钏等异,庄严具,金段言舍,环钏言生]人工造作的基础是包含黄金等多种元素在里面的物质,有了这个基础之后再发动各式各样的技术,加上种种的人工造作,于是就造成了环、钏等,各式各样的庄严具。造好了以后,那个包含各种金属的物质就不能用了,而环钏就诞生了。加行,修行人准备入修道正位时,须加一段之力而修行,名为加行。

⑱[谓饮食等于转变时,饮食言舍便秽言生]食物被吃了以后就会产生变化,变化了以后,就不能再说它是饮食了,这个饮食的言就弃舍了,而便秽的言就产生了。

⑲[《瑜伽师地论》]一百卷,又称《瑜伽论》《十七地论》,为印度佛教瑜伽行唯识学派及中国法相宗的根本论书,亦是玄奘西行所取重要经典。瑜伽师地,意即瑜伽师修行所要经历的境界(十七地)。相传为弥勒菩萨口述,无著记录。

⑳[小故有之不必然,无之必不然]小原理,有它不一定产生某种结果,但没有它一定没法产生某种结果。小故,小原理,充分条件。

㉑[体也若有端]事物的一部分。端,事物的一头。

㉒[大故]大原理,必要条件。

㉓[若见之成见也]看到事物而产生视觉。

㉔[体若二之一]整体的一部分,如同一是二的一部分。

㉕[因明]指举出理由而行论证之论理学。因,指推理的根据、理

由、原因。明,即显明、知识、学问。

⑫⑥[宗因喻]因明之三支也。

⑫⑦[喻体]因明之喻法,分喻依喻体之二义,欲喻之义理为喻体,其喻体之所依为喻依。

⑫⑧[如云声是无常(宗),所作性故(因),凡所作者,皆是无常,同喻如瓶]声音之所有没有常性,是因为身、口、意所发出的动作具备无常性特点的原因,发出声音的物体,它的声音一定是无常的。就好比是瓶一样,瓶所代表的抽象意义为喻体,而瓶则为喻依。

⑫⑨[凡非无常者,皆非所作。异喻如太空]凡是声音听起来是有常性的,那么就一定不是由人的动作所发。就好像空界一样,空界所代表的抽象意义为喻体,而空界为喻依。这是异喻的方法。

⑬⓪[而无常之中,有多分非所作者,若海市电光,无常起灭,岂必皆是所作]声音表现为无常性,不一定都是人的动作所发,还有可能是其他的原因,如海市电光,发作没有一定的规律。

⑬①[是故无常量宽,所作量狭]所以无常的范围宽,而所作的范围窄。

⑬②[倒合]谓应说言诸所作者皆是无常,而反过来说言诸无常者皆是所作。

⑬③[村上专精]原名广崎专精,号天爱痴人、不住道人、舟山。兵库县人。日本佛教史学家。

⑬④[漫羡]散漫而不严整。

⑬⑤[不色挠,不目逃,行曲则违于臧获,行直则怒于诸侯]脸上不露出畏惧沮丧的神情,眼睛不露出躲闪怯懦的神色,如果做错了,即使对方是奴仆,也要避让,如果做对了,即使对方是诸侯,也要据理力争。臧获,奴仆。

⑬⑥[符节]相符。

⑬⑦[俛(fǔ)仰]低头和抬头。形容差距甚大。俛,通“俯”。

⑬⑧[为蛇龙之菹(zū)]为蛇龙栖息的沼泽地带。

⑬⑨［许行所谓神农之言］见《孟子·滕文公章句上》。

⑭⓪［与贫穷地，以实无资］分给贫穷的人以土地，来充实他们的资财。

⑭①［差胜］稍微胜过。差，稍微。

⑭②［谬悠］荒谬。

⑭③［黄老］起源于战国齐稷下的一种学说（另也有人认为起源于战国时期楚国），依托黄帝、老子立言，以清净无为为根本的道论，同时吸收名、法、墨、儒等家思想，为战国后期显学。西汉初年亦以黄老术治国。

⑭④［荀卿亦与宋子相难］荀子在《荀子·正论》中对宋钘的学说多有驳斥。

⑭⑤［宋子上说下教，强聒不舍］宋钘向上劝说诸侯，向下教育百姓，一直努力而不停止。

⑭⑥［刍荛（ráo）之议］平民之言。刍，割草。荛，砍柴。

【评析】

此文为章太炎于1906年在东京为国学讲习会所编讲义，亦名《论诸子学》，收入《太炎文录初编》《章太炎全集》等。

战国诸子学一直是古典文学研究的重点领域。虽遭乱世，百家争鸣，其中儒、墨、法等学派由于具备了系统的理论学说及代表性的著作，在一定的时期内成为当世显学，也为后人的研究和阐发提供了宝贵资料。

章太炎于此文中不仅梳理了诸子的产生、流变过程，并将周秦诸子学与西汉初经学相论，指出从学术精神和学术特点上来讲，后者不及前者。并逐一分析了九流十家之学说，提出许多创见。如认为儒家之病在存利禄为心；道家乃至道教皆以卑弱自持；儒、法、纵横殆将合而为一等。同时援引佛教诸多概念为之解说。文章述一家之言，实为研究先秦诸子的重要成果。

【理性思考】

1. 战国时期的社会状况,究竟在多大程度上促成了百家争鸣的局面? 这一文化上的繁荣现象是否不可重现?

2. 汉代以后,各种学术思想流派之间的关系究竟发生了怎样的变化,对中国文化的发展又带来了怎样的影响?

3. 明清时期,子学逐渐兴盛。直至晚清,思想家们开始回溯先秦,探寻中华文化崛起和衰落的根源。在封建制度从僵化到灭亡,中国文明内外交困的背景下,我们能从战国诸子那里得到怎样的启发?

【延伸阅读】

1. 章太炎《原儒》,见《国故论衡》,商务印书馆 2010 年版。

2. 余英时《综述中国思想史上的四次突破》,《中国文化史通释》,生活·读书·新知三联书店 2011 年版。

3. 陈来《师儒》,见陈来《古代宗教与伦理:儒家思想的根源》第 8 章,三联书店 1996 年版。

4. 傅斯年《战国子家叙论》,上海古籍出版社 2012 年版。

史记·孔子世家[①]

司马迁

孔子生鲁昌平乡陬邑[②]。其先宋人也,曰孔防叔。防叔生伯夏,伯夏生叔梁纥[③]。纥与颜氏女野合而生孔子,祷[④]于尼丘得孔子。鲁襄公二十二年而孔子生。生而首上圩顶[⑤],故因名曰丘云。字仲尼,姓孔氏。

丘生而叔梁纥死,葬于防山[⑥]。防山在鲁东,由是孔子疑其父墓处,母讳之[⑦]也。孔子为儿嬉戏,常陈俎豆,设礼容[⑧]。孔子母死,乃殡五父之衢,盖其慎也[⑨]。陬人挽父之母诲[⑩]孔子父墓,然后往合葬于防焉。

孔子要绖[11]，季氏飨士[12]，孔子与往。阳虎绌[13]曰："季氏飨士，非敢飨子也。"孔子由是退。

孔子年十七，鲁大夫孟厘子病且死，诫其嗣懿子曰："孔丘，圣人之后，灭于宋[14]。其祖弗父何始有宋而嗣让厉公[15]。及正考父佐戴、武、宣公，三命兹益恭[16]，故鼎铭云：'一命而偻，再命而伛，三命而俯[17]，循墙而走[18]，亦莫敢余侮。饘[19]于是，粥于是，以糊余口。'其恭如是。吾闻圣人之后，虽不当世，必有达者。今孔丘年少好礼，其达者欤？吾即没，若必师之。"及厘子卒，懿子与鲁人南宫敬叔往学礼焉。是岁[20]，季武子卒，平子代立。

孔子贫且贱。及长，尝为季氏史[21]，料量平[22]；尝为司职吏[23]而畜蕃息。由是为司空。已而去鲁，斥乎齐，逐乎宋、卫，困于陈蔡之间，于是反鲁。孔子长九尺有六寸，人皆谓之"长人"而异之。鲁复善待，由是反鲁。

鲁南宫敬叔言鲁君曰："请与孔子适周[24]。"鲁君与之一乘车，两马，一竖子[25]俱，适周问礼，盖见老子云。辞去，而老子送之曰："吾闻富贵者送人以财，仁人者送人以言。吾不能富贵，窃仁人之号，送子以言，曰：'聪明深察而近于死者，好议人者也[26]。博辩广大危其身者，发人之恶者也[27]。为人子者毋以有己，为人臣者毋以有己[28]。'"孔子自周反于鲁，弟子稍益进焉。

是时也，晋平公淫，六卿擅权[29]，东伐诸侯；楚灵王兵强，陵轹[30]中国；齐大而近于鲁。鲁小弱，附于楚则晋怒；附于晋则楚来伐；不备于齐，齐师侵鲁。

鲁昭公之二十年，而孔子盖年三十矣。齐景公与晏婴来适鲁，景公问孔子曰："昔秦穆公国小处辟，其霸何也？"对曰："秦，国虽小，其志大；处虽辟，行中正。身举五羖[31]，爵之大夫，起累绁[32]之中，与语三日，授之以政。以此取之，虽王可也，其霸小矣。"景公说。

孔子年三十五，而季平子与郈昭伯[33]以斗鸡故得罪鲁昭公，昭公率师击平子，平子与孟氏、叔孙氏三家共攻昭公，昭公师败，奔于齐，齐处昭公乾侯[34]。其后顷之[35]，鲁乱。孔子适齐，为高昭子家臣，欲以通乎景公。与齐太师语乐[36]，闻《韶》音，学之，三月不知肉味，齐人称之。

景公问政孔子，孔子曰："君君，臣臣，父父，子子[37]。"景公曰："善哉！信如君不君，臣不臣，父不父，子不子，虽有粟，吾岂得而食诸！"他日又复问政于孔子，孔子曰："政在节财。"景公说，将欲以尼谿[38]田封孔子。晏婴进曰："夫儒者滑稽而不可轨法[39]；倨傲自顺，不可以为下；崇丧遂哀[40]，破产厚葬，不可以为俗；游说乞贷，不可以为国。自大贤之息[41]，周室既衰，礼乐缺有间。今孔子盛容饰，繁登降之礼，趋详之节，累世不能殚其学，当年不能究其礼。君欲用之以移齐俗，非所以先细民[42]也。"后，景公敬见孔子，不问其礼。异日，景公止孔子曰："奉子以季氏[43]，吾不能，以季孟之间待之[44]。"齐大夫欲害孔子，孔子闻之。景公曰："吾老矣，弗能用也。"孔子遂行，反乎鲁。

孔子年四十二，鲁昭公卒于乾侯，定公立。定公立五年，夏，季平子卒，桓子嗣立。季桓子穿井得土缶[45]，中若羊[46]，问仲尼云得狗。仲尼曰："以丘所闻，羊也。丘闻之，木石之怪夔、罔阆[47]，水之怪龙、罔象[48]，土之怪坟羊[49]。"

吴伐越，堕[50]会稽，得骨节专车[51]。吴使使问仲尼："骨何者最大？"仲尼曰："禹致群神于会稽山[52]，防风氏[53]后至，禹杀而戮之，其节专车，此为大矣。"吴客曰："谁为神？"仲尼曰："山川之神，足以纲纪天下，其守为神[54]，社稷为公侯，皆属于王者。"客曰："防风何守？"仲尼曰："汪罔氏[55]之君守封、禺之山，为厘姓。在虞、夏、商为汪罔，于周为长翟，今谓之大人。"客曰："人长几何？"仲尼曰："僬侥氏三尺[56]，短之至也。长者不过十之[57]，数之极也。"于是吴客曰："善哉圣人！"

桓子嬖臣曰仲梁怀，与阳虎有隙。阳虎欲逐怀，公山不狃止之。其秋，怀益骄，阳虎执怀。桓子怒，阳虎因囚桓子，与盟而醳[58]之。阳虎由此益轻季氏。季氏亦僭[59]于公室，陪臣[60]执国政，是以鲁自大夫以下皆僭离于正道。故孔子不仕，退而修诗书礼乐，弟子弥众，至自远方，莫不受业焉。

定公八年，公山不狃不得意于季氏，因阳虎为乱，欲废三桓之适[61]，更立其庶孽[62]阳虎素所善者，遂执季桓子。桓子诈之，得脱。定公九年，阳虎不胜，奔于齐。是时孔子年五十。

公山不狃以费畔季氏，使人召孔子。孔子循道[63]弥久，温温[64]无所试，莫能己用，曰："盖周文武起丰镐而王，今费虽小，傥庶几乎[65]！"欲往。子路不说，止孔子。孔子曰："夫召我者岂徒哉？如用我，其为东周乎[66]！"然亦卒不行。

其后定公以孔子为中都宰[67]，一年，四方皆则之。由中都宰为司空，由司空为大司寇[68]。

定公十年春，及齐平[69]。夏，齐大夫黎钽言于景公曰："鲁用孔丘，其势危齐。"乃使使告鲁为好会，会于夹谷。鲁定公且以乘车好往[70]。孔子摄相事，曰："臣闻有文事者必有武备，有武事者必有文备[71]。古者诸侯出疆，必具官以从。请具左右司马[72]。"定公曰："诺。"具左右司马。会齐侯夹谷，为坛位[73]，土阶三等[74]，以会遇之礼[75]相见，揖让而登。献酬[76]之礼毕，齐有司趋而进曰："请奏四方之乐[77]。"景公曰："诺。"于是旍旄羽袯矛戟剑拨[78]鼓噪而至。孔子趋而进，历阶而登[79]，不尽一等[80]，举袂而言曰："吾两君为好会，夷狄之乐何为于此！请命有司！"有司却之，不去，则左右视晏子与景公。景公心怍，麾而去之[81]。有顷，齐有司趋而进曰："请奏宫中之乐。"景公曰："诺。"优倡侏儒[82]为戏而前。孔子趋而进，历阶而登，不尽一等，曰："匹夫而营惑[83]诸侯者罪当诛！请命有司！"有司加法焉，手足异处。景公惧而动，知义不若，归而大恐，告其群臣曰："鲁以君子之道辅其君，而子独以夷狄之道教寡人，使得罪于鲁君，为之奈何？"有司进对曰："君子有过则谢以质，小人有过则谢以文[84]。君若悼[85]之，则谢以质。"于是齐侯乃归所侵鲁之郓、汶阳、龟阴之田以谢过。

定公十三年夏，孔子言于定公曰："臣无藏甲[86]，大夫毋百雉之城[87]。"使仲由[88]为季氏宰，将堕三都[89]。于是叔孙氏先堕郈。季氏将堕费，公山不狃、叔孙辄率费人袭鲁。公与三子入于季氏之宫，登武子之台。费人攻之，弗克，入及公侧[90]。孔子命申句须、乐颀下伐之，费人北。国人追之，败诸姑蔑。二子奔齐，遂堕费。将堕成，公敛处父谓孟孙曰："堕成，齐人必至于北门[91]。且成，孟氏之保障，无成是无孟氏也。我将弗堕。"十二月，公围成，弗克。

定公十四年，孔子年五十六，由大司寇行摄相事，有喜色。门人曰："闻君子祸至不惧，福至不喜。"孔子曰："有是言也。不曰'乐其以贵下人[92]'乎？"于是诛鲁大夫乱政者少正卯。与闻国政三月，粥羔豚者弗饰贾[93]；男女行者别于途；途不拾遗；四方之客至乎邑者不求有司，皆予之以归[94]。

齐人闻而惧，曰："孔子为政必霸，霸则吾地近焉，我之为先并矣。盍致地焉[95]？"黎钼曰："请先尝沮[96]之；沮之而不可则致地，庸迟乎！"于是选齐国中女子好者八十人，皆衣文衣[97]而舞《康乐》[98]，文马三十驷[99]，遗鲁君。陈女乐文马于鲁城南高门外，季桓子微服往观再三，将受，乃语鲁君为周道游，往观终日，怠于政事。子路曰："夫子可以行矣。"孔子曰："鲁今且郊，如致膰乎大夫[100]，则吾犹可以止。"桓子卒受齐女乐，三日不听政；郊，又不致膰俎于大夫。孔子遂行，宿乎屯。而师己送，曰："夫子则非罪[101]。"孔子曰："吾歌可夫？"歌曰："彼妇之口，可以出走[102]；彼妇之谒，可以死败[103]。盖优哉游哉，维以卒岁！"师己反，桓子曰："孔子亦何言？"师己以实告。桓子喟然叹曰："夫子罪我以群婢故也夫！"

孔子遂适卫，主[104]于子路妻兄颜浊邹家。卫灵公问孔子："居鲁得禄几何？"对曰："奉粟六万。"卫人亦致粟六万。居顷之，或谮孔子于卫灵公。灵公使公孙余假一出一入[105]。孔子恐获罪焉，居十月，去卫。

将适陈，过匡，颜刻为仆，以其策指之曰："昔吾入此，由彼缺也。"匡人闻之，以为鲁之阳虎。阳虎尝暴[106]匡人，匡人于是遂止[107]孔子。孔子状类阳虎，拘焉五日。颜渊后，子曰："吾以汝为死矣。"颜渊曰："子在，回何敢死！"匡人拘孔子益急，弟子惧。孔子曰："文王既没，文不在兹乎[108]？天之将丧斯文也，后死者不得与于斯文也[109]。天之未丧斯文也，匡人其如予何[110]!”孔子使从者为宁武子臣于卫,然后得去。

去即过蒲。月余,反乎卫,主蘧伯玉家。灵公夫人有南子者,使人谓孔子曰:“四方之君子不辱欲与寡君为兄弟者,必见寡小君[111]。寡小君愿见。”孔子辞谢,不得已而见之。夫人在𫄨帷[112]中。孔子入门,北面稽首[113]。夫人自帷中再拜,环佩玉声璆然[114]。孔子曰:“吾乡为弗见,见之礼答焉。”子路不说。孔子矢[115]之曰:“予所不者,天厌之[116]!天厌之!”居卫月余,灵公与夫人同车,宦者雍渠参乘,出,使孔子为次乘[117],招摇市过之。孔子曰:“吾未见好德如好色者也。”于是丑之,去卫,过曹。是岁[118],鲁定公卒。

孔子去曹适宋,与弟子习礼大树下。宋司马桓魋[119]欲杀孔子,拔其树。孔子去。弟子曰:“可以速矣。”孔子曰:“天生德于予,桓魋其如予何!”

孔子适郑,与弟子相失,孔子独立郭东门。郑人或谓子贡曰:“东门有人,其颡似尧,其项类皋陶,其肩类子产,然自要以下不及禹三寸[120]。累累若丧家之狗[121]。”子贡以实告孔子。孔子欣然笑曰:“形状,末也。而谓似丧家之狗,然哉!然哉!”

孔子遂至陈,主于司城贞子家。岁余,吴王夫差伐陈,取三邑而去。赵鞅伐朝歌。楚围蔡,蔡迁于吴。吴败越王句践会稽。

有隼[122]集于陈廷而死,楛矢[123]贯之,石砮[124],矢长尺有咫[125]。陈湣公使使问仲尼。仲尼曰:“隼来远矣,此肃慎[126]之矢也。昔武王克商,通道九夷百蛮,使各以其方贿[127]来贡,使无忘职业。于是肃慎贡楛矢,石砮,长尺有咫。先王欲昭其令德,以肃慎矢分大姬[128],配虞胡公而封诸陈。分同姓以珍玉,展亲[129];分异姓以远方职,使无忘服。故分陈以肃慎矢。”试求之故府,果得之。

孔子居陈三岁,会晋楚争强,更[130]伐陈,及吴侵陈,陈常被寇。孔子曰:“归与,归与!吾党之小子狂简,进取不忘其初[131]。”于是孔子去陈。

过蒲,会公叔氏以蒲畔,蒲人止孔子。弟子有公良孺者,以私车五乘从孔子。其为人长贤,有勇力,谓曰:“吾昔从夫子遇难于匡,今又遇难于此，命也已。吾与夫子再罹难，宁斗而死。”斗甚疾。蒲人惧，谓孔子曰：“苟毋适卫，吾出子。”与之盟，出孔子东门。孔子遂适卫。子贡曰：“盟可负邪？”孔子曰：“要盟[132]也，神不听。”

卫灵公闻孔子来，喜，郊迎。问曰：“蒲可伐乎？”对曰：“可。”灵公曰：“吾大夫以为不可。今蒲，卫之所以待[133]晋楚也，以卫伐之，无乃不可乎？”孔子曰：“其男子有死之志，妇人有保西河之志。吾所伐者不过四五人。”灵公曰：“善。”然不伐蒲。

灵公老，怠于政，不用孔子。孔子喟然叹曰：“苟有用我者，期月而已，三年有成[134]。”孔子行。

佛肸[135]为中牟宰。赵简子攻范、中行，伐中牟。佛肸畔，使人召孔子。孔子欲往。子路曰：“由闻诸夫子，‘其身亲为不善者，君子不入也’。今佛肸亲以中牟畔，子欲往，如之何？”孔子曰：“有是言也。不曰坚乎，磨而不磷；不曰白乎，涅而不淄[136]。我岂匏瓜也哉，焉能系而不食[137]？”

孔子击磬[138]。有荷蒉[139]而过门者，曰：“有心哉，击磬乎！硁硁[140]乎，莫己知也夫而已矣！”

孔子学鼓琴师襄子[141]，十日不进。师襄子曰：“可以益矣。”孔子曰：“丘已习其曲矣，未得其数[142]也。”有间，曰：“已习其数，可以益矣。”孔子曰：“丘未得其志[143]也。”有间，曰：“已习其志，可以益矣。”孔子曰：“丘未得其为人[144]也。”有间，（曰）有所穆然深思焉，有所怡然高望而远志焉。曰：“丘得其为人，黯然而黑，几然而长，眼如望羊，如王四国[145]，非文王其谁能为此也！”师襄子辟席再拜，曰：“师盖云《文王操》也。”

孔子既不得用于卫，将西见赵简子。至于河而闻窦鸣犊、舜华之死也，临河而叹曰：“美哉水，洋洋乎！丘之不济此，命也夫！”子贡趋而进曰：“敢问何谓也？”孔子曰：“窦鸣犊，舜华，晋国之贤大夫也。赵简子未得志之时，须此两人[146]而后从政；及其已得志，杀之乃从政。丘闻之也，刳胎杀夭则麒麟不至郊，竭泽涸渔则蛟龙不合阴阳，覆巢毁卵则凤皇不翔[147]。何则？君子讳伤其类也。夫鸟兽之于不义也尚知辟之，而况乎丘哉！”乃还息乎陬乡，作为《陬操》以哀之。而反乎卫，入主蘧伯玉家。

他日，灵公问兵陈[148]。孔子曰：“俎豆之事则尝闻之，军旅之事未之学也。”明日，与孔子语，见蜚雁，仰视之，色不在孔子。孔子遂行，复如陈。

夏，卫灵公卒，立孙辄，是为卫出公。六月，赵鞅内太子蒯聩于戚。阳虎使太子绕[149]，八人衰绖[150]，伪自卫迎者，哭而入，遂居焉。冬，蔡迁于州来。是岁鲁哀公三年，而孔子年六十矣。齐助卫围戚，以卫太子蒯聩在故也。

夏，鲁桓厘庙燔，南宫敬叔救火。孔子在陈，闻之，曰：“灾必于桓厘庙乎？”已而果然。

秋，季桓子病，辇而见鲁城，喟然叹曰：“昔此国几兴矣，以吾获罪于孔子，故不兴也。”顾谓其嗣康子曰：“我即死，若必相鲁；相鲁，必召仲尼。”后数日，桓子卒，康子代立。已葬，欲召仲尼。公之鱼曰：“昔吾先君用之不终，终为诸侯笑。今又用之，不能终，是再为诸侯笑。”康子曰：“则谁召而可？”曰：“必召冉求[151]。”于是使使召冉求。冉求将行，孔子曰：“鲁人召求，非小用之，将大用之也。”是日，孔子曰：“归乎归乎！吾党之小子狂简，斐然成章，吾不知所以裁[152]之。”子赣知孔子思归，送冉求，因诫曰“即用，以孔子为招”云。

冉求既去，明年，孔子自陈迁于蔡。蔡昭公将如吴，吴召之也。前昭公欺其臣迁州来[153]，后将往，大夫惧复迁，公孙翩射杀昭公。楚侵蔡。秋，齐景公卒。

明年，孔子自蔡如叶。叶公问政，孔子曰：“政在来远附迩。”他日，叶公问孔子于子路，子路不对。孔子闻之，曰：“由，尔何不对曰‘其为人也，学道不倦，诲人不厌，发愤忘食，乐以忘忧，不知老之将至云尔’？”

去叶，反于蔡。长沮、桀溺耦而耕[154]，孔子以为隐者，使子路问津焉。长沮曰：“彼执舆者[155]为谁？”子路曰：“为孔丘。”曰：“是鲁孔丘与？”曰：“然。”曰：“是知津矣。”桀溺谓子路曰：“子为谁？”曰：“为仲由。”曰：

"子，孔丘之徒与?"曰："然。"桀溺曰："悠悠者天下皆是也，而谁以易之?且与其从辟人之士，岂若从辟世之士哉!"耰[156]而不辍。子路以告孔子，孔子怃然曰："鸟兽不可与同群。天下有道，丘不与易也[157]。"

他日，子路行，遇荷蓧[158]丈人，曰："子见夫子乎?"丈人曰："四体不勤，五谷不分，孰为夫子!"植其杖而芸。子路以告，孔子曰："隐者也。"复往，则亡。

孔子迁于蔡三岁，吴伐陈。楚救陈，军于城父。闻孔子在陈蔡之间，楚使人聘孔子。孔子将往拜礼，陈蔡大夫谋曰："孔子贤者，所刺讥皆中诸侯之疾。今者久留陈蔡之间，诸大夫所设行[159]皆非仲尼之意。今楚，大国也，来聘孔子。孔子用于楚，则陈蔡用事大夫危矣。"于是乃相与发徒役围孔子于野。不得行，绝粮。从者病，莫能兴[160]。孔子讲诵弦歌不衰。子路愠，见曰："君子亦有穷乎?"孔子曰："君子固穷，小人穷斯滥[161]矣。"

子贡色作。孔子曰："赐，尔以予为多学而识之者与?"曰："然。非与?"孔子曰："非也。予一以贯之[162]。"

孔子知弟子有愠心，乃召子路而问曰："《诗》云'匪兕匪虎，率彼旷野[163]'。吾道非邪？吾何为于此?"子路曰："意者吾未仁邪？人之不我信也。意者吾未知邪？人之不我行也。"孔子曰："有是乎！由，譬使仁者而必信，安有伯夷、叔齐？使知者而必行，安有王子比干?"

子路出，子贡入见。孔子曰："赐，《诗》云'匪兕匪虎，率彼旷野'。吾道非邪？吾何为于此?"子贡曰："夫子之道至大也，故天下莫能容夫子。夫子盖少贬[164]焉?"孔子曰："赐，良农能稼而不能为穑，良工能巧而不能为顺[165]。君子能修其道，纲而纪之，统而理之，而不能为容。今尔不修尔道而求为容。赐，而志不远矣!"

子贡出，颜回入见。孔子曰："回，《诗》云'匪兕匪虎，率彼旷野'。吾道非邪？吾何为于此?"颜回曰："夫子之道至大，故天下莫能容。虽然，夫子推而行之，不容何病[166]？不容然后见君子！夫道之不修也，是吾丑也。夫道既已大修而不用，是有国者之丑也。不容何病，不容然后见君子!”孔子欣然而笑曰:“有是哉颜氏之子! 使尔多财,吾为尔宰。”

于是使子贡至楚。楚昭王兴师迎孔子,然后得免。

昭王将以书社地七百里封孔子。楚令尹[167]子西曰:“王之使使诸侯有如子贡者乎?”曰:“无有。”“王之辅相有如颜回者乎?”曰:“无有。”“王之将率有如子路者乎?”曰:“无有。”“王之官尹有如宰予者乎?”曰:“无有。”“且楚之祖封于周,号为子男五十里[168]。今孔丘述三五之法,明周召之业[169],王若用之,则楚安得世世堂堂方数千里乎? 夫文王在丰,武王在镐,百里之君卒王天下。今孔丘得据土壤,贤弟子为佐,非楚之福也。”昭王乃止。其秋,楚昭王卒于城父。

楚狂接舆[170]歌而过孔子,曰:“凤兮凤兮,何德之衰! 往者不可谏兮,来者犹可追也! 已而已而,今之从政者殆而!”孔子下,欲与之言。趋而去,弗得与之言。

于是孔子自楚反乎卫。是岁也,孔子年六十三,而鲁哀公六年也。

其明年,吴与鲁会缯,征百牢[171]。太宰嚭召季康子。康子使子贡往,然后得已。

孔子曰:“鲁卫之政,兄弟也[172]。”是时,卫君辄父不得立,在外,诸侯数以为让。而孔子弟子多仕于卫,卫君欲得孔子为政。子路曰:“卫君待子而为政,子将奚先?”孔子曰:“必也正名[173]乎!”子路曰:“有是哉,子之迂也! 何其正也?”孔子曰:“野哉由也! 夫名不正则言不顺,言不顺则事不成,事不成则礼乐不兴,礼乐不兴则刑罚不中,刑罚不中则民无所错手足矣。夫君子为之必可名,言之必可行。君子于其言,无所苟而已矣。”

其明年,冉有为季氏将师,与齐战于郎,克之。季康子曰:“子之于军旅,学之乎? 性之乎[174]?”冉有曰:“学之于孔子。”季康子曰:“孔子何如人哉?”对曰:“用之有名;播之百姓,质诸鬼神而无憾[175]。求之至于此道,虽累千社[176],夫子不利也。”康子曰:“我欲召之,可乎?”对曰:“欲召之,则毋以小人固之,则可矣。”而卫孔文子将攻太叔,问策于仲尼。仲尼辞不知,退而命载而行,曰:“鸟能择木,木岂能择鸟乎!”文子固止。

会季康子逐公华、公宾、公林，以币[177]迎孔子，孔子归鲁。

孔子之去鲁凡十四岁而反乎鲁。

鲁哀公问政，对曰："政在选臣。"季康子问政，曰："举直错诸枉，则枉者直[178]。"康子患盗，孔子曰："苟子之不欲，虽赏之不窃。"然鲁终不能用孔子，孔子亦不求仕。

孔子之时，周室微而礼乐废，《诗》《书》缺。追迹三代之礼，序《书传》[179]，上纪唐虞之际，下至秦缪，编次其事。曰："夏礼吾能言之，杞不足征也[180]。殷礼吾能言之，宋不足征也。足，则吾能征之矣。"观殷夏所损益，曰："后虽百世可知也，以一文一质[181]。周监二代，郁郁乎文哉。吾从周[182]。"故《书传》《礼记》自孔氏[183]。

孔子语鲁大师[184]："乐其可知也。始作翕如，纵之纯如，皦如，绎如也，以成[185]。""吾自卫反鲁，然后乐正，《雅》《颂》各得其所。"

古者《诗》三千余篇，及至孔子，去其重，取可施于礼义，上采契后稷，中述殷周之盛，至幽厉之缺，始于衽席[186]，故曰"《关雎》之乱以为《风》始，《鹿鸣》为《小雅》始，《文王》为《大雅》始，《清庙》为《颂》始"。三百五篇孔子皆弦歌之[187]，以求合《韶》《武》《雅》《颂》之音。礼乐自此可得而述，以备王道，成六艺[188]。

孔子晚而喜《易》，序《彖》《系》《象》《说卦》《文言》[189]。读《易》，韦编三绝[190]。曰："假我数年，若是，我于《易》则彬彬[191]矣。"

孔子以诗书礼乐教，弟子盖三千焉，身通六艺者七十有二人。如颜浊邹之徒，颇受业者甚众。

孔子以四教：文，行，忠，信[192]。绝四：毋意，毋必，毋固，毋我[193]。所慎：齐，战，疾[194]。子罕言利与命与仁。不愤不启，举一隅不以三隅反，则弗复也。

其于乡党，恂恂[195]似不能言者。其于宗庙朝廷，辩辩言[196]，唯谨尔。朝，与上大夫言，訚訚如[197]也；与下大夫言，侃侃如[198]也。

入公门，鞠躬如[199]也；趋进，翼如[200]也。君召使傧[201]，色勃如[202]也。君命召，不俟驾行矣[203]。

鱼馁，肉败，割不正，不食。席不正，不坐。食于有丧者之侧，未尝饱也。

是日哭，则不歌。见齐衰、瞽者，虽童子必变[204]。

“三人行，必得我师。”“德之不修，学之不讲，闻义不能徙，不善不能改，是吾忧也。”使人歌，善，则使复之，然后和之。

子不语：怪、力、乱、神。

子贡曰：“夫子之文章，可得闻也。夫子言天道与性命，弗可得闻也已。”颜渊喟然叹曰：“仰之弥高，钻之弥坚。瞻之在前，忽焉在后[205]。夫子循循然善诱人，博我以文，约我以礼，欲罢不能。既竭我才，如有所立，卓尔。虽欲从之，蔑[206]由也已。”达巷党人（童子）曰：“大哉孔子，博学而无所成名。”子闻之曰：“我何执？执御乎？执射乎？我执御矣。”牢曰：“子云‘不试，故艺[207]’。”

鲁哀公十四年[208]春，狩[209]大野。叔孙氏车子钼商获兽，以为不祥。仲尼视之，曰：“麟也。”取之。曰：“河不出图，洛不出书[210]，吾已矣夫！”颜渊死，孔子曰：“天丧予！”及西狩见麟，曰：“吾道穷矣[211]！”喟然叹曰：“莫知我夫！”子贡曰：“何为莫知子？”子曰：“不怨天，不尤人，下学而上达，知我者其天乎！”

“不降其志，不辱其身，伯夷、叔齐乎！”谓“柳下惠、少连降志辱身矣”。谓“虞仲、夷逸隐居放言，行中清，废中权[212]”。“我则异于是，无可无不可。”

子曰：“弗乎弗乎，君子病没世而名不称焉。吾道不行矣，吾何以自见于后世哉？”乃因史记作《春秋》[213]，上至隐公，下讫哀公十四年，十二公。据鲁，亲周，故殷，运之三代[214]。约其文辞而指博。故吴楚之君自称王，而《春秋》贬之曰“子”[215]；践土之会实召周天子，而《春秋》讳之曰“天王狩于河阳”[216]：推此类以绳当世。贬损之义，后有王者举而开之[217]。《春秋》之义行，则天下乱臣贼子惧焉。

孔子在位听讼，文辞有可与人共者，弗独有也。至于为《春秋》，笔则笔，削则削[218]，子夏之徒不能赞一辞[219]。弟子受《春秋》，孔子曰：“后世知丘者以《春秋》，而罪丘者亦以《春秋》。”

明岁，子路死于卫[220]。孔子病，子贡请见。孔子方负杖逍遥于门，曰：“赐，汝来何其晚也？”孔子因叹，歌曰：“太山坏乎！梁柱摧乎！哲人萎乎！”因以涕下。谓子贡曰：“天下无道久矣，莫能宗予。夏人殡于东阶，周人于西阶，殷人两柱间。昨暮予梦坐奠两柱之间，予始殷人也[221]。”后七日卒。

孔子年七十三，以鲁哀公十六年[222]四月己丑卒。

哀公诔[223]之曰：“旻天不吊[224]，不慭[225]遗一老，俾屏[226]余一人以在位，茕茕余在疚。呜呼哀哉！尼父，毋自律[227]！”子贡曰：“君其不没于鲁乎！夫子之言曰：‘礼失则昏，名失则愆。失志为昏，失所为愆[228]。’生不能用，死而诔之，非礼也。称‘余一人’，非名也。”

孔子葬鲁城北泗上，弟子皆服三年。三年心丧毕，相诀而去，则哭，各复尽哀；或复留。唯子赣庐于冢上，凡六年，然后去。弟子及鲁人往从冢而家者百有余室，因命曰孔里。鲁世世相传以岁时奉祠孔子冢，而诸儒亦讲礼乡饮大射[229]于孔子冢。孔子冢大一顷。故所居堂、弟子内，后世因庙，藏孔子衣冠琴车书，至于汉二百余年不绝。高皇帝过鲁，以太牢祠焉。诸侯卿相至，常先谒，然后从政。

孔子生鲤，字伯鱼。伯鱼年五十，先孔子死。

伯鱼生伋，字子思，年六十二。尝困于宋。子思作《中庸》。

子思生白，字子上，年四十七。子上生求，字子家，年四十五。子家生箕，字子京，年四十六。子京生穿，字子高，年五十一。子高生子慎，年五十七，尝为魏相。

子慎生鲋，年五十七，为陈王涉博士，死于陈下。

鲋弟子襄，年五十七。尝为孝惠皇帝博士，迁为长沙太守。长九尺六寸。

子襄生忠，年五十七。忠生武，武生延年及安国。安国为今皇帝博士，至临淮太守，蚤卒。安国生卬，卬生驩。

太史公曰：《诗》有之：“高山仰止，景行行止[230]。”虽不能至，然心向往之。余读孔氏书，想见其为人。适鲁，观仲尼庙堂车服礼器，诸生以时习礼其家，余祗回留之不能去云。天下君王至于贤人众矣，当时则荣，没则已焉。孔子布衣，传十余世，学者宗之。自天子王侯，中国言六艺者折中于夫子，可谓至圣矣！

【注释】

① 选自《史记》卷四十七（中华书局 2013 年版）。

② [陬（zōu）邑] 古邑名，今曲阜东南之陬村。

③ [叔梁纥（hé）] 鲁国勇士，襄公时人，事迹见《左传》。

④ [祷] 向神求助、求福。

⑤ [圩（yú）顶] 头顶中间往下凹陷。

⑥ [防山] 又名笔架山，在今曲阜东。

⑦ [母讳之] 因孔子母亲颜氏女与其父叔梁纥的结合不符合当时社会的礼法，因此其母不愿意告知孔子其父所葬之地。

⑧ [陈俎（zǔ）豆，设礼容] 指孔子自小好礼。俎、豆，皆为祭祀时盛放祭品的器皿，俎为方形，豆为圆形。礼容，礼制仪容。

⑨ [乃殡五父之衢，盖其慎也] 因孔子不知其父的葬处，出于慎重的考虑，只能先将其母亲的灵柩暂时停放在五父之衢，待知晓其父墓地，再合葬在一起。殡，停放灵柩。

⑩ [诲] 告知。

⑪ [要绖（dié）] 指腰上系着麻带。要，同“腰”。绖，古代丧期所系麻带。

⑫ [季氏飨士] 季氏用酒食款待有名之士。季氏，即季孙氏，鲁国当权贵族。

⑬ [绌] 同“黜”，罢免，贬退。

⑭ [灭于宋] 孔子六世祖孔父嘉在宋国内乱中为华督所杀，其子防叔奔鲁，故云灭于宋。

⑮ [其祖弗父何始有宋而嗣让厉公] 孔子远祖弗父何为宋湣公长

子，依礼法当为宋国嗣君，却主动让位于其弟，即后来的宋厉公。

⑯［三命兹益恭］指职位越提升，表现得愈加恭敬谨慎。三命，一命为士，再命为大夫，三命为卿。

⑰［一命而偻（lóu），再命而伛（yǔ），三命而俯］职位越高，弯腰的程度越深。偻、伛、俯，皆为弯腰之意，程度依次递增。

⑱［循墙而走］沿着墙走路，表示谨慎之极。

⑲［饘（zhān）］稠粥，这里用作动词，煮稠粥。

⑳［是岁］指昭公七年，前535年。

㉑［季氏史］指作为季孙氏管理仓库的小官。

㉒［料量平］计算精准。

㉓［司职吏］管理牲畜的小官。

㉔［适周］出使周国。

㉕［竖子］童仆。

㉖［聪明深察而近于死者，好议人者也］聪明而见识深刻的人之所以容易危及生命，是因为他们喜欢议论别人。

㉗［博辩广大危其身者，发人之恶者也］知识渊博能言善辩之人之所以容易给自己带来危险，是因为他们喜欢揭露别人的短处。

㉘［为人子者毋以有己，为人臣者毋以有己］作为子女要在父母面前忘掉自身的存在，作为臣子要在君主面前忘掉自身的存在。

㉙［六卿擅权］春秋后期，晋公室衰微，政权分别落入范氏、中行氏、智氏、韩氏、赵氏、魏氏手中，称为六卿。

㉚［陵轹（lì）］侵陵、践踏。轹，欺压。

㉛［五羖（gǔ）］指百里奚。百里奚为晋所掳，晋君将其作为出嫁秦国的女子的陪嫁，中途逃走，被楚人捕获。秦穆公闻其贤，用五张黑羊皮将其换入秦国，并授之以政，称为五羖大夫。事迹见《左传》。羖，黑公羊皮。

㉜［累绁（xiè）］囚犯所戴绳套枷锁。累，同“缧”。

㉝［郈（hòu）昭伯］鲁大夫，有恶名。

㉞［乾侯］晋邑名，在今河北成安东南。

㉟［其后顷之］事后不久。

㊱［与齐太师语乐］太师，主管音乐的官。语乐，谈论音乐。

㊲［君君，臣臣，父父，子子］指君、臣、父、子都要严格遵守自己的等级地位。

㊳［尼谿］齐地名。谿，同“溪”。

㊴［儒者滑(gǔ)稽而不可轨法］儒生能言善辩，巧嘴滑舌，不遵守法度。滑稽，能言善辩，应对如流。轨，遵循，依从。

㊵［遂哀］不节制哀伤。

㊶［大贤之息］指文、武、周公既殁。息，同“熄”，灭。

㊷［非所以先细民］不适合用来引导、教育平民百姓。先，引导。细民，普通百姓。

㊸［奉子以季氏］像鲁国对待季氏那样地对待你。

㊹［以季孟之间待之］用低于季孙氏，高于孟孙氏的待遇来对待孔子。

㊺［缶(fǒu)］古代一种肚大口小的瓦器。

㊻［中若羊］里面有一个像羊的东西。

㊼［木石之怪夔(kuí)、罔(wǎng)阆(liǎng)］山中的怪物称为夔、罔阆。木石，山。夔，传说中只有一足的兽。罔阆，同“魍魉”，山中精怪。

㊽［水之怪龙、罔象］水中的怪物称为龙、罔象。

㊾［土之怪坟羊］土中的怪物称为坟羊。

㊿［堕］同“隳”，毁坏。

51［骨节专车］有一辆车那么长的骨头。

52［禹致群神于会稽山］大禹召集天下诸侯在会稽山会面。群神，主山川之君，为群神之主，因此群神代指诸侯。

53［防风氏］传说中的古代部族。

54［山川之神足以纲纪天下，其守为神］山川的神灵主宰天下，那些祭祀山川神灵的诸侯也可以称之为神。

㊺[汪罔氏] 古部族名。

㊻[僬(jiāo)侥(yáo)氏三尺] 僬侥氏身高三尺。

㊼[十之] 三尺的十倍。

㊽[醳(shì)] 同“释”,释放。

㊾[僭(jiàn)] 越礼。超越自己的身份冒用在上者的名义或礼仪、器物行事。

㊿[陪臣] 诸侯国的卿大夫。这些卿大夫对于诸侯来说是臣,对于周天子来说便是陪臣。

(61)[欲废三桓之适] 打算废掉三桓的继承人。三桓,季孙氏、孟孙氏、叔孙氏,因都为鲁桓公之后,因此称为“三桓”。适,同“嫡”。

(62)[庶孽] 庶子。孽,同“孽”。

(63)[循道] 遵行先王正道。

(64)[温温] 郁闷不得志的样子。

(65)[今费虽小,傥庶几乎] 公山不狃所据费邑虽然小,但如果能用我施行王道,也许会大有作为。傥,或许。庶几,差不多。

(66)[其为东周乎] 在东方建立一个像周王朝一样的国家。

(67)[中都宰] 中都地方的行政长官。中都,鲁邑名,今山东汶上西。

(68)[大司寇] 掌管诉讼司法的最高长官。

(69)[及齐平] 与齐国友好相处,订立盟约。

(70)[好往] 友好的前往。

(71)[臣闻有文事者必有武备,有武事者必有文备] 我听说外交和谈必须要有武装准备,战争武事也必须有外交的配合。

(72)[具左右司马] 带领一定数量的武装保卫人员。司马,武官名。

(73)[为坛位] 筑土为坛,布列诸侯席位。

(74)[土阶三等] 台阶只有三级。

(75)[会遇之礼] 两国国君相见时,一种极为简略的礼节。

⑯[献酬]互相敬酒。

⑰[四方之乐]四方边境少数民族的舞乐。

⑱[旍(jīng)旄(máo)羽袚(fú)矛戟剑拨(fá)]皆为舞蹈中所用到的道具。旍,同“旌”,用羽毛装饰的旗子。旄,用牦牛尾装饰的旗子。袚,同“帗”,头巾。拨,大楯。

⑲[历阶而登]一步一个台阶的往上走。

⑳[不尽一等]还有一级台阶没有上去。

㉑[景公心怍(zuò),麾而去之]齐景公内心感到惭愧,挥手让那些献舞作乐者退下。麾,同“挥”。

㉒[优倡侏儒]指供玩笑取乐的表演艺人。倡优,表演乐舞者。侏儒,身材矮小,常充当滑稽角色。

㉓[营惑]同“荧惑”,迷惑。

㉔[君子有过则谢以质,小人有过则谢以文]君子犯了错误,用实在的东西表示歉意。小人犯了错误,则用花言巧语来掩饰。

㉕[悼]愧悔。

㉖[臣无藏甲]臣子的家中不得私存甲兵。

㉗[大夫毋百雉之城]大夫的封邑,其城不得超过百雉。雉,城高一丈、长三丈为一雉。

㉘[仲由]指子路,名由,孔子的学生,事迹见《仲尼弟子列传》。

㉙[三都]指三桓的都城。以其超过百雉,不合规定。

㉚[入及公侧]指敌人已经攻到定公身边。

㉛[堕成,齐人必至于北门]如果拆除成这个地方,那么齐国军队必将直达鲁国北门。意即成乃北方重镇,可做军事屏障,不宜拆除。

㉜[乐其以贵下人]君子以有了高位而能礼贤下士而快乐。

㉝[粥羔豚者弗饰贾]卖羊、猪的商贩不漫天要价。粥,同“鬻”,卖。饰,虚增。贾,同“价”。

㉞[皆予之以归]指鲁国的百姓就能使其得到想要的东西而归。

㉟[我之为先并矣。盍致地焉]齐国首先将被鲁国吞并,何不及

早割让土地送给鲁国。

⑯[沮]破坏。

⑰[文衣]彩色装饰的衣服。

⑱[康乐]舞曲名。

⑲[驷]一车四马为一驷。

⑩[鲁今且郊,如致膰(fán)乎大夫]鲁国即将在郊外举行祭祀,如果祭祀时能按照礼法将祭肉分给大夫。

⑩[夫子则非罪]夫子您是没有过错的。

⑩[彼妇之口,可以出走]妇人凭借口舌可以离间君臣关系,使臣子出走。

⑩[彼妇之谒,可以死败]妇人的谄言,可致身死国败。

⑩[主]投奔,以之为主。

⑩[灵公使公孙余假一出一入]卫灵公使公孙余假带着兵器进进出出。

⑩[暴]施暴、凌虐。

⑩[止]扣留。

⑩[文王既没,文不在兹乎]自从周文王死后,礼乐制度不是都在我这里吗?

⑩[天之将丧斯文也,后死者不得与(yù)于斯文也]如果天意要让这些礼乐制度灭绝,那么就不该让我掌握这些东西。斯,兹,此。与,得到,掌握。后死者,孔子自称。

⑩[天之未丧斯文也,匡人其如予何]见《论语·子罕篇》。如果天意不欲让这些礼乐制度灭绝,那么匡人又能拿我怎么样。如予何,能把我怎么样。

⑪[寡小君]对本国国君妇人的称呼。这里指南子。

⑫[絺(chī)帷]细葛布做的帷帐。

⑬[稽(qǐ)首]最隆重的跪拜之礼。叩头至地。

⑭[璆(qiú)然]玉石相撞声。璆,同“球”,美玉。

⑮[矢]起誓。

⑯[予所不者,天厌之]我说的如果是假话,就让老天爷抛弃我。不,同“否”,假。厌,厌弃,抛弃。

⑰[次乘]第二辆车。

⑱[是岁]鲁定公十五年,前495年,是年孔子五十七岁。

⑲[宋司马桓魋(tuí)]司马,掌管全国兵事。桓魋,宋桓公后代,亦称“向魋”。

⑳[其颡(sǎng)似尧,其项类皋陶(yáo),其肩类子产,然自要以下不及禹三寸]指孔子的上额同尧一样,脖子与皋陶一样,肩膀与子产类似,腰以下比禹矮三寸。

㉑[累累若丧家之狗]失意、不得志的样子,如同丧家之狗。

㉒[隼(sǔn)]鹰类猛禽。

㉓[楛(hù)矢]楛木做的箭。

㉔[石砮(nǔ)]石头做的箭头。

㉕[尺有咫]一尺八寸。

㉖[肃慎]古部族名。

㉗[方贿]地方特产。

㉘[大姬]周武王长女。

㉙[展亲]加深亲族关系。

㉚[更]轮番,交替。

㉛[吾党之小子狂简,进取不忘其初]我的那些弟子志向远大,行事粗简,好进取而不忘初志。

㉜[要(yāo)盟]用要挟的手段结盟。

㉝[待]抵御。

㉞[期(jī)月而已,三年有成]见《论语·子路篇》。一年可使政教畅行,三年可以大成。期月,一整月;一整年。此处作一整年。

㉟[佛(bì)肸(xī)]晋大夫。

㊱[不曰坚乎,磨而不磷;不曰白乎,涅而不淄]俗话说,真正坚硬

的东西是磨不薄的；真正洁白的东西是染不黑的。磷，薄石。涅，以黑色染物。淄，同“缁”，黑色。

⑬⑦[我岂匏(páo)瓜也哉，焉能系而不食]我又不是葫芦，哪能中看不中吃。指自己应该发挥才能从事政治活动。

⑬⑧[磬]石制乐器。

⑬⑨[荷蒉(kuì)]背着草筐。

⑭⓪[硁硁(kēng)]击磬声。

⑭①[师襄子]鲁国乐师。

⑭②[习其曲矣，未得其数]已经掌握了它的曲调，但是还没有掌握技巧。

⑭③[未得其志]还没有弄清乐曲所要表达的志趣、思想。

⑭④[未得其为人]还没有弄清作曲者想要塑造的形象。

⑭⑤[眼如望羊，如王四国]眼神眺望着远方，是一位统治天下的帝王。望羊，同“望洋”，远视的样子。

⑭⑥[须此两人]必须依靠这二人。

⑭⑦[刳(kū)胎杀夭则麒麟不至郊，竭泽涸渔则蛟龙不合阴阳，覆巢毁卵则凤皇不翔]哪里剖腹取胎，那么麒麟就不会到那里去，抽干水来捕鱼，蛟龙就不下雨，捣毁鸟巢取走鸟蛋，那么凤凰就不会飞到那里去。凤皇，司“凤凰”。

⑭⑧[兵陈]指战争之事。

⑭⑨[绕(wèn)]古代吊丧时去冠，用布包裹发髻。

⑮⓪[衰(cuī)绖]丧服。衰，同“缞”，粗麻布所制丧服。绖，丧服上的麻带子。

⑮①[冉求]字子有，孔子弟子。事迹见《仲尼弟子列传》。

⑮②[裁]教育。

⑮③[昭公欺其臣迁州来]指蔡昭公之前因依附吴国，未与大夫商议，便东迁于吴地州来，因此曰欺。

⑮④[耦(ǒu)而耕]两人一起耕地。

⑮⑤ [执舆者] 掌车者。

⑮⑥ [耰(yōu)] 用农具击碎土块。

⑮⑦ [天下有道,丘不与易也] 若是天下符合正道,我也不用东奔西走去试图改变了。

⑮⑧ [蓧(diào)] 竹编的耕田农具。

⑮⑨ [设行] 施行,指施行的各种制度。

⑯⓪ [兴] 站立。

⑯① [小人穷斯滥] 小人困顿便会胡作非为。

⑯② [予一以贯之] 我的学说是由其核心思想贯穿始终的。

⑯③ [匪兕(sì)匪虎,率(shuài)彼旷野] 见《诗经·小雅·何草不黄》。匪、彼,古通用。意思是:那野牛、那猛虎,在旷野里奔走。原诗是指:兕虎野兽,本应在旷野奔走;而征人是人,不宜疲于征役,不停奔走。率,行。

⑯④ [夫子盖少贬] 夫子为何不稍微降低一点。

⑯⑤ [良农能稼而不能为穑,良工能巧而不能为顺] 好的农民虽然能把土地耕种好,但不能保证一定有好的收成;好的工匠虽然技艺精巧,但不能保证一定符合别人的心意。穑,收割,收成。

⑯⑥ [不容何病] 不被天下所容又如何。病,害处,妨碍。

⑯⑦ [令尹] 楚国官名,职同宰相。

⑯⑧ [号为子男五十里] 周初分封诸侯共分五等,分别为公、侯、伯、子、男。子男同列,皆封地五十里。

⑯⑨ [今孔丘述三五之法,明周召之业] 孔丘阐述、尊崇三皇五帝的治国之法,申明周公、召公辅佐周天子的事业。

⑰⓪ [接舆] 楚国隐士。

⑰① [征百牢] 吴向楚索要牛羊豕各一百头。牢,此处指太牢,牛羊豕各一头。

⑰② [鲁卫之政,兄弟也] 鲁和卫都是周王室的兄弟,又国内的混乱政治也相似。

⑰³［正名］使名实相符。

⑰⁴［性之乎］天生如此吗？

⑰⁵［用之有名；播之百姓，质诸鬼神而无憾］孔子用兵必师出有名；无论是传播到百姓中去，还是对质于鬼神，都没有什么不满意的。

⑰⁶［虽累千社］即使得到几万家人口。社，二十五家为一社。此处千社泛指人口众多。

⑰⁷［币］聘迎之礼品。

⑰⁸［举直错诸枉，则枉者直］见《论语·为政篇》。举用正直的人放置于邪佞之人之上，那么这些邪佞之人也可以变得正直。错，同“措”，管理，安置。

⑰⁹［序《书传》］编订《尚书》。《汉书·艺文志》认为孔子还给《尚书》各篇作序，言作意。

⑱⁰［夏礼吾能言之，杞不足征也］见《论语·八佾篇》。夏朝的礼，我能讲述，可惜杞国现存的文献不足以证明我的话。杞，古国名，相传周武王封夏禹后人东楼公于杞（今河南杞县）。

⑱¹［一文一质］讲究礼乐制度与不讲究礼乐制度相交替。文，文采，代指各种礼乐典章制度。质，朴质，不讲究礼乐典章制度。

⑱²［周监二代，郁郁乎文哉。吾从周］见《论语·八佾篇》。周朝的礼乐制度是在借鉴夏、商两代的基础上形成的，何等美盛呀！我主张遵从周代的礼乐制度。

⑱³［故《书传》《礼记》自孔氏］《尚书》和《礼记》都是依靠孔子所传授下来的。

⑱⁴［鲁大师］鲁国乐师。大，同“太”。

⑱⁵［始作翕（xī）如，纵之纯如，皦（jiǎo）如，绎如也，以成］见《论语·八佾篇》。刚开始演奏的时候很缓慢平和，继续演奏下去就会和谐纯美，清晰明亮，连绵流畅，直到演奏完成。

⑱⁶［始于衽席］编排《诗经》的顺序从男女之间的关系开始。

⑱⁷［皆弦歌之］配上乐曲来歌唱。

⑱⑧［礼乐自此可得而述，以备王道，成六艺］礼乐自此才得以发展、称述，是君主施行王道不可或缺的，最终成为六艺之一。六艺，《诗》《书》《礼》《乐》《易》《春秋》。

⑱⑨［序《彖》《系》《象》《说卦》《文言》］孔子给《易》作《彖辞》《系辞》《象辞》《说卦》《文言》。

⑲⓪［韦编三绝］指勤于翻看，致使连缀简策的皮绳都断了。

⑲①［彬彬］有学问的样子。

⑲②［文，行，忠，信］见《论语·述而篇》，即“四教”。文，先代遗文。行，道德操行。忠，尽心。信，不欺骗。

⑲③［毋意，毋必，毋固，毋我］见《论语·子罕篇》，即“四毋”。不臆测，不武断，不固执，不自以为是。

⑲④［齐，战，疾］斋戒，战争，疾病。齐，同“斋”。

⑲⑤［恂恂］温和恭敬的样子。

⑲⑥［辩辩言］条理清晰而明确。

⑲⑦［訚（yín）訚如］正直而和蔼的样子。

⑲⑧［侃侃如］和颜悦色的样子。

⑲⑨［鞠躬如］恭敬自敛的样子。

⑳⓪［翼如］如鸟舒翼，指状态端好的样子。

⑳①［君召使傧］国君命他去接引宾客。

⑳②［色勃如］突然变色的样子，形容立刻谨慎对待。

⑳③［不俟驾行矣］不等套好马车就已经出发。

⑳④［见齐衰、瞽者，虽童子必变］看见穿丧服的、失明的人，即使对方是一个小孩，也必然立刻表现出同情的样子。

⑳⑤［仰之弥高，钻之弥坚。瞻之在前，忽焉在后］颜渊此语见《论语·子罕篇》。“之”是指孔子之道。这句话的意思是：我仰望它，愈望弥高。我钻研它，愈钻愈坚。一会儿看它在前面一会儿又像在后面。是颜渊赞叹孔子之道之高且深。

⑳⑥［蔑］不能。

207 [不试,故艺] 没有被君主所用,因此学会了这些技艺。

208 [鲁哀公十四年] 前 481 年,孔子是年七十一岁。

209 [狩] 冬猎。

210 [河不出图,洛不出书] 河出图、洛出书常用来表示时代清平,有圣王在世。

211 [吾道穷矣] 孔子自谓其政治理想再也无法实现了。

212 [行中清,废中权] 行为清廉,自我废弃,合乎权变之道。

213 [乃因史记作《春秋》] 根据当时现存的史料作《春秋》。

214 [据鲁,亲周,故殷,运之三代] 以鲁国的历史为根据,尊崇周代的礼仪,借鉴商朝的制度,贯通于夏商周三代的历史变化。

215 [吴楚之君自称王,而春秋贬之曰"子"] 吴国和楚国的君主都自称王,但《春秋》仍然称"子"。这是因为只有周天子才能称王。

216 [践土之会实召周天子,而《春秋》讳之曰"天王狩于河阳"] 僖公二一八年(前 632),晋文公在践土举行诸侯会盟,并通知周天子也来参加。但晋文公以臣的身份召周天子,不合礼法,因此《春秋》书曰"天王狩于河阳"。

217 [后有王者举而开之] 待以后的圣王将《春秋》之义加以推广。

218 [笔则笔,削则削] 要写则写,要删则删。

219 [不能赞一辞] 不能改动一个字。

220 [子路死于卫] 子路死于卫太子蒯聩夺权之乱。事迹见《左传·哀公十五年》。

221 [夏人殡于东阶,周人于西阶,殷人两柱间。昨暮予梦坐奠两柱之间,予始殷人也] 夏人停棺于东面的台阶,周人停棺于西面的台阶,商人停于正堂两根柱子之间。昨晚我梦见自己坐在两柱之间享受祭奠,我是殷商人的后代啊。

222 [鲁哀公十六年] 前 479 年。

223 [诔(lěi)] 悼念死者的祭文。

224 [旻(mín)天不吊] 老天爷不体恤我。旻天,秋季之天空,这里泛指天。吊，怜悯，体恤。

㉕[憖(yìn)] 同“慭”，愿意。

㉖[屏] 同“摒”，抛弃。

㉗[毋自律] 没有了法度楷模。毋，同“无”。律，法。

㉘[失志为昏，失所为愆] 失去意志就会混乱，失去所宜就会出现过错。

㉙[乡饮大射] 即乡饮酒礼、大射礼。乡饮，乡官送别本乡士子而举行的宴会。大射，诸侯于祭祀前与臣下射箭，射中者参加祭祀，不中者不得参加。

㉚[高山仰止，景行行止] 见《诗经·小雅·车舝(xiá)》。向着那高山仰望，朝着那大道行走。止，同“只”，语助词。

【评析】

《孔子世家》是司马迁根据《论语》《左传》《孟子》《礼记》等书中的资料撰写而成。用洋洋洒洒近万言记叙了孔子一生的主要行事，及其在文献典籍的整理、文化的传播等方面的成就，也成为从汉代以来研究孔子思想的主要材料。

《孔子世家》重点描绘了孔子坎坷不遇、颠沛流离的政治生涯。是时周室衰微，诸侯混战，权在大夫。孔子自小习礼，为了实现自己的政治理想，他既当过职卑位小的司职吏，也尝摄相事、为大司寇。在政治上也曾短暂的施展过自己的才华。讽刺的是，这个时代的人既给予孔子以极高的评价，同时又害怕他损害自己的利益。所以，在绝大多数的时间里，孔子被弃而不用，四处流离，“逐乎宋、卫，困于陈蔡之间”，多次遭遇围追堵截、弹尽粮绝的困境。尽管如此，司马迁笔下的孔子永远都饱含锲而不舍的精神与乐观旷达的处世态度。在政治生涯不遇的同时，孔子坚持设帐授徒，传播儒家思想，晚年更是系统整理并编写了多部典籍。司马迁对此予以了详细的介绍和高度的评价。

孔子最为打动人心的也许就是他抱着虔诚的热爱去整理文化典籍

及其知其不可为而为之的奋斗精神。无怪乎司马迁赞其“至圣”，虽千百世，学者仍宗之。

【理性思考】

1. 从孔子的人生经历中，我们能感受到他怎样的人格力量？

2. 通过《史记》等史书的记载，我们能够看到，孔子所处的是怎样的一个时代？以孔子为代表的早期儒家对先秦社会有何意义？

3. 对比《论语》和《史记》中对孔门上下言行的记载，怎样评价司马迁的叙事方式？

【延伸阅读】

1. 钱穆《孔子传》，生活·读书·新知三联书店 2012 年版。

2. 李零《去圣乃得真孔子》，生活·读书·新知三联书店 2008 年版。

3. 韦政通《孔子的性格》，见韦政通《孔子》，台北东大图书公司 1996 年版。

4. 李长之《孔子与屈原》，见《李长之批评文集》，珠海出版社 1998 年版。

王　　制[①]

荀　况

请问为政[②]？曰：贤能不待次而举，罢[③]不能不待须[④]而废，元恶[⑤]不待教而诛，中庸民不待政而化。分未定也则有昭缪[⑥]。虽王公士大夫之子孙，不能属[⑦]于礼义，则归之庶人。虽庶人之子孙也，积文学，正身行，能属于礼义，则归之卿相士大夫。故奸言、奸说[⑧]、奸事[⑨]、奸能、遁逃反侧之民，职而教之，须而待之，勉之以庆赏，惩之以刑罚，安职则畜，不安职则弃。五疾[⑩]，上收而养之，材而事之，官施而衣食[⑪]之，兼覆无遗。才行反时者死无赦。夫是之谓天德，王者之政也。听政之大分：以善至者待之以礼，以不善至者待之以刑。两者分别则贤不肖不杂，是非不乱。贤不肖不杂则英杰至，是非不乱则国家治。若是，名声日闻，天下愿，令行禁止，王者之事毕矣。凡听，威严猛厉而不好假道[12]人，则下畏恐而不亲，周闭而不竭[13]，若是，则大事殆乎弛，小事殆乎遂[14]。和解调通，好假道人而无所凝止之，则奸言并至，尝试之说锋起，若是，则听大事烦，是又伤之也。故法法而不议，则法之所不至者必废；职而不通，则职之所不及者必队[15]。故法而议，职而通，无隐谋，无遗善，而百事无过，非君子莫能。故公平者，职[16]之衡也；中和者，听之绳也。其有法者以法行，无法者以类举，听之尽也；偏党而无经[17]，听之辟[18]也。故有良法而乱者有之矣；有君子而乱者，自古及今，未尝闻也。传曰："治生乎君子，乱生乎小人。"此之谓也。

分均则不偏[19]，势齐则不壹，众齐则不使。有天有地而上下有差，明王始立而处国有制。夫两贵之不能相事，两贱之不能相使，是天数也。势位齐而欲恶同，物不能澹[20]则必争，争则必乱，乱则穷矣。先王恶其乱也，故制礼义以分之，使有贫富贵贱之等，足以相兼临者，是养天下之本也。《书》曰："维齐非齐[21]。"此之谓也。

马骇舆[22]则君子不安舆，庶人骇政则君子不安位。马骇舆则莫若静之，庶人骇政则莫若惠之。选贤良，举笃敬，兴孝弟[23]，收孤寡[24]，补贫穷，如是，则庶人安政矣。庶人安政，然后君子安位。《传》曰："君者，舟也；庶人者，水也。水则载舟，水则覆舟。"此之谓也。故君人者欲安则莫若平政爱民矣，欲荣则莫若隆礼敬士矣，欲立功名则莫若尚贤使能矣，是君人者之大节也。三节者当，则其余莫不当矣；三节者不当，则其余虽曲当[25]，犹将无益也。孔子曰："大节是也，小节是也，上君也。大节是也，小节一出焉，一入焉，中君也。大节非也，小节虽是也，吾无观其余矣。"成侯、嗣公[26]，聚敛计数之君也，未及取民[27]也；子产[28]，取民者也，未及为政也；管仲[29]，为政者也，未及修礼也。故修礼者王，为政者强，取民者安，聚敛者亡。故王者富民，霸者富士，仅存之国富大夫，亡国富筐箧[30]，实府库。筐箧已富，府库已实，而百姓贫，夫是之谓上溢而下漏。人不可以守，出不可以战，则倾覆灭亡可立而待也。故我聚之以亡，敌得之以强。聚敛者，召寇、肥敌、亡国、危身之道也，故明君不蹈也。

王夺之人，霸夺之与，强夺之地。夺之人者臣诸侯，夺之与者友诸侯，夺之地者敌诸侯。臣诸侯者王，友诸侯者霸，敌诸侯者危。用强者，人之城守，人之出战，而我以为胜之也，则伤人之民必甚矣。伤人之民甚，则人之民恶我必甚矣；人之民恶我甚，则日欲与我斗。人之城守，人之出战，而我以力胜之，则伤吾民必甚矣。伤吾民甚，则吾民之恶我必甚矣；吾民之恶我甚，则日不欲为我斗。人之民日欲与我斗，吾民日不欲为我斗，是强者之所以反弱也。地来而民去，累多而功少，虽守者益，所以守者损[31]，是以[32]大者之所以反削也。诸侯莫不怀交接怨而不忘其敌，伺强大之间，承强大之敝，此强大之殆时也。知强大[33]者不务强也，虑以王命全其力，凝其德。力全则诸侯不能弱也，德凝则诸侯不能削也，天下无王霸主则常胜矣。是知强道者也。彼霸者不然，辟田野，实仓廪，便备用，案谨募选阅材伎之士[35]，然后渐庆赏以先之，严刑罚以纠之。存亡继绝[36]，卫弱禁暴，而无兼并之心，则诸侯亲之矣；修友敌之道以敬接诸侯，则诸侯说[37]之矣。所以亲之者，以不并也，并之见[38]则诸侯疏矣；所以说之者，以友敌也，臣之见则诸侯离矣。故明其不并之行，信其友敌之道，天下无王霸主，则常胜矣[39]。是知霸道者也。闵王毁于五国[40]，桓公劫于鲁庄[41]，无它故焉，非其道而虑之以王也。彼王者不然，仁眇[42]天下，义眇天下，威眇天下。仁眇天下，故天下莫不亲也；义眇天下，故天下莫不贵也；威眇天下，故天下莫敢敌也。以不敌之威，辅服人之道，故不战而胜，不攻而得，甲兵不劳而天下服。是知王道者也。知此三具者，欲王而王，欲霸而霸，欲强而强矣。

王者之人[43]：饰[44]动以礼义，听断以类[45]，明振毫末，举措应变而不穷。夫是之谓有原[46]。是王者之人也。

王者之制：道不过三代[47]，法不贰后王。道过三代谓之荡，法贰后王谓之不雅。衣服有制，宫室有度，人徒有数，丧祭械用皆有等宜[48]，声则凡非雅声者举废，色则凡非旧文[49]者举息，械用则凡非旧器者举毁。夫是之谓复古。是王者之制也。

王者之论[50]：无德不贵，无能不官，无功不赏，无罪不罚，朝无幸位，民无幸生，尚贤使能而等位不遗，析愿[51]禁悍而刑罚不过，百姓晓然皆知夫为善于家而取赏于朝也，为不善于幽而蒙刑于显也。夫是之谓定论。是王者之论也。

王者之[52]等赋、政[53]事，财[54]万物，所以养万民也。田野什一[55]，关市几[56]而不征，山林泽梁以时禁发而不税，相地而衰政[57]，理[58]道之远近而致贡，通流财物粟米，无有滞留，使相归[59]移也。四海之内若一家，故近者不隐其能，远者不疾其劳，无[60]幽间隐僻之国莫不趋使而安乐之。夫是之谓人师，是王者之法也。

北海[61]则有走马吠犬焉，然而中国得而畜使之；南海则有羽翮、齿革、曾青、丹干焉[62]，然而中国得而财之；东海则有紫、纮[63]、鱼、盐焉，然而中国得而衣食之；西海则有皮革、文旄焉，然而中国得而用之。故泽人足乎木，山人足乎鱼，农夫不斲[64]削、不陶冶而足械用，工贾不耕田而足菽[65]粟。故虎豹为猛矣，然君子剥而用之。故天之所覆，地之所载，莫不尽其美，致其用，上以饰贤良，下以养百姓而安乐之。夫是之谓大神[66]。《诗》曰："天作高山，大王荒之；彼作矣，文王康之。"[67]此之谓也。

以类行杂，以一行万，始则终，终则始，若环之无端也，舍是而天下以衰矣。天地者，生之始也；礼义者，治之始也；君子者，礼义之始也。为之、贯[68]之、积重之、致[69]好之者，君子之始也。故天地生君子，君子理天地。君子者，天地之参[70]也，万物之总也，民之父母也。无君子则天地不理，礼义无统，上无君师，下无父子，夫是之谓至乱。君臣、父子、兄弟、夫妇，始则终，终则始，与天地同理，与万世同久，夫是之谓大本。故丧祭、朝聘[71]、师旅[72]一也，贵贱、杀生、与夺一也，君君、臣臣、父父、子子、兄兄、弟弟一也，农农、士士、工工、商商一也。

水火有气而无生，草木有生而无知，禽兽有知而无义，人有气、有生、有知，亦且有义，故最为天下贵也。力不若牛，走不若马，而牛马为用，何也？曰：人能群，彼不能群也。人何以能群？曰：分。分何以能行？曰：义。故义以分则和，和则一，一则多力，多力则强，强则胜物，故宫室可得而居也。故序四时，裁万物，兼利天下，无它故焉，得之分义也。故人生不能无群，群而无分则争，争则乱，乱则离，离则弱，弱则不能胜物，故宫室不可得而居也，不可少顷舍礼义之谓也。能以事亲谓之孝，能以事兄谓之弟，能以事上谓之顺，能以使下谓之君。君者，善群也。群道当则万物皆得其宜，六畜[73]皆得其长，群生皆得其命。故养长时则六畜育，杀生[74]时则草木殖，政令时则百姓一，贤良服。圣王之制也，草木荣华滋硕之时则斧斤不入山林，不夭其生，不绝其长也；鼋鼍、鱼鳖、鳅鳣孕别之时[75]，罔罟[76]毒药不入泽，不夭其生，不绝其长也；春耕、夏耘、秋收、冬藏四者不失时，故五谷[77]不绝而百姓有余食也；污池、渊沼[78]、川泽，谨其时禁，故鱼鳖优多而百姓有余用也；斩伐养长不失其时，故山林不童[79]而百姓有余材也。圣王之用也，上察于天，下错[80]于地，塞备天地之间，加施万物之上，微而明，短而长，狭而广，神明博大以至约。故曰：一与一是为人者谓之圣人。

序官：宰爵[81]知宾客、祭祀、飨[82]食、牺牲[83]之牢[84]数，司徒[85]知百宗[86]、城郭、立器之数，司马[87]知师旅、甲兵、乘白[88]之数。修宪命，审诗商[89]，禁淫声，以时顺修，使夷[90]俗邪音不敢乱雅，大师[91]之事也。修堤梁，通沟浍[92]，行水潦[93]，安水臧[94]，以时决塞，岁虽凶败水旱，使民有所耘艾[95]，司空[96]之事也。相高下，视肥硗，序五种，省农功，谨蓄藏，以时顺修，使农夫朴力而寡能，治田之事也。修火宪，养山林薮泽草木鱼鳖百索[97]，以时禁发，使国家足用而财物不屈，虞师[98]之事也。顺州里[99]，定廛[100]宅，养六畜，闲[101]树艺，劝教化，趋[102]孝弟，以时顺修，使百姓顺命，安乐处乡，乡师[103]之事也。论百工[104]，审时事，辨功苦[105]，尚完利，便备用，使雕琢文采不敢专造于家，工师[106]之事也。相阴阳，占祲[107]兆，钻龟陈卦[108]，主攘择五卜[109]，知其吉凶妖祥，伛巫、跛击[110]之事也。修采清[111]，易道路，谨盗贼，平室律[112]，以时顺修，使宾旅安而货财通，治市之事也。

抃[113]急禁悍，防淫除邪，戮之以五刑[114]，使暴悍以变，奸邪不作，司寇[115]之事也。本政教，正法则，兼听而时稽之，度其功劳，论其庆赏，以时慎修，使百吏免尽而众庶不偷，冢宰[116]之事也。论礼乐，正身行，广教化，美风俗，兼覆而调一之，辟公[117]之事也。全道德，致隆高，綦文理，一天下，振毫末，使天下莫不顺比从服，天王之事也。故政事乱则冢宰之罪也；国家失俗则辟公之过也；天下不一，诸侯俗反，则天王非其人也。

具具[118]而王，具具而霸，具具而存，具具而亡。用万乘之国者，威强之所以立也，名声之所以美也，敌人之所以屈也，国之所以安危臧否[119]也，制与[120]在此，亡乎人。王、霸、安存、危殆、灭亡，制与在我，亡乎人。夫威强未足以殆邻敌也，名声未足以县[121]天下也，则是国未能独立也，岂渠[122]得免夫累乎！天下胁于暴国，而党[123]为吾所不欲于是者，日与桀[124]同事同行，无害为尧，是非功名之所就也，非存亡安危之所堕也。功名之所就，存亡安危之所堕，必将于愉殷赤心之所。诚以其国为王者之所，亦王；以其国为危殆灭亡之所，亦危殆灭亡。殷[125]之日，案以中立无有所偏而为纵横之事，偃然案兵无动，以观夫暴国之相卒[127]也。案平政教，审节奏[128]，砥砺百姓，为是之日，而兵刬天下劲矣[129]；案修仁义，伉[130]隆高，正法则，选贤良，养百姓，为是之日，而名声刬天下之美矣。权者重之，兵者劲之，名声者美之。夫尧、舜者，一天下也，不能加毫末于是矣。权谋倾覆之人退，则贤良知圣之士案自进矣；刑政平，百姓和，国俗节，则兵劲城固，敌国案自诎[131]矣；务本事，积财物，而勿忘栖迟薛越[132]也，是使群臣百姓皆以制度行，则财物积，国家案自富矣。三者体此而天下服，暴国之君案自不能用其兵矣。何则？彼无与至也。彼其所与至者，必其民也，其民之亲我也欢若父母，好我芳若芝兰；反顾其上，则若灼黥[133]，若仇雠。彼人之情性也虽桀、跖[134]，岂有肯为其所恶贼其所好者哉！彼以[135]夺矣。故古之人有以一国取天下者，非往行之也，修政其所莫不愿，如是而可以诛暴禁悍矣。故周公[136]南征而北国怨，曰："何独不来也？"东征而西国怨，曰："何独后我也？"孰能有与是斗者与？安以其国为是者王。殷之日，安以静兵息民，慈爱百姓，辟田野，实仓廪，便备用，安谨募选阅材伎之士；然后渐赏庆以先之，严刑罚以防之，择士之知事者使相率贯也，是以厌然畜积修饰而物用之足也。兵革器械者，彼将日日暴露毁折之中原，我今将修饰之，拊循[137]之，掩盖之于府库；货财粟米者，彼将日日栖迟薛越之中野，我今将畜积并聚之于仓廪；材技股肱[138]、健勇爪牙[139]之士，彼将日日挫顿竭之于仇敌，我今将来致之、并阅之、砥砺之于朝廷。如是，则彼日积敝，我日积完；彼日积贫，我日积富；彼日积劳，我日积佚。君臣上下之间者，彼将厉厉焉日日相离疾也，我今将顿顿[140]焉日日相亲爱也，以是待其敝。安以其国为是者霸。立身则从佣[141]俗，事行则遵佣故，进退贵贱则举佣士，之所以接下之人百姓者则庸宽惠，如是者则安存。立身则轻楛[142]，事行则蠲[143]疑，进退贵贱则举佞侻[144]，之所以接下之人百姓者则好取侵夺，如是者危殆。立身则憍[145]暴，事行则倾覆，进退贵贱则举幽险诈故，之所以接下之人百姓者，则好用其死力矣，而慢其功劳，好用其籍敛[146]矣，而忘其本务，如是者灭亡。此五等者，不可不善择也，王、霸、安存、危殆、灭亡之具也。善择者制人，不善择者人制之；善择之者王，不善择之者亡。夫王者之与亡者、制人之与人制之也，是其为相县也亦远矣。

【注释】

① 选自王先谦《荀子集解》卷五（中华书局 2013 年第 2 版）。荀子（约前 298—前 238），名况，时人尊称“荀卿”，西汉时避汉宣帝刘询讳，称孙卿，战国后期赵人。曾游学于齐，在稷下学宫讲学，“最为老师”、“三为祭酒”。后去齐之楚，春申君任为兰陵令，其间亦曾回赵国和入秦，后又归楚。春申君死后，荀子废居兰陵，著书而终。荀子“明于天人之分”的自然观、“化性起伪”的伦理观和礼法并重、王霸并用的政治观对后世思想史有深远影响。

② [为政] 治理国家。

③ [罢(pí)] 同“疲”，指弱不任事的人。

④ [须] 须臾，一会儿。

⑤［元恶］大恶之人；首恶。

⑥［昭缪(mù)］“缪”同“穆”。昭穆，根据古代的宗法制度，宗庙或墓地的辈次排列以始祖居中，二世、四世、六世位于始祖的左方，称昭；三世、五世、七世位于右方，称穆；以此来分别上下辈分。

⑦［属］归属，隶属。

⑧［奸说］荀子认为“辩说譬谕、齐给便利而不顺礼义谓之奸说”(《非十二子》)。

⑨［奸事］根据荀子自己的定义，“劳力而不当民务，谓之奸事”(《非十二子》)、“事行失中谓之奸事”。

⑩［五疾］五种残疾，哑、聋、跛躄、断肢、侏儒。

⑪［衣(yì)食(sì)］给……穿，给……吃。

⑫［假道］待人宽容。

⑬［周闭而不竭］隐瞒而不把话说完。

⑭［遂］同“坠”。

⑮［队］同“坠”。

⑯［职］当是“听”字之误(从刘台拱说)。

⑰［经］法则，原则。

⑱［辟］同“僻”，不公正。

⑲［偏］上下统属。

⑳［澹］同“赡”，满足。

㉑［维齐非齐］引文见《尚书・吕刑》，荀子引用此文意在表明，只有不齐才能做到齐一，因而等级差别在政治实践中是必要的。

㉒［骇舆］骇，马受惊；舆，可指车厢，亦可泛指车。

㉓［弟(tì)］同“悌”，敬爱兄长。

㉔［孤寡］据《礼记・王制》，“少而无父者谓之孤”，“老而无夫者谓之寡”。

㉕［曲当］委曲得当。

㉖［成侯、嗣公］成侯、嗣公均为战国时卫国国君，嗣公是卫成侯

之孙。

㉗［取民］解有两通，一曰“取民”乃“得民心”（杨倞说），一说乃“治民”之意（俞樾说），今人多从前说。

㉘［子产］姓公孙，名侨，字子产，春秋时期郑国杰出政治家，执政期间实行了一系列缓和国内各阶层矛盾、平衡与其他诸侯国关系的政策，受到民众的拥戴。

㉙［管仲］姬姓之后，管氏，名夷吾，春秋时期齐国杰出政治家，辅佐齐桓公成就“尊王攘夷”的霸业。

㉚［筐箧］意为承盛财货的器物，此处特指国君的私囊。

㉛［虽守者益，所以守者损］这里的“守者”指土地，“所以守者”指守地之人。

㉜［以］此字当删去（从俞樾说）。

㉝［强大］或谓此处当作“强道”（王引之说）。

㉟［案谨募选阅材伎之士］谨慎地招募和选择武艺过人的人。案，发语词。

㊱［存亡继绝］恢复灭亡的国家，让亡国之君的后代继续祭祀其祖先。

㊲［说(yuè)］同“悦”。

㊳［见(xiàn)］同“现”。

㊴［天下无王霸主，则常胜矣］关于此句，杨倞断为“天下无王，霸主则常胜矣”，王念孙则说“霸”为衍字，亦即此句当断为“天下无王主，则常胜矣”。

㊵［闵王毁于五国］闵王，亦作齐湣王、齐愍王，战国时齐国国君。齐闵王在位期间好大喜功，曾破秦、燕诸国，制楚，灭宋，并一度与秦昭王相约共同称帝，秦昭王为西帝，齐湣王为东帝。前 284 年，燕将乐毅率燕、秦、魏、韩、赵五国联军攻入齐都临淄，齐闵王逃到莒（今山东莒县），后为楚将淖齿所杀。

㊶［桓公劫于鲁庄］前 681 年，齐桓公与鲁庄公在柯（今山东阳谷

县东北)地盟会,庄公臣曹沫以匕首胁持齐桓公归还鲁国被齐国所侵占的汶阳之田,齐桓公被迫答应。

㊷［眇］高远(从王念孙说)。

㊸［人］辅佐大臣。

㊹［饰］同“饬”,整治。

㊺［类］法令。

㊻［原］根本。

㊼［三代］夏、商、周。

㊽［宜］同“仪”(从王念孙说),法度,标准。

㊾［文］此处指颜色、色彩。

㊿［论］同“伦”(从王先谦说),等类。

51［析愿］“析”当作“折”,意为抑制;愿,同“傆”,狡诈(从王念孙说)。

52［王者之］下当有“法”字(从王念孙说)。

53［政］同“正”,处理。

54［财］同“裁”,控制,安排。

55［什一］十分之一的税。

56［几］同“讥”,检查,查看。

57［相地而衰(cuī)政］根据土地的好坏收税。衰,等差。政,同“征”。

58［理］分别。

59［归(kuì)］同“馈”,供给。

60［无］此处是“虽”的意思(从张觉说)。传统注家作本字解,说亦可通。

61［海］泛指边远的地区。

62［羽翮(hé)、齿革、曾青、丹干］翮,羽毛中间的空心硬管,后多代指鸟翼。齿革,象牙和犀牛皮。曾青,一种矿石,即今之碳酸盐类矿物蓝铜矿的矿石成层状者。丹干,又叫丹砂,即硫化汞。

63［紶］紶乃“绤”字之误,指粗葛布(从王引之说)。

64［斲(zhuó)］砍削木料。

⑥5 [菽(shū)] 豆的总称。

⑥6 [神] 治。

⑥7 [天作高山，大王荒之；彼作矣，文王康之] 见《诗·周颂·天作》。太王，即古公亶父，周文王祖父，古代周族领袖。相传他因戎狄所逼，由豳迁至岐山下的周原，周部族从此逐渐强大起来。周文王，即姬昌，周太王之孙，季历之子，周朝的奠基人。

⑥8 [贯] 学习。

⑥9 [致] 极。

⑦0 [参] 按照荀子自己的说法，"天有其时，地有其财，人有其治，夫是之谓能参"(《天论》)。

⑦1 [朝聘] 古代诸侯亲自或派使臣按期朝见天子。

⑦2 [师旅] 古代军制以二千五百人为师、五百人为旅，故以"师旅"泛称军队。

⑦3 [六畜] 六种家畜，猪、羊、牛、马、鸡、狗。

⑦4 [杀生] 斩伐。

⑦5 [鼋(yuán)鼍(tuó)、鱼鳖、鳅鳣(shàn)孕别之时] 鼋，大鳖。鼍，俗称猪婆龙，即今之扬子鳄。鳣，同"鳝"。别，指生育。

⑦6 [罟(gǔ)] 网。

⑦7 [五谷] 即麻、黍、稷、麦、豆，一说为稻、黍、稷、麦、菽，后世则以五谷为谷物的通称。

⑦8 [渊沼] 深水潭。沼，水池，积水的洼地。

⑦9 [童] 山无草木。

⑧0 [错] 同"措"，处置，采取措施。

⑧1 [宰爵] 官名，掌管接待宾客、祭祀时供应酒食祭品等事务。

⑧2 [飨(xiǎng)] 用酒食招待人。

⑧3 [牺牲] 供祭祀用的纯色全体牲畜。

⑧4 [牢] 古代祭祀或宴享时用的牲畜，其中牛羊猪各一曰太牢，羊猪各一曰少牢。

㉟[司徒]古官名,掌管民政与教化。

㊱[百宗]百族。

㊲[司马]古官名,掌管军队。

㊳[乘白]乘,量词,包括一辆战车、四匹战马、三个甲士、七十二个步兵。白,同“伯”,古代军队的编制,十人为什,百人为伯。一说“乘白”指战车和军旗。

㊴[商]同“章”,乐章。

㊵[夷]古人对四塞边远民族的卑称。

㊶[大(tài)师]“大”同“太”。太师,乐官之长。

㊷[浍(kuài)]田间的排水沟。

㊸[潦(lǎo)]积水。

㊹[臧]同“藏”,储存东西的地方。

㊺[艾(yì)]同“刈”,收割。

㊻[司空]古代主管土木工程的长官。

㊼[百索]指对山林薮泽的各种求索。一说“索”为“素”之误,“百索”即“百蔬”。

㊽[虞师]管理山林湖泊的官。

㊾[州里]周制二千五百家为州,二十五家为里,后亦泛指乡里。

⑩⓪[廛(chán)]市场内百姓所居之地。

⑩①[闲]同“娴”,熟习。

⑩②[趋]同“促”。

⑩③[乡师]周制中乡一级的长官,掌管本乡的教化和政事。

⑩④[百工]各种手工业者的总称。

⑩⑤[功苦]器物饮食之精善者叫作功,滥恶者叫作苦。

⑩⑥[工师]掌管百工及手工业之官。

⑩⑦[祲(jìn)]太阳旁边的云气。

⑩⑧[钻龟陈卦]钻龟是古代的卜法,陈卦是古代的筮法,古人常用这两种方法来推断吉凶、决定嫌疑,遇大事通常先筮后卜。

⑩⑨ [攘(rǎng)择五卜] 同“禳”，古代以祭祷来消除灾祸的行为。择，此处指选择吉日、吉事。五卜，指占卜时龟板上出现的五种兆形，即雨、霁、蒙、驿、克。

⑪⓪ [击] 同“觋”(xí)。古代从事求神、卜卦、祝由等职业的人，女称巫，男称觋。

⑪① [采清] 采，坟墓。清，厕所(从俞樾说)。

⑪② [室律] 当作“质律”(据《荀子·王霸》改)，古代评定市价的文书。

⑪③ [抃(biàn)] “抃”当作“折”(从王先谦说)。

⑪④ [五刑] 五种刑法，此处当指墨、劓、剕、宫、大辟。

⑪⑤ [司寇] 主管司法的最高长官。

⑪⑥ [冢宰] 总管全国大事的执政。

⑪⑦ [辟公] 诸侯。

⑪⑧ [具具] 前一个“具”是动词，具备；后一个“具”是名词，指条件。

⑪⑨ [臧否] 好坏。

⑫⓪ [与] 同“举”，都。

⑫① [县(xuán)] 同“悬”，挂。

⑫② [岂渠] 怎么。

⑫③ [党] 同“倘”，假如。

⑫④ [桀] 夏朝最后一位君主，是历史上臭名昭著的荒淫暴君。下文中的“尧”则是历史传说中的圣君，《荀子》书中时以尧、桀并举。

⑫⑤ [殷] 强盛富裕。

⑫⑦ [卒] 同“捽(zuó)”，冲突，对打。

⑫⑧ [节奏] 礼节制度。

⑫⑨ [兵刬(zhuān)天下劲矣] “劲”上当有“之”字(从王先谦说)。刬，同“专”，独占。

⑬⓪ [伉(kàng)] 通“亢”，极(从王念孙说)。

⑬① [诎(qū)] 同“屈”，屈服。

⑬②［薛越］同“屑越”，指搞得破碎散乱后又抛弃。

⑬③［黥（qíng）］用刀在犯人的脸上刺字，再用墨涂在刺纹中。

⑬④［跖（zhí）］即盗跖，春秋时期率领数千人横行的大盗。

⑬⑤［以］同“已”，已经。

⑬⑥［周公］姓姬，名旦，周文王的儿子，武王的弟弟，成王的叔父，鲁国的始祖，是儒家心目中最敬服的古代圣人之一。

⑬⑦［拊（fǔ）循］安抚，爱护。

⑬⑧［股肱］大腿和上臂，借指得力的助手。

⑬⑨［爪牙］原指动物的尖爪和利牙，此处指作为羽翼和辅佐的武人。

⑭⓪［顿］同“敦”，诚恳笃厚的样子。

⑭①［佣］同“庸”，平庸，平常。

⑭②［楛（kǔ）］粗劣，不坚固，不精致。

⑭③［蠲（juān）］除去。

⑭④［佞说（tuō）］口齿伶俐、花言巧语之人。

⑭⑤［憍（jiāo）］同“骄”，骄傲。

⑭⑥［籍敛］搜刮。

【评析】

《王制》一文体现的是荀子对政治的看法。本文先论王者之政系举贤能、废疲敝、诛元恶、化平民的政治，若欲至此，需礼义、刑法两端并用，而执行者则是“君子”。荀子提出，只有名分确定、尊卑有序，辅以平政爱民、隆礼敬士、尚贤使能等品格和手段，才是良好的统治者。其次，荀子依次拈出王者、霸者、仅存之国、亡国及王、霸、强之异同，提出了自己“道不过三代，法不贰后王”、“仁眇天下，义眇天下，威眇天下”的王道理想。再次，荀子抛出了“人能群”的观点，并进而论述了人与人之间相互依存关系以及各级官员的分工与责任。最后，荀子阐述了国家王、霸、安存、危殆、灭亡的条件，指出修仁义、正法则、选贤良、养百姓、辟田野、实仓廪是国家王天下、霸诸侯的基础，能做到此便可制人而不制于人。在本篇之前的《劝学》《修身》《不苟》《荣辱》四篇中，荀氏讨论的主要是儒家的修身功夫；《非十二子》《仲尼》《儒效》则渐由修己转向治平，藉由批判百家异端及儒家内部的子思、孟轲等学派建构自己的政治理论，并逐渐引出"法后王"的思想；至《王制》论政治纲领，则水到渠成。至若本篇之后的《富国》《王霸》《君道》《臣道》《致士》《强国》诸篇，又属在《王制》基础上的析论。因此，《王制》一文在《荀子》全书中意义重大。

【理性思考】

1. "修礼者王"，同样是说"王道"，荀子与孟子有何异同？

2. 与《孟子》的论说方式比较，《荀子》在文章体裁、风格等方面有何特色？

【延伸阅读】

1. 司马迁《史记・孟子荀卿列传》，中华书局 2013 年版。

2. 梁启超《荀卿之年代及行历》。

3. 王博《君道与臣道》，见《中国儒学史・先秦卷》第八章第六节。

4. 杨照《荀子：儒学主流的真正塑造者》，广西师范大学出版社 2016 年版。

春秋繁露・深察名号[①]

董仲舒

治天下之端[②]，在审辨大[③]。辨大之端，在深察名号[④]。名者，大理之首章[⑤]也。录其首章之意，以窥其中之事，则是非可知，逆顺自著[⑥]，其几通于天地矣。是非之正，取之逆顺[⑦]，逆顺之正，取之名号[⑧]，名号之正，取之天地[⑨]，天地为名号之大义也[⑩]。古之圣人，謞而效天地谓之号[⑪]，鸣而施命谓之名[⑫]。名之为言[⑬]，鸣与命也；号之为言，謞而效也。

謞而效天地者为号，鸣而命者为名。名号异声而同本，皆鸣号而达天意[14]者也。天不言，使人发其意；弗为，使人行其中[15]。名则圣人所发天意，不可不深观也。受命之君，天意之所予也[16]。故号为天子者，宜[17]视天如父，事天以孝道也。号为诸侯者，宜谨视所候奉之天子也。号为大夫者，宜厚其忠信，敦其礼义[18]，使善大于匹夫之义[19]，足以化也。士者，事也；民者，瞑也[20]。士不及化，可使守事从上而已[21]。五号自讃[22]，各有分[23]。分中委曲[24]，曲有名[25]。名众于号，号其大全[26]。名也者，名其别离分散也[27]。号凡而略，名详而目[28]。目者，偏辨其事也[29]；凡者，独举其大也。享鬼神者号，一曰祭。祭之散名，春曰祠，夏曰礿，秋曰尝，冬曰烝[30]。猎禽兽者号，一曰田。田之散名，春苗，秋蒐，冬狩，夏狝[31]。无有不皆中天意者。物莫不有凡号，号莫不有散名，如是。是故事各顺于名，名各顺于天。天人之际，合而为一。同而通理，动而相益，顺而相受，谓之德道[32]。《诗》曰："维号斯言，有伦有迹。"[33]此之谓也。

深察王号之大意，其中有五科[34]：皇科、方科、匡科、黄科、往科。合此五科，以一言谓之王[35]。王者皇也，王者方也，王者匡也，王者黄也，王者往也[36]。是故王意不普大而皇，则道不能正直而方；道不能正直而方，则德不能匡运周徧；德不能匡连周徧，则美不能黄；美不能黄，则四方不能往；四方不能往，则不全于王[37]。故曰：天覆无外，地载兼爱[38]，风行令而一其威，雨布施而均其德。王术之谓也。

深察君号之大意，其中亦有五科：元科、原科、权科、温科、群科[39]。合此五科，以一言谓之君。君者元也，君者原也，君者权也，君者温也，君者群也。是故君意不比于元，则动而失本[40]；动而失本，则所为不立；所为不立，则不效于原；不效于原，则自委舍[41]；自委舍，则化不行。用权于变，则失中适之宜[42]；失中适之宜，则道不平，德不温；道不平，德不温，则众不亲安；众不亲安，则离散不群；离散不群，则不全于君[43]。

名生于真，非其真，弗以为名。名者，圣人之所以真物也[44]。名之为言真也。故凡百讥有黮黮者[45]，各反其真，则黮黮者还昭昭耳。欲审曲直，莫如引绳[46]；欲审是非，莫如引名[47]。名之审于是非也，犹绳之审于曲直也。诘其名实，观其离合[48]，则是非之情不可以相谰已[49]。今世暗于性[50]，言之者不同，胡不试反性之名。性之名非生与[51]？如其生之自然之资谓之性[52]。性者质也[53]。诘性之质于善之名[54]，能中之与[55]？既不能中矣，而尚谓之质善，何哉？性之名不得离质。离质如毛，则非性已[56]，不可不察也。《春秋》辨物之理，以正其名。名物如其真，不失秋毫之末。故名霣石，则后其五，言退鹢，则先其六[57]。圣人之谨于正名如此。君子于其言，无所苟而已，五石、六鹢之辞是也[58]。

栣[59]众恶于内，弗使得发于外者，心也。故心之为名栣也[60]。人之受气苟无恶者，心何栣哉[61]？吾以心之名，得人之诚[62]。人之诚，有贪有仁[63]。仁贪之气，两在于身。身之名，取诸天。天两有阴阳之施[64]，身亦两有贪仁之性。天有阴阳禁[65]，身有情欲栣[66]，与天道一也。是以阴之行不得干春夏，而月之魄常厌于日光[67]。乍全乍伤，天之禁阴如此，安得不损其欲而辍[68]其情以应天。天所禁而身禁之，故曰身犹天也。禁天所禁，非禁天也。必知天性不乘于教，终不能栣[69]。察实以为名，无教之时，性何遽若是[70]。故性比于禾，善比于米。米出禾中，而禾未可全为米也。善出性中，而性未可全为善也。善与米，人之所继天而成于外[71]，非在天所为之内也[72]。天之所为，有所至而止[73]。止之内谓之天性，止之外谓之人事。事在性外，而性不得不成德[74]。民之号，取之瞑也[75]。使性而已善，则何故以瞑为号？以霣者言[76]，弗扶将[77]，则颠陷猖狂[78]，安能善？性有似目，目卧幽而瞑，待觉而后见。当其未觉，可谓有见质，而不可谓见[79]。今万民之性，有其质而未能觉，譬如瞑者待觉，教之然后善。当其未觉，可谓有善质，而不可谓善，与目之瞑而觉，一概之比也[80]。静心徐察之[81]，其言可见矣。性而瞑之未觉，天所为也。效天所为，为之起号，故谓之民。民之为言，固犹瞑也，随其名号以入其理[82]，则得之矣。是正名号者于天地[83]，天地之所生，谓之性情。性情相与为一瞑[84]。情亦性也。谓性已善，奈其情何[85]？故圣人莫谓性善，累其名也[86]。身之有性情也，若天之有阴阳也。言人之质而无其情，犹言天之阳而无其阴也。穷论者，无时受也[87]。名性，不以上，不以下，以其中名之[88]。性如茧如卵。卵待覆而成雏,茧待缫而为丝[89],性待教而为善。此之谓真天[90]。天生民性有善质,而未能善,于是为之立王以善之,此天意也。民受未能善之性于天,而退受成性之教于王。王承天意,以成民之性为任者也。今案其真质,而谓民性已善者,是失天意而去王任也[91]。万民之性苟已善,则王者受命尚何任也?其设名不正,故弃重任而违大命,非法言也[92]。《春秋》之辞,内事之待外者,从外言之[93]。今万民之性,待外教然后能善,善当与教,不当与性[94]。与性,则多累而不精[95],自成功而无贤圣,此世长者之所误出也,非《春秋》为辞之术也[96]。不法之言、无验之说,君子之所外[97],何以为哉?或曰:性有善端,心有善质,尚安非善?应之曰:非也。茧有丝而茧非丝也,卵有雏而卵非雏也。比类率然[98],有[99]何疑焉?天生民有六经[100],言性者不当异。然其或曰性也善[101],或曰性未善,则所谓善者,各异意也。性有善端,动之爱父母[102],善于禽兽,则谓之善,此孟子之善。循三纲五纪[103],通八端之理[104],忠信而博爱,敦厚而好礼,乃可谓善。此圣人之善也。是故孔子曰:"善人吾不得而见之,得见有常者斯可矣。"[105]由是观之,圣人之所谓善,未易当也[106],非善于禽兽则谓之善也。使动其端善于禽兽则可谓之善,善奚为弗见也[107]?夫善于禽兽之未得为善也,犹知于草木而不得名知[108]。万民之性善于禽兽而不得名善[109],知之名乃取之圣[110]。圣人之所命,天下以为正。正朝夕者视北辰,正嫌疑者视圣人。圣人以为无王之世,不教之民,莫能当善。善之难当如此,而谓万民之性皆能当之,过矣。质于禽兽之性[111],则万民之性善矣;质于人道之善,则民性弗及也。万民之性善于禽兽者许之,圣人之所谓善者弗许[112]。吾质之命性者异孟子[113]。孟子下质于禽兽之所为,故曰性已善;吾上质于圣人之所为,故谓性未善。善过性,圣人过善[114]。《春秋》大元,故谨于正名[115]。名非所始,如之何谓未善已善也[116]。

【注释】

① 选自苏舆《春秋繁露义证》(中华书局 1992 年版)。《春秋繁露》

是西汉大儒董仲舒阐述《春秋》大义的著作，见诸《汉书·董仲舒传》。传世的版本经过后人辑录，计八十二篇，本篇为第三十五篇。

② [端] 开始，首要之事。

③ [审辨大] 审查事物之间的差异和大要。辨，区别，差异。大，大纲，大要。

④ [深察名号] 深入地考察名分与称号。

⑤ [大理之首章] 理，指礼乐制度。首章，古代文章、乐章的开端。

⑥ [顺逆自著] 顺，指名正言顺。逆，指名不正言不顺。著，显现。

⑦ [是非之正，取之逆顺] 是非的标准，根据言论和事情的可行与不可行。

⑧ [逆顺之正，取之名号] 言论和事情可行与不可行的标准，根据名分和称号。

⑨ [名号之正，取之天地] 名分与称号的标准，根据天地。

⑩ [天地为名号之大义也] 天地是所有名分与称号的最大法则。

⑪ [謞(xiào)而效天地谓之号] 效仿天地之声呼喊叫作称号。謞，叫喊。

⑫ [鸣而施命谓之名] 命名事物时鸣叫叫作名分。施，给予。命，命名。

⑬ [名之为言] 名分之所以叫作“名”。

⑭ [达天意] 传达上天的意愿。

⑮ [弗为，使人行其中] 不作为，让人类来实现上天的意愿。中，内心。

⑯ [天意之所予也] 上天的意愿所关注赐予的人。

⑰ [宜] 应该。

⑱ [敦其礼义] 崇厚礼义。敦，厚。

⑲ [使善大于匹夫之义] 让善的美德大于普通人的道义标准。

⑳ [瞑] 天色昏暗。这里指昏昧。

㉑ [士不及化，可使守事从上而已] 士人还没有被善道教化，可以

让他们遵守事务法令,服从君上的命令就行了。

㉒[五号自讚]天子、诸侯、大夫、士、民五种名号有其自己的称呼。讚,同赞,称。

㉓[各有分]各自有其本分。

㉔[分中委曲]各自的本分中各有应尽的事务与责任。委曲,原委曲折。

㉕[曲有名]曲,当为“各”字之误。

㉖[名众于号,号其大全]名分比称号多,称号是名分的概括。

㉗[名也者,名其别离分散也]名分的功能是分辨区别事物。

㉘[号凡而略,名详而目]称号的特点是笼统而概括,名分则详细具体。凡,所有,大概。略,大要,简单。目,标目。

㉙[偏辨其事也]偏,同“遍”。

㉚[春曰祠,夏曰礿(yào),秋曰尝,冬曰烝(zhēng)]春天的祭祠叫作祠,夏天的叫作礿,秋天的叫作尝,冬天的叫作烝。

㉛[春苗,秋蒐(sōu),冬狩,夏狝(xiǎn)]春天的田猎叫作苗,秋天的叫作蒐,冬天的叫做狩,夏天的叫作狝。苗,毛。指幼小的动物。蒐,同“搜”。狩,打猎。狝,冬猎。

㉜[德道]即“道德”。指人类的行为规范和准则。《易经·说卦》:“和顺于道德而理于义,穷理尽性以至于命。”

㉝[“《诗》曰”句]《小雅·正月》诗句。“维号斯言,有伦有迹”,意为呼号发言,有道有理。伦,理。迹,道。

㉞[科]科条,条目。

㉟[以一言谓之王]用一个字来指称叫作“王”。此处所举与“王”这个称号相关的五科:皇、方、匡、黄、往都是“王”的谐音字。

㊱[王者皇也,王者方也,王者匡也,王者黄也,王者往也]皇,大、美。方,正。匡,满,周。黄,地的颜色,指中和。往,向往,归向。

㊲[不全于王]不全于王的名号。指王道有缺。

㊳[兼爱]一本作“兼受”。

㊴［元科、原科、权科、温科、群科］此处所举与“君”这个称号相关的五科，都是“君”的谐音字。元，一、正。原，原始，根本。权，权衡。温，道德温和。群，群聚，合众。

㊵［君意不比于元，则动而失本］君主的心术不正，其举动就失去依据。意，心意。比，比效。本，根本，依据。

㊶［则自委舍］自我放弃。委舍，委卸，放弃。

㊷［用权于变，则失中适之宜］使用权衡来应变，就会失去中正的原则。“自委舍，则化不行”一句下，当为“化不行，则……”，因此，“用权于变”四字上可能有脱文。

㊸［则不全于君］不全于君的名号。指君道有缺。按，比照上一段“则不全于王”以下的文字，则此句下当有缺文。清苏舆《春秋繁露义证》认为，《玉英篇》中“是故治国之端在正名，名之正兴五世，五传之外，美恶乃形，可谓得其真矣，非子路之所能见”三十六字为本篇错简，或当置于此句后。

㊹［圣人之所以真物也］圣人用来确定事物的。真，这里作动词，确定，把握，纲纪。《管子·心术》：“名者，圣人之所以纪万物也。”

㊺［凡百讥有黮黮(dǎn)者］大凡百种讥刺而黑暗不明的事物。讥，讥刺，指责。黮黮原指桑葚之色，引申为黑色。

㊻［引绳］拉绳墨。绳，木匠用的木线，从墨斗中拉出丈量木材。引申为原准，法则。

㊼［引名］依据名号。

㊽［观其离合］观察名与实之间的符合与否。

㊾［则是非之情不可以相谰(lán)已］是非的实情不可混淆诬陷。谰，诬陷。

㊿［今世暗于性］当今的世人对于人性理解不清。暗，暗昧。

51［性之名非生与］性的名号不就是“生”吗？

52［如其生之自然之资谓之性］依照人生来具有的自然资质叫作“性”。

㊸[性者质也] 性(这个名号的内容)就是本质。

㊹[诘性之质于善之名] 从“善”的名称中追问人性的本质。

㊺[能中(zhòng)之与] 能做到名与实相符合吗？中，合。

㊻[离质如毛，则非性已] 名号远离了实质，就如同皮毛，就不再是本质了。

㊼[故名霣(yǔn)石，则后其五，言退鹢(yì)，则先其六] 所以先记录有陨石，后记录陨石计有五块；记录倒着飞的鹢鸟，先记录鹢鸟有六只。霣，陨石。退，到退，这里指鸟倒着飞行。《春秋公羊传》“僖公十六年”载：“霣石于宋五。是月，六鹢退飞过宋都。曷为先言霣而后言石？霣石记闻，闻其磌然，视之则石，察之则五……曷为先言六而后言鹢？六鹢退飞，记见也，视之则六，察之则鹢，徐而察之则退飞。”

㊽[君子于其言，无所苟而已，五石、六鹢之辞是也] 君子在言辞上从不苟且，正如《春秋》中对陨石五块，六鹢倒飞的记载一样。苟，苟且，随便。《春秋穀梁传》“僖公十六年”：“君子之于物，无所苟而已。石鶂(yì)且犹尽其辞，而况人乎？故五石、六鶂之辞不设，则王道不亢矣。”

㊾[栣(rèn)] 防御，禁御。

㊿[故心之为名栣也] 心的名称就是禁。心、栣二字古音相近。

(61)[人之受气苟无恶者，心何栣哉] 人禀受的自然之气中如果没有恶的气质，人心还要禁御什么呢？受气，禀受自然之气。

(62)[诚] 真，本质。

(63)[有贪有仁] 指既有贪恶的私欲，又有善良的仁爱。

(64)[天两有阴阳之施] 指天道运行，有阴阳两种气化施行。施，散布，赐予。

(65)[天有阴阳禁] 指天道运行，好阳恶阴，制约阴气，不使之干犯阳气。

(66)[身有情欲栣] 指人道扬善抑恶，制约情欲。

(67)[月之魄常厌于日光] 月的光亮永远被日光遮蔽。魄，通“霸”，月的轮廓无光之处。

⑱［辍］止。

⑲［必知天性不乘于教，终不能栣］一定要知道人性如不接受教化，最终将不能节制（的道理）。乘，依靠。

⑳［察实以为名，无教之时，性何遽若是］考察事物的实质，从而制定名号，没有受到教化之时，人性为什么竟是这种样子。遽，就，竟。

㉑［人之所继天而成于外］人类从上天那里继承而来但成就于外在教化的善性。

㉒［非在天所为之内也］不在上天的所作所为的范围之内。指并非生来具有，自然成就的。

㉓［有所至而止］有其所以能达到的范围而停止。

㉔［事在性外，而性不得不成德］（教化）之事在人的本性之外，但是如果得不到教化就不能成就其美德。

㉕［民之号，取之瞑也］“民”的名号，根据“瞑”这个字而得。瞑，同“眠”，闭眼，引申为暗昧。

㉖［以瞑者言］当作“以瞑者言”。

㉗［弗扶将］不去扶持。

㉘［颠陷猖狂］颠倒放肆。

㉙［可谓有见质，而不可谓见］可以说有能察见事物的本能，但不可以说有所察见。

㉚［一概之比也］一样的比方。

㉛［静心徐察之］静下心来慢慢体察。

㉜［随其名号以入其理］随着名称而分析其中的道理。

㉝［是正名号者于天地］这是根据天地端正事物的名号。

㉞［性情相与为一瞑］本性和情欲相互合成一个昏暗未明（的人性）。

㉟［谓性已善，奈其情何］认为人性已是全善的，那么如何理解情欲呢？

⑻ [故圣人莫谓性善,累其名也] 所以圣人不说人性本来就是善的,怕被名号牵累(名不符实)。

⑻ [穷论者,无时受也] 以此穷究论述,没有机会受到驳难。

⑻ [名性,不以上,不以下,以其中名之] 人性的名号,不根据上智之人,也不根据下愚之人,根据的是中等的人性确定。

⑻ [茧待缫而为丝] 缫,煮茧抽丝。

⑼ [真天] 真正合乎天意的人性,即上文所说"人之所继天而成于外"的善性。

⑼ [今案其真质,而谓民性已善者,是失天意而去王任也] 现在根据人的自然本性,就说人性已经是全善的,这是违背天意而放弃君王教民的责任。实质,指人的本性。即上文所说"人之所继天"的自然本性。

⑼ [其设名不正,故弃重任而违大命,非法言也] (这样的说法)设置名号不够端正,因此放弃了重大的教化责任违背上天的命令,不是符合礼法的话。大,或为"天"。法言,合乎礼法的言论,《论语·子罕篇》云:"子曰'法语之言,能无从乎?'"

⑼ [《春秋》之辞,内事之待外者,从外言之] 《春秋》的修辞,内部的事或要等待外部的事才能实现的,一定先记录外部的事。

⑼ [善当与教,不当与性] 善的实现应当交付给教化,不能归之于自然本性。

⑼ [与性,则多累而不精] 归之于自然本性,就会名号太多而不精确。

⑼ [自成功而无贤圣,此世长者之所误出也,非《春秋》为辞之术也] 自我修身成功又没有圣贤出现,这是世上的长者们之所以得出错误认识(以为人性本来就是善的,不必接受教化)的原因,不是《春秋》的修辞方法。

⑼ [外] 排斥。《荀子·正名》:"无稽之言,不见之行,不闻之谋,君子慎之。"

⑼ [比类率然] 同类相比皆是这样。率然,轻易的样子。

⑲［有］有，又。

⑩［六经］“六”，当作“大”。

⑪［性也善］“也”当作“已”。

⑫［动之爱父母］“动”当作“童”，儿童。

⑬［循三纲五纪］遵守“三纲五纪”的伦理规范。纲，张。纪，理。东汉《白虎通·纲纪篇》有“三纲六纪”之说：“三纲者何？谓君臣，父子，夫妇也。六纪者，谓诸父、兄弟、族人、诸舅、师长、朋友也。”

⑭［通八端之理］通晓“八端”的道理。“八端”，未详。《孟子·公孙丑上》有“四端”之说：“恻隐之心，仁之端；羞恶之心，义之端也；辞让之心，礼之端也；是非之心，智之端也。人之有四端也，犹其有四体也。”

⑮［“孔子曰”句］见《论语·述而篇》。

⑯［圣人之所谓善，未易当也］圣人所说的善，也不容易实现。“未易当也”或当为“亦未易当也”。当，相当，充当，引申为实现。下文曰：“圣人以为无王之世，不教之民，莫能当善。”“善之难当如此”与此相同。

⑰［使动其端善于禽兽则可谓之善，善奚为弗见也］使发动其善心对待禽兽就可以叫作善的话，善人为何见不到呢？“奚”字下或当有“人”。

⑱［夫善于禽兽之未得为善也，犹知于草木而不得名知］对禽兽友善不能叫作善，就像对草木有智识不能叫作有知识。“知于草木”之“知”当作“智”。

⑲［万民之性善于禽兽而不得名善］此句当为衍文。

⑳［知之名乃取之圣］“知”当作“善”。

㉑［质于禽兽之性］质，诘问。

㉒［万民之性善于禽兽者许之，圣人之所谓善者弗许］承认万民对于禽兽的友善是性善，而不承认圣人所说的善。

㉓［吾质之命性者异孟子］我对于人的天命和天性的看法与孟子相异。

⑭ [善过性，圣人过善] "善"这个名号大过"性"这个名号。"圣人"这个名号大过"善"这个名号。

⑮ [《春秋》大元，故谨于正名]《春秋》对"元"这个名号非常推重，所以谨慎地端正名号。大，推重。

⑯ [名非所始，如之何谓未善已善也] 名号不根据事物的开始，怎么能说人性本来就已经是善的？"未善"二字为衍文，当删去。

【评析】

《春秋左氏传》"桓公二年"曰："夫名以制义，义以出礼。"名义是古代礼乐制度的重要体现。"正名"也是儒家政治思想和伦理的重要内容，关涉政治行为正当性和设计政治制度的依据等问题。孔子论述正名的思想，最早见于《论语·子路》所载："子路曰：'卫君待子而为政，子将奚先？'子曰：'必也正名乎！'子路曰：'有是哉？子之迂也，奚其正？'子曰：'野哉！由也。君子于其所不知，盖阙如也。名不正，则言不顺；言不顺，则事不成；事不成，则礼乐不兴；礼乐不兴，则刑罚不中；刑罚不中，则民无所措手足。'"此后《荀子》中有《正名篇》，提出"故王者之制名，名定而实辨，道行而志通，则慎率民而一焉。"将正名作为礼制的基础。董仲舒也认为："圣人正名，名不虚生。"(《春秋繁露·郊语》)，《深察名号》进而从天人感应的宇宙论出发，赋予正名形而上的意义。他认为名号来自于圣人对天地的效仿，号的内涵小外延大（号凡而略），名有内涵大外延小（名详而目），号为总称，名为具体。篇中辨析了王号、君号之中包括的政治义涵，特别讨论了儒家伦理学的前提——人性的义涵。董仲舒提出了一个既不同于荀子性恶论，又不同于孟子性善论的观点。他认为人性出于上天，与天同构，天气分为阴阳二气，因此人性分为性情二名，各具仁贪之气，性仁情贪。所以人有继承天的自然本性，其中有善的本性，但这种本性要能实现，必须等待后天的教化。他特别反对孟子的性善说，认为孟子的善不是圣人所说的道德意义上的善，如果按照孟子的理论，人类就放弃了王道和教化的责任。据此，董仲舒确立了汉代恢复儒家王道政治和道德教化理论基础。

【理性思考】

1. 董仲舒提出“深察名号”用意是什么?

2. 人性善恶一直都是古代思想家争论的热点,在董仲舒之前有哪些著名的思想家参加讨论?董仲舒自己有什么样的看法?

3. 董仲舒在文中提出:“天人之际,合而为一。”请你谈谈这一思想对现在社会的意义。

【延伸阅读】

1.《汉书·董仲舒传》。

2. 冯友兰《中国哲学史(下册)》第二章《董仲舒与今文经学》。

3. 徐复观《西汉思想史》第二卷《先秦儒家思想的转折及天的哲学的完成——董仲舒“春秋繁露”的研究》。

问 孔 篇[①]

王 充

世儒学者,好信师而是[②]古,以为贤圣所言皆无非,专精讲习,不知难问。夫贤圣下笔造文,用意详审,尚未可谓尽得实,况仓卒[③]吐言,安能皆是?不能皆是,时人不知难;或是,而意沉难见[④],时人不知问。案贤圣之言,上下多相违;其文,前后多相伐[⑤]者,世之学者,不能知也。

论者皆云:“孔门之徒,七十子[⑥]之才,胜今之儒。”此言妄也。彼见孔子为师,圣人传道,必授异才,故谓之殊。夫古人之才,今人之才也,今谓之英杰,古以为圣、神,故谓七十子历世希[⑦]有。使当今有孔子之师,则斯世学者皆颜、闵[⑧]之徒也;使无孔子,则七十子之徒,今之儒生也。何以验之?以学于孔子,不能极问也。圣人之言,不能尽解;说道陈义,不能辄形[⑤]。不能辄形,宜问以发之;不能尽解,宜难以极之。皋陶陈道帝舜之前，浅略未极，禹问难之，浅言复深，略指[10]复分。盖起问难讹说，激而深切，触而著明也。

孔子笑子游之弦歌，子游引前言以距孔子[11]。自今案《论语》之文，孔子之言多若笑弦歌之辞，弟子寡若子游之难，故孔子之言，遂结不解。以七十子不能难，世之儒生，不能实道是非也。

凡学问之法，不为[12]无才，难于距师，核道实义，证定是非也。问难之道，非必对圣人及生时也。世之解说说人者，非必须圣人教告乃敢言也。苟有不晓解之问，追难孔子，何伤于义？诚有传圣业之知，伐孔子之说，何逆于理？问孔子之言，难其不解之文，世间弘才大知生，能答问解难之人，必将贤吾世间[13]难问之言是非[14]。

孟懿子[15]问孝，子曰："毋违。"樊迟[16]御，子告之曰："孟孙问孝于我，我对曰'毋违'。"樊迟曰："何谓也？"子曰："生，事之以礼；死，葬之以礼。"[17]

问曰[18]：孔子之言"毋违"，毋违者，礼也。孝子亦当先意承志，不当违亲之欲。孔子言"毋违"，不言"违礼"，懿子听孔子之言，独不为嫌[19]于无违志乎？樊迟问何谓，孔于乃言"生，事之以礼；死，葬之以礼，祭之以礼"。使樊迟不问，"毋违"之说，遂不可知也。懿子之才，不过樊迟，故《论语》篇中不见言行，樊迟不晓，懿子必能晓哉？

孟武伯[20]问孝，子曰："父母，唯其疾之忧[21]。"武伯善忧父母，故曰"唯其疾之忧"。武伯忧亲，懿子违礼。攻其短，答武伯云"父母，唯其疾之忧"，对懿子亦宜言"唯水火之变乃违礼"。周公告小才勅，大材略。子游之[23]大材也，孔子告之勅；懿子小才也，告之反略，违周公之志。攻懿子之短，失道理之宜，弟子不难，何哉？

如以懿子权尊，不敢极言，则其对武伯，亦宜但言"毋忧"而已。俱孟氏子也，权尊钧同，勅武伯而略懿子，未晓其故也。使孔子对懿子极言"毋违礼"，何害之有？专鲁莫过季氏[24]，讥八佾之舞庭，刺太山之旅祭[26]，不惧季氏增邑[27]不隐讳之害，独畏答懿子极言之罪，何哉？且问孝者非一，皆有御者，对懿子言，不但心服臆肯，故告樊迟。

孔子曰："富与贵，是人之所欲也，不以其道得之，不居也；贫与贱，是人之所恶也，不以其道得之，不去也[28]。"此言人当由道义得，不当苟取也；当守节安贫，不当妄去也。

夫言不以其道得富贵，不居，可也；不以其道得贫贱，如何？富贵顾[29]可去，去贫贱何之[30]？去贫贱，得富贵也；不得富贵，不去贫贱。如谓得富贵不以其道，则不去贫贱邪？则所得富贵，不得贫贱也。贫贱何故当言"得之"？顾当言"贫与贱，是人之所恶也，不以其道去之，则不去也。"当言"去"，不当言"得"。"得"者，施于得之也。今去之，安得言"得"乎？独富贵当言"得"耳。何者？得富贵，乃去贫贱也。

是则以道"去"贫贱如何？修身行道，仕得爵禄富贵，得爵禄富贵，则去贫贱矣。不以其道"去"贫贱如何？毒苦[31]贫贱，起为奸盗，积聚货财，擅相官秩，是为不以其道。

七十子既不问，世之学者亦不知难，使此言意[32]不解，而文不分，是谓孔子不能吐辞也；使此言意结，文又不解，是孔子相示未勑悉也。弟子不问，世俗不难，何哉？

孔子曰："公冶长[33]可妻[34]也，虽在缧绁[35]之中，非其罪也。"以其子妻之[36]。

问曰：孔子妻公冶长者，何据见哉？据年三十可妻[37]邪？见其行贤可妻也？如据其年三十，不宜称"在缧绁"；如见其行贤，亦不宜称"在缧绁"。何则？诸入孔子门者，皆有善行，故称备徒役[38]。徒役之中，无妻则妻之耳，不须称也。如徒役之中多无妻，公冶长尤贤，故独妻之，则其称之，宜列其行，不宜言其在缧绁也。何则？世间强受非辜者多，未必尽贤人也。恒人见枉，众多非一。必以非辜为孔子所妻，则是孔子不妻贤，妻冤也。案孔子之称公冶长，有非辜之言，无行能之文。实不贤，孔子妻之，非也；实贤，孔子称之不具，亦非也。诚似妻南容[39]云："国有道不废，国无道免于刑戮[40]。"具称之矣。

子谓子贡曰："汝与回也孰愈[42]？"曰："赐也何敢望回？回也闻一以知十，赐也闻一以知二。"子曰："弗如也，吾与汝俱不如也[43]。"是贤颜渊，试以问子贡也。

问曰：孔子所以教者，礼让也。子路[44]“为国以礼，其言不让[45]”，孔子非之。使子贡实愈颜渊，孔子问之，犹曰不如；使实不及，亦曰不如。非失对欺师，礼让之言，宜谦卑也。今孔子出言，欲何趣[46]哉？使孔子知颜渊愈子贡，则不须问子贡。使孔子实不知，以问子贡，子贡谦让，亦不能知。使孔子徒欲表善颜渊，称颜渊贤，门人莫及，于名多矣，何须问于子贡？子曰：“贤哉回也[47]！”又曰：“吾与回言，终日不违如愚[48]。”又曰：“回也，其心三月不违仁[49]。”三章皆直称，不以他人激，至是一章，独以子贡激之，何哉？

或曰：“欲抑子贡也。当此之时，子贡之名，凌颜渊之上，孔子恐子贡志骄意溢，故抑之也。”夫名在颜渊之上，当时所为，非子贡求胜之也。实子贡之知何如哉？使颜渊才在己上，己自服之，不须抑也；使子贡不能自知，孔子虽言，将谓孔子徒欲抑己。由此言之，问与不问，无能抑扬。

宰我[50]昼寝。子曰：“朽木不可雕也，粪土之墙不可杇[51]也。于予，予何诛[52]？”是恶宰予之昼寝。

问曰：昼寝之恶也，小恶也；朽木、粪土，败毁不可复成之物，大恶也。责小过以大恶，安能服人？使宰我性不善，如朽木、粪土，不宜得入孔子之门，序在四科[53]之列；使性善，孔子恶之，恶之太甚，过也。“人之不仁，疾之已甚，乱也[54]。”孔子疾宰予，可谓甚矣。

使下愚之人涉耐[55]罪之狱，吏令以大辟[56]之罪，必冤而怨邪？将[57]服而自咎也？使宰我愚，则与涉耐罪之人同志；使宰我贤，知孔子责人[58]，几微自改矣。明文以识之，流言以过之，以其言示端而已自改。自改不在言之轻重，在宰予能更与否。

《春秋》之义，采毫毛之善，贬纤介之恶[59]。褒毫毛以巨大，以巨大贬纤介，观《春秋》之义，肯是之乎？不是，则宰予不受；不受，则孔子之言弃矣。圣人之言与文相副，言出于口，文立于策，俱发于心，其实一也。孔子作《春秋》，不贬小以大，其非宰予也，以大恶细，文语相违，服人如何？

子曰："始吾于人也，听其言而信其行；今吾于人也，听其言而观其行。于予，予改是[60]。"盖起宰予昼寝，更知人之术也。

问曰：人之昼寝，安足以毁行？毁行之人，昼夜不卧，安足以成善？以昼寝而观人善恶，能得其实乎？案宰予在孔子之门，序于四科，列在赐上。如性情怠，不可雕琢，何以致此？使宰我以昼寝自致此，才复过人远矣。如未成就，自谓已足，不能自知，知不明耳，非行恶也。晓敕而已，无为改术也。如自知未足，倦极昼寝，是精神索[61]也。精神索，至于死亡，岂徒寝哉？

且论人之法，取其行则弃其言，取其言则弃其行。今宰予虽无力行，有言语。用言，令行缺，有一概[62]矣。今孔子起宰予昼寝，听其言，观其行，言行相应，则谓之贤，是孔子备取人也。"毋求备于一人[63]"之义何所施？

子张[64]问："令尹子文[65]三仕为令尹，无喜色；三已[66]之，无愠[67]色。旧令尹之政，必以告新令尹。何如？"子曰："忠矣！"曰："仁矣乎？"曰："未知，焉得仁[68]？"子文曾举楚子玉[69]代己位而伐宋，以百乘败而丧其众[70]，不知如此，安得为仁？

问曰：子文举子玉，不知人也。智与仁，不相干也。有不知之性，何妨为仁之行？五常之道，仁、义、礼、智、信也。五者各别，不相须而成，故有智人，有仁人者；有礼人，有义人者。人有信者未必智，智者未必仁，仁者未必礼，礼者未必义。子文智蔽于子玉，其仁何毁？谓仁，焉得不可？

且忠者，厚也。厚人，仁矣。孔子曰："观过，斯知仁矣[71]。"子文有仁之实矣。孔子谓忠非仁，是谓父母非二亲，配匹非夫妇也。

哀公[72]问："弟子孰谓好学？"孔子对曰："有颜回者，不迁怒，不贰过，不幸短命死矣。今也则亡[73]，未闻好学者也[74]。"

夫颜渊所以死者，审何用哉？令自以短命，犹伯牛[75]之有疾也。人生受命，皆当全洁，今有恶疾，故曰"无命"[76]。人生皆当受天长命，今得短命，亦宜曰“无命”。如天有短长，则亦有善恶矣。言颜渊“短命”，则宜言伯牛“恶命”；言伯牛“无命”，则宜言颜渊“无命”。一死一病，皆痛云“命”，所禀不异，文语不同，未晓其故也。

哀公问孔子孰为好学，孔子对曰：“有颜回者好学，今也则亡。不迁怒，不贰过。”何也？曰：“并攻哀公之性迁怒贰过故也。因其问，则并以对之，兼以攻上之短，不犯其罚。”

问曰：康子[77]亦问好学，孔子亦对之以颜渊[78]。康子亦有短，何不并对以攻康子？康子非圣人也，操行犹有所失。成[79]事：康子患盗，孔子对曰：“苟子之不欲，虽赏之不窃[80]。”由此言之，康子以“欲”为短也，不攻，何哉？

孔子见南子[81]，子路不悦。子曰：“予所鄙者，天厌之！天厌之[82]！”南子，卫灵公夫人也，聘孔子，子路不说[83]，谓孔子淫乱也。孔子解之曰：“我所为鄙陋者，天厌杀我！”至诚自誓，不负子路也。

问曰：孔子自解，安能解乎？使世人有鄙陋之行，天曾厌杀之，可引以誓。子路闻之，可信以解。今未曾有为天所厌者也，曰“天厌之”，子路肯信之乎？行事[84]：雷击杀人，水火烧溺人，墙屋压填人。如曰“雷击杀我，水火烧溺我，墙屋压填我”，子路颇信之。今引未曾有之祸，以自誓于子路，子路安肯解而信之？行事：适有卧厌不悟[85]者，谓此为天所厌邪？案诸卧厌不悟者，未皆为鄙陋也。子路入道虽浅[86]，犹知事之实。事非实，孔子以誓，子路必不解矣。

孔子称曰：“死生有命，富贵在天[87]。”若此者，人之死生，自有长短，不在操行善恶也。成事：颜渊蚤[88]死，孔子谓之“短命”。由此知短命夭死之人，未[89]必有邪行也。子路入道虽浅，闻孔子之言，知死生之实。孔子誓以“予所鄙者，天厌之”，独不为[90]子路言：“夫子惟命未当死，天安得厌杀之乎？”若此，誓子路以“天厌之”，终不见信。不见信，则孔子自解，终不解也。

《尚书》曰：“毋若丹朱敖[91]，惟慢游是好[92]。”谓帝舜勑禹毋子不肖子也。重天命，恐禹私其子，故引丹朱以勑戒之。禹曰：“予娶，若时辛壬；

癸甲[93]开[94]呱呱而泣，予弗子[95]。”陈己行事，以往推来，以见卜隐，效己不敢私不肖子也。不曰“天厌之”者，知俗人誓，好引天也。孔子为子路所疑，不引行事，效己不鄙，而云“天厌之”，是与俗人解嫌，引天祝诅，何以异乎？

孔子曰：“凤鸟不至，河不出图，吾已矣夫[96]！”夫子自伤不王[97]也。己王致太平，太平则凤鸟至，河出图矣。今不得王，故瑞应不至，悲心自伤，故曰“吾已矣夫”。

问曰：凤鸟河图，审何据始起？始起之时，鸟图未至。如据太平，太平之帝，未必常致凤鸟与河图也。五帝三王，皆致太平，案其瑞应，不皆凤凰为必然之瑞。于太平，凤凰为未必然之应，孔子，圣人也，思未必然以自伤，终不应矣。

或曰：“孔子不自伤不得王也，伤时无明王，故己不用也。凤鸟河图，明王之瑞也。瑞应不至，时无明王；明王不存，己遂不用矣。”夫致瑞应，何以致之？任贤使能，治定功成。治定功成，则瑞应至矣。瑞应至后，亦不须孔子。孔子所望，何其末也？不思其本，而望其末；不相其主，而名其物。治有未定，物有不至，以至而效明王，必失之矣。孝文皇帝[98]可谓明矣，案其本纪[99]，不见凤鸟与河图。使孔子在孝文之世，犹曰：“吾已矣夫！”

子欲居九夷[100]，或曰：“陋，如之何？”子曰：“君子居之，何陋之有[101]？”孔子疾道不行于中国，志[102]恨失意，故欲之九夷也。或人难之曰：“夷狄之鄙陋无礼义，如之何？”孔子曰：“君子居之，何陋之有？”言以君子之道，居而教之，何为陋乎？

问之[103]曰：孔子欲之九夷者，何起乎？起道不行于中国，故欲之九夷。夫中国且不行，安能行于夷狄？“夷狄之有君，不若诸夏之亡[104]。”言夷狄之难，诸夏之易也。不能行于易，能行于难乎？

且孔子云：“以君子居之者，何谓陋邪？”谓修君子之道自容乎？谓以君子之道教之也？如修君子之道苟自容，中国亦可，何必之夷狄？如以君子之道教之，夷狄安可教乎？禹入裸国[105]，裸入衣出，衣服之制不通于夷狄也。禹不能教裸国衣服,孔子何能使九夷为君子?

或曰:"孔子实不欲往,患道不行,动发此言。或人难之,孔子知其陋,然而犹曰'何陋之有'者,欲遂已然,距或人之谏也。"实不欲往,志动发言,是伪言也。君子于言,无所苟矣[106]。如知其陋,苟欲自遂,此子路对孔子以子羔[107]也。"子路使子羔为费宰,子曰:'贼夫子之子。'子路曰:'有社稷[108]焉,有民人焉,何必读书,然后为学?'子曰:'是故恶夫佞者[109]!'"子路知其不可,苟欲自遂,孔子恶之,比夫佞者。孔子亦知其不可,苟应或人,孔子、子路,皆以佞也。

孔子曰:"赐不受命,而货殖焉,亿[110]则屡中。"何谓"不受命"乎?说曰:"不[111]受当富之命,自以术知,数亿中时也。"

夫人富贵,在天命乎?在人知也?如在天命,知术求之不能得;如在人[112],孔子何为言"死生有命,富贵在天"?夫谓富不受命,而自[113]知术得之,贵亦可不受命,而自以努力求之。世无不受贵命而自得贵,亦知无不受富命而自得富者。成事:孔子不得富[114]贵矣,周流应聘,行说诸侯,智穷策困,还定《诗》《书》,望绝无冀,称"已矣夫"。自知无贵命,周流无补益也。孔子知己不受贵命,周流求之不能得,而谓赐不受富命,而以术知得富,言行相违,未晓其故。

或曰:"欲攻子贡之短也。子贡不好道德,而徒好货殖,故攻其短,欲令穷服而更其行节。"夫攻子贡之短,可言"赐不好道德,而货殖焉",何必立"不受命",与前言"富贵在天"相违反也?

颜渊死,子曰:"噫!天丧予[115]!"此言人将起,天与之辅;人将废,天夺其佑。孔子有四友[116],欲因而起。颜渊早夭,故曰"天丧予"。

问曰:颜渊之死,孔子不王,天夺之邪?不幸短命,自为死也?如短命不幸,不得不死,孔子虽王,犹不得生。辅之于人,犹杖之扶疾也。人有病,须杖而行,如斩杖本得短,可谓天使病人不得行乎?如能起行,杖短,能使之长乎?夫颜渊之短命,犹杖之短度也。

且孔子言"天丧予"者,以颜渊贤也。案贤者在世,未必为辅也。夫贤者未必为辅,犹圣人未必受命也。为帝有不圣,为辅有不贤。何则?

禄命骨法[117]，与才异也。由此言之，颜渊生未必为辅，其死未必有丧，孔子云“天丧予”，何据见哉？

且天不使孔子王者，本意如何？本禀性命[118]之时，不使之王邪？将使之王，复中悔之也？如本不使之王，颜渊死，何丧？如本使之王，复中悔之，此王无骨法，更[119]宜自在天也。且本何善所见，而使之王？后何恶所闻，中悔不命？天神论议，误不谛也？

孔子之卫，遇旧馆人之丧，入而哭之。出，使子贡脱骖而赙[120]之。子贡曰：“于门人之丧，未有所脱骖；脱骖于旧馆，毋乃已重乎？”孔子曰：“予乡者[121]入而哭之，遇于一哀而出涕。予恶夫涕之无从也，小子行之[122]。”孔子脱骖以赙旧馆者，恶情不副礼也。副情而行礼，情起而恩动。礼情相应，君子行之。

颜渊死，子哭之恸[123]。门人曰：“子恸矣！”“吾非斯人之恸而为[124]？”夫恸，哀之至也。哭颜渊恸者，殊之众徒，哀痛之甚也。死有棺无椁[125]，颜路[126]请车以为之椁，孔子不予，为大夫不可以徒行也[127]。

吊旧馆，脱骖以赙，恶涕无从；哭颜渊恸，请车不与，使恸无副。岂涕与恸殊，马与车异邪？于彼则礼情相副，于此则恩义不称，未晓孔子为礼之意。

孔子曰：“鲤[128]也死，有棺无椁，吾不徒行以为之椁。”鲤之恩深于颜渊，鲤死无椁，大夫之仪，不可徒行也。鲤，子也；颜渊，他姓也。子死且不礼，况其礼他姓之人乎？

曰：“是盖孔子实恩之效也。”副情于旧馆，不称恩于子，岂以前为士，后为大夫哉？如前为士，士乘二马；如为大夫，大夫乘三马[129]。大夫不可去车徒行，何不截卖两马以为椁，乘其一乎？为士时，乘二马，截一以赙旧馆，今亦何不截其二以副恩，乘一以解不徒行乎？不脱马以赙旧馆，未必乱制；葬子有棺无椁，废礼伤法。孔子重副旧人之恩，轻废葬子之礼，此礼得于他人，制失亲子也。然则孔子不粥[130]车以为鲤椁，何以解于贪官好仕恐无车？而自云“君子杀身以成仁”，何难退位以成礼？

子贡问政，子曰：“足食，足兵，民信之矣。”曰：“必不得已而去，于斯三者何先？”曰：“去兵。”曰：“必不得已而去，于斯二者何先？”曰：“去食。自古皆有死，民无信不立[131]。”信最重也。

问曰[132]：使治国无食，民饿，弃礼义。礼义弃，信安所立？传曰：“仓廪实，知礼节；衣食足，知荣辱[133]。”让生于有余，争生于不足。今言“去食”，信安得成？春秋之时，战国饥饿，易子而食，析骸而炊[134]。口饥不食，不暇顾恩义也。夫父子之恩，信矣，饥饿弃信，以子为食。孔子教子贡去食存信，如何？夫去信存食，虽不欲信，信自生矣；去食存信，虽欲为信，信不立矣。

子适卫，冉子仆[135]。子曰：“庶矣哉！”曰：“既庶矣，又何加焉？”曰：“富之。”曰：“既富矣，又何加焉？”曰：“教之[136]。”语冉子先富而后教之，教子贡去食而存信，食与富何别？信与教可异？二子殊教，所尚不同，孔子为国，意何定哉？

蘧伯玉[137]使人于孔子。孔子曰：“夫子何为乎？”对曰：“夫子欲寡其过而未能也。”使者出，孔子曰：“使乎！使乎[138]！”非之也。说《论语》者曰：“非之者，非其代人谦也。”

夫孔子之问使者曰：“夫子何为？”问所治为，非问操行也。如孔子之问也，使者宜对曰“夫子为某事，治某政”，今反言“欲寡其过而未能也”，何以知其对失指[139]，孔子非之也？

且实孔子何以非使者？非其代人谦乎，非其对失指也[140]？所非犹有一实，不明其过，而徒云“使乎！使乎！”后世疑惑，不知使者所以为过。韩子[141]曰：“书约则弟子辨[142]。”孔子之言“使乎”，何其约也？

或曰：“《春秋》之义也，为贤者讳[143]。蘧伯玉贤，故讳其使者。”夫欲知其子，视其友[144]，欲知其君，视其所使[145]。伯玉不贤，故所使过也。《春秋》之义，为贤者讳，亦贬纤介之恶。今不非而讳，“贬纤介”安所施哉？使孔子为伯玉讳，宜默而已。扬言曰“使乎！使乎！”时人皆知孔子非之[146]也。出言如此，何益于讳？

佛肸[147]召，子欲往。子路不说，曰：“昔者，由也闻诸夫子曰：‘亲于其身为不善者，君子不入也。’佛肸以中牟畔[148]，子之往也，如之何？”子曰："有是也。不曰坚乎磨而不磷[149]？不曰白乎涅而不淄[150]？吾岂匏瓜也哉？焉能系而不食也[151]？"子路引孔子往时所言以非孔子也。

往前孔子出此言，欲令弟子法而行之。子路引之以谏，孔子晓之，不曰"前言戏"，若"非"而"不可行"，而曰"有是言"者，审有，当行之也。"不曰坚乎磨而不磷；不曰白乎涅而不淄"，孔子言此言者，能解子路难乎？"亲于其身为不善者，君子不入也。"解之宜曰"佛肸未为不善，尚犹可入"，而曰"坚，磨而不磷；白，涅而不淄"。如孔子之言，有坚白之行者，可以入之。"君子"之行，软而易污邪？何以独不入也？

孔子不饮盗泉[152]之水，曾子不入胜母之闾[153]，避恶去污，不以义，耻辱名也。盗泉、胜母有空名，而孔、曾耻之；佛肸有恶实，而子欲往。不饮盗泉是，则欲对佛肸非矣。"不义而富且贵，于我如浮云[154]。"枉道食篡畔之禄，所谓"浮云"者，非也。

或曰[155]："权时欲行道也。"即权时行道，子路难之，当云"行道"，不当[156]言"食"。有权时以行道，无权时以求食。"吾岂匏瓜也哉？焉能系而不食？"自比以匏瓜者，言人当仕而食禄。我非匏瓜系而不食，非子路也。孔子之言，不解子路之难。子路难孔子，岂孔子不当仕也哉？当择善国而入之也。孔子自比匏瓜，孔子欲安食也。且孔子之言，何其鄙也！何徒士为食哉？君子不宜言也。匏瓜系而不食，亦系而不仕等也。距子路可云："吾岂匏瓜也哉，系而不仕也？"今言"系而不食"，孔子之仕，不为行道，徒求食也。

人之仕也，主贪禄也，礼义之言，为行道也。犹人之娶也，主为欲也，礼义之言，为供亲也。仕而直言食，娶可直言欲乎？孔子之言，解情而无依违[157]之意，不假义理之名，是则俗人，非君子也。儒者说孔子周流应聘不济，闵道不行，失孔子情矣。

公山弗扰[158]以费畔，召，子欲往。子路曰："末如也已，何必公山氏之之也？"子曰："夫召我者，而岂徒哉？如用我，吾其为东周乎[159]？"为东周，欲行道也。公山、佛肸俱畔者，行道于公山，求食于佛肸，孔子之言，无定趋也。言无定趋，则行无常务矣。周流不用，岂独有以乎？

阳货[160]欲见之，不见；呼之仕，不仕，何其清也[161]？公山、佛肸召之，欲往，何其浊也？公山不扰与阳虎俱畔，执季桓子[162]，二人同恶，呼召礼等，独对公山，不见阳虎，岂公山尚可，阳虎[163]不可乎？

子路难公山之召，孔子宜解以尚及佛肸未甚恶之状也。

【注释】

① 选自黄晖《论衡校释》卷九（中华书局 1990 年版）。王充（27—约 97），字仲任，会稽上虞（今浙江绍兴）人。东汉时期思想家，早年师从班彪，著有《六（一作“大”）儒论》《讥俗节义》《政务》《养性》《论衡》，今仅存《论衡》一书（亡《招致篇》）。

②［是］肯定，推崇。

③［卒（cù）］同“猝”。

④［见］同“现”。

⑤［伐］牴牾，矛盾。

⑥［七十子］相传孔子弟子三千，其中有“身通六艺”的贤者七十二人。

⑦［希］同“稀”。

⑧［颜、闵］颜回，字子渊，鲁国人，小孔子三十（一说四十）岁，孔子最得意的学生。闵子骞，名损，字子骞，鲁国人，小孔子十五岁，在孔门中以德行和颜渊并称。

⑨［勑（chì）］当作“敕”（从黄晖说。下文中错讹之字十分明显者，则径从所据选本改正，一般不再做详细的考证说明），意为“告诫详尽”。

⑩［指］同“旨”，旨意，含意。

⑪［孔子笑子游之弦歌，子游引前言以距孔子］事见《论语·阳货》：子之武城，闻弦歌之声。夫子莞尔而笑，曰：“割鸡焉用牛刀？”子游对曰：“昔者偃也闻诸夫子曰：‘君子学道则爱人，小人学道则易使也。’”子曰：“二三子！偃之言是也。前言戏之耳。”子游，孔子弟子，姓言，名偃，字子游，吴人，小孔子四十五岁。

⑫［为］当作“畏”(从刘盼遂说)。

⑬［世间］二字疑涉上文而衍(从黄晖说)。

⑭［是非］二字疑涉上文而衍(从刘盼遂说)。

⑮［孟懿子］鲁国大夫，三家之一，姓孟孙，名何忌，“懿”是谥号。他父亲是孟僖子仲孙貜。据《左传·昭公七年》所载，孟僖子将死时曾叮嘱他向孔子学习“礼”。

⑯［樊迟］孔子学生，名须，字子迟，鲁国人，比孔子小四十六(一说三十六)岁。

⑰［葬之以礼］见《论语·为政篇》。据《论语》原文及下文复述孔子语，此处缺“祭之以礼”四字，疑应补。

⑱［问曰］据本篇体例，凡以“问曰”开始的段落均为王充的质疑问难。

⑲［嫌］疑惑，误解。

⑳［孟武伯］姓孟孙，名彘，孟懿子的儿子，“武”是其谥号。

㉑［唯其疾之忧］见《论语·为政》。

㉓［子游之］上文言“懿子之才，不过樊迟”，下文言“懿子小才也”，则“子游”系“樊迟”之误甚明。“之”字为衍文。

㉔［专鲁莫过季氏］春秋末期，鲁国卿大夫孟孙氏、叔孙氏、季孙氏三家把持了鲁国的朝政，甚至可以驱逐鲁国国君，史称“三桓”，其中季孙氏世为正卿，尤为强大专权。

㉖［刺太山之旅祭］事见《论语·八佾篇》：季氏旅于泰山。子谓冉有曰：“女弗能救与？”对曰：“不能。”子曰：“呜呼！曾谓泰山不如林放乎？”旅，祭山。在当时，只有天子和诸侯才有资格祭祀名山大川，季氏祭祀泰山是明显的僭越。

㉗［增邑］增，当作“憎”，盖形近而误(从黄晖说)。邑，同“悒(yì)”，恶。

㉘［不去也］见《论语·里仁篇》。

㉙［顾］同“固”。

㉚［之］去，往。

㉛［毒苦］疾恶，怨恨，痛恨。

㉜［意］或谓此下当有“结”字(从黄晖说)。

㉝［公冶长］字子长，齐国(一说鲁国)人，孔子的弟子及女婿。

㉞［妻(qì)］动词，把女儿嫁人。

㉟［缧绁(léi xiè)］拴罪人的绳索，这里指代监狱。

㊱［以其子妻之］见《论语·公冶长篇》。子，此处指的是女儿。

㊲［年三十可妻］《周礼·地官·媒氏》：“令男三十而娶，女二十而嫁。”

㊳［徒役］门徒，弟子。所谓“役”者，如冉有、樊迟为孔子驾车之类。

㊴［南容］孔子学生南宫适，字子容，孔子将其兄孟皮的女儿嫁给了他。

㊵［国无道免于刑戮］引文见《论语·公冶长篇》。

㊷［愈］胜过，强。

㊸［吾与汝俱不如也］见《论语·公冶长篇》，但王充此处所引与通行本有微异。

㊹［子路］即仲由，孔子学生，字子路，鲁国人，小孔子九岁。

㊺［其言不让］见《论语·先进篇》“子路、曾皙、冉有、公西华侍坐”章。

㊻［趣］倾向，目的。

㊼［贤哉回也］见《论语·雍也篇》。

㊽［终日不违如愚］见《论语·为政篇》。

㊾［其心三月不违仁］见《论语·雍也篇》。

㊿［宰我］孔子学生，名予，字子我。

51［杇(wū)］泥工抹墙的工具叫杇，把墙壁抹平也叫杇，这里是涂抹、粉刷的意思。

52［于予，予何诛］见《论语·公冶长篇》。诛，责备。

㊸ [四科] 德行:颜渊,闵子骞,冉伯牛,仲弓。言语:宰我,子贡。政事:冉有,季路。文学:子游,子夏。

54 [人之不仁,疾之已甚,乱也] 见《论语·泰伯篇》。

55 [耐] 同"耏",古代刑罚的一种,把犯人鬓角胡须剃掉以服劳役,这在当时属轻刑。

56 [大辟] 死刑。

57 [将] 抑或。

58 [人] 疑"之"字之误(从黄晖说)。

59 [贬纤介之恶] 见《说苑·至公篇》。

60 [于予,予改是] 见《论语·公冶长篇》。

61 [索] 竭,尽。

62 [一概] 一方面。

63 [毋求备于一人] 见《论语·微子篇》。

64 [子张] 孔子的学生,姓颛孙,名师,春秋时陈国人。

65 [令尹子文] 令尹,春秋、战国时楚国官名,为楚王之下的最高执政官,掌军政大权。子文,即斗谷於菟,春秋时楚国人,自鲁庄公三十年开始做令尹,到鲁僖公二十三年让位给子玉,其间有二十八年。前人推测,在这二十八年中子文可能有几次被罢免又被任命为令尹。

66 [已] 罢免。

67 [愠(yùn)] 怒,怨恨。

68 [未知,焉得仁] 见《论语·公冶长篇》。

69 [子玉] 即成得臣,字子玉,斗伯比之子,令尹子文之弟。楚成王时伐陈有功,子文推荐他做令尹。鲁僖公二十八年,他率楚军与晋军交战于城濮,兵败自杀。

70 [以百乘败而丧其众] 见《左传·僖公二十八年》。

71 [观过,斯知仁矣] 见《论语·里仁篇》。

72 [哀公] 鲁君,姓姬,名蒋,鲁定公之子,"哀"是其谥号。

73 [亡(wú)] 同"无"。

⑭ [未闻好学者也] 见《论语·雍也篇》。

⑮ [伯牛] 孔子学生冉耕,字伯牛。

⑯ [故曰"无命"] 见《论语·雍也篇》:伯牛有疾,子问之,自牖执其手,曰:"亡之,命矣夫! 斯人也而有斯疾也! 斯人也而有斯疾也!"

⑰ [康子] 季孙肥,鲁国大夫,"康"是谥号,鲁哀公时为正卿。

⑱ [孔子亦对之以颜渊]《论语·先进篇》:季康子问:"弟子孰为好学?"孔子对曰:"有颜回者好学,不幸短命死矣,今也则亡。"

⑲ [成] 已成的,旧有的。

⑳ [虽赏之不窃] 见《论语·颜渊篇》。

㉑ [南子] 春秋时卫灵公夫人,也称釐夫人,把持当日卫国的政治,而且有不正当的行为,名声不好。

㉒ [天厌之] 见《论语·雍也篇》。

㉓ [说] 同"悦"。

㉔ [行事] 已成之事,旧有的事。

㉕ [不悟] 不觉醒,死去。

㉖ [入道虽浅]《论语·先进篇》:子曰:"由也升堂矣,未入于室也。"

㉗ [死生有命,富贵在天] 此为子夏转述孔子语,见《论语·颜渊篇》。

㉘ [蚤(zǎo)] 同"早"。

㉙ [未] 据上下文意补(从黄晖说)。

㉚ [为] 据上下文意,当作"畏"(从黄晖说)。

㉛ [丹朱敖] 丹朱,尧的儿子,相传很不肖。敖,同"傲"。

㉜ [惟慢游是好] 只喜欢怠惰放荡。慢,懒惰。游,放荡游乐。引文见《尚书·皋陶谟》

㉝ [辛壬癸甲] 古代用干支记日,辛、壬、癸、甲指四天。

㉞ [开] 禹的儿子叫启,夏朝君王。汉代人避汉景帝刘启讳,将启改称开。

⑮ [子] 同“字”，抚爱。

⑯ [凤鸟不至，河不出图，吾已矣夫] 凤凰是传说中的神鸟，古时视为祥瑞的象征，出现表示天下太平。又，古人认为圣人受命，黄河就出现图画。见《论语·子罕篇》

⑰ [王(wàng)] 动词，以仁义取得天下。

⑱ [孝文皇帝] 即汉文帝刘恒，汉高祖刘邦第四子，母薄姬，汉惠帝刘盈之弟，在位期间与民休息，开启了“文景之治”，是历史上有名的贤君。

⑲ [本纪] 正史中为帝王作的传叫“本纪”，此处指《史记·孝文本纪》。

⑩ [九夷] 指我国古代东方各少数民族。

⑩ 以上事参见《论语·子罕篇》。

⑩ [志] “恚(huì)”之坏字(从黄晖说)。恚，怨恨。

⑩ [之] “之”字疑衍。

⑩ [不若诸夏之亡] 见《论语·八佾篇》。

⑩ [禹入裸国] 事见《吕氏春秋·贵因》。

⑩ [君子于言，无所苟矣]《论语·子路篇》：“君子于其言，无所苟而已矣。”

⑩ [子羔] 高柴，字子羔，孔子学生，比孔子小三十岁。

⑩ [社稷] 古代祀祭土地神和谷神的地方。后来作为国家或政权的代称。

⑩ [是故恶夫佞者] 见《论语·先进篇》。

⑩ [亿] 见《论语·先进篇》。亿，同“臆”，揣测。

⑪ [不] “不”字据上下文意补。

⑪ [如在人] 据上下文意，疑“在人”后夺一“知”字。

⑪ [自] 或谓“自”后当有“以”字。

⑪ [富] 或云此为衍字。

⑪ [天丧予] 参见《论语·先进篇》。

⑯[四友] 指孔子四个最得意的弟子：颜回、子贡、子张、子路。

⑰[禄命骨法] 王充在《论衡》的《命禄篇》《骨相篇》对此有详细的论述，可参看。

⑱[本禀性命] 说详《论衡·初禀篇》。

⑲[更] 原作“便”，据上下文意改。

⑳[脱骖(cān)而赙(fù)] 骖，驾车时位于两旁的马。赙，以财物协助人。

㉑[乡者] 刚才。

㉒[予恶夫涕之无从也，小子行之] 事见《礼记·檀弓上》。

㉓[恸(tòng)] 过度，大哭。

㉔[吾非斯人之恸而为] 见《论语·先进篇》。

㉕[椁(guǒ)] 古时棺材有内外层，内层为棺，外层为椁。

㉖[颜路] 颜回的父，名无繇，字路，也是孔子的学生。

㉗[孔子不予为大夫不可以徒行也] 事见《论语·先进篇》。

㉘[鲤] 孔鲤，字伯鱼，孔子的儿子。

㉙[如前为士，士乘二马；如为大夫，大夫乘三马]《续汉书·舆服志》刘昭注引《逸礼·王度记》曰：“天子驾六马，诸侯驾四，大夫三，士二，庶人一。”又谓：“《周礼》四马为乘。《毛诗》天子至大夫同驾四，士驾二。《易》京氏、《春秋公羊》说皆云天子驾六。许慎以为天子驾六，诸侯及卿驾四，大夫驾三，士驾二，庶人驾一”。

㉚[粥(yù)] 同“鬻”，卖。

㉛[民无信不立] 见《论语·卫灵公篇》。

㉜[问曰]“曰”字据上下文意补。

㉝[衣食足，知荣辱] 见《管子·牧民篇》。

㉞[易子而食，析骸而炊] 事见《左传·宣公十五年》。

㉟[冉子仆] 冉求，字子有，春秋时期鲁国人，孔子学生。仆，驾车。

㊱[教之] 见《论语·子路篇》。

⑬⑦ [蘧(qú)伯玉] 卫国大夫,名瑗。孔子在卫国之时,曾经住他家。

⑬⑧ [使乎] 见《论语·宪问篇》。

⑬⑨ [其对失指] "对"后原有"不"字,当删(从刘盼遂说)。

⑭⓪ [非其对失指也] 原文错讹不可通,此据黄晖说改。

⑭① [韩子] 韩非。

⑭② [书约则弟子辨] 见《韩非子·八说》。

⑭③ [为贤者讳]《谷梁传·成公九年》:"为尊者讳耻,为贤者讳过,为亲者讳疾。"

⑭④ [视其友] 据上下文意,疑"友"上夺一"所"字。

⑭⑤ [视其所使] 参见《说苑·奉使》。

⑭⑥ [非之] 原文作"之非",误。

⑭⑦ [佛肸(bì xī)] 春秋时晋国大夫范中行的家臣,任中牟县(故址当在今河北省邢台和邯郸之间)宰,赵简子攻打范氏,围中牟城,佛肸守城抗拒。

⑭⑧ [畔] 同"叛"。

⑭⑨ [磷(lìn)] 磨薄,损伤。

⑮⓪ [涅而不淄] 涅,本是一种矿物,古人用作黑色染料,这里作动词,是染黑的意思。淄,同"缁",黑色。

⑮① [焉能系而不食也] 见《论语·阳货篇》。

⑮② [盗泉] 古泉名,故址在今山东省泗水县东北。据《尸子》记载,孔子因为讨厌"盗泉"的名字,经过此泉时宁可忍着口渴也不喝它的水。

⑮③ [曾子不入胜母之闾] 见《淮南子·说山训》。胜母,巷名。闾,里巷的大门。

⑮④ [不义而富且贵,于我如浮云] 见《论语·述而篇》。

⑮⑤ [或曰] "曰"字据本文体例增。

⑮⑥ [不当] 根据文意,"不"下夺一"当"字。

⑮⑦ [依违] 或依从或违背,指态度模棱两可,说话意思含混。

⑱［公山弗扰］通常认为即《左传》定公五年、八年、十二年及哀公八年之公山不狃。

⑲［如用我，吾其为东周乎］以上事参见《论语·阳货篇》。

⑳［阳货］名虎，字货，春秋时鲁国季孙氏家臣。季氏几代以来把持鲁国的政治，阳货此时又把持季氏的权柄，最后因企图削除三桓而未成，逃往晋国。

⑯［呼之仕，不仕，何其清也］据《论语·阳货篇》记载，“阳货欲见孔子，孔子不见”，于是“归孔子豚”。当时“大夫有赐于士，不得受于其家，则往拜其门”（《孟子·滕文公下》），阳货企图利用这一礼俗迫使孔子回拜他，而孔子也故意选择阳货不在家时去回拜，不料却在路上碰见了阳货。阳货劝孔子出来做官，孔子当时表示愿意，但最终也没有去。

⑯［季桓子］季孙斯，春秋时鲁国正卿，谥桓，史称“季桓子”。

⑯［阳虎］即上文之“阳货”。

【评析】

《问孔篇》与《论衡》中的“九虚”“三增”、《非韩篇》《刺孟篇》一样，都是王充根据自己的思考维度、阐释路径与评判标准对古典文献进行的特别具有个人化色彩的解读，其间之论述充分体现了王氏乐于挑战、质疑和颠覆权威的精神气质和好为异说、使气命文的言说旨趣。读者在阅读本文时，需特别注意以下两点：其一，尽管孔子“为汉制法”的“玄圣素王”地位在两汉之际已然确立，但包括王充在内的时人亦将其视为“诸子之最高者”，而本文所问难之《论语》在彼时也远远未升格为“经”的位置；要言之，我们今日自不必如宋以后人般苛责王充是“非圣无法”、妄议经典，但亦不必将其问难之意义及影响无限抬高，这两种行为都是不符合科学阅读古典的态度的。其二，王充在《问孔篇》中所质疑的问题，多属有意无意的误读，甚或疑所不必疑、问所不必问，他所关心的核心问题在语言表达的准确性和自身理论体系的建构，对于儒家义理层面的阐述则不甚了了或有意避开。因此，今人自可学习王氏的质疑与探索精神，亦可借助本文窥见汉代《论语》思想史的面貌，但若欲以王充对《论语》文本的具体阐释作为理解原典的辅助，则需慎之又慎。

【理性思考】

1. 王充认为孔子的许多思想存在矛盾，请你列举一些。

2. 王充的问难有许多不合理的地方，请你结合《论语》指出其中若干错误。

3. 王充的问难体现了传统儒家的质疑精神，请你谈谈这种精神对现在社会的意义。

【延伸阅读】

1.《论衡·刺孟》。

2. 冯友兰《中国哲学史》下册第八章《古文经学与扬雄、王充》。

《孟子·梁惠王上》前三章[①]

一　　章[②]

孟子见梁惠王[③]。王曰："叟[④]！不远千里而来，亦[⑤]将有以利吾国乎？"

孟子对曰："王！何必曰利？亦有仁义而已矣。王曰，'何以利吾国？'大夫[⑥]曰，'何以利吾家？'士庶人[⑦]曰，'何以利吾身？'上下交征[⑧]利而国危矣。万乘之国[⑨]，弑其君者，必千乘之家[⑪]；千乘之国，弑其君者，必百乘之家。万取千焉，千取百焉，不为不多矣。苟为后义而先利，不夺不餍[⑫]。未有仁而遗其亲者也，未有义而后[⑬]其君者也。王亦曰仁义而已矣，何必曰利？"

二　　章[⑭]

孟子见梁惠王。王立于沼[⑮]上，顾鸿雁麋鹿，曰："贤者亦乐此乎？"

孟子对曰："贤者而后乐此，不贤者虽有此，不乐也。《诗》云：'经始灵台[16]，经之营之，庶民攻[17]之，不日[18]成之。经始勿亟，庶民子来。王[19]在灵囿[20]，麀[21]鹿攸[22]伏[23]，麀鹿濯濯[24]，白鸟鹤鹤[25]。王在灵沼，於[26]牣[27]鱼跃。'文王以民力为台为沼，而民欢乐之，谓其台曰灵台，谓其沼曰灵沼，乐其有麋鹿鱼鳖。古之人与民偕乐，故能乐也。《汤誓》[28]曰：'时日害丧，予及女偕亡。'[29]民欲与之偕亡，虽有台池鸟兽，岂能独乐哉？"

三　　章[30]

梁惠王曰："寡人[31]之于国也，尽心焉耳矣。河内凶，则移其民于河东[32]，移其粟于河内[33]。河东凶亦然。察邻国之政，无如寡人之用心者。邻国之民不加少[34]，寡人之民不加多，何也？"

孟子对曰："王好战，请[35]以战喻。填然[36]鼓之，兵刃既接，弃甲曳兵[37]而走[38]。或百步而后止，或五十步而后止。以五十步笑百步，则何如？"

曰："不可；直[39]不百步耳，是亦走也。"

曰："王如知此，则无望民之多于邻国也。

"不违农时，谷不可胜[40]食也；数罟[41]不入洿[42]池，鱼鳖不可胜食也；斧斤以时[43]入山林，材木不可胜用也。谷与鱼鳖不可胜食，材木不可胜用，是使民养生丧死[44]无憾[45]也。养生丧死无憾，王道之始也。

"五亩之宅，树之以桑，五十者可以衣[46]帛矣。鸡豚狗彘之畜，无失其时[47]，七十者可以食肉矣。百亩之田，勿夺其时，数口之家可以无饥矣。谨庠序[48]之教，申[49]之以孝悌之义，颁白[50]者不负戴[51]于道路矣。七十者衣帛食肉，黎民不饥不寒，然而不王[52]者，未之有也。

"狗彘食人食而不知检[53]，途有饿莩而不知发[54]；人死，则曰：'非我也，岁[55]也。'是何异于刺人而杀之，曰：'非我也，兵[56]也。'王无[57]罪岁，斯[58]天下之民至焉。"

【注释】

① 节选自《孟子·梁惠王上》（杨伯峻《孟子译注》，中华书局 2005 年版）。孟子名轲，字子舆，邹国（今山东邹城）人，公元前 380 年左右出

生，公元前 300 年左右去世，战国时伟大的思想家、教育家，孔子之孙孔伋的再传弟子，儒家学派的代表人物，与孔子并称“孔孟”。《孟子》一书共七篇，每篇都分上下篇，是孟子及其弟子万章、公孙丑等人共同编著的。《梁惠王上》共七章，通过孟子与梁惠王、梁襄王和齐宣王的对话，初步论述了他本人的仁政观点，这里节选前三章。

② 此章孟子针对梁惠王的“以利吾国”，提出了“仁义”的观点。

③［梁惠王］即魏惠王，名罃，公元前 369—前 319 年在位，惠是他死后的谥号。公元前 362 年，魏国将都城从安邑（今山西夏县西北）迁到大梁（今河南开封），因而它也被称为梁。

④［叟］对老人的尊称。据万斯同《群书疑辨》考证，孟子见惠王时年已 53 岁，一说为 63 岁，故惠王称他为叟。

⑤［亦］句首助词。

⑥［大夫］古代官职。夏、商、周三代分卿、大夫、士三个等级。

⑦［士庶人］士和庶人。庶人，老百姓。

⑧［交征］朱熹《集注》云：“征，取也。上取乎下，下取乎上，故曰交征。”

⑨［万乘之国］具有万乘兵车的国家。春秋战国时代以兵车的数量来计算国家的实力。赵岐云：“兵车万乘，谓天子也。千乘，诸侯也。”

⑪［家］有封地采邑的公卿大夫。

⑫［餍（yàn）］满足。

⑬［后］朱熹《集注》：“不急也。”

⑭ 此章孟子认为统治者必须与民众忧乐相通，体恤下民。

⑮［沼］池。

⑯［经始灵台］此处诗句见《诗经·大雅·灵台》。经始灵台，孔颖达《毛诗正义》释此句云：“经理而量度，初始为灵台之基址也。”灵台的旧址在今陕西省鄠县以东。

⑰［攻］朱熹《集注》：“治也。”

⑱［不日］朱熹《集注》：“不日，不终日也。”

⑲［王］指周文王。

⑳［灵囿］囿是畜养禽兽的场所。

㉑［麀(yōu)］雌鹿。

㉒［攸］郑玄笺云："所也。"

㉓［伏］朱熹《集注》云："安其所不惊动也。"

㉔［濯濯］肥胖而有光泽的样子。

㉕［鹤鹤］羽毛洁白的样子。

㉖［於(wū)］语首助词，没有意义。

㉗［牣(rèn)］满也。

㉘［《汤誓》］《尚书》的篇名。记载商汤伐桀时誓师之词。

㉙［时日害丧，予及女偕亡］意思是太阳呀！你什么时候消灭呢？我宁肯跟你一道死去！时，朱熹《集注》："是也。"害，通"曷"，何，指何时。女，通"汝"，你。

㉚ 此章梁惠王关注的中心问题是如何才能使更多的民众来归顺他，孟子因势利导地讲述了"王道"的政治、经济措施。

㉛［寡人］朱熹《集注》："诸侯自称，言寡德之人也。"

㉜［河东］魏国的河东地，当今山西省安邑县一带。

㉝［河内］即黄河北岸土地，当今河南省济源县一带。魏国成为强国后兼并的土地。

㉞［加少］减少。

㉟［请］表敬副词，只是一种表示客气之词。

㊱［填然］鼓声充盈。

㊲［曳兵］拖着兵器。

㊳［走］逃跑。

㊴［直］只是。

㊵［胜(shēng)］尽，朱熹《集注》："不可胜食，言多也。"

㊶［数罟(shuò gǔ)］网孔细密的渔网。

㊷［洿(wū)］大。

㊸［以时］按一定的季节。

㊹［丧死］葬送死者。

㊺［憾］恨也。

㊻［衣(yì)］动词，穿。

㊼［无失其时］不耽误养育的时节。

㊽［庠序］古代的地方学校。

㊾［申］重复、一再。

㊿［颁白］同"斑白"，花白头发的老人。颁，通"斑"。

51［负戴］负指背在背上，戴指顶在头上。

52［王(wàng)］以仁德的政治来统一天下。

53［检］节制，制止。

54［途有饿莩(piǎo)而不知发］道路上有饿死的人，却不曾想到应该打开仓廪加以赈救。途，道路。莩，饿死的人。发，开仓赈济。

55［岁］年成。引申为年成的丰欠。

56［兵］兵器。顾炎武《日知录》指示秦汉以后始以执兵之人为兵。

57［无］同"毋"，表禁止的副词。

58［斯］连词，那么。

【评析】

《孟子·梁惠王上》前三章主要通过孟子与梁惠王的对话，分别探讨了仁义与利的关系，仁政与真正的快乐的关系，仁政与治国的关系，展现了孟子的仁政思想。

在仁义与利的关系上，孟子否定了战国以来诸侯国之间以"利"为准绳的观点，指出"利"使得庶人、士、大夫不满足自己的地位，"上下交征利"，国家就处于危险的境地，要想摆脱这种情况，必须实行仁政，"亦有仁义而已矣"。司马迁《史记·孟子荀卿列传》提到："太史公曰：余读孟子书，至梁惠王问'何以利吾国'，未尝不废书而叹也。曰：嗟乎，利诚乱之始也！夫子罕言利者，常防其原也。故曰'放于利而行，多怨'。自天子至于庶人，好利之弊何以异哉！”可见实行仁政可以避免“上下交征利”的弊端。

在仁政与真正快乐的关系上，孟子认为只有与百姓一同快乐，才是真正的快乐，并列举了周文王和夏桀这两个极端的例子。统治者必须与民众忧乐相通，才能形成上下和谐的政治局面。

在仁政与治国的关系上，孟子提出首先要使民众的生活有保障，“养生丧死无憾，王道之始也”；其次要兴办学校，加强道德教育，使得人们懂得孝悌忠信的道理。有了这两点，“斯天下之民至焉”，称王称霸的目标才能实现。

总之，仁政是孟子政治思想的核心，是孔子仁学思想的继承与发展。

【理性思考】

1. 《孟子》的论说部分讲究气势。请问文中孟子使用了哪些修辞手法？

2. 在文中可以看出，梁惠王与孟子的治国理想是有冲突的。请问，双方的理想各是什么？你支持哪一种？为何？

【延伸阅读】

1. 罗根泽《孟子传论》，收入《民国大师文库》，北京联合出版公司2014 年版。

2. 姚永概《孟子讲义》，黄山书社，1999 年版。

3. 王博《孟子的思想世界》，见王博著《中国儒学史 · 先秦卷》第五章第一节。

4. 杨照《孟子：雄辩时代的斗士》，广西师范大学出版社，2016 年。

孟子·公孙丑下·天时不如地利章[①]

孟子曰:"天时不如地利,地利不如人和[②]。三里之城,七里之郭[③],环[④]而攻之而不胜。夫环而攻之,必有得天时者矣;然而不胜者,是天时不如地利也。城非不高也,池[⑤]非不深也,兵革[⑥]非不坚利也,米粟非不多也;委而去之[⑦],是地利不如人和也。故曰:域[⑧]民不以封疆之界。固国不以山溪之险,威天下不以兵革之利。得道[⑨]者多助,失道者寡助。寡助之至,亲戚[⑩]畔[⑪]之;多助之至,天下顺之。以天下之所顺,攻亲戚之所畔;故君子有不战,战必胜矣。"

【注释】

① 节选自《孟子·公孙丑下》(杨伯峻《孟子译注》,中华书局2005年版)。此章主要是说民心向背的重大作用。文中的"天时不如地利,地利不如人和"、"得道者多助,失道者寡助"等千古名言一直传颂至今。

② [天时不如地利,地利不如人和] "天时地利人和"是当时习惯用语,在《荀子》等书中均有引述,可见这两句话当并非孟子的自创。《孟子》这里的"天时",可能是指阴晴寒暑之宜于攻战与否,"地利",是指高城深池山川险阻;所谓"人和",指人心所向内部团结。

③ [三里之城,七里之郭] 是指方圆三里的城邑,纵横七里的外城。郭是外城,城是内城,朱熹《集注》:"三里,七里,城郭之小者。"

④ [环] 朱熹《集注》:"环,围也,言四面围攻,旷日持久,必有值天时之善者。"

⑤ [池] 护城河。

⑥ [兵革] 兵,武器,指戈矛刀箭等而言。革,皮革,指甲胄。

⑦ [委而去之] 朱熹《集注》:"委,弃也。言不得民心,民不为守也。"

⑧ [域] 朱熹《集注》:"界限也。"

⑨ [得道] 得道意指得治国之道,即指行仁政。

⑩［亲戚］指内外亲属。

⑪［畔］通“叛”。

【评析】

孟子在这一篇的开始，便提出战争中“天时不如地利，地利不如人和”的重要思想。“天时地利人和”是孟子所处时代的常用语，而内容各有所指，比如《荀子·王霸篇》提出：“农夫朴力而寡能，则上不失天时，下不失地利，中得人和而百事不废。”《荀子》所谓“天时”，显然是指“农时”；所谓“地利”，显然是指“地”；所谓“人和”，显然是指“分工”。而《孟子》则不同，“天时”可能是指阴晴寒暑之宜于攻战与否，“地利”，则是指高城深池山川险阻；所谓“人和”，则是指人心所向内部团结。文章通过对“天时”、“地利”、“人和”，并将这三者加以比较，通过层层论证，印证“天时不如地利，地利不如人和”的观点。清代焦循《孟子正义》也认为：“民和为贵，贵于天地，故曰得乎丘民为天子也。”

孟子虽然反对战争，却为了迎合诸侯们的心理，常常“请以战喻”，然后提出自己的仁政观点。《天时不如地利章》也是通过谈论战争，认为“人和”是决定战争胜败的关键因素，进而提出他的仁政观点：“得道者多助，失道者寡助。”此处“得道”意为治国之道，即指施行仁政。行仁政的帮助他的人就多，不行仁政的帮助他的人就少，就会陷入孤立的境地。所以“君子有不战，战必胜矣。”

文章善于运用设喻的方法，析理精微，议论恢宏，阐明引申层层深入，逻辑性很强，体现了孟子好辩的特点。

【理性思考】

1. 与《孙子兵法》等兵书相比，孟子认为导致战争胜负的关键是什么？为什么会出现这种差异？

2. 联系《孟子》的其他章节，试论述孟子“得道者多助”中的“道”指的是什么。

【延伸阅读】

1.《史记·孟子荀卿列传》,中华书局 2013 年版。

2.《荀子·王制》“王夺之人,霸夺之与,强夺之地”一段,中华书局 2013 年版。

滕文公上·有为神农之言者许行章[1]

有为神农之言[2]者许行[3],自楚之滕[4],踵[5]门而告文公[6]曰:“远方之人,闻君行仁政,愿受一廛[7]而为氓。”

文公与之处。

其徒数十人,皆衣褐[8],捆屦织席以为食[9]。

陈良[10]之徒陈相,与其弟辛负耒耜[11]而自宋[12]之滕,曰:“闻君行圣人之政,是亦圣人也,愿为圣人氓。”

陈相见许行而大悦,尽弃其学而学焉。

陈相见孟子,道许行之言曰:“滕君则诚贤君也;虽然[13],未闻道也。贤者与民并耕而食,饔飧[14]而治。今也滕有仓廪府库,则是厉[15]民而以自养也。恶得贤?”

孟子曰:“许子必种粟而后食乎”

曰:“然。”

“许子必织布而后衣乎?”

曰:“否;许子衣褐。”

“许子冠乎?”

曰:“冠。”

曰:“奚冠?”

曰:“冠素[16]。”

曰:“自织之与?”

曰:“否,以粟易之。”

曰："许子奚为不自织？"

曰："害[17]于耕。"

曰："许子以釜甑[18]爨[19]，以铁[20]耕乎？"

曰："然。"

"自为之与？"

曰："否；以粟易之。"

"以粟易械器者，不为厉陶冶；陶冶亦以其械器易粟者，岂为厉农夫哉？且许子何不为陶冶，舍[22]皆取诸其宫[23]中而用之？何为纷纷然与百工交易？何许子之不惮烦？"

曰："百工之事，固不可耕且为也。"

"然则治天下独可耕且为与？有大人之事，有小人之事[24]。且一人之身，而百工之所为备。如必自为而后用之，是率天下而路[25]也！故曰，或劳心，或劳力；劳心者治人，劳力者治于人；治于人者食人，治人者食于人，天下之通义也。

"当尧之时，天下犹未平，洪水横流，氾[26]滥于天下，草木畅茂，禽兽繁殖，五谷不登；禽兽偪[27]人，兽蹄鸟迹之道交于中国[28]。尧独忧之，举舜而敷[29]治焉。舜使益[30]掌火，益烈山泽而焚之，禽兽逃匿。禹疏九河，瀹[31]济漯[32]而注诸海；决汝汉，排淮泗而注之江。[33]然后中国可得而食[34]也。当是时也，禹八年于外，三过其门而不入；虽欲耕，得乎？

"后稷[35]教民稼穑，树艺[37]五谷，五谷熟而民人育。人之有道也；饱食、暖衣、逸居而无教，[39]则近于禽兽。圣人有忧之，使契[40]为司徒，教以人伦——父子有亲，君臣有义，夫妇有别，长幼有序，朋友有信。放勳[41]曰：'劳之来之，匡之直之，辅之翼之，使自得之，又从而振德之。[42]'圣人之忧民如此，而暇耕乎？

"尧以不得舜为己忧，舜以不得禹、皋陶[43]为己忧。夫以百亩之不易[44]为己忧者，农夫也。分人以财谓之惠，教人以善谓之忠，为天下得人者谓之仁。是故以天下与人易，为天下得人难。孔子曰：'大哉尧之为君！惟天为大，惟尧则之，荡荡乎民无能名焉。君哉舜也，巍巍乎有天下而不与焉！[45]’尧舜之治天下，岂无所用其心哉？亦[46]不用于耕耳。

“吾闻用夏[47]变夷者，未闻变于夷者也。陈良，楚产也；悦周公、仲尼之道，北学于中国。北方之学者，未能或之先也。彼所谓豪杰之士也。子之兄弟事之数十年，师死而遂倍[48]之！昔者孔子没，三年之外，门人治任[49]将归，入揖于子贡，相向而哭，皆失声，然后归。子贡反，筑室于场，独居三年，然后归。他日，子夏、子张、子游，以有若似圣人，欲以所事孔子事之，强曾子。曾子曰：‘不可。江、汉以濯之，秋阳[50]以暴[51]之，皜皜[52]乎不可尚已。’今也南蛮鴃[53]舌之人，非先王之道，子倍子之师而学之，亦异于曾子矣。吾闻出于幽谷迁于乔木者[54]，未闻下乔木而入于幽谷者。《鲁颂》曰：‘戎狄是膺，荆舒是惩[55]。’周公方且膺之；子是之学，亦为不善变矣。”

“从许子之道，则市贾[56]不贰，国中无伪；虽使五尺[57]之童适市，莫之或欺。布帛长短同，则贾相若；麻缕丝絮轻重同，则贾相若；五谷多寡同，则贾相若；屦大小同，则贾相若。”

曰：“夫物之不齐，物之情也。或相倍蓰[58]，或相什百，或相千万。子比[59]而同之。是乱天下也。巨屦小屦[60]同贾，人岂为之哉？从许子之道，相率而为伪者也，恶能治国家？”

【注释】

① 节选自《孟子·滕文公上》。（杨伯峻《孟子译注》，中华书局2005年版）此章记载了孟子与信奉“神农之言”者的论战。农家学派的反对社会分工，要求退回到原始状态的社会中去，孟子根据社会分工的合理性，论证了劳力和劳心，统治者与被统治者的区别问题。

② ［神农之言］神农，上古传说中的人物。春秋战国诸子，多托古代所谓圣主以自重，孟子则“言必称尧舜”，因之当时重农学派也托之于神农。《汉书·艺文志》农家有《神农》二十篇，班固自注云：“六国时，诸子疾时怠于农业，道耕农事，托之神农。”

③ ［许行］生平无考。

④［滕］西周初年所分封的诸侯国，地在今山东滕县西南，《孟子·梁惠王下》提到滕文公问孟子："滕，小国也，间于齐、楚。事齐乎？事楚乎？"

⑤［踵］赵岐《注》："至也。"朱熹《集注》云："足至门也。"

⑥［文公］赵岐《滕文公为世子章》："《古纪世本》录诸侯之世，滕有考公麋，与文公之父定公相值；其子元公宏与文公相值。以后世避讳，改考公为定公；以元公行文德，故谓之文公也。"

⑦［廛(chán)］赵岐注："居也。"古时一家所居占地二亩半，称一廛。

⑧［褐(hè)］以粗麻编织的衣服。

⑨［捆屦(jù)织席以为食］赵岐注："卖屦席以供食饮也。"捆屦，织草鞋。捆，织。

⑩［陈良］赵岐注："儒者也。"

⑪［耒耜(lěi sì)］古代耕地翻土的农具。此处总称农具。

⑫［宋］周初所封诸侯国名，其始封国君是商王的后裔，地址在今河南东部、江苏西北部、安徽北部和山东西南端之间，都城为商丘。

⑬［虽然］虽然如此。

⑭［饔飧(yōng sūn)］赵岐注"熟食也，朝曰饔，夕曰飧"。此"饔飧"作动词用，意思是自具其食。

⑮［厉］损害。

⑯［素］白色的生绢。

⑰［害］妨碍。

⑱［釜甑(zèng)］釜，煮物的锅。甑，蒸物的瓦器。

⑲［爨(cuàn)］烧火煮饭。

⑳［铁］指农具。杨伯峻称古人有以器物的质料代其器物之名的修辞条例。

㉒［舍］何物也，缓言之为"什么"、"甚么"。

㉓［宫］居室，《尔雅·释宫·释文》："古者贵贱同称宫，秦汉以来惟王者所居称宫焉。"

㉔［有大人之事，有小人之事］赵岐注："大人之事，谓人君行教化也；小人之事，谓农工商也"。

㉕［路］朱熹《集注》："谓奔走道路，无时休息也。"

㉖［氾］同"泛"。

㉗［偪］古"逼"字。

㉘［交于中国］赵岐注："猛兽之迹当在山林，而反交于中国"。朱熹《集注》："言禽兽多也"。

㉙［敷］赵岐注："敷，治也。"《汉书·地理志上》颜师古注："敷，分也，谓分别治之。"

㉚［益］指伯益，舜的臣子。

㉛［瀹（yuè）］疏通。

㉜［济漯（tà）］济，源于河南济源以西的王屋山，南下流入黄河。漯，古代黄河下游的主要支流之一，自今河南浚县西南别流，东北经濮阳入山东入海。

㉝［决汝汉，排淮泗而注之江］此句古今争论最多，汝与泗都不入江。孟子此处的主旨是申述大禹的治水之功，未必字字实在，所以不必拘泥。决，朱熹《集注》云："决，排皆去其壅塞也。"

㉞［可得而食］赵岐云："可得耕而食。"

㉟［后稷］名弃，周族的始祖。

㊲［树艺］赵岐云："树，种。艺，殖也。"

㊴［饱食、暖衣、逸居而无教］崔述《论语余说》云："'饱食暖衣逸居而无教'九字一句，谓衣食居三者俱全而惟无教也，与《中庸》'去谗、远色、贱货而贵德'文意正同。"

㊵［契］本作"偰"，相传为殷代的祖先。

㊶［放勳］尧名，《尚书·尧典》云："帝尧曰放勳。"以下所述，当是尧训示契的话。

㊷［劳之来之，匡之直之，辅之翼之，使自得之，又从而振德之］杨伯峻译作：督促他们，纠正他们，帮助他们，使他们各得其所，然后加以

提携和教诲。劳,《尔雅·释诂》:“劳、来,勤也。”

㊸[皋陶(gāo yáo)]在舜时担任掌管刑法的官。

㊹[易]整治。

㊺[孔子曰:“大哉尧之为君,惟天为大,惟尧则之,荡荡乎民无能名焉。君哉舜也,巍巍乎有天下而不与焉!”]见《论语·泰伯》,个别词语有不同。则,效法。与,参与,引申为私有、享受。

㊻[亦]副词,只也,特也,但也。

㊼[夏]古代称中原地区为诸夏。

㊽[倍]同“背”。

㊾[治任]收拾行李。任,担,即行李。

㊿[秋阳]周正建子,周之七、八月乃今日农历之五、六月,故周之所谓秋阳,实为今夏日之太阳。

51 [暴(pù)]“曝”的本字。暴,晒也。

52 [皜皜(hào)]朱熹《集注》:“洁白貌”。

53 [鴃(jué)]亦作鴂、䴗,即伯劳鸟。

54 [吾闻出于幽谷迁于乔木者]出于《诗经·小雅·伐木》。

55 [戎狄是膺,荆舒是惩]见《诗经·鲁颂·閟(bì)宫》。赵岐注云:“膺,击也。”

56 [贾]同“价”。

57 [五尺]古人尺短,五尺不过今日之三尺半。

58 [蓰(xǐ)]五倍。

59 [比]并列,朱熹《集注》:“次也。”

60 [巨屦(jù)小屦]赵岐注:“巨,粗屦也;小,细屦也。”

【评析】

农家是先秦时期反映农业生产和农民思想的学术流派,关于农家的记载,见于《吕氏春秋》的《上农》《任地》《辩土》《审时》和《爱类》等篇,以及《淮南子·齐俗训》等。《汉书·艺文志·诸子略》将农家列为九流之一，并称："农家者流，盖出于农稷之官。播百谷，劝耕桑，以足衣食，故八政一曰食，二曰货。孔子曰'所重民食'，此其所长也。及鄙者为之，以为无所事圣王，欲使君臣并耕，悖上下之序。"这也是许行及其弟子几十人的身体力行：拜神农为祖师，生活极为简朴，穿着普通的粗布衣服，靠打草鞋、编席子为生。许行的主张在当时社会上有一定的影响，以致使儒家的门徒陈相及其弟陈辛也抛弃儒家而拜许行为师，所以孟子要大加挞伐。

农家学派的主张，貌似激进，实际上却是反对社会分工，要求退回到原始状态的社会中去，孟子针对许行等人"贤者与民并耕而食"观点进行批驳，认为分工应有不同，百工之事不能一人完成，还概括为："或劳心，或劳力，劳心者治人，劳力者治于人；治于人者食人，治人者食于人，天下之通义也。"肯定社会分工的合理性，论证了劳力和劳心，统治者与被统治者的区别问题。

本篇体现了孟子精湛的辩驳技巧。他善于发现对方的矛盾、陷对方于自相矛盾、首尾不能兼顾的困窘地步，从而获胜。

【理性思考】

1. 试总结农家的主张。

2. 陈相"闻君行圣人之政"与孟子"圣人之忧民如此"二句中，"圣人"的概念是否一致？对你有何启发？

3. 战国时期，思想流派纷呈，出现百家争鸣的景象。本章反映出当时不同学派之间论争的局面。在中国历史上，同样处于乱世，但思想文化繁荣的时期还有南北朝、民国。这其中是否有一些规律？

西　铭[①]

张　载

乾称父，坤称母[②]；予兹藐焉，乃混然中处[③]。故天地之塞，吾其体；

天地之帅，吾其性[4]。民吾同胞，物吾与[5]也。大君[6]者，吾父母宗子[7]；其大臣，宗子之家相[8]也。尊高年，所以长其长；慈[9]孤弱，所以幼其幼。圣，其合德；贤，其秀也。凡天下疲癃[10]残疾、惸[11]独鳏寡，皆吾兄弟之颠连[12]而无告[13]者也。“于时保之”，子之翼也[14]；“乐且不忧”，纯乎孝者也。违曰悖德[15]，害仁曰贼[16]，济恶者不才[17]，其践形惟肖者也[18]。知化则善述其事，穷神则善继其志[19]。不愧屋漏为无忝[20]，存心养性为匪懈[21]。恶旨酒，崇伯子之顾养[22]；育英才，颍封人之锡类[23]。不弛劳而底豫，舜其功也[24]；无所逃而待烹，申生其恭也[25]。体其受而归全者，参乎[26]！勇于从而顺令者，伯奇也[27]。富贵福禄，将厚吾之生也；贫贱忧戚，庸玉汝于成也[28]。存[29]，吾顺事[30]；没[31]，吾宁[32]也。

【注释】

① 选自张载《正蒙·乾称篇》(《张载集》，中华书局 1978 年版)。这是《乾称篇》的首段文字。张载曾将这一段与《乾称篇》的末段录出，分别题名为《订顽》与《砭愚》，贴在西窗和东窗，作为自己的座右铭。这两篇文字受到张载同时的思想家程颐的赞许，程颐改《订顽》为《西铭》，改《砭愚》为《东铭》。南宋时的理学大家朱熹又将《西铭》从《乾称篇》中分出，单独作注，成为独立的一篇。张载(1020—1077)，字子厚，凤翔郿县横渠镇人。北宋著名思想家，理学创始人之一，后世并称周(敦颐)、程(颐)、张(载)、朱(熹)。宋仁宗嘉祐二年(1057)进士，官至崇文院秘书。后辞官回家讲学，世称横渠先生。著有《正蒙》《易说》《经学理窟》等，后人辑为《张子全书》。

② [“乾称父”句]《易·说卦》：“乾，天也，故称乎父；坤，地也，故称乎母。”

③ [予兹藐焉，乃混然中处] 意为我以藐然微小之一身，与天地浑然一体，立于其中。

④ [“故天地之塞”至“吾其性”]《孟子·公孙丑上》：“我善养吾浩然之气。……其为气也，至大至刚，以直养而无害，则塞于天地之间。”

“夫志，气之帅也；气，体之充也；夫志至焉，气次焉，故曰持其气，无暴其气。”意为充塞于天地之间的气也是充塞、构成了我的身体；气在天地之间的流行化运的禀性也是我的天性。

⑤［与］同伴，党与。

⑥［大君］君主，帝王。

⑦［宗子］宗法制度规定一个家族中的嫡长子为宗子。

⑧［家相］管家。

⑨［慈］爱护。

⑩［疲癃(lóng)］疾病。

⑪［惸(qióng)］没有兄弟的人。

⑫［颠连］困苦窘迫的样子。

⑬［无告］无处诉说。

⑭［“于时保之”，子之翼也］于时保之，《诗·周颂·我将》：“畏天之威，于时保之。”翼，恭敬的样子。朱熹认为，这一句与下句“乐且不忧，纯乎孝者也”皆指事亲之事。他说：“畏天以自保者，犹其敬亲之至也；乐天而不忧者，犹其爱亲之至也。《孟子·梁惠王下》：‘乐天者保天下，畏天者保其国’。《诗》云：‘畏天之威，于时保之’。”

⑮［违曰悖德］违，不从父母之命。悖，凶悖。

⑯［害仁曰贼］《孟子·梁惠王下》：“贼仁者谓之贼。”

⑰［济恶者不才］《左传》文公十八年：“昔帝鸿氏有不才子……天下之民谓之浑敦；少昊氏有不才子……天下之民谓之穷奇；颛顼氏有不才子……天下之民谓之梼杌。此三族也，世济其凶，增其恶名。”不才，不肖。济，成。

⑱［其践形，惟肖者也］履践人道。《孟子·尽心上》：“形色，天性也。惟圣人然后可以践形。”东汉赵岐《孟子章句》曰：“形，谓君子体貌严尊也。”“践，履居之也……圣人内外文明，然后能以正道履居此美形。”惟肖，与父母相像的子女。肖，像。

⑲［“知化”“善述”两句］《礼记·中庸》：“夫孝者，善继人之志，善

述人之事者也。”这里将对父母的教道推及至对天地的敬爱，故主张穷神知化，了解宇宙的精神，使能体察天的意志，成就天的事功。

⑳［不愧屋漏为无忝］意为在人们看不到的隐秘处都不做负心之事，才是不辱父母的孝子。强调君子慎独。《诗·大雅·抑》：“相在尔室，尚不愧于屋漏。”屋漏，室中西北角隐僻之处。《诗·小雅·小宛》：“夙兴夜寐，无忝尔所生。”无忝，羞辱。所生，父母。

㉑［存心养性为匪懈］意为事天不懈。《孟子·尽心上》：“存其心，养其性，所以事天也。”《诗·大雅·蒸民》：“夙夜匪懈。”匪懈，不懈怠。

㉒［恶旨酒，崇伯子之顾养］《孟子·离娄下》：“禹恶旨酒而好善言。”崇，禹父鲧封为崇伯，故称禹为崇伯子。古人以为酒能乱性，所以不好酒即能养性为孝子。

㉓［颍封人之锡类］意为教育人类的精英，以纯孝的态度事奉上天。《左传》隐公元年载郑庄公因赶走弟弟而与母亲交恶，后听从颍谷封人（镇守边地的长官）颍考叔的建议，与母亲修好。《传》中称：“颍考叔，纯孝也。爱其母，施及庄公。”《诗·大雅·既醉》：“孝子不匮，永锡尔类。”其是之谓乎！”锡，同“赐”。类，同类。

㉔［不弛劳而底豫，舜其功也］传说舜父瞽叟冥顽不仁，但舜尽其道，使之快乐。《孟子·离娄上》：“舜尽事亲之道而瞽叟底豫，瞽叟底豫而天下化。”不弛劳，不松懈，不辞辛劳。底，致。豫，快乐。

㉕［无所逃而待烹；申生其恭也］春秋时晋献公欲立骊姬为他生的幼子为太子，将杀太子申生。申生听到父命后便自缢身亡。待烹，待死之意。申生与舜的故事是说，人在天地之间存在是一个事实，事先不可选择，也无所逃避。天地如父母一般是人类存在的前提，因此即使天地不仁如瞽叟、献公，也要事之以孝敬顺从之道。

㉖［体其受而归全者，参乎］参，孔子弟子曾参，后世称曾子。主张孝道。相传《孝经》为孔子向曾子阐说孝道的经典。《礼记·祭义》载其言曰：“父母全而生之，子全而归之，可谓孝矣；不亏其体，不辱其亲，

可谓全矣。”

㉗［勇于从而顺令者，伯奇也］伯奇，西周大夫尹吉甫之子，事父孝顺。但为后母所谮，被父亲放逐。事见曹植《禽恶鸟论》《颜氏家训·后娶》。

㉘［庸玉汝于成也］意为贫贱忧患，难道不是上天珍视你，成就你啊！玉汝，珍视你。《诗·大雅·民劳》：“王欲玉女。”

㉙［存］活着。

㉚［顺事］意为顺从事理，尽心尽性。

㉛［没］死了。

㉜［宁］安宁。

【评析】

宋明理学是中国古代自唐代韩愈以后发展起来的新儒家，不同于僵化的官方权威意识的儒学——经学，理学再次从孔子、孟子以及《大学》《中庸》《周易》等思想中找到激情与活力，来对抗佛教和道教，因而提出了关于宇宙、性命的一整套学说，意在重新找回儒家的精神家园。这个精神家园的构成是整个的宇宙与人类，个人与自我在其中既是藐小顺命的一员，也是全部拥有、精神完足的一员。民胞物与，存心养性，与天地同为气，与万物同一化，而达到如此境界的途径就是仁爱的精神与道德的修炼。这便是一个儒者的座右铭与人生的信仰。

《西铭》是宣言性的文字，充满了激情和充沛的道德感召力，文字铺陈对仗，句式差参，情感收放自如，文气醇厚蕴藉，读来有回声荡气之感，是一篇言志自励之赋。

【理性思考】

1. 张载在《西铭》中化用了许多儒家经典，请你列举几种并选择其中一种，谈其对本文的影响。

2. 铭是一种特殊的文体，而《西铭》一文则深受后人喜爱，请你谈谈《西铭》如何在艺术性和思想性上做到统一的。

3. 比较一下《西铭》中的民胞物与的思想与墨子的兼爱思想有何异同。

【延伸阅读】

1. 王夫之《张子正蒙注》，中华书局 2011 年版。

2. 程颐《答杨时论西铭书》，见《河南程氏文集》卷九。

3. 钱穆《正蒙大义发微》，见钱穆《中国学术思想史论丛》第 5 册，生活·读书·新知三联书店 2009 年版。

4. 冯友兰《中国哲学史》（下册，第十二章“张横渠及二程”），华东师范大学出版社 2002 年版。

5. 陈来《宋明理学》（第二版），华东师范大学出版社 2004 年版。

论十事札子[①]

程　颢

师傅　六官　经界　乡党　贡士　兵役　民食　四民　山泽　分数

臣窃谓：圣人创法，皆本诸人情，极乎物理，虽二帝[②]、三王[③]不无随时因革，踵[④]事增损之制；然至乎为治之大原[⑤]，牧民之要道，则前圣后圣，岂不同条而共贯[⑥]哉？盖无[⑦]古今，无治乱，如生民之理有穷，则圣王之法可改。后世能尽其道则大治，或用其偏则小康，此历代彰灼著明之效也。苟或徒知泥古，而不能施之于今，姑欲循名而遂废其实，此则陋儒之见，何足以论治道哉！

然傥[⑧]谓今人之情皆已异于古，先王之迹不可复于今，趣[⑨]便目前，不务高远，则亦恐非大有为之论，而未足以济当今之极弊也。谓如衣服饮食宫室器用之类，苟便于今而有法度者，岂亦遽[⑩]当改革哉？惟其天理[⑪]之不可易，人所赖以生，非有古今之异，圣人之所必为者，固可概举。然行之有先后，用之有缓速，若夫裁成运动[⑫]，周旋曲当[⑬]，则在朝廷讲求设施如何耳。

古者自天子达于庶人，必须师友以成就其德业，故舜、禹、文、武之圣，亦皆有所从学。今师傅[14]之职不修，友臣之义未著，所以尊德乐善之风未成于天下，此非有古今之异者也。

王者必奉天建官，故天地四时之职[15]，历二帝、三王未之或改，所以百度修而万化理[16]也。至唐，犹仅存其略。当其治时，尚得纲纪小正。今官秩淆乱，职业废弛，太平之治所以未至，此亦非有古今之异也。

天生蒸民，立之君使司牧之，必制其恒产[17]，使之厚生，则经界[18]不可不正，井地[19]不可不均，此为治之大本也。唐尚能有口分授田[20]之制，今则荡然无法，富者跨州县而莫之止，贫者流离饿殍[21]而莫之恤。幸民虽多，而衣食不足者，盖无纪极。生齿日益繁，而不为之制，则衣食日蹙[22]，转死日多，此乃治乱之机也，岂可不渐图其制之之道哉？此亦非有古今之异者也。

古者政教始乎乡里[23]，其法起于比闾族党、州乡酂遂[24]，以相联属统治，故民相安而亲睦，刑法鲜犯，廉耻易格，此亦人情之所自然，行之则效，亦非有古今之异者也。

庠序之教[25]，先王所以明人伦，化成天下；今师学废而道德不一，乡射[26]亡而礼义不兴，贡士不本于乡里而行实不修，秀民不养于学校而人材多废，此较然之事，亦非有古今之异者也。

古者府史胥徒[27]受禄公上，而兵农未始判也。今骄兵耗匮，国力亦已极矣。臣谓禁卫之外，不渐归之于农[28]，则将贻[29]深虑；府史胥徒之役，毒遍天下[30]，不更其制，则未免大患；此亦至明之理，非有古今之异者也。

古者民必有九年之食，无三年之食者，以为国非其国。臣观天下耕之者少，食之者众，地力不尽，人功不勤，虽富室强宗，鲜有余积，况其贫弱者乎？或一州一县有年岁之凶，即盗贼纵横，饥羸满路。如不幸有方三二千里之灾，或连年之歉，则未知朝廷以何道处之，则其患不可胜言矣。岂可曰昔何久不至是，因以幸为可恃也哉？固宜渐从古制，均田务农，公私交为储粟之法[31]，以为之备。此亦无古今之异者也。

古者四民[32]各有常职，而农者十居八九，故衣食易给，而民无所苦困。今京师浮民[33]，数逾百万，游手不可赀度[34]；观其穷蹙辛苦，孤贫疾病，变诈巧伪，以自求生，而常不足以生。日益岁滋，久将若何！事已穷极，非圣人能变而通之，则无以免患。岂可谓无可奈何而已哉？此在酌古变今，均多恤寡，渐为之业[35]，以救之耳。此亦非有古今之异者也。

圣人奉天理物之道，在乎六府[36]；六府之任，治于五官[37]；山虞泽衡[38]，各有常禁，故万物阜丰，而财用不乏。今五官不修，六府不治，用之无节，取之不时。岂惟物失其性，材木所资，天下皆已童赭[39]，斧斤焚荡[40]，尚且侵寻[41]不禁，而川泽渔猎之繁，暴殄[42]天物，亦已耗竭，则将若之何！此乃穷弊之极矣。惟修虞衡之职，使将养之，则有变通长久之势，此亦非有古今之异者也。

古者冠[43]婚丧祭，车服器用，等差分别，莫敢逾僭，故财用易给，而民有恒心。今礼制未修，奢靡相尚，卿大夫之家莫能中礼[44]，而商贩之类或逾王公，礼制不足以检饬[45]人情，名数[46]不足以旌别贵贱，既无定分，则奸诈攘夺，人人求厌其欲而后已，岂有止息者哉？此争乱之道也。则先王之法，岂得不讲求而损益之哉？此亦非有古今之异者也。

此十者特其端绪耳，臣特论其大端，以为三代之法有必可施行之验。如其纲条度数[47]、施为注措[48]之道，则审行之，必也稽之经训[49]而合，施之人情而宜.此晓然之定理，岂徒若迂疎[50]无用之说哉？惟圣明裁择！

【注释】

① 选自《河南程氏文集》卷一(《二程集》，中华书局 1981 年版)。程颢(1032—1085)，字伯淳，世称明道先生，与其弟程颐合称“二程”，北宋哲学家、教育家、诗人，理学奠基者，“洛学”代表人物。撰有《定性书》《识仁篇》等，明朝学者将之编入《二程全书》。

② [二帝] 唐尧、虞舜。

③［三王］夏禹、商汤、周文王。

④［踵(zhǒng)］追也，沿袭，继承。一本作“称”。

⑤［治之大原］治理国家的根本原则。

⑥［同条而共贯］条，枝条。贯，钱串。长在同一枝条上。比喻事理相通，脉络连贯。

⑦［无］无论。

⑧［傥］同“倘”，若也。

⑨［趣(cù)］急促，急于。

⑩［遽(jù)］急，仓猝。

⑪［天理］犹言天道，是程颢提出的重要概念，作为自然法则，内涵仁、义、礼、智等本然之性。程颢说：“某学虽有所受，天理二字却是某拈出来。”

⑫［裁成运动］裁成，剪裁成就，斟酌损益。运动，运转，指灵活运用。

⑬［周旋曲当］周旋，进退回旋。曲当，委曲变通，无不适当。

⑭［师傅］太师、太傅、太保或少师、少傅、少保的合称，为辅佐国君或教导太子之官，或为虚衔。

⑮［天地四时之职］指天、地、春、夏、秋、冬六官。出自《周礼》建官之法。

⑯［百度修而万化理］各种制度健全而万事有条不紊。

⑰［恒产］可常生之业。本段用孟子学说。《孟子·滕文公上》：“民之为道也，有恒产者有恒心，无恒产者无恒心。”

⑱［经界］指治地分田，经画其沟涂封殖之界。《孟子·滕文公上》：“夫仁政，必自经界始。”

⑲［井地］即井田，相传为西周的土地制度，把方圆九百亩的土地划为九等分，正中为公田，周围八分为私田。因形如井字而得名。本文指田地。

⑳［口分授田］唐代实行均田制时的一种分地，即按人口授予

田地。

㉑［饿殍（piǎo）］饿死的人。

㉒［蹙（cù）］紧迫。

㉓［乡里］周制，王及诸侯国都郊内置乡，民众聚居之处曰里。因以“乡里”泛指乡民聚居的基层单位。

㉔［比闾（lǘ）族党、州乡酂（zàn）遂］据《周礼·地官》，五家为比，五比为闾，四里为酂，五县为遂。该句指古代的居住和户口制度。

㉕［庠（xiáng）序之教］该词出自《孟子·梁惠王上》，庠序指古代的地方学校。

㉖［乡射］古代射箭饮酒的礼仪。

㉗［府史胥徒］府史，古时管理财货文书出纳的小吏。胥徒，为民服徭役者。出自《周礼·天官》。

㉘［归之于农］裁汰冗兵，使他们回家务农。

㉙［贻］遗留，留下。

㉚［毒遍天下］祸害滋生，遍及天下。

㉛［公私交为储粟之法］官府、乡里之间互相制定出储备粮食的条例。

㉜［四民］古代指士、农、工、商，二程所讲的四民指农、工、兵、士。

㉝［浮民］指游手好闲的人。

㉞［赀（zī）度］赀同“资”，计算。

㉟［渐为之业］逐步为无业游民安排职业。

㊱［六府］指水、火、金、木、土、谷，六者财用所自出，故称“府”。程颢《南庙试九叙惟歌论》：“然谷者，民之所生也，不可一日无之，此六府所以兼谷也。”

㊲［五官］指金、木、水、火、土五行之官，出自《管子·五行》：“五官于六府也。”文中指管理山虞川泽之官。

㊳［山虞泽衡］虞、衡指古代管理山林水泽的官员，出自《周礼·大宰》。

㊴［童赭(zhě)］童,秃。赭,红褐色,文中指乱砍滥伐导致山林裸露出泥土。

㊵［斧斤焚荡］斤,斧子一类的工具。文中代指砍伐。焚荡,焚毁,烧光。

㊶［侵寻］逐渐发展。

㊷［殄(tiǎn)］尽,绝。

㊸［冠(guàn)］古代男子到成年举行加冠礼。

㊹［中礼］合于礼法。

㊺［检饬(chì)］检,约束;检点。饬,整顿,整治,使整齐。

㊻［名数］名位礼数,古代各个阶层所用礼仪、车马、服饰的名目、数量都有严格规定。

㊼［纲条度数］纲条,纲目。度数,法度。

㊽［注措］安排,处置。

㊾［经训］出自经籍义理的解说。

㊿［迂疎(shū)］同“迂疏”,犹言迂远疏阔。

【评析】

是札写于熙宁二年(1069),经吕公著推荐,程颢出任太子中允、监察御史里行。意欲励精图治的宋神宗久闻其名,故数次召见,询问治国之道。应对当时王安石的锐意革新与社会现状,程颢具陈“法先王”的政治思想,其要有十:一曰修师傅之职;二曰精简官秩;三曰制定田制,抑制兼并;四曰整顿乡里政教;五曰兴办各级学校,培养人材;六曰裁减冗兵,改革役制;七曰鼓励务农,积粟防灾;八曰均多恤寡,为民兴业;九曰严山泽之禁节用物资;十曰修备礼制。

儒学在中古期几经沉浮,自韩愈方得复兴,经过宋初半个多世纪的酝酿,在二程之时展现出宏阔的气象与精深的思辨。首先,士大夫的主体意识全面觉醒,范仲淹呼喊“以天下为己任”,王安石与皇帝“共定国是”,程颐道出“天下治乱系宰相”,程颢所论十事,以任帝王师为首,这一"得君行道"的理想,充分反映了宋儒的使命感。其次,在重建政治与社会秩序方面,宋儒主张超越汉唐、回到三代,程颢在札中频言《周礼》之六官、四民,《孟子》经界、井田,以施行王道仁政为旨归。这便涉及宋初的"王霸论"与义利之辩,程颢言"君道以至诚仁爱为本,未尝及功利,神宗始疑其迂"。他的政治主张虽未得到采纳,然其由义利之辩转入对心性、天理的探讨,肇启宋明理学之端。

史载程颢性行温粹亲切,然是札直指时事,行文凝练扼要,论事缜密,文风雄浑峻切,读之令人心生敬意。

【理性思考】

1. 程颢在文章中对十事提出了自己治理办法,请你自己归纳整理一下,结合自己对北宋历史知识的了解,谈一谈你认为哪些建议是合理的?

2. 结合《孟子》等文献,谈一谈"民本观念"在程颢《论十事札子》里的体现。

【延伸阅读】

1. 钱穆《二程学术述评》,见钱穆《中国学术思想史论丛》第 5 册。

2. 钱穆《周雅朱子学脉论》,见钱穆《中国学术思想史论丛》第 5 册。

上仁宗皇帝书(皇祐二年)[①]

程　颐

草莽[②]贱臣程颐,谨昧死再拜上书皇帝阙下[③]。臣伏观前古:圣明之主,无不好闻直谏,博采刍荛[④],故视益明而听益聪[⑤],纪纲正而天下治;昏乱之主,无不恶闻过失,忽弃正言,故视益蔽而听益塞,纪纲废而天下乱;治乱之因,未有不由是也。伏惟[⑥]陛下:德侔[⑦]天地,明并日月,宽慈仁圣，自古无比，曷[8]尝害一忠臣，戮一正士。群臣虽有以言事得罪者，旋复拔擢[9]，过其分际[10]，此千载一遇，言事之秋也。桀、纣暴乱，残贼忠良，然而义士[11]不顾死以尽其节。明圣在上，其仁如天，布衣之士虽非当言责也，苟有可以裨圣治，何忍默默而不言哉？今臣竭其愚忠，非有斧钺之虞[13]也。所虑进言者至众，岂尽有取，狂愚必多，而陛下因谓贱士之言无适用者。臣虽披心腹，沥肝胆，不见省览，祇成徒为[14]，此臣之所惧也。傥或陛下少留圣虑，则非臣之幸，实天下之幸。臣请自陈所学，然后以臣之学议天下之事。

臣所学者，天下大中之道[15]也。圣人性之为圣人[16]，贤者由之为贤者，尧、舜用之为尧、舜，仲尼述之为仲尼。其为道也至大，其行之也至易，三代[17]以上，莫不由之。自秦而下，衰而不振；魏、晋之属，去之远甚；汉、唐小康，行之不醇。自古学之者众矣，而考其得者盖寡焉。

道必充于己，而后施以及人[19]；是故道非大成，不苟于用。然亦有不私其身，应时而作者也。出处无常，惟义所在。所谓道非大成，不苟于用，颜回[20]、曾参[21]之徒是也。天之大命在夫子矣，故彼得自善其身，非至圣人则不出也。在于平世，无所用者亦然。所谓不私其身，应时而作者，诸葛亮及臣是也。亮感先主三顾之义，闵[22]生民涂炭之苦，思致天下于三代，义不得自安而作也。如臣者，生逢圣明之主，而天下有危乱之虞，义岂可苟善其身，而不以一言悟陛下哉？故曰出处无常，惟义所在。

臣请议天下之事。不识陛下以今天下为安乎？危乎？治乎？乱乎？乌可知危乱而不思救之之道！如曰安且治矣，则臣请明其未然。方今之势，诚何异于抱火厝之积薪之下而寝其上，火未及然，因谓之安者乎[23]？《书》曰："民惟邦本，本固邦宁。"[24]窃惟固本之道，在于安民；安民之道，在于足衣食。今天下民力匮竭，衣食不足，春耕而播，延息以待，一岁[25]失望，便须流亡。以此而言，本未得为固也。臣料陛下仁慈，爱民如子，必不忍使之困苦，一至于是。臣窃疑左右前后壅蔽陛下聪明，使陛下不得而知。今国家财用，常多不足，不足则责于三司[26]，三司责诸路转运[27]。转运何所出？诛剥[28]于民尔。或四方有事，则多非时配卒，毒害尤深。急令诛求，竭民膏血，往往破产亡业，骨肉离散。众人观之，犹可伤痛；陛下为民父母，岂不悯哉？

民无储备，官廪复空。臣观京师缘边以至天下，率无二年之备。卒[29]有连岁凶灾，如明道[30]中，不知国家何以待之？坐食之卒，计逾百万，既无以供费，将重敛于民，而民已散矣。强敌乘隙于外，奸雄生心于内，则土崩瓦解之势，深可虞也。太宁之世，圣人犹不忘为备，必有九年之蓄，以待凶岁。况今百姓困苦，愁怨之气上冲于天，灾沴凶荒[31]，是所召也。陛下能保其必无乎？中民之家有十金之产，子孙不能守，则人皆谓之不孝。陛下承祖宗基业，而前有土崩瓦解之势，可不惧哉？

戎狄[32]强盛，自古无比。幸而目前尚守盟誓[33]，果能以金帛厌[34]其欲乎？能必料其常为今日之计乎？则夫沿边岂宜无备？益以兵则用不足，省其戍则力弗支，皆非长久之策也。前者昊贼[35]叛逆，西垂[36]用兵，数年之间，天下大困。盖内外经制[37]，多失其宜，陕西之民，苦毒尤甚。及多逃散，重以军法禁之，以至人心大怨，皆有思寇之言。悖逆之深，不敢以闻圣听，顾恐陛下亦颇知之。故曰："无恒产而有恒心者，惟士为能。"[38]彼庶民者，饥寒既切于内，父子不相保，尚能顾忠义哉？非民无良，政使然也。当时秦中[39]，寇盗屡起，傥稽[40]扑灭，必多响应，幸而寻时[41]尽能诛翦。尚赖社稷之福，西虏亦疲，彼知未可远图，遂且诡辞称顺。向若更相牵制，未得休兵，内衅将生，言之可骇。今天下劳敝，不比景祐[42]以前。复有如曩时之役[43]，臣愚窃恐不能堪矣。况为患者，岂止西戎？臣每思之，神魂飞越。不知朝廷议者以为如何，亦尝置之虑乎？其谓制之无术乎？

臣窃谓今天下犹无事，人命未甚危，陛下宜早警惕于衷，思行王道[44]。不然，臣恐岁月易失，因循不思，事势观之，理无常尔[45]。虽我太祖之有天下，救五代之乱，不戮一人，自古无之，非汉、唐可比，固知赵氏之祀[46]安于泰山。然而损陛下之圣明，陷斯民于荼毒，深可痛也。臣料群臣，必未尝有为陛下陈王道者，以陛下圣明，岂有言而不行者乎？

窃惟王道之本，仁也。臣观陛下之仁，尧、舜之仁也。然而天下未治者，诚由有仁心而无仁政尔。故孟子曰："今有仁心仁闻，而民不被其泽，不可法于后世者，不行先王之道也。"㊼陛下精心庶政㊽，常惧一夫不获其所，未尝以一喜怒杀一无辜；官吏有犯入人罪者㊾，则终身弃之。是陛下爱人之深也。然而凶年饥岁，老弱转死于沟壑，壮者散而之四方，为盗贼，犯刑戮者，几千万人矣。岂陛下爱人之心哉？必谓岁使之然，非政之罪欤？则何异于刺人而杀之，曰："非我也，兵也？"㊿三代之民，无是病也。岂三代之政不可行于今邪？州县之吏有陷人于辟[51]者，陛下必深恶之，然而民不知义，复迫困穷，放辟邪侈[52]而入于罪者，非陛下陷之乎？必谓其自然，则教化，圣人之妄言邪？[53]

天下之治，由得贤也。天下不治，由失贤也。世不乏贤，顾求之之道如何尔。今夫求贤，本为治也。治天下之道，莫非五帝[54]、三王、周公、孔子治天下之道也。求乎明于五帝、三王、周公、孔子治天下之道者，各以其所得大小而用之。有宰相事业[55]者，使为宰相；有卿大夫事业者，使为卿大夫；有为郡之术者，使为刺史[56]；有治县之政者，使为县令。各得其任，则无职不举，然而天下弗治者，未之有也。

国家取士，虽以数科，然而贤良方正[57]，岁止一二人而已，又所得不过博闻强记之士尔；明经[58]之属，唯专念诵，不晓义理，尤无用者也。最贵盛者，唯进士科，以词赋声律为工。词赋之中，非有治天下之道也；人学之以取科第，积日累久，至于卿相。帝王之道，教化之本，岂尝知之？居其位，责其事业，则未尝学之。譬如胡人操舟，越客为御[59]，求其善也，不亦难乎？往者丁度[60]建言，"祖宗以来，得人不少"，愚瞽之甚，议者至今切齿。使墨论墨，固以墨为善矣。

今天下未治，诚由有君而无臣也。岂世无人？求之失其道尔。苟欲取士必得，岂无术哉？王道之不行二千年矣。后之愚者，皆云时异事变，不可复行，此则无知之深也。然而人主往往惑于其言。今有人得物于道，示玉工，曰玉也；示众人，曰石也。则将[61]以玉工为是乎？以众人为然乎？必以玉工为是矣。何则？识与不识也。圣人垂教，思以治后世，而愚者谓不可行于今。则将守圣人之道乎？从众人之言乎？谓众人以王道可行，其犹诘瞽者以五色之鲜[62]，询聋者以八音之美，其曰不然，宜也。彼非憎五色而恶八音，闻见限也。

臣观陛下之心，非不忧虑天下也。以陛下忧虑天下之心行王道，岂难乎哉？孟子曰："以齐王，犹反手也。"[63]又曰："师文王，大国五年，小国七年，必为政于天下矣。"[64]以诸侯之位，一国之地，五年可以王天下。况陛下居天子之尊，令行四海，如风之动，苟行王政，奚啻[65]反手之易哉？昔者大禹治水，八年于外，三过其门而不入，思以利天下，虽劳苦不避也。今陛下行王政，非有苦身体劳思虑之难也，何惮而不为哉？《孝经》曰："立身行道，扬名于后世，以显父母，孝之终也。"[66]匹夫犹当行道以显父母，况陛下贵为天子，岂不发愤求治，思齐尧、舜，纳民仁寿[67]，上光祖考[68]，垂休无穷？凡所谓孝，无大于此者也。

臣以谓：治今天下，犹理乱丝，非持其端，条而举之，不可得而治也。故臣前所陈，不及历指政治之阙[69]，但明有危乱之虞，救之当以王道也。然而行王之道，非可一二而言，愿得一面天颜，罄陈所学。如或有取，陛下其置之左右，使尽其诚；苟实可用，陛下其大用之；若行而不效，当服罔上[70]之诛，亦不虚受陛下爵禄也。

陛下问群臣，群臣必谓寒贱之士，未可使近上侧。自臣思之，以为不然。臣高祖羽[71]，太祖朝年六十余，为县令，一言遭遇[72]，圣祖特加拔擢，攀附太宗[73]，终于兵部侍郎[74]。顾遇之厚，群臣无比，备存家牒[75]，不敢繁述。臣曾祖希振[76]，既以父任[77]，后祖遹[78]复被推恩[79]。国家录先世之勋臣，父珦[80]又蒙延赏[81]，今为国子博士[82]。非有横草之功[83]，食君禄四世，一百年矣。臣料天下受国恩之厚，无如臣家者。臣自识事以来，思为国家尽死，未得其路尔。则臣进见，宜无疑也。或者[84]更为强词，言其不可，此乃自负阴私，惧防诋讦[85]者也。

伏望陛下出于圣断，勿徇[86]众言，以王道为心，以生民为念，黜世俗之论，期非常之功。昔汉武笑齐宣不行孟子之说[87]，自致不王[88]，而不用仲舒之策；隋文笑汉武不用仲舒之策，不至于道，而不听王通[89]之言。

二主之昏，料陛下亦尝笑之矣。臣虽不敢望三子[90]之贤，然臣之所学，三子之道也。陛下勿使后之视今，犹今之视昔，则天下不胜幸甚！望陛下特留意焉。臣愚无任逾越狂狷[91]恐惧之极，臣颐昧死顿首谨言。

【注释】

① 选自《河南程氏文集》卷五(《二程集》，中华书局 1981 年版)。程颐(1033—1107)，字正叔，世称伊川先生，与其兄程颢合称“二程”，北宋理学家、教育家，理学奠基者，“洛学”代表人物。撰有《周易程氏传》《遗书》《易传》《经说》等，收在《二程全书》。

② [草莽] 草野，民间。文中是谦辞。

③ [阙(què)下] 宫阙之下，指帝王所居之处。文中是敬辞。

④ [刍(chú)荛(ráo)] 本义指割草打柴，文中指普通百姓的言辞。《诗经・大雅・板》：“先民有言，询于刍荛。”

⑤ [聪] 耳灵。

⑥ [伏惟] 伏在地上想，下对上陈述时的表敬之辞。

⑦ [侔(móu)] 相等，齐等。

⑧ [曷] 疑问副词，加强反问语气，相当于“岂”“难道”。

⑨ [拔擢(zhuó)] 选拔提升。

⑩ [过其分际] 超过应有的界限、程度。

⑪ [义士] 守义不苟或品行超凡的人。文中指向桀、纣等暴君冒死诤谏的箕子、微子、比干等。

⑬ [斧钺(yuè)之虞] 斧钺，古代酷刑中的一种，用斧钺劈开头颅。虞，忧虑。

⑭ [祇(zhǐ)成徒为] 祇，只。徒为，徒劳。

⑮ [天下大中之道] 出自《尚书・洪范》九畴中的第五畴“皇极”，即君主的法则，因其居九之中，故为“大中”。

⑯ [圣人性之为圣人] 圣人之所以能成为圣人，是因为心性中具备此道。

⑰［三代］夏、商、周。

⑲［道必充于己，而后施以及人］道必须充溢于自己的身心，方可实施到别人。

⑳［颜回］字子渊，孔门弟子。《论语》对其称赞最多，赞其好学、许之以“仁”。

㉑［曾参］字子舆，孔门弟子，勤敏好学，宋儒认为他从孔子传《大学》。

㉒［闵(mǐn)］同“悯”，怜恤，哀伤。

㉓［“抱火……安者乎”句］出自《汉书》贾谊上汉文帝疏奏。厝(cuò)，同“措”，置放。薪，柴火。然，同“燃”。把火放在柴草底下，比喻危机即将出现。

㉔［民惟邦本，本固邦宁］百姓是国家的根基；根基牢固，国家才能安宁。出自伪古文《尚书·五子之歌》。

㉕［岁］一年的收成，年景。

㉖［三司］北宋最高财政机构，将度支、户部、盐铁三部合而为一，统筹国家财政。

㉗［诸路转运］路，宋元时代行政区域名，相当于明清的省。转运，掌管一路或数路军需的供办，后渐成为各路长官，兼有财政、军政、监察等职权。

㉘［诛剥］诛，责求。剥，剥削。

㉙［卒(cù)］同“猝”。

㉚［明道］仁宗年号(1032—1033)，距本文约二十年前，当时土地兼并及冗官、冗兵、冗费现象日益严重。

㉛［灾沴(lì)凶荒］灾害，饥荒。

㉜［戎狄］古代指西方和北方的少数民族，文中指西夏和辽国。

㉝［盟誓］真宗景德元年(1004)，北宋与辽订立和约，每年向辽输送银、绢，史称“澶渊之盟”；仁宗庆历四年(1044)，北宋与西夏签订和议，向其输送银、绢、茶。

㉞［厌］满足。

㉟［昊贼］指西夏景宗李元昊(1003—1048)。西夏原向北宋称臣，仁宗宝元元年(1038)，李元昊称帝，国号大夏，故文中称其为贼。

㊱［垂］同“陲”，边疆，国境。

㊲［经制］处置调度。

㊳［“无恒产……为能”］出自《孟子·梁惠王上》。没有固定资产而有常善之心者，只有士人才能做到。

㊴［秦中］指今陕西、甘肃一带，即上文“西垂用兵”之地。

㊵［稽(jī)］停留，拖延。

㊶［寻时］不久。

㊷［景祐］仁宗年号(1034—1037)。

㊸［曩(nǎng)时之役］曩，以往，从前。文中指庆历年间与西夏的战争。

㊹［王道］周公治理天下之道，是宋儒致力的政治理想。

㊺［事势观之，理无常尔］从当前情势上看来，按常理绝不可能长久如此(“天下犹无事”)。

㊻［赵氏之祀］祀，祭祀。指宋朝国运延续。

㊼［“今有……先王之道也”句］出自《孟子·离娄上》。闻，名声。被，同“披”。

㊽［庶政］各种政务。

㊾［官吏有犯入人罪者］入，所定罪名过于应判之罪者，特指误判为死罪。文中指官吏有犯误判人死罪者。

㊿［非我也，兵也］出自《孟子·梁惠王上》。兵，兵器。

51［辟(pì)］刑法。

52［放辟邪侈］放、侈，放纵；辟、邪，不正派，不正当。指肆意作恶。

53［必谓其自然，则教化，圣人之妄言邪?］一定要说他们本来如此(放辟邪侈)，那么所谓教化者，是圣人胡说的吗?

㊹[五帝] 传说中上古时期的五位贤明君主：黄帝、颛顼、帝喾、尧、舜。

㊺[事业] 文中指学识、才能。

㊻[刺史] 汉时指巡行郡县的监察官，后变为地方军事行政长官。文中指统领一路的行政长官。

㊼[贤良方正] 贤良，才能、德行好。方正，正直。汉代选拔统治人才的科目之一。

㊽[明经] 汉代始设，以通晓经学为考试要求。宋初设九经、五经、三礼、三传、学究等科目，宋神宗时废除。

㊾[胡人操舟，越客为御] 胡人，北方游牧民族。御，驾驭车马。比喻一窍不通的人掌权，要治理好国家是不可能的。

㊿[丁度] 990—1053，字公雅，仁宗时历任参知政事、尚书左丞。

61[将] 一本作“当”。

62[诘瞽者以五色之鲜] 诘问盲人五彩是否鲜艳。文中指不可问王道于愚者众人。

63[“以齐王(wàng)，犹反手也”句] 出自《孟子·公孙丑上》。王：成就王业。使齐国成就王业，如同把手掌翻过来那么简单。

64[“师文王……天下矣”句] 出自《孟子·离娄上》。师，效法。

65[奚(xī)啻(chì)] 何止，岂但。

66[“立身行道……孝之终也”句] 出自《孝经·开宗明义章》。

67[纳民仁寿] 仁寿，有仁德而长寿。《论语·雍也》：“仁者寿。”《汉书·董仲舒传》：“尧舜行德，则民仁寿。”

68[祖考] 祖先。

69[不及历指政治之阙(quē)] 阙，同“缺”。没能来得及一条条地指出政治方面的缺失。

70[罔(wǎng)上] 欺骗君上。

71[羽] 程羽(913—984)，字冲远，仕太祖、太宗两朝。

72[遭遇] 受到赏识。

⑬［太宗］宋太宗赵炅(jiǒng)(939—997)，宋太祖之弟，开宝九年(976)即位。

⑭［兵部侍郎］尚书省下属兵部的副官，宋初有职无权。

⑮［家牒］家谱。

⑯［希振］程希振，任尚书虞部员外郎等职。

⑰［以父任］凭借父亲的政绩而做官，源自汉代“任子”制。

⑱［遹(yù)］程遹，赠吏部尚书、特进。

⑲［被(pī)推恩］被，同“披”，受到恩泽。推恩，帝王对臣下的家属进行额外封赠，以示恩典。

⑳［珦(xiàng)］程珦(1006—1090)，字伯温，仁宗朝入仕。

㉑［延赏］延及他人的赏赐。

㉒［国子博士］国子监的学官，宋代最高学府中的教师职务。

㉓［横草之功］横草，把草踩倒。如同踩倒草那样的功劳，比喻功绩很小。

㉔［或者］如果有人。

㉕［诋(dǐ)讦(jié)］诋毁攻击。

㉖［徇(xùn)］顺从，曲从。

㉗［汉武笑齐宣不行孟子之说］汉武，汉武帝刘彻(前156—前87)，开创了西汉的极盛局面，但在位后期穷兵黩武。齐宣，齐宣王(约前350—前301)，战国时齐国国君，曾向孟子请教称霸天下的方法，孟子因势利导，劝其弃霸道而行王道，但他没有听从。

㉘［王(wàng)］实现王道。

㉙［王通］584—618，字仲淹，隋朝大儒，撰《中说》，《王氏六经》(或称《续六经》，佚)。

㉚［三子］即上文的孟子、董仲舒、王通，在宋儒眼中是儒学道统的代表人物。

㉛［无任逾越狂狷(juàn)］无任，不胜。逾越，超越本分。狂狷，狂妄褊急，谦词。

【评析】

是书写于皇祐二年(1050),时程颐十八岁,血气方刚,向仁宗上此三千言,以冀实现得君行道的政治理想。是书开篇先称赞仁宗“宽慈仁圣”,继而自陈所学乃“天下大中之道”,表明自己的政治旨归。紧接着“议天下事”,内则饥馑频仍,官吏诛剥催逼,民力匮竭,又官廪空虚,民心思乱,盗贼横行;外则北辽、西夏虎视边境,政府连年用兵,和议之后又向其输币,力尽财罄。具陈当前内忧外患的危急形势之后,程颐笔锋一转,建议仁宗“思行王道”:一要实行仁政,二要重视得贤取士。至此,程颐道出本意,希望“一面天颜,罄陈所学”。

是书虽作于程颐年少时,但于其政治主张中,已可见其将来学术思想的格局。他在文中呼吁回归三代的王道,旨在实现“外王”的政治理想,却落实到“圣人性之为圣人”的“内圣”之道,即心性修养功夫。所谓“王道之本,仁也”,其出发点是“格君心之非”。程颢尝论:“治天下者,必先立其志,正志先立……力进于道而莫之御也。”程颐后来在《为家君应诏上英宗皇帝书》中说:“至诚一心,以道自任,以圣人之训为可必信,先王之治为可必行……必期治天下如三代之世。”可以说,儒学发展到二程之时,不仅立意高远,气象宏大,而且转入更加精深的义理之学,这正是对先秦思孟学派的复归与推进,宜乎程颐在文中频频引用《孟子》。

文章字里行间激昂慷慨,行文流畅明快,于谋篇布局极尽起承转合之趣,读之不禁为其折服。

【理性思考】

1. 程颐揭示了当时政治时局的哪几方面弊端?其解决之道又是什么?

2. 程颐在文中多次引用《孟子》,请谈谈程颐对孟子学说的继承与发展。

3.《大学》所谓“修齐治平”是传统士人的理想所在,请结合程颐上疏这一行为及其内容谈谈你的认识。

【延伸阅读】

1. 程颐《为家君应诏上英宗皇帝书》,《二程集》卷五,中华书局1981年版。

2. 程颐、程颢《论政篇》,《二程集·河南程氏粹言》卷第一,中华书局1981年版。

3. 王安石《上仁宗皇帝万言书》,《王文公文集》卷一,上海人民出版社1974年版。

十二、佛　道

（主持人：赵　益　孙立尧）

（一）导言

佛教本是印度的宗教，从西汉末年到东汉初年，随着中国与西域的交流不断增多，佛教开始逐渐传入中国。经过佛教典籍的不断传译，以及汉地僧俗对于佛教的信仰、修持以及在教义上的钻研与发挥，佛教的影响渐渐扩大，并最终成为中国影响最大的宗教；同时，佛教在其发展过程之中，与中国的本土文化不断地交流、融合，并互相影响，不仅佛教自身在中国形成了极具本土化特色的教派，而且佛教文化也已经成为中华文化不可分割的有机组成部分，并对中国的文化、文学、艺术等各领域都产生了极为深远的影响。

从教理上说，佛教有两个基本原理，即"因果循环律"与"性空无我律"。佛教认为"众生颠倒"，也就是说，不但人生是不合理的，而且人们已得的知识也是错误的，因此必须从根本上彻底地加以纠正。这两个原理是改造人生、纠正知识的根本。宇宙、人生中的各种事物，都是由于内在因素和外在条件集合而成的，同时，这种种事物又是未来新生事物的内在因素或外在条件。任何一件事物，对于过去而言是果，对于未来而言则是因，如此相续不绝，了无止境。这便是"因果循环律"。当内在因素和外在条件和合而成事物时，并没有事物的自体，因为这些因素和条件也只是些不同的事物，仍然是由众多因素和条件会合而成的。

这样层层分析下去，是得不到最后的实质的。事物既然是由于因素和条件会合而成，便会受到因素和条件的限制而不得自在；事物也需要由其他因素和条件的会合，才能成为新生的事物，因此也不得独自成为主宰。这便是“性空无我律”。这两个定律也是一事之两面，正因为性空无我，才能够因果循环；也正因为因果循环，才证明是性空无我。如果性实有我，便是各种事物永恒的存在，也就无所谓宇宙与人生了；如果没有因果，那么无我也就成为断灭，同样也就没有宇宙人生。佛教的基本教义虽然不外乎是这两个定律，但是解释这两大定律的方法有种种不同，深浅程度也有所不同，这样就产生了佛教中的各个宗派，各宗只是从不同的角度来说明这两个原则，教人用不同的方法证悟这两个道理的真实境界。（周叔迦《八宗概要・绪说》《佛教两大定律》）

从文化的角度来说，则佛教在其传入中国的过程中，难免与中国本土文化之间发生一些碰撞、摩擦，甚至发生激烈的冲突；但它们之间也不断地互相融合、补充，不断地发展、变化，并最终都成为中华文化中的有机成分。我们通常所说的中华文化中的“三教合一”，佛教与道教（或道家）、儒家之间，的确经过了长期的融合，才最终能够抟合成为密切相关而又难以分割的整体。

佛教与道家学说之间呈现融合的状态发生得较早。东汉以来的佛教，其“因果报应”之说，实为当时的主流学说，又当时人们对于佛教的理解，与道家相近似之处很多，《四十二章经》中提倡“省欲去奢”，将财、色视为贪欲之本。当时人认为佛家与道家一样“崇无为”（《牟子》）、“息意去欲，而归于无为”（袁宏《后汉纪》），这其实正是借用了道家的“清静无为”之说。至于佛教的修持方法，除了戒律之外，当时所谓的“禅法”，其最初入门，是借呼吸吐纳之术，即所谓“安般”；在讲求“顿悟”、以“参话头”为主要修行方法的“祖师禅”大行以前，这其实是最基本的修持方法。而这与道家“吹呴呼吸，吐故纳新”的“道引之士”（《庄子・刻意》）也很相近，所谓“真人食气，以气而为食，故传曰食气者寿而不死”（王充《论衡・道虚篇》）。可见“安般”禅法的流行，与它能够契合当时的道家学说关系很大。在观念上，当时所出现的道教典籍之一《太平经》中有“承负”之说，这既与《周易》中“积善之家，必有余庆；积不善之家，必有余殃”之说相应，实际上也与佛教的“因果报应”之说相关；又如“清虚无为”等说，其实也是当时人对于佛、道二家的共同看法；至于“守一”之法，则既常见于汉魏所译佛经，也见于道家典籍，如《太平经》《真诰》《抱朴子》中也屡言之。要之，当时佛、道两教在义旨及修持上，相藉相因，融合已久，当时贵族、文士也多因黄老而兼及佛教。直到魏晋之际，《安般守意经》仍为佛教最流行的经典之一，当时译经，多取《老》《庄》之言；译经之士，又多明玄学之理；而解经之际，也多援玄理以说经。魏晋之际，玄风流行，而“佛教的玄学化”也正体现了两者的融合进一步加深。《高僧传·慧远传》中说“远年二十四，便就讲说。尝有客听讲，难实相义，往复移时，弥增疑昧。远乃引《庄子》为连类，于是惑者晓然。是后安公特听慧远不废俗书。”以中国旧有的思想来比拟佛经中的意蕴，即是所谓的“格义”，道安为中国佛教史上的重要人物之一，他曾认为“先旧格义，于理多违”，有意要舍弃此法，但慧远解经之法，实是“格义”的一种，可见直到东晋之时，佛经的义理仍须借《老》《庄》等道家之学说而得以阐扬。当时的“般若学”中有所谓“六家七宗”，如“本无宗”的繁盛，与玄学的发达，同样也是分不开的。（汤用彤《汉魏两晋南北朝佛教史》）

这是佛、道相契融合的一面。然而两家之间也有多次纷争，与儒家不同，佛、道两家因为都涉及宗教本身，而儒家有时虽然也被视为一种“教”，三家也并称为“三教”，但不论在何世，儒家的典籍都未尝废弃，这又不是佛、道两家所能比拟。因此，与儒家相比，佛、道两家又由于性质的相近，而时时成为水火之争。历史上“三武一宗”（北魏太武帝、北周武帝、唐武宗、后周世宗）的灭佛事件，与此两家之相争皆大有关联。

佛教与儒家的关系，与佛、道两家之间的关系不太一样。佛教初来之时，有其教理及仪式上，与儒家的礼法就有很多地方大相违异。例如，传统儒家文化中的“忠”、“孝”、“夷夏之分”等等观念，与佛教的思想未能完全契合，以至这几种争论历久而不衰，甚至佛经翻译之中也会略去与伦常不合之处。但这种争论由来已久，韩愈在《谏佛骨表》中曾说："夫佛本夷狄之人，与中国言语不通，衣服殊制，口不言先王之法言，身不服先王之法服，不知君臣之义，父子之情。"大体上仍从这几点来说的。

在儒家的传统之中，帝王之尊无二无对，是无上的统治者，而从东晋以来，佛教传播渐广，沙门对帝王不但不加敬礼，而且御筵开讲经典，着屐上殿，帝王反而顶戴兼常，虔礼弥笃。当时的名流对于沙门，也是备致赞美，仰之如不可及。如支道林之谈《逍遥》，群儒无不叹伏；桓玄入庐山见慧远，不觉致敬，乃至所怀问难，不敢复言。因此，当时沙门的社会地位很高，从而引起了"敬王"之争。这种争论既有儒、佛不合之处，也有相当的政治目的。又如儒家对于外族的观念，多强调"华夏"与"夷狄"的差异，这在不同时期虽然激烈程度不同，但"夷夏之争"却是一直存在的。夷夏之争所引起的，还有佛教中的印度习惯是否应该遵守的争论，沙门食则踞坐，衣则袒服，为人所讥议，慧远曾作《沙门袒服论》以明其义。唐宋时期韩愈、欧阳修大力辟佛，仍未离此论。又如，儒家学说之中，"不孝有三，无后为大"，佛子出家，既不能像常人那样赡养父母，又不可能有子嗣，这同样与儒家思想有矛盾。直至今日，恐怕仍有执之以为疑虑者。因此，相关问题的论著，历来就有很多，以调和此类矛盾与疑虑。宋代契嵩的《孝论》即是其中之一，直到近代印光法师，还有《佛教以孝为本论》。至于从汉末开始、长达百年"神灭神不灭"之争也未尝不与此相关。汉地本有灵魂之说，当时人结合佛教的"三世因果"，以为佛教主张人死精神不灭，因此争论不休。至南朝齐代范缜达到最高峰，范缜作《神灭论》，当时梁武帝、沈约等人虽然大加驳斥，但并未从理论上驳倒范缜。实则在佛教看来，人生本由五蕴（色、受、想、行、识）和合而成，并不承认单一的、不灭的、自在的、主宰的灵魂。既然不承认灵魂，当然无所谓神灭与不灭。但此争论直到真谛和菩提流支等人传入瑜伽宗的阿赖耶识之说，佛教中生死无我的道理才真正得以明白，而神灭与神不灭之说也同归于消沉。

佛教、佛学对于儒家的影响，则以宋人最为显著。宋儒之中，无论是排佛还是融佛，都毫无例外地受到了禅宗思想的影响。周敦颐曾说："吾此妙心实启于黄龙，发明于佛印。然易理廓达，自非东林开遮拂拭，无由表里洞然。"(《居士分灯录》)而邵雍尝有《学佛吟》；程颢则泛滥诸家，出入老佛几十年(《行状》)，其弟子谢良佐、游酢、杨时，皆入于禅学；而苏氏父子的"蜀学"，更与禅宗有深切的渊源关系。事实上，宋人的理学，即是融会佛、道而成，则已是学界的定论。此类融会，最足以致之久远，所谓"佛教学说，能于吾国思想史上，发生重大久远之影响者，皆经国人吸收改造之过程"(陈寅恪《冯友兰中国哲学史下册审查报告》)，这既由于中国固有文化具有极强的吸收融会能力，也是因为佛教思想之精义出于中国固有思想之上所致。

中国佛教史上，佛教的大乘"八宗"(法相、三论、天台、贤首、律、净、密、禅)之中，最能体现中国佛教精神的，以天台、贤首、禅、净土最为突出。这也说明，这些宗派的出现与繁荣，在于它们与中国传统中的思想最能互相契合。天台、贤首两宗，虽可与印度佛学相印证，但并无印度佛学的直接传承，甚至可以说是孤起的"中国佛学"。禅宗自唐以来久传不歇，对于中国文化影响至巨。净土则为各宗之总归，而且信众最多。各宗由于传入、发展、繁荣的时期不同，因此在不同历史时期各有盛衰，但自唐代八宗鼎盛之后，中晚唐、宋代以来，各宗渐趋衰微，而同时又呈互相融通、合流之势。如"禅"本有依教修心之禅，有教外别传之禅，依教修心之禅有安般禅、五门禅、念佛禅、实相禅等不同修法；而教外别传之禅也有顿悟禅、祖师禅、分灯禅等各个时期，若以禅论教(法相、三论、天台、贤首皆可称为教)，则天台出于实相禅，贤首出于如来禅，教亦不妨以"禅"收之，故说"中国佛学的特质在禅"(太虚)，并不为过。若就各宗特点通贯而论，则律为佛身，教为佛语，禅为佛心，密则借陀罗尼之力而薰修，净则为全收九界、成始成终之道，律为教、禅、密、净之基址，而净为律、教、禅、密之归宿，因此，佛教史上常说的"禅教合流"、"台净合流"、"禅净合流"、"贤净合流"等等，便不难理解了。诸宗之法虽然平等一如，而其机则有相契不相契，所谓“药无贵贱，愈病则良；法无高下，应机则妙”（印光），以此来衡量佛教诸宗的发展、变化、融合，便可以得其大概了。

佛教对于中国思想的影响已如上述，而它在其他领域中的影响也至为广大，例如它对于中国古代的医学、建筑、雕塑、绘画、诗歌、散文、小说等各类文化、艺术的影响，也极为深远。这里就不一一叙述了。

本单元佛教部分选文的宗旨，既考虑思想性，也考虑文学性。但限于篇幅，只能管中窥豹，略见一斑。所选各篇之中，有的是佛教史上各宗派的代表性文献，如僧肇为译经大师鸠摩罗什之弟子，其《物不迁论》阐发的是鸠摩罗什传入龙树中观学说，代表北朝姚秦时期中国佛学之一变。又如“教外别传”之禅，自六祖惠能以后，才得到前所未有的弘扬，而《坛经》是其要典，也是中国最为流行的佛教典籍之一。有的则代表了佛教本身的融合、演化，如蕅益为明代四大高僧之一，虽然学宗天台，而实博通经藏，皈心净土，《法海观澜》则其融通诸宗之作。本书也选了一些融会儒佛、佛道之作，如慧远《沙门不敬王者论》代表了佛教传入中国之时，与中国传统思想的龃龉之处。憨山的《老子道德经解》则是融会佛、道的著作，从这些著作之中，可以考察儒、佛、道三者之间的融摄关系。与文学相关的作品，只选了两篇，柳宗元、苏轼二人都是唐宋的文学大家，并且都熟谙佛典，柳宗元的《东海若》与苏轼的《成都大悲阁记》作为文学作品，也可以代表文人所受的佛教影响。

“道”，在中国古代语境中，有的时候是指区别于儒、释的道家思想，有的时候则指与外来宗教佛教并立的本土宗教即所谓“道教”，有的时候也作为道家思想和道教的统称。“道家”是先秦诸子百家之一，也是中国思想体系中的重要一端。“道教”是汉以来不断丛生的本土创生宗教的包容体和整合体，既具有显著的社会功能，同时也和所有的宗教一样具有强大的认知功能，即在最根本的层面上探讨世界、人生、价值以及生死等终极问题，并从中寻求答案。尽管具有一些其他思想渊源并受到佛教的影响，道教在哲学和宗教神学理论上主要是依据道家思想进行发挥。因此，无论是从哲学还是宗教的意义上，道家思想和道教神学都需要合并以观。

道家之名起于汉，其思想则起源于战国时期，以老子学说为形成标志。原始道家的来源和组成极为复杂，至汉时刘向歆条别部次，记录有三十七家共九百九十三篇著述，包括《伊尹》《太公》《老子》《关尹》《庄子》以及《管子》《列子》《鹖冠子》等，其中绝大部分是拟托和汇编之作。和春秋战国其他学派一样，道家既存在着多种来源，也呈现出多元观点。《老子》成书不晚于战国初期，其思想的核心一是建立以绝对空无为本体的“道”，主张依循自然，摒弃人为；二是形成朴素的二元对立统一的辨证思维，并以此作为宇宙、人世的终极规律；三是提出“无为”、“不争”、“绌智”的政治、社会观念。道家思想在庄子一派继起后得到进一步的发展，《庄子》的观念已与《老子》不尽相同：《老子》非常关心政治，并依据其“无为”、“不争”原则而提出一系列治理之术。《史记》以老庄申韩合传，称申、韩均“本于黄老”；刘向称“道家者流，盖出于史官，历记成败存亡祸福古今之道，然后知秉要执本，清虚以自守，卑弱以自持，此君人南面之术也”（《汉书·艺文志》“诸子略”道家小序），均就老子帝王术一端而言，反映出当时政治、社会变化背景下战国诸家思想“务为治者”（司马谈《论六家要旨》，见《史记·太史公自序》）的共同性。《庄子》则不然，其否定一切名相拘碍，主张绝对虚无，并激烈地反对“圣人”之治，强调个性自由。刘向称之为道家中的“放者”，“欲绝去礼学，兼弃仁义，曰独任清虚可以为治”，概括相当准确。《老子》和《庄子》原本代表着原始道家内部在一个大原则下的不同方向，但后世阐释逐渐去异趋同，构筑起一个浑融的道家思想体系。

此一趋异趋同的建构过程相当漫长而复杂。大致而言，汉初尊崇黄老之学；“黄”、“老”之谓，当是据书以名，“老”即《老子》，“黄”则为托名黄帝的一系列文本，《汉书·艺文志》多有著录，其中最著名的是《黄帝四经》。其书久佚，当代不少学者研究后认为，马王堆出土帛书中即存在着《黄帝四经》之佚篇。“黄”“老”合称，主要就是因为其共有的统治哲学内容。黄老之学主要以“清静无为”为核心，兼及修身养性，是两汉整体道家思想的重要组成部分。魏晋以后，老、庄并称，以“旷达放任”为核心的思想逐渐突出，成为魏晋玄学的主要资源。唐代崇道，《老子》《庄子》《文子》《列子》都被列为经典，缘自《老子》的“重玄”理论非常盛行，神秘主义的倾向得到进一步加强。宋元以降至明，兼采道家、佛教思想的理学实现了中国思想的一种新的融合，而理学中关于形而上方面的思考，如有无、动静、体用、虚实、无极太极等范畴的构建，即多来自道家哲学，从而使道家哲学本身也实现了深入的统合。

总体而言，原始道家的两大系统经过两千余年的融合、阐释和发挥，形成了一种以“顺应自然”、“化合天地”、“清静无为”、“逍遥旷达”为主要特征，在很大程度上和儒家思想形成互补的思想体系。

“道教”是汉末魏晋以来在各种多元发生的创生宗教的整合的基础上逐渐形成的。这些创生宗教包括东汉太平道及此后托名“天师”的各种教派余绪、五斗米道、“老君转世”“弥勒下生”等救世运动、各地鬼道及各种神仙道等等。总的来说，它们都是以本土原始宗教遗存如鬼神信仰、神仙崇拜及各种祈禳咒禁为基础，同时吸收了很多佛教因素，并以道家哲学为理论依托而渐次发生的。由于老子神格化和“老君转世”救世主义的影响，老子不仅成为当时最重要的圣主以及某种意义上的最高神格之一，而且其所代表的“道”也渐渐获得了一个特定的指称意义。宋齐之际，顾欢《夷夏论》已将“佛教”“道教”并称。大约在南北朝末期，以总体经藏的形成为标志，几个影响较大的、拥有自身经典的教派系统被整合为一体，道教完成了初步的整体上的形式建构。

隋代统一，促成南北道教的进一步整合。唐太宗则公开宣称唐帝室为老子之后，支持并尊奉道教，表现在崇奉老子、提倡老学及道家之学、支持教团发展和经典的整理与编纂。由此，道教在唐代社会获得了广泛的流行。有唐一代思想信仰本不拘一格，文化交流波澜壮阔，社会生活丰富多彩，故而崇尚灵肉不死、逍遥自得的神仙道教更能够使各阶层人士发生共鸣，形成一种时代风气。宋王朝亦以道教为“神道设教”的主要内容之一，使道教与政治实现了进一步的结合。宋徽宗对道教最为崇奉，并起到了极大的推动作用，客观上使道教在社会上的流化达到了一个空前的程度。道教在不断地包容各种新生元素的同时，体系化、义理化程度也得到了进一步加强。与唐宋以来佛、儒参资形成心性学说密切相关，宋代道教义理又蕴育出一种新的趋势，即从外炼向内修转化，标志着三教融合的深入发展。金元乱世之际，宗教救世运动风起云涌，源自传统道教的新兴教派层出不穷，如太一、真大、全真等，在社会上发挥了重大的影响。同时，一些旧有的地区教派如净明道和传统的道教如正一道，也得到了恢复并有新的发展。至明，道教教团大抵以全真、正一两系为主。由于教团组织愈趋腐朽，义理水平不断下降，因此制度化的道教和佛教一样，越来越转化为社会宗教生活的内容，表现出典型的“丛散性宗教”的特色。

道教的基本教义是以“道”为宇宙的本元，人可以通过虔诚向道、积善行德，外炼命体、内炼心性，兼以众术，最终灵肉不死，飞升上仙，得以召劾鬼神，却灾除祸，救度众生。义理化的道教神学是在道家哲学的基础上逐渐发展起来的，故而其最核心的特质如极为突出的自然意识和生命意识、浓厚的宗教神秘主义因素等，均与道家哲学有着本质上的契同。

本单元道家、道教部分选文，同样以思想性、文学性相结合为原则。内容比重上，以道家为主，《老子》《庄子》《列子》各选较有代表性的篇章，兼以魏晋玄学的代表之作王弼《老子指略》选段。道教部分，选择神仙道教理论的集大成著作葛洪《抱朴子内篇》开篇《论仙》主要段落，以示典型。

（二）选文

物不迁论[1]

僧　肇

夫生死交谢[2]，寒暑迭迁，有物[3]流动，人之常情。余则谓之不然。何者？《放光》[4]云："法无去来，无动转者。"寻[5]夫不动之作[6]，岂释[7]动以求静，必求静于诸动。必求静于诸动，故虽动而常静。不释动以求静，故虽静而不离动。然则动静未始异，而惑者[8]不同。缘使真言[9]滞[10]于竞辩，宗途[11]屈于好异[12]。所以静躁[13]之极[14]，未易[15]言也。何者？夫谈真[16]则逆俗[17]，顺俗则违真。违真，故迷性[18]而莫返，逆俗，故言淡而无味。缘使中人[19]未分[20]于存亡[21]；下士[22]抚掌[23]而弗顾[24]。近而不可知者，其唯物性[25]乎？然不能自已[26]，聊[27]复寄心[28]于动静之际[29]，岂曰必然？

试论之曰：《道行》[30]云："诸法本无所从来，去亦无所至。"《中观》[31]云："观方[32]知彼去，去者不至方。"斯皆即动而求静，以知物不迁明矣。

夫人之所谓动者，以昔物不至今，故曰动而非静；我之所谓静者，亦以昔物不至今，故曰静而非动。动而非静，以其不来；静而非动，以其不去[33]。然则所造[34]未尝异，所见[35]未尝同。逆之所谓塞，顺之所谓通。苟得其道，复何滞哉？

伤夫人情[36]之惑久矣，目对真而莫觉！既知往物而不来，而谓今物而可往！往物既不来，今物何所往？何则？求向[37]物于向，于向未尝无；责[38]向物于今，于今未尝有。于今未尝有，以明物不来；于向未尝无，故知物不去。覆[39]而求今，今亦不往。是谓昔物自在昔，不从今以至昔；今物自在今，不从昔以至今。故仲尼曰："回也见新，交臂非故。"[40]如此，则物不相往来明矣。既无往返之微朕[41]，有何物而可动乎？然则旋岚偃岳[42]而常静，江河竞注而不流，野马[43]飘鼓[44]而不动，日月历天而不周[45]。复何怪哉！

噫！圣人有言曰："人命逝速，速于川流。"[46]是以声闻[47]悟非常[48]以成道；缘觉[49]觉缘离以即真。苟万[50]动而非化[51]，岂寻[52]化以阶[53]道？覆[54]寻[55]圣言，微隐难测。若动而静，似去而留。可以神会，难以事求。是以言去不必去，闲[56]人之常想[57]；称住[58]不必住，释[59]人之所谓往[60]耳。岂曰去而可遣[61]，住而可留耶？故《成具》[62]云："菩萨处计常[63]之中，而演非常之教。"《摩诃衍论》[64]云："诸法不动，无去来处。"斯皆导达[65]群方[66]，两言一会[67]，岂曰文殊[68]而乖[69]其致[70]哉？是以言常而不住，称去而不迁。不迁，故虽往而常静；不住，故虽静而常往。虽静而常往，故往而弗迁；虽往而常静，故静而弗留矣。然则庄生之所以藏山[71]，仲尼之所以临川[72]，斯皆感往者之难留，岂曰排[73]今而可往？

是以观圣人心者[74]，不同人之所见得也。何者？人则谓少壮同体，百龄一质，徒知年往，不觉形随。是以梵志[75]出家，白首而归。邻人见之曰："昔人尚存乎？"梵志曰："吾犹昔人，非昔人也。"邻人皆愕然，非其言[76]也。所谓有力者负之而趋，昧者不觉，其斯之谓欤？[77]

是以如来因群情之所滞[78]，则[79]方言[80]以辨惑，乘[81]莫二[82]之真心，吐不一[83]之殊教，乖而不可异[84]者，其唯圣言乎！故谈真有不迁之称，导俗[85]有流动之说。虽复千途异唱[86]，会归同致矣。而征文者[87]闻不迁，则谓昔物不至今；聆流动者，而谓今物可至昔。既曰古今[88]，而欲迁之者，何也？是以言往不必往，古今常存，以其不动；称去不必去，谓不从今至古，以其不来[89]。不来，故不驰骋于古今，不动，故各性[90]住于一世。然则群籍殊文[91]，百家异说，苟得其会[92]，岂殊文之能惑哉？

是以人之所谓住，我则言其去；人之所谓去，我则言其住。然则去住虽殊，其致一也。故经云："正言似反，谁当信者？"[93]斯言有由[94]矣。何者？人则求古于今，谓其不住；吾则求今于古，知其不去。今若至古，古应有今；古若至今，今应有古。今而无古，以知不来；古而无今，以知不去。若古不至今，今亦不至古，事各性住于一世，有何物而可去来？然则四象[95]风驰，璇玑电卷[96]，得意毫微[97]，虽速而不转[98]。

是以如来功流万世而常存，道通百劫[99]而弥固[100]。成山假就于始篑[101]，修途[102]托[103]至于初步，果以功业不可朽故也。功业不可朽，故虽在昔而不化。不化故不迁，不迁故则湛[104]然明矣。故经云："三灾弥纶，而行业湛然。"[105]信其言也[106]。何者？果不俱因[107]，因因而果[108]。因因而果，因不昔灭[109]。果不俱因，因不来今[110]。不灭不来，则不迁之致明矣。复何惑于去留，踟蹰[111]于动静之间哉？然则乾坤[112]倒覆，无谓不静；洪流滔天，无谓其动。苟能契神[113]于即物[114]，斯不远而可知矣。

【注释】

① 本文选自张春波校释《肇论校释》（中华书局 2010 年版）。

② [交谢] 交相代谢。

③ [有物] 有为万有，物为万物，意即一切事物。

④ [《放光》] 西晋无罗叉共竺叔兰译《放光般若波罗蜜经》之略称。

⑤ [寻] 推究。

⑥ [作] 著作，指经文大义。

⑦ [释] 舍弃、离开。

⑧ [惑者] 糊涂的人。

⑨ [真言] 真实之言，此指动静不二之义。

⑩ [滞] 滞留、陷入。

⑪ [宗途] 大道、真理，亦指动静不二之义。

⑫ [好异] 好读去声，指喜好邪说异见之人。

⑬ [躁] 动。

⑭ [极] 指至道。

⑮ [易] 容易。

⑯ [谈真] 谈论真理。

⑰ [逆俗] 违反常理。

⑱ [迷性] 迷惑于事物的本性。

⑲［中人］中等根基之人。

⑳［分］理解。

㉑［存亡］指对错。

㉒［下士］下等根基之人。

㉓［抚掌］大笑貌。

㉔［弗顾］不理睬。

㉕［物性］事物之根本性质。

㉖［自已］克止自己。

㉗［聊］略。

㉘［寄心］指发表看法。

㉙［际］边际、外延。

㉚［《道行》］指后汉支娄迦谶所译《道行般若波罗蜜经》，原文“诸法”作“空”。

㉛［《中观》］即龙树著、鸠摩罗什译《中论》，又名《中观论》。本段引文出自《中论・观去来品》。

㉜［方］方向。

㉝［以其不去］去指事物的变化。《观去来品》：“已去无有去，未去已无去，离已去未去，去时已无去。”僧肇借用此语否定事物“去”的状态。

㉞［造］遇到，此指目所造诣。

㉟［所见］见地，指心眼所见。

㊱［人情］人之常情，本句指人为常识而迷惑，伤之已久。

㊲［向］过去。

㊳［责］求。

㊴［覆］同“复”，再。

㊵［回也见新，交臂非故］语出《庄子・田子方》，意谓交臂之间，事物便成过去，即“失之交臂”。

㊶［朕］征兆，兆示。

㊷［旋岚偃岳］旋岚，旋风。偃，倒下。岳，山岳。旋风吹倒山岳，言风大。

㊸［野马］语出《庄子·逍遥游》，空中游气。

㊹［飘鼓］飘荡飞舞。

㊺［周］周行。

㊻［人命逝速，速于川流］《涅槃经》："人命不停，过于山水。"

㊼［声闻］听闻佛法之人。

㊽［非常］即无常。

㊾［缘觉］依靠自己思索缘起之理而成道之人。

㊿［万］万有与万物。

51［化］变化。

52［寻］依靠。

53［阶］升。

54［覆］同"复"，再。

55［寻］推究。

56［闲］防。

57［常想］常俗的想法。

58［住］同"驻"，停留。

59［释］消释。

60［往］逝去，指事物无常。

61［遣］迁，变迁。

62［《成具》］后汉支曜译《成具光明定意经》。

63［计常］执常、恒常。

64［《摩诃衍论》］龙树《大智度论》之别名。

65［导达］开导和通达。

66［群方］众生。

67［两言一会］两种说法，同一主旨。

68［文殊］文字不同。

⑲［乖］相异。

⑳［致］主旨。

㉑［藏山］《庄子·大宗师》："夫藏舟于壑，藏山于泽，谓之固矣。然而夜半而有力者负之而走，昧者不自知也。"

㉒［临川］《论语·子罕》："子在川上曰：'逝者如斯夫！不舍昼夜。'"

㉓［排］离开。

㉔［观圣人心者］能领会圣人精神的人。

㉕［梵志］原意为志求梵天的婆罗门，一般年少出家，代指出家人。

㉖［非其言］认为他的话不对。

㉗［所谓有力者……］见上"藏山"注。

㉘［滞］迷惑。

㉙［则］依照。

㉚［方言］方便之言。

㉛［乘］凭借。

㉜［莫二］动静不二。

㉝［不一］去留不一。

㉞［乖而不可异］言语相异，而道理不异。

㉟［导俗］开导俗人。

㊱［千途异唱］千万种不同的说法。

㊲［征文者］执于言语文字之人。

㊳［既曰古今］既然古之住古、今之住今。

㊴［来］即变迁。

㊵［各性］各自本性。

㊶［群籍殊文］各种典籍文字记载不同。

㊷［会］领会、领悟。

㊸［正言似反，谁当信者］语出《普曜经》卷七。

⑭［由］由来、依据。

⑮［四象］四季。

⑯［璇玑电卷］璇、玑分指北斗二、北斗三两星，以代称北斗七星，七星运转，犹如电卷。

⑰［得意毫微］稍通“物不迁”之理。

⑱［速而不转］看似流转很快，实际并没有变迁。

⑲［劫］梵语音译，劫波之省。世界成坏一次为一劫。

⑽［弥固］更加牢固。

⑾［成山假就于始篑］篑，土筐。造成一座山凭借的是第一筐土（的功绩）。

⑿［修途］长路。

⒀［托］依。

⒁［湛］水清貌。

⒂［三灾弥纶，而行业湛然］语出不详。三灾，水、火、风灾。弥纶，充满。行业，佛教认为人的身、口、意一切行动会留下“业”，引起善恶果报。句意为即便三灾毁灭世界，所行之“业”仍继续明然存在。

⒃［信其言也］其言信也之倒装。信，真实。

⒄［果不俱因］果中不包含因。

⒅［因因而果］有因才有果。

⒆［因不昔灭］因虽在昔而不灭。

⒇［因不来今］昔日的因不在于今日的果中。

(111)［踟蹰］犹豫。

(112)［乾坤］天地。

(113)［契神］契，契合。契神，心领神会。

(114)［即物］接触事物。

【评析】

僧肇（384—414），东晋高僧，俗姓张，京兆（今陕西西安）人士，初学老庄，后师从鸠摩罗什研习三论，(龙树《中论》四卷、《十二门论》一卷与提婆的《百论》二卷之合称，皆由鸠摩罗什所译。)其所著《肇论》则为三论宗重要典籍。

不迁即不变，《物不迁论》旨在论证万物不变化、流动。《物不迁论》认为，过去发生的事物停留于过去，现在发生的事物停留于现在。“不迁”的观点显然与佛教“缘起性空”、“无常”等基本理论相悖，后人对此有所批判；或则以为，僧肇之不迁非以“常”反对“无常”，而是以“动静未尝异”的观点批判对“无常”的执着，以此辨明“无常”之大义。

【理性思考】

1. 僧肇认为“物不相往来”、“无往返之微朕”，结合这句话，谈谈我们如何认识事物在其不同时间阶段之间的联系。

2. 僧肇谈到“去住虽殊，其致一也”，请结合全文思考句中“去”和“住”的内涵。

3. 清代镇澄等人认为“物不迁”观点与佛教“无常”、“缘起性空”等基本观点相悖，“物不迁”应作何解？请谈谈你的看法。

【延伸阅读】

1. 龙树《中论·观去来品》。

2. 僧肇《不真空论》。

形尽神不灭[①]

慧　远

问曰：论旨[②]以化尽[③]为至极，故造极者必违化而求宗。[④]求宗不由于顺化，是以引历代君王，使同之[⑤]佛教，令体[⑥]极之至，以权[⑦]君统。此雅论之所托，自必于大通[⑧]者也。求之实当[⑨]，理则不然，何者？夫禀[⑩]气极于一生，生尽则消液[⑪]而同无，神虽妙物，故是阴阳之所化耳。

既化而为生，又化而为死；既聚而为始，又散而为终。因此而推，固知神形俱化[12]，原无异统[13]，精粗一气[14]，始终同宅[15]。宅全则气聚而有灵，宅毁则气散而照灭。散则反所受于天本[16]，灭则复归于无物。反复终穷，皆自然之数[17]耳，孰为之哉？若反本则异气[18]，数合则同化[19]。亦为神之处形，犹火之在木，其生必存，其毁必灭。形离则神散而罔[20]寄，木朽则火寂而靡托，理之然矣。假使同异之分昧而难明，有无之说必存乎聚散，聚散，气变之总名，万化之生灭。故庄子曰："人之生，气之聚，聚则为生，散则为死。若死生为彼徒苦，吾又何患？"[21]古之善言道者，必有以得之，若果然耶，至理极于一生，生尽不化，义可寻也。

答曰：夫神者何耶？精极而为灵者也。精极则非卦象之所图，故圣人以妙物而为言。虽有上智，犹不能定其体状，穷其幽致，而谈者以常识生疑，多同自乱。其为诬也，亦已深矣。将欲言之，是乃言夫不可言。今于不可言之中，复相与而依俙。

神也者，圆应无主，妙尽无名，感物而动，假数而行。感物而非物，故物化而不灭；假数而非数，故数尽而不穷。有情则可以物感，有识[22]则可以数求。数有精粗，故其性各异；智有明闇，故其照[23]不同。推此而论，则知化以情感，神以化传，情为化之母，神为情之根。情有会物之道，神有冥移[24]之功，但悟彻者反本[25]，惑理者逐物[26]耳。

古之论道者，亦未有所同，请引而明之。庄子发玄音于《大宗》[27]，曰："大块劳我以生，息我以死。"[28]又"以生为人羁，死为反真"，此所谓知生为大患[29]，以无生为反本者也。文子称黄帝之言曰："形有靡[30]而神不化，以不化乘化[31]，其变无穷。"[32]庄子亦云："特犯人之形[33]，而犹喜之，若人之形万化，而未始有极。"[34]此所谓知生不尽于一化，方逐物而不反者也。[35]二子之论，虽未究其实，亦尝傍宗[36]而有闻[37]焉。

论者不寻方生方死之说[38]，而或聚散于一化[39]；不思神道有妙物之灵[40]，而谓精粗同尽，不亦悲乎！火木之喻，原自圣典[41]，失其流统[42]，故幽兴[43]莫寻，微言[44]遂沦于常教[45]，令谈者资之以成疑。向[46]使时无悟宗[47]之匠，则不知有先觉之明，冥传[48]之功，没世靡闻。何者？夫情数相感，其化无端，因缘密构[49]，潜相传写，自非达观[50]，孰识其变？自非达观，孰识其会？请为论者验之以实：火之传于薪，犹神之传于形；火之传异薪，犹神之传异形。前薪非后薪，则知指穷之术妙；[51]前形非后形，则悟情数之感[52]深。惑者见形朽于一生，便以谓神情共丧，犹睹火穷于一木，谓终期都尽耳。此曲从[53]养生之谈，非远[54]寻其类者也。

就如来论[55]，假令神形俱化，始自天本，愚智资生，同禀所受。问所受者，为受之于形耶？为受之于神耶？若受之于形，凡在有形皆化而为神矣；若受之于神，是以神传神，则丹朱与帝尧齐圣，重华与瞽瞍等灵。[56]其可然乎？其可然乎？如其不可，固知冥缘[57]之构，着于在昔[58]；明暗之分，定于形初[59]。虽灵均[60]善运，犹不能变性之自然，况降兹已还[61]乎？验之以理，则微言而有征[62]；效[63]之以事，可无惑于大道[64]。

论成后，有退居之宾，步朗月而宵游，相与共集法堂。因而问曰："敬寻雅论，大归可见，殆无所间。[65]一日试重[66]研究，盖所未尽[67]，亦少许处耳。意以为沙门德式[68]，是变俗之殊制[69]，道家之名器[70]，施于君亲，固宜略[71]于形敬。今所疑者，谓甫[72]创难就之业，远期化表[73]之功，潜泽[74]无现法之效，来报[75]玄而未应。乃今王公献供，信士屈体，得无坐受其德，陷乎早计[76]之累，虚沾其惠[77]，贻夫素餐之讥[78]耶？"

主人良久乃应曰："请为诸贤，近取其类[79]。有人于此，奉宣时命，远通殊方九译之俗，[80]问王者：'当资以糇粮[81]，锡以舆服不？'[82]答曰：'然。'"主人曰："类可寻矣。夫称沙门者何耶？谓其能发蒙俗之幽昏，启化表之玄路，方将以兼忘[83]之道，与天下同往，使希高者挹其遗风[84]，漱流者味其余津[85]。若然，虽大业未就，观其超步之迹，所悟固已弘[86]矣。然则运通[87]之功，资存[88]之益，尚未酬[89]其始誓之心，况答三业[90]之劳乎？又斯人者，形虽有待，情无近寄，[91]视夫四事之供[92]，若蟭[93]蚊之过乎其前者耳。濡沫[94]之惠，复焉足语哉？"众宾于是始悟，冥涂[95]以开辙[96]为功，息心以净毕[97]为道。乃欣然怡襟[98]，咏言而退。

晋元兴三年岁次阏逢[99]，于时天子蒙尘[100]，人百其忧[101]，凡我同志，佥怀缀旒[102]之叹，故因述斯论焉。

【注释】

① 本文原为《沙门不敬王者论・形尽神不灭第五》,选自《弘明集校笺》(上海古籍出版社 2013 年版)。

② [论旨] 所论宗旨,《沙门不敬王者论》前四篇之所论。

③ [化尽] 变化的消失。

④ [违化] 违逆自然的变化。宗,同于至极。

⑤ [同之] 赞同。

⑥ [体] 体味,亲身证之。

⑦ [权] 维护。

⑧ [大通] 即大道。

⑨ [实当] 实际。

⑩ [禀] 禀受。

⑪ [消液] 如液消散。

⑫ [俱化] 一同变化。

⑬ [异统] 不同的统属。

⑭ [精粗一气] 指气无精粗之分。

⑮ [宅] 将人身比喻为屋宅。

⑯ [天本] 自然。

⑰ [数](生命等的)形质。

⑱ [反本则异气] 所受反于天本,则气不能合。

⑲ [数合则同化] 形质相合,则同为化生。

⑳ [罔] 无。

㉑ [人之生,气之聚……] 语出《庄子・知北游》,“若死生为徒,吾又何患?”原文的“徒”为徒属之意。

㉒ [识] 意识。

㉓ [照] 观察能力。

㉔ [冥移] 冥冥间的移动。

㉕［反本］返归本原，与前文“反所受于天本”、“反本”非同义。

㉖［惑理者逐物］迷惑之人追逐外物。

㉗［《大宗》］指《庄子·大宗师》，即下文所引之文，字词稍异。

㉘［大块劳我以生，息我以死］自然用生来使我劳苦，用死来让我安息。

㉙［大患］语出《老子》第十三章：“吾所以有大患者，为吾有身。”

㉚［靡］灭亡。

㉛［以不化乘化］以不变驾驭变化。

㉜［形有靡而神不化……］引自《文子·守朴》。

㉝［特犯人之形］特，只、仅。犯，通“范”，模子。句义为：仅塑为人形。

㉞［极］穷尽。该句引自《庄子·大宗师》。

㉟［方逐物而不反］语出《庄子·天下》：“惜乎！惠施之才，骀荡而不得，逐万物而不反，是穷响以声，形与影竞走，悲夫。”这里指“神”化为万物而不归于一物。

㊱［傍宗］傍，靠近。宗，圣人。

㊲［有闻］闻名。

㊳［方生方死之说］语出《庄子·齐物论》：“彼是方生之说也，虽然，方生方死，方死方生，方可方不可，方不可方可。”指万物不断生长与消亡。

㊴［聚散于一化］气之聚散在一次化生之中。

㊵［妙物之灵］精妙万物之灵气。

㊶［圣典］指佛家经典。

㊷［流统］流传之统绪。

㊸［幽兴］深奥之旨趣。

㊹［微言］精妙之道理。

㊺［常教］常识。

㊻［向］表假设。

㊼［悟宗］佛教大旨。

㊽［冥传］冥冥中的传承。

㊾［因缘密构］因与缘紧密结合。

㊿［达观］高妙的智慧。

51［指穷之术妙］语出《庄子·养生主》："指穷于为薪，火传也不知其尽。"此指薪火相传之奥妙。

52［情数之感］情欲与形质相互的感应。

53［曲从］错误接受、片面据论。

54［远］久远、深远。

55［来论］您的说法。

56［齐圣］同样圣明。等灵，具有相同的灵性（瞽叟为愚）。

57［冥缘］冥冥中的因缘。

58［在昔］从前，指前世。

59［形初］形体产生之前。

60［灵均］《离骚》王逸注："灵，神也。均，调也。养物均调者，莫神于地。"盖灵均指土神。

61［降兹已还］指不如灵均者。

62［征］证明、根据。

63［效］检查。

64［无惑于大道］不会疑惑佛家之大道。

65［殆］大抵。间，疏误。

66［重］读平声，又一次。

67［尽］详尽。

68［德式］道德规范。

69［变俗之殊制］不同于俗家的特有制度。

70［名器］标志物。

71［略］省略，简略。

72［甫］刚。

⑬［化表］超越教化。

⑭［潜泽］潜在的功德。

⑮［来报］来世的果报。

⑯［早计］之前的许诺。

⑰［虚沾其惠］空得恩惠。

⑱［贻夫素餐之讥］贻，留下。素餐，白白吃喝。

⑲［近取其类］用同类作比。

⑳［殊方］异域、外国。九译，边远地区、外国。

㉑［糇粮］干粮、食粮。

㉒［锡以舆服不］“锡”同“赐”。舆服，车舆冠服及仪仗。不，“否”字之借代。

㉓［兼忘］语出《庄子·天运》，指物我兼忘。

㉔［希高者挹其遗风］清高之人崇尚其留下的风范。

㉕［漱流者味其余津］退隐之人品味其留下的精神。

㉖［弘］广大。

㉗［运通］交通、通行。

㉘［资存］凭以生存之物。

㉙［酬］酬劳。

㉚［三业］佛家有身口意三业，指相应的行为及其后果。身业，杀、盗、淫。口业，妄言、绮语、两舌、恶口。意业，贪、嗔、痴。

㉛［形虽有待，情无近寄］身体虽然需要供养，情欲没有任何需求。

㉜［四事之供］佛家用语，指饮食、衣服、卧具、汤药的供养。

㉝［蟭］蟭螟，传说中极小的虫子。

㉞［濡沫］语出《庄子·大宗师》。这里指微小的恩惠。

㉟［冥涂］这里指修道之途。

㊱［开辙］指开始修行的道路。

㊲［净毕］彻底洁净。

⑱［怡襟］胸襟怡畅。

⑲［阏逢］天干“甲”之别称，元兴三年为甲辰年。

⑩［天子蒙尘］去岁桓玄篡晋自立为楚，晋安帝被废黜，是岁五月桓玄被杀。

⑩［人百其忧］谓人多忧。

⑩［缀旒］旒，冠上垂珠，缀于冠者，喻国势垂危。

【评析】

慧远（334—416），东晋高僧，俗姓贾，雁门郡楼烦县（今山西原平）人，净土宗之始祖，慧远常引老庄义为连类以解说佛经，并以道家道体永常不灭之说诠释法性。形指肉身，神指精神，精神不灭为佛教中佛性等理论的基础。《沙门不敬王者论》全文竭力调和佛教与儒家礼教的矛盾，而在《形尽神不灭》之中，慧远针对神灭论者的批评，反对世俗神形俱寂的生死观，提出神和形虽各殊异，然相与为化则浑为一体；形是桎梏，神却有冥中转移的妙用，可以从某一形体相迭转附另一形体，有如火之可以由此薪传于异薪一般。薪有尽而火不息，形有尽而神不灭。以此说明精神、灵魂是因果报应的承受者、超脱生死而成佛的主体。

【理性思考】

1. 结合全文，如何理解慧远法师所提出的“形尽神不灭”论？你是如何看待身体和精神的关系的？

2. 慧远法师认为庄子的形神之说，“虽未究其实，亦尝傍宗而有闻”，那么佛教的“形尽神不灭”说与中国传统道家的形神关系说有何异同？

3. 《沙门不敬王者论》认为国家应供养宗教，并为神职人员提供衣食，并提出了它的依据，你是否同意慧远法师的这一观点？

【延伸阅读】

慧远《沙门不敬王者论》全文、《沙门袒服论》《明报应论》。

坛经·行由[1]

惠　能

时大师至宝林[2]，韶州韦刺史[3]名璩与官僚入山，请师出，于城中大梵寺讲堂[4]，为众开缘说法[5]。师升座次，刺史官僚三十余人，儒宗学士三十余人，僧尼道俗[6]一千余人，同时作礼，愿闻法要[7]。

大师告众曰：善知识[8]，菩提自性[9]，本来清净，但用此心，直了成佛[10]。善知识，且听惠能行由，得法事意。惠能严父，本贯范阳[11]，左降[12]流于岭南[13]，作新州[14]百姓。此身不幸，父又早亡，老母孤遗，移来南海[15]，艰辛贫乏，于市卖柴。时有一客买柴，使令送至客店，客收去，惠能得钱，却出门外，见一客诵经。惠能一闻经语，心即开悟。遂问客诵何经。客曰：“《金刚经》。”复问从何所来，持此经典。客云：“我从蕲州黄梅县[16]东禅寺来，其寺是五祖忍大师[17]在彼主化[18]，门人一千有余，我到彼中礼拜，听受此经。大师常劝僧俗，但持《金刚经》，即自见性，直了成佛。”惠能闻说，宿昔[19]有缘，乃蒙一客取银十两与惠能，令充老母衣粮，教便往黄梅参礼五祖。惠能安置母毕，即便辞违，不经三十余日，便至黄梅，礼拜五祖。

祖问曰：“汝何方人？欲求何物？”惠能对曰：“弟子是岭南新州百姓，远来礼师，惟求作佛，不求余物。”祖言：“汝是岭南人，又是獦獠[20]，若为堪作佛？”惠能曰：“人虽有南北，佛性本无南北，獦獠身与和尚[21]不同，佛性有何差别？”五祖更欲与语，且见徒众总在左右，乃令随众作务[22]。惠能曰：“惠能启和尚，弟子自心常生智慧，不离自性，即是福田[23]，未审和尚教作何务？”祖云：“这獦獠根性大利[24]，汝更勿言，着槽厂去。”惠能退至后院，有一行者[25]，差惠能破柴踏碓[26]，经八月余。祖一日忽见惠能，曰："吾思汝之见可用，恐有恶人害汝，遂不与汝言，汝知之否？"惠能曰："弟子亦知师意，不敢行至堂前，令人不觉。"

祖一日唤诸门人总来，"吾向汝说，世人生死事大，汝等终日只求福田，不求出离生死苦海。自性若迷，福何可救？汝等各去自看智慧，取自本心般若[27]之性，各作一偈[28]，来呈吾看，若悟大意[29]，付汝衣法[30]，为第六代祖。火急速去，不得迟滞。思量即不中用，见性之人[31]，言下须见[32]。若如此者，轮刀上阵[33]，亦得见之。喻利根者，见机而作。"

众得处分[34]，退而递相[35]谓曰："我等众人，不须澄心用意作偈，将呈和尚[36]。有何所益？神秀[37]上座[38]，现为教授师[39]，必是他得。我辈谩[40]作偈颂，枉用心力。"余人闻语，总皆息心，咸言："我等已后依止[41]秀师，何烦作偈。"

神秀思惟[42]：诸人不呈偈者，为我与他为教授师，我须作偈将呈和尚。若不呈偈，和尚如何知我心中见解深浅？我呈偈意，求法即善，觅祖[43]即恶，却同凡心[44]夺其圣位奚别？若不呈偈，终不得法，大难大难。五祖堂前有步廊三间，拟请供奉卢珍[45]画《楞伽经》变相[46]及《五祖血脉图》[47]，流传供养。神秀作偈成已，数度欲呈，行至堂前，心中恍惚，遍身汗流，拟呈不得，前后经四日，一十三度呈偈不得。秀乃思惟：不如向廊下书着，从他和尚看见，忽若道好，即出礼拜，云是秀作；若道不堪，枉向山中数年，受人礼拜，更修何道。是夜三更，不使人知，自执灯，书偈于南廊壁间，呈心所见，偈曰：

身是菩提树，心如明镜台，时时勤拂拭，勿使惹尘埃。

秀书偈了，便却归房，人总不知。秀复思惟：五祖明日，见偈欢喜，即我与法有缘，若言不堪，自是我迷，宿业障重[48]，不合得法。圣意难测，房中思想，坐卧不安，直至五更。

祖已知神秀入门未得，不见自性。天明，祖唤卢供奉来，向南廊壁间绘画图相，忽见其偈。报言："供奉却不用画，劳尔远来。经云：凡所有相，皆是虚妄[49]。但留此偈，与人诵持，依此偈修，免堕恶道[50]。依此偈修，有大利益。"令门人炷香礼敬，尽诵此偈，即得见性。门人诵偈，皆叹善哉！

祖三更唤秀入堂，问曰："偈是汝作否？"秀言："实是秀作，不敢妄求祖位，望和尚慈悲，看弟子有少智慧否？"祖曰："汝作此偈，未见本性，只到门外，未入门内。如此见解，觅无上菩提，了不可得，无上菩提，须得言下识自本心，见自本性不生不灭，于一切时中，念念自见万法无滞[51]；一真一切真，万境自如如[52]，如如之心，即是真实。若如是见，即是无上菩提之自性也。汝且去一两日思惟，更作一偈，将来吾看，汝偈若入得门，付汝衣法。"神秀作礼而出，又经数日，作偈不成，心中恍惚，神思不安，犹如梦中，行坐不乐。

复两日，有一童子[53]于碓坊过唱诵其偈，惠能一闻，便知此偈未见本性，虽未蒙教授，早识大意，遂问童子曰："诵者何偈？"童子曰："尔这獦獠，不知大师言：世人生死事大，欲得传付衣法，令门人作偈来看，若悟大意，即付衣法，为第六祖。神秀上座于南廊壁上书《无相偈》，大师令人皆诵，依此偈修，免堕恶道，依此偈修，有大利益。"惠能曰："上人[54]，我此踏碓八个余月，未曾行到堂前，望上人引至偈前礼拜。"童子引至偈前礼拜。惠能曰："惠能不识字，请上人为读。"时有江州别驾[55]，姓张名日用，便高声读。惠能闻已，遂言："亦有一偈，望别驾为书。"别驾言："汝亦作偈？其事希[56]有。"惠能向别驾言："欲学无上菩提，不可轻于初学，下下人有上上智，上上人有没意智[57]。若轻人，即有无量无边罪。"别驾言："汝但诵偈，吾为汝书，汝若得法，先须度吾，勿忘此言。"惠能偈曰：

菩提本无树，明镜亦非台。本来无一物[58]，何处惹尘埃？

书此偈已，徒众总惊，无不嗟讶。各相谓言："奇哉！不得以貌取人，何得多时使他肉身菩萨[59]。"祖见众人惊怪，恐人损害，遂将鞋擦了偈，曰："亦未见性。"众以为然。

次日，祖潜[60]至碓坊，见能腰石[61]舂米，语曰："求道之人，为法忘躯，当如是乎！"乃问曰："米熟也未？"惠能曰："米熟久矣，犹欠筛在[62]。"祖以杖击碓三下而去。惠能即会祖意，三鼓[63]入室。祖以袈裟遮围，不令人见，为说《金刚经》，至“应无所住而生其心”，惠能言下大悟一切万法不离自性。遂启祖言：“何期自性本自清净，何期自性本不生灭，何期自性本自具足，何期自性本无动摇，何期自性能生万法。”祖知悟本性，谓惠能曰：“不识本心[64]，学法无益；若识自本心，见自本性，即名丈夫、天人师、佛[65]。”三更受法，人尽不知。便传顿教[66]及衣钵，云：“汝为第六代祖，善自护念，广度有情[67]，流布将来，无令断绝。听吾偈曰：

有情来下种[68]，因地果还生[69]。无情亦无种，无性亦无生[70]。”

祖复曰：“昔达摩大师[71]初来此土，人未之信，故传此衣以为信体，代代相承，法则以心传心，皆令自悟自解。自古佛佛惟传本体，师师密付本心。衣为争端，止汝勿传，若传此衣，命如悬丝。汝须速去，恐人害汝。”惠能启曰：“向甚处去？”祖云：“逢怀则止，遇会则藏[72]。”惠能三更领得衣钵，云：“能本是南中人[73]，素不知此山路，如何出得江口？”五祖言：“汝不须忧，吾自送汝。”

祖相送直至九江驿[74]，祖令上船，五祖把橹自摇。惠能言：“请和尚坐，弟子合摇橹。”祖云：“合是吾渡[75]汝。”惠能曰：“迷时师度，悟了自度，度名虽一，用处不同。惠能生在边方，语音不正，蒙师传法，今已得悟，只合自性自度。”祖云：“如是，如是。以后佛法，由汝大行，汝去三年，吾方逝世。汝今好去，努力向南，不宜速说，佛法难起[76]。”惠能辞违祖已[77]，发足南行。

两月中间，至大庾岭[78]。五祖归，数日不上堂，众疑，诣问曰：“和尚少病少恼否”曰：“病即无，衣法已南矣。”问：“谁人传授？”曰：“能者得之。”众乃知焉。逐后数百人来，欲夺衣钵。一僧俗姓陈，名惠明[79]，先是四品将军，性行粗慥[80]，极意参寻，为众人先，趁及[81]惠能。惠能掷下衣钵于石上，曰：“此衣表信，可力争耶？”能隐草莽中。惠明至，提掇不动，乃唤云：“行者行者，我为法来，不为衣来。”惠能遂出，坐盘石上。惠明作礼云：“望行者为我说法。”惠能云：“汝既为法而来，可屏息诸缘[82]，勿生一念，吾为汝说。”明良久，惠能云：“不思善，不思恶，正与么时，那个是明上座本来面目？”惠明言下大悟。复问云：“上来密语密意外，还更有密意否?”惠能云:“与汝说者,即非密也。汝若返照,密在汝边。”明曰:“惠明虽在黄梅[83],实未省自己面目。今蒙指示,如人饮水,冷暖自知。今行者即惠明师也。”惠能曰:“汝若如是,吾与汝同师黄梅,善自护持。”明又问:“惠明今后向甚处去?”惠能曰:“逢袁则止,遇蒙则居[84]。”明礼辞。明回至岭下,谓趁众曰:“向陟崔嵬[85],竟无踪迹,当别道寻之。”趁众[86]咸以为然。惠明后改道明,避吾上字[87]。

惠能后至曹溪[88],又被恶人寻逐,乃于四会[89],避难猎人队中,凡经一十五载,时与猎人随宜说法。猎人常令守网,每见生命,尽放之。每至饭时,以菜寄煮肉锅。或问,则对曰:“但吃肉边菜。”

一日思惟:时当弘法,不可终遯[90],遂出至广州法性寺,值印宗法师讲《涅盘经》。时有风吹旛[91]动,一僧曰:“风动。”一僧曰:“旛动。”议论不已。惠能进曰:“不是风动,不是旛动,仁者[92]心动。”一众骇然。印宗延至上席,征诘奥义[93],见惠能言简理当,不由文字。宗云:“行者定非常人,久闻黄梅衣法南来,莫是行者否?”惠能曰:“不敢。”宗于是作礼,告请传来衣钵,出示大众。宗复问曰:“黄梅付嘱,如何指授?”惠能曰:“指授即无,惟论见性,不论禅定[94]解脱[95]。”宗曰:“何不论禅定解脱?”惠能曰:“为是二法,不是佛法,佛法是不二之法。”宗又问:“如何是佛法不二之法?”惠能曰:“法师讲《涅盘经》,明佛性是佛法不二之法。如高贵德王菩萨[96]白佛言:犯四重禁[97],作五逆[98]罪,及一阐提[99]等,当断善根[100]佛性否? 佛言:善根有二,一者常[101],二者无常[102],佛性非常非无常,是故不断,名为不二;一者善,二者不善,佛性非善非不善,是名不二;蕴[103]之与界[104],凡夫见二,智者了达,其性无二,无二之性,即是佛性。”印宗闻说,欢喜合掌,言:“某甲[105]讲经,犹如瓦砾;仁者论议,犹如真金。”于是为惠能剃发,愿事为师。惠能遂于菩提树下,开东山法门[106]。

惠能于东山得法,辛苦受尽,命似悬丝。今日得与使君[107]、官僚、僧尼、道俗同此一会,莫非累劫[108]之缘,亦是过去生中供养诸佛,同种善根,方始得闻如上顿教得法之因。教是先圣所传,不是惠能自智,愿闻先圣教者,各令净心。闻了各自除疑,如先代圣人无别。

一众闻法，欢喜作礼而退。

【注释】

① 选自宗宝本《坛经》(民国三十三年《普慧藏》第十六函第一册)。

② [宝林] 宝林寺，曾名中兴寺、法泉寺，宋朝叫南华寺，在广东韶州(今韶关)南华山。

③ [刺史] 刺史为地方行政长官，唐之刺史，相当于今地市一级行政长官。

④ [大梵寺讲堂] 韶州大梵寺，曾名开元寺、崇宁寺、天宁寺、报恩光孝寺等，惠能在此开山传法。讲堂为讲经说法的厅堂。

⑤ [开缘说法] 佛教中把举办法会讲法称作开缘，意为让大众与佛教结缘。

⑥ [道俗] 分指道教徒与信教而未出家的人。

⑦ [法要] 佛法要义。

⑧ [善知识] 佛教中把道德学问较高的僧人称为“善知识”，此则为惠能对讲堂听众的敬称。

⑨ [菩提自性] 菩提为梵语音译，即觉悟，自性即本性，禅宗认为每个人都本来具有佛性。

⑩ [直了成佛] 直了即顿悟。

⑪ [范阳] 故治位于今北京市大兴、宛平一带。敦煌本“本贯”也作“本官”，意谓惠能之父原在范阳为官，但从《神会语录》后，范阳成了惠能的籍贯。

⑫ [左降] 贬官降职，左和右表示尊卑之义，在各个历史时期有所不同，本文中为左卑右尊。

⑬ [岭南] 五岭以南，今广东地区。

⑭ [新州] 治所于今广东省西南部新兴地区。

⑮ [南海] 治所于今广东省佛山市一带。

⑯ [蕲州黄梅县] 蕲州，蕲音其，故治位于今湖北蕲春县。黄梅

县，故治于今湖北黄梅县西。

⑰［忍］《景德录》卷三《弘忍传》："弘忍大师者，蕲州黄梅人也，姓周氏。"

⑱［主化］主持佛教教化。

⑲［宿昔］以前。

⑳［獦獠］音"葛僚"，当时对携犬行猎为生的南方少数民族的一种蔑称。

㉑［和尚］梵语音译，"尚"亦可作"上"，本为印度称老师的俗语，在中国用作对僧人的尊称，后则泛称出家僧人，尊义渐减。

㉒［作务］劳动，干活。

㉓［福田］"供养三宝"，可以生福，犹如田作，可长禾稼。

㉔［根性大利］佛家认为气力之本曰根，善恶之习曰性，人性有生善恶作业之力，故称根性。

㉕［行者］方丈的侍者，也指游方僧人，这里指寺院内管理杂务的僧人。

㉖［踏碓］碓为舂米之器，用脚踩木槌将稻碾为米，为踏碓。

㉗［般若］音"波惹"，梵语音译，亦作"班若、波若、钵若、般罗若"等，意为终极之智慧。

㉘［偈］梵语"偈陀"之省称。意为"颂"。为四句整齐韵语，表达对佛法的理解、赞颂之意。

㉙［大意］盖佛性之大意。

㉚［衣法］衣钵与佛法。

㉛［见性之人］见到佛性之人。

㉜［言下须见］说完即刻见到佛性。

㉝［轮刀上阵］挥刀打斗。

㉞［处分］吩咐。

㉟［递相］轮流相互。

㊱［和尚］指弘忍。

㊲［神秀］《宋高僧传》卷八《神秀传》:“释神秀,俗姓李氏,今东京尉氏人也,少览经史,博综多闻。”为弘忍门下上首弟子。

㊳［上座］印度对德高望重的出家人的尊称,后指住持之下的一寺领袖。

㊴［教授师］梵语,音译“阿阇黎”,教授弟子威仪作法之人。

㊵［谩］肆意、散漫。

㊶［依止］依止师,盖为依靠老师吃饭、穿衣、居住、修行。

㊷［思惟］思量。

㊸［觅祖］求为祖师。

㊹［凡心］凡俗、凡愚之心。

㊺［供奉卢珍］一个叫卢珍的官廷画师。供奉为唐官中对有某种技能的人所予官职。

㊻［变相］简称变,佛教术语,指用绘画或雕刻所表现的佛经故事。

㊼［《五祖血脉图》］将初祖达摩到二祖慧可、三祖僧璨、四祖道信、五祖弘忍的禅宗传承过程画成之图。

㊽［宿业障重］宿即过去、前世。业为梵语“羯磨”之意译,意谓行为、造作、行动、作用、意志等身心活动,或单由意志所引生之身心生活,若与因果思想结合,则指由过去行为延续下来所形成之力量。障即障碍。重印严重。

㊾［凡所有相,皆是虚妄］句意为一切皆空才是佛门真谛。语见《金刚经·如理实见分第五》,相为形体、相状,不实为虚,不真为妄,原意为所有形体相状皆为不实的。

㊿［恶道］即三恶道:地狱、饿鬼、旁生(除人之外的一切动物),三恶道加上三善道(天、人、阿修罗)就是六道轮回。

(51)［念念自见万法无滞］一切法都是圆融无碍的,没有一点阻滞不通。念念,每一个念头之间,指极短暂的瞬间。万法,法为梵语意译,指一切小者、大者、有形者、无形者、真实者、虚妄者、事物、道理等,所以万法就是指包罗万象的一切。

52 [如如] 谓诸法皆平等不二的法性理体,如为理的异名。

53 [童子] 佛教中指未满二十岁尚未剃度的求道男子。

54 [上人] 对师父或德行高者之尊称,此处称童子,以表尊重。

55 [别驾] 官名,刺史的佐僚。

56 [希] 同“稀”。

57 [没意智] 指不存思量分别等作用之智慧,乃上上之人所特有之智慧,非凡庸之人可得。

58 [本来无一物] 敦煌本作“佛性常清净”,二者基本立场不同,分别为“本无”论和“佛性”论。

59 [肉身菩萨] 身躯还是凡俗之躯,精神已达菩萨境界。

60 [潜] 悄悄。

61 [腰石] 腰中绑石,用于提升身体重量,便于踏碓。

62 [犹欠筛在] 差一道用筛子筛的工序,暗示还需要五祖点拨验证之意,筛指师。

63 [三鼓] 犹三更,盖子时,相当于夜晚十一点。

64 [本心] 与自性、本性含义相同,他如本觉、真知、真识、真如、佛性、法性、实性等亦此含义。

65 [丈夫、天人师、佛] 如来十号有调御丈夫、天人师、佛。

66 [顿教] 禅宗以顿悟标榜,故谓顿教。

67 [有情] 梵语萨埵之意译,即众生。

68 [下种] 种下的善恶种子。

69 [因地果还生] 因地指因所种下之地,果从因而有,果还生则指轮回中的果报。

70 [无性亦无生] 无佛性亦无因果之生。或认为该句言灭谛,灭尽果报,不再受三界之生死苦恼,达到涅槃寂灭,即为解脱。

71 [达摩大师] 南天竺(今印度南部)人,一说波斯人,原名菩提多罗,后改名菩提达摩,自称佛传禅宗第二十八祖。南北朝时期来中国传教，为禅宗初祖。

⑫ [逢怀则止，遇会则藏] “怀”指怀集县，“会”指四会县，都是广东省的县名。这是带有预言性质的谶语，暗示惠能先在广东一带隐居等待机会。

⑬ [南中人] 即岭南人。

⑭ [九江驿] 故驿位于今江西省九江市。

⑮ [渡] “渡”与“度”通，弘忍与惠能通过说渡船来表达佛法的传授。

⑯ [佛法难起] 佛法在难地兴起。

⑰ [已] 结束。

⑱ [大庾岭] 今江西省大余县(故大庾县)南及广东省南雄市分界处山，大庾岭之南即岭南。

⑲ [惠明] 亦作“慧明”，敦煌本作“惠顺”，俗姓陈，鄱阳人。

⑳ [粗慥] 急促、仓猝。

㉑ [趁及] 赶上。

㉒ [诸缘] 佛教中指色香等百般世相。此种种世相，皆为我心识攀缘之所，故称诸缘。

㉓ [黄梅] 指代五祖弘忍。

㉔ [逢袁则止，遇蒙则居] 袁指袁州，今江西省宜春县。蒙，袁州蒙山。

㉕ [向陟崔嵬] 向，以前。陟，登高。崔嵬，形容高峻，高大雄伟之物。

㉖ [趁众] 追随之人。

㉗ [上字] 即“惠”字。

㉘ [曹溪] 故治位于今广东省韶关市南。

㉙ [四会] 故县治位于今广东省新会县。

㉚ [遯] 同“遁”，隐遁。

㉛ [旛] 同“幡”，寺院里的旗子，窄长，是佛教法物。

⑨ [仁者] 佛教讲慈悲为怀，故可称僧人为仁者。

⑬ [征诘奥义] 征询诘问深奥之义理。

⑭ [禅定] 意为将心专注于某一境界而不散乱。

⑮ [解脱] 意为摆脱烦恼之束缚而得自在。

⑯ [高贵德王菩萨] 全称光明遍照高贵德王菩萨。

⑰ [四重禁] 即奸淫、杀戮、偷盗、大妄语四重罪。

⑱ [五逆] 罪恶之极逆于常理，又叫五间业。

⑲ [一阐提] 梵语音译。佛教称断绝一切善根不能成佛之人为一阐提，而誓愿济度众生自己不成佛的菩萨也被称作一阐提，即所谓二种一阐提，这里是指前者。

⑽ [善根] 产生各种善法之根本。

⑾ [常] 永恒存在。

⑿ [无常] 指世间有为诸法经历从产生到灭亡的过程，不能永恒存在。

⒀ [蕴] 指五蕴，又称五阴，即色、受、想、行、识。众生由此五法聚成身体。

⒁ [界] 众生与外部有十八种分类范畴，称十八界，分为六根、六尘与六识。

⒂ [某甲] 自称。

⒃ [东山法门] 指自己讲的佛法是从黄梅凭茂山弘忍处得到的真传。

⒄ [使君] 对韦璩的尊称。

⒅ [劫] 梵语"劫波"之省称。原为古代印度婆罗门教极大时限之时间单位。佛教沿之，而视之为不可计算之长大年月。累劫意为连续数劫，谓极长之岁月。

【评析】

惠能(638—713)，俗姓卢，为禅宗六祖。惠能得到五祖弘忍传授衣钵，继承了东山法脉并建立了南宗，弘扬“直指人心，见性成佛”的顿教法门，对中国佛教以及禅宗的弘化产生了深远的影响。《坛经》记载惠能一生得法传法事迹及启导门徒的言教，内容丰富，文字通俗，是研究禅宗思想渊源的重要依据。《行由》为《坛经》第一品，主要叙述惠能得传弘忍衣钵之经过。

【理性思考】

1.《行由》中惠能所作偈语流传千古，该偈有两个版本，宗宝本等版本《坛经》俱作“菩提本无树，明镜亦非台。本来无一物，何处惹尘埃”；而敦煌本《坛经》作“菩提本无树，明镜亦非台。佛性常清净，何处惹尘埃”。这两个版本的偈语所表达思想内涵是否有别？

2. 上题所述两个版本的惠能偈语，加上神秀所作偈语“身是菩提树，心如明镜台，时时勤拂拭，勿使惹尘埃”，你更喜爱哪一偈？为什么？

3. 如何评价惠能大师所言“不是风动，不是旛动，仁者心动”？

【延伸阅读】

1. 郭朋校释《坛经校释》，中华书局 1983 年版。

2.《金刚经》。

东　海　若[①]

柳宗元

东海若陆游，登孟诸[②]之阿[③]，得二瓠[④]焉。刳[⑤]而振其犀[⑥]以嬉，取海水杂粪壤[⑦]蛲蚘[⑧]而实之，臭不可当[⑨]也。窒以密石，举而投之海。逾时焉[⑩]而过[⑪]之，曰：“是故弃粪耶？”其一彻声而呼曰：“我大海也！”东海若呀然[⑫]笑曰：“怪矣！今夫大海，其东无东，其西无西，其北无北，其南无南。旦则浴日而出之，夜则滔[⑬]列星，涵太阴[⑭]，扬阴火[⑮]珠宝[⑯]之光以为明，其尘霾之杂不处也，必泊[⑰]之西澨[⑱]，故其大也、深也、洁也、光明也，无我若者[19]。今汝，海之弃滴也，而与粪壤同体，臭朽之与曹[20]，蛲蚘之与居。其狭恩也[21]，又冥暗若是，而同之海，不亦羞而可怜哉！子欲之[22]乎？吾将为汝抉[23]石破瓠，荡群秽于大荒[24]之岛，而同子于向[25]之所陈[26]者可乎？"粪水泊然[27]不悦曰："我固[28]同矣，吾又何求于若？吾之性也，亦若是而已矣。秽者自秽，不足以害吾洁；狭者自狭，不足以害吾广；幽者自幽，不足以害吾明。而秽亦海也，狭亦海也，幽亦海也，突然而往，于然[29]而来，孰非海者！子去矣，无乱我！"其一闻若之言，号而祈[30]曰："吾毒[31]是久矣，吾以为是固然不可异也。今子告我以海之大，又目[32]我以故海之弃粪也，吾愈急焉。涌吾沫不足以发其窒[33]；投之波不足以穴[34]瓠之腹也。就能之[35]，穷岁月耳！愿若幸而哀我[36]哉！"东海若乃抉石破瓠，投之孟诸之陆，荡其秽于大荒之岛，而水复于海，尽得向之所陈者焉。而向之一者，终与臭腐处而不变也。

今有为佛者二人，同出于毗卢遮那[37]之海，而汩于五浊[38]之粪，而幽于三有[39]之瓠，而窒于无明[40]之石，杂于十二类[41]之蛲蚘。人有问焉，其一人曰："我，佛也。毗卢遮那、五浊、三有、无明、十二类，皆空也。无善无恶、无因无果、无修无证、[42]无佛无众生，皆无焉。吾何求也？"问者曰："子之所言，性[43]也，有事焉。夫性与事，一而二，二而一者也。子守而一定，大患者至矣。"其人曰："子去矣，无乱我。"其一人曰："嘻！吾毒之久矣。吾尽吾力而不足以去无明，穷吾智而不足以超三有、离五浊，而异夫十二类也。就能之，其大小劫之多不可知也。若之何？"问者乃为陈西方之事，使修念佛三昧[44]一空有之说。于是圣人怜之，接而致[45]之极乐之境。[46]而得以去群恶，集万行，居圣者之地，同佛知见矣。向之一人者，终与十二类同而不变者也。夫二人之相违也，不若二瓠之水哉？今不知去一而取一，甚矣。

【注释】

① 本文选自《柳宗元集校注》(中华书局 2013 年版)。

②［孟诸］泽名，睢阳县(今商丘市)东北。

③ [阿] 山陵。
④ [瓠] 葫芦一类的植物。
⑤ [刳] 剖。
⑥ [犀] 瓜瓣。
⑦ [粪壤] 脏土。
⑧ [蛲蚘] 蛲虫与蛔虫,泛指人体寄生虫。
⑨ [当] 通“挡”。
⑩ [焉] 于此。意谓距此后过了一阵。
⑪ [过] 经过、路过。
⑫ [呀然] 笑貌。
⑬ [滔] 充满。
⑭ [太阴] 月亮。
⑮ [阴火] 阴晦之时,波如燃火。
⑯ [珠宝] 浪沫如珠宝。
⑰ [泊] 停泊。
⑱ [澨] 堤岸。
⑲ [无我若者] 即“无若我者”之倒装。
⑳ [之与曹] 当于与汝为曹。曹,等同。
㉑ [咫] 八寸。
㉒ [之] 到,此处,意谓从瓠中出来。
㉓ [抉] 挖出。
㉔ [大荒] 边远荒凉之地。
㉕ [向] 以前。
㉖ [陈] 陈列,呈现。
㉗ [泊然] 淡然,形容其冷淡。
㉘ [固] 本来。
㉙ [于然] 悠然。
㉚ [号] 大呼。祈,求告。

㉛［毒］以为苦，意谓以是为苦久矣。

㉜［目］将……看作。

㉝［窒］闷塞。

㉞［穴］作动词用，开洞。

㉟［就能之］就算可以的话。之为语助。

㊱［幸而哀我］幸，爱。哀，可怜。

㊲［毗卢遮那］毗卢遮那佛在密宗法系中是最高身位如来，在一乘法中为九行菩萨善法行菩萨所具功德“一切法相平等觉”，密宗称为大日如来。

㊳［五浊］大乘佛教提出的劫浊、见浊、烦恼浊、众生浊、命浊。

㊴［三有］指欲有、色有、无色有，与“三界”同义，“有”系因迷而得的迷果。三界即是迷界，故称为“三有”。

㊵［无明］佛教云无明火也。无明有愈暗、缺乏真知之意。

㊶［十二类］谓子鼠丑牛之属，指三界内之众生。

㊷［修证］修，修行。证，证理。

㊸［性］性理。

㊹［三昧］梵语音译，意为“正定”，即排除杂念、心神平定。

㊺［致］送。

㊻［极乐之境］佛教云阿弥陀佛所居世界。《阿弥陀经》：“其国众生，无有众苦，但受诸乐，故曰极乐。”

【评析】

柳宗元（773—819），字子厚，河东（现山西运城永济一带）人，唐宋八大家之一，唐代文学家、哲学家、散文家和思想家，世称柳河东、河东先生，因官终柳州刺史，又称柳柳州。《东海若》是以寓言形式写成的宣扬净土信仰的文章，全文分为两部分，第一部分为寓言，第二部分揭示寓意，并以此描述了为佛的两种方式，一是“无修无证”，一是“念佛三昧”，文章批评了前者，并对后者作出肯定。

【理性思考】

1. 第一个葫芦认为“秽者自秽，不足以害吾洁；狭者自狭，不足以害吾广；幽者自幽，不足以害吾明”，而致“与臭腐处而不变”；而第一个为佛者认为“毗卢遮那、五浊、三有、无明、十二类，皆空也”，而致“与十二类同而不变”，在作者的眼中，他们犯了怎样的错误，如何理解他们的思想？

2. 第二位为佛者“使修念佛三昧一空有之说”，最后“同佛知见”，那么应该如何理解“一空有”的空论与“毗卢遮那、五浊、三有、无明、十二类，皆空也”的空论之间的不同？

【延伸阅读】

1. ［清］释实贤《东海若解》。

2. 柳宗元《乘桴说》《天爵论》。

成都大悲阁记[①]

苏　轼

大悲[②]者，观世音之变也。观世音由闻[③]而觉。始于闻而能无所闻，始于无所闻而能无所不闻。能无所闻，虽无身可也；能无所不闻，虽千万亿身可也，而况于手与目乎！虽然，非无身无以举千万亿身之众，非千万亿身无以示无身之至。故散而为千万亿身，聚而为八万四千母陀罗臂[④]、八万四千清净宝目[⑤]，其道一尔。昔吾尝观于此，吾头发不可胜数，而身毛孔亦不可胜数。牵一发而头为之动，拔一毛而身为之变，然则发皆吾头，而毛孔皆吾身也。彼皆吾头而不能为头之用，彼皆吾身而不能具身之智，则物有以乱之矣。吾将使世人左手运斤[⑥]，而右手执削[⑦]，目数飞雁而耳节鸣鼓[⑧]，首肯傍人[⑨]而足识梯级[⑩]，虽有智者，有所不暇[⑪]矣，而况千手异执而千目各视乎？及吾燕坐[⑫]寂然，心念凝默，湛然[13]如大明镜。人鬼鸟兽，杂陈乎吾前，色声香味，交遘[14]乎吾体。心虽不起，而物无不接[15]，接必有道。既千手之出，千目之运，虽未可得见，而理则具矣。彼佛菩萨亦然。虽一身不成二佛，而一佛能遍河沙诸国[16]。非有他也，触而不乱，至[17]而能应，理有必至[18]，而何独疑于大悲乎？

成都，西南大都会也。佛事最胜，而大悲之像，未睹其杰。[19]有法师敏行者，能读内外教[20]，博通其义，欲以如幻三昧[21]为一方首[22]，乃以大旃檀[23]作菩萨像，庄严妙丽，具慈愍[24]性。手臂错出，开合捧执，指弹摩拊[25]，千态具备。手各有目，无妄举者。复作大阁以覆菩萨，雄伟壮峙，工与像称。都人[26]作礼，因敬生悟。

余游于四方二十余年矣，虽未得归，而想见其处。敏行使其徒法震乞文，为道其所以然者。且颂之曰：

吾观世间人，两目两手臂。物至不能应，狂惑失所措。其有欲应者，颠倒作思虑。思虑非真实，无异无手目。菩萨千手目，与一手目同。物至心亦至，曾不作思虑。随其所当应，无不得其当。引弓挟白羽，剑盾诸械器，经卷及香花，盂水青杨枝[27]，珊瑚大宝炬[28]，白拂[29]朱藤杖，所遇无不执，所执无有疑。缘何得无疑，以我无心故。若犹有心者，千手当千心。一人而千心，内自相攫攘，何暇能应物。千手无一心，手手得其处。稽首大悲尊，愿度一切众。皆证无心法，皆具千手目。

【注释】

① 选自《苏轼文集》(中华书局 1986 年版)。

② [大悲] 意为拔苦，指代拔人苦难的菩萨，此特指观世音。

③ [闻] 从耳根闻性妙理之谓。

④ [母陀罗臂] 梵语音译，意为印契，即以手结成各种印形。

⑤ [清净宝目] 即千手千眼佛之千眼也，佛目清净，故曰清净宝目。

⑥ [斤] 斧之本字，砍木之斧曰斤。

⑦［削］用于书写的刻刀。

⑧［耳节鸣鼓］听着鸣鼓打节拍。

⑨［首肯傍人］点头(数)身边人。

⑩［识梯级］记梯级之数。

⑪［暇］空闲。

⑫［燕坐］语出《仪礼·燕礼》。安,此处指坐禅。

⑬［湛然］清澈、清净。

⑭［交遘］“遘”同“构”,相互交缠勾结。

⑮［接］承接,应接。

⑯［河沙诸国］佛教以为佛世间诸国如恒河之沙,不可胜数。

⑰［至］来。

⑱［理有必至］苏洵《辨奸论》(引《战国策·齐策四》):“事有必至,理有固然。”指事与理有其发展规律。

⑲［杰］杰出。句义为未见杰出优秀之大悲像。

⑳［内外教］佛教称己教为内教,儒道诸子之说为外教。

㉑［如幻三昧］达于一切诸法如幻之理之三昧,这里的三昧指诀窍、要义。

㉒［一方首］犹一方之首、一方之最。

㉓［大旃檀］大柱檀香木。

㉔［愍］同“悯”。

㉕［拊］同“抚”。

㉕［都人］都城之人。

㉗［青杨枝］水杨之枝。

㉘［大宝炬］巨大的蜡烛。

㉙［白拂］白色拂尘。《佛国记》:“梵天王亦化作白银阶,在右边执白拂而侍。”

【评析】

苏轼(1037—1101),字子瞻,又字和仲,号东坡居士,世称苏东坡、苏仙,眉州眉山(今四川省眉山市一带)人,北宋著名文学家、政治家、思想家、书画家。《成都大悲阁记》推为元丰四年(1081)左右任黄州团练副使时作,文章表达了苏轼对"一人而千心,内自相攫攘"的批判,和对"触而不乱,至而能应,理有必至"的菩萨境界的感念。

【理性思考】

成语"牵一发而动全身"化自本文"牵一发而头为之动,拔一毛而身为之变",原文中,苏轼则作出了"然则发皆吾头,而毛孔皆吾身也"的推论,如何理解这种"一发即全身"的思想,你又是否认同这一说法?

【延伸阅读】

1. 苏轼《海月辩公真赞并引》。
2. 苏轼《广州东莞县资福禅寺罗汉阁记》。

法海观澜序[1]

蕅益大师

子舆氏有言曰:"观水有术,必观其澜。"[2]况大藏[3]法海[4],甚深[5]无量[6],不得其术,何以观之哉!

夫统论[7]修证[8]法门[9],浩若尘沙,[10]非止八万四千[11]而已!然五门[12]收[13]之,罄无不尽[14]。何者?欲游佛海,先资[15]戒航[16]。戒净,则解行[17]可遵;行圆[18],则秘密[19]斯[20]证;证入[21],则依果自严[22]。故首律宗[23],明造修[24]之始;次诸教[25],明开解之途;次禅观[26],明实践之行;继密宗[27],明感应[28]之征[29];终净土[30],明自他[31]同归之地也。

中峰本公[32],谓密咒[33]如春,教乘[34]如夏,南山律宗[35]如秋,禅宗[36]如冬，一往[37]似当[38]，再研[39]未必尽然。克[40]论诸宗，当究旨归，不当取其迹象。禁咒[41]秘密，如冬令生意含于未发之中，岂全似春？戒为佛法初门，儒[42]不学礼，无以立；释[43]不受戒，不许听教参禅，[44]如春令草木萌甲[45]，安得如秋？岂谓佛制毗尼[46]，有似萧何制律，遂拟[47]以肃杀之气耶？可笑甚矣！禅于无修无证[48]中，妙论修证，无证而证，则体[49]舍[50]万用，可拟于冬。无修而修，则刊华就实[51]，正似秋耳。教乘如夏，吾无间[52]然，只此四门，罔[53]不以净土为归，是故亦犹土之寄王于四时[54]也。

夫大小两乘[55]，皆首戒律，而大必兼[56]小，小不兼大。南山不敢自称大乘，不应以南山名宗，但云律宗如春可矣。教亦自有大小两乘，西土[57]每每分弘[58]，此土[59]晋魏以来，或分或兼，今皆废小，独弘大乘。

复有三家：一、天台宗[60]，二、贤首宗[61]，三、慈恩宗[62]。天台教观[63]齐举，教可如夏，观即如秋。贤首教多观少，清凉[64]收禅为顿教[65]，圭峰[66]自立三教，以对三宗，[67]则三教如夏，三宗如秋。慈恩弘唯识教，自修兜率观门[68]，基公[69]略示唯识五观[70]，未尝克[71]实劝修。然夏后必定有秋，是在学者自知领会而已，故且云诸教如夏也。

禅亦自有大小两门，于大乘中，复分顿渐[72]，小及大渐[73]，此所不论。达摩[74]承佛教盛行之后，特来指示心要[75]，譬如画龙点睛，令其飞去，乃至六祖[76]，无不皆然。虽藉《楞伽》《金刚》印心，未尝废教，而贵[77]行起解绝[78]，不许坐在知解窠臼[79]。故与台宗圆妙止观[80]，同如秋也。

密宗唯是大乘法门，身入坛场[81]而结密印[82]，口诵密言[83]，意专密观[84]，名三密[85]法门。若论初修之者，必须先持净戒[86]、发菩提心[87]、解法界理[88]，方许入坛，克期取证[89]，则亦由春夏而入于秋。今约[90]诸佛所说神咒，不许翻译，唯令持者[91]，立地证入[92]。又令闻者[93]，乃至遇影蒙尘[94]，皆成究竟[95]解脱种子[96]，故但[97]云密宗如冬也。

净土者，三德秘藏[98]，常乐我净[99]，究竟安隐[100]之处。所谓常即法身，寂即解脱，光即般若。[101]非一非三，而三而一，不纵不横，不并[102]不别[103]，依正不二[104]，不可思议，不二而二。故全依即正，名为佛身，全正即依，名为净土耳。只此常寂光法性身土[105]，全体迷之[106]，而为三界六道[107]；偏证[108]取之，而为声闻缘觉[109]；权位菩萨[110]随分[111]悟之，而为三贤十圣[112]。所以诸佛为实施权[113]，不动法性[114]，垂下三土[115]，为接三贤十圣，示实报净土；为接声闻缘觉权位菩萨，示方便净土；为接三界六道凡夫，示同居净土。而诸众生根性不同，乐欲亦异，或因持三聚戒[116]，而净四土[117]；或因习教[118]，解甚深义，而净四土；或因禅观，直悟自心，而净四土；或因专修三密，传持[119]咒印，而净四土；或唯以一门，而净四土；或以二门、三门、四门，而净四土。如世间草木华果，或生长熟脱于春，或生长熟脱于夏，或生长熟脱于秋，或生长熟脱于冬，或唯经一时而即熟脱，或经二时三时，乃至具[120]经四时而得熟脱。故须云净土如土，寄王四时也。

夫八万四千，乃至尘沙法门，未有不具戒[121]者，未有不正解[122]者，未有不笃行[123]者，未有不证密[124]者，未有不归净土者，故曰五门收之，罄无不尽也。然则无解行之戒，非戒也；无戒行之教，非教也；无戒教之禅，非禅也；无戒解及禅之密，非密也。非戒非教非禅非密，则非净土真因[125]也。非有四种净土[126]，则戒、教、禅、密，无实果[127]也。非真因实果，则不显非因非果之心性[128]也。不显心性，则无以观法海之甚深无量而彻其涯底[129]也。故以五门之澜，为观法海之术，愿与同志者共之。

甲午重九后一日[130]北天目蕅益沙门释智旭撰

【注释】

① 本文选自《蕅益大师全集》（台北东初出版社 1991 年版）。

② ［观水有术，必观其澜］出自《孟子·尽心上》。子舆，孟子之字。

③ ［大藏］大藏经，佛教典籍。

④ ［法海］谓佛法广大，深远辽阔，譬如大海。

⑤ ［甚深］极其幽深。

⑥ ［无量］不可计量。

⑦ ［统论］释义总论。

⑧［修证］修行、证悟真理。

⑨［法门］即佛法、教法。

⑩［浩若沙尘］浩，广大、繁多之义，此指修证法门之多。

⑪［八万四千］八万四千法门，说自《贤劫经》。

⑫［五门］即本文所讨论的戒律、诸教、禅观、秘密以及净土五门，门指正教。

⑬［收］收摄、囊括。

⑭［罄无不尽］佛教习语，犹无所不尽之义。罄，即尽。

⑮［资］借助。

⑯［戒航］航为佛教常用语，指度众、引导。戒航，谓戒律之度引。

⑰［解行］解指理解佛法，行指依佛法修行。

⑱［行圆］修行圆满。

⑲［秘密］指密教。秘为秘奥之义，形容法门之深奥。密为隐密，言其法不随便公开示人，如如来所具之神通力，或如来所未曾宣说之密意。

⑳［斯］即。

㉑［证入］以正智如实证得真理

㉒［依果自严］依果，又名依报。有情心身之果报，曰正报、正果，即为佛身，身外之物之果报，曰依报、依果，为佛身所居之国土。严，庄严、严净。句谓依报国土，自庄严清净，是为净土。

㉓［律宗］中国佛教宗派之一，因着重研习及传持戒律而得名，其实际创始人为唐高僧道宣，道宣在终南山修行并宣传戒律，故律宗又有南山律宗或南山宗之称。

㉔［造修］犹修行。

㉕［诸教］指中土诸宗，特指本下文所谓天台、贤首（华严）、慈恩（法相、唯识）三宗。

㉖［禅观］坐禅观法，依坐禅修法而观念真理，此即指禅宗。禅，禅那之略，梵语音译，意为寂静审虑，指将心专注于某一对象，极寂静以

详密思惟之定慧均等之状态。

㉗［密宗］又作真言宗、瑜伽宗、金刚顶宗、毗卢遮那宗、开元宗、秘密乘，依真言陀罗尼之法门，修五相、三密等妙行，以期即身成佛之大乘宗派。

㉘［感应］众生有善根感动之机缘，佛应之而来，称为感应。

㉙［征］证明、验证。

㉚［净土］大乘佛教的净土信仰，净土主要指弥勒净土、弥陀净土，净土信仰以东晋道安大师为最早，所著《净土论》六卷，倡导往生兜率天的弥勒净土。此处也指净土宗，为中国佛教宗派之一，以净土信仰为根源，专修往生净土法门。

㉛［自他］自己和他人。

㉜［中峰本公］指明本禅师，号中峰，法号智觉，元代高僧，为临济禅门西天目山住持。

㉝［密咒］亦称真言，秘密语言宣说的法语，为密教修行方法。

㉞［教乘］佛教、佛法，对应于前文之“诸教”。

㉟［南山律宗］参前注“律宗”。

㊱［禅宗］中国本土佛教宗派，以菩提达摩为初祖，探究心性本源，以期见性成佛之大乘宗派。

㊲［一往］向来。

㊳［当］合适、正确。

㊴［再研］反复探求。

㊵［克］严格限定。

㊶［禁咒］同“密咒”，参前注。

㊷［儒］指儒士。

㊸［释］东晋道安提出佛教天下僧侣以“释迦”之“释”为氏，僧人姓氏遂通称“释”。

㊹［参禅］参入禅道，指于师家之下坐禅修行、参究佛理。

㊺［萌甲］植物之初芽。

㊻［毗尼］梵语音译，意为戒律。

㊼［拟］仿。

㊽［无修无证］超越修行与证悟之对立分别的境界，修无所修，证无所证。

㊾［体］体会、通达。

㊿［舍］指令心平等正直、住于寂静的精神作用。

51［刊华就实］刊，斫、消除。华，同“花”。就，归于。实，果实。

52［间］间隙，引申为挑剔。

53［罔］无。

54［寄王于四时］寄，依附、依托。王，统摄、统治。土，依托于四季，又统管四季，此借用中国传统五行学说解释“净土为归”。

55［大小两乘］佛教分大乘佛教和小乘佛教，乘即车，多载者为大乘，少载者为小乘。小乘佛教以自我修行为宗，自度而不度他。大乘佛教以救世利他为宗旨，最高的果位是佛果。

56［兼］并、包括。

57［西土］指印度。

58［每每分弘］每每，往往。分，分开、分别。弘，弘扬、传扬，指传教。

59［此土］指中土。

60［天台宗］中国佛教宗派之一，因创始人智顗常住浙江台州天台山而得名，教义主要依据《妙法莲华经》，故亦称法华宗。天台宗的主要思想是实相和止观（禅定和智慧），以实相阐明理论，用止观指导实修。

61［贤首宗］中国佛教宗派之一，因以《华严经》为根本典籍，又名华严宗。因实际创始人法藏号贤首，称贤首宗；该宗以发挥“法界缘起”的思想为宗旨，又称法界宗。

62［慈恩宗］中国佛教宗派之一。即法相宗，又称唯识宗、应理圆实宗、有相宗、相宗，属瑜伽行唯识学派，由玄奘三藏自印度传入中国，该宗以鼓倡万法唯识之旨，以其为穷明万法性相之宗派，故称法相宗。又因其创始者玄奘及弟子窥基皆住慈恩寺而得名慈恩宗。

⑥③［教观］教相门与观心门之并称，全称教门观门、教观二门，简称教观。天台宗以教义理论与修行实践方法分判二门，教相门为理解教法，观心门为修行实践。

⑥④［清凉］清凉澄观大师，唐代高僧，华严宗四祖，世称清凉国师。

⑥⑤［顿教］贤首所倡教判于五教之第四，立顿教之名，是为不历阶梯渐次，顿时开悟的教法。

⑥⑥［圭峰］圭峰宗密大师，唐代高僧，华严宗五祖，世称圭峰禅师。

⑥⑦［三教、三宗］圭峰大师认为一部大藏经论只有三种教，禅门言教也只有三宗；而这三教三宗也是相应符合的，其中三教为密意依性说相教、密意破相显性教、显示真心即性教；三宗为息妄修心宗、泯绝无寄宗、直显心性宗。

⑥⑧［兜率观门］兜率指弥勒菩萨之净土兜率天，分内外院，内院为弥勒菩萨说法之净土，外院为天众欲乐处，不易闻法。据载玄奘及其弟子窥基等高僧皆以往生兜率为临终大愿；观门参前注“教观”。

⑥⑨［基公］即慈恩宗初祖窥基，为玄奘三藏法师弟子，世称慈恩大师。

⑦⓪［唯识五观］依三性观（遍计所执性、依他起性、圆成实性）之观行法门，由粗至细，总有五重，是为遣虚存实识，舍滥留纯识，摄末归本识，隐劣显胜识，遣相证性识。详参窥基《般若心经幽赞卷上》《大乘法苑义林章》卷一“唯识义林”第三。

⑦①［克］能够。

⑦②［渐顿］渐教和顿教。顿教参前注；渐教与顿教相对，指循序渐进而说之教法，即初说小乘，后说大乘，以浅深次第而说之教法。

⑦③［小及大渐］解行（修行）中渐修的大小不同。

⑦④［达摩］菩提达摩，南北朝禅僧，略称达摩或达磨，其名意译为觉法，南天竺人，通彻大乘佛法，南朝时自印度航海来到广州传禅法，遂

为中土禅宗初祖。

⑮ [心要] 心性上精要的法义。

⑯ [六祖] 禅宗六祖慧能。

⑰ [贵] 以……为贵。

⑱ [行起解绝] 修行开始,方可完成知解。或解“起”为“极”。

⑲ [窠臼] 原指旧式门上承受转轴的臼形小坑,喻义现成格式、老套。

⑳ [圆妙止观] 圆妙,圆满融通。止观为天台宗修行实践法门,止谓禅定,观谓智慧,止观即止息一切外境与妄念,而贯注于特定之对象,并生起正智慧以观此一对象。

㉑ [坛场] 义为坛、道场,即密教之曼荼罗,密教修行者作法修行之处所。

㉒ [结密印] 以手结印契,即密教徒修法时,以双手作特殊姿势。

㉓ [密言] 秘密之语。

㉔ [密观] 秘密之智慧。

㉕ [三密] 指身密、语密、意密,就佛界言:大日如来,为遍法界之身,故法界体相,为其身密,一切声音,为其语密,周遍之识大,为其意密。就众生言:手结印契为身密,口诵真言为语密,心观本尊之法相为意密。

㉖ [净戒] 清净之戒行。

㉗ [发菩提心] 亦称“发心”,菩提心谓祈愿成佛之心,发心即舍弃自我安乐,为众生之利,而发求取正觉成佛的心。

㉘ [解法界理] 参解法界之理。法界亦称法性、实相,指意识所缘对象之所有事物。

㉙ [克期取证] 严限期日,修行办道,以证得佛果。

㉚ [约] 就、于之意。

㉛ [持者] 念持经典或陀罗尼经咒等不断者。

㉜ [立地证入] 立刻证得真理,“证入”见前注。

⑨³［闻者］听闻佛法之人。

⑨⁴［遇影蒙尘］影，遮日光而生之薄暗色。蒙尘，蒙上灰尘。指蒙蔽之人。

⑨⁵［究竟］至高无上。

⑨⁶［种子］植物种子之譬喻，色法（物质）与心法（精神）等一切现象亦有其产生之因种，能产生诸现象（有漏种子）或成菩提之因（无漏种子）。

⑨⁷［但］只。

⑨⁸［三德秘藏］三德为大涅槃所具之三种德相，即法身、解脱、般若，法身系指一切存在本来具足之真如，或指以功德法完成之身，解脱即脱离烦恼束缚，般若则指悟之智慧；秘藏即秘密含藏的智慧和德能。

⑨⁹［常乐我净］《涅槃经》之所述"常、乐、我、净"称"涅槃四德"，证入涅槃之觉悟为永远不变之觉悟，谓之常；其境界无苦而安乐，谓之乐；自由自在，毫无拘束，谓之我；无烦恼之染污，谓之净。三德秘藏每一种里都含有常乐我净四德，称为四净德，是即清净之德。

⑩⁰［安隐］犹安稳，安乐平稳，不为任何烦恼所惑。

⑩¹［常即法身，寂即解脱，光即般若］常为常住，无生灭变化。寂指寂灭，无烦恼之扰乱。光指光明，有智慧之光。常寂光土为佛所住国土；法身、解脱、般若，详前注"三德秘藏"。

⑩²［并］同一。

⑩³［别］分别、区别。

⑩⁴［依正不二］即依报（客体）与正报（主体）虽二而不二之意。正报，佛身也。依报，净土也，详参前注"依果自严"。

⑩⁵［常寂光法性身土］法性身即法身，佛身如法性周遍十方，有无量无边之相好庄严。

⑩⁶［全体迷之］体，自性本体。迷，迷惑。之，语助，无实际意义。

⑩⁷［三界六道］三界为将凡夫生死流转的迷惑世界分为三者，即欲界（欲望世界）、色界（物质世界）、无色界（超越物质与欲望的高度精

神世界)。六道,指众生轮回的地狱、饿鬼、畜生、修罗、人、天六道。

⑱[偏证]不全面的证悟。

⑲[声闻缘觉]声闻乘和缘觉乘,声闻乘指闻佛音声和修四谛法门而悟道的人,缘觉乘指依十二因缘之理而起修和悟道者。

⑩[权位菩萨]按大乘圆教,菩萨分为52个层次。初信位至十信位的菩萨,这十个等级的菩萨还没有证法身和破无明,因此称谓"权位菩萨"。权指权且,权且菩萨非真菩萨,因为没有破一分无明惑。

⑪[随分]谓随能力、资质之限度而行。

⑫[三贤十圣]大乘佛教之菩萨修行阶位。《华严经》云:"明十住、十行、十回向为贤,十地为圣,妙觉为佛。十圣者即十地圣人。一欢喜;二离垢;三发光;四焰慧;五难胜;六见前;七远行;八不动;九善慧;十法云。"

⑬[为实施权]意谓为归于真实而施设权便之法。

⑭[不动法性]不动即不变;法性意谓诸法之体性,即一切现象所具有之真实不变之本性。

⑮[三土]凡圣同居土、方便有余土、实报无障碍土。凡圣同居土,凡夫与圣人同住的国土;方便有余土,虽断见思惑,但未断尘沙、无明惑的二乘与菩萨住处;实报无障碍土,谓别教的初地以上、圆教的初住以上,至等觉的菩萨,已断分分无明,安心自在而无障碍的国土。

⑯[三聚戒]即三聚净戒,包括摄律仪戒、摄善法戒、摄众生戒,摄律仪戒是遵守佛法不作诸恶;摄善法戒是奉行一切之善;摄众生戒是广修一切善法以利益众生。

⑰[四土]又称四佛土,即凡圣同居土、方便有余土、实报无障碍土、常寂光土,详参前注相关词条。

⑱[习教]修习教法。

⑲[传持]受持并传授佛法。

⑳[具]同"俱",全。

㉑[具戒]具足戒的省称。指比丘、比丘尼所应受持之戒律;因与

沙弥、沙弥尼所受十戒相比，戒品具足，故称具足戒。

⑫[正解] 又作“正觉”，真正的觉悟，谓证悟一切诸法之真正觉智。

⑬[笃行] 切实践行。

⑭[证密] 证悟密法。

⑮[真因] 为“极果(真果，亦即佛果)”之对称。

⑯[四种净土] 即“四土”，参前注。

⑰[实果] 相对“权果”而言，为实教所说的果位，亦即佛果。

⑱[心性] 心之本性，又称自性，大乘佛教一般认为心之本性清净。

⑲[彻其涯底] 涯指水之边际，底指水底，意谓穷其广大深邃。

⑳[甲午重九后一日] 可推得为公元 1654 年农历九月初十。

【评析】

蕅益智旭(1599—1655)，吴县木渎人，俗姓钟，字蕅(同“藕”)益，号八不道人，明末四大高僧之一，也是其中影响最大的一位。《法海观澜》，谓观大藏法海之波澜，顾名思义，为佛学津梁之作。蕅益大师提出了首律宗，次天台、华严、唯识诸教，次禅宗，继密宗，终净土的判教体系，《法海观澜》依此次第，每章章首开举所述宗派书目，继而每类征文详述，论其要旨。本选文为全书序，开宗明义，晓之教判综说大体，略示修道次第，从中亦可一窥中国本土佛教发展的思想脉络。

【理性思考】

1. 结合全文，试谈蕅益智旭大师判教学说之大略，可进一步谈谈你的看法。

2. 宋代以降，“禅净合流”、“诸宗归净”就成为了中国本土佛教的主要发展趋势，请结合本文，略论“归净”思想的脉络。

3. 本文所罗列的持戒、诸宗、禅观、密教、净土，分别对应了佛教的哪些智慧和修行方法，它们之间的关系如何，今日之社会生活是否也能从中汲取养料？

【延伸阅读】

1. 蕅益大师《念佛即禅观论》。
2. 印光大师《往生论》序跋。
3. 沮渠京声译《佛说观弥勒菩萨上生兜率天经》。

老子（节选）[①]

一　章

道可道，非常道；名可名，非常名[②]。无名天地之始，有名万物之母。故常无欲，以观其妙；常有欲，以观其徼[③]。此两者同出而异名，同谓之玄[④]。玄之又玄，众妙之门。

四　章

道冲[⑤]而用之或不盈，渊[⑥]兮似[⑦]万物之宗[⑧]。挫其锐，解其纷，和其光，同其尘。湛[⑨]兮似或存，吾不知谁之子，象帝[⑩]之先。

八　章

上善若水。水善利万物而不争，处众人之所恶[⑪]，故幾[⑫]于道。居善地，心善渊，与善仁，言善信，正善治，事善能，动善时[⑬]。夫唯不争，故无尤[⑭]。

十　章

载营魄抱一，能无离乎[⑮]？专气致柔，能婴儿乎[⑯]？涤除玄览[⑰]，能无疵乎？爱民治国，能无知乎？天门[⑱]开阖，能无雌[⑲]乎？明白四达，能无为乎？生之，畜之[⑳]。生而不有，为而不恃，长而不宰，是谓玄德[㉑]。

十六章

致虚极，守静笃，万物并作，吾以观复[㉒]。夫物芸芸，各复归其根。归根曰静，是谓复命。复命曰常，知常曰明，不知常，妄作，凶。知常容，容乃公，公乃王，王乃天，天乃道，道乃久，没身不殆[23]。

二十五章

有物混成，先天地生，寂兮寥兮，独立不改，周行而不殆，可以为天下母。吾不知其名，字[24]之曰道，强为之名曰大。大曰逝，逝曰远，远曰反[25]。故道大，天大，地大，王亦大。域中有四大，而王居其一焉[26]。人法地，地法天，天法道，道法自然。

二十八章

知其雄，守其雌，为天下谿[27]。为天下谿，常德不离，复归于婴儿。知其白，守其黑，为天下式[28]。为天下式，常德不忒[29]，复归于无极。知其荣，守其辱，为天下谷[30]。为天下谷，常德乃足，复归于朴[31]。朴散则为器，圣人用之则为官长[32]。故大制不割[33]。

四十三章

天下之至柔，驰骋[34]天下之至坚。无有入无间，吾是以知无为之有益。不言之教，无为之益，天下希及之[35]。

四十五章

大成[36]若缺，其用不弊；大盈[37]若冲，其用不穷。大直若屈，大巧若拙，大辩[38]若讷[39]。

躁胜寒，静胜热，清静为天下正。[40]

五十二章

天下有始[41]，以为天下母。既得其母，以知其子；既知其子，复守其母，没身不殆。

塞其兑[42]，闭其门[43]，终身不勤[44]。开其兑，济[45]其事，终身不救[46]。见小曰明，守柔曰强。用其光，复归其明，无遗身殃[47]，是谓习常[48]。

六十六章

江海之所以能为百谷[49]王者，以其善下之，故能为百谷王。是以圣人[50]欲上民，必以言下之[51]。欲先民，必以身后之。是以圣人处上而民不重[52]，处前而民不害。是以天下乐推而不厌[53]。以其不争，故天下莫能与之争。

【注释】

① 1973 年长沙马王堆汉墓出土帛书《老子》(甲、乙本),是目前已知最早最完备的《老子》钞本(郭店楚简本《老子》时代虽在帛书本之前,但篇幅不全),理应作为今天阅读理解《老子》的底本。但考虑到《老子》传承的历史和阅读习惯,选文仍以最流行的通行本亦即王弼《老子道德经注》(楼宇烈《王弼集校释》,中华书局 1980 年版)为底本,关键处参以高明《帛书老子校正》(中华书局 1996 年版)尹振环《帛书老子再疏义》(商务印书馆 2007 年版),在注释中予以校正。

② [“道可道”句] 此句的意思是:可以用言语表达的道,不是普适恒常之“道”;可以为之命名的名,不是永久相符之“名”。

③ [徼] 边界。

④ [“此两者”句] 此句帛书本作“两者同出,异名同谓”,意思是“无”和“有”同出于“道”,二者异名但为一事。

⑤ [冲] 虚。

⑥ [渊] 深。

⑦ [似] 帛书作“始”。

⑧ [宗] 主。此句的意思是:“道”无比深邃,是万物的创始者。

⑨ [湛] 精深。

⑩ [帝] 天帝。

⑪ [恶] 厌恶。

⑫ [幾] 近。

⑬ [“居善地”句] 此句的意思是:居处(像水一般)善于选择地方,心怀(像水一般)善于保持沉静,施予(像水一般)善于真诚仁慈,言语(像水一般)善于诚实守信,政治(像水一般)善于有效治理,处事(像水一般)善于取得效果,行动(像水一般)善于把握时机。

⑭ [尤] 怨恨。

⑮ [“载营魄抱一”句] 此句的意思是:精神与肉体合一,能够不分

离吗？载，发语词。营魄，魂魄。

⑯［“专气致柔”句］此句的意思是：聚集精气达到柔顺，能像婴儿一样吗？

⑰［玄览］览，应照帛书本作“鉴”。玄鉴，能照察万物之心镜。

⑱［天门］此处应指耳、目、口、鼻感觉器官。

⑲［无雌］应照帛书乙本作“为雌”。雌，安静柔顺。为雌，守静。

⑳［“生之”句］此句的意思是：使万物得到生长，使万物得到养育。

㉑［“生而不有”句］此句的意思是：生万物而不占有之，育万物而不主宰之，这就是高深之德。

㉒［观复］观察天道循环。

㉓［“知常容”句］此句的意思是：知晓恒常的自然规律则能包容，包容则能无私，无私则能王天下，王天下则能从于自然，从于自然则能契合于道，契合于道则能长久，终身不遭遇危险。此句中之“王”，一说应为“全”字之讹。全，周普。

㉔［字］取名、命名。

㉕［“大曰逝”句］此句的意思是：道体广大即周流不息，周流不息即漫延无边，漫延无边即复归本原。

㉖［“故道大”句］句中之“王”，应作“人”。本句应作：故道大，天大，地大，人亦大。域中有四大，而人居其一焉。

㉗［“知其雄”句］本句的意思是：深晓雄壮，但安于柔弱，以作为天下的溪水。谿，同“溪”。

㉘［式］范式。

㉙［忒(tè)］差错。

㉚［“知其白”以下三句］一说“守其黑……知其荣”二十三字为后人增加。本句应为：“知其白，守其辱，为天下谷”，意思是：深晓光明，但安于幽暗，以作为天下的山谷。

㉛［朴］原指未雕刻的木材，此指道之真性。

㉜［官长］百官之长。

㉝［故大制不割］此句的意思是：以道制裁万物，不强行裁割，也就是“大治无治”。

㉞［驰骋］帛书甲本此下有“于”字。此处指水、气至柔之物能穿行于至坚之物。

㉟［“不言”句］此句的意思是：（无有入于无间）这种不用言语的教化、无所施为的好处，天下很少有人能够做到。希，通“稀”，少。

㊱［大成］最圆满的事物。

㊲［大盈］最充盈的事物。

㊳［大辩］最好的辩说。

㊴［讷（nè）］言语迟钝笨拙。

㊵［“躁胜寒”句］此句的意思是：运动可以抵御寒冷，持静可以克服炎热，清静可以使天下安定。本句楚简本独立为一章，并作“喿胜苍，青胜然，清清为天下定”，与帛书本、今本不同。

㊶［始］万物的初始，即“道”。

㊷［兑（duì）］耳目口鼻，此处是指求智的欲望。“塞其兑”以下，帛书本分为另一章。

㊸［门］此处是指求智的门径。

㊹［勤］劳累。

㊺［济］成全。

㊻［救］救治。

㊼［殃］灾祸。

㊽［习常］习，通“袭”，帛书本即作“袭”。“袭常”，永恒不绝的常道。

㊾［百谷］百川。

㊿［圣人］二字王弼本原阙，据帛书本补。

51［“欲上民”句］此句的意思是：因此圣人要想位居于民众之上，必须用语言来表示自己卑下于民众。

㉜［重］重负。

㉝［厌］厌弃。

【评析】

《老子》,又名《道德经》,是先秦道家的重要经典。后为道教所尊崇,奉为根本经典之一。今本共八十一章,五千余言,分上下篇。老子的真实身份众说不一,大抵春秋末期已有老子其人,但《老子》成书可能要晚许多。1993 年,湖北荆门郭店楚墓出土竹简《老子》,这是迄今可见的最早的《老子》版本,1973 年长沙马王堆汉墓出土帛书《老子》(甲、乙本)则是目前已见最早最为完整的《老子》钞本。

此处共选《老子》十一章。第一章、第二十五章是关于"道"的根本性叙说,作为万物之始的终极本体,"道"是宇宙自然本性的表现,不可言说,亦不可指称。第四章论"道"之状态,即博大渊深、取用不竭、无锐无纷、和光同尘。第十章、第二十八章、第四十三章和第十六章在以无为本的原则下论述形神合一、知雄守雌、贵柔无为、致虚守静、归根复命的修身处世之德,为后世神仙之说及道教哲学尊为养生修性、解脱升仙之要谛。第四十五章是对立统一二元辩证的典型论述之一。第八章及第六十六章以水为喻,阐述以"不争"为核心的帝王术之旨。

《老子》的文体形式与其他先秦诸子有较大的不同,具有鲜明的特色。《老子》最初的文本可能是句式整齐的诗歌,至少是便于记诵的韵文,虽然历经增添改易,今本至今仍保留了很多这样的痕迹。《老子》的文辞短小精悍,词句凝练,涵括性、思辨性极强。在风格上,《老子》睿智深刻,意味隽永,具有鲜明的诗性色彩。

【理性思考】

1. 如何诠释《老子》所提出的"道"?
2. 为什么《老子》思想成为后世神仙说及道教哲学的理论依据?
3. 结合战国时期的政治社会状况,阐述《老子》的"无为"。

4. 在文体、修辞及风格等方面对《老子》和《庄子》进行比较。

【延伸阅读】

1. 陈鼓应《老子注译及评介》,中华书局 1984 年版。
2. 尹振环《帛书老子再疏义》,商务印书馆 2007 年版。

庄子·齐物论(节选)[①]

1

南郭子綦[②]隐机[③]而坐,仰天而嘘[④],荅焉[⑤]似丧其耦[⑥]。颜成子游[⑦]立侍乎前,曰:“何居[⑧]乎?形固可使如槁木[⑨],而心固可使如死灰乎?今之隐机者,非昔之隐机者也。”

子綦曰:“偃,不亦善乎,而[⑩]问之也!今者吾丧我[⑪],汝知之乎?汝闻人籁[⑫]而未闻地籁[⑬],汝闻地籁而未闻天籁[⑭]夫!”

子游曰:“敢问其方。”

子綦曰:“夫大块[⑮]噫气[⑯],其名为风。是唯无作,作则万窍[⑰]怒呺[⑱]。而独不闻之翏翏[⑲]乎?山林之畏佳[⑳],大木百围之窍穴,似鼻,似口,似耳,似枅[㉑],似圈[㉒],似臼[㉓],似洼[㉔]者,似污[㉕]者;激[㉖]者,謞[㉗]者,叱[㉘]者,吸[㉙]者,叫者,譹[㉚]者,宎[㉛]者,咬[㉜]者,前者唱于而随者唱喁[㉝]。泠风[㉞]则小和,飘风[㉟]则大和,厉风[㊱]济[㊲]则众窍为虚。而独不见之调调[㊳],之刀刀[㊴]乎?”子游曰:“地籁则众窍是已,人籁则比竹[㊵]是已。敢问天籁。”

子綦曰:“夫吹万不同,而使其自已也,咸其自取,怒者其谁邪!”[㊶]

2

一受其成形,不亡以待尽[㊷]。与物相刃相靡[㊸],其行尽如驰,而莫之能止,不亦悲乎[㊹]!终身役役[㊺]而不见其成功,苶然[㊻]疲役而不知其所归,可不哀邪!人谓之不死,奚益[㊼]?其形化,其心与之然,可不谓大哀乎[㊽]?人之生也,固若是芒乎[㊾]?其我独芒,而人亦有不芒者乎[㊿]?

3

夫言[51]非吹[52]也。言者有言，其所言者特未定也[53]。果有言邪？其未尝有言邪？其以为异于鷇音[54]，亦有辩[55]乎，其无辩乎？道恶[56]乎隐[57]而有真伪？言恶乎隐而有是非[58]？道恶乎往而不存？言恶乎存而不可[59]？道隐于小成[60]，言隐于荣华[61]。故有儒墨[62]之是非，以是其所非而非其所是[63]。欲是其所非而非其所是，则莫若以明[64]。

4

物无非彼，物无非是[65]。自彼则不见，自知则知之[66]。故曰：彼出于是，是亦因彼[67]。彼、是，方生[68]之说也。虽然，方生方死，方死方生；方可方不可，方不可方可；因是因非，因非因是。是以圣人不由，而照之于天[69]，亦因是也。是亦彼也，彼亦是也。彼亦一是非，此亦一是非[70]。果且有彼、是乎哉？果且无彼、是乎哉？彼、是莫得其偶，谓之道枢[71]。枢始得其环中，以应无穷[72]。是亦一无穷，非亦一无穷也，故曰："莫若以明"[73]。

5

天下莫大于秋豪之末[74]，而大山[75]为小；莫寿于殇子[76]，而彭祖[77]为夭[78]。天地与我并生，而万物与我为一。既已为一矣，且得有言乎？既已谓之一矣，且得无言乎？一与言为二，二与一为三[79]。自此以往，巧历[80]不能得，而况其凡[81]乎！故自无适[82]有以至于三，而况自有适有乎！无适焉，因是已[83]。

6

夫大道不称[84]，大辩不言[85]，大仁不仁[86]，大廉不嗛[87]，大勇不忮[88]。道昭而不道[89]，言辩而不及[90]，仁常而不成[91]，廉清而不信[92]，勇忮而不成[93]。五者园而几向方矣[94]。故知止其所不知，至矣[95]。孰知不言之辩，不道之道？若有能知，此之谓天府。注焉而不满，酌焉而不竭，而不知其所由来，此之谓葆光[96]。

7

昔者[97]庄周梦为胡蝶，栩栩然[98]胡蝶也，自喻[99]适志[100]与！不知周也。俄然[101]觉，则蘧蘧然[102]周也。不知周之梦为胡蝶与？胡蝶之梦为周与？周与胡蝶，则必有分[103]矣。此之谓物化[104]。

【注释】

① 节选自《庄子·齐物论》（[清]郭庆藩撰，王孝鱼点校《庄子集释》，中华书局1982年版）。

② [南郭子綦] 楚昭王庶弟，字子綦，居于南郭，故号南郭子綦。

③ [隐机] 依凭、依靠。机，同“几”，几案。

④ [嘘] 吐气。

⑤ [荅(tà)焉] 全身散架解体的样子。

⑥ [耦] 此指身体。

⑦ [颜成子游] 名偃，字子游，南郭子綦弟子。

⑧ [何居] 何故。

⑨ [槁木] 枯死之木。

⑩ [而] 同“尔”。

⑪ [吾丧我] 忘我，摒弃对“我”的执着。

⑫ [人籁] 人发出的声音。籁，箫，此处代指通过吹奏有孔有洞的物体所发出的声音。

⑬ [地籁] 大地发出的声音。根据下文，大地之声是风吹过各种孔窍而发出。

⑭ [天籁] 天发出的声音。

⑮ [大块] 大地。

⑯ [噫气] 吹气。

⑰ [窍] 洞，孔。

⑱ [呺] 号，大风之声。

⑲ [翏(liáo)翏] 长风之声。

⑳ [畏佳] 高峻的样子。

㉑ [枅(jī)] 柱上方木。此指方形大孔。

㉒［圈］圆的大孔。

㉓［臼］臼形的孔。

㉔［洼］深孔。

㉕［污］浅孔。

㉖［激］水流湍激之声。

㉗［謞(xiào)］呼啸之声。

㉘［叱］通“啸”。呼啸之声。

㉙［吸］吸气之声。

㉚［譹］嚎叫之声。

㉛［宎(yǎo)］深谷回响之声。

㉜［咬］哀呼之声。

㉝［前者唱于而随者唱喁］前者带领，后者跟随。于、喁，风吹树动前后相随之声。

㉞［泠风］小风。

㉟［飘风］暴风。

㊱［厉风］烈风。

㊲［济］停止。

㊳［调调］风吹树枝大动的样子。

㊴［刀刀］风吹树枝微动的样子。一本作“刁刁”。

㊵［比竹］箫管之类能发出声音的乐器。

㊶［“夫吹万”句］此句的意思是：吹过万物发出不同的声音，乃是万物原于自身的形状自己发出的，除了它们自己，并不存在另外的鼓动者。自己，自身发出。自取，根据自身状态而产生。怒者，催动者。

㊷［“一受其成形”句］此句的意思是：人一旦秉受元气而生成形、性，就不参与变化，只能守其分内，等待年寿完结。亡，《庄子·田子方》作“化”，是。

㊸［相刃相靡］刃，切。靡，磨。相刃相靡，犹言与世间万物各种形式的接触。

㊹［“其行尽如驰”句］此句的意思是：人与万物相触，常恣意追逐，不能终止，真是悲哀。尽，义当作“进”。驰，急速追逐。

㊺［役役］劳苦不息的样子。

㊻［苶(nié)然］疲惫委顿的样子。

㊼［“人谓之不死”句］此句的意思是：这样的人即使不死，又有什么意义？奚，何。

㊽［“其形化”句］此句的意思是：形体劳役，精神也随之奔驰不已，难道不是莫大的悲哀吗？

㊾［“人之生也”句］此句的意思是：人生于世，固然如此茫昧吗？芒，迷茫、蒙昧。

㊿［“其我独芒”句］此句的意思：或者是否只有我一人茫昧，而其他人中也有不茫昧的呢？

51［言］言语、言论。

52［吹］风吹。

53［“言者有言”句］此句的意思是：每一位言说者都各有其言论，其言论尚不能成为是非的准则。

54［彀(kóu)音］幼鸟之声。

55［辩］同“辨”，辨别、分别。

56［恶(wū)］疑问代词，相当于“何”、“怎样”。

57［隐］遮蔽。

58［“道恶乎隐”二句］“道”怎样被遮蔽而出现了真伪的区别？“言”怎样被隐藏而产生了是非的争辩？

59［“道恶乎往”二句］“道”去往哪里而不存？“言”怎会说出却有不可？

60［小成］初步的成就。

61［荣华］浮华之辞。

62［儒墨］儒、墨两学派。庄子之时，儒、墨学派最为显赫，且争论激烈。

㊸［以是其所非而非其所是］儒、墨各自肯定对方所否定的，而否定对方所肯定的。

㊹［莫若以明］不如代之以不受蒙蔽的鉴察。

㊺［“物无非彼”句］“物”指客观物体；本段中的“彼”和“是”为两个相对立的范畴，可作“彼—此”、“他—我”、“他者—此者”等解。此句的中心意思是指出物体既是“彼”，又是“此”，完全是相对的。

㊻［“自彼则不见”句］此句的意思是：自“他”角度观我，蔽障不见；若“我”反观自视，则可察见幽微。或以本段“彼”“是”相对，推测下句当作“自是则知之”。

㊼［“彼出于是”句］此句的意思是：“彼”、“是”双方互生互存，缺一不可。

㊽［“彼是方生”二句］并生，同生。此句的意思是：“彼”、“是”虽是并生之关系，但既并生也并亡，并亡也并生；既互相肯定，也互相否定；既互相否定，也互相肯定。是与非相因相生，是即非，非即是。此二句的中心思想是提出绝对的相对性。

㊾［“圣人不由”句］此句的意思是：圣人待物，心中不存“彼”、“是”之对立，而是依于天道自然。

㊿［“彼亦一是非”句］此句的意思是：他人以其立场认为他对我错，我以我的立场认为我对他错，双方因“彼”、“是”之对立不能兼容，可见“彼”、“是”既存，就没有绝对的是非标准。

⑪［“彼是莫得其偶”句］此句的意思是：当“彼”、“是”都无从得其偶对时，即心中破除“彼—是”执着时，方能领悟天道之要领。枢，本指控制门户转动的枢机，喻关键之物，此指事物之本质，天道之机制。

⑫［“枢始”句］本句的意思是：枢入于环即可成为道枢，方能应对“彼—此”、“是—非”的无穷变化。环，插入枢机处。

⑬［“是亦一无穷”句］此句的意思是：所有的是、非评价均因“彼”、“是”之对立而生，并非绝对，故无穷无尽，所以说“莫若以明”。此处回应前章“欲是其所非而非其所是，则莫若以明”，“以明”之义，参“圣

人不由，而照之于天”。

⑭ [秋豪之末] 秋豪即“秋毫”，鸟兽秋天新长出的细毛。末，末端。秋毫之末，喻指极微小之物。

⑮ [大山] 即泰山。

⑯ [殇子] 幼年夭折之人。

⑰ [彭祖] 古代传说中的长寿之人。

⑱ [夭] 夭折。

⑲ [“一与言为二”句] 一，意为前句中“万物与我为一”。言，指前句中“有言”、“无言”之“言”，即言说。此句的意思是：“物我为一”加上“言说”，就成了“二”，“二”再加上“一”就成了“三”。

⑳ [巧历] 善于计算的人。

㉑ [凡] 凡人。

㉒ [适] 到，至。

㉓ [“无适焉”句] 此句的意思是：不需要再往下计算了，顺从自然就是了。

㉔ [大道不称] 至上的大道不以名号相称。

㉕ [大辩不言] 最妙的辩言不以言语道出。

㉖ [大仁不仁] 大的仁并不表现为具体的仁爱。

㉗ [大廉不嗛(qīan)] 高的廉洁不自称其廉。嗛，应为廉的误字。

㉘ [大勇不忮(zhì)] 大的勇猛并不凶狠而有伤害。忮，凶狠。

㉙ [昭而不道] 过于显明就不是真道。

㉚ [辩而不及] 言语过于机辩必定有所不及。

㉛ [仁常而不成] 仁固守一处难有所成。成，一作周。周，周遍。

㉜ [廉清而不信] 过分的廉洁难以为信。

㉝ [勇忮而不成] 勇武过于凶狠则不能成事。

㉞ [“五者”句] “五者”谓“道昭而不道”、“言辩而不及”、“仁常而不成”、“廉清而不信”，“勇忮而不成”。园而几向方，自身为圆而趋向于方。园，同“圆”，圆通。几，几乎。方，道。此句的意思是：以上五者做

到圆通，则近乎道。《淮南子》载此句作“五者无弃而几向方”，无弃，不忘。

⑮［“故知”句］此句的意思是：所以智慧就是止于其所不知之处，这是最高境界。知，同“智”。

⑯［葆光］藏其光而不露。“孰知”句的意思是：谁能知道不用言语的辩言、不用称说的大道？如果有能知道的，那就是天地的府库：无论注入多少都不会满溢，无论酌取多少也不会枯竭，同时也不知道它的来由。这就叫作葆藏不露。

⑰［昔者］夜间。昔，通“夕”。

⑱［栩栩然］畅快的样子。

⑲［自喻］愉悦。喻，通“愉”。

⑳［适志］欣快自得。

㉑［俄然］忽然之间。

㉒［蘧蘧然］突然惊动的样子。

㉓［分(fèn)］分际，界限。

㉔［物化］与万物化合为一。末二句的意思是：庄周与蝴蝶，必然是有所不同的，可到底是庄周梦见自己成了蝴蝶，还是蝴蝶梦见自己成了庄周？这实际上就是二者化合为一，泯然无差了。

【评析】

《庄子》，为战国道家庄周学派的著作，唐玄宗天宝元年，庄子受封“南华真人”，故此书又名《南华真经》。《庄子》原书五十二篇，今存三十三篇，分内篇、外篇、杂篇三部分。一般认为，内七篇是庄子亲述，外、杂篇则多为弟子、门生所作；内篇之中，又以《齐物论》《逍遥游》《大宗师》三篇，表现庄子的哲学思想最为集中。

《齐物论》是《庄子》中哲学意味最浓厚的一篇。“齐物”，就是同等看待万事万物。《齐物论》通过齐是非、齐彼此、齐物我、齐寿夭的论证，反对片面的、绝对的认识，主张任何事物皆无确定不变的是非标准，一切是非之争，都是对“道”的全面性的歪曲和割裂。

【理性思考】

1. 怎样理解“天籁”？
2. 怎样理解此篇中的“方生方死，方死方生”？
3. 请根据庄子的“齐物”，谈一谈“相对主义”的特色。

【延伸阅读】

1. 陈鼓应《庄子今注今译》，中华书局 2007 年版。
2. [清] 王先谦、刘武《庄子集解 · 庄子集解内篇补正》，中华书局 1987 年版。

庄子 · 养生主(节选)[1]

1

吾生也有涯[2]，而知[3]也无涯。以有涯随[4]无涯，殆[5]已；已而为知者[6]，殆而已矣。为善无近名[7]，为恶无近刑[8]，缘督以为经[9]，可以保身，可以全生[10]，可以养亲[11]，可以尽年[12]。

2

庖丁[13]为文惠君[14]解牛，手之所触，肩之所倚，足之所履，膝之所踦[15]，砉然向然[16]，奏刀騞然[17]，莫不中音[18]。合于《桑林》[19]之舞，乃中《经首》之会[20]。

文惠君曰：“嘻，善哉！技盖至此乎？”

庖丁释刀对曰：“臣之所好者道也，进乎技矣[21]。始臣之解牛之时，所见无非全牛者。三年之后，未尝见全牛也。方今之时，臣以神遇而不以目视，官知止而神欲行[22]。依乎天理，批大郤[23]，导大窾[24]，因其固然。技经肯綮之未尝[25]，而况大軱[26]乎！良庖岁更刀，割[27]也；族庖[28]月更刀，折[29]也。今臣之刀十九年矣，所解数千牛矣，而刀刃若新发于硎[30]。彼节者有间[31]，而刀刃者无厚[32]；以无厚入有间，恢恢乎其于游刃必有余地矣[33]，是以十九年而刀刃若新发于硎。虽然，每至于族[34]，吾见其难为，怵然[35]为戒，视为止[36]，行为迟。动刀甚微，謋然[37]以解，如土委地。提刀而立，为之四顾，为之踌躇满志[38]，善刀而藏之[39]。”

文惠君曰：“善哉！吾闻庖丁之言，得养生焉[40]。”

3

老聃[41]死，秦失[42]吊之，三号而出[43]。弟子曰：“非夫子[44]之友邪？”曰：“然[45]。”“然则吊焉若此，可乎？”曰：“然。始也吾以为其人[46]也，而今非也。向吾入而吊焉，有老者哭之，如哭其子；少者哭之，如哭其母。彼其所以会[47]之，必有不蕲[48]言[49]而言，不蕲哭而哭者。是遁天[50]倍情[51]，忘其所受[52]，古者谓之遁天之刑[53]。适来[54]，夫子时[55]也；适去，夫子顺[56]也。安时而处顺[57]，哀乐不能入也，古者谓是帝之县解[58]。”

指穷于为薪，火传也，不知其尽也[59]。

【注释】

① 节选自《庄子·养生主》（[清] 郭庆藩撰，王孝鱼点校《庄子集释》，中华书局 1982 年版）。

② [涯] 涯岸，边界。

③ [知] 通“智”，精神思考。此处指人精神上的求知活动。

④ [随] 追逐，追求。

⑤ [殆] 危险。

⑥ [已而为知者] 既然这样还要进行精神思考。已，如此。

⑦ [为善无近名] 行善不求名誉。

⑧ [为恶不近刑] 作恶不受刑罚。

⑨ [缘督以为经] 沿着中道行事，以此为常法。督，中。经，常道、常法。

⑩ [生] 性，天性。

⑪ [养亲] 或以为当作“养身”，保养身体。

⑫［尽年］享尽天年。

⑬［庖丁］名为丁的掌庖厨者。

⑭［文惠君］即魏惠王(前400—前319)，名罃，又称“梁惠王”。

⑮［踦(yǐ)］同“倚”，倚靠。

⑯［砉(huā)然向然］解牛前刀所发出的声音。

⑰［奏刀騞(huō)然］解牛时刀劈肉骨发出的哗哗声。

⑱［中音］合于音律。

⑲［《桑林》］殷汤乐名。

⑳［《经首》］尧时乐名。会，韵律。

㉑［“臣之”句］此句的意思是：我喜好的是道，已经超越了单纯的解牛技术。

㉒［官知止而神欲行］感官停止活动，心神开始发挥作用。

㉓［批大郤(xì)］敲击重要关节。批，击。郤，间隙。

㉔［导大窾(kuǎn)］将刀引入骨节空处。窾，空。

㉕［技经肯綮(qìng)之未尝］不曾有碍于经络汇集、骨肉盘结处。“技”，当作“枝”。枝经，经络。肯，附于骨上的肉。綮，筋肉盘结处。

㉖［大軱(gū)］大骨。

㉗［割］用刀割肉。

㉘［族庖］普通的厨师。族，众。

㉙［折］用刀折骨。

㉚［新发于硎(xíng)］刚刚磨过。硎，磨刀石。

㉛［彼节者有间］牛的骨节之间存有间隙。

㉜［刀刃者无厚］我的刀刃已经没有厚度。

㉝［恢恢乎其于游刃必有余地矣］运刀于骨节之间，宽敞有余。恢恢，宽大貌。

㉞［族］交错聚结处。

㉟［怵然］警惕的样子。

㊱［视为止］不视他物。

㊲［谍(huò)然］骨肉脱离的声音。

㊳［踌躇满志］从容自得、志气盈满的样子。

㊴［善刀而藏之］擦拭刀后好好收藏。善,擦拭。

㊵［得养生焉］领悟养生的要旨。

㊶［老聃］即老子。传说老子姓李名耳,字聃。

㊷［秦失］不详何人。

㊸［三号而出］干哭了几声就出来了。

㊹［夫子］此处是对秦失的敬称。

㊺［然］肯定词。此处为“是”。秦失回答中下一“然”则是“可以”的意思。

㊻［其人］应作“至人”,《庄子》所尊奉的达到超凡脱俗境界的人。

㊼［会］感会。

㊽［蕲］通“祈”,祈求。

㊾［言］此处通“唁”。

㊿［遁天］逃避天道亦即自然之道。

51［倍情］违背情实。倍,通“背”。

52［忘其所受］忘掉了我们所禀受的生命的有限性本质。

53［遁天之刑］逃避自然的规定。

54［适来］正该来时。适,适当,恰当。

55［时］应时。

56［顺］顺应。“适来”一句的意思是:该降生的时候,老聃应时而生;该去世的时候,老聃顺应而死。

57［安时而处顺］安心于天道的时节,顺应于天道的规律。

58［“古者”句］本句的意思是:古时候把安时处顺叫做天道所进行的解除倒悬。帝,此处当是指天道主宰者,亦即天道。县,通“悬”。

59［“指穷”句］此句的表面意思是:脂膏的燃烧是有穷尽的,但是火却可以一直传续下去,没有穷尽的时候。指,同“脂”,脂膏。薪,燃烧以取光之物。在本段中,此句是以薪、火为喻指出:人的肉体生命是有穷尽的，但是人的肉体生命所转化的东西却可以一直传续下去，没有穷尽。

【评析】

“养生”即如何养存性命是道家思想中的重要课题，《养生主》最早对此进行了具体、系统的论述。所选第一段主张顺应中道亦即自然之道，不能“遁天倍情”。第二段为著名的“庖丁解牛”寓言，指出人之处于世间，既须顺应天理，又须善于藏护。本段所阐发的另一个道理是“技”与“道”的关系，庖丁解牛熟能生巧，已由“技”入“道”，即超出人为技术的层次而达至顺应天理的境界。第三段也是对顺应自然的发挥，通过秦失吊唁老聃的态度，指出人生理当摒弃哀乐、安时处顺，不应拘泥于人之肉体的消亡穷尽，而应注重万物转化的永恒不息。

【理性思考】

1. 《庄子》“养生”的核心是什么？
2. “以有涯随无涯，殆已”、“安时而处顺”是一种消极的态度吗？
3. 为什么文惠君“闻庖丁之言，得养生焉”？

庄子·马蹄[①]

马，蹄可以践霜雪，毛可以御风寒。龁[②]草饮水，翘足而陆[③]，此马之真性也。虽有义台路寝[④]，无所用之。及至伯乐[⑤]，曰：“我善治马。”烧[⑥]之，剔[⑦]之，刻[⑧]之，雒[⑨]之，连之以羁馽[⑩]，编之以皁栈[⑪]，马之死者十二三矣；饥之，渴之，驰之，骤之，整之，齐之，前有橛饰[⑫]之患，而后有鞭筴[⑬]之威，而马之死者已过半矣。陶者曰：“我善治埴[⑭]，圆者中规，方者中矩。”匠人曰：“我善治木，曲者中钩[⑮]，直者应绳。”夫埴、木之性，岂欲中规矩钩绳哉？然且世世称之曰：“伯乐善治马，而陶、匠善治埴、木。”此亦治天下者之过也。

吾意善治天下者不然。彼民有常性，织而衣，耕而食，是谓同德[16]；一而不党[17]，命曰天放[18]。故至德之世，其行填填[19]，其视颠颠[20]。当是时也，山无蹊隧[21]，泽无舟梁；万物群生，连属其乡；禽兽成群，草木遂长。是故禽兽可系羁[22]而游，鸟鹊之巢可攀援而窥[23]。

夫至德之世，同与禽兽居，族与万物并，恶乎知君子小人哉！同乎无知，其德不离；同乎无欲，是谓素朴。素朴而民性得矣。及至圣人，蹩躠[24]为仁，踶跂[25]为义，而天下始疑矣。澶漫[26]为乐，摘僻[27]为礼，而天下始分矣。故纯朴不残[28]，孰为牺尊[29]！白玉不毁，孰为珪璋[30]！道德不废，安取仁义！性情不离，安用礼乐！五色不乱，孰为文采！五声不乱，孰应六律[31]！夫残朴以为器，工匠之罪也；毁道德以为仁义，圣人之过也。

夫马，陆居则食草饮水，喜则交颈相靡[32]，怒则分背相踶[33]。马知已此矣[34]。夫加之以衡扼[35]，齐之以月题[36]，而马知介倪[37]、闉扼[38]、鸷曼[39]、诡衔[40]、窃辔[41]。故马之知而态[42]至盗[43]者，伯乐之罪也。

夫赫胥氏[44]之时，民居不知所为，行不知所之，含哺而熙[45]，鼓腹而游，民能以此矣。及至圣人，屈折礼乐以匡天下之形[46]，县跂仁义[47]以慰天下之心，而民乃始踶跂好知[48]，争归于利，不可止也。此亦圣人之过也。

【注释】

① 据[清]郭庆藩撰《庄子集释》，王孝鱼点校，中华书局，1982 年版。

② [龁(hé)] 咀嚼。

③ [陆] 跳跃。

④ [义台路寝] 高台大殿。义，高；路，大。

⑤ [伯乐] 姓孙，名阳，字伯乐，传说春秋时善相马者。

⑥ [烧] 用烧红的铁炙之。

⑦ [剔] 剪毛。

⑧ [刻] 削蹄。

⑨［雒］通“烙”，烙印记号。

⑩［羁馽(zhí)］羁，马络头。馽，系马足之绊。

⑪［皁(zào)栈］皁，槽枥。栈，编木置于马脚下，又叫马床。

⑫［橛饰］橛，马镳。饰，马镳的饰物。

⑬［鞭筴(cè)］带皮为鞭，无皮为筴，都是驱马用具。筴，同“策”。

⑭［治埴］用黏土制作陶器。

⑮［钩］画曲线的工具。

⑯［同德］相同的本能。

⑰［一而不党］一以贯之，不偏不倚。党，偏。

⑱［天放］放任的天性。

⑲［填填］持重的样子。

⑳［颠颠］专注、直视的样子。

㉑［蹊隧］蹊，小径。隧，隧道。

㉒［系羁］用绳牵引。

㉓［攀援而窥］攀上枝头，窥探鸟鹊的巢穴。

㉔［蹩(bié)躠(xiè)］行走困难的样子，形容勉强用力。

㉕［踶(tī)跂(qì)］踮起脚尖的样子，意同“蹩躠”，形容勉强用力。

㉖［澶(dàn)漫］放纵。

㉗［摘僻］烦琐、拘泥。

㉘［纯朴不残］完整的木材未经雕刻。

㉙［牺尊］以牛形花纹为装饰的酒器。

㉚［珪璋］皆为玉器，上尖下方者为珪，半珪之形者为璋。

㉛［六律］此指乐律。

㉜［靡］摩擦。

㉝［踶］用蹄子踢。

㉞［马知已此矣］马之智仅止于此。知，同“智”。

㉟［衡扼］衡，车辕前横木。扼，同“轭”，叉马颈之木。

㊱［月题］马额头上的装饰物，形状似月。

㊲［介倪］折断车輗。“倪”同“輗”（孙诒让说），车辕与横木连接的部位。“介”为“兀”之讹，“兀”同“杌”（马叙伦说），义为折断。

㊳［闉（yīn）扼］弯曲头颈摆脱车轭。闉，曲。扼，通“轭”。

㊴［鸷（zhí）曼］顶撞车盖。鸷，抵。曼，通“幔”，车盖。

㊵［诡衔］吐出口中之勒。

㊶［窃辔］挣脱笼头。

㊷［态］通“慝（tè）”，欺诈。

㊸［盗］与人抗敌。

㊹［赫胥氏］传说中的上古帝王。

㊺［含哺而熙］口中含着食物嬉戏。

㊻［屈折礼乐以匡天下之形］刻意造作礼乐，匡正天下人的形体、行态。

㊼［县（xuán）跂仁义］高悬仁义，使人企望。县，悬挂。跂，踮起双脚以视。

㊽［好知］追逐用智。

【评析】

《马蹄》，取首二字“马蹄”为篇名。此篇乃庄子后学所作，以马的遭受设喻说理，主旨在于指出“不善治天下者”的政治强权对人之天性的摧残，并以激烈的言辞斥之为“圣人之过”；同时强调放任适性，回复“无知无欲”之“素朴”。《马蹄》一篇，可以称得上是庄子学派对儒家仁义思想和礼教政治的直接反击。

【理性思考】

1. 在《庄子·马蹄》的作者看来，伯乐有什么罪？本篇前后两次提到的“伯乐之罪”，侧重有何不同？

2. 文中批判的“圣人之过”主要是指什么？

列子·汤问(选段)[①]

1

殷汤[②]问于夏革[③]曰:“古初有物乎?”

夏革曰:“古初无物,今恶得物?后之人将谓今之无物,可乎?”

殷汤曰:“然则物无先后乎?”

夏革曰:“物之终始,初无极已。始或为终,终或为始,恶知其纪[④]?然自物之外,自事之先,朕[⑤]所不知也。”

殷汤曰:“然则上下八方有极尽乎?”

革曰:“不知也。”汤固问。革曰:“无则无极,有则有尽[⑥];朕何以知之?然无极之外复无无极,无尽之中复无无尽。无极复无无极,无尽复无无尽。朕以是知其无极无尽也,而不知其有极有尽也。”

汤又问曰:“四海之外奚有[⑦]?”

革曰:“犹齐州[⑧]也。”汤曰:“汝奚以实之[⑨]?”革曰:“朕东行至营[⑩],人民犹是也。问营之东,复犹营也。西行至豳[⑪],人民犹是也。问豳之西,复犹豳也。朕以是知四海、四荒、四极之〔外〕[⑫]不异是也。故大小相含,无穷极也。含万物者,亦如含天地。含万物也故不穷,含天地也故无极。朕亦焉知天地之表不有大天地者乎?[⑬]亦吾所不知也。然则天地亦物也。物有不足,故昔者女娲氏练五色石以补其阙;断鳌之足以立四极。其后共工氏[⑭]与颛顼[⑮]争为帝,怒而触不周之山[⑯],折天柱,绝地维;故天倾西北,日月辰星就焉;地不满东南,故百川水潦[⑰]归焉。”

汤又问:“物有巨细乎?有修短乎?有同异乎?”

革曰:“渤海之东不知几亿万里,有大壑焉,实惟无底之谷,其下无底,名曰归墟。八纮[⑱]九野[⑲]之水,天汉[⑳]之流,莫不注之,而无增无减焉。其中有五山焉:一曰岱舆,二曰员峤,三曰方壶,四曰瀛洲,五曰蓬莱。其山高下周旋三万里,其顶平处九千里。山之中间相去七万里,以为邻居焉。其上台观皆金玉,其上禽兽皆纯缟[㉑]。珠玕之树皆丛生,华实皆有滋味；食之皆不老不死。所居之人皆仙圣之种；一日一夕飞相往来者，不可数焉。而五山之根无所连箸[22]，常随潮波上下往还，不得暂峙[23]焉。仙圣毒[24]之，诉之于帝。帝恐流于西极，失群仙圣之居，乃命禺彊[25]使巨鳌十五举首而戴之。迭为三番，六万岁一交焉。五山始峙而不动。而龙伯之国有大人，举足不盈数步而暨[26]五山之所，一钓而连六鳌，合负而趣[27]归其国，灼其骨以数焉[28]。于是岱舆、员峤二山流于北极，沈于大海，仙圣之播迁者巨亿计。帝凭怒[29]，侵[30]减龙伯之国使厄[31]，侵小[32]龙伯之民使短。至伏羲、神农时，其国人犹数十丈。从中州以东[33]四十万里得僬侥国[34]，人长一尺五寸。东北极有人名曰诤人，长九寸。荆之南有冥灵者，以五百岁为春，五百岁为秋。上古有大椿者，以八千岁为春，八千岁为秋。朽壤之上有菌芝者，生于朝，死于晦。春夏之月有蠓蚋[35]者，因雨而生，见阳而死。终北之北有溟海者，天池也，有鱼焉，其广数千里，其长称焉[36]，其名为鲲。有鸟焉，其名为鹏，翼若垂天之云，其体称焉。世岂知有此物哉？大禹行而见之，伯益[37]知而名之，夷坚[38]闻而志之。江浦之间生麽虫[39]，其名曰焦螟，群飞而集于蚊睫，弗相触也。栖宿去来，蚊弗觉也。离朱[40]、子羽[41]方昼拭眦扬眉而望之，弗见其形；鯱俞[42]、师旷[43]方夜擿耳[44]俛首[45]而听之，弗闻其声。唯黄帝与容成子[46]居空峒[47]之上，同斋三月，心死形废；徐以神视，块然见之，若嵩山之阿；徐以气听，砰然闻之，若雷霆之声。吴楚之国有大木焉，其名为櫾[48]。碧树而冬生，实丹而味酸。食其皮汁，已愤厥之疾[49]。齐州珍之，渡淮而北而化为枳[50]焉。鸜鹆[51]不逾济，貉[52]逾汶则死矣，地气然也。虽然，形气异也，性情钧已[53]，无相易已。生皆全已，分皆足已。吾何以识其巨细？何以识其修短？何以识其同异哉？"

2

太形、王屋[54]二山，方七百里，同万仞[55]。本在冀州[56]之南，河阳[57]之北。北山愚公者，年且九十，面山而居。惩[58]山北之塞[59]，出入之迂[60]也。聚室而谋[61]曰："吾与汝毕力平险，指[62]通豫南，达于汉阴[63]，可乎？"杂然相许[64]。其妻献疑曰："以君之力，曾不能损魁父之丘[65]，如太形、王屋何？且焉置土石？”杂曰：“投诸渤海之尾[66]，隐土[67]之北。”遂率子孙荷担者三夫，叩石垦壤[68]，箕畚[69]运于渤海之尾。邻人京城氏之孀妻，有遗男[70]，始龀[71]，跳[72]往助之。寒暑易节[73]，始一反焉[74]。

河曲智叟笑而止之，曰：“甚矣汝之不惠[75]！以残年余力，曾不能毁山之一毛，其如土石何？”北山愚公长息[76]曰：“汝心之固，固不可彻[77]，曾不若[78]孀妻弱子。虽我之死，有子存焉；子又生孙，孙又生子；子又有子，子又有孙；子子孙孙，无穷匮[79]也，而山不加增，何苦而不平？”河曲智叟亡[80]以应。操蛇之神[81]闻之，惧其不已也，告之于帝。帝感其诚，命夸蛾氏[82]二子负二山，一厝[83]朔[84]东，一厝雍[85]南。自此冀之南，汉之阴，无陇断[86]焉。

3

孔子东游，见两小儿辩斗[87]。问其故，一儿曰：“我以日始出时去人近，而日中时远也。”一儿以日初出远，而日中时近也。一儿曰：“日初出大如车盖，及日中，则如盘盂[88]，此不为远者小而近者大乎？”一儿曰：“日初出沧沧凉凉[89]，及其日中如探汤[90]，此不为近者热而远者凉乎？”孔子不能决也。两小儿笑曰：“孰为汝多知乎？”[91]

【注释】

①节选自杨伯峻《列子集释》(中华书局 1979 年版)。

②［殷汤］商开国之君。古史谓契的后代，子姓，名履，又称天乙。

③［夏革］汤大夫，即《庄子·逍遥游》中“汤之问棘”之棘；“棘”，同革。

④［纪］法度，规律。

⑤［朕］夏革自称。

⑥［有尽］“有”，涉上而误，当作“无”；“有尽”当作“无尽”，与下文一致(陶鸿庆《读列子札记》)。

⑦［奚有］有什么。

⑧［齐州］中原。下文亦称“中州”。

⑨［奚以实之］如何验证。实，验证为实。

⑩［营］营州，今辽宁朝阳一带。此谓至东方之海。

⑪［豳(bīn)］豳州，在今陕西咸阳北部。此谓西方疆界。

⑫［外］此字疑脱(杨伯峻《列子集释》)。

⑬ 此句意思是：我怎么知道在天地之外是否还有大于天地的空间呢？

⑭［共工氏］传说中的上古帝王。

⑮［颛(zhuān)顼(xū)］传说中的上古帝王，黄帝之孙。

⑯［不周之山］神话传说中的高山，在西北海之外，大荒之隅。

⑰［水潦］因大雨而积在地面的水。

⑱［八纮］八极。

⑲［九野］八方与中央之地。

⑳［天汉］天河，传说天河与大海相通。

㉑［纯缟］纯为不杂色的丝，缟为未经染的绢，此谓禽兽毛色单纯。

㉒［箸］同“著”，附着。

㉓［暂峙］暂时稳定耸立。

㉔［毒］担心，忌惮。

㉕［禺彊］传说中北极之神、北海之神。

㉖［暨］至于，到达。

㉗［趣］同“趋”。

㉘［灼其骨以数焉］烧灼甲壳，用以占卜。数，犹占卜。

㉙［凭怒］大怒。

㉚［侵］逐步。

㉛［厄］困厄。

㉜［小］缩小。

㉝［东］当作“西”，因后文中的僬侥国传说在中州的西南方向。

㉞［僬侥国］传说中西南方的国家。

㉟［蠓蚋(ruì)］蠛蠓、蚊蚋之类小虫。

㊱［其长称焉］长宽相称。

㊲［伯益］传说中的部落首领，曾助大禹治水。

㊳［夷坚］传说中上古之智者。

㊴［麽虫］小虫。麽，微小。

㊵［离朱］传说黄帝时目力极佳者。

㊶［子羽］不详。亦当为目力极佳者。

㊷［觥(zhì)俞］古之善听者。

㊸［师旷］字子野，春秋晋平公时乐师，精于音律，目盲但耳聪。

㊹［擿(tì)耳］挑耳，谓洗耳恭听。擿，剔。

㊺［俛(fǔ)首］俛，同"俯"。

㊻［容成子］传说中黄帝之师。

㊼［空峒］传说中容成子所居仙山。

㊽［櫾］同"柚"。

㊾［已愤厥之疾］可治愈气逆之疾。已，犹愈。厥，借为"瘚"，气逆。

㊿［枳］果实味酸不可食，与柚迥异。

51［鸜(qú)鹆(yù)］即鸲鹆，俗称八哥。

52［貉］兽名，形状似狐。

53［性情钧已］万物有均齐的天性。

54［太形、王屋］"形"应作"行"。太行，山名，绵延今山西、河北、河南三省之交。王屋，山名，在今山西境内。

55［仞］古代长度单位，大约七尺为一仞。

56［冀州］此指今山东西北、河北东南地区。

57［河阳］黄河以北，水之北为阳。

58［惩］苦于。

59［塞］阻碍。

60［迂］绕远。

㉛［聚室而谋］聚合全家人谋划。室，家。

㉜［指］直。

㉝［汉阴］汉水之南。水之南为阴。

㉞［杂然相许］大家纷纷表示同意。杂，众人，共同。

㉟［魁父之丘］魁父，古代一座小山，在今河南省开封陈留境内。丘，堆起来的小山包。

㊱［渤海之尾］渤海的边上。尾，边。

㊲［隐土］即薄州，古地名。

㊳［叩石垦壤］击石挖土。

㊴［箕畚］用竹片或柳条编成的盛物器具。此处用作动词，指用箕畚装运土石。

㊵［遗男］死去父亲的男孩。

㊶［龀］儿童换牙。此指七岁儿童。

㊷［跳］通“逃”，飞快地跑去。

㊸［寒暑易节］一年时间。易节，季节交替。

㊹［始一反焉］始，才。一反，往返一次。反，通“返”。焉，语末助词。

㊺［惠］同“慧”。

㊻［长息］长叹。

㊼［彻］通。

㊽［曾不若］还不如。

㊾［穷匮］穷尽。

㊿［亡］通“无”。

81［操蛇之神］即山神。《山海经·大荒西经》：“山海神皆执蛇。”

82［夸蛾氏］不详，当为传说中的神人。

83［厝］安置、放置。

84［朔］古州名。此指今朔州到太原一带。

85［雍］古州名。此指今山西南部地区。

㊻ [陇断] 阻碍通行之山冈高地。陇,通“垄”。

㊼ [辩斗] 争辩。

㊽ [盘盂] 盘和盂都是盛食物的圆形器皿。

㊾ [沧沧凉凉] 寒冷。

㊿ [探汤] 探拭沸水。喻炙热伤人。

91 [孰为汝多知乎] 是谁认为你是多智之人?

【评析】

《汉书·艺文志》诸子略道家类载有“列子八篇”,班固注曰:“名圄寇,先庄子,庄子称之。”列圄寇又称列御寇,数见称于先秦典籍如《列子》《尸子》《吕氏春秋》等,然其实不详。今本《列子》出于晋张湛,内容显非《汉书·艺文志》所载《列子》之旧,很大可能是魏晋之人杂纂附益之作。《列子》之书与张湛之注,“往往与佛经相参,大归同于老、庄”,出世后即较受欢迎。有唐一代崇信道教,《列子》在开元二十一年被纳入明经考试;天宝元年,唐玄宗册封列子为“冲虚真人”,称其书为《洞玄真经》,《列子》的地位达到顶峰。

此处所选乃《汤问》中三个独立的段落,第一段间抄《庄子》《淮南子》《考工记》等书,推演《庄子·逍遥游》“汤之问棘”之事,以讨论“物性同异”,说理明快,文字简洁,从中可窥《列子》一书的特色。第二段是著名的“愚公移山”寓言,第三段是关于孔子的一个故事,叙述精赅,寓意深重,为后世多所援用。

【理性思考】

1. 革对汤最后一问的回答,体现了《列子》一书的何种特色?
2. 此篇与《庄子》“齐物”的思想有何关联?

【延伸阅读】

1. 杨伯峻《列子集释》,中华书局2013年版。

2. 严北溟，严捷《列子译注》，上海古籍出版社 2012 年版。

老子指略(节选)[①]

王　弼

夫物之所以生，功之所以成，必生乎无形[②]，由乎无名。无形无名者，万物之宗也。不温不凉，不宫不商[③]。听之不可得而闻，视之不可得而彰[④]，体之不可得而知，味之不可得而尝。故其为物也则混成[⑤]，为象也则无形，为音乜则希声[⑥]，为味也则无呈[⑦]。故能为品物[⑧]之宗主，苞通[⑨]天地，靡使不经也。若温也则不能凉矣，宫也则不能商矣。形必有所分，声必有所属。故象而形者，非大象[⑩]也；音而声者，非大音[⑪]也。然则四象[⑫]不形，则大象无以畅；五音[⑬]不声，则大音无以至。四象形而物无所主焉，则大象畅矣；五音声而心无所适焉，则大音至矣。故执大象则天下往，用大音则风俗移也[⑭]。无形畅，天下虽往，往而不能释也；希声至，风俗虽移，移而不能辩也[⑮]。是故天生五物，无物为用。圣行五教，不言为化。是以"道可道，非常道；名可名，非常名"也。五物之母，不炎不寒，不柔不刚；五教之母，不皦不昧，不恩不伤[⑯]。虽古今不同，时移俗易，此不变也，所谓"自古及今，其名不去"者也。天不以此，则物不生；治不以此，则功不成。故古今通，终始[⑰]同，执古可以御今，证今可以知古始，此所谓"常"者也。无皦昧之状，温凉之象，故"知常曰明"[⑱]也。物生功成，莫不由乎此，故"以阅众甫"[⑲]也。

【注释】

① 节选自楼宇烈《王弼集校释》(中华书局 1980 年版)。《旧唐书·经籍志》著录《老子指略例》一篇，《新唐书·艺文志》始著录为王弼著，宋以后佚，近人王维诚认为《云笈七签》卷一《老君指归略例》及《正统道藏》正一部《老子微旨例略》即其佚文，楼宇烈《王弼集校释》据以辑入，题作《老子指略》。

②［无形］“无形”和下文的“无名”，亦均是“无”，乃一切之本体，所谓“万物之宗”。王弼将老子的“道”进一步形上化，认为世界的本体是不存矛盾、空洞无碍而又涵育一切的“无”。

③［不温不凉，不宫不商］此句的意思是：“无”不存在诸如温度、音声等外在属性。

④［彰］彰显。

⑤［混成］浑然生成。

⑥［希声］听而不闻。

⑦［无呈］无可品味。呈，通“程”，衡量、品评。

⑧［品物］万物。

⑨［苞通］包容融通。苞，通“包”。

⑩［大象］此处指真正之“象”。

⑪［大音］此处指真正之“音”。

⑫［四象］金、木、水、火。代指万物之表象。

⑬［五音］宫、商、角、徵、羽。代指万物之音声。

⑭［“故执”句］本句的意思是：秉持真正之“象”，天下万民则来归顺；施用真正之“音”，世间风俗方能改易。此处“执大象则天下往”用《老子》原句。

⑮［“无形畅”句］本句的意思是：在“无形”、“希声”的状态下实现的天下来归、风俗变易，是无可解释、不能辨识的，也就是一种知其然而不能知其所以然的“混成”。

⑯［“五物之母”句］本句的意思是：“无”作为“五物”、“五教”的母体，是没有任何具体属性和价值取向的。五物，金、木、水、火、土。五教，五伦，即“父子有亲、君臣有义、夫妇有别、长幼有序、朋友有信”。皦(jiǎo)，明亮。昧，昏暗。恩，宠爱。伤，损伤。

⑰［终始］开始与结局。

⑱［知常曰明］语见今本《老子》十六章、五十五章，意思是：知晓自然人事的法则就可以称作明智。

⑲［以阅众甫］语见今本《老子》二十一章，意思是：观察万事万物的源始。

【评析】

王弼(226—249)，字辅弼，三国魏山阳(今河南焦作)人，“好论儒道，辞才逸辩”，注《易》及《老子》，是魏晋玄学的代表人物之一。王弼最重要的思想是重新树立本体意义上的“无”，主张天地万物运化万变皆以“无”为本，即以“无”为本、为体，以“有”为末、为用，“有”赖于“无”而存在，返于“无”之本才能达成“有”之用。“以无为本”的本质，在哲学意义上是一种消解世界客观性、多样性和矛盾性的形而上建构；在社会政治的意义上则是欲图化解悖论、摆脱现实拘碍的思想倾向。

王弼既注《老子》，又为之撰《指略》，对《老子》义旨作进一步申发。本篇为今辑《老子旨略》佚文第一段，主要对“无形”“无名”的本体性进行阐述。文章形式为骈体，论说则铺陈排比，层层递进，颇有一气呵成之效。

【理性思考】

1. 为什么既无“形”又无“名”却能为万物之宗主？
2. 在王弼看来，什么是古今之“常”？

【延伸阅读】

1. 楼宇烈《王弼集校释》，中华书局 1980 年版。
2. 刘大杰《魏晋思想论》，上海古籍出版社 1998 年版。

抱朴子内篇·论仙(选段)[①]

葛　洪

或问曰：“神仙不死，信可得乎？”

抱朴子答曰："虽有至明，而有形者不可毕见焉[2]；虽禀极聪，而有声者不可尽闻焉；[3]虽有大章竖亥[4]之足，而所常履者，未若所不履之多[5]。虽有禹益[6]齐谐[7]之智，而所尝识者，未若所不识之众也[8]。万物云云，何所不有？况列仙之人，盈乎竹素[9]矣。不死之道，曷为无之？"

于是问者大笑曰："夫有始者必有卒，有存者必有亡。故三五丘旦之圣[10]，弃疾良平之智[11]，端婴随郦之辩[12]，贲育五丁之勇[13]，而咸死者，人理之常然，必至之大端[14]也。徒闻有先霜而枯瘁，当夏而凋青，含穗而不秀，未实而萎零，未闻有享于万年之寿，久视不已之期者矣[15]。故古人学不求仙，言不语怪，杜彼异端，守此自然，推龟鹤于别类，以死生为朝暮也[16]。夫苦心约已，以行无益之事，镂冰雕朽，终无必成之功。未若摅[17]匡世之高策，招当年之隆祉，使紫青[18]重纡[19]，玄牡[20]龙跱[21]，华毂[22]易步趋[23]，鼎餗[24]代耒耜[25]，不亦美哉？每思诗人《甫田》[26]之刺，深惟[27]仲尼'皆死'[28]之证，无为握无形之风，捕难执之影，索不可得之物，行必不到之路，弃荣华而涉苦困，释甚易而攻至难，有似丧者[29]之逐游女，必有两失之悔[30]，单张之信偏见，将速内外之祸也[31]。夫班狄[32]不能削瓦石为芒针[33]，欧冶[34]不能铸铅锡为干将[35]。故不可为者，虽鬼神不能为也；不可成者，虽天地不能成也。世间亦安得奇方，能使当老者复少，而应死者反生哉？而吾子乃欲延蟪蛄[36]之命，令有历纪[37]之寿，养朝菌[38]之荣，使累晦朔[39]之积，不亦谬乎？愿加九思[40]，不远迷复[41]焉。"

抱朴子答曰："夫聪之所去，则震雷不能使之闻，明之所弃，则三光[42]不能使之见，岂輷磕[43]之音细，而丽天之景[44]微哉？而聋夫谓之无声焉，瞽者[45]谓之无物焉。又况管弦之和音，山龙[46]之绮粲，安能赏克谐[47]之雅韵，炜晔[48]之鳞藻[49]哉？故聋瞽在乎形器，则不信丰隆[50]之与玄象矣[51]。而况物有微于此者乎？暗昧滞乎心神，则不信有周孔于在昔矣。况告之以神仙之道乎[52]？

"夫存亡终始，诚是大体。其异同参差，或然或否，变化万品，奇怪无方，物是事非[53]，本钧末乖[54]，未可一也。夫言始者必有终者多矣，混而齐之，非通理矣[55]。谓夏必长，而荠麦枯焉。谓冬必凋，而竹柏茂焉。

谓始必终，而天地无穷焉。谓生必死，而龟鹤长存焉。盛阳宜暑，而夏天未必无凉日也。极阴宜寒，而严冬未必无暂温也。百川东注，而有北流之活活[56]。坤道至静[57]，而或震动而崩弛[58]。水性纯冷，而有温谷[59]之汤泉[60]；火体宜炽，而有萧丘[61]之寒焰[62]；重类应沉，而南海有浮石之山[63]；轻物当浮，而牂柯[64]有沉羽之流[65]。万殊之类，不可以一概断之，正如此也久矣。有生最灵，莫过乎人。贵性之物，宜必钧[66]一。而其贤愚邪正，好丑修[67]短，清浊贞淫[68]，缓急迟速，趋舍所尚，耳目所欲，其为不同，已有天壤之觉[69]，冰炭之乖[70]矣[71]。何独怪仙者之异，不与凡人皆死乎[72]？

……

"若夫仙人，以药物养身，以术数[73]延命，使内疾不生，外患不入，虽久视不死，而旧身不改，苟有其道，无以为难也。而浅识之徒，拘俗守常，咸曰世间不见仙人，便云天下必无此事。夫目之所曾见，当何足言哉？天地之间，无外之大，其中殊奇，岂遽[74]有限，诣老戴天[75]，而无知其上，终身履地，而莫识其下。形骸已所自有也，而莫知其心志之所以然焉[76]。寿命在我者也，而莫知其修短之能至焉。况乎神仙之远理，道德之幽玄，仗其短浅之耳目，以断微妙之有无，岂不悲哉[77]？

"设有哲人大才，嘉遁勿用[78]，翳景[79]掩藻[80]，废伪去欲，执太璞[81]于至醇[82]之中，遗末务于流俗之外，世人犹甚鲜能甄别[83]，或莫造志行于无名之表，得精神于陋形之里，岂况仙人殊趣异路，以富贵为不幸，以荣华为秽污，以厚玩[84]为尘壤[85]，以声誉为朝露[86]，蹈炎飙[87]而不灼，蹑[88]玄波[89]而轻步，鼓翮[90]清尘[91]，风驷[92]云轩[93]，仰凌紫极[94]，俯栖昆仑[95]，行尸[96]之人，安得见之？假令游戏，或经人间，匿真隐异，外同凡庸，比肩接武[97]，孰有能觉乎？若使皆如郊间[98]两瞳之正方，邛疏[99]之双耳，出乎头巅，马皇[100]乘龙而行，子晋[101]躬御白鹤，或鳞身蛇躯，或金车羽服，乃可得知耳。自不若斯，则非洞视[102]者安能觌其形，非彻听[103]者安能闻其声哉？世人既不信，又多疵毁，真人疾之，遂益潜遁[104]。且常人之所爱，乃上士[105]之所憎。肩俗之所贵，乃至人[106]之所贱也。英儒[107]伟器[108]，养其浩然[109]者，犹不乐见浅薄之人、风尘之徒。况彼神仙，何为汲汲[110]使刍狗[111]之伦，知有之何所索乎，而怪于未尝知也。目察百步，不能了了[112]，而欲以所见为有，所不见为无，则天下之所无者，亦必多矣。所谓以指测海，指极而云水尽者也[113]。蜉蝣[114]校[115]巨鳌[116]，日及[117]料[118]大椿[119]，岂所能及哉？

……

"凡世人所以不信仙之可学，不许命之可延者，正以秦皇汉武[120]求之不获，以少君[121]栾太[122]为之无验故也。然不可以黔娄[123]原宪[124]之贫③，而谓古者无陶朱[125]猗顿[126]之富。不可以无盐[127]宿瘤[128]之丑，而谓在昔无南威[129]西施[130]之美。进趋尤有不达者焉，稼穑犹有不收者焉，商贩或有不利者焉，用兵或有无功者焉，况乎求仙，事之难者，为之者何必皆成哉[131]？彼二君两臣[132]，自可求而不得，或始勤而卒怠，或不遭乎明师，又何足以定天下之无仙乎？

"夫求长生，修至道，诀[133]在于志，不在于富贵也。苟非其人，则高位厚货，乃所以为重累[134]耳。何者？学仙之法，欲得恬愉[135]淡泊[136]，涤除嗜欲，内视[137]反听[138]，尸居[139]无心[140]，而帝王任天下之重责，治鞅掌[141]之政务，思劳于万幾[142]，神驰于宇宙，一介[143]失所，则王道为亏，百姓有过，则谓之在予。醇醪[144]汩[145]其和气[146]，艳容[147]伐[148]其根荄[149]，所以翦精损虑削乎平粹[150]者，不可曲尽[151]而备论也。蚊噆[152]肤则坐不得安，虱群攻则卧不得宁。四海之事，何只若是。安得掩翳[153]聪明，历藏[154]数息[155]，长斋久洁，躬亲炉火[156]，夙兴夜寐，以飞八石[157]哉？汉武享国，最为寿考[158]，已得养性之小益矣。但以升合[159]之助，不供钟石[160]之费，畎浍[161]之输，不给尾闾[162]之泄耳。

"仙法欲静寂无为，忘其形骸，而人君撞千石之钟，伐[163]雷霆之鼓，砰磕嘈嗷[164]，惊魂荡心，百技万变，丧精塞耳[165]，飞轻走迅[166]，钓潜弋高[167]。仙法欲令爱逮蠢蠕[168]，不害含气[169]，而人君有赫斯之怒[170]，芟夷之诛[171]，黄钺[172]一挥，齐斧[173]暂授，则伏尸千里，流血滂沱，斩断之刑，不绝于市。仙法欲止绝臭腥，休粮清肠，而人君烹肥宰腯[174]，屠割群生，八珍[175]百和[176]，方丈于前[177]，煎熬勺药[178]，旨嘉[179]餍饫[180]。仙法欲溥爱[181]八荒[182]，视人如己[183]，而人君兼弱攻昧[184]，取乱推亡[185]，辟地拓疆，泯[186]人社稷，驱合[187]生人[188]，投之死地，孤魂绝域，暴骸腐野，五岭有血刃之师[189]，北阙悬大宛之首[190]，坑生[191]煞伏[192]，动数十万，京观封尸[193]，仰干[194]云霄，暴骸如莽[195]，弥山填谷。秦皇使十室之中，思乱者九。汉武使天下嗷然[196]，户口减半。祝[197]其有益，诅[198]亦有损。结草[199]知德，则虚祭[200]必怨。众烦攻其膏肓[201]，人鬼齐其毒恨。彼二主徒有好仙之名，而无修道之实，所知浅事，不能悉行。要妙[202]深秘[203]，又不得闻。又不得有道之士，为合成仙药以与之，不得长生，无所怪也。

"……是以历览在昔，得仙道者，多贫贱之士，非势位之人。又栾太所知，实自浅薄，饥渴荣贵，冒干货贿，炫虚妄于苟且[204]，忘祸患于无为，区区小子之奸伪，岂足以证天下之无仙哉？

……

"……故不见鬼神，不见仙人，不可谓世间无仙人也。人无贤愚，皆知己身之有魂魄，魂魄分去则人病，尽去则人死。故分去则术家[205]有拘录[206]之法，尽去则礼典有招呼之义[207]。此之为物至近者也。然与人俱生，至乎终身，莫或有自闻见之者也。岂可遂以不闻见之，又云无之乎？

……

"世人以刘向作金不成[208]，便谓索隐行怪[209]，好传虚无，所撰《列仙》，皆复妄作。悲夫！此所谓以分寸之瑕，弃盈尺之夜光[210]，以蚁鼻[211]之缺，捐无价之淳钧[212]，非荆和[213]之远识，风胡[214]之赏真也。斯朱公[215]所以郁悒[216]，薛烛[217]所以永叹矣。……。至于撰《列仙传》，自删秦大夫阮仓[218]书中出之，或所亲见，然后记之，非妄言也。狂夫童谣，圣人所择[219]。刍荛[220]之言，或不可遗。采葑采菲，无以下体[221]，岂可以百虑之一失，而谓经典之不可用，以日月曾蚀之故，而谓悬象[222]非大明哉？……，……。夫所见少，则所怪多，世之常也。信哉此言。其事虽天之明，而人处覆甑之下[223]，焉识至言哉？"

【注释】

① 节选自王明《抱朴子内篇校释(增订本)》之《论仙》(中华书局

1985 年版）。

② ［“虽有至明”句］本句的意思是：即使有最好的视力，有形的东西也无法全部看见。至明，最好的视力。

③ ［“虽禀极聪”句］本句的意思是：即使有最敏锐的听力，有声的东西也无法全部听见。极聪，极好的听力。

④ ［大章竖亥］大章、竖亥，古时善于行走的人。

⑤ ［“虽有”句］本句的意思是：即使有大章、竖亥这些善走者的脚，所走过的路也不如没走过的多。

⑥ ［禹益］禹的臣子益，传说《山海经》为益所作。

⑦ ［齐谐］人名，见《庄子・逍遥游》：“齐谐者，志怪者也。”被视为古时博文多识、多记异闻的人。

⑧ ［“虽有禹益齐谐之智”句］本句的意思是：即使如禹的臣子益和齐谐那样博闻多识，所知的也不如未知的多。

⑨ ［竹素］竹，简牍。素，绢帛。二者都是古代书写载体，代指书籍文献。

⑩ ［三五丘旦］三皇、五帝、孔子（孔丘）、周公（姬旦）。以上皆圣人。

⑪ ［弃疾良平之智］弃，后稷，周之先祖，舜命为农官，教民稼穑。疾，樗里子，战国时秦惠王臣，滑稽多智，号曰“智囊”。良，张良，汉初谋士。平，陈平，汉初谋士。以上皆智者。

⑫ ［端婴随郦之辩］端，端木赐，字子贡，孔子弟子，利口巧辞。婴，晏婴，春秋时齐景公相，善辩。随，随何，汉高祖臣，曾说服英布反楚从汉。郦，郦食其，汉高祖臣，常为说客驰使诸侯之间。以上皆辩才。

⑬ ［贲育五丁之勇］贲育，孟贲、夏育的合称，传说中的古之勇士。五丁，传说中古蜀国的五个力士，能徙山。以上皆勇士。

⑭ ［大端］主要的端绪。

⑮ ［“徒闻”句］本句的意思是：尽管有不少有关植物生长的异闻，但尚未听说有真正长生不死的人。含穗而不秀：作物含穗而不能吐穗

开花。久视，长生不死。

⑯［“故古人”句］本句的意思是：古人学道不求仙，言谈不涉怪，摒除异端邪说，专守自然无为，将长寿千年的龟鹤作为有别于人类的特异物种，而将生死看作如同朝暮更替的寻常事件。龟鹤，龟与鹤为传说中寿命千岁的灵物。

⑰［摅］发表意见。

⑱［紫青］汉制，丞相、太尉皆金印紫绶，御史大夫银印青绶。

⑲［纡］系结、佩戴。

⑳［玄牡］祭天所用黑色公牛，意谓从事高等级的祭典。

㉑［龙跱］如龙一般盘踞，谓身份高贵。

㉒［华毂］有文采的车驾，意谓待遇优渥。

㉓［步趋］步行。

㉔［鼎餗］用鼎盛食物，谓饮食华贵。

㉕［耒耜］农具，代指耕作自给，生活简朴。

㉖［《甫田》］《诗经·齐风·甫田》有“无思远人，劳心忉忉”的诗句，《毛序》认为是大夫“刺（齐）襄公”之语，劝其不要“志大心劳，所以求者非其道”。此处用以劝说不必求仙。

㉗［惟］思考。

㉘［“皆死”］《论语·颜渊》载孔子语：“自古皆有死，民无信不立。”

㉙［丧者］据王明《校释》，“丧”当作“桑”。典出《列子·说符》：“邻之人有送其妻适私家者，道见桑妇，悦而与言。然顾视其妻，亦有招之者矣。”

㉚［两失之悔］两个方面都会失去。此指既不可能登于仙道，同时又会失去世俗生活。

㉛［“单张”句］本句的意思是：单豹、张毅二人一个特别偏重养内，一个极端偏重养外，本于一己偏见，最终只能自己招致祸患。单张，单，单豹，张，张毅，见《庄子·达生》：“鲁有单豹者，岩居而水饮，不与民

共利，行年七十而犹有婴儿之色，不幸遇饿虎，饿虎杀而食之。有张毅者，高门县薄，无不走也。行年四十，而有内热之病以死。豹养其内，而虎食其外。毅养其外，而病攻其内。此二子者，皆不鞭其后者也。”

㉜［班狄］“狄”通“翟”，即公输班、墨翟合称，二人并为巧匠。

㉝［芒针］尖针。

㉞［欧冶］欧冶子，春秋时越国著名铸剑师。

㉟［干将］本为春秋时吴国铸剑师名，此处指其所铸宝剑。

㊱［蟪蛄］寒蝉，寿命极短的小虫，或春生夏死，或夏生秋死，寿命不过一季。

㊲［纪］《抱朴子内篇·微旨》云：“大者夺纪，纪者三百日也。”三百日即代一年。

㊳［朝菌］寿命极短的菌类，朝生暮死。

㊴［晦朔］每月第一天为朔，最后一天为晦。

㊵［九思］反复思考。

㊶［不远迷复］在歧途上走得不远就能迷途知返。

㊷［三光］日、月、星。

㊸［輷磕］拟声词，雷声。

㊹［丽天之景］指附丽于天的日月星辰。

㊺［瞽者］盲人。

㊻［山龙］指古代衮服或旌旗上的山、龙图案。

㊼［克谐］音乐达到和谐圆满的状态。

㊽［暐晔］光彩夺目。

㊾［鳞藻］如鳞的藻饰。

㊿［丰隆］雷神，代指雷。

51［“故聋”句］本句的意思是：聋者、盲者在事物的认识上，不会承认有雷声和日月星辰。玄妙的天象，即指日月星辰。

52［“暗昧”句］本句的意思是：若是蒙昧阻塞心神，就不会相信世间存在周公孔子，何况神仙之道呢？

⑬[物是事非] 相同物体,出现不同情况。

⑭[本钧末乖] 事物的本质一致,结果却相互乖违。“钧”通“均”,均等一致。

⑮[“夫言始者”句] 本句的意思是:声称事物必然有始有终的人很多,但若混同万物,平齐而论,则不能以此为世间通理。混而齐之,混同万物,等量齐观。

⑯[活活] 拟声词,水流声。

⑰[坤道至静]《周易·坤》:“坤至柔而动也刚,至静而德方。”坤代指大地。

⑱[震动而崩弛] 地震及其引起的崩坏。

⑲[温谷] 冬季仍然温暖的山谷。

⑳[汤泉] 温泉,温谷之所出。

㉑[萧丘] 传说中南海中岛屿,上有寒焰。

㉒[寒焰] 传说在萧丘上有寒冷的火,春生秋灭。

㉓[浮石之山] 浮于水上的山。

㉔[牂牁] 古地名,为今贵州省大部及广西、云南部分地区。

㉕[沉羽之流] 令羽毛下沉的河流。

㉖[钧] 通“均”。

㉗[修] 身材高大。

㉘[清浊贞淫] 清正与卑劣、忠贞与淫乱。

㉙[觉] 通“较”,区别。

㉚[乖] 乖异,区别。

㉛[“而其”句] 本句的意思是:但人的贤愚邪正,美丑高矮,清浊贞淫,性格缓急,取舍褒贬,爱好欲望,各有不同,其中已有天壤之别、冰炭之异。

㉜[“何独”句] 本句的意思是:怎能惊怪于神仙长生,不与凡人同死呢?

㉝[术数] 亦为天文、历谱、五行、蓍龟、杂占、形法等技术的统称,

参见《汉书·艺文志》之《术数略》。此处指一般意义上的方术。

⑭ [岂遽] 难道。

⑮ [诣老戴天] 诣老,活到老。戴天,生于天之下。

⑯ [“形骸”句] 本句的意思是:身体为自己所有,但不知道人的思想如何产生。形骸,人的躯体。

⑰ [“况乎”句] 本句的意思是:仅凭借凡人短浅的耳目,就妄断微妙道术的有无,这难道不悲哀吗?

⑱ [嘉遁勿用] 嘉遁,合乎时宜的隐遁。《周易·遯》:“嘉遯贞吉,以正志也。”勿用,潜藏无所施用。《周易·乾》:“初九,潜龙,勿用。”

⑲ [翳景] 遮蔽日月之光。

⑳ [掩藻] 掩盖藻饰。

㉑ [太璞] 又作“大璞”,指天然未雕琢的状态。

㉒ [醇] 精纯。

㉓ [甄别] 鉴别,区分。

㉔ [厚玩] 贵重的玩乐之物。

㉕ [尘壤] 尘埃土壤,喻指毫无价值之物。

㉖ [朝露] 早晨植物上的露水,见日则蒸发,喻指存在时间极短的事物。

㉗ [炎飙] 炎热的强风。

㉘ [蹑] 轻步行走。

㉙ [玄波] 巨浪。

㉚ [鼓翮] 振翅飞行。

㉛ [清尘] 清寂高洁的境界。

㉜ [风驷] 以风为驷乘,一车四马为驷。

㉝ [云轩] 以云为轩车。

㉞ [紫极] 紫薇垣、北极星的合称,指天帝的居所。

㉟ [昆仑] 即昆仑山,神话中神仙所居仙山。

㊱ [行尸] 徒具形骸,虽生犹死的人。

⑰［比肩接武］肩膀连并，脚步相接，形容人多。武，本指半步，此处泛指脚步。

⑱［郊间］仙人名，见《神仙传》。

⑲［邛疏］仙人名，见《列仙传》。

⑳［马皇］即马师皇，传说中兽医，见《列仙传》。

⑩［子晋］即王子晋，又名王子乔，传说中乘鹤登仙者，见《列仙传》。

⑩［洞视］透视。常指一种方术，能见到不可见之物。

⑩［彻听］听力极强，无所不闻。

⑩［"世人"句］本句的意思是：世人既然不相信神仙，又多有恶语毁谤，真人忌恨于此，所以隐遁得更加幽深。疵毁，非议，毁谤。

⑩［上士］得道高士。

⑩［至人］得道仙人。

⑩［英儒］学识渊博的儒者。

⑩［伟器］堪当大任的人才。

⑩［养其浩然］培养宏大高尚的气格，本自《孟子·公孙丑上》："我善养吾浩然之气。"

⑩［汲汲］心情急切貌。

⑪［刍狗］草扎的狗，本自《道德经》第五章："天地不仁，以万物为刍狗；圣人不仁，以百姓为刍狗。"代指微贱无用之物，此指世俗百姓。

⑪［了了］清楚。

⑪［"所谓"句］本句的意思是：用手指测量大海之深，手指伸到极端便说水深仅至于此。

⑪［蜉蝣］朝生夕死、寿命极短的小虫。

⑪［校］比较。

⑪［巨鳌］指负戴海上仙山的大龟。

⑪［日及］即木槿，早上开花，傍晚花落。

⑪［料］估计，猜想。

⑪［大椿］极长寿的植物。《庄子·逍遥游》："上古有大椿者，以

八千岁为春，以八千岁为秋。”

⑫[秦皇、汉武] 秦始皇、汉武帝，二人的求仙活动在历史上比较突出，事见《史记》之《秦始皇本纪》《孝武本纪》《封禅书》等。

⑫[少君] 李少君，汉武帝时方士，《史记·孝武本纪》载：“是时而李少君亦以祠灶、谷道、却老方见上，上尊之。……以少君为神。”但李少君后来身死，未见长生之效。

⑫[栾太] 即栾大，汉武帝时方士，原为胶东王宫人，以方术见用，后因方术穷尽而不见效，受诛死。

⑬[黔娄] 战国时鲁国隐士，生活贫困而有节。

⑭[原宪] 孔子弟子，生活贫困。

⑮[陶朱] 即范蠡，春秋时越王勾践的谋臣，为越复国后行商，成一时巨富，见《史记·越王勾践世家》。

⑯[猗顿] 春秋时富商，其事详见《孔从子》。

⑰[无盐] 春秋时齐国丑女。

⑱[宿瘤] 战国时齐国丑女。

⑲[南威] 春秋时美女，又名南之威。

⑬⓪[西施] 春秋时美女。

⑬①[“进趋”句] 本句的意思是：奋力进取尚且不一定达到目的，种庄稼有时没有收获，商贩有时不能获利，用兵有时没有军功。何况神仙之事，本就难于常事，怎么可能一定成功？

⑬②[二君两臣] 指秦始皇、汉武帝、李少君、栾大。

⑬③[诀] 要诀，关键。

⑬④[重累] 沉重的负担。

⑬⑤[恬愉] 快乐。

⑬⑥[淡泊] 恬淡寡欲。

⑬⑦[内视] 内炼术语，即合闭双目，存思躯体的某一部位。葛洪已视“内视”为重要修炼方法。

⑬⑧[反听] 内炼术语，即敛视内顾，意守自身呼吸之声。

⑬⑨ [尸居] 安居无为，其状若尸。

⑭⓪ [无心] 无所存念。

⑭① [鞅掌] 繁重。

⑭② [万幾] 幾，微也，本指万事之幾微，后代指帝王所处理的繁杂政务。

⑭③ [一介] 一人，特指一个平民。

⑭④ [醇醪(láo)] 风味醇厚的酒。

⑭⑤ [汩(gǔ)] 扰乱。

⑭⑥ [和气] 万物因阴阳和气而生，是故“和气”为性命之本。

⑭⑦ [艳容] 美艳的容貌，指美女。

⑭⑧ [伐] 打击、砍伐。

⑭⑨ [根荄] 植物的根，喻指事物的根本。

⑮⓪ [平粹] 平和纯粹。

⑮① [曲尽] 穷尽。

⑮② [噆(cǎn)] 叮咬。

⑮③ [掩翳] 遮蔽，掩盖。

⑮④ [历藏] 内炼术语，即内视五脏。

⑮⑤ [数息] 内炼术语，指细数鼻息，使心神专一。

⑮⑥ [躬亲炉火] 指亲自炼丹。

⑮⑦ [八石] 指炼丹常用的八种矿物，一般指朱砂、雄黄、雌黄、空青、云母、硫黄、戎盐、硝石。

⑮⑧ [寿考] 指人长寿。汉武帝享年七十，在位五十四年。

⑮⑨ [升合] 升、合为重量单位，比喻分量轻微，此处喻指汉武帝虽然高寿，但求仙的实际获益却很小。

⑯⓪ [钟石] 钟、石为重量单位，比喻分量极重，此处喻指汉武帝的求仙活动耗费巨大。

⑯① [畎(quǎn)浍(kuài)] 田间水沟，此喻指汉武帝求仙获益小。

⑯② [尾闾] 海水泻出的地方，此喻指汉武帝求仙耗费大。

⑯③ [伐] 敲击。

⑯④ [砰磕(kē)嘈嚺(zá)] 雷声、鼓声。

⑯⑤ [丧精塞耳] 丧精,精神丧失。塞耳,充塞双耳。此处指各种声色享乐令人君心神荡漾。

⑯⑥ [飞轻走迅] 放飞轻捷之鹰,驱策迅疾之马。

⑯⑦ [钓潜弋高] 钓起沉渊之鱼,射落高飞之鸟。弋,用带绳子的箭射鸟。

⑯⑧ ["仙法"句] 本句的意思是:仙法要求将仁爱能够惠及蠢蠢蠕动的小虫。逮,及,至于。蠢蠕,本指虫类蠕动貌,此指低劣下贱的物种。

⑯⑨ [含气] 指含藏元气而生的世间生物,或特指人。

⑰⓪ [赫斯之怒] 特指君王的愤怒。《诗经·大雅·皇矣》:"王赫斯怒。"

⑰① [芟夷之诛] 芟夷本指除草,此处指君王杀人如剪草。

⑰② [黄钺] 黄金装饰的长柄大斧,有征伐之意。

⑰③ [齐斧] 即"资斧",本指利斧,代指君主的诛戮。

⑰④ [肥、腯] 肥大之畜类,牛羊称肥,猪称腯。

⑰⑤ [八珍] 本指八种烹饪方法,或八种珍贵食材,后泛指美食。

⑰⑥ [百和] 用许多种香料和成的香。

⑰⑦ [方丈于前] 食物之多,摆满一丈见方,极言饮食丰盛。

⑰⑧ [勺药(zhuò liǜ)] 指鱼肉稻米等食材,通过调和五味制成的珍贵醢酱,见张衡《南都赋》:"归雁鸣鵽,香稻鲜鱼,以为勺药。"有别于植物"芍药"。

⑰⑨ [旨嘉] 美酒佳肴。

⑱⓪ [餍饫] 饱足,饶有余裕。

⑱① [溥爱] 广布仁爱。

⑱② [八荒] 本指八方荒原之地,在此指于天下无所不至。

⑱③ [视人如己] 看待他人如同看待自己。

⑱④［兼弱攻昧］兼并弱小，攻击愚昧。

⑱⑤［取乱推亡］取代乱政，推翻衰国。

⑱⑥［泯］灭。

⑱⑦［驱合］驱使聚合。

⑱⑧［生人］百姓。

⑱⑨［五岭有血刃之师］五岭，指南方的五座山，即大庾、始安、临贺、桂阳、揭阳，有异说。《史记·张耳陈余列传》："秦为乱政虐刑以残贼天下，数十年矣。北有长城之役，南有五岭之戍。"

⑲⓪［北阙悬大宛之首］北阙，汉代北面门楼，为臣子朝见、上书奏事处。大宛之首，大宛国王的首级，见《汉书·武帝纪》："太初四年春，贰师将军李广利斩大宛王首。"

⑲①［坑生］活埋。

⑲②［煞伏］煞同杀，杀害。伏，本意降伏，此指俘虏。

⑲③［京观封尸］古时战胜方收集败方死尸，封土成山，用作震慑。

⑲④［干］到达。

⑲⑤［暴骸如莽］暴骸，暴露在外的尸骸。莽，草丛。

⑲⑥［嗷然］哀嚎，指民不聊生之困苦状。

⑲⑦［祝］祝祷。此指祝祷有益长生。

⑲⑧［诅］诅咒。此指君主杀戮过重，会减损寿命。

⑲⑨［结草］结草报恩，典出《左传·宣公十五年》："初，魏武子有嬖妾，无子。武子疾，命颗曰：'必嫁是。'疾病，则曰：'必以为殉。'及卒，颗嫁之，曰：'疾病则乱，吾从其治也。'及辅氏之役，颗见老人结草以亢杜回，杜回踬而颠，故获之。夜梦之曰：'余，而所嫁妇人之父也。尔用先人之治命，余是以报。'"

⑳⓪［虚祭］无尸而祭。

⑳①［"众烦"句］各种烦恼损伤他们（秦皇、汉武）的身体，活人死鬼无不痛恨他们的作为。膏肓，古以心尖脂肪为膏，心脏与膈膜之间为肓。比喻难以救药之处。

⑳②[要妙]精深微妙。

⑳③[深秘]深邃隐秘。

⑳④[苟且]侥幸,得过且过。

⑳⑤[术家]精通方术的人。

⑳⑥[拘录]本指逮捕,此处谓召神劾鬼之法。

⑳⑦[礼典有招呼之义]"礼典"指礼学典籍,此处盖谓《仪礼》。"招呼"指丧礼中近似招魂的"复"礼,见《仪礼·士丧礼》。

⑳⑧[刘向作金不成]刘向献上淮南王《枕中鸿宝苑秘书》,欲凭此炼出黄金,终无结果。事见《汉书·刘向传》。

⑳⑨[索隐行怪]探索隐晦,行事迂怪。

㉑⓪[夜光]宝珠名。

㉑①[蚁鼻]蚂蚁之鼻,喻极微小。

㉑②[淳钧]宝剑名,又名"淳钩"。

㉑③[荆和]即春秋时楚国人卞和。卞和得璞玉于荆山,上献于王,厉王、武王皆认为是石头,先后刖去卞和双足。文王即位,卞和"抱其璞而哭于楚山之下,三日三夜,泣尽而继之以血",文王使人发璞而见宝玉。事见《韩非子·和氏》。

㉑④[风胡]又作"风胡子",春秋时楚国铸剑师,善识剑。

㉑⑤[朱公]即陶朱公。

㉑⑥[郁悒]忧愁苦闷。

㉑⑦[薛烛]春秋时越国人,善相剑。

㉑⑧[阮仓]传言秦代记录神仙事迹者。

㉑⑨["狂夫"句]指孔子亦多参考狂人之语及儿童谶谣,事见《论语·微子》及《说苑·辨物》"楚昭王渡江"条。狂夫,指狂人接舆。

㉒⓪[刍荛]割草打柴的人,指普通百姓。

㉒①[采葑采菲,无以下体]出自《诗经·邶风·谷风》。葑,蔓菁。菲,芜菁类植物。二者叶、茎、根均可食,但茎、根味苦。诗句的原意是说采者不可因根茎味苦,连其叶子也不要了。后以此比喻人、事总有可

取之处。

㉒㉒[悬象] 指日月。

㉒㉓[人处覆甑之下] 意谓身处极度闭塞的环境中。覆,倒置。甑,蒸饭的炊具,底部穿孔,类似今日蒸锅。

【评析】

葛洪(283—363),字稚川,丹阳句容(今江苏省句容市)人,是由古迄于其世神仙之说的集大成者,同时又是新神仙理论的开创者。葛洪的神仙理论,是以儒家现世理性精神为基础对神仙说所进行的修正。葛洪坚信神仙可成,但这种坚信并非出于一种迥异于儒家伦理的宗教信仰,而主要是出于一种"技术性"的思维,认为"技术"力量比如金丹之道可以达成长生不死。葛洪的理论和实践,主要反映在《抱朴子内篇》中。其中《论仙》一篇,尤为纲领。在这一篇文字中,葛洪全面论述了神仙的合理性和可能性,并力图解决"神仙说"的现世伦理问题,以使之成为儒家思想的补充。《论仙》以骈文写成,采用问答体,辞语警丽,典故丰富,举证多方,逻辑有力。

【理性思考】

1. 葛洪从哪几个方面去证明神仙的存在?又是用什么证据证明神仙是可以修成的?

2. 葛洪为什么会认为帝王不可能修成神仙?

【延伸阅读】

1. 王明《抱朴子内篇校释(增订本)》序言,中华书局 1985 年版。

2. 胡孚琛《魏晋神仙道教——抱朴子内篇研究》,人民出版社 1989 年版。